全唐文

十一

附 唐文拾遺 唐文續拾

〔清〕董　誥等編

中華書局

光緒十有四年五月丙寅
詔書以浙江學政瞿鴻禨言
前任廣東高廉道陸心
源因國子監廣求書籍
選擇家藏舊書一百五十
種計二千四百餘卷附以所
刊叢書三百餘卷捐送到
監陸心源自罷官後
刊校古書潛心著述無倦
慨捐群籍洵屬稽古尚義

一

伊子廩生陸樹藩附生
陸樹屏均着賞給國子
監學正銜彰是海内讚
頌以為浙東西巨室大
家以進呈書籍
天語褒獎者前有天一閣
范氏今有皕宋樓陸
氏後先輝映儒臣榮
遇無踰於此而陸君是
時適以所撰唐文拾遺

二

告成問序於余董君藏
書爲海內冠而生平篤嗜
唐文博觀約取於中得唐
數句即錄存之積久得二
千篇釐爲七十二卷凡
三
已見於
全唐文者海內學者之士
皆已循誦不復著錄故所拾
遺多名作念嘉慶時
聖
右文稽古出內府所儲唐

文一百六十冊又於永樂大
典古文苑文苑英華
唐文粹諸書蒐羅采
輯得文萬有八千四百八十
八篇爲有唐一代文苑之美
四
畢萃於茲讀唐文者
嘆觀止矣而君又搜而綴
拾之補苴之其視全唐
文不猶以燭火而擬日月
之光乎然能大備之後

不能成此區藏其祕書攬文之富能編纂繪之勤亦云至矣

詔書所謂刊校古書潛心著述若此君者真可以當之而不愧異日數得此書進呈

乙覽安知不又有

溫綸嘉獎學者為之色傒額村宗伯有全唐詩錄一百卷今君又有此輯兩書皆出於吾湖此藝林之盛事亦梓里之光榮而我

國家文治之隆亦可於此見矣

夏六月舊史氏德清俞樾謹序

唐文拾遺參訂姓氏

仁和魏錫曾稼孫
海鹽徐用儀小雲
德清蔡右年松專
德清傅雲龍楙元
吳縣蔣清翊敬臣
武進費念慈屺懷
歸安丁寶書月河
歸安凌　霞子與
烏程李宗蓮少青
歸安陸學源篤齋
江陰繆荃孫筱珊

唐文拾遺卷之一

榮祿大夫三品頂戴前分巡廣東高廉道加四級臣陸心源輯

高祖皇帝

事蹟詳全唐文卷一。

勞王君廓詔

卿以十三人破賊十萬。自古以少制衆。未之前聞。非惟驍勇絕人。亦足顯卿忠節也。冊府四百十九

問慧乘詔

道士潘誕奏。悉達太子不能得佛。六年求道。方得成佛。是則道能生佛。佛由道成。道是佛之父師。佛乃道之子弟。故佛經云。求於無上正眞之道。又云。體解大道。發無上意。外國語云阿耨菩提。晉音翻之無上大道。若以此驗。道大佛小。於事可知。續高僧傳三十一

禁非禮祈禱詔

私家不得輒立妖神。妄設淫祀。非禮祈禱。一切禁斷。龜易五兆之外。諸雜占亦皆禁止。唐會要四十四

曲降十二軍界詔

門下。朕膺籙受圖。君臨區宇。承凋弊之餘。俗拯黎元於塗炭。夕惕思乂。日旰忘勞。每念粟帛不豐。人多匱乏。干戈未戢。獄犴猶繁。納隍之慮。無忘寢食。然而神

皐輿區京畿攸在四方輻湊之所萬國朝宗之地頃年薦伐師旅荐興行役轉輸不遑寧息加以往因喪亂條章廢下缺文館詞林六百七十

問佛教何利益詔

棄父母之鬚髮去君臣之章服利在何間之中益在何情之外損益二宜請動妙釋續高僧傳三十二

先老後釋詔

老教孔教此土先宗釋教後興宜崇客禮令老先次孔末後釋續高僧傳三十一

置大中正敕

每州置大中正一人掌知州內人物以本州聞望者兼領無品秩唐會要六十九

定服飾敕

三品已上服大料紬綾及羅其色紫飾用玉五品已上服小料紬綾及羅其色朱飾用金六品已上服絲布雜小綾交梭及雙紃其色黃六品七品飾銀八品九品鍮石流外及庶人服紬絹絁布其色通用黃白飾用銅鐵唐會要三十二

賜李靖手勅

既往不咎何憂何懼今日以去心中更不須憶舊事吾久忘之矣冊府九十九

賜秦王手勅

賊勢如此難與爭鋒宜弃河東之地謹守關中而已冊府十九

褒武士彠勅

此人忠節有餘去年兒夭今日婦亡相去未遠未嘗言及遺身殉國舉無與比冊府六百二十七

太宗皇帝

事蹟詳全唐文卷四

答羣臣請修太和宮手詔

比者風虛頗積爲弊至深況復炎景蒸時溫風鑠節沉痾屬此理所不堪久欲追涼恐成勞擾今卿等有請郎相機行唐會要三十

建波斯寺詔

道無常名聖無常體隨方設教密濟羣生波斯僧阿羅本遠將經教來獻上京詳其教旨元妙無爲生成立要濟物利人宜行天下所司即於義甯坊建寺一所度僧廿一人唐會要四十九

房元齡充京城留守詔

公當蕭何之任朕無西顧之憂矣軍戎器械戰士糧

纍並委卿處分發遣。唐會要六十七

答李百藥手詔

省所和詩。極爲佳作。何身之老而才之壯。齒之宿而意之新乎。冊府九十七

褒孔穎達上釋奠頌手詔

省所上頌。殊爲佳作。循題發函。淸辭爛其盈目。啟封申紙。逸氣飄以凌雲。驪龍九重。不足方斯綺麗。威鳳五彩。無以比其鮮華。揚雄揆天。高蹤何遠。黃香日下。茂軌猶存。尋讀周環。彌覺欣慨。卿夙挺珪璋。早標令譽。網羅百氏。包括六經。思涌珠泉。情抽蕙圃。關西孔子。更起乎方今。濟南伏生。重興乎茲日。庶令弘四科於纖帙。闡百遍於靑襟。翰苑詞林。卿其首之也。冊府六百一

覆奏死刑詔

死刑雖令卽決。仍三覆奏。在京五覆奏。以決前一日三覆奏。決日三覆奏。惟犯惡逆者。一覆奏。著于令。唐會要四十

允八座忌日仍理軍務詔

今既戎旅大事。不可失在機速。所以仰順古風。俯從今請。唐會要二十三

獲石瑞曲赦涼州詔

門下。昔朱鳥降於周代。君臣動色。黃龍見於漢室。天下稱慶。況乃禎祥顯著。靈眷昭然者哉。朕嗣守宗祧。夙夜寅畏。憂勤在於政道。撫育遍於含生。十七載于茲矣。上玄儲祉。貞石表瑞。成命發於文字。事高振古。冥符邁於河洛。祚表無疆。朕是以式備禋燎。躬謝蒼昊。逮于儲兩。亦申虔拜。玄冬式序。黃鍾在律。朔風既切。飛雪載零。及長至在辰。同雲倏卷。既升泰壇。爰奉玉帛。六合開朗。愛日揚光。兩儀交泰。靈貺允集。神祇介福。豈獨在予。和樂之慶。宜被率土。可賜天下大酺三日。自漢魏以來。及於近代。每有大慶。或賜牛酒。然牛之爲用。耕稼所資。多有宰殺。深乖惻隱。其男子年七十以上。令州縣各量給酒米麵。並以官物充。涼州之地。嘉瑞攸出。加恩之典。抑有舊章。涼州都督府一州及所管縣。大辟罪以下。見禁囚徒。並宜原放。其十惡。故殺人。劫賊傷人。竊傷人。謀殺人已傷。官人枉法受財。監臨主守自盜。盜所監臨。悉不在施限。都督府官人及當州折衝府并縣官人。並宜賜會。以官物充。仍令通事舍人一人。馳驛往宣詔。并看會涼州百姓。給復一年。金紫光祿大夫行同州刺史檢校都督安

康郡開國公李襲譽賜絹一百疋所管縣令賜絹卌疋囚繫之徒雖有罪譴因茲嘉慶彌用哀矜其京城見禁囚徒宜令皇太子諱虛過其諸州囚徒遣使分道馳驛往慮十惡皆不在慮限訖並奏聞仍令所司具爲事條文館詞林六百六十七

立皇太子大赦詔

門下朕祗膺靈命嗣守鴻基孜孜於政道兢兢於寶位中夜求衣日旰忘食十七載于茲矣實欲敦睦九族平章百姓濟斯人于仁壽反澆風于湻樸永言前載詳思至道以爲儲貳之重宗祧所繫不肖者既爲

億兆廢之明德者又爲社稷立之三□既隆四海攸賴七廟之祀有寄萬代之祚方永元良之慶豈獨在予宜布愷澤被之率土可大赦天下自貞觀十七年四月十七日昧爽以前大辟罪以下罪無輕重已發覺未發覺已結正未結正皆赦除之文館詞林

誕皇孫恩降詔

門下固宗祧者允屬元良隆本枝者實資祚允周德所以休明漢歷於焉長久朕祗奉靈貺臨御帝圖天地降祉宗社垂祐今月嘉辰嫡孫誕育祥發高禖事踰甲觀一人之慶既洽萬葉之祗無疆宜布愷澤被之億兆天下見禁囚徒咸宜降罪死罪從流流從徒徒以下罪並放其犯十惡常赦所不免官人枉法受財監臨主守自盜盜所監臨劫賊傷人故殺人謀殺人已加功者並不在降限內外官職事五品以上子爲父後者各加勳官一轉天下大酺五日其去年收儉之處百姓既有少乏不在大酺之限同上

明經兼習周禮儀禮減選勅

自今已後明經兼習周禮若儀禮者於本色內量減一選冊府六百三十九

給內外官地子勅

內外官職田恐侵百姓先令官收慮其祿薄家貧所以別給地子去歲緣有水旱遂令總停如聞卑官頗難支濟事須優恤使得自贍宜準元敕給其地子冊府五百五

賜荊州都督武士彠手勅

公比絜冬冰方恩春日姦吏豪右畏威懷惠善政所暨祥祉屢臻白狼見于郊坰嘉禾生于壟畝其感應如此冊府六百八十一

章敬寺設齋勅

章敬寺是先朝創造從今已後每至先朝忌日常令

設齋行香仍永爲恆式　唐會要四十九

問法琳臨刃不傷勅

所著辯正論信毀交報篇曰有念觀音者臨刃不傷且赦七日令爾自念試及刑決能無傷不　續高僧傳三十二

敘勞進階例勅

散位一切以門蔭結階品然後依勞進敘凡入仕之後遷代則以四考爲限四考中中進年勞一階每一考中上進一階一考上下進二階五品以上非特恩剌史無進階之令　冊府六百三十五

決四日進蔬食勅

前勅在京決死四日進蔬食自今以後決外州四第三日亦進蔬食　唐會要四十

與于乾長勅

勅交州都督府司馬于乾長交州重鎮控馭夷夏二佐之任不易其人遂安公壽雖是宗室近親未經職務須相匡弼共行善道聞卿乃背公向私唯存諂媚非理之事動必贊成奉法之人即共排毁彼都督府長史李玄明居官清慎每存正直卿與都督疾之若讎計卿此情難可容恕但以遠道察訪恐未詳審所以不即加罪更令委訪卿宜自勉勵改往修來若此

行不悛必無縱捨之理宜知　文館詞林六百九十一

授杜如晦等別檢校官勅

勅兵部尚書蔡國公杜如晦刑部尚書永康縣公李藥師勳望之重情寄攸深雖成務禮闈宜參掌樞祕如晦可檢校侍中藥師可檢校中書令　同上

命房玄齡檢校禮部尚書勅

勅中書令邢國公房玄齡勳高情舊望重寄深文昌政本參贊攸屬可檢校禮部尚書事　同上

請勿棄河東表

太原王業所基國之根本河東殷實京邑所資若舉而棄之臣竊憤恨願假精兵三萬必望風平殄武周克復汾晉　冊府十九

請慧淨爲普光寺任令

紀國寺上座慧淨法師名稱高遠行業著聞綱紀伽藍必有弘益請知寺任　續高僧傳卷三

骨利幹名馬敘

骨利幹獻馬十匹特異常倫觀其骨大業粗鬣高意闊眼如懸鏡頭若側塼腿像鹿而差圓頸比鳳而增細後橋之下促骨起而成峰側鞹之間長筋密而如瓣耳根鐵勒杉材難方尾本高麗掘塼非擬腹平膁

小自勁馳驅之方鼻大喘疏不乏往來之氣殊毛共槭狀花蘂之交林異色同羣似雲霞之間彩仰輪烏而競逐順緒氣而爭追噴沫則千里飛紅流汗則三條振血塵不及起影不暇生顧見彎弓逾勁羽而先及遙瞻伏戳占人目而前知骨法異而應圖工藝奇而絕象方馳大宛固其駑蹇者歟 唐會要七十二

使至帖

使至辱書知公所苦少可慰意何言不知信復更復何似時氣漸冷善將息所請景賢公卽宜留聽追然後遣苦無好藥更遣揀擇今爲北邊動靜奉勅卽行

相去大近信使非遙實情欣悒耳遣無二 李世民呈

東都帖

東都今年別稅草今既不去並停常稅草彼處應無用處乞宜減納卽早處分勿遲勅九日

服蜀葵帖

卿昨日道服蜀葵可錄方將來勅廿三日

唱箭帖

唱箭處只道官號及姓不唱名不知是何人想宜應合唱名勅三日

臨朝帖

比者久嬰沉疾虛弊何言昨旦臨朝略無勞倦看此稍望平復未知於後何如且用慰心自怡而已昨夜痛發少覺勞弊所以不能相見若有事進勅十一日

昨日帖

昨日來體履似漸可始聞卿不佳旦來何似勅

平復帖

三五日來漸望平復所以不能相見恐更勞發勅

道宗帖

卿與道宗誰已得多馬明當至故遣問卽報勅十四日所疾者漸可不至憂耳

北邊帖

北邊始有表至甚無事故書相報勅

八柱承天帖

八柱承天乾道由其廣運四維紐地坤元所以載安是知締搆經綸必佇風雲之佐燮諧樞宇咸資川嶽之靈故軒邱御曆六相宣其景化嬀水乘時五臣濟其鴻業

氣發帖

數日來氣發今旦服一飲子不得相見有事進狀勅中書門下三品廿七日

門下中書省帖

門下中書省及侍郎給事中舍人員外郎鎧曹參軍左右庶子。明日移營向五橋一二里。著敕三日。

患痢帖

數日來患痢。今雖稍可。猶自虛惙。欲三五日將息。諸司有事進狀。敕十一日。並淯化閣帖

高宗皇帝

事蹟詳全唐文十一。

量敘隋齊忠烈子孫詔

隋儀同三司豆盧毓。御史中丞游楚客。齊侍中崔季舒。給事黃門侍郎裴澤。並標忠烈。其子孫令所司量材敘用。唐會要四十六

廣召解律人詔

律學未有定疏。每年所舉明法。遂無憑准。宜廣召解律人條義疏奏聞。仍使中書門下監定。唐會要三十九

毀剔寶鈿鞍轡詔

朕近尋殿中舊帳。寶鈿鞍轡甚多。既非所須。徒煩貯掌。其殿中供奉及妃嬪已下寶鈿。並金裝鞍轡轜韉。等並宜令毀剔。各依儀式。須賜人者量留。唐會要三十二

申嚴婚姻受財詔

後魏隴西李寶。太原王瓊。滎陽鄭溫。范陽盧子選。盧渾。盧輔。清河崔宗伯元孫。凡七姓十一家。不得自為婚姻。仍自今已後。天下嫁女受財。三品已上之家。不得過絹三百匹。四品五品不得過二百匹。六品七品不得過一百匹。八品以下不過得五十匹。皆充所嫁女貲粧等用。其夫家不得受陪門之財。唐會要八十三

搜訪賢才詔

內外官四科舉人。或孝悌可稱。德行夙著。通涉經史。堪居繁劇。或游泳儒術。沈研冊府。下帷不倦。博物馳聲。或藻思清華。詞鋒秀逸。舉標文雅。材堪遠大。或廉平處事。强直為心。洞曉刑書。兼包文藝。者精加搜訪。各以名薦。冊府六百四十五

禁斷惡錢詔

天下惡錢。並令禁斷。錢令初下。或恐艱辛。宜量出米十萬石。令府縣及太府寺選交易穩便處所分置。依時價糴與百姓。收取惡錢。便送少府監捶碎。唐會要八十九

行幸戒煩擾詔

來年行幸岱宗。州縣不得浪有煩擾。其水淺可涉。不可繕造橋梁。所行之處。亦勿開道路。諸州及寺觀并百姓。不得輒獻食。唐會要卷七。

給京外官俸料詔

京文武官應給防閤庶僕俸料始依職事品其課及賜各依本品凡京文武正官每歲供給俸食等錢總十五萬二千七百二十貫員外官不在此數外官則以公廨田收及息錢等常食公用之外充月料以長官定數其州縣少尹長史司馬及丞各減長之半大都督府長史副都督別駕及判司准上佐以職田數爲加減其參軍及博士減判司主簿縣尉丞各三分之一諸內員外同正員者祿料賜會食料一事以上並同正員其不以同正員者祿賜食料亦同正員餘

各給半職田並不給

量停律外決杖詔

別令於律外決杖一百者前後總五十九條決杖既多或至於死其五十九條內有盜竊及蠱害尤甚者今後量留一十二條自餘四十七條並宜停 唐會要四十

令王公百姓出錢充官人俸料詔

廩食爲費同資於上農歲俸所須並課於編戶因地出賦則沃瘠未均據丁收物則勞逸不等俾之富教其可得乎永念於斯載懷釐創如聞文武內外官應給俸料課錢及公廨料度封戶租調等遠近不均貴賤有異輸納簡選事甚艱難運送腳錢損費實廣公廨出舉迴易典吏因此侵漁撫字之方豈合如此宜令王公已下百姓已上率口出錢以充防閤庶僕邑士白直折衝府仗身并封戶內官人俸食等料既依戶次貧富有殊載詳職務繁簡不類率錢給用須有等宜具條例并各逐便 冊府五百五

定文武官進階例詔

比來文武官計至三品一計至者多未甄擢再計至者隨例必升賢愚一貫深乖獎勸今後一計至已上有在官清慎材堪應務者所司具狀錄奏當與進階

若公正無聞循默自守及未經任州縣官雖再經計至亦不在加階之限 唐會要八十一

孝敬皇帝祔廟敕

孝敬皇帝神主再朞之後宜祔于太廟之夾室遷祔之日神主遍朝六廟仍令禮官考覈前經發揮故實具爲儀制副朕意焉 唐會要十九

選人試經史授官敕

司戎諸色考滿入選司列諸色考滿入流人並兼試一經一史然後授官 冊府六百二十七

詳議選政敕

勅吏部兵部選人漸多及其銓量十放六七既疲於來往又虛費資糧宜付尙書省集京官九品已上詳議同上

停追收魚袋勅

恩榮所加本緣品命帶魚之法事彰要重豈可生平在官用爲褒飾纔至亡殁便即追收尋其始終情不可忍自今已後五品已上有薨亡者其隨身魚袋不須追收唐會要三十二

功臣致仕加階勅

功臣貞觀三十六年已來簡退者特宜同致仕例其

太原元從及秦府左右仍各加階先有正四品者不在此例唐會要四十五

定夷船市物例勅

南中有諸國舶宜令所司每年四月以前預支應須市物委本道長史舶到十日內依數交付價值市了任百姓交易其官市物送少府監簡擇進內唐會要六十六

忌日廢務勅

高祖大武皇帝既開洪業不可限以常禮忌日特宜廢務唐會要八十二

沛王賢判尙書省勅

尙書省與奪事及須商量拜奏事等文案並取沛王賢通判其應補擬官及廢置州縣并兵馬刑法等事不在判限唐會要卷四

定諸州長官選改例勅

諸州都督刺史及上佐見執魚契者中間選改須有分付其有選改無三官者且留知州事待攝官及三官內一人至任依常唐會要六十九

免賤爲良勅

放還奴婢爲良及部曲客女者聽之皆由家長手書長子已下連署仍經本屬申牒除附諸官奴婢年六十已上及廢疾者並免賤唐會要八十六

樂籍人應侍親病取中男充勅

音聲人及樂戶祖母老病應侍者取家內中男及丁壯好手者充若無所取中丁其本司樂署博士及別敎子弟應充侍者先取戶內人及近親充唐會要三十四

議繼嫡母服制勅

雖云嫡母終是繼母據理緣情須有定制付所司議定奏聞唐會要三十七

縣令內簡擇淸望官勅

縣令有聲績可稱先宜進考員外郎侍御史京兆兩

南判司及自餘淸望官先於縣令內簡擇。唐會要八十一

貢舉人須先通道經孝經勅

自今已後道經孝經並爲上經貢舉人並須兼通其餘經及論語任依常式。册府六百三十九

用上元舞勅

新造上元之舞先令大祀享皆將陳設自今以後圜丘方澤太廟祀享然後用此舞餘祭並停。唐會要三十二

以禮停任官聽致仕勅

文武官五品已上老及病不因罪解并五品已上散官以禮停任者聽同致仕。唐會要六十六

請置東宮史職表

臣聞漢書曰太子既冠成人乃有紀過之史今所以冒敢陳聞請遵故實願置史職用爲箴誡。唐會要六十七

賜四臣贊

汎洪源，俟舟檝。戴至德　飛九霄，假六翮。郝處俊　沓啟沃，罄丹誠。李敬玄　竭忠節，贊皇猷。崔知悌

答玄琬書

辱師所示妙法四科循覽周環用深銘佩法師早祛塵累遊神物表闡鷲嶺之微言探龍宮之祕藏洞開靈府凝照玄門固以高步彌天鄰幾初地遂能留情博施開導蒙心理實義周詞華致遠包括今古網羅內外訓誘之至審諭之方縱聖達立言師傅弘道亦未足髣髴要津擬議高論但行慈滅殺順氣奉齋斯乃仁人之心以成大慈之行謹當緘諸心府奉以周旋永藉勝因用斯冥祐。續高僧傳二十八

元堂帖

使至知元堂已成既得早了深以爲慰不知諸作早晚總得斷手日月猶賒必須牢固數日來極熱卿等檢校大應疲倦陵初料高一百一十尺今聞高一百卅尺不知此事虛實今因使還故遣相問。勅十五日

太子僻洛城帖

太子無事欲僻洛城西門使聽更不須覆奏。勅廿三日

過午帖

過午將審行宏福及倉糧悵之絕戸數向衙裏來。勅廿五日

文瓘帖

卿及文瓘處俊敬午前到九乾門來。勅廿九日

平章事帖

昨日令卿等平章事遣作狀報何因不進。勅六日

東都帖

今遣往東都逐生氣散已下宮臣及隊仗至彼聽入於文思章善等門祗承啓事進食等物並聽其文思門宿衛處卿等共其相知檢校勅更不須覆奏廿六日。

弔江叔帖

不審夜來胷氣何以想當漸散痢復斷未江叔所患竟不瘥除奄然逝聞問悲痛哽咽何言相叔同氣之傷故當難處今故遣使往參一一無委諺

懷讓帖

懷讓患水邊身腫復利形勢極惡耶耶意多恐不濟遺愛勞發大重氣候似少可於豆盧亦似難差傷念不可言奴報其婦知也

按弔江叔懷讓兩帖閣帖收入太宗宋黃伯思以爲高宗信是今從之

晚間帖

六尚書及尚書左右承侍郎殿中將作少府司農等長官今日晚間並喚向衙裏來勅至德二日。並淳化閣帖

唐文拾遺卷之二

榮祿大夫三品頂戴前分巡廣東高廉道加四級臣陸心源輯

中宗皇帝

事蹟詳全唐文十六。

依舊給功臣家所食實封制

功臣段志玄屈突通蕭瑀李靖秦叔寶長孫順德劉弘基宇文士及錢九隴程知節麗卿揮寶琮苑君璋李子和張平高張公謹梁洛仁安修仁秦行師獨孤彥雲蘇定方李安遠鄭仁泰杜君綽李孟嘗等二十六家所食實封並依舊給冊府五百五

答權若訥手制

卿資孝踐忠懷才蹈義討論今古皆據典章循覽所陳再三嘉尚冊府

崇恩廟依舊享祭制

武氏崇恩廟依舊享祭仍置五品令七品丞昊順二陵署令丞如太廟唐會要二十一

禁節日進奉制

自今應是諸節日及生日並不得輒有進奉又所在五月五日非大功已上親不得輒相贈遺唐會要二十九

封戸甚於征行勅

應食封邑者一百四十餘家應出封戶凡五十四州皆天下膏腴物產其安樂太平公主封又取富戶不在損免限百姓著封戶甚於征行（冊府五百五）

依例送戶籍勑

勑諸籍應送省者附當州庸調車送若庸調不入京雇腳運送所須腳直以官物充諸州縣籍手實計帳常留五比省籍留九比其遠年依次除皇宗祖廟難毀其子孫皆於宗正附籍自外悉依百姓例（冊府四百八十六）

功賞依格式勑

應酬功賞須依格式格式無文然始比例其制勑不言自今以後永為常式者不得攀引為例（唐會要三十九）

禁擒捕烏雀勑

烏雀昆蟲之屬不得擒捕以求贖生犯者先決三十宜令金吾及縣市司嚴加禁斷（唐會要四十一）

冊立使不得差蕃官勑

應差冊立諸國使並須選擇漢官不得差蕃官去（唐會要五十九）

京外遞相移易勑

內外之職出入須均更遞往來始問政洽京官中有

才幹堪治人者量與外官外官中有清慎著稱者量與京職（唐會要六十八）

檢校市事勑

諸非州縣之所不得置市其市當以午時擊鼓二百下而眾大會日入前七刻擊鉦三百下散其州縣領務少處不欲設鉦鼓聽之車駕行幸處即於頓側立市官差一人權檢校市事其月兩京市諸行自有正鋪者不得于鋪前更造偏鋪各聽用尋常一樣偏廂諸行以濫物交易者沒官諸在市及人眾中相驚動令擾亂者杖八十（唐會要八十六）

答唐紹手勑

乾陵每歲正旦冬至寒食遣外使去二忌日遣內使去其諸陵並依來表（唐會要二十）

諸陵供擬不得差派勑

諸陵所使來往宜令所司預料所須送納陵署仍令署官檢校隨事供擬不得差百戶私備支承（唐會要二十一）

定仗下奏事例勑

仗下奏事人宜對中書門下奏若有祕密未應揚露及太史官不在此限（唐會要二十五）

奏事先進狀勑

諸司欲奏大事並向前三日錄所奏狀一本先進令長官親押判官對仗面奏其御史彈事亦先進狀上同

給諸門交魚符勅

宮殿門皇城門京城門禁苑門左右內外各給交魚符一合巡魚符一合左廂給開門魚一合右廂給閉門魚一合左符付監門掌交番巡察每夜并非時開閉則用之唐會要三十

免樂籍人科徭勅

太常樂鼓吹散樂音聲人並是諸色供奉乃祭祀陳設嚴警鹵簿等用須有矜恤宜免征徭雜科唐會要三十三

優恤功臣子孫勅

自宏道以前經任相三年已上及秦府晉府寮佐四品已上並食實封功臣雖經罪責不致破家子孫無任京官者特宜優與一官英府周府舊寮五品已上子孫亦宜準此唐會要四十五

處分理訴勅

諸色理訴兼抑論內狀出付中書應制勅處分者當爲商量自餘並封本狀牒送所司處分唐會要五十四

定內宴供食例勅

內宴王公已下尚食局進供客食於閤門付品官將入其局官等非別勅喚不得輒自下飲食唐會要六十五

員外官分判曹事勅

內外員外官及檢校試官宜令本司長官量閑劇取資歷請與舊人分判曹事自外並不在判事之限其長官副貳官不在此限唐會要六十七

巡警街鋪勅

諸街鋪並令左右金吾中郎將自巡仍各加果毅兩人助巡隊唐會要七十一

羽林飛騎廚食准國子監例勅

左右羽林飛騎廚食准國子監例委軍司自定官典押當唐會要七十二

任滿依本資選敘勅

六品已上官緣州縣改入上中下階品與元授不同者宜休舊任考滿日依本資選敘不須改動者唐會要八十一

定女樂部數勅

三品已上聽有女樂一部五品已上女樂不過三人皆不得有鐘磬唐會要三十四

准蕃人讀書國子學勅

吐蕃王及可汗子孫欲習學經業宜附國子學讀書

唐會要三十六

答盧粲諫爲武崇訓造陵勅

安樂公主與永泰無異同穴之義今古不殊魯王陵緣此特爲陵制不煩固執唐會要二十一

別庫貯錢市物勅

少府季別先出錢二千貫別庫貯每別勅索物庫內無者即令市進皆須對主付価不得且令供物於後還錢其錢兼以絹布絲綿充數其祠進明衣及布亦用此物充唐會要六十六

事蹟詳全唐文十八。

進狀題時刻勅

南衙北門及諸門進狀及封狀意見及降墨勅並于狀上書題時刻夜題更籌唐會要二十六

禁諸節賀遺勅

太子及諸王公主諸節賀遺並宜禁斷惟降誕日及五月五日任其進奉仍不得廣有營造但進衣裳而已諸親及百官一切不得進唐會要二十九

令史資勞勅

內侍省令史資勞宜同殿中省令史其五局令史同殿中省諸局唐會要六十五

部送太常所須粢盛勅

太常寺所須粢盛令總計科定每年所司差綱一人典二人一時部送不得更有零疊亦不得輒差使催同上

常參官廊下設食勅

左右廂南衙廊中食每日常參官職事五品以上及員外郎供一百盤羊三口餘賜中書門下供奉官及監察御史太常博士百官每日常供具三羊六參日節日加羊一口冬月量造湯餅及黍臛夏月冷淘粉

粥其粟黃文桃梨榴桱柹等擇不堪供進者亦供衙前食若御內坐當參日即於外廊設食并給門下中書有餘賜供奉官六品以下及在仗三衛主兵帥漏生漏刻直官等食不須迴抗東宮衙前食並准此仍每坐日職事五品以上賜食供四日五盤有餘賜左右春坊供奉官詹事直若非坐日設三盤諸節日應設食者准料即造不須奏聞其斷屠日各於衙內設兩口羊食其六品以下於光祿食者每正冬寒食三節皆給餅肉作節食同上

句覆兩京四庫書勅

兩京四庫書每年正月據舊書聞奏每三年比部勾覆具官典及攝官替代之日據數交領如有欠少即徵後人唐會要三十五

令百司尋覽格令勅

律令格式爲政之本內外官人退食之暇各宜尋覽仍以當司格令書于廳事之壁俯仰觀瞻使免遺忘唐會要三十九

御承天門樓賜食勅

每御承天門樓朝官應合食并蕃客辭見並令光祿準舊例於朝堂廊下賜食其朝官食迴衙內食充唐會要六十五

押仗奏平安勅

左右衞將軍縱非當上日每日一人押仗其左右金吾將軍亦一人押仗奏平安唐會要七十一

勒還游客勅

游客官人子弟勒還本貫十日外杖一百居停同罪須覲問郎陳牒給假發遣唐會要八十二

元宗皇帝

事蹟詳全唐文二十

命馬懷素侍讀制

春卿入講道盛儒學德璉賦詩義均師友光祿卿馬懷素靜專勤道貞忠履信詞賦成於鼓吹典墳富於泉海絕韋斷精重席待問豈止本仁祖義行先王之道故亦謙退謹密多君子之風朕於聽政之餘嘗思稽古之對俾遷近侍潤玆鴻業可左散騎常侍仍每日入朝侍讀冊府五百九十九

授嵩陽觀道士崔泌太子洗馬制

前刑部員外郎嵩陽觀道士崔泌門承貴仕志慕元宗頃辭簪紱之榮遂託囂塵之外棲遲隱鈞獨往忘歸雖高尚之風雅正於浮俗而精貢之道申寵於幽人宜迴紫洞之游俾在青宮之列可太子洗馬冊府九十八

答劉彤制

朕夙敬之志惟在昧爽卿重慎之誠欲及辨色國體宜爾用納良規然要須早朝稍盡夜漏耳

以理去職具名錄奏制

曾任五品以上清資官以理去職者所司具錄名奏老病不堪釐務者與致仕唐會要六十七

授顏元孫滁州刺史制

仰並早升清要特擅風規往牧黎人宜榮剌舉可依

前件主者施行黃本顏魯公文集

授顏眞卿監察御史制

長安尉顏眞卿文學擅於登科器幹彰於適用宜先汗簡之職俾著埋輪之效可依前件主者施行同上

擇使觀察風俗制

古者三載考績黜幽陟明允升大猷以□勸天下比來諸道所通善狀但優仕進之輩與爲選調之資責實循名或乖古義自今已後諸道使更不須通善狀每至三年朕當自擇使者觀察風俗有淸白政理者當別擢用冊府六百三十五

宣光景元四陵置官制

伏以八代祖宣皇帝七代祖光皇帝六代祖景皇帝五代祖元皇帝自昔追尊號謚稽古有則而陵寢所奉須廣彝章其建初啓運二陵仍准興寧陵例置官及陵戶自今已後每歲至春秋仲月宜分命公卿准諸陵例分往巡謁仍命所司准數造輅於陵署收掌以充備禮之用其建初啓運興寧永康等四陵年別四時及八節委所由州縣數與陵署相知造食進獻唐會要二十

貶田仁琬舒州刺史制

田仁琬忝居節度鎮守西陲不能振舉師律緝寧夷夏而乃公行暴政不務恤人撓亂要荒略無承稟邊官之責職爾之由宜黜遠藩用誡邊使可舒州刺史即馳驛赴任冊府四百五十

賜宋璟手制

所進之言書之座右出入觀省以鑒誡終身唐會要

試崇元生各減一條制

崇玄生試及帖冊各減一條三年業成始依常式冊府六百四十

停來歲江淮漕運制

所運糧儲本資國用太倉今旣餘羨江淮轉輸艱勞務在從宜何必舊數其來載水陸運入京宜並停冊府□□

禁止義倉變造詔

州縣義倉本備儉年賑給近年以來每三年一度以百姓義倉糙米遠送京納仍勒百姓私出腳錢自今以後更不得以義倉變造唐會要八十八

封華山詔

以今載十一月有事華山中書門下及禮官詳議儀注奏聞務從省便冊府三十六

禁東都用錢變動詔

如聞東都用錢漸有變動留守及河南尹作何檢校宜勑劉知柔單思遠稍自勖勵嚴加捉搦册府五百一

季俸先給錢詔

近斷惡錢恐人家少錢行用其兩京文武官夏季防閤庶僕宜卽先給錢待後季任取所配物貨賣准數還官同上

銷毀惡錢詔

禁斷惡錢改鑄新者務於精好行之久長如聞諸道置鑄御史專掌未稱所委仍有濫惡且更提振不卽加罪有先鑄不如法總重毀鍊并已納太府者並令更揀擇不合樣送所由重鑄已後倍須在意不得更然兩京少府並准此同上

官收惡錢詔

比來所市惡錢畧計數應未盡本欲防其私鑄務在總納於官若博換尚多則須擡估價百姓情願出惡錢一千文計秤滿六斤卽官以好錢三百文博取無好錢處依特估折布絹雜物每季終各令隨近送納鑄錢仍申主者勘會同上

求言詔

比令百官更直待制期於讜議時納箴規不聞一言甚無謂也凡百庶僚宜體朕懷各盡昌言以副虛佇唐會要二十六

定三恪詔

自古帝王建邦受命必敬先代以循舊章日予嘉客肅雍成性温潤合理雅有助祭之容宛是宜邦之具册府一百七十三

案全文三十九卷加尊號赦文佚日予嘉客以下四句

進奉先縣職望詔

黃長軒臺漢尊陵邑名教之地因心爲則宜進奉先縣職望班員一同赤縣所管萬三百戶以供陵寢卽爲永例唐會要二十

京官考滿選例詔

京官考滿帶祿選有本司要籍奏留請不用闕者選數不須與成勞册府六百三十五

陳許豫壽四州分地均耕詔

陳許豫壽等四州本開稻田將利百姓度其收獲其役功庸何如分地均耕令人自種先所置屯田宜並定其地量給逃還及貧下百姓册府五百三

三皇以前置廟詔

天皇氏地皇氏人皇氏有巢氏燧人氏其祭料及樂請准三皇五帝廟以春秋二時享祭（唐會要二十二）

案全文三十九卷加應道尊號赦文佚此三十四字

改定山水名稱詔

天下山水名稱或同義且不經多因於里諺事若仍舊何成於禹別宜所司各據圖籍改定訖聞奏（會要五十九）

流宋渾嶺南詔

渾幸因門緒累升榮秩頃委以澄清擢居風憲而公心有害私慾彌彰冒法受贓既墜於家業敗名徇私載犯於國章特申念舊之恩俾從流放之典宜除名長流嶺南高要郡（冊府四百八十二）

舉人不得充鄉賦詔

天下舉人不得充鄉賦皆須補國子學生及郡縣學生然後聽舉四門俊士停（冊府六百四十）

委採訪使具官人善惡詔

三載黜陟百王令典殿最之迹靡間攸歸欲更別遣使臣慮有煩擾今載宜委本道採訪使具官人善惡奏聞以申勸沮（冊府六百三十五）

流李彭年嶺南詔

彭年幸以資序累登清貫委之銓綜任以權衡不能徇公滅私持平守直而乃貪財敗類黷貨無厭既玷清朝有冒法度頃令推鞫皆自款承據其罪名合當殊死但以陽和布令善貸好生特捨嚴刑俾從流竄宜除名長流嶺南臨賀郡仍即差綱馳驛領送朕以爲制理之本期返淳風庶叶至公期於不犯永言議罪良用憮然其陳力就列本於正己從事効官義存守法爲惡者與衆共棄務善者以才必升凡百庶僚深宜自勉立身之道可不慎歟（冊府六百三十八）

賜澤州刺史李泌詔

今荆南都會粤在澧陽俾人歸原惟賢是牧以爾文可以化成風俗政可以全活惸嫠爰命頒條期乎共理無薄淮陽之守勉思渤海之功（冊府六百七十一）

聽工部尚書元懷景致仕詔

懷景朝廷舊德光陰遲暮宜聽致仕遂其頤攝

監司每月具宮內用數勅

總監每年支雜物到其鈔數於本門進若宮內所須別索供訖每月終宜令監司具破用數進（唐會要六十六）

制表年月作一二等字勅

制勑表狀書牋牒年月等數作一十二十三十四十字。唐會要二十六

都督刺史面辭勑

自今已後都督刺史每欲赴任皆引面辭。朕當親與疇咨用觀方略至任之後宜待四考滿。隨事褒貶與之改轉。唐會要六十九

禁賜酺聚歛勑

賜酺合宴止欲與人同歡。廣爲聚歛。固非取樂之意。今後宴會所作山車旱船結綵樓閣寶車等俱是無用之物。並宜禁斷。唐會要二十九

諸蕃使次第入朝勑

諸蕃使都府管羈縻州其數極廣每州遣使朝集頗成勞擾應須朝賀委當蕃都督與上佐及管內刺史自相通融明爲次第。每年一蕃令一人入朝給左右不得過二人。仍各分頭諸州貢物於都府點檢一時錄奏。唐會要二十四

禁朝參不著珂繖勑

文武官朝參著袴褶珂繖者其有不著入班者各奪一月俸。若無故不到者奪一季祿。其行香拜表不到亦准此。頻犯者量事貶降其衣冠珂繖乃許著到曹司。唐會要二十四

京官兩人隨仗勑

京淸官及朝集使六品已上。每日兩人隨仗待制。供奉及宿衛官不在此例。唐會要二十六

太廟五饗揀擇德望通攝勑

太廟每至五饗之日。應攝三公令中書門下及丞相師傅尚書御史大夫嗣王郡王中揀擇德望高者通攝。餘司不在差限。唐會要卷十七

分別銓授勑

六品以下官令所司補授。其員外郎御史並餘供奉

官宜進名勑授。冊府六百三十

揀擇太廟室長勑

太廟九室室長各三人。於見任齋郎中揀擇有景行諳閑儀注者送名禮部奏補。仍給厨食。滿十年與官。唐會要十七

太廟薦享加牙盤勑

每月朔望日。宜令尚食薦太廟。每一室一牙盤內官薦享。仍五日一開門灑埽。同上

職田租不得過六㪷勑

天下諸州縣并府鎮戍官等職田四至頃畝造帳申

省仍依元粗價對定六㪷已下者依舊定已上者不得過六㪷不毛者畝二斗唐會要九十二

禁保識官僞濫勑

諸色選人納紙保後五日內其保識官各於當司具名品并所在人州貫頭銜都爲一牒報選司若有僞濫先用闕然後准式處分冊府六百三十

要官之子年少不得授縣官勑

要官兒子少年未經事者不得作縣官親人同上

改轉員闕勑

諸州都督刺史上佐等官員闕非安穩者所授官在任經一考已上宜量與改轉同上

禁斷內外官守闕勑

內外官考未滿所司預補替人名爲守闕特宜禁斷縱後有闕所由不得令上冊府六百三十五

享宗廟差攝三公官勑

享宗廟差左右丞相尚書嗣王郡王攝三公行事若人數不足通取諸司三品以上長官自餘祭享差諸司長官及五品以下清官唐會要十七

宗廟加籩豆勑

宗廟祭享籩豆宜加麞鹿鶉兔野雞等料夏秋供腊

春冬供鮮仍令所司祭前一日具數申省准料令職中省供送同上

處置二王後子孫承襲例勑

勑二王後有賓者會賜同京官正三品其夫人亦同諸王公以下無子孫以兄弟爲後曾經侍養者聽承襲贈爵者亦准此若死王事雖不曾侍養亦聽承襲其二王後犯罪當除爵者改立次賢冊府一百七十三

贈太子廟令子孫主祭勑

諸贈太子須寺官爲主廟并致享祀雖禮欲歸厚而情實未安蒸嘗之時子孫不預若專令官祭是以疎閒親遂此爲常豈云教孝其諸贈太子有後者但官置廟各令子孫自主祭其署及官悉停若無後者宜依舊冊府六百二十一

諸郡員外官依式給料勑

諸郡員外官無闕職處均取正官料給錢數不定頗爲勞費自今已後闕料官及員外官依式取官錢準給

逃人復業放免當年租庸勑

諸州逃人先除籍帳能自歸復業者其應徵當年租庸賫課一事已上並宜放免其隱漏舉放改正人等

亦宜準此（冊府四百八十六）

五官品進狀勑

五品以上要官若緣兵馬要事須面奏陳聽其餘常務並令進狀（唐會要二十五）

嶺南北黔府管內闕官選例勑

應南州每府同一解嶺北州及黔府管內州每州同一解各令所管勘責出身由歷選數考課優劣等級作薄書先申省省司應選人曹名考第一事已上明造歷子選使與本司對勘定訖便結階定品署印牒付選使其每至選時皆須先定所擬官使司團奏後所司理覆同但憑進畫應給籤告所司爲寫限使奏勑到六十日內寫了差專使送付黔桂等州州司送本州府分付（冊府六百三十）

糊名試判勑

勑今年吏部選人宜依例糊名試判臨時考等第奏聞（同上）

改田地四至爲路勑

自今已後應造籍帳及公私文書所言田地四至者改爲路（冊府四百八十六）

唐文拾遺卷之三

榮祿大夫三品頂戴前分巡廣東高廉道加四級臣陸心源輯

元宗皇帝二

給京司文武防閤士力白直勑

王公已下視品國官及京官五品已下每月別給仗身悉停凡京司文武職事官五品已上給防閤一品九十六人二品七十二人三品四十八人四品三十二人五品二十四人六品已下給庶僕六品五人七品四人八品三人九品二人公主邑士八十人郡主六十人縣主四十人特封縣主四十二人京官任兩職者從多給凡州縣皆有白直二品四十人三品三十二人四品二十四人五品十六人六品十人七品六人八品五人九品四人凡諸親王府屬並給士力數如白直其防閤庶僕白直士力納課者每年不過二千五百執衣元不過一千文防閤庶僕舊制季分月俸食料雜用即月分諸官應月給（冊府五百六）

公卿巡陵依常式勑

每年春秋二時公卿巡陵初發準式其儀仗出城欲至陵所十里內還具儀仗所須馬以當界府驛馬充其路次供遞車兩來載儀仗推輅三十人餘差遣並停所司別供須依常式（唐會要二十）

六陵進羊口勅

獻昭乾定橋恭六陵朔望上食歲冬至寒食日各設一祭如節祭其朔望日相逢依節祭料橋陵除此日外仍每日進半口羊食唐會要二十一

四陵造食進狀勅

其建初啟運興甯永康四陵每年四時八節委所司判與陵署相知造食進獻同上

不移封內舊墳勅

諸陵使至先立封封內有舊墳墓不可移改自今以後不得更有埋葬同上

禁上墓燕樂勅

凡庶之中情禮多闕寒食上墓便爲燕樂者見任官與下考前資殿三年白身人決一頓唐會要二十三

先給明衣絹布勅

承前所給明衣多於齋夕付物既不先造徒有其名自今以後明衣絹布並祀前五日先給付監祭使具點閱仍永爲常式同上

朝集限日勅

諸督刺史上佐每年分蕃朝集限十月二十五日到京十一月一日見唐會要二十四

陳設諸王便坐勅

諸王入朝及別恩近至朝參日未入閤于便近處坐仍令所司陳設唐會要二十五

諸州貢人限數勅

應諸州貢人上州歲貢三人中州二人下州一人必有才行不限其數其所貢之人將申送一日行鄉飲酒禮牲用少牢以現物充唐會要二十六

奏事牒所進門勅

諸司進狀奏事並長官封題進仍令本司牒所進門并差一官送進諸奏事亦准此中書門下御史臺不須引牒其有告謀大逆者任自封進除此之外不得爲進如有違者并先決杖三十唐會要二十六

行幸起居勅

三都留守兩京每月一起居北都每季一起居並遣使即行幸未至所幸處其三都留守及京官五品已上三日一起居若暫出行幸發處留守亦准此並遞表唐會要二十六

代行朝集使勅

諸州朝集使長官上佐分蕃入計如次到有故判司代行未經考者不在禁限其員外同正員次正官後

集。唐會要二十四

嶺南五府不朝集勑

嶺南五府管內郡武安萬安等三十二州不在朝集之限。其承前貢物者並附都府貢進。同上

邊要州不在朝集勑

靈勝凉相代黔嶲豐洮朔蔚嬀檀安東疊廓蘭鄯甘肅瓜沙嵐鹽翼戎愼威西牢當郎茂驩安北庭單于會河岷扶拓安西靜悉姚雅播容燕順忻平靈臨薊等五十九州爲邊州。揚益幽潞荆秦夏汴澧廣桂安十二州爲要州。都督刺史並不在朝集之例。唐會要二十四

袴褶制度勑

應諸服袴褶者。五品已上通用紬綾及羅。六品已下小綾。除幞頭外。不得服羅縠及着獨窠綉綾。婦人服飾各依夫子。五等以上諸親婦女及五品已上母妻通服紫。九品已上母妻通服朱。五品已上母妻衣服襻褾緣用錦繡。流外及庶人不得着紬綾羅縠五色線鞾履。凡裥色衣不過十二破。渾色衣不過六破。幅子皆大露面。不得有掩蔽。正朝會及大禮陳設事緣供奉官攝官者。並依攝官服之。唐會要三十一

宰臣出鎭請朝官勑

宰臣自朝廷出鎭請朝官至侍御史已上者。即許兼章服。便爲久例。同上

笏制勑

諸笏三品已上。前屈後直。五品已上。前屈後挫。並用象。九品已上。竹木。上挫下方。男以上聽依品爵執笏。假板官依例。唐會要三十二

禁追匠修理雜物勑

殿中鞍轡繖扇及諸司雜物須修理造作者。本司送至作所修理。訖自往請受。不得追匠就本司。其不可送作司者。給匠修理。其物應納庫藏。亦本司自送。同上

五年一易門戟勑

廟社宮門。正一品開府儀同三司嗣王郡王上柱國柱國帶職事二品已上。及京兆河南尹大都督大都護開國及護軍帶職事三品若下都督諸州門。其門戟幡有破壞。五年一易。百官門不在官易之限。薨者葬訖追納。若子孫合給者。聽準數留。不足更給。其以理去任及改爲四品官。非被貶責。並不合追收。同上

禁伎樂勑

自有隋頹靡。庶政凋弊。徵聲徧于鄭衞。衒色矜于燕趙。廣場角牴。長袖從風。聚而觀之。寖以成俗。此所以

戎王奪志，夫子遂行也。朕方大變澆訛，用除災蠹。眘茲技樂，事切驕淫，傷風害政，莫斯爲甚。旣違令式，尤宜禁斷。（唐會要三十四）

禁散樂巡村勅

散樂巡村，特宜禁斷。如有犯者，并容止主人及村正決三十，所由官附考奏。其散樂人仍遞送本貫入重役。（同上）

免教坊博士雜徭勅

內教坊博士及弟子須留長教者，聽用資錢陪其所留人數，本司量定申者爲簿。音聲內教坊博士及曹第一第二博士房，悉免雜徭，本司不得驅使。又音聲人得五品已上勳，依令應除簿者，非因征討得勳，不在除簿之列。（同上）

聽縣學生入四門學勅

諸州縣學生年二十五已下、八品九品子若庶人生年二十一已下，通一經已上及未通經精神通悟有文詞史學者，每年銓量舉選，所司簡試，聽入四門學充俊士。卽諸州人省試不第，情願入學者聽。國子監所管學生，尚書省補；州縣學生，長官補。諸州縣學生專習正業之外，仍令兼習吉凶禮，公私禮有事處，令

示儀式，餘皆不得輒使。許百姓任立私學，欲寄縣州受業者亦聽。（唐會要三十五）

遞改明器墓田勅

古之送終，所尙乎儉。其明器墓田等，令于舊數內遞減。（唐會要三十八）

量貶左降官重犯勅

左降入考未滿，閒重有犯，應解免及放歸田里者，並申奏，更據狀輕重量貶。若是五流及餘犯，自依常法。（唐會要四十一）

決杖人發遣勅

自今已後，准格及勅應合決杖人，若有便流移左貶之色，決訖，許一月內將息，然後發遣。其緣惡逆指斥乘輿者，臨時發遣。（同上）

放周利貞等歸草澤勅

周利貞、裴談、張福貞、張思敬、王承、劉暉、楊允、姜暐、封行珣、張知衜、遂忠、公孫琰、鍾思廉等十三人，皆爲酷吏，比周興、來俊臣、侯思立等事跡稍輕，並宜放歸草澤，終身勿齒。（同上）

流酷吏來子珣等勅

周酷吏來子珣等，身在者宜長流嶺南，身沒子孫亦

不許仕陳嘉言魚承煜皇甫文備傅遊藝宜配嶺南身没子孫亦不許仕同上

留歷生兩人勅

太史局歷生每番留兩人當上餘並七月一日上至十月三十日下唐會要四十四

試天下僧尼誦經勅

有司試天下僧尼年六十已下者限誦二百紙經每一年限誦七十三紙三年一試落者還俗不得以坐禪對策義試諸寺三綱統宜入大寺院唐會要四十九

檢責僧尼勅

朕先知僧徒至弊故預塞其源不度人來向二十餘載訪聞在外有二十已下小僧尼宜令所司及府縣檢責處分唐會要四十九

禁釋道聚衆勅

惟彼釋道同歸凝寂各有寺觀自宜住持如聞遠就山林別爲蘭若兼亦聚衆公然往來或妄說生緣輒在俗家居止即宜一切禁斷同上

差官送龍璧勅

每年春季鎮金龍玉殿功德事畢合獻投山水龍璧出日宜差散官給驛送合投州縣便取當處送出准式投告唐會要五十

安置諸道眞容勅

諸道眞容近令每州於開元觀安置其當州及京兆河南太原等諸府有觀處亦各令本州府寫貌分送安置同上

源乾曜等食實封勅

侍中源乾曜中書令張嘉貞兵部尚書張說等忠誠輔弼以致昇平褒德賞功先王制也自今已後中書門下宜供食實封三百戶自我禮賢爲百代法仍令所司即令支給唐會要五十三

詳覆加階勅

加階入三品幷授官及勳封甲幷諸色闕等進書出至門下省重加詳覆有駁正者便即落下墨塗訖仍於甲上具注事由幷牒中書省唐會要五十四

進封事不限旦晚勅

自今已後諫官所獻封事不限旦晚任封狀進來所由門司不得有停滯如須側門論事亦任隨狀面奏即便令引對如有除拜不稱於職詔令不便於時法禁乖宜刑賞未當征求無節冤抑在人並極論失無所迴避以稱朕意其常詔六品以上亦宜准此唐會要五

五十

訴寃經尚書省勅

在京有訴寃者並於尚書省陳牒所由司爲理若稽延致有屈滯者委左右丞及御史臺訪察聞奏如未經尚書省不得輒入于三司越訴 唐會要五十七

勅後起請連元勅後勅

尚書省諸司有勅後起請及勅付所司商量事並錄所請及商量狀送門下及中書省各連於元勅後所申仍于元勅年月前云起請及商量如後 同上

褚璆等稽滯案牘勅

尚書省天下政本仍令有司各言職事吏部員外郎褚璆等十人案牘稽滯璆稽四道戶部員外郎呂太一四道刑部員外郎崔廷玉二道兵部員外郎李廷言刑部郎中楊孚虞部郎中田再思各一道虞部員外郎崔賞三道且六官分事四方取則尚書郎皆是妙選須稱職司焉可尸祿悠悠曾無斷決昨者試令詢問遂有如此稽遲動即經年是何道理至如行判程限素標令式自今後各宜懲革再若有犯別當處分 唐會要五十八

按全文二十七所收戒諭褚璆詔與此文前半略同疑別爲一首

諸州庸調等簿留空紙勅

諸州每年應輸庸調資課租及諸色錢物等令尚書省本司豫印紙送部每年通爲一處每州作一簿預皆量留空紙有色數並於腳下具書綱典姓名郎官印署如替代其簿遞相分付 同上

修長行旨條勅

以每年租稅雜支輕重不類令戶部修長行旨條五卷諸州刺史縣令替日並令遞相交付省司每年但據應支物數進畫頒行附驛遞送其支配處分並

依旨文爲定 同上

文武互選定品勅

吏部選人請武選者宜取強壯身材六尺以上者稽年四十以下堪統領者其兵部選人請文選者宜取材堪治民工於書判並無負犯十二月內定品奏聞一送以後並不在卻關之限 唐會要五十九

侍郎專知武舉勅

所設武舉以求材實仕進之漸期爲根本取舍之閒尤宜審愼比來所試但委郎官品位既卑焉稱其事自今以後應武舉人等宜令侍郎專知 同上

同州等注田收入長春宮勑

同蒲絳河東西并沙苑內無問新舊注田蒲萑並宜收入長春宮仍令長春宮使檢校同上

專知傳驛官勑

專知傳驛官一差定後年限未終所由不得輒迴改并到差使及別報勾當唐會要六十一

訪察驛馬淹留勑

兩京都亭驛應出使人三品已上及清要官驛馬到日不得淹留過時不發餘並令就驛進發左右巡御史專知訪察同上

乘傳給券勑

如聞比來給使人爲無傳馬還只乘驛從押傳遞事頗勞煩自今已後應乘傳者宜給紙券同上

御史出使勑

御史出使非充推案覆囚不得輒差判官其出使日皆於側門進狀取處分唐會要六十二

申明御史出使格勑

御史出使舉正不法身苟不正焉能正人如聞州縣祇迎相望道路牧宰祇候僮僕不若作此威福其如禮何今後申明格勑不得更示威權同上

廣召能書勑

於秘書省昭文館兼廣召諸色能書者充皆親經御簡後又取前資常選三衛散官五品已上子孫各有年限依資甄敘唐會要六十四

褒貶學士修書勑

學士等入經三年已上爲年深若校理精勤紕繆多正及不詳覆無所發明委修書使錄奏別加褒貶同上

禁請外醫療勑

尚藥局醫官王公已下不得輒奏請將外醫療唐會要六十五

復內侍局勑

義方之訓固在親承太子既絕外朝中官自通禁省有何殊異別立主司其內坊宜復內侍省爲局同上

免內侍差科勑

內侍省內坊單身給使有品無品並免戶例差科同上

給內侍酒料勑

內侍將軍中郎內侍內給事五品已上官宜准宿衛官給酒料同上

內侍遭憂勑

內侍省品官遭憂宜待終服還宮勒上如有灼然要

籍者臨時奏同上

陵署考第隸太常勅

諸陵主衣主輦主藥每色各八員分爲四番季上其考第仍隸太常寺其陵署若更有執掌亦于此三色內通融驅使同上

補擬諸道牧監官勅

諸道牧監官有闕緊要者委本使簡擇明閑牧養者奏付選司勘實補擬如非其林所由科貶經負犯者不在奏補之限牧尉有闕亦委使司差補申牒所由如不足並申省司速訪補擬唐會要六十六

審詳犯官雪罪勅

內外官犯贓賄及私自侵漁入已至解免已上有訴合雪及減罪者並令大理審詳犯狀申刑部詳覆如實冤濫仍錄名送中書門下其有遠年斷雪近請除罪亦准此其餘具刑部格同上

官吏施門籍勅

鴻臚當司官吏以下各施門籍出入其譯語掌客出入客館者於長官下狀牒館門然後與監門相兼出入同上

藏官不攝外事勅

左右藏官典職在出納不得判攝外事及帖諸司同上

總監用錢自行勾當勅

總監破用錢物一事已上須南衙勾當宜令總監自勾每月進一本歷來內自勾勘同上

致仕官朝朔望勅

致仕官應物令所由送至宅三品已上並聽朝朔望唐會要六十七

子弟停官侍養勅

致仕官子弟無京官者其在外者聽一人停官侍養同上

伎術量與員外官勅

出身非伎術而以能任伎術官者聽量與員外官其選敘考勞不須拘術例同上

禁邊蕃刺史請宿衞勅

嶺南及黔府管內諸州幷蕃州檢校及攝刺史皆錄奏待勅到然後准式其嶺南黔府蕃州等刺史在任不得輒請宿衞唐會要六十八

佐史解限勅

州府及縣倉督府司佐史縣錄事里正等若有景行明閑案牘任經十年不在解限唐會要六十九

定上中下三州勅

太平時久戶口日殷宜以四萬戶已上爲上州二萬五千戶爲中州不滿二萬戶爲下州其六雄十望三輔等及別勅同上州都督及畿內州並同上州緣邊州三萬戶已上爲上州二萬戶已上爲中州其親王任中州下州刺史者亦爲上州王去任後仍舊唐會要七十

定上中下縣勅

以六千戶已上爲上縣三千戶已上爲中縣不滿三千戶爲中下縣其赤畿望緊等縣不限戶數並爲上縣去京五百里內并緣邊州縣戶五千已上亦爲上縣二千已上爲中縣一千已上爲中下縣同上

改豳爲邠勅

魚魯變文荆并誤聽欲求辯惑必也正名改豳字爲邠同上

安置屯營勅

駕在京左右屯營宜於順義景風門內安置北衙亦著兩營大明北門安置一營大內北門安置一營駕在東都左右屯營於賓耀右掖門內安置兼於元武北門左右廂各據地界繞宮城分配宿衞唐會要七十二

四軍槍梢用紛勅

四軍槍梢左飛騎用綠紛右飛騎緋紛左萬騎紅紛右萬騎碧紛同上

都護品位勅

單于安北等大都護親王遙領者加副大都護一人准從三品總知府事其副都護准正四品上長史正五品上司馬五品下唐會要七十三

侍講等官放選勅

王子未出閤者侍講侍讀侍文侍書並取見任官充經三周年放選與處分習藝館諸色內敎通取前資及常選人充經二年已上選日各於本色量減兩選與處分左右衞三衞及五品以上子弟經七年雜衞三衞經八年動官經九年並放選與處分唐會要七十四

補擬劇司勅

繁劇司闕官有灼然要籍者聽牒選司於應得官人內據材用資歷相當者先補擬唐會要七十五

選限期勅

嶺南及黔中參選吏曹各文解每限五月三十日到省八月三十日檢勘使了選使及選人限十月三十日到選所正月三十日內銓注使畢其嶺南選補使

仍移桂州安置同上

優復邊州客戶勅

應客戶有情願屬緣邊州者至彼給良沃田安置仍給永年優復宜令所司即與所管客戶州計會召取情願者隨其所樂具數奏聞冊府四百八十六

出身人給告牒勅

諸色出身人銓試訖應常選者當年當色各爲一甲團奏給告牒過百人已上分不滿五人附入甲唐會要七十五

諸蕃共爲一甲勅

諸蕃應授內外文武官及留宿衞長上者共爲一甲其放還蕃者別爲一甲仍具形狀年幾同爲一奏同上

改注考校失錯勅

應授官考校敘功累勳有失錯者門下省詳覆有憑即爲改注同上

禁容許附貫貢舉勅

諸州貢舉皆於本貫籍分信明者然後依例不得於所附貫便求申送如有此色所由州縣即便催科不得遞相容許唐會要七十六

宏文等生依令式勅

宏文崇文生緣是貴冑子孫多有不專經業便與及第深謂不然自今已後一依令式考試唐會要七十七

諸道判官三年滿限勅

諸道採訪使判官等自今已後並須首末經三年其緣事故停不得滿年限者承優節文準開元二十四年二月十九日勅處分唐會要七十八

採訪使入奏勅

採訪使等所資按部恤隱求瘼巡撫處多事須周細不可匆遽徙有往來宜準刺史例入奏同上

七道節度置木契勅

平盧軍幽州太原朔方河西隴右劍南等七道節度使宜各置木契行用同上

駙馬階仍借金紫勅

官不濫昇才無虛□惟名與器不可以假人左賢右戚豈資於繆賞駙馬都尉從五品階受自先朝頗虧前式穠華甫降紫艾先登不循舊章有紊彝典宜遵古訓以革踰弊俾九族無私千官有敘自今已後駙馬階宜依令式仍借紫金魚袋唐會要八十一

殿最刺史勅

刺史能否郎官御史出日較量殿最定爲五等奏聞

考集ㄖ考使與左右丞戶部長官重詳覆類例考限內錄奏以憑升黜同上

專知甲庫勅

尚書省內諸制勅庫及兵部吏部考功刑部簿書景跡幷甲庫每司定員外郎主事各一人中書門下制勅甲庫各定主書錄事已下各一人專知周年一替中間不得改移唐會要八十二

唐文拾遺卷之四

榮祿大夫三品頂戴前分巡廣東高廉道加四級臣陸心源輯

元宗皇帝三

禁婚部民勅

男年十五女年十三以上聽婚嫁諸州縣官人在任之日不得共部下百姓交婚違者雖會赦仍離之其州上佐以及縣令于所統屬官同其定婚在前居官在後及三輔內官門閥相當情願者不在禁限唐會要八十二

定戶勅

定戶之時百姓非商戶郭外居宅及每丁一牛不得將入貨財數其雜匠及幕士并諸色同類有番役合免征行者一戶之內四丁已上任此色役不得過兩人三丁已上不得過一人唐會要八十三

勘覆造籍勅

自今已後應造籍宜令州縣長官及錄事參軍審加勘覆更有疎遺者委所司具本判官及官長等名品錄奏其籍仍寫兩本送戶部唐會要八十五

招誘戶口勅

檢獲招誘得戶口應合酬者其有課戶皆須待納租

覈然後論功同上

歸首人報採訪使勅

諸州應歸首復業者比來每至年終皆當州縣錄奏自今已後宜令牒報本道採訪使同勘當道歸首人每州略單數同一狀奏仍挾名報所由同上

禁兩都燒窰取土勅

京洛兩都是惟帝宅街衢坊市固須修築城內不得穿掘爲窰燒造磚瓦其有公私修造不得於街巷穿坑取土唐會要八十六

禁與諸蕃互市勅

諸錦綾羅縠繡織成紬絹絲犛牛尾眞珠金鐵並不得與諸蕃互市及將入蕃金鐵之物亦不得將度西北諸關同上

修兩京城勅

兩京城皇城及諸門并助鋪及京城守把捉兵之處有城墻若門樓舍屋破壞須修理者皆與所司相知并量抽當處職掌衛士以漸修營若須登高臨內卽聞奏之同上

置常平倉勅

關內隴右河南河北五道及荆揚襄夔緜益彭蜀漢劍茂等州並置常平倉其本上州三千貫中州二千貫下州一千貫每糴具本利與止倉帳同申唐會要八十八

賑給水旱勅

諸州水旱皆待奏報然後賑給道路悠遠往復淹遲宜令給訖奏聞唐會要八十八

官錢取利勅

兩京行幸緣頓所須應出百姓者宜令每頓取官錢一百千文作本取利充仍令所由長官專句當不得抑配百姓唐會要二十七

禁封家舉放勅

封家總合送入京其中有別勅許人就領者待州徵足然後一時分付徵未足間封家人不得輒到出封州亦不得因有舉放違者禁身聞奏唐會要九十

食封以丁爲限勅

諸食實封並以丁爲限不須一分入官其物仍令出封州隨庸調送入京其腳以租腳錢充並於太府寺納然後準給封家同上

封物就坊請頒勅

親王公主等封物宜隨官庸調隨駕所在送至京都賜坊令封家就坊請受餘食封家不在此限仍令御

史一人及太府寺官檢校分付使給了牒同上

承襲實封勅

諸王公以下食封薨子孫應承襲者除喪後十分減二仍具所食戶數奏聞無後者百日後除諸名山大川及畿內縣並不封同上

百官月俸勅

百官料錢宜合爲一色都以月俸爲名各據本官隨月給付其貯粟宜令入祿數同申應合減折及申請時限並依常式唐會要九十一

給賜靺鞨等國勅

靺鞨新羅吐蕃先無里數每遣使給賜宜準七千里以上給付也唐會要一百

太清宮行禮用朝服勅

比太清宮行事官皆具冕服及奏樂未易舊名并告獻之時仍陳策祝既非事生之禮皆從降神之儀且真俗殊倫幽明異數理有非便亦在從宜自今已後每太清宮行禮官宜改用朝服兼停祝版改爲青詞于紙上其告獻辭及新奏樂章朕當別自修撰仍令所司具議儀注奏聞唐會要五十

簡擇專知兩推勅

東西兩推及左右巡使皆臺司重務比來轉差新人數有改易既不經久頗紊章程宜簡擇的然公正精練者令始末專知不得輒替換若無缺失至改轉時遲速聞以爲褒貶唐會要六十二

停御史充判官勅

所置御史職在彈違雜充判官誠非允當其諸道節度使先取御史充判官者並停自今已後更不得奏若切須奏者不得占臺中缺其本臺長官充使者不在此限同上

御史比類能否勅

御史宜依舊制黃卷書缺失每歲委知雜御史長官比類能否送中書門下改轉日褒貶同上

禁私役幕士勅

衞幔幕氈褥等所由多借人非理損汚因循日久爲弊頗深爰及幕士私將驅使并廣配充廳子馬子並放取資近令推問事皆非謬今後其幔幕氈褥等輒將一事借人並同盜三庫物科罪并使幕士與人張設及自驅使擅取放資計受贓數以枉法論其借人及借與人等六品已下非清資官決放餘聽進止仍委左右巡使常加糺察唐會要六十五

注授評事勅

大理評事今後子弟及至親中有未歷畿縣者不得注授。唐會要六十六

恤賞入朝蕃客勅

九姓堅昆諸蕃客等因使入朝身死者。自今後使給一百貫充葬副使及妻數內減三十貫。其墓地州縣與買。官給價直。其墳墓所由營造。同上

舉八箭垛勅

自今以後應試選舉人長垛宜以十隻箭爲限。並入第一院。與兩單上八隻入第一院。兩隻入第二院。與一單上次上十隻不出第三院。與單上十隻不出第四院與次上。餘依常式。唐會要五十九

停武官番試勅

習武入官已經精簡。隨番更試。事頗爲煩。其武官自今已後因番試及過中書門下宜停。同上

分賜胙肉勅

祭必奉牲。禮有歸胙。將與施惠之教。以廣神明之福。比來胙肉所進頗多。自茲以後。卽宜少進。仍分賜祭官及應入衙常參官廚共食。唐會要二十三

閏二月停服袴褶勅

百官朔望朝參。應服袴褶。幷書珂繖。至閏二月一日宜停。自今以後。每逢此閏。仍永爲常式。唐會要二十四

從容朝參勅

自今以後。每朔望朝晚于常儀一刻。進外辦。每座喚仗。令朝官從容至閤門。入至障外。不須趨走。百司無事。至午後放歸。無爲守成。宜知朕意。同上

太守謝表附驛勅

比來牧守初上。准式附表申謝。或因便使。或有差官。事頗勞頓。亦資取置。自今已後。諸郡太守等謝上表。宜並附驛遞進。務從省便。唐會要二十六

寒食禁火勅

禮標納火之禁。語有鑽燧之文。所以燮理寒燠。節宜氣候。自今以後。寒食並禁火三日。唐會要二十九

停用赤色勅

近改旗幟爲赤黃。以符土德。其諸衛隊仗緋色者。宜令所司依內出黃色樣。卽造其槍。並用赤稍木。仍依本色。不須更染。別色長一丈四尺爲限。其諸軍職掌有先用火焰緋幡處。宜各依一樣送付諸道。準此改換。先用赤色宜停。唐會要三十二

聽家畜絲竹勅

五品已上正員情官諸道節度使及太守等並聽當家畜絲竹以展歡娛行樂盛時覃及中外。唐會要三十四

教習孝經勑

自今已後宜令天下家藏孝經一本精勤教習學校之中倍加傳授州縣官長明申勸課。唐會要三十五

加枉法贓律勑

官吏准律應枉法贓十五匹合絞者自今已後特宜加至二十匹仍即編諸律著爲不刊。唐會要四十

贖銅納錢勑

其贖銅如情願納錢每觔一百二十文若負欠官物應徵正贓及贖物無財以備官役折庸其物雖多止限三年一人一日折絹四尺若會恩旨其物合免者停役。同上

專知敘勳勑

准制及格式敘勳今後宜令司勳員外郎二人除曹務之外每有勳甲團進後專知磨勘所須主事令史任簡擇差定如有疏略委本官奏錄。唐會要五十八

詳定元元廟樂勑

古今人表元元皇帝升入上聖自今已後每有薦新先獻元元廟其緣告享所奏樂宜令所司詳定奏聞。

并差宗正寺官一員及差戶酒埽兩京崇元學各置博士助教一員學生一百人資蔭宜同國子學例每祠享所齋郎便以學生充當。唐會要五十

檢校元元宮勑

兩京元元宮及道院等宜委崇元館大學士都檢校務在精修勿令喧雜仍不更隸宗正其道士等名籍任依常式。同上

內外官考進單數抾名勑

所校內外官考准令京官正月三十日進單數二月三十日進抾名外官二月三十日進單數三月三十日進抾名自今已後並了日一時抾名奏不須更進單數。冊府六百三十五

關內庸調徵限勑

勑自今已後京兆府關內諸州應徵庸調及資物并限十月三十日畢。冊府四百八十七

徵收庸調期限勑

自今已後天下百姓宜以十分已上爲中男二十三已上成丁每歲庸調八月徵收農功未畢恐難濟辦自今已後延至九月二十日爲限。同上

選人放留條目勑

吏部選人書判藍縷及雜犯不合得留者不限選數並放除此之內先從選深人一槩並留其選深被放人選淺得留名且放選留膀示選人各令知委仍以單狀奏聞不須更起條目　冊府六百三十

申嚴遠州不肯到官勅

如聞黔州管內州縣官員多闕吏部補人多不肯去成官已後或假解或從正考滿得資更別參選自餘管蠻僚州大率亦皆如此宜令所司於諸色選人內即召補並馳驛發遣至州令都府勘到日申所司如遲違牒管內都督史□□追毀告身更不須與官　冊府

公卿巡謁諸陵勅

每年春秋二時巡謁諸陵差公卿各一人奉禮郎一人右校署令一人其奉禮郎右校署令自今已後宜停至陵所差縣官及陵官攝行事其巡陵儀式宜令太常寺修撰一本送令管陵縣收掌長行需用仍令博士助教習讀臨時贊相永為常式　唐會要二十

置三皇五帝廟勅

三皇五帝創物垂範永言龜鏡宜有欽崇三皇伏羲以勾芒配神農以祝融配軒轅以風后力牧配五帝少昊以蓐收配顓頊以元冥配高辛以稷契配唐堯以羲仲和叔配虞舜以夔龍配其擇日及置廟地量事營立其樂器請用宮懸祭請用少牢仍以春秋二時致享共置令丞令太常寺檢校　唐會要二十二

麴鹽並勒斗量勅

自今已後麴皆以三斤四兩為斗鹽並勒斗量其車軸長七尺二寸除陌錢每貫二十文餘麴等同　唐會要六十六

本色人充將作監勅

將作監所置且合取當司本色人充直者宜即簡擇發遣內作使典亦不得輒取外司人充其諸司非本色直及額外直者亦一切並停自今以後更不得補置如歲月深久尚或因人所由長官量事貶降其所應直決一頓配糴邊軍　唐會要六十六

安存致仕官勅

如聞六品已下致仕官四載之後准各並停念其衰老必藉安存豈限其高卑而恩有差降應五品下致仕官並終其餘年仍永為常式　唐會要六十七

停六品以下員外官勅

內外六品已下員外官至考滿日一切並停各依選例自今已後更不得注擬其皇親幼小及諸色承優授官軍功伎術內侍省左右龍武軍並諸蕃官等不

在此例同上

刺史犯贓加等勅

牧宰字人所寄尤重至於祿料頗亦優豐自宜飭躬厲節以肅官吏如聞或犯贓私深紊綱紀今後刺史犯贓宜加常式一等唐會要六十八

刺史不得兼別職勅

簡擇刺史冀令撫字諸使等或奏兼別職掌政治有妨既闕親人仍乖本意自今已後更不得別奏請同上

郎官御史先取縣令勅

親民之官莫過於縣令比來選司取人必限書判且文學政事本是異科求備一人百中無一況古來良宰豈必文人自今已後郎官御史先於縣令中三考已上有政績者取仍永爲常式唐會要六十九

禁官吏放債勅

郡縣官寮共爲貨殖竟交互放債侵人互爲徵收割剝黎庶自今已後更有此色并追入影認一匹以上其放債官先解見任物仍納官有剩利者准法處分同上

選取飛騎勅

應募飛騎請委郡縣長官先取長六尺不足即選取五尺九寸已上灼然潤壯膂力過人者申送唐會要七十二

諸州醫學附甲勅

諸州醫學生等宜隨貢舉人例申省補署十年與散官恐年歲深久檢勘無憑仍同流外例附甲唐會要七十五

宏文學生帖試勅

宏文館學生自今已後宜依國子監學生例帖試明經進士帖經並減半雜文及策皆須粗通仍永爲恆式唐會要七十七

不差孝假勅

頃以鄉閭侍丁優給孝假官吏等仍科雜役天寶初已遣優矜如聞比來乃差征鎮豈有捨其輕而不恤其重放其役而更苦其身眷言及此良用憮然自今後將侍丁孝假不須差行唐會要八十二

官典受錢同枉法贓勅

自今已後天下兩稅其諸色輸納官典受一錢已上並同枉法贓論官人先解見任典正等先決四十委採訪使巡察若不能舉按者採訪使別有處分唐會要八十三

團貌定戶勅

今載諸郡因團貌宜便定戶自今已後任依常式應緣察問對眾取平准今載五月五日勅處分唐會要八十五

退團貌勑

天下郡縣雖三年定戶每年亦有團貌計其轉年合入中男成丁五十九者任退團貌同上

禁關西諸國興販勑

如聞關已西諸國興販往來不絕雖托以求利終交通外蕃因循頗久殊非穩便自今已後一切禁斷仍委四鎮節度使及路次所由郡縣嚴加捉搦不得更有往來唐會要八十六

置廣運潭勑

古之善政貴於足食欲求富國必先利人朕以關輔之閒尤資殷贍比來轉輸未免艱辛故置此潭以通漕運萬世之利一朝而成其潭宜以廣運為名唐會要八十七

兼官俸料不兩給勑

京官兼太守等官俸料兩給者宜停其外官太守兼京官除準式親王帶京官外任官副大將軍副使知軍及正事京官兼內外官知政事據文合兼給者餘並從一處給任逐穩便唐會要九十

郡縣缺職錢納當郡勑

郡縣闕職錢送納太府寺自今已後納當郡充員外官料錢不足即取正官料錢分若無員外官當郡分唐會要九十一

停免白直錢勑疑

郡縣官人及公廨白直天下約計一載破十萬丁已上一丁每月輸錢二百八文每至月初當處徵納送縣來往數日功程在於百姓尤是重役其郡縣白直計數多少請用料錢加稅充用其應差丁充白直望請並停一免百姓艱辛二省國家丁壯同上

職田送所管州縣勑

兩京百官職田承前佃民自送道路或遠勞費頗多自今已後其職田去城五十里內者依舊令佃民自送入城自餘限十月內便於所管州縣并腳價貯納其腳價五十里外每斗各徵二文一百里外不過三文並令百官差本司請受唐會要九十二

改年為載勑

勑天寶三年改為三載者所論前後年號一切為載其後造帳計歲月云若干載自餘表狀文章並准此冊府四百八十六

男丁計年正役勑

比者成童之歲則挂輕徭既冠之年便當正役憫其

勞苦用彰予懷自今已後百姓宜以十八以上爲中男二十三已上成丁同上

處分僞畫印勅

其僞畫印宜用僞鑄印刻印之例處分永爲常式唐會要四十一

太史監官入朝勅

太史監官除朔望朝外非別有公事一切不須入朝及充保識仍不在點檢之限唐會要四十四

南嶽投龍告文

大唐開元神武皇帝李隆基本命乙酉八月初五日

降誕夙好道眞願蒙神仙長生之法謹依上淸靈文投刺紫蓋仙洞位忝君臨不獲朝拜謹令道士孫智凉賫信簡以聞惟金龍驛傳

與倭皇書

皇帝問倭皇使人長吏大禮蘇因高等至具懷朕欽承寶命臨御區宇思弘德化覃被含靈愛育之情無隔遐邇知皇命居海表撫寧民庶境內安樂風俗融和深氣至誠遠修朝貢丹款之美朕有嘉焉稱暄比如常也故遣鴻臚寺掌客裴世淸等稍宣往意并送物如別時日本書紀卷二十二

肅宗皇帝

事蹟詳全唐文四十二

贈故利州司功參軍嚴方約等制

門下有後之慶諒存乎義方飾終之典用彰於錫類故利州司功參軍嚴方約等早申嘉績夙負奇才名器重於當時勳著於遺烈雖舟壑已謝久淪過隙之期而子孫皆賢實積高門之　慶恩加令嗣澤及先臣宜優表贈之禮俾洽關榮　前件主者施行黄本顏魯公文集卷十七

贈顏惟貞祕書監等官制

門下悼往之義必在　之興允資於錫類銀青光祿大夫行尙書　父贈貝州刺史璩等才業貞修風襟滔茂或　踐於周行或幹用馳聲備更於歷選或量才未適或稟命不融永惟過隙之悲是得承家之美敦忠斯在行慶攸歸宜覃泉壤之恩式叶哀榮之命可依前件主者施行同上

贈韓擇木亡母張氏等制

門下禮厚飾終義殷錫類永惟泉壤諒在哀榮金紫光祿大夫守太子少保集賢殿學士副知院事上柱

國昌黎郡開國公韓擇木亡母贈南陽縣太君張氏等柔順壼儀慈和家範含章內備純德外昭遽從遷窆之悲空聞擇鄰之訓顧其　嗣光我縉紳或已及追封或未從表贈載覃渥澤爰洽幽明宜宏休命俾協彝典可依前件主者施行（同上）

賜韋見素等子孫一人官詔

太子太師見素太子少傅李遵太子少保韓擇木太子賓客嗣吳王祗太子詹事兼楊州長史崔圓並承東宮優異品秩已高不可更改宜各與子孫一人官（冊府七百十一）

備國馬詔

園苑內有閑廄使總監各據所管地界耕種收草粟以備國馬（冊府六百二十一）

停採訪黜陟使詔

近緣狂寇亂常每道分置節度其管內緣徵發及文牒兼使命來往州縣非不艱辛仍加採訪轉益煩擾其採訪使置來日久幷諸道黜陟使便宜且停待後

當有處分（唐會要七十八）

典貼虛實詔

應典貼莊宅店鋪田地磑碾等先爲實錢典貼者令還以實錢價先以虛錢典貼者令以虛錢贖其餘交關並依前用當十錢（唐會要八十九）

慎擇御史勅

風憲之地百寮準繩頃者有司殊非慎擇其御史須曾任州縣理人官者方得薦用（唐會要六十二）

均平科役勅

諸州百姓多有流亡或官吏侵漁或盜賊驅逼或賦斂不一或徵發過多俾其怨咨何以輯睦自今已後所有科役須使均平本戶逃亡不得輒徵近親其鄰保務從減省要在安存（唐會要八十五）

量給官祿勅

天下郡府及縣官祿白直品子等課從今年正月一日已後並給一半事平之後當續支還（唐會要九十）

贓數約絹估勅

先准格例每例五百五十價估當絹一匹自今已後應定贓數宜約當時絹估並准實錢庶叶從寬俾在不易（唐會要四十）

又勅

名例律評贓者皆據犯處當時物價及上絹估評功庸者計一人一日為絹三尺牛馬驢騾車亦同其船及碾磑邸店之類各依當時賃直庸雖多不得過其本價自今已後應定贓數宜約當時絹估並准實錢同上

縣令等官准故事選擬敕

縣令錄事參軍自今已後選司所擬宜准故事過中書門下更審詳擇仍永為常式唐會要六十九

簡擇巧兒修理金吾墻勅

左右金吾內外廊所緣墻壁廊宇器械等破碎並宜于當色月番人中簡擇巧兒隨事修理如更別創造緣墻宇所須一切已上俱錄狀奏仍永為恆式唐會要七十一

外官給半料京官不給勅

天下都府及縣官祿白直品子等課從乾元元年外官給半料與職田京官亦與職田不給料至德已後內外官無料錢至是給之仍勅度支使量閑劇司給手力課員外官一切無料冊府五百六

逃戶田宅官為租賃勅

逃戶租庸據帳徵納或貨賣田宅或攤出鄰人展轉誅求為弊亦甚自今已後應有逃戶田宅並須官為租賃取其價直以充課稅逃人歸復宜並卻還所由亦不得稱負欠租賦別有徵索唐會要八十五

宣付諸州文狀勅

諸司使諸州府進奏文狀應合宣行三紙已上皆自寫宣付四本中書省宣過中書省將兩本與門下省唐會要五十四

簡擇常參官勅

散騎常侍且各置常參官兩人令自簡擇聞奏參典亦置兩人同上

勿信中使宣言勅

諸道州府所承上命須憑正勅後可施行不得懸信中使宣言勅即便遵行唐會要六十五

客戶編附百姓勅

客戶若住經一年已上自貼買得田地有農桑者無問于莊蔭家住及自造屋舍勸一切編附為百姓差科比居人例量減一半庶填逃散者唐會要八十五

安存現在百姓勅

近日已來百姓逃散至於戶口十不半存今色役殷

繁不減舊數既無正身可送又遣鄰保祇承轉加流亡日益艱弊其實流亡者且量蠲減見在者節級差科必冀安存庶爲均濟同上

勒留過客器杖勑

駱谷金牛子午等路往來行客所將隨身器仗等今日以後除郎官御史諸州部統進奉事官任將器仗隨身自餘私客等皆須過所上具所將器仗色目然後放過如過所上不具所將器仗色目數者一切于守捉處勒留唐會要八十六

刺史縣令改轉例勑

刺史縣令自今已後改轉刺史三年爲限縣令四年爲限員外及攝試官一切不得釐務冊府六百三十

賜諸王手札

朕之兄弟惟有五人比爲方伯歲一朝見雖載崇藩屏而有睽談笑是以輟牧人而各守京職每聽政之後延入宮中申友于之志詠棠棣之詩邕邕如怡怡如展天倫之愛也南部新書

唐文拾遺卷之五

榮祿大夫三品頂戴前分巡廣東高廉道加四級臣陸心源輯

代宗皇帝

事蹟詳全唐文四十六

選擇郎官制

周有六卿分掌國柄各率其屬以宣王化今之尚書省即六官之位也古稱會府實曰政源庶務所歸比于喉舌猶天之有北斗也朕纂承丕緒遭遇多艱典章故事久未克舉其尚書宜申明令式一依故事諸司諸使及天下州府有事准令式各申省者先申省司取裁并所奏請勑到省有不便于事者省司詳定聞奏然後施行自今以後其郎官有闕選擇多識前言備諳故事志業正直文史兼優者勿收虛名務取實用六行之內眾務畢舉事無巨細皆中職司酌于故實遵我時憲凡百在位悉朕意焉唐會要五十七

誅姜慶初等并削裴倣官爵制

授顏眞卿刑部尚書告

門下。昔舜命咎繇。□□□□明于五刑。惟刑克允。重華聖帝也。□□□庭堅理臣也。□□□明。金紫光祿大夫使持節湖州諸軍事前□□刺史本州團練守捉使上柱國魯郡開國公顏眞卿。含和毓靈。□□義繼文儒□□宏亮直之風。執禮□□□□雅揚名四□□□三朝。夙著嘉□□形大節。既茂次公之績。□□越石之勳。詢□□□堪登右序。矯枉□正。亦會左遷。知進退而□□一心。交榮悴而□□□□今載舉遺典。重□庶獄。以遵舊服。其敬在□□刑部尚書。散官勳封如故。主者施行。（黃本顏魯公文集卷十七）

復左藏庫詔

凡財賦皆歸左藏庫。一用舊式。每歲於數中擇精好之物。進三五十萬匹。納入大盈庫。而度支先以其全數聞。（冊府四百八十四）

優獎功臣後嗣詔

武德貞觀之間。有若魏徵王珪李靖李勣房玄齡杜如晦等。扶翼大運。勤勞王家。尊主庇人。匪躬致命。咸有一德。格于皇天。緬然長懷。風烈猶在。其後嗣沈翳。將加優獎。如廟宇荒毀。即宜修葺。無德不報。何日忘之。（冊府一百三十九）

京兆府屬官迴避詔

中書門下及兩省五品已上。尚書省四品已上。御史臺五品已上。諸同正員三品以下。諸王駙馬中。要周朞上親及女壻外甥。不得任京兆府判司畿令赤縣丞簿尉。（冊府六百三十）

州縣官不得聽本貫人任詔

不許百姓任本貫州縣官及本貫鄰縣官。京兆河南府不在此限。（同上）

召募官健詔

諸道軍甲。每年秋末冬首一申。春夏不須申。其官健逃亡。非承正制。初不得輒召募。（唐會要七十二）

顯要官子孫不得擬授州縣勅

執見任中書門下兩省五品已上。尚書省三品已上。子孫合授官者。一切擬京官。不得擬州縣官。（冊府六百三十）

諸司闕官職田充修廨宇勅

京諸司闕官職田苗子。自今以後。宜並充修當司廨宇。用其草準式處分。仍令分司監察御史勾當。（冊府五百六）

諫官每月奏對勅

諫官奏事。不須限官品次第。于每月奏事官數內聽

一人奏對（唐會要五十六）

逃入物業量授附籍人敕

如有浮客情願編附請射逃人物業者便准式據丁口給授如二年已上種植家業成者雖本主到不在卻還限任別給授（冊府四百九十五）

郎中員外任刺史敕

郎中得任中州刺史員外郎得任下州刺史用崇岳牧之任兼擇臺郎之能（唐會要六十八）

府縣替除敕

諸州府縣今後有才不稱職及犯贓私即任本使及

州府奏人請替除並不在奏請其所許奏人仍須灼然公清曾經驅使者課効資歷當者兼具歷任申報年月并所替官合替事由同奏（唐會要六十九）

諫官每月上封事敕

諫官令每月一上封事指陳時政得失（唐會要五十六）

帶職官不用缺敕

諸州府錄事參軍及縣令其有帶職兼官判試權知檢校等官者自今已後吏部不在用缺之限（唐會要六十九）

罷不通經業兩館生敕

宏文崇文兩館生皆以資蔭補充所習經業務須精熟楷書字體皆得正樣通者與出身不通者罷之（唐會要七十七）

巡檢衢路敕

如聞諸軍及諸府皆於道路開鑿營種衢路隘窄行李有妨苟徇所資頗乖法理宜令諸道諸使及州府長吏即差官巡檢各依舊路不得輒有耕種并所在橋路亦令隨要修葺（唐會要八十六）

五方上帝等祠用豬羊敕

五方上帝九宮並大祠朝日夕月百神大社先農釋奠並中祠自今以後大祠用犢中祠用豬羊各一委所司支給送太常入滌其副准前（唐會要二十三）

給明衣絹敕

自今已後五品以上及監察御史太常博士宜准式給明衣絹及浴巾餘准常例其布絹支左藏庫青苗物充（同上）

給百官喪葬人夫敕

應准敕供百官喪葬人夫幔幕等三品已上給夫一百人四品五品五十人六品已下三十人應給夫須和雇價直委中書門下支計處置其幔幕鴻臚衛尉等供者所須載幔幕張設人並合本司自備如特有

處分定人夫數不在此限。唐會要三十八

還櫬入城勅

如聞士庶在外身亡。將櫬還京。多被有司不放入城。自今已後。不須止遏。同上

奏送解天文人勅

艱難以來。疇人子弟流散。司天監官員多闕。其天下諸州官人百姓。有解天文元象者。各委本道長吏具名聞奏。送赴上都。唐會要四十四

州府改革申尚書勅

天下諸使及州府須有改革處置事。一切先申尚書省。委僕射以下商量聞奏。不得輒自奏請。唐會要五十七

流外人不授州縣勅

流外出身人。今後勿授刺史縣令錄事參軍。諸軍諸使亦不得奏請。仍委所由檢勘。雖恩制所授。並不得與上同會缺不成赴集。如須要甄錄者。牒中書門下吏部改與別官。唐會要五十八

拆毀臨市樓閣勅

諸坊市邸店樓屋。皆不得起樓閣臨市人家。勅百日內毀拆。唐會要五十九

檢校祕書勅

祕書省書閣內書。自今後不得輒供諸司及官人等。每月兩衙及兩屆委祕書郎典書等同檢校。遞相搜出。仍舊封閉。唐會要六十五

較印斗秤勅

自今以後。應付行用斗秤尺度。准式取太府寺較印。然後行用。唐會要六十六

都水監造掌魚鮁勅

應祠祭乾魚鱐。宜令都水監依樣每年起十月造掌。隨祭供用。其臨魚肉據用數依限送光祿寺。令供造。同上

刺史替代降魚書勅

諸州刺史替代及別追。皆降魚書。然後離任。無事不得輒追赴使及出境。刺史有故。闕使司不得差攝。但令上佐知州事。唐會要六十九

金吾置判官勅

左右金吾引駕仗。自今已後。每仗置判官兩人。左右街使置判官一人。並取金吾將軍衙佐充。二周年放選。優與處分。唐會要七十一

停止禁衛充手力等勅

左右金吾引駕仗三衛等。承前以來抽充三番將軍

手力及都知判官等處并承旨省中承符驅使仍取資課供用禁衞之人不合擅離職掌自今以後宜一切停止同上

精擇中郎將勅

入閤升殿中郎將等帶刀升殿職掌不輕宜委中書門下精加選擇仍以品第于廊下別與置廚其千牛郎將宜准此同上

禁止皇親交婚軍將勅

皇五等已上親不許與軍將婚姻駙馬郡主壻不許與軍將交遊唐會要七十二

量定進士冬集授散勅

禮部送進士明經明法宏文生及崇賢生道舉等准式據書判資蔭量定冬集授散其春秋公羊穀梁周禮儀禮業人比緣習者校少開元中勅一例冬集其禮業每年授散自今以後禮人及道舉明法等有試書判稍優并蔭高及身是勳官三衞者准往例注冬集餘並授散唐會要七十五

童子出身勅

童子舉人取十歲以下者習一經兼論語孝經每卷誦文十科全通者與出身仍每年冬本貫申送禮部

同明經舉人例考試訖聞奏唐會要七十六

董晉等充三司使勅

御史中丞董晉中書舍人薛播給事中劉迺宜充三司使仍取右金吾廳一所充使院并於西朝堂置幕屋收詞訟唐會要七十八

品官依戶納稅勅

天下及王公已下自今已後宜准度支長行旨條每年稅錢上上戶四千文上中戶三千五百文上下戶三千文中上戶二千五百文中中戶二千文中下戶一千五百文下上戶一千文下中戶七百文下下戶五百文其現任官一品准上上戶稅九品准下下戶稅餘品並准依此戶等稅若一戶數處任官亦每處依品納稅其內外官仍據正員及占額內闕者稅其試及同正員文武官不在稅限其百姓有邸店行鋪及爐冶應准式合加本戶二等稅者依此稅數勘責徵納其寄莊戶准舊例從八等戶稅寄住戶從九等戶稅比類百姓事恐不均宜各遞加一等稅其諸色浮客及權時寄住戶等無問有官無官亦所在爲兩等收稅稍殷厚者准八等戶稅餘准九等戶稅如數處有莊田亦每處納稅諸道將士莊田既緣防禦勤

勞不可同百姓，並一切從九等輸稅。唐會要八十三

禁割貫改名勑

名籍一家，輒請移改，詐冒規避，多出此流。自今已後割貫改名，一切禁斷。唐會要八十五

修造橋梁勑

承前府縣並差百姓修理橋梁，不逾旬月，即被毀拆。又更差勑修造，百姓勞煩，常以爲弊。宜委左右街使勾當提搦，勿令違犯。如歲月深久，橋木爛壞，要修理者，左右街使與京兆府計會其事，申報中書門下，計料處置。其坊市橋令當界修理。諸橋街京兆府以當

府利錢充修造。唐會要八十六

限正月修橋勑

其坊市內有橋，不問大小，各仰本街曲當界共修，仍令京兆府各差本界官及當坊市所由勾當，每年限正月十五日內令畢。如違，百姓決二十，仍勑依前令修。文武官一切具名聞奏，節級科貶。如後續有破壞，仍令所由時看功用多少，計定數修理，不得輒剩料率及有隱欺。同上

職田徵收各送本官勑

內外文武官職田及公廨田，準式，州縣每年六月三十日徵收給付本官。近來不守常規，多不申報給付之際，先付清望要官，其閒慢卑官，即被延引不付。自今以後，準式各令送付本官。又準式，職田黃籍每三年一造，自天寶九載以後，更不造籍，宜各委州縣每年差專知官巡覆，仍造簿依限申交所司，不得隱漏及妄破蒿荒。如有違犯，專知官及本典準法科罰。唐會要九十二

軍器本錢放利勑

軍器公廨本錢三千貫文，放在人上，取利充使以下食料紙筆，宜於數內收一千貫文，別納店鋪課錢，添

公廨收利雜用。唐會要九十三

建雙廟勑

頃者國步艱難，妖星不落，中原板蕩，四海橫流。公等內總羸師，外臨勍敵，析骸易子，曾未病諸，兵盡矢窮，乃其憂也。嗚呼！天未悔禍，人何以堪，甯甘殺身，不附凶黨，信光揚於史冊，可龜鑑于人倫。其立廟焉，時以祭祀。海甯州志

戒理匭使勑

理匭使但任投匭人投表狀於匭中，依進來，不須勘責副本，并妄有盤問，及方便止遏。唐會要五十五

宰臣出鎮許百官迎送勅

宰臣出守方鎮中書門下并百官迎送不須聞奏會要

德宗皇帝

事蹟詳全唐文五十

常參官初授讓一人自代制

常參官及節度觀察防禦軍使都知兵馬使刺史少尹赤令畿令及大理司直評事授訖三日內於四方館上奏讓一人自代其外官委長吏附送其表付中書門下每官闕以舉多者授之冊府六百三十

諸色罷使冬季聞奏制

自今已後應諸色使行軍司馬判官書記參謀支使

推官等使罷者如是檢校試五品已上不合于吏部選集並任准罷使郎官御史例冬季聞奏唐會要七十五

條件息利本錢制

百官及在城諸使息利本錢徵放多年積成深弊宜委中書門下與所司商量其利害條件以聞不得擅有禁錢務令通濟唐會要九十三

宣讀時令制

自今以後每至四孟月迎氣之日令所司宣讀時令朕當與百辟卿士舉行之唐會要二十六

支給郡縣主錢詔

郡縣主聓有正員官停者郡主每季給錢七十千縣主每季給五十千郡縣主聓已亡歿者亦准此支給冊府五百六

褒劉昌城平涼詔

平涼當舊會之衝居北地之要劉昌請城于茲分兵保戍實以遏其要衝保寧邊鄙冊府四百十

宣賜淮西鎮守軍及諸道行營將士詔

淮西接界州縣本軍鎮守及諸道赴行營將士等宜共賜物二千萬端疋以充賞設仍委本道條錄聞奏並與甄敍其行營將健各放歸本道明加宣諭令悉朕懷冊府百二十八

賜故太尉段秀實祭葬立碑詔

贈太尉段秀實天授貞烈激其穎風蒼皇之中密蘊雄斷將舒國難詭收寇兵撓其兇謀果集吾事挺身徑進奮擊渠魁英名凜然正邁千古宜差官致祭并旌表門閭緣葬所要一切官給仍於墓所官爲立碑以揚徽烈諸軍將士有身死王事委本使具名銜聞奏卽與褒贈冊府百三十九

減諸道手力詔

今年十月三日權減諸道諸州刺史判軍事料及專知勾當官加手力課并減州縣官手力門倉庫獄囚子驛館廨宇等錢宜一切卻仍舊唐會要九十一

竇克構准赴選詔

竇克構宜令赴選仍委有司比類前任正員官依資注擬自今已後郡縣主壻除丁憂外有曾任正員官停檢校官俸料者亦准此處分其餘先是兼試同正員等不在選序者停檢校官俸料任便赴集有司據檢校官量降三資與正員官元無官與解褐正員官冊府六百三十

封韓滉晉國公詔

江淮轉運檢校尚書左僕射平章事韓滉勵精勤職夙夜在公漕輓資儲千里相繼可封晉國公

將軍以下充武成王廟獻官詔

虞書云帝德廣運乃聖乃神乃武乃文則化武功皇王之二柄祀禮致敬國帝孔明稽開元舊儀可爲則其武成王廟自今以後宜令上將軍以下充獻官餘依李紓所奏大唐郊祀錄十

條件五品以上武官去任詔

軍衛及率府五品以上正員武官得替及以理去任者宜令兵部准五品已上文官例每年作格限條件聞奏冊府六百三十

減常膳詔

古者天子不修德下民罹其禍則內府損服御太常減膳以克責朕德信不著姦臣不抑今兩河之間兵革未戢郡道疲於徵斂百姓失業不得農桑朕是以對案輟食私自貶損其供常膳有司宜省之太子諸王已下食物亦各節其數唐會要五十三

給郡縣主壻月俸詔

郡主壻檢校四品京官者戶部月給俸錢三十千文度支歲給祿米一百二十石縣主壻檢校五品京官給俸錢二十千文祿米百石其有出身及先任正官并負才學政術欲從上舉選者聽之如官已登朝不用此制唐會要六

置神策軍統軍詔

左右神策軍特爲親近宜署統軍以崇禁衛其品秩俸祿料一事以上同六軍統軍例唐會要七十二

報權德輿詔

非不知卿勞苦以卿文雅尚未得如卿等比者所以久難其人唐會要五十五

注擬大理太常官闕勑

大理法官及太常禮官宜委吏部每至選時簡擇才識相當者與本司商量注擬冊府六百三十

令中書省檢勘行在授官勑

應去冬奉天行在給勑牒授官人等宜令中書門下檢勘牒文憑據分明即與依授官日月進畫已後檢日並畫日爲定不得用所行下月限同上

五品官不合選補使注擬勑

五品官准式不合選補使注擬宜付吏部檢勘訖送中書門下其據資敍卻合授六品已下官任便處分同上

散騎常侍不兼任使勑

左右散騎常侍是中書門下正三品官謂之侍極宰臣次列除特委方面者餘不合兼任使先已授者宜改與別官自今已後更不得注授唐會要五十四

選人由歷附所司申聞勑

除常參官及諸使判官等餘並附所司申其兵部選人亦准此冊府六百三十

放免逃亡息本勑

自今後應徵息利本錢除主保逃亡轉徵鄰近者放免餘並準舊徵收其所欠錢仍任各取當司闕官職田量事糴貨充塡本數并已後所舉不得過二十貫唐會要九十三

令常參官舉堪任縣令等官勑

宜令淸資常參官每年於吏部選人中各舉一人堪任縣令錄事參軍者所司依資注擬便於甲歷具所舉官名銜仍牒報御史臺如到任理政尤異及無贓犯事蹟明著所司錄舉官姓名聞奏當議褒貶仍長名後二十日內舉畢仍永爲常式冊府六百三十

御史分察六部勑

監察御史六人承前所定皆是從下次舊例從下叉合出使若一人出使兼有故則六察御史遞相移改今請令監察從上第一人察吏部禮部第二人察兵部工部第三人察戶部刑部每年終議其殿最唐會要六十

停東西推官勑

知東推西推侍御史各一人臺司以推鞫爲重務請令第一殿中同知東推第二殿中同知西推仍分日受事一人有故同推便知先所置推官二員請停唐會要六十二

升興元府勅

梁州昇爲興元府。官員資敍。一切同京兆河南府。唐會要七十一

重考不合選應舉人勅

禮部應進士舉人等。自今以後。如有試官并不合選。并諸色出身人有應舉者。先於舉司陳狀。准例考試。如才堪及第者。送名中書門下。重加考覈。如實不堪。即令所司追納告身。注毀官甲。准例與及第。至選日仍稍優與處分。其正員不在舉限。冊府六百四十

簡擇待制官勅

宜令中書門下兩省分置待制官三十員。仍于見任前資及同正兼試九品已上官中。簡擇文學理道兵鋒法度優深者。具名聞奏。度據品秩。量給俸錢。并置本收利供廚料。所須幹力什器廳宇等。并計料處分。唐會要二十六

禁採捕勅

自今已後。每年五月。宜令天下州縣禁斷採捕弋獵。仍令所在斷屠宰。永爲常式。并委州府長吏嚴加捉搦。其應合供陵廟。並依常式。唐會要四十一

減文武百官月料勅

文武百官每月料錢。一百貫已上者三分減一。八十貫已上者五分減一。六十貫已上者七分減一。四十貫已上者十分減一。三十貫已下者不減。待兵革寧後仍舊給。冊府五百六

支給致仕官祿料勅

致仕官所請半祿料及賜物等。並宜從勅出日。於本貫及寄住處州府支給。唐會要六十七

給公主等封物勅

諸公主每年各給封物七百段。此依舊例。春秋兩限支給。諸郡主每季各賜錢一百貫文。諸縣主每季各賜錢七十貫文。其郡縣主壻見任前資正員外員官等。一依支給。唐會要六

駙馬無子不用母蔭勅

駙馬郡縣主如實無子。準式養男。並不得用母蔭。同上

太尉攝祭南郊勅

郊壇時祭燔柴瘞埋。並依天寶十三年制。自今以後。攝祭南郊。太尉行事前一日。于致齋所具羽儀鹵簿公服引入。親受祝版。及赴清齋所。唐會要九

郊廟行禮不施褥勅

至廟行禮。不得施褥。至敬之所。自合履地而行。至南

郊亦宜准此唐會要十三

馬燧祔廟勅

贈太傅馬燧祔廟宜令所司供少牢仍給鹵簿唐會要十九

嗣郡王庶子班位勅

今後嗣郡王列於官班之上庶子宜在卿之上唐會要二十五

功臣分二等勅

國初以來將相功臣名跡崇高功效明著者宜差次分爲二等唐會要四十五

待制官各陳所見勅

宜令每日待制官各陳所見一條仗下後封進觀古署兼補闕拾遺有足匡時固宜無隱如事煩細非理道所切者不須同上

許百官送太傅燧葬勅

故司徒兼侍中贈太傅燧今月九日葬七日發引百官不須入朝便于城外送發引唐會要三十八

嗣王葬用鹵簿勅

自今已後嗣王薨葬日宜令所司並供鹵簿仍永爲常式同上

喪葬給鹵簿勅

自今已後應緣喪葬俱給鹵簿即遂便于街中宿幔同上

死刑停先決杖勅

比來所司斷罪拘守科條或至死刑猶先決杖處之極法更此傷殘惻隱之懷實所不忍自今已後罪之死者先決杖宜停唐會要四十

疏理禁囚勅

農事方興時雨猶少言念囚繫慮有滯冤京城百司及畿內有禁囚李士政等六人合處極法宜從寬典

各決四十配流諸州其餘禁繫者委御史臺與諸司計會勅到後五日內疏理訖聞奏同上

供進井水勅

立春日前內外兩井納水總二千五百段每段長一尺厚一尺五寸宜令府縣勾當澄濾淨潔供進唐會要五十九

侍御史據六典舉奏勅

準六典殿中侍御史凡兩京城內分知左右巡察其不法之事謂左降流移停匿不去及妖訛宿宵蒲博盜竊獄訟冤濫諸州綱典貿易賦斂違法如此之類

方合奏聞比者因循務求細事既甚煩碎頗失大猷宜令自今以後據六典合舉之事所司有隱蔽者即具狀奏聞其餘常務不須更聞唐會要六十

禁濫給驛券勅

諸道進奉卻迴及準勅發遣官健家口不合給驛券人等承前皆給路次轉達牒令州縣給熟食程糧草料自今以後宜委門下省檢勘憑據分明給傳牒發遣切加勘責勿容踰濫仍準給券例每日一度具狀聞奏唐會要六十一

驛官減選勅

從上都至汴州爲大路驛從上都至荊南爲次路驛知大路驛官每一周年無敗闕與減一選仍任累計次路驛官二周年無敗闕與減一選三周年減兩選同上

置尚藥局醫官勅

殿中省尚藥局司醫宜更置一員醫佐加置兩員仍並留授翰林醫官所司不得注擬唐會要六十五

內侍養子勅

內侍省五品已上許養一子仍以同姓者初養日不得過十歲同上

停省州縣佐錄簿尉勅

減諸上州刺史上佐一員錄事參軍司戶司兵司士各一員中州刺史上佐一員錄事參軍司戶司兵各一員下州刺史上佐一員錄事參軍司戶各一員諸州參軍一半諸縣中等已上令一員尉一員下縣令一員京兆河南府司錄判司及四赤縣丞縣尉量留一半參軍全留餘並停省其諸赤及畿縣每縣留令一員丞一員簿一員尉一員餘府準上等州縣例以諸州戶口減耗三分去二其官員合省今員闕偏併尚未均平宜令所司依前件額即分析州縣等第與奏其左降官且仍舊其餘一切權停至來年五月三十日續取處分其應停減官俸糧祿職田雜料手力糧課等一切已上各宜令度支勘審檢收納送上都左藏庫收貯充賞戰士所用唐會要六十九

省州府判司勅

天下州府別駕及司田曹參軍除京兆河南太原三府外其諸州府判司雙曹者各省其一錄事參軍準判司例同上

引接上將軍勅

諸衛上將軍自今以後每朝下馬至朝堂以來宜令

左右金吾作等級差人引接其退朝亦送至上馬處唐會要七十一

放鼓傳點勅

四月一日以後五更二點放鼓契九月一日以後五更三點放鼓契日出後二刻傳點三刻進坐牌同上

條件諸衞并舉武班朝參故事勅

六軍先已有勅各置統軍一人十六衞宜各置上將軍一人秩從二品其左右衞及左右金吾衞上將軍俸料隨軍人馬等同六軍統軍其諸衞上將軍次于統軍支給自今已後內文武官闕于文武班中才望相當者相參敘用仍待已後各改事于本衞量置衞兵所司續商量條件奏聽進止仍舉故事置武班朝參其廊下食亦宜加給稱令優厚同上

按全文五十一所收增置金吾十六衞料錢糧課詔互有不同

諸衞將軍入宿勅

左右衞左右武衞左右驍衞左右威衞左右領軍衞左右監門衞左右千牛衞等上將軍大將軍宜于八宿同上

宿衞選人予京官勅

選人南北衙宿衞前任京官等前銜帶衞者依資並予京官同上

禁軍司違越勅

左右羽林軍飛騎等兵部召補格勅甚明軍司不合擅有違越自今以後不得輒自召補唐會要七十二

答吏部奏請量事注擬勅

兩考闕不在用限其三考闕如非當年准格令用除別勅授官人外亦不在用限如闕員不足選人事須處分者臨時奏聽進止餘例依唐會要七十四

契丹首領授官勅

幽州道入朝契丹大首領悔落拽何等五人並可果毅都尉次首領王下詔活薛于君等一十六人並可別將放還國唐會要九十六

停福建選補司勅

嶺南黔中選舊例補注訖給票放上其俸除手力紙筆團厨雜給之外餘並待奏申勅到後據上日給付其福建選補司宜停其桂廣泉建福賀韶等州宜依選例稱補唐會要七十五

明經進士人數勅

明經進士自今已後每年考試所拔人明經不得過

一百人進士不得過二十人如無其人不必要補此數唐會要七十六

類補宏文崇文學生勅疑

應補宏文崇文學生員闕至少請補者多就中商量須有先後伏請准建中三年十一月勅先補皇緦麻已上親及次宰輔子孫仍于同類之內所用蔭先儘門地清華履歷要近者其餘據官蔭高下類例處分唐會要七十七

幕府改官折資勅

諸道幕府判官及諸軍將比奏改官例多超越應從散秩入清望官並折資處分唐會要七十八

諸道副使等官改轉勅

諸道觀察都團練防禦及支度營田經畧招討等使應奏副使行軍判官支使參謀掌書記推官巡官請改轉臺省官宜三週年以上與改轉其緣軍務急切事跡殊常即奏聽進止同上

諸軍文資官不得敘戰功勅

諸軍功狀內其判官等既各有年限並諸色文資官不合軍行自今以後更不得敘入戰功其掌書記及孔目官等亦宜准此如有灼然功効可錄任具狀奏聞唐會要八十一

磨勘內侍官結階勅

內侍省自今以後高品官白身等官至五品已上合結朝散大夫等階及准格母妻合得邑號并結階累勳階者並宜當司磨勘具銜奏來同上

處分冬薦勅

本置冬薦務在得人自今以後所薦官考試奏入上等人如無他故者准前勅類例處分其下等人有司便以時罷退任待他年重薦如情願同吏部六品以下選不合得留人例請授遠慢官者任經都省陳狀吏部勘責限等第勅出後一月內送中書門下商量

進擬唐會要八十二

前資官俸料勅

前資官未有功勞不合改轉既無俸料又慮艱辛入庫之日宜與同類官同上

訪求醫博士勅

貞觀初諸州各置醫博士開元中兼置助教簡試醫術之士申明巡療之法比來有司補擬雖存職員藝非專精少堪施用緬思牧守實爲分憂委之採擇當悉朕意自今已後諸州應闕醫博士宜令長史各自

訪求選試取藝業優長堪効用者具以名聞已出身
入式吏部更不須選集同上

見任醫官不加料勑

其見任醫術官應非翰林供奉不在加料錢限同上

停選醫官藥童勑

翰林醫官及藥童自今已後縱考滿并不得于所司
選其見選人亦宜停同上

取諸街枯樹修橋勑

宜令京兆府與金吾計會取城內諸街枯死槐樹充
修灞滻等橋板木等用仍栽新樹充替唐會要八十六

選官專知斗門勑

漕運通流國之大計其河水每至春夏之時多被兩
岸田莱盜開斗門舟船停滯職此之由宜委汴宋等
州觀察使選清強官專知分界勾當其鄭州徐州泗
州界各仰刺史准此處分仍令知汴州支遣院官計
會勾當唐會要八十七

諸陵四面三里內不得葬勑

勑諸陵柏城四面合各三里內不得葬如三里內一
里外舊塋須合祔者任移他處唐會要二十一

禁銷錢勑

今後天下鑄造買賣銅器並不須禁止其器物約每
斤價值不得過一百六十文委所在長吏及巡院同
勾當訪察如有銷錢爲銅以盜鑄錢罪論唐會要八十九

賜渾瑊勑

今賜卿筆一管空名補牒一千紙有立功將士可隨
大小書給不必申覆如有急令馬希倩奏來朕今與
卿訣畫墁錄

又勑

今賜卿劍一口上至天下至泉將軍裁之同上

唐文拾遺卷之六

榮祿大夫三品頂戴前分巡廣東高廉道加四級臣陸心源輯

憲宗皇帝

事蹟詳全唐文五十六。

賜爵敘階制

舊例皆云三品以上賜爵三品爲銀青光祿大夫雲麾將軍已上若職事官雖是三品散官四品以下並不得敘爵但有三品以上散官雖四品職事官並合敘爵其所敘爵止於郡公其郡公更蒙賜爵即聽迴授其國公及封王並須特恩不在敘限其國公及封王准賜爵亦聽迴授其制書中有諸色職掌臨時處分其職掌即不限高卑准制便敘有司更不得妄授須三品階例近日有司起請中往往有言其敘爵須限職事三品官此乃深昧典章紊亂綱紀其敘階據制書舊例四品已下階四品謂正議大夫忠武將軍都不繫職事官內外官敘三品者皆須文武散官至四品上敘五品者皆須文武散官至六品上如四品階并是通議大夫壯武將軍以下六品階承議郞昭武副尉以下雖制書中累加散階亦在不敘三品五品之限如一制中累加散階亦不得先敘一階至正議大夫忠武將軍朝議郞昭武校尉因續取制書中所賜皆敘三品五品永宜禁斷如兩制書日月相近亦准前不得累敘直須制書出時以正議大夫忠武將軍朝議郞昭武校尉已成方得敘三品縱制書中有優勞合加數階入三品止於銀青光祿大夫雲麾將軍入五品止於朝散大夫游擊將軍不在累敘金紫光祿大夫冠軍大將軍以上階並須特恩不合累敘其外命婦封內外官母妻各視其夫及子散官品令不得約職事官品文武五品階爲縣君四品階爲郡君三品已上階爲郡夫人即止其國夫人須待特恩不在敘例如至郡夫人又有制書賜封即改爲郡夫人受新恩履歷而已唐會要八十一

停永安軍額制

荆南是稅賦之地與關右諸鎮及河南河北有重兵處體例不同節度使之外不合更置軍額因循已久煩弊實深嚴綬所請停永安軍額宜依其合收錢米委嚴綬于當府諸縣蠲除不支濟人戸均減訖聞奏唐會要七十八

按擧刺史制

度支如刺史於留州數內妄有減削及非理破使委

觀察使風聞按舉必當量加科貶以誡列城如刺史不奉制敕不得稱有公事請赴本使其錄事參軍亦不得擅離本州。唐會要六十八

案此首全文收在穆宗南郊改元德音內字句微有不同而會要又作元和二年或元和二年南郊赦文之佚文

定功臣謚詔

張東之等皆書勳國史配饗廟庭賜謚易名義光百代宜令所司郎與定謚聞奏。唐會要八十

禁中外官子弟私舉錢詔

應中外官有子弟凶惡不告家長私舉公私錢起今日後舉錢無尊屬同署文契其舉錢主在與不在其保人等並杖二十其本利錢仍令均攤塡納應口馬莊宅諸色買賣相當後勒買人面付賣人價錢如違牙人決重二十付錢主家亦科罪。冊府六百十二

科制避徭詔

男丁女工耕織之本雕墻峻宇耗蠹之源天下百姓或冒爲僧道士苟避徭役有司宜備爲科制修例聞奏。唐會要五十

訪擇校書正字詔

祕書省宏文館崇文館左春坊司經局校書正字宜委吏部自今以後於平留選人中加工訪擇取志行貞退藝學精通者注擬綜覈才實維在得人不須限以登科及判入等第其校書正字限考入畿縣尉簿任依常格。唐會要六十五

職田草粟詔

百司職田多少不均爲弊日久宜令每司各收職田草粟等數自長官以下據多少人作等差除留闕官外分給。唐會要九十二

建泉等州納物麤惡懲罰詔

大府奏建州泉州壽州所納物麤惡短狹布帛有幅制度所存近日勸課不精竄濫方甚遂使女工都弃國用乏虛若無所懲何以知懼刺史宜各罰一月課料錄事參軍本縣令各罰一季課料本曹官罰一季課料仍書下考。冊府五百四

令百寮陳錢物重輕利害詔

錢重物輕爲弊頗甚詳求適變將以便人所貴緡貨通行里閭寬息宜令百寮各隨所見作利害狀以聞冊府五百一

禁銷錢毀器詔

今已後諸州府有請以破鐘再鑄宜令所在差人監領不得令銷錢毀器別有加添（冊府五百一）

禁止停省職員詔

諸道新授節度觀察經略等使自勑出後使未到以前或前使尚在本鎮或已發差知留務軍等官其軍府職員多停省改易自今以後切令禁止縱先有此色新使到道並令仍舊（唐會要七十八）

支郡鎮遏屬刺史詔

諸道節度使團練都防禦經略等使所管支郡除本軍州外別置鎮遏守捉兵馬者並合屬刺史等如刺

史帶本州團練防禦鎮遏等使其兵馬額便隸此使如無別使即屬軍事其有邊于溪洞接連蕃蠻之處特建城鎮不關州郡者即不在此限（唐會要七十八）

趙宗儒權選事詔

東都留守趙宗儒權知吏部令掌東都選事銓試畢日停（唐會要七十五）

公主等所養鷹鷂不得越界按放詔

公主郡主駙馬等所養鷹鷂按放但於城南不得輒越諸界其故違者府縣切加檢察錄名聞奏（冊府一百四十一）

懲宗正卿李上公等詔

所由關于周防敢爾侵犯各據事狀宜有科懲知山門押官決六十削一任官彍騎三衛並決四十陵令馬敘罰一季俸料陵丞李建罰一月俸宗正卿李上公罰一月俸（唐會要十七）

允權德輿請緣遷祔令子弟營護手詔

按此詔見五十卷本權載之文集題元和十二年二月十二日與全文五十三卷德宗詔同今存其目文不錄

賜權德輿尚書禮部郎中勑

案此勑見五十卷本權載之文題元和十

二年五月十八日與全文五十四卷德宗勑同姑存其目文不錄

處分鄭方逵勑

鄭方逵宜委京兆府錮身遞送黔州付李模于偏遠州驅使勿許東西

試官改轉勑

諸司府參佐檢校試官從元授官月日計如是五品已上官及臺省官經三十箇月外任與改轉餘官經二十箇月奏改轉若是未經考使有故事及停替官本限之外更加十箇月即任申奏（唐會要八十一）

禁鉛錫錢勑

應屬諸軍諸使更有犯時用錢每貫除二十文足陌內欠錢及有鉛錫錢者宜令京兆府枷項收禁牒報本軍本使府司差人就軍及看决二十如情狀難容復有違拒者仍令府司聞奏唐會要八十九

京官俸料給現錢勑

京百官俸料從五月以後並宜給見錢其數內一半充給元估疋段者郎據時估實數迴給見錢唐會要九十一

支給邢士美料錢勑

工部尚書邢士美以疾未任赴京宜就東都將息疾

損日赴任其料錢准上官例令有司支給唐會要九十一

收管岐陽馬地勑

閑廄使所理岐陽馬舊地方三百四十七頃據監察御史范傳式奏岐陽馬坊地既不妨百姓租佃又不闕官中賦稅宜據數交付閑廄使收管唐會要六十五

量置學生勑

東都國子監量置學生一百員國子館十五員太學館十五員四門館五十員廣文館十員律館十員書館三員算館二員唐會要六十六

停東都防禦使勑

承前東都留守無防禦使名往因權宜遂有制置俾從省便以復舊章其東都畿汝州都防禦使及副使宜停所管將士六千七百三十八人數內見所管將士都防鎮及宮苑中營田河陰陽翟偃師等縣鎮遏使共四千六百三十八人委留守收管襄城葉縣鎮遏使共二千一百人委汝州防禦使收管唐會要六十七

裴次元充東都副留守勑

東都留守創立新軍所召將士切資精選要得府縣共詳簿書況分正副留守抑惟舊典宜令河南尹裴次元以本官充東都副留守唐會要六十七

舉人納策止宿勑

制舉人試訖有逼夜納策計不得歸者並于光宅寺止宿應巡檢勾當官吏并隨從人等待舉人納策畢並赴保壽寺止宿仍各仰金吾衛使差人監引送至宿所加勾當勿令喧雜唐會要七十六

刺史上言利病並禁任處置產勑

自今已後刺史如有利病可言皆不限時節任自上表聞奏不須申報節度觀察使本任得替後遂於當處置百姓莊園舍宅或因替代情弊便破除正額兩稅不出差科自今已後此色並勒依元額輸稅唐會要七

十六

罰韓皐俸料勑

勑封杖決人殊非文法因此致死有足矜嗟韓皐備歷中外合遵典憲有此乖越良所憮然罰一月俸料據決孫澥月日是舊刺史辛祕離任之後新刺史范傳正未到之時俱無愆尤不可議罰餘依（吳興藝文補）

考覈所舉縣令勑

元和三年勑書所舉縣令皆直言其事不得妄有文飾吏部舉其事狀隨事檢勘者今主司略勘資歷未究人材自今已後宜委吏部精加考覈必使詳實不得同早選人例酧官所冀舉不妄施官無虛授仍令四時注擬其觀察使刺史所舉人不得授以本州府縣令到任後有罪犯其所舉主准前勑貶罰（唐會要六十九）

停英武軍勑

左右威遠營置來已久著在國章近置英武軍及加軍額宜從併省以正舊名其英武軍額宜停將士及當軍一切已上並合入左右威遠營依前置使二人勾當（唐會要七十二）

停威遠營衣糧勑

左右龍武等六軍及威遠營應納課戶其一千八十人所請衣糧宜並勒停仍委本軍具名牒送府縣收管（唐會要七十二）

禁聚射勑

京城內無故有人於街衢中帶戎仗及聚射委吏執送府縣科決其諸軍諸禁身奏取進止（唐會要七十二）

父母年老單身免差勑

單身百姓父年七十以上及無父其母年六十以上並不得差征鎮（唐會要七十二）

申光蔡三州縣官俸料勑

有司奏申光蔡三州州縣官緣給復無稅應支俸料令量定員額及課料其六品以下官仍令吏部于選人中擇優與註擬每月課料錢委所司量與支給其員外課料等本額待給復年滿一切仍舊（唐會要七十五）

授新羅國王金俊邕等冊勑

金俊邕等冊宜令鴻臚寺于中書省受領至寺宣授與金力奇令賚歸國仍賜其叔彥昇門戟令本國准例給（唐會要九十五）

法司詳斷刑憲勑

舊制刑憲皆大理寺刑部詳斷聞奏然後至中書裁量近多不至兩司中書使自處置今後先付法司具輕重聞奏下中書令舍人等參酌然後據事例裁斷 唐會要五十五

處分濫給券勑

準元和三年諸道濫給券道勑文總一百二十七道已上者州府長官宜奪一季俸祿其本州官曹官及錄事參軍付吏部用闕去任殿一選 唐會要六十一

訪察州縣勑

前後累降制勑應諸道違法徵科及刑政冤濫皆委出使郎官御史訪察聞奏雖有此文未嘗舉職外地生人之勞朝廷莫得盡知今後應出使郎官御史所歷州縣其長吏政俗閭閻疾苦水旱災傷並一一條錄奏聞郎官宜委左右丞勾當並限朝見後五日內聞奏并申中書門下如所奏不實必議懲責 唐會要六十二

縣主不得離京勑

縣主壻請授外官如赴任縣主不得離京自今以後永爲常例 唐會要六

修周文武祠勑

周文王武王祠宇在咸陽縣宜令有司精加修飾 唐會要二十二

命婦朝謁勑

每年元日冬至立夏立秋立冬日外命婦朝謁皇太后自有常儀不合前卻自今已後諸公主郡縣主宜委宗正寺勾當常參官母妻御史臺勾當如有違越者夫子奪一月俸無故頻不到者有司具狀聞奏 唐會要二十六

宮中上壽勑

今月六日是朕降誕之辰奉迎皇太后宮中上壽其日並賜于光順門內與百官相見永爲常式 唐會要二十九

安置李師古妻女勑

李師古嘗經任使待以始終雖是師道近親典章宜有差降其妻裴氏及女宜娘並于鄧州安置 唐會要三十九

御史專知贓贖勑

今後應坐贓及他罪當贖者諸道委觀察判官一人專勾當及時申報如蔽匿不申者節級科貶加罪不係奏官長量情處置者其贓但准前申送御史臺充本色給用仍差御史一人專知贓贖不得以贓罰爲名如罪名未正妄罰其財亦委觀察判官勾當差定

錄先具名聞奏。唐會要四十

削鄭覃宰官勑

鄭覃宰如聞本非士族。豈容塵忝班行。宜削所授官通事舍人知館事楊造輕有論薦。頗乖言愼。宜罰一月俸。冊府四百八十一

不酤官酒照湖州例勑

不酤官酒有益疲人。管內六州皆合一例。宜並准湖州勑處分。冊府五百四

權判官與正授勑

自今已後應受權判官。京官一考已上。外官兩考已上。職事條舉者。然與正授。如未及正授別要除改。考不得全用權知判官資。如特委重務。即不在此限。冊府六百三十一

停盧則見任勑

御史出使。動爲標式。功在肅下。不唯檢事。監察御史盧則。奉使推鞫。致使官曲犯贓。被人告訴。失在周愼。亦可薄懲。宜停見任。

答權德輿謝追贈祖倕禮部郎中表批

按此文見五十卷本權載之集。題元和十三年閏五月。與全文五十四批荅同。今存其目

文不錄

穆宗皇帝

事蹟詳全唐文六十四。

蕭俛守吏部尚書詔

古者君使臣以禮。臣事君以忠。季氏以還。鮮由茲道。先皇帝在位十五載。凡解相印二十人。多爲大僚。或授兵柄。矧余小子。宜有加焉。朝議大夫守右僕射襲徐國公蕭俛。以勤事國。以疾退身。本末初終。不失其道。既罷樞務。俾居端揆。茲朕所以加恩超等。復語前言。而俛繼有讓章。至于三四。敦論頗切。陳乞彌堅。是用改選部尚書。足以表予寵重。所以嘉爾謙光。宜欽厥心。以保厥位。無忝我明命。可守吏部尚書。冊府四百六十四

停抽給用錢詔

頃以寇賊未殄。費用滋廣。先有詔勑。于諸道留州留使給用錢中。每貫量抽二百文。今兵戈已戢。經費有常。其抽錢宜從今年四月十一日以後停。切令官吏所在知委。不得妄有增減。冊府四百八十四

答崔元略上章自辨詔

朕所命官。豈非公選。卿能稱職。奚恤人言。同上

任百官寒食掃墓勅

寒食掃墓。著在令文。比來妄有妨阻。朕欲令羣下皆遂私誠。自今以後。文武百官有墓塋域在城外并京畿內者。任往拜掃。但假內往來不限日數。有因此出城假開不到者。委御史勾當。仍自今以後。內外官要覲親于外州及拜掃。並任准令式年限請假。唐會要二十三

案全文六十五所收定寒食假詔計三十九字與此勅不同

命路隨韋處厚兼充史館修撰勅

隨處厚。嘗在史館。才行可稱。伏以憲宗實錄未修。切資論撰。宜兼充史館修撰。仍分日入史館修實錄。未畢之閒。且許不入內署。仍放朝參。冊府五百五十四

放宮人勅

先在掖庭宮人及逆人家口。并配內園者。並放出外。任其所適。唐會要三

賜蕃客重陽宴錢勅

蕃客等使。皆遠申朝聘。節遇重陽。宜共賜錢二百貫文。以充宴賞。仍給太常音樂。唐會要二十九

任諸色人入道勅

諸色人中。有情愿入道者。但能暗記老子經及度人經灼然精熟者。即任入道。其度人經情愿以黃庭經代之者亦聽。宜令所司具令立文狀條目。限降誕月內投名請試。今年十月內試畢。唐會要五十

員外二周年轉官勅

自今以後。員外郎知制詔勅。復授本官。通計二周年然後各依本行轉郎中。亦依二周年與正除。如是中行後行郎中。仍更轉前行一周年。即與正除。如更是卑官知誥。合轉員外者。亦以二周年為限。諫議大夫知者同前行郎中。給事中并翰林學士別宣。並不在此限。唐會要五十五

詳覆大理結斷勅

今後大理寺結斷行文不當。刑部詳覆於事不精。即委中書舍人舉書其輕重出入所失之事。然後出。唐會要五十五

禁中使傳券違越勅

中使傳券。素有定數。如聞近日多越券牒。宜令諸司府據元和十四年四月五日勅。分明曉示。自今已後。如更違越。所在州縣俱當時具名聞奏。唐會要六十一

定太常員闕勅

吏部所注太常寺伎術官直殿中。既准格未為乖越。

宜並待考滿日停太常寺所論員闕從來年以後並任本寺收管諸司更不得占授唐會要六十五

優禮孔戣勅

尚書左丞孔戣可守禮部尚書致仕仍委所在長吏歲時親自存問兼致羊酒如至都其芻米什器之類委河南尹量事供送務從優禮筋力未衰堅請休退故示優禮唐會要六十七

諸軍使屬同百姓差遣勅

京兆府百姓屬諸軍諸使者宜令具挾名勅下一戸之內除已屬諸軍諸使其餘及父兄子弟據令式年幾合入色役者明立簿籍同百姓例差遣唐會要六十七

官俸折米勅

近日訪聞京城米價稍貴須有通變以便公私宜令戸部應給百官俸料其中一半合給匹段者通給官中所糴粟每㪷折錢五十文其段匹委別貯至冬糴粟塡納大倉冊府五百七

節度交割狀限勅

諸道節度使去任日宜准元和十五年七月十五日勅處分其交割狀限新人到任後一箇月內分析聞奏幷報中書門下據替限委中書門下據報狀磨勘聞奏以憑殿最唐會要七十八

禁賣新羅百姓勅

禁賣新羅尋有正勅所言如有漂寄固合任歸宜委所在州縣切加勘會責審是本國百姓情願歸者方得放回唐會要八十六

給韓宏俸料勅

司徒兼中書令韓宏疾未全平尙須在假將息其俸料宜從勅下日便令所司支給唐會要九十二

添給諸司本錢勅

添給諸司本錢准元和十五年五月十一日勅內外百司准二月五日赦文宜共賜錢一萬貫文以戸部錢充仍令御史臺據司額大小公事閑劇爲等第均配唐會要九十三

唐文拾遺卷之七

榮祿大夫三品頂戴前分巡廣東高廉道加四級臣陸心源輯

敬宗皇帝

事蹟詳全唐文六十八

條流滄德二州官吏俸料詔

滄德二州州縣官吏等刺史每月料錢八十貫錄事參軍三十五貫判司各置二人各二十五貫縣令三十貫尉二十貫其俸祿且以度支物充仍半支省估匹段半與實錢冊府五百七

放宮女敕

在內宮女宜放三千人願嫁及歸近親並從所便不須尋問唐會要三

罰殿侑俸料敕

敕殿侑故違制令擅置戒壇須示薄懲用警方任罰一季俸料其戒壇勒停冊府六百九十九

選擇正員官敕

京百司應帶職奏正員官者自今已後宜於諸司及府縣見在任官中選擇便以本官充職如見任無相當者即任於當年見選人中奏用便據資序與官不要更待銓試仍永爲常式冊府六百三十一

注擬迴授周親官敕

應請以一子官迴授諸親者自今已後須是周親仍勘驗分明可注擬冊府六百三十一

文宗皇帝

事蹟詳全唐文六十九

允路隨詳正順宗實錄詔

其錄中所書德宗順宗朝禁中事尋訪根柢蓋起謬傳諒非信史宜令史官詳正刊去其他不要更修其餘依奏冊府五百五十六

允裴度奏勿廢飛狐縣鑄錢詔

鼓鑄之利合歸有司制置已成難亟更改其飛狐依前令度支收糴其甲價便以新鑄錢充其所由工匠令院司與觀察使計會具數名申不得廣占人戶侵擾州縣冊府五百一

答崔鄲奏改茶法詔

榷茶本率商旅紐貫涉於加稅東省曾有駁正鹽鐵又經奏論法貴大同事難獨改

尹臺相逢儀制詔

尹正官重臺憲地高道路相逢儀制不定各執詞理每有紛爭勝負取決於一時參詳未申於久制委有

司斟酌典故聞奏。唐會要六十八

答劉涼請割附地牧馬詔

委本道節度使差人與判使勘驗，如實無主，便任收管，仍不得侵奪居人田產。冊府六百二十一

賜入道公主封物勅

潯陽平恩邵陽三公主皆捨俗入道，宜令每年各賜封物七百段疋，仍準舊例，春秋兩限支付。唐會要六

出降縣主妝粉錢勅

出降縣主妝粉錢，宜令所司，自今以後，從出降日支付。唐會要六

東都權置舉勅

今年權於東都置舉，其明經進士，任便東都赴集，其上都國子監舉人，合在上都試及節目未盡者，委條流聞奏。冊府六百四十一

禁奇異袍襖綾勅

三品已上許服鶻銜瑞草、雁銜綬帶及對孔雀綾袍襖，四品五品許服地黃交枝綾，六品已下常參官許服小團窠綾及無紋綾、隔織、獨織等充。除此色外，應有奇文異制袍襖綾等，並禁斷。其中書門下省、尚書省、御史臺及諸司三品官，並勅下後許一月日改易，應諸司常參官限勅下後兩月日改易。除非常參官及供奉官外，州府四品已上官許通服絲布，仍不得有花文。一切禁斷其花絲布及繚綾，除供御服外，委所在長吏禁毀訖聞奏。其不可服絲布者，勅下後限一月並須改易。唐會要三十二

贈郇王武俊妻李氏勅

故太尉王武俊妻晉太夫人李氏，以武俊橫流之中拯定奔潰，屬當葬事，宜加贈卹。宜令有司特給儀仗事。唐會要三十八

罰不及嗣勅

官必任親賢，貴無宜輕授，罰不及嗣，經訓具有明文。若坐子孫，慮傷事理。此一節，且仍舊，餘依。唐會要三十九

遞減禁囚勅

京畿之內，萬類聚居，觸刑章者多於天下，加以百役牽應，由斯致咎。若干一一不恕，則殺戮滋多。應京畿內見禁囚，犯死者降一等，從流當徙者以遠近節級遞減一等處分。唐會要四十

停解奸吏勅

案此文見唐會要卷四十，題曰開成四年，與全文卷八十宣宗勅同，姑存其目。

檢勘舊官勑

中書門下吏部各有甲歷名爲三庫以防踰濫如聞近日諸處奏官不經司檢尋未免姦僞起今已後諸司諸使諸道應奏六品以下諸色人稱舊有官及出身諸改轉幷請授官可與商量者除進士及登科眾所聞知外宜令先下吏部及中書門下及三庫委給中書舍人吏部格式郎中各與甲庫官同檢勘具有無申報中書門下審無異同者然後依資進擬如諸司諸道奏論不實以有爲無者臨時各加懲罰務使仕進稽實永絕僥倖（唐會要五十四）

事有不可封章上論勑

凡事命須行事有不可給事中職合封進省審既畢宣布百司稽停晷刻皆著律令自今尚書省御史臺所有制勑及官屬除不當宜封章上論其事狀分明亦任舉按須指事據實更言風聞及滯詔旨幷不放上如郎官御史出使訪聞按舉自準前後勑文不在此限（唐會要五十四）

記言記事勑

宜令起居郎起居舍人准故事入閣日賫紙筆於螭頭下記言記事（唐會要五十六）

參詳元和以來制勑勑

元和長慶中皆因用兵權以濟事所下制勑難以通行宜令尚書省取元和以來制勑參詳刪定訖送中書門下議定聞奏（唐會要五十七）

參議僕射故事勑

僕射實百僚師長國初爲宰相正官品秩至崇儀制特異近或勳臣居任遂使故事不行卑列上淩舊章下替昨令參議頗爲得中宜付所司永爲定制（唐會要五十七）

罰沈傳師俸料勑

不度僧尼累曾有勑傳師既爲藩守合奉詔條誘致遂妄須示薄懲罰一月俸料戒僧勒停（冊府六百九十九）

批荅楊於陵辭致仕全給俸料勑

卿早更委任每著聲猷累聞告老之辭勉遂懸車之請故優禀餼示以寵勞謙光有終雖君子之貞吉當仁不讓亦先哲之格言宜體至懷卽斷來表（唐會要六十七）

致仕依品秩勑

諸致仕官近日不限品秩高卑一例致仕酌法循舊頗越典章自今以後常參官五品外官四品者然後許致仕驗停（唐會要六十七）

李石守本官勑

鹽鐵判官守尚書刑部郎中李石宜守本官自今已後刑部郎中諸司諸使更不得奏請充職唐會要五十九

允滕珦致仕假公乘勑

滕珦致仕還鄉家貧路遠宜假公乘允其所請自今以後更有此類便爲定例唐會要六十七

置宿州勑

宜淮元和四年正月割徐州符離蘄泗州虹縣依前置宿州隸屬徐泗濠等州觀察使其州置于埇橋在徐州南界汴水上舟車之要其舊割四縣仍舊來屬

已下官便委吏部注擬唐會要七十

禁京城坊曲習射勑

如聞京城百戶多於坊曲習射宜令禁斷其諸軍諸使各仰有司自差人覺察唐會要七十二

權停流外令史勑

吏部疏理諸色入仕人等令勘會諸司流外令史府史掌固禮生楷書醫工及諸司流外令史等總一千九百七十二員六百五十七員請權停一千三百一十五員請令諸司守缺除見在外以後不得更置委御史臺察訪唐會要七十四

准格詳斷選人勑疑

應選人未試以前南曹駁放後經廢置詳斷及准堂判卻收比來南曹據給帖人數續到續試銓司更不考判便同平留選人例注擬稍涉僥倖自今以後應有此色並請待正月十日准格詳斷限畢都引試判不及格幷雜犯及續檢勘庫報幷前選子案不同並駁放不任更陳狀披訴及重詳斷之限唐會要七十六

獎引勳臣子弟勑

自今已後天下勳臣節將子弟有能修詞尚學應進士明經及通史學者委有司務獎引唐會要七十六

進奏正官不帶檢校官憲官勑

諸道進奏官等舊例多是本道差文武職掌官充自後遂有奏帶正官者近日又有請兼檢校官及憲官者遞相援引轉無章程自今已後更有奏請帶正官不得兼檢校官及憲官如準諸道諸軍諸使職掌官例請檢校官及兼憲官充則不得帶正員官其見在進奏官已有檢校官兼憲官者且聽仍舊至改轉時商量處分唐會要七十九

停陝虢防禦使勑

陝虢西去兩京非遠唯管一郡分置廉使本因艱難

若四方少事則舊制爲便其都防禦觀察使額宜停所管兵馬使屬本州防禦使（同上）

樓煩監牧置判巡官勑

樓煩監牧及造水等使宜共置判官一員巡官一員（同上）

停隴州判官勑

隴州防禦使宜準長慶二年九月十八日勑例置判官一員其兵馬留後判官勒停（同上）

處分李賓等僞造印符勑

勅李賓等八人並僞造印符權賣巨蠹推窮盡伏法斷死刑宜付京兆府各決痛杖一頓處死馬羽卿等一十二人引致梯媒合成奸詐各決六十配流嶺外楊虞卿勾舉雖則盡心檢下終是無術親吏逃逸贓狀未明量罰兩月俸料踰濫官六十五人內已付所司者速令詳斷見勘具申奏其贓及僞印符等並付司准法處分（冊府六百三十八）

改轉甲庫官勑

甲庫官舊例初入授同類官考滿去職則與依資改轉此事參差有優有屈今宜同並諸色職事帶正員官者准寶歷二年十一月九日勅處分其改轉亦同前件如已在甲庫授官者即聽且依舊勑處分（唐會要八十二）

賜武□軍綾絹勅

武□軍士馬悉在行營不同常日舊賜綾絹二萬匹仍委度支逐便支送（冊府四百八十四）

諸色本錢揀殷富放存勑

諸色本錢比來將放與人或府縣自取及貧人將捉非惟積利不納亦且兼本破除今請一切不得與官人及窮百姓并貧典吏揀當處殷富幹了者三五人均使翻轉迴易仍放其諸色差遣庶得永存官物又蠲免破家（唐會要九十三）

支給李寰將士衣糧勑

李寰下將士衣糧舊准神策軍例支給今初移鎮伍令度支且准舊例處分待滄景事平後仍委條流聞奏（冊府四百八十四）

前資官充諸軍雜任勑

應緣諸軍使充押當雜任使合承優減選人請差前資官充不得取選數過格人（冊府六百三十一）

諸道將校不得兼授正官勑

應諸軍使及諸道軍將兼特授正官等如聞內外官

曹悉皆充滿上自要重下至卑散班行府縣更無闕員或未經考便須替換相沿薦請爲弊滋深況設官有定額不可增加列職無常數難兼命秩又文武名分授受各殊其諸使諸道將校等自今後宜依注列除舊有正官外並不得兼授正官同上

賜滄州營田綾絹勅

滄州營田已有次第耕牛欠數有奏□論方及春農實資濟恤宜更賜綾絹一萬疋其來年將士糧米便勒本道自□冊府五百三

禁掠買良口勅

嶺南福建桂管邕管安南等道百姓禁斷掠買餉遺良口前後制勅處分重疊非不明白衛中行李元志等雖云買致數實過多宜各令本道施行准元和四年閏三月五日及八年九月十八日勅文切加糾勒唐會要八十六

併度支分巡院勅

潼關以東度支分巡院宜併入鹽鐵江淮河陰留後院唐會要八十八

糾告私貯蓄積現錢勅

應私貯見錢家除合貯數外一萬貫至十萬貫限一周年內處置畢十萬貫至二十萬貫以下者限二周年內處置畢如有不守期限安然蓄積過本限卽任人糾告及所由覺察其所犯家錢並準元和十二年勅納官據數五分取一分充賞糾告人賞錢數止於五千貫應犯錢法人色目決斷科貶並準元和十二年勅處分其所由覺察亦量賞一半唐會要八十九

給外任一品正料勅

應外任官帶一品正官京職縱不知政事且依俸料宜付所司並令兼給唐會要九十二

謁陵勅

凶徒竊發震駭京師中外協心卽時擒馘昨者將戮叛黨咸告廟社國之大事合謁諸陵宜令所司卽擇日撰儀差官

丁匠代役並減青苗錢勅

諸邑丁匠如有願納資課代役者每月每人任納錢二千文其青苗地頭錢天下諸州每畝率十五文比以京師煩劇加至三十文自今以後宜准諸州例每畝十五文

王播權知東都選勅

吏部今年東都選事宜令河南尹王播權知侍郎銓

試畢日停。冊府六百三十一

駙馬守檢校官勅

駙馬都尉尙公主後宜令守檢校官二周年滿則量人材資序改轉正員官仍爲定例。唐會要六

次對官奏事勅

自今以後每遇入閤日次對官未要隨班並出于東階松樹下立待宰臣奏事退令齊至香案前各奏本司公事左右史待次對官奏事訖同出。唐會要二十五

師保等官見太子勅

宜令師保賓客詹事左右春坊五品已上官每至朔

望日伏門下與前件官詣崇明門謁見皇太子其一官兩員已上者任分番如遇陰雨休假其輟朝放朝並權停。唐會要二十六

鄭覃謁見太子勅

太子太師鄭覃每月與賓詹左右春坊五品已上官謁見皇太子宜令每月更添一日以二十六日二十一日詣崇明門謁見若遇陰雨休假其輟朝放朝即取以次雙日餘准今年四月勅處分。同上

新羅生住學勅

新羅宿衛生王子金義宗等所請留住學生員仰准舊例留二人衣糧准例支給。唐會要三十六

渤海生徒留六人勅

渤海所請生徒習學宜令青州觀察使放六人到上都餘十人勒迴。同上

勒新羅生還蕃勅

新羅學生內許七人准去年八月勅處分餘時服馬畜糧料等既非舊例並勒還蕃。同上

疏決禁囚勅

京城百司及府縣禁囚動經歲月推鞫未畢其有絕小事者經數箇月不速窮詰延至暑時蓋由官吏因

循致茲留獄炎蒸在候寃滯難堪宜付御史臺委高元裕選强明御史三兩人各於本司分閱文按據理疏決聞奏如官吏稽慢亦具名銜聞奏。唐會要四十

慶成節禁屠勅

慶成節宜令內外司及天下州府但以素食不用屠殺永爲常式。唐會要四十一

進改左降官勅

貶責降資授正員官員及曾經謬累停免未經引用者並與進改左降官有事情可恕才用足稱者中書門下量才處分。同上

使用責授官勅

諸州府有責授六品已下正員官起今已後宜委吏部許終四考滿與替仍先具事由申中書門下取指檢不得同尋常員闕使用（同上）

放赦流人准律勅

今後流人宜准名例律及獄官令有身名者六年已後聽赦無官爵者六年滿日放歸（同上）

禁司天臺與朝官交游勅

司天臺占候災祥理宜祕密如聞近日監司官吏及所由等多與朝官并雜色人交游既乖慎守須明制約自今以後監司官吏並不得更與朝官及諸色人等交通往來仍委御史臺訪察（唐會要四十四）

中書事宜覆奏勅

中書文狀悉在中書斷割裁量須歸根本如關錢穀刑獄等事有宜付諸司處置者宜更令覆奏候旨勅施行（唐會要五十四）

戶部侍郎判錢穀勅

戶部侍郎兩員自今已後先授上者宜令便判錢穀如帶平章事及判鹽鐵度支兼中丞翰林學士即不在此限仍爲永例（唐會要五十八）

繕寫祕書缺書勅

祕書省集賢院應缺書四萬五千二百六十卷配諸道繕寫（唐會要六十五）

答柳正元條陳利病勅

正元條陳利病實謂推公所請割屬留守及停廢職員并衣糧並宜停其新差知院鄭鎰亦是冗員宜勒赴任仍委留守於見在職事人中差補勾當鄆州每年送苜蓿丁資錢並請全收實利疲甿宜依其修武馬坊田地河陽節度近年權借依前勒閑廄宮苑使且存借名收管（同上）

罰駙馬都尉竇澣賜錢勅

公主入參衣服踰制從夫之義過有所歸宜罰竇澣兩月賜錢（冊府一百四十一）

軍司先狀中書勅

左右神策軍所奏將吏改轉比多行牒中書門下使覆奏處置今後令軍司先具聞奏狀到中書然後檢勘進擬（唐會要七十二）

禁百姓著緋勅

坊市百姓甚多著緋皂開後襖子假託軍司自今以後宜令禁斷（同上）

准故事監考勅

考課之法前王所重蓋以綜覈吏理勵精政途名實苟違將何沮勸宜准故事置內外知考使兼令中書舍人給事中各一人監考 冊府六百三十六

停泗口場糴稅勅

淮泗通津向來京國自有率稅頗聞怨讟薛元賞到鎮之初首請除去表章適至詔誅已與泗口稅據元賞所奏並停所置當官所司由並罷委元賞當日牓示其泗口稅額准徐泗觀察使今年前後兩度奏狀內豎共得錢一萬八千五十五貫文內十驛一萬一

千三百貫文委戶部每年以實錢逐近支付泗宿二州以度支上供錢賜充本軍用其他未贍委在才臣共息怨咨以安行旅 唐會要八十四

三司更改官不移替勅

鹽鐵戶部度支三使下監院官皆郎官御史爲之使雖更改官不得移替如顯有贓敗卽具事以聞 唐會要八十八

召佃戶稅額勅

諸州府或遇水旱有欠稅額合供錢物斛斗委州縣長官設法招携及召[illegible]承佃其錢續續填納年終後具歸復填補錢物數聞奏并報度支

兩道選補更停五年勅

兩道選補停罷多時極爲利便隔年舉奏撓動遠情宜更停五年 冊府六百三十一

私度僧人罰李穎等俸料勅

鄭州中牟縣私置壇場度僧一百六十人並仰勒歸色役其刺史李穎罰一季俸料攝縣令前管城縣令叔艮停攝官仍殿本官兩選 冊府六百九十九

河北諸道每年許奏兩三人入仕勅

諸門入仕人數轉多每年吏曹注擬無闕唯河北諸

道河東澤潞山劍三川京北京西管內官員稍多假攝之中實有勞効每年許奏兩三人仍須是元額闕不得替見任人其餘諸道並不得奏人 冊府六百三十一

條流遞過流囚月日時刻勅

配流囚人行李所在州縣申報到發時刻月日頗甚遲違今再條流其遞過流囚准律日行五十里所在州縣各具月日時刻相承申報自今更或停滯囚徒有淹申發其本判官罰五十直縣令罰三十直本典決脊杖十五 冊府六百十三

誅楊延宗勅

特寬今日夷族之刑以答當時毀家之效斃於枯木非謂無恩

唐文拾遺卷之八

榮祿大夫三品頂戴前分巡廣東高廉道加四級臣陸心源輯

武宗皇帝

事蹟詳全唐文七十六

置降神聖節勅

元元皇帝降誕日近覽天寶二年勅我聖祖澹然常在爲道之宗既殊有盡之期須展事生之禮今太清宮薦告皆用朝謁之儀即降誕日辰理難停廢宜改爲降神聖節休假百官庶表貽謀之慶以申嚴敬之誠唐會要五十

金雲卿授淄州長史勅

歸國新羅官前入新羅宣慰副使前充兗州都督府司馬賜緋魚袋金雲卿可淄州長史唐會要九十五

依資改轉神策軍官勅

左右神策軍先有奏正員官大將請授官事起今已後宜依資改轉如無正員官者軍司欲爲奏論須有功績者宜具事跡奏聞當爲甄奬不在注擬之限唐會要七十二

投匭進封事驗卷軸勅

應投匭進封事人等宜起今後並須將所進文書到

匭院驗卷軸入匭函不得便進如軸稍大入函不得卽依前降使宣取仍永爲常式 唐會要五十五

令史館再修憲宗實錄敕

憲宗實錄宜令史館再修撰進入其先撰成本不得注破并與新撰本同進來 冊府五百五十六

釋放鄭復敕

東道節度使鄭復雖稱有疾擅離本道宜釋放以後藩鎮如更違越必舉憲章 唐會要二十四

慶陽節設齋敕

今年慶陽節宜準例中書門下等並于慈恩寺設齋行香後以素食合宴仍別賜錢三百貫文委度支給付令京兆府量事陳設不用追集坊市歌舞 唐會要二十九

依崔于等狀敕

班序相循已久故事足可遵行昨者務廣詢謀理宜從衆依崔于等狀便爲定制 唐會要五十八

檢點摩尼寺莊宅敕

摩尼寺莊宅錢物並委功德使及御史臺京兆府差官檢點在京外宅修功德迴紇並勅冠帶摩尼寺委中書門下條疏奏聞 唐會要四十九

諸道授後發期敕

諸道節度使觀察使授後發期宜令不得過十日 唐會要七十九

節將隨從將校限數敕

比來節將移改隨從將校過多非唯妨奪舊人職員兼亦費用軍資錢物節度使移鎮軍將至隨身不得六十人觀察使四十人經略都護等三十人宜委監察軍使及知留後判官具名聞奏如違此數知留後判官量加懲罰監軍使別有處分自今以後節度使等如罷鎮赴闕應將官吏將健隨赴上都者並隨使停解縱有帶憲官充職亦勒停其間或有是功勳重臣舊將校人數稍多者離鎮後新停解卽須具人數聞奏當與量事宜處分 唐會要七十九

內侍省擬階敕

內侍省官敘階起今以後宜依前件其會昌二年四月準制合與擬階者便依此處分其銜內無賜緋官先校朝散大夫以上階者宜令仍舊不得卽與改轉以後如有特恩勅別宣與改轉者卽不在此限永爲定規 唐會要八十一

釐革寺家奴婢敕

山南江淮間寺家奴婢比來有勅釐革或有父母贖

男女將歸歲月既深今卻搜檢情非違敕事恐擾人如有此色勘檢有憑並宜不要進收自會昌元年以後者不在此限（唐會要八十六）

神策軍官定額勅

左右神策軍定額官各十員判官三員勾覆官支計官表奏官各一員孔目官二員驅使官二員改轉止於中下州司馬並不擬登朝官其驅使官從使換名勅下各從補後計四年優放選其十員官如官滿及用闕本軍與奏仍由中書門下依資擬注官判以下員如老弱不任道途事須停解者終身不許更有參選如有殿犯即據官判以下或謫官覆貲或罪輕停解者亦須終身不許更有參選仍永爲常式其元和二年十員定額官勅不在行用之限（唐會要七十二）

毀留寺宇勅

所合留寺如舍宇精華者即留如是廢壞不堪者亦宜毀除但國忌日當州宮觀內行香不必定取寺名餘依（唐會要四十八）

百寮不得于京城置廟勅

自今以後百寮不得于京城內置廟如欲于坊內置者但準古禮于所居處即不失敬親之禮（唐會要十九）

流布現錢勅

緣諸道鼓鑄佛像鍾磬等新錢已有次第須令舊錢流布絹價稍增文武百寮俸料宜起三月一日並給見錢其一半先給虛估疋段對估價支給（唐會要八十九）

宮市依官直勅

如聞十六宅置宮市已來稍苦於百姓成弊既久須有改移自今已後所出市一物已上宜並依三官直市不得令損刻百姓（冊府五百四）

宣宗皇帝

事蹟詳全唐文七十九

禁宰牛制

爰念農耕是資牛九絕其屠宰須峻科條天下諸州屠牛訪聞近日都不遵守自今已後切宜禁斷委所在州府長官并錄事參軍等嚴加捉搦如有牛主自殺牛并盜竊殺者宜準乾元元年二月五日勅先決六十然後準法科罪其本管官吏不鈐轄即委所在長吏節級重加科責庶令止絕（唐會要四十一）

授徐商崔璵節度使制

詳議順宗憲宗改題神主詔

太常博士李稠所進狀言追尊順宗憲宗謚號禮官請別造神主及改題事請集通儒詳定者宜令都省集議聞奏（唐會要十八）

諸使請覲先請詔旨勅

自今以後諸道節度防禦經略等使有請覲者但先獻表章請得詔旨許允卽任進發務使行止之際臨時不失事機（唐會要二十四）

犯贓陳首勅

今後有官典犯贓及諸色取受但是全未發覺已前能經陳首卽準律文與減等如知事發已有萌兆雖未被追捕勘問亦不許陳首之限（唐會要三十九）

犯贓定估勅

應犯贓人其平贓定估等議取所犯處及所犯月上絹之價假有蒲州盜鹽巂州事發鹽已費使依令懸令平卽蒲州中估之鹽準蒲州上絹之價於巂州決斷之類縱有賣價貴賤所估不同亦依估爲定（唐會要四）

選擇刺史勅

諸州刺史委中書門下切加選擇非奉公潔己素效彰善不得妄有除授到官之後理行事稱未三周年勿使移改如有才用堪拔擢驅使及無政績須替換者不在此限（唐會要六十九）

名同御名奏改勅

中外官寮有名與御名同者及文字點畫相似今後卽任奏改音韻文字點畫不同不在奏改之限（唐會要二十三）

進擬神策官額勅

左右神策軍自今已後如有奏判官以下官額十員請轉官者宜委中書門下依元和二年流例與覆奏進擬其會昌五年七月四日釐革定額轉官自今已後不要行（唐會要七十二）

禁用金玉修佛像勅

準今年五月三日赦書節文如緣修飾佛像但用土木足以致敬不得用金銀銅鐵及寶玉等如有犯衣冠錄名聞奏（唐會要四十九）

鄭顥尚萬壽公主勅

女人之德雅合愼修嚴奉舅姑夙夜勤事此婦人之節也萬壽公主婦禮宜依士庶（南部新書）

旌表周小兒勅

尉小兒方至髫年。允兹志行。俾之旌表。用激時風。宜依所奏。仍委本道量事優䘏。冊部新書

以諸畜代牛享祀勅

畿甸及天下州應屠宰牛犢。宜起大中五年正月一日後。三年內不得屠宰。仍切加禁斷。如郊廟享祀合用牛犢者。即以諸畜代之。唐會要四十一

徒流人減年限勅

徒流人比在天德者。以十年爲限。既遇鴻恩。例減三年。但使循環添換。邊不闕人。次第放歸。人無怨苦。其秦原威武諸州諸關先准格徒流人。亦量與立限。止于七年。如要住者亦聽。全上

成維扶三州流人例勅

收復成維扶等三州。建立已定。條令制置。一切合同。其已配到流人。宜准秦原威武等州流人例。七年放還。全上

奏狀具小節目勅

應諸道州府及京諸司所有准勘奏狀。宜令具小節目。褁于大狀前同進。全上

折杖折笞勅

法司斷罪。每脊杖一下。折法杖十下。臀杖一下。折笞五下。則吏無逾制。法守常規。全上

精選知制誥勅

大和中勅旨條流制誥改轉事。頗爲得中。實重官業。自後因循不守。有紊典章。遂使遷轉頻繁。近日卻成壅滯。自今以後。宜舉大和四年舊敕。便永遵行。仍每選知制誥。於尚書六行郎中官。精擇有文學行實公論顯著者。以備擢用。不得偏取前行正郎。餘准大和四年七月十三日勅處分。唐會要五十五

進詔進狀書罰勅

應投匭及詣光順門進狀人。其中有已曾進狀。令所司詳考。無可採取。放任東西。未經兩三個月。又潛易姓名。依前進擾。公逐近日頗甚。自今以後。宜令知匭使及閤門使。如有此色。不得收狀與進狀。如故違。與進者必重書罰。全上

改轉起居郎勅

郎官御史選補。皆有月限。唯起居未有分明制置。自今以後。特恩超擢外。宜中滿二十個月爲改轉。唐會要五十六

三公上時聚會勅

三公僕射不常除官。每至上時。須有聚會。宜令度支

戶部准開頁例勾當局席取京兆府本色錢不得令府司差派百姓。唐會要五十七

覺察水陸兩路乘券勅

如聞江淮之間多有水陸兩路近日乘券牒使命等或使頭陸路則隨從船行或使頭乘舟則隨從登陸一道券牒兩處祗供害物擾人爲弊頗甚自今已後宜委諸道觀察使及出使郎官御史并所在巡院切加覺察如有此色即具名奏當議懲殿如州縣妄有祗候官吏所由節級科議無容貸。唐會要六十一

緱氏縣莊賜配陵官勅

楊施禮緱氏縣莊宜賜東都內侍省新配恭陵守當

貧窮官正居住。唐會要六十五

置光州司馬勅

光州比是中州停廢司馬員額今以升爲上州宜令卻置司馬。唐會要六十九

判司等官不得非時奏請勅

兩判司縣丞簿尉不帶勅額職事者及不知捕賊不得非時奏請如事故非常須行獎勵者不在此限。仝上

禁坊市置弓刀勅

京兆府奏條流坊市諸車坊客院不許置弓箭長刀如先有者並勒納官百姓所納到弓箭長刀等府縣不合收貯宜令旋納弓箭庫仍委司府切加覺察所由等不得輒有藏隱。唐會要七十二

禁受外藩賂遺勅

如聞朝臣出使外藩皆有遺賂是修敬上之心或少或多號爲人事從前如此率爲常例今邊上受命撫戎類須發使若每使許循舊例則十方竟至困窮如事前不與繩檢又使臣難爲辭拒其出使朝廷邊上一物以上並不得受領卻到京後方鎮亦不得輒寄附。唐會要七十九

禁藩鎮改移留別勅

藩鎮改移見在倉庫錢穀既已得替便屬新人向前曾有勅文更給留別歲月深久官吏因循苟徇軍情不守朝典自今以後節度觀察使除替改更不在給留別限仍勒知後判官及本曹官典切加檢舉如有違越當重科懲。仝上

宋球等罰俸勅

右補闕宋球等奏冬薦狀引勅文年月不同各罰一季俸仍委吏部長以元和七年八月二十一日及大和七年七月二十六日勅著爲定制。唐會要八十二

批荅中書門下奏諫免鄭光所賜莊田稅役勅

省所奏具悉朕以鄭光元舅之尊貴欲優異令免征稅初不細思卿等列位股肱每存匡益事無大小必竭公忠況親戚之間人所難議苟非愛我豈進嘉言庶事能盡如斯天下何憂不治有始有卒當共守之省覽再三良增慰悅所奏宜體朕懷唐會要八十四

投誠吐蕃回鶻配嶺外勅

邊上諸州鎮送到投來吐蕃回鶻奴婢等今後所司勘問了宜並配嶺外不得隸內地唐會要八十六

折毀韋讓造舍勅

韋讓侵街造舍頗越舊章宜令毀折全上

答辥逵奏勅

辥逵新置關城得其要害形于圖畫頗見公忠宜依所奏全上

禁諸倉耗物勅

應畿內諸縣百姓軍戶合送納諸倉及諸使兩稅送納斛㪷舊例每斗函頭耗物遽除皆有數限訪聞近日諸倉所由分外邀額利索耗物致使京畿諸縣轉吏淍弊農桑無利職此之由自今以後祇合依官額餘並禁斷唐會要八十八

禁京城積薔勅

自收關隴便討黨項邊境生民皆失活業連屬艱食遂不甯居兼軍儲未得殷豐切在多方贍助今年京畿及西北邊稍似時熟即京畿人家競搬運斛㪷入城收爲蓄積致使邊塞粟麥依前踴貴兼省司和糴亦頗艱難其弊至深須有釐革其京西北今年夏秋斛㪷一切禁斷不得令入京畿兩界唐會要九十

禁以麥造麪入城勅

近斷京兆斛㪷入京如聞百姓多端以麥造麪入城貨易所費亦多切宜所在嚴加覺察不得容許同上

原州等墾闢五年不加稅賦勅

原州威州秦州武州幷六關訪聞土地肥沃水草豐美如有百姓要墾闢耕種五年內不加稅賦五年後量定戶籍便爲永業其京城有犯事合流役囚徒從今後一切配十處收管冊府五百三

三千戶以上縣置市令勅

中縣戶滿三千已上置市令一人史二人不滿三千戶以上者並不得置市官治要路須置舊來交易繁者依三千戶法置仍申省諸縣在州郭下並置市官冊府五百四

批答白宏儒奏請以諸太子神主祔莊恪廟敕

白宏儒所奏頗爲得宜令太常卿集禮官重議聞奏唐會要十九

按宏儒原奏收入全唐文九百五十九卷

送官告使事物不得過三千匹敕

敕會昌三年六月八日已有明敕應文武官除授諸道節度觀察經略防禦使及就加官爵等起今以後與送官告旌節使人事物不得過三千匹爲定制令諸道各有舊例有過三千匹者宜准敕減不得違越唐會要七十九

京兆尹罰俸敕

景陵神門盜傷法物其賊旣抵極法官吏等須有懲責宗正卿及陵令縣令已從別敕處分京兆尹邦畿不能肅清封部責帥之義其何以逃宜罰兩月俸料唐會要二十七

懿宗皇帝

事蹟詳全唐文八十三

授鄭愚嶺南節度使制

按舊唐書懿宗紀事在咸通三年五月全文八十六收　今　存其目文不錄

答河東軍民乞留節度使崔彥昭詔

按見舊唐書崔彥昭傳事在咸通末年全文八十收　今　存其目文不錄

准杜慆奏留潁州刺史宗囘敕

宗囘清幹臨人自有月限方藉綏葺未議替移冊府四百八十四

承佃逃亡田地敕

諸道州府百姓承佃逃亡田地如已經五年須准承前赦文便爲佃主不在論理之限仍令所司准此處分冊府四百九十五

答高駢奏尋訪褚遂良苗裔敕

嶺南各委本道搜訪如有褚氏事跡相類者尋訪聞奏當加優恤唐會要四十五

靈武六城隸朔方敕

靈武一道別有六城屯兵不下數千豐州勝州各分主將令並仰割隸朔方事其軍將委本軍署置唐會要七十三

李羣玉進詩賜物敕

卿所進歌詩異常高雅朕已遍覽今有少錦彩器物賜卿宜領取夏熱卿比平安好席本唐詩

祈雪勅

節及抄冬稍愆時雪須命祈禱以濟農功宜令有司差官分命祈祭諸神廟 冊府百四十五

僖宗皇帝

事蹟詳全唐文八十六

刪去任勿論律勅

法律有去任勿論之條頗爲僥倖今後應刪吏所犯諸罪五年之後去任勿論五年內同見任官例追收據事定刑 唐會要三十九

殘廢徵贖勅

應殘疾篤廢犯徒流罪或是連累即許徵贖如身犯罪不在免限其年十五已下者准律文處分 唐會要四十一

昭宗皇帝

事蹟詳全唐文九十

禁軍法戮人勅

近日用刑皆隳舊例多瓚斧鑕鮮行鞭笞今後應天下州縣科斷罪人切須明于格律不得以軍法戮人 唐會要四十

收贖被虜百姓勅

天下州府及在京諸軍或因收擄百姓男女宜給內庫銀絹委兩軍收贖歸還父母其諸州府委本道觀察使取上供錢充贖不得壓良爲賤 唐會要八十六

復天下兵馬元帥勅

國史所書元帥之任並以天下爲名乃自近年設爲諸道宜卻復爲天下兵馬元帥 唐會要七十八

停廢諸使勅

今後除留宣徽兩院小馬坊豐德庫御廚客省閤門飛龍莊宅九使外餘並停廢其內園氷井公事委河南府勾當 唐會要七十九

答錢珝論勸內臣朝服助祭御札

卿等所論至當事可從權勿以小瑕遽妨大禮 唐會要卷九

哀帝

事蹟詳全唐文九十三

乾和節禁宰殺勅

乾和節文武百寮諸道進奏官准故事于寺觀設齋不得宰殺許設酒菓脯醢 唐會要四十一

命婦表賀皇太后勅

冊皇太后內外命婦比合朝賀今緣命婦未有院宇兼慮或闕禮衣若准舊儀恐難集事宜令各據章表

稱銜唐會要二十六

張榮充兼修國史勅

翰林學士職方郎中兼史館修撰張榮今修撰職名稍卑不稱內廷密垂宜充兼修國史唐會要六十三

廢威遠軍勅

威遠軍宜停廢其所管兵士便隸六軍其軍使張勳宜御守本官歸班唐會要七十三

答柳璨請圖畫梁王勅

魏賞彭陽之功別創紀勛之閣齊旌泗水之績乃崇嘉德之樓式示新規爰從舊典宜令所司於皇城擇善地別造凌烟閣圖寫賜名曰天佑施功之閣天中記

置宣徽院使勅

只置宣徽院使以權知樞密事王殷充副使以趙殷衡充其樞密使並宣徽南院並停所司勒歸中書宣徽院人吏不得私出本院與人交通諸道勾當事人亦不得到院凡有公事並於中書論請唐會要七十九

司勳復故事勅

司勳所掌勳及十二轉上柱國柱國上護軍上輕車都尉上騎都尉騎都尉驍騎尉飛騎尉雲騎尉武騎尉等勳有遷陟以顯勤勞近年已來止敘柱國恥轉輕車殊不知上柱國已比二品上輕車已比四品官既敘甄勳亦近隆今後宜復故事施行庶止僥倖之路唐會要八十一

市肆交易以八十五爲陌勅

準向來事例每貫抽除外以八百五十文爲貫每陌八十五文如聞坊市之中多以八十爲陌更有除拆今後委河南府指揮市肆交易並須以八十五文爲陌不得更有改移唐會要八十九

高宗武皇后

事蹟詳全唐文九十五

文武官計考進階制

文武官加階應入五品者並取出身歷十三考已上無私犯進階之時見居六品及七品已上清官者應入三品取出身二十五考已上亦無私犯進階之時見居四品者自外縱計階應入並不在進階限其有才異行別效殊功者不拘此例唐會要八十一

御史受登聞鼓肺石狀制

朝堂所置登聞鼓及肺石不須防守其有撾鼓石者令御史受狀爲奏唐會要六十二

公文作大字制

勅。公文錢物倉庫計賬科罪。傳符過所。各依式。及別勅作大字。餘尋常文按。解牒進奏。依常式。唐會要二十六

禁選人非理喧悖勅

選司抑塞者。不須請不理狀。任經御史臺論告。不得輒於選司喧訴。有凌突選人。決三十。仍殿五六選。唐會要七十五

流外出身不得任寺丞等官勅

八寺丞。九寺主簿。諸監丞簿。城門符寶郎。通事舍人。大理寺司直評事。左右衛千牛衛金吾衛左右率府羽林衛長史。太子通事舍人。親王掾屬判司參軍。京兆河南太原判司。赤縣簿尉。御史臺主簿。校書正字。詹事府主簿。協律郎。奉禮太祝等。出身入仕。既有殊途。望秩常班。須從甄異。其有從流外及視品官出身者。不得任前官。其中書主書。門下錄事。尚書都事七品官中。亦爲緊要。一例不許。頗乖勸獎。其考詞有清幹景行。吏用文理者。選日簡擇。取歷十六考已上者。聽量擬左右金吾長史及寺監丞。同上

戒戶役影護勅

天下百姓。父母合外繼別籍者。所析之戶。等第並須與本戶同。不得降下。其應入役者。共計本戶丁中。用爲等級。不得以析生蠲免其差科。各從析戶祗承。勿容遞相影護。唐會要八十五

驍勇僮僕擊契丹勅

士庶家僮僕有驍勇者。官酬主直。並令討擊契丹。唐會要八十六

神座勅

祠明堂圜丘神座。並令著狀。便爲常式。冊府

簡擇天文歷生勅

在史局歷生天文觀生等。取當色子弟充。如不足。任于諸色人內簡擇。唐會要四十四

節度家口傳乘勅

諸軍節度大使。聽將家口八人。副大使六人。萬人已上鎮軍大使四人。副使三人。五千人已上大使三人。副使二人。並給傳乘。唐會要六十一

禁避諸司奏請勅

京尹府縣官多避諸司奏請。避難就易。殊非奉公。自今以後。諸使諸司諸州改官充判官支使隨身驅使等。准舊敕不得放去。唐會要六十七

應留選人不論考第勅

選人應留。不須要論考第。若諸事相與。即先書上考。

如書判寥落又無善狀者雖帶上考亦宜量放唐會要七十五

選補桂廣等州縣闕官勅

桂廣泉建賀福韶等州縣既是好處所有闕官宜依選例省補同上

禁相書勅

相書及朔計家書多妄論禍福並宜禁斷唐會要四十四

白司馬坂造大像勅

大像宜於白司馬坂造爲定仍令春官尚書建安王攸宜充檢校大像使唐會要四十九

禁法外生利勅

負債出舉不得迴利作本并法外生利仍令州縣嚴加禁斷唐會要八十八

給入朝蕃使糧料勅

蕃國使入朝其糧料各分等第給南天竺北天竺波斯大食等國使宜給六箇月糧尸利佛誓眞臘訶陵等國使給五箇月糧林邑國使給三箇月糧唐會要一百

內外官祿料上日給勅

諸內外官祿料賜會二事已上皆據上日給新授官未上所司及承勅使差充使者祿料并考第一事已上並不在與限如別勅應差使者京官以勅出日外官以勅符到日爲上日若新授外仍直諸司者上日同京官卽舊人應替先別勅定名充使未過兩應給而無正課料者以當處官料充職田據新人上日爲既不別給舊人因使應別給者經一季雖未了不在給限其制勅授官雖勅符先到未上者舊人無犯不在停限唐會要九十

犯官續前考勅

犯罪之色授以文武遠官年考未滿方便解退者宜令依舊重任續前考滿唐會要四十一

置左右補闕等官勅

記言書事每切于旁求補闕拾遺未宏于注選瞻言共理必藉衆才寄以登賢期之進善可置左右補闕各二員從七品左右拾遺各二人從八品上掌供奉諷諫行列次于左右史之下仍附于令唐會要五十六

御史糾獲罪狀勅

御史糾獲罪狀未經聞奏不得輒便處分州官府司亦不得承受唐會要六十二

盜尊像勅

盜公私尊像入大逆條盜佛殿內物同乘御物唐會要四

省補市令錄事敕

三輔及四大都督并衝要當路及四萬戶已上州市令并長安等六縣錄事並宜省補充 唐會要六十七

親貌戶口形狀敕

諸戶口計年將入丁老疾應免課役及給侍者皆縣親貌形狀以爲定簿一定以後不得更貌疑有奸欺者聽隨事貌定以付手實 唐會要八十五

貶降官朝謝敕

貶降官並令于朝堂謝仍容三五日裝束至任日不得別攝餘州縣官亦不得通計前後勞考 唐會要四十一

賜外國物附入敕函敕

應賜外國物者宜令中書具錄賜物色目附入敕函內 唐會要五十四

禁選人無故不到敕

選人無故三試三注唱不到者不在銓試重注之例其過門下三引不過者亦不在更注之限 唐會要七十五

十考以上隔品選敘敕

監察御史左右拾遺赤縣簿尉大理評事兩畿縣丞主簿尉三任已上及內外官經三任十考以上不改舊品者選敘日各聽量隔品處分餘官必須依次授任不得超越 同上

選人甲歷檢敘敕

文武選人檢甲歷不獲者宜牒中書門下爲檢如又不獲若在曹有官前後相銜可明者亦聽爲敘 同上

使絕域依式給料敕

東至高麗國南至眞臘國西至波斯吐蕃及堅昆都督府北至契丹突厥靺鞨並爲入番以外爲絕域其使應給料各依式 唐會要一百

請內外百官習老子道德經表

伏以聖緒出自元元五千之文實惟聖教望請王公以下內外百官皆習老子道德經其明經咸令習讀一准孝經論語所司臨時策試請施行之 唐會要七十五

垂拱元年吳師道等及第後敕批

略觀其策並未盡善若依令式及第者唯祗一人意欲廣收其材通三者並許及第 唐摭言

中宗韋皇后

后京兆萬年人嗣聖初立爲皇后與安樂公主等弒帝臨淄王兵入元武門后爲亂兵所殺

妃主給鼓吹表

自妃主及五品已上冊妻并不因夫子封者請自今婚葬之日特給鼓吹宮官准此唐會要三十八

唐文拾遺卷之九

榮祿大夫三品頂戴前分巡廣東高廉道加四級臣陸心源輯

梁太祖

改宮殿門名制

事蹟詳全唐文一百一

東京宮殿諸城門宜賜名額正殿爲崇元殿東殿爲立德殿內殿爲金祥殿萬歲堂爲萬歲殿門如殿名大內正門爲元化門皇墻南門爲建國門滴漏門爲啟運門下馬門爲升龍門立德殿前門爲崇明門正殿東門爲金烏門西門爲玉兔門正衙東門爲崇禮門東偏門爲銀臺門宴賜門爲德陽門天王門爲賓天門皇墻東門爲寬仁門浚義門爲厚載門皇墻西門爲神獸門望京門爲金鳳門宋門爲觀化門尉氏門爲高明門鄭門爲開明門梁門爲乾象門酸棗門爲興和門封邱門爲含曜門曹門爲建陽門昇開封府爲□□浚儀爲赤縣尉氏封邱雍邱陳留爲畿縣冊府百九十六

賜諸道節度使一子官制

諸道節度使錢鏐張宗奭馬殷王審知劉隱各賜一子六品正員官高季昌賜一子八品正員官賀德倫

賜一子九品正員官。冊府二百十

討劉知俊懸爵賞詔

削奪劉知俊在身官爵。仍徵發諸軍。速令進討。如有軍前將士。懷忠烈以知幾。賊內朋徒。憤脅從而識變。便能梟夷逆監。擒獲兇渠。務立殊功。當行厚賞。活捉得劉知俊者。賞錢一萬貫文。便授忠武軍節度使。并賜莊宅各一所。如活捉得劉知浣者。賞錢一千貫文。便與除刺史。有官者超轉三階。無官者特授兵部尚書。如活得劉知俊骨肉及近上都將并梟送闕廷者。賞賜有差。冊府二百十六

幸蒲陝詔

同州邊隅。繼有士眾歸化。暫思巡撫。兼要指揮。今幸蒲陝。取九日進發。冊府二百五

巡幸東京詔

東京舊邦。久不巡幸。宜以今月九日幸東都。扈從文武官。委中書門下量閑劇處分。同上

升汴州爲開封府詔

古者興王之地。受命之邦。集大勳有異庶方。沾慶澤所宜加等。故豐沛著啟祚之美。穰鄧有建都之榮。有壯洪基。且旌故里。爰遵令典。先示殊恩。宜升汴州爲開封府。建名東都。其東都改爲西都。仍廢京兆府爲雍州。刺史佑國軍節度使。冊府百九十六

差官祭嶽瀆山川詔

初宅洛都。將行郊祀。應嶽瀆名山大川。及諸州有靈跡封崇神祠。各宜差官吏精虔祭告。冊府百九十三

改拜郊日期詔

秋冬之際。陰雨相仍。所司選日拜郊。或慮臨時妨事。宜令別更擇日聞奏。同上

令魏州差官禱雨詔

蕃律將遷。亢陽頗甚。宜令魏州差官攬龍祈禱。冊府一百九十三

令宰臣祈雨詔

雨澤愆期。祈禱未應。宜令宰臣各於魏州靈祠精加祈禱。同上

戒牧宰詔

共理庶民。是資牧宰。克勤厥職。必選端良。儻狥私以滅公。則興災而斂怨。豈遵條教。實蠹風猷。其所在長吏。不得因緣差役。分外誅求。律令所施。典刑具在。豈容殘忍。合務哀矜。宜令所在長吏不得濫刑酷法。須臻有道。免致無辜。冊府一百九十六

闢以時開閉詔

闔是正門也宜以時開閉用達陽氣委皇城使准例檢校啟閉車駕出則闢扉（五代會要二十四）

禁朝參官從人不得闌入銀臺門勅

左右銀臺門朝參諸司使庫使已下不得帶從人出入親王許一二人執條沐手簡餘悉止門外闌入者抵律閽守不禁其所犯同（冊府百九十一）

放宮人勅

西宮所有前朝宮人宜放出宮任從所適（五代會要一）

給行營陣歿家屬糧賜勅

去年六月後昭義行營陣歿都將吏卒死于王事追念忠赤乃錫其名氏各下本軍令給養妻孥三年內官給糧賜（冊府百九十五）

安存陣歿將士家屬勅

諸都如有陣歿將士仰逐都安存家屬如有弟兄兒姪便給與衣糧充役（同上）

改南郊日期勅

兩都宮內修造尚未畢功過此一冬方當絕手宜令於來年正月內選日申奏（冊府百九十三）

恤陣歿將士勅

行營將士陣歿者咸令所司給轉櫝津置歸鄉里（冊府一百九十五）

凡補監生須願修學勅

宜准往例自今後凡補監生須令情願於監中修學則得給牒收補仍據所業次第逐年考試申奏如收補年深未聞藝業虛沾補牒不赴試期亦委監司具姓名申奏（五代會要十六）

落辥鈞進士勅

禮部所放進士辥鈞是左司侍郎薛廷珪男方持省轄固合避嫌其辥鈞宜令所司落下（冊府六百四十九）

止絕舉人拔解勅

近年舉人當秋薦之時不親試者號為拔解今後且止絕（五代會要二十二）

褒裴迪牓文

謬膺委□總授三藩軍機雖罄於掘謀民政全繫于右席節度裴判官詳明吏理前冠賓筵冰檗不渝始終如一自此應諸州錢穀刑獄等並請指揮仍偏報管內咸遣知委

梁末帝

事蹟詳全唐文一百二

令御史臺點檢諸道入奏官詔

諸道入奏判官宜令御史臺點檢各從正衙退後便於中書門下公參辭謝如有違越具名銜聞奏應面賜章服仍令閤門使取本官狀中書門下受勅後方可結入新銜（冊府）

誡李鄑詔

李鄑多因釋教誑惑羣情此後不得出入無常（冊府）

太康等縣夏稅據見苗輸納勅

開封府太康襄邑雍邱三縣遭陳州賊軍奔衝其夏稅只據見苗輸納（冊府四百九十一）

後唐莊宗

事蹟詳全唐文一百四

斷除宰殺馬牛勅

凡軍人百姓將牛驢及馬宰殺貨賣今後切要斷除如敢故違便即擒捉不問職分高低所在處斬訖奏其本軍指揮使若不切口鈐轄致軍內有人違犯別處捉獲亦當取斷（五代會要九）

在京空地任人請射勅

在京應有空閑地任諸色人請射蓋造藩方侯伯內外臣寮於京邑之中無安居之所亦可請射各自修營其空閑有主之地仍限半年本主須自修蓋如過限不見屋宇亦許他人占射（五代會要二十六）

諸陵臺令不得影占人戶勅

宗正寺嚴切指揮諸陵臺令丞不得輒令影占人戶其諸陵舊例合破巡人仍令酌量額定數目自本州縣于中等人戶內差遣交付陵所切不得自招影占人戶攪擾鄉村致妨縣司差遣色役便仰密具本官姓名申奏當行朝典仍具條約曉示諸陵臺及本州縣訖聞奏（五代會要四）

覺察藩方私買衣甲勅

如聞藩方入奏之人多於京內私買衣甲宜令總管

司密加覺察（五代會要十一）

僞蜀降官次第任使勅

初平僞蜀應僞署官員等官至太師太傅及三少并太尉司徒司空侍中中書令左右僕射已上並宜降至六尚書臨時更約高卑爲六行次第階至開府特進金紫者文班降至朝議大夫武班降至銀青爵如是舊僞署將相已上與開國男三百戶餘並不許有封爵其有功臣名號並須削去如檢校官至郎中員外郎兼侍御史已下如是僞署節鎮率先向化及立

功效者，委行營都統緣事迹奬任。如刺史除停罷外，有見任政績可稱者，但許稱使君，不得更有檢校及兼官。其僞署班行正官四品已上，依此降紬五品已上。如不曾經本朝授官，又無族望可稱者，材智有聞，即許於府縣官中量材任使；如無材智可錄者，並宜放歸田里。若西班有稱統軍上將軍者，若本是功臣子孫及將相之後，並據人材高下，與諸衛小將軍率府副率中郎將次第授任。如是小將軍已下堪任使者，委西川節度使補衙前押衙已下職。所有歸降官除軍前任使下，並稱前銜，續據材行任使。（五代會要十七）

答李琪轉倉贍軍條陳勅

李琪所論召募轉倉斛斗與官行賞，委租庸司下諸州府，有應募者，聞奏施行。（冊府五百十九）

水潦放免兩稅勅

自京以東，幅員千里，水潦爲沴，流離漸多。宜自今月三日後避正殿，減膳徹樂，省費以答天譴。應去年經水決處鄉村有不迯及逃移人戶，差科夏秋兩稅及諸折科，委逐處長吏切加檢點，並與放免，仍一年內不得雜差遣。應在京及諸縣府停住斛斗，並令減價出糶，以濟公私。如在遵行，仰具奏聞。（五代會要十一）

李文矩等復舊官勅

其先減省員官，除已別授官外，左散騎常侍李文矩等三十人宜卻復舊官。太子詹事石戩五人宜以本官致仕。將作少監岑保嗣等一十四人候續勅處分。（五代會要二十）

奏狀斜封明題公事勅

四京并諸道州府及京百司，應申奏諸色公事奏狀等，先曾指揮，並須實封斜角。其常呈奏狀，於斜封上明題所爲公事；或干軍機者不題，直至御前開封進呈。事宜指揮四京及諸道，令散下管內諸州，依元宣旨處分。其在京百司，仍令御史臺各錄勅文曉告。（五代會要四）

觀察支使俸料准掌書記勅

宜令諸道節鎮依舊更置觀察支使一員，其俸料春冬衣賜，仍准掌書記例支遣，餘依租庸院所奏。（五代會要二十七）

報齊州刺史孟璆書

爾當我急時，引我七百騎投賊，何過之？但予推心御物，不欲坐汝，我不阻爾來，將何面相覷邪。（冊府

後唐明宗

事蹟詳全唐文一百六。

任百姓私麴醞酒詔

應三京鄴都諸道州府鄉村人戶自今年七月後於夏秋田苗上每畝納麴錢五文足陌一任百姓自造私麴醞酒供家其錢隨夏秋徵納其京都及諸道州府縣鎮坊界內應逐年買官麴酒戶便許自造麴醞酒貨賣仍取天成二年正月至年終逐戶計算都買麴錢數內十分只納二分以充榷酒錢便從今年七月後管數徵納榷酒戶外其餘諸色人亦許私造酒麴供家即不得衷私賣酒如有固違便仰糾察勒依

中等酒戶納榷其坊一任酤賣不在納榷之限其麴勅命到後任便踏造如賣麴酒戶中有去年曾買麴今年因事不辦買麴住開店者則與出落如覩新勅有情願開店投榷者則不計舊戶便令依見納錢中等戶例出榷以後酒戶中有無力開店賣亦許隨處陳狀其舊納麴錢並宜停廢應諸處麴務據見管麴亦仰十分減八分價錢出賣不得更請官本踏造 冊府五百四

明法科同開元禮科勅

其明法科今後宜與開元禮科同其選數兼赴舉之時委貢院別奏請會諸法試官依格例考試 五代會要二十三

答司天臺勅

宜令司天臺密奏留中外其餘凡奏歷象雲物水旱等事及諸州府或奏祥瑞一一並申送史館 五代會要十八

量力進奉不得傷耗生靈勅

應中外臣寮及三京諸道州府如是謝賀并節序並可據有無量力進奉不得因茲掊斂傷耗生靈至於奇巧珍玩飛放搏噬之物並不得轉將進奉 五代會要五

答史館奏事勅

史館奏陳事件皆叶規程顯驗公勤並宜依允 冊府五百五十七

答和凝奏五鳳樓前謝恩勅

五鳳樓前非舉子謝恩之所令於朝堂謝訖即赴國學試日宜令御史臺差人院司聽察放牓日至晚出院此後永為定制餘並依奏 冊府六百四十二

官限准長定格勅

少尹上佐以二十五月為限其府縣官宜准長定格以三十月為限 冊府六百三十三

吏部南曹曉諭選人勅

宜依吏部南曹具此分明曉告及徧下諸道州府應

是選人各令知委如守官滿日未給得解由歷子等文書隨處不得便令辭謝如逐州府輒有邀難不便出給罪在本判官并錄事參軍同上

馬步判官不得差攝勅

諸道馬步判官不得差攝官如交闕人須於前資正官判司簿尉中選性行平允者補授同上

凡有除移人到交割勅

今後凡有除移准宣詔遣差外其餘須候人到彼點檢交割軍州公事了日即可發離本處仍令逐道觀察使散管內諸州准此五代會要二十四

得替防禦等使立班勅

諸道得替防禦團練等使及刺史到京朝見後並宜班行比擬如未有員闕令隨常參官逐立班五代會要六

官告綾紙價錢並與官破勅

其自陳狀乞除官者所賜告身並係特恩雖舊例令本官自出價錢慮不迨者稍難送納兼知本司人吏以此爲名接便更致邀頡於官估綾羅紙價外廣索價數力及者隨時應副闕乏者須至淹延今後應是官告除准宣官破外其過狀乞除官并追封追贈敘封進封官告及舉人冬集綾羅紙褾軸錦袋等宜令並與官破仍勒各隨色樣尺寸如法裝修疾速書寫印署進納冊府六百三十二

放免諸州苗畝所徵麴錢勅

酒醴所重麴糵是先頃緣貴價太高禁條頗峻士庶因斯而抵犯刑名由是以滋彰爰行改革之文庶息繁苛之政各隨苗畝量定稅錢訪聞數年已來雖犯法者稀而傷民則甚蓋以亂離日久貧下戶多纔過昇平且勤稼穡各務耕田鑿井孰能枕麴藉糟既隨例以均攤遂抱虛而輸納誠成凋弊深可憫傷況欲致豐財必除時病有利之事方切施行無名之求尤

宜釐罷但得日新之理何辭夕改之嫌應三京諸道州府苗畝上所徵麴錢等便從今年夏並放其麴官中自造委逐州減舊價一半於在城撲斷貨賣除在城居人不得私造外鄉村人戶或要供家一任私造冊府五百四

州府稈草依則例受納勅

天下州府受納稈草每束納一文足陌每一百束納扨子四莖充積草供使棘針一莖充稕場院其草并紫蒿一束只納束其紬絹絁布綾羅每疋納錢一十文足陌絲綿紬線麻布等每一十兩納耗半兩麻鞋

每量納錢一文足陌見錢每貫納錢七文足陌省庫受納諸處上供錢物元條流見錢每貫納錢二文足陌絲綿紬線子每一百兩納耗一兩其諸色疋段並无加耗此後並須依上件則例受納 冊府四百八十八

又勅

今後諸州府所納稈草每二十束別納加耗一束充場司耗折其每束上舊納盤纏錢一文仰官典同共擘畫一一分明上歷至納遣了絕已來公使不得輒將出分張外破 同上

戒封贈停滯勅

宜令所司報在朝文武官員及諸道州府當制內有未霑恩命者令供申文狀到者旋即施行不得停滯 冊府四百七十五

改宏文館名勅

三館重事歷代通呼只自先朝偶更舊制因近臣之避忌易大國之規模今屬惟新理宜仍舊其崇文館宜改爲宏文館 冊府

放免河東等處兩稅勅

振武新州河東西北邊經契丹蹂踐處放免三年兩稅差配 冊府

諸商稅委逐處州府撲斷勅

應三京諸道州府商稅等多不係屬州府皆是有司差置場官朕自受命開基勵精布政將推誠而感物每屆已以從人況於列侯尤所注意豈可山河重寄並在藩方關市徵租獨歸省務加以所置職掌素處幽微向闤闠以肆威與王公而抗禮蓋已往從權之事豈將來經久之規特議改更貴除繁屑自今已後諸商稅並委逐處州府撲斷依省司常年定額勾當辦集冀除生事之端不失豐財之理 冊府五百四

答雍王重美勅

重美學洞儒元官居尹正因三教之議論希千春之渥恩特立條流以防濫進宜從

禁鐵錫錢勅

先條流三京諸道州府不得於市使錢內夾帶鐵錫錢雖已約束仍聞公然行使自此有人于錢陌中捉搦一文至兩文所使錢不計多少納官所犯人准條流科罪 冊府五百一

又勅

諸道州府累降勅命不得使鐵鑞錢如有違勅行使者所使之錢不計多少並沒納入官所犯人具姓名

以聞。近日依前有無良之輩。所使錢內夾帶鐵鑞錢須議卽行止絕宜令諸道州府嚴切條理密差人常于街坊察訪如有吏私鑄瀉及將銅錢銷鑄別造物色捉獲勘究不虛並准前勅處分。同上

給王起料錢勅

仙韶院樂官每月料錢數內減三百千。轉給翰林侍講太子少師王起。

停四孟月旦起居表勅

三京諸道節度團練使防禦使勅使文武將吏州縣職員皆進月旦起居表其四孟月旦並可止絕。五代會要四

秦王從榮班在宰相上勅

天下兵馬大元帥秦王從榮位隆將相望重磐維委任既崇等威合異班位宜在宰相之上。五代會要十六

停轉對勅

今後宰臣文武百官每五日內殿起居仍舊其輪次轉對宜停若有所見許非時上表其朔望入閣待制候對一依舊規。五代會要五

諸州等慶賀表本道封進勅

今後天下諸州刺史及係屬節鎮團練防禦使除應聖節冬至端午外謝上及每月起居慶賀章表並付本道封進其餘公事准往例節度觀察使騰覆奏聞。五代會要四

賻贈段端丈尺勅

太常禮院例凡賻匹帛言段不言端疋每二丈爲段四丈爲疋五丈爲端近日三司支遣每段全支端匹此後凡支賻贈匹帛祇言合支多少段庫司臨時併疊丈尺給付不得剩有支破。五代會要八

條流寺院僧尼勅

應條流三京諸道州府縣鎮寺院僧尼事一。訪聞近

日僧尼等或因援請託以便參尋既往來以爲常致奸訛之有倖自此後如有官中齋會行香顯有告攙及大段齋供請命卽行依時赴會除此外不計齋前齋後僧尼不得輒有相過如敢故違仰逐處坊界所由及巡司節級晝時擒捉並准姦非例處斷其所犯人衣物資財便充捉事人優賞如有人詰告不虛准此酬賞。一。此後如有修補寺宇功德要開講求化須至斷屠之月卽得於大寺院開啟仍許每寺只開一坐兼不得僧於尼寺內開講尼亦不得將功德事請僧於諸寺開講如敢故違法師兼功德主僧徒三年

尼並逐出城其坊界及諸營士女不因三場齋月開講亦不得過僧舍如公然通同許捉獲所犯人並加極法今後僧不因道場及齋會不得公然於俗舍安下住止如違准上科斷一訪聞僧尼寺院多有故違條法衷私度人此後有志願出家准舊例經官陳狀比試所念經文則容剃削仍不因官壇不得私受戒法如違所犯僧及本師等各徒二年配於重處色役如是尼女及年老放杖只勒還俗若有童子出家亦須顯有分據一訪聞近日有矯僞之徒依憑佛教誑誘人情或傷割形骸或負擔鉗索或書經於都肆或

賣藥於街衢悉是乖訛須行斷絕此後如有此色之人並委所在街坊巡司糾察准上決配一此後應是僧尼不計高低於街衢逢見呵殿官寮並須迴避如有故意違犯者便可收送法司若在身有章服師號者便委長吏舉奏當行剝奪如無章服者仰所在擯逐出城若有房院便許別人請射一州城之內村落之中或有多慕邪宗妄稱聖教或僧尼不辨或男女混居合黨連羣夜聚明散託宣傳於法會潛縱恣於淫風若不祛除實爲弊惡此後委所在州府縣鎮及地界所由巡司節級嚴加徽刺有此色人便仰收捉勘尋關連徒黨並決重杖處死右宜徧降勅三京諸道州府長吏分明曉示逐處管界各令遵守（五代會要十一）

州縣引對勅

中書先條奏州縣令錄正衙謝後合趨內殿謝辭者如令錄是除授宜令給事中引對如是指授者准舊例委三銓尚書侍郎各自引對仍須前一日閤門進狀（五代會要十九）

百官五日一起居勅

今後宰臣文武百官除常朝外每五日一度入內起居其中書非時有急切公事請開延英不在此限（五代

會要五）

改衛軍指揮勅

勅衛軍神威雄威及魏府廣捷以下指揮宜改爲左右羽林置四十指揮每十指揮立爲一軍每一軍置都指揮使一人兼分爲左右廂（五代會要十二）

權罷宏詞諸科勅

今後吏部所應宏詞拔萃並宜權罷其貢院據見應進士九經並五科童子外諸色科名亦宜停罷（會要廿二）

賜聞喜宴錢勅

新進士及第有聞喜宴今後逐年賜錢四百貫（同上）

禁鑄私錢勅

先令天下州府公私鑄錢近聞以鉛錫相參缺薄小弱有違條制不可久行今後祗官鑄錢私下禁依舊法同上

批答中書門下奏勅

宜便行曉告如原舊破損銅器及碎銅即許鑄造器物如生銅器物每斤價定二百熟銅器物每斤四百如違省價買賣之人依盜鑄錢律文科斷同上

居喪終制勅

朝臣居喪終制委御史臺具姓名申奏諸道賓從除喪後合宣行恩命州縣官纔授新命及到任一考前丁憂者服闋日除官五代會要八

允劉英甫以講義代帖經勅

劉英甫請以講義便代帖經既能鼓篋而前必有撞鐘之應宜令禮部貢院考試五代會要二十二

夏苗人戶供手狀勅

百姓今年夏苗委人戶自通供手狀具頃畝多少五家爲保委無隱漏攢連狀本州具狀送省州縣不得送差人檢括如人戶隱欺許令陳告其田倍令并徵五代會要二十五

唐文拾遺卷之十

榮祿大夫三品頂戴前分巡廣東高廉道加四級臣陸心源輯

明宗二

御史等官免朝不得私行人事勅

御史臺刑部大理寺官員遇有公事推勘詳斷時宜與免朝參兼不得私行人事若無公事即依尋常赴朝五代會要六

州府不得奏薦將校勅

諸道州府不得奏薦將校職員乞行恩命如顯有功効即列奏以聞五代會要二十四

給趙諲等十八人公憑勅

吏部南曹奏前齊州臨邑縣令趙諲等十八人納到歷任文書合給公憑者其公憑仰所司以綾紙脩寫取本行尚書侍郎列署已出給者候將來赴選依此重給五代會要二十一

三司斷案免朝勅

刑部大理寺御史臺三司官每推斷案牘時特與免朝恐滯推覆法官推覆時不得私行人事公事畢日朝參如常五代會要十六

州縣考滿追還本司勅

應諸司職掌人吏前後選授州縣官考滿日委本處申奏各追還司職依舊執行公事五代會要十七

朝臣奏對宣付史館勅

朝臣起居入閤奏對公事覆奏後宜付史館宜依其時政記起居注候別勅處分五代會要十八

刺史案牘須申廉使勅

刺史既爲屬郡安可自專案牘既成須申廉使餘依所奏五代會要十九

初除官不得侵正員勅

今後諸司初除官勒留職人吏等並於省員州縣判

司簿尉內除授免侵使見親公事正員及不支料錢五代會要十七

廢租庸院勅

停廢租庸院名額依舊爲鹽鐵戶部度支三司委宰臣一人專判仍廢租庸院大程官及放猪羊柴炭戶其括田竿尺一依僞梁制度仍委節度使通行三司不得更差使檢括州使公廨錢先被租庸管係者一切却還州府五代會要二十四

三銓公事封送禮部勅

三銓公事宜准近勅指揮仍祗使吏部尚書銓印並宜付中書門下封送禮部權收管訖奏五代會要二十二

隨府罷職官除授勅

去年相次有諸道前資掌書記已下賓從道京求官人數極多或自逃行止或得替節度使論薦兼有已於郊天行事者即日朝班中無員闕安排前件官等皆隨府罷職相次到京當奏辟之時愼選盡由門館及替閑之後安排須告朝廷若不特議區分反恐久令淹滯宜令于諸道掌書記已下據有員闕處各除授一員仍自此凡是朝官及諸州府判官得替一周年後得求官擢才特勑不在此限五代會要二十五

逃戶屋物不得毀伐勅

應諸處凡有今年爲經水潦逃戶莊園屋舍桑棗一物已上並可指揮州縣散下鄉村委逐村節級鄰保人分明文簿各管見在不得輒令毀折屋舍展伐樹木及散失動使什管物候本戶歸業日卻依元數責令交付訖具無欠少罪結狀申本州縣如元數內稱有事欠少許歸業戶陳狀訴論所犯節級并鄉鄰保人等並科違勅之罪仍勒備償或至來年春入務後有逃戶未歸者其桑土即許鄰保人請佃供輸租稅種後本主歸來亦准上指揮至秋收後還之五代會要二十

五

京城菜園許人收買勅

京城坊市人戶菜園許人收買切慮本主佃年多以糞蔬爲業固多貧窶豈辦蓋造恐資豪猾轉傷貧民若是有力人戶及形勢職掌曹司等已有居地外於別處及連宅買菜園令人主把或典賃于人並准前勅價例如貧窮之人買得菜園自賣菜供衣食者即等第特添價値仍賣者不得多悋田土買者不得廣占田地各量事力須議修營　五代會要二十六

進士選數年滿于都堂試詩賦勅

近年文士輕視格條就試時疎於帖經登第後恥於赴選宜絕躁求之路別開與勸之門其進士科已及第者計選數年滿日許令就中書陳狀於都堂前各試本業詩賦判文等其中才藝灼然可取者便與除官如或事業未甚精者自許准添選　五代會要二十二

武成王廟四壁陳祭物勅

武成王廟四壁英賢自此每至釋奠准郊祀錄各陳脯醢諸物以祭　五代會要三

舉人試判不得祇書未詳勅

每年訪聞及第舉人牒送吏部關試判題雖有判語全無所見各書未詳仍或正身不至如斯乖謬須議去除此後應開送舉人委南曹官准格考試如是進士并經學及第人曾親筆硯其判語即須緝構文章辨明治道如是無文章許直書其事不得祇書未詳如關試時正身不到又無請假字即牒貢院申奏停落　五代會要二十二

禁斷在京市肆牙人勅

在京市肆凡是絲絹斛斗柴炭一物已上皆有牙人百姓將到物貨實致時物騰貴百姓困窮今後宜令河南府一切禁斷如是產業人口畜乘須憑牙保此

外人不得輒置仍委兩軍巡使覺察切加捉獲如違並當嚴斷　五代會要二十六

國忌設僧道齋勅

尚書兵部郎中蕭愿奏每遇宗廟不樂之辰宰臣到寺百官立班是日降使賜香准案禁樂斷屠宰止刑罰者帝忌后忌之辰舊制皆有齋會蓋申追遠以表奉先多難已來此事久廢今後每遇大忌宜設僧道齋一百人列聖忌日齋僧道五十人忌日既不視朝固難舉樂所奏止刑罰斷屠宰宜依兼河南府向來送酒行香宰臣自此止絕天下州府至國忌日並令

不舉樂止刑罰斷屠等餘且依舊（五代會要四）

諸州賓從奏具姓名勅

諸州侯伯所請賓從及主事元隨並令奏其名姓或參佐道虧各令加罪（五代會要二十四）

後唐閔帝

事蹟詳全唐文一百十三

州縣斂民加等論勅

刺史縣令丞尉得替自今後如是見任官將已分錢物資送得替人即勿論其或率斂吏民以受所監臨財物論加一等如以威刑率斂以枉法論其去任受

財人減二等（五代會要十九）

處分賣官買官人勅

如有賣官買官人等並准長興四年三月二十七日斷魏欽緒犯買官罪決重杖一頓處死勅處分其假官及冒名接腳等並准律文及天成元年九月十六日指揮（五代會要十七）

籍没田宅禁請射勅

諸州府籍没田宅並屬戶部除賜功臣外禁請射（五代會要十五）

節度等使官告不得漏泄勅

節度防禦團練使刺史行軍副使等事關急切除授官告若待畫下給即留滯勒樞密院凡經由處不得漏泄（冊府六百三十三）

後唐末帝

事蹟詳全唐文一百十三

答太常禮院勅

祀事在質明前儀仗在日出後事不相干宜依常年受朝（五代會要五）

抽借私馬勅

諸道州府縣鎮賓佐至錄事參軍都押衙教練使已

上各留馬一匹乘騎及鄉村士庶有馬者無問形勢馬不以牝牡盡皆抄借但勝衣甲並仰印記差人管押送納其小弱病患者印退字本道收管節度防禦團練等使刺史除自己馬外不得因便影占管軍都將除出軍及隨駕外見逐處屯駐者都指揮使舊有馬許留五匹小指揮使兩匹都頭一匹其餘凡五匹取兩匹十匹取五匹更多有者並依此例抽取在京文武百官主軍將校內諸司使已下隨駕職員舊有馬者任令隨意進納不得影占人私馬各下諸道准此（五代會要十二）

百官充使依例輪差勅

凡關差使須示均平今後文武百官充使者宜令依例輪差中書置簿不得重疊其內降宣諭不拘此例若當使自緣有事或不欲行注簿便當一依長興三年正月後已曾奉使者便著爲首已後差使次第注之（五代會要二十四）

舉奏判官勅

判官宜令本州刺史自選擇舉奏且初除本職未得與官或與刺史連任相隨顯有勞能許州刺史以聞量事奬擢仍不得枉有論薦其三月後九人且與施行（五代會要二十五）

晉高祖

事蹟詳全唐文一百十四

奬涇州節度王周詔

王周佐國賢臣殿邦良帥戰伐之功顯著葺綏之政尤彰昨者殄寇常山總戎涇水安邊靜塞克施撫馭之方察俗觀風盡去煩苛之弊備陳條件足驗公清一方既洽於詠謌百姓頓期於蘇息王周宜賜詔奬飾兼頒下諸道仍付所司（冊府六百七十三）

案此篇見明鈔本冊府元龜六百七十三卷不著時代案王周事唐莊宗爲裨校晉天福中歷貝州涇州節度使去苛虐民皆復歸故有此詔

公私鑄錢條章詔

國家所資泉貨爲重減耗漸虧于日用增加自致于時康近代已來中原多事銷蠹則甚添鑄無聞爰降條章俾臻富庶宜令三京鄴都諸道州府曉示無問公私應有銅者並許鑄錢仍以天福元寶爲文左環讀之委鹽鐵司鑄樣頒下諸道令每一錢重二銖四參十錢重一兩或慮諸色人接便將鉛鐵鑄造雜亂銅錢仍令三京鄴都諸道州府依舊禁斷倘慮逐處銅數不多宜令諸道應有久廢銅冶處許百姓取便開鍊永遠爲主官中不取課利其有生熟銅仍許所在市賣入官或任自鑄錢行用其餘許鑄錢外不得輒便雜鑄銅器如有違犯者並准三年三月勅條處分（五代會要二十七）

按全文一百十四所收許百姓鑄錢詔計一百五字與此不同今據會要參冊府元龜一百五補錄

科務耳稱究罪勅

務耳稱究人准大中六年十二月十五日勅若有犯者決杖流配訴雖有理不在申明今後所陳與爲勘

斷務耳之罪准律別科五代會要十

答馬承翰封章勑

馬承翰所貢封章俾人知禁雖曾條貫恐未周詳宜依餘准近勑處分仍付所司

判官參選勑

僞清泰二年三月己前諸道州府所差馬步判官有勤績者宜令並准元勑赴吏部參選不得更經中書陳牒五代會要十

衙前大將差補都虞候勑

諸道馬步都虞候今後朝廷更不差補委逐州府于衙前大將中選久歷事任曉會刑獄者充仍以三年爲限不得於元隨職員中差補其今日已前見在任者如無罪犯宜令終其月限候將來得替仰本道於衙前收管不得赴闕五代會要二十四

改承旨官名勑

承旨者承時君之旨非近侍重臣無以稟命是以大朝會則以宰臣承旨草詔書則以學士承旨若無區別何表等威除翰林學士承旨外殿前承旨改爲殿直樞密院承旨改爲承宣御史臺三司閤門客省承旨並令別定其名同上

張昭遠班次勑

新除翰林學士張昭遠早踐綸扉久司史筆曾居憲府累陟貳卿今既擢在禁林所宜別定班序其立位宜次崔梲五代會要十三

除留守降麻勑

留守之任委寄非輕凡除絲綸宜同將相今後除留守宜降麻制五代會要十九

常安公主出降儀勑

納采之時主人再拜使者不答雖開元禮具載其儀今宜答拜仍令鄭王重贇主其婚中外不賀五代會要卷二

處分選舉人文解差謬勑

今後選舉人文解差謬過在發解州府官吏其選人舉人亦准格處分五代會要二十二

任公私鑄錢勑

先許鑄錢仍每一錢重二銖四參十錢重一兩切慮逐處缺銅難依先定銖兩宜令天下無問公私應有銅處有鑄錢者一任取便酌量輕重鑄造因茲不得入鉛并鐵及缺漏不堪久遠流行仍委鹽鐵使明行曉示餘准元勑指揮仍付所司五代會要二十七

按全文一百十六所收與此不同

奏狀須印署勑

應內外諸使諸司及諸州府凡有諸色公事須具奏聞今後不得白狀及劄子記事申覆如事關機密即准元降宣命實封斜角不題事目通下其合申中書及中書勘會公事所申狀亦須是本司及逐處官員印署不得將白狀及記事劄子兼令司局抄劄子申宜令御史臺及宣徽院三司侍衛司諸道州府准此（五代會要二十四）

封贈三代不得第降勑

其內外准勑合與三代已下封贈者並以見居官品

比擬不得第降付中書門下准此及正室不在論請封敍之限應諸色官請與母妻敍封須候官階齊即得如官及所封官高並許施行（五代會要十四）

令鹽鐵使禁銷錢鑄器物勑

朕以歷代鑄錢濟時為寶久無監物已絕增添邇來趨利之人違法甚重銷鎔不已毀蠹日滋禁制未嚴姦弊莫止既無添而有損必耗國以困民將治豐財須行峻法宜令鹽鐵使禁止私下打造鑄瀉銅器速具條流事件聞奏（冊府五百一）

賜僧法城勑

勑法城卿佛國棟梁僧壇領袖今遣內官賜卿研金虛鏤沈水香紐列環一枚至可領取（清異錄）

晉少帝

事蹟詳全唐文一百十八

定親王公主婚禮法物詔

少府監今後凡修制親王婚禮法物并冊文出降公主九樹華釵箱盝等宜令不得用龍紆絛帕（五代會要十六）

進策人定三等詔

應諸色進策人等皆抱才能方來贄獻宜加明試俾盡臧謀今後應進策中書奏覆勑下委門下省試策

三道仍定上中下三等如元進策內有施行者其所試策或上或中者委門下省給與減選或出身優牓合格選人其試策上者委銓司超一資注擬如試策或上或中元進策內不曾施行者所試策下元進策內曾有施行便仰曉示發遣不得再有後進餘准前後勑處分（五代會要十三）

遇大祭祀等不得行極刑勑

四京諸道州府決大辟罪起今後宜令遇大祭祀正冬寒食立春夏雨雪未晴已上並不得行極刑如有已斷案可取次日及雨雪定後施行仍付所司（冊府六百）

十三

顯陵行事官加階減選勅

顯陵行事及祔廟等行事官。並宜加兩階減兩選。理減外合格日免取文解。便與注官。過格者降一資。爲事勒停者許宜勒停日理本官選數。仍與減兩選。合格日免取文解。仍注邊遠同類官。冊府六百三十四

下禮部貢院勅

禮部貢院自前考進士。皆以三條燭爲限。并試諸色舉人等有懷藏書冊。不令就試。宜並准舊施行。冊府六百四十二

鄴都諸門賜名勅

鄴都諸門。宜賜名額。羅城南塼門爲廣運門。觀音門爲金明門。橙槽門爲清景門。冠氏門爲永芳門。朝城門爲景風門。大城南門爲昭明門。觀音門爲廣義門。北河門爲靖安門。魏縣門爲膺福門。冠氏門爲迎春門。朝城門爲興仁門。上斗門爲延清門。下斗門爲適遠門。五代會要十九

招充西京太常寺樂工勅

太常寺見管西京雅樂節級樂工共四十人。外更添六十人。內三十八人宜抽教坊貼部樂官兼充。餘二十二人宜令本寺招召充填。仍令三司定支春冬衣糧月報聞奏。其舊管四十人亦量添請。五代會要七

太廟置庫勅

天地宗廟社稷及諸祠事等。訪問自前所司承備多不精潔。宜令三司預支一年諸司合請祠祭禮料物色等。於太廟置庫。仍差宗正丞石載仁專主掌。監察御史宋彥昇監庫。兼使供奉官陳審璘往洛京。於太廟內穩便處。修葢庫屋五間。俟畢日。催促所支物色監送入庫。交付訖。取收領文狀歸闕。每有祠祭。諸司合請禮料。至時委監庫御史宋彥昇宗正丞石載仁

旋旋給付。其大祠中祠兼令監祭使檢點饌造。小祠即令行事官檢點。如致慢易。本司當准格科罪。其祭器未有者修製。已有者更仰雅飾。五代會要四

差攝官滿五年授官勅

有司差攝官員。今日已前任攝滿五年者。宜追驗本司差攝文牒及親公事文書。并鄉貫三代。點檢者與授初官。起今後所司如更有闕須差攝官者。可具所攝鄉貫三代奏聞。五代會要十七

御史不得以小事請假勅

今後諸御史宜令除准式請假外。不得以私故小事

請假離京并除奉制命差勘公事及按察外。不得以瑣細事差使出外。同上

令佐招攜戸口加階勑

諸道州府令佐在任招攜戸口。比初到任交領數目外如出得百戸以上量添得租稅者。縣令加一階主簿減一選。出二百戸以上及添得租稅者。縣令加兩階。主簿減兩選。出三百戸以上及添得租稅者。縣令加兩階減二選。別與轉官。主簿加兩階減一選。出四百戸至五百戸以及添得租稅者。縣令加朝散大夫階。遞轉官資。罷任後許非時參選。仍錄名送中書。如已授朝散大夫及已出選門者。即別議奬酬。主簿加三級。其出剩不及一百戸者。據戸口及添租稅數。縣令加一階。參選日超一資注官。主簿加一階。如是一鄉收到三十戸或五十戸以上。一村收到三戸五戸以上。及本鄉村節級等與免本戸二年諸雜差使科配。如是一鄉收到一百戸以上。一村收到十戸以上。本鄉村節級等與免本戸三年諸雜差徭。如願且充節級所由未得差替。如願歸農。便與免放。仍仰本縣准勑分明給與憑據。自災沴已來。戸口流散。如歸業者。切在撫安。其浮寄人戸有桑土者。仍收為正戸。其

歸業戸。天福五年已前逃移者。放一年秋夏一半租稅。并放一年雜差遣。其新收戸。如先有租稅。即依元額輸納。如元無租稅。即據所營地畝且收半稅。并放二年差徭。如鄉村妄搠戸及坐家破逃者。許人糾告。勘責不虛。其本府與鄉村所由各決脊杖八十。刺面配本處牢城執役。縣司本典知情。並同罪。告事人放三年租稅差徭。仍將放免數卻配盍藏搠戸及坐家破逃戸本鄉所由均分輸納。今後天下州縣所收新添戸口租稅。限十二月二十日以前申送戸部點檢。如違限。本處判官錄事參軍罰五十直。仍削一級。孔目官勾押人本案人吏杖七十。降一資。五代會要二十

漢高祖

事蹟詳全唐文一百二十

省躬罷役詔

卑宮菲食。前代之令猷。革舄綈衣。哲后之明德。至于損上益下。惜力愛人。冀息煩苛。漸期富庶。所有乘輿服御。後宮費用。太官常膳。一切減損。在京及內諸司并天下州府除應奉軍期急切外。其餘不急之務。非理營造。並皆停罷。免致勞役。冊府五十六

禁斷契丹裝服勅

近年中華兆人浮薄，不依漢禮，卻慕胡風，果致狂戎來侵諸夏。應有契丹樣鞍轡、器械、服裝等，並令逐處禁斷。冊府一百六十一

文武官父母加恩敘封勅

應內外文武官員有父母見在，合得加恩敘封者，不在官階品齊，但見居官品，合與父加恩、母敘封進封者，便與施行，餘准前勅。五代會要十四

停張爍見職勅

三司邦計，國法攸依，張爍體事未明，執理乖當，宜停見職，犯皮者貸命放之。洛陽舊聞記

漢隱帝

事蹟詳全唐文一百二十一

州縣替任敘資規程勅

審官之要，必擇才能，與理同歸，迭處中外，約以選限，

固有條格。遞來或自朝行，或從賓職，願爲州縣，自就便宜，當求事之時，冀得而不論卑位，及既替之後，敘資而卻理前官，須立規程，以絕僥倖。冊府六百三十四

父在母封議加太字勅

應內外臣寮，如父准恩勅合承子蔭加恩者，父未曾有官，卽量其致仕官；見任亦自該恩敘，又難用子蔭；如已去任，願授致仕官者，亦可施行，卽不得就加恩命。其父在，母承子蔭敘封追封，合加太字與不加，雖有艾穎、尹儼近例，恐是一時特恩，別無勅例，宜令尚書省集議奏聞，永爲常式。五代會要十四

俸戶不得當直勅

諸道州府令錄判官主簿官令等第支與俸戶，逐戶每月納錢五百，與除二稅外，免放諸徭差遣，不得更種職田。所定俸戶，於中等無色役人戶內置，不得差令當直及赴衙參。如有闕額及不逮，明申州府差塡，不得衷私替換。若是令錄判司主簿除本分人數外，剩占俸戶，及令當直手力更納料錢，並許百姓陳告。其陳告人與免戶下諸徭差徭，所犯人追毀告身，更加力役。如令佐錄事參軍內有員闕，州府差攝，亦依例支與俸錢。差攝曹官不得一例供破，定例如後：三

千戶已上縣令逐月一十二千主簿六千二千戶已上至三千戶已下縣令九千主簿五千一千戶已下縣令六千主簿四千錄事參軍判司依本部內戶口最多縣分例支破其錄事參軍依縣令例判司依主簿例。五代會要二十八

批答竇文靖奏朝官便衣徒步勅

宜令御史臺常加察訪具以名聞當行譴逐隱而不言與之同罪。五代會要十七

諸州公事先申廉使勅

諸防禦團練州申奏公事除朝廷以軍期應副則不及聞於廉使如尋常公事不得自專須先申本官斟酌以聞今後州府不得違越。五代會要二十四

僞命文書追毀換給勅

應是僞命文書不在施行之限者今有緣晉朝受官契丹年給解由歷子若執格勅又慮有廢身名凡州縣幕府曾受契丹僞命者追毀文書祇取唐晉朝出身文書參選本選外仍殿五選降三資注擬凡唐晉朝諸科及第人於契丹年號內出給文書許追毀換給仍自新給年月日理選。五代會要十七

諸道團集差散從官勅

諸道州府宜差散從官大府五百人下州二百人宜量戶口多少差團集本處管係立節級點檢教習讐備州城。五代會要二十四

唐文拾遺卷之十一

榮祿大夫三品頂戴前分巡廣東高廉道加四級臣陸心源輯

周太祖

事蹟詳全唐文一百二十二

授王溥中書侍郎平章事制

鴻遇順風比事者美賢良之任鵬征積水寓言者伸遠大之圖位非才而不居才非位而不展兩端相叩庶績方凝爰升佐命之臣以授調元之職端明殿學士通議大夫尚書戸部侍郎上柱國太原縣開國男食邑三百戸賜紫金魚袋王溥智出於衆行高於文茂學懿久而策名長才廣度以成器始歸霸府嘗効折衝洎翊造邦尋參宥密擒禁林之詞翰伸祕殿之論思履順持謙奉公處正紫宸三接在注意以方深黄閣九遷諒登庸而允協俾宣相業共贊皇猷食邑贈封功臣改號仍進階資之貴俱爲輔弼之光爾其師克儉於焚機繼在公於補袞詭辭而出奉義而行將聯賡載之歌長保虔恭之佩佩服茲訓式昭德音可金紫光祿大夫中書侍郎平章事冊府七十四

牛皮人犯重處勅

諸道州府牛皮今後犯一張本犯人徒三年刺配重處色役本管節級所由杖九十兩張以上本人處死本管節級所由徒二年半刺配重處色役告事人賞錢五十千其人戸有牛死者其本戸報告本地方所由節級鄰保人仰當日內同檢驗過令本主晝時剝皮及申報本主官吏限十日內須送納畢其筋骨不得隱落五代會要二十五

定銅法勅

銅法今後官中更不禁斷一任興販所有一色即不得瀉破爲銅器賣買如有犯者有人糺告捉獲所犯人不計多少斤兩並處死其地分所由節級決脊杖十七放鄰保人決臀杖十七放其告事者給與賞錢一百貫文冊府五百一

高紹基請捕錄李懷義答勅

李懷義懷貞景韜等並放宜令向訓并諸房骨肉奴僕津置起離量差兵士防援並於汝州安置

磨勘州縣前資官勅

朕祗荷上玄恭臨大寶慮一夫之不獲期四海之所歸近知銓選人多州縣闕少或經年而空淹桂玉未授一官或欲歸而暗想鄉閭又遙千里以斯去任虛歷歲時其間或妄乞官者多是踰違自稱淹滯或未

合格者不遵條制顯紊公方宜行釐革之條以絕僥求之路宜令自今月十一日已前州縣前資官及諸色選人等曾經中書陳狀者並送吏部南曹磨勘如今年冬合格無殿犯違礙者即送中書除官未合格并諸色違礙格勅及曾殿黜得洗雪者並仰各守格勅敘理赴集其漢朝州縣爲徵科不了及擅用破逃戶停官人數並令赴吏部南曹投狀磨勘實是無過停替者本朝解由公憑及牒三司灼然過准格成一考前停官者可送名中書除官一考後兩考前停官者減一選兩考已上者上理本官選數並取解赴集

起今後應有前資州縣官并諸色選人等及曾經黜該恩得雪者並仰各守勅格赴選不得妄有乞官如敢故違宜殿兩選將來降一資注擬如或本司不依格勅妄有滯留罪在所司當行憲典一則俾守規程之道一則稍除躁競之門免恣濫踰貴遵條制如是特恩不拘此例　冊府六百三十四

四廟行事官除官勅

追尊四廟諸司寺監合差行事官宜令差補漢末七州停替州縣官充候行事了各與除官如行事官人數未足以前資州縣官已合格并過選者充仍歷勘官牒委無違礙方得差補　同上

追毀出身勅

今年正月五日恩赦前應諸色官員有過犯合追毀出身歷任官牒至今尚未追毀其本官敘理仍各依格勅處分　同上

西京冊廟行事人減選勅

應京都司職掌赴西京冊廟行事八十有六人宜令吏部南曹引驗出身歷任行事無遺闕歷子委無違礙與各減一選如有今年冬初合格又已過選者銓司注官日與加一階其不該選數已經補奏者減一

年勞　同上

條件諸色出選門州縣勅

近日多有諸色出選門州縣官累經中書陳狀援引從前勅文乞除官事中書先准乾祐二年二月十日勅文以此難議施行今將已前勅文詳酌可否特與條貫庶無淹滯應前後出選門州縣官內有十六考敘朝散大夫階次赤令并歷任中曾昇朝及兩使判官五府少尹罷任後一周年除官曾任兩蕃營田判官書記支使防禦團練判官罷任後二周年與除官並許經中書陳狀點檢不欠年限當與施行選期既

近不得依常選人例更理減選仍須分明批書歷子請給解由若是逃失戶口降書考第及顯有過犯必行殿降應諸色選人過犯三選已上及未成資考丁憂課績官無選可減者宜令自於吏部南曹投狀准格勅磨勘無違礙申送中書門下並與除官其州縣官自恐虧損年限資序歸選門者亦聽自便如或曾任推巡軍事判官等並諸色出選門官並據見任官選數敘理取解赴集依格勅磨勘送名中書門下於銓司注擬前先次除官所有諸色常選人皆自有選限合赴常調今後不得妄有陳乞及不依格勅論理功課如違當行舉勘若是特恩除授及擢才委任不拘此例（同上）

磨勘郊禮行事官勅

郊禮行事官並差在京求仕者充各據出身歷任子細磨勘委無違礙方得差補如曾有殿犯除名免官勒停等人未經恩洗雪者不在收補之限若已取解及免取解赴選在外未來者不得着人承替如收補行事後將來赴選南曹磨勘則有違礙所補官司與本人並當勘斷（同上）

令李仲玉祀唐陵廟勅

唐明宗五廟在至德宮安置其嶽陵上下宮所管土田舍宇宜令新除右監門衞將軍李仲玉爲主其嶽陵下宮及至德宮緣廟合留物外宜令內養劉延韜於金銀器物數內量事給李仲玉遷葬故淑妃王氏及許王外餘並付李仲玉并尼惠能惠登惠嚴令仲玉以時祀陵廟切在豐潔（冊府一百七十四）

處分供申考簿違限勅

勅起今後諸州府更有供申考簿違格限申到者本判官并錄事參軍各罰五十直其錄事參軍仍殿一選本勾押官典委本州各行科斷如違程限一月已上不申到者仍令尚書考功催促候供申到考帳依例施行所有科罰准前處分若是校考過卽時與次年依格奏校（五代會要十五）

又勅

鳳翔考帳違限本府各以科懲其考帳省司特與考校起今後諸州府更有違限者本判官錄事參軍各罰五十直錄事參軍殿中典押本處科斷具仍令省司依時催促若校考過時卽與次年校奏並依前後格勅指揮（冊府六百三十六）

又勅

州縣官或特勑除授或非時有故停任員闕除官到任者緣赴任不拘期限申發考帳之時但滿一周年便與依例書校一考申省如書校時少欠月日卽與次年付帳申校不得漏落考第姓名如或有違罪本道書考官吏（同上）

命開封府處死妖妄人勑

勑趙應智欽陳光齊三人處死連坐郭延貴等十七人並決配蔡河務收管（冊府）

牓諭宋州勑

勑牓宋州曉諭管內諸縣民等省前節度使常思所進絲四萬一千四百七兩言放出在民例以五月內徵納其絲並還元契除已納到者委巡檢使柴進據數追戶責領歸還牓到速告報知悉（冊府一百六十）

檢勘受官不赴謝人勑

起今後更有受官不赴衙謝人宜令門下省御史臺檢舉追勘聞奏其授官後違程不赴任並准元勑殿選如選未滿便來乞官者除外別行降勑（五代會要六）

諸道奏薦僧尼道士人數勑

永壽節每年諸道節度防禦團練使刺史奏薦僧尼道士紫衣師號今後見任帶使相共奏二人見任防禦團練刺史只許奏一人在朝文武臣寮及前任官今後更不得奏薦（五代會要十一）

減損永壽節臣寮設齋供勑

內外文武臣寮遇永壽節辰皆於寺觀起置道場便爲齋供訪聞皆是醵金所宜減損以足公私今後中書門下與文武百官等共設一齋樞密使與內諸司使副等共設一齋侍衛親軍馬步軍督指揮使已下共設一齋其餘前任官員及諸司職掌並不得更開置道場及設齋（五代會要五）

朗州升大都督府勑

頃者淮海陸梁舉干戈而入寇湖湘覆沒致黎庶之倒懸惟彼武陵素稱雄鎭連營比屋皆懷勇烈之心戮力協謀盡復江山之境宜降褒崇之命以升忠義之邦俾列大藩永率南夏其朗州宜升爲大都督府在潭桂之上（五代會要十九）

遣曹匪躬點檢佃租勑

京兆府耀州庄宅三白渠使所管庄宅並屬州縣其本務職員節級一切停廢除見管水磑及州縣鎭郭下庄宅外應有係官桑土屋宇園林車牛動用並賜見佃人充永業如已有庄田自來被本務或形勢影

占令出課利者並勒見佃人爲主依例納租條理未盡處委三司區分仍遣刑部員外郎曹匪躬專往點檢割屬州縣 冊府四百九十五

遣趙元休相度租賦勅

廢衛州共城縣稻田務並歸州縣任人佃蒔宜令戶部郎中趙元休往彼相度利害及所定租賦聞奏 上同

升朝官賜緋勅 節文

今後升朝官四品以上著綠十五周年者與賜緋凡州縣官歷任內曾經五度參選者雖未及十六考與授朝散大夫階年七十已上合授優散官者並賜緋

非時特恩不拘此例 五代會要六

寺監官滿七年同明經出身勅

其諸寺監官任滿七周年已上應奉公事無遺闕文書灼然者並與同明經出身如不滿七周年者任逐穩便今後寺監不得以白身署攝如違本司官吏並行朝典 五代會要十七

賜鄭仁誨手勅

按見舊五代史周書德妃董氏傳與全文一百二梁祖勅同今存其目文不錄

周世宗

事蹟詳全唐文一百二十五

公私織造須合制度制

化民成俗須務眞純蠹物害能莫先浮僞織紝杼軸之製素有規程裨販貿易之徒不許違越久無條理漸致澆訛苟所鬻之或精則酬直之必重宜從樸厚用革輕浮應天下今後公私織造到絹帛紬布綾羅錦綺及諸色疋段其幅尺斤兩並須合向來制度不得輕弱假僞罔冒取價如有已上物色等限一百日內並須破貨了絕如限外敢有違犯織造貨賣者仰所在級節所由擒捉送官 冊府五百四

不得奏薦判官詔

兩京諸道州府留守判官兩使判官少尹防禦團練軍事判官今後並不得奏薦如隨郡已歷前件官職任者不在此限其防禦團練刺史州各置推官一員 五代會要二十五

停罷官麴許人戶自造詔

諸道州府麴務今後一依往例官中禁法賣麴逐處先置都務候勅到日並仰停罷據見在麴數依時踏造候人戶將價錢據數給麴不得賒賣抑配與人應鄉村人戶今後並許自造米醋及買糟造醋供食仍

許於本州縣界就精美處酤賣其酒麴條法依舊施行冊府五百四

收壽州戰骨并優給陣歿將士家物詔

自攻討壽州已來應有將士歿於王事者宜差殿直劉漢卿於壽州四面收斂其屍以官物祭奠本家仍與優給有男者量與敘用冊府一百三十五

選大戶爲耆長詔

諸道州府令團併鄉村大率以百戶爲一團選三大戶爲耆長凡民家之姦盜者三大戶察之民田之有耗登者三大戶均之仍每及三載即一如是五代會要二十五

命在朝文官再舉幕職詔

在朝文資官各令再舉堪爲幕職令錄者一人所舉幕職州縣官罷任後便與除官仍並許赴闕五代會要四

織造絹布不得夾帶粉藥勅

舊制織絁絹布綾羅錦綺紗縠等幅闊二尺起來年後公私織造並須及二尺五分不得夾帶粉藥宜令諸道州府嚴切指揮來年所納官絹每疋須及一十二兩河北諸州並萊登沂密州須及一十二兩絁紬正要夾密停勻不定斤兩絁紬絹長依舊四十二尺

五代會要二十五

供給無家罪人水米勅

應諸道見禁罪人無家人供備喫食者每人逐日破官米二升不得信任獄子節級減稍罪人口食仍令不住供給水漿掃洒獄內每五日一度洗刷枷杻如有病疾者晝時差人看承醫療同上

杖臀不過十五勅

州縣自官已下因公事行責情杖量情狀輕重用不得過臀十五杖因責情杖致死者具事由聞奏同上

行盜三犯決殺勅

諸盜經斷後仍便行盜前後三犯並曾經官司推問伏罪不問赦前後贓多少並取決殺同上

逃戶莊田許人請射勅

應自前及今後有逃戶莊田許人請射承佃供納租稅如三周年後本戶來歸業者其桑土不以荒熟并莊田交還一分應已上承佃戶如是自出力別蓋造到屋舍及栽種到樹木園圃並不在交還之限如五周年外歸業者莊田除本戶墳塋外不在交付如有荒廢桑土承佃戶自來無力佃蒔秖仰交割與歸業人戶佃蒔一近北諸州自契丹離亂鄉村人戶多被

番軍打虜向北近來多有百姓自番界回來其莊田已被別戶請射無處歸託今後如有五周年內其本主還來識認不以桑土荒熟并莊園三分中交還二分十周年內來者交還一半十五年內來者三分中交還一分上項承佃戶如自出力別蓋造到屋舍及栽種到樹木園圃並不在給還之限如十五周年外歸業者其莊田除本戶墳塋外不在給還如有荒廢桑土承佃戶自來無力佃蒔祗仰交割與歸業人戶佃蒔一應有坐家破逃人戶其戶下物業並許別戶陳告請射承佃供納租稅充爲永業不限年載不在

論認之限所有本戶及鄉村節級重行斷決一諸州應有冒佃逃戶物業不納租稅者其本戶歸業之時不計年限並許論認仍本縣立差人檢勘交割與本戶爲主如本戶不來歸業亦許別戶請射爲主所有冒佃人戶及本縣節級重行科斷如冒佃人戶自來陳首承認租稅者特與免罪一顯德二年正月二十五日已前應有逃戶拋下莊田自來全段無人承佃冒經省司指揮開闢租稅者宜令本州縣招攜人戶歸業及許別戶請射爲主與免一年差科色役至第二年已後據見在桑土及租到見苗謂實供通輸納

租稅五代會要二十五

解送監生須是監中受業敕

國子監所解送廣順三年已前監生人數宜令禮部貢院收納文解其今年內新收補監生並仰落下今後須是監中受業方得准令式收補解送近年有諸州府不得解舉人卽投監請補五代會要十六

未朝謝御史不得受供給敕

起今後應有自外新除御史未經朝謝者經過州府不得受館驛供給及所在公禮五代會要十七

秋夏徵了追攝公事敕

諸道州府所管屬縣每年秋夏徵科了畢後多是卻去縣典上州會口文鈔因茲科配斂掠宜令今後秋夏徵科了足日仰本州府但取倉場庫務納欠文鈔如無異同不在更追官典諸道州府管內縣鎮每有追攝公事自前多差衙前使院職員及散從步奏官今後如是常程追攝公事祗令府道承受遞送不得更差專人若要切公事及軍期不在此限五代會要二十五

與販牛畜抽稅敕

諸道州府應有商賈興販牛畜不計黃水牛凡經過處不得抽稅如是貨賣處祗仰據賣價每一千抽稅

錢二十不得別有邀難同上

毀廢妖妄占卜書勅

應諸色陰陽占卜書宜令司天臺翰林院集官詳定其書如是曾經前代聖賢行用合正道者只可存留其有淺近妖妄不依典據者並可毀廢五代會要十一

省廢兩京五府諸州曹官勅

兩京五府少尹司錄參軍先各置兩員今後各置一員六曹判司內只置戶曹法曹各一員其餘曹官及諸州觀察使兩蕃判官並宜省廢五代會要二十

命再舉令錄勅

應在朝文資官各令再舉一人堪充令錄及兩使防禦團練軍事判官者自前或因公過微有殿犯者亦許稱舉餘准顯德二年正月二十一日御札處分五代會要四

諸道俸料不得分配人戶勅

應諸道州府進奉逐月合請俸料及紙筆等錢宜令今後于本州公使錢內支給不得分配人戶及州縣門戶如本州公使錢少不便支給處祇不要置進奏官仰於衙前差有名糧職員充進奏闕院副知仍二周年替罷本州優與安排五代會要二十四

差人收掌盜賊逃軍亡命人勅

應諸司賊盜宜委本府州節度防禦團練等使刺史專切斷除其部內凡有賊盜及逃走軍健諸色亡命之人並須覺察設計差人收掌不計遠近以獲爲限應有婚姻鬭競賊盜公事仰逐日長吏躬親鞫問仍令本判官不住提舉疾速區分應係勅命凡自大辟罪斷訖其公案申奏今後仰抄錄要當事節兼於前面朱書罪人入禁至斷了日數聞奏五代會要十

任鄉村煎鹽勅

漳河已北州府管界元是官場糶鹽今後除城郭草

市內仍舊禁法其鄉村並不有鹽貨通商逐處有鹹滷之地一任人戶煎煉興販但不得踰越漳河入不通商界五代會要二十六

南唐先主李昪

事蹟詳全唐文一百二十八

宋王妃改氏南平制

南平王國之元老婚不可離信王妃可改氏南平馬令南唐書

却符瑞詔

讖告在天聰明自民魯以麟亂莽以符亡當謹天戒

猶懼或失之。符瑞何爲哉。皆抑而勿揚。

勿議討伐詔

知足不辱。道祖之至誡。革廓則裂。前哲之元龜。予嘉與一二卿士大夫共服斯箴。討伐之議。願勿復關白也。釣磯立談

奬太子詔

守廉退之風。師忠貞之節。有子如此。朕復何憂。陸游南唐書

賜宋齊邱書

朕之性。子嵩所知。少相親。老相怨。可乎。同上

上晉高祖書

邊校貪功。乘便據壘。别機宜之執在。顧茫昧以難申。否藏皆凶。乃大易之明義。進取不正。亦聖人之厚顏。適屬暑雨稍頻。江波甚漲。指揮未到。事實已違。今者猥沐眷慈。曲形宸旨。歸其俘虜。示以英仁。其如軍法朝章。彼此不可。揚名建德。曲直相懸。雖認好生。匪敢聞命。杜光鄴等五百七人。已令却過淮北。影宋抄册府二百二十三

南唐嗣主李璟

事蹟詳全唐文一百二十八。

賜陳況手札

欲以綾綺賜卿。卿必不受。今賜朕自服紬縑衣三十事。卿其領之。南唐書

賜周繼諸金鋤手札

是朕苑中自種藥者。今以賜卿。表卿高尙之節。江南餘載

答喻儼等手札

昊天不弔。降此鞠凶。越予小心。常恐弗類。于厥德用災于厥躬。故退處恭默。思底于道。而壅隔之蔽。以爲卿憂。惟予小子實生厲階。馬令書

讓太子表

古之立太子者。所以崇正嫡。息覬覦。如臣兄弟。稟承聖敎。實爲敦睦。願寢此禮。同上

賜宋齊邱書

明日之行。昔時相許。朕實知公。故不奪公志。湘山野錄

南唐後主李煜

事蹟詳全唐文一百二十八。

遺吳越王書

今日無我。明日豈有君。一旦明天子易地賞功。王亦大梁一布衣耳。南唐書

答張泌諫書手批

古人讀書不止爲詞賦口舌也委質事人忠言無隱斯可謂不辱士子矣朕纂承之始德政未敷哀毀之中知慮荒亂深虞布政設敎不足仰付民望卿居下位首進讜謀十事煥美可舉而行朕必善初而思終卿無令直而後佞其中事件亦有已于赦書處分者二十八凡 江表志

批韓熙載奏

言僞而辨古人惡之熙載倖有常秩錫賚尙優而謂廚無盈日無乃過矣

書述

壯歲書亦壯猶嫖姚十八從軍初擁千騎憑陵沙漠而目無全虜又如夏雲奇峰畏日烈景縱橫炎炎不可向邇其任勢也如此老來書亦老如諸葛亮董戎朱敵接敵舉板輿自隨以白羽麾軍不見其風骨而毫素相適筆無全鋒噫壯老不同功用則異惟所能者可與言之又云書有八字法謂之撥鐙自衞夫人并鍾王傳授于歐顏褚陸等流于此日然世人罕知其道者孤以幸會得受誨于先王奇哉是書也非天賦其性口受要訣然後研功覃思則不窮其奧妙安得不祕而寶之所謂法者擫壓鉤揭抵拒導送也此字亦有顏公眞卿墨跡尙存于世余恐將來學者無所聞焉故聊記之擫者擫大指骨上節下端用力欲直如提千鈞壓者捺食指著中節旁鉤者鉤中指著指尖鉤筆令向下揭者揭名指著指爪肉之間揭筆令向上抵者名指揭筆中指抵住拒者中指鉤筆名指拒定導者小指引名指過右送者小指送名指過左 陳思書苑精華

南漢後主劉鋹

事蹟詳全唐文一百二十九

鏡銘

仙山並照智水齊名花朝豔采月夜流明龍盤五端鸞舞雙明傳聞仁壽始驗銷兵 嵩洛訪碑日記

吳越武肅王錢鏐

事蹟詳全唐文一百三十

海會寺陁羅尼經幢記

當使早以訓齊兵旅講武家山爲國爲民摧兇弭寇繼平虵豕以靜江南累蒙七帝酧恩功歸第一以至雙封兩國連統三壇爲明代之父師帥天下之兵柄唯以上尊天地次敬神明興三敎之慈宗建六通之法宇乙亥歲暫歸故里遍集勝因以功臣山之奇峰

叟崇禪室觀竹林寺之湫隘重搆蓮宮半載之中莊嚴俱畢皆選淨名長老各爲住持冀廣善牙常資妙覺昨以寺院功畢金像周圓特于殿前建立千手千眼大悲眞言經及守護國界主陁羅尼經兩幢充揚勝事所冀殊緣寶偈覩者生緣步影飛塵霑者獲善而以福均土地光蔭鄉園克茲先遠松楸共泰錦城軍俗以增幽顯利等恆沙時寶大元年歲次甲申五月一日天下都元帥吳越國王鏐建兩浙金石志

開慈雲嶺記

梁單閼之歲與建龍山至渚灘之年開慈雲嶺使建西關城宇臺殿水閣今勒貞珉用紀年月甲申歲六月十五日吳越國王記石刻

請封鎮東軍神祠奏

鎭東軍神祠頗有靈驗救災祈福人民賴之請賜封崇冊府

祭潮神禱詞

六丁神君玉女陰神從官兵六千萬人鏐以此丹羽之矢射蛟滅怪渴海枯淵千精百鬼勿使妄干唯願神君佐我助我令我功行早就吳越備史

報道宏手札二首

十一月三日報道宏法師冬冷想當安適得狀勞以節送軟棗茶麵等已令收領爲愧殊多迴人遣此不具使人委曲付道宏法師

秋冷想當安適得進奏院狀報蒙恩加太師兼九錫叨功臣名號勞致賀狀迴人遣此不具使人委曲付道宏法師嘉興府志

吳越文穆王錢元瓘

事蹟詳全唐文一百三十

建化度禪院寶幢記

夫眞如湞化以廣大慈悲濟度沙界其有達微妙之音宏勝善之緣盡孝思之心創淸淨之業靡不迴慧炬而照燭乘法力以津梁超彼龍天證菩提之因果竊以自恭遵詔命虔稟遺言承制兩浙口馭藩閫事有益於顯晦功有合於禎休皆許口口鼎新用光積慶昨以西興城壘之內曩歲曾別置犴牢雖宰斷至明固無枉濫而縻縶稍滯或有淪亡念茲綿歷重泉何由解脫於是變圓扉而崇梵宇開紺殿而立睟容仍建寶幢鎭茲土地磨礱翠琰刋般若之文輝煥禪扃集雁洪之福所有前後幽暗魂識一一咸冀往生然願以此功德資薦皇考武肅王昇七覺之法身耀

于光之瑞相其次保安壃境兵火無虞以子以孫永永蕃盛長興四年癸巳三月二十六日起復吳越四面都統鎮海鎮東等軍節度使檢校太師守中書令錢元瓘記兩浙金石志

吳越忠懿王錢俶

事蹟詳全唐文一百三十

報重曜書二首

報雲門山淨名庵長老重曜今差人賫到白乳茶三十斤棱瓷香爐一隻衙香五斤金花合盛重五十兩仍支見錢一百千文足陌可親入懺保安遣此示諭不具

報越國雲門山淨名庵長老重曜昨據節度使錢儀申所請爲官中入懺保安事具悉師心鏡絕塵衣珠無纇脩釋氏務三之誹得淨名不二之宗泊挂錫寶坊棲眞玉節節使素欽於景行遠有來聞國家因馨于精誠遂可其請況奇峰正獵炎景斯熾非坐非行頗勞精進煩心引領尤愧忠勤今則再賜到乳茶三十斤乳香三十斤至可領也夏熱想得平安好故茲諭想宜知之不具紹興府志

閩忠懿王王審知

審知字信通光州固始人兄潮爲縣史壽州盜王緒聞潮兄弟材勇召爲軍校後殺緒推潮爲主潮卒審知代立唐拜審知武威節度同平章封琅琊王梁太祖加拜中書令封閩王同光二年卒年六十四諡忠懿子鏻僭帝追諡昭武孝皇帝廟號太祖

請封砧碕里古廟奏

當縣界砧碕里古廟祈禱有靈鄉閭父老皆有陳請望賜封崇冊府

唐文拾遺卷之十二

榮祿大夫三品頂戴前分巡廣東高廉道加四級臣陸心源輯

越王貞

貞太宗子始王漢徙原已乃封越善騎射涉文史武后初遷累太子太傅豫州刺史中宗遷房陵與韓王元嘉等圖反正兵敗仰藥死開元四年復爵謚曰敬以從孫琳嗣

隨大善知識信行禪師興教之碑 并序

原夫眞身設範垂二字以標靈應佛涅槃顯六時以爲國崛山利見善摧之業斯遠連河緝化隨機之道斯異廢興之業亦殊要者連肩雖復堅住之上八解慧之開士廣演八藏九部之說劇談二空三性之文曷嘗辯於眞僞之宗詎能曉於是非之旨詵詵法侶猶苦迷方濟濟覺徒安知最勝遂使魚目研綜珠篋之奇區別金書之祕標象運之時用揚末法之幽鍵獨步一人功侔十力惟我大善知識信行禪師矣至乎氏胄之華熏習之業旣昭著於前碣於此可略而言焉仰惟禪師識洞初幾照逾機之科對藥病之理定邪正於波擾決疑似於雷同妙達幾先利生同極業契初依之蹈仁逾後際之用酌金河之茂典解沙界之深纏起十受於心靈遵三捨於身命感障攸滅控洌淨之遙源慧炬弗賞既免簡擇之尤善人不遊良無枉罰之酷長鐫七損永謐三災開示之益允宏對遣之慈彌廣用因收果即從因以表眞以果攝因乃緣果而除妄□高慢之見樹增上之地自空靜名相之驚颷昇河岸於振峭山彼逝魂收名鬼錄起茲朽骼受氣人靈諒釋門之指南允緇服之共北者矣雖復孤擅決了之士無窮智慧之賢猶昧開導之規尙乖勸誘之義遂使鍛冶之子未習數息之因澣濯豈不然歟欽惟曩俊親承聖範猶致疎謬靡叶深機刹乎今士纔傳遺說有迷幽趣實喪菁華蠢蠢四生常淪苦海茫茫萬彙恆溺愛河殊塗同歸有足悲矣斯乃前哲失之於既往惟我禪師得之於韻於旋宮固守刻舷弃神鋒於水府亦猶析薪求火豈覩炎光之盛畫瓶緘毒莫飲甘露之津蚊喙之識罕周牛便之劣滋甚握斯墜葉不悟大力恃此藕絲矜乎小智者矣若乃三階演瀯五位騰惡而成性徇迷惑而爲習信惡之誠且篤忘善之志亦深紊善惡而罔分雜正邪而靡悟於是甄明種性之貫式彰顚倒之邊雖則稟命愚癡克邁辟支之軫挺質莫智俄□□御之

乘若夫七處聚義能力未藉於假人等大地之廣持類元天之退覆導師諧願代苦之德靡涯正法甚深善誘之仁多裕四諦無作更明自力之知六住表規益垂得度之紀信惡迷善之予唯章口善之方信善忘惡術由袪惑而獲範克紹聲聞之乘能撥亂而致資因生巨厥躬之樂廣敷無漏之悰肇近諸身之事遠該成彼之業觀色觀象四部之教不同學上學下三寶之幾斯異佛法代法之攸聞自驗自知之照理諒如矇瞽之昧即從忍受之安修上法而攜挹習善之業彌優仰信之益日滋隨悅之方月進深符八式

蹈三義之宗好惡俱聞憂喜不溺於心術信直咸綿成就克卻於情田受刻剝而猶甘希韞涅槃之趣惠首目而罔悋冀證菩提之緣懼誡敂之難銷褫翼衣而歸俗襲重想之存慎珍而契冷之節既調陽缺一百四十餘字及毀正之侶繼踵寘於無聞訾聖之徒接衽赴於冥晦祈法雨而滌釁入淨土而投誠求智之美以隆歎法之深以舉樂嬉遊於火宅求懼一門之隘恣沉泳於苦海匪憚五欲之災因馭牛以宣慈說窮子而啟諭守節迦葉辭請食於檀主護名釋允拒匹儷於國王且夫穢觀己成嫌惡未受不引其賊如擠其

流惟好所用自歸惟善所願躬納猶虛天而比廣若厚地而絜大煩惱之藏莫窺空智之幾難覩亦有戒壞而見存或有見全而戒毀能發誠而懺咎遂刻意而悔愆二代之報可求三乘之果何遠夢羅刹而能警臨將歿而敦念故婆門誹謗思艮津而免尨隔提善根資後因而延福觀相之心既切繫念之志必深蠲五逆於幽扃解四禁於冥籍原乎蒼生處俗受格異規黔黎居代殖操殊軌負才之子實多矜己之長好議之流則惟覩物之短既惜身之長少便覩人之短多學上益以彌豐存下好而莨鮮遵別之情無極

業溥之道未宏靡疚懷而利他乃留想而裨己習氣飄而匪定稟命雜而弗醇暨乎詮聖之理可徵驗果之由斯照則有偏居信善兼包信惡自他之善甯敢專收自他之惡安能孤亮正可以舉善而攝善知惡而統惡焉假使少能迴己以同人廢人以從己亦未能頓袪三業長驅八正然可惡善之內則利俱學之優既遠之中因爾總施其能都泯其蹤物我咸緝之務乃宏是以冰室由之遂寒石峰以之增峻三春戒序青要之律克調九秋御節白藏之氣攸美遇善詣性叶勝緣而自臧逢惡為情蘊凶德而成否固可廣

存並學甄明別機麤迷二階之宗式標其趣矣亦有利根邪見常緘顛倒之想敏質僻懷恒苞迷謬之態雖復久承戒珠之義夙奉禪鏡之明猶普毀於波若尙噂沓於種智肆其輕誹則背誕於三寶縱其妄識則委體於六魔墜泥黎而未央陷阿鼻而無盡徒勤誤學虛事錯遵七十五由斷見之非仍起九十一劫喑餓之苦未嘗易前探於本根當後歸於正遍又有因無始之界自有識之心罕聆法寶嘗淪俗化或恃長以縮短或見短以綜長或習上好之多或學下好之少惟別溥之偏駁混善惡之交馳植角之喻茲與被鬣之譏斯發洎乎覩佛開教聞瀍貽矩晒身之善遂多視彼之惡攸衆但能廢人同己未克省躬就物志希極上之業情昏最下之規續語堂碑錄

案此碑蓋從剪本過錄原跋謂通篇文理有不能句讀者疑當是褒池時爲劣工剪棄

紀王愼

愼太宗子韋妃生始王申後徙紀武后時改氏虺謫巴州

外姻不爲婚奏

堂姨母之姑姨及堂姑姨父母之姑姨父母之姑舅姊妹壻姊妹堂外甥雖並外姻無服請不爲婚唐會要八十三

襄王重茂

重茂中宗子初封溫王韋后弒中宗矯詔立爲皇太子卽帝位改元唐隆睿宗卽位廢爲溫王明年徙封襄開元二年薨追冊爲皇帝

太平公主依舊置府敕

公主置府近有敕總停惟太平公主有崇保社稷功其鎭國太平公主府卽宜依舊唐會要卷六

行鄉飲酒禮敕

鄉飲酒禮之廢爲日已久宜令諸州每年遵行鄉飲酒禮唐會要二十六

雍王守禮

守禮章懷太子賢子高宗孫嗣封雍王唐隆元年追封邠王薨年七十贈太尉

贈太子廟隸太常奏

敕賜臣父廟號陟岡乞隸太常寺仍請安國相王書額冊府元龜

褒信王璆

璆許王素節子高宗孫初封澤王降郢國公官宗正

少卿進封褒信王天寶初爲宗正卿

皇妹服制奏

皇妹及女准禮出嫁後各降本親一等今後並降爲第二等臣以爲執禮破親有虧常典宜請一切依服屬等第爲定不在降服限仍望永爲常式（唐會要六十五）

嗣澤王潤

潤澤王上金之曾孫光祿卿溓之子官恩王府司馬

大唐故奉義郎行京兆府涇陽縣主簿王府君墓誌銘 并序

公諱郯字文秀琅耶臨沂人也曾祖同晈駙馬都尉琅耶文烈公贈太子少保尚定安長公主祖繇駙馬都尉琅耶懿公贈太子太傅尚永穆長公主父訓累授光祿卿娶嗣紀王鐵誠之季女公聰明生知忠孝天與出身從仕爲眾所知不以得失繼懷不以喜怒形色謙以自牧寬以養閑足可永保盛名剋終天壽公自弘文館明經虢州弘農尉次任揚州江陽主簿考秩尋滿蹉跎江鄉累佐諸使勤勞備著名績時稱以去年入調長安天官以書判取人授公京兆府涇陽主簿今春季月遂赴所任宿疾不瘳漸嬰羸瘵于禳万療神道何依以其年八月九日終于萬年縣興

寧里永穆觀之北院享年五十七嗚呼淮水不絕君家自昌豈圖藥餌不靈與物爭謝故知修短有定古亦無替夫人則祕書監贈揚州大都督嗣澤王溓長女潤之姊也居家守禮出事恭儀淑順不虧天生自得公任弘農日染疾不起權殯於縣界長子貞素泣血號天柴毀過禮終身之痛唯茲是憂遂策杖於弘農扶護棺櫬將及合祔公有子二人次曰貞鎰女一人猶未及笄出我家也後娶楊氏有子三人女二人楊氏與貞鎰尚家維揚嗟之道路遐遠報不及期以其年閏十月七日卜擇於萬年縣滻川鄉先塋之側也貞素以東海尚變陵谷恐平啟潤紀之庶乎不朽潤以天倫之痛內兄之哀託石敘情備於歲月慙無刀翰有愧於文握管慟傷銜悲述作銘曰

天不藏寶必降賢良公貞有度雅淑無量將永保於閨祿何忽變爲代傷嗚呼郊原寂寂松柏蒼蒼嗟白日之晝短痛泉臺之夜長（石刻）

崔善爲

善爲武德中尚書左丞（唐書有傳）

糾劾丁憂起復奏

欲求忠臣必于孝子比爲時多金革頗遵墨縗之義

丁憂之士例從起復無識之輩不復戚容如不糾劾
恐傷風俗（唐會要三十八）

薛收

全唐文一百三十三有傳

驃騎將軍王懷文碑銘 并序

蓋聞惟生爲貴輕之者類於鴻毛非義不居取之者
同於熊掌當仁處命不其難乎故俶儻不羈之木英
奇傑立之士遑遑重志業落落建功名心貫金石之
中氣逸煙霞之上雖則山淪海覆霧卷塵飛僨節捐
軀蹈之由己斯爲美矣豈徒然哉若乃寥廓千齡栁

楊萬代獨顯非常之効以終國士之恩高烈振於遐
年義聲聞於當代則驃騎王君見之矣君諱懷文字
思忠太原祁人其先姬氏周室之胄水府山宗之秀
載挺瓌奇瓊林桂苑之華夙承休祉騰芳上葉流慶
後昆故能異人鬱起雄圖閒出祖魏常山郡主簿博
野丞寓量沈深養名蓄德父膺齊儀同臨朔鎮將風
格凝峻居仁蹈禮並藏器於身蘊材傲俗君騰精玉
守稟性金方少負不貲之質長嬰跅弛之累跼步通
衢戢翼中野矯迹嘉遁佇運觀時暨炎歷將終皇猷
爽德生靈版蕩剪爲寇亂九縣區分四郊多壘君攘

袂激憤抽戈抗節既濯鱗羽思遇風雲是時四柱方
傾共工之難尚梗五星不聚漢祖之業未隆空懷耿
介之心猶阻奔踶之路劉武周滔天猾夏荐食晉陽
宋金剛剽邑屠城挻惡汾浦乃以君爲僞上柱國行
軍總管非其好也君久悟焚巢恆思擇木終觀投石
未安累卵行危苟免言遜俟機太尉秦王建旆東轅
元戎北指出九天之外引百勝之師星驅雷駭剋平
大憝既乃烏合爲羣俱同鍛翮獸聚之內咸遇剪毛
而一面開羅三驅致禮捨鉤焚櫬特降優隆光被寵
榮式加殊命乃受驃騎將軍則大唐武德三年也王

充負豐青丘流氛紫極屬南巢放桀之始西伯事殷
之初窺覦非冀妄干大寶聖上愍茲黎首情軫納隍
救彼淪胥思同濡足吾王奉遵廟算受賑徂征蘊金
匱玉鈐之謨運沙城石陣之略鑿門盡鬬指定舊都
君乃陪預戎麾俱參列將自屯師洛汭結壘邙山醜
類逋誅屢犯旌旆君鷹鸇楊視展効獻功未極千里
之塗翻垂六鳥之翅鍾儀去楚不捨南冠華元入鄭
未通文馬王充置之左右情加推信仍授僞官兼優
封爵君乃詭同背誕密運忠規潛圖去暴庶恢茂績
方欲梟除元惡贊我大猷越以四年二月王充悉其

步騎出至城西吾王憑軾觀兵與其相遇旗鼓雖布
鋒鏑未交君乃獨斷神謀先騰壯烈抽戈電擊挺劍
風趍決機兩陣之閒申威萬人之上一發則貫其左
股再申而析其右肱凶魁僵仆應時顛趾奔鯨赴穴
桀犬如林以無因之迹駭不存之地莫不眩目驚禍
廢手頓足雄夫爲之亡胄猛士於焉累氣流光奪景
浮雲變色喋血數步之中躍刃重圍之下以寡制衆
援阻路窮交鈹莫禦結纓終斃於是聲嘉玉晃悼感
瓊枝四國嗟傷三軍悽愴司儀奉命致禮轜轅賵賻
所加特超恒典功書天府復降王人詔贈厶官謚曰

厶公禮也君質茂松筠心標鐵石慷慨有丈夫之操
磊落懷烈士之風運偶物艱時鍾德喪闊節高度不
以細行自拘爽氣通才方持雄略爲重屬兵車九合
齊楚之地未寧天下三分商周之道初革君乃屈迹
抑憤與俗沈浮違亂去惡歸身大造既荷生育之賜
方酬山岳之恩契闊無虧造次斯在發忠顯効殉主
捐軀登太行以未危怙焦原而不懼故能抗迹藪之
敵怨致天誅於巨猾雖則荆卿奏曲空進燕圖豫讓
吞聲唯驚趙馴翳桑之倒戟懷惠輔氏之結草酬恩
比事論功固不同年而語矣吾王重義敦本情深嘉

尚永言遺範有邁前脩以爲紀績銓名彝章之盛範
鏤鍾鐫鼎邦家之宏訓乃命勒茲元石式建豐碑樹
美無窮垂芳不朽方見雲飛幽隴飄飄與生氣俱浮
吹動孤松肅肅與餘風共遠其詞曰
於穆顯宗肇分姬姓休緒爲奕靈源鼎盛鶴舞周儲
鳧飛葉令流福胎響傳芳遼夐木秀喬林波騰巨壑
英奇奕載傑人閒作是曰趫林兹稱勇略稟質俶儻
遊心寥廓珠囊掩曜玉弩騰暉霧擁元闕虹貫紫微
一人喪道兆庶無依逝莫以騁翔而未飛皇運膺期
帝圖惟始野有龍戰人同蝟起望阻昌期迹淪于紀

處異信國居非仁里奸魁放命肆逆汾陽椎轂台鉉
授律文昌威宣取亂績著侮亡氛祲既滅遺黎以康
雷作既解風行斯渙承茲渥澤去彼危亂躍鱗清波
厲羽霄漢乃優寵秩方隆榮觀猵萌縱慝很戾爲羣
嵩邙地阻伊洛川分五策命將六郡興軍言從戎政
冀展鴻勳桓桓征夫蠢蠢窮寇舉斧未殄吞舟猶漏
墮伏無虞前茅爽候翻逢絓木乃同夾脛違邦靡貳
苦節思負志除封豕庶剪長鯨神機奮發奇略允成
惟義是蹈兹軀以輕烈氣外暢雄規內舉拔棘超距
橫矛再事渠魁既接孽黨咸殲劍及王僚鏦加吳瀆

人稱韓相地曰樓蘭捐生怨府建効鋒端論功彼易語迹今難致命所欲垂名不刊森森壯節凜凜風廋易水方寒邛山永暮月照泉戶煙浮松路唯餘俠骨傳芳竹素文館詞林

齊士員

士員恆州行唐人貞觀中官右監門中郎將延陵縣開國子

太武皇帝穆皇后供養石像之碑

若夫妙覺誕因歷幾綿刼塵磨大地籌斬灌蘩草木與口璧同華日月與邱陵等觀皆有生滅之起無分帝王之果太武皇帝早感樞星晚逢電影開基發右則天啟聖升霞而去閶闔橋山而葬衣冠穆皇后德並乾坤明同日月不終十善早棄六宮同寢獻陵永辭長樂高陵與靈岳等峻夜臺共渭水俱深陵廟近松楊悲笳管息人禽思上國延陵縣開國子齊士員宿殖善根家傳妙勝早悟正覺共敬育玉義旗同盟即沾佐命心如白水節等秋霜悟大品而識大乘辯大悲而歸大智聚沙爲塔累壁成臺妻捨生資夫施爲馬求妙絕之工開祕密之藏砌雕玉石開發金光爲彌施像一區二衞菩薩太武皇帝穆皇后二聖供

養萬劫崇善梵響長聞香煙不絕金山寶崛狐菟不栖滄潭深海蛙黽不宿無二之性即是法性心無生滅即是涅般塵滿由旬衣拂大石塵消石盡福報斯隆祇闍之山重逢湧出無量壽國宛在目前其銘曰

帝應紫震后歸眞淨祚與天連業同主聖臣悟三空爲修八正萬善脩緝十力雕鎣無去無來湛然常定永安天闕長歸法性　右監門中郎將右勳衞郎將檢校左右領府郎將長樂宮大監定州刺史上柱國延陵縣開國子齊士員曾祖常口平南將軍豫州汝南郡太守祖恩齊尙食典御父羨隨口州記室參軍兄儆隨廬州司兵參軍妻呂氏延陵郡君世子小師右翊衞息世武文德皇后挽郎息世文世才世貴孫神感神法神雨世文已下並幼未登仕長女潘水府果毅和宜妻女娘晃然士員早承華緒先人餘福開皇之歲宿衞宮闈壽配兵曹以爲品子久滯武庫未甥文房大業末年乾綱落紐幸逢開闢運屬周旋立佐命之元勳成割地之鴻業義旗之始即授正議大夫左一軍領帷幄之中決勝千里陣場之上身敵萬人爵賞既隆領禁天闕每承機要三十餘年太武皇帝壽極升霞即奉勅於獻陵供奉死生不離仍於陵

後千步賜以塋域旣盡君臣之禮冀申忠孝之誠建功業於前存正念於後立頌報德勒石紀恩庶使萬古千秋湛然不朽（非見齋碑錄）

獻陵造像碑

貞觀十三年歲次己亥正月乙巳朔一日右監門中郎將延陵子齊士員恒州行唐人也王保府折衝都尉趙伽頻陽府田阿女懷信府果毅都尉獨孤範天齊府斛律環長豐府王仁感頻陽府闕文彈左右監門校尉三原縣令檢校陵署令崔鑒玉署丞裴珉內省禦侮尉郭元宗陵寢二所宿衞人呂村任村王村劉村朱村唐祿村房村袁呂村謝村宿老等但士員奉詔賜以終身供奉陵寢許生死不離宮闕縱令灰骨喪軀無能報國令分割宦祿之資爲太武皇帝太穆皇后敬造石佛殿一所并造彌陀像二菩薩師子香爐座四面爲宮內存亡寫金剛般若觀世音經各一部及一切經目昔前漢數終□運長安絕跡三年後隨歷季之期天下分崩累載軍兵其斂而給黎庶折骸而食皆悲杼柚之空咸結傾匡之恨金符去其王室玉帛出自私門四國是邉三川若沸太上皇膺天順命伐罪弔民發義晉陽除凶京輔八荒懷服萬國朝宗率土來蘇羣生再造荷斯極□建此神功託聖德於渡橫流仰慈悲而登彼岸設使高山銷爍大谷陵移冀等日月而長懸同天地之永固此報聖上之恩冀存萬代但恐無識之徒輒有輕毀後若有人敲打佛像破滅經字者願當當來世恆墮三塗地獄世世不復人身常值災窮之報（同上）

唐文拾遺卷之十三

榮祿大夫三品頂戴前分巡廣東高廉道加四級臣陸心源輯

虞世南

全唐文一百三十八有傳

論畧

或曰班固稱周云成康漢言文景斯言當乎虞南曰成康承文武遺蹟以周召爲相化篤厚之氓因積仁之德疾風偃草未足爲踰至如漢祖開基日不暇給亡嬴之弊猶有存者太宗體玆仁恕式遵玄默滌秦項之酷烈反軒昊之淳風幾致刑厝斯爲難矣若使不溺新垣之說無取鄧通之夢懔懔乎庶幾近於王道景帝之擬周康則尚有慙德

或曰漢武帝雄才大畧可方前代何主虞南曰漢武承六世之業海內殷富又有高人之資故能總攬英雄駕御豪傑內興禮樂外開邊境制度憲章煥然可述方於始皇則爲優矣至於驕奢暴虐可以相亞並功有餘而德不足

或曰漢宣帝政事明察其光武之儔歟虞南曰漢宣帝起自閭閻知人疾苦是以留心聽政擢用賢良原其循名責實峻法嚴令蓋流出於申韓也古語云圖

王不成弊猶足霸圖霸不成弊將如何光武仁義圖王之君也宣帝刑名圖霸之主也今以相輩恐非其儔

或曰漢元帝才藝温雅其守文之主乎虞南曰夫人君之本在乎文德武功而已文則經天緯地詞令典策武則禁暴戢兵安人和衆此南面之宏圖也至於鼓瑟吹簫和聲度曲斯乃伶官之職豈天子之所務乎

或曰觀僞新王莽謙恭禮讓豈非一代之名士乎至作相居尊驕淫暴虐何先後相背甚乎虞南曰王莽天姿慘酷詐僞人也未達之前徇名求譽得志之後矜能傲物飾情既盡而本質存焉愎諫自高卒不改寤海內冤酷爲光武之驅除焉

夏少康漢光武皆中興之君孰者爲最虞南曰此二帝皆興復先緒光啓王業其名則同其實則異何者光武之世籍思亂之民誅殘賊之莽取亂侮亡爲功差易至如少康則夏氏之滅已二代矣羿及寒浞藐然遺體身在胎孕母氏逃亡生於他國不及過庭之訓曾無強近之親遭離亂之難庇身非所而能踦嶇於喪亂之間遂成配天之業中興之君斯爲稱首

欽虞南曰帝者與師處王者與友處霸者與臣處漢祖之臣三傑是也光武之佐二十八將是也豈得以鄧禹吳漢匹於張良韓信者乎然漢祖功臣皆以強盛誅滅光武佐命悉用優秩安全君臣之際良可稱也絕長補短抑其次焉

後漢衰亂由於桓靈二主凶德諠則爲甚虞南曰桓帝赫然奮怒誅滅梁冀有剛斷之節焉然閹人擅命黨錮事起非乎亂階始於桓帝古語曰天下嗷嗷新主之資也靈帝承疲民之後易爲善政黎庶傾耳咸冀中興而帝襲彼覆車毒逾前輩傾覆宗社職帝之由天年厭世爲幸多矣

自炎精不競寓縣分崩曹孟德挾天子而令諸侯劉玄德憑蜀漢之阻孫仲謀負江淮之固三分天下鼎足而立皆肇開王業光啟霸圖三方之君孰有優劣

虞南曰曹公兵機智算殆難與敵故能肇迹開基居中作相實有英雄之才矣然譎詭不常雄猜多忌至於殺伏后鴆荀彧誅朱融戮崔琰婁生斃於一言桓邵勞於下拜棄德任刑其虐已甚坐論西伯實非其人許劭所謂治世之能臣亂世之奸雄斯言爲當劉公待劉璋以賓禮委諸葛而不疑人君之德於斯爲美彼孔明者命世之奇才伊呂之儔匹臣主同心魚水爲譬但以國小兵弱斗絕一隅支對二方抗衡上國若使與曹公易地而處騁其長算肆關張之武盡諸葛之文則霸王之業成矣孫主因厥兄之資用前朝之佐介以天險僅得自存比於二人理弗能逮以上長短經

公子曰諸葛亮冠代奇才志圖中夏非宣帝之雄謀妙算其孰能當斯勍敵者乎先生曰宣帝起自書生參贊帝業濟時定難克清王道文武之略實有可稱然多仗陰謀不由仁義猜忍詭狀盈諸襟抱至如示謬言於李勝委鞫獄於何晏愧心負理豈君子之所爲以此僞情行之萬物若使力均勢敵俱會中原以仲達之奸謀當孔明之節制恐非儔也

公子曰晉景文兄弟遞居宰相二人功德孰爲先後先生曰景帝少有名節見重當時所以何平叔云惟深也故能通天下之志夏侯元是也惟幾也故能成天下之務司馬子元是也故知王佐之才著於往日及誅爽之際智略已宣欽儉稱兵全軍獨克此足以見其英圖矣雖道盛三分而終身北面威名震主而臣節不虧侯服歸全於斯爲美太祖嗣興克寧禍亂

南定淮海西平庸蜀役不逾時厥功爲重及高貴纂位聰明夙智朝野欣欣方之文武不能竭忠叶贊擬迹伊周遂乃僞殺彥士（高貴鄉公字）委罪成濟自貽逆節終享惡名斯言之玷不可爲也

公子曰武帝克平江表混一宇內可謂晉之明主乎先生曰武帝平一天下誰曰不然至於創業垂統其道則闕矣夫帝王者必立德立功可大可久經之以仁義緯之以文武深根固蔕貽厥子孫一言一行以爲軌範垂之萬代爲不可易武帝平吳之後怠於政事蔽惑邪佞留心內寵用馮紞之讒言拒和嶠之正

諫智士永歎有識寒心以此國風傳之庸子遂使墳土未乾四海鼎沸衣冠殄滅縣宇星分何曾之言於是信矣其去明主不亦遠乎

公子曰晉惠之時張華裴頠盡忠王室扶顛救危猶足南面何以坐視其弊危而不救焉先生曰晉自太康之末風教凌遲俗澆薄爲日久矣況惠帝稟質下愚賈后天性兇狡以兇狡之性役下愚之質猶縱烈火而燎於原野自楊駿滅後誅戮相繼八王力爭戎狄窺覦頹綱漏網一時崩潰非命代英雄不能正也張裴儒雅安足用之

公子曰中宗値天下崩離創立江左俱爲中興之主比於前代功德云何先生曰元帝自居藩邸少有令聞及建策南渡興亡繼絕委任宏茂撫綏新舊故能嗣晉配天良有以也然仁恕爲懷剛毅情少是以王敦縱暴幾危社稷蹙國紓禍其周平之匹乎

公子曰東晉自元帝已下何爲賢主先生曰晉自遷都江左强臣擅命垂拱南面政非己出王敦以磐石之宗居上流之地負才矜地志懷問鼎非明帝之雄斷王導之忠誠則晉祚其移於他族矣若使降年永久佐任羣賢因遷潤之遺黎乘劉石之衰運興復中

原不難圖也

公子曰謝安爲相可與何人爲比先生曰昔顧雍封侯之日而家人不知故前代稱其賢也夫以東晉衰微江左凋弊戎狄交侵疆場日駭況永固（符堅）英主親率百萬符融名將執銳前驅厲竇衝之觜距騁張蚝之鋒鍔先築賓館以待晉居强弱而論雖鴻毛太山不足爲喻文靜深拒桓沖之援不喜謝元之書則勝敗之數固已在於胸中矣斯人也豈以區區萬戶之封動其方寸哉若論其度量近古以來未見其匹惜哉不與八元三傑齊衡接軫驤首太階贊昇平之業

矣

公子曰桓元聰明有風智奇才遠略亦一代之異人而遂至滅亡運祚不終何也先生曰夫人君之量必器度宏遠虛己應物覆載同於天地信誓合於寒暄然後萬姓樂推而不厭也彼桓元者蓋有浮狡之小智而無含宏之大德值晉室衰亂威不逮下故能肆其爪牙一時篡奪安德治人無聞焉以僥幸之才逢神武之運至於夷滅固其宜也

公子曰宋高祖誅滅桓元再興晉室方於前代孰可比倫先生曰梁代裴子野時以爲有良史之才比宋

祖於魏武晉宣觀彼二君恐非其類

公子曰魏武一代英偉晉宣頻立大功得比二人以爲多矣季孟之閒何爲非類先生曰魏武曹騰之孫累葉榮顯濯纓漢室三十餘年及董卓之亂乃與山東俱起誅滅元兇曾非己力晉宣歷任卿相位極台鼎握天下之圖居既安之勢奉明詔而誅逆節建瓴爲譬未足喻也宋祖以匹夫挺劍首創大業旬月之閒重安晉鼎居半州之地驅一郡之卒斬譙縱於庸蜀擒姚泓於崤函克慕容超於青州梟盧循於嶺外戎旗所指無往不捷觀其豁達宏遠則漢高之風制勝胸襟則光武之匹惜其祚短志未可量也

公子曰宋文寬明之君享國長久弒逆之禍爲何所由善而無報豈非命也先生曰夫立人之道曰仁曰義仁有愛育之功義有斷割之用寬猛相濟然後爲善文帝沈吟於廢立之際淪溺於嬖寵之閒當斷不斷自貽其禍孽由自作豈命也哉

公子曰孝武明帝二人孰賢先生曰二帝殘忍之性異體同心誅戮賢良斷剪枝葉內無平勃之相外闕晉鄭之親以斯大寶委之昏稚故使齊氏乘釁宰制天下未周歲稔遂移龜玉鍼縢雖固適爲大盜之資

百慮同失可爲長歎鼎祚傾淪非不幸也

公子曰齊建元永明之閒號爲治代誠有之乎先生曰齊高創業之主知稼穡之艱難且立身儉素深知理道踐位已來務存簡約武帝即留意後庭雕飾過度然委任王儉憲章攸出禮樂之盛咸稱永明宰相得人斯爲美矣

公子曰齊明帝爰自藩枝遂居南面爲時來之運歷數斯在爲人願所及負而趨乎先生曰左傳云天生季氏以貳魯侯時命所鍾爲日久矣高武諸子跗萼相輝皆處藩扞並分茅社宗枝磐石非無秀令明帝

猜忌之心慮在身後誅翦吞噬蘭艾同焚委重東昏冀延七百與夫宋之孝武異代同規豈知亡秦者胡非曰人事寶卷之字冥數已彰斯蓋假手埽除以爲後代鎔範者也

公子曰宋齊二代廢主有五並驕淫狂暴前後非一或身被殺戮或傾墜宗祀豈厥性頑兇自貽非命將天之所弃用亡大業者哉先生曰夫木之性直匠者揉以爲輪金之性剛工人理以成器豈天性哉蓋人事也唯上智與下愚特稟異氣中庸之木皆由馴習自宋齊已來東宮師傅備員而已貴賤禮樂（一作禮隔）規獻無由且多以位升罕由德進善乎哉賈生之言曰昔者成王幼在襁褓之中召公爲太保周公爲太傅太公爲太師保保其身體傅傅之德義師導之教訓此三公之職也又置三少曰少師少保少傅是與太子□者也故以孩提有識三公三少固明仁孝禮義以導習之逐去邪人不使見其惡行選天下端士孝悌博聞有道術者以翊衞之使與太子居處故太子生乃見正事聞正言行正道左右前後皆正人也夫習與正人居不能無正猶生長齊地不能不齊言習與不正人居猶生長楚地不能不楚語秦使趙高傅

胡亥教之訟獄所習者無非斬劓刖足夷人之三族也故胡亥今日即位明日射人忠諫者謂之誹謗深計者謂之妖言視殺人如刈草菅然豈胡亥之惡性哉彼其所以導之者非其理故也故選左右彌教之最急此五君者稟中庸之性（一日凡庸之性）無周召之師遠益友之箴規狎不肖之近習以斯下質生而楚言覆國亡身理數然也

公子曰梁武帝夷兇翦暴克成帝業南面君臨五十餘載蓋有文武之道焉至於留心釋典桑門比行以萬乘之君爲匹夫之善薰猶不驗（一作薰蕕不染）危亡已及豈其道非耶何福謙之無効也先生曰夫釋教者蓋出世之津梁絕塵之軌躅運於方寸之內超於有無之表塵累既盡攀緣已息然後入於解脫之門至於凡俗之法則有布施持戒忍辱精進禪定智惠是爲六波羅密與夫仁義禮智信亦何殊焉蓋以所修爲因其報爲果人修此六行皆多不全有一闕焉果亦隨減是以鬷明醜於貌而惠於心趙壹高於才而下於位羅裒富而無義原憲貧而有道其不同也如斯懸絕興喪得失咸必由之下士庸夫見比干之割心以爲忠貞不可爲也聞偃王亡國以爲仁義不足法

也若然者盜蹠高枕於東陵莊蹻懸車於西蜀考終厥命亦足貴乎

公子曰人君修道與匹庶殊乎先生曰人君者君尊高之地知生殺之權勢挾風雲力擢山嶽其威德大矣其運行遠矣夫修道法其以宏濟爲懷仁恕爲體一物失所若己納之於隍推此一心以及萬類則得道之眞也若乃澤不被於行葦化不霑於海外區區一介之善亦何取焉

公子曰梁元帝聰明才學克平禍亂而乃不終帝祚卒至傾覆何也先生曰元帝聰明技藝才兼文武仗順伐逆克殄家冤成功遂事有足稱者値國難之後傷夷未復信強寇之甘言襲禍心於懷楚藩屏宗枝自爲讎敵孤遠懸僻莫與同憂身亡祚滅生人塗炭舉鄢郢而棄之亦可惜也

公子曰陳高祖起自草萊興創帝業近代已來可方何主先生曰武帝以奇才遠略懷匡復之志龍躍海隅豹變嶺表埽重氛於絳闕復帝坐於紫微西抗周師北夷齊寇宏謨長算動無遺策蓋開業之令主撥亂之雄才比宋祖則不及方齊高爲優矣

公子曰陳文宣二帝功德云何先生曰梁季版蕩江東凋殘編戶齊人百不遺一武帝經綸草創而享祚不永方隅猶阻代故未夷文皇聰明睿知纂承洪緒羣賢畢力宇內克淸爵賞無偏刑罰不濫政事明察莫敢隱情國史以爲承平之風斯言得之矣宣帝度量宏廣推心待物可謂寬仁之主焉

公子曰長城公所以亡旣聞之矣此則人事不足非天道焉先生曰江左之地國小兵弱自吳晉以來歷年數百止以人和地險用以自固陳末時隋文新有天下勵精而理習兵講武常有吞并之心校其強弱信不侔矣若使明主賢臣修德撫衆加禮於鄰敵僅可保全四境況至德之末任用羣小軍旅廢絕江淮雖固而不足守欲求不滅其可得乎然亦期運使之然也

公子曰何謂期運先生曰陳氏永定元年有會稽人史溥爲揚州從事武帝受禪溥夜宿黃門侍郞孔宗範舍夢一人著朱衣自天而下手執金版上有文字溥往看之其文曰陳氏五主三十四年看畢淩空而上旣覺爲宗範說宗範曰吾年紀已多此夢若驗其子孫之憂耳自武帝至後主實五主從永定之初至今貞明之末又三十四年諒知冥數已定非獨人事

陳亡之歲史溥尙存故詳錄焉以記異也
公子曰魏之道武始立大號觀其器用足爲一時之
傑乎先生曰道武經畧之志將立霸階而才不逮也
末年沉痼加以猜虐不能任下禍及方悟不亦晚乎
一作不能任命達生而欲移祟目下云云
公子曰魏之太祖太武孰與爲輩先生曰太祖太武
俱有異人之姿故能闢土擒敵窺覦江外然善戰好
殺暴桀雄武稟崆峒之氣焉至於安忍誅殘石季龍
之儔也
公子曰魏獻文禪位厥子其義云何先生曰易稱聖

人之大寶曰位又曰何以聚人曰財夫萬乘之尊鴻
名也四海之官大寶也鴻名大寶三五之君尙步驟
於茲矣獻文忘情九縣脫屣萬機傳位嗣子克昌鴻
業窅然汾水不亦美乎
公子曰魏之孝文可方何主先生曰夫非常之人固
有非常之功若彼孝文非常之人也
公子曰何謂非常之人先生曰後魏代居朔野聲教
之所不及且其習夫土俗遵彼要荒孝文卓爾不羣
遷都瀍澗解辮髮而襲冕旒袪氈裘而被龍袞衣冠
號令華夏同風自非命代之才豈能至此比夫武靈

胡服不亦優乎然經國之道有餘防閑之禮不足臣
主俱失斯風遂遠若其威儀技藝魯莊公之匹也虧
損盛德吁可惜哉
公子曰孝明之謚符於行耶先生曰古人之立謚者
將以戒夫後代隨行受名君親無隱今之臣子不論
名實務在崇高斯風替也久矣孝文衰運之時無夙
成之德奸臣擅命女主臨朝魏之宗社因斯而墜立
名之義不亦乖乎
公子曰孝莊逢陽九之運將立中興之業其不遂者
何也先生曰昔小白有鮑叔隰朋重耳有趙衰子犯

然克靖宗國遂伯諸侯孝莊羽翼心膂無聞英彥雖
果於一劍之端終致夷滅之禍德之不建斯可哀也
公子曰高祖之神武才略云何先生曰神武潛謀於
永安之際致捷於韓陵之間冲天之勢固足偉矣至
於垂翅玉壁稅駕晉陽雄圖不展智勇俱困然進爲
徇魏之臣退作肇齊之主奇才大節亦有可稱焉
公子曰文宣狂悖之跡桀紂之所不爲國富人豐不
至於亂亡何也先生曰昔齊桓奢淫無禮人倫所棄
假六翮於仲父遂伯諸侯文宣鄙穢忍虐古今無匹
委萬務於遵彥楊愔保全宗國以其任用得人所以社

稷猶存者也

公子曰武成傳位可與魏獻文儔否先生曰古人云知子莫若父獻文之謝百辟克固皇家武成之委萬方傾覆宗祀知子之鑒無乃異乎

公子曰高緯昏亂匹於周之天元孰者爲愈先生曰齊人鼎足之時世宅中土東踰海岱西距華山南極江淮北臨沙漠燕弧冀馬之勁漁陽上谷之兵負海貢其魚鹽清漳瀉其膄潤國富兵强二方所不及也至如斛律驍勇將帥之雄傑蘭陵忠肅宗王之英武信臣精卒距險乘邊若使中才之君承斯舊業守而

勿失鎮之以靜縱不能跨彼邊疆振蕩宇內自可保全四境式固宗祧而緯狂愚悖亂毀道敗德任用羣小誅戮諫臣嬖孽□□圖闕堅含天憲宋鵲有乘軒之寵的盧蒙玉食之尊驕淫昏暴宜其亡也比諸天元可爲兄弟之國

公子曰高氏負河海之利周人固崤函之險論其智畧孰者爲優先生曰若語其封疆料其士卒則周强而齊弱非徒雁行而已文帝潛師致果以少擊衆雖周瑜之破孟德謝元之摧永固無以加也不然何以能援自行卒開而霸大業奇謀長算固有以爲但顧命猶子自相吞噬知人之哲於斯謬矣

公子曰宇文護廢殺二帝而欲自全臣節不終卒至夷滅觀其心跡逆順云何先生曰宇文護與晉里克宋謝晦無以異也此三人者並功蓋一時勢傾宇宙若欲窺其神器有餘力矣其始實欲存國安身從容沒齒樹德後人以贖前愆是以里克對云不有廢也將何以興謝晦表云耿弇不以賊遺君父臣何負於宋室此其情見乎辭也但三子才不逮於伊霍故不能克全厥美原其本志豈不然乎

公子曰夫以周武之雄才武藝身先士卒若天假之

年盡其兵算必能平一宇內爲一代之明主乎先生曰周武驍勇果毅有出人之才略觀其卑躬厲士法令嚴明雖句踐穰苴亦無以過也但攻取之規有稱於海內而仁惠之德無聞於天下此猛將之奇才非人君之度量

公子曰其毀滅二教是耶非耶先生曰非也公子曰請聞其說先生曰釋氏之法則有空而無滯人我兼忘超出生死歸於寂滅象外之談也老子之義則谷神不死元牝常存長生久視騰龍駕鶴區中之教也至於止惡尚仁勝殘去殺並有益於王化無乖於俗

典今以衆僧犯律道士違經便謂其教可棄其言可絕奚異責檮杌而廢堯怨有窮而黜禹見瓠子之汎濫遽塞河源覩崑岳之方陽遽投金燧曾不知潤下之德爲利己遠變腥之用其功甚博井蛙觀海局於所見輪迴長夜之迷自貽沈溺之苦疑誤學者良可痛焉

公子曰天元所行之事出人意之表詭譎奇怪何太甚乎先生曰太山之將崩必因拔壞樹之將折皆由蝎蠹國之將亡必有妖孽若夫天元周之妖孽也其詭譎奇怪豈足怪乎

公子曰隋文起自布衣先有神器西定庸蜀南平江表比於晉武可爲儔乎先生曰隋文因外戚之重值周室之衰負圖作宰遂膺寶命留心政理務從恩澤故能撫綏新舊緝寧遐邇文武之制皆有可觀及克定江淮一同書軌率士黎庶企仰太平自金陵絕滅王心奢汰雖威加四海而情墜萬機荊璧填於內府吳姬滿於椒掖仁壽雕飾事埒傾宮萬姓力殫中人產竭加以猜忌心起巫蠱事興戮愛子之妃離上相之母綱紀已紊禮教斯亡牝雞晨響皇枝勦絕廢黜不幸樹立非所功臣良佐剪滅無遺季年之失多於晉武卜世不永豈天亡乎以上馬總通歷

左武候將軍龐某碑序

昔者彤雲受命樊灌佐其雄圖白水興王耿賈宣其上略並能刷羽躍鱗倍風激水誓丹書以建國錫青社以開基居陳五鼎出馳千駟盛矣哉功臣之爲貴也眷言前烈疇能踵武嗣斯風者其唯安化公乎公諱字相州鄴縣人也靈源導於姬水胙土因乎魏邑或修文仕晉光命服以享大邦或習武遊梁握兵符而居上將自斯累葉徽猷相踵洛下名相仲達顯其龍章襄川奇偉士元騰其驥足長戟高門軒冕相繼

形諸雕篆可得言焉曾祖厶齊中散大夫陳留太守登高能賦凌雲之氣已遒下車布德甘露之祥斯表固已陳諸往諜紀乎前載祖厶齊襄城王西閤祭酒鎮西將軍父厶北海郡丞正議大夫並德業相傳家聲不墜清談雋論芬芳無絕用能載挺時俊克昌先緒公體膺景緯氣稟英靈容貌都雅風神秀異資忠履孝彰於髫綺之年武藝雄才見於幡旗之日彎弧妙於百中擊劍踰於千里於是氣蓋山東名馳海內思騁龍媒用申鴻漸豈直梁甫在咏上瀨長吟而已哉弱冠爲左翼衞執戈武帳警蹕禁闈便煩左右承

牙攸屬遇炎德無象雅興黃亡雕騎隨滿月之兵雁門列陰山之陣公頻驅七萃出自九重右控六鈞左揮雙戟莫不搴旗執馘後殿先鳴勇冠當時動高幕府蒙授朝散大夫既而霧昏九縣塵飛五嶽戎狄交侵藩維內侮公乃銷聲晦跡言念卷懷語默沈浮用觀時變及欽明在運經綸維始孟津同德之侶沛邑大號之初莫不抱樂爭趨奉圖歸命公早達興亡夙布誠款乃贏糧景從憑風撫翼于時天步猶艱王途尚梗偷名竊號蝟起蜂飛公每翼義師率先銳士銜枚東吞夜襲晨趨沈舟焚炊義無旋踵氣奪九軍戰

同三捷以平霍邑之功蒙授開府儀同三司薛舉負阻秦川凶徒甚盛仁杲嗣虐同惡實繁爰降神武龔行天罰公頻率精騎亟引軍鋒入地道之九重超石城之百仞踰艱履險奇績居多捨爵冊勳帝用嘉止蒙授大將軍以馮異之謙撝加衞青之榮號論功序爵朝章斯允值馬邑妖氛侵擾疆場龍庭酋長爲之聲援陳豨疆兵尚屯參合盧芳壯騎或喻高柳秉折膠之氣彎引弓之力元戎致討遠臨句注公獎率義勇親稟宏謨躬先士卒奮不顧命雄劒長驅大殲凶醜王充阻兵怙亂竊據伊瀍秣馬河華連雞趙魏相

王宣威閫外杖鉞鼎門公以前茅左矩奇兵深入凌孫贇之嚴城絕王離之甬道元惡剋殄厥功斯茂及取劉闥於洺州破徐貢於兗邑常隨大旆每翼轅門摧堅陷陣所向披靡拔幟揚徽隨機應變殊勳茂績大啟河山蒙授上柱國封貞定縣開國侯五年以久勞戎陣奇功克舉優秩仍加用彰勤□蒙授秦王府左三翊衞府右車騎將軍七年授秦王左一副護軍其年又補左內馬軍副總管九年六月以業預艱難効彰忠款蒙授左衞副率其年七月詔授右驍衞將軍其年九月改封安化郡開國公皇上膺圖御歷臨

撫萬方永言惟舊恩榮攸重爪牙任切僉議所歸貞觀元年七月詔授左武候將軍居陪閫鑰出導金輿戒式道之青旌引金吾之緹騎戎麾文物光輝朝野方當比跡韓吳齊功衞霍陪玉檢之封翼蘿圖之巂而銜珠表瑞弗永於百年坐樹留名空傳於千祀弓韜明月之暉劒滅連星之氣精粹所稟何其促歟以今貞觀二年六月ㄙ日遘疾薨於雍州長安縣之安仁里宅春秋卅有五皇帝悼深衽席恩同詔葬贈ㄙ官謚ㄙ公禮也惟公少稱弘量喜愠不形尤長武略仁而有勇及威會風雲立功成務謙虛下物始終無

哉雖復關羽有國士之風祭遵懷儒者之操無以加也粵其年十月甲戌朔廿一日甲午窆於雍州長安縣之厶原遺孤藐然不勝殯暮同氣友睦彌痛急難爰建豐碑式鐫不朽宣令名之無沫播遺芳於可久乃作銘云下缺　文館詞林

龍泉寺碑

案此碑紹興府志題作虞世南撰不知其所據姑存其目文見全唐文闕名

去月帖

世南從去月廿七八牽一兩日行左腳更痛遂不朝會至今未好亦得時向本省猶不入內冀少日望可自力脫降訪問願爲奉答虞世南諮

鄭長官帖

鄭長官致問極真而其三人恆不蕩蕩將加何故承後時有所異責

潘六帖

潘六云司未得近問莫邪數小奴等計不日當有狀來　並淳化閣帖

承示帖

承示名公書盡觀可以頓醒滯思專此致謝世又拜

絳帖

詔書帖

世南伏奉三日詔示陛下三日臨王羲之書伏以前時手詔比之往往出逸少之奇蹤實臣忝下缺　汝帖

晴曛帖

晴曛於行塗爲要定在何日世南比腳異惡不獲到府敘離今以悽悵　蘭亭續帖

唐文拾遺卷之十四

榮祿大夫三品頂戴前分巡廣東高廉道加四級臣陸心源輯

李百藥

全唐文一百四十二有傳

洛州都督竇軌碑銘 并序

蓋聞補天立極大聖於是勃興政亂朝昏名臣以之陳力步驟之跡既弘經綸之會斯在固雷風通饗成其化者玄功韶濩錯音應其時者人傑公諱軌字士則扶風平陵受終若帝之初大啓鴻業中興復禹之績因生命氏廣國追讓之風聲高外戚安豐功烈之美義正中台爰暨皇唐始於盛漢門感靈覡母儀天下是故昭章圖牒冠冕搢紳經文緯武之不照重光於百代權鍾列鼎之盛流餘慶於千祀十二葉祖統雁門大守大将軍武之從子也武以大功不遂爲閹官所誅統避難亡奔出塞代爲南部大人威振華夏七葉祖羽爲魏太尉遷東京公屬魏氏中微愍擕朝政竭忠貞以安社稷挾幼主而令姦雄曾祖略征北大將軍太保雍州牧杜國建昌孝公德高禮縟鬱爲帝師清徽素範坐鎮雅俗祖熾魏侍中周大宗伯隨太傅雍州牧上柱國鄧恭公以蓋俗之姿運如神之智道尊三代義盡一心父某周大宮伯襄州亳州總管上柱國鄴國公挺將相之門懷棟梁之器位因功顯名以實高公藉繁祉之資稟英靈之祚感白雲而諸庶績受璜玉而秘兵鈐幼樹風神夙標名節志尚宏遠獨秀人倫期管樂於老成望韓彭於兒戲軼雲羅於沮澤追電駕於當塗隨仁壽中以獻皇后挽郎授朝請郎遷資陽郡東曹椽苞湘納漢始涓澮於濫觴蔽日干霄尚峙傾於覆簣氣憤風雲之際情察天人之理石立之祥斯兆土崩之義有徵公家卽塗山姻連渭汭想白狐之慶義屬過門望黃鳥之旗預佐同德及星屯秦井電奄商郊軍次蒲城便仗劍請謁太上皇見公大悅言及平生備獻誠欵雖盧綰之出入臥內鄧禹之止宿禁中不能過也命公爲渭南道大使招撫得以便宜從事取永豐之粟甚漢卒之食敖倉下華陰諸縣同周師之據脩武既有宿飽之資仍成搤喉之業以功授金紫光祿大夫封贊皇縣公又召募英勇五萬餘人從入京師翊成大業揚州精甲未足擬儀薊市耶榆曾何等及兵臨九地氣竭百樓以公爲東面大將于時四夷雲合萬里風行彭濮比肩樊灌接踵皆公麾下止預偏裨任寄之重罕有

其二平城之日功實先登進授光祿大夫即上柱國也仍除大丞相府諮議參軍事軍諮祭酒此即其人覇府洞開首膺高選尋而稽胡侵軼將逼近畿公乃推轂專征大破凶黨復令公乘勝長驅討薛舉殘猾武德元年拜太子詹事惣司之要任協官端才地之華允茲時望尋遷使持節惣管隴右諸軍事秦州刺史帶秦州道行軍元帥秦隴形勝控馭遐遠離地接京畿而人多異類西戎即序之地尚餘榛梗北狄背義之徒時警烽候惣以司牧寄之分閫事兼文武惟公是屬於是翦寇虐以威刑惣風俗以平典寛猛相

濟化成朞月某年進封鄖國公食邑通前三千戶二年以邛僰初平命公持節巡省以爲隴蜀道安撫大使三年拜益州道行臺尚書左僕射擬跡文昌儀刑端右此之舉也特異常倫仍以行臺兵從平伊洛然神旗所指事切來蘇芻牧之勞尚資心力公處帷幄之內在行陣之間運籌執銳功冠諸部四年平王充擒竇建德仍陪旌節獻捷京師凱樂之辰五將同列元帥居首是惟聖上榮寵之盛今古未聞七年廢行臺省仍權檢校益州大都督九年朝廷大論義旗已來有大功於王室者並食眞邑公於是別賜益州封

戶書社六百家貞觀初拜使持節大都督益綿嘉邛陵雅簡眉八州嶲南會寧三郡諸軍事益州刺史公自杖節華陽綿歷時序懷荒撫衆之勤定笮存邛之効固以夜郎款徼昆彌率俾非假諭蜀之文寧勞度瀘之役俘馘之衆每獻廟廷賓賦之多充仞王府殉公益國不可勝言自秦昭平蜀歷茲永久或班條刺舉或部符共化竊比明德彼用多慙王襃樂職之篇蓋爲小技王尊叱馭之舉非曰大忠文翁之脩學校纔方進誘李冰之鑿江神多慙義烈自餘眇小夫何足言尋入爲右衛大將軍加左光祿大夫文昌上將

列位天庭軒禁鉤陳擬儀震象惟公居之隱如敵國二年拜使持節行都督洛鄭伊懷四州諸軍事洛州刺史左光祿大夫如故陰陽交會之所山川作故之都先王以之卜食今上於焉分陝居此地也實簡帝心公道在公平義惟正直開物闡化急病讓夷訓五方繁雜之昵化三川機巧之俗源清流急風行草偃四年以疾薨於館舍春秋若干五年葬於某所謚曰某公禮也惟公始於立身終於行道操履端肅志尚清明未爲顯晦易情不以風霜變節神用成九德之基天經爲百行之本早昇庠序遍觀流略既韞從橫

之志便輕俎豆之容數爲梁父之吟每動崇巨之嘯
王濬閭巷軒蓋有期陳蕃虛室閒居未掃觀象察變
窮數知來嘗覩赤伏之符且識黃神之命屬唐郊棲
手大濟生靈匪止姻連帝家固以才膺王佐潛德之
友本以雞酒相期利見之辰還成魚水相得言行計
用未藉三略之書戰勝攻取自有萬夫之敵故能動
合神心畢符冥契收鯨鯢若摧朽拉犀象如拾遺權
節臨落捍城之道斯極分麾鞠旅方面之績居多功
若巨山屢形中旨心如金石且降王言而臨軍用兵
蒞官行政以爲不言之教藉震曜以爲威大道既乖

非仁慈之可化純以儒術漢帝謂之亂家先以刑書
鄭相以之理國中興之道云盛遺愛之德猶存是以
奉之以律令申之以櫝楚侯嚴霜而厲威則飄風以
疾惡至於舊姦窟戚彌行直道雖苟晞之忍對從母
蘇章之暫禮故人無以喻也亦由至察共簡易相背
強斷與附直相成故醜正之徒或傳口謗盜憎之訟
時聞旒扆爰自貞觀俗易時移太平之化伊始刑措
之風愈治公望表知裏在變能通協聖主之心遵上
皇之治導德齊禮有恥且格自非惟幾以成務其能
與於是乎其誠愼守道厲精勤事求之古人未易遇

也固以重南容之三復惜陶侃之分陰及遘疾彌留
至於大漸每發中使屢遣太醫囚問至京慶朝軫悼
詔葬之儀以極賻贈之制有加夫立德計功垂範貽
則可以銘太常而書王府鏤金石而被管絃在當年
而無媿歷永代而不朽者惟公乎故吏某官姓名等
想生氣其猶存痛嶶音之永謝式昭盛業樹碑神道
嗣子某等克構丕基早標令譽怵惕霜露欲報之志
無從匍匐几筵誄德之情斯切銜哀見託乃述銘曰
炎光浸隱命歷斯窮滔天塞霧振海飛風皇靈膺籙
大濟神功龍興晉野電照秦中灼灼英武人之先覺

才應時須神生靈岳始離襁褓將遊黌學已寤深沉
俄觀卓犖乘機去亂杖義來蘇珥戈振旅玉帳陳謨
將屠豕鹿且塞飛狐情深寇鄧慶叶微盧既入商郊
仍開軹道高邑攀鱗靈壇薦寶每奉王命遂行天討
拾益如遺傷秦猶草水鬭王城神開伊闕策預玄女
功參黃鉞告廟飲至循牆稱伐一厠等夷芬芳無歇
河洛帝里岷峨襟帶畢綜樞機常司要害始遇天造
終逢時泰間以韋弦動攝羣會南山獻壽北里呈祥
將陪東狩遽落西光羣物不死彼獨殲良哀纏士庶
痛結昊蒼冥漠人理生平華屋初笑後號始哥終哭

昜奕鍾鼎嵗蒞簡牘方託辰精徒嗟梁木 文館詞林四百五十

九

蘷州都督黄君漢碑銘 并序

蓋聞龍騰鳳舉聖人德合上天附翼攀鱗名臣道符興運然濟人活國非止獨見之明保大定功必藉羣才之力大唐乘乾御厯奄宅區夏圖籙草昧之辰旌旗卷舒之際風雲所感文武兼資得孫吳之秘筞爲韓彭之稱首其唯都督虢國公者焉公諱君漢字景雲東郡胙城人也臯陶伯益邁種之德無窮太尉司徒重光之慶彌遠自晉宅淮海代仕丹楊六葉祖琚

與王玄謨同趣滑臺仍爲東郡太守故自江夏徙焉長江上膺井絡惣百谷而會萬川靈河氣積咸池孕驪珠而開龍匣故能含英發秀載挺異人昜奕三古昭章百代曾祖顯魏散騎侍郎平昌郡太守金珥之華實符令望銀章之重式允具瞻祖祟太中大夫器守深邃風調高簡中庸履道上庠待問父紏卷懷丘壑養志琴書屬天將弃齊政荒人散蛇豕薦食彭徐危殆君投袂發憤情深批患乃召募鄉人表請式遏救援鄉豪大都督及本朝傾覆仍從偃仰既而尉迥稱兵保全州國仍惣督士馬出赴汴州公義承庭訓慶藉緒餘持名教以立身錯黼藻而成性年甫弱冠耿介不羣指黄閣以載懷望青雲而孤竦豹略龍韜之旨因心以悟背山面水之術盡地成圖蹈義之方屬熊掌而不厭超角之力顧龍文而以輕匕手截交忘歸飲羽斃江神而憤壯氣貫月魄而運冥功隨煬帝驅役中夏遠征遼浿鄉閭首望咸遣募人公義不獲已僶俛從事雖師徒覆敗猶以先登獲賞授立信尉本州勑置軍府選補越騎校尉仍爲本府司馬既而大業數窮朝危國蹙公深歎横流方期義舉招輯忠勇且觀時變李密據兹勝地振彼洪飈力拔嵩華志

傾寵鼎公言思禍始擁衆筞名授上柱國河内惣管封汾陰公仍據守柏崖委以并吞河朔然同軌之謀已留東井翦商之衆且定西秦公察變知來雖懷先覺感恩戀舊未忍推亡及魏公喪律方効誠欵竇融之河右言歸劉琮之荊州内向弗之尚焉詔除上柱國使持節惣管懷州諸軍事懷州刺史封東郡開國公食邑三千戸實建德鴟張河朔王充狼戾伊瀍絕地爲妖滔天肆虐柏崖山河表裏密邇寇讎跨太行之險撫崇邙之背是以不移舊政用逼凶醜蛾徒嫁禍指期吞噬始則甘言厚幣以惟亂神終乃窮兵黷

武若朋投石以同心同德之衆藉百戰百勝之威僞將每擒連城必下雲飛銅爵電照金墉辨亡國必敗之徵奪凶魁將死之魄以功拜使持節揔管懷陟恭西濟四州諸軍事懷州刺史封號國公食邑三千戶公自獻欵聖朝未嘗利見必馳象魏表請來庭太上皇以氛祲未靖方資經略間不容髮用惜分陰乃降璽書未允情願仍謂羣臣曰虢公誠績昭着朕思見其人宜遣畫工圖厥容象昔鄧禹雲臺霍光麟閣身殁之後方飾丹青豈比皇德念功意存容質遂以生年用章儀範眇尋前載罕見其倫足以高邁前脩傳

芳來葉皇上親馭一戎將傾九地勅公揔斯驍銳扈從神麾於是靖洛闕而受圖書暨河朔而弘聲教飲至廟庭大弘勳典賞延于嗣禮秩斯隆既而東魯妖氛塵飛崇岱北趙餘孽氣積旄頭陪從戎旃言誅後服爪牙之用情寄斯重首虜之名功無與貳江湖潛沸楊越作梗别揔師律以振皇威盡巢穴致前茅之功自淮肥成破竹之勢軍還除使持節都督潞澤蓋韓遼五州諸軍事潞州刺史唐晉之郊用禮舊俗韓趙之際齊戰國餘風喪亂之後人凋俗弊冠冕同裂文章咸蕩公以□□□厥心靈以墳典開其耳目奉

聖皇之訓比屋可封感邦后之明有教無類及黠虜內侵邊烽夜警鼎飛則神器無守□綱漏而羣凶競逐人靈之貴涉血履腸地載之厚爪分豁切大君有作甯濟區夏七十二戰于戈廿八將咸膺星象公望仁義而歸徃隨謳歌以欣戴運此謀猷奮斯靈武義兼追楚之驕實與戡黎之功或任切中權或寄深麾下或侍言樽俎或式清宮禁雖玄女祕術必翦鯨鯢赤伏神符自奔犀象而皇情乃眷策府書勳懋德懋功可久可大軼巨山而慶賞盡帶礪於無窮乃出揔兵機外撫方鎮既弘車服之錫還資侯伯之重行太

平之化撫思乂之甿鳥獸於是歸仁蠻夷以之革面荒徼之外種落實繁不識君臣莫知正朔公申以文德示以堯心汎海梯山夜郎內欵觀風俟海朝飛重譯方前驅輦道受記明庭參駕鑾輿告成日觀而彼蒼寡惠與善徵期沉痾彌留晦時愈積眷言神道禍福之塗終昧並走羣望旪史之誠無感粵以貞觀六年薨於州館春秋五十有二城府闃寂風雲悽慘替柳翳以銷亡棠陰颯而摇落哀纏野祭痛結甿謠庶遺愛之長存恨百身之不贖輴楷夙發靈舟歸帆攀帷噎水號慕盈塗非關巫峽之猨豈止友江之獸粵

以七年十一月還葬於本邑之舊塋皇情軫悼賵贈加等太常考行謚曰某公嗣子騎都尉河壽第二子騎都尉河上並氣調標舉器幹夙成立德之方終期永錫揚名之美允屬孝思至性通神叶歸鄉之夢大龜襲吉奉安宅之圖故吏某官姓名等痛嶶猷之永遠懼陵谷之遷貿乃傳芳金石式昭不朽迺爲銘曰

周氏彭濮漢室吳英並云列土各控強兵竟隨同德並擅高名於惟上將實惣連城弘宣義烈翼贊休明家積祉祉門多卿相始自江干聿來河上昌平温雅大夫貞亮曰父之蠱惟人之望奕載其德我承靈貺

眖眖英眄赳赳雄姿唐生問相太卜開龜永懷廟食獨照軍謠寶銘北虜羿繳東夷遺跡是慕餘風可追國步屯圮時艱孔棘絕地羣飛經天薄蝕受圖膺運乘乾立極大濟生靈載清區域震風效響時英肆力將軍挺秀承風扇咸縱鱗獨運撫翼橫飛常陪秘策必從戎衣窮神觀化察變知微山河命賞車服增暉既戢兵權用求人瘼家肥物阜推厚居薄報德迴龜申兗鳴鶴多見不忍誰云主諾惟國之楨惟人之鐸循虛警節移望蔚輪浮生恒化閱水歸眞高明至此景福誰親泉宮永夕松路非春千年生氣萬古芳塵

同上

荊州都督劉瞻碑銘并序

昔西都佐命罕聞風烈之餘東漢功臣鮮預公卿之任以帝王之冑隨騰嘯之舉出居侯伯之重入處丹青之地樹鴻勳於草昧敷文教於彝倫見於武陵劉公者矣公諱瞻字道洽彭城綏輿里人也今僑居亳州之鹿邑縣自形雲啓命光宅域中纂衍之祚無窮克昌之道斯盛固以分華若木疏泒咸池參艮極以高騫振江河以長邁曾祖方譽魏長社縣令祖英信穎川太守譬仲弓之弘道下邑慶屬後昆卽細侯之

布政近畿福流京縣父立寂州主簿得性一丘忘懷三徑始遊塵俗終逸江海公藉慶承寵含和稟秀長虹吐閃奔電增輝靈府之中高懸明月姿儀之表近照澄流爰自幼年遠標風尚始遊賢塾聞戒露於九皋將騁康衢躡遺風於千里言從賓貢利用王庭雖禮秩未弘而聲猷藉甚自永州行佐徵授雍州萬年縣丞隨大業之末頻攝行華陰鄭涇陽盩厔三原武功諸縣事是時賦重役煩政荒人散歷試諸縣蓋有由焉考績獨高優陟宜遠勅除太原縣長神惟改□天將悔禍獨夫之怨既深撫我之情逾切公仰觀垂

象俯慨横流。哀時命之未申。痛人靈之孔棘。方成縱壑之貪。自感登山之夢。盡變通之術。進從横之圖。運韜略於樞機。煽風雲於懷抱。義旗初建。授正議大夫。太上皇開大將軍府。以公爲諮議參軍事。斯固公達處軍諮之地。奉孝成大業之辰。豈止孫盛賀循。從容府朝而已。聖上别揔輕鋭。出定西河。令公權攝行軍長史。西河不下。進授銀青光祿大夫。仍留公檢校西河都通守。得便宜從事。仍令催督軍糧。招集士馬。呉起作守。未固河山。千木遺風。猶多節槩。公導之以期運示之以幾微。於是投袂爭先。贏糧景從。非期而會。不

下萬人。武德元年。以西河爲浩州。授公刺史。九月進位大將軍。封武陵郡開國公。食邑二千戶。西河始屬亂離。人情未一。自公安撫。咸悅來蘇。妖賊劉武周。間左叛徒。挻禍汾晉。雖謳歌有奉。而窮奇未革。同惡相濟。醜類實繁。連結百城。從横千里。駈率犬羊。盡鋭攻逼。重以并州失守。人情惶懼。雲梯地道。氣盡百樓。亭妾易子。糧無半菽。公懷此精誠。厲斯忠義。非唯舉刃指虜。重圍洞開。足使拔劒揮泉。飛流自湧。士感恩惠。以死爲期。或刎頸自明。或焚妻取信。諸將敗衄。多見奔投。因公獲濟。則有人矣。孤城絶援。綿歷三年。內安外拒。心力俱竭。聖上掃清雰祲。方得保全。進位上柱國。仍除太府卿。以旌功伐也。公貞固以濟時。清明以膺務。理繁而不紊。處劇而行簡。氣序纔移。大標聲譽。五年拜襄州道行臺兵部尚書。仍持節山南道巡撫大使。戎事之大。分職文昌。旌節所履。載光原隰。又以本官檢校襄州都督襄州刺史。尋除司農卿。帝命四子。敬授人時。農曰八政。實惟國本。選衆而舉。能官攸屬。倉廩既實。禮教斯弘。八年。以趙王爲安州大都督。又以本官檢校安州大都督府長史。又權檢校荆州大都督府長史。其年又檢校襄州都督。貞觀二年又

檢校荆州都督。五年詔除使持節都督荆硤岳朗澧東松六州諸軍事荆州刺史。周稱九命。作伯漢云六條刺舉。分職設官。輕重或異。導禮齊德。損益同歸。昔杜元凱以經國宏才。忽司南服。爰自樊漢。遷督荆郢。以今望古。比迹爲鄰。其撫有蠻夷。弘宣王化。豈樑沮漳之令典。將盡周邵之遺風焉。而貟亮之道未申。夭壽之期俄畢。促生靈於厚夕。掩昭代於重泉。以年月日薨於府舍。春秋若干。粤以其年月日。葬於某所。謚曰某公。禮也。惟公風力宏遠。英姿秀發。少多大志。卓犖不羣。圖鶴列於撫塵。肆龍吟於狹室。陳平閭巷。車

馬每遊王濬門庭旛旗斯在時有未遇道或可懷屈壯志於賺序挫雄心於俎豆俯仰之節自合威儀造次之間動成規矩文籍滿腹曾無踳駮之譏珪璋閏色盡有多藏之患以義利人以仁求己貴不易交貧而好施顧惟百行深懼四知廉足激貪儉多逾禮霜霰凝而莫改風雨晦而不息始見漸陸之姿俄縱垂天之羽附日月而起沛庭履玄黃而翦商邑霸朝諷諫豈止中涓之勤西河守禦寧唯冀城之固再登九列任隆望重高 缺 □分宇承天之龍爲國之楨□□農政爰司玉府叶贊九功兼資億庾惟彼荆衡作固作鎮形勝所屬道風逾峻江漢澄清琨瑤比潤黃閣未丹雲貽器鬻庸矣國楨傷哉梁木捐耒釋耜塗吟巷哭鄢郢故墟江山極目清暉素範蘭芬桂馥藩牧寮采友執通賢共懷遺愛同嗟小年至情枯柏大署開阡豐碑永祀盛德方傳 同上

千志甯

全唐文一百四十四有傳

宏農府君當遷不諱奏

依禮舍故而諱新故謂親盡之祖今皇祖宏農府君神主當遷請依禮不諱 唐會要二十三

隨柱國左光祿大夫弘義明公皇甫府君之碑

夫素秋肅煞勁草標於疾風叔世艱虞忠臣彰於赴難銜須授命結纓殉國英聲煥乎記牒嶷烈著於旂常豈若疊起蕭墻禍生蕃翰強踰七國勢重三監其有蹈水火而不辭臨鋒刃而莫顧激清風於後葉抗名節於當時者見之弘義明公矣君諱誕字玄憲安定朝那人也昔立効長巨樹績東郡太尉裂壤於槐里司徒胙土於彤門是以車服旌其器能茅社表其勳德銘功衛鼎騰美晉鍾盛族冠於國高華宗邁於欒郤備在史牒可略言焉曾祖重華使持節龍驤將軍梁州刺史潤木暉山方重價於趙璧媚川照闕曜奇采於隨珠祖和雍州贊治贈使持節散騎常侍車騎大將軍儀同三司豳涇二州刺史高衢將騁遽反追風之足扶搖始搏早墜垂天之羽父璠使持節驃騎大將軍開府儀同三司隨州刺史長樂恭侯橫劍梐枑威重冠軍析瑞蕃條聲高渤海公量包申伯稟嵩山之秀氣材兼蕭相降昴緯之淑精據德依仁居貞體道含章表質詎待變於朱藍恭孝爲基寧取訓於橋梓鋒劇犀象百練挺於昆吾翼掩鴛鴻九萬奮於溟海博韜骨產文瞻卿雲孝窮温凊之方忠盡匡

救之道同何充之器局被重晉君類荀攸之宏圖見
知魏王斯故巨羅眾藝囊括羣英者也起家除周畢
王府長史榮名藉甚則位重首寮袨服睢陽則譽光
上客既而蒼精委馭炎運啓圖作貳邊服實資令望
授廣州長史悅近來遠變輕訬於雕題伐叛懷柔漸
洧化於緩耳蜀王地處維城寄深磐石建旟玉壘作
鎮銅梁妙擇奇才以爲僚佐授公益州總管府司法
昔梁孝開國首辟鄒陽燕昭建邦肇徵郭隗故得馳
令問於碣館播芳猷於平臺以古方今彼此一也尋
除尚書比部侍郎轉刑部侍郎趍步紫庭光暎朝列

折旋丹地譽重周行俄遷治書侍御史彈違糺慝時
絕權豪霜簡直繩俗寢貪競隋文帝求衣待旦志在
恤刑呪網泣辜情存緩獄授大理少卿公巨細必察
同張季之聽理寬猛相濟比于公之無冤但禮闈務
殷樞轄寄重允膺此職實難其人授尚書右丞洞明
政術深曉治方臧否自分條目咸理丁母憂去職哀
慟里閭隣人爲之罷社悲感衢路行客以之輟歌孝
德則師範彝倫精誠則貫徹幽顯雖高曾之至性何
以加焉尋詔奪情復其舊任于時山東之地俗昇民
澆雖預編民未行聲教詔公持節爲河北河南道安

撫大使仍賜米五百石絹五百匹公輶軒布政美冠
皇華之篇擁節觀風榮甚繡衣之使事訖反命授尚
書左丞然并州地處參墟城臨晉水作固同於西蜀
設險類於東秦實山河之要衝信蕃服之襟帶授公
并州總管府司馬加儀同三司公贊務大邦聲名藉
甚精民感化黠吏畏威屬文帝劒璽空留鑾蹕莫反
楊諒率太原之甲擁河朔之兵方叔段之作亂京城
同州吁之挻禍濮上雖無當璧之地乃懷奪宗之心
公備說安危具陳逆順翻納魏勃之策反被王悍之
災仁壽四年九月遂從運往春秋五十有一萬機起

殲良之歎百辟興喪予之悲切孔氏之山頹痛楊君
之棟折贈柱國左光祿大夫封弘義郡公食邑五千
戶謚曰明公禮也喪事所須隨由資給賜帛五千段
粟三千石惟公溫潤成性夙表白虹之珍黼黻爲文
幼挺雕龍之采行已窮於六本蘊德包於四科延閣
曲臺之奇書鴻都石渠之祕說莫不尋其枝葉踐其
陝隅譬越箭達犀飾之以括羽楚金切玉加之以磨
礲救乏同於指囷親識待其舉火進賢方於推轂知
已俟以彈冠存信捨原黃金賤於然諾忘身殉難性
命輕於鴻毛齊大小於沖襟混寵辱於靈府可謂楷

模雅俗冠冕時雄者也方當亮采泰階參綜樞務豈謂世逢多故運屬道消未展經邦之謀奄鍾非命之酷世子民部尚書上柱國滑國公無逸以爲邢山之下莫識祭仲之墳平陵之東誰知子孟之墓乃雕戈勒石騰實飛聲樹之康衢永表芳烈庶葛亮之隴鍾生禁之以樵蘇賈逵之碑魏君歎之以不朽乃爲銘曰

殷后華宗名卿胄系人物代德衣冠重世逢時翼主膺期佐帝運策經綸執鈞匡濟門承積慶世挺偉人夜光愧寶朝采慙珍雲中比陸日下方荀抑揚元輔參贊機鈞玉葉東封貳圖北啓伏奏青蒲曳裾朱邸名馳碣石聲高建禮珥筆憲臺握蘭文陛分星裂土建侯開國輔藉正人相資懿德中臺轂務晉陽就職望重府朝譽聞宸極亂階荐草災生翦桐成師搆難太叔興戎建德効節夷吾盡忠命屯道蓄身歿名隆牛亭始卜馬獵初封翠碑刻鳳丹旆圖龍煙横古樹雲鎖喬松敬銘盛德永播笙鏞

案此碑據北宋拓全文錄

歐陽詢

全唐文一百四十六有傳

卷十四　十九

大唐故特進尚書右僕射上柱國温公墓誌

公諱彦博字大臨□□太原祁人也其先分土于晉勤王□□□書社於温廼□□於韓魏□其鴻□載德流其茂祉是以魏晉伊□昇基馳龔黄之□□□多故太眞□□□之績永言盛烈可勝言哉祖裕魏太中大夫澄波萬頃竦巖千仭屈迹中缺十六字皇朝贈魏州諸軍事魏州刺史文爲德表範爲士則榮被幽泉芳流憘史公陶皇靈之正氣體生民之上姿因心而齊曾閔抗迹而偶揚墨行之所踐比一鄉而靡貴言之所應踰千年其如譽下帷縱志含□擅奇採學肆之珠玉價倍梁楚代翰林之杞梓材高廊廟臨川永歎望古遐想譏沮溺之長勤陋晏管之庭績是以屈已成務之規韜於傅巖之下經國應變之術得於圯橋之上豈唯馬況淸□陽之器小桓彝□叔通鑒稱季野之名高而已哉隋開皇中有詔舉士公首應嘉招以對策高第□□□省尋除通事舍人敷納青蒲雍容丹陛冕旒悅其□音搢紳美其風標以艱憂去官俄奪情起復舊職屬煬帝巡歷六合征伐八荒鷹揚之將載馳鳳舉之使結□公伏軾遼左則夷貊革心張□薊北則姦宄改過亦如傳介之斬樓蘭果勝之

卷十四　二十

靜勃海也既而火運告謝天歷有歸下車而弘大道當扆而隆至治兆發螭龍軌有周之得士賞窮帶礪邁炎漢之疇庸乃授公上柱國幽州總管府長史封西河郡開國公食邑二千戶徵爲中書舍人遷侍郎昔士季智謀無聞德行之美孟陽辭藻非有政事之才兼之者公也久之出爲行軍長史屬胡騎蟻集穹廬蝟起合圍過於百重在危倅於七日類回溪之垂翅若殽陵之喪師張奉大澤恥懷少卿之志茹毛窮海終全子卿之節聖上丕承景業惟新寶命求衣切於中夜思治勞於日昃徵隨會於秦國將寄鹽梅召張裔於吳朝方資啓沃□乘獲反馳燕越之高衢和璧既歸增秦趙之重價除雍州治中檢校尚書吏部侍郎未幾復爲中書侍郎遷御史大夫□□□□□上庶寮哀慟於下雖魏惜景興晉悲子若不是過焉勑遣民部尚書莒國□唐儉尚書工部侍郎盧義恭監護喪事又遣銀青光祿大夫行中書侍郎杜正倫持節弔祭又賜以祕器及塋地一區并立碑記德行前後賻贈二千喪葬所須並令官給詔遣尚書禮部侍郎令狐德棻水部郎中□文紀持節冊贈特進謚曰恭公禮也粤以其年十月廿二日陪葬於昭陵側之東所悲哉逝水□矣夜壑懼岸谷之或遷懷金石之可久式昭盛德永播遺音其詞曰

江之永矣發自長源族之茂矣肇自高門縱金帝宅拾芥禮闈世祿不朽德音若存猗歟令範鑑鏘□韻資孝爲忠移友於信如彼琬琰照廡流潤如彼驥騄籋雲去驗爰初仕進莫展□力若鴻斯磐如鸞集棘雖居下位透迤退食雖在亂朝好是正直河圖表瑞捧日高驤提衡庶績執法銘常近追蕭第遠慕循墻循墻伊何鳴謙是則辟第伊何克己表德彝章有序徽音允塞方齊召南遽倅魯北秦殲奄息百身靡期晉且士會九京是思美矣遺烈眇若其時哀居震悼庶□漣洏轒轅超忽太華迢遰□背洛浦□臨渭汭望盡□川悲生容衛空餘□□騰芳億載銀青光祿大夫歐陽詢並書石刻（按御史大夫下有缺）

女子蘇玉華墓志銘

女子玉華蓋洗馬蘇君之季女也夫其瓌姿外照蕙性內芳體備幽閑動合禮則既嫻習於圖史且留連於音律以故名靄蘭閨聲綿梓里夫何美質降年不永竟致夭殁春秋十有五焉以大唐武德二年五月九日終於居德里之第即以其月之廿有五日葬之

於京兆之神和原悲啾天乎不憖曾靡降福□道何昧竟貽斯殃諒豈有遺芳齡永逝悼以長徂終天無春嗚呼哀哉迺爲銘其墓銘曰

玉碎兮珠落風悲兮日曛問天兮無言永絕兮音塵善可紀兮慧絕倫嚴霜降兮值芳春丹旐飛兮淚露巾千秋萬世兮哀無垠　石刻

車駕帖

車駕取四日迴京東宮以吾從秋來重困氣體疲頓甚垂惻隱蒙遣勞問別給飡酒奉牋通謝手令優答惶恐欣勞豈任誠素弟恨此身已老盡忠所事待有平生之心耳惠子知我茲故云云賢淑並安佳詢再拜　汝帖

足下帖

足下何嘗定返還入望□心曲永嘉書處定難以爲其心也

比年帖

比年守疾痾無事絕心氣至於書處爲並昔時既言必求然顯數字豈能備矣須將示之十五日歐陽詢

腳氣帖

吾自腳氣數發動竟未聽許此情何堪將藥猶可得並消化也　閣帖

唐文拾遺卷之十五

榮祿大夫三品頂戴前分巡廣東高廉道加四級 臣陸心源輯

褚亮

全唐文一百四十七有傳

隨右驍衛將軍上官政碑銘 并序

若夫楚都爲寶蒹璜於是爲貴梁國攸珍明珠以之非重賢臣者爲政之樞機佐時之棟幹鷙鳥累百無由搏擊之功良馬日千乃見康衢之力至於勳書紀狀業著司庸存公立事之臣沒稱遺愛之美則上官使君其有焉公諱政字匡濟京兆ム縣人也其先惟

德受氏因官賜姓青史孤其長源丹契傳其遠葉子蘭楚國之大夫桀樂漢家之令望自此蘭芬桂馥玉閏金英軒冕相繼賢才爲伍九代卿族既已蟬華七葉珥貂信其殊寵王父ム魏使持節大行臺原州刺史布教文昌之宮儀形列岳之選功宣彝鼎道冠生靈父ム周使持節大將軍ム州刺史象賢以德受爵惟仁盛業存汗竹之書餘風表甘棠之惠公以承基緒早播聲芳協膺運之雄姿叏誕靈而秀出皎皎奇節昂昂異□雅性與江海同深英風臨寥廓共遠孝友之行道高於縉紳退讓之心譽結於鄉黨技彈劒史學兼韜策孫子短長之術魏君接要之書巧射匹於陽元善騎同於武子縱情儒業遊藝翰林蹈道必於仁厚結交崇其信義弱冠登朝修名獨遠天和元年召爲右侍上士其年月改授折衝上士于時王業肇基霸圖將構妙求賢傑允屬勳庸公劬勞草昧竭盡心力依日月之末光睠攀附而長想大象二年奉別勅依儀同例是日勳書乃被荆棘獨升朝伍爾簡帝心及革命從時應期啟運宋昌特拜既可爲儔何曾盡禮尤其相匹開皇元年乃授儀同大將軍賜爵安養縣子茅土之恩爵須五等蒲璧之美榮高一代

五年授左武候車騎將軍八年以本官兼長春宮總監式道之官實須禦侮離宮所幸必資供辦十六年授左備身府驃騎將軍十九年改領右親衛府驃騎將軍惟左惟右兵欄於是得木或內或外鉤陳以之載肅仁壽元年獯粥孔熾控弦犯塞烽火通邊薄伐之選非公勿可於是奉詔徂征勦旅深入結武剛而爲陣運衽席以致兵出其不意忽然相接將士用命思蹈湯火斬獲不窮遂殲巢冗十一年進授上大將軍改封義清縣開國公食邑一千五百戶加地進律策勳命賞戶口盛其租入光寵備於朝章三年授左

備身將軍四年以本官檢校慈州刺史事于時晉陽構亂妖氣未靜漳滏之間心膂攸歸公式遏寇虐廓清遐邇關河克定趙魏無塵於是黠吏畏威小人懷惠龔壯之化藹在茲辰賈郤之風固其懿德大業二年授潞州道行軍總管懾彼海隅不遵王略公執鉞徧師宣威外閫除其氛沴遐方靜謐三年徵授左武衛將軍頃之又授右驍衛將軍升降彤闈驅馳紫禁聲稱斯遠朝野穆然其年普班新令官號初改於是更授右光祿大夫將軍如故及鑾駕西幸侶其南征轍迹所臻方任尤切於是又以本官檢校西平太守壇

場偏隅寇戎接境公道之以德齊之以刑夷狄相趨繈絡而至釋寃理訟無勞於鉤距以寬濟猛不行於皎察得經邦之妙旨識美化之有由可謂共綏兼稱能吏求之古人差無愧色循良之化載暴於天朝修短之期奄捐於人事上玄輔善既已無徵勾芒賜壽豈爲誠說某年某月遘疾薨於官春秋五十有五天子輟朝不舉追思將帥之臣萌庶罷市相悲同興環玦之恨有司考行謚曰某侯禮也惟公早契宏圖夙標令問天經地義得之於自然蹈德依仁匪由於傍習廉潔不私精慎無怠莫窺喜慍罕測堤封履行斯和所交必信見惡如由己聞善若順流寬裕足以容衆矜莊可以勵物既在貴而能降實居榮而好謙爰初弱歲洞曉兵略攻取戰勝之機隳城陷敵之勇每至營圖却月氣析寒膠矢石如飛旗鼓相望公則雅歌臨陣揮扇從戎威稜獨遠隱如敵國加以終始一心驅馳兩代遂經征討屢典軍人去必見思居常稱職故能服冕乘軒獨榮當代擁旌杖節垂譽後昆豈非斯人之秀士有國之良翰而道長運短零落無時一喪名賢同悲殄悴即今十一年還葬於京兆郡厶縣之厶原古者王臣之勳必書方策貽厥之義式銘

鍾鼎前志有之足以明鏡言之不可以已其在斯乎嗣子厶等在家惟孝登朝必聞上弘思親之道傍求紀德之事於是刻石宣風永貽相質頌曰

辰昴降精人物之英門多才秀族有公卿永錫流祉繼迹揚聲遞駐華轂互委長纓迨茲令胤奇姿挺生盛德祀長屬在人良黃中皎潔青領珪璋如彼鳴鳳曜彩朝陽如彼振鷺矯翼高翔閨室無怠幽宮獨芳心齊竹栢操擬冰霜從橫劍杖遊息文場功參霸業策定勳玉董司軍要展力遐方式陪蘭錡著蹟衛漳勳存賞冊勇冠戎行申威朔野尅定邊荒時逢交泰

運屬重光巡警載肅勛勞以彰出典專城方隅廓清屢擢封豕亟翦長鯨一年請借朞月斯成銀黃盛寵金爵餘榮悠悠長運促促浮生運龍堙沒送鳫哀鶩陽陵卜兆洛涘占塋藏舟不固深谷終平死而可作惟茲令名文館詞林

隨車騎將軍莊元始碑銘并序

昔姬文政典司勳詔於旂常魯史策書大夫稱其勋伐洛師鏤昆吾之銘尸臣鐫栒邑之頌然則紀迹庸器必俟非常之功騰芳彝篆用資可久之德況乃殞身殉節捐生立事奮於百代之上裕乎千載之下而

無刊勒者哉公諱元始字長節南郡江陵人也若乃執珪思越非重上卿裝金入楚實交窮巷武彊命祉承助顯於西都會計臨人侍從光於東國冠冕之盛可略而言者焉祖厶義陽太守父威湘東內史並泛涉儒書尤曉兵略威之大父靈福亦守武陵剖符千里於此三代公降靈秀發資神挺生爰自髫齔已標機悟通家李尹驗其占對可觀即座顧回歎其風規獨遠長而異量雄姿角立傑出苞權豪之遠度蘊將帥之奇材長劍搏擊之機短書縱橫之術彎弧蟬翼之妙登牽□封之巧有一於此公必兼之仕陳之日歷官藩府起家宜都王國常侍稍轉內兵參軍事屬王師伐陳江表初定公奔竄句吳山林屏迹而江湖摩亂輕慓合從閩越潛城邑平起公乃避地餘杭志在宣力值吳興逆賊攻逼州城梯衝俯臨資援外絕公身在窮圍受屈強寇士有飢色人無固心而三令已明九距兼設分兵決戰遂翦妖徒一州獲全實公之策軍師議賞授儀同三司高智慧作亂吳州同惡相濟舳艫亘水旌旗不絕時越國公爲行軍元帥交兵浙江雖豹略之機決勝千里而烏集之衆猶思一戰公受命軍門先登銳卒運籌自流而直指揭戈船而長鶩

奇兵電激凶徒瓦解逆豎崩潰分竄海隅公又從元帥輕舟遠襲山谷酋豪應時殲殄水陸阻憑險方勦定更授上儀同三司就加開府於是乘傳入朝屯衛宮掖恩踰上等禮出舊臣吾彥既晚入之榮賁權乃從公之貴俄授車騎將軍仍從越國公北伐大侔醜虜振□而歸會丁湘東君憂哀毀爲疾從權奪禮還攝本軍而獯獫未賓侵擾邊服仁壽元年越國公總戎出塞公任在後軍復躡莫府故以再從驃騎兩出定襄屬伯初於偏師隱子頗於敵國及大軍轉戰黠虜縱兵砂礫風飛矢石雨下公損陳深入輕騎獨先

利劒之所奮擊長戈之所仆斃莫不膏潤野草屍橫
亂麻辮髮褰旃扶傷救死鋭氣驕賊臨難忘身殞於
虜陣春秋卅有六天子聞之臨朝不舉乃詔曰車騎
將軍元始氣幹標勇襟神果毅情深爲國志在忘生
竭力戎行功立身殞興言壯節有悼於懷宜追加榮
位用申賞典可贈上天大將軍喪事隨由資給仍以
本官開府迴授適子永興有司考行謚曰剛子禮也
惟公早叶英風夙標遠槩資德率禮履信基仁出言
爲九鼎之貴恤患輕千金之產聿乎立勳江外位穆
台階肅恭奉上廉潔御下故能竭誠邊幕流慟宸襟

使者降斂哀之榮冊書隆加命之典豈非忘生蹈義
臨危盡節者哉以今二年三月六日葬於涇陽之神
狐里阡臨京兆地擬德陽五校發鐃歌之軍十里開
賜塋之所博陵官屬尚惆悵於王沉謁者護喪寶流
連於鄧訓僉以陳君物範且勒潁川之碑張氏孝廉
猶書冠軍之碣況乃勵茲近俗振我澆風節士慕義
懦夫成勇言之不可以已其斯乎乃刊志淸徽樹之
神道俾夫披文相質知皋代之有人焉銘曰
梁楚華胄卿相高門俛拾靑綬奕葉朱幡祖考積德
踵武洪源洪源寔長有此人良雋年岐嶷綺歲珪璋

高風凛凛逸足昂昂馮九百封披書五行賜璧遊趙
明珠入梁宗京黍稷舊社淪亡獨往攸貴自得爲場
吳越輕心寇賊交侵連衡浙右阻亂稽陰我有奇筞
偏軍卒臨良圖外斷英勇內沉轉鬬千里觀機七擒
台儀已峻帝寵尤深麾下騎士兵屯羽林權烽夕照
絶幕從戎登蛟氣憤躍馬心雄腰橫楚劒項縱秦弓
酣戰力屈長驅路窮傷情邊寨結悼神功榮命追遠
餘言飾終哀榮禮備贈賵恩隆蟻結將掩龜謀已同
旌旐照日鐃鐸含風誰言不死貴在銘功同上

左屯衛大將軍周孝範碑銘并序

若夫聖人有作寶歷應期賢傑於是降生叶贊以之
同德筆方邵而長想超韓白而高步粥成久大之功
負亮邦家之業騰芳前古垂裕後昆身與朽壤同弊
名隨餟帛俱遠俾無愧色其惟譙敬公乎公諱孝範
汝南安成人也姬水降祥惟王於是建國周原命氏
因生以之賜姓積德綿遠歷載悠長公侯繼及哀赦
垂映主射雄辯頌美於秦君絳侯質直終安於劉氏
宣光之竭心士位子隱之勵節邊壃自斯已降可得
而言者也曾祖某梁散騎常侍太子左衛率廬洒二
州刺史保城肅侯早標譽望雅有幹局用能杖節擁

施樹功立事祖陳車騎將軍都督八十二鎮諸軍事定安二州刺史武昌壯公張幕臨戎褰帷作牧殊勳表於甲令茂賞盛於惇史父某隨大將軍使持節永桂雲三州總管卅一州諸軍事左武衞將軍譙信公舊德非遠汗竹紀於聲芳遺愛所存甘棠表其歌詠自保城書績武衞安邊宣條千里於此三葉繼踵方牧時論榮之公惟岳降生含章秀出湛機神而內融肅牆宇以外峻因心本孝之義發自天資率由立身之道匪因傍習姿貌瓌傑容止方嚴穆乎苞不測之量毅然有難犯之色兵書軍志雖不學於孫吳嘉謀遠算自追蹤於衞霍弓矢盡蓋延之妙騎乘均王濟之功州閭推其敬讓宗戚歎其渟厚美譽所歸獨高茲日隨大業三年起家齊王典藏其年授交阯郡司倉書佐趨職藩庭出臨荒裔冀北之步雖涉於康衢圖南之舉未申於寥廓于時炎精已季亡徵將兆公卷舒其德沉浮體命殆均亭伯遂遠出於遼陰更似文休亦竄身於外寓及皇明革運品物咸亨越自遐方歸于京城主上昔在維城任隆分陜樸燎原於鍾岱止橫流於溟渤遠求時彥用清中夏公亦推誠霸主委質與王附翼之機因搏風而自遠縱鱗之致與

委水而爭擊武德五年授秦王府右庫直車騎將軍君右之舉諒俟勳賢折衝之任乃畀帷幄公之此選寔允得人九年六月改授太子右內率仍檢校北門諸仗宮率精兵見稱歷載儲闈禦武尤光顯職奉雞戟以趨侍肅龍樓而巡警其年授千牛將軍封宜春縣公食邑一千戶地擬封君榮超戎秩將軍之禮寵賜比於命卿建武之選名號隨於制敕貞觀元年授右屯衞將軍於玄武門領兵宿衞仍以本職出使北藩宣揚國威曉諭邊俗班奉四條之書肅清萬里之外使還又領玄武門內左右廂仗肅鈎陳於中禁排閶闔而上征羊祜之握兵機典韋之統軍帳任寄之重恩私罕匹五年轉授左衞將軍襲爵譙郡公加邑二千戶乃司欄錡奄有茅賦象賢光於繼及承基盛其土宇六年以本官檢校殿中監事公累昇顯秩所在勤官故能入司武職兼總文吏入資才幹任華宮省公勵精爲政見稱明察七年輿駕幸于九成天驕覘風屯警尤切神居所寄桂梓斯重乃與左僕射玄齡同掌樞禁昔漢后出征馬防留後魏帝巡幸徐宣統兵方之往賢足稱連類公勵志竭誠言則不隱嘉謀讜論知而必爲中旨勞問寵賜優洽既舊拘痾恙

遂淹氣序爰如遘疾載迴天睠於是加授左屯衛大將軍封爵如故方且羽儀當代獎騖具僚成大夏之棟梁濟巨川於舟楫而夜臺忽掩朝露已稀未勒賓憲之山遽終畢萬之牖七年薨於京師天子爲之輟朝追悼者良久乃贈工部尚書餘並如故有司考行謚曰敬公禮也惟公誠量明遠風神爽發蹈德無怠率禮不違潔操乃出於冰霜貞心有踰於金石至於鄉閭之教規範之言石慶愧其餘風王昶慙其家法非典暮之書弗尙非忠信之言弗踐輕劉德之貨賄重季布之然諾終始一心涉歷三代□絕臧否行無

玷缺加以長於武藝妙識兵機金壇奇正得之於懷抱玉鈐攻取無勞於積習祭遵儒術未足方其雅歌曹仁智勇纔可用其勝□自臨戎御眾莅政當官節約以檢其身寬和以接其下不矯飾以招譽豈乾沒以狥私在公必聞奉上無隱焚書草而方奏問溫樹而不言趙武之情留管庫晏平之祿及朋友而玄化旋俔芳塵不追投竿致其掩泣下機所以流恨豈非有始有卒立功立事者哉卽以其年永窆於萬年縣之某所三河甲士還陳出塞□容五校鐃歌猶奏旋軍之曲峴山之拜彌懷於舊思原氏之阡更開於新

道公早著款誠夙展勤効沛公初起蕭何舉宗而有歸晉祚肇基何曾在朝而盡敬故能特昇爵位偏隆寵渥書社千室享祿萬鍾曲旃雄戟之重文軒銷砮之貴當代近臣罕出其右薨徂之日朝野興悼恩加巨隴禮備哀榮爰命有司立碑隧道昔者西漢殊功唯頌美於充國南宮舊事止畫像於仲華未有勒茲丹字旌斯玄兆發自睿衷永貽相質天古地久與時代而長存石散金銷隨風猷而共遠同夫庸器之典兼取雕戈之義銘曰

緜緜姬胄奕奕幽風克纂遙胄惟茲懋功家承台袞

人出才雄祖考載德勳庸在躬是爲人豪復紹名公盛業長祀猗歟積慶誕斯明哲實標英令耆賓□感仁由天性潔比清冰皎同懸鏡藩庭入仕水鄉從政勇冠秦隴聲馳函洛譽美退外績宣臺閣運逢霸道時惟聖作乃司禁衛兼謀帷幄寵越等倫恩踰藩邸天爵期重時榮已隆是惟顯職兼司禁中竭誠奉上捐私狥公勵行無怠當官匪躬文能附眾武實收功人擅榮寵族華卿相迺求懿德惟人之望職重中軍名超列將摧梁奄及偉才長喪油素傳芳丹青表狀逝川不息拱木行陰猶迴慈悼尙結神襟恩加陳席

寵越遺簪。追榮惣泊。策贈交臨。化運長往。空嗟德音。百身靡贖。千載猶生。沒貴無朽。唯茲令名。銘開古石。地上新塋。年代滋遠。巨陵或平。略言芳烈。永樹風聲。同上

褚遂良

全唐文一百四十九有傳。

請厚諸弟奏

卽日內外官人諸王僚佐咸云。陛下供給皇弟。頓少於親王。大臣深知形跡。不奏。私說竊語。殊非光益。臣伏惟聖主奉義天心。豈不恐其多財縱溢。或至自敗。必不得積貨驕盈。寧使儉急不足。雖不比於皇子。亦須微允物望。臣是以謹訪荆韓漢曾四弟。自足資財。滕密霍道四王。尤爲缺少。臣於芳春殿具以奏聞。伏惟天明必記臣語。若厚於諸弟。人皆聞見。六月四日詔。便是至公。若供給諸弟。事皆儉陋。卽似叔季昆弟。由是情薄。臣是以不避斧鉞。更敢陳聞。昔漢明帝每賜子弟。必語羣臣云。不得使朕子多於先帝子。美哉斯言。王者德音。終後漢皆以明帝爲法。臣聞君施教令謂之風。人隨上行謂之俗。陛下厚於諸弟。太子亦厚於諸弟。相承恩篤。豈不美哉。伏惟陛下疑闕疏者。

卷十五　十三

因而賜之。所用不多。德音流布。唐會要五十四

諫昭陵建造佛寺奏

關中既是陛下所都。自長安而制四海。其間衞士。已上悉是陛下爪牙。陛下必欲乘釁滅遼。若不役關中人。不能濟事。由此言之。理須愛惜。今者昭陵建造佛寺。唯欲早成其功。雖云和雇。皆是催迫發遣。豳州已北。岐州已西。或一百里。或二百里。皆來赴作。遂積時月。豈其所願。陛下昔嘗語宏福寺僧云。我義活蒼生。最爲功德。且又今者所造。制度準禪定寺。則大宏福。寺自不可大於宏福。既有東道征役。此寺亦宜漸次修營。三二年得成。亦未爲遲。唐會要四十八

論任杜淹奏

貞觀初杜淹爲御史大夫。檢校選事。此人至誠在公。實稱所使。凡所採訪七十餘人。比並聞其嘉聲積久。研覆一人之身。或經百問。知其器能。以此進舉。身既染病。伏枕經年。將臨屬纊。猶進名不已。陛下悉擢用之。並有清廉幹用。爲衆所欽。望大唐得人。於斯爲美。陛下任一杜淹。得七十餘人。天下稱之。此則偏委忠良。不必衆舉之明效也。唐會要七十四

王氏帖

卷十五　十四

臣遂良奉五日敕賜觀陳元慶所王氏寄山東書二百七十三字雖有齊梁著錄永和末其非決矣且連城光景殊絕於武夫芝蘭之芳豈蕭茵而可雜既經闕二字而其年月不合蓋安石太和之元末歷中書王之去郡乃聖鑒寤俟臣言明恩不遺辯列萬一侍書臣褚遂良謹上汝帖

道妙帖

遂良頓首得六月八日報書聞途中侍奉安佳爲慰道妙近還至東畿氣體小不審承與醫療療即平復彌深慰慰遂良自南遷以來每思白首之年孤奉國恩觸事成悲何言可喻因高催二姪歸白此褚遂良再拜上同上

杜正倫

全唐文一百五十有傳

釋法護葬銘

伊昔承恩誨深提耳及茲展覲慟興牀几頹泣可援沉嗟靡已庶在遐齡永陪高軌續高僧傳十五

岑文本

全唐文一百五十有傳

唐故特進尚書右僕射上柱國虞恭公溫公碑

昔者帝嬀升歷九官奮其庸有周誕命六卿揚其職國鈞摠於公相贊乎二轄極密歸於臺閣成乎百官滑雅雖被于宋察勳庸特銘于鍾鼎是以功高魏趙詒比高猍此煬帝載其盛德建武嘉其卓操也若夫昴宿麗天感其靈者八傑嵩嶽鎮地降其神者國楨叶□夢於龍髦作□器於舟楫其資也超庸器于陶竊而其操也堅貞心于金石此又豈虛譽哉抑功無復加也矣公太原祁人諱彥博字太臨系姬文之遠胄派唐叔之遙源食邑河內世功開其緒著姓晉陽世德派其流雖曰安國名震于寰中而實持世之大義獨負于天下世之勳烈未直著于衆□□蓋猶培塿之望岱華潢汙之讓河海祖裕魏太中大夫言爲准的行成表綴廊廟翹首搢紳結轍仿公叔而比德頑思行而並馳風追赤芾使重皇華隨贈司馬皇朝贈魏州刺史聚螢勵學夢鳥成文名冠海中望隆日下孔門密予聲華不顯於當時潁川陳君哀榮無聞於異代能兼之者不亦優乎公建兩儀之功動垂百世之懿德窮節義以明之敦禮讓以行之故內疚常懷外防自維具耿光□遠識所以知其洋洋焉若洪河之東注巖巘焉猶華岳之西峙若乃三德六行

列聖之所重也舉錯必踐其域陳疏裕略先賢之所難也□報恩闕庭建侯彊圉□風□之奇樹雲蜺以達命淪湮者而能興則高臺凌霄始於覆簣長江維地肇自涓流是以平津筮仕由賓王而佩印文終創業皆名吏而命禮昭著雅範同符前烈宏開粤義太啟崇庸奉詔啟復舊職乃以關內史用于是隆令德而依仁當朝碩望士如薛道衡文宗□肆牢籠多士太子洗馬李綱直道正辭羽儀海內並下堂見禮倒屣定交而遂相稱莫逆遠來能□趙孟之詩近悅能追成季之勳留心義化處衡岳則奏疏章輔善讜言

坐宣室而悅道莅乃授通事舍人欽芴鳳池垂紳鸞閣瓌姿月舉韶音玉振每至文武在列華裔近庭對越于青蒲之地斂抑于丹墀之所倍□龍光漢苑內之杞梓亦郎洪濤中之砥柱以方其對斯乃□賢□餘慶具□之□隅猗歟雅度在乎經國大業之始以親喪去官孺慕之感哀毀之極與夫長孫居□乎龍性疾□其□而□歸嗣以奪情起復舊職煬帝巡歷時□代逆而輪轉無時公記勳書功不惑規矩邊徼寧謐後或斛斯政出奔高麗既而乘轅南反詔公銜命蕃境申明臣節陳之以逆順曉暢皇威喻之以禍

福遂致蠢茲荒亞咸能以□心□以糺密□蓋□返西日之戈夷庭去焚巫之刑豈如郭公甲禮□旋於遼海張騫擁節無功於月氏又以公爲東北道招慰大使屬天地橫潰華戎版蕩□□牧野郊原□祥之師費□尊□無常難之臣我高祖定四方而□震乘六龍而御天憑依握乾坤之符播越遷夏商之鼎艾枝銀章弓旌先於髦俊建社班瑞光寵屬於勳庸庶績所以咸凝群王然後就列迺以公能扶危拯難特授總管府長史轉授侍御公逾遷而進非忠義之報也哉雖連接總其方盛光能班其政刑而滅沒不羣

豈蹉跎於吳阪淸越振響終特達於章臺徵爲中書舍人遷中書侍郎昔周建邃遠迴懷歸一時屏藩肯比事書贒國家鄉校盡德行道藝之選其歷政則淸□傳美于峽西而其得人則孝若飛聲於洛下云誰嗣響復在茲焉屬獫狁縱慝疆場大駭甘泉迷龍煙之火雲衢列象燧之陣□神武之所前向履滿于皇躬鞠于鶉韜鈐素懷實干城之將琴書在御佗甘瑜之臣乃以公爲行軍長史十萬之師方絕大漢五餌之術必繫單于而南風囊律載之弘北揚肆豺狼之毒衛尉超奇復設□□勞□敵而□能謂□□之難

施故困留于遼海焉皇上嗣堯亮工繼文治宇故藎瑕滌□澆俗倅於結繩叶和萬邦遠夷同於編戶威懾龍瀚澤浸龜沼□寶無俟于方域也而使敵者舉被渥澤褒其勁節故嘉鄺生之說齊召士季而返晉拜公爲治中檢校吏部侍郎尋以副郎□遷御史大夫公望爲時宗才稱王佐鴻翼所漸自回溪而薄九霄驥足既馳遊閶闔而騁千里雖信勇並宿乃□斯靈道□術□地者莫無辭焉□議誠□□□□閣糾謬爲於大選陳議武□渥洽歸□□□故能爵命日隆寵祿歲厚猶司馬之四至慈明之十旬乃以□官

拜太子右庶子遷御史大夫仍給事中書侍郎遷中書令志矢蹇蹇望重巍巍建大義于廊廟陳讜言于闕庭在位幾載獨寵冠百僚職司入柄公又處之故能出總糺察入專機管執簡冊以肅周行奉絲綸以光帝業朝夕靖獻出納靡隨會之恍遠邇聞風始終念蘇武之節豈其猶人歟俄而勳銘衞鼎功紀徐陵故晉封虞公復食邑三千戶德優爵重鎬京之舊制非功不侯中陽之令典踰七命而兼二善天下以爲公之北征而佩命南旋□屬節酬庸寵錫其由來者漸矣斯旬宜而盡其方伯之職僕射而踰于副相之

位上圖天道如斗極之運四時下料人事邁元愷之贊百揆聖朝欽若前典憲章往代懷磻溪而縈夢想嘉□國而勵堅貞非公之磽磽不屈介介不苟結主知於艱危之際臨事而不懼哉觀東道之通返南宮之政貫心體道勤行而不倦歷選前哲仰止而無怠是以忠允寬裕懷內恭之溫溫慮列著之抑抑謹度習儀自叶巽貞之吉盡忠補過不忘前惕之勤損茲驕盈戒其偏辟夙夜匪懈以事一人獻替之規不忘於忠恕損益之義皆出於仁厚違規矩枉尋尺光其家而弗爲利社稷安□兆危其身而無悔肅肅焉濟

濟焉宛若猶龍之持己仁以立之義以行之更如於菀之毀家愼動言于公庭即執信義爲國柄心之所同必擇善以利物意之所異不是已而違人闡德義爲宮牆包禮度爲開闔勸人之善行勵人之清操閑人之邪愚規人之匪彝善辭令而絕毀譽繩愆謬而篤德義位高矣持以慈和祿厚矣治以儉約以孝敬之道移於哲兄行慈惠之心洽於猶子允所謂朝廷之棟幹家門之橋楚焉以貞觀十一年春奉命巡察道出洛陽駐旌遘疾以動寄傑□□□□恩篤股肱之□載口碑于道路名□□陳其方技遂輔德愆報

彌留曠旬。兩楹之奠既兆。二豎之災乃□。詔遣銀青光祿大夫行中書侍郎杜正倫撫視疾體。並簡諂謀乃公志存忠□。表陳治道。慎忽之幾。□盡□□之德著者□卿大漸無□忘於舉能。子顏啟足。情存於慎疲。聆馬千載。於斯一撥。六月廿日。薨於旌陽□賢里官第。春秋七十有□　□□□□□□之□□類齊后之□□□□□□卽以其日□□於□陵□□□百寮倍列。莫不流涕。乃詔民部尚書莒國公唐儉工部侍郎盧義恭護喪。行中書侍郎杜正倫持節弔祭。遺禮部令狐棻水部郎中□文紀持節冊贈尚書

右僕射上柱國。謚曰恭公。勅令立碑紀德。卜塋地於昭陵之側。并給東園祕器。賻贈二千段。喪葬所須。並令官給。予祖送之典。墳域之制。咸率禮度之宜焉。夫顯微闡幽。義不容辭。功高德盛。資篆籀之鋪揚。聲飛實騰。載金石以不朽。是以定獻忠穆。漢室之良佐也。密陵當陽。晉朝之賢輔也。雖復卿雲摛思。班爾運奇。勒銘由其子孫。表墓資于寅僚。紀奕葉之作述。敘國楨之挺生。故史冊發乎幽光。而綸詔追乎往載。不甚偉歟。武湯一德。垂之百代。其詞曰。

藹藹高門。世膺顯命。堂堂盛德。家襲餘慶。抗節飛英。扶危流詠。軒蓋接連。圭璋輝映。操變張裔。勳高趙孟。獨飾朝綱。屢持國柄。露布馳聲。循牆示儆。出險入危。風疾草勁。鼓篋窮經。超藝絕德。裁成呂鍾。範圍儒墨。非馬擅奇。雕龍貽則。發跡素里。馳聲上國。仲舒揚庭。吾丘侍職。數歷屯邅。不違同□。□是正直。待後守先。和璧韞石。隋珠輝川。伊呂之佐。堯舜之年。頏頡往喆。伯仲前賢。受書圯上。釋鈞滋泉。陳謨德顯。定策功宣。縱壑纔騖。搏風初矯。密勿鸞闈。便繁鳳沼。仲舉性純。伯遺性信。立我楷模。示我儀表。萬古青霄。千秋丹旐。泉儀維則。衣德堪紹。嗚呼忠忱。懷思渺杳。屢遭艱厄。

□逝良弼。鑄冊義府。傳薪理□。水逝黃陂。尤沉趙日。稅駕天府。夷體泉室。麟閣圖形。烏台騰實。悲纏奄息。慘懷尹始。永叨恩隆。垂裕軨轄。維地河山。□天箕畢。懿範昭茲。德音洋溢。

唐文拾遺卷之十六

榮祿大夫三品頂戴前分巡廣東高廉道加四級臣陸心源輯

許敬宗

全唐文一百五十一有傳

臣下喪服葬畢後除奏

伏奉遺詔臣下喪服以日易月皆從三十六日之限但太行在殯皇帝主喪山陵事畢方釋衰絰依禮近臣君服斯服敢緣斯義請延至葬畢後除 唐會要三十七

唐故卧龍寺黃葉和尚墓誌銘

和尚自說姓張名眞誌其生緣乘桄莫能知之隨故

特進蜀人叚經興善寺僧釋永儁並見和尚於太淸觀出入中條往來都邑年可五六十歲未知其異也隨氏末年稍顯靈跡被髮徒跣負杖挾鏡或徵索酒肴或十餘日不食預言未兆懸識他心一時之中□形數處屬我皇應運率土崩裂和尚竟著先知住錫黃龍寺迨於定鼎果護奇驗以武德二年五月廿有九日卽化於卧龍寺之禪堂先是移寺之金剛像出置戶外諸僧衆曰菩薩當去爾越旬無疾而逝沉舟之痛有切皇心殯葬資須事豐□□迺以武德三年秋九月四日葬於萬年縣鳳□原望□墳而揜泪盼白幕而驚心爰詔有司式刊景行其銘曰

□化□城金粟降靈猗歟大士權跡帝京緒□莫明邑居孰見譬彼涌出猶如空現五塵□離三條□依戎珠靡□忍鎧無違智燈含焰慧駕□騑哀兹景像悲斯風電將導舟梁貽我方便形煩心寂□□□□觀往測來覩微知顯石□亡儒星開□□反初息假薪絕火然神明何許暗室空傳 石刻

薛仁貴

全唐文一百五十九有傳

致新羅王金法敏書

先王開府謀猷一國展轉百城西畏百濟之侵北警高麗之寇年將耳順榆景日侵不懼船海之危遠涉陽侯之險瀝心華境頓顙天門具陳孤弱明論侵擾情之所露聽不勝悲太宗文皇帝氣雄天下神王宇宙扶傾救弱日不暇給哀納先君矜收所請輕車駿馬美衣上藥一日之內頻遇殊私亦旣承恩對揚軍事契同魚水堅於金石一朝大舉水陸交鋒駐蹕之戰文帝親行吊人恤隱義之深也聖人下武王亦承家洗兵刷馬咸遵先志數十年外中國疲勞帑藏時開飛芻日給以蒼島之地起黃圖之兵今強寇已淸

讎人喪國當應心膂不移中外相輔自然貽厥孫謀以燕翼子良史之讚豈不休哉今王違乖天命近棄父言侮暴天時侵欺鄰好守無所支進不能拒大小不侔逆順乖叙此王之不知量也違君之命不忠背父之心非孝一身二名何以自寧聽從橫之說熒耳目之神忽高門之基延鬼瞰之責先君盛業奉而異圖豈爲智也又高麗安勝年尚幼冲自懷去就之疑匪堪襟帶之重仁貴矜其傷弓之羽未忍加兵恃爲外援斯何謬也皇帝德澤無涯仁風遠洎遠聞消息悄然不信爰命下臣來觀由委而王不能行人相問

牛酒犒師遂便隱甲萑陂藏兵江口潛生自噬之鋒而無相持之氣必其高將軍之漢騎李謹行之蕃兵吳楚棹歌幽幷惡少四面雲合方舟而下依險築戍闢地耕田此王之膏肓也王若勞者歌事屈而頓申具論所由明陳彼此仁貴夙陪大駕親承委寄錄狀奏聞事必昭蘇何苦怱怱自相紛擾嗚呼昔爲忠臣今乃逆臣王以機晤淸明風神爽秀歸流謙之義存順迪之心血食依時茅苴不易占休納祐王之策也今遣王所部僧琳潤賫書佗布一二 東國通鑑

李湇風

全唐文一百五十九有傳

傅仁均曆有違古法奏

故太史令傅仁均武德初云歷代已來日月薄蝕或差于朔望者此由一月大一月小晦朔或致參差今所制法三大三小日月之蝕必在朔望今依仁均造法一十九年九月後四月頻大即仁均之術于古法有違 唐會要四十二

王珪

珪字叔玠官禮部尚書諡懿

駁皇甫無逸謚議

赴蜀之初自當扶持老母與之同去申其色養而乃留在京師子道未足何能爲孝 唐會要卷八十

裴行儉

全唐文一百六十二有傳

衛公帖

因檢文字見衛公論定襄用兵之勢歎服不能已行儉 寶眞齋法書贊

杜楚客

楚客如晦弟貞觀中給事中後爲魏王府長史遷禮部尚書王貶爵以如晦功免死廢于家終虔化令

招撫議

北狄狠戾人面獸心難以德懷易以威服陛下納其降附處之河南夷不亂華聞之前典以臣愚見必爲後患存亡繼絕列聖通規事不師古難以長久（唐會要卷七十三）

蘇瓌

全唐文一百六十八有傳

請省員以救時弊奏

臣聞蕭何載其清淨歌以畫一漢文垂拱無爲幾致刑措光武吏員幷合務在省官此卽省事淸心實禪

政要闕輔萩粟非賤又戍役煩數州縣先有定科官寮祿俸不加公廨利錢更令分給員外若妻子不贍理郎侵漁望請省員以救時弊委巡察使及州正員有犯咸殿勘問伏以所在員外資次相當簡公方淸幹者使卽替授訖申聞正員懼替不敢僭違員外希遷自能勵昜將停員外漸得省官（唐會要六十七）

桓彥範

全唐文一百七十五有傳

諫除方術人爲國子祭酒奏

陛下自龍飛寶位遽下制云軍國政化皆依貞觀故事昔貞觀中嘗以魏徵虞世南顏師古爲秘書監孔穎達爲國子祭酒至于晉思等是方伎庸流豈足比蹤前烈臣恐物議謂陛下官不擇人濫以天秩加以私愛惟陛下少加愼擇（唐會要六十七）

王知敬

知敬懷州河內人善書歷官太子中允武后時官麟臺少監

大唐左監門衞副率哥舒季通葬馬銘

爰有名駿厥號雲花聲高天廐產重流砂蓋武德中嘗以賜故越州刺史都督諸軍事哥舒府君者也府

君旣已就義戈行維是名駿亦從殲焉孤子左監門衞副率季通烏號血竭雞聳骨立永懷罔極之悲思廣推恩之義迺圖厥形葬之墳隅肇錫嘉銘用□雄特其詞曰粤維泰運異質斯生坤元毓德天駟流精惟彼雲花馳聲御櫪龍文表瑞鳳翥開績於赫府君丕茂膚功帝曰賚汝駿尾方瞳越國過都逐星激電體健騰驤姿雄顧盼紲力著德合志同心策勳奏凱照古凌今夫何不永陽九當戹倏□霜鋒早墜逸翮瓦駕羞全紼鶴並飛存亡旣偕神魄攸依矯矯精忠垂光丹□翩翩者騅揚華驤尾雲花顧影楊葉嘶風

戀彼故主遺恨焉窮 石刻

李行廉

行廉高宗朝司元大夫

唐故益州大都督府功曹參軍張君墓銘

廷尉名卿東阿良相積慶鍾美淸徽遐暢顯允哲人克摽令望憲章顏冉牢籠舒向氣芳蘭芷價重璵璠望之逾肅即之也溫高情月舉逸調霞軒彤章綺合縟藻日繁爰初筮仕彈冠奉檄或佐名邦盤根遽析乃昇州部平反著績孰謂跡滯能申海擊濯纓金狄主吏銅梁善立惟敬謙道以光白生虛室穎曜錐囊

焚林佇秀遠應明敭縱掉江波觀光洛浦調高文圃思盈書圃擢第金門淪軀泉戸未終千日俄成萬古吊賓絮酒貞龜卜筮風急長原雲低荒隧佳城莫啟幽埏永閟玄石圖徽芳塵不墜 石刻

盧寬

寬禮部尚書

明堂制度議

上層祭天下堂布政欲使人神位別事不相干臣以古者敬重大事與接神相似是以朝覲祭祀皆在廟堂豈有樓上祭祀樓下視朝閣道升樓路便窄隘乘輦則接神不敬步陟則勞勤聖躬侍衞在傍百司供奉求之典誥全無此理臣非敢固執愚見欲求已長伏以國之大典不可不愼伏乞以臣愚表下付羣官詳議焉 唐會要卷十一

李安儼

安儼官左屯衞中郎將

諫處置皇太子諸王奏

皇太子及諸王陛下處置未爲得所太子國之本也伏願深思遠慮以安天下之情 唐會要卷四

郭漢章

漢章貞觀中人

唐故銀靑光祿大夫涼州刺史定遠縣開國子郭公墓誌銘

公諱雲字仲翔京兆萬年縣人也祖慶隋驃騎大將軍右光祿大夫相州長史父振武開府儀同金紫光祿大夫幽幷二州刺史並箕裘紹業鍾鼎傳門公稟嶽華之秀氣降昂緯之星精英姿颯爽得孔門季路之風智計宏深有前漢留侯之略屬隋氏失政率土分崩我皇崛起英俊雲集公投欵轅門深蒙優禮授武騎尉公迺霜戈奮武星劍臨戎靜則岳峙山立動

則雷奔電掣識超萬衆勇冠三軍以故但從征討輙建奇勳武德元年封定遠縣男邑五百戶既又因舊封進爵爲子賜以絳節儼上將之儀茸以白茅開建國之模方當翊衛皇家馳騁雲表不幸以貞觀五年六月廿有七日終於脩德里第春秋五十有九贈銀青光祿大夫涼州刺史夫人唐氏定遠縣君內府丞仲翔季女也貞順著行珠玉含華雅稱良匹先公永逝以其年十月六日葬於縣西龍首原禮也嗣子漢章痛風木之不停慮陵原之倏變迺銘貞石庶表芳徽銘曰

惟岳降靈是生郭公既智且勇克奏膚功蔚彼虬松長留雄風億万斯年流慶無窮石刻

張東之

全唐文一百七十五有傳

唐故益州大都督府功曹參軍事張君墓誌銘

序

府君諱玄弼字神匡范陽方城人也闕閱遊宦之資詳之碣文別傳五歲而孤志學伏膺於大儒谷那律律爲諫議大夫紬書秘府府君以明經擢第隨律典校墳籍八儒分畛五壘殊途劉歆析九流之區域鄭默辯三閣之同異五十五部卌四家訪寧朔之新書禮窮莊敬覽南陽之統論易盡精微緘賨秘文委豊前記並登靈府一以貫之逸思煙迴清飈霞舉言同神遇理叶而成七從職爲益州府功曹參軍事以賢良徵爾入甲科未拜職以龍朔元年五月十九日終於洛陽春秋五十有五夫人吳興丘氏以永昌三年九月三日終於私第春秋七十有九東之識不逮遠稟質愚昧趍詩禮之訓承顧復之恩早預微班驅馳賤役自禍蒼昊諸弟皆幼夫人勞斷織之訓深噬指之慈刻心提耳孜孜不倦今蘭發玉暉多從化往唯

東與晦僅存喘息三復規誡萬古不追奉夫人遺誨使改卜新塋府君先窆南山今移與夫人合葬於安養縣西相城里之平原府君友人司元大夫李行廉撰銘東之等不敢改易謹刊李銘以存不朽石刻

韋叔夏

全唐文一百八十九有傳

太社冒黃土奏

韓詩外傳云天子太社廣五尺各分置四方色訖上冒以黃土說者云冒以黃土者象王者覆被四方據此則合用黃土遍覆壇上今檢舊壇之上亦備方色

唯中央數尺飾以黃土則是覆被之道有所不及既乖舊制望請准古改造唐會要二十二

案全唐文至亦備方色止下缺

李儼

全唐文二百一有傳

金剛般若經集註序

夫以觀鳥垂文振宏規於八體泣麟敷典奐洪波於九流循其轍者不踰乎寰域涉其源者僅歸乎仁義孰若至聖乘時能仁昭法剖秋毫於十地總沙界而詮道釋春冰於一乘冠塵劫而流化若乃是相非相

是空非空窅乎不測廓焉無像假名言以立體包權實而爲用窮不照之照引重昏於夢境運無知之知導羣迷於朽宅究其實相則般若爲之宗矣自眞容西謝像教東流香城徙築於綿區寶臺移構於中壤鱗萃羽集者咸徇其法雲蹇霧廓者已悟其眞至矣哉無得而稱也然此梵本至秦弘始有羅什三藏於長安城創譯一本名舍衛國暨於後魏宣武之世有流支三藏於洛陽城重翻一本名舍婆提江南梁末有眞諦三藏又翻一本名祇樹林隋初開皇有佛陀耶舍三藏又翻一本名祇陀林大唐有玄奘三藏又翻一本名誓多林雖分軫揚鑣同歸至極而筌詞析義頗亦殊途然流支翻者兼帶天親釋論三卷又翻金剛仙論十卷隋初耶舍又翻無著釋論兩卷比校三論文義大同然新則理隱而文略舊則工顯而義周兼有秦世羅什晉室謝靈運隋代曇琛皇朝慧淨法師等並器業韶茂博雅洽聞耽味茲典俱爲註釋研考秘賾咸騁異義時有長安西明寺釋道世法師字玄惲德鏡玄流道資素蓄伏膺聖教雅好斯文以解詁多門尋覈勞近未若參綜厥美一以貫之爰掇諸家而爲集註開題科簡同銘斯部勒成三卷號爲

集註般若兼出義疏三卷玄義兩卷現行要用文理周悉庶使靈山積壤干天之峻彌高巨海納川浴日之波逾廣披文者冀窮其理講道者洞盡其性學侶無疲於倍功談客有同於兼採金石妙義掩二曜以長懸玉軸微言貫三才而靡絕豈止聲芬鷲嶺字韞龍宮而已哉續高僧傳

王友方

全唐文二百二有傳

王氏龕銘

前豫州司功參軍事上騎都尉王有缺四字考明威將

軍守右武候轘轅府折衝（字缺四）國姚漁陽郡君李平
居日約束於（字缺四）一龕今疏繕既畢謹勒銘云
嗟乎昊昊我實不天哀哉后土我□無母苴麻累襲
誰謂荼苦出則靡依入□□怙傾耳瞪目遺儀莫覩
他人養今我則□□□古有其訓在於龍門疏山建
塔匠石儀□□□周華金容肅淨式固家國含生焉
慶□□□蕩丹崖旁暎風谷吟松雲峰寫鏡曠哉□
□寔日棲禪靈龕月偃桂殿星懸淩虛刻石□嶺飛
軒巖高隱地波澄倒天一從刊勒於□□年（續語堂碑錄）

姚崇

全唐文二百六有傳

中書事狀略言優劣奏

中書舍人六員每一人商量事諸舍人同押連署狀
進說凡事有是非理均與奪人心既異所見或殊抑
使雷同情有不盡臣今商量其大事執見不同者望
請便作商量狀連本狀同進若狀語交互恐煩聖恩
臣既是官長望於兩狀後略言二理優劣奏聽進止
則人各盡能官無留事（唐會要五十五）

陳子昂

全唐文二百九有傳

荊州大崇福觀記

維大周揖讓受唐有天下十載施化育德揚光顯仁
天下咸和中外胥謐僊門法寓澤罔不暨粵若無上
太祖孝明皇帝神明睿哲龍德而隱君子勿用于（一作干）
我諸宮葳蕤春風霢霂時雨謳謌歸之允矣大王
王季岐鎬之漸也於戲西伯潛聖而遺其三齡故我
太祖始安時處順乘彼白雲以歸帝鄉方城之人嗟
咨涕洟靈魄罔遘迺以珠襦玉匣閟茲衣冠穀林方
崇喬山未掩龍輴椊寢在茲觀者七月焉餘威化北
顏塗墍積逮皇帝順人樂推鳳翔虎變追革顯號宗

祀于明堂躍誠（疑作試易或躍在淵自試也）所歷莫不昭晰（一作晧一作皓）
寵光也長史弘農楊元琰雅量川渟貞節嶽立有倚
相墳典之博子囊增名之忠遂稽皇圖徵文獻以爲
會稽之廟大庭之初其事上矣乃表上遺跡祈飾仙
階司賓卿于惟謙地官主事魯玄傑咸經沐浴邦憲
昇官周京亦恢廓徽猷任佐誠請時皇帝方垂拱旋
淵之中以思大化故書奏不答道士孟安排者　玄
稟貞骨記上階黃裳羽袂囊中竊感蒼梧遺化長沙
舊寢不可以不昭（一作明）發聖世復重理前狀伏奉闕
下至于再三天子乃憫然遷思迴慮旌別斯觀錫名

曰大（一作天非）崇福焉時龍集已亥聖曆之二年也翌日又優制褒崇特降銀牓仙書鳳篆飛集王官（一作宮）天文昭回瑞我鄒郢則有踰岐山越梁境梯衡霍浮瀟湘鬱荆門庬江徼（一作激）莫不翼戴抃舞澡雪心目者已安排乃喟然歎曰道惡乎在名惡乎在茅茨文軒未始離也朱宮玄圃未始乖也損之而又損之思乎患無爲而無不爲知乎知則我何拘於常見哉而不謂熙帝庸也遂經玄都爰伐琴瑟作爲仙觀之宮文彩構檻碱砆砌（一作階）鉏櫨栱森鬱以宏合藻井翕艴以天開瑤壇躋於上清銀闕表於中界高步玄（一有記字）非雲肅（一有字非）緗然靈風髣髴紫陽之天（一作大非）也然後琁題顯曜金格道相朝浮彩雲夕泣清露眇哉邈乎信皇靈之所感發矣蓋金簡玉牒可存而不可知崑崙方壺可聞而不可階也猶且曰（一作之）道錄貴于眞經況皇明帝載昭鑠日月而已乃刊石作記以傳維罔極（文苑英華）

洪崖子鸞鳥詩序

鸞鳥篇者晉人洪崖子之所作也洪崖子遁我玄魁賁其默行矯迹汾水習隱洛陽乘白驢衣羽褐遊朝市之際雜縉紳之間時人或將襲青牛師薊子訓之陳迹也嘗以翠鸞時棲明主之瑞君子獨立矯世之方於是和墨澹情洒翰縛意寄孤興於露月沉浮標於山海乃集瑤圃洗玉池翩翩然又以自得也時尚輦奉御梁國喬侃聞其風而悅之乃刻羽剪商飛毫掞牘扣歸昌之律協朝陽之音率諸君子屬而和之者十有五余始未知夫洪崖也喬子慕義命余敘之凡若干首（本集）

無端帖

道既不行復不能知命樂天又不能深隱于山藪乃亦時出于人間自覺是無端之人況漸近無聞不免自惜如何（寶眞齋法書贊）

崔融

全唐文二百十七有傳

荷華帖

荷華想已殘處此過四夏到彼亦屢而獨不見其盛時是亦可謌豈亦有緣耶敝宇今歲植得千葉者數盆亦便發花相繼不絕今已開□□□頗有可觀恨不與□□□□望雖不遠披對邈未可期伏紙可勝悵惘耶（寶眞齋法書贊）

張説

全唐文二百二十一有傳

請以時樂鳥編國史奏

伏見天恩以靈異鸚鵡及劉延景所述篇出示朝列臣按南海異物志有時樂鳥鳴皆曰天下太平有道則見臣驗其圖丹首紅臆朱冠綠翼與此鸚鵡無異而心聰性辯護主報恩故非常品凡禽實瑞經所謂時樂鳥也延景雖敘其事未正其名望編國史以彰聖瑞 冊府元龜八百四十

答徐堅問葬

墓而不墳所以反本也三代以降始有墳之飾斯孝

子永思之所也禮有貴賤升降之度俾存歿之道各得其宜長安神龍之際有黃州僧泓者能通鬼神之意而以事參之僕嘗聞其言猶記其要墓欲深而狹深者取其幽狹者取其固平地之下一丈二尺爲土界又一丈二尺爲水界各有龍守之土龍六年而一暴水龍十二年而一暴當其隧者神道不安故深二丈四尺之下可設窀穸墓之四維謂之折壁欲下闊而上斂其中頂謂之中樵中樵欲俯歛而傍殺墓中抹粉爲飾以代黝堊不置瓴甋瓷瓦以其近於火不置黃金以其久而爲怪不置朱丹雄黃礜石以其氣燥而烈使墳上草木枯而不潤不置毛羽以其近於屍也鑄鐵爲牛豕之狀像可以禦二龍玉潤而潔能和百神寘之墓內以助神道僧泓之說如此皆前賢所未達也桓魋石槨王孫倮葬奢儉既過各不得中近大理卿徐有功持法不濫人用賴焉及其葬也儉不逾制將穿墓者曰必有異應以旌若人果獲石堂其大如金中空外堅四門八牖占曰此天所以助有德也置其墓中其後終吉後優詔褒贈寵及其子開府王同皎以外戚之貴墳墓踰制礎服明器羅列十里墳土未乾家毀子死殷鑒不遠子其擇焉 吳興藝文補

壘令答讚

入相論道資孝爲忠朗如明鏡穆若清風既調飾鶴又擅雕龍有則有典是爲文雄 張燕公集

李朝隱

全唐文二百三十六有傳

科錢不得令州縣率捉奏

請籍百姓一年稅錢充本依舊令高戶及典正等捉隨月收利將供官人料錢並取情願自捉不得令州縣率捉 唐會要九十三

韋嗣立

全唐文二百三十六有傳

諫造佛寺奏

臣竊見比者營造寺觀其數極多皆務宏博競崇瓌麗大則費一二十萬小則尙用三五萬餘略計都用資財動至千萬已上運轉木石人牛不停廢人功害農務事既非急時多怨咨故曰不作無益害有益功乃成不貴異物賤用物人乃足誠哉此言且元象秘妙歸于寂滅苟非修心定慧諸法皆涉有爲至如土木雕刻等惟是殫竭人力但學互相誇麗豈關降伏身心凡所興功皆須掘鑿蟄蟲在土種類最多每日殺傷動即萬計連年如此損害可知于至道既有乖在生人極爲損陛下豈不深思之　唐會要四十八

李嶠

全唐文二百四十二有傳

爲王相公請改六書牋表

按此文書苑菁華題作李嶠今存其目文見全唐文九百六十二

李邕

全唐文二百六十二有傳

駁韋巨源謚議

三思引之爲相阿韋託之爲親無功而封無德而祿同族則醜正安石他人則附邪楚客謚之曰昭頁恐未當　唐會要七十九

上缺府別駕上柱國任府君神道碑　并序

上缺十三字之宏□至若享以令德□以懿□□□啓其深□□□覆其前敵故能名重於位德廣於時夫高也不以缺十七字史策歿紀簡□豈揚親之自躬信翼子之惟肖矣公諱令則字大猷本樂安博昌因居官今爲西缺九字封於任□有子國與薛同姓故滕侯曰寡人若朝於薛不敢與諸任齒漢御史大夫敖後漢司空隗魏吏部尙書愷並朝缺十二字軍府君祖皇朝鄜州司馬辯府君考皇朝資州司馬直太史盛□□□□退身周仁形志或雲缺十字鶩微尙無悔幼安□□梅福永歸□如也公駿發炳電丕承□訓風神散逸軌度閑□□□□鏘金有聲雜以詩書□□□□□□之□□□□名教之中□□□□其制文其德武其□仁其行禮□□智其謀義其斷司馬缺二十六字蓋未□□□□汝器用已周與□將遠□斯□□□可襲汝其□□□□也公乃執顏拜首□□□□□□□於□□□□何如缺八字以□□情是

歲□府□□毀過於□□□□傾落亦□□□□□結
茅□□植栢祥鳥□土□□□□君子□□則天闕八
字以□宗□聖□□帝□□之闕十字質□□□□□
數載或□公□□觀書雖□猶學貫□習□□□□□
□□□□之□□京兆府□□□□□上□□□
左果毅累除□□府左果毅仍長坐議□歎曰揚公
執戟潘子□□□□□□於代也一從一橫一□一
□□□□□遷闕十字府折衝時吏部尚書朔方□
使王公諱晙忠義倜儻之□□□□□□足威邊略
能戡難奏□□□□□□擊□□公□以五

□□以□□伐交鬬其□武□樹伏其三□□虜懾
焉□康待賓□□□□朝廷以弓勁馬闕十字之□
□□□□王公諱憯公直嚴蕳□正人也□歎
公□昔者李□封侯孫□□□□□用而命舛
莫登雖□□□□刀□□□□□嘗所慕焉
□公□壇或□厲者乃奏公副前相國李公元紘以
討之□旅飮至援甯王府左□事典軍隨班例也尋
以西南□□□□□遷公朝議大夫□州大都督
府別駕專知西川靈關兩道遊弈使公剌候每精什
伍尤練罰明而賞信衆附而師和賈勇者投石而□

行□義者□□而思□是以石□諸□相次歸□者
累八九爲方將□四夷掃萬里爲□□防作邊□城
而天不遂良神或助逆□兇酋□□刻□□臣之□
子嗚呼以開元十六年十一月八日寢疾終於官舍
春秋六十有□悲夫夫人吳興郡君謝氏輔德□行
和鳴不闕十字期以開元十八年□月十八日合葬於
武功□仙□禮也□王府屬令方公之弟也岷州刺史奉
國公之姪□□□臻於□□□□□□寔□□
之英彥國之棟梁也嗣子神鼎府左果毅武貞仲子
左司禦司戈奉先次子兵部常選黃季子孝□□□

□□□稟□永□□□下□從事□札窮□日月電
□松栢風緊泣血將□號天莫追願紀述於先塋□
光揚於往行其詞曰
□□黃帝地□□□封命□與薛分□□□□□
鼎臣輔周人惟國寶學是家邸其一族有賢英業尚韜
晦藏用□□□謙□背有典有則可久可大知□□
安□□□其二赫弈□□芬芳盛時風□代□軌□人
師絕編廣業□□陳詩永惟名父特許濤賁其三代邸
方開醴酒□設旣本文□□□□□懷隱□爲
□□乍奏戎謀因加武□其四揚雄執戟王粲□□□

橫絕漠氣過長雲三邊金鼓萬里功勳興言鶵領恥與□□其五□□□明廷一德舉以爪牙生茲羽翼胡虜久推戎羌屢北□□□元功未塞其六悠悠旅□眇眇凶行歸途劍閣返葬墳塋□□□□□□□□□□□□樹先傾其七禮樂詩書伯仲叔季號天追攀泣血□□□心是日記德茲地刻□美於豐碑懸孝敬於荒隧其八天寶四載十二月廿八日建非見齋碑錄

麓山寺碑陰

錄事參軍□守□功曹參軍□仙隱功曹員外同正□□□功曹員外同正缺四字曹參軍□□□倉曹員外同正李缺戶曹參軍□良□□曹參軍□缺士曹參軍□永亨參軍趙挹參軍劉利器參軍沈□參軍爾朱紱錄事王敬琛李公□博士張長卿博士王元禮市令程□□贊曰禮樂仕門賢才君子同官比能鄰德爲美坦坦雅懷謙謙虛已□功豐碑下缺四字長沙宰苗理缺六字員外康楚元□□員外同正成麟□尉楊□晉尉上柱國□懷靖尉盧元庭尉員外同正皇甫□尉員外同正劉思義前主簿伍思□贊曰名家□意君子德心□□城□□木繁林階下無訟堂上有琴大絃既雅小絃不淫醴陵令李仁□丞張道主簿張思己□員外尉李靈□尉張光庭尉□缺衡山令劉威之丞劉缺外缺之尉□缺員外尉王光大尉周待徵湘鄉令王武信主簿□缺尉□缺□陽令孟缺□缺劉陽令□缺主簿張缺贊曰華宗舊德利器良工□□播政震雷和風缺四字雉□□空有典有則惟始惟終朝議大夫□城宰張守眘睦州新安主簿盛□□老□鄧洪敏□思□梁元則祝仁期張文遠石泰張惲朱封禪范□□桓嗣宗楊庭訓羅元楷王晁王鬲□齊物下缺湖南通志

久別帖

久別懷仰增深郎日奉惟動靜安勝邕此不足言二兒至彼多日何時可令還家謹狀五月四日李邕狀汝帖

比無近書帖

比無近書益用馳仰毒熱惟勝和兒郎無恙也邕粗爾少理張子有家事望□投與遞可不示也謹因馳白不具

吏部三弟帖

吏部三弟故少傅惘惘不已五月廿九日邕諮

勝和帖

毒熱比惟勝和邕今日至當塗地遲人遠不及把袂惘惘何如珍重珍重謹馳力不具李邕狀杏六月廿二日申時致意兒郎等各佳也

濮王帖

郎欲迎濮王八郎後來足得未勞急也蒙周至惠鹿欲報適來風水事也少于道左申謝耳因還使馳力不具李邕狀杏二日光八郎記室勞借馬甚堪騎悚息濮王少若問還報驛上安置得不示之並書畫彙攷

陸東之

東之蘇州人虞世南之甥官太子司議郎以書名

得告帖

近得告爲慰上下無恙恙不得與近問懸心得藥書散勢耿耿嘗也湻化閣帖

唐文拾遺卷之十七

榮祿大夫三品頂戴前分巡廣東高廉道加四級臣陸心源輯

宋務光

全唐文二百六十八有傳

請建都督議

漢氏懲周之弊矯秦之失初置刺史十三州任用得賢海內稱治國家下明詔發德音憫黎元修古法而拘文牽俗之黨諠然以爲非期破其議或云權歸於下或以授非其人遂令方牧拜而未行朝典疑而將寢不其惜歟且授非其才或可詳擇權歸於下未之前聞且率計天下三百餘州矣今補二十四都督物議以爲未可則良二千石安得三百餘人耶苟不賢則百姓怨而和氣傷比者雨旱不調未必不由此可建之理一也巡察使人數年一出馳軒按俗往復如飛夫隱慝潛過朋執不能知矣況使者車不停軌而能郡縣擾訟遏獄乎設有舉按多不周悉使車朝返姦吏夕生而訟者亦不全其軀命矣都督則不然久於其職無得苟且歲時巡按物無竄情行者無遠詣之勞貧者有終身之慍方伯以委之御史以按之至愚之人猶知自勉況朝廷妙選乎可建之理二也秦

人以役煩流禍豈監郡之過耶漢室以外氏專寵豈刺舉之罪耶古有明徵事無深惑可建之理三也今長史貪冒百姓流亡職所以安之者衆矣而多未安近時之要在興古制此又持疑蒼生何望所願率而行之以俟成績唐會要六十八

紀履忠

履忠萬歲通天中監察御史

糾來俊臣五犯奏

御史中丞來俊臣犯狀有五焉一專擅國權二謀害良善三贓賄貪濁四失義背禮五淫昏狠戾論茲五罪合至萬死請下獄治罪唐會要六十一

張庭珪

全唐文二百六十九有傳

請重選十道巡察使奏

天下至大郡邑至多賢牧良宰誠難盡得兼下僚貪暴小吏侵漁黎庶不安窮困衆矣縱其發使廉問暫往速還假申令究却招後患各思鉗口無敢率心臣竊見國家比置十道按察使不限年月懲惡勸善激濁揚清孤窮獲安風俗一變伏望復下明制重選使臣秋冬之後令出巡察自然貪吏望風懲革陛下視聽恒遍于海內矣唐會要七十七

徐堅

全唐文二百七十二有傳

救韋月將疏

月將誣搆良善故違制命準其情狀誠合嚴誅但今朱夏在辰天道生長即從明戮有乖時令謹按月令夏行秋令則丘隰水潦禾稼不熟陛下誕膺靈命中興聖圖將弘羲軒之風以光史策之美豈可非時行戮致傷和氣哉君舉必書將何以訓伏願詳依國典許至秋分則知恤刑之規冠於千載哀矜之惠洽乎四海吳興藝文補

崔沔

全唐文二百七十三有傳

謝恩慰喻表

臣某言伏奉某月日敕書慰問跪捧抃躍不勝感戴臣某中謝臣東鄙孤賤名節未立北州述職績用無聞誠愧王尊傾河羨溢德慚呂望恒雨霧霪加以擅散國儲輒違常憲權稽兵賦不會嚴程雖事切憂人而跡冒平法斂躬夕惕側足屏營伏待刑書豈期恩命陛下明逾日月施重丘山察求瘼之心弛慢公之

責紫泥佳命降自雲霄玄澤殊私旁沾草木振窮之際散發廩之深慈極溺之辰矜泛舟之小惠恤下諸吏咸之向方徒役征夫卒獲寧止猥承天造安敢名言徒誓微軀何能答效臣某限以守職不獲蹈舞闕庭無任文苑英華五百九十七

議州縣官月料錢狀

按此文唐會要九十一作崔沔文見全唐文三百四

劉知幾

全唐文二百七十四有傳

請節私恩奏

臣聞君不虛授臣無虛受授受無失是曰能官又曰妄受不爲忠妄施不爲惠皆聖賢之通論也惟漢世有賜爵一級恩澤封侯此乃曠古殊恩千載一遇非是頻煩渥澤每歲常行者也今皇家始自文明迄於證聖其間不過十餘年耳海內具寮九品以上每歲逢赦必賜階勳無功獲賞徼倖實深其釐務當官尸素尤衆每論說官途規求仕進不希考第取達唯擬遭遇便遷或言少一品未脫碧衣待一階方被朱服遂乃早求笏帶先辦衫袍今日御則天門必是加勳一轉明日饗宣陽觀多應賜給一班既而如願果諧依期必獲得之者自謂己力受之者不以爲慚至於朝野宴聚公私集會緋服衆於青袍象板多於木笏望自今後稍節私恩使士林載清人倫有敘唐會要卷八十一

請節赦奏

臣聞小不忍亂大謀小仁者大仁之賊竊以赦之爲用復何益于國哉若乃皇業權輿天地初闢嗣君即位黎元更始則時藉非常之慶申以再造之恩必求之政術猶爲未允況乃時非變革代屬清平而輒降彼謬恩原茲罪罰者乎是以歷觀負古兩漢舊事匡

衡儒學之俊才吳漢彌諸之碩輔至於讜言規主惟願勿赦劉先主亦嘗謂諸葛亮曰我周旋陳元方鄭康成間每見啟告理亂之道備矣曾不言赦也若劉景升季玉父子歲歲赦宥何益於理及後主嗣業蜀赦漸多故孟光於衆中責費禕曰夫赦者偏枯之物非明世所宜有也今主上仁賢百寮稱職有何旦夕之急而數惠奸宄之徒上違天時下違人理豈具瞻之美所望於明德哉自是蜀政陵遲浸以彫弊自皇家受命赦宥之澤可謂多矣近則一年再降遠則每

歲無遺至若違法悖禮之徒無賴不仁之輩編戶則斂攘爲業當官則賍賄是求莫不公然故犯了無疑憚設使身嬰桎梏跡窘狴牢而元日之朝指期天澤重陽之節佇降皇恩如其忖度咸果釋免且下愚不移習性難改雖頻煩肆眚每放自新而見利忘義終焉不易用使俗多頑悖時罕廉隅爲善者不沐恩光作惡者獨承僥倖若乃方正直言之士守善嫉惡之夫每欲覽轡埋輪效鷹鸇而報國褰帷露冕去蟊賊以安人而遇赦無以效其功閱恩無所施其巧古語云小人之幸君子不幸其斯之謂也伏望追覽匡吳陳鄭之說近尋劉葛費孟之談而今而後頗節於赦

唐會要卷四十

盧懷慎

全唐文二百七十五有傳

諫置景雲翊聖寺奏

伏准去年閏九月十三日勅宜于兩京及荊揚益蒲等州各置景雲翊聖等觀圖樣內候農隙起作者近聞所在已有起作率計一觀將數萬功併而言之爲役凡幾日計未見其損歲終或受其弊謹據元勅重人遵道式稽老氏無爲者養神亦何在其速就哉又令云日短至可以伐木今孟夏而採斫林藪天害昆蟲既違順時之宜且非好生之義夫修建塔廟不在朝夕務茲稼穡如救水火安可急其所閒有妨農要伏望天恩重申前勅使移此功力咸勤播殖待及有秋式遵揆日又諸州申請欲用當處官錢既違成規亦不可允　唐會要卷五十

閻立德

名讓以字行立本兄拜將作大匠護治獻陵歷工部尚書爵大安縣公卒謚曰康

請除元宮棧道奏

元宮棧道本留擬有今日今既始終永畢與前事不同謹按故事惟寢宮安供養奉之法而無陵上侍衞之儀望除棧道固同山岳　唐會要卷二十

九室五室奏

兩儀不同俱有典故九室似闇五室似明取捨之宜斷在聖意　唐會要卷十一

薛昭諷

昭諷中宗時爲太子中允

復斜封官奏

先朝所授斜封官恩命已布而姚元之宋璟等沮先帝之明歸怨陛下道路謗議天下稱冤奈何與萬人爲仇敵恐有非常之變唐會要六十七

韋方質

方質光宅初爲鳳閣侍郎遷地官尚書俄爲酷吏所陷流死儋州神龍初復官爵

御史不可監軍奏

舊制有御史監軍今未差遣恐虧失節度夫古將軍出師君授之鈇鉞閫外之事皆使裁之如聞被御史監軍乃有控制軍中小大之事皆須承稟非所以委

專征也以卑制尊禮便不可唐會要六十二

薛稷

全唐文二百七十五有傳

夏熱帖

夏熱體中復何如廿八日遺書至魏十三兄處今早信還聞奉九姑已過揚州追問不及極馳情也六月中旬當使伯陽往省不審路邊得息肩未稷再拜

鄭萬英

萬英高宗朝元氏縣丞

大唐信法寺彌陀象碑

原夫有或染性之初無明住地之始家犬羸而易遣野鹿柔而尙馴暨乎結賊締交俄成六十有二愛魔乘便終爲八万四千生死之業旣殷輪迴之勞詎息悠悠六趣積骨踰乎嵩華擾擾四生洩淚凝乎溟海旣橫流於欲水亦奔駭於嗔□掇憂期於啟聖拯溺□乎深□若乃五眼傍羅知見之功已大三身光被攝受之道斯弘藹藹玄猷禪慧爲其力用堂堂相好慈忍爲其風骨畢竟淸淨識法海之常流□性員明知佛日之恒照何則法本不然非雙林之所能滅空卽是色豈千母之所能生斯乃具相歸無唯識假有

示變烏而非去乘夢舄而無來故能奄有十方遂荒三界或□或實且俗且眞刱□智莫之闚睿辯所不測豈與夫繙經演□發其優劣者哉是以龍象具瞻釋梵歸仰巍巍蕩蕩無得而稱至如慧刃霜飛解疑航之愛□智□風舉摧怖畏之坯缾遂使闍主蠲疾於身心難陁脫屣於妻子不其然歟信法寺者比邱尼釋解□□所存也泜川灌其□叢臺峙其南原野阡眠室宇膠葛士韞斷金之奇意女呈如玉之華姿有列仙之□風居全趙之勝地處窮巷而非隘廹鄽壁而非諠不豐不陋不□不野合至道之要妙據方

便之帗劃。詵詵法侶。俗定水而去猿心。濟濟仙儀。權
虛舟而昇慧岸。清風將梵響爭流。芳芷與香雲競馥。
夜鐸吟鸞鳳之曲。曉幡曳虹蜺之影。徘徊四照。含白
露而揚輝。霍靡九衢。掩蘭蕙而矜色。於是祁祁士女。
習習紈素。憧憧不絕。井井相仍。咸淨七枝。俱捐三毒。
解疑釋累。叩鴻鐘而不窮。虛往實歸。酌衢樽而靡竭。
雖目連駭儀而改服。斯郁聞戒而歸虔。無以過也。□
□太虛均然。造物神功遐暢。德澤共二儀潛運。冥化
與七曜齊光。播五禮以移風。扇六樂而成俗。太宗文
皇帝重光御極。體睿凝圖。始自憂勤。甯輦飛於海外。

賜之仁壽。拯塗炭於寰中。氈裘板屋之酋。入提封而
請吏。雕題鏤角之長。屢郊甸以相趍。蠢爾三韓。不供
貢職。肆梟鏡於君主。施鴆毒於蒸黎。士庶憂惶。道路
以目。既軫納隍之慮。爰□□□□怒。爾乃親弘廟□。
問罪遼東。義勇爭先。水陸齊舉。柱國李□徵都維郍
飛騎尉杜遺願合應募一百人等。懷忠應募。畜銳□
□。被組練之衣。參熊羆之旅。雖以王者之師。有征無
戰。而蠢蠆有毒。□或兵凶。遂乃同德同心。願造彌陀
像一鋪。既而登之眾以電過。跨渤海而天臨。一戰搴
旗。風前氷泮。擒鑿齒於華野。繳大風於青邱。刻琬琰

於□□。飲驊騮於淵渚。元氏縣一百人等。並推鋒於
□許之地。賈勇於先鳴之晨。厠邱山之隆賞。預川坻
之嘉會。名節書於王府。勳庸被於管絃。竟免數於髮
□。終不離於霧露。豈知幽明叶贊。神功不測者乎。於
是思報慈恩。咸申本願。傍求斑爾。嗣彼優塡。摹寫眞
容。極茲神變。員光共□輪同照。□□與菡萏俱青。丹
唇紺髮之表。紫□白珂之色。丈六顯其尊儀。一豪擒
其勝相。瑤池沆瀁。既控法流。寶樹參差。還生淨果。凄
清鶴奏。舍□吹而方清。搖曳蜺裳。亂瑤雲而且至。皇
皇侍衞。旃檀爲貞實之林。弈弈仙宮。琉璃爲觀止之

地。莫不覩相增善。結願往生。低頭而入正忘。舉手而
成佛道。趙州刺史李振。長史潘祐。司馬韋懃。並衣冠
肖胄。嶽瀆英靈。有四序之和風。贊六條之善政。鈎距
既設。則下吏不欺。驥足風驅。則上京馳譽。元氏縣令
李守節。源流濬遠。地望清華。標略千刃。漪瀾万頃。和
如琴瑟。簡類亭鮮。水鏡爲心。冰霜成操。琅琅高致。月
旦與瓊佩齊聲。亭亭孤竦。歲暮將寒。松比色不可得
而□。不可得而疏。寺主比邱尼通達。上坐曇叡。都維
郍員應員意等。並渴仰大乘。征營不罪。合募人等。咸
眞除心垢。櫌耨身田。莫不異□贊成□□□。喜惟懽

指薪交謝舟壑潛移形無常主生亦有崖不□鐫勒輝光曷擒乃爲銘曰

實相之相無名之名惟怳惟忽非色非□不來不去誰滅誰生彼宅火宅斯城化城至矣能仁猗歟善逝救焚拯溺通幽起滯既達性源還依本際佛日長趼□□□□五都勝地列有攸□招提載起飛甍綺錯更似菴園還同奈閣方傳法教恒流聖鐸明明□帝還宅神州蠢茲匪弃不率王猷爰以□□屈于青邱霜鋒暫舉渤澥安流無言不讎無德不報矧乃先覺人天善導幽贊之功吁于□到傍求八絕摹茲十號神威抑抑□相堂堂日華蓮淨豪流雪光池含瑤碧樹挺琳琅凄清鶴奏搖曳□裳□□循佬彬彬亘亘撫勁松柏□芳附蓝大功丕立勝因□仁或□盛□間歸法海□□虛假四相遷移寒暑遞進日月交馳□此頌美文不在斯式刊貞石永樹豐碑（常山貞石志）

龐行基

行基垂拱中人

大唐故上護軍龐府君墓誌銘（并序）

君諱德威字二哥南安人也衜三方鼎峙王道申其爪牙六國權衡覇圖重其謀略泉源濬極遠派靈長擢榦扶疏修條茂公即其後也曾祖隆周任益州司倉參軍事贊分符於玉壘佐剖竹於銅梁仁教以之傍融政化因而遠被祖慶隋任潞州上黨縣丞德宇奇廓器量淹深百里仰其成規一同資其善政父師隋任廣州司馬嘉謨自蘊妙善非因灑落風煙超攄雲漢輔分珪於五嶺道洽泣珠之鄉楊別扇於三湘恩浹落星之境公則器惟瑚璉性乃珪璋岐嶷表其齔年魁岸章其冠歲英姿挺秀天骨標奇立行可模出言成範明明令德莫測其淺深滔滔雅量詎知其遠近神機獨運吞鎮北於胸間智略兼人拚征南於度內深衷海濬壯志山高學盡五車書工八體控雕弓而屈右落雁啼猿張空拳而啟行批熊拉武往以三韓未[illegible]鯷壑驚波九種猶迷鼇津駭浪公荷霜戈而奮武揮星劍以臨戎勇若鱄諸捷如慶忌遂授公勳官上護軍酬勞効也衜叔敖知履尾之懼不受楚國之封仲連怯觸鱗之威竟謝齊君之祿公深明止足之誡遠識無厭之譏乃謝病辭朝自樂馬游之乘追驩宴友方欣陸賈之田怡怡弟兄恂恂鄉黨不謂輔人虛設天道無徵二豎纏疴兩楹興歎名香何在唯增啟足之悲神竈空傳詎免遊魂之怨以乾封

元年十二月十七日寢疾彌留卒乎私第春秋六十有八琴臺月上水息陽春之音金埒風生誰控桃花之騎夫人王氏其先太原人也侍中遊覽警魏閣以流芳將軍卧病開秦基而演慶祖尚隨任銀青光祿大夫相州長史父暉隨任潞州司倉並珪璋其質松柏其心處涅不緇淩寒轉翠夫人騰姿月魄稟質坤靈道冠三從行該四德品搖空之舞雪特妙因風辯絕響之哥絃懸明第次承巾奉食重德輕纔禮逾晉缺之帷義越楚莊之室雖良人痤質彌軫畫眉之情而剋已明心以表輕身之詠豈謂百年難續千月易窮倏奄夜臺俄辭白日以垂拱三年歲次丁亥十月六日卒乎私第春秋七十有六單梟獨逝已悽潘子之懷兩劍雙沈遽切丁君之慮即以其年十一月辛酉朔廿二日壬午合葬於四池之側禮也青烏獻兆寍惟千載之墳白鶴占原自應三台之氣孤子行基等仰蒼穹而無色擗黃壤以崩心痛結蓼莪哀纏陟岵恐山迴北壑海變桑田爰紀芳猷式刊貞琰其詞曰

惟岳降靈惟天降昴誕茲明哲信邦之寶式贊皇基爰扶帝造功成名遂身退天道（其一）昂昂挺秀鏘鏘雅士脫略公卿跌宕文史盛德推賢謙撝剋已妙閑韜略尤明宮徵世曰琳瑯時稱杞梓（其二）易美家人詩光女則登機成素之田奉食海曲和鳴河洲比翼孝該籠水慎深攀棘月牖孀帷含貞抱直（其三）匣中雙劍先後俱沈泉中瘞玉地下埋金荒郊引霧寒壟凝陰佳城鬱鬱逝日駸駸一歸窮壤誰明恨心（其四）石刻

陳文德

文德垂拱中人

唐故朝請大夫陳府君墓誌銘

君諱護潁川人也昔釐降二女唐堯安洪水之災運□六奇漢祖免白登之敗其後太邱之長道貫聚星河朔之才文光倚馬地靈相繼時英不絕曾祖並絕幹千尋斷山萬仞一簣發籯金之彩五車覽羣玉之書君姿靈秀氣誕粹沖和澄雅操以霜明照清規而月舉踐義爲勇履孝成忠漸禮義之膏腴嗣箕裘之聲訓藏器而逢亂代進德以及明時爰屬義師誓披誠款推鋒後殿擐甲先登雕弓挂滿月之輝雄劍耿長天之色蒙授朝請大夫賞有功也既而輕忽簪組踞傲泉石魚山騁望懷子建終焉之心鵬海驚濤養孟軻皓然之氣惜乎浮生易夭七百之壽未階飄忽

難留千月之期行盡以上元元年終于私第春秋一百有一夫人蔡氏即以垂拱四年正月廿三日合葬于□時鄉禮也子文德仰高天而垂弔蹐厚地以纏哀恐舟壑潛移莫辨藤公之室海田斯變不曉原氏之阡式誌陰溝乃爲銘曰

至矣大君超然不羣事君以敬在家必聞信著朋執義□仁恩早需舜雨夙奉堯雲提戈仗劍掃祲除氛□□□略功横大勳循路頓阻昭代俄昏落徂光之□□□長夜之歸魂起寒烟于槚隧下白露于松門□□□□百代後寧知埋玉此邱墳石刻

程彥先

彥先長壽中人

大周故處士程先生墓誌銘并序

先生諱玄𥿬字師𣅀京兆長安人也若夫道契儒林季升騰芳於漢日才光俊藪延沭播美於晉時故贈絹傷離夫子仰先生之德横威絶漢將軍獲武帝之□由是冠蓋蟬聯風徽不絶長波栝地高構淩天漢圖史以銘功故可略而言矣祖恭隋朝議郎行涇州平梁縣令遷蝗感德蹈卓茂之高風屬馬流仁酌羅含之懿範父敬逸唐大丞相府朝散大夫義旗肇建率土咸賓褒德錫功授斯散職惟先生風神警悟器宇虛明淸月露於秋天擢風雲於冬日仁能接物孝以安親三思後行季文子之高志去食存信孔宣父之淸規嵇叔夜許其雅得放曠無爲所冀雲翳孤松偃霜巖而挺節豈謂風摧六槚瘞泉石以收榮氣掩如蘭既摧年於晞露光沉若木俄促節於驚飈以長壽三年歲次甲午正月景戌朔五日甲午遘疾終于群賢里春秋五十有一嗚呼哀哉先生夙崇三業妙洞一乘然智炬於心田則迷途自朗泛慈航於慾海則彼岸攸登粤以其月廿二日景午葬於龍首原禮也有子彥先等趨庭闕訓陟岵無依踐霜露以崩心庶題珉而紀德其詞曰

崇基磊落淸派汯汪腯縑傷別捧日承光寒松比操秋桂同芳即色非色筌忘蹄忘川舟易徙隙駟難停雲愁偃蓋電激流旌啟黃泉於卜宅掩白日於佳城歎松門之一閇痛蒿里之長扃石刻

柳紹先

紹先景龍中陝縣尉

楊氏合葬殘碑

上缺常流非乎高韻自然靈心無閡曷能韶問聯古

垂光不世若是哉府缺讓帝平恩貴戚儆丹第而封侯弈葉承家淪瀾浸遠莫不□□□金簡炯缺夫興歎當侯雄飛蕭何以刀筆見稱初猶雌伏祖耀隨滕王東閤祭酒儀缺禮父神雅有奇節居多勝氣雖簪璽奪日常泊如也漆園非遠自許逍遙缺蹤生甫初孩聰而善對孝悌由乎天性仁慈發乎率由自六經筆削之餘缺有之不習而妙矣貞觀年制授杭州錄事參軍綱紀六曹風飇四起矣缺恩信察姦邪葉縣飛梟時來謁帝中牟乳翟化及遊童豈唯我逝冥恩

庸缺隆二年制除恒州司馬城隣代野塞□胡郊俗負雄邊人多俠氣爰自缺農桑張露冕之風裕題輿之績嚴城偃柝偵櫓銷烽家含鼓腹之歌人有缺戶文明年突厥猖狂潛伺寂掠寒膠既拆凍水初堅占滿月而宵飛漲秋缺城思周靈契馬生則揚煙保穀精應無方卒令醜類潛奔兇徒駭散尋除缺佐將謂鹽梅利往鼎調飪於槐司簪紱時來節聲明於哀路而輔仁徒說缺六月七日寢疾卒於私第春秋六十五夫人華陰郡君楊氏赤泉鴻胄朱缺周別生而玉度長協金箱奉柔訓以宜家績榛修而主饋若乃纂組之飾缺歲通天二年正月五日春秋七十六卒於私第子彥協等思極終憂情逾缺禮以景龍三年七月十九日合葬於長安縣西龍首原禮也若夫纂撰家缺深碑遷山頂而其中有象與恍忽而無窮人莫不知貫幽明而獨在者不缺色絲之雄績哀哉俾九原之可作知孝心於古石頌曰

上缺起乎賢林嵩丘之陽汝墳之陰時之永矣東箭南金二祖肅龢道爲君子缺光文史皇考恬素獨酌元猷風情臨俗文氣横秋濯纓滄浪洗耳清流缺傳其淑幽蘭作操叢萏韞卜精動時主人徵象木鶴鳴在陰鴻飛于陸缺生絲詞情忘恥過獄去惟疑災蝗避

境姦吏懲欺我求寺任翩然遙集筆缺靡及北門雄鎮南望邊衝戎塵每擧漢甲常逢自從爲政亭絶飛烽允缺桑是競戶聞恥革家興廉正旋降璽書恭承爵命咨運流之何止痛缺已窟碑表徒象光靈永歇無復明鏡照春顏唯有霜枝挂秋月石刻

唐文拾遺卷之十八

榮祿大夫三品頂戴前分巡廣東高廉道加四級臣陸心源輯

王昕

昕長安時人

王美暢夫人長孫氏墓誌銘 并序

夫人長孫氏河南郡人也七族疏派十姓分源茂緒洪宗光輝於圖史通槐烈棘昭絢於縑緗曾祖敞隨金紫光祿大夫宗正卿平原郡開國公祖義常唐通議大夫華容郡公□名高去病或聲重隱之乍酌貪泉□論兵法父朝散大夫懷州河內令瀛州司馬貳

職十城道光於展驥絃歌百里化孚於馴翟夫人蘭畹傳芳瓊田瀉潤稟三靈之淯粹挺四德之英姿敬慎禮儀允恭箴訓初笄之年適于太原王氏三周既御百兩言歸琴瑟既諧條枚是則菊銘椒頌燭耀於心田鵷徛鶴紋發揮於意匠通閨仰其柔範列閫挹其清猷初別勅拜成安郡君尋除懷德郡君以德昇榮從夫錫秩既同石窌更似□鄉聖曆元年王府君止坐梃灾奠楹俄及夫人柏舟靡託葛藟無依志殞形存景心誓□既而浮休迴薄幹運推遷與善從欺俄嬰沉痼瓊田靈草重遇無期西域胡香再逢無日嗚呼哀哉以大足元年六月廿六日甍于汝州私第春秋五十有四夫人宿植得本深悟法門捨離蓋纏超出愛網以為合葬非古何必同墳乃遺令於洛川合宮縣界龍門山寺側為空以安神挺予昕等孝窮地義禮極天經思切風枝哀纏霜露從命則情所未忍違教則心用荒然乃詢訪通人敬遵遺訓遂以長安三年梯山鑿道架險穿空構石崇其基斮絜陳其隧與天地而長固等靈光而巋然乃為銘曰

□矣洪緒悠哉霸圖遂河建國靈武開都山川演貺人物英謨其一誕斯令德作嬪君子聲茂葛覃道超江

汜調諧琴瑟響芳蘭芷有洸淑慎無刑愠喜其二良人捐背樛枝靡託遺象窈冥堂隅蕭索閱水波逝虞泉景薄風勁蘭摧霜霏桂落其三寒驚嶺北日慘山西靈轜動駕哀輓凝悽松帷露泣柏帳風啼芳徽無泯天地俱齊其四石刻

馬德表

德表武后時朝議郎行合州司馬

慶林觀銅鐘銘

維大周長安肆年歲次甲辰拾月癸丑朔貳日甲寅合州慶林觀觀主蒲眞應等奉為聖神皇帝陛下敬

造洪鐘一口重肆伯斤普及法界蒼生並同斯福拓本

王安仁

安仁武后朝人

大唐故文林郎王君夫人墓誌銘并序

夫人雍州乾封人也原夫靈根萢蔓秀玉樹之青葱純派悠長控珠流而浩汗由是聲塵肹蠁冠蓋蟬聯備在方冊可略言矣曾祖等並抽芒星緯毓慶雲枝漸鴻陸而遊天激龍津而運海父義逸任秦州上邽縣令牛刀遊刃武城之譽克隆魚躍享鱻萊蕪之芳式序積善餘慶信而有徵夫人則柏明府第三女也驪川孕彩虹浦翅姿藻四德而揚芬劭三從而有裕年甫十五適于王氏粉繪從鄰之訓財成斷織之規欽若張蔵允釐曹誡所謂閫闈淑愼蘋蘩薄而流芳豈圖夜臺超忽掩泉扃而旆䰟粤以上元元年歲次甲戌八月戊寅朔廿二日巳亥寢疾終於醴泉里第春秋七十有一即以其年八月廿九日權殯于長安城西一十五里高烽原禮也子安仁等風枝結欲寒泉增感靑烏演兆猶未祔於重衾黃壚啟𨻶軫分塋於攸卜恐丹靑歇滅人事推遷爰闡德音式遝貞石其詞曰

龍邸錫祚虹姿絢美猗歟令淑克明終始柔婉自天徽猷在巳丹桂流馥紫蘭貽祉于嗟口範倏掩芳𣟴鵷機綱織鸞鏡塵昏風悽隴𨻶月落山門天長地久身歿名存。續語堂碑錄

冉元一

元一武后時人

大周故薛府君墓誌銘并序

公諱剛字原空二字河東人也炎精爽馭土瑞摽基山海沸騰人靈蕩覆君遊弱喪遂爲京兆人焉公之先祖光華史冊公氣襲沖和姿摽孤秀陸沈人隱捐利忘名而積善無徵俄驚怛化原空二字年口月原空二字日終于龍首里第春秋原空三字旋以其年口月原空二字日葬于長安龍首原禮也夫人戴氏早喪而夫位居孀婦孤育稚子卅餘年內不愧心外無慚影衛姜陳婦謝德攀賢尋以原空三字年原空二字月原空二字日終于懷遠里第春秋原空三字即以其年原空二字月原空二字日權殯此原也子天讓等行高曾閔孝荅劬勞式遵異室之儀聿奉同衾之禮粤以久視元年歲次庚子五月巳酉朔廿四日壬午乃遷墳合葬蒼山徼瀍碧海揚塵勒茲貞石永播艮薰其銘曰

於穆幽靈生爲隱逸聘于戴氏宜其家室齊體合歡交臂相失今槻雖兩其墳是一永趍玄夜長辭皎日勒夫珉礎傳乎英實 石刻

高延貴

延貴長安時人

石龕造像記

夫悠悠三界俱迷五濁之因蠢蠢四生未窺一乘之境蒙埃塵於夢幻隔視聽於津梁朝露溘盡前塗何託渤海高延貴卓爾生死超然先覺知滅滅之常樂識空空之妙理眷玆朽宅思樹法橋敬造石龕阿彌陁像一鋪具相端嚴眞容澄瑩金蓮菡萏如生功德之池寶樹扶疏即蔭經行之地所願以玆勝業垂此妙因凡應含靈俱昇彼岸長安三年七月十五日敬造 石刻

姚庭筠

庭筠中宗時官右衞郎將宗楚客引爲御史中丞全唐文八百十九有傳

請誅魏元忠奏

臣聞貞觀中兵部尚書侯君集有社稷元勲蒙賜鐵券後與太子承乾謀反法司斷以極法太宗臨朝謂群臣曰君集有功于國朕將乞其性命公卿等許我乎于時群臣進爭皆云君集擬危社稷天地不容請處斬之以明大法太宗涕泣與訣令依國典斬於四達之衢以謝天下其後房遺愛薛萬徹及齊王祐等作逆雖是懿親皆從國法誅戮今魏元忠與李多祚等結構謀反并男俱入逆徒陛下仁恩欲掩其過臣今訐揚是犯龍鱗忤主意但以事緣宗社豈能希旨不言且元忠功不逮君集又非國戚君集等反形纔見未有兵戈元忠等兵纏紫微圍逼神座今朝廷官議皆言元忠纍逆合赤族汙宮在朝廷有朋黨寬救其惡爲飾詐詞以惑聖聽昔宣尼爲魯司寇七月誅少正卯臣蒙擢居憲司已經十日不能誅鋤逆黨息朝廷紛議可謂素飡尸祿負陛下鼎鑊之烹願行兩觀之誅以絕四凶之慝 冊府元龜五百二十二

畢彥

彥中宗時鄉貢進士

大唐利州刺史畢公柏堂寺菩提瑞象頌 并序

嘗聞琉界有無生大僊善權多方藏用滅息首出衆聖量涵虛空示色法而 缺 向有化偃三空而不無窮微極思人徑罕及應求而往莫或階焉自白月𣉻暉

雙林稅駕偃缺□以□異或因機以變石或留影以制龍金蟻神其源白兎祥其末與夫異門同入於樂地缺化由乎覺忍誠信資乎勝根理實然也利州柏堂寺往居列城州牧攸宅天后聖帝缺於茲宇晉壽遺黎葭萌古壤錦嶂緣其後淩江達其衢軒檻豐麗場域閑敞危途緬衍馳鶩缺□因寺以興號假樹以立名初者天竺不生思覩象法能殫衆巧所擬罕成上界通士感念缺泥不滿備珍飾而相好周圓靈哉眞顏今卽遺制粤若季父銀青光祿大夫使持節利州缺源受魏□梁之大業克濟厥美不隕其名管樞

極而三事代傳牧本州而五葉相襲英氣聯缺太守度支尚書兗州刺史府君台庭坐謀遺愛貴州布政優優百祿是遒公之曾祖缺大父皇朝尚舍奉御蜀號二王府長史台鄂滁三州刺史府君六尚欽若王藩列缺器司戎半刺邦政馴致咸騰景標舉葳蕤昭赫恭列務以夷亂牧外臺而保甯徽問溢乎缺潔白安可而緇磷冲用以博暢經才以優洽强學垂裕虛容保和孝睦叶於靈心能事探缺倉參軍次拜滁州錄事參軍次除博州錄事參軍遷鄭州司兵參軍初掌軍儲再司樞紐缺衡要曳墨綬而効績克揚奉遊

冠而淸閟唄□□□門□□時談制授秦州都督缺奏課連最受金帛以延□渥□品□□□□□□□□功俾我令職至夫□禮以訓宥至於臧否□□何□□□儀慧□□□□□□□於□□□□□□未□瞻□巖而缺獻欷以遐矚缺問□□□□□缺聲衆肅恭缺於□埃能缺熱於嘉木以下缺金石苑

崔莅

全唐文二百七十八有傳

置都督有弊議

爲政之道尚簡也治人之道尚寬也寬則得衆簡卽

易行扇之以淳風施之以惠化務崇淸淨之敎不貴滋章之法且賢良者在君用與不用邦國者在君治與不治豈宜察察而勞司舉孜孜而用督責者哉老子曰治大國者若烹小鮮誠哉是言其可不信往者周武之有天下封建子弟以爲藩翰當其初也親以同憂有磐石之固及其末也疏而相誅成逆命之國强侵弱衆暴寡或諸侯犯境或天子蒙塵王室淩夷終於傾覆者實由枝繁必拆尾大不掉之所致也前漢時吳楚大族山東諸豪並令遷徙長安充奉陵邑蓋以虛外實內强幹弱枝之計也則天分割雍州爲

四益州爲三所以減削其權不使專統蓋以防微慮遠杜邪塞姦之策也何則惟名與器不可以假人脫容倒持太阿而授其柄雖初委任得士政頗有方後恐未必皆賢弊從此起矣貞觀故事足可依行棄而不遵臣所未取（唐會要六十八）

源乾曜

全唐文二百七十九有傳

請封禪第三表

臣聞聖人者與天地合德故珍符休命不可得而辭鴻名盛典不可得而讓陛下功格上天澤流厚載三五之盛莫能比崇登封告成理叶幽贊故符瑞畢臻天意也書軌大同人事也菽粟屢登和平也刑罰不用至理也今陛下稽天意以固辭違人事以久讓是和平而不崇昭報至理而闕薦祖宗億兆之情猶知不可況上帝臨照神宗顧諟其可止乎願納王公卿士列岳搢紳之望迴命有司速定大典臣等不勝懇切敢昧死再拜上請以聞（冊府三十二）

呂太一

全唐文二百九十五有傳

答吏部牒

眷彼吏部銓總之司當須簡要清通何必豎籬種棘（南部新書）

馬懷素

全唐文二百九十六有傳

大唐大理卿崔公故夫人滎陽縣君鄭氏墓誌銘（并序）

夫人諱□字□□其先始自后稷著勳唐代子孫其昌奄有鄭國實能以忠輔周室職爲司徒風人之賦緇衣抑有由矣以國命氏自號而東簪組弈葉紛綸□漫可□而略也故代爲滎陽郡人焉曾祖子仁齊通直郎祖楨□朝司勳左司二郎中長安令將作少匠檢校太常少卿父行寶詹府司直□勳員外郎並學□在躬忠貞植性立言□範從政有聲故能毓此柔明動合儀訓作□□□爰擇好仇其誰□之言□崔氏自盥笄崇禮淑慎其身四德聿脩六行□□不侈其服必親浣濯之衣不倦其勞必恭織紝之事緝諧女史敦順母儀謙□以奉其上慈愛以率於下周給恤隱矜孤憫窮居厚者不尙其多處少者不□□薄與長姒盧夫人深相友敬執禮遊藝行同言合□外之間怡怡如也古之□□無以加焉又心存釋教

早寤緣覺常誦金剛波若經住持正法□忘夙夜□積善之慶天何忽諸忽藥不瘳至於大漸顧命長子司農丞璘次子華州參軍璭等曰汝免過失吾歿無恨兩房兄弟之可協睦若生異□□違吾意又訓諸女必崇內則盡禮夫家以宏婦道春秋卌有七以長安三年八月廿四日終於京兆府永樂里之私第以開元五年十月廿五□□窆於恒州之舊塋禮也夫人德容光闡儀範聿修性蘊□□身服仁義閨門許其宗匠遠近歸其準的女工之善無□不兼□禮□□□禮不綜固以□□衆藝苞舉羣林豈獨萊婦曹

妻邢姨缺八字生榮死哀嗟碧□之早落歎黃泉之不返周□啟遂趙國疏缺六字凶儀遽聽虞歌之□絕看殷奠之盈虛煙雲積而高月苦草樹缺五字夫以義□家室想琴瑟而增悽子以情感蓼莪捧杯圈而聚歎山川□□□代無窮寄勒芳徽以存不朽其銘曰

□□榮波衣冠實多誕生懿淑言附松蘿舉案遵禮正家以和威儀□極令□□□□未知命奄離營魄秦壤移墳恒山改宅日晦旌旐烟生隴陌萬古缺七字人何愁令允何思元堂不曉白日無期黯黯泉□悠悠歲缺八字辭常山貞石志

趙冬曦

全唐文二百九十六有傳

論左遷貶降未可革心奏

臣聞古之擇牧宰者皆出於臺郎御史以爲榮遷何者以爲親民之職人命所繫故貴其位而重其人也今則不然京職之不稱者乃左爲外任大邑之負累者乃降爲小邑近官之不能者乃遷爲遠官夫常人之心未可卒革此之不稱彼焉能治率土之濱莫非王臣何必貴大邑而賤小邑重近民而棄遠民耶夫食君之祿而冒君之榮陛下賜之死可矣流之遠可

矣於左遷貶降之例惡足爲王者之政與夫如是則上下相同而官得其實而天下治矣唐會要六十八

裴耀卿

全唐文二百九十七有傳

營田奏

竊見天下所檢客戶除兩州計會歸本貫已外便令所在編附年限向滿須准居人更有優矜即此輩僥倖若全徵課稅目擊未堪竊料天下諸州不可一例處置且望從寬鄉有剩田州作法竊計有剩田者減三四十州取其剩田通融支給其剩地者三分請取

一分已下其浮戶請任其親戚鄉里相就每十戶已上共作一坊每戶給五畝充宅并爲造一兩口屋宇開巷陌立閭伍種桑棗築園蔬使緩急相助親鄰不失丁別量給五十畝已上爲私田任其自營種率其戶於近坊更供給一頃以爲公田共令營種每丁一月役功三日計十丁一年共得三百六十日營公田一頃不啻得計早收一年不減一百石使納隨近州縣除役功三百六十日外更無租稅既是營田戶且免征徭安樂有餘必不流散官司每丁收納十石其粟更不別支用每至不熟年斗判三十價然後支用

計一丁一年還出兩年已上亦與正課不殊則官收其役不爲矜縱人緩其稅又得安舒倉廩日殷久遠爲便其狹鄉無剩地客戶多者雖此法未該准式許移窄就寬不必要須留住若寬鄉安置得所人皆悅慕則三兩年後皆可改塗棄地盡作公田狹鄉總移寬處倉儲既實水旱無憂矣唐會要八十五

楊瑒

全唐文二百九十八有傳

諫博士弟子奪情奏

臣竊考經傳喪記有文歷代相因損益無替斯事體大人誰敢違國家孝理天下超跡百王焉可以苴經之人叶鐘磬之樂既傷往教復玷淸猷良史見書難爲直筆臣職惟宣化期不奉詔唐會要三十八

裴光庭

全唐文二百九十九有傳

文武選人正月內團甲奏

文武選人承前三月三十日始畢比團甲已至夏末自今已後并正月三十日內團甲二月內畢唐會要七十一

邢璹

璹官四門助教終鴻臚少卿見唐書王鉷傳

周易略例疏自序

王輔嗣略例大則指一部之指歸小則明六爻之得失承乘逆順之理應變情僞之端用有行藏辭有險易觀之者可以經緯天地探測鬼神匡濟邦家推辟咎悔雖人非上聖亦近代一賢臣謹依其文輒爲注解雖不足敷宏易道庶幾有裨於教義亦猶螢燐增輝於太陽涓流助深於巨壑臣之志也

韋璞玉

璞玉元宗時人

大唐故朝議郎京兆府功曹上柱國韋君墓誌

銘并序

君諱希損字又損京兆杜陵人也□祖㬎魏散騎常侍生高祖瑗隋陽武令瑗生曾祖知□建伯勳領幽州刺史生祖仁倫倫早終生考嗣業皇□□世爲蓬閣之秀君即秘書公第二子也少孤而元兄又殁友于諸弟鄉黨嘉焉學則不固主忠信行有餘力而親仁□歲□□□馬遷之史廿而冠同先儒之□起家國子生擢第補□州城固主簿一命隨牒不以臧否經懷三載覩人豈與徒勞屑意秩滿歷渭南藍田二縣尉下車未幾穆如清風時京尹河東薛公袛偉君之才引爲四部尉□□萬年縣□自西徂東政不易□臺伯鼎相誇能者久之□詔除京兆府功曹士歎後時也嘗應制和蔡孚偃松篇曰大廈已成無所用唯將獻壽答堯心作者稱之深以爲遺賢雅刺矣由是不可得而求進每推遭遇以遣機悲夫君子道消日月逝矣終而爲恨其唯君乎享年六十有二開元七年八月九日傾于新昌里第之中堂先是誡次子璞玉曰昔有虞氏瓦棺夏后氏堲周逮德下衰以寶玉崇窆浮侈蒿目我不忍爲也不諱之日爾其誌之及渾金等鞠然在艱罔知所從乃祗遵先訓卜宅之

日以開元八年歲躔庚申正月八日奉神輿權安厝于城東南曲池里禮也櫬中唯貯紙筆古集六卷設熬置銘其詞曰

我祖哲兮我君是繼小子各天兮不孝于世松檟日巳拱尊猷靡翳兮（石刻）

賀知章

全唐文卷三百有傳

東陽帖

近日東陽絶無書問憂心何可言想足下當盡能致（汝帖）

敬和帖

敬和在彼尚未議遂增耿耿（同上）

隔日帖

隔日不面懸遲何極計足下須人兼具此等事勢遠令垂報也（同上）

事宜帖

以諸人不至今日自當得□事宜諸人何爲不報也

國老題（寶眞齋法書贊）

彭景宣

景宣開元中人

千佛崖造象記

開元十年太歲壬戌二月癸酉朔八日庚辰。滿弟子彭景宣奉爲亡妣郭氏敬造釋迦牟尼佛一龕。願亡妣魂路乘茲善根。于華臺上。凝法性以生身。七覺池中。棹禪波而悟道。見存大小身康十九。九横雲滄。體披三堅。千灾自散。上資有頂。下及無邊。同預勝因。俱登佛果。金石苑

盧兼愛

兼愛開元中左內率府胄曹

大唐故寧州豐義縣令鄭府君墓誌銘并序

滎陽鄭君。諱溫球。字耀遠。洪源浚流。鼎門碩胄。固以炳煥圖傳。洋溢曾祖遜。隨鴻臚卿河南公。祖福祥。皇唐州刺史。父方喬。始州臨津縣令。昭穆暉暎。芝蘭芬馥。咸迪儁業。不其休哉。君溫恭好學。出言有章。貞白成性。立行無玷。解褐虢州玉城縣丞。毘贊有倫。人吏胥悅。時蠻方作梗。王師出誅。監軍御史元公欽君器能。相邀入幕。克清夷落。韜弓飲至。君之策焉。優制嘉之。轉蒲州汾陰尉。儀形闕輔。損益絃歌。秩滿。調補寧州豐義縣令。以膺精擇。無事自理。示信不欺。子游不下堂。賈人歌來晚。儔君之政。無以加焉。方將樹勳王家。勒休天府。彼蒼不憖。瘥瘵所纏。藥石何欺。靈佑斯爽。以開元十四年七月廿九日終。享年五十有八。才優命舛。沉屈下僚。隟駟不留。廣電易謝。人生到此。天道甯論。君有昆曰溫琦。廊廟巨幹。朝廷重寶。由禮部侍郎轉邠州刺史。君詣兄所。憩息未行。哀哉禍臻於邠廨。宇天倫之感。振古莫儔。即以其時柩還于鄭。以開元十五年七月廿七日。權窆於京兆府鄠縣□福鄉原。禮也。有子七人。皆精敏之士。綸絳州翼城主簿。兼汴州開封主簿。撰充收孚回等。並茹感肌膚。沉痛創巨。纂夫懿德。寄我松槧。予夙預姻親。曲承誘勵。士感知己。懷此無忘。聊繫情於斯文。庶有光於泉壤。銘曰。

陘鎮岧岧。溱流湯湯。展我之子。爲龍爲光。有昆如璉。有子似璋。家瘞其寶。國藏其良。千秋萬歲。杳杳茫茫。石刻

趙演

演開元中飛烏縣主簿

石亭記

蓋此石亭者。送別之地也。昔漢國二陲。□郊□□風流雨散。有追送之篇章。西□□梁。是分岐之祖餞。何

獨古之悽愴今之□淩乎粤□縣寮丞廣平宋元懸主簿太□郭欽讓尉博陵崔文邕捴括宏才且安卑秩承凋弊之俗行輯甯之化政能垂綏聲輟調絃去來賓朋不歡會於永日遠近郊郭惜悲離於一時供帳雖開野亭多闕而酒春籍芳草秋倚喬林賦詩贈行酌酒相勸亦以別矣然崔子名族之秀美幹於事適於時爰憑嚴崖用省結搆柘嵌巖以高敞谽岈峒以傍開種柳橫階蒔蘭約砌韶月則嬌花亂入溽暑則新藤競垂綠苔綴錢紅蘚織錦俯伏江湍編聯道周是以駐征蓋於浮雲長鳴斑馬握離盃於溝水促

轉飛觴庶將來之吾賢知有作之明哲式刊古石永烈聲徽是時開元十有八年冬星迴大荒落月應大呂朔臨甲乙日御戊辰前飛烏縣主簿趙演詞也石刻

張愿

愿襄陽人東之之孫開元中駕部郎中

唐故秀士張君墓誌并序

君諱典字子敬其先范陽方城人也軒轅錫族司空分派繁衍光大自北徂南九代祖貞從西晉入東晉六代祖棨去西魏自南齊還宦弈葉因家樊沔祖漢陽郡王中書令東之佐命元勳建封立廟服器有具子孫其昌父嶸則王之第二子君則王之第七孫嶷然踊足有權奇也丹穴綷羽異鸑鷟也學詩學禮舞象舞籥克孝克溫日肅日序成童未冠遘疾而終誰與聰明不假眉壽先天二年八月十六日瘞于私第時年十七開元廿一年十月十六日改殯于安養縣西祔先塋禮也祔祖廟祭也嗚呼哀哉君之兄駕部郎中愿痛蓼莪之不祿悲涕泗之無從銘曰

陟彼先塋東西隧之伊何君子左右位之成童備德痛幽閟之棠棣之華上春墜之石刻

崔無詖

無詖開元中官中大夫守集州刺史上柱國本韋后外家博陵舊望後爲滎陽太守死祿山之難唐書附忠義張介然傳

石龕像銘

像教流行啟諸未萌爰施有相用導無生其體至淨其化唯平混之不濁澄之不淸得自內照失在外營法性難覩方假虛形喻枕之妙爲道之精惠燈分影思廣其□慈心普濟同歸此誠石刧縱滅金容未傾將來遇者善念恒盈万歲之後魂依勝庭世之英達當鑒徽□金石苑

韋濟

濟開元末恒州刺史按此當爲宰相嗣立子兩唐書均附韋思謙傳

白鹿泉神君祠碑

粤泉之由來尚矣蓋不知其古始焉故老相傳或言漢將韓信東下趙涉井陘壁于崢嶸軍用渴絶俄有白鹿跑地飛泉出焉百萬之師壹□以濟永徽中邑尉皇甫哲導泉自陘口東注郭落四十餘里餘波入于滹沱屯雲行雨膏凝脉散瀀渥浸潤所蒙蓋多開元□□□日在東井自春不雨至於是月濟肅承嘉命有事名山齋宿泉源靜恭旁禱神必響荅靈液□

□嘉苗來蘇歲以穰熟夫後造化而出奇功也活三軍之衆立勲也廣利百姓善化也施不違素善信也非夫聖佐旁通坎靈潛發寔能邁種于德左右挈入若茲者乎宜蒙法□昭著祠典而荒凉苔石埋穢榛蕪歷代彌年莫之旌賞碑板無紀堂象缺然非所謂無德不酬有功必祀適命縣屬率徹俸錢掃除林麓修創庭廟吏人欣躍不日而成兼旁搆數亭以休神憩侶因石爲室即山取材□□以茨不皮不斵爾迺面大道臨長亭襟西晉欲東溟半二縣之封疆東百會之車馬重巖屏遶連池珠沸觱淪泂澈葱青霧蘇澄漪冰寒華清露味於是遊閑鄉族仁智名儒穀擊肩摩鬱撓淫裔感靈泉之舊烈析厥命之惟新或駕言乎令節或祈穀乎農辰吟詠嗟歎彈絃鼓舞去者思還來者忘歸此里仁之爲美寔神君之所相也以上碑陰

時別駕滎陽鄭韜光別駕汲郡倘景述長史趙郡李眺長史河東薛昭司馬蘭陵蕭誠司馬武功蘇曉眞定縣令柳令譽鹿泉縣令竇欽望井陘縣令于懷讃等昌言而進曰夫建國設邦分土晝野必有名山大浸靈境勝迹綏鎮□□□暉□望耆舊載其風謠頌詞其事若關西之昆池灞岸洛南之梓澤龍門□

帝室之威神嬉王城之風俗既麗且康不可得而議也其餘摽□□□倒景重溟金闕銀臺五明蓬萊空傳方士之詞莫在人間之世又不可得□至□夫□會稽□□中姑蘇之虎邱城都之武擔楚之□首晉之晉□皆俯帶廛□□□煙月名區列郡之特所章著摽絶者也揔天下□□配鹿泉□六矣是□子虛詑於烏有東吳嘆於西蜀亦各尚其國風誇其樂土顧惟我郡顯無闕□□伐石鑽銘貽厥來裔其辭曰

車不得方軌兮并爲騑輻□□晉兮東山□□道騈巓兮往復迹巖祠咫尺兮泉謠閟碧□紅襍兮洞連

巒霞朝嵐夕兮□石顏停鑾稅馬兮駐登攀災祈禳答兮無□艱宴康樂兮萬斯年

開元二十有四年壬春三月鹿泉縣主簿楊景新監修池亭畢時司功參軍楊愼言司法張愃司士邱□司倉□□誠參軍□俊參軍吉祉參軍長孫睽參軍盧澤恒陽軍摠管元賢宰教練使李喬□城縣令柳浩石邑縣令楊承慶九門縣□王慶靈壽縣令朱昂房山縣令魯拱庭眞定縣丞姚□主簿張惟肅尉王靈仙尉藺慶尉王老言鹿泉縣□□□客尉□光朝井陘縣丞姚懷□主簿周仲□尉司徒惟艮石邑縣尉史凜然等群公畢會□□乎建碑故勒諸其名用昭不朽矣石刻

孟脩己

脩己開元中鄉貢明經

本願寺陁羅尼經幢頌

佛頂尊勝陁羅尼經者缺其經儀鳳之歲發迹斯波缺之重譴消生死之泥秫缺者也原夫金軀演法迦缺涅槃之相故能不生不滅缺手羣迷之境獨爲先覺缺楊惠敬范什毛翹義仙缺家國□□絕之□缺覺缺苑而缺財□□缺幢□□嚴之奇石廣召缺遙臨千仞類殊聞之雙居缺寶符之秀岳似接雞山搖缺齡不朽長存如在之容百缺芳列而爲頌云

□此□缺爲□□臺安坐蓮花養神缺識咸歸至眞

大唐開元九年歲次辛酉常山貞石志

崔文邕

文邕博陵人開元中官梓州銅山縣尉

千秋亭詠序

此千秋亭者邕艸創也故得詞人刊其不朽自茲作古仍勒是詩客過郢中庶有同唱者矣金石苑

唐文拾遺卷之十九

榮祿大夫三品頂戴前分巡廣東高廉道加四級臣陸心源輯

張縴

縴襄陽人東之曾孫開元時人

唐故豫州郾城縣丞張君墓誌并序

君諱孚字孟信其先范陽方城人也曾祖玄弼益府功曹贈安隨郢沔四州諸軍事安州刺史祖東之特進中書令漢陽郡王父漪朝散大夫著作郎公著作之元子幼而明敏長復剛斷年十八以門資齋郎常選廿而孤神龍後讒諛間釁家遇屯剝今上登極昭

洗舊寃合門長幼悉皆拜職君授隨州司倉參軍泉貨是司出納惟允郡君坐嘯邑吏行謠旋屬按察劉鬲有怨先子誣以他事免君職焉君曾無愠容退返初服婆娑里閈不以屑懷無何五嶺塵飛將軍授鉞決勝之策君能贊謀獻捷之辰疇庸是敍弃瑕錄用復拜豫州郾城縣丞焉此縣陳宋之衝淮河之會舟車輻湊寇盜肩隨君正色臨人剛腸疾惡姦豪股栗伏竄他境而渠魁十輩猶離跂於其閒君乃設擿伏之科正繩愆之准擒之匪日聚以殲旃葦蒲中淸犬不夜吠復丁家艱去職以開元廿八年六月十四日遘疾終於故里私第春秋五十有八夫人呼延氏故亳州酇縣令謀之女脩習禮法潔羞蘋藻事姑以孝訓子能慈後公喪十四日終於私寢嗣子翙既及壯年先秋徂謝孫迪承其祀焉詞曰

餘慶未已厥生君子位不充量没恨泉裏其一夫人禮則當時見美同穴茲辰徽音用紀其二

石刻

張佑仁

佑仁開元時官太子校書直崇文館兼左衛率府兵曹參軍敦煌人

唐相州鄴縣天城山修定寺之碑

嘗聞上方有至德曰禪寂形淪含動之表棲跡玄空

之外西極有達道曰眞如忘情是非之地滌心有無之境其爲廣大長久也恒沙計刧而無盡郁由數界而未周其爲徼感發通也僧孤敷化而莫窮婆娑受身而不足傳一音以口灋衆聽各聞其聲現一相以示容羣窺各見其像宿命之察過往而未來神光之照無閒而有頂若其兜親共貫愛僧同敍斷以歐午之勁而我弗謂䖍貨以隨和之美而吾非其惠諸相非相則見如來是聲非聲乃聞正聲適來彼時矣適去彼順矣地不藏秘爲之十八震動天不隱道爲之十二光輝花則薝蔔闍提優鉢青紅之秀香則旃檀

羅跋拘靳紫黃之綵旋幢幡蓋出諸修梵之宮殿塔樓臺括彼濱彌之嶽禎祥不可而紀也福惠不可而殫也所以正偏知覺行足調御士降伏師啟方等之因布圓覺之教如斯而已矣及乎闍維長謝泥洹高往騰蘭睢乎觀止澄什翻然降矣悠悠中寓初聞象教眇眇舍衛始知深源於是嘉山靈水香刹坐殿華郭貴都梵宮俄徧其至感也如彼其幽應也如此天城山修定寺者本鄴人張僧猛之禪居魏太和十七年孝文獵於此山初立爲天城寺也始僧猛射麞而戀戀弗去及孝文逐亡又投房弗出公既感而擯俗

帝亦奇而創寺重以大統濬師粤投茲境香花供養三十餘年若其警蹕諠巖旌麾杳嶂降萬乘之周衞下千官之輿輦繩山風海越國歸睬絕黨殊鄰星郵請道歲時首路前後弗絕齊天保元年宣帝以山有二水合流改名合水寺隋開皇三年文帝追猛公藁修致志更名曰修定寺故今則因其號也觀其經搆之博彌山跨島設象之峻干星列雲負曾檻以挿虛架修櫨而瞰絕其左則太行西陳萬里壁奔沓谷駢巒森矗天倚其右則山東列國平疇錦章連緣黛陰杳藹魂極南有遙遙綠水濱島花明北有陰岑玄洞

風雷潛震於是山祇營造谷靈模飾徵桂林之翠碧採辰水之朱丹捫珍海伯之庥探產河侯之藏南陽楓柟西輔檉松飛柱則開陽夜至浮刹則新甯朝下黯疑天降修廊嶇岰以雲生艴若海飛廣殿崚嶒而赧布雕楣繡栱紅磴磔以矜然走楯行櫳岌硍硍而爭動白紈表裏紅紗上下風含水精之瓦煙照石英之砌又有龍花瑞塔降於忉利雀離仙圖來于天竺露盤壜堄以雲表相輪崢嶸乎風半金鈴欲曙款璀璨而稱晨寶鐸將昏奏鏗鋐而司閉七重行樹一一樹而百枝四色蓮花一一花而千朶鷹鳩聽唄居得

烏口之果鹿虎馴禪盡登師子之位竹無心而自掃松不意以獨吟果則低枝獻採花則傾跌投拆松喬東適疑方壺而下鬪安淩西駕謂板桐而中止登攀之戀信宿忘返而未周遊覽之娛窮年不歸而無厭又況乎曹公臺觀石國園池東魏龍蟠之所北齊鳳揚之跡山川若舊朝市革而氣幽故雖其荒翳牧吟而淚盡時有寺主僧濬爽上坐玄瓘都維那玄湜等並鄴都純粹漳河英穎逝祛疑網即斷惑纏口步檀那便傾法本戒珠圓淨優波離解律之高虛印方乎富樓那說經之最亦猶舍利弗華光之號當居離垢之境須菩提名相之尊仍臨有寶之劫不口聰明第一識

空無二。其何以臻乎。嘗以爲泥金樹德。標誠之深。刊石紀聲。崇勸之大。傳之所以示化。聞之足爲自勉。以弟子學該儒典。才擅史墳。將勒豐碑。俾旌華曠。不知晢之文。伯。方媿凡官之唱。宋之詞英。亦謝定林之作。恭口不默。夫豈討精于時。開元三年歲次乙卯三月己未。建于寺之南門。大唐有天下之九十九載也。詞曰。

大通普勝。釋伽牟尼。先覺之主。正乘之師。瀍華撫邏般若乘時。明行咸了。正偏皆知。妙哉筏喻。不可思議

舌相潛融。毫光普遍。鏗鋐雷怒。煜爚飛口。有頂上周。無間下偏。六趣悲恐。三塗矜戚。乘佛聲光。盡得聞見。

闍維載謝。口榮不歸。正瀍西住。象教東飛。律什傳授。生融啓揮。理究冥滅。功探密微。于嗟眇眇。復得其依。

茲山峻峙。眇間奇特。下括漳河。同臨鄴國。猛公營緻。統師刊勒。從魏增修。經隨改卜。禪居森藹。遺蹤此得。

崇堂煙聳。廣殿雲敷。墉垸矜嶻。崢嶸鬬口。龍花飛塔。雀離涌圖。口含海月。網絡星珠。千楣万栱。赫弈口口。

筏賫海游。擿金岫嶂。下括坤牢。上邀天口。口口眞容。彫模妙相。口蘂縈口。蓮花迴向。口口菴園。悠然可望。

口宇崇邃。道門虛寂。梵首昂昂。緇徒弈弈。四分律要。七衆口口。口嶽冬齊。晢流春碧。口珠瀍印。清風流迪。

泥金紀德。刊石載聲。崇勸之要。摽誠之精。思延華妙。式播詞英。樹此功實。傳諸令名。秋千古万。不顏不傾。（石刻）

杜昱

昱東郡人。先天二年登手筆俊拔超越流輩科。開元中官太僕少卿。遷太僕卿。守河南少尹。終給事中。

有唐薛氏故夫人實信優婆夷未曾有功德塔銘 幷序

優婆夷諱未曾有。俗姓盧氏。范陽人。曾祖義恭。皇朝工部侍郎。祖少儒。衞州刺史。父廣慶。魏州司馬。代業冠冕。詳載碑牒。優婆夷即魏州府君有齊季女也。夙稟成訓。猗承柔範。開惠昭於人圖。濬敏發於天性。祇婉娩以自式。鳴環珮而有行。展如克家。實佐君子。尸季蘭之饋。賦採蘋之什。內睦伯姊。外和六姻。婦功嫻於昌族。芬譽騰於衆口。聖善慈顧。適來歸甯。沈念在慰。而兩絕舊痾。承驩而自愈。專業禪門。用滋介祉。觀不空而捨妄。縮無染以得心。雖承教之日淺。而見實之理深。推茝若於未秀。泣瓊環而先絕。開元廿六年正月己卯。右脇而臥。告終於城南別業。春秋廿有二。是月景申。遷神於關塞之西。爲禮也。優婆夷髫卄多

智潛識邁倫事不違同義然後取九歲聞人誦般若
便暗習於心句無遺言如經師授或時見僮賤給使
毋兄有抉罰過當怡色諫止允叶其中自宗師大智
茂修禪法生子男舊矣孩笑可娛鍾護時疾遂見夭
夭以短長有源置而不問其割棄情愛卓拔流俗嘗
以諸佛秘密式是總持誦千眼尊勝等咒數逾巨億
則聲輪字合如聞一音而小閑口斂更了多字假使
金盤轉圓玉壺傾注傳厥盡美未云能喻身抱羸恙
愛語忘勞資迫屢空惠施不倦夫其守道純深奉式
精一屈常而靜慮不亂臨困而景行彌高先是未疾

之辰密有遺囑令卜宅之所要近吾師曠然遠望以
慰平昔後之慈悼兼極不敢加焉其殊致豐裁韜略
而不舉故銘窣堵波用彰其徽烈必後成正覺當示
獻珠之奇如未轉女身且爲散花之侶其詞曰
起窣堵波量有二兮誕惟輪王一切智兮於鑠忍界
光文字兮永播芳烈齊天地兮列石

大唐故大智禪師塔銘

禪師諱義福俗姓姜氏潞國銅鞮人曾祖仲遷隨武
陟丞厲門令大父子徜烈考解脫並邱園養德隱居
不仕禪師體一不生之口神綱無染之絕韻爰在悼齔
遊不狎羣遂更童長身無擇行峻節比夫嵩華雅量
方於溟渤初好老莊書易之說亟歷淇澳張溢之間
以非度門一皆謝絕齒邁三十適預緇流慧音共芝
若同芬或相與蓮花比潔大通之在荆南也慈導風
行聲如鼓鍾應同鳴鶴乃裹糧修謁偏袒請命遂得
法要式是勵精浹辰之間豁然大悟三摩隨入順忍
現前大通印可密宏付囑自是多歷名山普雨甘露
經行如市宴坐成林門下求謁周嗄三年之滯衆中
樂聞常兼五十之喜則我禪伯之徽業實亦駿揚于
耿光及遊步上都載脂咸洛法梁是荷人寶歸尊有

如王公四累下遙禪販百族明發求哀涕淚勤請則
亦俯授悲誨朗振圓音應器而匭缶必盈逗根則條
枚盡洽如摩尼皆隨衆色入薝匐不齅餘香所可脩
行分獲梁證昇堂或落落間出其餘滔滔皆是前年
輿駕東幸禪師後旋有洛閉關靜慮猶口無言或趺
坐通霄或冥寂終日門弟子有觀異相竊或怪之知
化口將終接袵悲侍開元廿四年夏五月廿五日右
脇徂逝春秋七十九僧夏口口粵六月十有七日恩
勅追號大智禪師秋七月七日甲申遷於奉先寺之
西原起塔守護禮也禪師以道分人運慈濟物凡厮

利樂率先宏溥其茂德殊行則刊在世碑寘既神迹則詳夫外傳簡茲盡美略而不書猶迷變海之期示勒開山之記銘曰

闕塞西麓相縈抱兮極目南臨伊汝道兮永錫大智神所保兮達人口已豈多感兮率由代教駿發祥兮于蔭法嗣道有光兮　石刻

張旭

旭字伯高吳人善書嗜酒每大醉呼叫狂走乃下筆世呼張顛仕爲常熟尉

足下帖

足下晚復不知疾痛如何深極憂難比也上下安之必得發耶

患差帖

得足下十五日問爲慰僕前患差張旭書　並淳化閣帖

藏眞帖

藏眞久在風波不復顛逸今日到故闆將多不知其出故書之山下消息等乃可憂也

顛書帖

顛書之趣所貴者日復當異與足下顛草必有奇勢所將委曲及船取米必定知減于石雄逸藏眞乃

秋深帖

秋深不審氣力復如何也蘇弊何知可論河南送物人近來得京中消息承彼數年不熟憂懸不復可論不委諸小大如何爲活計幾日有京中信使知之當數報委曲耳　寶眞齋法書贊

張令該

令該官化成縣主簿

化城縣造像記

給事郎行化城縣主簿張令該幸以微班來臻此邑屢逢兇賊得免阽危爰捐薄料敬造釋伽牟尼佛鋪於巴州西南山義夫鑿穹崇懸石壁雕鐫始毓毫相星暉裝飾已成金容月滿當願見在兄弟合家長幼永無災厄永保康寧加以法界蒼生共同斯福時開元廿八年中春之二月也　石刻

薛良

良開元中人

唐故尚舍直長薛府君夫人裴氏墓誌銘　并序

夫人裴氏河東聞喜人高陽肇襃非子受封漢寵侍中晉稱吏部問諸繹事大達斯分曾祖思質汾州刺史太平縣開國公祖行甄魏州頓邱縣令父貞國楚

州淮陰縣令或擁旟千里或紆綬一同訓理寵於古人香政飄於後嗣夫人即淮陰之仲女也夫孝以居室恭順鑽於巳族義以奉外執誼歸于我家其初逕也口璨珠以和禮容其爲婦也諧琴瑟而偶君子浮榮不幸移天早返哀女蘿之無施泣夢蘭之不兆夭天華歲煢煢誓居卅餘年志不我忒音律之事爲性工乎直長府君云亡竟不聽絃管貞節也以季母之親撫猶子之類示以典禮導以謙和豈口斯門流式他壼慈訓也馭下以肅敎而後罰左右敬愛內外嚴恭正範也聿脩三善騰心入解金仙聖道味之及眞外身等物不競以禮放迹遠俗謂爲全生凝神寂寞塊然而往春秋五十有九以開元十三年五月廿三日考終於通利之里第子明魂寥寥歸宇無三年之服者唯數隸而號慕人代可哀元門允樂先是遺付不許從於直長之塋以其受誡律也今奉所志以明年景寅二月廿三日葬於河南龍門山菩提寺之後崗明去塵也族孫昆偹覽休跡敢敘而爲銘曰塵飈爲劫不可年兮塋櫝無像知幾還兮有德斯紀跡必宜兮神道昭著福謂傳矣貞靜彿睦存沒眞兮君子之謂賢婦人兮　石刻

韋陟

全唐文三百六有傳

考試掌舉官親族移送吏部奏

准舊例掌舉官親族皆于本司差郎中一人考試有及第者尙書覆定然後附奏臣本司今闕尙書縱差郎官是臣麾下事在嫌疑所望釐革伏望天恩許臣移送吏部差考功員外郎試摠侍郎覆定任所在聞奏即望浮議止息　唐會要五十八

韋縚

全唐文三百七有傳

奉常主宗廟奏

奉今年二月三日勅宗廟所奉尊敬之極因以名署情所未安宜令禮官詳擇所宜奏聞者謹詳經典竊尋令式宗廟享薦皆主奉常別置署司事非稽古其太廟署望廢令本司專奉其事　冊府五百八十九

請加廣籩豆酒爵奏

請宗廟之奠每坐籩豆各加一二又今之酌獻酒爵制度全小僅止一合執持甚難請令廣大其郊祀奠獻亦准此仍望付尙書省集衆官詳議務從折衷　同上

孫逖

全唐文三百八有傳

授崔珪太子左庶子制

授崔秀太子左庶子制

授郭虛已太子左庶子制

按以上三篇舊鈔文苑英華四百四署名孫逖今存其目文見全唐文二百五十三

李華

全唐文三百十五有傳

蒙求序

安平李瀚著蒙求一篇列古人言行美惡參之聲律以授幼童隨而釋之比其終始則經史百家之要十得其四五矣推而引之源而流之易於諷誦形於章句不出卷知天下其蒙求哉周易有童蒙求我之義李公子以其文碎不敢輕傳達識者所務訓蒙而已故以蒙求爲名題其首亦每行注兩句人名外傳中有別事可記者亦此附敘之雖不配上文所資廣博從切韻東字起每韻四字凡五百九十六句云爾（東洋刊本蒙求）

按李瀚著蒙求前人以爲五代時人此文初不敢遽信爲遐叔而李良表有當代文宗云云信非遐叔不可當此歷官封外較新傳差先與唐摭言合

李良

良天寶中饒州刺史歷撫州司馬太子中允

薦蒙求表（按別本云此表國子司業陸善經撰未知所據）

臣良言臣聞建官擇賢其來有素抗表薦士義或可稱爰自宗周逮茲炎漢競徵茂異咸重儒術竊見臣境內寄住客前信州司馬倉叅軍李瀚學藝淹通理識精究撰古人狀迹編成音韻屬對類事無非典實名曰蒙求約三千言注下轉相敷演向萬餘事瀚家兒童三數歲者皆善諷誦談古策事無減鴻儒不素諳知謂疑神遇司封員外郎李華當代文宗名望夙著與作序云不出卷而知天下豈其蒙求哉漢朝王子淵製洞簫賦漢帝美其文令宮人誦習近代周興嗣撰千字文亦頒行天下豈若蒙求者錯綜經史隨便訓釋童子則固多宏益老成亦頗覺起予臣屬忝宗枝職備藩扞每廣聽遠視採異訪奇未嘗遺一才藪片善有可甄錄不敢不具狀聞奏陛下察臣丹誠廣達四聰之義令瀚志學大開獎善之門伏願量授一職微示勸誘臣良誠惶誠恐頓首頓首謹言天寶五年八月一日饒州刺史李良上表（同上）

李憕

憕元宗時鄭縣尉歷監察御史倉部員外

華嶽題名

鄭縣尉李憕以開廿四六月六日充勅簡募飛騎使判官向陝虢州點覆其月十四日事了迴便充京畿採訪使勾覆判官此過赴京（金石萃編）

李彭年

全唐文三百二十九有傳

勘檢出身奏

准例出身已來並弁檢覆中間已敘五品勘責皆有所憑今重檢尋恐爲煩擾如曾經勘責敘成者請從五品已後勘檢其五品已前但勘考數即爲進敘（冊府六百三十五）

孟匡朝

全唐文三百三十有傳

請以漳水爲瀆奏

江淮河濟各能獨達於海故受四瀆之名按尚書注云漳水橫流入河今之此水與古有異發源潞州東赴滄海有踰淮濟合著瀆名請以漳水爲一瀆并前爲以淮水配西岳漳水配北岳濟水配中岳庶隨正方各得其宜陰陽克和風雨時若（封氏見聞記）

張回

回天寶間人漢陽王柬之之姪孫

唐故太中大夫守新定郡太守張公墓誌銘（幷序）

公諱朏字朏其先范陽人也馬渡丹陽龍戰河洛煙塵北擁冠冕南遷今爲襄陽人也曾祖則隨朏陽縣令祖玄弼皇益州功曹參軍贈安州都督父晦之桂坊正字左率府兵曹參軍伯父柬之中書令漢陽郡王贈越州都督扶危宗社勳庸太常初公父早亡伯父進養諸呂殄滅大漢分珪茅土錫封奏公授職詔授荊州參軍後韋氏臨政延變爲虵公授撫州參軍累貶也又試太子通事舍人來復也又授將作監主簿再太子僕寺丞太子文學檢察浮費司供輿馬黃中有理堂上树頭轉定州司馬邢州長史朝散大夫又拜渠州刺史涪陵郡太守零陵郡太守臨川郡太守新定郡太守蜀山雲平非無叱馭湖水天浸豈憚洪波江南聽采菱之詞成中和之曲新安逢江水見底比清鏡豈如太夫人韋氏安府戶曹玄寶之女封

馮翊縣太君子貴也板輿侍奉豈獨長廷東征有詞何慚舊賦公稟休和之氣降山岳之靈忠孝事於君親愷悌施於邦國惜其大位未繼泉路遽隨以天寶十載六月廿四日遇疾薨於新定郡官舍春秋五十有六諸侯之禮國典備儀道路有瑞鹿隨車黎人悲父母奚若夫人隴西李氏隴西郡君夫榮也刑部尚書乾祐之孫相州堯城縣令昭禮之女中書令昭德之姪女能事組紃明閑詩禮令德贊於從職淑善穆於宗親天乎降災殞斯貞麗以開元廿一年八月三日先公而亡以天寶十二載八月廿六日合葬於臨

漢縣平原禮也嗣子回等欒欒棘容哀哀相次酒馨香其實錄將刊刻於石詞銘曰

猗公命氏偉乎邈遐勳庸列土繼體分葩世業亞大忠孝富嘉官政多歷斯綬光華沂海可詠專城累加天道不憖梁木空嗟其一夫人隴西實惟公族尚書祖理中書伯錄體德柔順瑤姿令淑如月之皎如鳲之育內則事姑齊詩在御誰謂奉倩先悲瘞玉其二嗣子欒欒幾不滅性稟孝純至執容瘠病哀號泣血象設惟命母訓義方慎終善令女也摧毀施于壯敬樹斯文於不朽紀勳業而貞石其三石刻

顏杲卿

杲卿字昕天寶中常山太守衛尉卿兼御史中丞死祿山之難謚忠節

偽降上祿山書

鉞下才不世出天實縱之所向輒平無思不服昔漢高仗赤帝之運猶納食其之言魏武應黃星之符亦用荀彧之策有缺今河北殷實百姓富饒衣冠禮樂天下莫敵孔子曰十室之邑必有忠信萬家之邦非無豪傑如或結聚豈非後患者乎伏惟精彼前軍嚴其後殿所過持重且詳觀地圖凡有隘狹必加防遏

慎擇良吏委之腹心自洛已東且爲已有廣輓芻粟繕理甲兵傳檄西都望風自振若唐祚未改王命尚行君相協謀士庶犇命則盛兵鞏洛東據敖倉南臨白馬之津北守飛狐之塞自當抗衡上國割據一方若景命已移謳歌所繫即當長驅岐雍飲馬渭河黔首歸命孰有出鉞下之右者表義渠湘煙錄引唐包諝河洛春秋

包處遂

處遂官趙州司戶

上顏常山書

明公身荷寵光位居牧守乃棄萬全之良計履必死

之畏途取適于目前忘累於身後竊爲明公不取今若拒祿山之命招十萬之兵峙乃芻茭積其食粟分守要害大振威聲通井陘之路與東都合勢如此則洪勳盛烈何可勝言哉輕進瞽言萬一無用魂消東岱先懷唇裂之憂心拱北辰願立忠貞之節同上

按顏杲卿包處遂二書出於包諝河洛春秋謂卿處遂之子疑欲歸功于父故言杲卿初無討賊意是二書未足爲信然杲卿往迎祿山受其金紫及被執祿山怒曰吾擢爾太守何所負皆載在唐書則此書或緩兵之策未必誣也題曰僞降上祿山書而於杲卿千秋大節曾不加損

呂巖說

巖說元宗時人

唐故河南府參軍范陽張府君墓誌銘并序

君諱軫字季心其先范陽方城人也九世祖貞仕宋南徙五世祖策隨梁北歸寓居襄陽因爲此土舊族先考瀚朝散大夫著作郎大父諱柬之特進中書令漢陽郡王曾大父諱玄弼益府功曹贈都督安隨郢沔四州諸軍事安州刺史皆諸侯之選朝廷之良矣君著作府君之第四子也孩而岐嶷卝而穎亮卓犖機警汪洋德聲人難其才共許遠大年九歲以母氏宿願固請爲沙門自削髮緇流持衣紺宇內求三藏之實外綜六經之微蹈其玄閾得其深趣蓋以爲攝慧乘者良已以弘物知理道者從義以適權況乎祖之謀孫初聞遺旨兄之誡弟再有忠告哉所以曳長裾遊太學不諂不黷爲龍爲光等以進士甲科拜河南府參軍事參彼都輦萬方是則分茲俸邑四海能均雖曹參以獄市留心魯肅以囷倉濟友未足儔於古也春秋卅有六以開元廿年六月五日因調遘疾終於洛陽陶化里之私第鶺鴒霜露顏回之才不幸歎興筵几孫楚之淚無從越開元廿一年十月十六日改祔于本郡安養縣相城里先祖之舊域禮焉君立身謙和爲性孝友兄弟溫如也鄉黨穆如也始以甘脆甯奉至行樂於晨昏終以醇醪養閑深仁絕於擅血斯志固不可得而言已嗣子繟紹等風訓有給義方成素其在哀疚遠近傷之嚴秩自衡闡道由襄漢撫嵇孫以哽咽跂楊塚而遲廻漬絮非馨柔毫可奠永惟陵谷無媿丹青詞曰

堂堂乎張川岳降神文華經國孝友謀身我才以通我命以屯三魂爲主四體爲實古樹蒼蒼幽火燐燐

冥漠千世。悲涼萬春。樊鄧之郊。周楚□津。紀此□□。□予故人。（石刻）

褚庭誨

庭誨。鹽官人。左散騎常侍无量次子。登開元五年文儒異等科。官左拾遺。善書。時人目爲小褚。

辭奉帖

辭奉後。不辱問。實增馳係。初寒。惟動履休勝。庭誨推前耳。未由拜展。悠悠下情。惟珍厚。人信惠問。通法師往。謹附狀不宣。謹狀。（湻化閣帖）

崔季梁

季梁。長安人。天寶間官通事舍人。

大唐故奉義郎行洪州高安縣令護軍崔府君夫人河南獨孤氏墓誌銘（并序）

夫人。河南人也。父諱奉先。果州長史。蜀國公。純粹英靈。傳之勝古。祖姑三代作配君王。蜀公。即唐初元貞皇后父。故梁王信之嫡孫也。夫人先舅諱大方。海州刺史。公果行育德。作爲人範。無施莫可。家國有聞。夫人德嗣謙柔。性惟恭敏。周（缺五字）母儀受訓。貴□天盛族。前室有女嗣。謂繼親鞠育。情深若（缺六字）應遵此鞠凶。以天寶二年十月十七日。育背於長安縣嘉會里私第。時年七十。嗚呼哀哉。逝川無歸。窮窀長往。攀慕不及。糜潰五情。嫡子朝議郎通事舍人內供□季梁。痛慈顏永隔。五內屠裂。號天呼地。罔極難追。嗚呼哀哉。日月不居。卜其宅兆。歲時不便。未得遷祔先塋。不謂存者生疑。實恐未安泉路。今且於府君塋西北一百五十步得地。以十一月二日庚時權安厝於長安縣義陽鄉義陽原。禮也。昔吳雄葬母。不擇地而塋。今季梁所封。有同於往日。嗚呼哀哉。至通年擇日遷祔於先塋。季梁自鍾艱罰。觸緒摧悲。不及文。狀力銘紀。仁包四德。誠信百齡。月懸星署。名其永貞。（其　）世間難事。爲□繼親。始終如一。憐念日新。（其二）萬象有類。天地無依。陟彼岵屺。哀荒失儀。（其三）尚存餘喘。將以送終。刊石玄壙。傳紀無窮。（其四）（石刻）

顏眞卿

全唐文三百三十六有傳

元陵每日供羊奏

按後漢禮儀志云。古不祭墓。漢諸陵皆有園寢。承秦所爲也。建武以來。關西諸陵。但四時特牲祠。每帝幸長安諸陵。乃太牢祠。自洛陽諸陵至靈帝。皆以晦望二十四氣伏社臘日及四時祠。無每日上飯。其親陵一所宮人隨鼓漏理被枕其與洛陽諸陵及親陵降殺不同之文也又春秋傳曰祖禰則日祭曾高則月祭二祧則時享壇墠則歲貢大禘則終王固以親疏相推遠近爲制又祠部式獻昭乾定橋恭陵並朔望上食歲及冬至寒食各設一祭唯橋陵除此日外每日供半口羊充薦是則元宗之于親陵與諸陵且有異矣今請元陵除朔望及節祭外每日更供半口羊充薦准祠部式供擬泰陵建陵則但朔望及歲冬至寒食伏臘社日各設一祭每日更不合上食（唐會要卷廿一）

更定婚禮奏

郡縣主見舅姑請于禮會院過事明日早舅坐於堂東階上西向姑南向婦執笲（竹器元表纁裏）盛以棗栗升自西階東面再拜跪奠于舅席前舅舉之贊者徹以東婦退再拜降於姑階下受笲盛以腶脩（從者執於階下）升進北面再拜跪奠於姑席前姑舉之贊者受以東婦退又再拜降之詣東面拜壻之伯叔兄弟姊妹訖便赴光順門謝恩壻之親族次第奉謁訖赴十六王宅觀花燭伏以婚禮主敬竊恐非宜並請停障車下壻及却扇詩等行禮之夕可以感恩至於聲樂竊恐非禮亦請禁斷相見行禮近代設以氈帳擇地而置此乃元魏穹廬之制合于堂室中置帳請准禮施行今時俗以子卯午酉年謂之當梁其年娶婦舅姑不相見蓋禮無所據亦請禁斷（唐會要八十三）

武成王廟用樂奏

武成王廟用樂臣伏以自太公封武成王追封之禮與諸侯王名位義同廟庭用樂合准諸侯之數今請每至釋奠奏軒懸之樂（唐會要二十三）

家廟碑後記

建中元年歲次庚申秋七月癸亥朔鐫畢八月己未眞卿蒙恩遷太子少師冬十月壬子男頵封沂水縣男碩新泰縣男姪男頂承縣男須費縣男頎郯縣男微軀官階勳爵並至二品子姪八人受封無功無能叨竊至此子孫敬之哉（石刻）

家廟碑額陰記

高祖記室君國初居此宅虢州君舍人君侍焉堂今置廟地高祖妣殷夫人居十字街西北壁第一宅祕書監君禮部侍郎君侍焉虢州君居後堂華州君於堂中生焉今充神廚少保君堂今充齋堂廳屋充亞獻終獻齋室（石刻）

與盧倉曹帖二首

盧八倉曹足下敘本甚是佳製耳留元剛忠義堂帖

足下今日定成行否不得一至郊郭深用悵然珍重珍重所欲拙書今勒送十餘紙望領之忽怪弱惡也不具不具眞卿盧倉曹足下翬蝶忠義堂續刻

與李太保帖

惠及鹿脯甚慰所望春寒承美字闕一痊損更加保愛眞卿有一二藥煩宜常服謹令馳納少間借馬奉謁不次二十日顏眞卿狀上太保大夫公閤下同上

一行帖

眞卿一行昨自江淮日趨百里本期奉見以慰違別疲於道路且止數旹但深攀仰耳汝帖

南來帖

眞卿承命南來諸事草草但賊勢尚爾奈何張貞□不了國事可念可念眞卿忠義堂帖續刻

江外帖

江外唯湖州最卑下今年諸州水並湊此州入太湖田苗非常没溺賴劉尙書與拯以此人心差安不然僅不可安耳眞卿白同上

草篆帖

眞卿自南朝來上祖多以草隸篆籀爲當代所稱及至小子斯道大喪但曾見張旭長史頗示少糟粕自恨無分遂不能佳耳眞卿白同上

唐文拾遺卷之二十

榮祿大夫三品頂戴前分巡廣東高廉道加四級臣陸心源輯

顏眞卿二

元陵儀注

初喪復

將復於太極殿內高品五人皆常服以大行皇帝袞冕服左荷之升自前東霤當屋履危北面西上三呼而止以衣投於前承之以篋自阼階入以覆大行皇帝之上復者徹殿西北扉降自後西霤其復衣不以襲斂浴則去之旣復乃設御牀於殿內楹間去腳舒

單簟置枕遷大行皇帝於牀南首以衣覆體去死衣楔齒用角柶綴足以燕几校在南其殿內東西哭位嗣皇帝以下舒草薦焉奠用酒脯醢器用吉器如常儀其告喪之禮使至所在集州縣官及僧道將吏百姓等於州府門外並素服各以其方向京師重行序立百姓在左僧道在右男子居前婦人居後立訖使者立於宮長之右告云上天降禍大行皇帝今月某日奄棄萬國刺史以下撫膺哭踊盡哀止哭使者又告云大行皇帝有遺詔遂宣訖刺史以下又哭十五舉聲使者又告皇帝伏準遺詔以今月某日即位刺史以下再拜稱萬歲者三百姓及州縣佐史朝夕巷哭各十五舉聲三日釋服節度觀察團練使刺史並斬衰絰杖諸文武官吏服斬衰無絰杖大小祥釋服並準遺詔其有勅書使者宣告如常禮

沐浴

將沐浴內有司爲坐於殿西廊下累塊爲竈東面以俟煮沐浴新盆盤瓶鬲皆濯之陳於西階下掘埳於西階之西陳明衣裳於其側帛巾一方尺八寸沐巾二浴巾四皆用帛練櫛及浴衣各實於篋將沐浴內掌事者奉米潘及湯各盛以盤并沐盤升自西階授

沐者以入嗣皇帝妃公主等悉出帷外嗣皇帝以下在殿東楹間北面西上內命婦以下在殿西間北面東上俱立哭旣沐而櫛將浴內執事者六人抗衾御者四人浴拭以巾挋用浴衣設牀於大行東衽下莞席上簟浴者舉大行易牀設枕理其鬚髮斷爪盛於小囊大斂即內於棺中也著明衣裳以方巾覆面以大斂之衾覆之內外入就位哭

含

內有司奉盤水升堂嗣皇帝出盥手於帷外洗玉若貝實笄執以入西向坐發巾徹枕奠玉貝於中之右

大臣一人親納粱飯次含玉既含訖嗣皇帝復位執服者陳襲衣十二稱實以箱篚承以席去巾加面衣訖設充耳著握手及手衣納舄乃襲既襲覆以大斂之衾乃開帷內外俱入復位哭

小斂

將小斂內外各隨職備辦尚食先具太牢之饌厥明而小斂於斂前三刻侍中版奏請中嚴御府令設小斂牀於大行西南首枕席備焉加以幄帷周以素帷主衣先奉所司陳小斂之衣十九稱及絞衾於殿中間之東席上南領西上小斂前二刻開宮殿諸門諸

卷二十　三

衛各勒所部仗衛如常式設百官位次及二王後三恪等位又設內外命婦等拜哭位小斂前一刻侍中奏外辦禮儀使引嗣皇帝及皇子等扶引各即位從臨者哭內謁者引諸王等進就位百官亦入就位執禮者稱哭在位者皆哭侍御小臣升殿先布衣於絞上乃遷於衣上舉衾而斂以次加衣十九稱畢乃結絞而衾焉近侍扶嗣皇帝哭進跪憑大行興哭踊無數扶引還次

小斂奠

尚食奉饌入列於殿東太常博士引司徒省饌省訖奉饌升設於大行東齋郎取爵於篚受酒爵跪奠興嗣皇帝以下哭踊如初諸行事者應退者降退奉禮郎稱止謁者引諸王還內省禮儀使奏嗣皇帝哭止近侍扶引退便次內外侍臨者代哭不絕聲百官退位如常式

大斂

其日大斂前三刻侍中版奏請中嚴內外皆哭御府先設大斂牀於大行皇帝西南首枕席幃帳如初所司先陳大斂之衣百二十稱及絞紟衾并六玉於殿兩楹之東席上南領西上衣必朝祭及五時正服前二刻開宮殿諸門諸衛各勒所部陳設如常儀設皇

卷二十　四

帝位於殿東間西向前一刻引諸王以下就位皇弟於皇帝位東稍北西向南上皇子於皇弟之東亦南上皇叔在皇帝位北稍西南向西上皇叔祖次皇叔之東皇從父兄弟在皇子北稍東南上諸公主大長公主長公主以下並於西間北牖下西上通事舍人引百寮並入依班序立侍中版奏外辦內高品扶皇帝就位立定典儀曰再拜禮儀使奏請再拜皇帝哭踊再拜在位者皆哭踊再拜十五舉聲禮儀使奏請止哭內外皆止哭內高品扶皇帝就次諸王公主以

下百寮各就次。中官內官掌事者皆盥。訖。升歛如小歛。次加衣畢。乃以組連珪璋璧琮琥璜六玉而加焉。所司以梓宮龍輴綍等入。陳於殿西階下。至時司空引梓宮升自西階。置於大行皇帝西南。首加七星版於梓宮內。其合施於版下者並先置之。乃加席褥於版上。以黃帛裹。施仰。甍畫日月星辰龍龜之屬。施於蓋。陳衣及六玉。歛訖。中官掌事者奉大行皇帝即梓宮內。所由先以白素版書應入梓宮內一物以上。稱名進入梓宮。然後加蓋。事畢。覆以夷衾。

大歛奠

皇帝至位。哭。內外皆就位。哭。太祝酌醴。進授皇帝執爵進奠於饌前。少退。禮儀使奏請止哭。內外皆止哭。大祝跪讀祝文曰。維某年月日。哀子嗣皇帝臣某。敢昭告於考大行皇帝。日月過速。奄及大歛。擧號擗踊。五內屠裂。謹以一元大武。柔毛剛鬣。明粢薌合。薌其嘉蔬。嘉薦醴齊。尚饗。讀訖。皇帝再拜哭踊。在位者皆再拜哭踊十五擧聲。禮儀使奏止哭。左右高品扶皇帝還次。諸王公主以下各還次。百寮序出。

設銘旌　懸重

大歛訖。所司設太常畫日月十有二旒杠九仞旒委地。大歛之後。分置殿庭之兩階。又設銘旌。以絳廣充幅。長二丈九尺。題曰某尊號皇帝之柩。立於殿下。設重於殿庭。近西南。其制先刊鑿木長丈二尺。橫者半之。取沐之米為粥。盛以入鬲。冪以疏布。懸於重內。橫木上。以葦席北向屈兩端交於上。綴以竹篾。

殯

既大歛。內所由執龍輴左右綍。引梓宮就西間。將監引所由并柏墼等升自西階。所由設熬黍稷。盛以八筐。加魚腊等於龍輴側。南北各一筐。東西各三筐。設訖。於西面壘之。先以繡黼覆梓宮。又張帟三重。更以柏木方尺長六尺。題湊為四阿屋。以白泥四面塗之。

欑事訖。所司設靈幄於欑宮東。東向。施几案服御如常儀。侍臣擁衰裳冠絰杖。盛以箱。就次進皇帝服。訖。諸王公主以下及百寮亦各服其服。光祿卿率齋郎捧饌入。禮儀使引升。陳設訖。禮儀使就位。奉引皇帝至位哭。內外皆就位哭。

將葬筮宅

既定陵地。擇地使就其所卜筮之。將卜。使者吉服。掌事者從。設使以下次於陵地東南。使者至陵地。待於次。太常卿涖卜。服祭服。祝及卜師筮師凡行事者皆吉服掌事者布筮席於元宮位南北向西上贊者引筮卜者及太祝立於筮席西南東向南上卜師立於太祝南東面北上贊者引使者詣卜筮席南十五步許當元宮位北向立贊者立於使者之左少南俱北向立定贊者少進東面稱事具退復位筮卜者進立於使者東北西面卜師抱龜筮師開櫝出策兼執之執櫝以擊策進立於筮卜者前東面南上筮卜者命曰維某年月朔日子哀子嗣皇帝某謹遣某官某乙奉爲考大行皇帝度茲陵兆無有後艱卜師筮師俱曰諾遂述命於右旋就席北坐命龜曰假爾泰龜有常命筮曰假爾泰筮有常遂卜筮訖興各以龜筮東面占曰從還本位贊者進使者之左東面稱禮畢贊者遂引使者退立於東南隅西面若不從又擇地卜筮如初儀

啟殯朝廟

啟前十日皇帝不坐以過山陵前啟一日門下省奏某日某時啟太極殿欑宮啟日之晨奉禮郎設御位於太極殿之東間當帷門西向諸王位在後以南爲上典儀設鄭公介公皇親諸親文武九品以上及前資常參官都督刺史版位於太極殿東庭又設蕃客酋長位於承天門外之西僧道位於承天門外之東並以北爲上左右金吾與諸軍討會量抽隊仗隨便設禁其日質明皇帝服初衰絰杖入就位晨哭諸王具衰絰去杖入就位晨哭鄭公介公皇親諸親等及文武九品以上各服初喪服去杖入就位哭大長公主長公主公主郡縣主等亦喪服入就內位哭中官皆布巾喪馭侍衛晨哭並再拜退位通事舍人引蕃客酋長及僧道分立於承天門外之位啟前二刻內所由設奠席及香燭於帷門之外奉禮郎設罍洗於東階下西南北面罍水在洗東篚在洗西南肆設太尉版位於東南西向設司空位於太尉位之南少退禮生一人執拂梓宮之巾陪其後設禮儀使位於太尉之北少退禮官等陪後設監祭使位於禮儀使之下光祿卿具太牢之饌俟於東階下又於饌上設罇坫位於奠席東南北向加酌冪禮儀使立於罇坫東御史立於罇坫西太祝奉禮郎立於罇坫南爲位禮官在禮儀使後啟前一刻侍中版奏外辦禮官贊執事官入就階下位禮儀使等橫行以西爲上再拜訖升就位禮官省饌訖贊光祿卿引饌升自東階列帷閣外席上近侍引皇帝具衰絰入就位哭踊禮儀使

前進。跪奏請再拜。皇帝再拜。諸王妃主等並各就位。晨哭。禮生引太尉。通事舍人分引羣官各入就位。禮官贊太尉再拜。又一人贊羣官再拜哭十五舉聲。禮官各贊止哭。禮生引太尉詣罍洗。盥手洗爵。升自東階。詣縛坫所。太祝舉冪。酌醴齊以授太尉。禮儀使跪奏請皇帝止哭。奉皇帝之杖。前進中官承傳止哭。殿內皆止哭。太尉以醴齊於皇帝之左。跪進醴齊。皇帝受醴齊。跪奠於饌前。俛伏興。少退立。太祝持版進。北面跪讀祝文訖。奠版。俛伏興。退復位。皇帝再拜哭踊。殿內及庭中文武九品以上皇親諸親等皆哭。十五

舉聲止。禮儀使跪奏獻畢。請皇帝退復位。禮官引太尉及禮儀使降復階下位。所由徹饌。執事官序降訖。皇帝退就次。禮生引司空執巾升自東階。於欑宮南北向立。司空跪啟曰。謹以吉辰啟欑塗。告訖。太尉哭。羣官皆哭。通事舍人分引羣官序出。掌事者升徹欑塗。徹訖。司空以巾拂拭梓宮。覆以夷衾。綃幕內所由周迴設帷。及施常食之奠如常儀。訖。禮儀使升就舊位。禮官陪後。皇帝衰經就位。哭。通事舍人分引羣官入就位。皇帝稽顙。禮儀使請再拜。皇帝哭盡哀。禮儀使跪奏請止哭。降出。羣官再拜哭十五舉聲訖。又序出太極門外。北向重行立班。奉慰如常儀退。

薦明器

前二日。所司設文武羣官次於太極門外東西廊下。又設帳殿於庭。帳內設吉帷幄。內設神座南向。又設龍輴素幄於殿庭吉幄之右。前一日午正後一刻。除殿上葦障及階下凶庭并版墠。少府所由移旐附於重北。未正後一刻。典儀設羣官夜哭版位。如晨夕哭儀。又設挽歌席位於嘉德門內。設挽郎挽士席位於嘉德門外。並左右序設。北向相對。設鼓吹嚴警位於承天門外。晝漏未盡三刻。有司設庭燎。終夜通事舍

人分引羣官就版位立定。禮官贊哭。哭畢退就次。挽歌作盡二點止。嚴警次發盡五點止。二更羣官皆哭。及挽歌鼓吹嚴警如上儀。其三更四更五更並準此。其一日前二刻。奉禮郎設御座。所由設奠席。奉禮設罍洗及禮儀使太尉版位於東階下。光祿卿具太牢饌。並如啟奠之儀。前一刻。侍中進奏外辦。禮官省饌。光祿卿引饌。禮生引太尉。禮儀使等橫陳再拜訖升殿。通事舍人分引羣官入就位。亦如啟奠之儀。禮儀使跪奏請皇帝止哭。奉鶩皇帝去杖。前進中官承傳止哭。殿內止哭。太尉以醴齊於皇帝之左。跪進。皇帝

受醴齊跪奠於饌前俛伏興少退立太祝持祝版進北面跪讀祝文訖奠版俛伏興退復位皇帝再拜哭踊殿内及庭中文武官九品以上皇帝諸親等皆哭十五舉聲止禮儀使跪奏獻畢請皇帝退復位禮官引太尉降復階下位所由徹饌執事官序降内所由徹殿上帷帳唯南北施素帷於舊帳座所以為障蔽前設常食少府監進輴車於西階下禮儀使跪奏皇帝奉甯龍輴奏訖降出近侍扶皇帝就龍輴前哭踊盡哀乃復位執事者以纛旐及重先導禮官一人朝服贊侑輦奉御帥腰輿繖扇至神座前侍奉如常儀

内侍捧几置輿上繖扇侍奉至殿庭帳殿下神座前跪置座上内謁者帥中官設香案於座前繖扇侍奉如儀禮官一人引符寶郎一人主寶二人以赤黄褥案進取謚寶又禮生二人亦以赤黄褥案進取謚冊禮官授之並隨禮官先詣冊車安置其舊寶冊準次取置於車侍中當龍輴南跪奏請龍輴降殿太常卿帥執翣者升以翣障梓宫中官高品等侍奉其側司徒帥挽士升奉引龍輴降殿禮儀使引近臣及宗子三等以上親進梓宫少府將作所由並挽士奉梓宫登於龍車上遂詣帳殿下素幄皇帝哭從諸王等陪從公主内官等周以行帷皆哭踊而從羣官立哭於庭中位以俟祖奠

祖奠

祖前一日奉禮郎設御位於龍輴幄之東南西向所由設奠席於龍輴幄前奉禮郎設罇坫於帳幄東南又設太尉位於罇坫東南西向禮儀使在其下監察御史次之又設罍洗篚於太尉位西南北向光禄卿帥齋郎捧饌俟於横街之次北面西上禮官進省饌訖禮生贊光禄卿捧俎進跪奠於席上諸齋郎捧饌隨列於席上禮生引禮儀使及太尉就位禮官贊哭

又一人贊羣官哭又各贊止哭禮儀使導皇帝立於龍輴之東南西向禮生引太尉詣罍洗盥手洗爵執詣罇坫所太祝舉冪酌醴齊以授太尉禮儀使跪奏請皇帝止哭奉奠皇帝去杖前進中官承傳止哭諸王妃主等皆止哭太尉以醴齊於皇帝之左跪進皇帝受醴齊跪奠於饌前俛伏興少退立太祝持祝版進北面跪讀文訖奠版俛伏興退復位皇帝哭踊再拜諸王妃主及羣官在位者皆哭再拜皇帝哭十五舉聲訖禮儀使跪奏請復位俛伏興皇帝退復龍輴後位禮官各贊羣官止哭通事舍人分引出就承天

門外位以俟光祿卿帥齋郎徹饌以出禮官一人引服贊尚輦奉御帥所由以腰輿繖扇詣神座前各以序立內謁者中官舁香出內侍捧几置輿上內所由舉繖扇侍奉以出中官帥其屬舁衣箱以從遂詣玉輅禮官於輅後立贊登車內所由進輿當輅後繖扇分蔽左右內謁者帥香案進於輅前內侍奉几登輅其腰輿亦進居輅前中官以衣箱授尚衣奉御置玉輅及副車內侍並乘馬從輅於是侍中進龍輴南跪奏稱請龍輴進發俛伏興退司徒帥挽士奉引次出執事者以太常先建之旌車纛次之公主內官以下應合乘車者並先升車以俟扈從

遣奠

前三日所司設皇帝奉辭次於承天門外之左西向其日金吾仗衛如常儀鹵簿使先進玉輅於承天門外東偏稍南輿輦鼓吹吉駕鹵簿並序列於玉輅前又進轀輬車當承天門中稍南凶儀明器序列於轀輬車前奠前一刻奉禮郎布文武羣官位於承天門外異位重行如太極庭中儀光祿卿具遣奠之饌以俟執事官位並先俟於門外之東龍輴至承天門外禮官贊止哭侍中進龍輴前跪奏稱請升轀輬車俛伏興司徒帥舁梓宮官及所由奉梓宮升轀輬車所司設奠席於轀輬車東西向奉禮郎設罇坫於席東南設罍洗又於其南設太尉版位於東西向禮官進省饌訖禮生贊光祿卿捧俎進跪奠於席上諸齋郎捧俎遞列於席上禮生引太尉就位禮官贊哭在位者皆哭又贊止哭在位者皆止哭禮生引太尉詣罍洗盥手洗爵詣罇坫所太祝舉冪酌醴齊禮儀使就次奏請皇帝出就次皇帝出次立於奠東西向太祝以醴齊授太尉訖禮儀使奏請皇帝去杖前進中官承傳止哭諸王妃主等皆止哭太尉以醴齊於皇帝之左跪進皇帝受醴齊跪奠於饌前俛伏興少退立太祝持版進西北向跪讀祝文訖奠版俛伏興退復位皇帝哭踊禮儀使贊皇帝再拜諸王妃主及在位羣官等皆哭禮儀使跪奏請皇帝少退近侍扶皇帝少退於位少府監設讀哀冊褥於奠東禮官引冊案進舉冊官舉冊進至褥東西面以冊東向禮官贊太尉及羣官止哭中官承傳諸王妃主皆止哭禮官引中書令進跪讀冊訖俛伏興退復位舉冊者以授祕書監轉授符寶郎皇帝哭踊禮儀使奏請皇帝再拜太尉羣官諸王妃主皆哭再拜少府徹褥光祿徹饌

訖。禮儀使跪奏稱輼輬車將發。皇帝前哭盡哀。禮儀使稱再拜奉辭。俛伏興。皇帝稽顙哭踊再拜。輼輬車發。禮儀使跪奏請皇帝還宮。俛伏興。近侍扶皇帝入次。太尉以下於次南橫行。進名再拜奉辭訖。各就本職。如諸王有故不赴山陵者。俟皇帝奉辭入次後。諸王進至輼輬之左。以南爲上。哭盡哀。再拜辭。妃主內官不去者。於輼輬車後帷中哭。再拜辭訖。禮生贊侍中於輼輬車前跪請進發。訖。俛伏興。

葬儀

山陵日。依時刻吉凶二駕備列訖。尚輦帥腰輿繖扇

入詣神座前。內侍捧几。內謁者捧香爐各置輿上。中官帥其屬舁衣箱以出神輿至玉輅後。內常侍捧几置輅中。輿等退就列。中官以衣箱傳授尚衣奉御置於玉輅及副車中。神駕動。警蹕如常。千牛將軍夾輅而趨。至侍臣上馬所。禮生贊侍臣上馬。侍臣上馬訖。夾侍如前。禮生在供奉官內。諸侍衛之官各督其屬。左右翊神駕動。鹵簿官以黃麾麾之。鼓吹振作警蹕如常。當陵門以赤麾麾之。鼓吹不作。侍臣下馬。步導於前。駕至吉帷宮。迴車南向。尚輦帥腰輿繖扇至輅後。內常侍奉几置輿上。繖扇侍奉至帳殿下。內侍捧几置座上。內謁者捧香爐置座前。輿等退就列。玉輅及鹵簿侍衛之官停列於帷宮門外。吉駕引。禮官贊侍中進輼輬車靈駕前。奏請靈駕發引。俛伏興。退。司馬執鐸。挽郎執紼。挽歌振作。及挽以進。內外哭從。以赴山陵。靈駕至陵門西凶帷帳殿下。迴駕南向。公主及內官以下並降車。障以行帷。哭於凶帳殿之西。東向北上。羣官皇親哭者序立於帷門外。東西相向北上。哭十五舉聲止。各退就次。前三刻。奉禮郎於隧道東南。量遠近設皇親諸親奉辭位。又於其南設應從文武官五品以下奉辭位。又於其南設六品以下奉

辭位。每等異位重行。西面北上。設奉禮郎位於其北禮生二人立於其南。差退。內謁者於隧道西南稍北帷內設公主王妃及內官以下奉辭位。東向北上。前一刻。所司設奠席於輼輬車前。設罍洗篚於東南。罍在洗西。篚在洗東。於是羣官列位序立。光祿卿帥其屬以饌奠於席上。禮官引太尉詣罍洗。盥手洗爵。詣罇坫所。太祝酌醴齊訖。太尉跪奠於饌前。俛伏興。太祝持版進太尉之左。跪讀文訖。奠版。俛伏興。太尉再拜。在位者皆再拜。發引至南神門。將作監進龍輴於靈駕之後。禮官贊侍中進輼輬靈駕前跪。奏稱請降

靈駕御龍輴。俛伏興退。舁梓宮所由乃奉遷梓宮至龍輴。舁梓宮官左右捧從。司空以巾拭梓宮。并拂夷衾少府屬紼於龍輴。禮官贊侍中進龍輴前跪。奏稱請引龍輴。即元宮。俛伏興。退。挽郎執紼。奉引龍輴。左迴北首。禮官贊司徒前導白幰弩素信幡大旐及翣皆依次而引。近伏近侍夾進。如禮官導。通事舍人引太尉先導於龍輴之左。主節官帥持節者脫節在太尉之前差退。代哭者及挽歌皆序立門外之西。重行東向。押官排比以俟。皇親諸親羣官等哭從。公主王妃及內官等障以行帷。龍輴至羨道。停於帷下南首

以俟。時妃主內官以下。於羨道西南帷內就位東向哭。通事舍人分引羣官皇親諸親各就奉辭位。所由各贊哭。在位者皆哭。其吉凶簿侍奉官少前。序立於門外之東。西向北上。哭皆三十舉音止。再拜奉辭。至時內官以下。吉服奉遷梓宮。入自羨道。奉接安於御榻褥上北首。覆以御衾。龍輴退出。其押吉凶簿官。並服白布巾衫就哭。將掩元宮。并依前服吉服。初梓宮降自羨道。奉禮郎設太尉進寶冊贈玉幣位於羨道東南西向。設禮儀使奉寶冊玉幣位於太尉南。又設祕書監位於其南。禮官導通事舍人引太尉以下。俱吉公服各就位。又導持節者服節衣引太尉之前。禮部侍郎奉寶綬案謚冊案哀冊案。每案四人對舉立於太尉之西南少府監奉贈玉置於匣。帥其屬捧立於禮部侍郎之西。太府卿奉幣元三纁二置於篚。帥其屬捧立少府監之西。俱北面。各立於寶冊玉幣之後立定。禮官導通事舍人引禮部侍郎取寶綬於案進授太尉。又禮生一人引祕書監取謚冊哀冊。進授禮儀使。又引少府監取玉於匣并薦巾。又引太府卿取幣。進授禮儀使。以幣承巾玉。禮部侍郎以下並退。龍輴既出。禮儀官分贊太尉禮儀使奉寶冊玉幣并

降自羨道。至元宮。太尉奉寶綬入。跪奠於寶帳內神座之西。俛伏興。禮儀使以謚冊跪奠於寶綬之西。又以哀冊跪奠於謚冊之西。又奉玉幣跪奠於神座之東。並退出復位。禮生引將作監少府監入陳明器。白幰弩素信幡翣等分樹倚於牆。大旐置於戶內。陳布訖。并內官以下。並出羨道就位。所由贊內外哭。羣官皇親諸親并吉儀侍奉官皆哭。三十舉聲。再拜又再拜。奉辭訖。引退以出。中官贊公主王妃並退出。周以行帷。至門乘車以扈從。禮生導主節官帥持節者引太尉及司空山陵使將作監御史一人監鏁閉元宮。

司空復土九鍤（所司帥作丁續以終事）其先除服者並改服凶儀凶簿解嚴退散輼輬車龍輴之屬於柏城內庚地焚之其通人臣用者則不焚

虞祭

將啟太祝捧主匱置於座啟匱於前捧出神主置於座上東向諸侍奉官各退就位輿繖等亦退通事舍人引羣官俱退於太極殿門外就次以俟虞祭所由陳設衞如式典儀設太尉司徒宗正卿禮儀使及諸行事官位於東階之東設太祝等位於公卿之前少南又少南設典儀位俱西向典儀帥禮生二人先就次立禮生乃引太尉司徒以下祭服立於左延明門外之南北向西上光祿卿帥其屬捧饌立於太尉司徒之東太祝帥齋郎奉祝版立於饌東立定禮生通引太尉司徒以下入就位通事舍人分引羣官皇親諸親皆素服各入就位侍中版奏中嚴皇帝素服就次光祿卿帥其屬捧饌入俟於東階之前太祝帥齋郎捧祝版立於其南光祿卿帥其屬并設禮甒酒罇於帷門外前楹中間之東北向西上設篚於罇西實觶一杓一皆有冪設罍洗篚於東階之東北向罍水在洗東篚在洗西南肆實爵二巾一有冪執罍洗者

立於其後侍中版奏外辦近侍扶引皇帝再拜通事舍人分贊羣官在內外位者哭拜禮生引禮儀使省饌訖升就禮官升位後光祿卿帥進饌奉饌司徒捧俎光祿卿引饌及諸執事官並升自東階設於帷東門外席上訖降復位太祝捧祝版升立於罇所執罇篚者各立於罇篚之後禮儀使導皇帝於饌東西面禮儀使跪奏請皇帝止哭奉奠承傳內外皆止哭太祝以觶酌醴齊於皇帝之左跪進皇帝受醴齊跪奠於饌前俛伏興太祝持版進神座之南北面跪讀祝文訖奠版俛伏興禮儀使導皇帝復位跪奏請再拜皇帝再拜禮生引太尉亞獻終獻訖降復位如常儀通事舍人分贊內外哭再拜禮儀使又跪奏請再拜俛伏興皇帝哭再拜奉禮郎傳贊內外再拜禮儀使跪奏禮畢俛伏興近侍扶皇帝還閤羣官等俱退太祝乃跪匱神主遂閉帷門降出內侍之屬及行事者皆出祝版焚於左延明門外百寮乃於太極門外奉慰如常儀每虞日朝哭禮皆準此

祔廟

祔廟前二日告遷其禮如常告之儀所出先備腰輿等井舁人告訖太尉先匱代祖神主奉遷於西夾室

埳中鐍閉如式次膢輿還第三室神主入第二室宮闈令令捧后主先置於埳室太祝奉帝主復置於埳室俱東向次還第四室入第三室次還第五室入第四室次還第六室入第五室次還第七室入第六室次還第八室入第七室次還第九室入第八室皆如上儀入埳室皆鐍閉訖次所司移幄等物依次各還入本室訖其九室應緣幄帳香案斧扆席褥等所司先造其日陳設於室中其代祖室舊帳幄等物並移於西夾室中虛設鐍閉如式將遷代宗睿文孝武皇帝所司先擇日奏定散下所由各供其職應用法駕

鹵簿黃麾大仗前一日陳設及太廟四門量設方色兵仗如上儀將作監先清埽廟之內外京兆府修路從承天門向南至太府寺南街向東入太廟三門又向南又向東至廟南門宗正具祔饗料差三公及應行事官齋戒如常饗儀又申太極殿告靈座料如前式太樂令設登歌於太廟殿上並如常式尙舍於廟南門道西設神主幄座東向幄內設牀席褥黼扆香案如式內中尙先造栗木主并匱及趺祔前一日盛以緗覆以帕置於腰輿詣廟南門幄帳中太祝捧置於座上遒下簾帷內侍省量差中官侍衞禮儀使奏

請差題神主官即以饗前一日尙舍具香湯并題神主席褥內中尙具浴神主盆并白羅巾光漆筆墨等詣於幄帳中禮儀使與題神主官等其日質明詣幄下太祝以香湯浴栗主拭以羅巾題栗主官盥洗捧栗主就褥題云代宗睿文孝武皇帝神主墨書訖以光漆重模之遂捧授太祝受詣帳座置於匱中所在侍衞如式前一日尙食與西內使計會鴻臚除太極殿上白幕並以吉模代之殿中省除版城太僕進玉輅於承天門外當中南向及諸輦輅羽儀仗衞繖扇陳設於玉輅前左右金吾引駕所由陳布如式太常

奏前一日之夕嚴警於承天門外之南皇城留守奏祔饗日質明開朱雀門大內留守與內檢校使奏開太極殿門嘉德門承天門衞尉於太極殿門外廊下量設文武百官次又於太廟南門外量設百官次於道東如在太極殿庭儀先奏靈座祔之日質明宗正卿帥執饌齋郎光祿卿帥太官長醞實罇俎籩豆并應行事官皆祭服序列於左延明門以俟至祭時應行事官詣太極殿東階下西向序立典儀於太極殿庭布文武官皇親諸親位如常儀俟祭官欲升殿行事時通事舍人引文武百寮等常服入就位禮生贊

衆官再拜。在位者皆再拜。尚輦帥腰輿香案繖扇入
詣殿庭階下。分東西立。侍從官攝侍中中書令以下。
並列位於左右序立。太僕進玉輅於嘉德門外。當中
南向。禮生引祭官等行告禮如常儀。告訖。宗正卿光
祿卿帥齋郎長祠徹饌。禮官引侍中升。尚輦帥腰輿
升詣帳座前。其繖扇侍臣等夾於階間。侍中進跪於
帳前。西向。奏請降座升輿。祔廟內侍奉几置輿上。太
祝匱神主。捧置輿上几後。扶持降自西階。繖扇侍臣
夾引以出。自太極殿門中門出。在位文武百官及皇
親諸親等便從神輿而出。至嘉德門。分左右序立。神

輿至玉輅後。侍中跪奏請降輿升輅。內侍捧几置輅
中。太祝奉匱升輅。千牛將軍夾輅而趨。出承天門五
十步。侍中進當輅前跪奏請敕侍臣上馬。侍臣等皆
上馬。鼓吹振作。其文武百官等候玉輅出承天門。各
逐便路先赴太廟南門。次以俟神輿鹵簿至廟門西
三門。鼓吹止。分左右以俟。饗禮訖退。其儀仗等並於
廟南門分左右列位。俟饗禮畢退。玉輅既發赴廟。尚
舍收拆殿上帷幄及版城等。應合收者與檢校使計
會處置。其日太廟祔饗應緣齋戒齋官陳設罇彝酒
醴坫爵省牲告潔進署祝版陳設樂器並如東饗常

儀。玉輅將至廟西門。尚舍奉御設奉謁褥位於廟庭
橫階南。當中北向。奉禮郎於廟南門外稍南設文武
百官及皇親諸親位。如太極殿庭之儀。又於廟庭橫
階南設文武百官及皇親諸親位。亦準此。通事舍人
引文武百官及皇親諸親等常服就南門外位。禮生
引應饗官俱祭服。立於廟東門外。北向西上。位立。又
禮生引禮儀使御史以下執事官等先入當中階北
向立於褥位之南。禮生贊再拜。禮儀使御史以下皆
再拜訖。引自東階升。各就位。次引司空入就位再拜。
行掃除訖。降復位。禮官與太祝自西第一室開埳室

捧神主匱置於幄中。近東啟匱出神主。捧置於座几
後趺上。次宮闈令入室捧后主匱置於幄中近西。啟
匱出后主。置於座几後趺上。自第一室至第八室皆
如上儀。訖。並齋郎室長各於本室依儀出入。須知次
序。太祝退立於罇坫所。宮闈令退就階下執事位。玉
輅既至廟南門。迴輅南向。侍臣等序列於輅前。神輿
入幄。則侍臣立於幄門外。尚輦帥腰輿進輅後。侍中
跪奏請降輅升輿。詣幄座內。侍捧几置輿上。太祝捧
神主匱置輿上几後。遂昇詣幄座。內侍捧几置座上。
東向。太祝捧匱置几後。訖。禮生於廟東門引行事官

太尉以下入就廟庭位西向立其殿上御史禮官太祝樂官等各逐便自東西階上相向序立候神主升殿却復階下位侍中進於幄座前跪奏請降座升輿祔謁内侍捧几置輿上太祝捧栗木神主匱置几後禮官引入通事舍人引文武百官皇親諸親自南門外分左右從入就東西班位立神輿至廟門繖扇分左右立於門外神輿至廟庭禘位侍衞各退就本班太祝捧匱跪置於禘座匱出神主置於趺上訖侍中進於禘位西北面跪奏稱以今吉辰代宗睿文孝武皇帝祔謁奏訖俛伏興退少頃侍中詣禘之西東向

跪奏請升輿祔饗俛伏興退降就本班太祝進跪於禘位捧神主匱於輿腰輿既升禮官奉引神輿詣元宗室太祝跪捧神主匱置東壁下祔位禘上西南退立戶外少頃太祝進就禘跪捧神主置於輿奉引入第九室至帷座前内侍捧几置於幄太祝捧神主置於曲几後趺上其匱置於几東近後腰輿退於幄座之西近北舁腰輿所由並降自東階由廟東門出神主置座訖禮生贊再拜太尉以下及應在位官並再拜禮生謝太尉之左白有司謹具請行事登歌奏永和之樂九成畢禮生贊再拜太尉以下及在位者皆

再拜禮生引太尉盥洗執瓚升詣從西第一室酌鬱鬯登歌作太尉入室神座前祼訖奠瓚於饌席俛伏興退出戶北向再拜次引詣第二室次引詣第三室次引詣第四室以至第九室皆如上儀訖登歌止引太尉降復位太祝奠毛血之豆禮生引司徒執俎入自正門俎初入門雍和之樂作饌升階樂止禮生徹毛血之豆降自東階以出詣太祝取蕭蒿焚於爐炭饌升設訖齋郎降自東階由廟東門以出禮生引太尉盥洗執爵奏自第一室至第八室各奏本室樂至第九室奏保太之樂行饗禮亞獻終獻並如常饗之

儀訖降復位登歌作太祝各入室徹豆還罇所登歌止禮生唱賜胙又唱再拜衆官應在位者皆再拜其三獻官不拜永和之樂作禮生又唱再拜在位者皆再拜樂一成止禮生進太尉之左白禮畢禮生引饗官自東門出通事舍人引在位羣官南門出太祝入室各匱神主納於埳室如常儀禮官帥腰輿詣廟門南幄下太祝捧桑木主并匱置於輿遂自廟門南西偏門舁入詣廟殿北簾下兩階之間將作先具鍬钁穿坎方深令可容木主匱遂埋之而退明日百寮及皇親諸親詣延英門進名奉慰如常儀

小祥變

前二日。內所司先具八升練布冠衰裳腰絰等。光祿卿具太牢饌。宗正進署祝版。前一日之夕。毀廬爲堊室。尚舍奉御設蒲席於室內。內所由陳練冠於別次。其日依時刻。內所由先入。整拂几筵。薦香燭於靈前。內外及百寮俱服衰服去杖。通事舍人引就位。侍中版奏外辦。皇帝服衰裳絰去杖。近侍扶就位。西向哭。內外在位者皆哭。十五舉聲。禮儀使奏請再拜。皇帝再拜。內外在位者皆再拜。近侍扶皇帝就次。所司以練布冠衰裳進。內服訖。內外及百寮各服其服。通事舍人引百寮入就位。立定。近侍扶皇帝就位。哭踊。內外百寮皆哭踊。光祿卿引饌升。設於靈幄前。太祝以爵酌醴酒。禮儀使奏請止哭。內外俱止哭。太祝以酒爵授禮儀使。禮儀使受酒。跪進皇帝。受酒。跪奠於饌前。俛伏興。少退。太祝持版跪於饌前。近南北向讀祝版曰。維年月日。孝子嗣皇帝臣某敢昭告於考大行皇帝。天禍所鍾。攀號無及。以日易月。奄及小祥。煩寃荼苦。觸緒糜潰。謹以一元大武。柔毛剛鬣。明粢薌合。薌其嘉蔬。嘉薦醴齊。祗薦祥事。尚饗。讀訖。禮儀使奏請再拜。皇帝哭踊再拜。內外在位者皆哭踊再拜。

皇帝還次。通事舍人引群官退。其奉慰如常儀。

大祥變

祭前二日。內所司先具大祥服。光祿卿具太牢饌。宗正進署祝版。前一日之夕。將作塗堊室。內所由陳大祥服於別次。其日未明。內所由先整拂几筵。薦香燭於靈幄前。內外百寮俱服衰裳去杖。至傳點時。通事舍人各引入就位。侍中版奏外辦。皇帝服衰裳去杖。近侍扶就位。西向哭踊。內外在位者皆哭踊。十五舉聲。禮儀使奏請再拜。皇帝再拜。贊者承傳。內外在位者皆再拜。訖。禮儀使奏請止哭。就次變服。奏訖。與禮官等趨出。近侍扶皇帝就次。變大祥服。內外百寮皆就次。變服素服。訖。各入就位。立定。近侍扶皇帝就位。哭踊。禮官省饌。光祿卿引饌升。設靈幄前。太祝執爵酌醴酒。禮儀使奉引皇帝稍進。詣饌前。禮儀使請止哭。內外俱止哭。太祝以酒授禮儀使。禮儀使受酒跪進皇帝。受酒跪奠於饌前。俛伏興。少退。太祝持版於饌前北向讀祝文。訖。禮儀使奏請再拜。皇帝哭踊再拜。贊者承傳。內外在位者皆哭再拜。十五舉聲。禮儀使奏禮畢。與禮官等趨出。近侍扶皇帝還次。通事舍人引群官序立太極門。百寮奉慰。訖。以素服詣延英

門起居

禫變

其日百寮早集西內入就位侍中奏辦並如大祥之儀皇帝服大祥服近侍扶就位哭十五舉聲禮儀使奏請再拜皇帝再拜贊者承傳百寮在位者皆再拜禮儀使奏請就次變服皇帝就次除大祥服服素服百寮趨入就位立定近侍扶皇帝入哭踊內外百寮皆哭踊禮官省饌光承卿引饌升陳設酌奠亦如大祥之儀太祝讀祝文訖禮儀使奏請再拜皇帝哭再拜贊者承傳內外百寮皆哭再拜訖禮儀使奏禮畢遂與禮官趨出近侍扶皇帝還次通事舍人引百寮序出至太極門外進名奉慰訖各服驂公服便詣延英門起居明日平明皇帝改服驂吉服其百官驂公服至山陵事畢乃服常公服通典

案元陵代宗陵名代宗以大歷十四年十月己酉葬元陵真卿為禮儀使殷亮撰真卿行狀云今上諒闇之際詔公為禮儀使先是元宗以來此禮儀注廢缺臨事徐創公惟搜禮經執直道而行已今上察而安之前後取定儀注合門生左輔元編則此儀注為真卿所定無疑舊唐書藝文志有真卿禮樂令十卷此卽禮樂令之一也

唐文拾遺卷之二十一

榮祿大夫三品頂戴前分巡廣東高廉道加四級臣陸心源輯

李林甫

全唐文三百四十五有傳

度支長行旨符奏

租庸丁防和糴春綵稅草諸色旨符每年一造據州府及諸司計紙當五十萬張仍差百司抄寫事甚勞煩條目既多詳檢難遍（通典作已）緣無定額支稅不常亦因此涉情兼長姦僞臣今與採訪使及朝集使商量有不穩便於人非當土所出者隨意沿革務從允便

即人知定準政有常文（唐會要作政必有常）編成五卷以爲長行首冠（唐會要作常行旨符）省司每年但據應支物數進書頒行每州不過一兩紙仍附驛送（通典二十三　會要五十九）

定天下贓估奏

天下定贓估互有高下如山南絹賤河南絹貴賤處計贓不至三百即入死刑貴處至七百已上方至死刑即輕重不侔刑典安寄請天下定贓估絹每匹計五百五十價爲限（唐會要四十）

徐珙

珙洛陽人天寶中進士

唐故使持節上柱國□君夫人邱氏墓誌銘

（上缺四字）壬午元祀季□月六□□故率府郎上柱國□君妻邱夫人疾終于洛陽永泰里之私第享年六十夫人諱教字教昔先祖仕于宏農遂家於彼本望出于河南其長源茂族蓋史牒詳矣曾祖□隋朝議大夫□州湖城縣令大父闓皇朝議郎□州司馬烈考方皇朝隱于華山高尚其事□積德承慶根□□克昌（缺三字）人□馬夫人□溫和之心承柔順之教忠已□于□陵□□載（缺三字）誠□□宗其祭如在事上敬謹身□□愛下已先□□歲宜室宜家六親仰其婦

道母道三德敷聞鳳凰雙飛自得和鳴之樂琴瑟合調無忘在御之歡昔（缺三字）今則見於是矣嗚呼信（缺三字）痛君子之先傾□不□□俾我躬之永謝福善之應神何食言內則云亡人將安旋惟三祀甲申春□□月乙□朔廿日甲申葬于河南□□之北原從祔禮也長子漪咸安郡艮山縣尉次曰瞻並欒欒在疚□大連喪哀哀色極逾高柴之毀珙以情因世故義叶通家而二子求蒙祖述言不盡意銘而識之銘曰盛德之後子孫其昌惟我夫人令淑□彰脩身無忝宜家有（缺五字）今也則亡陟彼岵兮瞻望父陟彼屺（缺十

字居伊水之東龍門之下泉扃壹閉銘兮千古古誌石華

周珍

珍天寶間國子進士

唐故河南宇文府君墓誌銘并序

公諱琬字琬代郡武川人也炎帝爲所出之先普回曰受符之祖則有定侯岳峙文皇龍躍承家翊魏開國稱周弈葉英華斯爲盛矣曾祖洪亮皇靈州迴樂令祖指皇綏州義合府左果毅父延陵皇朝議大夫授絳州司馬雖從事鞅掌而遊心澹泊垂裕積慶寔生我公洪惟執志謙默有質端偉義存展惠德不近

名空素業能資乏絶狎朱門匪高軒冕事親孝而奉兄友訓家儉而育子慈慕君平而取給欽仲長而不仕於是人倫遐矚聲芳坐馳族兄故黄門侍郎嘉而悦之因而器之而後朝選尙其不干祿能幹人之蠱匪墆財多克家之譽矢死不倦輸誠靡他嗚呼積善無據享年未永春秋六十一以天寶三載六月五日歿新昌里之私第其載十月廿日窆於萬年縣龍首原禮也盈里閭而悽慟及路衢而悽惻伯亡友焉如歸違外舅乎猶子感夫男明敏而趍德女柔䘵而有則未畢婚娶如何憫凶六人天水趙氏桃李猶春室

家承式痛孀嫠而俄及念遺孤而無怙嗣子遂遂等奄茹荼蓼永違顏色旣號天靡訴庶刻石銘休知余先人之故也將志其事能旌其德撫孤泣且敢不欽承雖荒唐無取申梗概而爲誌矣銘曰

和惠因心謙冲自得持身無玷睦親垂則其一昔爲英胄今在齊人退思赤族不慕朱輪其二投迹塵俗勞形奔走和光葆眞人先己後其三天乎不傭羅是鞠凶俄然永隔仰止無從愁扃荒壠泣樹孤松冀星霜兮長垂令問託金石矣銘彼高蹤其四石刻

范朝

朝天寶間廣文館進士

唐故武部常選韋府君墓誌銘并序

君諱瓊字瓊京兆杜陵人也漢葉崇盛丞相乃擅其名唐業克昌逍遥遂因其號君之苗裔即其後也曾祖元整皇中大夫使持節曹州刺史上柱國祖琳皇益州成都縣令父景皇廣平郡肥鄉縣令並箕裘嗣業弓冶克傳殷仲文之風流潘安仁之令譽君幼年好學書劒兩全茂郄詵之登科慕班超之投筆封侯未就遘疾俄臻神草無徵靈芝靡驗以天寶四載十二月廿九日終于濮陽郡九隴縣之私第春秋卌有

六嗟乎梁木斯壞哲人其萎織婦罷機舂人不相以
十四載五月十三日卜葬於長安縣永壽鄉畢原祔
先塋禮也南臨太一北帶皇城地勢起於龍䖍山形
開於宅兆肖子晉居喪有禮毀瘠劬勞泣血三年絕
漿七日輀車永掩奠徹長施恐筮短之龜長懼陵遷
而谷徙式鐫貞石用紀芳猷乃爲銘曰
帝堯之裔豕韋之枝温恭其德淑慎其儀佳城鬱鬱
玉黍離離月懸新壟松疏舊碑墳塋改變陵谷遷移
萬古幽室滕公瘞斯石刻

丁鳳

鳳鄉貢進士

唐故河南府參軍張君墓誌并序

君諱軫字季心其先范陽方城人也曾祖玄弼皇秀
才擢第拜長安尉益府功曹贈都督安隨郢沔四州
諸軍事安州刺史祖柬之秀才擢第宗社艱難時危
反正特進中書令監修國史上柱國漢陽郡王本州
刺史食封七百戶碩德金章勳庸茂績傳諸國史備
列先碑父漪秀才擢第朝散大夫著作郎佐父潛謀
能安漢室建策除凶獻議如昌功亞朱虛侍歸疎受
君則著作之第四子聰含誕孕度積公忠體峻晴峯

神高秋色傅母罷乳羶腥靡嘗岐嶷有成詩書便覽
往昔中宗復辟邪黨搆端大父被奪鳳池歸來典郡
見君性不食肉幼及成童奏爲梵苑沙門配居龍興
精舍載離及紀材必爲時君謂釋門之道也祈沒後
之因儒門之教也救當今之弊脩惠狹於善己濟世
博於蒼生返初服於巾簪捨緇流而冠帶屬天波昭
滌祖廟立宗支子從班大才誰繼喟然曰吾當擅鴻
筆取青紫即冑太學舉秀才無何拜河南府參軍以
秀才有後也况官參河尹攝綰府曹墳藉文章儒宗
墨客虛心待士散俸歸仁餘慶未融斯文乃喪味不
知窔以逮于終以開元廿年六月五日遘疾不祿於
洛陽陶化里私第春秋卅六嗚呼知音者莫不云變
風雅之篇什寘江山之清潤方經國而可大尚沉跡
而未光痛昭世之早歸乃邦家之殄瘁有集三卷行
於代
夫人安陽邰氏備佩針管修整組紃事姑側聽於雞
鳴作嬪潔羞於荇菜訓子得義方之蠱孀居存師傅
之儀早歲專德於公宮晚載修心於釋典以天寶四
載六月十七日寢疾終於故里私第享年卅有九越
天寶六載十月十二日合祔于安養縣栢城里先祖

之舊塋禮也嗣子曰纆曰繙欒欒相撫哀哀相弔愷悌孝友閱禮言詩既積學而含章亦高墉而射隼文也事夫終遠弄瓦存卑相對悲號皇皇孺慕將題實錄用敘哀詞銘曰

軒轅垂裳支裔分張子孫范陽奕葉全昌從宦遷徙茅舍金章其一猗歟君子炳靈代起文章宮徵弱歲異此不食于肉歸於釋子其二飜飛國庠擢秀明發繼業聯芳忝卿洛陽嗟乎中折梁壞人亡其三夫人婉德禮全內則毋儀柔克嗣子食國駈馳文墨呱呱相向銘誌將勒其四石刻

張晏

晏天寶中奉義郎行儀王府兵曹參軍

大唐清河張府君墓誌之銘并序

公諱璬字承宗清河東武城人也弧星命氏鵲印傳芳歷三代以相韓因五星而輔漢可謂世載其美矣曾祖濡隨開府儀同三司江南遼東二道行軍摠管衛尉卿上大將軍文安縣開國公食邑壹千戶謚曰莊德懋懋官功懋懋賞勳賢之業克備于茲祖孝雄唐尚輦直長湘源縣令鄯府司馬鳳藿是訃鸞庠作化以資佐理實在題輿考敬之侍御史司勳郎中韓

封縣令漢州刺史太府卿禮部侍郎稍署霜威肅衣冠於北闕含香伏奏振起草於南臺三異久聞六條遊闡愷司出納光我禮闈公即侍郎公之元子也弱歲以宿衛出身中年因常調糜職授秦州參軍事子卿之秩未展驥於長衢王佐之木且忝名於州縣方將陟遐自邇必復於公侯寧謂夜壑舟移遽先於風燭秀而不實良以悲夫以神龍二年十一月十一日終于東京溫柔里之私第享年叁拾有陸夫人瑯琊王氏祖方茂伯祖方慶唐中書令同中書門下平章事承相門之慶緒得女則之深規識稟天資禮踰師訓貞芳懿範穆以姻親服瀞齋心恭於祠祀將福壽於餘慶何積仁而不昌以開元拾柒年柒月貳拾五日遘疾終于東京壽安縣之別業享年七十有二並以天寶十二載二月十二日同歸祔于京兆府金城縣三陂鄉舊塋東北卅二步禮也嗣子恆前饒陽郡鹿城縣丞行為物範材實天經徒積慕於高堂竟流悲於風樹九原長往萬古何追痛泣血以銜哀期貞石以表德俾余作□用紀玄扃者歟其銘曰

鍾鼎承家軒裳祖德相韓繼代輔漢表則勳賢克備邦家允塞弈葉傳芳威儀不忒邈哉懿範寔曰哲人

才摽吐鳳業著成麟二命非偶二豎何親舟移夜壑年天靑春中野言歸卜宅于此日下荒隴煙埋蒿里颼颼松風哀哀孝子昊天罔極生涯已矣石刻

王叔通

叔通開元中鄮邑令

唐故了緣和尚靈塔銘并序

開元廿六年歲戊寅七月既望了緣禪師圓寂其徒奔相告且求銘焉師蔣姓少多慧悟十三出家自號了緣嘗遊於吳會間乙卯遇余於毘陵叩之釋典無不通曉年四十渡江而東見鄮雖海濱而山川頗幽邃遂結茆以終老焉余來鄮甫三月簿書卒卒欲造未果而遽得其耗嗚呼豈所謂大解脫歟時道臘六十有二銘曰

人各有其天舉世孰能全明心見性厥惟了緣石刻

杜敏

敏開元中國子進士蘄州刺史

尊勝經幢銘

孔子曰西方之人有聖者焉不言而自信不口而自理豈非口口口也哉所謂尊勝經缺五字而有横所念心口之所口必能左缺八字莫梧缺四字孝友

口口十室忠信缺四字專諸缺十一字始至也缺五字元聖缺五字生豈惟口口色空口口魔妄而已爲之銘曰

崇口者缺書寶口口自重下缺石刻

吉溫

溫故宰相頊從子楊國忠引拜御史中丞安祿山薦爲武部侍郎以誅死

處分朝參不到奏

朔望朝參望自今以後除仗衛官外餘官不到兩人以上者及本司官長各奪一季祿五人以上者奏聽處分至冬應合著袴褶并珂繖若不具者請準勅彈奏唐會要二十四

蕭諒

諒天寶中御史中丞京畿採訪使與兄誠皆名能書

員外官不許知事奏

近緣有勞人等兼授員外官多分判曹務頗多擾前件官伏望一切不許知事如正員官總闕其長官簡清幹者權判並本官到日停唐會要六十七

戴德永

德永湖州餘不鄉人

請析置武源縣奏

武康東界一十七鄉枕溪帶通舟楫饒魚稻桑竹茗蘆之利請以其地析置一縣吳興志

李昇

昇開元末官衛府卿

行從隊仗送納武庫奏

諸衛行從及冬正等甲仗袍襖旗幡每年行幸溫湯及冬正陳設兩京來往諸衛將軍事畢後多有污損逾限不納又比年因溫湯行幸所由便奏勒留至冬至及元日隊仗用以此淹久便長姦源兼恐迴換望自今以後每事了限五日內送納武庫如有違限所

由長官及本官望請科違勅罪其典量決杖仍不在奏留之限唐會要六十五

鄭權

權開元中官橫海軍節度使

請置歸化縣奏

當道管德州安德縣渡黃河南與齊州臨邑縣鄰接自灌家口草市一所頃者成德軍于市北十里築城名福城割管內安德平原平昌三縣五鄉置都知管勾當臣今請於此置前件城緣隔黃河與齊州臨邑縣對岸又居安德平原平昌三縣界疆境闊遠易動難安伏請於此置縣為上縣請以歸化為名唐會要七十一

張瑄

瑄太府少卿

賒糴加價折納奏

準四年五月八日并五載三月十六日勅節文至貴時賤價出糶賤時加價收糴若百姓未辦錢物者任準開元二十八年七月九日勅量事賒糶至粟麥熟時徵納臣使司商量且糶舊糴新不同別用其賒糶者至納錢日若粟麥雜種等時價甚賤恐更迴易艱辛請加價便與折納唐會要八十八

李知柔

知柔開元中為淮南採訪使按與唐書宗室傳嗣薛王知柔別

考滿年不得給假奏

縣令考滿準格交付戶口倉糧臣近巡按諸州多有考秩向終替人未到請假便去望每至考滿年州司不得給假如有先請假未還考滿者勒到百日內却赴任準格交戶口倉糧違者量殿三數選唐會要六十九

王翼

翼開元中司農少卿

孟月給祿奏

應諸司諸祿望準開元二十八年十月十五日敕並令孟月三旬內給了仍望預分請氏每司一時分付訖其歷便封送當寺若逢陰雨倉司灼然事故未得給者當日牒上所由待給諸司畢後準前勘會分付 唐會要六十六

李通

通開元時御史大夫

朱衣袴褶準式奏

每至冬至及緣大禮應朝參官并六品清官並服朱衣餘六品以下許通著袴褶如有緣故準式不合著朱衣袴褶者其日聽不入朝自餘應合著而不著者請奪一月俸以懲不恪 唐會要二十四

包融

融潤州延陵人官集賢院學士與賀知章張旭張若虛齊名舊唐書作湖州人佶之父也

道亂贊序

沙門道亂年三十三立才獨行亦猶山有鳳凰之雛林養猊之子凡百羽毛之族莫不祗畏 吳興藝文補

崔厚

厚字致之官右司員外郎司勳郎中歷諫議大夫

駁郭知運謚議

郭知運承恩詔葬向五十餘年今請易名竊謂非禮謹按禮經云禮時大又曰過時不及為禮也昔衛公叔文子卒將葬其子戍請謚於君曰日月有時將葬矣請所以易其名者蓋以時不可踰也今知運既名不浮行數紀之前門生故吏已合謀謚今乃申請竊將有為而為其子英乂頃屬多故屢制方隅朝廷策勳位崇端揆附從者竊不中之禮會無妄之求况今裂土者接軫專征者百輩若率而行之雖曰無請不惟有司疲於簡牘抑恐名器等於草芥雖欲曲全竊將不可又禮經云已孤暴貴不為父作謚若知運合謚而不以其時則嗣子廢先君之德若不合謚而苟遂其志則先君因嗣子而見尊以僕射而言既詒越禮之誚以國家而言又殊旌善之體請下太常寺重議 唐會要七十九

辛鶩

鶩天寶時人

唐隴西尹公浮圖銘并序

惟夫智度至廣聖迹彌深實相現而功德是萌無為

開而□娑乃作故眞常□寂而寂用無方般若□眞
而眞□羣像所以道從果起法逐緣生童□發聚沙
□凡長老布黃金之迹者也督有清信士隴西尹公
字守珪海童弘遠博涉道門玄妙無方何所不應父
思禮□跡塵俗丘園養眞味清白以道□觀袍□而
自適夫人范氏四德咸備溫貞自恭獻龍女之珠行
超十地□韋寶之□□□三乘（缺八字）舉□□其心□
無亢兮少有善譽不幸短命春秋廿有九（缺四字）三載
已月六日遇疾（缺）傶我良人哀百身之不留痛二親
之若剖嚴父哭喪明之□□慈□泣血之身□彻（缺）

少習內則貞順自閑事翁姑無毫髮之憾敬□僧有
非常之節公自喪此男腸斷疾（缺）賊以般若冰洗清
□心知是病是見□□生若滅□捨之財以天寶十
四載四月（缺）男元□敬造石浮圖一所上干霄漢旁
映丹霞光耀壁臺（缺四字）金繩□道（缺）聰疑翻花而下
聽□彈磨琢藝極丹青妙□如在結心是話□曰□
□□眞（缺）仙一顛非一世之心九層希九族之福今
合門志請□思覺（缺）士魏事彌陀父母之懷至誠所
至敎遂聞風隨募（缺）釋迦作教其法唯雄有爲成象
無髓不空（缺）煩惱破暗如燈偃邪猶草（缺四字）賦象至

廣耳□又元載彤載必貞□壁飛層遙（缺五字）翻紫□
□鑪饒香煙道□三界善積千年錫彼□耆永茲福
田天寶十四載八月廿七日書記（潞縣金石錄）

劉庭玲

庭玲天寶中人

大唐故安鄉郡長史黃府君夫人彭城劉氏龕銘（并序）

昔貴立德立言垂範垂訓光而不朽其在茲乎夫人
諱字彭城人也擾龍肇裔斬蛇不緒保姓受氏不隕
其名曾祖行之唐蒲州永樂縣丞祖延祐安南都護

父含章雍州長安縣尉乃祖乃父克岐克嶷文史縱
横衣冠疊耀夫人柔儀穎晤淑問載馳年纔既笄歸
于江夏黃擕公歷試郡縣懷寶無時屈已從人推財
重義挹醍醐之正味□般若之妙門爰寫藏經或崇
塔廟夫人虔事舅姑恭勤夙夜內則閨壼中闈聿修
男女二人不幸早夭掌失□珠雖空弁玉若敖之鬼
不其餒而伯道之魂天何殄嗣既而猒居累載靜念
安神五福甦僁百齡俄奄以天寶十三載□月廿一
日寢疾終於東京宣教里之私第春葬於龍門南西
山淨土村太平□律師之塔北長史之龕傍合祔禮

也九原悽愴逝矣難迴兩劒悲鳴翻然冀曉庭玲寸宦夢鬭哀苦交集雪涕援翰實曠徽音偉蘭菊之長存蕩金石之無替銘曰

龍門峨峨兮白水湯湯鶴林□□兮玄室光光矧伊人兮宅兆□幽魂兮□蒞何千齡兮□奄忽緬萬□兮垂芳石刻

雷賓泰

賓泰天寶中人

大唐故處士陪戎副尉雷君墓誌銘并序

君諱詢字明遠關內馮翊郡人也德能匡俗垂賓光

於先功可濟時福慶流於後故祖路膊兮雄勇風骨不凡鬱兮清雅神彩異俗應前隨以見用位列錦司入大唐而昇朝職臨司馬父通上柱國智可運籌德堪濟物不徇私門唯憂報國揮霜戈於隴外戎虜電除耀金甲於輪臺骨都膽讋功成遂退賞悅丘園知命無憂自怡風月君稟陰陽之秀氣天地之雄和維孝維忠克恭克敏虛心應物任性歸眞坐幽壑以怡神臥白雲而放志將爲羨門比壽豈其孔父齒亡以天寶五載六月五日搆疾於私第終於家第夫人趙氏道叶坤順德配乾剛性以謙約爲本行以溫柔作常訓女垂誡教男義方還居均善於孟母守志伴貞於敬姜何寶婺之昔殞乃龍劍之今淪同臻玉匣雙契佳城書帳虛而欽跡粧樓空以生塵幽顯既分死生道隔降婁次諏訾月合葬於仙宮原侍光塋也孤子賓泰敬思遺訓伐稱泉壤以爲銘其詞曰

凜兮儼兮家國稱美倩兮絢兮閨闈有軌道契神明德伴君子動止不乖於町畦心形豈違於天理任物同物委體從流泯然形順脩然入幽琢石鐫銘兮光德芳聲不朽兮千秋石刻

杜鴻漸

全唐文三百六十四有傳

停讓帝等廟四時享獻奏

讓帝七太子廟等停四時享獻每至禘祫之月則一祭焉樂用登歌一部時獻俎樽之禮同太廟一室之儀唐會要十九

與楊祭酒書

顧渚山中紫筍茶兩片此物但恨帝未得嘗實所歎息一片上太夫人一片充昆弟同啜吳興藝文補

張孚

全唐文三百六十五有傳

州縣官三考一替奏

今年五月十九日制州縣官自今已後宜令三考一替者今數州申解疑三考後爲待替到便爲勒停今望令校三考官得待替到替人不到請校四考後停唐會要六十九

于休烈

全唐文三百六十五有傳

當祭而日食奏

臣謹按曾子問曰當祭而日食其祭也如之何夫子曰按祭而已矣牲至未殺則廢漢初平四年正月當

祭南郊日蝕又行冠禮博士孫與八座議以爲正月元日太陽虧而冠有祼獻之禮有金石之樂是爲聞災不嚴肅見異不怵惕也望下太常別擇日其二日祭太一準禮儀物同祠所既緣日蝕各守本司亦望同下太常更擇日唐會要二十三

蔡希綜

全唐文三百六十五有傳

法書論

余家歷世皆傳儒素尤尚書法十九代祖東漢左中郎邕有篆籀八體之法六世祖陳侍中景歷五世伯祖隋蜀王府記室君知咸能楷隸俱爲時所重從叔父右衛率府兵曹參軍有鄰繼于八體之蹟第四兄絳氏主簿希逸第七兄洛陽尉希寂並深工章隸頗爲當代所稱也周宣王史籀作大篆秦始皇程邈改爲隸書東漢上谷王次仲以隸書改爲楷法仲又以楷法變爲八分其後繼蹟者伯喈得之極元常或其亞草聖始自楚屈原章草興於漢章帝楷隸則曹喜師宜官梁鵠皇象羅景趙嗣邯鄲淳胡昭杜度窮草法則崔瑗崔寔張芝張昶索靖衛瓘衛恒羲獻宋齊之間王僧虔羊欣李鎮東蕭子雲蕭思話陶隱居永

禪師唐初房喬杜如晦楊師道裴行儉高士廉歐陽詢虞世南陸柬之褚遂良薛稷其次有瑯琊王昭宗潁川鍾紹京范陽張庭珪亦深有意焉父兄子弟相繼其能者東漢崔瑗及寔弘農張芝與弟昶河東衛瓘及子恒潁川鍾繇及子會瑯琊王羲之及子獻之西河宋令文及子之望東海徐嶠之及子浩蘭陵蕭誠及弟諒如是數公等並遭盛明之世得從容於筆硯始其學也則師資一同及爾成功乃菁華各擅亦猶綠葉紅花長松翠栢雖霑雨露孕育於陰陽而盤錯森梢莘茸豔逸各入門自媚詎聞相下咸自我而

作古或因奇而立度若盛傳於代以爲貽家之寶則八體之極是歸乎鍾蔡草隸之雄是歸乎張王此四賢者自歎百載來未之逮也右軍筆陣圖云夫三端之妙莫先用筆昔李斯見周穆王書七日興歎哂其無骨蔡尚書入鴻都觀碣十旬不返嗟其出群近代已來多不師古而緣情棄道纔棄姓名夫書匪獨不調端周正先籍其筆力始其作也須急向疾不鷹視鵰遊信之自然猶鱗之得水羽之乘風高下恣情流轉無礙蔡中郎云欲書先適意任情然後書之若迫於事雖中山之毫不能佳也次須正坐靜慮隨意所

擬言不出口氣不再息則無不善矣凡欲結構字體未可虛發皆須象其一物若鳥之形若蟲食木若山若樹若雲若霧縱橫有託運用合度可謂之書昔鍾繇與胡昭俱能爲行狎書繇初師劉德昇後傳蔡邕筆法由是學之致妙繇臨終於囊中出授子會曰吾精思三十餘年行坐未嘗忘此常讀佗書未能終盡惟學其字每見萬類悉書象若之止息一處則畫其地周廣數步若在寢息則畫其被皆爲之穿用其功如此右軍云夫書之爲意取數非一故紙者陣也筆者刀矟也墨者鍪甲也水硯者城池也本領者將帥也心意者副將也結構者謀略也颺筆之次吉凶之兆也出入者號令也屈折者殺戮也若欲書先乾研墨凝神靜慮預想字形大小偃仰平直振動令筋脈相連意在筆前然後作字若平直相似狀如算子便不是書但得其點畫耳昔宋翼常作此書翼繇外甥也叱之翼遂三年不敢見繇潛心改跡每畫一波常三過折每作一點常隱鋒爲之由此而成晉太康年有人於許下破宋公墓遂獲此法審此而行用筆之理明矣右軍云若作點必須懸手而爲之若作波抑而復曳忽一點失所若美女之眇一目一畫失所如

壯士之折一肱可謂難矣每字皆須骨氣雄强爽爽然有飛動之態屈折之狀如鋼鐵爲鉤牽掣之蹤若勁針直下主客勝負皆須姑息先作者主也後爲者客也既搆筋力然後裝束必須舉措合則起發相承輕濃似雲霧往來舒卷如林花間吐每書一紙或有重字亦須字字意故殊何延之云右軍書蘭亭每字皆措別體蓋其理也時議多之右軍每歎曰夫書者玄妙之伎自非達人君子不可與談斯道右軍之蹟流行於代眾矣就中蘭亭序黃庭經太師箴樂毅論大雅吟東方先生畫贊文咸偶得其精妙故陶隱居

云右軍此數帖皆筆力鮮媚紙墨精新不可復得右軍亦自訝焉或佗日更書無復似者乃歎而言曰此神助耳何吾力能致又云吾少學衞夫人書將謂大能及過江遊諸名山見李斯曹喜書之許見鍾繇梁鵠書又之洛見蔡邕石經又於從兄洽處見張昶華岳碑始知學衞夫人書徒費年月於是遂改本師新於衆碑焉是知學成非一師之能致非好奇博藝之士不能存之予頃嘗爲一體書賦亦略陳梗概今復論之用臻其理夫始下筆須藏鋒轉腕前緩後急字體形勢狀如蟲蛇相鉤連意莫令斷乃須簡略爲向

不貴繁冗至如稜側起伏隨勢所立大抵之意圓規最妙其有誤發不可再摩恐失其筆勢若字有點處須空中遙擲下其勢猶高峯墜石又下筆意如放箭箭不欲遲遲則中物不入然則思於草蹟亦須時時象其篆勢八分章草古隸等體要相合雜發人意思若直取俗事則不能先發於牋毫張伯英偏工於章草代莫過之每與人書下筆必爲楷則云怱怱不暇草書何者若不以靜思閑雅發於中慮則失其妙用也以此言之草法尤難仲將每見伯英書稱爲草聖衞瓘索靖俱効於張亦各得其妙議者以爲衞得伯

英之筋索得伯英之肉漢魏以來章法彌盛晉世右軍特出不羣穎悟斯道乃除繁就省創立制度謂之新草今傳十七帖是也子敬以來學者雖各擅其美故亦抑之遠矣邇來率府長史張旭卓然孤立聲被寰中意象之奇不能不全其古制就王之內彌更減省或有百字五十字字所未形雄逸氣象是爲天縱又乘興之後方肆其筆或施於壁或扎於屏則羣象自形有若飛動議者以爲張公亦小王之再出也旭常云或問書之妙何得齊古人曰妙在執筆令其圓暢勿使拘攣其次識法須口傳手授勿使無度所謂

筆法也其次在布置不慢不越巧使合宜其次變通適懷縱合規矩其次紙筆精佳五者備矣然後能齊古人僕嘗聞褚河南用筆如印印泥思所以久不悟後因閱江島間平沙細地令人欲書復偶一利鋒便取書之嶮勁明麗天然媚好方悟前志此蓋草正用筆悉欲令筆鋒透過紙背用筆如畫沙印泥則成功極致自然其蹟可得齊於古人又崔長史云其爲書也推意結字以斷天下之疑垂明示象以紀天下之德山川草木反覆於寸紙之間日月星辰迴環於尺牘之上漢光武以中興之主急在安人乃至去上林

池籞之官廢騁望弋獵之事其以手賜萬國者皆一札十行細書成文也靈帝時中郎伯喈碩學多聞經籍去聖人久俗求正定六經靈帝許之遂令伯喈丹書於碑使工鐫刻立於太學門外于時晚儒後學咸取正焉觀視摹寫車乘填溢豈惟一臺推妙十部稱賢而已哉古之君子夙夜强學不寶尺璧而重寸陰或緝柳編蒲或聚螢映雪寢食靡暇冀其業廣匪直祿取一朝故亦譽流千祀勉旃爲之 書苑菁華十二

按與全唐文三百五所收不同

崔仲海

仲海元宗朝官元氏縣丞

縣令龐履温清德碑陰記

古人有以覩河洛而思缺義自參毗佐三考于茲初□□他邑□或承乏外攝亥年以郡□丁賦而役在使乎迨歸府從事一周星矣自公之暇聽誦輿人故宰龐公其人亡其德不朽有政理碑在龍山觀事往歲遷久之不樹埋沒空院人莫能知今良宰李公德厚君子繼美前政宣滯德音乎嘗試論之不謀同志乃觀其所製永差遺烈屬秋時霣澍雨深苺苔林石傾欹文字隱翳□僕者刷清塵驥命匠人揆度形勢審龜背以勘碑喜魚頭之全魯上唱下和封之建之庶黄繭之詞昭然可見墨綬之美永矢不諼時上獲寶符建元之十有四載冬孟□哉生魄縣丞博陵崔仲海字長□□□并記 常山貞石志

張尹

尹南陽人

燈臺頌并序

夫大覺希夷夢以聲色法門高炬普燎羣生即無因之因照有道之道也故知不爲人我□宗稱涅槃佛號燃燈由來授記爰以村坊道俗同造石臺良工琢磨超乎法相且天開寶塔有諸異香地踴蓮花無□清淨種種微妙莊嚴道場其猶以燈燃百千炷□佛明行故號長明乃爲頌曰

忽兮恍兮天中天佛與法兮世所先明一心兮遍沙界傳一燈兮照大千復說理門無住相復說董修有福田欲解大乘明解縛去就還須到本原十地流通無罣碍萬法圓融即涅槃借問此臺能供養永□終朝常洞然　大唐天寶十一載七月十五日造 常山貞石志

唐文拾遺卷之二十二

榮祿大夫三品頂戴前分巡廣東高廉道加四級臣陸心源輯

賈至

全唐文三百六十六有傳

百家類例序

以其婚姻承家冠冕備盡則存譜大譜所紀者唯尊官清職傳記本原分爲十卷爰列百氏其中須有部折各於當族注之通爲百氏以隴西李氏爲第一（唐會要三十六）

王縉

全唐文三百七十有傳

大臣入朝見百寮奏

春秋之義臣子一例今後有大臣入朝百寮望請朝罷于中書行相見之禮其宴餞准故事于鴻臚亭集（唐會要二十四）

劉晏

全唐文三百七十有傳

懇讓吏部尚書表

伏以天官之職師在冢卿任當選仕之權班居諸曹之首至密者可以啟事至明者可以論材內者無能何堪就列且轉輸之務國家之常千倉萬庾陛下之粟也篙工檝師陛下之人也縱萬億及秭達于京師邦賦獲船軍儲克贍此亦常理于臣何功況受任以來淹引歲月減耗頗有委積非多經費所支尚貽聖慮在臣之責實亦難逃夙夜惕厲不遑寧處豈敢取衆人之力以爲己勞守臣下之分因而受賞速其官謗素以朝經顧迴霞光乞寢前命（冊府四百六十四）

檢點祭器奏

諸色祠祭委禮儀使撰禮料爲常式祭前點檢祭器及饌物明衣有不在者所由量事料決其行事官若

出齋宮及不到明衣及料不得妄（唐會要二十三）

包佶

全唐文三百七十有傳

請詳定開元時令奏

開元刪定禮記月令爲時令其音及義疏並未刊正其開元禮所與月令相涉者請選通儒詳定（唐會要七十七）

明立私錢賞罰奏

江淮百姓近日市肆交易錢交下粗惡揀擇納官者三分纔有二分餘並鉛錫銅盪不數斤兩致使綃價騰貴惡錢漸多訪聞諸州山野地窖皆有私鑄轉相

貨易奸濫漸深今委本道觀察使明立賞罰切加禁斷唐會要八十九

社稷改用太牢奏

春祭社稷准禮天子社稷皆太牢至大歷六年十月三日勅中祀少牢社稷是中祀至今未改唐會要二十二

劉秩

全唐文三百七十二有傳

政典

我皇帝思侔前古永傳後裔下無山甫將明之亦乃聽百藥偏昧之說從羣臣之小議挫為國之大經設

爵無土署官不職王澤不布人無承化遂令刑辟未弭國用不殷權柄擅于后氏社稷絕而復存揆久安之由在于取順而難為逆絕欲奪之原在于單弱而無所憚此即事之明驗也百藥不詳秦漢晉宋齊隋得失之異謂不足法復忽淯于賈曹劉陸成敗之說委之天命天之所命人事而已棄人事捨天理滅聖智任存亡也故建侯者所以正家嫡安父子之分使不相猜貳豈藩屏王室已哉夫先王之尚封建也非止貴於永久貴其從化而省刑故郡建則督責督責則刑生國開則明教明教則從化從化之行因於封建封建則諸侯之制與天子備同備同而禮殺禮殺然後可宣教化宣教化則仁義長仁義長則尊卑別尊卑別則禍亂息此封建之所以易為理也郡縣之理可以小爲不可以久安可以責成不可以化俗嗚呼上無堯舜猶可也有堯舜之德欲廣其澤捨此何以哉自漢以降雖封建失道然諸侯猶皆就國今封建子弟有其名號而無其國邑空樹官僚而無莅事聚居京華食租衣稅國用所以不足也唐會要四十七

李玭

全唐文三百七十三有傳

選人自覓保識官奏

宗子諸親齋郎室長選人準格每年遣諸陵廟丞等充保識官今請選人自于諸司求覓清資及在任宗子京官充保識以憑給解伏乞編入吏部選格以為久例唐會要六十五

柳渾

全唐文三百七十七有傳

請改名奏

頃為狂賊點穢臣實恥稱舊名矧字或帶戎時當偃武請改名渾南部新書

李泌

全唐文三百七十八有傳

學士去大字疏

伏蒙以臣爲集賢殿大學士竊尋故事中書令張說中朝元老碩德鴻儒懇辭大字衆稱達禮其後至德二載崔圓爲相加集賢殿大學士其後因循遂成恆例伏望削去大字崇文館大學士亦準此（唐會要六十四）

歸崇敬

全唐文三百七十九有傳

上丁釋奠講論奏

上丁釋奠其日準舊例合集朝官講論五經文義自大曆五年以前常行不絕其年八月以後權停講論今既日逼恐須復依舊奏（唐會要三十五）

請罷袴褶奏

按三代典禮兩漢史籍並無袴褶之制亦未詳所起之由隋代以來始有服者事不師古請罷之（唐會要二十四）

御署祝版奏

每年春秋二時釋奠祝版御署訖北面而揖臣以爲其禮太重按大戴禮師尚父授周武王丹書武王東面受之請參酌輕重庶得其宜（唐會要三十五）

嚴武

武字季鷹房琯薦爲執事中坐琯事貶巴州刺史入之擢劍南節度加檢校吏部尚書年四十卒

御史給公乘奏

應在外新除御史赴臺停止店肆事亦非宜仍令所在給公乘發遣以爲永例（册府）

巴州古佛龕記

巴州城南二里有古佛龕一所右山南西道度支判官衞尉少卿兼侍御史內供奉嚴武奏臣頃牧巴州其州南二里有前件古佛龕一所舊石壁鐫刻五百餘鋪劃開諸龕化出衆像前佛後佛大身小身琢磨至堅彫飾甚妙屬歲月綿遠儀形虧缺乃掃拂苔蘚披除榛蕪仰如來之容爰依鷲嶺祈聖上之福新作龍宮精思竭誠崇因樹果建造屋宇叁拾餘間并移洪鍾壹口莊嚴福地增益勝緣焚香無時與國風而蕩穢然燈不夜助皇明以燭幽曾未經營自然成就臣幸承恩宥馳赴闕庭辭日奏陳許令置額伏望特旌裔土俯錫嘉名降以紫泥遠被雲雷之澤題諸紺宇長懸日月之光兼請度無色役有道行者漆僧永以住持俾其修習勅旨其寺宜以光福爲名餘依奏

元三年四月十三日 金石苑

韓濟

濟乾元中大理評事巴州長史

唐救苦觀世音菩薩像銘

茲救苦觀世音菩薩像者巴州刺史嚴武奉報烈考中書侍郎遠日之所鑿也乾元二年正月十三日大理評事兼巴州長史韓濟銘曰

於鑠使君孝心不忘□□菩薩靈相克彰昊天永永思報無疆□□岳岳庶乎有常 石刻

崔巨

巨字爲式大歷中右補闕殿中侍御史

大唐宣州刺史薛公碑

按新安志九及寶刻叢編十五引復齋碑錄皆作崔巨撰文見全文闕名今存其目

獨孤及

全唐文三百八十四有傳

鄭駙馬孝行記

特進駙馬都尉滎陽鄭潛曜字某五字英華作鄭睿曙潛曜其字宗外孫元宗之甥代國長公主之才子也睿敏而文生知純孝開元中長公主寢疾公年二十八牖燧侍左右帶不解面不醴者累月嘗藥請禱憂懇備至而疾無瘳乃刺血濡翰書爲策英華作祭祝請命于上下神祇願以身代親之身乞靈祈死泣盡繼血既而誠達於神感而遂契徹筵俟命焚其章草英華作畢獨神道許三字在乎二字作存於煨燼之中翌日長公主疾間公固命左右勿敢言於其請天之章公之客尹靈珠之辭也向微靈珠言之則人莫知之者矣君子謂天道遠人道邇其死生冥運吉凶陰騭未嘗與人英華作天同功也而孝子竭誠上元爲感神符靈貺來若響答乃知行或精至則幽明英華作冥不能逃其應而況人乎鄭氏

之行其事親也可謂孝矣惟武王周公與天合德三壇之祝宜有丕應若公者也英華作地在綺襦紈袴之中非有植璧秉珪之禮而精誠上之神亦降福非德性純至其孰能致感如此其速者歟公開元二十八年尚元宗第十二女臨晉長公主公主柔明而賢輔佐以禮公力行好學處貴不驕跋履夷險無替忠信歷太僕光祿嗣滎陽郡公佩金印列長戟垂三十餘載克荷大業而崇其家聲善而必慶爲不誣矣懼他日史氏闕疑也故著之於篇 本集

田伏寶

伏寶恆州人。

造象刻經記

弟子田伏寶爲先亡父兄見存母弟往爲門齋十善不樹福緣姪巖殞命於同羅女子夭辭於白日虔心告佛罄志歸依敬就三門石柱刊阿彌陀佛審多心經以乾元元年四月五日鐫鏤功畢桑海有改變遷移經像固存乎不朽合家眷屬法界有緣同霑斯福。常山貞石志

賈耽

全唐文三百九十四有傳

華夷圖玉山記

玉山與天際勢聯北斗又名玉斗山循山之麓升降凡十有五里至大洋坂地寬曠約數百畝而奇峰秀巖怪石深池環列于前後左右眞仙靈之窟宅也山有龍潭一十八際又有二十四奇曰玉瑯峰銀尖峰七盤峰獅子峰石牛峰雲蓋峰蟠龍峰金雞墩洗墨池望香墩九蓮池天門峰飛泉峰屏風峰誓坡石浴佛池彩霞巖過雲洞連理木天聖松金剛嶺石鼓山羅漢峰志初巖眞一邑勝概之尤者也故縣亦由此名。游名山記

劉太眞

全唐文三百九十五有傳

請道供紙張奏

準貞元元年八月二日勑當司權宜停減諸色糧外紙數內停減四萬六千張續準去年八月十四日勑修寫經書令諸道供寫書功糧錢已有到日見欲就功伏請於停減四萬六千張內却供麻紙及書狀藤紙一萬張添寫經籍其紙寫書足日即請停又當司準格楷書八年試優令所補各皆不情願又準今年正月十八日勑諸道供送當省寫經書及校勘五經

學士等糧食錢今緣召補楷書未得解書人元寫經書其歷代史所有欠闕寫經書畢日餘錢請添寫史書。唐會要六十五

王璥

全唐文三百九十五有傳

唐故朝議郎行登州司馬上柱國王府君墓誌銘并序

公諱慶字弘慶東萊掖人漢議郎扶卽其先也崇勳重爵允光前史休風茂範克被後昆祖桓隨任齊州錄事參軍考暹隨任濟州東阿縣令並容表魁傑儀

神穎悟雖位不充量而行足揚名公幼得奇童之目早標正人之稱多才藝尙沖蔚隱不違親貞不絶俗年甫弱冠河濟名流翕然已想望其風矣龍朔初刺史河南卬孝忠褰襜海甸下車未幾便引公爲談客時高麗餘孽作梗遼川詔徵舟師濟自黃腄卬君以公有深謀遠算遂要在中權同郗超之入幕類田疇之出塞閲賞酬庸拜上柱國軍罷勅授昭武校尉營州都督府瀘河鎭將馬邑蕭條龍山阻絶肅恭王事余病未能久之除雅州和州鎭將昔我先君嘗旋軫於九折顧惟嶽尙願栖閑於一卬是時太夫人在堂有羸老之疾公孝性純懇興言飲泣衣不解帶藥必親嘗居喪之禮哀毁過制萬歲通天元年白虜趑趄鋒交碣石青林失律火照甘泉天子詔左衞將軍薛訥絶海長驅掩其巢穴飛蒭輓粟霧集登萊監軍御史范玄成與公素遊揖公清幹且以務藺得兼統押乃密表馳奏朝廷許焉俄除朝議郎行登州司馬仍充南運使恩命光臨飭躬就列情勤悅使義篤均勞粃粟齊山飛雲蔽海三軍歎□僉曰得人聖曆年運停還任公雅愛虛寂林壑之致始終不渝雖躡塵滿䟽常嘯詠無輟昔桓溫每云我方外司馬豈斯之謂歟何圖天屬不戒奄從化往春六十七以神龍元年十一月二日卒於官舍嗚呼哀哉夫人同郡吕氏夙履舊族言容夙備作配君子宜其室家而與善徒欺未秋先落粤開元九載龍集辛酉十一月甲辰朔六日己酉昭啟靈殯合葬於掖城東南五里岡掖山之陰禮也嗣子瀛州司戶參軍璥處孝出忠自家形國啼枯栢樹思結寒泉勒豐石於夜臺播餘芬於永世銘曰

偉哉華胄世濟賢秀猗歟若人不忝其舊幼有令名長□宦情飛談入幕堅臥辭榮始乃事親終惟報國方舟轉饟遼水無極展驥來旋仁風允塞雅懷未愜痼疾彌留荒涼池館零落山卬匆埋同匣樹聳行楸蒼蒼日暮煙鳥空愁（石刻）

臧希晏

希晏寶應初左金吾將軍

街鼓減常式奏

諸街鋪鼓比來依漏刻發聲從朝堂發遠處每至夜纔到伏望今日已後減常式一刻發聲庶絶違犯（唐會要七十一）

王淑

淑乾元中右金吾長史

醫術請同明法奏

醫術請同明法選人自今已後各試醫經方術策十道本草二道脉經二道素問十道張仲景傷寒論二道諸雜經方義二道通七以上留已下放又尚食藥藏局請同典膳局太醫署請同大樂署（唐會要八十二）

胡詹

詹永泰中幽州節度判官兼掌書記朝議大夫行監察御史（按新順天府志作明詹）

大唐故高士滎陽鄭府君之碣

府君諱忠字惟忠滎陽人也其先出自周宣王母弟友受封於鄭（缺六字）為（缺六字）代為韓□侯後以國命氏枌榆甲族緇美滎陽閥閱名賢散居天下七代祖覽河間太守封鄭亭侯生幽州錄事參軍昌昌生高祖武淸令羅漢屬隋室土崩豪傑雲起有若竇建德者聚兵稱亂圍逼武淸時獨堅守孤城確固臣節□紳堯蹊祁壯之加右衛大將軍宰縣如故進封永年公食邑一千戶茲邑建功之地子孫克守動業至今家焉生曾祖諱贊贊生□祖諱□志俱以儒術著聞頻徵有道不起生皇考諱承　楊公

問罪東夷請於幕府以豹畧謀於軍事及還恥受封賞之功拂衣高蹈以例授陪戎副尉上護軍終不言祿節也府君卽副尉之元子風概天資碩德山立長材偉貌虬髯虎膺心游六經家□二事孝悌仁信禮讓溫恭皆發於自然如竹箭之有筠也早勤色養不願從仕中服儒行不沽於名晚固幽貞不趨於世是以鄉黨三薦孝廉皆不之應其晦跡也恬然靜默其偶俗也同為滑和致身於木雁與物為芻狗謂為嘉隱不處於山林謂為趨榮不覲於朝市人徒識其貌不測其心徒仰其高難師其行至於王霸大略馭人體要守宰欽風諮謀政術者踵至於門矣他日嘗獨立謂其子希潮吾闚測天道靜觀人事九六之運莽卓之灾將丁聖代爾當堅秉誠節勤修令名嗟吾道衰自恐不免居十數歲果安氏逆命竊據洛陽將欲崇式貞賢輝光僞位以府君林廬潛蹈馨香遠聞姑欲縶維允塞人望迫令强起尉於長豐則知烏戾於天雲羅得之魚潛在泉川罟得之僞命逼於正人烏可脫也雖欲逃於天穴於泉其可得乎史氏繼亂抑授東光縣丞轉奉義郎左衛尉兵曹參軍上護軍旣曖宿心曾不視事拂衣解印請留幽都闔門靜居屏

弃塵事獨與一二道者遊息乎家園幽賞琴壺倚傲雲月進則□爲退能全高卷舒在懷語默兼遂君子曰智哉以大盜未清沉憂成疾年五十七壬寅歲夏四月乙亥傾背於挹樓里之私第冬十月聖上翰四滑清三光凡拒凶徒特加超授議者以府君遇亂脅從失節無據逢時旌善生涯不留悲夫故書曰高士成府君之志也夫人彭城劉氏柔順以成孝貞正以起家蕙心先□椒頌仍在丙申歲夏五月二十有七日先府君而終享年五十有三嗣子希潮血毀長號骨立過禮以今年十有二月庚申安神於武清縣西北崇

仁鄉白塔東北原合祔於先塋之左喪事向倫奉遺誡也夫聳曾峯者磐乎厚地濬洪流者發自深淵府君德邁於前錫羡於後故嗣子以功驟遷金紫光祿大夫歷太僕卿文安郡別駕轉殿大監幽州節度判官上柱國位雄卿月文頌國風佐理鄭南惠懷邑屋運籌薊北磔裂儋林鬱此國楨獨耀鄉錦得非府君善訓積慶之祐也以爲曠先搆者匪仁揚美名者謂孝況白華之悲罔極緇衣之頌未傳儋與殿監在幕密交匪才見託俾颺先碣永示後賢詞曰

於赫我祖滎陽系先顯允烈考分族居燕才用駿發心機鏡懸芥視小節雄成大賢其一大賢伊何以孝忘仕忘仕伊何屢薦不起博考墳籍工言政理邁爾凶徒玷我良士其二身攏僞祿口吟歸田獨與道者同栖浩然閉門柳□虛室草玄遽從零露俄悲逝川其三角立貞臣慶流賢子卿月高懸堯天佐理政必移風清逾飲水柴也泣血杖而後起其四怙恃合祔毀瘠偏增途搖白旐棺飾黃腸山門寂寂隴樹蒼蒼兼茲幽鐫永播清芳其五

石刻

陰庭誠

庭誠大歷中鄉貢明經攝燉煌州學博士

大唐隴西李府君修功德碑記

上缺飛閣□□霞遶依□□居□出入境聖□時照一川星懸□鐘字缺四雷□靈仙鬼物往往而在屬以賊臣千□□寇字缺四地維暴殄天物東自隴坻舊陌走狐兎之群西盡陽關遺邑聚豺狼之窟□木夜警和門晝扃塔中委塵禪處生草時有住信士朝散大夫鄭王府諮議隴西李太賓其先指樹命氏崇氣度流沙之西刺山騰芳□名感懸泉之下時高射虎入望登龍開國西涼稱藩東晉諮議郎與聖皇帝十三代孫遠派天分世濟其美靈根地植代不乏賢六代祖寶

隨使持節侍中西陲諸軍事鎭西大將軍領護西戎校尉開府儀同三司沙州牧燉煌公玉門西封邑三千戶曾祖逵皇燉煌司馬其後因家爲祖操皇大黃府車騎將軍考奉國皇昭武校尉甘州和平鎭將早逢昌運得展雄材一命是彦雲之資百齡懷捧日之慶垂條布穎業繼弓裘築室連閭里成冠蓋難兄令弟卓然履道之賢翼子謀孫宛爾保家之主諸議天授宿粹神假正直交遊仰其信鄉黨稱其仁義泉深沉酌而不竭道氣虛遠感而遂通窅以爲挹江海者難測其深淺望乾坤者不究其方圓況色空皆空性

相無相豈可以名言悟豈可以文字知夫然故方丈小室默然入不二之妙智度大道法爾表無念之眞以其虛谷勝聲洪鐘應物所以魔宮山圻佛日天開愛水朝濤昏衢夜曉一音演法四衆隨緣直解髻珠密傳心印凡依有相即是所依若住無爲還成有住由是巡山作禮歷險經行盤迴未周軒檻□斷刻削有地締搆無人遂千金貿工百堵興役奮鎚鑿壑揭石晤山素涅盤像一鋪如意輪菩薩不空羂索菩薩各一鋪畫報恩天請問普賢菩薩文殊師利菩薩東方藥師西方淨土千手千眼觀世音菩薩彌勒上生下生如意輪不空羂索等變各一鋪賢劫千佛一千軀初坏土塗旋布錯彩豁開石壁儼現金容本自不生示生於千界今則無滅示滅于雙林考經尋源備物象設梵王奉世佛母下天如意聖輪圓轉三有不空妙索維持四生人其報恩天則請問六牙象寶擔紫珮以棲眞五色獸玉載青蓮而捧聖十二上願列於淨刹十六觀門開其樂土大悲來儀於鷲嶺慈氏降跡於龍華丕休哉千佛分身聚成沙界八部敷衆重圍鐵山希夷無聲悉窣欲動爾其簷飛鴈翅砌盤龍鱗雲霧生于戶牖雷霆走於階陛左豁平陸目極

遠山前流長河波映重閣風鳴道樹每韻苦空之聲露滴禪池更澄清淨之趣時節度觀察處置使開府儀同三司御史大夫蔡國公周公道治生知才膺命世清明內照英華外敷氣邁風雲心懸日月文物居執憲之重武威當杖鉞之雄括囊九流住持十信爰因蒐練之暇以申禮敬之誠揭竿操矛闐戟以從蓬頭胼脇傍車而趨熊羆啟行鴛鴦陪乘隱隱軫軫蕩谷搖川而至於斯窟也層軒九空複道一帶前引簫唱上干雲霓雖以身容身投跡無地而舉足□足登臨有階目窮二儀心出三界有若僧政沙門釋靈悟

法師即諮議之愛弟也戒珠圓明心鏡朗徹學探萬偈辯折千人出火宅於一乘破空遣相指化城於四坐虛往實歸於是引兄大寶弟朝英姪子艮子洨子筆子羽等拜手於堦下法師及姪僧志融斂袂於堂上曰主君恤人求瘼戡難濟時并稅且均家財自給是得旁開虛洞横斂危樓將以翼大化將以福先烈休庇一郡光昭六親況祖孫五枝圖素四殺堂構兒隆詒厥無慚非石何以表其貞非文何以紀其遠且登高能賦古或無遺遇物斯銘今豈遐弃紛然遁進來以求彖蔡公乃指精廬而謂愚曰操斧伐柯取則不遠屬詞比事固可當仁仰恭指歸俯就誠懇敢□□其狂簡庶髣髴於真宗□大歷十一年龍集景辰□□□有十五月辛未建西域水道記

第五琦

琦字禹珪以吏幹進官諸道鹽鐵鑄錢使進度支郎中兼御史中丞拜同平章事貶忠州長史起爲朗括饒湖四州刺史終太子賓客東都留守

常平倉奏

海州置常平倉及庫使自商量置本錢隨當處米物時價賤則加價收糴貴則減價糶賣唐會要八十八

請旌表竇升朝二女奏

軍天縣竇昇朝二女伯娘仲娘雖長於村野而幼有志操住與邠州接界草賊數千人持兵刃入其村落行剽劫聞二女有容色姊年十九妹年十六歲藏於巖窟間賊徒擬爲逼辱乃先曳伯娘出行數十步又曳仲娘出賊相顧自慰行臨谷伯娘曰我豈受賊污辱乃投身於谷賊方驚駭仲娘又投於谷谷深數百尺姊壽卒仲娘脚折首破血流肢體氣絶良久而蘇賊義而去冊府一百三十九

錢庭篠

庭篠大歷中官秘書省著作郎

唐故太中大夫太常寺丞兼江陵府倉曹張公墓誌銘 并序

公諱銳字郯侯姓張氏清河人也派引南陽光連景宿儀以縱横爲秦相禹以經術作帝師盛烈茂勳代有人矣曾祖志鄜州洛交縣令祖彥昇贈鄭州長史父愔朝議大夫虢州長史公虢州之長子也生則秀異幼而聰敏雅傳黃君之經深得臨池之妙未弱冠入仕以門蔭宿衛解褐授右司禦率府兵曹至德中充四鎮節度隨軍判官知支度事轉恆王府掾加朝

散大夫轉光祿丞賞有功也屬西蕃未靜國步猶虞或從幸關東或隨軍幕下爭奉使宣傳聖旨陷沒賊庭者久之公辯說縱橫權謀應變陳之以禍福懼之以威嚴既廻有詔特遷太中大夫蜀王府司馬嘉其節也公以恭承睿略遠仗天威於我何功固辭不拜前後三□方允乃授今任焉由是恩制授太夫人長樂縣太君禮有崇也以板輿迎侍于江陵申祿養也公幹於從事清有吏能勤勞自公出納惟悋且夫奉使不屈忠也揚名立身孝也方期積慶用以成家天道何常降年不永以寶應二年正月廿五日歿于

江陵府之官舍春秋廿有七以今大歷九年歲次甲寅三月四日癸卯窆於京兆之鳳栖原從太君之新塋也濟濟春雲垂陰陌樹冥冥厚夜獨閟幽泉嗟兩散以風搖空父臨而弟拜銘曰

後生可畏兮誰與爲徒張氏之子兮其庶幾乎苗而不秀有矣夫庭折芳蘭兮掌碎珠太君塋旁兮左愛子千秋萬歲兮魂不孤石刻

盧元裕

元裕字子寬刑部侍郎劍南節度太原尹太子賓客

請重杖不致死奏

準式制敕與一頓杖者決四十重杖一頓者決六十無文至死式內自有殺却處盡等文即明重杖即合加數京城先因處分決殺者多一死不可復生望準式文處分或決痛杖一頓者式文既不載亦請準重杖六十例不至死冊府一百十二

韓擇木

擇木昌黎人大歷中工部尚書歷右散騎常侍

相國帖跋

相國狄公元功盛德垂之萬代顏尚書家有其請太子歸京師手奏七百餘字以示昌黎韓擇木爲書于

其後子孫寶之

張從申

從申吳郡人大歷中進士檢校禮部員外郎官至大理司直工書文弟從師從義從約稱張氏四龍

重刊季札墓碑記

夫子篆季子墓凡十字歷代縣遠其文殘缺人勞應命其石湮沒在昔開元中元宗勅王仲雍模搨其本尚可得而傳者暨大歷十四年己未歲潤州刺史蘭陵蕭定重刊于石憲章遺範以永將來吳郡張從申記汗簡卷七

李宥

宥。大歷中人。官藁城縣主簿

解慧寺三門樓讚 并序

後魏興和二年置寺。名之靜觀。大隋開皇十一載也。改創解慧。爲交。北近滹沱大川。西負井陘巨鎮。山勢邐迤。依依目前。河流潺湲。繚繞金刹。寶殿昔立。長廊舊成。門之不修。梵宮未備。□如意年中。有高僧曰寶。并世從道。秉心安禪。悟眞如。達無生。白日雨天花爲香。淸夜擁毒龍爲衞。願修佛事。隨喜興功。大聖啟心。羣生響應。乃親自仗錫詣乎山林。尋喬松。求巨石。良工

庶木。剗之爲棟。山神指石。石化爲柱。既人神乎勠力。乃何往乎不濟。然後雕朱粉鏤。文彩基上。爲門。門上爲樓。三門之義。其大矣哉。是將化羣俗崇善因。悲火宅之將焚。引凡愚於淨界。雙林之地。寶樓化域。有千般蕙草。明媚於前。列百丈喬林。鬱盤於後。清心一眺。如登刀利之天。梵宇徧遊。悉獲菩提善果。頃北虜南侵。河朔驚震。城郭宮室。列火而焚。父子兄弟。揮刃而死。大師樓上隕身而下。毫髮無傷。口誦佛頂神經。刀仗乃向身而斷。壞心持救苦之念。寶樓乃火不能燒。胡曉□羣。啟額而□。北有鴈塔。建乎齊朝。香刹上凌青雲。登陟迥超三界。爲蒼生大機。令迷津自達彼岸。鎮滹沱巨水。乃河龍不敢南侵。此乃寶公前生所造。人傳聖跡。悉有明徵。寺內耆德琢海童子出家。清心入道。爲梵宮之主。繼前聖之心上坐。崇儉□年拔衣。□立大功。建寶堂於常住。精持般若。開釋教於蒼生。同力禪宮。俱成佛事。維那法廣。性明了智。通惠爲僧衆之領袖。秉伽藍之紀綱。合寺僧徒。悉皆清淨。少長有禮。威儀不忒。持鉢同歸。想祇園而目覩。洗足圓坐。如釋迦乎斯在。□一尉於此□簿。於是向五□焉。春秋廿有四也。性狂簡。非佛法。忽經戒。傲三寶。出入以

漁獵爲樂。饍食以酒肉爲味。□逸其性。三塗業成。有大法師曰琢言。余之義兄也。身長七尺。江目海口。心明玉鏡。色淨蓮花。演大乘經。救蒼生於此邑。至四月初結夏。茲寺招余往來。初言禍福之門。再指吉凶之道。愍我如是。令歸善因。余知昔非。稽首從命。謂余曰。聖跡如是。大功無紀。千歲之末。誰人共傳。子其誌之。請不辭也。敢不承命。書詞後焉。詞曰。

大師寶公能安禪。至今日乎一百年。過門樓乎金刹前。念救苦兮賊不害。力禪通兮火不然。成大功而百三天。故有爲以入無爲。結有緣乎福無邊。大歷十二

年六月六日記常山貞石志

唐文拾遺卷之二十三

榮祿大夫三品頂戴前分巡廣東高廉道加四級臣陸心源輯

康仲熊

仲熊大歷中人

陪遂安封明府游靈巖瀑布記

縣之西有山山之巘有泉勝可知也薄游于茲懿彼幽絶不俟終日褰裳造焉遂負綠綺岸烏紗屣及於城隅杖及於通衢背山郭之縈紆乍緩步以趨縣君封公聞而喜曰興所引也我得無行乎乃命車騎邀嘉客追我於楓香之野乘我以驪眉之馬載笑載言遺谷超原於是穿窈窕躡嵯峨絲雲搏壁極乎所聞觀其陽崖劃開陰壑旁轉懸水百仞注而成潭萬象奔走以呈形羣峰回合而却倚練影挂於層漢雨聲散於長林潺潺然無晝夜而息雖天台之飛流蔑以過也吾徒盥於斯鑑於斯塵心洗然世慮都遺啜香茗以傲睨招清風而詠歌足以長道機滌煩想功名軒冕於我爲賓矧夫上隱雲天下臨佛土巖岫窅藹時人穿竊禪菴居解虎之僧洞堀棲驂鸞之客永言長往其可乎哉封公曰異乎夫子之議方今國步未安兵革多故忠臣佐世之日志士嘗膽之秋遽欲退

閼恐非通論僕曰唯唯幸無重吾過請從子而歸回首林巒謝白雲而去刻彼巖石聊紀盛游時大歷十二年暮春上巳之明日也嚴陵集

韋光輔

光輔代宗朝太府少卿

改造銅斗尺秤奏

今以上黨羊頭山黍依漢書律歷志較兩市時用斗每斗小較八合三勺七撮今所用秤每斤小較一兩八銖一分六黍今請改造銅斗斛尺秤等行用唐會要六十六

韋縝

全唐文卷四百有傳

大唐華州下邽縣丞京兆韋公夫人墓誌銘并序

維唐大歷十三年三月廿五日韋公夫人遘疾終于長安親仁里之私第夏四月□遷殯萬年縣加川鄉西原時無良禮不備故也貞元庚午歲二月廿三卜叶禮具返葬洪固鄉韋之舊塋祔皇姑也享年卌九孝子之感倍爲夫人姓王氏其先太原晉陽人也九代祖亮後魏比部尚書西河郡公尚書令中山郡王叡之弟也曾祖眞行有唐汝州葉縣令□恒怡河南尹東都留守初爲御史正憚姦息父毗京兆府奉先縣丞夫人少喪怙恃終鮮昆弟年十七歸于下邽公公五代祖孝寬周爲大司空隋爲雍州牧其後登三台列八座焜煌國史此不具舉夫人惠和懿柔稟之自然故韋□門大族茂能卑以自約秪上接下而人無閒言事姑惟勤□天以敬喻廿載婦道睦如也□子均育兒懷就傳親賢慇□母儀溫如也華靡不改欲榮耀不汨志安貧臣之尙貧知□□之未遇敬孟齊□梁鴻比德君子謂之無媿辭宜乎鍾壽昇□□何先露早世時□彼蒼仁者之感嗚呼哀哉有子五人曰縱曰紹曰系曰縮曰紓兒三年之喪茹終身之痛恭守儉爲爰卜安兆封樹將立日月有時攀塗車而莫及歎泉扃以罔極恩盡苴枲悲長霜露是用祇述景行式揚幽芳銘曰

行備德充反殯其躬哀子泣盡良人室空鋅殯還鄉魂安孝終□櫝有拆慕思無窮石刻

張延賞

全唐文四百三十二有傳

請減官收俸料資西討奏

爲政之本必先命官舊制官員繁而且費州縣殘破

職此之由臣在荊南劍南當管州縣闕官員者或數十年吏部未嘗補授但令一官假攝公事亦理以此言之官員可減無可疑也今請減天下官員收其祿俸重募戰士從支佐收復河湟軍用不匱乏矣（册府四百三十九）

陸羽

顧渚山記

全唐文四百三十三有傳

豫章王子尙訪曇濟道人于八公山道人設茗子尙味之云此甘露也何言茶名也（吳興藝文補）

韓滉

全唐文四百三十四有傳

同中書門下加俸奏

准今年四月二十八日恩勑加給京文武官九品已上正員官月俸其同中書門下平章事不帶正官勑內無額應檢校同中書門下平章事並請同正官例就一高處給（唐會要九十一）

崔造

全唐文四百三十四有傳

進狀先本司奏

亡官失職婚田兩競追理財物等并合先本司本司不理然後省司省司不理然後三司三司不理然後合報投匭進狀如進狀人未經三處理及事非冤屈輒妄來進狀者不在進限如有急切須上聞不在此限其妄進狀者臣今後請并狀牒送本司及臺府處理（唐會要五十五）

李季平

季平隴西人

唐故金紫光祿大夫試太子詹事兼晉州刺史

上柱國隴西郡開國公李公墓誌銘 并序

山有發地崛起者謂之靈岳木有梢雲梃擢者謂之長林然木之秀也遇驚風或拆山之峻也有朽壤則崩隤以人事擬其倫我李公近之矣公諱良金隴西人也五代祖儉佐高皇帝定都於雍因居幽郊子孫不遷遂傳於新平矣皇祖素嵩州眞寧宰大父亨綏州長祚府折衝烈考宗益州新繁令或墨綬馳聲或鶡冠陳力皆樹德積善而鍾美於公公即新繁府君之次子也幼而鋭敏長而英奇氣鬱風雲心堅鐵石弱冠忽投筆太息杖劍獨遊時朔方節度副使論公遇公而寘之幕下口後出奇破敵蓺難計功世年間累有遷拜日者受分符之寄於晉也人樂其化吏畏其威雖迫兇徒而身處唐郊亦懷王命而心馳魏闕間歲職營田之務於蒲也規畫疆理巡閱耕耘法立令行人莫敢犯豈意訟因小吏詞訐大臣蒼黄之際命歸不測傷哉以大歷三年七月十一日奄終於河中府春秋卌有七夫人滎陽鄭氏芳蘭之姿堅冰之操中年不幸先公而亡以廣德元年十一月十四日返口於晉州官舍享年卌有一旋以公即世之歲十一月廿六日合葬於晉城東偏龜筮叶從也嗣子季平弱而在疚哀不絕聲長號終天願言報德銘曰

長材國楨雅望人傑植性剛毅守官忠烈闕心苦節殄胥作牧吏畏人悅如何生涯忽焉寘闕秀木折蘂霜凝兮芳蘭歇千秋兮萬闕雙魂兮同穴 續語堂碑錄

王延昌

全唐文四百二十五有傳

大唐興唐寺淨善和尚塔銘

和尚姓張氏法號淨善京兆雲陽人也幼而神清長益靈悟誠請既深緣愛自淨迺授經於惠雲溯源窮委靡弗徹貫以故業行高超利益弭溥知與不知宣示咸得解脫朗悟信大道之津梁也以乾元元年二月六日告行於興唐寺門人惠信等與俗侶白衣會葬近千人焉以其年九月九日起塔於畢原高岡式昭大口庶慰永懷銘曰

佛有妙法使皆清淨世界罕聞口然莫正大哉我師降厥慈悲開示寂樂破其惑迷法相既圓色空自離

千萬大衆歎泣而隨功成身去自契自藏銘於塔石
與天同長石刻

鮑防

全唐文四百三十七有傳

停罷咸陽縣令賈全奏

準廣德二年敕中書門下及兩省官五品已上尚書省四品以上諸司正員三品已上官諸王駙馬等周親已上親及女婿外甥等自今已後不得任京兆府判司及畿縣令兩京縣丞簿尉等者今咸陽縣令賈全是臣親外甥恐須停罷唐會要六十九

徐承嗣

全唐文四百三十八有傳

日蝕退分請編史册奏

曆數合蝕八分今退蝕三分計減強半準占君盛明則陰匿而潛退請宣示朝廷編諸史册唐會要四十二

盧邁

全唐文四百三十八有傳

京兆河南兩府不勾縣案奏

伏詳比部所勾諸州不更勾諸縣唯京兆府河南府既勾府並勾縣伏以縣司文案既已申府府縣並勾事恐重煩京兆府河南府請同諸州不勾縣案唐會要五十九

徐浩

全唐文四百四十有傳

謝賜書表

臣言伏奉詔書賜臣漢故南陽郡太守鄧恢素書一十五行奇跡遠至臣孤見寡聞所未遇臣當臨倣冀日進益不任欣戴謹奉表以聞臣誠惶誠恐頓首死罪寶真齋法書贊

于頎

全唐文四百四十三有傳

別置推事文例奏

諸處推事不盡須重勘覆或有誣告等每失程期稽滯既多寃濫難息諸司及諸館驛多以大理爲閑司文牒遞報頗至稽滯失望今後各令別置文例切約所由稍涉稽遲許本寺差官累路勘覆如所稽遲處分州縣本判官請書下考諸司使本推官奪一季俸料唐會要六十六

祀武成王議

處理經恢弘祀典法施于人則祀之故追尊仲

尺爲文宣王貴德也以勞定國則祀之故追尊齊太公爲武成王崇有功也臣伏以文宣王禮樂刑政之紀爲君臣父子之節措置皇極化成人文齊日月之耿光合天地之明德其於禮物宜其優崇而武成王翼康匡周拯人靖亂功表東海道光一時推爲武宗誠謂不朽請依李紓奏爲之禘 大唐郊祀錄十

盧杞

杞字子良相德宗陰害矯譎李懷光反暴杞罪惡帝始寤貶新州司馬徙澧州別駕死按與全唐文四百

四十五盧杞別

置監考使奏

六典云中書舍人給事中充監中外考使重其事也今者有知考使無監考使既闕相臨難令詳擇請依舊置監使 唐會要五十五

黎幹

全唐文四百四十六有傳

李勉勾當京城諸街奏

京城諸街種植大歷二年五月勅諸坊市街曲有侵街打墻接簷造舍等先處分一切不許並令毀拆宜委李勉常加勾當如有犯者科違勅罪兼須重罰其種樹栽植如聞並已滋茂亦委李勉勾當處置不得使有斫伐致令死損並諸橋道亦須勾當 唐會要八十六

董晉

全唐文四百四十六有傳

昭德王皇后祔廟奏

伏惟古禮合用今年七月卒哭祔廟國朝故事高祖六月而葬睿宗十月而葬並葬訖便卒哭祔廟聖朝典故伏請遵依令所司於今月十八日已前擇卒哭位哭訖以十八日祔廟 唐會要卷三

公主出嫁行册禮奏

今月十日新都長公主出嫁行五禮準舊例並合前一日於光順門行五禮今奉勅其日早於光順門便行册禮遂爲故事 唐會要卷六

册公主典故奏

今月八日正衙册新都長公主準開元禮其日皇帝御正衙命使行册禮陳樂懸伏準貞元二年五月册嘉誠公主二年二月册長林公主皇帝並不御正殿亦不設樂懸遂爲典故 唐會要卷六

王紹

全唐文四百四十六有傳

權設幕屋爲獻懿二祖行廟奏

奉遷獻祖懿祖神主祔于德明興聖廟爲修廟未成今月十五日內移獻祖主於德明興聖廟中一處安置九室數已定請於德明興聖廟東北量地之宜權設幕屋爲行廟奉安神主俟新廟成準禮遷祔神主入新廟每至禘祫年各於本室行享禮 唐會要卷十四

陳設四室權安神主奏

請於德明興聖廟添造兩室奉安神主今緣就舊廟增修則德明興聖廟殿南垣內陳設四室權安神主庶爲宜稱 同上

王涯

全唐文四百四十八有傳

均攤南鄭欠稅奏

興元府南鄭兩稅錢額素高每年徵科例多懸欠今請於管內四州均攤代納二千五百貫文配蓬州七百五十貫集州七百五十貫通州五百貫巴州五百貫 唐會要八十四

桑叔文

叔文貞元時左衛率府騎曹參軍

唐故淮南節度討擊副使光祿大夫試殿中監兼泗州長史上柱國北平縣開國伯田府君墓誌銘 并序

公諱侁京兆府涇陽人也鍾鼎之族被于前史高祖宏皇光祿大夫靈冀等州刺史祖崇朝散大夫恒王府司馬父仁儁朝議大夫朔州刺史並公望緊歸德映臺閣氷壺表節水鏡居心公惟岳降神妙年獨秀才高捧日詞美朝天懷百勝之謀有七擒之略故淮南節度使工部尚書潁川陳公特達見許殊禮相遇屈公入幕補節度討擊副使累奏光祿大夫試殿中監兼泗州長史上柱國北平縣開國伯且楚有子玉文公爲之側席漢有汲黯當朝爲之正色若非功高衛霍名比關張孰能有此榮貴方將匡讚台階剋隆元老何期智士石折賢人星殞積善無徵奄然辞位貞元三年七月七日告終于江都縣贊賢坊之私弟春秋五十有一未得歸其枌榆且欲卜其宅兆卽以其年八月四日歸葬于江都縣山光寺南原之塋禮也公孝德純深風表墙仞舒卷風雲之際從容淮海之間挺生不群保此全德一朝休息平生已矣豪梁之上無復魚臺仲蔚之廬空餘榛棘嗚呼哀哉乃爲

銘曰
森然秀氣鬱爾嘉猷彎弧月滿長劔星流肅肅轅門
稜稜霜氣日耀金戈雲連鐵騎南陽菊散西鄂芝沉
摧殘壯志埋沒雄心琴覆弦亮書埋簡落平陵松樹
潁川石㙞曠野蕭條悲風寂寞石刻

李說

進甘露表

說官河東節度北都留守太原尹

臣說言臣所部太原府交城縣石壁山寺今月二十二日夜甘露降于寺內戒壇西及寺外栢林上大枝

小葉無不周偏凝泫垂滴甘甜如蜜當寺臨壇大德僧慎微與僧惠廣等一十五人咸共觀嘗覆問如肰
貞元十二年九月二十五日顧氏金石文字記

裴同亮

同亮京兆人進士

唐故清河郡夫人張氏墓誌銘并序

貞元十五年十一月十二日夫人張氏奄終于長安縣懷德里之私第夫人張氏府君賈秀曾孫游擊利休之愛夫人宿丞令族天與其惠柔儀雪映志行松操至於織紝蠶饎奠祀之禮厚情周物絲竹通妙皆稟生知出為時則洎玉笄耀首至德全成求之美地嬪于張氏秦晉有疋鳳凰其儀鏡鸞無而雙影臨栢舟泛而中河娟爾乃服其浣濯皷其琴瑟內閑外恭安親惠下宿宛之容有節螽斯之慶大來黔婁之妻從夫孟軻之母訓子方侯同年也嗚呼積善無徵疾也有作山林倅色泉路何迷夫人春秋六十有已貞元十六年葬于□□□兒女四人孤幼廌行泣血白鳥祥至風樹不停神道昭感天之明察海珍撫視摧慟惜蕙筭之早落輿言輿室羌桂月之先拖哀悼痛傷骨肉持封石字永同天地之長海變桑田還識恭

墓誌銘
堂堂府君后族之長灼灼夫人宗室之光疋若秦晉睦若潘陽琴瑟堦堦鳳凰鏘鏘宜爾偕老萬壽無疆如何昊穹今也則亡重泉幽壤無見日荒壟白揚生蕭瑟石刻

史恒

恒貞元初邠州三水縣令

大唐故扶風郡夫人馮氏墓誌銘并序

夫人門傳高族鍾鼎承家既笄之年配于君子即故通議大夫行內侍省內侍員外置同正員太原王公

庭瓌之夫人也公則厲節立身忠以奉主出承王命入侍禁闈累秩成勞頻遷祿位何期不壽逝我良臣以興元元年薨於私第夫人孀居苦節備禮從家婉順執心三隨婦道常依釋衆齋戒有時早悟空緣脩持眞諦奈何積善無徵德昭禍及昔掩空堂梧桐半折今歸厚夜琴瑟兩亡嗚呼哀哉又足悲也貞元八年歲集壬申九月廿八日終於京大寧里之私第春秋五十有六即以其年冬十月廿七日合祔於長安縣龍首原送終禮也嗣子德進次子德邈次子德遜晏等孤女嬪于劉氏並號絶擗地毀骨傷神痛割於心昊天何極恐陵谷遷變託石銘云

太原王公厲節奉忠不圖早世禍降先薨郡君夫人四德能恭生之秦晉死之穴同石刻

楊自政

自政貞元初大理評事

大唐南陽張公故太原郡太夫人王氏墓誌銘 并序

夫人先袭之太原曾祖支武不墜才藝餘美隱跡邱園父處泰之二女也夫人四德備身內和外睦敬上撫下愛之六姻一念眞如脩持衆行三歸淨戒滅即示生奈何積善無徵有染來疾日月已累厚夜長歸貞元八年二月廿九日終於京長安縣義甯里之私第春秋七十有五即以三月廿二日葬于城西龍首原禮也嗣子奉天定難功臣雲麾將軍守左金吾衞大將軍兼試太常卿上柱國開國伯右神策軍副將專知苑內都巡安孤女弁于高氏並號叫擗地氣絶無聲以託斯文刻之銘記詞曰

張公之室太原郡君名家達族非智即秦前之與後永閉雙春白揚悲風傷之見人積語堂碑錄

田益

益貞元中人

唐故泗州長史試殿中監京兆田府君墓誌銘 并序

府君諱僎京兆涇陽人也曾祖宏唐故光祿大夫驃騎大將軍靈冀等州刺史祖崇朝散大夫恒王府司馬父仁儁朝議大夫祥州刺史之次子也公豁達英才氣雄志勇少參戎武累著勳業至如攻必取戰必勝安危定難只在談笑則公之德歟世不絶賢尋拜泗州長史試殿中監又歷諸府幕權摠職司則翰墨不能縷載夫人淸河冀氏淮南節度押衙開府儀同

三司檢校太子賓客景城郡王奕之長女也。皆軒冕盛族，令德備聞，輔佐君子。實謂秦晉耳。公久主强兵，屢淸淮海，功高望重，日冀遷榮。所謂公祿及二千石，壽逾百歲，奈何上天不仁，屈公以短曆。哀哉！貞元三年七月七日，寢疾歿于揚州江都縣贊賢坊之私第也，享年五十。其時道路艱阻，未獲還鄉，權卜葬于揚州江都縣臨灣坊之原也。積善無慶，夫人小因沉痼，於貞元十一年六月廿五日，又終舊室。嗚呼！漂然寄家，親故乖遠，數歲之內，淪謝相望。夫人作腹不孕，府又無別息，以姪孫益繼嗣其後，益罄其餘產，奉舉大

事。以其年八月廿七日，合祔於府君舊塋，禮也。慮恐歲月遷邁，陵谷變移，所銘貞石，期於不朽。辭曰：

功成業就兮身之云亡，事不可問兮悠悠彼蒼。駿馬錦衣兮淪形滅影，寶劔金甲兮沉氣銷光。孤墳㟅㟅兮倚雲臨水，新栢肅肅滴露凝霜。親友哭送兮從玆一別，永無返期兮泉路何長。石刻

任要

要官都督兖州諸軍事。

岱嶽觀題名

貞元十四年正月十一日，立春祭嶽，遂登太平頂宿。其年十二月廿一日，立春再來致祭，茶宴于玆。顧氏金石文字記

趙傳說

傳說，建中時人。

資陽縣法雨寺北巖釋迦牟尼佛龕頌并序

龕者，以文字之義則合加於龍。龍之德大矣哉！上古以之伏藏焉，所謂石室也。後代勤之，以佛像傳實迹於遠也。□□窮於□刼，剛石偏於沙界，用包大空。□入羣有光明，□□淸淨，龍飛善救，缺四字慈慜然。龕者乃此居士，姓左名巖，字太素，其先出於齊國，五代祖

因□派流，今爲資中人也。爰宅我居，惟桑與梓。幼而貞敏，長而能賢，家室諸和，孝友恭儉，五十餘年，人莫知也。故能靖迴脩習，體魄精凝，不□□□寶生□室，戎全缺四字膏所留處而俗化不規缺四字是片□奇匠，欲靈岑鎚未及缺四字作鏨不見鋒火，郎□熖□□□之□而□之寶貝□□於絕壁缺四字於峭嶸螺髻雲結額缺五字北峯比崇，目將南江長注，現輪王之□好，觀諸虛空而此身缺四字世界而彼佛□來。徒以寒暑之不居，閱□窮之久代，以天地之長久，悲永刼之因緣，乃爲頌曰：

離靈峯兮亘□□湛明鏡兮大龍□□□賓□兮日月輝若有人兮知四諦觀佛性兮□□際見光□兮干□□金石苑

佚銘

銘德宗朝人

大唐故昭武校尉守左驍衛將軍上柱國陳公墓版序文并序

公諱義字興厥初以大舜之褒侯于陳而氏焉敬仲已還不常其所今又爲河東人也王父克同列考福皆讀叔夜養生之論慕蔣詡斂迹之風消素自高陳于榮祿公屬天寶季祀羯胡千紀激仁爲勇移孝作忠倘定遠之從義期征虜以効節頃之官至左驍衛將軍策上柱國累有功也尋入居環衛載睦親朋方趣無生以得眞先依有相而弘法割田園之產罄俸祿之資齋筵列於皇州僧徒畢至香翰寫於玄籍唐本無遺允矣知身是幻而況於財不亦達乎將福庶類而況祖考不亦仁乎春秋七十有二願終遘疾永貞元年十月六日卒于上都金城里之私第於戲嗣子叔嵩年齒倘幼夫人河南丌氏夙有淑德嚴于壼範公之善功皆夫人佐成逮今茹荼飲泣庀于窀事

以其年冬十二月二十有五日庚申葬于長安縣龍首原禮也銘曰

倘忠好仁載經籍公實兼之成懿績作善精魂當有適順時松檟斯羃羃石刻

樊晃

晃德宗朝潤州刺史歷度支兵部員外湖陽人

杜工部小集序

工部員外郎杜甫字子美膳部員外郎審言之孫至德初拜左拾遺直諫忤旨左轉薄遊隴蜀殆十年矣黃門侍郎嚴武總戎全蜀君爲幕賓白首爲郎待之客禮屬契闊湮阨東歸江陵緣湘沅而不返痛矣夫文集六十卷行于江漢之南常蓄東游之志竟不就屬時方用武斯文將墜故不爲東人之所知江左詞人所傳誦者皆君之戲題劇論耳曾不知君有大雅之作當今一人而已今採其遺文凡二百九十篇各以志類分爲六卷且行於江左君有宗文宗武近知所在漂寓江陵冀求其正集續當論次云杜工部集

李藩

藩字叔翰少沈靖敏于學杜亞守東都表致府中張建封辟節度府官建封卒詔追入釋拜秘書郎擢吏

部郎中拜門下侍郎同平章事出爲華州刺史未行卒贈戶部尚書謚貞簡

趙郡李氏殤女墓石記

殤女李氏趙郡高邑人也小字孫二年十六貞元十七年十一月廿二日遘疾終於長安永寧里之旅舍以十二月三日窆於萬年縣高平鄉西焦村之南原從權禮也曾祖父諱畬皇國子司業贈太子賓客祖諱承皇正議大夫檢校工部尚書兼潭州刺史贈吏部尚書謚曰懿子歷淮西道淮南道黜陟使河中道山南東道湖南道節度觀察都防禦都團練等使父

藩秘書省秘書郎殤即藩之第三女也念爾稟天之和而聰明孝友得禮之節而恭敬廉讓奉上順下動無所違吾身苦病爾之疾畏吾之知吾家苦貧爾之欲亦畏吾之知涫性感人逮此增痛痛莫及矣哀如之何唯俟於吉時歸葬于故國祔我先塋之松栢從爾孝思而已矣銜涕書此用安幽魂魂而有知鑒我誠意貞元十七年十二月三日秘書省秘書郎李藩記石刻

宋井

井興元中人

魏博將校勒功銘

唐興元元年歲在甲子冬十有二月戊辰朔賊臣李希烈據江漢之陽跨淮汴之右竊□神器陰包禍謀爲蛇爲豕薦食郊□難雜中夏禍□□服帝命東□□伐叛時永平鼓行而衝其前昭義悉甲而倚其左平盧張翼而角其右我尚書田公以北鄙多虞專征楚□乃遣節度押衙後率兵馬使□符恍爲行營統軍以精卒萬騎仗律以躡其後以其月七日甲戌次于孟津遂屯于大伾之下漢營□岸而月□虜帳運山而星列乃維舟爲梁截流□度數日之後方□

□濟銳氣□集雲合九天雄後傍□霜肅萬里□□元惡芟行□□爰刊茲山□□厥事石刻

楊暄

暄貞元中宏農人按黃本題謂即天寶宰相國忠猶子非

大唐故清河張夫人墓誌銘并序

夫人號威德清河之族積善承家祖考諱延昌二女□不乏廿賢園林隱跡夫人既笄之後嫡于閻氏婉順和睦克柔母儀淑愼於家聲聞於里況乎先覺早悟色空齋戒在心持念問日奈何善不增壽命也自

來染疾月餘歲過不滅貞元八年二月廿日終於京
長安縣義寧里之私第春秋六十有九卽以其年五
月十八日擇兆吉辰葬於長安城西龍首原之禮也
嗣子庭蕚右龍武軍宿衛忠孝之道號絶過禮次子
庭珍右羽林軍宿衛邠州節度使尙書張獻甫奏赴
行營遂忠於國孝不並行報哀之情昊天何極嗚呼
痛哉又足悲也一女四德嫡于白氏半子之分禮以
恭仁攀慕痛深將刻斯石其銘曰
清河夫人嫡于閻氏二男一女忠孝誰理其一公之獨
守痛絶靈机四時定省賴之半子其二楚挽送終染疾

一周死生命也念之何求其三孤墳寂寞松柏飀飀泉
門永掩萬古千秋其四　古誌石華

唐文拾遺卷之二十四

榮祿大夫三品頂戴前分巡廣東高廉道加四級臣陸心源輯

崔儒

儒德宗朝人

嚴先生釣臺記

易象以天地交乃泰夫交者氣同道濟之謂也同則
無變濟則兼利雖君臣之殊位品類之異數其義一
焉嚴子陵與漢世祖可爲天地之交矣嚴君處道玄
寂超往返獨以輔弼爲縲紲以寵榮爲穢汚絶世高
蹈歸乎舊山斯達人之常域也世祖不以祿位抑之

不以褻祟加之其來也同寢共體其去也鴻飛雲逝
示君臣之與際存天地之易簡道泰氣同交之至也
後之人以常情所不及異而疏之飾而詞之是彰之
至樸遷於夷遂矣况今之交者權利傾弛百無一全
知人知己事皆昧絶邈想遺塵慨然興悲觀其兩峯
相嶔聳木茂植上有平田足以力耕下臨淸流可以
垂釣乃嘉遁之勝境舍此何居則呂尙父不應餌魚
任公子未必釣鼇世人名之耳釣臺之名亦猶是乎
行舟輟驅因有斯述將以誡夫僞交與貪位者豈直
紀事而已哉興元元年夏四月景辰建　嚴陵集

宋再興

再興建中時人田悅叛僞封長豐縣丞

故雲麾將軍守左金吾衛大將軍試鴻臚卿上柱國宋公墓誌銘并序

府君宋公諱儼西河郡人也宿著天雅英雄越風當才用武文烈古今料敵先鋒决勝千里衝突兵家煞氣橫屍建中二年七月出薊城奉恩命元戎朱公我神將府君朱公親領甲兵收掌恆定圍深州尅伏其年十一月破恆定節度張惟岳十萬餘人積屍遍野收聚屍骸埋築丘塚何期國家負德不與功勳反禍

燕師授太原河東節度□□惡奏先領朔方兵甲隴右道李懷光領秦兵及殿前兵馬同廿餘萬屯營魏博御河西御我幽州節度并以恆冀兵馬建中三年三月離深州至魏貝相去秦兵十里屯營再鼓烈陣弓矢相交六月卅日破馬遂兵馬廿餘萬積屍遍野血流御河我府君名將節操衝□交鋒央命於先不顧殘軀名播後世何期運命緣終逝水長流不絶卒於此日陣也享年春秋卅有八嗚呼痛哉窆矣哲仁愁雲位垂悲風慘色爲此忠劾冀國王封子長豐縣丞報其名父夫人公孫氏孀居巨歲撫育家業禮有曹家之誡孝絶孟母之葬齊眉雙明琴瑟同韻何期先窆於前卜噬良日建中四年歲次癸亥四月丁未朔廿七日癸酉葬於幽昌平縣東北十里武安鄉墳開數仞後擁月□堆阜千重橫瞻玉按右帶房山之秀左臨滄海之涯宜其備矣鐫石千古萬世銘曰

名將賢良貞幹負霜榮枯萬世惟德洋洋石刻

張周

周建中朝官給事郎行河南府洛陽縣丞翰林學士賜緋

大唐涇王故妃韋氏墓誌銘序

夫必有婦其尚矣先務德文求容功兼而有之方謂盡善不爾則不足以侍執巾櫛宜其室家故詩稱好逑傳著嘉偶非必獲是孰媲名王妃姓韋氏京兆長安人祖湜皇朝中散大夫賴王府司馬贈光祿卿父昭訓皇朝中散大夫太子僕贈衛尉卿皆公望自遠吏才兼優來以何暮見歌去以不留興詠妃即淮陽府君之第四女也自漢及今門爲望族男不卿士女則嬪嬙蟬冕魚軒與時間出騰光簡諜昭晰紛綸妃蕙以爲心馨甘如茝詞懿而定服純而衷位則千乘小君行則一人猶母雖貴無壽命也如何嗚呼享

年四十八以建中二年十二月己酉薨於寢以三年二月庚申葬於原禮也存不育男孕女没無主祀執喪有足悲夫銘曰

關右著姓海內名家氣與蘭馥顔如舜華宜乎作嬪于王之室如何不淑中路先畢松檟交植塗芻共來一晝朝露千秋夜臺目覩原野心傷埋没日既光沉人亦薰歇中無可欲焉慮發掘但悵長辭獨歸城闕石刻

高郢

全唐文四百四十九有傳

勅停鼓吹四嚴奏

六典凡駕行幸有夜警晨嚴之制今署司所申是并警亦呼爲嚴相承已久樂官不能辨伏奉開元禮皇帝時饗太廟及上辛祈穀于圜丘皆于正殿致齋第三日欲赴行宮前七刻五刻二刻有三嚴之儀並無五更三點以前四嚴及駕至橋一嚴之文伏請勅停准禮依時刻三嚴又其時所設宮懸懸而不作鑾駕進發不鳴鼓吹至祀日太廟饗禮畢鑾駕欲發及南郊行事鑾駕還宮之時然後各有三嚴皇帝既還大次停一刻須槌一鼓爲一嚴三刻須槌二鼓爲再嚴五刻須槌三鼓爲三嚴往例儀注皆准此禮鼓吹署所申並與禮文不同又都不知准禮是行事畢有三嚴之制伏以立禮之旨務於精誠鑾駕出宮在祀前之日猶懸而不作不鳴鼓吹況祠所齋潔明發行事此夜誠合清淨不應鉦鼓諠譁其鼓吹署所申四嚴及臨上壇一嚴伏請勅停其行事畢後南郊迴請准禮依時刻三嚴太廟宿其後不嚴及南郊迴於明德門裹鼓引駕至丹鳳門唐會要卷十八

邵說

全唐文四百五十二有傳

唐故開府儀同三司兼左羽林軍大將軍知軍事文安郡王贈工部尚書清河張公神道碑銘并序

大歷乙卯歲夏四月有星犯於北落洎秋九月癸巳大將軍維岳薨于位冕旒悼惜贈工部尚書申命有司備禮以其年十月乙酉葬於高陵縣奉政之先塋公髫髦敏異弱冠宏達風儀朗徹望之嶷然業于武專于學精于戰陳口于兵鈐萬人之敵也天寶末改服仗劒北趍朔邊屬幽陵首禍安羯稱亂汾陽王郭公子儀偉其才畧引爲步將清渠之戰特拜左衛將

軍黨□背德恣爲陵逼肅宗命公以麾下敢死亟往摧之遷右衛大將軍乾元中汾陽蕩定咸洛追鉏元惡公奮無前□勇拔棘而馳自衛桯鄴煞傷滿野加通義大夫太僕卿封南陽縣男思明繼逆再擾東夏太尉李光弼扼河陽之險制覃懷之寇公凌堞□□□擒魁渠矢貫其背血流被臆聖私表異遷銀青光祿大夫試鴻臚卿李國貞繼掌師律身殁衆潰虜旅散掠居人駭亡公□□寇盜完安郡邑僕固懷恩之授鉞也亦仗公以心膂公閱視才力教之引滿藝成徹札者凡二千人署曰平射營爲師之左右先後今

聖踐極改試殿中監進封開國伯自是走朝義踰九河梟凶酋逆日聞凱獲授特進試太常卿進封南陽郡公食以實封累加開府懷恩之逆封漢東郡王增封一百五十戶充朔方都知兵馬使公以三軍無帥審于避嫌馳歸闕下□食四百五十戶拜左羽林軍將軍知軍事公固辭爵邑之大食二百五十戶前此軍政壞亂習以生常有無其人而私入其食與其衣者有市井屠沽之伍避屬所征役而冒趍戎行者公悉罷斥歸之尹京解紫紱而從褐衣者凡千二百輩其餘慰撫字恤討而訓之皆趫才勇悍一以當百丁

憂去職柴毁過禮而官曹之事復曠紊無章大君深惟其人莫克纘奉起公于苴絰之內俾復舊官改封文安郡王泣乞終喪抑而不納于是圖贍軍實貿遷有無製良弓勁矢强弩堅甲動萬萬計其長戟利劍戈矛殳鋋亦萬萬計至于經費餘羨緡錢縞米鹽稻麥之數莫之能紀咸登于內府實于禁倉其有牛車什器入于中者亦數十百萬上所奬重遷奉軍大將軍公以天時地利明主之所當知也創風□氣候圖密以上獻復慮國用不足奉私財佐軍帝益加歎因而賜弔公始自將校驟隨節制幕下之碩畫公必

佐焉軍中之右職公必更焉迨□禁旅洊濡渥澤一人之顧問公實參焉九重之謀議公皆造焉錫以金券仍畫像于凌烟閣謂享飴耈爲邦翰垣不及中身何剝喪之速寢瘵之日御醫結轍傾落之後中貴盈門賵襚之數加常一等或吊唁其室或奠祭于塗其恩□之厚也如此公外强毅而內滔至其奉親也竭力于養盡心于疾養則問其所欲視其所膳晨昏莫之違也疾則頓其色致其憂冠帶莫之解也雖迫以嚴命竟從於金革而飲恨終身永痛於創鉅加以義禮接於姻戚任䘏深於子姪婁貧飽其惠孤藐忘其亡

蓋孝悌之極也本乎世系則隨齊州刺史政之曾孫皇太子家令元濟之孫豐王府司馬贈靈州大都督履仁之子世尚忠肅以術學理行聞蓋靈源之濬也議其祚胤則益王府長史晏左監門衛率府錄事參軍杲太子司議郎晟崇文生曇長未及冠弱纔知方然而因心克孝率禮不越蓋積慶之深也公視其毋弟有志切于己爲家之餘財身之後事盡委于志既而喪紀辦護豐碑篆刻皆令季之所爲也人謂文安友愛有志弟悌張氏之業其不替乎銘曰

勳臣之賢將有文安累康屯難爲邦垣藩㚇㚇巨滑射天吠主帝念汾陽專征耀武惟公憤發願從旗鼓肇自朔裔南馳關輔關輔既清復東其旅訓激貔虎牧摧寇虜思明繼逆再擾三河河陽之師實制殯牙桓桓太尉將定諸華忿是覃懷附于兇邪公擒其帥勳伐居多懷恩授鉞討除姦羯翳公烈烈遂掃逋孽汾上之遺我成其功違難遠嫌宛口清風訓馭北落聲華有融如何旻穹而降斯凶贈以冬官洪惟飾終轄發京邑埽歸渭汭精魄何之英名孰繼空留片石萬有千歲石刻

韋皋

全唐文四百五十三有傳

破吐蕃奏

雲南蠻王異牟尋領部落兵馬破吐蕃幷收鐵橋以來城壘一十六擒吐蕃王五人歸降百姓一十二萬人約計三萬餘戶大小城一十六所唐會要九十九

請賜南詔金印奏

南詔前遣淸平官尹仇寬獻所授吐蕃印五二用黃金今賜印請以黃金從蠻夷所重同上

韋執誼

全唐文四百五十五有傳

請令修撰官各撰日歷奏

伏以皇王大典實存簡冊施于千載傳述不輕竊見自頃已來史臣所有修撰皆于私家紀錄其本不在館中襃貶之間恐傷獨見編紀之際或慮遺文從前已來有此乖闕自今已後伏望令修撰官各撰日歷凡至月終卽於館中都會詳定是非使置姓名同其封鏁除已成實錄撰進宣下者其餘見修日歷並不得私家置本仍請永爲常式唐會要六十三

李若初

若初貞元時官鹽鐵使

請勿禁見錢出界奏

諸道州府多以近日泉貨數少繒帛價輕禁止見錢不令出界致使課利有缺商賈不通請指揮見錢任其往來勿使禁止唐會要八十九

關播

全唐文四百五十五有傳

三省庫官更置一人奏

三省中庫官各一人或屬假故即公事廢闕請各更置一人其吏部行內考功司封司勳郎庫中仍請兩人分掌臨時事故即勒通知奏唐會要八十二

王礎

礎貞元中黔中經畧招討觀察使大歷七年進士歷秘書少監中丞

請准東謝蠻朝貢奏

西南蕃大酋長正議大夫檢校蠻州長史繼襲蠻州刺史貴陽郡開國公賜紫金魚袋宋鼎左右大首領朝散大夫前檢校邛州刺史賜紫金魚袋謝𦙶左右大首領繼襲攝蠻州巴江縣令借紫金魚袋宋萬傳界首子弟大首領朝散大夫牂州錄事參軍謝文經前件刺史建中三年一度朝賀自後更不許隨例入朝今年懇訴稱州接牂牁同被聲教獨此排擯竊自慚恥謹遣隨牂牁等朝賀伏乞特賜優諭兼同牂牁刺史授官其牂牁兩州戶口殷盛人力強大鄰側諸蕃悉皆敬憚請比兩州每年一度朝賀仍依牂牁輪環差定并以才幹位望為衆所推者充唐會要九十八

按自前件刺史下與全文九百九十九所收東謝蠻宋鼎奏同

沈既濟

全唐文四百七十六有傳

枕中記

開元七年道士有呂翁者得神仙術行邯鄲道中息

邸舍攝帽弛帶隱囊而坐俄見旅邑一作中少年乃盧生也衣短褐乘青駒將適于田亦止於邸中與翁共席而坐言笑殊暢久之盧生顧其衣裝敝褻乃長歎息曰大丈夫生世不諧困如是也翁曰觀子形體無苦無恙談諧方適而歎其困者何也生曰吾此苟生耳何適之謂翁曰此不謂適而何謂適答曰士之生世當建功樹名出將入相列鼎而食選聲而聽使族益昌而家益肥然後可與言適乎吾嘗思于學富于遊藝自惟當年青紫可拾今已適壯猶勤畎畝非困而何言訖而目昏思寐時主人方蒸黍翁乃探囊中

枕以授之曰子枕吾枕當令子榮適如志其枕青甆而竅其兩端生俛首就之見其竅漸大明朗乃舉身而入遂至其家數月娶清河崔氏女女容甚麗生資愈厚生大悅由是衣裝服馭日益鮮盛明年舉進士登第釋褐祕校應制轉渭南尉俄遷監察御史轉起居舍人知制誥三載出典同州遷陝牧（一作郡）生性好土功自陝西鑿河八十里以濟不通邦人利之刻石紀德移節沐州領河南道採訪使徵爲京兆尹是歲神武皇帝方事戎狄恢宏土宇會吐蕃悉抹（一作採延）邏及燭龍莽布支攻陷瓜沙而節度使王君㚟新被殺

河湟震動帝思將帥之才遂除生御史中丞河西道節度大破戎虜斬首七千級（一作十餘萬）開地九百里築三口城以遮要害邊人立石於居（一作扶）延山以頌之歸朝冊勳恩禮極盛轉吏部侍郎遷戶部尙書兼御史大夫時望清重群情翕習大爲時宰所忌以飛語中之貶爲端州刺史三年徵爲常侍未幾同中書門下平章事與蕭中令嵩裴侍中光庭同執大政十餘年嘉謨密命一日三接獻替啟沃號爲賢相同列害之復誣與邊將交結所圖不軌下制獄府吏引從至其門而急收之生惶駭不測謂妻子曰吾家山東有良田五頃足以禦寒餒何苦求祿而今及此思衣短褐乘青駒行邯鄲道中不可得也引刃自刎其妻救之獲免其（一作共）罹者皆死獨生爲中官保之減罪死（一作死罪）投驩州數年帝知冤復追爲中書令封燕國公恩旨殊異生五子曰儉曰傳曰位曰倜曰倚皆有才器儉進士登第爲考功員外傳爲侍御史位爲太常丞倜爲萬年尉倚最賢年二十八爲左襄其姻媾皆天下望族有孫十餘人兩竄荒徼再登台鉉出入中外徊翔臺閣五十餘年崇盛赫奕性頗奢蕩甚好佚樂後庭聲色皆第一綺麗前後賜良田甲第佳人名

馬不可勝數後年漸衰邁屢乞骸骨不許病中人候問相踵於道名醫上藥無不至焉將歿上疏曰臣本山東諸生以田圃爲娛偶逢聖運得列官敘過蒙殊獎特秩鴻私出擁節旄入昇台輔周旋中外綿歷歲時有忝天恩無裨聖化負乘貽寇履薄增憂日懼一日不知老至今年逾八十位極三事鐘漏竝歇筋骸俱耄彌留沉頓待時益盡顧無成效上答休明空負深恩永辭聖代無任感戀之至謹奉表陳謝詔曰卿以俊德作朕元輔出擁藩翰入贊雍熙昇平二紀實卿所賴比嬰疾疹日謂痊平豈斯沉痼良用憫惻今

令驃騎大將軍高力士就第候省其勉加鍼石爲子自愛猶冀無妄期於有瘳是夕藍盧生欠伸而悟見其身方偃於邸舍呂翁坐其傍主人蒸黍未熟觸類如故生蹶然而興曰豈其夢寐也翁謂生曰人生之適亦如是矣生憮然良久謝曰夫寵辱之道窮達之運得喪之理死生之情盡知之矣此先生所以窒吾欲也敢不受教稽首再拜而去（吳興藝文補）

李堅立

堅立貞元中爲司農少卿

太倉石柱記

貞元五年四海文明天子唯穀是恤思富國便民之事莫若端本以尊農事故廩庾囷倉尤切聖慮俾少卿一人專領其署蓋欲難其任而重其事也（唐會要六十六）

崔縱

全唐文四百七十八有傳

復祀靈星等壇奏

立春後丑日祀風師立夏後申日祀雨師立秋後辰日祀靈星立冬後亥日祀司中司命司民司祿惟上元元年制中祀小祀一切權停至永泰二年有勅復風師雨師其靈星司中司命等壇宜令所司准開元禮配享（唐會要二十三）

杜黃裳

全唐文四百七十八有傳

前資官充專知奏

以前資官充專知既無俸料頗亦艱辛請入庫日便依資與官仍許四周年不用闕（唐會要八十二）

中宗神主遷西夾室奏

順宗皇帝神主已升祔太廟告祧之後即合遞遷中宗皇帝神主今在三昭三穆之外准禮合遷于太廟後西第一夾室每至禘祫之日合食如常（唐會要卷十五）

裴堪

全唐文四百七十九有傳

請勿以太學生代齋郎奏

嚴奉宗廟時享月祭帝王展孝之重典也故致齋清宮設齋郎執事使夫習肄虔恪肅恭神人內盡其敬也太學置生徒服勤儒業宏闡教化發明德義用嚴師以訓之懸美祿以待之限其課第考其否臧外獎其學也夫如是齋郎官員焉可廢也太學生徒焉可亂也若慮不素潔則無以觀其敬矣志不宿善則無以成其業矣故提其名而目之表其從事也積其勤

而祿之使其服志也罷齋郎則失重祭之義用學生則挽敬業之道將何以見促數之節肅敬之容强立之成待問之輿知必不能至矣況國家有典崇儒有制豈以齋郎瀆易是病而思去之學生冗惰無取而思役之誠宜名分有殊課第自別使俎豆有楚弓治知訓供職有賞勤之利敦學得樂羣之至禮舉舊典人知向方庶乎簡牘無罷代之煩監寺絶往來之弊矣將敦要本在別司存俾不相參庶合事體唐會要五十九

諫張茂宗借吉就婚奏

按此文見唐會要三十八題作裴堪名今存其目文見全唐文五百十五卷

高參

賜爵以五品爲限奏

全唐文四百八十有傳

准貞元二年十月勅准制三品已上賜爵一級並以三品階爲限者其有以五品受賜者並未標格限所司檢勘不備其貞元元年十二月制五品已上賜爵一級亦請以五品爲限仍望爲常式唐會要八十一

權德輿

全唐文四百八十三有傳

請續修律令事類奏

自開元二十五年修格式律令事類三十卷處分長行勅等自大歷十四年六月元和二年正月兩度制刪之並施行伏以諸司所奏苟便一時事非經久或舊章既具徒更煩文獄理重輕繫人性命其元和二年准制刪定至元和五年刪定畢所奏三十卷歲月最近伏望且送臣本司其元和五年已後續有勅文合長行者望令諸司錄送刑部臣請與本司侍郎郎官參詳錯綜同編入本續具聞奏庶人知守法吏絶舞文唐會要三十九

李文則

文則建中朝人

大唐故宣州宣城縣尉李府君夫人賈氏墓誌銘并序

夫人諱嬪字淑容長樂人也其先晉唐叔之後因別封而族焉遠祖誼以文傳長沙桓王漢帝膝之前席洎王莽末裹祖復以創命功遂圖雲閣旌美之則本仁義淬文質守忠信者良亦多矣祖王父藝易州遂城縣令王父玄操洺州洺水縣令烈考彥璿朝請大夫閬州刺史皆種德前烈溫溫其恭澤流子孫世濟

於美夫人妙閑閨壼明練威儀婉娩潛會於織容工巧寔資於柔德有行之歲儀鳳于飛聞既見之詩而誓心永畢公隴西人也舉賢良授宣城尉其餘官婚列於別傳故不書遂能宮徵調和塤篪韻叶奉蘋藻而修盥饋朝舅姑而事組紃噰噰喈喈聞唱必和豈圖旻天不弔殲我良人夫人感恭姜之遂孤痛顏子之不幸至哀而哭不在夜居室而動必合禮遂貞其節潔其名守其嫠矣以從父之弟住於茲邑因臻焉又能恤孤弱以慈睦天倫以孝優遊自得喜怒不形誰謂六極俄鍾遐齡不享以建中二年二月十二日

寢疾奄終於趙州元氏縣之官舍浹族銜哀舉門抱痛春秋七十有六無子有張氏女一人泣血毀容殆將滅性以其年三月廿三日窆於七義原權禮也合防之志今則未從同穴之言他年奚復從子文則哀迫懇到寄詞于石銘曰

於昭祖宗誕膺明哲爰洎夫人克勤禮節人欽嘉行族滿休聲心存大順志潔孤貞嘉行伊何合於內則休聲伊何執儀不愆物終歇滅道有湮淪哀哀孝女盡我生人一扃泉壤萬歲千春石刻

李齊運

齊運蔣王惲孫始補甯王府東閤祭酒擢累監察御史長安令京兆少尹出爲河中尹李晟壁渭橋齊運時拜京兆尹督芻粟餉晟賊平頗有助改宗正卿進至禮部尚書

請收利以助公厨奏

當司本錢至少厨食闕絶請準秘書省大理寺例取戶部闕職官錢二千貫文充本收利以助公厨唐會要九十三

皇甫政

政貞元中越州刺史

請補進綾縠奏

貞元十年進綾縠一千七百匹至汴州值兵逆叛物皆散失請新來客戶續補前數唐會要八十五

鄭叔則

叔則貞元中太常卿

皇太子覲謁暫服墨縗議

准禮子爲母齊衰杖周更無貴賤降殺之別伏以聖上以大中立教以至孝興理憲章古道肅慎禮文皇太子禀訓睿哲因心孝敬緣情酌禮復古爲宜准禮既葬卒哭十一月小祥十三月大祥十五月禫至于

昏定晨省問安視膳不可服衰麻密近宸扆伏請每詣正內覲謁暫服墨衫歸至本院依舊縗麻庶適變通允叶情禮唐會要三十八

蕭據

據貞元中河中府倉曹參軍

請詳定婦爲舅姑服狀

堂兄姪女子適李氏婿見居喪今時俗婦爲舅姑服三年恐爲非禮請禮院詳定唐會要三十八

令狐建

建滑亳魏博節度使彰子累官左神武軍右領軍衛大將軍坐專殺貶施州別駕卒贈揚州大都督

議改武成王廟祝版署名奏

當今兵革未偃宜存武教以尊古重忠烈以勸今欲有貶損恐非激勸之道也頃者追尊也致禮者文戡亂者武遂追尊王位以時祠之爲武教之主若不尊其禮則無以重其教也故文武二教猶五行之迭用四時之代序固宜並立廢一不可況其典禮之制已歷三聖今欲改之恐非宜也唐郊祀錄卷十

李業

業貞元時河東節度使兼太原尹

草馬不許出界奏

當管諸軍州草馬准貞元三年十二月十三日勅文不許出界又准去年五月十五日司門轉牒諸道應有草馬准勅並不命出界今緣近日諸道差人於當管市馬不依勅文并收草馬伏乞天恩詔下諸道准元勅約勒唐會要七十二

李兼

兼德宗時江西都團練

破賊神應請付史官奏

建中四年臣任鄂州刺史逆賊李希烈之將童待召率衆襲鄂州順風縱火邑屋將焚臣乃禱於城隍神倏忽風迴火烈賊潰遂擊破之連拔黃沔二州請付史官以答神意册府

楊頊

頊貞元時御史中丞

現任官不得離任奏

現任官或被諸司不奏便移文牒充判官伏請自今已後應現任州縣正官不承制敕差補不得輒離任唐會要七十八

劉震

震貞元中試左驍衛兵曹參軍

唐故朗州武陵縣主簿桑公墓誌銘并序

公諱曌字曌受姓命氏編于史册曾祖克誠皇朝左羽林軍長史祖瓌皇朝江夏郡司馬父倩皇朝試廬州長史公閥閱勲華世爲顯族博究書傳達不因人肅政推能歷有梅香之任清規迥秀服稱時輩虛心應物士歸雅望天寶五載奄從大夜夫人太原王氏東都閑廄使知古第三女也聰惠柔順賢和早彰笄歲移天主公中饋既諧琴瑟鸞鳳和鳴居公之邑弃膏捐粉敬依佛道齋戒爲心訓子孀儀親姻仰則天寶末賊將祿山掩有河洛乾元之中思明繼禍中原鼎沸塗炭生靈十室九空人煙斷絶少有疾疹遂至膏肓辛丑年中十一月而卒攢窆洛城南纏私第從時宜也日諸月諸卅餘祀愛子日矝朝散大夫試鴻臚卿累朝忠臣佐輔戎幕盪滌邊羯拂鋤群醜功逾衛霍計拔艮平久俟通年獲此龜吉以貞元五年八月廿一日歸祔河南縣平樂鄉先君禮也頃家盡產卜宅從儀恐陵谷難常刊石將爲不朽詞曰

積德餘慶福垂後昆高門是封龍虎風雲先君舊域孝婦新墳千秋萬古盛嗣存存石刻

李吉甫

全唐文五百十二有傳

修元獻皇后廟奏

準國朝故事昭成皇后肅明皇后元獻皇后並置別廟若於大行皇帝陵所祠殿奉安神主禮經典故檢討無文伏以元獻皇后廟在太社之西今請修葺以爲大行皇后別廟唐會要卷三

舊制經略不隸靈武奏

國家舊制六胡州在靈鹽界內開元中廢六州置州以寬宥爲名領諸降戶天寶末宥州寄理於經略軍盡以地形居中可以總督蕃部北以應接天德南援夏州今經略隸靈武又不置軍鎮非舊制也册府九百九十三

韋彤

全唐文五百十五有傳

瑤臺寺側置文皇寢園奏

歷代禮書及國朝故事未見有不可改移之禮先王建都立邑以安民也有不便則爲之遷況其有故乎伏以文皇寢園頃遇焚爇遂奉仙駕久移舊宮事則因災非無故也歲月傳敘神御已安就其修建可謂

至順且陵旁置寢是秦漢之法擇其高爽務取清嚴去陵遠近本無著定是以今之制置里數不同各于柏城隨其便地又非皆在山下也臣訪聞昭陵舊寢經火之後人行遂少林莽隱蔽逕路欹危伏以元宮尙邇所奏宜静今若必須仍舊土木興功不惟負載至難亦恐喧黷太過大道以變通則久聖人以適時爲禮今陛下孝思所切營建惟新是則通于神明豈伊常情所及聖旨所示謂于瑤臺寺左側是必于昭陵柏城之內不在瑤臺寺明矣既不越封兆而力役易從俯近井泉則膳羞愈潔規模一定垂之無窮酌其便宜誠爲允當 唐會要二十

楊於陵

全唐文五百二十三有傳

辭全俸表

臣以年力衰退陳乞休閑伏蒙聖恩特賜矜免授尙書左僕射致仕全給俸料臣伏以朝廷致祿本爲職務衰病乞閑自宜家食而半給之俸近古所行義誠屬於優賢事亦兼於養老以臣慵耄敢當料程伏以思維已爲過舉今若又踰常制重啟殊恩錫端寮之厚俸爲朽質之私覺循理撫事情所不安招損害盈臣所深懼伏乞俯迴聖睠再敕有司得從半祿之文斯乃殘年之幸 唐會要六十七

刺史見闕量材差擇奏

貞元中觀察使李復奏南方事宜素異地土之卑上佐多是雜流大半刺史見闕請於判官中揀擇材吏令知州事臣伏見近日諸道差判官監領州務朝廷以爲非宜臣謂現今州縣凋殘刺史闕員動經數歲至於上佐悉是貶人若遣知州必致撓敗伏緣李復所奏降敕年月稍遠懼違朝旨伏乞天恩許臣遵守當道所奏各量才差擇以便荒隅 唐會要六十八

唐文拾遺卷之二十五

榮祿大夫三品頂戴前分巡廣東高廉道加四級臣陸心源輯

嚴涗

全唐文五百二十六有傳

祀武成王議

謹按李紓所奏援引訓典比量禮度祝文輕重之殺獻官尊卑之節誠至當矣而推以廣之抑未盡也夫大名徽號先聖王所以褒前哲令德之人謂其言可以範圍其行可以師表其功可以施百代其業可以振千古苟未至也則不可虛美其于太公兵權奇計之人耳當殷辛失德八百諸侯皆歸于周時惟鷹揚以爲佐命在周信有功矣于殷謂之何哉祀典不云乎法施于人則祀之有功于民則祀之仲尼之祖述堯舜憲章文武刪詩書定禮樂使君君臣臣父父子子后王及學者皆宗師之可謂法施于民者如周棄之始播百穀勾龍之序平九土生人衣食者皆受其賜可謂有功于人矣非爲是族其有片善式閭封墓也我有唐以義兵集大勛以武德平禍亂度隋室法堯之禪當夏啟慕禹之績立法垂制酌乎永貞觀中以其兵家之流始令磻溪立廟開元中著上戊釋奠之禮其于追寵不爲薄矣上元之際執事者苟以兵戎之急遂尊武成封王之號擬議于文宣王優劣萬殊不可以訓禮不云乎擬人必于其倫春秋左氏傳曰唯名與器不可假人孔子曰名不正則言不順太公之于聖人非倫也□至而德尊非名也德薄而名大非順也有一于此是爲神羞况三者皆謬安可徵倖之哉太史公以韓非與老子同傳人到于今非之高祖封韓信爲侯自耻與絳灌等列况聖朝褒□之稱其可雷同乎愚以爲宜去武成及王字依舊令爲齊太公廟人無間言矣享獻之事餘依李紓奏大唐郊祀錄十參唐會要二十三

按全文所收與此不同

李巽

全唐文五百二十六有傳

比類累年糶鹽錢數奏

江淮河南河內兗鄆嶺南諸鹽院元和三年糶鹽都收價錢七百二十七萬八千一百六十貫比量未改法已前舊鹽利摠約時價四倍加檯計成虛估錢一千七百八十一萬五千八百七貫貞元二年收糶鹽虛錢六百五十九萬六千貫永貞元年收糶鹽虛錢

七百五十三萬一百貫元和元年收糶鹽虛錢一千一百二十八萬貫二年收糶鹽虛錢一千三百五萬七千三百貫三年收糶鹽虛錢一千七百八十一萬五千一百貫謹具累年糶鹽比類錢數具所收錢除准舊例充鹽本外請付度支收管冊府四百九十三

竇參

參字時中刑部尚書誕孫以蔭累爲萬年尉德宗初爲御史中丞俄拜中書侍郎同平章事宣武劉士寧餉參絹五千帝大怒以爲外交戎臣貶驩州司馬賜死

續差御史監祭奏

得監察御史鄭褒狀準六典應郊廟祀祭皆御史監之蓋職在省其器服閱其牲牢有不修敬則舉劾聞奏主者嚴薦獻交神明監者舉過謬糾闕誤所務不同準式齋官有故許通融行事公事數人可得通攝其監祭御史唯有一人舊例有故便闕者伏以祀事肅恭國家大典苟無糾察恐虧慎重却請以後監祭御史誓戒後有假及改轉者許續差御史令沐浴潔服往即冀官次有常禮物嚴備唐會要六十

武元衡

全唐文五百三十一有傳

更請廚料本錢疏

廚料欠少更請本錢一千貫文收利充用置捉錢四人其所置請用直官及寫御書各兩員每員捉錢二百五十貫文爲定額即免額外置人唐會要六十四

三院御史班序奏

準貞元二年班序勅使下三院御史有本官是常參官兼者即入本官班如內供奉裏行即入御史班緣使下御史近例並不在內供奉班內請自今以後諸使下御史內供奉者入閤日并依宣政殿前班位次員外郎之後在正臺監察御史之上使爲常式唐會要二十五

三品官除謝奏

中書門下御史臺五品以上官尚書省四品以上官諸司正三品以上官及從三品職事官東都留守轉運鹽鐵節度觀察使團練防禦招討經畧等使河南尹同華州刺史諸衛將軍三品以上官除授皆入閤謝其餘官許于宣政南班拜訖便退唐會要二十五

裴度

全唐文五百三十七有傳

廢金牛等十六縣爲鄉奏

興元府廢金牛縣爲鄉二洋州廢洋源縣爲鄉五閬州廢岐平縣爲鄉四利州廢景谷縣爲鄉五通州廢三岡縣爲鄉四廢石鼓縣爲鄉五巴州廢奇章縣爲鄉四廢盤道縣爲鄉五蓬州廢郞池縣爲鄉六廢良山縣爲鄉六集州廢通平縣爲鄉十壁州廢廣納縣爲鄉六渠州廢大竹縣爲鄉三廢潾水縣爲鄉三鳳州廢黃花縣爲鄉二開州廢萬歲縣爲鄉六準今年二月勑廢金牛等十六縣爲鄉令並隨便近割隸屬諸縣訖 唐會要七十一

乞留男讓奏

京兆府參軍裴讓是臣男年甚幼小官無職事今准近勑須令守官伏以臣男之官無慮數人悉是資蔭授官所以置之散冗守官既無功事離任從無妨闕伏乞天恩依前令在臣所任 冊府四百四十七

西門元佐

元佐元和中鄉貢進士西門大夫從姪

大唐故朝議郞行宮闈令充威遠軍監軍上柱國賜紫金魚袋西門大夫墓誌銘 并序

公諱珍京兆雲陽人也曾祖□祖彭並蘊異才不苟榮祿孝悌雖形於家室聲芳已著於違邇父進朝議郞行內給事賜緋魚袋立性於寬執心忠亮入侍闈扆出撫軍師歷事四朝竟無敗累故中外貴豕咸遵厥行公器局宏邈見解殊倫幹於理劇果於從政志存大略不忌小節恒人議其傲睨高賢許其豁達至德之初釋褐從仕大歷之末擢居宣徽建中四年王室多故涇源叛卒晝入犯門鑾輿西巡以避封豕艱虞之際尤尙通才除內府局丞充鳳翔隴右節度監軍判官時懷光不臣潛與泚合翠華於是更幸梁洋節使楚林果有疑貳公每於衙庭輒肆直言諭其將士欲以禍福國家靡汧隴之憂州縣免誅夷之弊微公之力殆不及此德宗聞而異之俾充荆襄沔鄂洪府宣慰使興元元年遂除洪府判官隨先鋒兵馬使伊愼下安黃等州貞元元年來獻俘馘上旌公功拜內僕令令赴本道其年季秋改充豪壽觀察監軍判官尋除張建封尙書爲徐泗節度詔公獨監送上賦名如故其年朝覲遷荆南監軍上以公習於戎事欲將任重聖心未决久而不遣至八年充劍南三川宣慰使其六月監淄青行營兵馬三千餘人戍于岐山西扞荒服上以公臨事不私撫軍有術凡積星歲踰

十瓜時十三年入奏上嘉其勳錫以朱紱昆戎自從會盟歷負恩信知我有備未嘗犯邊上以關東甲士遠從勞役悉令罷鎮却歸本管三軍别公援轡揮泣如訣父母豈勝道哉既歸闕庭復任高品暨德宗昇遐順宗嗣位爰選耆德以輔儲皇轉爲少陽院五品永貞元年屬今上龍飛公以密近翼戴之績賜紫金魚袋充會仙院使元和元年改充十王宅使歷事六朝公智足以周身謀足以解難事上不逼接下不侮自束髮委質銜命撫事宣慈則蒸庶再蘇討叛則兇渠授戮動有流譽人無謗言若非淑慎曷能臻此公

身居祿位志不驕矜克遵象外之議不諱生前之事遂於長安縣龍首原西距阿城東建塋域高崗雖桃夏屋未封君子聞之僉曰知命夫人馬氏驥之女也內備四德外諧六姻邕睦允暢於曹風折旋不虧於戴禮不幸先公而殁有子四人長曰季常次曰季平季華季德或名參密侍或職列禁軍咸蘊搆堂之姿俱是保家之主以元佐性無飾僞文好直詞爰命紀能庶旌實錄其詞曰

洪河孕氣兮嵩岳粹精聖君當馭兮哲人乃生才調不羈兮智略縱橫器宇寖深兮量包滄瀛結髮從宦兮捐私徇公弱冠受命兮臨人撫戎入侍丹陛兮三接明籠出宣青塞兮九譯濟通功成位高兮鏘金拖紫居安慮危兮先人後己去健羨師老氏之玄言齊死生宗大仙之至理自昔有生兮孰能不亡考彼靈龜兮兆此龍崗或揖或築兮高墳深穴爰栽爰植兮青松白楊　上以公恪勤事主密慎左右至七年遷監威遠軍使晝巡夜警衛士畏威敷奏闕庭衆稱其美謂保貞吉以享百齡逝川不留奄隨朝露以元和十二年七月一日遘疾終於于脩德里之私第春秋七十有四以明年七月廿日壬寅遷窆於長安縣承平

鄉先修之塋從其命也石刻

魏匡贊

匡贊三衛出身元和間劍州晉女縣主簿

大唐故宣州司功參軍魏府君墓誌銘 并序

大人諱邈字仲方其先鉅鹿人寄居于京兆府咸陽縣積代矣頃因祿山暴逆鑾輿南征畿甸士庶皆爲俘馘由是圖籍毀致産業烟燼不可復知先人之事也此無以述曾祖賓皇仕隴州長史祖母王氏祖朝隱鄜惡浮名高尙其仕祖母栢氏伯父遜試左衛率府兵曹參軍皆不幸短命先歸黃壚且大人少履文

字貞元初以鄉舉射策上省者五六以賄援兼無竟不登第然當時稱屈者衆矣其後爲河陽節度使所辟隨逐戎幕處事詳明奏懷州參軍丁祖母憂不上後參選拜果州司戶參軍未上爲度支山南租庸使所厚抑志勾留共理鹽鹵官滿不舍其後懼以覆餗懇辭所榮租庸使韋公不勝其辭由是獲免既而四海無業一家若浮遂携老幼而入關闗中無投足之地買居于萬年縣之勝業里顯然無託食於親知者首尾五祀出無車輿坐寡棖梘妻孥有含菽飲水之患無衣無褐之虞而我父不爲恥不隕越者以其知

止知足達於至理者也元和四年夏四月相府裴公因人而知其善補待制官掌握絲綸廉慎益著地居近密不發私書朋舊昵親由斯咸怨人雖欲遺之金布斗粟曾不我容焉所謂蹈火不熱履霜堅冰其此之由乎拜婺州司功參軍轉宣州司功參軍未滿今年復有詔令之本官以其年十月十三日終于宣州宣城縣之公館匡贊親侍靈舁明年歲次乙未四月八日己酉葬于京兆府萬年縣之畢原禮也於戲大人履善道踐古事亦已久矣而不曾極耳目之所觀聽娛心意之所愛樂一生蹇蹇終日捿捿而死之日餘俸不足以葬藏一身兒女無歌哭之地其不痛矣然則膚非儉極乎孃趙氏試壁州別駕昪之女自罹豐咎泣血終日加以孤幼纏繞尫羸殆深生男女六人女三人長曰素恭嫁李氏仲曰季風嫁侯氏季曰季雅猶未從人兒三人長即匡贊仲曰文質皆三衛出身季曰齊貢拜兖州都督府參軍丁此憂不上并生遺不造少集荼毒酷裂煩冤無所逮及倉天倉天噫大人積德累仁如此竭忠盡孝如此宜乎天地孔昭神明大鑒享年有永降福穰穰者焉如何朝陽露晞珪璋碁殞倉天倉天此贊所不以斯文託於人以

其情地崩迫冀其紀事之明也雖讚父之德則爲寵親而內舉不避且旌善人其辭曰

沖和降氣誕生忠良和順內積英華外揚靡累于貉無洿于疆天胡不惠流毒禍殃情魂倏殞聲積彌彰千齡兮萬代共響乎遺芳　石刻

韋同翊

同翊鄉貢進士

唐故龍花寺內外臨壇大德韋和尚墓誌銘　并叙

大德姓韋氏法號契義京兆杜陵人也元和戊戌歲四月庚辰恬然化滅報年六十六僧夏四十五粤以

七月乙酉遷神於萬年縣洪固鄉之畢原遺命不墳不塔積土爲壇植尊勝幢其前亦浮圖教也曾王父諱安石皇尚書左僕射中書令大父諱紘皇中書舍人臨汝郡太守烈考諱袞皇司門郎中眉州刺史家承鄉相德勳之盛族爲關內士林之冠始先妣范陽盧夫人以賢德宜家蕃其子姓故同氣八人而行居其次在女列則長焉自始孩蘊靜端孤潔之性及成人鄙鉛華靡麗之飾密寘心於清淨教親制奪其持愈堅年十九得請而剃落焉大曆六年制隸龍花寺受具戒於照空和尚居此法身本於天性嚴護律度

釋氏高之國家崇其譽敕樂於度人勅東西街置大德十員登內外道場俾後學依歸傳諸佛心要既膺是選其道益光門人宗師信士嚮仰如水走下匪我求蒙持一心之修繕佛宇來四輩之施捨金幣高閣山聳長廊鳥跂像設既固律儀甚嚴率徒宣經與衆均福故聞者敬而覩者信如來之教知所慕焉嘗從容鄉里指於北原而告其諸弟曰此吾之所息也爲其識之嗚呼生歸於佛歿歸於鄉至哉其孝乎所以報生育劬勞之恩備矣窀穸之制咸所遵承弟子比丘尼如壹等服勤有年號奉遺教杖而會葬者數百千人極□氏之哀榮難乎如此迺沉礎而志于墓云迷方之人妄聚之身白日下臨苦海無津我得度門性□□□亦既落髮於焉報親孝乎終始歸于故里

石缺五字　南趾石刻

賈中立

中立元和時人翼王府參軍

唐朝議郎行鳳州司倉參軍上柱國司馬君夫人新安孫氏墓誌銘并序

夫人字堅靜建業人也曾王父瑜睦司馬卽吳之洪允矣祖從朗錄事父愿皇慰□江咸韞繁祉垂裕後

昆夫人婉娩令淑挺然生知及笄年適于司馬司倉君窈窕閑雅謙和優柔行合規矩言堪典模恭理桑梭調暢琴瑟義光中饋孝顯家風絅衣無華舉案有則訓女四德示男六經親族娣姒肅然心伏凡在閨閫莫不書紳性止恬淡情忘嗜慾洞了生滅俄而謝世元和十五年五月十六日微疾罔瘳終于長安頒政里第也享年五十□以其年十一月廿二日將遷于國西阿城南原禮也嗚呼生事畢矣二女早逝有子長裕泣血哀號抑情就禮痛雍穆之風泯然斯絕刊石紀德庶幾不朽中立舊館之賓睹其家道不揆

爲銘未充名實銘曰
婉婉積善不享遐齡貞操符禮柔和合經尺波一謝
寸晷罔停愛其芳烈刻石存銘石刻

盧坦

全唐文五百四十四有傳

劾柳晟閻濟美進獻奏

前山南西道節度使柳晟授任方隅所寄尤重至於赦令理合遵行一時歸朝固違明旨復修貢賦有紊典章伏請付法又前浙東觀察使閻濟美到城亦有進獻當時勘者稱離越州後方見赦文道路已遙付

納無處既經恩赦須爲商量將誠來者之心必舉贖刑之典已書罰訖伏准今年正月制自今已後諸道長吏有離任赴闕廷者並不得取本道財物妄稱進奉苟有違越必舉憲章柳晟等既違新令不敢不奏唐會要卷四十

張宏靖

全唐文五百四十四有傳

蕭齋記

隴西李君約於江南得蕭子雲壁書飛白蕭字以筆勢驚絕遂匣而寶之其遇之之由則君之贊序與崔監察備論之詳矣君與字俱載舟還洛陽仁風里第思所以盡其瞻玩置之之宜則箱櫝臨視不時有緘啟動搖之變遂特建精宇陷列于壖復本書之意得遥睇之美寂對虛牖勢若飛騫雖煙霧交飛蛇驚蟄動輕旆飄颺微雲卷舒不能狀也李君以至行推操知名當時逍遙道樞脫落榮利識洞世交神交古人而風致之餘特精楷隸所得魏晉以降名書秘跡多矣以不越於縑素之間未爲殊珍也蓋壁字奇迹乃爲希實故異而寶之文而志之意匠所得非常或也夫蕭之爲字也[illegible][illegible][illegible]壽於文也蔚然[illegible]整宜乎銘

壁宜乎[illegible]齋蕭齋之名與[illegible][illegible]俱傳[illegible]書苑菁華十一

按此文始見於張彥遠[illegible]書要錄題爲大父高平公蕭齋記案彥遠爲宏靖孫文規子見唐書張嘉貞傳諡則彥遠之伯叔行見宰相世系表自明刻要錄後附彥遠傳有自其大父稔有能書名句此記遂沿爲諡作書苑菁華題作宏靖與唐書張嘉貞傳世系表合且較要錄多卌餘字姑錄存之

王仲舒

全唐文五百四十五有傳

國子博士韓愈除都官員外郎制

朝議郎守國子博士分司東都上騎都尉韓愈直亮廉潔博達而沈厚守經嗜學遂探其奥希古爲文故得其精美宋玉之微詞尙楊雄之奇字爲已求道暗然揚聲可行尙書都官員外郎分司東都 洪興祖韓子年譜

林藻

全唐文五百四十六有傳

深慰帖

辱問知所苦已減退深慰也承廿七日發時熱如此疾未全瘳冐犯而行得否善自度之如料氣力未禁何如改告別作逗留願審已而動勿使道路重復轉

更栖遑蒸那日送歐陽四至横瀟便屬馬脊破爛潰特甚不乘騎數來都不出入雖不得數至問疾常令問中和知減損將謂程寬且將息不知發日頓近明後閒暇得鞍乘當奉詣未際預懸離別之恨恨也拙序不足奉揚盛美過言見謝無乃外歟崔鄭歐陽詩付往章八元陳羽各有一篇未能取得續附也諸公處申意尋當與達郎冀展奉無復寒暄不宣藻拜手廿三日　郭郎少公執事　先所仗寫文卷閑垂撿出續令往取謹問 寓意錄

合浦還珠賦節句

珠之去也山無色兮氛霧冥冥海無光兮空水浩浩珠之來也川有媚兮祥風習習地有潤兮主物振振 閩書

林蘊

蘊藻之弟全唐文四百八十二有傳今次藻下

對賢良方正策

臣遠祖比干因諫而死天不厭直更生臣也 福建通志

柳宗元

全唐文五百六十九有傳

唐清河張府君墓誌銘

案石刻署柳宗元名恐是後人所加姑存其目文已見全唐文不錄

歐陽詹

全唐文五百九十五有傳

弔漢武帝文 并序

閱太史氏書見漢武之御極雖非求仁蹈道之主亦英雄之君也然覩其內傳有學神仙策三山爲飲露飱霞希升汗漫激流企石用擬林泉鳴呼履其位而不知所以守始其事而不知所以從夫一物各異道萬彙不同致帝王之與神仙林泉之與市朝猶鱗羣

毛族川陸分之日居月諸晝夜常之麒麟不可有處淵蛟龍不可更居藪玉兔莫延於旦金烏罔瞻於宵附其翼者兩其足與其角者去其齒不兼之義天理昭彰帝者宜本於親人仙者宜先於遠世以林泉爲意者可居於草澤以天下爲念者可謹於朝廷是以唐堯虞舜無野心子晉許由辭寶祚誠以帝王與神仙有隔林泉將市朝難并也今據唐堯虞舜之地而求子晉許由之志不亦迂而可痛哉況君子所以推心屈體爲僕御元元所以刲膏劌血爲飽媛非圖好林泉而學神仙也故予覽其傳傷心久之戊辰歲秋

八月周覽秦原次茂陵之下既覩永歸之地彌懷所行之事且夫承天統物豈無足稱之德歟蓋歎日月高明有時虧與珠玉貞潔不免疵瑕徘徊路隅輿言而吊云

赫赫兮炎靈降神造漢焚秦四葉重茂翹英游新首出群龍卓爲世祖秋風揚兮夏日昭武柔不化之人闢未名之土雖殊仁聖之后是異凡庸之主伊可膺大明有不周事非所事求非所求惟此帝謨想夫仙道魚處重淵獸居茂草辨乎朝市別以林泉日由旦陸月麗宵天跡既兩分理難齊克若死將生猶南與北貪臣王公執掌者可以勤萬機欲升汗漫逍遙者可以爲匹夫愛深宮秘殿者可以垂旒纊好青山綠水者可以棲江湖飲露參腥激流貫都苟能同致實曰殊途堯舜曰聖由晉匪愚確乎守一亦以難俱況乎小人唯唯罔圖山水君子乾乾孰爲神仙嗚呼哀哉前監孔彰高臺深池夫差以戕尋山越海嬴政其亡有一於此未或無殃胡爲不辰互窮厥方舟全虎背車出羊腸已臨隧炭幾絕苞桑反覆前聞痛心疾首藥石無人瑾瑜有垢暑來寒往時移代久古壟將頹惡聲不朽日臨宇宙有時而虧目覩毫釐或不見

皆將爲而不知復知而故爲嗚呼噫嘻本集

案此文據明刊本歐陽行周集與李觀所作字句不同

于方

方元和中秘書省校書郎

唐裴氏子墓誌銘

有唐故侍御史裴公諱瑶知京北饋餉時夏州連帥韓全義以王命討淮夷不剋歸鎮德宗期孟明於異日釋而不問疑懼之甚而意端公焉遂有青蠅之間曰圭成玷貞元十七年竟貶崖州澄邁縣尉至廿年

十一月終于南海明年靈轜北歸至襄陽夫人史氏在焉我之出也有一子曰承章聰勤遊藝精敏工文幼學之年迨成人矣而志慕賢才心尙善道人之所保不居過地可謂令子矣年十八娶扶風竇氏父瑞余之從祖姑之子七歲以孝廉登名太常文詞學業衣冠名表而四十五卜遽歸泉裏孤女藐然歸于承章承章之事親也孜孜孝敬親之念承章也慈愛亦過至於跬步之間不見不得去年端公凶訃遠到襄陽承章哀號幾滅天性將奔迎焉親以其怯弱懼其毀也止而不許及護靈事由東洛將歸京師在路遘

疾若輕而未遽其歿也至永甯竟終焉春秋廿矣殆及屬纊精神分明辟母別妻意緒哀恨所謂天難忱命靡忱善人而夭顏子其如斯乎太夫人哀念愈痛晝夜叫呼殆將不勝以元和元年四月將柩至城其年十一月廿六日歸葬于城南陪先父之塋禮也雖其未祿功德不被於人民而施於有正孝友已及於親戚於此傷悼彌可以銘乃作銘曰

積善之家必有餘慶端公之仁有子之令其令維何孝悌恭和孝悌而夭天命如何佳城鬱鬱松栢森羅年年孤月空此經過續語堂碑錄

劉禹錫

全唐文五百九十九有傳

擬門下侍郎平章事制

門下天地至大任四時以成功元首雖尊託三台而佐理況外居黃閣入奏青蒲實亮王猷緝熙帝載以相予位以安兆人必有夢卜之期式重將明之職求其具位果獲良臣文苑英華四百四十九

擬中書侍郎平章事制

按此文見文苑英華題劉禹錫名今存其目

裴次元

全唐文六百十一有傳

京畿等縣不置員外試官奏

神州務劇官僚先多更置員外試官於事頗爲繁冗京縣近有此色天恩已令卽停猶恐選曹更有注擬望請當府及京畿等縣自今已後一切不置員外試官唐會要六十七

楊嗣復

全唐文六百十一有傳

蜀武侯祠堂碑陰題記

予以元和初爲臨淮公從事因陪刻石時序荏染二三

十有七年今謬膺戎寄□繼前烈謁拜祠宇顧瞻斯文省躬懷舊不勝感幸 金石苑

崔羣

全唐文六百十二有傳

論諫議大夫張宿奏

諫議大夫前時亦有拔自山林然起於卑位者其例則少用皆有由或道德章明不求聞達或材行卓異出於等倫以此選求實愜公議其或事跡未著恩由一時雖有例超升皆時論非允張宿本非文詞入用望實稍輕臣等所以累有奏請依資且與郎中事貴適中非於此人有薄厚耳 唐會要五十五

遂王正位青宮奏

大凡已合當之則有陳讓之義若不合當因何遽有讓表今遂王嫡子長所宜正位青宮 唐會要卷四

竇羣

全唐文六百十二有傳

請宥郭子儀子弟與張氏爭財奏

張氏以子儀在時分財子弟不合爭奪然張氏宅與親仁宅皆子儀家事子儀素有大勳伏望陛下特赦而勿問使私自退省 唐會要六十

常參五品官請假奏

常參官假滿惟三品官至王府傅已上即於正衙參假其餘不在此限臣伏見諸司官或位列通班職居要劇其左右丞諸司侍郎御史中丞給事中中書舍人並是四品五品清要官不在參假例或彌旬曠廢皆不上聞或未滿一日例不舉奏臣今請尚書省四品官御史臺五品官中書門下五品官請假並同三品例參假曠廢必知勤惰無隱臣職當彈舉輒陳事宜 唐會要六十

唐文拾遺卷之二十六

榮祿大夫三品頂戴前分巡廣東高廉道加四級臣陸心源輯

武少儀

全唐文六百十三有傳

請明示何竦曹壽罪狀奏

太學生何竦曹壽等今月十四日有兩人稱神威軍官健本軍奉進止令追其人亦不言姓名稱神威是禁軍稱奉進止所由不敢隨去臣亦不敢詰問經今二日更不見退臣伏以何竦曹壽等學生之中素無異迹皆勤藝業職在監臨頗所諳委察訪遊處不涉非違今忽被軍中驅收恐橫被詿誤太學生胄多來自遠方自見追此二人不知其故咸聞驚懼莫敢保安何竦等儻情理難容伏乞明示罪狀加以刑法如或枉遭誣執伏計必盡其辭冀無濫罰人知懲警臣謬當承乏職領生徒令其干犯國章敢逃其責 册府六百四

韋紓

全唐文六百十三有傳

唐故朝散大夫秘書省著作郎致仕京兆韋公玄堂誌

唐元和十四年三月廿三日公棄背于長安新昌里私第享壽八十有三嗣子縝洎系緜紓絢哀號于天毁未敢死乃稽先王卜兆之義以明年五月一日奉遷靈座祔于萬年縣洪固鄉畢原先太夫人太原王氏之塋焉縝等咸以公潛耀道德不求顯著他人論譔未能盡美盡自志之 公諱端字正禮五代祖孝元後周大司空鄖襄公高祖津隋民部尚書曾祖琬皇成州刺史贈禮部尚書祖季弼太僕寺主簿烈考廉尚書庫部郎中自鄖襄公以盛業洪伐延耀後嗣以至于郎中茂績其德□官壽不登上大夫到于今嗟稱之公即郎中第二子也體苞元精天付全德孝友忠信莫匪生知以古之賢達有保身遺□□降其志不辱其身之道莫不洞與心契歸於一揆故常以恬曠自適怡攝爲宗是以家人忘貧位不稱德官歷率更寺主簿下邽縣主簿下邽陽翟二縣丞國子監主簿凡五仕三爲色養爲孤幼皆非公之志也自是之後蕭然杜門淮夷削平之明年皇帝在宥天下方弘孝理詔百辟父母存有顯擢歿有褒贈時縝爲工部郎中由是拜公朝散大夫秘書省著作郎致仕先太夫人追贈臨汾縣太君時謂公之義方縝之顯揚

斯爲至矣太夫人曾祖諱子巽皇襄州錄事參軍祖怡河南尹東都留守考眺昭應縣尉太夫人生令族德門稟柔明淵懿脩睦婦道裁成母訓輔佐君子踰廿年所以敬養先姑無違尨慈幼惠下無怨悔績等不孝蘇養未及禍罰已鍾而外族淪替靡所依倚是以霜露怵惕有加罔極之痛焉以貞元六年奉安宅兆至是益祔嗚呼蒼天績工部郎中糸陽翟縣尉練鄉貢進士紓兼殿中侍御史絢前太廟齋郎紓頑嚚不類哀敬不文泣血書石以寘泉隧不刻

鄭澣

全唐文六百十四有傳

唐故同州司兵參軍上柱國京兆杜府君墓誌銘并序

嗚呼士君子表於代而列於薦紳靡間言由己之仁義是以而乂繕性於和體道於仁遵坦衢泳天爵獨稟貞厚與令名相終始雖位壽或歼人且許之爲達矣公諱行方字友直京兆杜陵人也曾祖諱元志杭州刺史王父諱參謨陝州司倉贈禮部郎中烈考諱倫文術政事爲時龜玉異時選部第書判明廷策賢良皆登甲科價壓公論歷憲闈郎署而後出分符竹公即澧州府君之長子弱冠遊國庠以明經擢第釋褐任右司禦率府胄曹參軍久之從調授同州澄城縣丞三改秩至左馮翊司兵掾以太和七年秋七月十二日啟手足于上都昇平里之私第享齡六十間於龜筴得十一月甲寅吉乃卜窆于萬年縣龍首鄉龍首原夫人滎陽鄭氏祔焉夫人試秘書省校書郎稱之第二女操順淑朗先公十年而歿有子五人碩顓顓頎其幼小字曰老老女子子二人皆柴立致毀中賓爲之反袂公平生於分義最明四方名人洎中外族昆弟其或旅食靈臺求選京師慊然授館改星霜無倦色閑探百家之言賦詩什頗亘[illegible]缺四字人以命不可說相喑澣知公之事烈詳執雪涕流□□而銘之其銘曰

上缺四字兮昭令圖陰騭難詰兮或隆或污精金不試兮良玉不沽清風可挹兮白日西徂野雲屯兮壟草蕪永矣潛瘞兮國城東隅古誌石華

李應

全唐文六百十五有傳按應元和中自戶部郎中授湖州刺史遷蘇州

請許百姓自酤奏

先是官酤代百姓納榷歲月既久爲弊滋深伏望許

令百姓自酤取登售額，仍許入兩稅隨貫均出，依舊例折納輕貨送上都。（册府五百四）

王播

全唐文六百十五有傳

榷鹽利付度支奏

應管江淮兗鄆等鹽院元和七年計收鹽錢六百八十七萬四千四百貫，比未改法已前售鹽利總約時價四倍加擡，計成虛錢一千二百一十七萬九千貫，其二百一十八萬六千三百貫糶鹽本，其一千四百九十九萬二千六百貫充榷利，請以利付度支收管。（册府四百九十三）

糶鹽加價奏

揚州白沙兩處納榷場請依舊為院，又請諸鹽院糶鹽付商人，請每斗加五十文，通舊二百文價；諸道處煎鹽場停置小鋪糶鹽，每斗加二十文，通舊一百九十文價。（唐會要八十八）

御史在任減月轉準奏

監察御史舊例在任二十五月轉準，具員不加，今請仍舊；殿中侍御史舊例在任十三月轉準，具員加至十八月，今請減至十五月；侍御史舊例在任十月轉準，具員加至十三月，今請減至十月。（唐會要卷六十）

鹽戶不許追擾奏

應管煎鹽戶及鹽商并諸鹽院停場官吏所由等，前後制敕除兩稅外不許差役追擾，今請更有違越者，縣令奏聞貶黜，刺史罰一季俸錢，再犯者奏聽進止。（唐會要八十八）

孟簡

全唐文六百十六有傳

常平義倉州縣得專奏

天下州府常平義倉等斛斗，請準舊例減估出糶，但以石數奏申有司，更不收管，州縣得專以利百姓。（唐會要八十八）

裴堉

全唐文六百十六有傳

史館修撰一人判館奏

史館請登朝官入館者並為修撰，非登朝並為直館，修撰中以一人官高者判館事，其餘名且並請不置，仍永為常式。（唐會要六十三）

李逢吉

全唐文六百十六有傳

祭天地社稷用樂如舊奏

昊天上帝五方上帝皇地祇神州社稷之祀謹按禮記喪三年不祭惟祭天地社稷按周禮及開元禮圜鍾之均六變天神皆降林鍾之均八變地祇皆出謹按不廢天地之祭謂不敢以卑廢尊也將祭必作樂者所以降神也苟有所闕則祭不成禮伏請準元和元年二月勅用樂如舊三年之內不祭宗廟山陵祔廟後四時饗祀如式 唐會要二十一

張濛

全唐文六百十七有傳

具賜爵例奏

伏准貞元元年十一月制三品已上賜爵一級四品已下加一階者臣謹詳制旨本以三品已上其階已貴故賜爵四品以下其階未貴故加階伏緣請條不標所限司封據品通取職官其有官是三品已上階是四品已下者遂以階敘階又以官敘階爵比於官階等者受賜偏優臣欲准狀覆成則慮於比濫檢條破格復無以依憑官既隨用則遷階乃累考方至泛恩敘爵理合從階若許兼約職官伏恐競爲覬倖臣今謹具賜爵例如前望爲永式 唐會要八十一

段文昌

全唐文六百十七有傳

秋氣帖

總不得書何爲如此秋氣稍冷不知當如何也有華消息可報委曲十四日報 寶眞齋法書贊

陸涓

全唐文六百十八有傳

祀武成王議

臣聞統天下者禮法也救天下者權數也拯難者常以權變禮以數易法有國者則尙德而賤數尊卑而

晦權何者禮法行則人安其分而務于修身權數騁則人思變常而務于苟得安其分理之源也思變常亂之本也故救一時之弊者事不可貽于將來法垂萬祀者道不必行于當代竊以武成王殷臣也見紂之虐不能諫之而佐武王以傾之于周卽社稷之臣矣于殷謂之何人哉不然者何其效拯橫流業授役寰孔聖片言以褒之議知神化樹勛猷宗伯周書無篇以紀之豈不以其事不可傳言不可訓耶且夫尊其道者必師其人師其人必尙其行使天下之人入是廟也登是堂也稽其人可以見師思其道所由至

法則俾夫立節死義之士安所措其心乎聖人所以宗堯舜賢夷齊不法桓文不贊伊呂先之以敬讓導之以禮樂蓋謂此也況文武之道非二宗猶天地之有陰陽時日之有晝夜相依而立相須而成故王者之制因比而爲伍因伍而爲鄉因鄉爲軍鄉有六故置六卿居常可以理人有難足以應敵閭長黨正卽率五焉師師卽大夫焉下建立皆遵其制故將將卽正卿也執人病卽元帥也曁乎戰國陵夷王道蕩□威于二耶不顧典刑遂有孫吳之□畧與起剪之才用文武之事异將相之職分蓋基于此始也今聖上纂祖宗之鴻猷建中興之盛業方將□頹波于千古垂格言于後昆猶使武成之名與文宣爲偶權數之畧與道德齊衡恐非不刊之典臣愚謂宜罷上元追封立廟之制依貞觀于磻溪置祠有司以時享奠斯得禮之正也大唐郊祀錄十

案全文六百十八所收與此不同

李道古

道古嗣曹王皐子舉進士擢校書郎集賢院學士歷利隨唐睦四州刺史代柳公綽鎮鄂岳召爲宗正卿以薦所善柳泌斥爲循州司馬終以服丹歐血死

睦州大廳記

任地列封有國之恒制張官考績王者之大經故監部分刺世官爲重秦漢之來也隋新定郡武德四年改爲睦州嘗析桐廬爲嚴州復爲東睦州尋併爲屬邑領縣六建德桐廬淸溪分水遂安壽昌幅員一千二百里大山經川陵陸畏壘居七十萑蒲斥澤田植之壤居十二其餘中田小畝之數一農夫而食十人官或旁詔殘以漁利單戸危鄉歲虛籍訖肆朝廷難其任也洎于山峻二江合會之勢龍門疏鑿矣轘轅東扼矣丹巘闊聳達通海水巇險呀豁斗絕鄰部士族豪家望走洞穴刑理不直或頓機網故郡其新定州共睦若日親敬大化其封也自國家有兵甲之費不實內府經用所入浙右重於江淮茲郡重於它郡加以鐵官鹽筴盡服其雜調租過於太半自息而應征蓋所以天不奪時人無其力也前時茲郡多命德賢風化所寖父兄成教君子爲之斯可一變而至於道也始自永徽仰書名氏森然在列以識遷授元和七年甲子歲記具錄累代刺史名銜除授年代如後嚴陵集

張西岳

西岳元和時人

銅山湖記

粤有銅山湖者即我南陽葉侯字再榮之所建也頃因皇唐元和始載江左允癘民人歉絶之次我葉侯而獨咍然所咍者葢由心能遠慮廪有積粟旁覩衆餒之輩而無宿備者矣遂謂鄉人曰没者已没存者須存豈不見銅山之北谷嶺之陽左巒右隴之內仍有寶泉一眼水潛潛而涌氣炯炯而吐磨砂旋歐騰汨汨無冬無夏不減不竊四顧平伈迴合堅貯實可以爲湖者哉然君子所居必有隣焉德鄰者誰與即

有下邳余鼎鄉尹黃芝童雲等數人智計相亞皆以道同意合俱時響應起元和二載歲次丁亥二月旬有二日下手築捺月纔半而功畢畢功之日淸波溢岸汎羅羅之晴煙澄彎彎之曙月植戶四十溉田三頃平深一丈已上周迴四百餘步可謂形穿鏡範闥寫虹蜺鵁鶄弄影兮乙項鸊鵜登翼兮倅嵩春藻未生瀉天形而淨盡夜風纔息點星彩而無遺倒疊山光則林花笑底翻鋪雲影則玉葉捭心就知變化由人澄虛在水既得東塘永固而南畝無憂汪洋雖小於鏡湖運智而深於太[illegible]乃恐代之遷變後來者不知前之所能僕雖不才聊述湖主之言而爲記之越中金石記

崔歸美

歸美元和中鄉貢進士

唐故文貞公曾孫故穀城縣令張公墓誌銘并序

公諱曦字繼明范陽方城人也漢功臣留侯之後五代祖榮梁岳陽王諮議參軍贈持節蔡州諸軍事蔡州刺史諮議生玠爲周宣納上士隋巴州錄事參軍參軍生則隋比陽澧陽二縣令高祖玄弼唐長安縣尉益府功曹參軍贈都督安隨沔郢四州諸軍事安

州刺史曾祖柬之故特進中書令監修國史上柱國漢陽郡王贈司徒配享中宗庭廟祖名嶧高道不仕考諱愿皇駕部郎中曹婺等十一州刺史吳郡太守兼江南東道廿四州採訪黜陟使自岳陽至于採訪皆累葉重光奕世載德或補天之績或黜陟幽明嘉祉未泯遂生我公公即採訪之第八子也起家以門蔭解褐補太常寺奉禮郎旋授左武衛兵曹參軍貞元中皇帝追先帝舊臣子孫以答功績遂進補右神武軍錄事參軍在昔高宗外戚擅權密搆神器滔天之禍如火燎原區宇版蕩上慘下黷荆棘道路人墨

息肩。天未移運。碣降元老。洎產祿潰詐。皇綱荐紱。鯨鯢鼎鰓。祥慶委積。公竟以非罪中禍。謫遐裔。景公干駟。無德而稱。夷齊首陽。萬古嘉歎。公嘗念先祖有大功於國。寵被一門。裂土分茅。綸翰盈篋。身歿之後。名謚蔑然。決意挺行。懷表詣闕。志誠幽贊。達于聰明。匍匐雪涕。帝用增歎。廼降明詔。自宰臣已下集議行跡。謚爲文貞。五王同時。賴公之力也。朝廷嘉其憤激抗表極論。可謂孝子孝孫。弓裘不墜。遂特授襄州穀城縣令。其在邑也。彈琴靜理。高視雲水。仁以變俗。德以臨下。吏不敢欺。盜不犯境。舉直措枉。黔首欽服。西

門在鄴。子產治鄭。幾不若也。餞祓之日。寮吏色沮。遮車固留。公久想故園。去如脫屣。思與白雲長往。採蕨家山。類鴻鵠之在冥。同騏驥之解絆。不幸因疾纏綿不起。以元和八年六月十九日。歿于私第。嗚呼。上天不惠。殲我良士。聞者交涕。舊邑罷市。豈不以仁於斯德於斯。公享年六十七。以其年十一月廿三日。祔于大塋。禮也。冢子珦先於公一年而卒。次子瑀璪璟等銜哀泣血而言曰。桑田有變。陵谷遷改。若無旌識。何以號訪。請刊貞石。銘以誌之。余以子聓之情。授簡而退。敢爲銘曰。

文貞之孫。採訪之子。洎于我公。令問不已。其德如山。其晁如蘭。久而彌芳。萬古不刊。石刻

邵仲方

仲方。元和中將仕郎。試太常寺奉禮郎。飛騎尉。

唐故元從奉天定難功臣游擊將軍守冀王府右親事典軍上柱國勒留堂頭高平郡邵公墓誌銘 并序

夫生滅之相。貫于天地。盛衰之門。業推而化。故期生誠榮祿。奄歿幽泉。机茲褒贈之靈。刻石於元扃之記。典軍諱才志。字元甫。望出高平。萬年縣人也。曾諱慶

皇不仕。祖諱儀。皇不仕。父諱明。皇任昭武校尉守恭王府左帳內副典軍上柱國。賜緋魚袋。公即長男也。立身從仕卌餘年。自建中四年癸未歲朱泚寇逆陷歿城。犀執持堂印。隨駕奉天重圍之內。苦歷艱危。克復之時。功勳崇獎。遂遷五品職。佐台堦。累序勳勞。歷更九任。勤効幹蠱。靡資台鼎。孝奉家慶之休。廉謹風猷之德。遂至元和十四年八月廿七日。藕遇朋友酒筵至夜。有司糺劾以達聖聰。詔下書刑。貶於坊鎮。又遭寒熱伏枕數旬。有嗣子全亮。儒直奉孝。過於孟孫。悲泣跪藥。甚於韓伯。孤妻張氏。親看扶舉。洗浣哺飧。

食不知味寢不求安弟曰才應官任淸貧職司掘客朝入公門暮歸奉孝恭敬悲念乳藥哺飡在處求醫藥餌無效豈期壽限將畢大願不從時年春秋五十有五至元和十四年己亥歲九月廿七日終於坊州館舍嗣子等號天泣血聲一舉兮三絕女及於姪新婦等感悲慟哭傷痛四隣卜筮有期至其年十一月十六日舉葬于長安縣承平鄉史劉村附先代塋之禮也仲方素諳有德乃述其詞銘曰

典軍功効安國理民重圍之內印信奉陳光榮先祖忠直事君孝義奉母哭竹求辛身敗四時久疾纏羸醫藥無愈奄有云亡魂歸逝水形影無光幽扃悄悄歸於北邙筠風吹作悲聲白揚年年松柏空響泉堂

續語堂碑錄

沈超

超吳興人元和中攝魏成縣令前守巴州盤道縣令

崔文公魏成縣靈泉記述

崔司業融當久視元年莅斯邑也刻靈泉記於此巨石焉迨今正百年矣人莫得知超以公務之餘覽盧公照隣放生池碑於西墅有好事者大梁文縱曰昔崔文公有記存於石堂觀焉遂不俟車馬蹶然而至蘿離披之蔓草鏈狎獵之封苔鳥跡依然匪磨匪磷嗟乎以公之德而發跡於斯以公之文而翳薈於此百年已降後進君子曾不稱之者歟超叨承下風祗訪高蹤寓目增慨臨文永懷不腆之詞輒紀其年月云爾元和四年歲次己丑三月三日攝令沈超記金石苑

王鉅

鉅元和時人鄭州滎澤縣尉按與天祐中知制誥王鉅疑別

唐故河東裴公墓誌銘并敘

公諱昌字仲達其先河東人也保姓受氏其來遠矣洎永嘉之年衣冠南渡風流遺烈代有其人禮樂搢紳顯于家諜曾祖元凱祖明達父仁安並徽懿盛木昭振前列望高族茂勳華貫時公即府君之第二子也稟淸和之性有堅貞之操以德行立身以仁信交友志尚閑逸不以祿利爲榮是以不屈節折腰耽玩琴臾實朋執之龜龍仁物之衡鏡隱淪混跡洞達窮通道在其中矣於戲有至行不享其福壽者其斯之謂歟以元和十五年正月十七日遇疾終于長沙郡湘潭縣之江次享年八十五嗚呼夫德立而人世不稱行成而幽靈無報短長之制命耶以先塋松柏陪

葬尙黔禮許從權乃於上元縣鳳臺鄉梅頂岡之東北原別建兆域以其年八月二日權窆焉從吉兆也夫人吳郡朱氏淑愼忠厚行成閨門內政有敎義光詩史有子五人長曰興次曰幹次曰超次曰孚詩禮垂訓敎及義方識度自然哀不逾禮幼子曰祐先公而亡有女二人長適彭叔雅次適蔣幹皆蓄令德事舅姑有聞蔣氏愛女早謝浮榮亦先公而卒令子慮陵谷遷變見託斯文採摭行能勒銘貞石其詞曰

於惟裴公凛然循德在醜不爭惟人是則樂天知命道達通塞栖心雲水處事寂然淼漢泝江東西南北其天胡不惠哲人其萎大樸已散淸風不歸丹旐翩翩新隴巍巍泉門一閉與此山垂 其二 古刻叢鈔

李洏

洏雍王房六世孫營田判官前殿中侍御史內供奉又官司封郎中見郎官石柱題名

高涼泉記

魏成縣南五里有長嶺雖岷峨支派似無他異其陽崖座高松涼泉夏不知暑其陰實藏靈境怪石人未之造攝令吳興沈君超好古之士爲政之暇冥搜得之異曰予乘軺一來沈君謂予曰山無泉不靈泉非山不淸然則凡嶺突兀雖大而頑汚池淪漣雖廣必泥艮不并也我有奇瞻子能覩之乎予齋誠以往果有所駭其始至也則風於一山玉溜潺湲衆籟成吟笙竽匪禁登之洗然如謁羣仙心意自殊若與道俱橫石如隕匪鑿匪鑿傍架絕壑根山不落上磨層霄屹然岩岩其間可俯而入焉則空洞博敞如堂如室苔駮古狀奇怪生姿詎闢混元益偉造物然則始知夫山林獨往之士一丘自足窮年忘歸亦何必察耕父於淸泠送白日於昧谷然後爲異也傍得舊銘隱磷餘字即久視元年崔司業融首莅兹邑高謀有濤刻石斯存地縣古觀廢非一祀沈君必將復其層構招置道流以識前修且彰令躅漁陽李洛客評之曰夫躁靜根性興廢繇人昔丘明與孔聖同好惡今吳興發文公之勝槩恬智之域若合符然則沈之力政者學實希曩哲斯境也適丁斯時爲不朽矣後之好事者亦奚必歷今而榮古哉元和四年閏三月十二日記 金石苑

劉士舉

士舉元和時人

唐故彭城劉府君墓誌銘 并序

府君諱邁其先彭城郡人也家承漢緒德襲堯風門稱碩儒世歷高位父諱滔養眞不仕處順而安唯道是從居簡無悔靈鑒豈惑慶流不私況府君性口天姿幼沐庭訓式備詩禮之義克修敬慎之容口惟睦親謙以和衆豈在遐邇其誰不瞻奚圖上天止賦中壽奄折梁木旋萎哲人以元和八年九月十日終于揚州江陽縣崇儒坊之私第享齡七十矣夫人清河張氏蟾宮降德池夢膺祥聲華既芳容範增肅鳳唱斯洽龍光奄分離魂九昇衣臨三艷男一人名士舉恭惟四德言念孝思爰自執喪毀過常制泣奉龜策

將謀所安人神叶心靈兆彰吉以其年十月十八日丁酉躬護喪擕安厝於江陽縣嘉盃鄉五乍村之原禮也恐陵谷有變乃刻石紀德銘曰

漫漫豐谷□霏碭雲盛德不亡逮生府君智實天假學如素聞光景莫留英靈已分奄卜五乍屹爲一塡川水夜流松煙晝昏空有書劍傳於子孫　石刻

唐故南陽張夫人墓誌銘　并序

夫人張氏其先陳留郡開封縣人也今摽時望移家淮楚今遂揚州江陽縣人矣曾祖塊處性廉儒風規可則門摽仁孝名立其德祖潛風雲禀性忠孝立身能混於世居然自眞父恰運務忠幹奉公克懃才聞八座位參孔隣夫人即公之第三女也三儀克著五德流鄉意能柔順貞明內儀纔始登笄旋歸彭城劉氏自結秦晉無虧婦禮舉按之風六室綢繆豈絕恭姜之禮夫人承大家之餘訓受母師之典教何圖天奪斯壽魂魄上昇體掩泉門歸于逝水粤以元和元年八月六日奄終于江陽崇儒坊之私第享年卅有九夫人有子一人曰士舉夙承雅訓早著令名哀號泣血哭踊無聲即以其月廿五日窆于嘉盃鄉五乍村禮也故刻茲貞石永爲記之銘曰

皇天不仁殲我慈母浮雲往來清魂何去不見慈顏空悲風樹灑淚灑血朝朝暮暮　石刻

唐文拾遺卷之二十七

榮祿大夫三品頂戴前分巡廣東高廉道加四級臣陸心源輯

景審

審南陽人元和中試太常寺奉禮郎工作詩留心翰墨

一切經音義序

昔者素王設教著十翼而通陰陽玄帝談經演二篇而明道德豈能仁出代獨步迦維會三乘於鷲峰轉四輪於鹿苑緣是有半滿之字數貫散之花因緇客而西至驛白馬以東邁是知不無不有掩蔽邪徒卽色卽空甄明正道於是慧雲蓄潤垂髮鬘而蔭羣氓法雨含滋散空濛而霑眾艸斯之功利不可勝言大矣哉覺皇之爲教也若乃書之貝葉編諸海藏結集由飲光之心文義宣慶喜之口流傳此土七百餘年至於文字或難偏傍有誤書籍之所不載聲音之所未聞或俗體無憑或梵言存本不有音義誠難究諸欲使坐得明師立闡精詣就學無勞於負笈請益詎假於摳衣所以一十二音宣于涅盤奧典四十二字載平花嚴眞經[十二音是翻梵字之聲勢也舊云十四音誤也又有三十四字名爲字母每字以十二音翻之遂成四百八字共相乘轉成一十八章名曰悉談如新涅盤經音義中廣明矣]故曰無離文字解脫也暨國朝初有沙門玄應孤標生知獨運先覺明唐梵異語識古今奇字撰一切經音義一部凡二十五卷可以貽諸後進光彼先賢作彼岸之津梁涉法門之鍵鑰次有沙門慧苑撰新譯華嚴音義二卷並編於開元釋教錄然以後譯經論及先所未音者至於披讀講解文謬誼乖得失疑滯寡聞孤陋莫有微通多見強識罕能盡究然而自儆之輩恥下問而不求匿好之流忝深知而不答則聖言有阻能無悲焉有大興善寺慧琳法師者姓裴氏疏勒國人也則大廣知不空三藏之弟子矣內精密教入於總持之門外究墨流研乎文字之粹印度聲明之妙支那音韻之精既瓶受於先師亦泉瀉於後學覩譯迴綴參於上省師摭其闕遺歎其病惑覽茲羣經纂彼詁訓然則古來音反多以傍紐而爲雙聲始自服虔元無定旨吳音與秦音莫辯清韻與濁韻難明至如武與綿爲雙聲企以智爲疊韻若斯之類蓋所不取近有元庭堅韻英及張戩考聲切韻今之所音取則於此大略以七家字書釋誼[七書謂玉篇說文字林字統古今正字文字典說開元文字音義]七書不該百字咸訪又訓解之未兼辯六書庶因此而識彼聞一以知十師二十餘載

傍求典籍備討經論孜孜不倦修緝爲務以建中末年刱製至元和二祀方就凡一百軸具釋衆經始於大般若終於護命法總一千三百部五千七百餘卷舊兩家音義合而次之標名爲異（兩家謂玄應慧苑等）浩然如海呑衆流以成深畋兮若鏡照羣物以無勌元和十二年二月三十日絶筆於西明寺焉審以頗好文字撰善從之許爲不請之師自媿未成之器因啟其卷乃告厥功謬以微才叙之云爾（東洋刊慧琳一切經音義）

李遊

遊元和十三年京兆尹

處分官徒奏

諸司使諸軍所由官徒等共九十四人挾名伏檢元和二年三月敕並委京兆府比從十年更無逃亡補替等處遂使影占文牒散在村坊凡欲差役皆無憑據臣祈請諸司案舊名額自元和二年其逃亡補替挾名鄉縣牒臣當府令別與左右神策金吾軍伏乞聖慈一例處分庶明區別永久有常（唐會要七十二）

杜英策

英策元和四年爲安南都知兵馬使兼押衙安南副都護

舉張舟政蹟狀

舉本管經略招討處置等使兼安南都護張舟到任已來政績事安南羅城先是經略使伯夷築當時百姓猶甚陸梁纔高數尺又甚湫隘自張舟到任因農隙之後奏請新築今城高二丈二尺都開三門各有樓其東西門各三間其南門五間更置鼓角城内造左右隨身十營前經略使裴泰時驩愛城池被環王崐崙燒爇並盡自張舟到任後前年築驩州城去年築愛州城裴泰時軍城不守軍中器械卻失並盡趙昌到任日近旋除廣州自張舟到任諸道求市每月

造成器械八千事四年以來都計造成四十餘萬事於大廳左右起甲仗樓四十間收貯安南戎寇難利鬬戰先有戰船不過十數隻又甚遲鈍與賊船不過相接張舟自創新意造艨艟舟四百餘隻每船戰手二十五人棹手三十二人車弩一支兩弓弩一支棹出船内廻船向背皆疾如飛（唐會要七十三）

李鄘

鄘字建侯邕從孫第進士補祕書省正字擢累吏部員外郎進御史中丞憲宗初由河東節度召拜門下侍郎同平章事以太子少傅致仕卒謚曰肅

停高陵等四縣烽子奏

三原高陵涇陽興平等四縣共管烽二十八所每年差烽子計九百七十五人遠近無虞畿內烽燧請停唐會要七十二

崔直

直元和中爲御史中丞

知彈御史被彈待罪奏

元和十二年御史臺奏請知彈侍御史被彈卽請向下人承次監奏或有不到卽殿中侍御史於侍御史下立以備其闕臣伏以朝官入閤失儀知彈侍御史合彈奏錯失向下侍御史及中丞大夫遞相彈奏事後入本班候監奏出閤然後合侍御史待罪此乃殿廷舊制於事爲宜今若移一殿中放彈御史之下以防向上失錯或殿中自錯則擬更立何人向下監奏緊於瞬息只合知彈侍御史便下不必別差殿中既乖故實終慮駁雜伏請自今已後御依閤內故事縱知彈侍御自有錯失不被彈奏候班退監奏畢然後出待罪冀從易便永可遵行唐會要六十二

鄭元修

元修元和三年爲京兆尹

命婦喪葬節制奏

王公士庶喪葬節制一品二品三品爲一等四品五品爲一等六品至九品爲一等凡命婦各準本品如夫子官高聽從夫子其無邑號者準夫子品廕子孫未有官者降損有差其凶器悉請以瓦木爲之唐會要三十八

皇甫鎛

鎛臨涇人貞元初第進士歷吏部郎中遷司農卿時方伐蔡急於用度鎛嚴辦濟師帝悅遂同中書門下平章事巧媚自固以薦柳泌穆宗立貶崖州司戶參軍死其所

權借外命婦院置官典院奏

舊例平章事判度支並中書省借闕官廳置院臣以爲事體非便今請權借外命婦院內舍十數間隔截置官典院又舊例置郎官二人於中書判案人中差定并量抽官典七人隨官勾檢文案伏以臣職在中書務兼司計錢穀事重須自躬親臣今酌量簡要並自判抽其餘尋常公事各有本判郎官今依條流勾當處置臣仍請每月三度候中書事簡入南省唐會要五十三

竇易直

易直字宗元始平人明經擢第補校書郎元和六年進御史中丞觀察浙西入爲戶部侍郎同平章事封晉陽郡公卒贈司徒謚曰恭惠

詳議僕射答拜儀注奏

臣謹案唐禮諸冊拜官與百僚相見無受拜之文又諫議大夫至拾遺御史中丞至殿中侍御史並爲供奉官不合異禮今僕射初上之日或答拜階上合拜庭中因循踳駁之制每致沸騰之議伏請下尚書太常禮院詳議永爲定制使得遵行唐會要五十七

劉遵古

遵古元和四年任監察御史

太廟五享攝祭差三公奏

太廟五享攝祭三公等伏准開元二十五年七月八日敕每至五饗之日應攝三公令中書門下及丞相師傅尚書御史兼嗣郡王擇德望高者通攝諸司不在差限者伏以太廟攝祭公卿准敕令先差僕射尚書及師傅等如無此色官亦合次差諸司三品比來吏部因循不守敕文用人稍輕伏請起今年冬季已後敕吏部准敕差定如僕射尚書等闕即差京師三品職事官充唐會要十八

王源中

源中字正蒙累遷左補闕轉戶部郎中侍郎擢翰林承旨學士出爲山南西道節度使入拜刑部侍郎卒

罪犯歸有司奏

夫臺憲者綱紀之地府縣者責成之所設有罪犯宜歸有司安有北軍勢重於南衙輦下權傾于仗內乞還法司庶平職分冊府元龜四百五十九

陸庶

全唐文六百二十二有傳

爛柯山碑記

爛柯仙躅圖諜詳矣觀夫巨石橫空矯如驚龍卒屼劃坼際於穹崇南走羣峰北控遐陸不遠人世宛如蓬瀛得非權輿之初俾宅眞仙而幽贊人民脫籠檻於茲地不然者擾擾塵跡瀟灑靈蹤高步遐矚相瞬而致則樵夫之遇二仙其所以示化與何元造無朕而壺中之日月可得而窺矣庶牧於是邦迨茲五祀政惟自守民亦安止乘春多暇爰羿心期冥搜信宿機慮如洗頹然性復於靜靜復於眞天地之萬類吾生之憂樂將不介於胸中矣心境相傳不知吾之遇

靈境與靈境之遇吾與時元和三年三月十八日

按此文據嘉靖衢州府志與全唐文所收畧有不同

趙昂

全唐文六百二十二有傳官左金吾衛倉曹參軍翰林院學士賜緋魚袋

故朝議郎行內侍省內寺伯上柱國劉府君墓誌銘并序

公諱奉芝其先彭城人也著姓史策略而不書曾祖寶皇右領軍衛折衝都尉祖敬皇左衛果毅都尉父柱贈將作監公監之第二子夙奉嚴訓早聞詩禮謙和仁厚履信資忠口不茹葷心唯奉佛解褐拜內坊典直秩滿授內府局丞無何轉本局令尋遷內寺伯自出身事主廿餘年三命益恭四知尤慎言辭謹密體貌魁梧帶盡十圍眉間一尺出入宮禁周遊里閭望之儼然真天子之近臣矣如何位不充器天不與年未及懸車忽焉就木以上元元年十二月十九日大漸于輔興里之寢居時年六十五公素有通識不以夭壽嬰心故自卜龍首原用開塋域土周石槨將反本而歸真以今上元二年辛丑歲正月丁亥十一日丁酉與前夫人趙氏合祔而同穴安時處順不亦禮歟嗣子景延庭倩等號天叩地泣血崩心充充有窮林莫能起至於小大斂服塗車芻靈啟殯祖庭備物致用皆取制於右監門衛大將軍伯將軍自公之亡也悅如有失憂色慟容拊膺而哭曰天乎奈何不先罰於予而乃降禍於汝手足云斷心魂得安人有聞之知將軍之爲兄也仁矣昂學舊史氏書法不隱舉善無遺庶旌恭友之風以成褒貶之義銘曰

劉氏之子公山正禮白眉皆良伯仲一體同事昭代威儀濟濟口何爲乎奪我令弟能建生死自爲石室啟手知全長辭白日合葬非古周公已來哲婦早世同歸夜臺舟壑忽遷孰知桑海唯公令名終古不改

石刻

呂溫

全唐文六百二十五有傳

唐故銀青光祿大夫京兆尹兼御史大夫上柱國贈吏部尚書京兆韋公神道碑銘并序

工之良者斧斤神運不離繩墨之內士之全者器用無方必歸忠孝之域若離繩與墨而厦屋立構大匠以爲妖也失忠與孝而功烈幸成君子以爲亂也除妖討亂獨立中道以人倫風俗爲己任吾聞其語而

見其人公姓韋氏諱武字某京兆杜陵人也其先命于商顯于漢蟬聯于晉魏之後或哲或謀或肅或艾大名大德大節大勳懸諸日月倬在圖史族姓之盛莫之與京曾祖皇朝金紫光祿大夫尚書左右僕射同中書門下三品諱待價致君皇極時憚其正祖銀青光祿大夫梁州都督諱令儀布化南夏民懷其惠父舉進士宏詞制策皆入殊科又判入高等累任畿赤名尉遷朝議大夫監察御史轉殿中御史侍御史尚書禮吏員外中書舍人給事中擢□禮吏戶三侍郎亦列名藩及列卿之清者時年四十九而薨然亦

由不一其名字故家傳略而不盡也贈二部尚書諱鎰時方大用士痛其天公未免懷而孤六歲知慕每問居處几杖則失聲啼叫廢絕于地雲物與之變色烏鳥與之悲鳴况夫搢紳之履霜露者元中書載公之先執泣撫其首目爲孝治之瑞衣無兼綵食去鮮味若居喪者數歲年十一始以門第補右千牛歷京兆府參軍高陵櫟陽萬年三縣尉長安縣丞晝則遊刃吏事夜則服膺經籍循性爲學深於禮服顧行爲文長於議論曾未壯齒鬱其老成顏太師眞卿蕭黃門復以雅道名節自居罕有及其門而皆與公爲忘

年之契由是振動於卿大夫閒擢爲太常博士草朝廷之儀大事不繁小事不略論人之行褒者不德貶者不怨德宗西狩委室隨難除殿中侍御史執簡於亂兵之中顧指風生邪憲不撓皇輿反正猶踐舊職崔大夫縱雅相推重動靜咨度方表公爲侍御史副總臺務會戶部元侍郎琇董司漕運懼不克濟奏授公倉部員外郎充水陸轉運判官得公之謀而不能用與道進退義無渝胥稱疾杜門數月而元果敗朝野之論服其賢明尋轉禮部員外郎上方以戡復之慶親告郊廟大兵僅解百度各缺執事憂惑悉咨於

公公以變通之識酌于宜□備物約用禮成掌中舉司遵行罔或愆素屬邦畿艱食朝議敦本選臺閣之通理術者十人分宰大邑公與故相國鄭公珣瑜等同被推擇遂檢校本官兼昭應縣令時東后繼覲館無虛日王人急宣冠蓋相望縣道之弊昭應爲劇公內結信惠務穡勸芸而農不釋耒外運才敏儲費應卒而賓不乏餼傳置如市田閭不知改遂州刺史郡中地狹江臨屋宇駢接歲有潰决焚如之害公順勢疏壅峻其隄防而暴潦泄去申禁嚴備闢其巷陌而流焰斷滅二十年閒水火無懼民到于今歌之爲拜

戶部郎中不以望積南宮而怠弃其職修版圖以隱覈郡國天下不敢以懇田籍民之數欺于有司除萬年令問民疾苦而不問過失憂民賦輸而□憂盜賊惠字誠達其令自行端冕而朝轂下淸靜遷京兆少尹是歲荆吳昏墊宸衷軫騤親臨軒分命十使馳傳弔諭且令察視非淸明簡重有生民之望者不在此選公復奏罄實固言蠲賦息役之宜爲聚斂者所嫉出爲絳州刺史因其歲歉導以地利鑿汾而灌注者十有三渠環絳而開闢者三千餘頃舄鹵之地京坻勃興課最屢聞璽書降勞遷晉慈隰等州都防禦觀

察處置等使晉州刺史兼御史中丞賜紫金魚袋自絳及晉不三百里惠澤旁浸仁聲先路者久矣至是疲瘵之心如蟄聞春雷而起柔萮望和風而坼其感興驅致之自然歟居晉郡六年順宗就加左散騎常侍銀青光祿大夫寵循政也今上徵爲兵部侍郎崇德□也方議毗倚寘于台司中外翕然日夕以冀俄以豐陵復土之重輟公嚴護拜京兆尹兼御史大夫充山陵橋道等使公哀敬盡瘁殆忘寢食凡七十日遇暴疾薨于長安通化里之私第春年五十有五皇帝悼惜興歎詔贈吏部尚書太常謚曰某公給鹵

簿鼓吹以某年某月日葬于京兆府某縣之某原莆夫人博陵崔氏祔焉禮也公所撰家祭儀三卷文集一十五卷凡諸著述數萬言並行於代崔夫人京兆尹御史大夫鄴國公昭之女柔德懿行儀形閫壼貴壽莫偕先公而歿有子曰延亮前某官孝敬忠厚英華逸發胸襟所得往往有絕雲霓之勢若不離師友無倦追琢吾見韋氏之餘慶未可量也二女長適桂管觀察支使太常寺協律郎隴西李允元次適荆南營田判官江陵府戶曹參軍隴西李景儉有是子以爲後有是壻以託孤公其無憂於地下矣後夫人某

郡某氏某官某之女繼室以德罔替前修帷堂晝哭之後女有歸男有立姻族愈睦門風益淸詠鵲巢之詩者孰不歸美公終鮮兄弟有姊一人承順恩敬貴而彌篤爲海內所稱於戲六歲而孝聞人子之難也五十以悌聞人弟之難也苟非天性充塞以身立教者其孰能踐百行之至難乎况文章經術禮樂刑政磊落光耀之如彼斯可以言士之全也前年冬延亮泣奉家傳造予衡門以金石之事見託會守遠郡歲月差池作吏廹屑文字殆廢卒不獲命誠無愧詞銘曰

以甘受和以白受采洽自閨門聞于四海韋公之行於是乎在名教以來未之有改吁嗟乎韋公天生烝民非禮弗存貴爲天子非禮弗尊韋公之學實專其門秉之以心立之以言吁嗟乎韋公惠訓孜孜視民如傷子產之後莫如龔黃韋公之政允紹其良民之父母今也則亡吁嗟乎韋公奕奕相庭在朝之右人方矚望帝亦虛受韋公之年曷不悠久德慶既鬱宜其有後吁嗟乎韋公足本呂衡州集。

唐故湖南團練觀察處置等使通議大夫使持節都督潭州諸軍事守潭州刺史中丞賜紫金魚袋贈陝州大都督東平呂府君夫人河東郡君柳氏墓誌銘并序

柳氏系起黃帝世家河東晉永嘉末濟南太守卓隨軍南遷吾先太夫人其後也高祖善才皇朝荊王侍讀曾祖尚素潤州江寧縣令大父慶休渤海縣丞以第二子兵部侍郎渾平章政事追贈蔡州刺史工部尚書考識屯田郎中集賢殿學士或戶牖儒與或繩墨吏道或龜龍文章率有純行皆有餘力渤海府君以道之不行儲慶於相國屯田府君以賢而無後寓美於夫人夫人年十四歸我先公從秩封安邑縣君進爲河東郡君貞元十六年六月庚寅前先公七日棄養于潭州官舍享年四十有二有男四人長曰恭舉進士未第幼曰讓年小未學恭之中弟字翼天於襁褓長女適淮南節度掌書記試太常寺奉禮郎豆盧策次女適前進士柳滄二幼曰貢娘小貢僅卝髮所母先公之子三人女一人長曰溫前集賢殿校書郎次曰儉前僕寺進馬季字秦生能言而夭女適故太常寺協律郎杜正孤子溫恭以某年十二月八日號奉帷裳從先公歸奉祔于洛陽邙山清風原之大塋禮也嗚呼痛哉夫人事先公二十七年事不思不

行言不踐不發循守法度輝光輔佐苟有虧先公而獲已所安未之或從苟有宜先公而於己未適無所不就先公或未叶于中必廢食感悟得請乃復先公之允歸于美則贊美將順以成爲繼王母在堂峻婦姑之禮夫人柔色肅氣奉威承顏虔盥潔饋之勤寒燠匪懈和灰紉緘之事顧指而具備修婦順動以誠格旁感母道益無間言王氏姑尚禮而毅嘗言吾婦敬我使我加重杜氏姑好仁而廉嘗言吾婦知我使我加感劉氏姑與先公異出嘗言吾婦信我使我加親其餘則循分制義親疎各得其所有初克終中外

咸歸於穆夫人以恭既有譽處每戒曰文學政事汝有父師非吾所急吾唯厚爾孝悌之望豆盧氏柳氏女亦既有行每戒曰組紃環珮汝有姆傳非吾所勤吾唯宜爾室家之望恭由是先行後藝二妹皆自他有聞鍾愛於某常稱其克荷勤先公命以爲鄙而使恭下之唯疾之憂則恭無加也賢杜氏姊憐其早孀勸先公取以歸宗而躬撫之衣服禮秩則二妹莫倫也推是以往而配德肥家之道備矣外祖母喪夫人侍王母在洛訃自江左不勺飲者三日禮不敢過而哀有餘外祖前亦寓殯於丹陽外叔祖至宰相而未

克歸葬至是夫人訴於先公而假力焉且刺指書血寄舊家老俾偕啟窆護歸伊川舊塋卜祥無收子之名報德於移天之後言孝者以爲難夫人出自崔韋氏長姨出自蕭先公貴爲方伯韋府君黄綬早世夫人於異同之間榮悴之際愛敬必盡顏色無違言友者以爲難從祖舅山南節度推官曰從學於外祖能業文行夫人以終鮮兄弟憐比同氣見其立也喜亦如之崔氏舅益王府參軍曰遲幼依外祖母矢志邱園夫人以如存之思奉比諸父聞其喪也哀亦如之推是以往而反本睦親之禮盡矣皆可以仁蹈中庸義合古訓慈感土木孝通神明宜乎從先公極貴見諸子垂白而始食郡封未開國號某未達恭未宦幼弟甫卝季妹方孩曾不浹辰怙恃繼失拔踊相覩裂肝窮號舉世獨冤終天莫訴嗚呼酷哉孤子某永負極思靡所寘痛稽銘懿實不敢失墜其詞曰

景雲發祥古天子聖人之清柳爲氏氛氳荄茷積緐累祉南遷鼎玉爛江沚吾先夫人懿厥後感神慈孝因心友輔佐盛德譽無咎福宜高明壽悠久湖之南湘之陰天乎匪忱摧棘心洛有瀨邙有巔遐萬斯年咽寒泉同上

白居易

全唐文六百五十六有傳

授劉總秘書郎制

按此文見白氏文集四十八卷文苑英華四百卷與全唐文所收杜牧作同姑存其目

段平仲

平仲字秉庸武威人第進士元和中尚書右丞世推其敢直終太子左庶子

蘊華太常儀注奏

按開元禮應受册官初上儀並合與卑官答拜又准

令文僕射班品在三公之次三公上儀而嘗與卑僚答拜僕射上獨受侍郎中丞等拜考之國典素無明文因循乖越切在釐革太常所定儀制依據三公上儀其間或有增損事體深爲折衷酌爲永制可以施行應同所見各得連署唐會要五十七

牛僧孺

全唐文六百八十二有傳

升御史大夫爲三品奏

奉十一月二十八日勅中書門下奏御史大夫秦爲上卿漢爲副相又漢末復爲大司空與丞相俱爲三

公掌邦國刑憲肅政朝廷其任至重品秩殊峻望準六尚書例升爲正三品御史中丞爲大夫之貳緣大夫秩崇官不常置中丞爲憲臺之長今九寺少卿以及秘書少監國子監司業京兆尹并府寺省監之貳皆爲四品唯御史中丞官業雖重品秩未崇升爲正四品下爲大夫之貳令不隔品亦與丞郎出入秩同以重其任緣關朝廷典制須行之可久必得博盡羣議詢謀僉同望令兩省御史臺五品已上尚書省四品以上太子太保太常卿參議聞奏者伏以前代帝王建官設位之制互有沿革升降廢置蓋取於一時所宜苟得其宜則爲當代之美臣等伏據六典故事御史大夫御史中丞等官歷代之制位不常定至於刑憲之所倚則古今之任不殊今陛下方宏約法之道俾增崇品秩同秩丞郎蓋千年一時之盛美也臣等又據故事御史大夫總朝廷刑憲掌邦國紀綱峻其秩位亦計所宜御史中丞雖官貳大夫與大夫多不並置專席既稱獨坐隔品豈合迭居今命秩資升遷實爲允當臣等參詳事理眾議僉同伏請著於典章永爲定制唐會要六十

唐故太常丞贈諫議大夫温府君神道碑并敘

温氏裔顓頊爲巳姓其後有平佐夏滅窮厥用祚土子孫因□其邑而仍其侯侯廿六代至乂□于周別封于缺二十字以續以起曰序而忠曰恢而智美艮嶠義□高□□下咽堙横張嚮必大集缺廿八字無隱二祖之德爆聞于時馨烈薰炙益熾而大□州生范陽令晉冲范陽生右金吾缺廿六字佶字輔國□郎南鄭公之長子也敏中方外韜蘊不露纂經窮元法爲時師元闢捭闔缺五字而歸缺十八字不閉魯郡公眞卿守平原公杖策往謁雲風類隨忠氣合發當是時二顏横起虜喉咽受偪□□愁殘至缺十八字實繫公之助也乾元至德

間太尉臨淮王以智力自高少爲士屈待□□禮不（缺廿五字）乞以爵禄因授太常丞公行藏有素訖謝而去華皆聞顯益不憙愛栖神葳（缺廿六字）一人而已以建中元年卒於鄴□之成安里第穆宗文宗朝累□子貴贈諫議（缺五十字）也子男□人曰邁曰邈曰造曰遜曰（缺卌五字）者氣實一（缺五字）世具於仲兄今尚書公誌墓文邈於長慶大和間累以給（缺五字）不（缺六字）故徐州王僕射飛章交薦朝廷□□起爲百里（缺五字）昔荀淑陳仲弓父子兄弟以貞名高行爲時師每歲安車蒲輪玉帛贄幣塡塞門巷代光榮之今温門二世交聘微言不

絕於（缺三字）荀陳之（缺三字）其是歟天將秤其德而世其家而今河陽三城節□使撿挍戶部尚書公出焉尚書名造郎諫議公之第三子潛武緯□□器（缺十字）先生之行具於故禮部郎中知制誥唐君炎誌諫議公墓文虎蹲蛟蟠卌始動三臺百□爭以狀乞累官至尚書右丞屬興元（缺九字）亂所殺朝廷憂之宰相泣於上曰李絳死不□□而今而□□下爲鎭者孰敢主其□了辯是役唯温造耳上（缺五字）授（缺三字）度使公單車去舉止如書生入之日自旦及午擁叛卒於外悉殺之（缺三字）下梟其首亂者□□之祭李侯之柩於是

朝之大臣（缺七字）若温公者吾其可名乎微温公吾其能保其任而完其生乎當是時若事或不幸即四方之佼佼者傾耳而蝟起其可量哉識者以爲公之功（缺五字）而截天下之流不橫矣其後由台階而贊大化福萬品而先祖先斯人之望可指而待嗟乎諫議之烈不泯而尚書之德復□温之（缺四字）窮乎唐制位三三品者父祖得以刻石紀神道僭稱於尚書爲（缺三字）日月爲多時門風祖烈闡□詳矣□其石□□讓於仁銘曰

先生之先在世多才曰博宏將三英彥聯黎公瀛州

行□而穠華實難并系世復卑位不稱（缺八字）厥有先生先生□□危行（缺四字）入神扶顏遏安批裂兩河飢鯨駭猰幾死堙竄兵血之間笑言委遲不有其庸孰利於名名從而（缺六字）思先生生必有子尚書之（缺五字）晦當大明功曝而貴嘻其先生亦已不死誰其刻詩楊郡長史

蘇景胤

景胤長慶中監察御史

重罰廟參不到奏

祠祭稱定出齋宮等舊例准廟參不到四品以上罰二千文五品以上罰一千文伏緣所罰稍輕更請加

罰唐會要二十三

劉栖楚

栖楚其出寒鄙爲鎭州小吏王承宗奇之薦于李逢吉逢吉喜助已不次任之歴右拾遺諫議大夫授刑部侍郎數月改京兆尹峻誅罰恃權怙寵以干進卑處厚惡之出爲桂管觀察使卒

閉市門禳諸陰奏

術者數之妙苟利於時必以救患伏以前度甚雨閉門得晴臣請今後每陰雨五日卽令坊市閉北門以禳諸陰晴三日便令盡開使啟閉有常永爲定式唐會要八十六

李德芳

德芳長慶中鄉貢明經

唐故顏府君墓誌銘并序

府君諱永其先瑯琊人也祖考並繼世承訓餘風所播□傳素葉門□淸風志含大和隱而不仕□□君中和立身□□全節溫柔成性積祿崇德□□□言謙□□嗚呼不幸遘疾卽以長慶四年歲次甲辰二月辛巳朔□日丁亥終于揚州江陽縣□政里之私第春秋六十有八夫人□南黃氏令則高門容華備質笄年之歲歸于顏□□門事君子盡忠□親□慈以□有男二人長曰亙次曰少洪皆缺九字以其月廿九日己酉安厝于蕪城之東嘉寧鄉五乍村之原謝氏之地禮也缺八字移故刻貞石紀德乃爲銘曰

江漢炳靈繼生賢明猗歟顏君藹然時英洛日空奄逝水哀傾卜葬平野風搖栢聲石刻

華良夫

良夫開成間人

讓試官書

聖唐有天下垂二百年登進士科者三千餘人良夫之族未有登是科者以此慨歎憤惋從十歲讀書學爲文章手寫之文過於千卷唐摭言

糜簡

簡東海人開成中鄉貢進士

南陽萊公逆修墓誌銘并序

唐越州上虞縣寶泉鄉處士萊再榮南陽人也其先盛族以晉時過江卽□□睦郡烏龍山管壽昌縣仁風鄉大厤二年從宦下事自晉拉越具載圖譜削繁不書曾祖諱金祖諱銀皇考諱珪皆務本樂道林園避時高尙不仕□□人滎陽鄭氏環公之女也公娶

童氏長五男四女長曰常倩次曰常春曰常乂曰常遇曰浩然長女適童氏次女歸樓氏次女趙氏次女求氏公立性端直居家孝慈名行鄉推郡邑景仰謹身節用訓子業農智自心惠從目巧歲獲地利日資天年造作改張成樹邸店輕財好施崇善敬空閭井通和親朋恭順每與食以救飢餒解衣以濟單寒信義在躬謙讓行已大易所貴知存亡得喪其唯聖人乎大雅美其有初有終乃爲君子也遂得□□語妻孥曰人生必有滅有來必有往吾欲逆修墓塋齋七身後无擾不意何如妻孥變色相顧叶順無違以開成四年七月廿四日卜宅吉兆選地得寶泉鄉孝敬里新成林預造墳墓合祔並全先備夫妻同穴之義運數將盡以□年□月□日歸葬此原生前有言誡諸子曰常倩等儉省隨時无妄破費慎勿奢僭益後子孫莫惑交耗宜守志行喪祭依禮无忤我情雲來子孫永不可忘託慶秀才文字爲我銘云簡依命牽捴其辭于後

知存亡兮其唯聖人知得喪兮固非凡身成家基兮心因力因有初終兮易形爲神墳兮壟兮厚其壓松兮栢兮無爲薪石兮字兮唯其真德兮響兮千萬春

越中金石記

李隨

隨長慶中秘書少監

請鑄造秘書閣圖書印疏

當省請置秘書閣圖書印一面伏以當省御書正本開元天寶以前並有小印印縫自兵難以來書印失墜今所寫經史都無記驗伏請鑄造唐會要六十五

李濬

濬憲穆間人按與全文八百十六李濬別

松窗雜錄序

濬憶兒童時即歷聞公卿間叙國朝故事次兼多語其□事特異者取其必實之跡暇日輟成一小軸題曰松窗雜錄本書

韋公式

公式官秘書郎京兆府功曹

嶽祠題記

右公式頃年佐理斯邑自後向逾一紀六變官曹今者慮以官成身有所繫奔馬到此追尋舊遊覽前題處豈勝□□金石萃編

方叅

參大和中官左驍衛倉曹參軍

嶽祠題記

□執籩豆爲國討叛思契丹懇敬祭敬拜牢饌畢陳所期感通昭鑒不昧列旌旗于緣野羅冠劍于明庭共展禮容因以題記同上

唐文拾遺卷之二十八

榮祿大夫三品頂戴前分巡廣東高廉道加四級臣陸心源輯

趙全泰

全泰敬宗時承務郎攝易州滿城令

唐承務郎前試左武衛兵曹參軍攝易州滿城縣令趙全泰妻沛郡武氏墓記

夫人姓武常山眞定人也其先宋武公後遷沛郡流芳散葬得地皆榮祖顏皇趙州司馬父諫皇冀州司倉參軍簪冕承家琳瑯繼世夫人卽司倉之幼女也恭守先訓爲婦柔和內撫遺孤外睦親戚其於孝行難以具陳以寶曆元年七月廿一日卒於定州深澤縣之官舍享年卅有六嗚呼哀哉有兒女五人卝雉相泣哀號一絕悲感四隣卽以其年十月十六日遷窆於定州西南卅五里新樂縣仁義鄉之原祔於先塋禮也全泰官移此州纔餘一月旋聞疾困醫禱無效顧命之時後事無託關河阻遠奔赴不及痛一朝而永隔重泉感平生而撫棺慟哭慮陵谷變遷刻石紀其年代也常山貞石志

符載

全唐文六百八十八有傳

亡妻李氏墓誌銘 并叙

夫人姓李氏其流派出於天漢之一枝矣衛尉卿昇之孫吏部尚書暠之堂姪孫房州刺史湜之女凡婦之柔嘉茂淑組紃應對之事夫人備有焉加以敬恭長上誘納卑幼倩禮周洽六姻睦然風韻孤遠不嬰常態中饋酒食外彈雅琴詠古詩鄙人福忝陰有助不幸友落春秋三十六以貞元十一年三月十二日疾卒于尋陽是年四月廿一日權窆于德化鄉之北嶺元和七年八月七日載上天降禍荐丁疊罰扶護靈櫬歸於鳳翔冋得啟發祔于皇先姑之側禮也嗚

呼生展于敬養歿葬於舊鄉上不愧于三光下不畏于九泉可謂始終婦道無罪悔矣男曰匡儒女曰上清子攀號不遂哀纏荼蓼卯晨楊夫人育之於顧復訓之於教義幾乎成立莫知所自庶足以慰幽魂焉

銘曰

浮江泝漢歸舊鄉已方甲穴掩玄堂千秋萬歲安未央 石刻

薛存誠

全唐文六百九十三有傳

御史推勘不限東西奏

當司應受事推勘等臺中舊例及興元元年十月四日御史大夫崔縱重奏取侍御史殿中侍御史各二人共成四推猶以東西推爲名又各分京城諸司及道州府爲東西之限隻日則臺院受事雙日則殿院受事其中一人有故則同推便知者伏以所分諸司及府州爲限已定事若併至無例均分劇者則推鞫難精閑者則吏能莫試今請不以東西爲限亦不以取隻日雙日受事但請依舊請四推御史令輪環受事周而復始如此則才用俱展勞逸必均其餘應緣推事須有約勒若一一聞奏慮煩聖聽勑下後請隨事條流 唐會要六十二

薛平

全唐文六百九十三有傳

禁掠賣新羅人口奏

應有海賊掠新羅良口將到當管登萊州界及緣海諸道賣爲奴婢者伏以新羅國雖是外夷常稟正朔朝貢不絕與內地無殊其百姓良口等常被海賊掠賣於理實難先有制敕禁斷緣當管久陷賊中承前不守法度自收復已來道路無阻遞相販鬻其弊尤深伏乞特降明勑起今已後緣海諸道應有上件賊

並賣新羅國良人等一切禁斷請所在觀察使嚴加
捉搦如有違犯便準法斷唐會要八十六

高元裕

全唐文六百九十四有傳

丞郎拜食先牒臺司奏

伏以近日丞郎以上官未就食之前時有稱疾便請
先出請自今合候對官遇延英開日有事要與宰臣
商量者即請拜食後先出仍事須前牒臺司或年齒
衰邁不任每度就食者量許三度伏下後先出其餘
官不在此限如違請每月終一度具名聞奏唐會要二十五

卷二十八　四

李夷簡

全唐文六百九十四有傳

憲宗稱祖奏

王者祖有功宗有德大行皇帝戡翦寇逆累有武功
廟號合稱祖陛下宜當決在宸斷無信讒疑書生也
唐會要十五

彈奏舉選限內請朝參奏

准貞元十二年四月中丞王顏元和元年三月中丞
武元衡奏兵部吏部禮部侍郎官每年舉選限內不
奉朝參又今年所造選格不詳勑文復請明日朝參

臣合彈奏唐會要二十四

訪察諸道不法奏

諸使諸州有兩稅外雜率及違格勑不法事請諸道
鹽鐵轉運度支巡院訪察狀報臺司以憑聞奏冊府五百十六

李紳

全唐文六百九十四有傳

唐故試太常寺奉禮郎趙郡李府君墓誌文

府君諱繼字興嗣晉陵府君□長子先□人裴氏出
也府君娶博陵□絳缺四字壽六十一以元和□年二

卷二十八　五

月缺四字常州無錫縣寓居缺八字至十□年秋七月廿
有缺五字奉歸于長□百鹿原陪祔缺五字君塋之後七
十六步冬十一月缺五字嗚呼先兄有文學缺八字不仁
又絶其嗣有缺九字猶室嗚呼紳遠自淮缺七字涙血而
東之諸侯□爲□事違缺四字可恨者崔姬以信丁巫
神不護靈旐□爲痛哉敢誌於石用告幽壤謹誌
博陵不義不順不奔不讓明神有知終不得祔石刻

李德裕

全唐文六百九十六有傳

奏回鶻事宜狀

右臣等見楊觀說緣囘鶻赤心下兵馬多散在山北恐與奚契丹室韋同邀截可汗所以未敢遠去今因華封迴輿望賜仲武詔令差明辨識事宜軍將至奚契丹等部落諭以朝旨緣囘鶻曾忠效又因殘破歸附國家朝廷事體須有存恤令奚契丹等與其同力討除赤心下散卒遣可汗漸出漢界免有滯留如蒙允許望付翰林約此意撰詔兼詔克恭未審影宋本會昌一品集

請發陳許軍馬狀

右臣等商量賊中人心久合自變猶恐顧望河朔旬月偷安陳許累有戰功軍聲甚振王宰年力方壯才略可稱委之征行必有殊效非惟破賊稹之膽足以堅鎮魏之心倘有先聲必當自潰望詔王宰自揀當軍馬步精兵除合留在鎮外並取河陽相衛路直抵磁州其在鎮兵馬委行敏權知仍差幹事判官一人留務未審會昌三年八月十一日同上

賜王宰詔意

用兵之難在於過險既收要害便合成功故出井陘而趙師虜過成皐而吳冦殄得晤陽而隴坻服入大峴而廣固平近則破鹿頭而蕪蜀克鄖城而定蔡卿

初取天井大振威聲皆謂計日而取澤州指期而擒劉稹頓兵危坂已涉二時日費殆過於千金途險有逾於九折士不宿飽人已告勞在朝公卿繼陳讜論皆云卿之血屬質在賊中此一人之常情固當無隱昔樂羊食子文侯見疑愛既及於懿親義豈後於君上若慮危害晏實未忍急攻但卿披誠朕必深恕卽當與卿移鎮必使兩全如能大義滅親至誠體國捨爾所愛建茲殊勳繼先王鐘鼎之榮傳子孫帶礪之慶卽須厭塞公議早覆妖巢朕之報卿必異羣帥暑潦將至農事已興偃武息人固難淹久深思朕意勿更食言又知卿比留支兵守備萬善既分武力尤費機謀今授劉沔河陽日臨寇境俾爲聲援常據要衝卿既進攻必無後慮勉當協力副朕至懷同上

答侍郎十九弟書

天地窮人物情所棄雖有骨肉亦無音書平生舊知無復弔問閽老至仁念舊再降專人兼賜衣服器物茶藥至多開緘發紙涕咽難勝大海之中無人拯恤資儲蕩盡家事一空百口嗷然往往絕食塊獨窮悴終日若饑唯恨垂沒之年須作餒而之鬼十月末伏枕七旬藥物陳裛又無醫人委命信天幸而自活閒

十一月二十日從表兄崖州司戶參軍同正李德裕狀侍郎十九弟洪邁容齋續筆

遺段少常成式書

自到崖州幸且頑健居人多養鷄往往飛入官舍今且作祝鷄翁爾謹狀北夢瑣言

李渤

全唐文七百十二有傳

創置理匭使奏

伏準寶應元年五月勅給事中韓賞中書舍人楊綰同充理匭使其時二人奏大理評事盧翰充判官又

準六典匭使常以御史中丞及侍御史爲之臺中人吏强幹首列百司明勅特并入匭實同創置其官吏手力食料紙筆委本司條流聞奏唐會要五十五

李聽

全唐文七百十三有傳

募馬備邊奏

請於淮南忠武武寧等道防秋兵中取三千人衣賜月糧賜當道自召募一千五百人馬驍勇者以備邊仍令五十人爲一社每一馬死社人共補之馬永無闕唐會要七十二

胡季良

全唐文七百十三有傳

方山寶幢贊并序

義不□國非忠也福不普緣非教也會昌□□年立幢大居士陳君曰常進□處居家不□三界字缺四晉□生靈□僧白僧岳內閔菩薩外現聲聞建立寶幢福延成性以此教救善住□遠□八□入菩提之門今以淨願立存存之□誠□致□□之福也良工周氏□□立石沓花臺勢矗梵史祇□□戶叨成也贊曰

文殊取經大帝宏教文德武功惟忠惟孝開張修相闡□門要龍華□期□福□妙石刻

德本寺碑

按此文見陶宗儀古刻叢鈔題胡季良篆談鑰吳興志亦云德本寺碑胡季良撰與全唐文九百九十闕名之文大略相同惟立君之立叢鈔作卭必無其跡之無叢鈔作垂達於所亡之亡叢鈔作止落澗上叢鈔有同字永躅下叢鈔有其石路與石橋之名相次不朽二句餘皆同所據當別一本今存其目文不

錄

柳公權

全唐文七百十三有傳

尊毆卑議

尊毆卑非鬬也且其子在以妻而毆其母非教也南部新書

筆偈

圓如錐捺如鑿只得入不得卻義是一毛出即不堪用同上

聖慈帖

聖慈允許守官稍減罪責猶深憂懼續冀面言不一

卷二十八　十

一誠懸呈卅弟處十四日敬空

伏審帖

伏審姊姊八月定發弟與廿八弟同從行遣聞不勝抃躍今日元七來望弟速到極也願在路諮問不停滯幸甚未即展豁尚增悢悢不一一公權呈廿三弟廿六弟廿八弟卅弟處卅一弟意不殊前要小楷後使送往空

赤箭帖

奉榮示承已上訖惟增慶悅下情但多欣慨垂情問以所要悚荷難任儻有赤箭時寄及三五兩以扶衰病便是厚惠不具公權狀白

辱問帖

辱問卻道及碑本兼虛獎逾涯但深反側因見趙張如虛獎之說為緣飾也幸甚不具公權呈並淳化閣帖

時新帖

爪一顆時新第一劄而嘗之味又甘妬以表汝之孝也明後至彼不悉耶告廿四娘省汝帖

年衰帖

公權年衰才劣昨蒙恩放出翰林守以閑冷親情屬託誰肯為響應惟深察公權敬白同上

卷二十八　十一

蘭亭帖

張蘭亭詩兼公權續得者亦坿上伏維檢領入篋餘冀面話不次十一日公權狀上給事閣老閣下青祿輒換卻舊者謹空蘭亭續帖

題王大令送梨帖

因太宗書卷首見此兩行十字遂連此卷末若珠還合浦劍入延平大和二年三月十日司封員外郎柳公權記三希堂帖

謝人惠筆書

近業奇筆雖毫管甚佳而出鋒太短傷于勁硬所要優柔出鋒須長擇毫須細管不在大副切須齊副齊則波掣有憑管小則運動省力毛細則點畫無失鋒長則洪潤自由頃年曾得舒州青練筆指揮教示頗有靈性後有管小鋒長者望惠一二即爲妙矣 天中記

吴皐

皐憲穆間臺史 按當爲盧坦官監察時御史臺令史有謂臺史即今所謂屬吏者疑非

爲盧坦紀事銘

盧坦爲河南尉時杜黄裳爲尹然以受餉見疵也召坦立堂下曰某家子與惡人游破産盍察之坦曰凡

居官廉雖大臣無厚蓄其能積財者必剝下以致之如子孫善守是天富不道之家如不善守必恣其不道以歸於人黄裳驚其言自是遇加厚臺史感而銘曰

有燦者物有悚者欲投之而迷才也罔束維後之艱維身之戮垢業瀰盈宜數迺肅嗟彼嫩人朗焉如洽識與天諧動與義厲利奚以乘害奚已局斷帶齊鑿作類比毒藏絲並暉受魚擬辱玉壺澄姿氷輪逸躅子孫爾昌福祿爾尼聞則憚心見則駭目我欲行之炯誡是躅 十二硯齋金石錄

韋辭

全唐文七百十七有傳

請停榷麴奏

前使王公亮奏請榷麴收其贏利將大上供臣到州察訪自停加配閭里稍安人戶逃者亦漸歸復但藏挾頗易挂陷頗多兼當州土宜少有麴麥州司違處求糴般運甚難伏請御停榷麴任商旅將至當州州司准榷酒元勅及洪州鄂州流例於州縣津市官酤以代人戶配額 冊府五百四

崔元略

全唐文七百十七有傳

軍使追人令移文牒奏

諸司諸軍諸使追府縣人吏所由及百姓等比來府縣除賊盗外所有推勘公事相關者皆行公牒近日多不行文牒率自擒捉禁繫之後府縣方知其中人吏所由亦有姦猾爲無憑據妄生推枉又難辨明其百姓等聽被追捕緣無公牒多加怨動致有逃匿今後望降勅旨應請諸軍諸使要追府縣人吏百姓等非盗賊外並令行移文牒所冀官曹免相侵擾 唐會要六十七

李珏

全唐文七百二十有傳

徐行周五代同居奏

廬州舒縣太平鄉百姓徐行周叔姪兄弟五代同居請免其同籍戶稅冊府四百九十一

華景洞題名

郴州刺史李珏桂管都防禦巡官試祕書省校書郎元允□會昌五年五月二十六日同遊時珏蒙恩移郡之任桂陽校書以京國之舊邀引尋勝男前京兆府參軍階進士潛譜楷從行廣西通志

韋絢

全唐文七百二十有傳

戎幕閒談序

贊皇公博物好奇尤善話古今異事當鎮蜀時賓佐宣吐亹亹不知倦焉乃語絢曰能隨而紀之亦足以資於聞見絢遂操觚錄之號爲戎幕閒談太和五年十一月二十三日巡官韋絢引本書

藏諸

諸文宗朝人

菖蒲㵎記

菖蒲㵎㵎多菖蒲因名之自潭北入㵎行經此新開路東轉不啻一百步其間巨石疊倚嘉木交映嵌空森聳奇勢異狀綠苔青蘚印搭履跡捫手探足無非蒼翠幽禽欣欣飛泉潺潺若有羽人僊客鼓瑟吹簫於洞穴之中繇是使人心逸神暢怳然忘歸斯實方外靈邃之佳賞也噫自有此㵎杳無人蹤豈異夫浮世之事通塞亦有時耶今鑿崖爲路梯石爲徑連延抵于碧巖盤石之東究其㵎分之所巖石亦有鐫字開成四年十月廿三日武功男子藏諸記山房僧弘眞同尋㵎路金石苑

魏則之

則之文宗朝人朝散大夫試太子詹事兼監察御史

唐左神策軍護軍中尉副使兼左街功德副使金紫光祿大夫右監門衛將軍上柱國高平郡開國公食邑二千戶劉公故夫人宏農縣君楊氏墓誌銘并序

夫積慶者宜鍾乎介祉享祜者宜降以永年繆盭若斯根源靡究然修短之分豈造次而踰焉嗟乎月墮仙娥星收婺彩花摧玉樹噫足悲哉夫人宏農楊氏諱珽字瓊華京兆長安縣人也曾祖待賓皇昭武校尉守綏州義合府折衝祖延祚皇任內飛龍厩都判

官寶應功臣太中大夫行內侍省內常侍上柱國賜紫金魚袋父惟良皇任華淸宮使朝散大夫守內侍省內常侍上柱國賜緋魚袋皆簪組傳榮衣冠奕葉庸勳繼代諜譜詳諸夫人卽內常侍公之長女也坤靈毓質蘭畹挺姿性稟冲和量懷溫雅詩書贍曹家之奧管絃精蔡氏之能婉嫕含貞宗族攸重三星始晃百兩爰來年洎初笄適于高平劉公洪潤齊眉等貴合巹聯輝相敬如賓和鳴並耀日來月往卅餘載晨昏盥饋夙夜無違逮事舅姑益彰溫凊因夫延寵疏邑顯榮石窌之封固無慚德懿是閨門馨郁素履

彌芳壼範聿修彤管稱美宜乎永諧宮徵終契百年之歡樂往悲來旋徵二竪之夢膏肓有驗和扁無瘳沉瘵連緜委頓臻極以大和四年六月十一日卒于輔興里之私第享齡五十有四粧奩遽閉香閣永辭逝水不迴奄歸長夜嗚呼哀哉瓊枝忽隊鸞鏡徒懸悼隔幽明痛深泉路兆卜先遠龜筮告從旌旐啟行轜輴就引卽以此年十月廿九日遷窆于鳳城西之龍首鄉龍首原禮也有子五人長曰仕伢子亭判官太中大夫行內侍省內府局丞上柱國高平縣開國男食邑三百戶次曰仕倩朝議郎行潭王府參軍上柱國次曰仕佩中散大夫行內侍省內府局丞上柱國彭城縣開國子食邑五百戶次曰仕偁次曰仕份賜緋或趍馳禁掖或叅貳王曹或委質宮闈或優遊墳籍皆神形特立儁秀當時聲掩八龍價邁三虎茹荼叩地瘠毀苦廬泣血絕漿孝侔曾閔攀號不逮瓊慕罔依感切風泉哀纏骨髓恐川成峻岳山變洪波願刻貞珉庶旌盛烈銜悲見請竊愧謏才握管抒辭多慚漏略銘曰

易讚坤靈詩美嬪則婦道母儀柔從淑克行標茂範德播擇鄰事上盡敬撫下推仁宜昌百祿保壽千春

天胡不臧降禍茲辰宅兆何所鳳城西偏松檟云樹曉夕凝烟楊葉蕭蕭馬鬣危危芳塵漸遠朗月空垂石刻

眭翕

翕大和中人自號姑射處士

唐故試大理司直辛公墓誌銘

公諱幼昌字宏運其先隴西人曾父奉國開府儀同三司豐州刺史天德軍使兼御史大夫上柱國隴西郡蕭國公食邑三千戶贈工部尚書烈祖榮朔方節度副使□會都知兵馬使兼御史大夫平陽郡王食

實封一百五十戸父□持節通州諸軍事守通州刺史兼御史中丞公累傳茂範藉振能名聰博機警卓然宏異始總□郡會嬉戲之際識者目落落之清姿則駭謂固天縱也暨長□□□翰墨無（缺十五字）明示將來（缺四字）荷□□□莫大之術者何胥金拖紫之崇貴得不坐而至乎何伏波定遠之□爵得不俯而置乎亦何俟矻矻伏膺然後爲學繇是六奇三略開闔襟□每鳴弦架鏃遠近弛張謂古之破葉號猿今足當仁矣公以業□簪組旌戟交輝固欲指掌青雲捧楊白日仕進之廣路官學之多門□躡梯階式爲修立

授試大理司直□寄結僚友□追游孟仲芬葩芝蘭疊馥豈止趍庭申孝敬之則□罄盡周旋之誠遠望前程熟究邊極豈其彼蒼者天修□無筭巨鱗既□煙溟勢窮以大和六年十二月廿五日卒于平陽郡之私館□□廿有七允子師周碼騃未識熙怡詎悲零丁鴈行□□□萘感且□中丞□□遷牧通川南北迢遙山川綿隔□家于□已歷歲時凶訃難飛鶺鴒增疢仲兄幼直等部辦儀具克叶龜從以明年三月廿七日□送歸附於京兆萬年縣三趙村東原之大塋禮也固恐桑田凌谷猶徙星霜庶撫□實憑不朽而雕于石其辞云

命運罕知兮杳冥莫惻□□建□兮殲我懿德不可贖兮永□□春閉元宮兮松栢爲隣（續語堂碑錄）

昔耘

耘大和中鄉貢進士

大唐故隴西郡李府君墓誌銘（并序）

夫地稱膏壤迺生度用之林家號忠貞必育仁義之子蓋慶由善積氣自元深在諭物情其義一也府君諱琮字溫中先曰隴西人也門承台鼎代襲勳崇懿範令儀生而復稟謹飾挺立孤高莫儔爰自稚齡至

于髫歷抱瑚璉之器有老成之風處榮蔭而貞不自媒爲貴允而心無所伐曾祖欽皇金紫光祿大夫左金吾衛大將軍贈太子太保雄名偉望迥冠古今祖晟皇開府儀同三司太尉兼中書令贈太師間傑之後特因時生匡國寧人事著貞元之世仰忠奉節名光圖閣之書父愬雲麾將軍前右龍武軍將軍知軍事稟靈祚胄挺器英枝韞忠略而候難以行寘謀猷而候時乃進府君飽聆教道足守義方未踰弱年兩覲銓選位官察職流輩無雙罄勤恪以務公途竭俸祿而資私養朋友歸美親族稱賢謂若寒松永固凌

霜之質。醱如春。權旋飛不實之華。傾自疾纏。暨夭莫救。時大和八年二月一日。終官于朝請郎行都水監丞雲騎尉。廿有一。何顏子促矣。傅父保母哀無輟時。恨存殁之有殊。屬穿實而獲曰。誠有可載。議刊刻焉。遂命末。本俾為紀述。以是年是月十五日。墓于京兆府萬年縣寧安鄉杜光里。庶年祀更易。陵谷推移。希播餘徽。用銘於石。其詞曰。

貴葉勳枝。非爾逦誰。挺生秀氣。特稟英姿。體抱冲和。色踰謙敬。宇蓋松寒。肌膚玉淨。中稱孝謹。外伏敦良。威儀自得。行義潛彰。千里之駒。九秋之鶚。方富於年。曷為凋落。原儀將設。送禮斯陳。黃壚日閟。萬古千春。

續語堂碑錄

劉礎

礎大和時正議大夫檢校右散騎常侍兼光祿卿上柱國終鄭坊節度幽州盧龍節度使劉總之子。

唐幽州節度衙前兵馬使王公夫人故隴西李氏墓誌銘 并序

夫人諱元素。其先隴西人也。爰祖及父。俱厭名位。高尚不仕。以從其心。夫人四德克修。五常無爽。鄉黨重其孝。隣里傳其行。年□九。適王公。因家于幽州之幽都縣。與其娣姒。偕事先姑。夫人藝出自然。孝兼天性。及姑之病。綿歷歲時。夫人色不滿容。行不正履。飲食湯藥。必致其誠。裁縫繡畫。必盡其力。是以先夫人愛之重之。不使離其側。每謂所親曰。我見此新婦則疾覺小瘳。其敬順之至。通於神明矣。洎丁先夫人之禍。亦以孝聞。有男二人。長曰從約。次曰從禮。有女一人。早歸於礎。元和之末。穆宗纂位。礎自幽州戍倅作牧南陽。夫人愛女隨焉。銜命西上。旋屬□門長惡姻黨稱兵。音書兩亡。倏忽十載。九秋明月。不照別離之心。三峽夜猿。應識悲涼之思。粤去年秋七月。方達京邑。弃危疑之地。登仁壽之鄉。室家以和。骨肉相保。豈期百花林下。未盡歡娛。三春節中。俄聞哭泣。以大和六年二月廿有九日。遘疾終于道政里之私第。享年六十六。屬纊之時。精神不撓。所有遺託。其詞甚哀。嗚呼。夫人台二姓之好。歷四紀于茲。事夫稟梁鴻之婦道。訓子法孟軻之母儀。持家以正。接下以慈。命也不造。德之何衰。即以其年五月八日。歸葬於京兆府萬年縣龍首鄉成義里鳳栖原。禮也。雖音徽昭美。已布於遐邇。而陵谷更變。或資於述作。琢于貞石。用紀遺芳。乃為銘曰。

桃之夭夭灼灼其華彼美夫人宜其室家旣出李宗嫁爲主婦容止可觀進退可度唯靜唯默以貞以素誰謂年光忽如薤露成義之里鳳插之崗寂寂墓門蕭蕭白楊身葬異國神游故鄉萬歲千秋德音不忘石刻

賈文度

文度大和時人宣德郎守左春坊太子內直郎

唐故太府寺主簿弘農楊府君墓誌銘

公諱迥字居然其先弘農人也纓冕不歇炳煥相聯雖曰四代五公其後益熾公曾大父玄琫任銀青光

祿大夫守工部尙書贈太子少保大父鎬任銀青光祿大夫守衛尉卿駙馬都尉尙萬春公主贈太常卿父暄任中散大夫守光祿卿尙宜□縣主世秉懿德姻襲金枝初任文敬太子廟令奉蘋藻供祭□禮敬必誠嚴謹備至次任左監門衛胄曹參軍□而不固雅而應物克己復禮時然後言次任左威衛胄曹參軍性專靜內敏有幹局無□無爲化成於政次任河中府河東縣尉儉愼端默居官廉恪所□不過一扃而政行一邑次任太府寺主簿守位必敬臨事必□□不以悔恡改節爲權豪屈言府君有子二人長子曰弘次子□□訓以義方敦閱詩禮咸能被服文行時人稱公善誘善教何期□不福善以大和七年十月十七日寢疾終於延康里之私第亯年五十有三呼公之没也志負其願壽違其仁官屈其器君子□□嗟其□而哀其命嗚呼渭水東注時與之俱音光緬然何□□矣夫人秀谷縣主禮樂風操家之範也柔明孝慈天之質也□修采蘋之職□正家節楊氏之六姻肅九族睦實夫人是賴豈期脩短是歲十一月十日不勝其哀薨於靈側春秋二十有六後公廿三日而殁公之難弟前司農寺丞逍涕血護喪痛失

雁序謹以歲次甲寅八月己卯朔廿四日壬寅遷公及夫人靈座合安厝於萬年縣高平鄉高望里附先塋之禮也猶懼人世陵谷之不可期故刻石誌之冀其名氏之攸遠也銘曰

瓊樹零落兮秋夜長金枝寂寞兮遺清芳永扃泉戸兮誠感傷天乎欲問兮徒蒼蒼石刻

崔鍔

鍔大和時人官閱無考嘗奉使三韓按唐書宰相世系表清河小房有鍔當陽尉

大唐故興元元從登仕郎守內侍省內侍伯員

外置同正員上柱國朱公故夫人天水郡趙氏墓誌銘并序

崇高兮廣大之厚礴礴兮周流之遠浚源長派茂榦脩柯著于圖諜可得而言也夫人姓趙氏其先天水人逮乎晉室克纘威烈播揚芬馥歷世輝耀搢紳之盛著乎人文炳然昭彰備存簡冊夫人幼稟禮法長明詩訓閑惠詳雅實生之知及笄而歸于朱氏之門克承坤順之柔婉娩謙恭之美奉舅姑著雍和之稱睦娣姒有柔愛之儀垂範可以示後昆立程可以式九族加之以恭儉施惠愛人以禮慈和溫敬六親儀形是宜克保室家永綏豐祿良時難再晝哭二十二年及茲從心專意內典以嗣子奉命雞林三歲然復疚心疾首六時禮念冥期祐助以福後肩果符神力保全以歸洎相見時悲倍於喜浹旬大夫寵命日隆自宮闈令拜閤門使中外相慶咸謂夫人冥求保助以致於斯既契夙心吾無恨矣嗚呼方歡娛於色養遽見悲於夜泉夫人以大和八年四月十六日終于長安輔興里之私弟（第）享年七十有五歸全之日遺命謂大夫曰汝忠於國又孝於家海外三年吾期重見於此盡矣更何恨焉啟手足親戚悲號皆若終身之

酷可謂生死之義備矣先府君元和七年即世權窆于京兆長安縣龍門鄉石井村今以其年十一月十四日改卜新阡重安窀穸于承平鄉大嚴村合祔禮也嗣子朝政宮闈局令充閤門使克承家之景行著撝謙於士流文以飾身武資忠力一心匡主万里前途泣血煢煢杖然後起兩女長適濮陽吳氏先夫人二歲而卒次適彭城郡劉氏晝夜哭泣水漿不入行路感歎殆至毀性鍔嘗忝國命與大夫同赴三韓備聞夫人善德託以叙述不敢飾讓庶紀其梗槩其餘美烈固存乎女史刊于貞石以懼陵谷之變也銘曰

灼灼舜華皎皎如月既歸我里禮法斯設其一垂範體則用光婦德克奉舅姑亦展忠力其二永享豐祿宜其家艮白日不駐青松已行其三哀哀嗣子崇崇高原冥寞長夜髣髴在焉其四隴隧新啟壽堂初開合祔神宮永安夜臺其五

石刻

明援

援大和中儒林郎試左金吾衛長史上護軍

唐胡府君夫人朱氏墓誌銘

胡府君安定人其先分氏於舜曰胡公滿之後也綿歷載代英賢顯赫以元和十二年十一月四日十七

穩而終祖考名諱仕進文藻暨府君德行名節男婚
女嫁悉具前誌故略而不書夫人族望沛國累世因
時播遷今爲江夏安陸人也曾祖大父載在家諜考
諱璧游心物外守節巖阿志遂忘情不屑時務可謂
邱園奇士聖代逸人焉夫人即處士第一女也柔惠
懿淑婉娩雍姚禮樂素諳女工夙解年及乎笄歸于
府君琴瑟克諧澣濯示儉箕帚既恭蘋蘩式潔閨門
以睦宗族以和中羅府君之艱痛鴒枝之半折恨龍
劍之偏沈撫膺盡哀秉心全節惻愴寒暑載移
於戲吉凶倚伏幽微難明德禮彌高年齡忽落以大

和六年□寢疾明年正月十□日終于江夏郡中和
里之私第享年八十有二越二月廿□日合葬于黃
鵠山之南原府君之塋遵魯人之祔同皎日之詩禮
也嗣子眞等皆發朶受鋒觀材見寶孝心塞乎天地
而橫乎四海豈止於泣血終喪感深殞絶而已哉以
援曾預嚴親之交奉命述其盛德云銘曰
蘄巖黃鵠峰巒旁薄邐迤南岡形勝北拱合祔舊域
威儀不忒猗那夫人德禮難倫閨壼明徹松筠表節
地久天長桂馥蘭芳桑田變海貞石不改古誌石華

唐文拾遺卷之二十九

榮祿大夫三品頂戴前分巡廣東高廉道加四級臣陸心源輯

李乂

乂武陽人開成閒鄉貢進士按與全唐文二百六十
六李乂別

唐故處士潁川陳氏公墓誌銘并序

陳公諱韞字韜光西漢太邱長寔之遠裔也曾祖晏
祖□先父潛僣高蹈不仕混跡人寰以處默爲輪輿
以軒冕爲桎梏教垂嗣允德冠我公作隱遯股肱爲
□山浚峭峻義方而□屬不開宏心計而資給豐饒

□用身安降年有永故春秋七十有八矣所宜溢斯
上壽□有中肅誰謂劍沒延津珠貽淮水以唐□成
三年二月二十七日寢疾於江□縣之私室□□□
年四月七日歸祔於順化里黃缺五字塋禮也夫人譙
郡曹氏先公三祀而□□□子□立□瘠綿頓幾不
勝哀服懃經營面垢缺六字有禮號慟而行路無聊仁
孝光□以□父□二□□滎陽潘氏婦儀母道自彼
抑揚豈不性□□訟□□有自於戲言猶在耳音容
已緘哀□臨岐誰無怨凡乂以曾蔭德宇忝識前脩
實錄遺芳刻於貞石銘曰

□德門所嗣兮退藏是先名與身孰親兮道在保全
福壽所資兮天降永年遺芳不替而蒸蒸乂缺四字兮
□□□前古刻叢鈔

諸葛畢

唐故聚府君墓誌銘并序

畢大和中人

府君諱慶字文悅馮翊人也大和六年青龍在壬子九月十七日歿蘇州嘉興縣進思鄉私舍春秋五十祖□曾祖瑫父達家諜具述不書也公即達長子也志操孤峙孝友無先雖不夢奠之徵忽生鞋履之別娶陸氏有子二人長藹次允孚女一人皆血泣柩左狀疾問於筮兆當年十月廿六日封當縣南甘露鄉崇福里祖墳禮也恐煙峯及巨溟變改請文勒石詞曰

悲鴻驚月啼霜天寒雲長夜斗牛懸嗣子哀號望不還令問遺風光萬年佳城虎踞龍左盤刊文勒銘金石堅塼拓本

南卓

卓字昭嗣大和二年賢良方正直言極諫科及第官拾遺因諍諫出爲松滋令大中朝歷黔南觀察使著有文一卷唐朝綱領圖一卷羯鼓錄一卷

題劉薰蘭表後

余所善房叔豹豹好色得劉薰蘭最爲嬖後即不復顧他色始余與房晏言薰必預故余得周視薰所舉凡爲言雖倘才功柔戲以樂左右而往往甚正命獨恨對薰蘭疑視之移晷刻將有嘲述卒不能云云顧余才不足當語薰耳十年冬余友沈下賢抵豹居下賢誠亦尤精爲太史公言一見其書果能備薰善時余貢於京師豹與張孝標美善言文并挑笑事因錄沈述來余知薰之色而待沈之亦才色兩相宜耶故復叙之以繫於沈左沈下賢集

呂述

述字修業秘書少監商睦二州刺史著有東平小集三卷

移城隍廟記

睦州城隍神廟舊在城內西北隅元和初年刺史鄭膺甫移置於城北門樓上其地舊置州獄及司法官廳開成四年刺史呂述移獄就六司院東南之隟地於廢址上立新廟堂屋三間五架階高三尺上設鴟尾三面行廊聯屬東嚮開門門外造廳一間一廈爲

脩容之所五年正月十九日廟成遷神像焉神坐後分畫侍衛於左右壁其門左右畫兵仗屏之南北列木寓馬二階前植松五本門外夾道亦植松三月十六日大備牲牢雜樂率將吏以落之今紀其祀詞於後云禮陳八蜡之名曰祭防與水墉事也然則城隍命祀本在勤人積厚成陰環茲郡國論功校重冠彼神祇自州城卜遷神位已固訪聞元和首歲移置郡樓下不在田乖鎮守之義居無函丈闕鼓舞之容况乎列卒巡城通宵擊柝往來褻慢啟閉喧呼既違肅敬之方豈獲幽陰之助述謬膺符守親謁儀形睹籩豆之虧廢歎祝史之偪窄雖飾以黼帳新其靈衣而

居非所安理合改卜崇墉之內廢址猶存遂刱新宮式從弘敞丹刻咸畢翬飛有嚴練此吉辰敬遷廟皃伏願永安閟邃敷祐生靈使封境無水旱之虞牧守成富庶之績敢申崇奉毋媿聰明云開成五年六月一日刺史呂述建　嚴陵集

馬目山新廟記

睦州主烏龍馬目二山馬目在州西南勢如驚奔拔去不得中蓄怪態晏天常陰望之而知其能雲雨也先是州之右有潭曰層潭其深無至鱗物宅焉因立廟潭上而馬目顧無之每有禱則附而祝曰告於層潭馬目之神開成己未歲六月江南大旱述乃致精意于神曰能雨則立廟越三日晡時雲氣從山來饙烝牆進空中壽喧俄而震雨隨下自是比旬必雨故民有半收八月既霽述泝江四十里而遠躬擇廟位果有一峯壓江隨水湯搖蕃茂蔽覆淺濃百色周步其下絶無徑斬叢攀樛漸得峭脊蛇行而上百數步抵大石根如圭而頂如壺側視之有木一本十五餘垂覆三面無地獨其北平可居卜室昭昭乎神之告予也乃依勢取高架爲新廟明年三月二日戊寅成

率將吏以釁之盥于瀑流席于香蕪挂豆籩于森疏響笙磬于蕭瑟燎于煙霧瘞于嵌空揚颿而下過釃酒祈福信可以畏百衆而雄諸祀也夫祭山曰庪縣蓋謂或庪或縣置之於山也今述相神之居也本其義矣尚永賚于斯民上同

顧齊之

齊之開成間處士

一切藏經音義序

慧琳法師俗姓裴氏疎勒國人也夙蘊儒術弱冠歸於釋氏師不空三藏至於經論尤精字學建中末乃

著經音義一百卷約六十萬言始於大般若經終於小乘記傳國初有沙門玄應及太原郭處士竝著音釋例多漏略有西明寺玄暢上人克紹前烈晦明不倦志奪秋霜之淨心涵止水之鑒乃尋其遺逸蘊而藏諸焚之以栴檀飾之以綺繡光前絕後駭目驚心福祉生焉弘利博矣齊之不敏欲窺藏經乃詢於暢公蒙示音義齊之以爲文字之有音義猶迷方而得路慧燈而破闇潛雖伏矣默而識之於是審其聲而辯其音有喉腭齗齒脣吻等有宮商角徵羽等音曉之以重輕別之以淸濁而四聲遞發五音迭用其間

雙聲疊韻循環反覆互爲首尾參差勿失而義理昭然得其音則義通義通則理圓理圓則文無滯文無滯則千經萬論如指諸掌而已矣朝凡暮聖豈假終日所以不離文字而得解脫無師之智肇自心源析疑滯之胸襟燭昏蒙於倏忽眞詮俗諦於此區分梵語唐言自茲明白又音雖南北義無差別秦人去聲似上吳人上聲似去其間失於輕剽傷於重濁罕分魚魯之謬多傳亥豕之誤至如四十二字母及十二字音從毗盧遮那佛心生則鳥跡蟲文之所不逮然源流有異音義無殊披沙揀金從理證性性得而言可遣言可遣而文字亦忘同歸一眞如則筌蹄弃矣上座明秀寺主契元都維那玄測皆精懃眞乘獲持聖典文華璀璨經論弘贍或道情深遠獨得玄珠或律行淸高孤標戒月上以恢聖賢之意下以旌勤懇之心因命匪才敬而爲序時開成五年九月十日東洋刻慧琳一切藏音經義

唐正辭

正辭開成間鄉貢進士

唐山南東道節度總管充涇原防秋馬步都虞候正議大夫檢校太子賓客上柱國趙公亡

夫人譙郡夏侯氏墓誌銘 并序

夫人之先譙郡人後移貫深州樂壽縣昔武王尅商封夏禹之後於杞列爵爲侯伯厥後因爲夏侯氏漢有滕公諱嬰佐高祖定天下子孫益熾冠冕彌盛國史家傳粲然可觀曾祖諱載滄州長史祖諱瓘試太子詹事滄景節度都押衙考諱蕚試太常卿充冀州南宮鎮遏兵馬使皆宄材茂器移孝作忠夫人紹餘慶於千年傳遺芳於三代備謙柔之行稟純淑之姿舉不違仁動皆合禮旣笄年之歲歸于趙氏克叶關雎之興允諧鳴鳳之求趙公以文武全才迹職戎府

公家之事不違厥寄夫人內睦姻親外承賓客輔佐君子淸風穆然斯不謂之賢哲之行歟期天降鑒介以眉壽魚軒象服夫貴妻榮爲龍爲光焜燿閨壼何啚年始知命奄歸下泉積善無徵吁可痛也以開成五年六月廿六日遘疾終於襄陽縣明義里之私第享年五十趙公惣戎涇上式遏西蕃王事靡盬瓜期未至夫人瞑目之際不及撫床之哀窀穸之辰莫展臨棺之慟人之知者孰不爲之傷嘆焉以其年十一月癸酉朔廿四日甲申龜兆叶吉葬于襄州鄧城縣麪湖村之東從禮也長子宗立當軍節度散將次曰

宗本鄉貢明經次曰宗元次曰宗式咸禀慈訓且服敎義宗立宗元侍從防邊宗本宗式躬護喪事必誠必信禮無悔焉爰以夫人德行來請銘誌琢于貞石庶千載之後徽猷不忘恭副孝思乃爲銘曰

猗歟夫人植操無鄰孝由天性義冠人倫德行聿脩徽猷日新如何不吊奄謝芳塵展矣良夫護塞從軍窀穸有期歸路無因樊城之陰漢水之濱卜得鮮原嶇起孤墳秋草萋萋逝波沄沄德存于石磨而不磷

石刻

鄭覃

全唐文七百二十一有傳

請賜五經博士祿粟奏

大學新置五經博士各一人屯田素無職田請依王府官品秩例賜以祿粟唐會要九十二

杜元潁

全唐文七百二十四有傳

劾李渤奏

渤賣直沽名動多狂躁聖恩含貸且使守官干進多端外交方鎭遠求奏請不能自安久留在朝轉恐生事冊府四百八十一

封敖

全唐文七百二十八有傳

鄉老獻賢能賦

按此文見文苑英華題封敖名今存其目文已見全唐文九百四十六卷

修斜谷路奏

當道先准詔令臣檢討郤修置斜谷路者臣當時差軍將所由領官健人夫併力修置道路橋閣等去七月二十日畢功通過商旅騾馬擔馱往來七月二十二日已具聞奏訖其館驛先多摧毀破壞併功修樹

今並已畢臣已散牒緣路管界州縣及牒鳳翔劍南東西南川觀察使並令取八月十五日以後於斜谷路過使命謹具如前唐會要八十六

崔龜從

全唐文七百二十九有傳

宋昂殿兩選奏

前婺王府參軍宋昂與御名同十年不改昨日參選追驗正身改更稍遲殊戾勑旨宜殿兩選唐會要二十三

王彥威

全唐文七百二十九有傳

進唐典表

臣于太和六年伏蒙聖恩擢授諫官又叨史職注記之暇常覽國史臣輒略其繁文舉其機要起自武德終於永貞撰唐典一部凡七十卷謹詣右銀臺門奉進冊府五百五十五

上元和曲臺新禮表

臣聞禮之所始及損益之文布于前書不敢悉數開元中命禮官大臣改撰新禮五禮之儀始備又按自開元二十一年已後迄于聖朝垂九十餘年矣法通沿革禮有廢興或後勑已更裁成或當寺別稟詔命貴從權變以就便宜又國家每有禮儀大事則命禮官博士約舊爲之損益脩撰儀注以合時變然後宣行卽臣今所集開元以後至元和十三年奏定儀制不惟與古禮有異與開元儀禮已自不同矣又檢脩禮官故事每詳定儀制訖則約文爲之禮科以移責于百司又約之以供備然後禮事畢舉禮科者名數之總與儀注相扶而行者也闕一不可臣今所集備禮科之單複具供給之司存欲使謁者贊引之徒官長辟除之吏開卷盡在臨文易徵其他五禮之儀式或舊儀所不載而與新創不同者莫不次第編錄竊以聖朝典禮于元和中集錄又曲臺者實禮之義疏故名曰元和曲臺新禮并目錄勒成三十卷謹詣光順門奉表以聞伏乞裁下唐會要三十七

盧宏正

全唐文七百三十有傳

題郴泉驛

余自歙州刺史除度支郎中八月十七日午時過永濟渡郤自度支郎中除鄭州刺史亦以八月十七日午時過永濟渡從吏部郎中除楚州刺史以六月十四日宿湖城縣今年從楚州刺史除給事中計程亦

合是六月十四日湖城縣宿事雖偶然亦其數也南部新書

柳仲郢

全唐文七百三十有傳

唐故柳氏長殤女墓誌銘并序

嗚呼天不與壽而生不能成其美者我家之殤妹名老師是也會昌五年五月二十一日歿于昇平里第享年一十有六兄仲郢見任京兆尹以爲家有世祿著于族係官諱嚴重不敢□書蓋亦以彰幼而有知之體嬰以六月二十一日葬于杜城村准經制也兄仲郢揮涕執筆誌其石云

惟我幼妹中和率性粤在孩提自知誠敬名滿姻族謂宜承慶天何難達福乃遺厲人之有生修短前定其所陰騭豈不助正今茲歿忽綿歷疾病徒言稟授實獲余聽城南別業□城開塋臨穴于此保爾安靜常山貞石志

崔杞

全唐文七百三十二有傳

大理寺官犯贓加等奏

當寺官人今後在寺詳斷或出使推案有犯贓私者請于常式加罪一等餘犯即准舊式唐會要六十六

庾敬休

全唐文七百三十二有傳

制置除陌等錢奏

劍南東川西川山南西道每年稅及除陌錢等伏以劍南道稅茶舊例委度支巡院句當榷稅當司於上都召商人便換大和元年戶部侍郎崔元略與西川節度使商量取其穩便遂奏請稅茶事使司自勾當每年出錢四萬貫送省近年以來都不依元奏并三道諸色錢物州府多逗留不送皆不稟奉今請取江西例勾當於歸州置巡院所自勾當收管諸色錢物送省所冀免有懸欠仍令巡官李濆專往與德裕遵古量商制置續具聞奏冊府五百四

劉寬夫

全唐文七百四十有傳

論陳岵自引罪奏

昨論岵之時不記得先後唯執筆草狀即是微臣今既論事不合臣甘當罪若令尋究根本自相推排恐或遞相誣執有損事體凡所論差誤臣盡甘當罪唐會要五十六

崔珙

全唐文七百四十一有傳

禱雪終南廣惠廟奏

畿內去冬少雪宿麥未滋今欲差少尹於終南廣惠公廟祈禱諸縣各委令長於靈跡處精誠祈請冊府

李漢

全唐文七百四十四有傳

舉人不試詩賦奏

准太和七年八月勅貢舉人不要試詩賦策且先帖大經小經共二十帖次對正義十道次試議論各一首訖考覈放及第唐會要七十六

周太元

全唐文七百四十四有傳

雜物結贓估斷奏

准制條云雜物依上估絹結贓所犯若干匹並無估定計折字者伏以監利物與兩稅物好惡有殊一例科決慮憂有屈今請盜換兩稅䌷綾絹等物請依元盜換匹數結罪科斷更不估定如盜換監利物雜麻布焦葛匹段絲綿紙及諸色進貢物不是兩稅匹段等請准法式估定數依上絹結贓科斷唐會要四十

楊歸厚

歸厚扶風人元和中自左拾遺貶鳳州司馬歷官鄭虢二州刺史工書法受之皇甫閱

鄭州置驛路奏

當州郭下管城不置在州城內使命往來出入非便伏請准汝州例置驛路於城西唐會要八十六

馬植

植字存之第進士補校書郎開成初爲安南都護清淨不煩洞夷安之宣宗初同中書門下平章事終忠武宣武節度使

升武陸縣爲州奏

當管羈縻州首領或居巢自固或爲南蠻所誘不可招諭事有可虞臣自到鎮以來曉以逆順今諸首領願納賦稅其武陸縣請昇爲州以首領爲刺史唐會要七十三

請給杜存誠印奏

當管經略押衙兼都知兵馬使杜存誠管善良四鄉請給發印一面前件四鄉是獠戶杜存誠祖父以來相承管轄其丁口稅賦與一郡不殊伏以夷貊不識書字難憑印文從前徵科刻木權用伏乞給發印一

祇令存誠行用。唐會要七十三

黃粲

粲鄉貢進士。

朝散大夫使持節韶州諸軍事守韶州刺史上柱國陳府君墓誌銘 并序

嗚呼。陳府君罷牧韶陽。挈家東還。遘疾終于道。喪及乎故里。其姻家有濟南五經。　暐　造吾廬曰。熟子以文自重素矣。今陳府君實番禺支侯。有朱紱皂車之貴。將歸骨地下。欲吾子爲誌。諸美盛備乎陵遷。斯足以鼓振雄藻耳。愚曰。夫文之所以可觀者。在乎無苟毀

譽。故得其道則爲文。失其道則爲詩。愚之所重者。蓋守其道。安敢以己爲乎。且古之名器不虛假人。故二千石爲重。今四方多梗。國家用兵。有執政者務足去聲口國力。所以入仕者半蹊於財。私裂壤者多出於權族。濯豎而巾。抑足以富有方土矣。是則府君於古實爲盛。於今實爲窒。儒之職固願伸白其道。編次于文。安侯濟南生孜孜過其詞。以相勸乎。於是瞿然執管而唯命曰。

府君諱讜。字昌言。其先潁川人。太邱宰仲弓之後也。晉末避亂于閩。因而家焉。曾王父護。同州司馬。王父涵。侍御史內供奉。皇考遜。大理評事。贈兵部郎中。皇妣彭城劉氏。贈彭城郡君。自同州司馬至兵部郎中。皆性於高逸。不以爵祿自拘。鑄靈德於己。發爲禎祥。以鍾于府君。府君爲兒時。便知不以抄土甎玩岐嶷有志。欲大其門。求司馬子長而下三家書外。其身以窮之。披卷釋然。洞得心髓。裴公帥閩日。嘗大器之。命與子弟處。子弟即故相國公坦也。年中乃西與計偕以發泄奇蓄。遇公道大開。聲光崛振。僅及口舉。遂擢高科。時尤重其名。牓下授秘省正字。後歷調授涇陽尉。後又尉奉天。江夏令。其同寮以道相知許者。莫匪

名賢。鳴玉鏘金。迭登朝右。不可殫紀。顧公汩沒常調皆不自平。欲拔在班行閒。公切於問安。堅乞一官還家。遂授此府長史。朝彥嘉之。相率以詩爲贐。紹溢緗帙。到今街童巷叟。亦能榮而歌之。未去於口。公及釋夏服。人之方起塋壠會故相國裴公時節制襄川。章行業上聞。遂授春州刺史。公既莅止。以公爲家。以民爲子。撫而理之。咸飽其賜。如乳飯口。朝廷能之。復命牧韶。韶之人復若春之人。禮讓大興。於蠻貊風謠洋溢乎遠邇。咸曰。吳隱之之投香。王子貢之止水。蓋異跡而同德耳。公前娶于汝南周氏。奉嬪君子。內助宏多。

不幸中年與物先化後娶于范陽盧氏封范陽縣君皆華族令儀蘭芬玉映中饋增輝他族取則汝南夫人有女四人長適于濟陽蔡滸次適于汝南童珣次適于高平郤殷次適于彭城劉極皆抱器懷才為州里惟美而復在珥席之選焉范陽君有子一人曰渥有女二人渥天與英敏志專傳業居喪逾禮孝感有聞吾知敬仲之風其將復振矣弟二人仲曰□處性沖厚時譽暢茂恩授幽州昌平縣令季曰誨舉進詞學優富流輩多宗之命不偶時累戰失捷鄭司空愚辟署南海掌記試秘省校書親舅全正鴻少卿次全

交前開元禮見任河南清縣主簿內弟知新三禮登科見任陝州司馬皆搢紳上流當代名士故具于是以明中外之盛耳噫公之名德富於身功利流於人朝廷方將大用之以為諸侯標鏡位僅止於專城身奄謝于南畝得無痛惜哉時享年八十有二葬于候官縣葛崎之先塋禮也黃氏子既伸白其道乃掩袂薦之以銘曰

鳥有鳳獸有麟雖居處之非異蓋凡聖之非倫山為洨石為塵遺耿光而泯 續語堂碑錄

柳正元

正元開成四年為閑廄宮苑使終大理評事

放停宮苑使料錢奏

當使東都留後知院官鄭鎰每月院司給料錢三十四貫文兼請本官房州司馬料錢今請於使司所給料錢數尅減十千添給所由二十人糧課巡官二人請勒全停鄆州舊因御馬配給葺稽丁三十人每人每月納資錢二貫文都計七百二十貫文其州司先以百姓凋殘闕本額量送三百九十六貫文今請全放當管修武馬坊田地伏准太和二年河陽節度使楊元卿奏請權借耕佃充給閑用今緣安利一軍伏

請永配主管伏以當司應屬東都宮苑閑廄事務管係舊額名數尚多苟在影占之門是啟非違之路但係務繁地邊訪察才難況推禁罪人動經旬月因緣流滯移牒用情事務委留守主管曹司煩職官吏冗名俾無尸素之員又去申報之滯其東都院每年合送宮苑使加給錢一百二十千文亦請停送當司方圖羨餘自備課料伏乞聖慈允臣所奏 唐會要六十五

李固言

固言字仲樞擢進士甲科累官戶部郎中進給事中尚書右丞出為華州刺史大和初召為吏部侍郎九

年進門下侍郎同平章事屢出爲節度使終右僕射卒年七十八贈太尉

監倉御史五日一入倉奏

監太倉殿中侍御史一人監左藏庫殿中侍御史一人臺中舊例取殿中侍御史從上第一人充監太倉使第二人充監左藏庫使又各領制獄伏緣推事皆有程限所監遂不專精往往空行文牒不到倉庫動經累月莫審盈虛遂使錢穀之司狡吏得計至於出入多有隱欺臣今商量監倉御史若當出納之時所推制獄稍大者許五日一入倉如非大獄許三日入倉如不是出納之時則許一月兩入倉檢校其左藏庫公事尋常繁鬧監庫御史所推制獄大者亦許五日一入庫如無大獄常許一旬內計會取三日入庫勾當庶使當司公事稍振綱條錢穀所由亦知警懼唐會要六十

知彈御史專掌京城奏

知彈侍御史自京城百司及天下諸州府等公事應闕文法者皆先申臺司舊例配知彈侍御史一人專掌其事至朝日入閣又對仗彈奏中外臣僚不如法者事最繁重又須詳精一人當之實恐不遂臣商量請知彈御史一人專掌京城百司公事皆彈侍御史一人分掌諸州府之事庶使官業各脩無所遺闕唐會要六十一

張諷

諷大和中爲刑部員外郎吏部郎中夔州刺史

議親議貴奏

其一議親曰皇帝至太皇太后皇后親有內外服同者皆在議條伏以親疎之序既有等衰即雨露之恩皆宜沾洽此實皇王大猷自家刑國親九族協萬邦之旨也近者絳州刺史裴銳所犯贓罪至深陛下以太皇太后之親下尚書省集議此乃陛下知刑賞之理重與衆共之伏請今後親有任刺史監臨主守犯贓罪得蒙減死者必重其過直以贓罪爲汙累定刑流決外其後子孫並不得任理人官及爲監臨主守庶得家知其恥人革非心其一議貴曰謹按禮經貴謂近于君也非獨高秩厚俸之爲貴今後刺史非在朝文武職事三品官任者於所部犯贓抵死罪並不得以刺史品秩議貴微司議條免所犯罪如先任在朝三品合在議條者卽准議親條決流外子孫並不得任理人官及監臨主守如有法官及本官推官不

詳官品高有引議請科違勅罪其功勤賓故等有犯贓罪同者並請准親貴之法唐會要三十九

李衢

衢大和中屯田郎中修玉牒官進皇唐玉牒一百卷著皇室維城錄皇唐新譜

玉牒特創嘉名奏

竊以聖唐玉牒與史册並驅立號建名期于不朽伏乞付宰臣商量於玉牒之上特創嘉名以光帝籍唐會要六十五

崔郾

郾第進士累除刑部郎中遷吏部侍郎由宣歙觀察使入爲太常卿文宗末改中書侍郎終淮南節度

旌陳珽五代同爨奏

溧陽縣百姓陳珽五代同爨請蠲除賦税旌表門閭册府

滕珦

珦大和三年以右庶子致仕

乞給券奏

伏蒙天恩致仕今欲歸鄉家在浙東道途遥遠官參四品伏乞特給發州已來券庶使衰羸獲安光榮鄉里唐會要六十七

呂貞儉

貞儉開成中進士

陳少公亡太夫人蔣氏墓誌銘并序

夫人族本樂安郡郾府節度押衙兼御史中丞裕十七代孫泒流遠裔簪紱相承祖皇虔州贛縣尉父政好游山水志考詣文弃業從途終于虔州夫人即公之第四女也少而孤露育于母手每思其親常哀咽不食而竟夕謡是親戚咸哀而異之性直寡言喜怒未常見於色及笄歲嬪于陳氏性仁温孝能奉舅姑於娣姒之間偏休撫愛姑常謂之曰蔣氏新婦解吾意每所動用皆合吾心此乃婦德也有子二人男一女女出侍江家男季端娶故徐州彭城縣尉劉氏第三女也有孫四人長孫師貞次孫宮十李老金娘等自夫人於開成五年六月中旬臥疾伏枕至今春漸將逾殛知□期向終顧爲其男曰吾氣力頓衰殆將不起夫禮節廉讓汝粗知也吾終之後汝主奉家業當謹節温勤無至哀毁此卽吾瞑目無憂子遺此示向卯而終享齡六十九矣以其年春二月十三日甲寅穿神卜兆于江陽縣嘉寧鄉北五乍之平原禮也嗚呼泉扃一奄還于千古蕭蕭松栢煙伴愁雲窅窅

孤魂路乖親戚嗣子季端恐陵谷千變乃刻石紀銘
其詞云爾
其一曰漠漠春雲歸無處所悠悠大川賢愚一路夫
人德行奄忽朝露刻石紀銘以永千古其二曰恍恍
魂遊逝水森森墳塋荒川望□雲兮氣絶號叫聲咽
空原會昌元年二月十□日記石刻

趙博齊

博齊大和間人自署□陽隱士

大唐故朝議郎河南府登封縣令上柱國賜緋魚袋崔公墓誌銘并序

忠信篤敬天爵也淵默誠愨者有之卿相祿位人爵
也運機□□者得之至於志意脩而驕富貴道義重
則輕王侯由是論之人與天一何遠哉今見之於崔
公矣公諱蕃字師陳魏郡博陵人也自食菜受氏世
有明哲子玉以座右顯季珪由屏風著或以春秋筆
削自任或以嫉惡鷹隼興謡後魏定姓氏族爲第一
風流熾盛以至公大王父元隱皇朝比部員外郎王
父誧華州司法參軍父滁少府監贈散騎常侍皆以
清重稱美首冠士流於戲侯王不繫其本根鳳鷀必
生於丹穴公即右貂之仲子也早以門蔭補□文館
學生試經高第授華州參軍歷攝諸曹若素更練方
辯才之適用也次授鄭縣主簿未上遘內艱色慘神
傷泣飲而哀衣裳外除猶杖而起久之方調授鄭縣
尉不樂煩劇辝疾就選授左金吾衛録事參軍蘭錡
□清聯獲殊寵以政治脩舉爲樓煩陳公所辟爲監
牧使判官奏大理評事公勤績著羣牧孳息轉大理
司直兼殿中侍御史陳公改遷又爲後使郭公邀留
奏殿中侍御史遷監牧副使騂騮駰駱服御稱旨特
加章服以報勳勞朱紱煌煌益光寵命郭公以稱望
彌重非外□所堪上表薦聞除河南府倉曹參軍秩

滿調集天官又以才出九流記名宰府衆謂此時必
居廊署執政失鑒除登封縣令咸共寃歎公獨欣然
之官二旬遂至顛殞大和癸丑歲閏七月三日啟手
足焉享年五十有九夫仁者必得其名必得其壽宰
輔不至耆傳尚遥稽驗前志一何爽也公率性閑曠
襟抱澄曠弱不好弄樂道遺榮自幼至長不易其操
德宗韋賢妃公之從母也恩榮重沓缺四字竟以冲退
不受其榮家貧位卑斷可識矣娶河南于氏有子二
人長曰□約挽郎出身次曰闐六歲與名齊戲罷輙
啼傷心何極有女□人長適太原王氏餘未及笄皆

泣血呼天行路哀歎季弟著檢校太僕少卿□州別駕手足情重灑淚盈襟撫孤奉櫬以其年十一月八日歸葬于京兆□□縣寧安鄉曲祔先塋也博齊與公少相狎長相愛芝焚蕙歎吾□□□用感生平泣而銘曰

孔周之劍不能煞人光含冰雪閇匣生塵上稽往古藝絶無隣（缺六字）今辰岳岳登封深懷至仁垂髫啟手不喪其眞道非偶運不執□□身爲帝戚且復居貧中謙抑退安此沉淪緒傳萬祀孰不書紳少陵原畔萬木無春唯餘令德終天不泯（石刻）

唐文拾遺卷之三十

榮祿大夫三品頂戴前分巡廣東高廉道加四級臣陸心源輯

余球

球會昌中人

五大夫市新橋記

夫山嶽降靈非大聖無由開化適化所有非釋教無以導心於是會稽東不遠七十里有大澤曰虞江江之東南廿里有草市粵五大夫在鳳山南面山則連環朝揖如君臣相挹有序冠絻雖異人莫能測本因焦氏立塋於此孝感上聖而爲名焉故其地也聚天下之民鬻天下之貨市之南崗則德興村大雲寺置莊於茲市之北新江路路通於市則黃山河古人以彴之將接行旅爲不滯之由緣不壯不麗危而且險或遊童牧豎登陟於此多悞斯墜墜以父母兄弟□噎相仏爲民所病時大雲寺僧常雅公本吳郡富春孫氏因宦徙居金華焉上人少小聰慧知釋教之可歸丱歲從緇心若冰鏡戒全鵝珠窮阿難之妙音洞迦葉之微旨既見我皇帝乾元啓運布德維新遂乃發心慕緣造茲橋二所其橋上臨星斗下跨洪流資萬世之妙因旌千秋之勝善時有前溧水尉彭城劉

公䇿發心造斯勝幢共議□卓立南岸用彰祇福（缺）太子嶽牧縣宰父□帥僧十室長幼資其冥福使億刲著善爲行旅揭厲逃炎送餞賞翫怡神者哉時廉使李公仁風遠扇臥牧百城邑大夫王公術邁烹鮮彰嵇琴於棠樹□丞公簿尉諸公有仇香之異能同梅眞之惠化并州縣職吏及市內尊幼四村檀越並八龍兄弟三虎子孫共植勝因同崇廣福會昌三年歲在淵獻月屬無射二十有九日建

□唐會昌三年建此幢至五年八月奉敕毁寺其幢隨例亦毁至大中卽位元年佛法重興至四年庚午歲秋七月九日前宣州溧水尉劉臯與當關闠信士等同慕緣而再建立於□夫橋南□丹雘周圓伏慮代□□□後人不曉遂刋金石聊□□□廉使李□令常□□□主簿羅□尉李□鄭□□□□□將鄭□勾當陳繼宗馮招（越中金石記）

于濆

濆京兆人會昌中鄉貢進士字子漪終泗州判官

（上缺）誌銘（并敘）

夫人李姓燉煌遠孫曾祖承家皇越王府司馬祖庭瑒皇朝散大夫太子典膳郎父袤皇虔州刺史賜紫金魚袋夫人卽袤之第二女生河東柳氏嫁京兆韋敏敏先夫人而殁夫人爲女淑爲婦幹奉釋仰道雖緇衣黃冠不能嘉也諧六親奉公敬假假然不落其儀擿幼指卑入則躬善夫之前姬有女有男撫育煦暖雖熟知審識者亦不辨其異出也四十五年稱未亡人計生活於郊壥荆扉瓦牖食糠羹藿眉不戚澀怡怡然若居朝市食香澆也開成四年八月廿□日無□不適□疊足如寐没于京兆府雲陽縣龍雲鄉之舊第享年六十六隣里鄉黨慟若已屬用會昌五年正月廿□日葬于興平縣茂陵鄉肺浮原接先夫

人適□門□□□□娶是不□祔夫人已無有出韋前室男曰通娶李氏宮及成都新繁尉女曰婉妻滎陽鄭氏皆前夫人而終通之子嗣實戊實皆順而孝悲奉葬具已得兆時祈外兄鄭茂卿請識墓於京兆于濆濆於鄭之親亦鄭於韋之類也是爲銘曰

嘻夫人生有云女頁族婦德門折有儀揉不紛跛道釋蹤無昏無厥家法可尊嗚呼兮復其魂遂安兮穴有壙（石刻）

王儔

儔會昌中試左驍衛兵曹參軍前延州防禦衙推

唐故宣功參軍鉅鹿魏君夫人趙氏墓誌銘并序
公諱邈字仲方世本云秦改魏爲鉅鹿郡也後徙家
于山南今則洋州興道人也昔周建侯玉是稱盤石
圀命更相謚曰文貞公自枝派初分導自洪源之法
蘭蓀並振時爲銓藻之芳祖賓父朝隱皆敦儒術諒
識弘深高樂丘林自求野逸公孝達參閔學茂游夏
稟志孤貞潔行端操頃因入仕多爲台鼎廉察之知
累以德藝精粹聞於天庭始奏授懷州參軍次選授
果州司戶參軍次任婺州司功參軍次任宣州司功
參軍凡歷四郡皆以直道佐理惠洽優人官賴其能

民受其福以茲樹善既至必獲神休豈謂天喪貞良
倏延荒瘵乃針石靡效冥齡益乖奄忽俄然盡爲松
櫝是則逝波湮沒而不還風燭泯光於殘夜以元和
九年十月十三日不祿於任壽年五十有五即十年
四月護歸京兆窆于萬年縣洪固鄉北韋村北原也
夫人天水趙氏考皇任婺州長史昇之仲女也少習
師保內則素彰懿淑茂儀柔順芳婉而乃失翼淩虛
亡舟涉濟孟母彼美敬姜謂賢以會昌四年冬偶嬰
微疾殆踰累旬冬筍冰魚日無不至十一月十五遂
歿於延州豐林縣之私第享年七十有五今以五年

十一月廿三日護喪祔于萬年縣洪固鄉北韋村北
原禮也有女四人長適皇甫氏次適李氏次適侯氏
幼適王氏並早閑保傅克就柔儀女德婦功恰聲婉
娩或逝川不返或婦言益嘉雖女史無□亦家謙自
□有子三人長曰齊貢前任延州豐林縣令次曰匡
贊前任劍州青女縣主簿幼曰文質任解州永泰縣
令俱以簪笏宦途學行清餘政則洽民惠乃周物自
□□□貞泣血絕漿號護牆翣毀瘠終制及靈車南
邁哀戀北堂補嘗之儀晝暮增潔竊以雁行式序祈
詩永年土木非朝刊石爲事儔每媿孱薄冲讓未獲

辱命染翰爲詞頗難銘曰
黑水之西終山之北厥土上上人惟溫克鄰謂之先
秦風是則簪笏所纖其儀不忒淑慎佳美咸曰貞廉
婦禮乃著母德式贍家以義徙子以道謙未獲榮養
奄棄恩嚴豈曰盛衰抑奪人慾千載之後悲此山曲
石刻

崔耿

耿清河東武城人崔隱甫曾孫也會昌元年爲衢州
刺史大中六年官安南都護

東武樓碑記

衢之城成於龜山崢嶸嶺上其守之居西北角有樓以女名之其樓深在守居靜固之地女子所居宜之名樓之宜豈然乎哉又按信安分於東陽昔姑蔑國也其地上當婺女之舍矣意其號樓亦或在此圖經無記宿老昧傳故莫能知其所以女名其樓之義者結構年深土木疲憊關鍵交付參差傾腕每登之懍乎反懷憂豈能消憂者歟會昌辛酉歲余祇命作守至此踰月條悉郡理之餘視其將毀壞命工度其形勢埶已去不可留難加補葺乃重作之上樓下室木架株儲兩兩相接橈爲梁柱中匪全力氣不兩交遂

去聯綴代以偉幹而貫之扶持已有道根本自然牢固矣東南磴路本合而末歧斜委闇通曲回取便有似乎宵人之遥今不出其梯更加其級引其埶直其道安而行之左右升降洞然無衝礙焉南附小樓內同其無外揭其有舒二翼而北抱之室立壁垣樓徹戶牖有山在前有水在下浩然羣巘挈挈峨峨陰魄懸光陽輝陛照一邑風景萬井人煙笛怨切而歌清亮飄飄然出乎虛無無際鄰春日暖而花含笑夏風涼而簷皮涼秋氣澄明而慮瀹冬景巄通而望遠歷四候之變態覩萬物之動息美景開筵宴於是暇日

閱圖書於是時俗獎朋譽顧我無遊從偃仰雖欣於所遇慙懼不任其其理安其所安聊樂以慮耿也本清河東武城人因六代祖岐叔諱鑠仕隋爲散騎侍郎內史舍人文林館學士應詔入洛遂留于都在前代代其家在後光啓舊土開元中曾祖考太保忠公以道事君任冠中外自并入覲報政冊勳復開國於東武城於戲大凡爲人後者動一意舉一足不敢忘其本因舊址作新樓北向臨風萬感俱集强名東武以成懸志遂磨貞石日而月之書其所以然也嘉靖衢州府志

郭圖

圖官倉部員外按雲溪友議郎官石柱題名圖畫見聞志皆作郭圓

胡氏亭畫記

藝遊而至者則神傳焉神傳者國寶矣墨妙之於藝又加□貴焉浮圖錢梁熾今國力不能追也故藝之至者雖鴻德巨儒亦伍於工徒矣唐故宰相薛公稷畫人神品以名之重時加貴之成都靜德精舍有壁二堵雜繪鳥獸人物態狀生動乃一時之尤者也吾后帝宇之五年汧叛帖夷萬方無事於是大去蠹人之疾以浮圖氏爲最詔走御史監毀域內之祠凡雲

構山峙之宇一時而壞百工之名跡隨去焉胡氏瑒文而好古惜少保之迹不存於鄉迺操斤挾藁力剟於頹坌之際得八三十七頭馬八足又於福勝祠獲展氏子虔天樂二十五身及鄉之名工李氏威天樂十二色皆神傳異跡陷于茅亭之壁長者之事益滿門矣任愚子若鈌時寓蜀壯君好事之心亡於歷覆於染辟豪紀其始於石會昌五年五月三日記益州名畫記

宋誠

誠廣平人會昌中鄉貢進士

蒼山廟記

蒼山在州西纔十五里水陸之途通焉連屬之勢亘于西南隱隱崇崇臻此而止自郡城暨于山嘉樹脩竹映夾道側聯聯不絕如在翠幄間行遊是山若造非常之境羣峯疊秀烟樹羅碧清猿好鳥叫嘯其間實神仙之所居信東嶽之佐命山之南又有澄潭周環百餘步空闊沉碧逗而不竅旁倚峻巖穴通溟漲峭壁削以直聳清泉貫而下垂潭承其泉而龍是宅每天將晦必雲物鬱乎其上或清旭曉照輝映相鮮嵐障千里水光一帶凝靄蒙羃如列畫屏峻彼西郊作鎮茲土會昌四年冬梁國喬公自尚書郎來守是邦每景物澄霽升高而望茲山覺峯巒之有異公曰是山也得不司於吾土乎明年夏將旱公懼歲之不登憂民之歎食雖土龍徙市啓千百神曾未果應公曰余爲之長郡之旱民之災是亦警余之或未勤乃召易者而筮之得山澤損之卦筮者曰艮上兌下爲損損而後益乃豐歲之象艮爲山兌爲澤爲西方雲澤之氣果應爲西得不爲蒼山之兆乎公遂躬禱是山請以民之災寘于誠告明明山不閟靈車未及旋索澤如懸槁苗亘青若雲布川是歲果登乃自茲山

厥後陰陽其或乖度俾吏致告靡不響答公又曰禮云能禦大災則祀之水旱者民之災也是山果能興布雲澤救民之災得不廟而祀歟遂命工人爰構廟室于山之陽六年春三月廟告成乃戶乃堂飛軒翼張粉繢糊藻東西其廡像設無譁威容肅莊儼若舊制候公而昌秋七月公大備牲牢羅絲竹于廟庭之下躬自薦拜以答神祉因命鄉貢進士廣平宋誠記其事以誌于廟乃重爲贊曰

懿彼蒼山吐納陰氣興隆雲澤救民之瘁實自我公誠明期至以虔以禱引過諸己玄鑒周明布膏于地

歲既豐盈惟公之致爰立廟堂示民以依春秋薦拜水旱云祈有舉無廢在禮而知靡煩靡瀆無逾我儀（赤城集）

蕭珦

珦會昌中人巴郡軍事判官

唐巴郡太守滎陽鄭公新建天王記

浮圖教以象法化人修功德者於經文爲定學在俗緣（缺五字）歸於善也又按釋氏說毗沙門居須彌一面爲四方（缺六字）乂輩受約束取指撝於我北方以衛羣有珦隸幕餘嘗諷佛書見毗沙門本經則杖槊戢掌

塔廟鎧甲而立者常儀也南贍部洲之□□戾神爲時患者毗沙必乘逸足手斧鑕驅山林江海之神王師伐叛以剪殄邪譎爲民除害別於生人亦謂有功者巴郡太守滎陽公惠於民信於士虔於浮圖者也居家必潔室嚴香大□□之具置毗沙其間歲時月弦朔必儼默簪裾跪禮至再前剖郡符皆建厥像於其土必盡嚴飾果求精妙既追巴川於郡之南山覘峭嶂斗絕有嚴黃門武鐫鏤釋像之所乃命工爲圖及閬境寮庶立毗沙於其側姿容端莊丹雘顯布就建華屋以護風雨豈唯將來之勝因亦郡城之佳玩公夫人彭城劉氏初從公來郡自魚軒在途寒暑生疾亦有善願迺立救苦觀音於毗沙之左具妙誠恪莫可殫說珦實從公爲州從事奉命紀述有愧不典

時會昌六年十二月廿二日記（金石苑）

沈櫓

櫓會昌中鄉貢進士

唐趙夫人故河內張氏墓誌銘并序

夫□人不□□物通□阜□與世俱行孝敬存家令德彰茂夫人河內郡□雲陽人也夫人幼嫻軌則門望之崇既笄之年歸于天水趙公之□□夫人□□

毋教動叶禮儀處室也功容允明辭家也德言咸備四□□□婦道于何有方期兆鳳皇之吉頌螽斯之宜內外□□□□□□□何疾□□殂大夜將奄時春秋五十□□□□會昌三年歲次癸亥四月廿四日終于長安延壽坊之私第□□趙公家世儒流夙聞鳳雅四男成長二聘室兩女有家長男師□□□□□□□□陽縣主簿官貞政理鐘鼎是期次男師牧師□師運皆□以□力□□曾參廿旨不虧長女幼適河內張门任定遠將軍前光王府典軍次女早適樂繁任濠州□□縣尉並温温潤德□睦謙柔送往慎

終僉悲薤露卽以其年五月廿六日窆于京兆府長安縣小嚴村之原禮也恐陵谷遷變家世湮淪故刊于石以誌綿邈其銘曰

洎乎有歸逝于德輝令望益著殲□□婚孤貞四秘天不憖遺誌彼泉石名留不靡 石刻

李玭

玭武宗朝御史中丞

監察御史代監左藏庫奏

御史臺舊例太藏左藏庫以殿中侍御史兩人分監今請以監察二人代之仍放朝參本俸外依舊加給三十千出納小差委以彈舉 冊府五百十六

裴誼

誼武宗朝大理卿江西觀察使

詳斷刑獄取最後勅爲定奏

當寺格後勅六十卷得丞謝登狀准御史臺近奏從今已後刑部大理寺詳斷刑獄一切取最後勅爲定 唐會要三十九

請任百姓自醖奏

當道從大和元年觀察使李憲以軍用不足奏請禁百姓造酒官中自酤吏緣爲奸酒味薄惡老病生產盡不堪任公闕俸門私謗盈路臣叨膺重寄合務便人請停官酤任自醖造臣請諸色方圓節糶冀使軍用濟辦人無怨咨 冊府五百四

榷酒錢不配業戶奏

洪州每年合送省榷酒錢五萬貫交舊例百姓醖造其錢依前例隨百姓兩稅貫頭均納當管洪州停官店酤酒其錢已據數均配訖並不加配業戶 同上

崔元式

元式累官湖南觀察使宣宗初以刑部尚書判度支拜門下侍郎同平章事進戶部尚書卒諡曰莊

禁斷次弱綾絹奏

准今年七月二日勅諸道所出次弱綾絹紗等宜令禁斷若舊織得行使仍委所在官中收納如輒更有織造行使買賣同罪須指射出次弱物州府令戶部支度鹽鐵三司同條流聞奏者省司先牒左藏庫勘到所出次弱疋帛州府名額伏以綾絹紗等州府所買機杼織造並合堪充貢練旣不堪衣着則虛費縑功今欲委諸道節度觀察使刺史差淸强官搜獲百姓織造濫惡疋段狹小機杼焚毀其惡弱疋段仍俱收納數聞奏 冊府五百四

吳汝納

汝納河南府永甯縣尉

訴吳湘屈殺狀

臣弟湘去會昌四年任楊州江都縣尉娶故青州衙推顏悅女爲妻被都虞候盧行立等誣譖於節度使李紳遂下獄枷禁估阿顏資從衣服作錢數堅稱正贓又堅顏悅繼室阿焦爲百姓奏狀稱是百姓阿焦女且女　從父兄嫡母已死今堅是阿焦女足爲加若父是百姓自有格律臣弟亦不合處死於時諫官上論差監察御史崔元藻爲制使重推知臣弟至寃文案入奏元藻下獄貶竄乞下臣狀於法司追取盧行立劉羣江都縣令張引思元推官典崔元藻覆推官典魏鉶元壽等推勘郎知李德裕用情爲李紳屈殺臣弟冊府八百七十五

楊士端

士端翰林待詔

光陵柏城不宜動土興工奏

義安殿大行皇太后陵地准今月五日勑奉光陵准經今年太歲在己丑季土王年不宜於光陵柏城內興工動土宜於光陵封外東西北三面有地平穩處別擇置陵古唐會要二十一

李回

回字昭度長慶中第進士會昌中以刑部侍郎御史中丞遷戶部尚書坐決吳湘獄不糾摘貶湖南觀察使

文武常參官准例置引馬奏

文武常參據品秩令式合置引馬臣伏以車服之制並示等威著在典章所宜遵守近者班行之士官位已高或以散冗自謙或以簡便爲意率相倣傚不置引馬街衢之內品秩莫分事涉因循頗乖典故其文武常參官起今已後並據品秩准例置引馬其有合置不置許臣司糾舉罰一月俸料如違犯不已請具奏聞庶存制度用表官榮唐會要六十二

常參官兼憲官序立依前遵守奏

准元和元年四月勑常參官兼御史大夫中丞立在本品同類官之上自後尚書諸司侍郎兼憲官與左右丞不常並置至於序立或有所疑臣伏請依前遵守永爲定制唐會要

紇干泉

泉會昌元年爲庫部郎中知制誥官至嶺南節度使

五品以上犯贓賜死于家奏

准刑部奏犯贓官五品以上合抵死刑請準獄官令賜死于家者伏請永爲定式唐會要三十九

孔温業

温業字遜志擢進士第會昌三年爲中書舍人大中時爲吏部侍郎後終太子賓客

李紳拜相制

門下興化致理必資作礪之功納誨弼違實賴將明之効苟非材標人傑道茂時宗藴經濟之宏規積巖廊之素望則何以光我注意允于具瞻其惟至公式

舉成命淮南節度副大使知節度事管内營田觀察處置等使銀青光祿大夫檢校尚書左僕射兼楊州大都督府長史御史大夫上柱國贊皇縣開國男食邑三百戶李紳氣稟清剛體含冲用抱金石之正性挺松桂之貞姿識達古今慮周微隱詞源濬發洞學海之波瀾智刃高揮森武庫之矛戟中立不倚方嚴寡徒長慶一朝委遇斯極入參禁密出惣紀綱王猷多潤色之能邦憲著肅清之稱洎領版圖之任尤彰均節之宜而又寵辱靡驚得喪齊致河洛留神明之政浚郊恢將帥之謀威令播於軍戎豪黠屏跡惠化洽於封部疲羸息肩俗□阜安人知禮義日者疇其高第換彼雄藩當淮海之要衝控舟車之都會風望益峻僉諧莫踰朕虔恭寶圖夢寐良輔爰膺審像果副虛求爾宜踐台席之崇嚴司中樞之密勿外以底綏華夏内以勤卹黎元視同列猶塤篪期致君如魚水無使仲山補袞獨見美於周詩汲黯匡時常推高於漢史祇率訓典往惟戒哉可守中書侍郎同中書門下平章事散官勳封如故主者施行王惲玉堂嘉話

陳夷行

全唐文七百四十五有傳

僕射上儀依三公奏

臣等伏尋禮令並無僕射上日受京四品官拜儀注近年禮變多傳舊例省司四品官自左右丞部侍郎御史中丞皆羅拜階下以爲隔品致敬按諸禮致敬是先拜後拜之儀非受拜之謂又准禮皇太子初見上臺羣官即行致敬之禮羣官先拜後答拜蓋以尊無二上禮須避嫌僕射與四品官並列朝班比肩事主豈宜務修僭越獨事優崇況事有應變從權禮有沿革損益受拜既無根據隨俗則亂憲章臣等嘗見故吏部尚書鄭餘慶議僕射上日儀制不與隔品官

抗禮其時竇易直爲御史中丞奏非鄭餘慶所議及易直爲僕射貪榮近利忘棄前志羣情鄙之在列有拂衣而請告者臣等過蒙寵異擢任師長不顧失禮取誚於時臣等又按禮記云大夫士非見國君無不答拜又曰君于士不答拜今僕射不答拜是臣其百僚傳爲故事何所取法復准開元元年改左右僕射爲左右丞相位次三公三公答拜而僕射受之固非宜也臣等上日伏請依三公上儀垂爲定制如蒙聽允望令所司約此撰儀注唐會要五十七

歸融

全唐文七百四十七有傳

皇帝降服以日易月奏

伏覩義安殿皇太后遺令皇帝三日不聽政十三日小祥二十五日大祥二十七日釋服者皇帝遵奉遺旨將欲施行臣等商量事貴得中禮從順變伏以宣懿皇太后常奉太皇太后之命追尊崇名祔配廟室今之議禮合有等衰伏請皇帝降服期行以日易月之制十三日釋服其內外臣寮亦請以此除釋至營奉陵寢制度法物即請准舊例更無降制唐會要三十八

殷侑

全唐文七百五十七有傳

請給河北兩州耕牛奏

當管河北兩州百姓耕牛見管戶一萬三千六百九十四除老弱單獨外其間大半力堪營種去年緣無耕牛百姓掘草根充糧一年虛過飢餓相繼轉死道路臣去年躬親勸責酌量人力於一萬三千戶內每戶請牛一具納絹綾五疋計三萬疋餘二千戶不得牛營田不敢不奏冊府五百三

州縣留放五員奏

管內州縣官大半勾當留在京師職掌當道兩稅外又度支米穀見在官爲納者今請下有司留放五員唐會要七十八

改建陵等四縣名奏

當管縣名與陵號同及與諸州縣名同總四縣一縣與肅宗陵號同桂州建陵縣今按圖經牒有脩仁鄉伏請改爲脩仁縣永豐縣與信州永豐縣同按圖經縣下有豐水請改爲豐水縣富州開江縣與開州開江縣同按圖經江係馬援所開請改爲馬江縣唐州平原縣與德州平原縣同按圖經縣下有思和水請改爲思和縣唐會要七十一

李景讓

全唐文七百六十三有傳

請升代宗以下八廟奏

穆宗敬宗文宗武宗四廟當遷出且穆宗是陛下兄敬宗以下是猶子陛下拜兄尚可拜姪可乎使陛下不得親事七廟宜升代宗以下八廟以正三昭三穆之序唐會要十六

諫宣宗爲鄭光輟朝疏

按此文見舊唐書李景讓傳今存其目文不錄

杜審權

審權字殷衡官至同中書門下平章卒謚德

授唐技虔州刺史裴紳申州刺史制

按此制東觀奏記云舍人杜德公之詞也今存其目文已見全唐文七十九卷

裴素

全唐文七百六十四有傳

明日帖

裴素制誥書寶歷元年楊嗣復相公下及第更不知聞是何薄情也明日爲吾人請假一日具空餚祇候望捨却他事早見訪也更無人惟有崔十學士此走狀不宣素再拜二十一官郎中使君閣下二日寶眞齋法書贊

魏謩

全唐文七百六十六有傳

權放一兩月朝參奏

准兵部吏部禮部三司尚書侍郎等官一十三員主舉選試五箇月不朝參近已條流聞奏訖奏勅前後勅文處分有司不合妄更奏論准貞元十二年元和四年彈奏前件三司除試入及入宿外並不合不朝參勅文曾未經年三司復此論奏今具前後勅文如前勅者本是五箇月不朝今許不過一兩月奏不權放必恐擁滯准兵部選事勞逸尤與吏部不同選限內遇公事繁併日任具事由牒臺尋常不在放朝參限唐會要二十四

李商隱

全唐文七百七十一有傳

賦三怪物

其一物曰臣姓猾狐氏帝名臣曰巧彰字臣曰九規而官臣爲佞魖焉佞魖之狀領佩水犀手貫風輪其

能以烏爲鵲以鼠爲虎以蚩尤爲誠臣以共工爲賢主以夏姬爲廉以祝鮀爲魯誦節義于寒浞贊詔旻于嫫母其一物曰臣姓潛弩氏帝名臣曰攜人字臣曰銜骨而官臣爲讒䰟爲讒䰟之狀能使親爲疏同爲殊使父膾其子妻羹其夫又持一物狀若豊石得人一惡乃劇乃刻又持一物大如長筭得人一善掃掠蓋藏諂啼僞泣以就其事其一物曰臣姓狠浮氏帝名臣曰欲得字臣曰善覆而官臣爲貪魃爲貪魃之狀頂有千眼亦有千口鼠牙蠶喙通臂眾手常居于倉亦居于囊頰鉤骨箕環聯瑣瑞或時敗累因予牢獄拳梏履校蒺蔾死灰僥倖得釋他日復爲（漁樵閒話）

薛逢

全唐文七百七十六有傳

畫像自贊

壯哉薛逢長七尺五寸手把金錐鑿開混沌（南部新書）

段成式

全唐文七百八十七有傳

金剛經鳩異序

貞元十七年先君自荊入蜀應韋南康辟命洎韋之暮年爲賊闢讒構遂攝尉靈池縣韋尋薨賊闢知留後先君舊與闢不合聞之連夜離縣至城東門闢尋有帖不令諸縣官離縣其夕陰風及返出郭二里見火兩炬夾道百步爲導初意縣吏迎候且怪其不前高下遠近不差欲及縣郭方滅及問縣吏尚未知府帖也時先君念金剛經已五六年數無虛日信乎至誠必感有感必應向之導火乃經所著迹也後闢逆節漸露詔以袁公滋爲節度使成式再從叔少從軍知左營事懼及禍與監軍定計以蠟丸帛書通謀于袁事旋發悉爲魚肉賊謂先君知其謀於一時先君念經夜久不覺困寐門戶悉閉忽覺聞開戶而入言不畏者再三若物投案嚗然有聲驚起之際言猶在耳顧視左右吏僕皆睡俾燭樺四索初無所見向之關扃已開闢矣先君受持此經十餘萬遍徵應事孔著成式近觀晉宋已來時人咸著傳記彰明其事又先命受持講解有唐已來金剛經靈驗記三卷成式當奉先命受持講解太和二年於揚州僧栖簡處聽平消御注一遍六年於荊州僧靖奢處聽大雲疏一遍開成元年於上都懷楚法師處聽青龍疏一遍復日念書寫猶希傳照罔極盡形流通攄拾遺逸以備闕佛事號金剛經鳩異（酉陽雜俎）

連珠

繡以銅街麗人恨塵泥之將隔石室素女怨仙俗之易分因知三鳥孤鸞從來要匹金雞玉鵠不顧成羣

其二

名比大喬怨佳期之未卜居連小市恨的信之難移因知愁逼夜長斜漢回而脉脉寒侵夢淺行雲去以遲遲（湘烟錄）

先天幀讚（聯句）

觀音化身厥形孔怖颮飀涅厲眾魔膜拜（張善繼）指夢鴻紛榜列區界其事明張何不可解（段柯古）閻河德川大士先天眾像參羅瞰瞰田田（鄭復）夢百億花發百千燈然膠如絡繹浩汗連綿（善繼）焰摩界戚洛迦苦霽正念歸依眾青如箸（柯古）戾痒可汰癡膜可蜺稽古如空晬容若睇（善繼）闇提黑尿覩而面之寸念不生未遇乎而（柯古）（同上）

答溫飛卿書

昨更拾從土黑聲之餘自謂無遺策矣但愧并畫向猶自恃醯雞未知大全忽奉毫白復新耳目重耳誤徹謬設生甒張奐致渝研味難盡詎同王遠術士處字入木班孟仙人噴書竟紙雖趙壹非草數丸志徵汲媛餉犬十螺未諾肝膽將破輸答已疲有力負之更遲承問成式狀（文房四譜）

按此文據足本文房四譜錄

劉濛

全唐文七百九十一有傳

大理寺壁重寫律令奏

准文明元年四月勅律令格式爲政之先有類準繩不可乘越如聞內外官寮多不習律退食之暇各宜詩覽仍以當司格式書于廳之壁俯仰觀瞻免使遺忘今以年代遐曠屋壁改移文字不備瞻仰無所就中大理寺評斷之司尤爲要切臣已于本寺廳粉壁重寫律令格式（唐會要六十六）

王鐸

全唐文七百九十三有傳

自請督師奏

臣忝宰執之長在朝不足分陛下之憂願自帥諸軍盪滌羣寇（唐會要七十八）

唐文拾遺卷之三十一

榮祿大夫三品頂戴前分巡廣東高廉道加四級臣陸心源輯

陳寬

全唐文七百九十三有傳

再建圓覺塔誌

案梁武帝銘大師碑大師大同二年示終於洛州遺塔於□坂卽茲塔也司徒中書令汾陽王郭子儀復東京之明年抗表乞大師謚代宗皇帝謚曰圓覺名其塔曰空觀大師名達摩西域人也梁天監中自五天來昭昏衢荒鉥析缺□造□者識羈縶之醜落空

寂者知凝滯之非指迷轅於炳直之途揭惠炬於幽夷之表分別邪正開□□□使羣流缺四字瀆而趍海也□本宗大聖所付至支那□□上乘第一祖至若往來之有無地位之高下非吾輩所得言焉過梁而徂及魏而止繫□遇缺三字行蔵綠□則遷豈墮諸數道且不住跡其可留取者自言我則何有熊耳山下一塔巋然骸葬形遊文詳於梁武靈泉瑞木表□於汾陽月闕其凪天之道也武宗皇帝謂眞諦不可以相取密跡不可以像設徒使動盪清靜泉藪昏晦會昌癸亥歲遂詔廢釋氏□是率土□廟鞠爲丘阜大師銘誌亦隨湮滅碧空鐘梵與霜露而俱銷金地松缺三字棘而無□今上卽位卽日聿復大中庚午歲八月十三日詔河南尹河東公再建斯塔今擇僧有大德可用僻大師者俾宰之洛陽僧與軒冕之士累百同舉手而俾曰大德僧審元其人也河東公賫詔書詣龍門以天子意起之於是元公扶錫至山下不言而人化無幾而塔成雲□矗立忽若疊巘匠石覃思斌玞就雕彼育□鬼功多寶踊□未獨多也分高中岳鼎足二陵浩刼未灰無以見毀大唐大中七年歲在癸酉正月五日潁川陳寬誌石刻

鄒敦愿

敦愿大中時魯郡人

唐故隴西董氏內表弟墓誌銘并序

董氏其先隴西人也當春秋孔聖有歎古之良史也卽狐公之遠祖哉蘘于漢枝垂惟三餘名遂史冊列傳無代不書略而引之不復廣述曾祖芳祖彥璺考諱悅並有令名於當時其形狀人物備乎家傳不可覼縷而鑄先舅母廣平宋氏出自二男弟處其季也弟諱惟靖字安衆立性恬和爲人謙退交不獲雜用晦而明運泉貨以樂業子孫崇釋宗以益景福天胡

不憖年始知非有七歲染疾蒼而卒終嗚呼貞元十二齡丙子歲踵困敦生於江陽縣仁風里之私第大中六稔壬申歲當涒灘殞于江都縣贊賢里之寢舍也娶樂安任氏幼有婦德□□長繼移天之義晝哭聲咽灑淚漣洏鞠育四男並天假秀異長曰宗夔恭事伯父肇握格律舉直措諸巨細無私緊之是賴次男曰宗英次男曰宗璵季子曰宗典並幹父之用譽長兄惟竦顯居要職管內都勾友于急難如鶺鴒之孤纍原野飛□血淚潸然以營葬事宗夔等罹此荁疚悶絕哀號蒸承□□朝晡無闕於其年六月十九

日克堋于先考塋側域內以□神魂焉嗚呼內外兄弟能有幾人先後之間余亦相次恐他□地變抆淚直鐫其銘曰

嗚呼董弟先聖枝裔洎襲于唐甲子相繼不聞久□
忽訃斯艷蔓蔓正華霜凋其棣暐暐强柯痛爾先□
余忝內外豈不悲涕永捐骨肉長乖人世龜筮茲□
□就玄塵□列松檟新墳掤製四子號天泉扃永□

續語堂碑錄

劉南仲

南仲大中時鄉貢進士節度隨軍

唐故馮府君墓誌銘并序

府君諱廣濤字元濟本姬周之盛裔後分望於長樂郡先祖事楚爲台鼎事漢爲大樹曾門皇諱□字□祖門皇諱□字□累授品位列郡爲郎枝葉芬敷散於海內從文及武光蔭門闌如鳳超騰彩耀雲路惟府君溫潤從性信義在心行禮則於故交布周旋於軍府去長慶之初廉使烏公擁旄橫海察其忠孝悉其功勞累遷職爲十將公稟荆玉而明白同月桂以芳香志好外書心崇內典不昧葷茹長持藏經皆以手書讀念川注身即上事蔬鍼心且懸於釋門比蓮

花之相以清淨爲根苗若金石之原以堅貞爲道本常得眾列高仰上士欽風爰至于今善名不朽豈爲暴徒逆命結禍亂天上縱兇狼下染君子烈火焚野災及雲蘿雷電震惡惡孤松竹府君時爲將領攸適莫知時享年六十有二夫人潁川韓氏禮儀婦德齊於敬姜訓子擇隣同於孟母四德之風尚在三從之教儼存豈期壽命不遐幽冥去速時年卅有三而終於夫之故園一男五歲一女二齡府君愍覩兒女早失慈親再婚彭城曹氏撫養偏露過於己生哀念恩深並已成長男繼宗天授聰穎文藻日新入事旌旄

便蒙駈策授義昌軍節度駈使官婚隴西董氏男一稚女二幼中女十五娘適於王氏曹氏時年七十有五以大中元年九月三十日而終於滄州城內明經坊之寢位嗚呼婦德聲在儀質沉泉日月慘傷悲助荼苦恐以年代遐遠遷葬漸遙遂以其年丁卯十二月壬辰下旬七日卜地於滄州淸池縣西南十里成村爲塋域遠招亡父之靈魂來歸勝原之墳墓莫以逐勝他土神儀散遊此者是府君之故鄉祖父之郡邑速離他土來祔新塋邱隴永安封原不變恐後天地輪改海岳有移故製斯文鐫在貞石銘曰

人賢君子温潤容儀令望遠播芳名世知上事旄鉞忠孝不虧惟尊釋教讀念受持不食薰茹不飲醋醨習吉積善歸於釋師今擇勝原安製墳墓府君夫人同泉禮祔天地保慶山川長固明明壟月濯濯蕪露百櫝千松萬年衛護 非見齋碑錄

孫治

治大中時鄉貢明經

唐故太原王府君墓誌 并序

公問望華顯盛德冠時故能繼祚無窮傳芳奕□子子孫孫勿替賢哲 缺約八字 榮名□□□而入仕長□□

缺約四十餘字 大中八年六□十日 缺約四字 十八十一 缺約五十餘字 河陽 缺約三十餘字 河陽 缺約五十餘字 大中九年□月廿日 缺約九字 河陽□□十□趙村之 缺約十一字 谷□□桑榆 缺約十字 其

銘曰

帝王之裔 缺十二字 嗣孫忠孝國之利器 缺八字 墓煙羃羃壠樹蒼蒼以垂萬古斯 缺三字 孟縣志

李翊

翊大中間鄉貢進士

唐湖州 缺六字 故夫人墓誌銘 并序

夫人金氏諱淑□京兆人也幼有容止長能柔順婉

致婉娩織紝組紃克脩女事秉箕執箒婦道□□始其笄年珮玉待禮時處士馮君名濡長樂人也世代儒雅弓裘靡湮知名是空高尚不仕聞夫人令淑以羊鴈娶焉且其閥望齊徽姻榮並曜變彼慶善宜其室家鸞鳴鳳和塤箎叶□敬脩賓饋然薦鹽梅謹侍舅姑謙恭娣姒肅□閨壼舉宗僉嘉訓育兒女咸就婚適冀之偕壽歿而同塋無何天道蹂驪殞茲令德夫人以大中十二年四月十四日逝于□□鄉周章里私第享齡六十有九所育兒女六人長曰亮仲曰集季曰彥竟能仁孝温凊罔違恂恂里閭孰不欽仰

女三人二歸沈氏一適陸門夫人弃背之辰遠近奔
格擗踊□慟泣血絕漿鄰里哀之共脩櫜飼□于人
生浮□諭之日及旋以年十二月十日宅兆叶吉乃
遷柩窆於縣西北盱眙山馮氏祖墓祔於先舅姑塋
域東南隅禮也至孝亮等慮時移世變邱墟或湮俾
刻貞石藏銘元宮銘曰
賢哉夫人從德終身肅肅容儀譽美親鄰俄然□□
奄謝青春卜宅安厝餘溪石濱鬱鬱佳城依依缺四字
白歲冥寞孤墳古刻叢鈔
按叢鈔是誌題鄉貢進士李翺書不著撰人談鑰

吳興志金氏墓銘在墨妙亭鄉貢進士李翺述并
書習之於元和初為國子博士不應五十餘年後
反稱鄉貢進士其為翺撰無疑

令狐專

專大中時人

唐故上都唐安寺外臨壇律大德比丘尼廣惠
塔銘并序

維像教東度秘璺南翻立元云吾師竺乾宣尼稱西
方有聖厥後感夢孝明漸於中國菩提達摩降及大
照禪師七葉相承謂之七祖心印傳示為最上乘羣
生以癡蓋愛網纏覆身宅□以慧炬燭之慈航濟之
即皆蹈昏溺之中迷方便之路矣於戲文殊□□金
粟來儀窮象譯之微言罄龍宮之奧典即我唐安大
德其人也大德諱廣惠俗姓韋氏漢丞相之遺祉周
司空之遠孫地承華緒門藉淸流虛根夙殖道性天
授積金翠之莫飾視葷腴而不味於是分瓶□頂染
法壞衣奉乾越之眞諦識拐伽之要義賓波羅窟深
入禪菁阿耨達池恆藏戒水傍灑甘露俛導蒙塵運
智慧之妙其動也雲舒曾漢了般若之性其息也月
鑒澄泉帝□□徒皆以宗師敬受初法我皇十年以

名臘隆抗充外臨壇大德德彌高而身彌遜聲愈處
而志愈冲負笈執經扣□林者請益如市無明有漏
傳心印者皆脫其網豈謂毗城示老雪山現疾雖菩
薩之善本生沒是常而金剛之力堅持□壞以太中
十三年夏五月廿六日寂然入滅報齡五十七僧臘
卅八弟子性通等號奉衣屨如將復生以其年六月
十八日幢蓋香花遷座於韋曲之右嗚呼如來留影
之龕石室空存舍利全身之函珠臺永閟專微聆凡
品因緣甚親嘗蒙引諭人天粗探眞覺承蓮□禮肩
繞玉之師子出躅入淨同□□之蓮花追荷法誘爰

薦□詞慙非陸氏之□文終謝蔡侯之健筆銘曰
四流易染萬類難化世同驚飈色如奔馬非習調御孰明般若非習能行甯□喜捨生既不可滅亦不空無去無來大觀體同至寶深憯慧光不息松堵新成□秦□北後天地不泯者惟師之德 石刻

劉景夫

景夫大中時人

唐故正議大夫行內侍省內府局丞員外置同正員上柱國太原縣開國男食邑三百戶賜緋魚袋王公墓誌銘 并序

公諱守琦父皇任朝散大夫充內酒坊使諱意通之第九子也公早朝禁掖旋授勗恩配賢父天實遇慈昊訓以文藝卓以詩筆教以溫常誡以廉克仁德播於流輩特選名於肘掖恪恪奉玉孜孜在家貞清絕邁於古賢砌聽全逾於往哲斯可爲天之祐也故得常居寵祿朱紱銀兌握恩不樹於先宗熉彩實暉於後嗣貞元十二祀入仕大中三載退歸私第因寢疾崩於歲十二月十五日緣久居崇祿先塋稍隘爰於舊墳西南隅剏建斯塋也伏以先墳高聳俾秀峨峨族裔具書此不列之公先夫人張氏早喪附在大塋嗣子四人長曰從祐遺而往逝亦附大塋今夫人謝氏追念前恩怨嗟甇孤哀慟過於班家調訓同於孟母今至孝男允實次曰從盈又次曰從泰等噭噭血淚逾甚高柴啓侍晨夕殊邁曾哲生事已畢葬事將塋宅兆吉晨用刻大中四年正月廿三日禮葬鄉曰崇義村号南姚土事銘詞因斯建也銘曰
彤彤王公穆穆和恭侍親以孝事君以忠四科畢備書釰全功能章禮樂能揚國風少承光寵暮乃將退居上共宗居下共愛身歿名章魂消譽在釰鏡人仁孰不欽賓 石刻

康季榮

季榮大中時徐泗節度使

旌周小兒孝行奏

據濠州刺史劉彥謀狀定遠縣百姓周裕女小兒年九歲今年七月六日爲父患割左股上肉一寸三分不落痏長一寸四分收得血半斤父和羹喫後二十九日載割股上已落肉與父喫其周裕至閏七月十二日身死至二十五日埋葬訖其女小兒於墓側不歸縣司與立草庵一所伏以寄分廉察地列山河獲當盛明親逢大孝伏請宣付史館並賜旌表門閭 冊府

尹震鐸

震鐸大中時鄉貢進士

唐故宣義郎行內侍省內僕局丞員外置正員上柱國李府君墓誌銘 并序

海波動搖珠璣先沉颶風暴起茂葉前落秀木先折甘井先竭將徵其物以類於人不幸短命少年身歿者痛乎府君姓李名從証漢將李廣之苗裔歷魏晉宋齊梁陳隋唐于今一千年餘名氏傳於後移族開內高陵縣曾祖諱溫傲時不仕東皐自滿名利去懷平揖卿士祖諱進超與元監軍賜緋魚袋烈考諱行

邕礫立偉林英賢開出器冠成字名揚者德有命子三人長曰忠義故忻州監軍賜紫金魚袋次曰從誠喈朝散大夫行內侍省掖庭局宮教博士上柱國公第三子也公多藝不群聰明天拆博讀經書偏精左氏春秋傳學晉右將軍書墨妙筆功時稱能者通老氏六博周人十二棊中得其一可以對人而閱視所重者重於道所躭者躭於琴德輶如毛藝成羽翼獲右神策軍護軍中尉劉□慕而取之量之於肘腋知賢眷注薦用親於閤門公跂足□拳揮管灑翰立書奏傍點畫無缺未逾數歲出入殿庭善好和光明時濟會厥初入仕事武宗皇帝授宣義郎行內侍省內僕局丞員外置同正員上柱國身衣綠綬面對天聽復遇方今聖皇帝受命銜恩爲主心腹直道事君結誠許國是知善人脩短聰明天折身染于疾漸寢丁楊盧徵百藥蟾月三虧心神不惑知時而終以大中四年十一月十六日終于廣化里私第昔禮婚王氏比有所娶今無其家年少失倚□哭爲業有命子一人曰敬融託長富門未任時務以喪事辦於仲伯從誠堂□敬賓偕曰簪筮龜卜而不吉曰吉月兆而不利遂不入於大塋以大中五年正月廿三日葬于先

塋碑堂之東地卽京兆府萬年縣滻川鄉上傳村置其墳焉公從兄從誠會震鐸於闕下情深於與遊請菲薄之詞遂握管搜思銘曰

瑞雲暫見散而成空念人在世與此略同水有迴波命無重生名姓榮貴如風響聲當官成名入土是家宛不長壽少年可嗟影滅魂消藝隨身去深壙塼床永爲歸處 石刻

李柔

柔大中時人

明州奉化縣岳林寺塔銘 并序

大中十年歲□□子正□□己丑廿日甲子建新□者□□道宗施主□□弟子傅二娘□西方聖人教傳中國作方方□救之途□□□無住之相卽不以執著爲□□小乘之初開□在於瞻仰故□子□□尚下缺證果況埏埴爲□缺蠹缺遂使缺大利缺□□所說凡在初□缺□□哉□師□□之缺□□日月電過□□缺□□銘曰缺□□罪□生缺刻石

韋博

博字公業京兆萬年人第進士遷殿中侍御史開成

中拜河東節度判官官至檢校禮部尚書

唐故光祿大夫守太子太傅致仕上柱國彭城郡開國公食邑三千戸贈司徒劉公神道碑銘并序

公諱沔字子潍其先彭城人世爲將習孫吳兵法皆以騎射善開石聞開元天寶缺功名缺曾祖玄銀青光祿大夫檢校太子賓客利州長史兼監察御史生王父暠銀青光祿大夫檢校司空□□□□刺史兼侍御史缺不甚顯忠厚積慶必大其胤是生皇考奉天定難功臣興元元從驃騎大將軍行左驍騎衞大將軍缺時□變起於輦下嘯呼叛寇狂刀指闕六軍無素大驚西幸僕射公與侍中缺德宗皇帝于奉天縣分守壁壘力戰前後凡數十合賊不敢近缺寶〔橐〕中居僕射喪哭無時親戚僕使□所□外餘財封植松栢無所□制□杖劍北遊缺希朝希朝與語□□□立署衙門將□□□□客公佩刀侍堦下希朝目之使與坐指其衆曰此子他年必有吾坐公戰竦拜謝缺大夫檢校左散騎常侍兼將軍知軍事公善射能擊毬與其輩角於公場數勝羣輩企羨屬缺前後高下太和元年□月十七日遷大將軍依前知軍事

嚴愼簡重恩威洽肅動靜規矩□皆缺九月十七日以北地□急藉公威聲詔守本官移理振武涇人惜其去閉壘留乞公曰缺稍相解諭會傳鼓□自闕來公紿之迎逆引衆出前揖其使遂鞭馳數十里入長武城缺戰卒故士卒樂其公善輯破碎不事□長無虛飾故廩盈而庫實人閑而力逸缺文宗皇帝嘉能軍詔曰卿材膺將帥道茂公忠立城堡於要衝禦番戎缺支持不更論請缺業而出羣何能臻此其年九月十七日加戸部尙書五年三月十六日檢校左僕射其年廻䌊缺領天德軍與振武之師缺賜緡

錦銀緋監軍使劉元政大將百姓僧道耆老蕃部首
領具公休績聞於朝請建碑紀公抗章固讓無勞缺
芳藹而遺焉會昌二年春迴紇大入天德□太原振
武北界詔兵部郎中李拭往視經略器備城戍且觀
其部將之能否使還實辭唯公可任三月廿七日以
本官除河東節度使三月迴紇寇雲州六月出太原
之師九月判兼充招撫迴紇使其時徵四方之師已
集命公指揮進退遂屯于鴈門關斬雲州□□將七
人以徇然後分部據險秣馬教射積食□器練材傑
第猛力程其材而任之頻詔促戰公上表曰不及獻

歲之初必見誅□之効朝議不聽責戰益速□算□
□堅正不撓其年終移軍天𡵨□移雲州得諜者曰
迴紇已于正月一日將□當晨謁都護府我併兵力
攻必得其城食其粟陰山漠南舊吾土可以爭衡取
安之道□□召并州刺史石雄馬步都知兵馬使王
逢遊□先鋒使劉万除令之曰與爾□一万至安衆
寨遇寇當戰復須以捷報如乘其虛即盡虜妻男女
牛馬倍道歸我比虜還已失旗張吾遣士登城呼之
可一麾來降時三年正月九日矣至十一日夜□□
於殺胡嶺大破之斬首三千級得太和公主還于上

京降特勤王子二十一人□汗達干將軍世餘人首
領人俘累四千餘衆牛馬駝羊万計犒旋加檢校司
空物議賞未直其功再加金紫光祿大夫仍賜一子
正員八品官軍還次代州時歸義軍迴紇三千餘人
并首領卌三人隸食諸道天子新與其號而又恃思
忠宿衛之寵不受詔曰我虜也死於此足矣南州不
復往夜大呼連營據呼沲河叛公曰夫權貴於合道
是宜誅之不俟詔旨奏還果契上意軍還河東六月
又詔領師南討澤潞屯榆杜歸百姓男女五百餘口
得歸義將李□及健卒送闕下公以劉稹□□□爲

隣封從諫每欲濟師助我今諸軍或不捷必貽論指
且禍基此矣上疏切言移滑州節度使守本官會昌
四年二月廿五日以萬善之戰□克詔除河東節度
使領滑師三千□□万善聲勢實欲公歸焉自河陽
又遷光祿大夫檢校司空鎮許昌詔將到公曰吾聞
無德而祿又無基而厚墉不亡何待稱病堅□夙恙
亟聞于朝□□之知□□□歎惜喧問相續除太子
太保以不任朝謝報復除太子太保致仕又遷太子
太傅辭榮知止或筋力不任持年而請公□齡六十
持節三鎮以全力盛功高位□時勳名無驕德色日

以盈滿是懼退休爲切二百年强寇一旦廓清北方無虞胡馬不牧閉室私第不妄遊止出捘別墅素衣小馬從者數人道遇□□下聞風□退優遊自遂不悲不戚以大中二年十一月十日遘疾薨于昇平里享年六十五天子悼痛輟朝朝缺公兩子缺勇武毅爲右神策軍押衙銀青光祿大夫檢校太子詹事前蔣王府長史兼侍御史繼其家聲不隕先業幼從□前左鎭軍騎將缺兼侍御史節缺公之風可濟秩遺□及爲博自殿中侍御史改檢校司封員外郎佐公幕于太原從行營于雲州周旋始終缺不刻缺

上缺旄頭耀芒爪牙用張繄公而功孰神可當厥維匈奴軼陸跳梁在昔不馴北方稱强旣□□授如缺無缺軌□伏藏界際萬里野寂三光休烈魏魏歎若無有思愧寵踰功懿祿厚二疏繫思五湖在慮不盈不傾石刻

宋玕

玕大中時試太常寺協律郎

故忠武軍節度兵馬使朝請郎試左金吾衛兵曹參軍上柱國宋公墓誌

有唐垂理天下二百卌四年闕四字歲庚午夏六月十一日忠武軍節度兵馬使宋公時卒矣嗚呼闕約五字社知之者絕紘是以賢哉斯人若平生之好爲歿後之傷玕濫學□□切慕仁里將緣其事實因而以叙之公諱藍字元茂其先出於吳郡公卽淮海之人也曾祖諱賓祖諱遷先君諱惟前代標其素行後來襲其清風閑居究老聃五千之經處士修仲尼三百之禮信有譽於鄉曲福將及其子孫公性剛毅心特遠早從職於鹽鐵之務嘗奉公於府庫之司善計絲毫成資憶兆又居行列之首亦專饋運之先在今之徒莫能繼踵平昔之業因由累功復適志樂轅門藝合軍

府佐元戎靜其藩鎭事方伯美於黔黎雖未親隨征軒効其駈馳或若屢從使騎知其否臧奈何懷雄略期報國而未就甄昇寵多謀以成名而□嬰□□彼昊穹不愍遺良士始春秋五十三云亡于揚州之邑海陵之第闕四字楊氏對孤影恨絲蘿無託處空閨悲琴瑟何乖晝哭其禮可知朝闕約八字之賢者曷以出其右哉有一子曰敬存以其繼續於先將闕八字長許嫁東莞臧氏次適太原郭氏季許從隴西李氏皆孝闕約十字公卜葬以其秋九月八日壬午于邑之西原白路里之禮也闕約十字峻爲溟以深耕之以柬居之以聚將

期永歲斯以誌之固命闕約八字者之所作不文不飾無
以加之置諸埏隧而已矣詞云
上闕八字淑人楊名于淮泗晦跡于江濱遐邇嚮其德疏
昵依於仁闕約五字脩辭以潤身其生也顯于其榮其沒
也歸于其眞惜哉弓闕約五字悲夫金玉瘞于荆蓁刻茲
石將爲不朽以傳乎万古
上闕四字辰楊氏以大中十三年十月八日合祔府君之
塋禮也石刻

王項

項大中朝文林郎守蘇州海鹽縣主簿

唐故潁川陳夫人墓誌銘并序

夫人潁川郡人也其源流枝裔系在家諜故可得而
略焉曾祖遠皇左千牛衛長史祖琚皇申州羅山縣
尉考脩皇宣州旌德縣尉五代祖以文學中第累資
爲長洲令其後子孫因家吳郡夫人旌德君之仲女
也外祖順陽范公詢始以孝廉入仕多赴公侯延辟
爲巡察之職季年終於丹徒令其外族親戚世多卿
相爲侯伯者不可勝紀夫人少習詩禮長善筆札自
孩提至笄年不履堂闕其於針刀之功罔不盡妙予
嚮其淸規飽其懿淑遂因親友傳導願委禽焉及拜
其室觀其德果叶所聞介後琴瑟韻合閨門道光將
期親子孫之盛保松筠之壽何期暫嬰微疾以至殂
逝抑聞之古人曰皇天無親惟德是輔且夫人事親
盡孝可侔於曾閔事夫執敬有類於恭姜孝敬之道
既備可謂全其德也奈何不享其壽弃予先逝則天
道輔德之言曷足憑乎然夫人在家有金玉之豐爲
婦享祿秩之盛則平生之分亦無恨矣所痛者以予
天年未盡不得與良人偕死故於九原之東虛其左
室俟予啓手足之晨從夫人祔於此也冀泉壤再合
神魂相依夫人歸予八年生子二人長曰嚴七幼曰

印兒俱嬰孩然居喪號慟皆過毀瘠女二人亦幼稚
晨暮哭泣如成人焉夫人年廿五大中十年二月廿
一日寢疾終于海鹽縣之公署以其年十一月廿一
日葬於蘇州長洲縣餘抗鄉石瀆南館墅村之原禮
也嗚呼男未辨方女猶總角一旦弃去俾誰字之嗟
乎日月有時痛傷無已銜哀識石以虞變遷銘曰
於戲良人道光母儀事上以敬撫下惟慈溫恭可範
閨門有規何啚不壽泉路永辭楚玉沉素妍芳墜枝
皇天何罪遘我孤危慟哭繐帳生乎莫追流水凝咽
松風助悲彭殤兮同趍此道泉壤兮與卿之期石刻

薛逵

逵大中時隴州防禦使秦州刺史

築定戎關奏

伏奉正月二十六日詔旨令臣築故關訖聞奏者伏以汧源西境切在故關昔有隄防殊無制置僻在重岡之上苟務高深今移要會之口實堪控扼舊絕泉井遠汲河流今則臨水挾山當川限谷危墻深塹克揚營壘之勢伏乞改爲定戎關關吏鈐轄往來臣當界又有南由路亦是要衝舊有水關亦請准前扼捉去正月二十七日起功今月十七日畢謹畫圖進上唐會要八十六

鄭渥

渥大中時山南西道節度使

文川谷路斜谷路置驛奏

當道先准勅文新開文川谷路從靈泉驛至白雲驛共一十一所並每驛側近置私客館一所其應緣什物糧料遞乘並作大專知官及橋道等開修制置畢其斜谷路創置驛五所平州驛一所連雲驛一所松嶺驛一所靈谿驛一所鳳泉驛一所並已畢功訖冊府

韋損

損初名誠襄陽人武昌軍節度使檢校戶部尚書

請立私廟奏

四代祖湊開元中于上都立政坊立廟至建中四年亡失木主其廟屋及樹並在今臣官階至三品合立私廟祔享前件廟唐會要十九

韋穤實

穤實太常寺主簿

議韋損立三世廟奏

准何修之禮問答云始安靖王廟東城事亂神主不存廢祠未久今欲造木主升祔于禮如何答曰新造木主成便合奉迎入室當設酒脯之奠然後即安也又准禮文武官二品以上祠四廟五品以上祠三廟今韋尚書官至三品自合得立三廟緣四代祖河東節度使先立私廟太師已曾祔廟訖至建中四年失木主自後子孫位卑其祠久廢今韋尚書官位三品准禮祭合各立三廟即合祭太師中丞及使君三神主便合營造廟宇以安木主今河東節度舊廟木主亡失廟宇見存其河東節度是四代神祖不合更祭今祔太師以下三神主于其廟在禮無嫌唐會要十九

李元中

元中咸通間人鄉貢進士

大唐幽州節度隨使押衙銀青光祿大夫檢校國子祭酒太原王公夫人淸河張氏墓誌

夫人姓自軒轅之弟子揮始造安實張羅網世掌中其職遂爲氏焉夫人家族奇常洪惟茂著精妙淑氣稱善人寰奉養盡心於晨堂婦道飽恭於大族可謂金玉顯明禮樂嘉其惟孝其德惟口其仁豎立規風溫顏內外實可比於行狀也祖万友父少淸魯儒相襲業善何曾不仕王庭耿恣優逸古今之有也于嬿輪搖小焰刼促年光夫人無何以咸通四年正月廿

日寢疾至五月廿四日終于幽州幽都縣界勸利坊私弟享年六十有一嗚呼行路悼焉姻親感慟子孫泣血僉曰孝門夫人有子四人長曰弘泰見任雄武軍平地栅巡檢烽鋪大將遊擊將軍試左驍衛將軍文武全材君親選寄弓開落鴈詞逸横科次曰弘雅次曰弘籍次曰弘懋咸著義方俱脩禮樂壯年當代名郎其成時謂曰弓裘不墜矣夫人以七月十三日禮葬于幽都縣界保大鄉樊村之原也嗚呼哀哉愴兮宅兆知白楊早落慮青松後彫代變人移紀之陵谷乃鏤其石保其始終銘曰

人寰何限兮流年光寘路何促兮空蒼蒼明月照壙兮下泉客春秋來去兮高白楊煙雲凝思兮埋古邑風光聲哀兮成慘傷陵谷變移兮朝與暮寂寞終天兮堪斷腸石刻

榮祿大夫三品頂戴前分巡廣東高廉道加四級臣陸心源輯

李郴

郴咸通中守京兆府參軍長安尉轉監察御史終祕書郎

唐祕書省祕書郎李君夫人宇文氏墓誌銘并序

夫人姓宇文氏初代武川人太和中遷居洛陽遂爲河南人也其先因瑞命氏周紀備詳至於尊爵顯名勳烈赫赫者則史不絕書矣高祖遠慼皇任梁王掾曾祖成器皇任絳州翼城縣丞贈禮部員外郎祖遐

皇任御史中丞左遷澧州刺史贈太尉父瓚見任右散騎常侍常侍公娶故太子司議郎博陵崔櫝女夫人年始十餘歲而崔夫人亡喪禮成人識者異之而又生稟直氣幼知禮法言必稽尊卑之聽動不假保傅之訓雍睦兄弟令族罕儔組繡奇工之暇獨掩身研書偷翫經籍潛學密識人不能探工五言七言詩詞皆雅正常侍公每賢之爲人曰是女當宜配科名人咸通甲申歲因丞相令宛陵楊公媒適隴西李郴任以內事夫人姓鄙華飭而安儉薄時郴守官京兆府參軍也明年郴改長安尉其夏轉監察御史裏行充湖南都團練判官又明年勅拜祕書郎其赴職也攜手同去其拜官也偕行而來又明年春夫人得疾長安宣平里九十日啓手足而化是歲丁亥夏四月辛卯享年叁拾有壹常侍公哀慟致疾其於追傷痛惜如掌失明珠耳由三族六姻無不泣涕如雨以其年八月壬申歸葬長安縣承平鄉龍首原南劉村祔先塋禮也有子四人女二人長曰召前婺州義烏縣尉次曰吉前宣州溧水縣尉次曰占授滁州永陽縣主簿以親喪不之任幼曰同前明經郴執筆追悼因誌于石銘曰

夫人爲女兮既孝且明夫人爲婦兮既順而貞何善則周兮其福不并何松之茂兮而柳之榮無所詰問兮地幽天冥親者泣血兮疏者涕零謹其終始兮而刻斯銘悲哉夫人兮永閟泉扃石刻

李纓

纓咸通中魏王府參軍

唐魏王府參軍李纓亡妻弘農楊氏夫人墓誌銘并序

夫人諱蕙字廷秀弘農人也遠祖漢太尉博綜經史著在人聞馳聲古今世爲之關西孔子史策有傳曾

祖諱元宬皇任宣州刺史御史大夫贈吏部尚書王父諱申皇任武甯軍節度判官兼殿中侍御史懿行洽聞迥出羣表父鵠前任京兆府三原縣主簿性稟孤標韻含雅操居蓮府傳淸廉之譽處縣曹多撫育之仁夫人卽三原君之長女也家傳簪組世襲儒風華族分輝慶門疊耀行著閨闈德比芝蘭辯慧生知天與其性逮歸李氏賢如處家淑德已播於六親孝敬夙彰於九族昭昭婦道肅肅雍和宜爾室家必期榮顯事姑能竭其力無愧於孟光爲婦足見其心何慙於漆室纓家素寒褊官宦且卑物用不自饒所向

皆多闕夫人未常戚戚於顏色孜孜於博求䟽糲推甘夫人之道具周矣內外恬和尊卑敬順親戚咸謂家肥耶夫人女工刀尺悉盡其能至於絲竹多所留心就中胡琴尤是所善嗚呼痛哉從茲雅音絕矣余今冬赴調或補一官上以奉甘下以資中饋道期方泰共保榮華何圖福善禍淫天何奪耶遘疾周歲醫藥無瘳旣罹二豎之悲俄及九泉之歎以咸通癸巳歲九月廿二日以疾終于永甯里之私第享年廿有九夫人歸我五年祇生一子不福其善早已淪亡以其年十二月廿三日歸窆于京兆府萬年縣小陽村祔先塋之側禮也夫人有尸鳩之行慮闕而不書不若纓自誌其銘曰

疾波東注滔滔不歸雅傳婦德克著母儀事長肅肅撫幼怡怡夫人旣往余將何求石刻

禹瓚

瓚安陽縣令

靈泉寺題記

圖人禹瓚以咸通八年五月自宗城拜安陽是月十八日較夏租面寶山之崔嵬稅車半日捫蘿環澗力扼危峰矚盟津於前睨常山於後左指泰嶽右俯砥

莘流情肆目獨暢其巋雖乘查之問霄漢入壺而觀太虛未必多此十九日紀從者鐵兒阿用十四明年夏五月廿八日又攜麥租再遊午寺頗息塵思禹瓚記安陽縣金石錄

朱洪

洪咸通中人

古山索靖廟碑

昔古茹毛飮血尙建神祠土鼓簣桴窪尊坏飮酌元酒以享上帝猶能澤及於民是以必先成民然後致力於神蓋民神之主也自有聚落厥隰人旣安居必

葺祠宇以爲鄉人祈有年之所也是故甸都邱邑必有社稷社稷五祀祭乃有由斯皆德及於民雖沒遐年血食紊盛不敢輕廢今此古山之祠亦其然也按吳王號索靖謚曰文皇帝其姓孫氏諱和吳主大帝權之仲子後漢張伯英之出也伯英書善草隸而有勇力能索鐵甲既大帝權之崩諸子皆嗣父而立靖獨拂衣別業於吳興居焉有如泰伯三讓之德矣於是訓示民知父子君臣之道時吳蜀分擾決鋒決鏃靖以雄威禦境及子皓立皓感父高邁遂謚索靖文皇帝文謚也謚法曰愛民慈惠曰文今吳興之民共懷甘棠之詠因請立廟於霅水之南焉今此地亦吳人也古山里人追而祭之迺立廟於古山之隙地咸通十一年夏洪潦大漲堂宇流漫至念十（當作三）年春卽有沈君曰某者更廣其地巍構軒堂沈君思齋記斯事顧乞余言余觀萬化幽元莫能窮究聊具年月日以副來意（湖州府志）

李蓺

蓺咸通中人按與全文六百八十二李蓺別

唐故穎川郡陳府君墓誌銘并序

府君諱直其先口州穎川郡人也後乃遷口錢塘縣而家焉曾祖滑皇試登仕郎新易州易縣尉祖義皇試文林郎愛州九眞縣尉考及並遁跡雲林高尚不仕府君卽先考之長子也稟性疏達德惟雅操言不宿諾行不輸從內已嚴恪外已溫恭少小習儒長從詩史鄉黨稱孝親戚稱慈何期積善無徵以咸通五年歲次甲申五月廿一日寢嬰微疾百療不痊終於錢唐縣方興鄉金牛里私第享年六十有九娶譙國郡蔣氏有嗣覆陰早失有子四人長曰存祐娶渤海吳氏有孫一人曰郁郎女孫二人姹娘春娘次曰存議存制娶穎陽范氏存約等幼集儒墨強學爲文每以仁行理其心常以孝義存其道不以縱口溢其心不以繁華飾其體有女四人長女適周氏早歸幽夜次女適章氏次女十三娘閨幃爰迺鳳舞沈幽小女十四娘在室有絡秀之林道蘊之學四德俱備三從母儀內睦外和六親謙順各毀不踰禮望丹旐而痛心隨孤魂而滴血妹二十五娘適李氏嗟惟庭樹之摧長乖鄖萼十八娘適滕氏素質早歸泉扃嗚呼逝水難住何新不故既享黃髮之期萬皆盡度乃已元龜宅兆卜筮三從以其年八月十八日窆於履泰鄉步渚原亦俗塋考妣之先塋禮也扶風子寓寄鄰止

得鄉黨之名實謂其往若休炳然斯文用垂於後銘曰

千秋冥冥松青蕭索山雲晝陰朧月朝落秋風蕭蕭兮寒水淼長江一去兮無迴復冥冥魂魄兮何所依兒女肝腸兮斷難續天地日月何沈昏猗歟克己兮命不存傷哉此去不復返千秋萬古扃泉門（古刻叢鈔）

程山甫

山甫江西人咸通中布衣隱居廬岳

唐臨江郡故何長史府君墓誌銘并序

有唐臨江郡府君何氏諱倪字太常則唐叔虞孫韓氏之苗裔鳳池曾公之遠允因道趾廬阜遂家于江州壽陽縣丹桂鄉香谷里皇朝請郎試左武衛長史退居雲林高尚其仕高祖諱元琮曾祖諱承裕祖諱莭考諱溥長兄諱建次兄諱鎰外清河郡張氏府君婚汝南郡周氏生三男長曰元厲婚周氏次曰友稜先婚嚴氏次查氏李氏歔欷俱不幸先歿次曰元袞婚周氏次曰元壽婚彭氏元壽外丹楊朱氏親姻茂盛孰如是焉府君淑順恭信行德謙柔福會良疇高蹈雲水美玉不炫聲價益高素琴不調五音自足百祿雖備壽不永脩斯天之貽咎何神理能保其至德

哉以咸通七年歲次丙戌七月廿五日臥疾逾月終於私第享齡六十有六以其年十一月壬寅朔十九日庚申卜其宅窆於大塋之内而窆焉崗巒輿伏羣岫低昂雲水縈流溪谷迴合卽何氏異世之所授耶府君性行秉質清眞坦夷介潔無虞直道自處嗚呼明星滅曜劍墜平津雲鎖碧山霧郁寒水親朋痛切閭里哀傷楚悼之情悲莫能已廣稜袞壽等仁貌藴叶行恪溫儒材器天資□標郡里次子稜讀書爲文脩進士業早以繼承怙恃未赴貢幃業盛昌晞名譽高遠林巒得志守節義謙素其閒居上下無怨至其四方之人咸相謂曰何君卽今之賢達之士也其第三子袞又法名思齊性好元門身披羽服堅持科誡食柏餌芝志樂煙霞逍遥沖寂山甫不揆瑣昧叨竊煙霞側聆休風輒錄斯序廣等馮墓泣血託爲譔述□誌銘曰

鳳池遠裔德並嵩萊郡閭領袖邦國良林志奪冰霜□同秋月劍刺琨犀□□明節日月逝矣德辰一沈鄰杵無相百牙絕琴大塋之域茱萸原東□實誰墓長史何公（古刻叢鈔）

李直

直系出趙郡咸通中人

唐扶風馬氏故夫人淸河張氏墓誌銘 并序

夫人諱慶本望淸河郡人也夫人郎□公之長女也夫人立性柔和齠齓知禮閨門之内不肅而成及以笄年歸于扶風馬氏琴瑟諧韻幾移星霜敬夫如賓御下如子□□何顯□情易隔□花見□何啚忽染微疾藥餌無徵以咸通四年□□□□沒於天長鄉之私室春秋五十有八親愛情慟（缺八字）難照長夜本姻結髮同於百年事與願違（缺八字）璠璵將仕郎前守亳州鹿邑縣尉以（缺十字）陳州項城縣尉□□修己□

仕郎（缺十二字）將仕郎□□陳州項城縣主簿（缺十二字）有女二人長女適渤海吳氏次女適項城（缺八字）匍匐主喪孝過於禮銜恤問禮恭修齋祭無不頃誠□□恭悲逾於常禮以當年五月廿七日安葬于杭州鹽官縣西□里海昌鄉秧田村邑宓里買得郁師周地東至孫晊西至郁師周南至□浜北至郁爲新塋禮也墳壠儼成雖存沒異路夫妻□□□莫大焉伏恐桑田改變陵谷難分因刊貞石乃爲銘曰

辭藹爲人德行先□幽明易分恩愛難別紅顏既無白日先沒徒感松風空悲壠月廣□直書千歲不□

海昌備志

許舟

舟咸通中鄉貢進士攝幽州大都督府參軍

唐故幽州隨使節度押衙正議大夫檢校國子祭酒兼侍御史上柱國太原王府君夫人淸河張氏合祔墓誌銘 并序

府君之先周靈之後秦有翦而漢有吉晉有導而齊有儉洎乎貴葉繁盛高原三分或撫俗中區或字兵窮裔蘭蓀衍穠寔爲飽其風光杞梓垂榮誰可殫其簡牘曾祖諱濤皇前攝貝州錄事參軍祖諱選皇前

攝瀛州河間縣尉列考諱盈皇銀靑光祿大夫檢校鴻臚卿府君卽令嗣也諱公晟字嗣復義符金石量綸河嶽動息成韻恩威有交叱吒而生谷風談笑而揚春卉由勇張良猿臂虎髭一諾千金致命如往元戎以挺生襟抱迥出人寰初其宿衛之資終致建牙之署事家邦而不危人望輸忠赤而獨擅君恩何當匪石之誠忽掩虞泉之恨嗚呼享年六十九以咸通十一年庚寅歲夏六月二日屬纊於薊縣軍都坊之私弟以八月四日成事於幽都縣保大鄉樊村里之高原終其禮也夫人淸河張氏結髮移天敬承蘋祀

豈期超忽先之去流閨壼柔明孰云箴誡以茲良兆可祔所天有子四人長曰宏太攝蓟州三河縣丞幼敏公忠頗閑吏理方圖晚器倏謝明時次曰宏雅閱禮敦詩親人重義授以文職優之漸鴻補充節度驅使官次曰宏寂履行趍庭方宜仕進祗皇靡叶鞠爲泉人次曰宏楚情韜百行心佩五常仗文武之全材爲國家之模範補充節度衙前散虞候於戲天道汚隆人經否泰雖藏舟欲固而覆軌難移導其道而奚所恚履其理而竟何恨令子伏亶歆溢假喘興言事恐陵谷推遷高卑迭運固命荒鯫誌於他齡銘曰

天降英靈兮壯我雄方弼諧造化兮爲棟爲梁施武力兮折銳摧剛勤王事兮披肝倒腸上天速禍兮殪忠良抱堅白兮歸泉堂逝川杳日只如此松檟風生徒自傷古誌石華

胡錡

錡咸通間進士

賀曹尚書子希幹及第啓節句

桂枝折處著萊子之采衣楊葉穿時用魯連之舊箭分之名第故也一千里外觀上國之風光十萬軍前展長安之春色唐摭言

段公路

公路東牟人鄭平公文昌孫萬年縣尉著有北戶錄

禱孟公祝詞

公路咸通辛卯年從茂名歸南海陸盡東口行次水稽舟人具牢醴以祭船神請愚爲祝詞曰

歲在單閼時及朱明柳絮風老桃華水平倚欄檝兮淺岸張布帆兮長汀粵有舟子請禱玄冥孟家遂郎建高檣開左郭列牂牁呼著作召靈胥邀海若對蛟螭而烹牢當鹿床而命爵於是具六味羅八珍羽毛咸備蘇膏必陳剖蜿陸兮合雜刲博帶兮繽紛螃玉

色魚錦文噎鳩餅脆騎驢酒新無非可口兼乃肴人果則獨根橄欖焦核荔枝三節肝賭細腰蠡谷署預甕薺蒸藉烏椑委盤纂纂堆案離離更有越方之傳解悟之輩或衣朱裳或塗翠黛奏曲搊絃燃膠爇蕙初敘訶而迴瞻遂傳詞而連嚏詞云神下降兮龍驂巫歡喜兮鼠態駕雷電兮熒煌擁煙雲兮髣髴又曰船容與兮何在檣安穩兮徘徊絕駕波兮此去隨駛潮兮揭來北戶錄

馬郁

郁咸通中鄉貢進士

維唐故隴西李府君墓誌銘并序

顏子淵死孔子曰德行厥躬不實殂落命矣夫盛哉歟府君之德壽也府君名挟其本黃帝孫顓頊之後自周秦漢代翼衛正道軒冕不絕至後漢治書御史諱楷生五子三子從居趙泒爲東南西宅是爲趙郡三祖二子流寓隴西成紀而子孫因其家焉府君卽成紀之後也曾祖諱紹清名葢代素節不仕祖諱愔抱經緯葢世之才負宏奧不羈之略嘗以珠紫爲玷行之脈簪纓爲拘身之械固避世林泉恥於諂諛詭俗樂道不仕大父諱曼少躭詩酒長傲風雲逸器不羣壯心獨步直志難摧歆弃浮名處士終老府君卽處士之子也幼而聰敏長抱全才倜儻英明智有餘仍冠歲志學有聚螢積雪之勤無便僻進取之佞承先人之遺志也優游雲水靡不臻涉屆青蒲以南據吳潽北倚泰泓崗原膏腴封疆秀楙周眎慨然遂有栖止之趣於是居焉及寓于此二十餘載官僚親仁閭里仰重門環多士到屣之淸風大行席擁琴書雅韻之良音滿室悲夫以咸通四年六月廿九日終于杜父里之第享年六十九嗚嚱生也人敬之歿也人思之餘芳藹然經時益茂不朽之譽孰過於斯繇是君子佳之嗣子鉥得先人遺德不墜弓裘沉靜而潔己淸睿慧而藝能著夫人彭城劉氏少譽婦德長峻母儀柔淑洽閫規矩可範生二女一人適東海徐遜千卷書生一枝晉郄一人從天水趙郜秀乂溫明松秋玉朗夫人汝南周氏植德無徵早從風燭生嗣子翼敎有方致茲右德育二女一人許嫁河東衛從狀貫英華傑出人表一人歸北海儲瑜溫潤而珪璋比容峭直而松筠並秀葢府君之良選也咸抱怛腹之林皆負孤標之格嗣子娶東海徐氏前進士羣之愛女也箴規自得於家風儒墨傑彰於君父嗚呼子婚身立女配令德君之幹歟家肥道直歿無餘累君之強歟兆於形有生死苦樂以兒女之情悲夫至明年二月十三日卜葬于縣之兑宜陵鄉白露里之原鉥號泣而言曰慮陵谷遷越俾陳辭刻石郁性本無文謬居是邑久嚮嘉譽因敢直書握管凄神乃爲銘云

大患既形兮賢愚不一稟生知兮秀而何實必承勢兮以浮以沉分明滅兮終得終失奄利刃於黃泉埋金石於白日在火玉兮寒色凜然扃重匣兮劍光逾出冀神明兮不昧無斁厚子孫兮祿壽彌溢石刻

張元勿

元勿咸通朝御食使登事郎上柱國賜緋魚袋

唐故朝議郎守徐州功曹參軍上柱國劉公墓誌銘

公諱仕俛字元同彭城人也祖諱光奇開府知內侍省事父皇諱英閏特進太夫人楊氏妻張氏先終公有二女長適田氏次適張氏二男曰壽郎先逝次曰齊宴年十二公氣含清韻獨異貞姿業廣藝深事皆天假孤標狀喬松之拔眾林朗質若秋蟾之懸碧落温恭克己節儉終身順協于家忠貞于國公寶歷二年六月五日奏授出身累參選序數授令丞後任徐

州功曹參軍公紀綱一郡條理六聯清貧而吏靡忍欺單步而人懷囗囗操心政理美譽益彰枳棘非鸞鳳之所栖百里豈大賢之所任公性親玄奥志慕雲霞朝披黃老之書暮覽囗囗之要詣躡每躭犟蛻歸元身既離於俗塵名定囗於紫府公咸通七年十二月一日終於輔興里春秋八十矣八年正月廿五日葬于長安縣龍首鄉嗚呼寒暑忽侵纏綿數載針藥無瘳百齡斯泯嗟夫盛衰生死實可痛哉乃爲銘

波瀾不息逝水潺潺浩浩悲風摧囗何遄千生永訣一往無還刻石

温憲

憲詩人庭筠子光啓中及第山南從事

唐集賢直院官榮王府長史程公墓誌銘并序

程氏之先出自伯休其後程嬰春秋時存趙孤以節義稱故奕世有令聞公諱脩己字彦立曾祖仁福左金吾衛將軍祖鳳婺州文學父儀蘇州醫博士公幼年英敏通左氏春秋舉孝廉來京師遊公卿名人間能言齊梁故實而於六法得姿稟天賜自顧陸以來贊絕獨出唯公一人而已太和中陳丞相言公於昭獻因授浮梁尉賜緋魚袋直集賢殿累遷至太子中

舍凡七爲王府長史趙郡李弘度有盛名常有鬭雞爲其對傷首異日公圖其勝者而其對因壞籠怒出擊傷其畫李愕然大駭昭獻常所幸犬名盧兒一旦有弊蓋之歎上命公圖其形宮中畋犬見者皆俯伏上寵禮特厚留於祕院凡九年問民間事公措口不對問取內府法書名畫日夕指擿利病上又令作竹障數十幅既成因別爲詩命翰林學士陳夷行等和之盛傳於世公於草隸亦精章陵玉冊及懿安太后謚冊皆公之書也丞相衛國公閒有客藏右軍書帖一幅衛國公購以千金因持以示公公曰此修己紿

彼而非眞也因以水濡紙扶起果有公之姓字其爲桃杏百卉蜂蜨蟬雀造物者不能爭其妙□其際仍備盡法則筆不妄下世人有得公片迹者其緘寶躭翫□□古昔公嘗云周侈傷其峻張□□其澹□□盡之其唯韓乎又曰吳惟逸元通陳象似幽悉揚若瘦之强起□許若市中鬻食性夷雅踈澹白晳美風姿趙郡李遠見之以爲沈約謝朓之流大中初詞人李商隱每從公遊以爲淸言元味可雪緇垢憲嚴君有盛名於世亦朝夕與公申莫逆之契高遊勝引非公不得預其伍公又爲昭憲畫毛詩疏圖藏于內府

以咸通四年二月一日遺疾歿於京國里第享年□十九先娶萊氏有子三人長曰進思鄜州甘泉主簿次曰退思詩歌尤高妙與乃公迹殆相亂又其次曰再思於小學靡不通工篆籀其爲狀澹古遒健後娶石氏有女二人長適滑州韋城縣尉景紹一女幼石氏亦先公而亡以其年四月十七日葬于京兆府萬年縣姜尹村憲嘗爲詠蛺蝶詩公稱其句因作竹暎杏花畫三蝶相從以寫其思其孤以憲辱公之眄遂泣血請銘銘曰

五曜垂晶羣山降靈鍾茲間氣歸我昌庭遇物生象乘機肖形情通肹蠁思入微冥顧陸遺蹤李張舊躅芳塵寂寥妙迹蕪沒故筆空存神毫永輟千齡万祀慘淡夷滅（石刻）

劉從周

從周乾符中光祿卿

劉氏幼子葬銘

大唐乾符二年歲次乙未四月廿日壬申彭城劉氏幼子年七歲終于昇平里之私第稚齒未名小号阿返曾祖諱廷琢左驍衞大將軍封東陽郡王食實封二百戶與元元從著勳當時祖諱沔太子太傅贈司

徒功書竹帛事載國史故不備述也父曰從周光祿卿致仕絕跡名利嗚呼汝襁褓敏慧戲弄有方逮至齠丱舉動老成方欲傳汝箕裘慶爾門閭吾負神明譴汝何速以此哀慟痛何能已以其月廿四日卜兆去吉祔葬于長安縣第五村親伯杞王傅德章之塋扶櫬號天泣血埏𨅈乃爲銘曰

阿返阿返壽何促焉詩書禮樂方期訓焉未就吾志奄歸黃泉蘭萎珠碎兄姊摧焉龜筮告吉窀穸是遷慮變陵□寘于墓田（石刻）

劉氏室女墓銘

唐乾符二年歲次乙未七月十日庚寅彭城劉氏室女享年二十終于昇平里之私第曾祖庭玠右驍衛大將軍封東陽郡王贈右僕射祖沔太子太傅贈司徒勳望一時事載史策皇考德章杞王傅御史中丞嗚呼小號定師郎中憲之季女也懿範生知柔順幼備動合規矩雅爲人師喜愠未常形於色是非罕曾恣於言唯以靜默自修孝悌雍睦實閨閫之令淑訓家之軌躅者也嗚呼福善無徵遘疾膏肓伏枕未久奄忽而謝日月流邁窀穸有期以其年八月廿八日祔葬于長安縣第五村之先塋余追念無已痛徹心靈泣血叙哀寄于墓銘神道降祥挺秀明德禮法是遵慈仁被物彤史流芳垂爲令則親叔銀青光祿大夫光祿卿致仕劉從周記　石刻

楊檢

檢乾符中京兆府兵曹參軍

唐故嶺南節度使右常侍楊公女子書墓誌

曰□諱芸字子書隋越國公素之裔顯考公常□□君諱發第七女曾祖公諱藏器邠州三水□□□祖公諱遺直贈右僕射府君名重於時□□□世子書之諸姊皆託華胄如戸部侍郎翰林學士劉公承雍五朝達皆子書之姊巽子書自童年則不隨稚輩戲遊端默靜慮有成人量不甚絲竹寡翫好諸兄所習史氏經籍子集文選必從授之覽不再繹盡得理義勤□餘學巧于女功喜不形色愠□□容內外推敬稱非凡女會乾符五歲夏京師癘疫子書之兄姊姪姊危疹者相次□子書省祖□悴憂勞內侵疾不涉旬竟厄天壽以六月七日終于□福里第春秋廿十月廿八日葬于長安縣南原姜允村嗚呼天與其淑而不與其壽吝□灼灼忍落疾風四氣輪謝時可拼乎於是其兄慟血而銘曰

華五族兮成吾之姊悴吾門兮德亦其除吁嗟天兮付不俱□生有恨兮泣血漣洳　石刻

孫溶

溶樂安人

唐故前河南府録事天水趙公墓誌銘

嗟夫瑞雲將布俄散彩於晴空皓月正圓忽摧輪於天上卽知吉氣難駐祥光易虧非唯動息之所瞻實亦神靈之所歎何殊俊造奄及泉臺將紀嘉猷難申執筆公諱虔章字敬彝京兆長安人也昆仲四人歡侍左右公異才也量崇大節不愧小慈禮樂生知歛

捷天受祝扶空之蝃棟不足崢嶸觀截海之螭梁未爲碑乃鳳鶴寫雍容之質氷壺灑洞澈之風纔及弱冠之年寵授糺曹之貴莫不清兼洛水秀台嵩雲譽滿東畿名傳西□必謂壽等五千之供榮稱百万斯年何期清史而猶□標奇黃泉而已爲歸路嗚呼天虧一柱嶽折高峯斬□之劍刃剛摧射猿之雕弓絃斷並雲銷於瞬息芳月□於逡巡比逝賢良未足爲痛以乾符三年九月六日告終于平康里私第而丹旐言旋蓍龜告吉擇用其月廿日葬于萬年縣寧安鄉三趙村祖之塋側也今則泉路永塞逝水不還慮

陵變遷略紀貞石其銘曰

肅肅令德雍雍至仁玉質纔成氷霜始新謹孝無比忠貞絕倫於家克儉於邦克勤詎料花發風起清晨來飄蘂謝紅香沒塵龍城之側灞滻之濱一葬其中三趙爲隣風悲雨泣慘骨傷神泉門永閉千春万春古誌石華

莫雲孚

雲孚乾符中人

城山寺殘經幢

巨唐乾符三年歲在丙申十月甲辰朔十二日乙卯功主莫雲孚并妻楊十一娘男惟信惟忠闔宅長幼等自捨淨財建立法幢奉爲國王帝主州縣案□□□□□□□其有餘分功德奉資一祠先靈并及亡男惟簡等願早超淨域永離□途同□□福□□□□歲湖州府志

張賓

賓中和中節度駈使官

唐故幽州隨使節度押衙遙攝鎮安軍使充綾錦坊使銀青光祿大夫檢校國子祭酒兼御史中丞上柱國平陽郡敬府君墓誌銘并序

府君諱延祚字延祚其先平陽郡人也繁宗盛裔不廣叙焉遂授隨使節度押衙遙攝鎮安軍使充綾錦坊使於戲壽之與夭不保黃髮孝諱全紀充北衙將判官曾祖諱包攝幽都縣令祖諱燁守宣州右丞相業富韜鈐才多經濟忠勤王士無徇家私府君性稟冲和志惟端厚早備成人之器德懷鑒物之明□藉材能具精官業謙以自牧惠乃知人不恃寵以驕身不怒而臨下轅門旌能移掌坊務於是繕修戎器济勸鋒矛私用無闕於軍資戈鋋益兼於武庫久處繁難之任尤彰廉儉之名時推貞幹咸仰清勤是以洪

鍾發而聲揚自遠寒松茂而秀且不羣於戲修短有定榮辱是常以中和二年九月十八日終於昌平縣界永甯村之私弟享年卅有六以中和三年二月十一日葬於薊縣界會川鄉鄧村里之原禮也夫人清河郡張氏行潔氷霜德芳蘭桂情殷葛藟暈協螽蟴冀期金石偕韻琴瑟無虧不圖杞梓毀摧絲蘿無託痛傷熱覽恨切蕙心有子三人長曰行修充親事副將次曰行益充親事虞候次進郎並性行温淸言無杖桼悲號毁性哀慘過情泣血漣洳邁王脩之社崩摧莫制同隱之以感隣夫人哀纏荼毒痛絕肺肝嗟乎老之將至獨存秀而不實先殞猶恐陵谷遷變桑海有更刊緜緜之清譽記鬱鬱之佳城乃命瑣才紀諸豐石銘曰

誰謂斯人罹此禍端誰爲懽笑翻爲愁顏名留世表神歸不還記誌景行恐變何山　古誌石華

徐膠

膠廣明中鄉貢進士攝滄州司馬

大唐故幽州節度要籍祖君夫人宏農楊氏墓志銘并序

楊之受氏宗於有周始於魯史所傳迨乎唐年攸盛歷代軒冕嗣光簡書今不復云矣曾祖昇皇不仕祖輔皇攝幽州安□縣令父瀛皇不仕夫人家奉詩書門續靑紫漬潤從生之善道聽聞未教之淸規故動叶禮經言作世躅洎乎成人之歲以父兄之命歸于祖氏及移彼天益煥明德率盡乃性爰穆其親加以學道自怡探微愈晦閨門坐肅埃壒潛融故夫人之子瞳不仕王侯高眠藪澤洞啓老莊之扃鑰退全箕潁之性情魯連三辭不□譚笑萊子五綵自悅晨昏笥中之龜質堪悲天上之鶴書莫起嗚呼時當訛薄人寡坦夷竟以勞生罕躋中壽而夫人逍遙外物怡

濬安貞克保遐長諒因頤養以廣明三年七月十四日終于滄州淸池縣善化坊享年八十五是歲改元中和以十一月八日葬於所終之邑玄都鄉流祥里惟瞳跡類漂梗禮至茹荼情疚送終資自良友塗芻潛備松槓克完其道實高其孝彌顯夫人女二人長適李氏次適劉氏咸禀夫人之明訓成□□之嘉猷瞳與余交分不渝素風備熟俾其紀石難讓濡毫銘曰

□□□儀荷彼內則進盥逾恭柔聲靡忒雍穆其道馨香在德閨閫益淸□裳去笵暗謝繁華堅歸寂默

壽考保終希夷自得誠子遁跡遠辱全生輕辭世網靜褫塵纓上士斯達□者何營伊誰砥礪本我高明碧岫無業滄郊寄塋難詳彼美空愧斯銘常山貞石志

史歸舜

歸舜光啓間鄉貢進士

陁羅尼經石幢讚并序

佛興西土俾萬有以歸眞像教東流與羣迷而正覺爰從達者旨是得除疑慕善求安應聲聞嚮當縣近因兵革實有侵淩犬戎恣暴□之心人□致流離之苦唯茲郭邑備以堅牢既大振雄謀實內依佛力有淸信士張宏建等並理探空界性入元關每動樞機事皆宏益是以人稱領袖眾乃依歸俱在艱時同□□聖□□□勢迴戈甲氣殄妖氛□□隕於狼星朝再聞於魚梵今則邑居不動庶類無傷由是志誠皆業福覆沉思至理何路致酬無非樹善言徵久遠誘人歸正斯所謂顯靈驗於一時□□□於後世也是邑人等各出淨財遠求良匠造玉石幢一所上刻佛頂尊勝陁羅尼立於康衢之內是上報慈悲而旁逗慶祚雕鏤既畢合吉公門時縣尹宏農公軒蓋始臨缺五字於金人妙道無不□通樂聞其請尋而允之此亦健善之有因眾功之合就也遂於四月八日會同緣而立之時光啓二年丙午歲也歸舜獲逢勝事敢不讚揚遂錄其實耳

佛有聖力人莫能知一句一得大慈大悲无量功德不可思議言以災難尋聲救之是邑之人忽離寇孽念彼奔衝憂其殄絕金鼓屢振鵝鸛頻設不告諸仏何由見雪非無應兆□有降臨豺虎潛遁氛埃自沉靡言在命實由信心既免災難道情轉深但念有情無不霑福何以報之莫施瓊玉靈蹤聖跡唯紀與錄傳於後時言之不足立其貞石刻以眞言□揚妙道救護無邊正覺正果三千大千報仏之所長爲福田常山貞石志

唐文拾遺卷之三十三

榮祿大夫三品頂戴前分巡廣東高廉道加四級臣陸心源輯

張禕

禕昭宗時歷官兵部尚書舊書有傳

南龕題名記

聖上西巡之辰余自金門飛騎追扈大駕中途隔烟塵遁跡及中秋方達行在由青瑣判吏視事未浹旬復歸内署明年自貳□授是官又明年出縮是職奉命先鑾輅之神都俾緝舊綱行次□缺遇軍變乃間道伏通於茲郡缺是塵清路邈山秀川明方與缺博酣於臨眺忽有賫函而登缺出天書以示促赴行朝

將缺是境得無紀焉表兄巢湖處缺薛瓚前進士封登卿姪曙同缺中和四年甲辰三月八日尚書右丞判戸部張禕記時爲姪暖等修釋迦像遂刋於此金石苑

戴師顗

師顗僖宗時人

戴府君墓誌并序

府君諱芳魯國郡人祖諱葳父諱素府君素之第四子娶東海徐氏育子五人二女三男長子師顗次子師旭少子師敏府君温良恭儉讓志惟清雅惟孝惟忠琴酒戴不仕何圖積善無徵凶豐壽秋六十有三寢疾醫藥無效大化有終中和三年秋八月廿五日終至其年季冬之月初五日丁酉吉辰窆爲吳郡東南華亭縣北廿二里去張管墩五里莞沼鄉城山里進賢村洞涇西一百卅步新宅之東南而葬新塋禮也三男泣血二女哀號長子師顗等恐歲月久遠陵谷變移不託時世今乃刋豐爲記銘曰

晚暉西落流水東馳存亡永訣逝者無歸萬古千秋墳壠巍巍是誰書雙鯉魚是誰讀雙白鶴鯉魚入深泉□□□□□山刻叢鈔

李景莊

景莊乾符中刑部侍郎

應配流人就近奏

配州府流人流刑三等流二千里至流三千里每五百里爲一等准律諸犯流應配者三流俱役一年稱加役流三千里役三年役滿及會赦免役者即于配所從戸口例今後望請諸流人應配者依所配里數無要重城鎭之處仍逐罪配之准得就近唐會要四十一

高駢

全唐文八百二有傳

尋訪褚遂良後裔護喪歸葬奏

愛州日南郡北五里有故中書令河南元忠公褚遂良墓前都護崔耿大中六年因訪邱墳別立碑記云顯慶三年歿于海上殯于此地二男一孫祔焉伏乞尋訪苗裔護喪歸葬（唐會要四十五）

致周寶書

伏承走馬已及奔牛今附蠡一瓶葛粉十斤以充道路所要（南部新書）

送西川僧法進判

斷臂既是凶人剌血必非善事貝多葉上不許塵埃俗子身中豈堪腥膩宜令出境無得惑人與一繩遞出東界（北夢瑣言）

司空圖

全唐文八百七有傳

李公磎行狀

公有出倫之才為時輩妬忌擺於非橫其平生著文有百家著諸心要文集三十卷品流誌五卷易之心要三卷注論語一部明無為上下二（一作三）篇義說一篇倉卒之辰焚於賊火時人無所聞也惜哉陽春白雪世人寡和豈虛言也（北夢瑣言）

胡曾

全唐文八百八有傳

代高駢檄南蠻

欲慕平交妄希抗禮何異持衡秤地舉尺量天越嶲新州牂牁故地不在周封之內非居禹跡之中曩日邊將邀勳妄圖吞併得之如手加駢拇失之若頷去贅瘤九牛之落一毛六馬之亡半蠹何足喻哉（鑒戒錄）

白宏儒

全唐文八百十六有傳

請廢諸太子廟附莊恪廟奏

按此奏見唐會要卷十九今存其目文與全唐文白宏儒作同不錄

黃璞

全唐文八百十七有傳

觀察使檢校司徒兼御史大夫陳巖墓誌

府君以大順三年甍春秋四十四江夏黃璞為名士傳以伸之又為神道碑以明之府君諱巖字夢臣曾祖父諱宏字文保為當府司馬王父諱好古贈太子舍人父諱簡字言史贈工部尚書又贈羽林大將軍

太夫人贈會稽郡太君又贈衛國太夫人府君幼而御齊不爲兒弄長逢離亂思埽妖氛登□則神鬼脅奔揮劍則欃槍星落廉使滎陽公鑑夙慕英風累咨□畫請爲都團練副使仍判清源又三發疏章請□交代滎陽公尋告疾北歸公威以肅衆寬以撫□賣刀佩犢再揚龔遂之風左誦右絃大闡文翁之化合浦靈珠暎□光於五夜漁陽瑞麥吐秀色於連年家吟多袴之謠處處詠如坻之什朝廷嘉歎就加工部尚書兵部尚書未幾又加右僕射左僕射不二年又加司空噫雖則委珠道著益彰衣錦之榮然而治水功成未擇陶鈞之命甘棠勿翦講樹空存哀哀生靈何嗟及矣夫人錢塘范氏出自令門婦於華族□垂範於金閨騁霜榮於石窌非惟敦敬孝悌多奉以家規至於恤物愛民亦得於內助□封錢塘郡夫人有六子長曰延晦太子司議次延□一子出身守閩縣尉次延晁睦王府參軍次□□次延曦皆秀掩稽松茂踰緒柳儼然在疚柴毀踰禮吾知聚星之德其未艾矣有女二人長適□判滎陽公□適太子正字董承和卽潮東廉問相國之令子孫男三人長曰肇任長樂縣令次曰□檢校工部尚書守漳州刺史兼

御史大夫材質豐傑宇量沈厚府君以景福二年八月十四日厝於閩縣敦業鄉太平里□□山之陽銘曰

大滂仁化蘇凋俗生植霑如膏雨沃方嘉九年重戴天豈□一旦□□□閩山上閩山足佳城鬱鬱松阡綿逝者徒云可□　錄福建通志

顏蕘

全唐文八百二十九有傳

自草墓誌

寓于東吳與吳郡陸龜蒙爲詩論之交一紀無踰龜蒙卒爲其就木至穴情禮不缺其後卽故諫議大夫高公丞之故丞相陸公扆二君於蕘至死不變其餘面交皆如攜手過市見利卽解攜而去莫我知也復有吏部尚書薛公貽矩兵部侍郎于公兢中書舍人鄭公撰三君子者余今日已前不變不知異日見余骨肉孤幼復如何哉　北夢瑣言

鄭谷

谷字守愚宜春人光啓三年進士乾甯中仕至都官郎中

雲臺編序

谷勤苦於風雅者自騎竹之年則有賦咏雖屬對聲律未暢而不無旨諷同年丈人古川守李公朋同官丈人馬博士戴嘗撫頂歎勉謂他日必垂名及冠則編軸盈笥求試春闈歷干於大匠故少師相國太原公深推奬之故薛許昌能李建州頻不以晚輩見待預於唱和之流而忝所得爲多游舉場凡十六年著述近千餘首自可者無幾登第之後孜孜忘倦甚於始學也喪亂奔離散墜略盡乾寧初上幸三峯朝謁多暇寓止雲臺道舍因以所記或得章句綴于牋毫或得於故條屋壁或聞於江左近儒或秪省一聯或不知落句遂拾墜補遺編成三百首分爲上中下三卷目之爲雲臺編所不能自負初心非敢矜於作者

康騈

騈字駕言池陽人乾符四年登進士第官至崇文館校書郎

劇談錄序

騈咸通中始隨鄉賦以薄伎貢於春官爰及竊名殆將一紀其閒退黜羈寓旅乎秦甸洛師新見異聞常思紀述或得史館殘事聚於竹素之閒進趨不遑未暇編綴及寇犯天邑挈歸漁樵屬江表亂離亡逸都盡景福乾寧之際耦耕於池陽山中閑闢雲林罕值三益而又環堵之內闕於墳典思欲叙他日之游談迹先王之軌範不可得矣然則平昔之道本爲於文既未能立匡世之功名又安得舍窮愁之翰墨因想時經喪亂代隔中興人事變更逈同千載寂寥堙沒知者漸稀是以耘耨之餘粗成前志所記亦多遺漏非詳悉者不復叙焉分爲二編目之曰劇談錄文義既拙復無雕麗之詞亦觀小說家流聊以傳諸好事者乾寧二年建巳月池州黄老山白社序足本劇談錄

蔡德章

德章廣明時人守藤州刺史持節藤州諸軍事

唐故朝議郎前行宣州南陵縣尉柱國張府君墓誌銘并序

夫銘者稱其美也記歷年代載摽行德因夫子識秦始皇後必開發吾墓顏回以下乃誌識詞於墓內使始皇見之知我先師聖焉又至後漢滕公夏侯嬰將葬佳城駟馬不進而鳴乃掘其下遇有穴室中得石記亦有識文是以先王製禮勒石于梟廬陵谷有遷以明柩之德位也公名師儒其先淸河人也曾祖景仁祖昊父南素並不仕公即家任之子也器宇凝正

容範端華檢性依方飾躬由禮進身而先物約已而
厚人言合詩書動遵法式自少小以勤學苦節而立
其身始自牙府從職能以幹敏奉公前後憲長無不
委用或以糺繩之政而立紀綱或竭節推刑爲霜臺
之領袖優滿授坊州昇平縣主簿秩滿授宣州南陵
縣尉兩任之政恪著公勤太守常以重難而委寄也
邑人遵稟惕懼於製錦之威賦稅及期一境無逋懸
之簿既之罷任方欲歸蔾莋苒未遂適値浙江淮海
等道而多寇逆所在徵兵憂以路虞不通且駐宣城
之側以乾符五年七月初遘疾至其年八月一日終

于宣州權居之所享年七十有二時第三男溥自京
侍從至南陵數載不曾暫闕晨昏侍疾求醫而忘寢
食公歿之後護喪歸京涉歷山河晝口逕步周迴委
曲三千餘里二百餘晨方達家邑孝道之志此男偏
臻皆參之儀祇之此也公之先域在於馮翊近載緣
諸子從職多在諸方南北驅馳離鄉日久遂逐便移
家於上都崇仁之里靈䡖之禮備之于堂以廣明元
年十月五日乙酉吉辰歸葬於萬年縣寧安鄉新塋
之禮也夫人王氏以其糟糠之情饗祭從便阻以地
遠恐後違時不赴馮翊舊鄉慮其子孫闕春秋之祀

而從近焉乃卜新阡在鳳棲原也防其異日無虧灑
掃之儀子孫圍凰不墜松楸之主伏以賢夫人太原
大族之家引駕王公爵之女也懷敬姜之志襲梁鴻
之風嘗以內循機箒之勤外豊賓客之膳親族仰重
四德不虧有男四人長曰洙見義武軍節度都押衙
銀青光祿大夫檢校國子祭酒前隴州長史兼御史
中丞屬以時當沙陁悖亂逆臣李國昌侵逼邊陲節
度使王公知洙有韜略之機籌筭之握委領兵士剪
伐羌戎果擭收復鎮城招攜戶口上聞帝闕表以殊
功即領郡符必酬前効不久之際新命當臨公之此

子光前絕後迺是德章外甥女壻備執德行請以爲
誌次子曰汾見冢府從宦而有出羣之藝主執奏章
頗立勤効即有榮遷次曰溥乃是侍從南陵無虧晨
省護喪歸邑不憚苦辛亦非久必榮家族也次曰湜
與義武軍節度王公弟左神策軍糧料使弘紹同勾
當供軍之務並各負淩雲之氣皆懷孝道之心盛德
出於衆人光顯彰於前代有女一人嫂同州押衙王
袞尋終遐壽案及女孫悉在見孫二人長名難胡郎
男洙之子也年未弱冠亦是成器之寶豹澤貴顯之
林次曰周兒乃是溥之子也見在襁褓孫女二人長

適高郵守職鸞臺之內官授中郎之榮次女阿宜口口及笄公時當盛族年至從心雖歿殊鄉得歸帝里四男泣血一婦摧傷備舉哀歌靈儀崇列冊旐攸攸送歸新闕嗚呼水無返注日不東迴泉門既掩永而不開刻石爲銘乃爲頌曰

溫溫府君令德出羣其聽莫比其孝有聞冲和茂著節操松筠兩佐名縣頗立殊勳方欲竭效遽有替人罷秩之後偶染疾身豈期倏忽異口之魂哀哉上蒼何至于怍行善云吉豈降其殃離京之日骨肉斷腸不料永陽生死分張號天口及叫地空傷卜其宅兆遷赴玄堂蕭蕭松柏杳杳白楊泉臺將掩隴樹無光葬於新闕永鎮龍崗石刻

鄭貽

貽昭僖間人。

鹿門詩集叙

并山川英淑奇麗當塞阸之衝古多豪士事武功健馬垂光宇內未有鉤錦編一作繡秀絕擅聲詞翰者君出其中翕輕淸以爲性結冷汰以爲質煦鮮榮以爲詞偏於逸歌長句駿奔踔厲往往而劇李白杜甫死非君而誰哉君諱彥謙字茂業咸通二年進士以文章入仕操官履潔如其爲文晚從王重榮辟從事河中歷薊絳諸州刺史所至有能績光啓七年隱居鹿門山以著述爲任與施肩吾希聖薛能大拙爲詩友而二君皆以爲不逮折行與交君卒藁多散落予爲輯綴僅二百餘篇黃鐘玉磬咸其章章者因題曰鹿門集析爲三卷武城鄭貽序席本唐詩

韓義賓

義賓深州人仕成德節度判官檢校太子左庶子御史中丞即忠獻王之五世祖也

唐定州別駕程君士庸墓誌銘

君諱士庸字仲謙定州安喜人也系高陽而綿緒氏列國以興家自茲以降世際明德故能高姻美爵歷秦漢而載盛崇基累搆跨魏晉而逾顯高祖皓定州刺史曾祖日華橫海軍使祖懷直歸誠王皇考權邢國公或分土主戎威率數郡或陪武祇命康惠四方君含章以挺生稟和以凝氣弱不好弄早擅夙成語嘿之機師心則遠孝弟之至即性載深道希四科文贍百氏好賢之性得諸緇衣惡惡之心求之巷伯加以神姿恢岸望之儼然雅氣貞夷聽言則厲貢秀丘園有聲邦黨固已牆幾數仞器踰萬頃者矣齒壯知

名州辟主簿治未浹辰民謠已著允可謂舉契唯良功成共治者也義武節度尚書王公綏菈雄藩雅君令問下車之始辟君掌書記云今日之事猶李彊之收君平望便降意成孤敢言爾其取重於時多類此也遂以價重見珍轉定州別駕君乃導德齊刑威彊恤寡千里移風四民樂業民頌政成君之力也王公嘗從容衆中謝君而言曰海沂之康昔自王祥邦國不空今復相賴因言是公此州管夷吾也廊廟之才若置之周行則張茂先之流矣而道消當年運潛初九惜哉及王公赴難京師君亦養性丘華慕七子之

優游事三徑以嘉遯前言往行必得之於閨門温恭孝友亦穆之於宗黨宜延百壽木鐸烝民而禍應宜嘿寢疾彌留春秋七十有八以中和元年十月廿二日卒於慈仁里宅遺文後事作範當時子巖孫秀等粵以其年十二月朔日遷窆於博野先塋惟君慎終追遠之風緯文經武之略信可以方衡四公齊驅萬石矣門生邢仁等悲云亡以潛且軫遺愛以荼心敬刊泉石用昭德音敢作銘曰

同源濬起分流遠扇周王修和程侯利建自茲以降官姻世緬於穆我君含中作彥義惟誕性孝以立身識周先覺學廣前聞貞心潔玉秀氣貫雲龍潛或躍蠖屈載伸時惟聲耿運逾道消反躬紛靄養志衡皋孺心遠慕鼓腹長謠育川比量望月齊高紛綸倚伏冥昧遭隨謂仁者壽曾不憖遺泉官一設壠路恒悲貞嶔有篆永思無虧（新安文獻志）

張士賓

士賓易武軍推勾官朝散郎行太子司議郎

大唐義武軍節都知兵馬使銀青光祿大夫檢校工部尚書兼御史大夫持節易州諸軍事易州刺史上柱國安定縣開國伯食邑九百

戶程公巖勳德碑頌

於戲君非臣無以化化臣非君無以贊贊惟天正明命不絕有唐篤畀純臣以靖國難克蕩民沴將底于成我太原王敬統舊服惠周于下下罔不格乃天祐紀元甲戌春正月用都知兵馬使程公出復大命元元以貞集大和也先是賊温遘亂明毒中夏力政血刑覆忠良殖奸宄蒸人側側不貳率乃戮王越在東土受制宇下克懷弗寧遏在王室誕宣我化靡由爾凶惟公敷聞帝庭奉若元命帝曰休哉正侯良哉厥使可持節易州諸軍事易州刺史封安定縣開國伯

食邑九百戶表獻臣也越茲元惡明肆虐羣大侮王度擅煞無人薄三州威五長搢紳營營不自卹乃工王執在厲階罔怫祇命命我亞旅咨我近藩端愐遺人人思反德式載無欲歸于本朝朝廷嘉茂功錫丕命授公檢校工部尚書兼御史大夫詔曰懿爾巖哉審奉天威保乂邦土是用司國樞威僞奸回政革風俗是用總朝憲公固讓不獲祗奉天之明命維時羣盜貌聚于野公文招徠武殄暴服如化人諟不虞廬廬旅旅以宴以處士訓業農力穡工就務商通貨四者各正爾下日用乃蕃踰年羣吏更告天雨淫降湏

湧沚岸波積如阜奔灌乃摧骨恐爲魚其日固久公聚人行水度力陳工啓元導洑事若天造層城巘巘居人坦坦庶德合于無疆歲庚午冬十一月温谿逞凶自汴襲趙殄軼殫寶虔劉暴骨公乃贊王輯睦爾鄰推功于晉凡事得請命焉由是屯于高邑鏖于栢鄉執忠奮威罔敢加害振旅還定王用嘉享時夏大旱滌滌甫田百穀如焚人曰祈土龍公曰非旱備乃貶躬之食勤人之瘼靡神不寅崇朝而雨秋河朔大饑易有年也壬申春二月賊臣守光戎性貪饕厚厲其人與温濟惡爰以其黨伺間來寇放兵流毒延于

齊民民用齋咨涕洟籲公公曰不戢乃暴負乃人爰請于王合從晉趙會王師于易水之上恭行伐也獨夫惴惴天用勦焉乃破祁關下涿鹿二豎偕遁執其大醜馘于軍門敦奉王誅保和人極甲戌之春燕寇抵平疆埸安靖或曰厚賦人公盡人篤焉對政不賦乃聳善抑惡發滯刊佚蔵惠昭利六教既備孳孳等心於是奏記于王王獎之文訪于趙趙崇之請諧六州允奉于晉賊不我制公用哆然由是匹夫匹婦蕩伏草莽越踐公境宣服公威惕惕瞿瞿攝進成序若公在首上集下集申命用艮易人熙熙嗜化益休是

歲冬惟晉承制錫命我王用胙白茅副以金鉞昭崇武功允正師長進公銀青光祿大夫上柱國陪武主戎總經外政參酌彝典敬揚王休緊公德載于人人以蕃殖翼贊方伯翦除大凶聖咨乃賢神祓乃祿其惟有終旨哉易中耆老師錫言曰奸臣反常迭寇東土人用慘黷殆無指告維公牧我有邦天眷爾下爾有君臣公正爾有父子公保爾有災厲公奠爾有稼穡公成維公疇依易大圮也賡曰昭茂德崇豐碑阜成于文庶永于世克建藥石易暘頌聲頌曰

維君配天維臣配君蟜蟜我公爲君虎臣翼襄霸府

奄有世勳大盜囂囂荒我東鄙孔塡不夷元元靡恃易人恃公乃有父子洚水湯湯我沴載懲嘆魃炎炎我年載登我用有孚爾無不承維公之德浹于爾衆維公之勳朝野攸重貞石峩峩永以垂頌（新安文獻志）

盧知猷

知猷字子蕃簡能子第進士登宏辭文詞贍麗科蕭鄴鎭荆南劒南辟掌書記後官至戸部尚書太子太師昭宗爲劉季述所幽感憤卒贈太尉

盧鴻草堂圖後跋

相國鄒平段公家藏圖書並用所歷方鎭印記咸通

初余爲荆州從事與柯古同在蘭陵公幕下閲此軸今所歷歲祀倏逾二紀薦罹多難編軸尚存物在時遷所宜興歎丁未年駕在岐山涿郡子蕃記

己酉歲重九日專謁大儀遂載覽閲累經多難頓釋愁襟子蕃再題（避暑錄話）

張濬

濬字禹川本河間人屛居金鳳山後相僖宗昭宗時貶官復以左僕射致仕爲朱全忠所害

太廟宮懸依古禮用二十架奏

臣伏準舊制太廟含元殿並設宮懸三十六架太淸宮南北郊社稷及諸殿庭並二十架今修奉樂懸太廟合造三十六架臣今參議請依古禮用二十架伏自兵興已來雅樂淪缺將爲修奉事實重難變通宜務於酌中損益當循於儉臣聞諸舊史昔武王定天下至周公相成王始暇制樂魏初無樂器及伶人後稍得登歌會舉之樂明帝大明末詔增益之咸和中鳩集遺逸尚未有金石之音至孝武太元中四廟金石始備郊祀猶不設樂宋文帝元嘉九年初調金石二十四年南郊始設登歌廟舞猶闕孝武建元中有司奏郊廟宜設備樂始爲詳定故後魏孝文太和

初司樂上書陳樂章有闕請集羣官議定廣修器數正立名品詔雖行之仍有殘缺隋文踐阼太常議正雅樂九年之後唯奏黄鐘一宮郊廟止用一調（據禮文每一代之樂二調並奏六代之樂凡十二調）其餘聲律皆不復通高祖受隋禪軍國多務未遑改創樂府尚用隋氏舊文武德九年命太常考正雅樂貞觀二年考畢上奏蓋其事大故歷代不能速成今時近郊天式脩雅樂制度之闕亦宜撙節伏準儀禮宮懸之制陳鎛鐘十二架當十二辰之位甲丙庚壬各設編鐘一架乙丁辛癸各設編磬一架合爲二十架樹建鼓於四隅當乾坤艮巽

之位以象二十四氣宗廟殿庭皆用此制無聞異同漢魏晉宋齊六朝並用二十架隋氏平陳檢梁故事乃設二十六架國初因之不改高宗皇帝初成蓬萊宮充庭七十二架壽乃省之則簨虡架數太多本近於侈止於二十架正協禮經（唐會要三十三）

胡密

密乾甯中靜南軍軍事判官前守靜南縣令

唐韋君靖碑

象緯降靈河嶽孕粹必能挺生人傑卓立功名爲當世之元勳作（缺三字）巨屏茍非鑒識洞達機變玄微孰能報製奇功抑揚大節不有紀述（缺）來我太守司空京兆公陶唐氏之遠裔漢丞相之後昆簪組相（缺）別國史詳備家譜具存布在簡書略不覼縷公少蘊大志長負（缺）刻鵠之工微恥雕虫之伎薄相時而動臨事不疑懷（缺）精誠蔚凌雲之氣宇語仁智卽樗里罷誂較威猛則烏獲休扛鬭（缺三字）若子牟之戀主從軍立績同馬援之征蠻滅竈得孫臏之謀投筋祕（缺二字）之策揮劔卽蛟螭潛伏彎弓而猿狖啼號加以月角衡衡犀文貫頂視（缺）口口堂堂罕疋覿神彩赳赳無雙實命世之宏材爲一時之英俊者也（缺）以乾符之際天下騷然蝗旱相仍兵戈四起公覩茲遐僻人不聊生遂合（缺）義口招安戶口抑强撫弱務織勸農足食足兵以煞去煞洎黃巢侵陷京闕（缺）駕出幸成都四海波騰三川鼎沸韓秀昇勃亂黔峽侵軼巴渝公乃統（缺）義軍討除逆黨值秀昇盡拋舟檝圍逼郡城公乃詳度機宜上下攔截依（缺三字）背水布兵兩面夾攻齊心剪撲賊勢大敗我武益揚渝牧田公備錄奏（缺）節檢校御史大夫除拜普州刺史適值川師效逆將臣專征（缺）合州絕其枝蔓恩旨加右散騎常侍除拜合州刺史洎鄭君（缺）失律廣漢山行章尙書攻圍當川故府主太尉丞相顧公累降命（缺）起應公統領精銳二萬餘人虔告蓍龜申令士卒併破二十七寨煞口萬餘人大振威聲上聞（缺）檢校工部尙書當州刺史充昌普渝合四州都指揮靜南軍使累加刑（缺）書右僕射公以臨郡歲久迺思退居上表陳情（缺四字）詔旨褒奬特許量留加金紫光祿大夫檢校左僕射扶風縣開國（缺）食邑三百戶公累銜（缺四字）魚符政茂潁川化光河內邑有倉箱之詠俗多襦袴之謠求瘼之（缺四字）害之心尤切其於駕馭英傑取舍權豪重仁義如丘山輕金帛如泥（缺四字）老濟弱扶危逆旅如歸

遠湊鄭莊之驛遊人若市悉登漢相之門其（缺四字）乃如此也每遇良辰美景月夕花朝張絃管以追歡啓盤筵而召侶（缺四字）揖讓無譁罇酒不空座客常滿王衍之氷壺轉瑩嵇康之玉岫巒頹（缺四字）恭又如此也至若立功立事爲國爲家或坐運玄符或親提黑槊（缺五字）兇徒謀必十全舉無遺策其剛毅果敢又如此也當其賞功罰（缺五字）甄獎公勤黜弃私黨三軍感德萬衆歸心其恩威刑賞又如（缺三字）以海濤未息雲陣猶橫常厚驅脅左綿戴實弃衝遂府使牒呼（缺三字）然則士馬雖精其如城柵未固思大易習坎之義徵王公設險之（缺）年壬子歲春正月卜築當鎮西北維龍崑山建永昌寨茲山也（缺四字）郊原矗似長雲峯如斷岸崖巘重疊磴道崎嶇一夫荷戈萬人（缺二字）芟薙草木相度地形人力子來畚鍤雲至連甍比屋万戶千門高（缺）溝洫煙籠粉堞霞捧朱樓龍吟笳角之聲雷動鼓鼙之響而又良（缺）民設規築城墻二千餘間建敵樓一百餘所遐瞻天際豈龜形之（缺七字）能擬其上即飛泉迸出淥沼滂沲崢嶸一十二峰周（缺八字）豈金湯之比倫況乎糧貯十年兵屯數萬遐邇臻（缺九字）不闕可謂一勞永逸有備無虞公又於寨內西（缺六字）翠

壁鑿出金仙現千手眼之威神具八十種之相好施（缺三字）迴祿俸以建淨圖聆鐘磬于朝昏喧讚唄於遠近所謂歸依妙（缺）者焉其軍中節級將校等深達機畧博識古今皆是公同志弟（缺）一心報國勠力從軍咸奉渥恩皆霑爵賞或官崇題銜（缺）城或榮授金貂或職兼霜憲雅符際會允屬休明請列署名銜庶（缺）密叨依門館累戴恩光學淺文荒紀（缺）盡神愚智拙錄（缺）美事而猶疏輒將鄙俚之詞聊述（缺）將欲煥乎不朽傳之無窮遂藏斯文乃鐫貞石大唐乾甯二年歲次（缺）二月癸未朔十九日辛丑記（金石苑）

張珪

珪唐末鄉貢進士。

唐故處士江夏黃府君墓誌并序

府君姓黃諱公儉字子彥其先□□人也即春申君歇之後長沙太守之裔孫高祖諱□曾祖諱恕祖諱法皆高尚不仕府君生而有禮體質魁□□□淯厚以孝義爲心處謙恭爲善家傳淸儉鄉里稱□□晉代跨於江濆迄至今焉子子孫孫樂其耕鈞可謂弓裘不墜於地也何圖暫纓微恙便至沉□藥石繼來畧無徵應以乾符五年十月十八日歿于義興縣善

拳鄉□塘里享年七十有六娶夫人袁氏淑性懿範婉娩和柔雅合閨閫美哉琴瑟先於府君四年而殁有男三人長曰約公早終次曰搏曰□□先人之風傳先人之業遠近欽奉靡不云賢有女二人長女適吳郡張氏其女不幸早亡愛壻張公尚存昔念□□之□□遠及良辰次女歸于譚氏奔護喪禮罔失其儀嗚呼□□而知命矣因夫人袁氏之□□□其吉日□□□□□□□備於今日歸泉之所宜哉以□□□年丁亥歲十月□日窆穸枕夫人塋之北庚首禮也□寓□鄉黨請□誌難以讓陳才雖不敏聊搆斯文以紀其事刊于荆岷銘曰

大道冥□兮焜然而成得之則壽兮□之則夭全我慈孝兮終□□□上士所□兮下士則笑先□有言兮善□及嗣永介景福兮施乎後世古刻叢鈔

王延嗣

延嗣閩王審知從子不受官爵閩將亡改姓唐隱居延平以五經教授生徒人呼唐五經宋乾德四年卒年九十四

諫閩王王審知書

天子播遷大盜蠭起跡其所由正緣朝廷政出多門刑賞滋濫大王親舉義兵爲國平亂軌於賊臣決策入閩士卒將佐棄鄉井墳墓從王何所圖哉志於立功名耳今師旅暴露日久大王尚未策動以旌戰士而首以爵命猥及無知之私親將士解體必矣福建通志

唐文拾遺卷之三十四

榮祿大夫三品頂戴前分巡廣東高廉道加四級臣陸心源輯

崔致遠

致遠字海夫一字孤雲本新羅人年十二入唐求學越六載爲乾符二年賓貢登第調宣州溧水尉從事淮南補都統巡官帶侍御史賜紫中和四年歸國官翰林學士兵部侍郎充瑞書院學士卒謚文昌侯從祀高麗文廟

賀改年號表

臣某言今月某日得進奏院狀報奉十一日宣下改

廣明元年爲中和元年者展義龜城易名鳳紀美號既新於歷象歡聲遍振於寰區臣某誠抃誠躍頓首頓首臣謹案王制云天子西巡狩命典禮考時月定日同律然則三秋赦候萬乘省方金郊興肅殺之風玉壘應巡遊之地遂遵規於舉正爰降命於改元且大戴禮曰中也者天下之大本和也者天下之達道致中和天地位焉萬物育焉故漢益州刺史王襄俾蜀詞人王褒作中和樂職宣布之詩以歌君德者昔傳揚況及聖朝曾編新樂舉二月恬和之節播八風調暢之音永驗休禎實諧昌運伏惟聖神聰睿仁哲明孝皇帝陛下纂承寶位丕闡皇猷將務格苗暫勞避狄風始行於地上易象可徵日再耀於天中休禎斯在是以紀年有裕懸法無虧帝業中興則遠超於前漢後漢物情允洽則近繼於元和太和足可使蠢植昭蘇華夷悅服掩神雀黃龍之瑞應河清海宴之期則彼蕞爾叛徒騷然嘯聚偶縱煙塵之患即歸原野之誅佇迴西幸之儀便舉東封之禮臣今者既獲成師以出必能仗義而行跋泛戈船心馳劍閣翼而戎捷永賀堯年臨楚水以魂飛朝天可待望秦雲而目極捧日爲期未獲榮列朝班稱慶行在無任抃躍

戰懼屏營之至謹奉表陳賀以聞臣某誠歡誠喜頓首頓首謹言

賀通和南蠻表

臣某言臣得進奏院狀報入南蠻通和使劉光裕等迴雲南通和兼進獻國信金銀器物疋段香藥馬等者天威遠振星使遄歸化外凝內黠之徒竭奉贄獻琛之禮德既超於萬古恩已洽於四夷臣某誠欣誠抃頓首頓首伏以聖主卜征既以用和爲貴遠人從化自知犯義不祥是得事尙從權德資含垢言皆荅響禮不違經且南蠻嘗懷異謀久稔邊患數年猾夏

獨斷控北之誠列鎮徵兵驟動征南之役則乘虛可慮怙亂難防今者鳳口銜書鸞飛遠地狠心感德永順皇風有以見皇帝陛下法古爲君視人如子以藏疾匿瑕爲妙策以玩兵黷武爲良箴能昭利害之鄉不失羈縻之道遂使要服修貢賓旅歸仁適當多事之秋已見太平之兆則彼驃信實狗封之族向革昏迷賊巢迺蟻聚之羣何難撲滅佇聆大捷永賀中興必可駈堯舜而殿禹湯苑五岳而池四海盛矣美矣僉裁在茲臣頃者禦寇兗州董戎蜀郡先則展馬援討除之勢後乃設隨何說諭之機仰托皇威粗申將

略喜當今日免負初心限守藩條不獲稱慶行在無任賀聖戀恩欣躍屏營之至謹奉表陳賀以聞臣某誠抃誠躍頓首頓首謹言

賀建王除魏博表

臣某言臣得進奏院狀報二月二十二日恩除建王可開府儀同三司兼太保充魏博節度使者維城茂德列土殊勞遂分閫外之憂實表寰中之慶臣某誠歡誠喜頓首頓首臣聞周歌麟趾漢譬犬牙固須地處親賢方得天垂寵寄伏以建王修善爲樂居高不危好書而既擅多才獻表而肯懲求試今以鄴稱上鎮魏有大名將資磐石之宗遂錫分圭之寵豈獨漳濱之俗遠荷恩威永令海內之人皆歌德業臣限守藩鎮不獲稱慶行在無任踴躍屏營之至謹奉表陳賀以聞臣某誠欣誠躍頓首頓首謹言

賀封公主表

臣某言臣得進奏院狀報奉去年十月十四日敕旨皇帝第十一妹封遂甯公主長女封唐興公主次女封永平公主待收復京闕備禮冊命者芳舒玉葉寵襲金根鬱佳氣於高天振歡聲於率土臣某誠欣誠抃頓首頓首伏以遂甯公主德資元吉考祥於歸妹

之占唐興公主永平公主譽洽肅雍稟慶於降嬪之典伴嫦娥於獨月分婺女於雙星秀發青春光浮碧落伏惟皇帝陛下齊家理國恭己敬親流鳳展之殊恩舉鸞闈之美命猶以暫勞仙蹕未復皇都留具禮於宮闈待成功於干羽捧日而榮滋九族欽風而喜播四方臣限守藩條不獲陪位稱慶行在無任抃蹈聳踴之至謹奉表陳賀以聞臣某誠喜誠躍頓首頓首謹言

賀殺黃巢徒伴表

臣某言臣得進奏院狀報北路軍前定難軍節度使

拓跋思恭保大軍節度使東方逵等奏宣君縣南殺戮逆賊黃巢徒伴二萬餘人生擒三千人并賊將者又鳳翔節度使李昌言奏探知京中賊徒潰散六月十三日皇帝御宣政殿排仗受宰臣及百僚賀禮畢者睿謀遠叶戎捷遄陳開雉扇而儼皇威舉鸞旌而恭列辟天浮喜氣地匝歡聲臣某誠喜誠抃頓首頓首伏以逆賊黃巢嘯聚兇狂偷生晷刻養姦而惟日不足恃暴而謂天可欺敢驅螻蟻之羣累拒熊羆之眾孽唯自作罪欲何逃拓跋思恭東方逵等身居重位手握雄師氣吞蠢彼之徒志解赫斯之怒齊驅於

六步七步果剿於左之右之戰于野而騰威戎雖伏莽拘諸原而騁勇勢若焚枯不唯剗面舂喉乃得連頭係頸況李昌言鎮於岐下伺彼京中識虞淵鷹集之祥辯師曠烏聲之樂遂飛吉語遠達宸聰佇看大戮之期克踐中興之運伏惟聖神聰睿仁哲明孝皇帝陛下財成三極敦敍九疇出震位而臨人方瞻堯日幸坤維而罪己更闡舜風暫勞遵養之師遥委仁賢之將既誅逆黨爰列賀班濯錦江邊已睹霞舒綵仗蒼龍闕下即聆雷振鑾音永清四海之波遍灑九天之澤臣謬操鈇鉞尙點鼓鼙未唱凱歌唯知抃舞顯彰野之久妨道路怒髮雖衝望秦原而將滅煙塵愁眉已展臣限拘守鎮不獲稱慶行在無任欣抃聳踴屏營之至謹奉表陳賀以聞臣某誠歡誠躍頓首頓首謹言

賀處斬草賊阡能表

臣某言得進奏院狀報西川都將高仁厚部領兵馬收捉草賊阡能已於十月十八日並處置訖二十一日聖駕出羅城北樓宣慰迴戈將士各賜優賞放歸本營者遠耀日旗高張天網梟帥已歸於大戮鴻圖永耀於中興臣某誠歡誠抃頓首頓首臣伏以草賊

阡能跡陷迷津心乖聖澤短狐稔射人之毒瘈狗喧吠主之聲高仁厚逐惡志雄擒姦氣勇仰資睿略靜剿兇徒伏惟皇帝陛下有罪必誅無思不服歌採薇而遣卒念破竹之成功親降如綸之言遍安被練之卒妖氛息而綠山益翠喜氣浮而錦水先春自此遠振軍聲深摧寇黨覆頑巢而在即迴法駕以何遥臣方事專征先聆吉語限拘藩鎮不獲稱慶行在無任踴躍屏營之至謹奉表陳賀以聞臣某誠歡誠喜頓首頓首謹言

賀收復京闕表

臣某言：臣得河中節度使王重榮牒報四月十日當道與雁門節度使李克用及都監楊復光下諸都馬軍齊入京城與賊交戰約殺卻賊步軍一萬餘人其馬軍賊便走出城往東南路去其賊軍家口錢帛並皆遺下黃巢亦未知存亡其逃遁賊徒尋差兵馬追奔並已收復京闕訖者天威耀武月捷傳聲望宸階而初奏凱歌舉區宇而咸增抃舞臣某誠喜誠躍頓首頓首臣竊窺曩代旁探前經靜理邦家必須以殺止殺保安社稷固在雖休勿休是故不得已而用兵無所私而照物伏惟皇帝陛下纂臨寶位丕闡宏圖

匝四瀛而不見揚波安九野而皆能偃草而乃逆賊黃巢暗遵邪徑深入禍門久騰吠嘷之聲敢恣穿窬之便穢黷宮闕淹延歲時偷安暫戲於鼎中戮暴難逃於机上今者風行睿略雨集王師楊復光任在信臣李克用名爲勇將各思報効競奮驍雄齊心而覆滅梟巢戮力而尅收鳳輦賊巢拒輪不暇亂轍潛奔干戈則雹散風飛金帛則填街塞巷更展追遊之勢必擒稔惡之徒自此日月重光煙塵永息唯望宸遊之返駕佇觀盛禮於登封臣職忝董戎功慚徇難雖手無重柄數年虧奮擊之能而耳得嘉聲遠地倍歡呼之切臣限拘藩鎮不獲稱賀行在無任手舞足蹈慶抃屏營之至謹奉表陳賀以聞臣某誠喜誠躍頓首頓首謹言

賀殺黃巢表

臣某言臣得武寧節度使時溥狀報逆賊黃巢倘讓分隊並在東北界於六月十五日行營都將李師悅陳景瑜等於萊蕪縣北大滅羣兇至十七日遂被賊將僞僕射林言梟斬黃巢首級幷將徒伴降部下都將李惟政田球等訖其黃巢函首已送行在者聖日重耀狂氛暗銷戎捷超於古今歡聲振於夷夏臣某

誠抃誠躍頓首頓首臣伏以歲有四時則秋行肅殺之令武有七德則兵貴禁戢之能是故歲以無相奪而克成兵所不得已而方用自革結繩之政皆勞祝網之仁賊巢食土懷頑含沙稔毒深犯天紀廣□地夾九州則半致侵凌三輔則久經穢黷擢髮而既難數罪舂喉而只待懲姦今者窮寇迴心元兇授首殺傷老少歸附居多有征無戰之言實符王道以靜待勞之勢深叶軍機伏惟皇帝陛下運啟中興功資下武睹天鑒而實爲大警聽風謠而非止少康永當銷干戈之鋒便可鑄耒耜之器況迺西山入國數年飽

巡幸之恩東岳百神終日渴登封之禮佇迎雲馭俯納巖音臣密邇寇戎撫安疆境不暇爭鋒而進實防代俎之譏慙虧犬馬之勞喜睹鯨鯢之戮手舞足蹈魂飛膽揚臣限守藩條不獲奔走稱賀行在無任慶抃兢越之至謹奉表陳賀以聞臣某誠歡誠喜頓首頓首謹言

賀降德音表

臣某言臣得進奏院狀報司天臺奏六月十六日夜太陰虧伏奉六月二十三日德音應三川管內見禁囚徒等宜委所在長吏五日內疎理決遣其京畿四

面暴露骸骨宜委諸鎮切准前後勅旨差人收拾埋瘞者望舒匿影曲赦流恩化洽泣辜義賓掩骼振歎聲於蜀壘蕩妖氛於秦川臣某誠抃誠躍頓首頓首臣伏以日能順晷而照臨不失其所月以順時而盈缺則維其常況當蓂葉初凋桂輪自減兵銷下土非石麟晴闕於東陵譎見上天致玉兔暫虧於西氾既同君子之過乃軫聖人之憂伏惟聖神聰睿仁哲明孝皇帝陛下光闡睿圖保寧區宇仁能及遠德以勝妖爰當展義之辰克舉眚災之典慈傷痍死牢囚免滯於風霜義貫幽魂道殣皆沾於雨露可使涪水耀千年之色巴山呼萬歲之聲道能繼於垂衣法無妨於委轡佇迴巡幸仰賀登封臣限守戎藩不獲稱賀行在無任抃躍屏營之至謹奉表陳賀以聞臣某誠歡誠喜頓首頓首謹言

賀迴駕日不許進歌樂表

臣某言臣得進奏院狀報伏審勅旨迴駕日應沿路州縣切不得輒進歌樂及屠殺者聲除飾喜味減薦珍遠遵罪己之言深播好生之德凡於蠢動孰不歡呼臣某誠抃誠躍頓首頓首伏惟皇帝陛下日月運行雷雨作解體堯舜之理能咸若法禹湯之典必勤

焉退庭舞而撤宮懸惡衣服而菲飲食一慈二儉守玄祖之格言沐雨櫛風稟太宗之丕訓今則冕旒東顧挫桴西移師乙收心無以遅鏗鏘之曲庖丁斂手何由挫觳觫之形義感六牲恩加萬姓則乃蜀山力士既無煩役之虞漢水老人豈有深譏之事帝業承賚於下武物情皆慶於中興臣方擁戎旃阻隨仙蹕遙思盛禮空馳拱北之誠願報深恩但勵鎮南之志無任抃躍屏營之至謹奉表陳賀以聞臣某誠歡誠喜頓首頓首謹言

謝加太尉表

臣某言今月某日宣慰使供奉官嚴遵美至奉宣聖
旨慰諭臣及將校等并賜臣勑書手詔各一封加臣
檢校太尉依前充淮南節度使兼東面都統者仰窺
鳳詔謂對龍顏寵榮極而何力負山戰灼深而自容
無地臣某誠抃誠感頓首頓首臣伏以大司馬之威
權百官所仰上將軍之法令十道皆遵豈唯整戢五
兵實在諧和七政況當今日宜屬全材如臣者德乏
潤身智虧周物於儒則筆慙五色在武則劒敵一夫
但以荷寵天庭分憂水國擁旄重寄榮冠絕於一時
仗鉞專征冀折衝於萬里幸逢聖鑒得盡忠誠今者

已奉雄師將誅巨猾征旗指路遠麾堯日之光戰艦
凌波方託舜風之力豈期王人遠降帝命俄臨獎其
外鎮之微勞授以上司之劇任未著緇衣之美旋叨
錦被之榮況乃兼制利權廣潤軍食瑞節不移於南
兖兵符亦綰於東陲將何異能勝此寵寄謹當氷爲
夕飲蘗作朝飡褰帷則面撫烝黎建旆則身先士卒
羣寇既蝟毛而起偶恣侜張諸侯必馬首是瞻共成
翦滅唯力斯視何心自安必也臨亂忘身見危致命
仰解焦勞之念粗申式遏之功臣既當下瀨屯師佇
欲中流設誓枕雕戈而輟寐跡寄轅門瞻帝座以馳
誠魂飛輦路未獲稱謝行在無任感恩戀聖榮抃戰
懼之至謹因宣慰使嚴遵美迴附表陳謝以聞臣某
誠感誠懼頓首頓首謹言

謝示南蠻通和事宜表

臣某言二月二十六日宣慰使供奉官李從孟至伏
奉勑旨入鶻拓使胄嗣王龜年閤門使劉光裕等迴
得驃信表并國信兼布燮揚奇肱與西川節度使書
皆備述情誠無不順命其表及書白并答信物數並
令錄往此事首末自卿良謀者遠降王言深窺使節
跪閱上天之旨坐知外域之心寵飾踰涯憂惶若厲

臣某誠抃誠躍頓首頓首臣才非間代智不濟時但
以每鎮窮邊粗安荒服免使飽飛飢附欲令前倨後
恭頃者忝守成都冀申遠略遂憑釋子善諭蒙王仰
稟天威得揚風教永戢干戈之患俾陳玉帛之儀雖
羣議沸騰競衒鑠金之口而宸衷剸斷早推匪石之
心是以暫事西巡或虞南叛爰遣維城貴胄直閣近
臣迴聖德以降尊遠傳玄化譯詋言而獻款備寫眞
誠既令抱義戴仁果見奉琛執贄此皆陛下威德臣
何力之有焉而迺謂臣有先見之能知未來之事設
和鑾之良策備幸蜀之嚴城俯錄勤勞迥垂稱獎睹

麟題之章奏書軌既同息猾夏之猜嫌梯航相接驗南睬之蹟咎知北極之紓憂雖云五利有餘敢希茂賞唯願四方無事永贊昌期臣限守藩條不獲稱謝行在無任欣躍感戴兢惕之至謹因供奉官李從孟迴附表陳謝以聞臣某誠惶誠恐頓首頓首謹言

謝立西川築城碑表

臣某言伏奉十一月六日勅旨以臣在任西川節度使日創築羅城昨因有勅嘉奬方進所賜碑詞今已付所司鐫寫建立者一片石文龜初戴立九重天語鳳已銜來雕銘莫繼於色絲寵餙遠超於華衮仰窺恩奬俯抱憂惶臣某誠感誠懼頓首頓首頃者幸夢三乃久臨益部遥提一劍得挫蠻兵但以其玉壘可稱金城未設山口則空呑蠻蜑水頭則斜枕犍牂含溪抱谷之形雖云天險比屋連甍之勢實類野居臣是以運度籌謀斟量板築葢從人欲果致子來遂得役興而草偃川中誠感而土生石上長圍於三十六里高鎮於百千萬年不愧鐵名可將錐試隼墉烏堞儼若鶱飛錦浪縣峯逈然裝餙遂蒙陛下辱褒稱之重許刊勒之榮以爲事實可觀足得詞華不朽臣雖過泥封激賞豈將油素矜誇非敢彰謙所期避謗今

者伏遇皇帝陛下遠巡勝槩親覽微功徵舊賜之碑詞命新鐫之筆跡永使卓立琴臺之境平欺劍閣之銘且杜元凱之峴亭無非自衒阮德規之齊國葢是衆成謾傳身後之虚名豈睹目前之盛事曷若彩毫見奬翠琰斯刊因成下土之功終應上天之意得逢今日別振孤風向非陛下錄善恩深酬勞德厚則何以未有出師之業篆刻叨榮曾無興學之規傳揚竊美臣限拘鎮守不獲稱謝行在無任感戴欣躍戰懼之至謹奉表陳謝以聞臣某誠惶誠恐頓首頓首謹言

謝賜御製眞贊表

臣某言二月二十六日宣慰使供奉官李從孟至伏奉勅旨已令於大慈寺御眞院寫朕眞并扈從宰臣等眞列卿儀貌俱會此堂今先寄卿眞軸幷朕親製贊述賜卿冀表顯恩式彰異禮者銀璫降使玉簡傳詞受宣而頂踵光輝拜賜而神魂驚越臣某誠感誠懼頓首頓首臣志欽渭訣業鍊圯書敢憑涓滴之勞自安寵寄願掃氛霧之患永竭忠誠遂在先朝便從戎役南征北伐豈暇甯居東鎮西藩累叨重任遇陛下龍飛之後委微臣隼擊之能蜀國防蠻則粗申遠

略楚宮捍寇則偶遂良機旋令移節於海門復許建牙於淮甸是以常拘戎閫未覲宸階唯披天上之詔書似睹日中之王字空增戀闕莫遂歸期頃者虔託仁祠寫留塵質豈致去思於舊鎮唯慙取笑於空門伏遇陛下展義陳詩停鑾駐蹕遂徵繪事俾寫聖容其於侍從之臣宜居左右豈料孱微之質得潤丹青愧無鸞領之姿永侍龍顏之側況蒙宸襟顧矚御筆贊揚高題而素壁爭輝卓立而浮埃不染然後遠飛寵詔特遣貴臣仁捧綵牋驟竊游揚之譽初開寶軸深驚刻畫之恩窺看而形影自慙感激而肺腸何極

昔漢朝中興聖帝下念功臣列形像於禁宮載勳名於史筆雖令贊述不自稱揚豈如陛下暫事巡遊迥垂獎飾別降絲綸之命親編錦繡之詞俾臣位掛於鳳凰池中名超於麒麟閣上退尋故實獨荷殊榮有何出眾之能見此非常之寵所謂千年嘉遇萬代美譚唯當志勵風霜永驗松筠之不改身霑雨露免憂蒲柳之先衰臣限守藩條不獲稱謝行在無任感恩戀聖榮躍兢懼之至謹因供奉官李從孟迴附表陳謝以聞臣某誠惶誠恐頓首頓首謹言

謝御札衣襟并國信表

臣某言二月二十六日宣慰使李從孟至伏蒙聖恩別賜臣御札衣襟并御服彩一領龍腦香一金合金鈒花散椀一口金花銀榼一隻者□窺神筆恩襲御衣仙香氣撲於鼻根寶器光騰於眼界仰霑寵錫俯積憂兢臣某誠感誠懼頓首頓首臣每念業紹弓裘任叨斧鉞誓傾忠節終報聖朝去年親率驍雄願殲寇醜旋承綸音已駐舟師既慙叩檝之言徒切枕戈之望豈期貂冠傳命龍衮裁書辱宣尼一字之褒過光武十行之詔加以粉分御篋香滿雕奩花鑄乃麗水之珍雪□透任山之器捧玩而實驚賚吏緘藏而

永耀子孫雖有幸逢時輝榮驟集而無功受賞愧恥難居徒荷鴻私何申豹略身依楚水未陳告捷之書目斷蜀天但灑感恩之淚臣限守藩鎮不獲稱謝行在無任荷戴激切榮抃兢懼之至謹因供奉官李從孟迴附表陳謝以聞臣某誠惶誠恐頓首頓首謹言

謝加侍中表

臣某言臣伏奉去年十一月十一日恩制加授臣侍中依前淮南節度使階勳封並如故仍加食實封一百戶者有命自天處身無地感深以泣寵極而驚臣誠抃誠懼頓首頓首伏以黜陟分科聖君至教行藏

守道達士良規慮受爵以斯亡在持盈而不殆臣自提權旡便遇兵戈郡邑爲征戰之場山海足逋逃之藪旣難聚利莫遂成功況乃權有他門刃無餘地動見越庖代俎無非避柱觸楹遂虧漕輓之程僅壞銅鹽之法伏蒙皇帝陛下俯詳直道不寘嚴誅選用良才改移重務而乃察臣在公之節念臣戀主之誠重委將壇更增封邑恕乏一時之秀許攀七葉之榮唯慮慙鄕或譏竊位然臣今所以自賀者三朝獨立七鎭榮遷每當拜爵王庭不省謝恩私室以茲勵已永免愧人謹當激發壯圖殲夷窮寇粗息四方之患仰寬萬乘之憂臣限守藩條不獲稱謝行在感恩戰灼屛營之至謹奉表陳謝以聞臣某誠慙誠懼頓首頓首謹言

謝加侍中兼實封表

臣某言六月十六日供奉官劉叔齊至奉宣聖旨慰諭臣及將校幷賜臣勅書手詔各一封官告一通就加臣侍中仍加食實封一百戶餘如故者自天降命無地安身敀鳳詔而魂驚對貂冠而股慄臣某誠感誠懼頓首頓首臣早因薄效每忝殊榮勤王而素乏實勤受爵而但多虛受負山寡力臨谷戒心況自戎馬生郊陣蛇出穴妖氛蔽闕法駕省方臣久鎭雄藩嘗提重柄一無成績兩拜寵章前者以上將軍爲大司馬今則兼納言之任加眞食之榮累年虧橫草之功終日抱伐檀之恥且易曰或錫鞶帶終朝三褫之詩云受爵不讓至於已斯亡遍覽格言是懲貪祿不能報國苟欲榮家臣實何心有靦于目但遇王人遠降聖澤傍流仰睹綸音深嘉秕政以爲師徒輯睦黎庶安寧俯念忠誠特行懋賞臣也方寸之地可偹咫尺之顏不違豈敢矯俗陳情飾詞讓爵難效一辭而退唯期三命益恭旣除勞力於利權終願勵心於閫寄臣伏限守藩不獲奔赴行在稱謝無任感恩戀聖戰汗屛營之至謹附供奉官劉叔齊奉表陳謝以聞臣某誠惶誠戀頓首頓首謹言

請巡幸江淮表

臣某言伏以舜伐有苗修德而終能率服湯征自葛行恩而競望來蘇斯皆今古之美譚實乃帝王之盛事固敢跼天負責向日裁誠仰陳利害之端冀副華夷之望不量狂瞽遠黷聖聰臣某誠惶誠懼頓首頓首臣聞日月以運行爲德永麗于天江河以委輸是期必朝于海上能昭其煦育下方遂於通流況乃天

灾非人力能除地分有兵戎不起將獻永安之兆輒陳可復之詞伏自寇陷上京兵徵外鎮猛銳始從於鶴列旋致徒歸頑兇尙固於蟻封難成盡殄臣豈唯投袂實至衝冠昨率舟師暫屯江次必欲朝離楚岸暮及漢濱旗張商嶺之風劍拂秦川之霧願言薄伐冀效微勞尋蒙陛下遠許分憂不令離任臣進退惟命始終無虧竊招曠職之譏敢涉爭功之責又緣淮海乍息烟塵忽若去兵必當致寇則迺江南沃壤盡成蠶食之資淮北强鄰暗展鯨吞之勢輿賦既無所倚軍須將必屢空是以仰奉勅書已班師旅四境之

赤眉歸伏八州之黠首謐甯遍布皇恩粗申將略然而關中縱敵闔外偷安既乖踴躍以身先每切忸怩於顏厚伏惟皇帝陛下省方展義駐蹕經時龜城壯麗之形金湯雖固鳳輦巡遊之費桂玉可虞況舊謂西川富强祇因北路商旅託其茶利贍彼軍儲今則諸道發表章則半載始過徵貢獻則經年未達實緣道路遼敻兼値干戈阻艱値剽掠者斯多至行朝者甚少加以傭雇所費耗蠹不輕每當水運陸般只可率鍾致石以此征稅則漸成抗弊軍兵則未遂飫饒伏慮屢從實繁宴犒仍廣盡搜資於三蜀難濟用於百司苟輿旰食之憂實慊庶寮之望又以蜀川僻居邛棘□人密邇蠻戎虺毒潛吹獸心難測儻或乘虛犯境率衆渡瀘六軍之熊豹騰威縱能制敵八詔之豺狼作暴不免喧驚事可酌於將來禍須防於未兆伏惟陛下覽臣忠懇察臣直言暫迴西幸之儀更擧南巡之禮使處處息後予之怨人人安戀主之心天下幸甚天下幸甚且如遠狩河陽僞遊雲夢將興霸王俯順權宜況江淮爲富庶之鄉吳楚乃繁華之地陛下九年理國四海爲家豈比周之東遷非擬晉之南渡賊巢克狂久聚穢黷難除縱便收城未宜迴駕

豈如煬都粵壤桂苑名區四夷之賓易朝天九牧之貢無虛月伏乞陛下俯迴鳳展略泛龍舟必想山靈卷三峽之風水伯寢九江之浪遐尋禹跡允叶堯巡昔也日耀錦川天不傾於西北今則風行澤國地無缺於東南然後發使淸宮擧章司隸振盛儀於歸闕告休績於登封臣雖識昧變通而志勤匡濟敢憑草奏輒貢管窺無任戀聖感恩戰越屛營之至謹奉表陳請以聞臣某誠惶誠懼頓首頓首謹言

第二表

臣某言聞聖人能以天下爲一家以中國爲一人者

必闡於其義達於其患然後能爲之臣遂自前年繼
陳短識請移車駕巡幸江淮計資於避險就安事叶
於暫勞永樂未迴聖鑒再獻瞽言臣某誠懇誠懼頓
首頓首臣尙阻擒奸敢言伐善然但願愚夫之一得
難追賢者之三思臣頃鎭成都偶著遠慮克符天意
亟就土功別營雉堞之雄規永壯龜城之峻境爰遇
釋予善誘蒙玉果俊偪强之慾便付懷柔之信皆賫
帝力能肅物心伏遇陛下遠耀珠旗高臨玉壘樂降
絲綸之旨深嘉毫髮之勞謂臣有先見之機念臣以
至誠所感仰銜睿獎倍激忠誠然則當年已往之功
粗成籌畫今日未來之事竊有管窺苟或緘辭則爲
負德不辭鼎鑊輒貢芻蕘臣近者俯察時情仰瞻乾
象荆州道路羣寇將侵蜀國封疆微災似起儻或未
收鳳闕尙駐鑾輿忽有妖氛潛興近境必恐烏合難
食之徒占據江陵把斷峽路則列鎭貢賦無計流通
行在詔書亦難傳降若見東西阻絕固當退邇動搖
伏惟陛下斷自宸衷斥其橫議念江淮之進獻遠涉
多虞察蠻蜑之奸兇乘虛可懼早移仙蹕直幸揚都
滅星辰交錯之災叶日月運行之理則乃九州斧鉞
討戎而齊顧風驅四海梯航奉贄而必能雲集盛矣
美矣念玆在玆且逆賊黃巢久黷皇居多成穢跡直
到虎收之後須勞繕葺之功更俟二三年之間可興
千萬世之業慮不先定事難速成伏乞陛下覽竭節
之言闡隨時之義俯從衷懇暫事宸遊天下幸甚天
下幸甚臣粗識古今略詳利害自非激以爲智豈敢
知而不言謹奉表陳請以聞臣某誠惶誠懼頓首頓
首謹言

榮祿大夫三品頂戴前分巡廣東高廉道加四級臣陸心源輯

崔致遠二

讓官請致仕表

臣某言臣伏以聖君御宇必先搴彼俊門良士省躬唯慮妨其賢路苟速官謗是辜主恩況臣闕中無定難之勳閫外乏分憂之效强欲晏安寵祿其如玷汚刑章永言量力而行固在奉身以退既知無隱寧避有辭臣某誠懇誠懼頓首頓首臣少勵琢磨晚師擒縱不以一經介意粗於三略留心願紹家勳免虧堂

構先皇帝念臣孤直試以諸難出分大將之威權坐受上卿之爵秩故得內稟聿修之訓外伸式遏之能北掃虜庭則胡雛不敢南牧南清鯨海則蠻諜無由北窺及覲彤墀暫司緹騎俄屬齊郊聚孽鉅野興師臣也不才謬膺斯任伏遇皇帝陛下纂臨宸極警諭戎藩舉旌鉞以分勞聽鼓鼙而軫念謂臣有戢兵之奇略察臣立降寇之微勞遂令位假中台名編外相夢想既通於鳳沼威稜益峻於龍旌其後瀘水波驚蜀山霧暗久念雕題之患遍流黔首之灾又蒙命臣冃俞爲帥於彼爰遵薄伐得解倒懸豈敢貪天之功願銘鍾鼎秖能因地之利別建溝隍伏蒙陛下俯獎忠誠特行懋賞開國授周司徒之貴立家紹漢丞相之榮臣此時早誠持盈輒思請老必願告休錦里退隱羅浮不料壠上耕夫盡解揭竿斬木草間惡子競謀蟻聚蜂飛當荆門失守之時乃楚塞宿兵之際忝趨戎旆兼綰牢盆僶俛而未能報恩駈馳而何敢言病或猰㺄磨牙於原野或鯨鯢噴毒於江湖尋提招討之權求撫句吳之俗遠憑睿略深挫羣兇洎解印海門建牙淮甸上將軍之劇任首冠列藩大司馬之雄資先沾宥禮揣頂踵而偏濡雨露扼咽喉而莫效

涓埃且自黃寇濔陵翠華巡狩仰天戮力竊嘗服王導之言終日痛心何止洒袁安之淚及至成軍已出又緣奉詔郤迴行藏雖順於綸詞進退實慙於物論遂見時溥與北林戎役周寶致南鄰責言玉每慮於俱焚金亦憂於眾鑠幸蒙陛下涵之以海量炤之以天光如見肺腸得保首領然臣也先軫以直言逞志曹植以深過責躬則二年忝都統之名不能誅奸戮暴四載主銅鹽之務不能富國贍軍是以兵權則屢見改移利柄則變爲分割凡此辱君之命莫非職臣之由臣猶自知況在陛下擢髮而既難數罪乞骸而

唯願辭榮今者大憝奔逃上京克復氛祲即當殄滅寰區永見廓清臣有忝登壇無能報國行當葬齒居亦胡顏兼以頃鎮蠻陬久棲瘴嶺蒙犯其妖烟毒霧剗除其封豕長蛇當年而靡憚勤劬晚歲而皆成疾疹不將筋力爲禮既載前經苟或身心自傷難逃後患雖思强飯實愧素餐廣陵爲楚澤上游醝府乃漢朝大任以臣衰老當此重難必恐終無所成遂希不可則止伏惟皇帝陛下知人爲哲多士以寧選英才而代處是邦俾微臣而退居散地鬬於菟之逃富固是忠良王內史之辭官誠非矯飾幸遇舜風無外漢日再中陛下既已除旰食之憂微臣亦希免夜行不息臣無任望恩戀聖懇迫兢灼之至謹奉表陳請以聞臣某誠感誠懼頓首頓首謹言

謝詔狀

右臣伏奉四月十日詔旨黃巢兇逆穢黷宮城罪惡貫盈人神共怒尋東兵合勢翦滅元兇想副朕懷已遣道路佇聞克復永耀功名者十行天語萬里星飛捧窺而壯膽初驚跪讀而愁眉頓豁竊以黃巢禍心斯極根力既衰肉已太醎果□將落蹔起烟塵之患則歸原野之誅臣每當永夜枕戈早願中流叩檝自啟行十乘已屯駐五旬伏緣江路多虞風波未便暫淹行色用候良時非致役於遷延但興懷於矍鑠今則仰覩鳳銜之詔況乘隼擊之秋俯勵軍謀仰遵睿算即冀朝離江北暮到漢南長驅背水之師永破滔天之孽幸奮義感恩之衆氣已凌雲殄藏奸匿暴之徒勢如沃雪伏惟陛下歲巡備禮時邁傳歌將示罪於三危乃宣威於七德臣遠承獎諭誓盡勤勞身暫寄於戈船心每馳於劍閣唯願西都獻捷早申收復之微功東嶽告成得覩登封之盛事臣無任感激兢懼之至謹奉狀陳謝以聞謹奏

謝詔示權令鄭相充都統狀

右臣伏奉去年九月九日詔旨卿曾間道獻章諸鎮飛檄便欲長驅甲馬親議專征未即便來須權制置遂命鄭畋等分爲京城四面都指揮諸道師徒處卿偶未委知故茲詔示者伏以書曰無偏無黨王化乃興詩云不識不知帝謀是稟況兵當伐叛事合從權臣去年先因淮北侵疆後值江南阻路久屯師旅未遂戰征陛下妙選羣才近分重寄鄭畋等莫不身先貔武手運豹韜既當怒髮爭衝固謂賊肩可挹仰酬睿獎竟勵忠誠臣也遠鎮臨戎强隣結憾唯慙曠職

豈望成功伏蒙陛下尙念勤勞曲垂慰諭覩上天之慈意解外地之憂深既許將軍獨舉栁營之令終期叛卒必歸竹町之誅臣限守戎藩不獲稱謝行在無任感激戰懼之至謹奉狀陳謝以聞謹奏

謝宣慰狀

右宣慰使供奉官李從孟至伏奉去年九月九日勑書手詔兼宣恩旨慰諭臣及將士等者伏以感恩效命武士常規仗順摧兇元戎素分賊巢偶乘奸便尙逭嚴誅臣顧眄彼逆鱗衛其邪膽掃重氛於魏闕迎法駕於蜀都是以去年據馬援之轂敢矜獨勇杖辛

毗之鉞親率諸軍久在江干再承天旨不令離任遂已班師豈料伏蒙陛下念及老臣撫茲衆卒特迂星使遠降泥封綸傳萬乘之言纖微不閒纊彼百夫之體慰暖皆均歡呼而聲已振雷感泣而淚將成雨唯期勵節共願報恩臣限守藩條不獲稱謝行在臣無任感戴榮抃戰懼之至謹因供奉官李從孟迴奉狀陳謝以聞謹奏

謝詔奬飾進奉狀

進奏院遞到恩賜手詔一封

右臣伏奉詔旨以臣先□供軍應接使駱潛等進奉銀事特賜奬飾者伏以收功示賞乃聖主之異恩寓物輸誠固藩臣之常事但屬敵滋鄰境寇阻道途運網而既闕先登贄禮而僅伴錫貢早成□滯況涉尠微是以雖憑孱水之珍難逭塗山之罪豈料鴻毛比價方申懇悃之心鳳口銜書遠降褒稱之旨感激而懷榮爲懼揣修而報德何期臣限守藩條不獲稱謝行在無任荷恩戀聖屏營之至謹奉狀陳謝以聞謹奏

謝詔示徐州事宜狀

右臣先奉詔旨據時溥奏卿本道差兵侵境殺傷令

務止遏者臣遂具時溥誣謗事由申奏伏奉二月二十五日詔旨今則寇孽不日勦除藩方務息爭競所宜和叶各保封疆者臣伏以天德既高側管者固難窺測日恩至廣戴盆者自阻照臨是以遠竭愚誠動違聖慮時溥既銜膺奬得縱兵威早成熊據之謀更展鯨吞之勢累興師旅來犯封疆焚郭邑於山陽掠貲財於淮上臣遂令捍禦略挫兇狂而乃時溥奸計已成根株巧言頗有枝葉不思已過敢惑宸聰今者再奉絲綸仰遵徽纆唯期寬則得衆粗可和而不同臣分閫無功戢兵爲務至於草寇猶許歸降況是鄰

藩豈謀侵擾彼無此詐此無彼虞臣限拘鎭守不獲稱謝行在無任感激屏營之至謹奉狀陳謝以聞謹奏

謝詔止行墨勑狀

右臣伏奉詔旨去春權降詔命許諸道承制除官已兩度降勑止絕自今後凡有要甄奬者並於急遞奏聞不得更議承制者臣伏以漢朝鄧禹始啟倖門魏室曹瞞敢專重柄欲斆於自家刑國所惜者唯器與名伏遇陛下遠事宸遊慮防爵賞遂降無私之澤遍資諸道之權不料人人而競弄筆端處處而皆誇墨

勑長蛇封豕猶匿暴於神州狗尾羊頭已成羣於列鎭臣前年雖奉詔旨未欲施行郤緣親率軍兵遠期征討此時久屯南浦將泛西江忽被鎭海節度使周寶欲惑軍情潛施巧詐便以無功將吏悉皆超授官榮臣所領士卒既多將校不少彼安坐者猶爲甄奬此遠行者豈免怨嗟遞口聲傳從頭憤激臣若不依周寶必恐事生遂准詔書得行軍賞已曾一一具事由申奏訖自奉前年十一月一日勑旨仰遵成命靜守常規至於近日所招賊徒只與往時先賜官告曾無僭越豈可隱藏今者外將忠誠永當無二大君善

教已至再三泣告而天何未聆憂懷而地謂可入臣限拘藩鎭不獲稱謝行在無任戰越屏營之至謹奉狀陳謝以聞謹奏

謝郄公甫充監軍手詔狀

伏奉某月日勑書手詔各一封

右新授當道監軍郄公甫四月十日到伏蒙聖恩賜臣勑書手詔兼慰喻臣及將校等九天降詔萬里宣恩柳營之列將歡呼桂苑之羣寮感泣伏以郄公甫素懷材略久撫軍戎漢南之職業可觀江北之物情獲賴既見寬能得衆必令師克在和臣仰窺五色之

書俯慰三行之士喜氣高侵於畏日歡聲遠振於薰風臣與將校等無任感恩激切榮抃屏營之至謹奉狀陳謝以聞謹奏

謝除鍾傳充江西觀察使狀

右臣先奏請授鍾傳江西觀察使其高茂卿乞別除廉鎭伏奉七月五日詔旨允許特賜奬飾者天從素望風遞仙音既諧舉善之誠實叶分憂之寄伏以鍾傳比從屬郡來援府城撫綏而使洽衆情禦備而能成遠略高茂卿既多梗阻不免佪翔固難掉鞅而旋豈許垂橐而入臣以戒之在鬭事可從權遂具奏論

輒陳刋害不料一言之善遽得動天終令二將之才皆榮列土鍾陵江徼銅柱海隅政成而必有可觀恩重而各得其所臣限拘鎮守不獲稱謝行在無任感激兢灼之至謹奉狀陳謝以聞謹奏

謝就加侍中兼實封狀

右臣得進奏院狀報伏奉某月日恩制加授臣侍中餘並如故仍加食實封一百戶者九重降命萬里傳聲側聆而踊躍忘疲內揣而怔忪失措伏以納言進秩頒邑賞功固須德望鎮時仍有勳勞濟物然後方可謂君無虛授臣無虛受如臣者謬提旄鉞免墜弓

裘空有志於四方竟無能於一割況自羣兇蝟結戰陣蛇奔狂鱗久戲於鼎中聖駕遠巡於劍外臣也動不能剗烟塵之患靜不能贍山海之資遂蒙改易兵權分張榷課雖值盤根錯節其如有斧無柯安邦之計策何成富國之機謀莫就唯甘黜罰以警慢官豈期陛下恩洽無偏義深宥過特超衆例許陟高資印標石鵲之祥早慙不次冠聳金貂之飾愈覺非宜況叨眞食之榮實愧素餐之咎但屬狼星未滅鯨浪猶飜方期抗旆以專征不敢懸車而請老謹當訓兵是務殄寇爲期粗申武弁之威仰報彤門之賞臣限守藩鎮不獲稱謝行在無任感恩戀聖戰汗屛營之至謹奉狀陳謝以聞謹奏

謝秦彥等正授刺史狀

新授和州刺史秦彥　新授滁州刺史許勍

右件官臣先奏請各授管內刺史今月某日得進奏院狀報伏奉某月日勅旨允許者九天降寵兩地分榮覩降將之懷恩喜元戎之獲請伏以秦彥等比者爲梟爲獍維虺維蛇久流螫蠹之灾未有誅鋤之便臣偶令招諭旋自歸投遂假分符皆能守節誠宜獎勸輒具奏論今者聖澤濡枯皇風盪垢纔擲黃巾之

飾許登阜蓋之資秦彥等旣荷新恩永除舊惡必也出榮建隼入效懸魚學其守土之規贖彼滔天之罪臣限拘藩鎮不獲稱謝行在無任抃戴兢灼之至謹奉狀陳謝以聞謹奏

奏請從事官狀

營田判官將仕郎殿中侍御史內供奉賜緋魚袋宋絢

右件官相門傳慶詞苑成名退居安東郭之貧就養奉南陔之詠自參戎幕備見良籌佐理而星霜屢遷清勤而風雨不改久裨重任敢覬殊榮伏請轉官改

章服依前充職

攝鹽鐵巡官朝議郎守京兆府咸陽縣尉杜國高彥休

右前件官訓稟儒宗才兼吏術王畿結綬早見勤勞賓席曳裾頗多婉畫望憲臺之清秩助推筦之重權伏請轉官依前充職　以前件狀如前伏以臣子之所以立身者以孝以忠慎終如始若遂榮親之望必勤事主之誠且如擇隣卜居斷織勸學至于成立色養無虧能報慈母之恩則朱絢有焉又如致以義方退而學禮至于仕宦力行有規能遵嚴父之訓則彥

休有焉臣是以久籍謨猷仍嘉德行事堪勵俗志切薦賢伏惟皇帝陛下思流域中孝理天下特迴睿獎許假賓□冀令修己從知盡以敬親務本干勳宸展無任兢惶謹錄奏聞伏聽勅旨

奏請僧宏鼎充管內僧正狀

右件僧跡洗四流心拘八政演法於有緣之衆致功於無□之言伏自翠華遠省於風謠丹詔屢徵於月捷兇渠未滅銳旅猶勤宏鼎常令僧三十人晝夜轉念功德張開覺道敎化闔城所願早覆梟巢便迴鑾駕雖不關於至理實自發於精誠兼緣當道屬郡既多仁祠不少若無綱領難肅緇流伏乞聖慈俯詳所請許充當道管內僧正仍賜紫衣所冀身掛金襴是養鷹之儔氣手持玉柄制醉象之狂徒謹錄奏聞伏聽勅旨

謝許宏鼎充僧正狀

右件僧臣先具狀申奏請充當道管內僧正仍賜紫衣伏奉勅旨依允者伏以宏鼎久勤轉念輒具薦論能資十地之因遽荷九天之寵元戎獲請喜三敎之並行法侶歡呼驚一佛之戒出唯冀永持功德上報慈悲苟不能盪火宅之餘灾則何以稱水田之華服

必可潛燃慧炬助滅妖氛臣限守藩條不獲陳謝行在無任感戴旍灼之至謹奉狀陳謝以聞謹奏

謝除姪瓌官狀

前守京兆府鄠縣尉高瓌

右件官是臣姪男今得進奏院狀報伏蒙勅旨除授彭州九隴縣令仍賜緋魚袋者伏以高瓌早乏藝能忝從祿仕佐理未聞於吏道列官已陟於王畿昨者背秦嶺而脫烟塵面蜀川而就雲日雖有心於葵藿且無托於萍蓬豈料不由薦論便賜超擢纔拋黃綬遽沾墨綬之榮始佩銅章又竊銀章之貴況乃濠陽

屬邑益部名區正當巡幸之升實謂來蘇之地豈伊殘劣能此勝當臣也必令行愼履氷坐勤飲水勉追芳於花縣無致辱於竹林臣限守戎藩不獲稱謝天庭無任感恩戰懼之至謹奉狀陳謝以聞謹奏

謝弟棁再除緜州刺史狀

緜州刺史高棁

右件官是臣堂弟今得進奏院狀報奉某月某日恩制除授金吾將軍破軍州官衆狀舉留續准勅旨依前授緜州刺史者恩賚鳳展喜集鴒原形影光輝精魂震越伏以高棁早從裾履免墜箕裘既懸報主之誠得習牧人之術昨者忝膺寵寄粗舉政條銀水金山曾無自潤帶牛佩犢或有可觀振家聲廉愼之名致郡俗攀留之請況乃秩假帝之喉舌官登王之爪牙仕宦既榮分憂又重棁也必遵勖勵更愼撫綏不辜署劍之恩以謝擁轅之衆臣亦申敎誨俾贖貪叨俱在朝之盛儀雖慙前哲各爲郡之淸譽可畏後生共資綽綽之詩冀播優優之政臣限拘藩鎭不獲稱謝行在無任感恩抃躍之至謹奉狀陳謝謹奏

謝姪男宏約改名濟除授揚州大都府左司馬狀

朝散大夫前行潤州上元縣令柱國高弘約

右件官是臣姪男先具奏請除授楊州司馬幷請改名濟伏奉勅旨依允者九天渥澤萬里塗程沐恩命於堯階泛光輝於阮巷負山既重臨谷何安臣以高濟早列官裳頗閑吏術建業字人之政曾有微功惟揚典午之賓敢希薄援始陳丹請驟竊殊榮濟也譽雖讓於王晞名不慙於程昱聖君如父照臨實表於無偏猶子比兒訓勵必遵於匪懈俾申勤效少贖貪叨臣限守藩條不獲稱謝行在無任感恩激切兢灼之至謹奉狀陳謝以聞謹奏

奏請姪男劭轉官狀

前鄂州都團練副使朝議郎檢校祠部郎中
兼侍御史柱國賜緋魚袋高劭

右件官是臣親姪男粗詳吏術早忝官裳始佐理於江陽旋從知於寒壤實得片言以折獄未嘗枉道而事人遂荷寵榮已登班列尋叨命服久倅廉車方當寇盜喧驚亦有籌謀施展加以每遵家法願報國恩宗族稱孝悌之名僚友許溫恭之行臣是以輒思內舉敢具上陳引以進之守戴禮之深義惟善所舉憑晉書之美譚伏乞聖慈俯鑒忠懇特賜除授峽內刺

史勿也必能勵心從政常銘馬援之言竭力分憂不負謝安之舉干黷宸扆無任兢惶謹錄奏聞伏聽勅旨

奏薦歸順軍孫端狀

歸順軍都知兵馬使銀青光祿大夫檢校國子祭酒兼左武衞將軍御史中丞上柱國孫端

右件官巢鳥知風園葵向日能投善教永戢姦圖既悛抗斧之心可在執殳之列仰希甄奬輒具奏論伏乞聖慈特授一官勸在軍前驅使冀率感恩之衆永除稔惡之徒謹錄奏聞伏聽勅旨

奏李楷已下參軍縣尉等狀

以前件狀如前伏以臣當府淮海奧區州縣多事永言屬吏實籍得人每憂輿賦闕懸漸難責辦若俟銓衡注擬恐失舉賢前件官等皆爲君子儒有古人志學優則仕旣知祿在其中見善若驚不愧藝成而下可以參臣軍事可以代臣邑僚試假鉄員頗彰殊效況抱斑衣之樂冀攀黃綬之榮伏乞聖慈允臣所請干冒宸鑒無任兢惶謹錄奏聞伏聽勅旨

奏楊行敏知廬州軍州事狀

右臣伏以武士所先惟忠與勇忠勇兼著行敏有之自假郡符能勤□理鋭旅有爭先之志齊甿無背怨之詞葢乃訓鍊齊戎撫綏周室在於巡屬實越輩流累具奏論請賜正授伏慮道塗艱阻未達宸聰每籍幹能再陳薦舉永言成績可使須倫伏乞聖慈特賜允許干黷宸鑒無任兢惶謹錄奏聞伏聽勅旨

奏誘降成令瓌狀

草賊黃巢下擘隊賊將成令瓌徒伴四萬人馬軍七千騎

右件賊徒元受黃巢指使占據潼關尋自擘隊奔逃

所在燒劫就中蘄黃管內最甚傷殘臣伏以肅齊王者之師必期無戰遵奉聖君之德可恕有瑕暫緩討除先加告諭臣昨者專差押衙丁威貫委曲深入招誘果願歸降兼乞委任郡符展效忠節其成令瓌臣當時補充軍前押衙兼給功名檢校國子祭酒兼御史中丞官告一通權知楚州軍州事以今月二十三日部領手下兵士到楚州倒戈訖伏緣楚州與徐州漣水對岸今春曾被寇戎驟來攻劫雖頻討逐未盡誅擒況漣水賊徒久蓄姦謀潛行偵諜常排戰艦欺視孤城再欲奔衝終爲患害臣以此特將此郡權授

令瓌既能投信義而來必得破頑兇之窟臣久臨戎事素習軍謀以爲先則惠而後則誅兵家所貴遠者懷而近者悅帝道方興上竊含垢之恩下察慕羶之志不勞寸刃唯假尺書成令瓌遂革野心能從天意叛徒四萬盡爲樂業之齊人精騎七千皆作輸忠之烈士既當恕罪倍見感恩蜂飛之小寇旋銷蝟結之元兇可殄斯乃陛下祝除三網舞耀兩階信既洽於豚魚化能移於梟獍善師不陣敢矜止殺之權至道無私但仰好生之德其成令瓌下願在軍門及放散人數請續具申奏謹錄奏聞謹奏

奏招降福建道草賊狀

福建道溪洞草賊何嵩張延鄂璩悚等徒伴

共八萬人

右件賊徒自去年冬侵刼信州界內臣以其道途阻闊溪洞險艱若欲討除恐爲勞役遂於今年二月內差節度衙推諸葛成充東面招諭使判官便賫委曲職牒招誘其賊首何嵩等三人雖行匪有師而卜能從吉一時應響三窟除姦纔當言下歸投兼乞軍前展效臣□□委曲補職名追赴軍前俾申忠節臣伏以小人與叛所迷者貪競之心上帝垂恩所惡者殺傷之事終能耀德固可弭兵與其繼獻捷書曷若盡收降款是以遠飛折簡便倒羣戈塵不假於曳柴風自行於偃草溪頭洞口免污烟霞閩嶺鄱江豁通道路況乃各期後效盡願前驅能令八萬餘人永不二三其意有以見陛下皇威天覆玄德日新四郊之烟壘將銷萬國之梯航競集則乃軍中士卒安身而永別戰場宇內生靈攜手而齊登壽域臣無任歌詠屏營之至其何嵩等下補職名願隨臣征行及放散人數請續具申奏謹錄奏聞謹奏

奏姪男劭華州失守請行軍令狀

具銜高劭

右臣伏以僨軍之將禮所與譏大義滅親傳曾垂訓將肅安危之本必嚴賞罰之科竊自巨猾增驕王師致討臣堂姪男劭比在河中司錄得受李□都指揮領昭義之甲兵收華州之城邑稍申鷹犬之力暫挫梟狼之聲已蒙特降殊恩俯旌微效服榮金紫位忝星郎始離蒲坂之具寮遽假蓮峯之通守誠合率忠勵勇馘醜摧兇稟進尺退寸之規決萬死一生之誅終申誠節仰報寵光昨者狂孽併來疲兵再戰既絕安西之救難申逐北之威然而不能潤草塗原永忘

苟活抑使靡旗亂轍旋見脫歸致諸道之星分縱姦徒之霧結職此之過罪無所逃豈可當二峰保守之時遽沾寵賞及一陣奔亡之後得免誅夷國有常刑軍無貸法懲一勸百念茲在茲伏乞聖恩特行嚴典徇于藩鎮警彼師徒所冀國章永能安於社稷微臣家法亦不昧於神祇干冒宸聰無任責躬泣血戰越之至謹奉狀陳請以聞謹奏

奏請天征軍任從海等衣糧狀

天征軍都將任從海及節級軍將并官健總二百八十七人

右臣得都將任從海及節級狀稱自赴征行已逾五載累曾沿海襲賊上江防虞去年軍都放迴本道從海等且在當府願隨行營者各得家信知四川已停衣糧伏緣從海等皆是貧寒更無營業彼處父母親屬便須委壑塡溝請具奏論乞還衣糧者謹按史記釋云天子車駕所至則人臣爲僥幸賜人爵有級數或賜田租之半故因謂之幸也伏以任從海等萬里從戎五年于役不辭艱險願盡勤勞今者身在東吳職居西蜀此方苦於羈旅彼已停其衣糧遠路音書難寫征人之恨貧家親戚先懷餓殍之憂伏遇陛下暫幸蜀城未迴龍闕三川草木別有光榮萬戶烝黎永能蘇息而任從海等久離本鎮不睹殊恩望雨露之均沾恨烟波之迥隔固堪傷惻輒具奏論伏乞聖慈允臣所請特令本道卻給全糧所冀鳳駕巡遊士卒皆知其有幸鴻慈煦育君親必表於無私謹具錄奏聞伏聽敕旨

唐文拾遺卷之三十六

榮祿大夫三品頂戴前分巡廣東高廉道加四級臣陸心源輯

崔致遠三

奏論抽發兵士狀

當道先准詔旨抽廬壽滁和等州兵馬共二萬人仍委監軍使押領赴軍前者臣當時已各帖諸州令排比點檢次又得進奏院狀報近奉詔旨更於諸州催促兵士者

右臣伏以兵惟飾怒雖尙勇於戰征師克有和固推誠於輯睦苟非得衆何以成功臣當管廬州與和州舊有釁嫌至今疑忌唯謀以怨報怨未遂知和而和孫端新授滁州又與秦彥有隙既是滁和接境動有他虞若於光蔡會軍必酬舊憾事非便穩理合奏論臣自得招降多方控馭粗能禁戢免有動搖如令各出兵戈必恐自相魚肉輒陳利害冀慎始終謹錄奏聞伏聽勅旨

奏請叛卒鹿晏宏授興元節度使狀

右當道賀正子將許令琮等今月日迴得狀稱三月五日陳許軍潰散節級鹿晏宏領兵馬二萬餘人打破金洋等州突入興元府逐節度使牛勗四日夜領隨從人并家累約二千餘人奔投龍州西山谷者伏以天未悔禍地多受灾既當易動難安非可懲一勸百鹿晏宏早驅散卒廣集叛夫始聆焚刼東都旋見奔衝西路本道節度使周岌累令招諭終不歸降豈興破浪之風但熾燎原之火今者逆黨則鯨吞盛府元戎則鼠竄危途爪距已成根株難剗儻或未恕亂常之咎別興伐叛之師即恐終成一秦固應不利三蜀且列藩貢獻諸道表章得達刀州皆由劍路況乃鳳城已復鑾輅將旋縱令鵷鷺在天能摧狡窟若更豺狼當道必礙行宮峽路雖通水程多慮不唯險阻實且遐遙兼至上江皆爲賊境唯憂進獻莫遂通流臣久竊寵光深懷驚懼遠詳事意輒具奏陳伏乞聖慈霽雷霆之威迴雨露之澤速飛寬大之詔特委撫綏之權鹿晏宏免致矍驚便當豹變必當克己永務安人聖主含宏既宥其窮斯濫矣姦臣警悟亦免於尤而效之謹錄奏聞伏聽勅旨

進金銀器物狀

金器　銀器

右臣伏以烟塵向息道路猶虞每慙仗鉞之榮多曠獻琛之禮得申遠貢唯有輕賫前件金器銀器等贐

變披沙形分鑄礫雖愧易盈之用且資虛受之功固敢竭航波梯巘之心助麟趾馬蹄之瑞貢金三品空陳任土之宜望闕九重未遂朝天之願感恩何極戀聖徒勤今差押衙王虔隨狀奉進謹進

進漆器狀

當道造成乾符六年供進漆器一萬五千九百三十五事

右件漆器作非淫巧用得質良冀資尙儉之規早就惟新之製雖有慙於瓊玉或可代於瑠璃伏緣道路多虞星霜屢換器貢雖通於萬里綱行遂滯於三年既失及時唯憂虛月臣今差押衙銀青光祿大夫檢校太子賓客兼御史中丞上柱國辛從實押領隨狀奉進謹進

進御衣段狀

當道先兼鹽鐵使織造中和四年已前御衣羅折造布并綾錦等除先進納外續織造九千六百七十八段謹具如後物色

右臣久權筦貨素乏籌謀多虧山海之資莫報雲天之澤前件御衣并綾錦綺等薄慙蟬翼輕愧鴻毛然而舒張則凍雪交光疊積則餘霞鬭彩既成功於鳳杼希入用於龍衣儉德彌彰致美宜光於黻舄皇恩遠燭輸誠必鑒於絲毫其疋段物等臣謹差某官某押領隨狀奉進謹進

進綾絹錦綺等狀

進奉綾絹錦綺銀等一十萬疋段兩謹具色目如後物色

右臣伏以兵戈充斥郡邑凋殘仰思御輦巡遊唯慚賦輿懸闕遂乃當道巡屬之內招降頗多皆請占留將充供贍責息寇戎之患難豐進獻之儀前件綾絹錦綺等雖製自鴛機而價慙鮫室叟謝入鸞之號劣徵既甚隕越何安其疋段物色謹差節度散兵馬使王審球等押領隨狀奉進謹進

賀入蠻使迴狀

右得進奏院狀報入南蠻通和使劉光裕等迴雲南通和兼進獻國信金銀器物疋段香藥信馬等漢使傳詔則星迴象林蠻王奉珠則雲集龍闕能舉覊縻之術果懷倔強之心若非聖上德叶彙瑕化敷柔遠則何以感鏤耳鏤身之衆啟懷肝瀝膽之誠彼越雉呈祥未爲盛觀旅獒入貢徒見良箴曷若正在艱

時能安獷俗使雲南酋長再遵奉贄之儀天下賢良免獻征蠻之策斯皆相公魏絳陳利王商振威已今六詔歸投即使八紘清謐某比者南尋銅柱西鎮劍閣曾施上將之謀免辱大君之命今則遠聆盛事倍切歡心陳賀未由無任欣抃云云

賀殺黃巢賊徒狀

右得進奏院狀報定難軍拓跋相公保大軍東方逵尚書奏於宜君縣南殺戮賊徒并生擒賊將又鳳翔李相公奏探知京中賊徒潰散六月十三日聖上御宣政殿排仗受賀者竊以逆賊黃巢稔惡既多就刑非久敢駈烏合之衆屢拒鷹揚之師拓跋相公東方尚書或力微裔孫或曼倩餘慶皆申祕略共殄兇徒能順天誅遂陳月捷軍名定難雅稱關張之聲縣號宜君克符堯舜之德是以聖上高臨紫極遠耀皇威睹百辟之歡呼雷驚蜀國想六師之勇戰電掃秦川即當靜滅氛霾永見均施渥澤此皆相公調鼎中之味運堂上之兵右援枹而得功左執律而至獻動功相繼稱慶何窮某久阻淮夷尚淹海徼遠聆捷語但切歡聲然必願劍拂狼星旗迎聖日終繼張飛之拒後不慙聶叔之致師限守戎藩未由陳賀下情無任踴躍之至謹奉狀陳賀謹錄狀上

賀收復京城狀

右得河中節度使王司空牒報四月十日當道與鴈門節度使李僕射及都監楊驃騎下諸道馬軍齊入京城與賊軍交戰約殺賊步軍一萬餘人其馬軍賊便走出城黃巢亦未知存亡其逃遁賊徒尋差兵馬追奔並已收復京闕訖者伏以逆賊黃巢藏姦匿暴惡積禍盈久於輦下偷生固是檻中待死楊驃騎受聖君之重寄李僕射傳飛將之雄名既無慮於二心果有成於一力想其霜鋒電擊月羽風駈壓雀卵之威高燎鴻毛之勢猛遂使賊巢困不能歸亂無所歸雖爲漏網之鱗已是傷弓之翼則期加顯戮永掃羣兇加以能據六宮豕竄九陌今茲克復免致焚燒佇望翠華便歸丹闕稍豁上天之怒實除下土之灾此皆相公靜運廟謀遠揚戎略既叶一匡之妙道北極何憂將流萬古之美談東封可俟某登壇有忝伏鉞無功遠聽歡聲始除慙色限拘守鎮陳賀未由下情無任抃躍之至謹錄狀上

賀月蝕德音狀

右伏見六月二十六日德音以太陰薄蝕曲赦三川

管內四徒及委諸鎮收拾埋瘞京畿四面暴露骸骨者伏以金精隱耀玉扆垂仁荅天誡以震驚省風謠而欽恤圜扉宥罪掃彗銷寃近鄙北齊號御囚而肆虐遠遵西伯葬枯骨以施恩蜀山之草木先春秦甸之煙塵永息此皆相公功成爕理道洽變通助日月之光輝振雲雷之號令八方翹首萬彙歡心某跡繫戎旃心馳台室阻隨班列莫遂歡呼下情無任抃躍之至謹奉狀陳賀謹錄狀上

賀內宴仍給百官料錢狀

右得進奏院狀報七月一日於內殿宴百官仍令度

支各給三箇月料錢并奉勅旨迴駕之日應沿路州縣切不得輒進歌樂及屠殺者伏以聖上繼周匡業避狄興憂自幸成都彌賫儉德守玄元之三寶達舜帝之四聰徹彼珍肴掛其素服言唯罪己事不勞人今日已復上京將迴大駕致柏梁之高宴盡醉千鍾鄙鍊布之乏財均須九府然後繼飛綸輸仍命繡衣制郡邑之嚴科節道途之浮費既施令於好生惡殺亦停歡於八列九成王化斯行物情皆泰此皆相公手攜多士躬賀聖君駕行賦在鎬之章鳳藻詠濟汾之樂一時盛事萬代美談某限守藩條阻攀仙仗心馳蜀棧目斷堯樽下情無任抃躍之至謹奉狀陳賀謹錄狀上

請降詔旨指喻兩浙狀

右先准浙西周相公牒杭州與浙東兵士鬬敵某遂具事由申奏請降詔書速令戢斂伏奉二月二十日詔旨已詔兩浙務在叶和者某當時備錄王言各移公牒訖兼先差人賫書牒與劉漢宏尚書詰彼起戎之本論其繼好之規今得迴書其言不讓唯稱周相公與董昌苟恃寵榮妄行威福虐侵近境阻截通津況有不同國之讎嫌又失無蘊年之誓約必想見豺

而戰猶能首鼠幸生已決加兵終期釋憾然則此無和氣彼有鬭心嘗膽者結怨既深抉眼者遺言可驗必恐以吳與越終當有越無吳實所謂夫差之麋鹿興譏范蠡之黿鼉得便唯憂黎庶枉見殺傷輒再具狀奏陳請更飛詔止遏某徒圓鑿方枘避柱觸楹累陳高鳳之詞莫解子都之怒且讎因手足疾在腹心久練師徒決期戰伐則也慮絲轉亂鄭蔓難除三人是仇百姓何罪伏惟相公贊成睿略施展廟謀俾陳兩武之事端唯仰一言之恩庇謹錄狀上

謝加侍中兼實封狀

右得進奏院狀報伏奉十一月十一日恩制加授侍中仍加食實封一百戶者伏以某材輸美箭業紹良弓早勤式遏之規敢怠聿修之訓遂得一分戎閫七換師壇提漢法之重權陟秦官之極品恩榮獨盛績効何由況自蠆尾之徒蝟毛而起神州傾陷御輦巡遊不能踴躍用兵有類遷延之役雖進退惟命不敢爭功而行藏相時豈無懷愧而又積山貲海瓜剖豆分莫成贍國之權徒竊經邦之位唯甘廢棄永見沈淪敢期渥澤之無私俯念涓埃之有效許登玉署高戴金璫仍忝眞封式加懋賞且如講能奪席諫切引裾方升鸞渚之榮俾稱鳳池之望豈伊孱劣所可貪叨此皆相公仰贊萬機俯安九牧無使怨乎不以能令可者與之唯當三命益恭一辭無退入則撫安疆圉出則誓掃氛雺佇成滅寇之功冀贖曠官之責戎鎭有限不獲陳謝下情無任感恩兢懼之至謹奉狀陳謝謹錄狀上

謝落諸道鹽鐵使加侍中兼實封狀

右某伏奉去年十二月十一日恩制加授侍中餘並如故仍加食實封一百戶落諸道鹽鐵使者伏以君親委任固能捨短從長臣子忘勤唯願從微至著某一司摧課六換暄涼正逢多事之秋莫展牢籠之用況自頻更統帥別致租庸既當狐讓千皮實見羊分九牧贍軍富國固絕籌謀煮海鎔山幾隳條貫今者聖上恕其不逮察以無私將漢法之重權委儒流之妙術豈料更留宸慮猶念戎勳許登負扆之班賓不替擁旄之寵寄仍假極品重增實封當主憂臣辱之時若斯榮盛審禍過災生之理何以遑安此皆相公曲庇庸虛全忘僭忝俾息躬於負重當銳志於專征寧無淬礪之功仰荅陶鈞之賜此外以榮爲懼至末如初下情無任感戴兢惕之至謹奉狀陳謝云云

謝弟棁再除縣州狀

右件官是某堂弟今得進奏院狀報奉某月某日恩制除金吾將軍被本州官吏衆狀舉留續准勑旨依前充縣州刺史某嘗讀後漢書見寇恂爲潁川守後拜金吾從上經過潁川郡人遮道願借寇君乃留一年以慰百姓此實國家殊寵郡邑美譚萬代之來一人而已誰知盛事得屬鄙宗安貧恤孤潁川之政化雖乏出官入仕子翼之官資略同感深而喜作悲端效淺而榮爲懼本伏以高棁粗閑吏術忝荷君恩分憂而地壓劍關理俗而塵銷鈴閣今者纔升緹騎郤

擁朱輪謂施撫葺之能特徇眾多之請此皆相公愛忘其短仁及於微仰贊帝俞俯從羣願某唯知提誡俾慎揣摩同驅軾下之熊但期靜理雖睹堂前之鸞免恨分飛限守戎藩末由陳謝云云

請轉官從事狀

某官薛礪

右件官閔損登科亙由德行陳琳從職實假詞華林幽而轉識芝蘭木落而方知松桂深敦操尚夙著幹能遠叨分閫之榮唯籍運籌之妙伏請轉官仍改章服轉充觀察判官

某官鄭儆

右件官早登上第久佐大藩能修撿慎之規每助撫綏之政賓筵所重健筆爲先伏請轉官仍賜章服轉充節度掌書記

某官顧雲

前件官東甸孕美南桂抽芳曳謝眺之長裾從衞青之軍幕五羖皮之爲重豈謂虛譚百鷙鳥之不如方知實事亙貪妙畫其展壯圖伏請轉官仍賜章服充觀察支使　以前件狀如前伏以某遠率舟師誓除國賊征帆則雲掛行色戰鼓則雷含殺聲留務既繁亙籌是托或倚幕中之婉婉或求馬上之翩翩輒具薦論仰希甄獎不拘月限別覬天恩伏惟相公庇護戎藩激揚賓席稍超常例特受清資略假潤於丹青許分榮於朱紫所冀元戎十乘速成討罰之功越府三朩各得施張之處已具狀申奏訖云云

滑州都統王令公 以下別紙

伏見制書伏承榮加內史之任暫執元戎之權往鎮雄藩誓殲窮寇佇復宮闕則歸廟堂九重之倚賴如山八表之歡呼動地而況令公志勤捧日力贍補天三秉台衡兩分戎律入則建蕭何之功業出則振黃

霸之恩威此皆羣議稱揚不假拙辭贊詠今者聖上以叛徒乘便尚敢侜張諸道徵師互相逗撓蠢彼之姦宄未殄赫斯之憤怒亙深遂輟股肱遠資心膂蔿敖宰楚設前茅後勁之規管仲相齊致九合一匡之譽是以榮轉西臺左相請爲東道主人儒武全林古今罕遇伏想近承睿略嚴令諸侯誠知白馬封疆幸而獲賴必料蒼鵝羣黨困不能飛即當立剗梟巢去迎鑾駕海晏而永興龍德池清而再睹鳳儀凡在含靈皆增係望某靜思奮擊動見悔尤四鄰多是異心十道竟誰同力今所以自賀者得逢知己親總貞師

巧脣無所措之端壯膽有可傾之處唯冀遙禀大將軍之命用勵驍雄仰憑眞宰相之威永除妖孽末由陳賀下情不任欣慰瞻攀虔祝云云

第二

伏睹制書伏承榮膺寵命正鎭雄藩伏惟感慰竊以動惟佐聖靜乃優賢百穀垂成則暫停霖雨八紘向泰則貴息兵戈詎勞有道之人久練不祥之器羣情既鬱帝命斯行令公獨竭忠誠克扶厄運嘗六師扈從司南之制度無虧及十乘啟行逐北之威棱有裕但屬王事靡盬人心不同祖豫州志在誓江佇申壯

節蕭相國力謀佐漢或致游詞今以小寇必殲大臣于役慮失華夷之望倍興宵旰之憂遂乃鳳紙傳恩遠離西蜀蜂旗卷影卻到南燕指縱既禀於成謀搏噬佇看於衆旅坐駈十道臥理百城顯爲出入之寵榮保就始終之勳業某夙銜深獎繼奉好音覽古人賀滿之言睹君子持盈之節抃慰攀戀不任下情伏惟云云

第三

伏承旌幢已到鎭上訖伏惟感慰令公手傾霖雨身耀福星三入廟堂已超仲父一匡寰宇更屬何人昨者十乘啟行九重軫慮以爲甃不勞海灌卵何假山摧遂請元臣卻臨重鎭今則徐迴龍節靜撫雄師下車而恩澤均沾舉扇而仁風廣振南燕受賜北極紓憂某早荷獎知倍增欣慰云云

鄭畋相公

伏見二月六日制書伏承相公正居宏父光弼聖君兼總蘭臺再調梅鼎凡云遠者近者莫不舞之蹈之伏以相公碩德茂勳雄才奧學播在四方之口沃於萬乘之心固絕贊揚但增瞻仰況自關中聚寇岐下屯兵率先諸侯累展奇略是以才趨鳳輦便陟鸞臺

遠涉山川行就九天之寵克平水土坐升百日之榮竹宮既託於清規芸館更歸於雅望則乃孫叔敖之愼守愈貴愈恭胡伯始之累遷有倫有要永憑上德佇賀中興使仲父執鞭鄧侯捧轡驅蠢動入華胥之域格蠻夷歸虞舜之風某早沐深知遠聆殊拜末由陳賀抃躍倍深云云

第二

伏承太保相公累陳章表懇讓鈞衡暫輟任於股肱果優賢於羽翼緇衣纘美青綬加榮守難進易退之規叶居安慮危之道莫不宸扆欽矚搢紳詠歌而況

相公比者兢冠甸侯深攻國賊唱義聲而飛羽檄管爵賞而練甲兵方驅破浪之風佇滅燎原之火而乃腹心有疾牙爪無功何君子之見欺實小人之難養然而灾爲禍始小往大來再秉洪鈞遠安仙蹕調鼎中之實味運堂上之奇謀決勝漢籌弭灾魏闕皆憑蕭丞相指蹤之力豈假鮑尚書統集之兵咸推第一之功能贊登三之業今則奉身有裕正足無虧將尋疏傅之高蹤乃訪留侯之故事用黃石公之妙略蔚爲帝師從赤松子之勝遊別作仙侶雖云獨樂其奈衆情氛噎餘妖方願靜銷於天下陶鎔重望豈宜久滯於山中必討才返鸞旌請歸鳳闕永使蜩螗罷噪仍令鹿馬分形深荷眷私況聯親懿依攀禱望可鑒遠誠拜賀末由悚戀增切云云

史館蕭遘相公

昨睹制書恭承高辭大詔正陟中台兼升史館之榮實副儒門之望竊以冊書所重筆削爲難別成一代之楷模貫掩百王之規矩是得宸衷妙選朝列具瞻而況相公眞君子儒老成人德允釐百揆顯贊萬機今者邦計既豐國經斯整東西臺之極位揚歷無遺左右史之直言裁成有類莫不勸華表德游夏緘詞

能施補袞之功備載垂衣之化必使褒眞貶僞彰發傳之體有三激濁揚淸勵事君之心無二古今盛美遐邇欽依某遠守藩維忝資陶冶每慎六條之理敢希一字之褒抃躍所多啟陳無及伏惟俯賜念察

度支裴徹相公

伏睹除書伏承相公再履台席榮均賦輿凡在生靈莫非欣躍某今之所賀者眞以天上之福與大國之幸不欲更牽俗禮強飾繁詞然而歡心有餘祝史無愧敢陳贊詠冀豁懇誠伏以相公德襲淸通道資恭儉歷遊華貫高陟台衡當聖君巡幸之初見賢相燮諧之業而乃鴒原陷難鳳閣辭榮暫屈跡於外藩尋秉權於大計今者天將悔禍日待升平果請英才郤歸舊位躡周司馬統兵之秩騁晉尚書較運之謀四方所傳一意相賀某每慙薄伎偏荷殊私再逢調鼎之期實切彈冠之望末由陳賀但增攀戀聳抃之至云云

租庸王徽相公

伏睹制書伏承榮膺寵命伏惟感慰伏以萬乘巡遊最難留事百官毗倚允屬持綱況當返駕之時尤重淸宮之禮膺茲寵寄實在賢能司空相公靜抱長材

動施餘刃報主安人之業早冠鼎司東爰芟弊之名已諧輿論今者鴟鴞命氏鷹隼揚威內淸輦轂之塵外肅關畿之地聖君新命永託中庸司隸舊章佇觀大禮某忝承眷獎欣抃實深云云

前太原鄭從讜尚書

得河中王相國書報伏承相公榮膺寵命將赴京國伏惟感慰伏以宸遊旣遠居守是難須倚元臣方安聖慮是故昔漢帝曰吾與僕射何異則知重寄別表縝恩而況相公岳立儒宗川流相業頃辭鳳閣遠耀龍旌郭伋示信之鄕廣沾恩化周舉移書之地遍活疲羸肅軍令於貔貅振兵威於獯狁求安邊境胡雛不敢南侵遽值妖氛周馭久勞西狩今以玉京雖復鑾輅未迴轂戎略於藩垣託繁機於宮闕必計中和樂職已繼雅音司隸舊章卽興盛禮然後重調梅鼎永對蓂階贊成天下之春固是穀中之事凡云品彙莫不欣歡某早忝恩知倍增抃慰末由陳賀但切依攀云云

禮部夏侯潭侍郎

伏承榮膺寵命伏惟感慰侍郎泰初朗鑒日月難踰孝若美資風塵莫染儒室則開其戶黌相門必繼其弓裘是以始於憲府宣威便見儀曹主貢履歷而皆遵仙路操持而永振貞風栢列朝霜昨日揖登臺御史桂開夜月今朝選入室生徒採珠而蓬島待空搜玉而藍峰寡色副天下正人之瞻望息場中藝士之屈聲某早沐眷私不任欣抃云云

吏部裴瓚尚書

伏承榮膺寵命伏惟感慰竊以勳華聖代唯務舉能郭泰賢流共推取實用捨旣歸於重柄古今皆託於長林人望所諧主恩斯在尚書情疎宦路性悅道風月高而霜鶴數聲雲卷而蓮峯萬仞早知厄運久避囂氛洋川之瑞草仙花幾牽蝶夢閬苑之朝嵐暮靄深潤豹姿然而陶鈞難住於山中塗炭待平於天下遂辭肥遁來謁宸遊果登銓管之司允洽簪纓之望昔年掌貢搜海嶽以皆空今日掄材酌淄澠而不混淸通所莅淆亂必除歷居六部之峻資終補三台之缺位遠祈邇禱匪夕伊朝某早仰仙標遙欽懿範抃慰瞻望不任下情云云

第二

伏以禮稱選士實資秀孝之科書貴知人允屬銓衡之職君命旣將歷試物情固得僉諧而況侍郎雲鶴

性情天驥行止璅窗近日高批帝語於筆端絳帳生
風妙選羣才於門下洎湖湘察俗瀍洛尹都便宜入
秉化權坐匡聖略直以手能持滿心切避榮唯求勇
退之謀久阻急徵之詔萬乘夢思於隱霧四方渴望
於爲霖今者移黜陟之司託淸通之鑒何假山濤之
密啟能遵李重之良箴永期涇渭分流必使輪轅適
用某每思玉昆金季旹辱眷知松茂竹苞深敦交契
禱祝瞻戀並同衆誠伏惟云云

宣歙裴虔餘尚書

伏承榮奉徵詔將赴闕庭伏惟感慶兼極今者妖氛

向息聖運重興諸葛亮之用兵已非急務叔孫通之
制禮方籍賢才以尚書望積皐夔政成宛句三年察
俗以仁義爲先四境懷恩俾寇戎之跡是得傅巖結
夢宣室飛書黎庶傾心莫遂攀轅之懇君王聳耳待
聽曳履之聲況乃親侍安輿榮趨帝輦仁聆調鼎永
使建櫜豈獨關中乂安實爲天下幸甚某久鄰仁境
深飽德風抃慰瞻攀不任誠懇云云

第二

特垂手筆榮函兼示陳情表藁捧尋無斁欣賀有餘
且近者時風僅訛孝道多缺事親則薄奉已爲先只

將奔競榮身不以違離介意今睹尚書遠辭徵詔懇
致奏章敘向來爲國分憂不矜茂績請從此於家就
養實稟格言況尚書若赴行朝必登相位而乃不親
梅鼎願奉板輿是逃台袞之榮唯戀斑衣之樂永使
李密之表萬古齊名仍令束皙之詩千秋長價有以
見聿修令問橫勵時流豈唯上德之美譚實乃中興
之盛事拜賀末由但切攀依之至云云

鹽鐵李都相公

伏承榮膺寵命兼掌漕運伏惟感慰伏以鑄山煮海
旣標富國之權紫帳皂旟固是安邦之彥況從多事

諒託全才相公中庸日彰大任天降舟楫暫妨於援
溺棟梁必俟於扶危今者三年禮成萬乘恩至假途
端揆正位司元憑孔僅之智謀繼齊桓之霸業必也
廣施奇計遍致豐贏答上帝之殊恩振中興之盛事
凡云品彙孰不欣歡某每慙糠粃居前久阻鹽梅入
用主張多失固難稱老成人交代叨榮無以告新令
尹抃慰兢惕不任下情拜賀末由攀戀空切云云

第二

每辱榮緘郵垂虛譽周顗齊名於樂廣固是懷慙韓
非接傳於老聃實爲過望荷戴增切兢惶益深伏以

相公宋劒倚天魯戈駐日再居重任大洽羣情必計海若傾心廣潤煎熬之利山靈効力助成鎔鑄之功便令流馬飛牛終得踰干越嶲國用則立期饒羡廟謨則坐致昇平勤王之誠在我而已伏惟遵護用慰禱祠其他下誠已具前狀云云

唐文拾遺卷之三十七

榮祿大夫三品頂戴前分巡廣東高廉道加四級臣陸心源輯

崔致遠四

盧紹給事

近睹除書恭承賢兄左丞榮膺寵命伏惟感慰竊以國有司直野無遺賢蓋前代之所難實我朝之獨盛況乃上可以糺彈八座下可以整肅百官永言其才固屬全德賢兄左丞中庸處厚大雅含淸柱晴空而嶽頂無雲瑩秋色而潭心有月是得歷游華貫輝綽令猷頃遇分憂暫作甘棠太守尋聆徵詔請爲仙桂主人此時也歡聲則風振儒林喜氣則雲鋪筆陣有口皆賀無心不歸蓬島靈珠想離頷下荆山瑞玉待入掌中而屬鶯谷藏春鳳城陷寇不見孔門盛事唯傷魏闕餘灰今者遠從行朝久臨憲府旣躡淸資於侍極榮升重位於肅機傳咸之畏愼無虧鄭晉之矜莊有裕正當今日必繼芳塵給事避地經時陟崗勞念今聆美拜稍慰遠思然每於絳帳馳心共懷遺恨須到洪鈞入手方洽羣情高接鴈行佇迎鳳詔虔禱瞻戀無以披陳云云

壁州鄭凝績尚書

伏承自小司馬假大宗伯出刺始寧伏惟慶慰竊以進有致君之志共託阿衡仕無擇祿之言常聆季路綽然遺範宛若合符尚書玉樹一枝金山萬仞雅望全騰於八海華資緩步於五雲漢丞相之傳經永光儒室周司徒之善職固屬高門況乃於國於家曰忠曰孝比者黃巾犯闕翠輦省方尚書暫別鯉庭遠趍鳳扆高提夢筆仰贊宸猷稟大聖之指歸立中朝之張本此實爲人臣之忠於國也今以聖主優賢嚴君遜位尚書固辭武部峻陟儀曹榮掛萊衣俾歌廉袴毛義之喜難自已胡威之淸必衆知又爲人子之孝

於家也莫不事標雙美譽冠一時今彼郡而昔彼州豈能較盛出傳舍而入官舍未足齊榮佇見風扇揚名雲屏隔位隼旟高建免勞陟岵之詩龍鼎待調卽展濟川之業某早銜眷獎常切禱祠拜賀未期瞻攀無極云云

泗州鄭廣常侍

伏承已到貴鎭上訖伏惟感慰昔鄭弘爲臨淮太守熊初架軾鹿乃挾輈既傳一郡之政聲終陟三公之寵秩果符瑞應永振美譚今則常侍族茂山東威臨泗上實繼巨君之芳跡足分聖主之遠憂況乃沛帥戢兵淮民復業懸一城之愛日振四境之和風羣情允諧新命非遠某近封斯接殊眷先垂抃慰瞻攀但切誠抱云云

湖州杜孺休常侍

昨睹除書伏承榮膺寵命再理吳興伏惟感慰常侍比臨霅水大振袁風適聆高握新蘭又見重分舊竹實謂政聲日洽人欲天從徵黃太守之書却隨鳳去借寇使君之衆迎得春來自此煙封茗畦月挂蘋洛不詠洞庭歸客卽吟金谷主人再樂三年終蘇一境然後入居靑瑣坐演紫泥福庶品而既多掌陶鈞而

不晩某早銜殊眷抃慰實深拜賀未由瞻馳倍切云云

泗州于濤常侍

常侍榮戴貂冠遠馳熊軾能施善政遍恤疲氓暫牧雄州已安樂國斯乃鄭巨君之甘雨再潤淮邊卜子夏之儒風重興泗上況屬彭門叛亂仍當沛路艱難獨守危城終摧敵壘果成茂績實驗全才且羣師悅挾纊之心鄰孽縮吞舟之口仁者有勇信非虛譚某昨奉詔書許令軍賞設爵而唯憑帝命舉賢而實契私誠今則寵換銀璫威兼鐵柱敬申厚禮用報殊功

楚岸風聲處處而既傳滅冦隋堤柳色年年而秖望行春拜賀未期瞻思願切某公牒同封送上云云

西川陳敬瑄相公

伏睹除書伏承相公以祝鳩之榮兼大貂之貴禮登八命寵冠三台伏惟感慶兼極伏以掌邦教之司無人則闕負國璽之任有德始居昔丁固休徵終叶生松之夢戴憑奥學曾標奪席之名然十八年而既居後時五十重而何益於事曷若相公雄臨玉壘榮奉金輿昔也坐振風謠作一方之慈父今乃立迎天蹕爲萬乘之主人使西夷免怨於後予南詔永知於戀

聖是以秩歸鳳闕化洽龜城躡高蹤於黄閣紫扉耀偉質於朱衣皓帶豈獨一時之盛事實爲萬代之美譚某早沐眷知不任欣抃云云

徐州時溥司空

竊以誓於晉乘則重其執贄往來諷以楚詞則愧彼隨波上下永言有義有禮唯在知和而和況乃仁境接邦之彦兮善鄰存國之寶也始終相契今古何殊去春特辱長牋兼貽厚幣使者乃和門上棧睍之以華棧大宛引夏殷罪已之言鋪陳數幅舉邾曾息民之義撫綏近封有以見眞男子之用心古諸侯之行事其於景仰豈可弭忘今遣專人聊馳微信匪足爲報永以爲好伏惟照察

第二

司空利器倚天忠誠貫日授律而舉無遺策訓戎而動有成功昨者窮冦警奔銳師薄伐審麟史追逃之勢展豹篇決勝之機靜剗羣凶暗梟戎首范丹縣側雷威騰肅殺之聲季氏山邊天罰示告成之慶久留盛績終屬雄才所謂有非常之人然後有非常之事絳灌亦一時俊傑關張非累世勳庸鏤姓名於金鼎玉鍾飾儀形於雲臺煙閣永言盡美孰敢爭先某幸接德鄰深遵義路每增欣賀固異等倫云云

第三

特辱長牋俯傳大捷誘賊將而暗除梟帥剗羣凶而遍戢豺聲夫何壯哉誠可畏也且黄巢謂逃天得計乃撰日偷生書罪則竹乏南山流惡則浪乾東海遥暴於鋸牙鈎爪挻灾於金闕玉京煙氛所侵塗炭皆匝諸道遞相逗撓別自僣張驅兵而未暇搴旗喪律而先聆返旆養姦既久翦冦何安若非司空以當春滋雨露之恩則坐迎龍節及初夏順雷霆之怒則立展豹韜遂得纔發銳師果殲窮冦刷國家之積憤弭

州縣之餘殃所謂三年不飛終當一戰而霸況可欽頭而快意何須擢髮以論辜有以見報聖天子之恩固須待舉眞將軍之令幸聯仁境先聽好音欣抃欽矚翰墨何寄云云

諸葛爽相公

伏承親提師旅遠赴戰征跋履山川蒙犯霜露不審近日尊體何似急景凋年寒威肅物令行麾下盡忘皸瘃之傷望峻寰中將救瘡痍之患必有百靈薦祉七萃成功遠揚卻元帥之高名近繼郭汾陽之雄略則銷氛祲遍活烝黎有心之徒引領而望伏惟每加保重早副禱祈遠誠所望云云

第二

訪聆賊巢自逃商嶺入偪許田蔡師相連狂鋒尚熾當使以道途遠隔行止難知未施掎鹿之能但養斬蛟之勇伏承相公親麾八陣深運六韜將靜掃其羣凶已齊驅其鋭旅既見三冬擐甲卽致殊功方知五月渡瀘誠爲易事諸道固當高枕聖君便可迴鑾而未測鯨奔須防獸搏凡居戎閫合審軍機輒遣專人遠偵賊勢幸垂示及冀助討除伏惟照鑒謹狀

湖南閔頊尚書

親故前河西朱大夫到遠垂書示深荷眷私兼將尙書弄馬圖及貴府祥瑞事跡相示閲覽忘倦欣仰有餘且武藝所稱歷朝可數楚誇徹札魯衒蒙輪彎三百斤之長弓嘗傳漢史掉八十斤之雙戟亦著魏書然而唯守一隅莫能四達長於射而短於御力甚壯而心甚怯永言戎伎難遇全才今者尙書術繼白猿名高赤兎既占萬人之敵眞爲一代之雄雖居仗鉞之榮不忘據鞍之勇妄徵粉繪妙寫風儀遍覽左旋右抽唯知目駭神聳彼槃縱逞捷運甓服勤實謂區區瑣瑣者爾況乃夢符捧日政洽觀風花竹呈祥果

驗中興之運龜龍薦感皆標上瑞之奇若非望重行春歌喧來暮則何以三軍效勇永謂欽化之名七郡懷恩盡表殊常之應必期遲澤繼入瀟湘此則但睹其電擊雲飛鷹瞵鶚視每勞企想無以喻言唯望愼舉政條仰酬寵寄方值四郊多壘實憑萬里長城其他中心藏之永以爲好幸垂諒察云云

幽州李可舉大王

不審自履初夏尊體動止何如伏想超盾日威雄臨北塞袁宏風化遥助南藩固當九郡懷恩百靈薦祉符提白玉儼標萬里之長城臺築黃金遍啟四方之

賢路豈止應掛絲之夢自然超衣錦之榮伏惟精愼復興別迎寵冊永扶昌運大洽羣情今遣諸葛果鄉假以郵巡修聘既愧未成好幣又慮或失良材無限遠誠各具別狀云云

第二

雲龍在想風馬異區末由傾蓋之誠空切著鞭之望雖傳鱗翼莫寫肺肝況某俯顧家門忝同里閈每詠維城之什即懷喬木之恩幸蒙侍中大王不賤家上深知國產曲垂厚獎頻辱好音然則苟能知心何假會面以斯佩荷可鑒依攀今緣國患未除鄰讐不戢

甚欲愼言結舌其如憤氣塡胸略假牋毫具陳事實特惠子之知我望明王之鑒賢伏惟恩私逺察誠素云云

第三

伏以蜂蟻巢窠猶能捻惡熊羆隊伍未見摧凶在於義士忠臣莫不痛心疾首某蓋謂去年奉詔遂於近境旋師然今若終不自行必恐竟無所就已從中夏遍閱大軍待劃淮戎即登汴道但以指其百勝決此一行人不異心事希同力侍中大王族榮周姓爵貴漢封固多報國之誠常貯安邦之術見茲禍難忍不憂勤某既事征行輒申控告伏望差借兵士助平冦戎得貴藩精騎五千勝諸道羸師十萬佇收京闕勉在旬時亦已先具奏陳所貴免成專輒申包胥之告急與此雖殊趙充國之請行于今可試幸垂亮察必賜允從不敢獨擅茂勳所冀均分重賞忠誠之切實在於斯伏惟永存始終早示可否末間顒望可想眷翹云云

第四

別奉榮緘遠搜古籍其於降歎無以喻陳且近者列土諸侯盈庭多士唯以宦塗銳志少於儒術留心而

乃侍中大王博古通今去華取實燕碣石之接士已繼芳蹤漢維城之好書遠符仁旨是以訪遺編於汲冢尋墜簡於魯宮然則荆軻易水之歌徒矜壯氣召伯甘棠之詠虛播政聲豈若博采聖人之書用光君子之道但懷鑽仰敢覬切磋況某久擁戎旃難親講席耽讀闕五千卷之數藏貯無三十車之多自奉指蹤願申誠懇遍令列肆廣集異書冀資日益之功寧憚風詠之過必可徵名東觀承乏西齋伏惟俯賜鑒察云云

滑臺王令公

某蒙恩忝官不任感懼某粗傳堂構謬荷國恩然而術略素貧勳勞甚淺早分相印累陟師壇每遇禍過災生蓋爲材微任重一自四郊多壘萬乘蒙塵未施毫髮之功深負咽喉之寄羊皮狐腋空思趙簡子之言瓦釜黃鐘甯免楚大夫之歎既難展用唯願退閑方欲瀝血拜章奉身請老豈料更隨眾例亦忝殊榮遽登常伯之高貪復益實封之異寵伐檀可懼橫草何申伏緣遞路不通制書未到先垂榮問過辱獎詞既聆天上之音不愧月中之夢末由陳謝但切兢惶云云

鹽鐵李都相公

某蒙恩忝官不任感懼伏以納言峻秩眞食殊榮有扶持社稷之功有燮理陰陽之術方居正位允洽羣情如某德之潤身智慙周物況逢多事未展壯圖動無効於啟行靜有能於卧理加以久司筦貨實寡籌謀既虧於富國贍軍深愧於木牛流馬唯甘黜削永遂優閑豈料聖澤無偏戎藩有忝輌飛畫鹿昔年而莫見休徵冠聳豐貂今日而愈慙非據仍加班邑何報聖朝此皆僕射每賜保持得榮交代唯期勵節共願匡時陳謝末由依攀益切云云

第二

竊以世途易變時事難言泛泛如水中自安滔滔者天下皆是雖董卓已燃巨腹眾切歡呼而桓彝若有忠魂潛應慟哭每竊師律空激壯圖今則大駕未旋外藩多難獲利者唯謀潤屋握兵者誰解淸宮當道雖乏供須但勤貢獻願早迴於御輦難空倚於賦輿割占所因指撝斯在必希朗鑒深察鄙誠其他卽遣專人冀具後狀云云

龍州裴峴尚書

遠勞專介特枉華緘發函睹不滅之蹤滿幅示相憂

之旨其於佩惠何以寄言且國步猶艱天心難測忠直者韜聲戢影姦邪者鼓舌簧脣彼既一時此須三黜唯當竭節豈足興言尚書偶值危時暫淹雅望將期歷試無限卑栖寵辱若驚周柱史非無意也行藏自保魯司寇有是言乎多謝故人勉報聖主分憂救瘼爲政非輕志操不虧恩榮斯在伏惟諒察云云

西川柳常侍

某頃鎭龜城別營雉堞蓋符天意得就土功今者幸遇巡遊謂申績効久留御輦俾立豐碑杜元凱方愧勳名李玄感敢言德政雖忝當功受賞其如見羅若

驚常侍直道而行樂人之善遠垂華翰過辱獎詞以永傳不朽之譚先見未來之事可使美掩蜀都之賦高齊劒閣之銘荷戴兢慚無以指喻伏惟照察云云

史館蕭遘相公

某日無勞効天降寵光雖雨露常均不辭潤物而丘山漸重莫遂安身況蒙相公察以獨立聖朝勤行直道迴垂芘藾免使湮沉既闊洪爐辱陶鎔之厚賜仍揮彩筆頻刻畫之妍詞以爲動有成功前無强敵撫寧淮甸靜戢煙塵繼陳任土之儀遠懸望雲之懇遂使榮升畫室特解牢盆更增班邑之恩尚假統兵之位仰窺華翰俯揣凡林未能息多壘之災何以竊長城之譽唯期激勵少報生成拜賜未前懷仁益切云云

三相公

某蒙恩忝官不任感懼伏以風后古官是聖代弼諧所重國僑美賞非賢才負荷固難必也挺秀儒林鈞深學海方可奪席占五十重之譽享秩稱二千石之榮如某任重咽喉功微毫髮早提兵柄不能靜剗寇戎久握利權無以廣資經費雖進退每從於帝命而否臧實愧於軍謀以茲責躬無所逃罪但願罷歸林

藪絶芝雲賓豈料宸襟猶傷墜履自上安下方慙畫鹿之幡居高飲清忽戴附蟬之冕解煩難於平準增寵祿於寶封此皆相公啟導睿慈庇安戎律使貞金鍊火免銷耗於毒煙直木摧霜更敷榮於聖日唯當親驅銳旅遍討羣凶冀成破竹之功少贖伐檀之刺末由陳謝慚惕增深云云

翰林侯翮學士

某材略素貧動勞甚薄謬蒙睿渥累陟華資今者拜以古官加之眞食伏蒙學士親奉宸睠過垂獎詞煩郭璞之彩毫榮勝軒冕使夷吾之瑣器頓異斗筲遭逢實契於百生銘鏤豈唯於一字但冀仰憑筆陣更鍊戎韜充國壯心早遂征行之望無鹽陋質免慙刻畫之恩荷戴兢惶不任誠懇末由拜賜但切依攀云云

都統王令公

近者專馳賀狀伏計已覽卑誠久絶來音但多景戀令公始終陶冶表裏經綸王商能止於訛言謝萬暫提其勁卒奪窮寇姦凶之魄活疲甿震懾之魂行既順天捷當克日某比承詔旨久綏師期今伏見令公命許君親身先將校幸叶彈冠之望倍警投袂之心

已闕全師旣離弊鎭雖自稱岸上之虎或謂當仁而不畏水中之龍實歸重德唯期助役非敢貪功欲取來月上旬決謀進退直衝宋野先會梁園謹遣專人咨探行李輒覘迴信聊紓遠懷伏惟恩私深賜鑒察云云

第二

累專寓狀粗得輸誠繼奉榮緘益銘殊眷不審近日尊體何似夏星沒火秋琯飄灰佇妖氣之雪銷想軍聲之雷振伏計振振君子之德仡仡勇夫之誠足可憑有慶之威誓無譁之衆功期一舉勢必萬全謝太

傅之智謀預知大捷鮑參軍之歌詠唯佇中興伏惟愼保節宣用諧時望某常銜曩顧況捧溫言朝禱暮祈可量卑懇云云

第三

某自承令公親率銳師佇殲窮寇便謀訓鍊欲赴戰征願折豺牙仰瞻馬首履山川而犯霜露久決心期擐甲冑而峙糗糧早成力辦不料徐戎忽聚費誓猶陳未豁征途難通饋輦以此早申誠懇但切憂惶伏想萬夫爭彍弩之先八表望建櫜之令佇見龍歸魏闕却迎鳳舞荀池雖居喙息跛行盡解口祈心禱某早窺偉量遙禀壯圖仰視旌頭漸覓奔藏之處俯看屐齒唯懷斷折之虞恭竢捷音專申賀禮未前祇望不暇啟陳云云

浙西周寶司空

昨奉緘翰兼寄示書碑儀眷私旣深披閱無倦其於榮抃無以喻陳某每念久握兵戎累移節制雖纘弓裘之業未揚鐘鼎之勳況乃來暮歌稀行春化拙豈期膺獎特示微勞許標不朽之規遠降非常之寵至如仲尼儒術始流芳於沂水之湄元凱戰功方掛美於峴山之頂愚實何効遂叨此榮司空念切憂忘事

諧響應猥垂恩力妙選書工所謂知臣者莫若聖君成我者固須良友有始有卒念茲在茲彼雖未起雕鐫此已先深銘鏤今者干戈務擁筆硯事疎不及別請他人敬遵來命唯望早成刊勒實賴獎憐其碑詞同封呈上云云

第二

錄溫者包藏異謀玷污立化螻蟈暫成聚窟鴟梟實欲同巢誠謂天高可欺不知日遠能照果彰罪跡遂畢刑書旣絕虞於竊鈇俾成規於用鉞言堪自賀事必相傳豈料司空染五色毫飛一函紙徵美詞於曾

史辱虛譽於劉隗列土除凶不負國章在手臨風拜
賜其如戎律拘身未敢素誠但銘殊貺

第三

揚示詔書仰窺聖旨佇攀高躅倍激壯懷司空寄縮
吳門瞰懸魏闕況奉臣哉之命必與王者之師但希
木筏舟艇幸遵舊俗山堆戈甲早振雄威副大君旰
食之勤慰下走朝飢之望某祇看風信便泛江程五
兩關辭解指朝天之路三軍踊躍待申破竹之功許
接後塵遠示行日儻可從心所欲必希攜手同行王
導有言無作楚四相對劉琨養勇以誅逆虜爲期事
可榮今功何讓古既銜帝語勿老師徒願因江漢之
征得遂瀟湘之遇云云

第四

伏以山岳降靈尹吉甫之全德風雷奮氣實世寗之
異祥況乃景值新秋時當聖代間生英傑高建勳庸
伏惟相公名可掩瑜志堪奪璧魏公子春霆振響有
物皆驚晉大夫冬日流輝無人不愛深蘊安劉之業
終成佐漢之謀今則又慶生辰永資景福出握元戎
之柄既播嘉聲入持宰相之權則迎急詔禱祝攀戀
不任下情有少續壽之儀謹具別狀寄獻云云

第五

專使押衙傅遜至啟閱華緘奉承珍貺光輝奪目荷
戴銘心況承已奉堯言永除回怒繼好息民之義遠
耀麟經輸忠報主之誠頻傳鴈訊喜氣連鋪於兩岸
嘉聲遍振於四鄰敬仰成規深敦曩契唯願內防蝎
譖外息狐疑必期戮力於公家不敢欺心於闇室伏
惟深賜云云

宣歙裴虔餘尚書

今月十六日裴校書至伏蒙深追曩顧迴黜違言損
之以榮隗辱之以好幣情敦刻畫無非譽過之詞事
繫琢磨宛是愛忘之眷既多受賜永切銜私不審自
履閏秋尊體何似伏想蟬噪暮景鶴叫晴空樓下長
溪閱政聲而不息窗中遠岫引詩思以無窮伏惟侍
膳之餘公退之暇精加保愛佇俟寵徵某早願攀稽
近蒙善鄰深祝瞻望豈任下情云云

第二

去年因景氏子有小人言讒誣之事多興噂沓之詞
不少動成忌器久阻親仁昨以戎首既擒禍胎自剖
遂脩舊好聊達微誠伏蒙尚書特請嘉賓遠賫厚幣
俾息四方之笑永通兩地之歡捧嘉貺而增榮窺雅

言而竊抃況對蓮池之客實逢桂苑之仙自此句渚清波已能流惡隋河遠派亦得洗瑕鍊多而旣識金精燒罷而共知玉冷伏惟仁鑒俯察愚衷云云

第三

當司宣歙院被浙西越局侵權差官奪務以強自恃謂暴無傷仰計通仁備詳深弊今者雖務却仍舊貫已有詔書浙西雖近宋尊固殊魯衞只解租庸副職尚提招討兵符宜懲已往之非用絕將來之姧竊知猶貪亂轍愈弄雄權再署周正冏思唐令宣歙院上違聖旨下阻羣情實虧臣子之誠豈逭鬼神之怒旣失用和爲貴唯知長惡不悛伏望尚書洞察事情俾全理體雖知秦鏡固無遺鑒之虞或恐齊竽猶有濫吹之咎能摧狡妄遠托威嚴亦慮官吏驚疑必望深加撫恤幸甚

壁州鄭凝績尚書

賢尊相公不問庸虛早垂眷顧每念攀鴻之懇頻傳繫鴈之書動皆陶侃之手蹤曾非陳遵之口占寶玩而字終不滅何翅三年輝榮而恩有所從倍賢十部況與尚書頃依鳳里已覩龍章清談深仰於阿戎異禮得攀於侯昰高山仰止何日忘之今者遠辱榮緘過垂虛譽示言抃荷但務鐫銘云云

第二

某素無材術謬荷寵章頃握兵權方舉上將軍之令爰沾睿渥叨承大司馬之榮仰覩鳳書深慙豹略此時未審尚書躡入花塼之影綴五色筆之詞刻畫恩深游揚意重不護早申感激遠謝褒稱又奉華緘方知麗藻雖早榮紙貴固無愧於士安而每想筆乾實有慙於玄照旣多幽禮何贖深辜伏惟眷私終賜恕察云云

太保相公鄭畋

自承相公大郎再持廟算大庇藩條況蒙特假陶鈞正歸摧筦雖則魯爲長府仍舊貫之言行其如晉鬪破廬作新軍之意切未能措手每見移權凡所阻礙自能審度遠垂批示倍荷恩私如愚者焉所獲多矣敢速官謗有負親知伏惟鑒察謹狀

護軍郄公甫將軍

某用舍行藏唯遵帝命始終去就冀洽羣情仰酬萬乘之知豈計一朝之忿昨者繼窺天旨更厲冰心遂令專介傳書願得近鄰釋憾周相公似能遵奭免致悔尤旣知蘧瑗之非必息廉頗之怒一帶水永除多

梗九重天實鑒忠誠自此日聆鷄犬之音風識馬牛之性往來無壅彼此相成斯皆將軍遠贊睿慈旁均和氣共成美事但荷深仁特辱芳緘過垂虛譽銘戴慙惕豈任下情

第二

特垂寵示過辱獎詞竊知將校官寮三軍百姓共陳衆狀請發奏章以爲煙塵自起於四郊塗炭遍加於九野唯有斗牛之境稍無戎馬之灾此實地分所招天心見庇蓋烝黎之福也何功力之有焉豈料將軍過聽衆詞助成美事欲煩錄奏特賜傳言然以拙政而誘羣情以虛言而干聖鑒固爲不可實所難當伏祈終寢奏論俾速官謗便同受賜非敢矯言伏惟允察云云

第三

特辱華緘猥傳吉語初驚善謔終荷深仁某每省庸虛過沾寵寄未能報主豈望至封玉雖漢代諸侯亦流恩於異姓而周書列爵須示賞於殊勳曾無剖竹之聲詎有分茅之望既非實譽必恐虛傳但慙眷私未敢陳謝云云

前左省衞增常侍

忽奉榮緘特垂善謔宣父則欽遵三益老君則唯贈一言仰銜成我之恩但抱起予之歎自常侍遠勞仙騎俯顧弊藩竊承久陟道途倦垂軒蓋戀德而被雲尙阻懷誠而啟露未期每憶笑談莫勝飢渴某也早以勤行至道唯希翊贊聖朝張良正遇於漢恩敢言絕跡范蠡未除其越恥詎欲逃名非求八百歲以成春但讀五千言而勵節卒無大故且恕小瑕方願惠然肯來豈將率尔而對云云

泗州于濤尙書

蠢彼徐戎聚茲餘孽敢侵貴境再逞姦謀只應來就誅夷固可立期撲滅況尙書德超定國威跨栗磾妙略防危實知孺子可教强鄰結憾是表忠臣不私去年既振雄威今日更資茂績此已徵驅衆旅救援仁封永言牙爪之勤須託指蹤之妙願諧羣望暫屈長才輒敢請充都指揮使仰俟一呼之命同成九拒之功冀耀兵權早殲寇黨得脫齊桓之恥唯憑郤縠之賢伏惟眷私深賜照察

第二

昨者竊聆有拔城之議遂申忠告冀保遠圖伏奉迴緘得窺深旨且徐戎肆虐固非楚子之能泗俗懷忠

不比蕭人之怯欲謀自潰何謂克終雖云有慮於防川豈可潛思於坐井某近奉詔旨頗促軍期卽得經過貴州便可剗除寇壘未見般輸之苦且更勉旃其於淡釜之言已承命也他具前狀此不繁陳云云

唐文拾遺卷之三十八

榮祿大夫三品頂戴前分巡廣東高廉道加四級臣陸心源輯

崔致遠五

魏博韓簡侍中

一自黃巾北侵翠華西幸蝗無避境蟻已壞堤內撫宮闕之灾外結藩維之恥諸葛爽者豕食難飽豺聲易驕却躡迷途敢凌貴國侍中手駈虎隊心閟豹韜一陣纔施三城遂復雄功始建冊命俄臨永爲壯士之盛談別作諸侯之美事某昨欲剖巢燻穴久爲淬中勵兵及出師徒又蒙詔旨且令利權山海鎭壓江淮一彊國讐先資邦賦然其奈夜眠軍幕霜橫枕上之戈曉掛戎衣雷吼匣中之劍終願親揚勇略靜滅凶徒伏惟鑒察

鄂州崔紹大夫

遠蒙仁私特示表藁其於歎仰無以喻陳某夙練戎韜願裨王略不愧於管天錐地猶勤於撮壤導涓遂敢累貢忠誠冀迴聖鑒儻或六龍下峽豈同五馬渡江中朝之禮樂無虧下武之功猷斯在果蒙大夫惠於宗族贊以表章過垂華袞之褒益睹彩毫之妙古詩云不惜歌者苦但傷知音稀今日知音幸過之矣

然榮示中媿茂弘之德業齊越石之機謀自顧瑣才何當虛譽今則王導淸鑒已推於首座相公劉琨至誠亦付於襄陽儁射必期英鑒永察愚衷云云

考功蔣泳郎中

特勞專介忽辱榮緘過垂軒冕之褒永寘巾箱之寶實慙彼已豈敢當仁郎中學士暫避囂時偶勞僑跡今者官淸司績職峻集仙麟趾殿中久侍鵷鸞之客螭頭階上則親吐鳳之才豈唯舉四善之精詳蓋必備九重之顧問鋪陳組繡演暢絲綸則也虞夏商周之書重行聖代蕭曹魏邴之位更屬何人詎可守三徑之寂寥慮千山之險阻許垂訪別專冀祗迎伏惟眷私幸賜鑒察

前泗州鄭廉常侍

竊以寇戎未殄士卒多驕凡曰郡侯實難政理縱得上和下睦猶爲朝是夕非況福乃儻來禍惟不測但無慙於屋漏亦何累於國恩然而常侍蓋切奉公匪疎撫士雖云驚擾終免侵傷有以見爲政無私當仁有裕伏承已離泗水始及淮山捧閱來緘撝謙往咎其於瞻仰胡可弭忘然則郡守懸魚旣繼古人之節塞翁喪馬可寬達士之懷云云

新羅探候使樸仁範員外

忽奉公狀備睹忠誠恩愜欽依但增衷抱員外芳含雞樹秀禀鼇山來登天上之金牓桂分高影去陟日邊之粉署蘭吐餘香今者仰戀聖朝遠銜王命捧琛執贄梯險航深能獻欵於表章欲致誠於官守雖無奉使難在此時九州之侯伯傾心萬國之臣僚沮色幸來弊鎭得接淸規況奉貴國大王特致書信相問將成美事不惜直言儻員外止到淮壖却歸海徼縱得上陳有理其如外議難防無念東還決爲西笑聖主方深倚望賢王佇荷寵榮道路亦通舟船無壅勿移素志勉赴遠行峽中寇戎或聚或散此亦專令防援必應免致驚憂且過鬱蒸可謀征邁館中有闕幸垂示之所來探候事已令錄表申奏敬惟鑒察

蕭遘相公

某累貢表章請議巡幸忠誠屢罄宸眄未迴冀保始終再陳利害匪望河陽之狩願迎汾水之遊竊以諸道賦輿皆遵峽路多是僨五致一蓋已萬水千山後綱不繼前綱所貢不如所費況近者西從蜀國南至荆門似有微灾恐遺巨患忽若草寇侵據江陵阻艱則榛梗旣多苞茅莫入或更蠻戎伺隙必令越嶲勞

兵避杜觸檻防微可誡行舟墜劍執滯固難某以孝子不諛其親忠臣不諂其主遂陳狂瞽遠黷聖聰唯望略泛龍舟暫遷鳳里庶使九州修貢不愆任土之宜四海歸仁盡遂朝天之望且賊巢凶狂聚衆穢黷經時縱能早覆妖巢豈可便迴法駕淮南乃寰中久富閫外名高喻以金甌永無虧缺比於玉壘實異繁華伏惟相公居注意之朝處沃心之位周成王之卜洛始託姬公晉元帝之渡江終資仲父早申決議仰贊宸衷能成可久之規益表無私之德某頃在西川制置及於南詔通和雖爲先察於微豈欲驟稱其伐

但緣相公皆垂目驗不敢面欺則今日荆蜀災星未能退舍吳楚福地實可遷都事歸從權化資垂拱永定一家之理必輸萬里之誠某言不近誣志唯遠慮非奪日官之業冀乘天子之恩幸望國僑無譏裨竈謹已具表陳請訖伏惟云云

第二

伏以物忌太盛器滿必傾自古有言至今爲誡苟或不能知止但欲貪榮則有折鼎足之虞犯劍頭之險某每念遭逢聖運紹續舊勳北定羌戎南征蠻蕃東降齊谿西建蜀城高提三尺之權粗展四方之志然自煙塵聚孽原野宿兵曾無敢鬪之全材先叨統帥詎有縱橫之令榮兼領利權而乃不能首唱義聲身先銳旅戮奔鯨於海澤逐猘犬於秦關遽及火熾祠篝塵驚御輦遠聆巡幸便議征行但以每當誓衆之時卽奉止軍之詔雖自始終勵節其如進退失圖華元興城者之謳子產致國人之謗乃有浙侯構隙沛將加兵三年已來二憾不釋蜩螗競噪蚌鷸相譏厚誣而巧弄舌端顯奏而亂搖心曲求刺舡而不暇想投杼以難逃伏賴相公照以秦臺調之伊鼎察郗公之怨鄭伯解晉帝之疑石苞免挂刑章尚縻寵秩旣

蒙明洗誠合淬磨更修克己之心永竭勤王之力直以松筠不改雖自保於堅貞蒲柳先秋遽已傷於衰暮筋骸漸憊志氣潛摧縱欲自強終憂不逮今者幸遇上京已復大駕則迴麟鬭龍吟固息輿妖之慮放牛歸馬實迎偃武之期某也旣在淸時誠爲棄物況縈沉痼深負壯圖攬鏡無修投簪是念豈慕祈奚請老尙處冗員唯思范蠡愛閑得行素意乞解所職自卜爲宜伏惟相公選士惟賢退人以禮俯矜羸劣特賜允從雖慚未遂報恩免更久爲尸祿仰干陶冶敬託幾毫始知調急聲哀唯愧詞窮理盡伏惟俯賜恩

鑑

田軍容

某慙無術略久竊寵榮提漢法之重權陟秦官之極品莫申展効何贖貪叨況自寇盜奔侵京都陷覆久守咽喉之寄不成毫髮之功雖兵柄既多固難措手而君恩未報實切覥顏況乃室怒潛興鄰讐競起陸遜徒稱其佳吏崔暹終慽於癡人顯奏相誣多言可畏幸蒙軍容推心庇護極力保持雖遭貝錦之詞免陷織羅之罪祗合以戀軒思幄策蹇磨鈆畢命爲期在公無倦但緣攝生罕妙從役久勤齒髮既衰精神

亦耗少私寡欲敢言君子者乎多病愛閑方謂古人是也智力不可强進寵章不可濫行實覺妨賢只宜求退今者肅清鳳闕撲滅梟巢橐弓矢以銷兵永除戎備垂衣裳而致理廣任賢才如某者寒灰罷燃眢井誰顧往歲之南征北伐雖忝當仁此時之尸祿素飡逾慙非據既失行驅十乘豈能臥護六軍輒貢表章懇辭爵位伏惟軍容察以有犯無隱之義難進易退之規仰賛帝俞俯從愚願敢有脅肩諂笑固無沒齒怨言幸逢四海之昇平願指一丘而養老干黷清德兢惕實深伏惟云云

都統王令公賀冬

伏以律管潛吹星躔改候觀臺望瑞雲物呈祥伏惟令公每布祥雲常懸愛日三軍彍弩挾楚纊以忘寒五夜枕戈擁孫衾而達曙必資景福早建殊功雅當肅殺之時便遂計除之勢四方聳耳佇聆大捷之音萬衆傾心永致中興之運某末由陳賀但切禱祈

浙西周寶司空

伏以禮慶履長傳標覘朔夷夏契混同之運乾坤叶交泰之期伏惟司空相公浙水流恩吳山變俗既睹趨衰之日永洽物情願覩傳說之星早環帝座末由

拜賀但切禱祈云云

前宣歙裴虔餘尚書

伏以禮稱迎日傳載書雲當寰中賀聖之晨是水外寢兵之際宜陳善祝仰薦殊祥伏惟尚書政報褰帷慶資温席已捧徵黃之詔固諧夢說之期人仰板輿羡老萊之榮養帝留金鼎待伊尹之來諷某雖戎律拘身而淸覲在想末由拜賀但切禱祠

幽州李可舉太保

碾玉排方腰帶壹條并金魚袋壹枚金花銀合盛重一百六十兩

右件腰帶體資廉潤功就琢磨雖慙鄂坂之金稍勝延陵之縞珪璋比德宜親佩劍之腰霜雪呈華願近生松之腹動則金章躍鯉靜乃寶匣盤龍既當屈以求伸唯望服之無斁謹專寄獻遠表依攀伏惟恩私特垂檢納

銀結條燈籠一枚（承燈盞白盛荷葉一柰木匣盛全銅鏁鑰並全）

金花平脫銀裝硯臺一具（垂鈉香囊五枚柰木匣盛金銅鏁鑰全具）

金花平脫銀裝硯匣并硯几一具（銀硯水瓶等四事硯几在第二匣內）

右伏以持異物而奉異人嘗聆斯語覽遠書而愧遠客亦驗古詩志常切於攀鴻事不慙於獻鵠每逢珍玩則繫懇誠前件燈籠硯臺等鑄鑠成功披砂潤色運巧而靈絲綴藻標奇而霞藻雕華高懸謂雲蓋凌風遙視疑露盤含日龍膏豹髓偏宜卜夜於歡筵鳳筆鶏牋亦可依仁於末廗加以謝囊分掛孔硯深藏虛心而只待含香蘊器而終能處黙是敢徵美言於舉燭寄微慊於濡毫伏惟無思朱殿葛籠僻敦儉約或遇張旭草聖許近恩輝必可遠耀九光深滋五色隔飛蛾而救物仁化彌彰研含麝以傳書德馨增馥非無所採粗有可觀必望眷私俯垂容納幸甚云云

金花陷銀拓裹合大小共三具

銀接頭紅牙匙筯一十對

犀杔子四隻已上大合內盛（在中合內盛）銀裝茶碗四隻

犀樑子二十片在小合內盛金花銀脚螺盃一隻

右件匙筯犀合茶椀螺盃等雖愧金盤粗勝棘匕鈿玫瑰之表異固讓魏銘詠琊珥之標奇敢徵潘賦所貴者煙排翠點霞染纖條掌握增榮不慮劉使君見

失指蹤任意或希柳御史自攜況乃水族殊姿天成雅器永免蜘蛛寄跡能將鸚鵡齊名稍謂珍奇遠思寄獻伏惟靜籌帷幄許接罇罍對郭隗於高臺深傾露液遣甘需於仙闕勝醉霞漿伏惟恩私特賜檢納幸甚云云

織成紅錦繳壁兩條　暖子錦三疋

被錦兩疋　西川羅夾纈二十疋

眞紅地絹夾纈八十疋

右件繳壁錦纈等龜城傳樣鳳杼成功張廣幅而宛見虹舒疊綵縉而免慙鮫織雖五十里之誇步障則

難可爭先而四十疋之製戎衣則或堪入用亦冀備會稽守晝行之服援平津侯夜寐之衾不咎輕微特垂容納干浼斯甚兢懇實多云云

安南開海路圖一面

西川羅城圖一面　并八幅紫綾緣

右竊以事畏人知切慙自衒孟側奔殿終著美於魯論郄至驟稱果與譏於晉乘妍蚩可鑒今古何殊頃者銅柱南標金墉西建開八百里之險路則雲將驅石雷師劈山築四十里之新城則水神滲泉地媼供土蓋乃感忠誠於上鑒標壯觀於外藩敢言簡在帝

心實匪率由人力今則八蠻歸化萬乘省方既能有備無虞亦所當仁不讓去年嘗傳雅旨欲覽微功乃徵於墨妙筆精遍寫彼長途峻壘宛如縮地不止移山遠遣寄呈略希展闕必謂桂陽衛颯誠瑣瑣焉亦知蜀國張儀是區區者特深眷而不拘小節激壯圖而無訝大言伏惟云云

徐泗時司空

物色

右伏以縞帶紵衣曾史乃先其所出投桃報李周詩用表於相知永言沼沚之毛豈讓琅玕之寶蓋防幽襛只貴申誠前件物等雖曰土宜亦由波及實慙華麗況至尠微難把八行盡寫傳心之語唯憑一介聊陳藉手之儀伏惟眷私特賜檢納云云

田令孜軍容送器物

右竊以氣噎未銷道途尙梗久乖專信略達微誠每憂於遠莫致之不敢以多爲貴者前件器物貨非難得器實易盈雖慙鏐鈇之名願接罇罍之列輒將寄獻遠表依攀伏望無掛意於四知幸流恩於一諾特垂容納云云

振武赫連鐸尙書謝馬狗

右特蒙眷知遠有惠賚無庾亮的顱之害有陸機黃耳之能敢謂備於左牽右牽實爲酬於執勒執紲豈唯致遠況解防姦既驅策之有期固指蹤而無失仰承重貺倍荷殊私未有報酬益多愧悚伏惟云云

幽州李可舉大王

青氈帳一口　金銅裝鉸具

右伏蒙恩私特賜惠賚委之專介衛以壯夫遙陟危途得張官舍不假棟梁交構能令戶牖全開出觀則一朶蓮峯入玩則千重錦浪加以頂標曉日額展晨霞靜吟而鈴箔搖風俯視而地衣鋪雪舒卷皆成其

壯觀行藏永佩於深仁莫不銜沙漠之奇模駭江淮之衆聽臥龍竊譽固當高枕無憂虜豹成功必可運籌決勝唯期剋捷全賴庇庥荷戴所深啟陳何及伏惟云云

檄黃巢書 以下書

廣明二年七月八日諸道都統檢校太尉某告黃巢夫守正修常曰道臨危制變曰權智者成之於順時愚者敗之於逆理然則雖百年繫命生死難期而萬事主心是非可辨今我以王師則有征無戰軍政則先惠後誅將期剋復上京固且敷陳大信敬承嘉論用戢奸謀且汝素是遐甿驟爲勍敵偶因乘勢輒敢亂常遂乃包藏禍心竊弄神器侵凌城闕穢黷宮闈既當罪極滔天必見敗深塗地噫唐虞已降苗扈弗賓無良無賴之徒不義不忠之輩爾曹所作何代而無遠則有劉曜王敦覬覦晉室近則有祿山朱泚吠噪皇家彼皆或手握强兵或身居重任叱吒則雷奔電走喧呼則霧塞煙横然猶暫逞奸圖終殲醜類日輪闊輾豈縱妖氛天網高懸必除凶族況汝出自閭閻之末起於壠畝之閒以焚劫爲良謀以殺傷爲急務有大僁可以擢髮無小善可以贖身不唯天下之

人皆思顯戮抑亦地中之鬼已議陰誅縱饒假氣遊魂早合亡神奪魄凡爲人事莫若自知吾不妄言汝須審聽比者我國家德深含垢恩重棄瑕授爾節旄寄爾方鎭爾猶自懷鴆毒不斂梟聲動則齧人行唯吠主乃至身負玄化兵纏紫微公侯則奔竄危途警蹕則巡遊遠地不能早歸德義但養頑凶斯則聖上於汝有赦罪之恩汝則於國有辜恩之罪必當死亡無日何不畏懼於天況周鼎非發問之端漢宮豈偷安之所不知爾意終欲奚爲汝不聽乎道德經云飄風不終朝驟雨不終日天地尚不能久而況於人乎又不聽乎春秋傳曰天之假助不善非祚之也厚其凶惡而降之罰今汝藏奸匿暴惡積禍盈危以自安迷以不復所謂燕巢幕上謾恣騫飛魚戲鼎中卽看燋爛我緝熙雄略糺合諸軍猛將雲飛勇士雨集高旌大旆圍將楚塞之風戰艦樓船塞斷吳江之浪陶太尉銳於破敵楊司空嚴可稱神旁眺八維橫行萬里既謂廣張烈火爇彼鴻毛何殊高舉泰山壓其鳥卵卽日金神御節水伯迎師商風助肅殺之威晨露滌昏煩之氣波濤既息道路卽通當解纜於石頭孫權後殿佇落帆於峴首杜預前驅收復京都剋期旬

執但以好生惡殺上帝深仁屈法申恩大朝令典討官賊者不懷私忿諭迷途者固在直言飛吾折簡之詞解爾倒懸之急汝其無成膠柱早學見機善自爲謀過而能改若願分茅列土開國承家免身首之橫分得功名之卓立無取信於面友可傳榮於耳孫此非兒女子所知實乃大丈夫之事早須相報無用見疑我命戴皇天信資白水必須言發響應不可恩多怨深或若狂走所牽酣眠未寤猶將拒轍固欲守株則乃批熊拉豹之師一麾撲滅烏合鴟張之衆四散分飛身爲齊斧之膏骨作戎車之粉妻兒被戮宗族

見誅想當燃腹之時必恐噬臍不及爾須酌量進退分別否臧與其叛而滅亡曷若順而榮貴但所望者必能致之勉尋壯士之規立期豹變無執愚夫之慮坐守狐疑某告

招趙璋書

都統太尉馳問趙璋古人有言曰大厦成而燕雀相賀湯沐具而蟣蝨相吊審其賀之與吊由彼依之與違且爾同惡相成異謀斯搆遽爲犯順尚敢偷安今我水陸徵軍天人助信久審風雲之會遠揚雷電之威卽當行展豹韜立擒梟帥尅收城闕靜剗煙塵想

計爾曹具知吾意但以先春而後秋者天之道重賞而輕罰者君之恩遂乃馳吾咫尺之書問爾方寸之事爾等依憑大憝猾亂中朝罪已貫盈理須誅翦然若黃巢狠性能改雄心自新望其國封建彼家社勳業可超今邁古恩榮可付子傳孫必爲致之速相報也如或螗蜋努臂猰㺄磨牙輒欲拒張必當撲滅爾須審詳至理勸誘元凶欲令天下知名早申忠節奈何草間求活終作叛徒況居成算之中卽在覆巢之下死生有命禍福無門唯審是非可知成敗所謂燕雀相賀蟣蝨相吊實在於知與不知順與不順艮時

易失嘉會難逢生爲有害之人死作無知之鬼深可恥也深可痛也勉惟去就早副指蹤悉之

告報諸道會兵書

中和二年五月十二日具銜某謹告某州府節度使逆賊黃巢自亂天常亟移星律縱使擢其賈髮詰罪難窮未能舂彼狄喉稔奸斯極神誅可俟鬼怪何憑而敢鴟張鳳城熊據龍闕至於五尺童子猶欲請纓況在四方諸侯忍爲投袂偶屬朝廷密施廣畫先倚旬侯不勞十道徵驅必謂一麾蕩定豈料軍令雖殊於兒戲將名莫驗於童謠未暇搴旗旋聆反旆遂使

犬猶狂吠猿不驚號徒招翫冠之譏孰擅弭兵之譽聖上蹔飛日馭親省風謠蔭暘行恩睿慮則雖勞罪已慕攄結奎羣情則却怨後予然而自幸龜城久停鑾輅秦雲遠隔蜀柳再芳每興霜露之懷聖情可想未滅煙塵之患臣節何安某去年羽檄先馳牙璋後舉唱義聲於遐邇養勇氣於偏裨於是廣徵陶侃之舡久握辛毗之鉞晝鷁齊飛於雪浪檣烏高轉於煙空必欲帆張曉風旗寢夜月纔離楚岸便到漢江直驅背水之師永破滔天之孽而乃未施豹略頻降鳳書已知諸道進軍不許遠藩離任詔旨云爲朕全吳

越之地遣朕無東南之憂是以再閟綸音遂回組甲蓋乃仰遵帝命固非敢緩師期今則萬里專征誰能奮翼三年縱敵尙許磨牙賊巢雖戲鼎中已居机上掘尾狗子輒曾發狂斷頭將軍難可釋怒某幸忝握兵之要固當仗義而行近奉詔條遍徵戎旅一呼巡屬四集驍雄不唯被練三千實有控弦十萬已取今月十八日部領兵士發離本鎭必得直趨汴道徑入潼關立剗梟巢去迎鑾駕引舜風之無外覩漢日之再中况都統王令公暗運智機別操戎柄已提勁卒即展奇功足可相應軍謀共興王略諸道自從賊盛皆峻官榮凡爲食土之毛盡思効命矧乃荷天之寵豈合安身且大丈夫之在世也壯氣難申良時易失苟或美事讓他人之手殊恩負聖主之心則莫測肺肝何施面目固應各勤訓練同願誅鋤贍帝輦而魂飛擁戎軒而背裂早看行色勿懷兒女之悲須把戰勳永作子孫之福謹告

告報諸道徵促綱運書

謹告某州節度使夫忠於國者無以家爲是故漢代微臣有傾產助邊之請魏朝烈士有舉宗陳力之言况乃邊寄榮身兵符在手遇大朝之多難見上宰之

董戎而不能役致泛舟令行挈畚使戰士猶多飢色將軍未獻捷書但忝分憂實爲忍恥某昨從中夏再集大軍不慙素飽之名已誓無譁之衆仍差都押衙韓汶先賫金帛百萬疋救接都統令公軍前既裝運舡將扣飛艭言遵汴道徑指圃田必値徐戎來侵淮口扼斷河路攻圍郡城近者又擁凶徒直衝近境敢憑蝟結欲恣鯨吞當道既見阻艱暫須停駐遂乃揀徵驍勇往討頑凶佇靜封疆便登道路必可豁通綱運廣備供輸行稱東道主人非無意也立斬南陽太守竊有志焉諸道久荷深恩各居重任縱以家門寶

貨猶合贍軍況將州縣賦輿豈宜壅利其宣武忠武天平昭義泰寧平盧河陽等道盡發雄師咸從統命其依饋運各已通流其浙東浙西宣州江西鄂州荆南湖南嶺南福建等道今欲踰年未聆發運若由水路須入汴河如此稽留何因濟集必計杜纖美化遍得人心任峻奇謀兼施兵力速請同勤饋輦繼發綱舡齊至都統軍前早期收復京闕其徐州實爲國蠹豈止鄰讎蓋以天暫容奸地猶聚慝昔爲龎勛叛亂早合豬宮昨因時溥猖狂更宜塗地偶屬朝廷未誅大憝不問小瑕貴悅軍情驟加爵賞而乃時溥罔遵

詔旨尚搆奸謀去年曾犯淮山今夏又侵泗水乃作黃巢外應久妨諸道進軍先須剗當路之豺狼後可殄壞堤之螻蟻冀使隋皇新路楊柳含春無令漢祖舊鄉荆榛撲地凡承寵寄共察忠誠謹告

答浙西周司空書

某白忽覽來示驚憤兩深是何見事之乖如此發言之過且趙公約者背軍逃走行□追擒遽投跡於貴藩遂偷生於逋藪今則異端斯搆細作爲名若能懷上士之心豈可信下人之口譚何容易事不酌量來示云位極上公權尊都統別興異見遽起他謀以何悔尤欲爲燒劫此乃稍殊雅責僅涉譏詞鼠尚有皮蓋譏無禮駟難及舌亦誠慎言豈是不爲虐兮誠非所可道也司空晚歲縱不以學識爲口從事儁才亦合以智謀相贊虛成啗飯難望和羹未論是非須陳本末具標五信無貯一疑且此三世立功無非報國四方出鎮曾不安家身持將相之權手握恩威之柄豈獨撫淮邊之俗終期安海內之人方切綢繆何言侵伐其可信而不合疑者一也況今黃巾尚熾翠輦未歸方驅貔虎之師欲破豺狼之窟遠離弊鎮深託善鄰臨危而猶冀依憑守靜而更除損害其可信而

不合疑者二也司空早聯中外永保初終言旣馥於芝蘭操彌貞於松桂曾無釁隙每有音書偏深魯衞之情永絶張陳之事其可信而不合疑者三也浙西始爲交代未得多時陶公之官柳誰移召伯之遺棠不讓至於賊壘猶將信義招降況是舊藩豈以兵戎侵逼其可信而不合疑者四也昨自師過江滸令肅雪霜軍門則擊柝夜嚴行路則銜枚晝靜豈有任從海則登舫趙公約則隔簾通報旣不難爲指麾又何易得直至上流嘉客不暇接迎是何下等健兒敢來親近其可信而不合疑者五也粗申大較可察中心

何乃憑叛卒之讒詞失賢人之事體以此陳奏聖主以此傳告諸侯非我無辭是誰有過細尋來旨莫測貴懷爲當老耄所侵末年多變爲復狂迷偶作忠節遽乖夫耳不辨五聲曰聾耳不分五采曰昧司空久當重寄已謂元臣因何妄發莠言或似自懷逢性不知彭寵此時有按劍之疑郤恐廉頗他日無負荊之處隱將帥則空榮列土君王則尙遠蒙塵更無匡復之誠唯有猜嫌之事祇隔一條水脈便與萬種風言必計心處遂成口實大凡獻酬以禮來往爲書理失其中事生非小且須審諦勿恣豪強於此難盡私誠其他備載公牒無遺後悔併棄前功某白

唐文拾遺卷之三十九

榮祿大夫三品頂戴前分巡廣東高廉道加四級臣陸心源輯

崔致遠 六

答江西王尙書

十二月六日某白閤下遠損長書深貽善論一覽而發皇耳目再窺而驚越神魂是何詞彩之彬彬能致言端之懇懇既知約我以禮方信起予者商況乃事徵於羑里聖人道媿於首陽義士切磋雖至刻畫何勝敬佩良箴專銘鄙抱然慮虛聲易應眞寶難知夫唇吻以鑠金衆皆妙手拭瞳眸而辨玉多是淸盲苟非原始要終則必唱予和汝是以略陳梗概用察根源匪欲廣援古今所希暫曉左右儻同伐善豈免與慙君其審之僕所望也僕與浙帥周司空早於鳳里相識亦爲鴒原往還接載笑載言之時展如兄如弟之分況作建旟交代眞爲結綬相知旣睦比鄰罷扃外戸江南江北祇闕行春三楚三吳盡喧來暮方謂憑我友歲寒之節解吾君宵旰之憂豈料蒼烏高飛擧華遠狩僕以久叨重寄便央專征偶緣兵力未加人心尙懦遂於春首先發羽書仍請都統判官顧雲協律議共成之事謀相見之期固非閱被廬之軍徵

夾谷之會實欲親謀歃血方爲痛心若能接濟師徒粗得振揚聲勢而乃周司空御自棄同即異不能捨短從長忽疑惑於澠池謂矜誇於踐土便見戒嚴城壁阻塞津途搆猜嫌而信有小人遺故舊而曾無大過僕雖逆彼怒但守吾眞及至中夏出軍外方多事巽安弊鎮旁倚近鄰又令幕客過江請爲都統副使豈衒弓旗之禮邀辟元戎祇憑鈇鉞之威撫綏近境周司空確乎阻意莞爾興譏不從固請之言自惜有餘之力頻移曩顧但積沉猜見此初屯下瀨之師未設中流之誓猶淹水道久候天風軍聲旣振於四鄰

人意自防於兩岸偶有背軍官健趙公約者走投浙西釣以巧言搆爲細作便移長牒妄說異端其書云位極上公權尊都統別興異見遽起他謀以何悔尤欲爲燒劫僕以趙襄子之忍辱念茲在茲藺相如之愼微有始有卒遂馳書牒具述事情聞司空尙發怨言自懷作色與宣護景虔貞徐帥時溥者暗貪積釁相應密謀各興梗路之兵戈遍告沿江之郡邑以至練成戰陣鎖斷征途僕若不辭險阻之虞必致殺傷之患坐甲而未期破竹迴車而用待負荊尋屬繼奉絲綸不令離鎮遂驅組練卻已班師雖云帝命期遵實乃鄰兵所阻彼宣州者亦有所因春初寇犯黟州勢侵旬水況値前廉已去新帥未來旣無禦捍之權恐落奸兇之便遂差押衙馮綬暫令安撫郡城蓋緣曾奉詔書特許便宜從事凡於制置得以指麾景虔貞常侍菽麥不分蘭蕕莫辨謂言專輒遽有侵凌殺害軍人劫掠財物馮綬幾臨死所劣得生還自此隋國怨興謝城信絕將投彼鼠其如有礙之時欲償於豚又是無端之事且爲含忍未及通和必知橫被織羅巧成貝錦傳之於遠誰曰不然噫滔滔者天下皆同君子所恥泛泛如水中自樂壯夫不爲但問事之

若何則知曲之在彼今則特垂教督益驗獎憐自緣有理可申豈便無辭以對固非飾過不敢憑虛莊生不云乎其智適足以知人之過而不知其所以過若非辱殷勤之旨何以息睚眦之詞僕也不能嫉惡如讎唯以用和爲貴但以賢愚共惑本末未彰復書而不覺詞繁比事而終慚理短身修三省勉尋曾子之規心敬一言永荷伯陽之惠幸垂鑒志某頓首

答徐州時溥書

六月十六日某白僕射足下特辱長牒仍移公牒細詳來旨頗涉多端有同戲以前言無乃驚於衆聽雖

倚兵强力壯其如作僞心勞且泗州舊隷仁封新標使額固非郡守專輒蓋是朝廷指揮爲在頃年獨全忠節遂編名於防禦永傳賞於驍雄近者久結鄰讐蓋遵國典獨行直道固守危城嘗膽爭先斷頭非苦此亦古人云寧爲忠鬼不作叛臣之義也況于尙書有定國恩威有栗禪武勇自安疲俗甚洽羣情每將勾踐單醪均沾無黨不獨臧洪薄粥分啜有餘固當散三年之儲充一日之費寡能敵衆安可待勞豈比於築室反耕杜門卻掃者哉忽睹來示云泗州獨阻淮河自牢城壘使四方多阻諸道莫通而又每於朝

廷妄爲訕謗今有城中將校潛來計圖請少振兵戎卽便期開泰者大凡人事莫若自知足下去年忍雋不禁求榮頗切暫奮横行之氣果成順守之權是以累受國恩遠膺藩寄豈可尊身忽物是已非人偏致嫌於蘭生終歸過於季氏其於淮河久阻道路不通皆因貴府出兵不是泗濱爲梗是非可辨遠近所聆去歲夏初早蒙侵伐呼蟻軍於漣水拒虎旅於淮山此緣將援親仁難逃善戰爰謀薄伐用救倒懸君異荀吳莫振受降之譽僕慙呂布有虧解鬭之言泗州以實奏陳豈爲謗讟僕也雖慙知己嘗敢薦賢亦曾錄詔寄呈必合垂情見悉誰料既踰望始翻起釁端甲兵繼興疆埸頻駭所云泗州城中將校頻來計圖此乃巧飾虛辭遍行長牒盡知譎詭孰肯詭隨朝廷以足下身處雄城刃多餘地委推綱運冀濟權宜但自戢斂兵事必得通流饋輦今則卻云奉朝廷意自收徐泗封疆廣出師徒難窮事意必若足下訓戎勇銳報主忠勤何不親總全軍往殲巨憝早立非常之効以酬不次之恩而乃知僕再次西征卽謀北渡便侵泗境來犯淮壖負國家之寵榮搆州縣之患害幸其賊勢阻此師期未諭雅懷何辜聖獎言但繫於枝

葉事莫究於根源來示又云此皆廬州海州皆爲背叛累來投款不遣措詞者強謂恩情形於書札顏雖不厚心且何安彼東海廬江偶聚奸惡異端斯起旣非鄭有人焉同氣相求盡是跖之徒也足下已居重任不徇危謀自守詔條何煩飾說僕累將軍食頻救臨淮爲分順逆之蹤令保始終之志實以泗州曾非杞子之無禮亦類展禽之有詞每當告急告窮唯以行仁行義唯望足下暫息餘怒深量遠圖且先報國之誠無急伐鄰之役兼覩詔書獎諭請與忠武協和足見睿情俾銷微憾在於臣子合更愼思求將安撫

氓黎速自追廻士卒苟或上負君命下違物情隔礙征途侵逡近境則亦難辭借一用試當干必見傷禽易驚困獸猶鬬悔須防後險已居前矧乃泗州以抱節爲命貴鎮以翫兵爲務泗州則唯遵王化貴鎮則虛構牒詞以較否臧可知曲直是敢遠申忠告冀絶後詠正當聖主蒙塵未除禍難何忍諸侯列土更起兵戎猛發忠言懶爲諂笑勉思大體勿暴小瑕必因此日所箴卻得後時見謝幸從誠信無損功名某官頓首

答襄陽郄將軍書

中和二年七月四日具銜高某謹復書於將軍閣下某側窺前史嘗慕古賢贈人以至言則老聃垂誡成我者朋友則管仲知恩但恨季俗寖訛芳規僅喪豈期今日得覩餘風將軍唯恐掩瑜欲令磨玷特勞彩翰遠辱長牋初尋歸美之獎詞汗驚浹背後覽扶危之箴論淚迸沾頤既乃粲然可觀焉敢率爾而對輒憑毫素仰疏血誠終冀恩私略垂採覽幸甚幸甚某自去年春知冦侵秦甸帝幸蜀川欲會兵於大梁遂傳檄於外鎮練成軍伍選定行期便被武寧忽興戎役先侵泗境後犯淮壖聲言則狼顧舊封實意則鯨吞弊鎮長驅猛陣直犯近疆是以分遣偏裨果殲兇醜及當中夏乃出大軍既知其北路阻艱遂決於西征利涉尋奉詔旨云卿手下甲兵數多眼前防慮處多但保淮南之封疆協和浙右之師旅爲朕全吳越之地遣朕無東南之憂言其垂功固亦不朽某以兵機固難自滯君命有所不從已事征行必期進發占風選日只欲奮飛又奉七月十一日詔旨云諸道師徒四面攻討討度收剋旦夕可期卿宜式遏冦戎饋輦粟帛何必離任則是勤王或恐餘孽遁逃最要先事布置以此再承綸旨遂駐舟師唯廣利權宜供戎

費殊不知進退唯命始終無虧卻被近鎮讒誣聖朝猜慮食駃騠之肉何敢望焉絆騏驥之駿蹄無能爲也遂使忠誠未展睿奬難期非敢自辜海內之人心但養淮邊之兵力詢之於理良有所因將軍以泗州舊屬彭門謂某妄爲占護必慮未詳狡計或援浮詞且徐州昨自偁張更無戢斂威權既盛暴虐轉深見某自五月初再謀征討已排勁卒欲援令公兼差都押衙韓汶先賚一百萬貫救濟都統軍前盡載舟船將臨道路又興兵甲來擾疆陲把斷淮河蔟成寨栅是以行計猶阻羣情莫安細察徐州所爲是作黃

巢外應不然則何以每見當軍臨發卽將兇黨奔衝
又乃囗囗泗濱阻絕汴路且臨淮則城孤氣寡劣保
疲羸彭門則地險兵强恐行狂悖以玆斟酌可見端
倪況無諸道綱船曾過泗州本路今則皆因此寇卻
滯諸綱近則浙東浙西遠則容府廣府並未聆饋運
何濟急難某見發楚師俾誅餘孽一則遵行詔旨救
援鄰封二則得靜長淮欲登征路固非貪泗民之租
稅排徐師之兵戎蓋分曲直之端將保初終之節泗
州二年閉壘一境絕煙織婦停機耕夫釋耒滿城軍
食猶仰給於弊藩闔郡賦輿固難徵於疲俗將軍謂

某藉其地利搆此鄰讐細閱來言難知深意泗州不
獨咸通之際得振雄聲曾於天寶之中亦遵直道況
于濤尚書政條旣舉武略兼精收百姓之歡心得三
軍之死力將軍便令棄而不問理復如何徐州實有
大傀固非小患若將助虐豈謂輸忠某今所俟者戮
當道之豺狼奮乘秋之鵰鶚星言夙邁電擊專征必
與王令公腹心見知首尾相應齊驅蛇陣豁轉豹韜
剋復上京奉迎大駕亦不敢負秣陵之節虔爭强弩
之功名所冀得繼前勞自防後患使藺相如之謙德
不損雄威賈無極之讒徒皆歸顯戮捨此之外餘無

所云敬佩良箴豈離愚抱伏惟鑒察某再拜

浙西周寶司空書

昨奉公牒云當道臨淮叛卒過江來投集衆廣塲已
受降訖三復來示言難不酬且降之爲名其理甚大
虞舜之七旬苗格晉侯之三日原歸此皆以干紀亂
常起兵動衆緩之則稔成患害急之則橫致殺傷遂
假小慈終施大信能敷德化俾革奸兇若有偶聚萑
蒲散爲榛梗者共須撲滅勿使晏安今相公幸此鄰
災樂其軍禍莫能嫉惡翻欲惠奸恐乖杖鉞之威虛
衒倒戈之捷且如去年陳儒徒伴唐突貴鎭封疆僅

有六萬餘人宣州日告危急此時相公何不招諭致
令侵淩卻見瑣瑣頑兇卽自勤勤誘引莫測高旨實
辜衆心傳不云乎夫召外盜書不云乎爲逋逃主稍
詳至理無信虛詞昔漢朝匈奴叛黨來附景帝便欲
與之封周亞夫曰彼背其主而見賞何以責人臣之
節以小喻大可量事情況臨淮一郡早從泗上行營
及淮邊戰敵每有優賞曾無偏頗自是臨財則競起
貪心遇賊則皆無鬬志旋爲逗撓猶與矜寬昨又請
換都頭已依衆請殊不知犬易輿於狂瘈豕難制於
喧豗未盡誅擒便謀奔竄幸且未離近境固合同塞

奸源在此旣已不忠於彼亦應非利石祁子所云天下之惡一也惡於宋而保於我保之何補其在茲乎況凡鄰府事宜一彼一此互相救援同致安寧是以前年六月中貴鎭有天平淄府元從兵士背叛奔逃數僅百人爲患非小遂蒙移牒請爲追擒當使差都將梁楚部領馬軍所在討襲并各帖管內諸州令差精兵同力捕逐尋卽諸鎭及東塘遊奕使相次收獲三十八人纔見擒來便令押送續得梁楚狀報到濠州界趕及殘孽殺得三十餘人其餘漏網之徒盡以傷弓而走所生擒之兇黨皆就戮於貴藩能致彼之

快心實賴此之勞力今則卻見臨淮叛卒特向沿江招呼便稱受降仍□補職累牒咨請不送過江蒐慝何多養奸斯甚敢言以怨報德實恐在安忘危詩云投我以木瓜報之以瓊琚匪報也永以爲好此乃國風遺訓昭晰可觀相公通仁略賜詳度無自貢天下之戮笑也其他已具迴牒伏惟俯賜炤察

浙西護軍焦將軍書

昨有臨淮背叛兵士誅擒不盡奔迸過江便蒙貴鎭相公特許歸降遍加補署兼移公牒頗搆虛詞旣乖七縱之謀誰謂三驅之禮蓋是幸灾樂禍固非撫士安人自古受降之義也叛而伐之服而捨之忠信能敷德刑乃就或以賊數則動盈千萬奸謀則難測二三若欲戰爭恐多傷殺或吹笳感動或書箭招呼免致膏鋒俾從肉袒其或蕞爾兇狡率然叛離兔奔罔而終必自顚鼠失穴而欲將安往在於接境合與同擒不料豁開叛換之門深作逋逃之藪慰安螻蟻雖欲好生訓練熊羆有何用處纔招稔惡之輩遽銜受降之名蘊豹韜而略不施張對龍節而恐須慙愧曾史云晉楚設誓無相加戎同卹灾危備救凶患若有害楚則晉伐之在晉楚亦如之交贄往來道路無壅

謀其不協而討不庭此則古時敵國猶保話言今日善鄰豈傷師律況晉楚則各在遠地揚潤則只隔長江曾無交惡之端豈有相欺之事實驚衆聽甚爽遠圖已無鬬女爭桑永安兩境宜效農夫去草靜剗本根伏惟將軍遠護兵符共成王事必不欲和之如響知而不言唯望稍致良箴終除巨弊永使必誠必信誰云莫往莫來此旣無嚬嗟以背憎彼亦免忸怩於顏厚幸垂採聽特惠終始伏惟云云

滁州許勍委曲　以下委曲

報許勍得狀知妻劉氏將從征討願效勤勞嘉尚之

懷諭言不及吾嘗覽後魏書見楊大眼者武伎絕倫戰功居最其妻潘氏頗善騎射至於攻戰遊獵之際潘亦戎裝齊鑣並驅及至遠營同坐幕下對諸寮佐笑言自得大眼時指諸人曰此潘將軍也吾思見若人爲日已久不期今夕得舉妙才此亦可謂劉將軍矣想鼓鼙方振琴瑟相隨既在同心可知竭力教戰則必欺孫武解圍則可假陳平勉致殊功即行懋賞悉之不具云云

昭義成璘

報成璘大夫會史云臣一主二漢書曰一心可以事百君則知下有離心蓋爲上無全德姪孫僕射夙虧家訓驟荷國恩累忝藩方曾微績效每於撫俗略不隨時恩威豈得並行寬猛無由相濟況近關西之賊竊持山北之兵權戰伐既勞緝綏莫至固知軍情潰散物議喧張大夫名既超倫事能從眾息貔貅之憤怒慰黎庶之疲羸實謂有三雋才誰云犯五不韙古之所有今也何疑遠遣專人迎取家口儻或行程齟齬且令彼處婆娑如能斷送出來便與支持發遣一蹄墜屨猶能牽念舊之心百口孤孀何忍見含愁之色必應慰暖免至饑寒倚望所多諭言無及彼但勤修政理佇荷寵榮不令外寇侵淩必見大君委寄冬寒愼爲將息節級各與安存悉之

廬江縣令李清

報李令昔有桓榮祖者少曾學武或曰何不學書答云上馬橫槊下馬談經方可謂不負飲食矣若無自全之伎何異於犬羊乎昨見所申眾情可嘉昔也一百里之疲俗託在神君今則十八砦之義兵請爲軍帥若非寬將猛濟惠與威行則何以鱦魠懷仁各能遂性熊羆聚黨盡得降心姑拋堂上之琴便握匣中之劍所謂文一變而至於武者也況李令族聯天派仁比水源才機爲一代之雄心術是萬人之敵足得以指麾銳卒掃蕩叛徒不惟除郡邑之災亦可定國家之難然而軍務既常獨理職銜須有可稱未見所求固難抑致爲復願兼知戎役卻守縣曹爲復欲改轍從知乘機立事察斯二者決取一途專期奏論早與飛報且如班超投筆蒯恩捨芻當池蛟得水之秋有天驥追風之便古詩云寧爲百夫長羞作一書生信知倜儻之人懶守低佪之節勉成勳業永荷寵光戎務方殷善自將息諸寨將士各與慰問悉之

淮口鎮李質

報李質覽所申狀慰愜良多李再興未革狠心敦張蜂呂構稱虛事違負本軍初憑逐寇之名卻設起戎之計賴質深懷智策善審兵機一唱義聲四圍逆黨狀疾風之掃危葉如烈火之爇飛蓬再興將見誅夷果當懾竄然既是傷弓之物必爲釁鼓之資兼知質男裕黃口小兒血氣未定偶戲嚴父之訓以涉叛夫之謀質又徇公絕私捨曲取直愛而知惡義以滅親削其觝犢之言遵彼梟獍之理若非忠勇何得如斯古語有之蝮蛇在手則壯士斷其節是乃忍小痛而除大患也況石碏傳芳於曾史日磾載美於漢書故

事斯存令名不朽足以見質有大丈夫之氣有貞君子之心權兵而動必成功鎮境而靜能守節前勞後效日就月將固當榮盛可期勿以滯淹爲恨勉安軍旅善保勳名以古況今惟吾知汝悉之

光州李罕之

報李罕之成閱有言彼丈夫也我丈夫也然則成功立節不獨古人伏順輸忠正當今日近奉勅書手詔無非激勵衆心兼除王令公充都統西門軍容充都監此乃藩鎮功虧朝廷計盡遂將大任專付老儒雖漫傳聲必難濟事此去年齊驅猛銳將掃頑兇尋奉綵綸俾安淮海詔書云爲朕全吳越之地遣朕無東南之憂遂乃旋師不敢違命然則審詳物議參酌軍期關中有執斧之徒閫外無枕戈之志誰能竭力實可痛心吾若不行衆將焉往今欲直趨汴路便入潼關佇復鳳城奉迎鑾駕永使流傳萬代終能肅靜四方罕之已處分憂久爲養勇必欲揀精練銳以期伐叛摧兇今錄勅書手詔自寄往仰窺聖旨必勵忠誠便決征行共圖富貴時不可失吾子勉之故此告知速宜飛報悉之

楚壽兩州防秋迴戈將士

報王承問等久勞防戍又役戰征知得遠歸良多慰愜詩稱東楚不免怨思傳載及瓜亦嘗憤恚古之難事今見忠誠況承問限過三年訓齊一旅值國家之多難息鄉井之懷歸言下忘身軍前効命遂得永別伍符之列高登八座之榮固知實勤豈慮虛擲且往年被練而去今日衣錦而迴孫權努力之言已成顯驗王祀實身之誡更慎操持深秋遠行善自將息節級將士遍與安存遣此不具

歸順軍孫端

報孫端將軍自從歸投久處閑散想多鬱悒不暫弭

忘但以端職秩已高官資須稱使司累具奏薦朝廷則有指揮且仰安撫師徒佇迎恩命古人貴其晚達君子誠其速成王化既無偏無頗寵章必盡善盡美勉期順守勿念躁求秋晚其涼切慎將息節級遍與慰問悉之

楚州張雄

報張雄中丞得狀知已點練兵士兼請出軍西去討逆賊徒憤氣勃興忠詞懇切覽之嘉歎深寘於懷且每值寇戎稍侵疆圉雄必心騰勇略首唱義聲去年已建殊功今日又申丹請不辭危於馬革願展用於豹韜實謂起予者雄始可與言兵已矣則帝委之以郡僕吾待之以國士永揚茂績固在艮時然彼州司事力猶困未可便謀征役且宜更候指揮兵士各與慰安秋深善自將息馳此不具

楚州張義府

報張義府得狀兼送罰錢引咎自責足驗用心古語有之人誰無過過而能改善莫大焉饋餉之義春秋所重在於屬部豈可外交勿爲饑則附人別欲申於知己將滅白圭之玷遂以金作贖刑細覽來詞似懷他慮膚受之愬固不行焉但慎始終永圖富貴悉之

滁州許勍

報許勍語曰兵食可去無信不立則知守信之道乃是立身之本敗苟若壞驟自爲顛覆訪知近日浙西周相公頻差上元鎭使馬暨專賫書曲兼將金銀送到和州說誘秦彥令歸浙岸許授霅川信使繼來事情甚細則未知秦彥終欲如何且浙西素乏勲勞驟沾恩寵謂得長久遽爲驕矜殊不知人盡指檻鬼多瞰室惡既天稔道唯日亡今更阻絕我通津動搖我屬郡已乖衆議可見前途以勍直木千尋精金百鍊固無憂於邪曲終不改於貞剛況乃邦媛相隨家肥是保永除異慮必享同榮或恐未審浙西所爲先此告示悉之

壽州張翱

報張翱知已部領兵士將赴令公軍前言念遠征倍所加念且杖鉞者皆誘閫外分珪者略滿寰中而乃顧家產爲遠圖劃國讐爲閑事唯矜肉食孰肯身先今則翱首唱義聲躬提銳卒騁大丈夫之志氣副上宰相之指蹤況知素蘊機謀久施訓鍊佇伸壯節必樹奇功當五馬離鄉遠地之芳聲獨振及六龍歸闕前程之變化難量暫此苦辛善爲將理今附衣段銀

器茶藥等往到宜檢領春寒慎為行李將士倍與慰安馳此不具云云

廬州楊行敏

報楊行敏使至得狀送芝草圖一軸覽之嘉歎喜有餘懷且草木之祥異也雖自天成皆因地秀物有所應吾何以堪行敏始假郡符已彰瑞諜天其誠爾爾宜慎之況鄉號千年村名穀祿足驗一百年之壽與二千石之貲固保前程之富貴矣將酬美貺更勵忠誠非恡獎詞慮驕銳志悉之夏熱切好將息使迴附此不具云云

和州秦彥

報秦彥尚書使至得狀兼送羊五百口勤誠斯展其數寶繁所謂爾羊來思我愛其禮況彥雖榮建隼能効懸魚遠傳廉慎之名深舉撫綏之政而乃特申懇悃倍所歎嘉既無慮於觸藩勉致功於荷簣使迴附此不具

盧傳

報盧傳殿中監裴尚書將到洪州武寧縣人吏百姓及僧道等狀舉論傳前後戰敵賊徒保全縣邑功績一十五件細覽事實慰愜滿懷傳不云乎公侯子孫必復其始傳能資餘慶無忝聿修自値危時便揚壯節一呼義旅四討兇徒兄弟二人義聲俱唱遂得疲甿獲賴廉使見知始提百里之權尋假六條之寄忠誠所至寵命非遙勉慎始終穩圖富貴所希薦舉必不弭忘悉之

戴盧

報戴盧殿中監裴尚書經過彼縣日得百姓僧道等狀舉論盧自乾符五年主鎮兼知縣事課績一十三件事皆摭實情切舉能詞理燦然良增慰愜盧竭誠報國傾產忘家糺集義軍訓齊宗族撫寧羸瘵捕襲寇戎六年於茲一邑獲賴有功不伐唯善是從遂頒

縣曹永安鄉黨古者田稱績命邑號義興求之於盧未足多也既增嘉歎不忘薦論勉保忠誠終邀美命悉之

光州王緒

報王緒天不容奸人唯助順苟違至理必亂常刑知緒昨因顏璋久藏禍心果致衆怒璋既誅戮緒乃奔逃何不束手戎場投身義域而敢更謀嘯聚尚恣喧張自招相鼠之譏莫識牽羊之禮未知爾意終欲奚為此乃先惠後誅武經所重好生惡殺王化斯行豁

開誘善之門俾躡歸仁之路遂加誨諭試問端倪速仰劄捐本情指陳他望待詳來狀即與指麾禮云志不可滿傳曰惡不可長緒之今且其意若何勿驅齊叱枉入罪綱秋冷切好將息節級各與慰問悉之

楚州營田判官綦毋蘋

報綦毋評事夫欲均調兵食固須妙選公才供億既多料量非易評事自匡郡政甚洽物情剸割而案無滯詞淬磨而筆有餘乃今委兼判順國軍糧料舉牒同封寄往孔聖猶爲委吏蕭何亦作功曹唯託幹能無辭猥屑欲令小人懷惠仁看君子勞心悉之

鄆州耿元審

報耿元審古來名將多是耿家恭覃秉彝徽音相繼永言苗裔固贍機謀元審雖名異夔聲而志能獨立仁申忠勇別竢恩榮況逢危難之秋實建勳名之日勉存終始愼守行藏其他並令樊谷面述今寄衣一副烏觜茶二斤到宜一一領之秋涼切好將息悉之

海陵鎭高霸

報高霸得進奏院狀報知轉授右散騎常侍永言欣愜霈然滿懷昔周盤龍破虜有功纔霑爵賞齊世祖戲之曰卿着貂蟬何如兜鍪對曰此貂蟬乃自兜鍪中出耳當時以爲名對前史標之美談今此官榮實彰君寵唯在專勤成過固守邊陲更俟大來永揚忠節知之

淮口李質

報李質得進奏院狀報知質轉授右衞大將軍且自數年君恩溥洽官榮職賞可謂均沾然而成功可爲受爵無愧者屈指而數能復幾人唯質久戍淮壖遠防寇孽勤勞最至品秩尙卑今授大將軍之名乃滿烈丈夫之望更宜愼守無慮湮沉慰愜歎嘉不離懷抱遣此不具云云

唐文拾遺卷之四十

榮祿大夫三品頂戴前分巡廣東高廉道加四級臣陸心源輯

崔致遠七

行墨敕授散騎常侍牒詞 以下行墨敕牒

敕淮南節度鹽鐵轉運等使東面都統兼指揮京西京北神策諸道節度兵馬制置等使牒某官乙右可檢校右散騎常侍餘如故如將軍須言員外置同正員牒准今年二月九日詔應諸州有功刺史及大將軍等如要勸獎者從監察御史至常侍便可墨敕授訖分折聞奏者大君降命元帥從權但云能立勤勞

特許先申獎勸漢祖則手無刓印不阻論功武侯則心若懸衡必能舉職用示軍中之賞式資闕下之恩前件官夙蘊壯圖久從戎事將救奔沈之患固憑擒縱之能桓榮祖之馳名不唯馬矟周盤龍之受爵允稱貂璫事須准詔授檢校右散騎常侍仍具申奏并牒知者故牒

廣明二年六月十二日使兼都統檢校太尉平章事燕國公授盱眙鎮將鄒唐御史中丞

牒准詔云云將軍分閫大夫出疆可專未請之權況奉已成之命高懸懋賞用報奇功前件官術繼白猿名齊赤兔夙歸信義備察忠貞雖遷柱下之官尚慊軍中之望宜昇專席更勵枕戈爾其心保清廉好對暎淮之月力誇驍銳無慙破浪之風事須准詔行墨敕授御史中丞

楚州刺史張雄將軍

牒准詔云云見功必賞漢高祖之殊恩承制無疑鄧司空之故事前件官材標落落韻稟錚錚自假使符已揚政績理股肱之名郡登耳目之高官信義相從功名愈振佇擅外臺之寄宜昇大樹之資爾其益勵忠規仰銜成命用副劉弘之善舉無嗟李廣之難封

事須准詔行墨敕轉授右武衛將軍員外置同正

授高霸權知江州軍州事

牒准詔應諸州刺史如有軍功卿量加爵賞如有罪犯卿宜書罰別差人知州具狀申奏者大元帥之權既資成命古諸侯之任宜選良才前件官蛟躍池中虎蹲岸上用軍以義守節唯忠不辭白刃之危累挫黃巾之衆或短兵鬬勇或圓陣呈奇動有所成往無不利今以九江闕牧一郡思春將活疲甿固憑幹吏爾其遏強撫弱剷弊鋤苛無登庾亮之樓空知翫月好把袁宏之扇且學移風稍展政聲佇沾恩命事須

准詔行墨勅差知江州軍州事仍具事由申奏幷牒知者

許勍妻劉氏封彭城郡君

牒奉處分古者官至大夫室稱命婦遂有從夫之貴乃爲處世之榮而況靜則能愼內言動則克從外役躬擐甲冑志凌雪霜功名旣異於常流封拜豈拘於成命以滁州刺史許勍妻劉氏英才天授貞節日彰平欺後魏將軍洛陽先行仰慕聖朝公主司竹興兵一昨專命良夫討除叛卒遽陳丹赤固願同征手驅組練之羣遠攻城壘身脫綺羅之色久犯氛埃四德有餘六韜可試豈獨家之肥也實謂邦之媛兮夫旣冠其銀鐺婦宜榮於石窌豈可使松標峻影早致凌雲蘿抱柔姿猶嗟委地先行茂賞用報前功軍中之命爵策勳與人從欲天上之錦牋鈿軸待鳳銜來事須准詔行墨勅封彭城郡君仍表次錄奏幷牒知者

請節度判官李縮大夫充副使以下舉牒

牒大夫天芝稟秀霜桂含貞蔚爾芳猷每見用和爲貴凜然直氣終能嫉惡如讎信知賢良實救凋弊頃者再握一同之政曾標三異之名旣發縣花佇分郡竹而乃鵾鵬自滯羔雁相從鉅野早棲劒川遠役察俗而唯資婉畫脩師而不乏豐儲果得入奏玉墀出懸金印洎某暫臨江陸旋鎭海門永言移節之難咸假運籌之妙一來淮甸四換星霜判官德以潤身固爲已任恩能濟物不欲人知莅事實繁在公匪懈筆直而吏多畏色鞭輕而獄絶冤聲見君子之盡心實古人之用意十二年之弘益久而彌芳千萬里之追從永以爲好雖將徐榻別致猶恐燕臺未高今已假小秩宗兼大司憲不遷職位何稱官榮幸屈跡於副事冀揚威於戎幕陳寵宣詔條無失嘗賴功曹呂虔致郡俗永安亦憑別駕若言今日彼在下風事須請攝節度副使表次錄奏

請副使李大夫知留後

牒大夫劒橫天外珠媚水中雄稜則仰決浮雲溫潤則旁無枯草深藏利器久佐遠藩每施婉婉之謀共化蚩蚩之俗五鎭相倚一紀於茲嘗於折獄拔刑唯遵直道縱至旬休節假不離公門敢言知己之難實荷成人之美今已三年叡寇尙慾倂張十道徵師遞相邀撓若不專征鈇鉞何因倒載干戈遂驅養勇之鋒佇破稔奸之窟代行攝政留託長才慰八郡之疲羸察四鄰之勛勤冀使袁宏黎庶鑒識詠謌無令陶

侃賓僚只耽閑戲數年卧理今日出行皆資裨助之功事保始終之惠事須請知觀察留後

請高彥休少府充鹽鐵巡官

牒少府學麟成角詞鳳傳毛偶輕桂客之遊暫樂梅仙之侶鶴唳而月籠寒野萬里清音鵬飛而雲皺長天九霄高躅幸聯宗黨得接徽猷敢興念於維駒無見辭於絆驥稍假縱橫之術終匡幹運之權雖慙燕國之金臺願接謝家之玉樹同姓必親於異姓今人何讓於古人事須請攝鹽鐵巡官表次錄奏

請泗州于濤尚書充都指揮使

牒尚書洞究儒經旁探武緯指清途於萬里牧遠羣於三年旗看隼飛轄待鹿挾慰疲氓以仁政捍寇盜以智謀克歸合浦之珍曾散曲堤之衆今者徐戎遺燼敢恣侵淩楚卒精鋒佇期埽蕩終免致包胥[illegible]哭況非奪晉鄙之軍但以鷹犬呈功熊羆就列須仗指揮之命仍申搏噬之能實託威權遠希統攝俾贍馬首皆知進退之宜永滅梟聲用審否臧之律事須充都指揮使其應援諸都及甯淮盱眙淮陰等三鎮將士悉受指揮

王棨端公攝右司馬

牒端公烏衣茂族鵷鷺清流早列官榮頗精吏術口中金石常聆直韻之高手下銅鹽曾展長才之妙事既同於外舉理無愧於旁求今則秩挂方書職參典午雖云承乏且欲試能憲府威稜他日見豺狼懾伏郡庭閑散此時樂魚鳥留連事須差攝右司馬

右司馬王棨端公攝鹽鐵出使巡官

牒奉處分且榷筦之設也本資戎事將贍軍須既當薄伐之期實藉均輸之利能成重務固選良才端公韻振維山慶流淮水靜處五常之域勤尋六義之門每覽緣情備知守節繼委當仁之任皆傳幹吏之名已爲歷試諸難可謂多能鄙事今以仰裨國用旁濟

兵儲榷課方殷句稽匪易官居典午既已優閑志在推公無辭冗屑佇縻幕職立展籌謀雖見王晞長寄心於方外何妨裴楷暫勞力於俗中事須請攝鹽鐵出使巡官句勘當司錢物

前邵州錄事參軍顧玄夫攝桐城縣令

牒前件官善水無壅謙山自高腹飽詩書口含鋒刃厚利唯勤於耕道閑情素嬾於釣名爲疎奔競之門尚處卑棲之地既能潔己何惜愛人州主簿之提綱昔嘗留意邑大夫之製錦今可呈功永言不憚勤勞

方謂克承闕乏稍念時危而愼守勿云俗弊而難除一門多詠雪之才衆推儒慶百里渴象雷之理勉振政聲事須差攝舒州桐城縣令

海陵縣令鄭杞

牒奉處分字人之政爲吏所難欲俟三年有成固須一日必葺丞言委任實藉賢能前件官深於詩敏於行不近劉輿脂膩唯資謝朏膏腴累假一同備彰三善睠彼東吳之近境實爲南兗之奥區昔也承乏多勤去思猶在今可以舉舊令尹之政修眞君子之誠均調政刑遍慰黎庶展驥終希於得路割雞無憚於發硎行乎敬哉勿壞乃力事須請攝海陵縣令

前宣州當塗縣令王翺攝揚子

牒奉處分宰字之術若驅羣雞緩之則散急之則亂此言雖小其理甚中知者非難行之不易況乃隋城近邑楚岸通津螟蝗則久待消除鼃黽則每思養育前件官相門積慶儒室推賢早登廉孝之科嘗歷句稽之任雖棲下位不墜令名果逢連帥之知再假字人之秩雉誰忍補鵲自停喧陶潛之腰腹暫屈孔奮之膏腴下潤今以揚子一同繁劇四達要衝每當使命交馳實託宰僚勤幹遂重責成之寄況逢多事之秋而乃有令患風請告踰月若言考秩亦合替移固選長才俾修闕政其在上瞻夏日下視春冰宜無憚於徒勞佇有成於歷試苟有經年沈醉必虧莅事之能如將終夕淸談亦失相時之理勉於二說愼自三思事須差攝揚子縣令

柳孝讓攝滁州淸流縣令

牒奉處分今世之奬邑大夫也多以河陽花彭澤柳爲美事丞言至理我則不然唯某在其視人如傷潔己以仕饑懷冰蘖之操迴掩花柳之名實難其才得副吾意前件官展禽苗裔言偃政能曾宰濟陰克安屬邑久依江徼靜守窮居數年而雖甚食貧直道而未嘗改節今將歷試俾假缺員無輿喧鵲之譏勉致驅雞之術事須差攝滁州淸流縣令

前浙西館驛巡官鄉貢三傳張咸乂攝山陽縣丞

牒奉處分前件官族資鵲印業練麟經未躬壯圖嘗從碎職既精簡牘之事宜辭州縣之勞習傳之體有三能詳正義在公之心無二宜愼爾官往矣敬哉賞罰斯在事須差攝山陽縣丞

前婺州金華縣尉李涵攝天長縣尉

牒奉處分夫縣尉之設也其官雖卑其務甚重動則推詳滯獄靜則慰撫疲甿是以佐僚能憚其直聲宰尹亦懷其畏色永言至理實繫長才前件官性習五常身資一命嘗佐金華劇邑頗傳玉潔高名久見退修誠思進取俾助養鼃之政且昇化鵬之資其在蘖作朝餐冰爲夕飲高懸曹棒靜和宓琴譽能息於鵲喧勢必登於鴻漸云云

前穎上縣主簿鄭綬攝盛唐縣丞（舅韋緘許事薦）

牒奉處分凡城一邑皆列六曹雖云具體而微豈可從心所欲況縣丞之佐理也令長憚其糺摘猾吏稟

卷四十　九

其規程苟能自强何患不立前件官康成求己季智奉公曾申穎上之勤勞遂見渭陽之論舉桓譚貳政且宜肅彼奸豪殷浩吟詩無用傷其貧賤事須差攝壽州盛唐縣丞

諸葛殷知榷酒務

牒奉處分榷酤之權起於漢代會計之利著在周經既當預備闕懸難可不從改作將成重務固選良才前件官隱豹含章臥龍襲慶潔己則隋珠無纇在公則庖刃有餘昨分孔僅之重司已成歷試今躡魯匡之良策何憚專勤無辭鄭驛之卑棲早致卓爐之餘利能資美祿必贍雄師所期百姓無譁非阻三軍告醉事須差攝館驛巡官專知榷酒務

李昭塋充奉國巡官

牒奉處分昔孔子誡伯魚學曰其先祖不足稱其族姓不足道然而大以流聲後裔者豈非學之所致乎若然則先祖之與族姓也不唯時世所榮亦乃聖人所重前件官搢紳上品結綬中朝方襲芸香遠飄蓬跡遠逃虎口猶絆驥蹄今以一言爲賢三代可數但□□渭陽之族坐振重名漂流淮徼之居來求碎職遂茲響應用試才能既知各有司存唯在聿修厥德

卷四十　十

事須補充楚州營田奉國巡官

柴巖充洪澤雨塘巡官楚州營田

牒奉處分三農就稔一溉推功苟非□降雨之渠何以致如雲之稼俾無曠慵固藉專勤前件官壯志不渝公才可任承乏而善參軍事慎終而益見吏能今以洪澤近封雨塘美號徵小喻大昇高自卑爾其靜勛冰心潛窺水脈勉稟龔黃之令遠繼田曹無懟鄭白之名有虧地利高懸賞罰用試否臧事須差充楚州營田院洪澤雨塘專知官

許權攝觀察衙推充洪澤巡官

牒奉處分撫俗所先勸農爲最是以鄭渾則奪其獵具温嶠則請置田曹仰順天時俯徵日力俾督耕夫之業須憑幹吏之才前件官歷試已多忠勤可獎令尹之功成製錦督郵之政克提綱但承闕乏之時皆有緝綏之譽今以山陽沃壤淮畔奥區地占三巡田逾萬頃非乏決渠爲雨倘虧多稼如雲蓋爲編甿不勤功於藨蓘縱當稔歲皆失利於稻粱知爾奉公勸民務本若使穫而不輟必期斂則有功委以農時假之使職永言從政實可與權無取潤於膏腴苟徇私於毫髮勉施乃力廣諭衆心事須差攝觀察衙推充

洪澤巡官兼都巡勘指揮奉國謝陽等巡務者

王榮端公知丹陽監事

牒前件官蹈冰守節飲水安貧靜吟而篋有新詩寂坐而門無雜客卓爾君子宛然古人今以將濟軍須誠資吏術少輟琢磨之業俾專鼓鑄之權想夷甫之不言無虧祖德思仲宣之未遇勉俟官榮事須差知丹陽監事

臧漸知鹽城監事

牒奉處分若官無直道則利有多門凡歷任於牢盆或咸資於潤屋而乃就此繁劇守其潔廉心珠則不惹脂膏智刃則能分髖髀嘗聆斯語罕覩其人前件官雅淡裴懷清勤緒務嘗握由拳之權課唯遵止足之規模休替未遙功勞可驗更資歷試必濟重艱展才於近監之鄉守節於作鹹之地不須對雪空中吟謝朗之詩只在熬波言下見張融之賦事須補充權糴使巡官知鹽城監事

趙詞攝和州刺史

牒奉處分昔張緒子充少好遊獵右臂鷹左牽犬緒見而謂曰一身兩役無乃勞乎充跪答曰丈夫三十而立今二十九矣請至來歲緒曰過而能改顏氏子

焉其後折節修身終爲賢達則古之豪儁今可規模前件官脫跡迷途投身義路永除惑志可獎悛容既能資父事君是得居官理務俾參上佐用試忠誠況當口桀之時好縱安居之樂詞其勉輸後效善補前愆已銷九族之憂無起一朝之忿事須差攝和州刺史

淮口鎮將李質充沿淮應接使

牒奉處分用兵之難擇利而動不論遠者近者須賴掎之角之在安思危有備無患前件官名超廣利勇繼雄飛自提外戍之軍每審中權之要彼徐寇以屢

使吾圍眞戢其鋒急之則鼠竄彭墟緩之則豕豗楚岸遂徵眾旅俾剗羣兇豈從援溺之權將助焚枯之勢爾其指呼順命擒縱成功終令入海之波偏能流惡乃使映淮之月早見洗兵茂賞高懸良時倏往勉思委寄勿負利終事須差充沿淮都應接使便仰量出兵士討除賊徒

淮陰鎭將陳季連充沿淮應接副使

牒前件官勇於戰賊樂在從軍操戈而只待春喉發箭而曾無曠日自居遠戍久練雄兵每聆捍蔽之勞能息奔衝之患今則未殲彭孽猶役楚軍將資首尾之權是成蛇陣固藉爪牙之利共展豹韜爾其跡脫伍符身居貳職專防險道佇靜長淮雖云迴遠之川未是縈紆之地坐思前哲猶傳胯下之蹤立取奇功好豁胸中之氣勉期竭節實謂逢時事須差充沿淮都應接副使便仰量出兵士討除賊徒

宋再雄差充水軍都知兵馬使

牒奉處分舟檝施利干戈騁威自古爲難在今所急固托縱橫之略始成捍蔽之功前件官學劒有成彎弧自許嚼龕而當年逞俊曳牛而是處爭雄高列軍門深遵義路久居江戍妙練舟師今以泗上流災淮

中聚寇既犯觀風之境頗昏映月之流爾其總握雄兵遠張祕策陸殲蛇豕水截蛟螭早令賊壘皆平永使驚波不起用官物而討官賊吾不爲難探虎穴而拔虎雛爾當自勵事須差充水軍都知兵馬使部領諸兵馬討除淮內賊徒

蘇聿補衙前虞候

牒奉處分古之有言以小諭大則祁奚之請老也既當問嗣能自擧親倩不涉於阿私事何妨於委用前件官早從吏役久習武木父也暮年既思休退子之壯氣可代勤勞且令職在於早趨乃欲功歸於歷試無忝聿修之訓勉成負荷之規事須補充衙前虞候

曹威轉補散兵馬使

牒前件官勇而好禮勤以從戎比者逞陳眾之言詞傳郭維之訊問果驅險浥皆赴順風尋值沛戎來侵楚壤首登鶴列深挫豺牙摩壘而每能率先殷輪而不欲言病忠誠勵己壯節驚人今則郡守論功材官受賞俾昇峻級用報前功事須轉補散兵馬使

許勍授廬州刺史

牒奉處分良二千石古難其人屬郡之中吾有所試勤修靜理今得人焉前件官自擧六條已踰四載邑

無吠犬境絕飛蝗外令邱井乂安內致閨門肅睦政聲則有口者歌詠仁譽則無翼而奮飛遠達宸聰果霑殊寵美秩已題於龍劍雄威愈振於隼旟既銷滁水之災來作廬江之福分憂救瘼能諧聖主之心紅旆碧幢豈落他人之手事須准勅授廬州刺史

孫端權知舒州軍州事

牒奉處分昔李弼有言大丈夫生世須履鋒刃以取功名安可碌碌依階求仕是乃蓄志能壯謀身克成夕脫羔裘朝驅熊軾不慙往哲其在茲乎前件官族繼興公術傳武子能揚俊氣久練雄師常安仡仡之徒果就循循之誘今則委之郡政試以公才既逢豹變之秋善守龍舒之境爲邦致理必見三年有成向國輸忠勉令百姓無患郎迎帝賞更峻官榮事須差權知舒州軍州事

朱鄘補討擊使　納助軍錢遂加職賞

牒奉處分漢有卜式者輸家財助軍費遂乃出自牧羊豎子終爲司憲大夫忠誠所施其利甚博前件官石非硌硌鐵實錚錚知義重而財輕願忘家而報國天龍地馬不藏私室之中尺籍伍符可列軍門之下俾昇峻級以諷頑毗既有賴於金多無自驚於銅臭事須補充討擊使

郝定補衙前兵馬使　能手射七十步

牒奉處分弧矢之利武藝所先號猿而永播嘉聲落鴈而能傳妙技況乃只憑五指能代六鈞豈唯邁古超今可謂神功聖術前件官早攻手射善應心機不彎三百斤弓能發七十步箭紀昌若見必想弢弦呂布相逢固慙撚笴既抱非常之伎佇成可久之功換滑臺之舊資陟隋苑之高級事須補充衙前兵馬使

客將哥舒瑠兼充樂營使

牒前件官動彰毅勇靜保謙沖早成學劍之功不墜爲裘之業頗經歷試無怠事修久委賓司既見與言之可使俾兼樂職必期餙喜之克諧爾其有禮爲先無荒是誠迎送於燕臺鄭驛指蹤於迴雪遏雲勿使英賢或發養病之誚須令艷麗先緘笑躄之聲事須兼充樂營使

王處順充鹽城鎮使

牒奉處分夫藩鎮之爲制也中屯銳師外列諸戍用備腹心之患固憑爪牙之勤前件官深蘊壯圖挺生勇氣美維若在未占雄兒焦度相逢應饒健物每展報恩之節累申伐叛之功眷彼鹽城居於海岸苟或

一同失墜實爲四遠多虞遂徵處順之名俾守防奸之任爾其效勇夫之重閑致危俗之安居暫固封疆無忿及瓜之限但逢寇孽勉揚破竹之聲事須補充鹽城鎮使

張晏充廬州軍前催陣使

牒奉處分師克在和兵貴在速若許緩其善陣誠爲挫彼奇鋒用之則行時不可失前件官志能傳略名可止啼待逢盤錯之難願展縱橫之術今則舒猶扳楚衛已伐邢雨雖潤於興師雲未銷於結陣遂使魚麗猛勢阻埽氛埃蟻聚頑徒敢安窟穴爾其驅之以

馬箠訓之以豹篇事唯託於一麾功必成於百勝將迎軍賞佇送捷書事須差充廬州軍前催陣使

歸順軍補衙前兵馬使

牒奉處分前件官身榮豹飾志習龍韜奮心於擊鼓其鐙騁力於挾輈以走早歸信義無憚勤勞去正寇據屬城兵徵諸郡其職微事各誓前驅既遵令於牙璋宜陟名於甲騎聊遷職秩用報軍功爾其勿替忠誠更邀上賞事須補充衙前兵馬使

安再榮管臨淮都

牒奉處分西魏王羆率眾拒寇乃杖白挺大呼而詬

曰老熊當道臥貔子那得過敵見威勇果自驚奔則知猛將之名能奪叛徒之魄前件官夙精韜略歷試機謀嘗犯重圍決成獨戰實可謂神出鬼沒豈唯□左旋右抽今之武力雖衰壯心益勵臨事而猶能強飯郎戎而寧欲素餐蠢彼頑兇騷然侵擾雖徵眾旅未建奇功眷彼臨淮處於要地其在訓之以三令激之以一呼審詳於彼竭我盈成就於先難後獲老驥免嗟於伏櫪無令駑馬爭先秋鷹既遂於下韝勿使妖狐得便事須差管臨淮都

呂用之兼管山陽都知兵馬使

牒奉處分仲尼云寬則得眾信則任人爲嘗聆斯語今見其人前件官慶襲玉璜業精金版遵直道而利有攸往奉公家而知無不爲是以晉作新軍權資處右齊行勇爵眾許居先乃禆察俗之規動叶安民之策遂得晨羊罷飲夜犬停喧永除奸濫之源深得撫綏之道今以屬城多難散卒無依窮猿既切於投林飛鳥猶思於擇木羣情所附戎略可嘉俾安其晉晉然來實倚其多多益辦無辭兩役用展長才事須兼充山陽軍都知兵馬使

獬豸都將

牒奉處分凡標軍額須警衆心如指喻之非宜則訓齊而何在況乃均需好爵共荷殊恩跡雖限於柳營秩盡昇於柏署宜加一等俾異三行前件官壯氣挺生忠誠卓立彍弩則前無强敵荷戈則動有成功累建戎勳遂需爵賞今以狼星未滅鯨浪猶飜將申戮暴之能用示觸邪之號爾其勉思一角永息二心佇銷封豕之災勿失神羊之性事須補充獬豸軍都知兵馬使

宿松縣令李敏之充招討都知兵馬使

牒奉處分昔來護者立性卓犖初讀詩至擊鼓其鏜

踴躍用兵羨裘豹飾孔武有力乃捨書歎曰夫人在世固當如是會因滅賊以取功名安能區區事筆硯其後果申壯志累建殊勳則知奇才所爲何代不有前件官精詳吏道旁習戎機假百里之威則疲氓獲賴作萬夫之長則義旅知歸遂得縣道肅淸鄰藩倚賴欲破蘄春之狡寇遙分江夏之兵權罷從役於驅雞佇承乏於建隼聊加職賞俾振軍聲是乃丈夫雄飛君子豹變勉驅甲騎遠應羽書旣設援於他邦必保安於吾國事須補充節度衙前兵馬使兼充西南招討都知兵馬使

張雄充白沙鎭將

牒奉處分升高自卑君子所以勵素志辭大就小古人所以傳令名但能守節不虧固在相時而動前件官密懷義勇深貯謙和須條而政有嘉聲馭衆而軍無慍色今以新恩未降銳旅何安眷彼古津實爲要路是成鎭務乃在江壖旣居使府之要衝宜假公才而管轄況兼場貨可贍軍須且卷豹韜其養斬蛟之勇佇迎鳳詔別遷建隼之榮事須差權句當白沙鎭務兼知場司公事

安再榮充行營都指揮使

牒奉處分昔曹公爲樂府歌云老驥伏櫪志在千里烈士暮年壯心未已今猶古也我得人焉前件官百戰成功一麾出守曾安海俗永振風聲而乃不求更握虎符唯願終申豹略豈覺老之將至每俟用之則行今以大憝未殲外方多難諸藩命將無非竹簡採名遠道徵師或是葵邱代戍苟虧忠勇何蕩妖兇遂付重權佇觀奇策其在身先行伍顧指軍兵勉揚矍鑠之名無致遷延之役時不可失往矣敬哉事須差充行營都指揮使赴壽州西面備禦討逐黃巢徒黨者

徐莓充榷酒務專知

牒奉處分前件官發跡戎行研心吏道忠勤所至幹濟可觀今則舉漢代之權宜捜杜康之利潤贍吾軍用藉爾公才既非若處先登無與衆人皆醉事須差句當天長縣榷酒務

柳孝讓知白沙場榷酒務

牒奉處分前件官直道立身公途勵志學已窺室家之富任曾致州縣之勞今以備食三行捜貲六物豈使弊歸於下只令利在其中勉稟條章早申績效俾不欺於釀具無自陷於醉鄉事須差知白沙場榷酒務

行營都虞候

牒奉處分前件官勇而好禮敏則有功膂力甚强腹心可委今以齊驅勁卒俾剗羣凶爾其糺摘行間防虞境外宜拘小節善事上官勿謂忠貞有乖輯睦能成勤效不悋甄酬事須補充行營都虞候

曹鵬知行在進奏補充節度押衙

牒奉處分藩侯所任邸吏爲先能傳萬里之音不墜九霄之命固憑幹濟方付重難前件官魯劇長林魏仁雄旗雖處干戈之列早閑刀筆之能遂使遠赴行朝專司遞務覩六龍之仙蹕每審巡遊傳九鳳之王言曾無阻滯以兹歷試深可奬酬今已秩亞憲卿官昇典午身得趨於輦路職未稱於轅門俾假牙璋遙分甲騎慎達上天之旨以安外地之心爾能竭誠吾不悋賞事須改補攝節度押衙依前知行在進奏

朱祝大夫起復

牒奉處分事繁金革禮奪苴麻魯公制之於前晉侯行之於後蓋乃從權順變是爲移孝就忠苟不忘家將何報國前件官方從戎役每藉公才遽鍾風樹之悲永違霜權之養能勤泣血唯懼奪情然以羣寇未殲列藩多事確執三年之愛仰辜萬乘之恩況承勅命指揮已許軍前驅使出如綸之睿旨既俟成功衣夫錦之格言豈同前哲時異事異念兹在兹揚名顯親竭力從命孝之終也往矣敬哉事須牒舉起復差往五嶺已來類會軍前公事

上都昊天觀聲讚大德賜紫謝遵符充淮南管內威儀指揮諸宮觀制置

牒大德眞璞混成靈源廣潤淘俗態於心水瑩仙姿於面冰蓬島神仙應待銜杯之樂茅家兄弟敢攀執袂之遊猶思救苦於寰中尚阻追歡於物外屬以陣蛇出穴戎馬生郊每勤齋敬之心深假護持之力達

聖聽而有謂施醮禮以無虧今則秦嶺煙昏難尋四
老楚淮月皎幸伴八公但以桂苑繁華揚都壯麗既
見星壇月殿處處荒摧難期鶴駕霓旌時時降會欲
設精嚴之備須資揚統之權白馬將軍方役大朝之
元帥青牛道士暫充下界之仙官比年既遂於攀留
他日必同於輕舉事須請充淮南管內威儀兼指揮
諸宮觀莊田等務

唐文拾遺卷之四十一

榮祿大夫三品頂戴前分巡廣東高廉道加四級臣陸心源輯

崔致遠八

應天節齋詞三首 以下齋詞

道士某乙言伏以聖人降生王者嘉應包天地之大
德啟日月之殊祥是以電繞虹流克符龍質握乾拔
震允叶龜書伏惟聖神聰睿仁哲明孝皇帝紫府眞
宗丹陵寶命孝理而勤修一德化成而胥悅萬方偶
以犬吠堯威熊驚漢御猶軫泣辜之念暫勞展義之
行今者風振南薰方在長嬴之節星瞻北極乃當誕

慶之辰莫不山靈供萬歲之歡聲河伯獻千年之瑞
色仰資聖壽敢設仙齋廣成子之微言既傳眾妙華
封人之善祝實繫羣誠伏願德乃日新禍當天悔暫
興時雨遍洗妖氛高整鸞旗早迴鳳輦然後搜濟汾
之詠撰封岱之儀傳芳於玉葉金枝積慶於天長地
久使蠻戎率服蠢植咸蘇仰沐華胥之風齊登仁壽
之域普天率土永賀昇平

又

道士某乙言伏以父天母地帝道所以為尊貫月繞
星靈符於是乎在況覲一人有慶固知萬壽無疆伏

惟皇帝陛下能握丕圖鳳賚聖紹播休聲於里社標盛禮於高禖今者風調舜琴日緩羲鑾曆草舒芳於八葉丹陵降瑞於千齡謹設仙齋仰陳善祝伏願塵銷九野波息四溟早迴西幸之儀便舉東封之禮一千年之休運高建武功三十世之昌期倍延福祚允諧大定永賀中興

又

伏以瀨鄉白鹿既掛仙蹤函谷紫雲果資王氣積慶於天長地久傳華於聖子神孫耀玉京而我李長春演金籙而莊椿永茂伏惟皇帝陛下三無稟德萬有

覃恩叶感星夢日之祥掩四乳八眉之瑞上天降聖癸乘解慍之風列土修齊況值宴陰之月伏願崆峒山順軌汾水迴鑾迎萬歲之岩音歸九重之天闕享七百年之休運寰宇中興守五千字之格言兵戈大定仰祈玄鑒永護皇居

上元黃籙齋詞

年月朔啟請如科儀伏以有德不德無名可名自施倏忽之功莫究希微之旨是以紫府乃修心可到玄闕非用力能開臣志慕眞風躬行正道但以漢艮前飭猶勞戰伐之謀越蠡扁舟未遂優閑之望既榮八

國須報主恩誓殲無賴之徒久練不祥之器動拘俗役慮犯玄科今則節已及於上元災未銷於下界謹修常醮仰貢微誠所願梟覆頑巢鳳迴仙駕帝座與三台永耀王畿與九牧皆安雷驚而蟄戶全開風埽而妖氛靜息俾臣靈根日茂至業天成虎符提閫外之權終安澤國虹節指壺中之境得認家山臣無任虔肅禱祠懇悃之至謹詞

中元齋詞

年月朔啟請如科儀伏以道本強名固絕琢磨之理身為大患深驚寵辱之機能審自然而然必知無可

不可是以雕詞贊美則乖妙旨於混成矯志求眞則爽奇功於積學冀標玉籍在守金科臣才謝半千雖慙賢路心凝正一早扣玄關齋誠於八節三元鍊志於龍緘鳳蘊但屬鯨翻逆浪蜮噴毒沙數年興蠹螫之災萬姓抱瘡痍之苦三尺劍高提在手須救危時六銖衣輕掛於身未諧夙願今謹因中元素節大慶良辰依寶壇而醮設常儀企仙闕而拜申情懇伏願眞風蕩滌玄澤滂流吾君享萬歲於巖扃賢相耀六符於渭訣謝舜絃之美化永復昌期漏湯網之兇徒咸歸顯戮然後戴髮含齒鱗潛羽翔不知日用之功

各遂天成之樂俾臣代勁善繼眞位高遷留形於煙閣雲臺縱賞於芝田蕙圃鑄金追想終榮聖主之恩叱石閑遊得效仙人之術儻非過望敢不精修臣某無任祈恩謝過虔禱懇悃之至謹辭

下元齋詞

年月日敢請如科儀伏以教資妙用無爲而無不爲道在勤行不厭是以不厭苟得淨持三寶必能極護萬靈須憑善建之根株始覩混成之閫閾故曰大丈夫處其厚而不處其薄居其實而不居其華者也臣雖塵役拘身而雲裝挂志大成是望上達爲期每依

郭璞詩中精調玉石願向葛洪傳上得寄一名所以仰欽象帝之先豈在他人之後聽爛柯翁之說則倍惜光陰覽抱朴子之言則不虧忠信但以卑棲俗累深握兵符政刑之得失難調賞罰之重輕易惑暗推愆咎莫補精修況叨眞位之榮恐負玄科之責是以三元八節顒醮遂祠唯期致力於九層未曾妨功於一簣今則天吏扣應鍾之候水官攬玄律之時月數就盈日辰在望仰投靈地敬設寶壇備儀於琳几瓊盤注想於金臺銀闕冀感通於良夕能濟援於危時伏乞太上三尊十方衆聖曲垂玄鑒俾遂丹誠早迴翠輦於長安復振皇風於正始秉陶鈞者永諧德化仗節鉞者共戢兵戎波濤靜寢於四溟氛霧豁開於九野樹下有推功之將草間無求活之徒至於翔翼躍鱗跂行喙息皆登仁壽之域不躡昏迷之途使臣深結道緣遂申齋願望三清於通路資一溉於良田此時枕越石之戈暫妨高卧他日把浮邱之袂豈訝後來臣某無任瀝懇投辭虔禱惶切之至謹辭

又

年月日啟請如科儀臣伏以測管窺天雖乖曠望揮戈駐日蓋感精誠苟爲山之力不虧則至海之期何

遠仰玄門之善閑遵妙道以勤行但以爲子爲臣曰忠曰孝既增榮於國祿願無忝於家勳手握玉符且救寰中之難志棲金籙唯思象外之遊每慮政失務三法虧畫一雖慎撫綏於南兗尚多愆咎於北鄙況當剪寇爲期弭兵未暇今則月就盈數日臨下元遙仰眞儀敬陳齋法儼星壇而稽首想風馭以馳魂伏乞太上三尊十方衆聖玄慈見蔭眞願克諧翠華早耀於秦雲皇祚永興於漢日百官多慶八裔同歡寇戎則銷燧象之災幽滯則假燭龍之照然後使臣世官貞吉道業滋成遺榮待泛於五湖企想潛通於三

島作人間之都尉蒯訓無心拜天上之侍郎沈羲有望唯願在家必達終能直道而行臣無任祈恩懺罪虔切惶恐之至謹辭

上元齋詞

年月日啟請如科儀臣仰察玄經乃見道資衆甫俯稽聖典則知神應至誠是以早詳病病之言每勵賢賢之行五音五色實除耳目之娛六甲六丁潛致爪牙之役願躡輕飛之路常敲衆妙之門但屬戎馬生郊陳蛇奔穴無苟免而臨難不得已而用兵蓋報主恩慮虧臣節只誓顯誅寇孽寧知暗積慜殃雖軍律克申而眞科是懼今以日延和景月滿初元遇吸新吐故之辰懺喙腐呑腥之罪儼陳醮禮敬薦齋誠燈耀九光爐焚百和寂寥塵外幡幢靜設於星壇髣髴雲中環珮似傳乎風馭冀銷妖祲仰告威靈伏乞大降玄慈下從丹懇萬乘永資於萬壽百官皆荷於百祥戰場則荊棘叢生農壤則麥禾花茂凡云蠢動盡獲昭蘇然後俾臣援溺功成奉身以退沖靈道遂鼓腹而遊飽瓊蘂之糇糧就瑤臺之蹊徑遇圯上者終諧素志自有前蹤入壺中者益感專心寧無後望旣殊捕影敢憚勞形臣無任悔過祈恩虔切惶恐之至

謹辭

中元齋詞

啟請如科儀域中之四大難名字之曰道物外之三清在想心以為齋豈圖滋福於一身唯願洽恩於萬彙臣生逢聖日志慕眞風寧貪久視之門有覬輕飛之路但以行先不殆德貴有餘每虔一氣以存思非止三元而展敬今則雲摧火影風戛金聲當中元積慶之辰謹修常醮以下界罹災之事仰告玄慈一昨夏景既闌秋成甚邇而乃曠野則飛芊斂翅深泉則黑蜧藏鱗嗷嗷之黔庶何依烈烈之蒼穹莫訴雖近沾美澤而尚慊農郊伏乞太上三尊十方衆聖下從精懇大庇生靈使風雨常調煙塵永息興聖祚於千秋萬歲振歡聲於四海九州然後俾臣功名則與國同休道業則在家必達水中泛泛謝時態之澆淨雲外飄飄逐仙蹤而騫翥既探珠而有望寧種玉以無因臣不任祈恩救災懇禱虔惕之至謹辭

齋詞

啟請如科儀伏以混成至道本在勤行衆妙玄門唯資善閉故曰修之身則其德乃眞修之國則其德有餘既能事小功多可謂暫勞永逸臣雖手提金鉞而

心寄瑤臺飄飄然自有良期擾擾者誰知積學是以三元致敬一氣存思佇天上之雞聲潛懸素望待海中之鶴信每瀝丹誠終冀用之則行豈言深不可識今者謹齋薄禮仰瀆玄慈所願轉茂靈根漸拋俗界餌崦嵫之奇草飲沆瀣之仙漿漢代淮王終遂仙遊之樂周時柱史何妨吏隱之名苟保天成寔言日損景仰於其中有象原知於此外無求臣無任投辭懇迫虔禱兢越之至謹辭

黃籙齋詞

啓請如科儀臣身拘俗網志仰眞筌雖窈窈冥冥至道則無形可扣而勤勤懇懇精心則有感必通是以每勵焚修敢安晷刻所冀學海而終歸巨海好龍而不懼眞龍豈貪輕舉之名但效勤行之旨然以早分相印久握兵符當扶危靜亂之秋有戮暴誅奸之役伏慮政條失所刑律乖宜僭違暗積於玄司殃咎難逃於黑籍今則景銷木德節啓火威稽首昊天叩心靈地跼蹐而謹陳薄奠禱祠而仰獻微誠伏乞太上三尊十方衆聖俯矜丹懇深降洪慈使電滅千災雲興百福永資玄蔭漸茂靈根埽閫外之煙塵早成勳業玩壺中之日月免役夢思臣無任悔過祈恩懇迫惶恐之至謹辭

禳火齋詞

年月日啓請如科儀於紫極宮內修建洞淵妙齋三日四夜轉經行道爲禳當府火災祈恩投辭上詣虛無元始天尊伏以波蕩四溟塵昏九野遂見綿區匝宇未能減祲消氛臣雖志悅道風而身沾睿澤早託山河之誓久臨淮海之封每愼撫綏不遑寧息麤安一境已涉五年齋誠仰貢於上玄妖氣願銷於下界豈料天心悔禍必俟時期地分罹殃難逃歷數方當暮月始起融風遠興鄭國之災難施灌斝將救成都之急誰噀酒杯所焮既多俱焚是慮衆力猶勤於撤屋羣心免駭於燎原今則每念傷人唯知罪己仰投靈宇敬醮寶壇祓禳覓異於四郊寧拘古禮祈禱遠瞻於三島但獻精誠伏乞太上三尊十方衆聖曲流玄澤大挫陽精使回祿知非祝融請罪閶闔撲地皆除火宅之災道路生風永作水鄉之福烝黎樂業師旅懷安搆陰謀者自就消亡歸善化者各資榮泰齊登壽域仰望仙鄉臣無任歸罪乞恩虔禱懇迫惶恐之至謹辭

天王院齋詞

唐中和二年太歲壬寅正月望日具銜某敬請僧某乙設齋于法雲寺天王院謹白言舍利佛大慈大悲觀音菩薩伏以欲界將傾魔軍競起九野塵昏於刼燼四溟波蕩於狂飇諸侯志慕於宋公星無三徙聖主德齊於漢帝日未再中不知天養鴟梟地容螟蟘力闘之羣兇得便義征之衆旅摧威某也手握兵符心抱將略欲展焚枯之力願成拯溺之功是以景仰三歸勤行十善深憑護念敢啟邀迎宇內瘡痍略假醫王之術世間疲瘵遍希慈父之恩今則幸遇初元精修美供春露洒琉璃之境曉風吹薝蔔之香想其舍衛城中長老盡攜弟子水精宮裏天王便作主人伏願舍利佛大慈大悲觀世音菩薩教既東流跡能西降遠救閻浮之地蹔離兜率之天問疾語言不競維摩之說稱名功德可逃羅刹之災唯願共泛慈航齊揮智劒寢驚濤於苦海埽妖氣於昏衢則乃慧燈照天帝之心法鼓破波臣之膽靜銷諸惡暫開方便之門廣庇衆生無惜慈悲之室謹疏

爲故昭義僕射齋詞二首

中和二年七月二十三日爲故昭義姪孫僕射及二孫子敬設齋于法雲寺聊憑法疏用寫悲詞以昭義姪孫幼蘊壯圖長居重任不埽一室有志四方手運豹韜既是吾家之事身持龍節累沾聖代之恩至於越海征蠻對河分陝立戰功於遐徼傳理化於近藩慎守詔條能諧物議遂移上黨實委外權尋屬戎馬生郊陣蛇出穴遽聆寇孽直犯京華頻興伐叛之師消急訓戎之令上將則雖期徇難欲竭忠誠小人則多是幸災潛興狡計叛徒忽至橫禍斯侵弘演納肝其誰能繼鄧舒傷目所不忍言噫道則日彰志惟天奪征旌永卷飛旐遠來言念彫零莫勝悲慟但以推尋佛理抑割俗情既知前世因緣靡解此時寃痛況乃父立忠節子揚孝名古賢所稱今我何恨俾資冥福敬設妙齋所願慧炬照迷慈航援溺早推誠於貫日終致樂於生天子子孫孫永絕怨讎之本生生世世常逢安泰之期謹疏

又

中和二年七月二十七日某官某乙奉太尉處分爲故昭義僕射於法雲寺設三百僧齋并寫金光明經五部法華經一部永充供養盡聆佛修慧力普濟羣迷入發信心終成善願苟得影從至教必能響答虔誠伏以昭義僕射夙振雄圖繼分重寄將軍投袂練

兵而力切專征天子剪衣飛詔而唯憑妙略佇建殼中之動業忽罹意外之災殃不弔昊天奪我良佐今則敬投蓮宇虔設桑門仍口貝葉之眞蹤仰奉法華之妙義伏願乘兹功德解彼寃讎災星昔照於豫州已推定分慧日今懸於覺路永絕良緣謹疏

祭五方文

年月日具銜某謹以淸酌庶羞量幣之奠敢昭告于五方神之靈傳不云乎五行之官是謂五官封爲上公祀爲貴神社稷五祀是尊是奉木正曰句芒火正曰祝融金正曰蓐收水正曰玄冥土正曰后土是以

禮云共公氏之霸九州也其子曰后土能平九州故祀以爲社然則神主順天靈功莫測諸侯列土祀典宜行惟夫人實統陰祇廣含坤德身爲萬物之母首冠五方之君職奉軒皇功標口社殷湯罷改遷之議漢武陳祠祭之誠是知神鑑則無偏無頗物情則以享以祀昔平九土旣能疏決江河今處五方豈不庇安淮海靈其調和於金木水火驅役於風雨雪霜使春夏秋冬永息災殃之氣東西南北靜除氛祲之源牢幣具陳庶羞甚潔致敬不虧於中霤施恩幸滿於大藩唯候豐穰冀神報塞尚饗

築羊馬城祭土地文

年月日具銜某以兵戎未息禦備是勤乃命修築羊馬城遂遣某官某乙告於土地之神曰夫城郭之設邑居所憑陋之則狡者或口美之則寡能固守況今豺聲競發虺毒遍吹易動難安何處能爲樂境暫勞永泰此時須建良功遂乃揣高卑議遠近使令百堵皆作終可三旬而成徵名於伏櫪觸楹接勢於長雲斷岸不假龜行之跡豈須龍見之期衆旣叶心事無費力神其德惟博載道實流謙勿辭板築之喧勉致金湯之固使雲鍬雷杵遠振歡聲烏堞隼墉高標壯

觀北呑淮甸南吸江煙平欺鐵甕之名逈壓金甌之記有備無患神其聽之

祭楚州陣亡將士

爾等尺籍從軍寸心報國羔裘武飾旣以力稱馬革雄圖早將身許爰有徐孽來侵楚封春喉之壯氣未申失手之寃聲遽起始見荷戈就列翻爲復矢成行然而功其可稱死且不朽有狼瞫之君子無羊斟之小人昔時之重義輕生不求苟活今日之名存身喪豈貯遺悲魂其有知各歆薄酹

寒食祭陣亡將士

嗚呼生也有涯古今所歎名之不朽忠義爲先爾等彍弩勞身蒙輪逞力奮氣於熊羆之列忘形於鵝鸛之前能衍勇於干戈固免慙於牀笫今也野草綠色林鶯好音杳杳逝川空流恨而無極纍纍荒塚誰驗魂之有知我所念兮舊功勞我所傷兮好時節俾陳薄酹用慰冥遊共謀抗敵於杜回無效懷歸於温序能成壯志是謂陰功

移浙西陳司徒廟書

滔滔逝水幽顯雖殊凜凜雄風古今何讓苟或同心立事必能異代論交司徒壯節奇功備載外孫之碣

靈恩顯驗高傳太伯之鄉譚揚而不假再三徵引而難窮萬一今則冀動玄鑒直書素誠既當可舉而行固在不言而信且此誓除國難齊命舟師將泛西江即離北岸練鋪一水指疆界以雖分黛列千山望威靈而如在今於敝境已立嚴祠敬迓來儀迺酬前願幸移玉趾無戀石頭桂檝蘭橈早決遷居之計鸞絲鳳管佇伸迎奉之儀況乃近境無虞芳筵不絕但得禍淫福善何妨捨舊從新北渚煙花休起別離之恨東塘風月好追歌舞之歡必能依統帥指揮永可振司徒勳業特差專介用啟至誠昔之青骨標奇已謂陰陽不測今也赤眉稔惡豈宜征戰無功將申烈烈之威實假冥冥之助所冀八公山上遍設雄師五里霧中能呈異術則必陰子春之破賊吳大帝之封王共立功名若合符契無誤會稽之軍備有慙即墨之神謀早詳禴祭之言永副里仁之義某白

手札

風煙雖邈雲霧難披景仰靈威遙申誠願今已靜搜勝地高創壽宮永可安居謹令吝迓便請挈家速至專當埽席相迎且鐵甕城低金陵地狹能施百福無滯一方此欲劒拂妖星旗迎聖日必期大捷永致中

興幸其來助陰兵共成王事目極東流之雪浪心馳北顧之煙峰神兮移來哀江南某白

西川羅城圖記

西川羅城四例高三尋闊周三十三里乃今淮海太尉燕公所築也粤若梁州別壤蜀國雄都內跨犍牂外聯蠻蜑左臨百濮右挾六戎咽喉之控引實繁唇齒之輔依難保自昔鼈靈流異龜跡標奇藩籬始建其一城扃鐍猶虧於四郭莒子則既忘重閉衞人則唯慮徙居蠢彼狗封忝其狼戾每至草乾荑道浪縮瀘河則必推紒橫侵撥群驅隊編甿懾竄巷哭街號

戎兵以拔旆爲中權府尹以閉關爲上策稔成氛祲積有歲時洎乾符初偶絕羈縻大興叛換自虎之狂災漸盛黃龍之舊約難尋兵力莫申帝心有寄以公慶傳渭夢業練圯書交趾銘勳則永威八詔鄆城報政則不待三年屬蠻寇加嚚王師告老遂飛急詔請救倒懸由是自東徂西以晝繼夜走單車於外境豈煩襲遂獻書受戎輅於中途莫掩晉侯稱伯公鄆行次咸陽除授西川節制遙銜睿略倏達成都于時驃信屯兵逼郊隊而纔踰一舍黔黎失業焚里閭而何啻萬家彼則舉國而濟師此則閩城而受弊外熾昆岡之焰嘆酒無

能內枯疏勒之源指梅何益莫非枕倚墻壁誰堪擐執甲兵公至止之日豁啟城扉若開籠檻威振而窰勞利器邪膽皆播化行而如嗅新香驚魂盡返蠻王以鏤耳飽聆其異略鏤膚畏挂於嚴誅惕然觀電懼雷歘爾鳥飛魚散公尋令選銳暫使追逃乘其垂翅之時展我燎毛之勢數俘莫記執馘居多爾後因閱地圖得搜天險是猿狖養高之齊爲豺狼伺隙之蹊乃令一摽雄關一標巨防修功峽關置平夷鎮蠻賊要路固守無虞危堞則憑巒助峻長溝則導澗資深宛成善閉之機實扼閒行之徑丸泥可固斷知無得而踰爟火罷驚坐見

不爭而勝仍尋水道別建河營大渡河側置防河營遠方猾夏之徒難謀航葦均發戍申之卒免詠流薪疆陲永保於覆盂區閈唯矜於列鼎鄭雲邦彥閑吟搜吐鳳之詞卓鄭鄉豪靜坐貯蹲鴟之利公以寢處戎閫夢想扁舟將申遠慮於無窮豈立空言爲不朽乃曰彼蠻之習也外癡內黠朝四暮三雖莊叔此時功已成於長狄而季孫他日憂必在於顓臾詎可虛號錦城尙無羅郭守民之制非我而誰啟抱而神欽至誠飛章而帝允丹請時有賓寮進難將校獻疑皆云公孫述躍馬雄臨非無意也諸葛亮卧龍崛起亦有志焉但

以纍築子城猶資客土九年方就百代所難蜀口無土昔張儀築子城藉土於學射山日役往返九載後始成況今將興廓落之基恐致遷延之誚公曰術口先定事當速成必能終簡天心豈謂虛穿地脈於是郡侯奔告邑尹樂從乃使揣高卑議遠邇慮材用量事期採時候於魯書佚規模於周令引長江而剷長塹夏禹慙能對高嶽而劃高墉秦皇失色矧乃命五丁而嘯侶運六甲以驅儺天吳則滲水於寒泉地媼則變沙爲美土蜀地穿未盈尺泉源漲起至是土出沙中城口如舊寶謂百靈幽贊萬姓悅臨鋪聚雲鋒杵騰雷響不見烈風凌雨又令盛飽觴酬登登而只聽歡

呼屹屹而便如湧出百堵皆作三旬而成然後郢匠勞功素材變質優人展妙頳壤凝華攢空而烽櫓高排架險而閶闔聳起橫分八尺結雕甍而彩鳳聯飛檻徹四隅擁繡堞而晴虹直挂罩一川之佳景籠萬戶之歡聲遠而望焉則巍巍峩峩若雲中之疊嶂錦霞穀霧隱映乎其上迫而察也則赫赫爗爗想海畔之仙山金臺銀闕焜燿乎其間始自庀徒終於解役不假朽緡於官稅無貣剖粒於軍租（築板所費錢一百五十六貫米一十九萬石皆由智計不破上供）皆聚羨財儼成壯觀遂使蠻酋覩餽寶旅歸心不敢言摩壘而旋無因致入郛之役爰徵繪事仰貢九重旋降綸言過褒一字宣睿旨於翰林才子綴妍辭於黃絹外孫（築城碑今租庸王相公承旨撰詞）公雖迎金鳳銜書未議石龜戴版蓋乃謙沖自牧恥其功伐顯稱及蒼烏高飛翠華遠狩儼仙遊於玉壘安聖慮於金墉故得親覽宏規益欽忠節特傳瑤檢徵進碑詞遂命雕鐫永揚威烈實萬古未聆之事乃四方無比之榮美矣哉龍以雲興魚因水樂誰不仰公智周物表事照機先凡施權謀若合符契則昔全蜀未城也天留盛績日待英才所謂有非常之人然後有非常之事有非常之事然後有非常之功是以非常

者固非常人之所覩也致遠雖上堂覩奧師冕何知而秦國斂賢由余不棄謹成實錄敢記殊庸所冀四海梯航閱雄圖而稽顙九州旄鉞望法駕而安心中和三年龍集癸卯八月二十五日記

補安南錄異圖記

交趾四封圖經詳矣然而管多生獠境邇諸蕃略採俚譚用標方誌安南之為府也巡屬一十二郡（交峯驩愛陸長郡諒武定武安蘇茂虞林）羈縻五十八州府城東至南溟四百餘里有山橫亘千里而遙邃穴深巖為獠窟宅蠻蛋之眾六種星居鄰諸蕃二十一區管生獠二十一輩水之西南則通闍婆大食之國陸之西北則接女國烏蠻之路曾無亭堠莫審途程跂履者計日指期汎浮者占風定信二十一國雜犬傳聲服食所宜大較相類管內生獠多號山蹄或被髮鏤身或穿胸鑿齒詭音嘲哳姦態睢盱其中尤異者卧使頭飛飲於鼻受豹皮裹體黿殼蔽形擣木絮而為裘（獠子多衣木皮熟擣有如纖纊）編竹苫而作翅生養則夫妻代患長成則父子爭雄縱時有傳譯可通亦俗無桑蠶之業唯織雜彩挾布多披短襟交衫或有不縫而衣不粒而食死喪無服嫁娶不媒戰有排乃病無藥餌固恃險阻各稱酋

豪遠自漢朝迄於隋季荐興邊患頗役遐征馬將軍標柱歸時寸分地界史總管倒碑過後略靜海隅洎咸通初驃信挻災元戎喪律鴟嘯於跕鳶之地豕啞於束馬之塗摧兇欲快於搯喉拯溺唯思於援手先帝以今淮海太尉燕公宣威大漢政洽上都（時公防禦秦城劃平醜虜才歸輦下出鎮安南）乃請出鎮龍編立身豹略劃彫題而卵碎活黔首以肌豐復壁壘於一麾拔封疆於萬里有蠹皆削無冤不伸（朱道古稔姦於外杜存陵恣虐於內皆爲安南巨患公乃誅滅無遺故褚令公遂良竄殁日南子孫雕零公特表洗雪）然後使電母雷公鑿外域朝天之路山靈水若偃大洋沃日之波（安南經岩口天威神功所開播在遠邇）遂得絕蠻諜之北窺紓漢軍之南戍乃鳳傳徵詔鵠泛歸程至於洞獠海蠻莫不醉恩飽義遠投聖闕請建生祠則知善政所行殊方可誘既馬如羊而不取縱令蟻若象而何虞足以驗四夷之時或不賓九牧之任不得所也有柔遠軍從事吳降嘗集是圖名曰錄異敘云久觀遐蕃目擊殊形手題本事然則信以傳信斯焉取斯□閱前詞退而歎曰愚之所以爲異者其諸異乎人之所異曰六合之內何物則兼至如鼠肉萬觔蝦鬚一丈既知南北所產永釋古今之疑則彼獸性羣分鳥聲類聚誠不足異也

頃太尉燕公受三顧恩用六奇計使獷悍歸服邊陲晏然今聖上省方蒙王獻款不敢弄吠堯之口永能除猾夏之心皆由燕公收交州鎮蜀郡威振於奔魑走魅功成於金壘湯池所謂蘊先見之能察未來之事呼吸而陰陽不測指蹤而神鬼交馳實爲天工人其代之斯實可爲異矣聊補所闕敢貽將來時翠華幸蜀之三載也

求化修大雲寺疏

大雲寺募緣求化重修建瓦木工價等詳夫教列爲三佛居其一其如妙旨則暗裨玄化微言則廣諭凡流開張勸善之門解摘執迷之網然則欲使衆心歸敬須令像設莊嚴有感必通無求不應墾情田而種福游法海而淘殃不可思議於是乎在當州城西大雲寺雖臨楚甸實壓蜀岡舊創仁祠高標兌位雨洗煙緫之色萬朵前山風敲月砌之聲千株古木在一郡乃偏爲勝境於四時則最稱芳辰至如春水綠波雜花生樹都人士女以遨以遊不勞聽法之緣自得消憂之所則與城東禪智寺霞肩對聳兩耳齊張夾煬帝之遺宮擁淮王之仙宅壯茲樂土倚彼福田前年偶值飛蝗未能避境旋憂聚蟻或欲毀埸故護軍

特進以將隔妖氛忽興猛焰遂使瑠璃之界翻成煨燼之餘雖菩薩焚身固爲常事而苾蒭住足盡失安居可惜祇園便同隙地今幸遇太尉將驅衆旅佇滅羣兇既逃過去之災式補未來之福欲安盛府許葺精廬欲使爐續朝香鐘迎夜梵樹宿獼猴之友林棲鸚鵡之玉蓋尋貞觀之中曾傳帝語豈效太清之末酷信伽譚所願廣運慈航徐撞法鼓深資功德靜剗妖魔百官榮從於鸞旌萬乘端歸於象闕次願太尉廓清寰宇高坐廟堂演伽葉之眞宗龍堪比德舉儒童之善教麟不失時克興上古之風永致大同之化凡於戴髮含齒鱗潛羽翔皆荷慈悲盡能解脫但以一毛可拔先求信義之心百足不僵須賴扶持之力既難獨辦固託衆緣無吝羨財合資洪福富者不仁之說自古所譏積而能散之規於今可誡謹疏

求化修諸道觀疏

紫極宮重修城下諸宮觀求化瓦木等價伏以苦縣誕靈神州演法眞性乃聖朝之祖强名爲至道之宗玉葉金柯耀芳陰於萬代瑶函瓊笈傳妙旨於四方遂得齋醮有歸科儀無墜神宮靈宇宛寫諸天祕殿精壇嚴修勝地當州東吳麗俗南兗雄藩鮑參軍則賦銜精妍揚執戟則箴誇天矯而乃至道少勤行者玄門無善閉之味澹口中動成大笑義深目外誰信上昇福庭則草沒塵侵仙室則雨傾風壞况值梟聲競噪虺毒强吹到處星飛但見羽書之急經年霧集唯聆甲騎之勢俗既喧驚教增寂默未有葺修之暇非無捨施之緣今幸遇太尉德繼猶龍道深有象黄石公之妙訣雅稱帝師赤松子之勝遊佇迎仙友是故出則以六奇制敵入則以九轉服勤靜除閫外之烟塵閑對壺中之日月三元遵敬一氣精修果見眞位高遷殊祥荐降彩雲片片飛來楚岫之風玄鶴雙雙唳向隋宮之月又乃前年則江寇南逼去歲則淮戎北侵蟻皆恃於成羣蛇欲矜於結陣伏賴太尉雄威坐振衆孽奔亡四鄰戴信於桓公八郡感恩於邵父覩耕農之蔽野聽歌吹之沸天古人有言爲可爲於可爲之時則可其城下宮觀今欲旋集良工增修舊址擬金室銀堂之制處處騰光俾星冠月帔之徒人人潔跡微功若就良願克伸龍圖早耀於中興虎旅永摧其大盜次願太尉運籌佐漢迴掩張良拊棹遊湖靜追范蠡石留馬跡臺挂鳳音蓬島花開春醉而閑乘白鹿芝田雨過曉耕而長任青牛罷吟小桂

之篇獨邁大椿之壽然後仰從翔翼俯至潛鱗凡曰含靈悉能蒙福但以所修宮觀荒摧既久經費甚多無因獨辦資糧唯仰衆成功德迦譚之難捨能捨猶見樂輪道致之自然而然幸無輕謊謹疏

唐文拾遺卷之四十二

榮祿大夫三品頂戴前分巡廣東高廉道加四級臣陸心源輯

崔致遠九

初投獻太尉啟

某啟伏以嶽之高與海之深物所歸而人所仰迥拔千仞平呑百川其如巘崿擎天波瀾蘸日豁四方之眼醒萬族之魂是宇內之所歌謠匪毫端之能贊詠伏惟司徒相公獨抱神略一匡聖朝譽洽於艮哉康哉名標於可久可大龔黃德政則郡民有遺愛之碑韓白功勳則國史有直書之筆況某劣同窺豹淺比傾蠡難將篆刻之詞輒頌陶鎔之業但以間生賢哲年當五百之期廣集英豪客滿三千之數既納之似水則來者如雲斯乃司徒相公鏡於心而寬兮綽兮抨於事而無偏無黨網羅儁彥籠罩驍雄於儒則沈謝呈才於武則關張效力遂使弓旌招隱士巖谷爲之一空介胄降叛夫煙塵爲之四息豈獨分憂於閫外實惟稱慶於寰中莫不信齊於春夏秋冬恩播於東西南北但日月照臨之所是風雷變化之時然則尼父堂中亦有他鄉之子孟嘗門下寧無遠地之人片善可稱前賢不讓永能執大邦之政豈欲遺小國

之賓是以敢寫微衷輕投朗鑒某新羅人也身也賤性也愚才不雄學不贍雖形骸則鄙年齒未衰自十二則別雞林至二十得遷鸎谷方接青襟之侶旋從黃綬之官既忝登龍敢言絆驥今者乍離一尉欲應三篇更願進修且謀退縮獨依林藪再閱巨墳課日攻詩虞詠之詆訶無避積年著賦陸機之哂咲何慙俟其敦閱致功琢磨成器求魚道在垂竿而不挂曲鉤射鵠心專撚筈而冀銜後鏃端操勁節佇望良時竊見萬物投誠八紘嚮德不謁相公賓閤不遊相公德門者詞人之所懷慙羣議之所發誚某固敢隳肝瀝膽進牘抽毫不避嚴誅輒申素懇謹錄所業雜篇章五軸兼陳情七言長句詩一百篇齋沐上獻冒犯尊威不任戰懼之至謹啟

再獻啟

某啟某今月五日謹以所學篇章五通貢於賓次雖慙獻豕輒覬攀龍脩客路以心摧望仁風以目斷乍覩秦雲之態或似美人細看燕石之姿恐爲棄物伏蒙司徒相公光逾愛日煦及寒灰念以遠別海隅久沉江徼特垂豐饌俾濟朝饑自驚樗櫟之林已荷稻粱之惠雖鼉魚投水驟喜命蘇而蚉蝱負山深憂力敗且某也兎絲雖絡蛛網自營萬計尋思不如學也百年勤苦猶恐失之所以未競宦途但遵儒道筮仕而懶趨塵土卜居而貪意林泉人間之要路通津眼無開處物外之青山綠水夢有歸時所願更淬鈆刀終求鐵印斂跡而跧藏學藪安身而跌宕詞林嘗誦古詩還符此意云志士惜日短愁人知夜長某既懷志士之勤又抱愁人之苦聊憑毫牘敢述肺肝且如蹋壁寘摟杜門寂坐席冷而廳風擺雪筆乾而硯水成氷欲爲尼父之絕編無奈羲和之促轡卽可知指萬卷之經史恨三冬之景光及其凍枕傷神孤燈伴影寒漏則滴殘別淚遙碪則搗破羈心空勞甯戚之悲歌莫繼陸機之安寢亦可想貯千端之鬱邑過五夜之寂寥然則志士之勤也既如彼愁人之苦也又如此況某家遙日域路隔天池投客舍而方甚死歸指何門而欲安生計唯慮道之將廢豈言人不易知不敢以陋質凡姿覯相公淸嚴之德不敢以片言隻字希相公採錄之恩所望者或以其萬里地遠來十餘年苦學稍垂惻憫得濟困窮則必堅背水之心終爲勇士決移山之志不讓愚公伏以某譯殊方之語言學聖代之章句舞態則難爲短袖辯詞則未比長

禠舌無三寸之能空緘壯氣腸有九回之愬但戀深恩干冒尊嚴下情無任感戴兢惶涕泗之至謹啓

謝生料狀

某啓某昨日伏蒙仁慈再賜生料恩垂望外喜集愁中安貧而已瞻晨炊感德而惟知宿飽遂使范家釜甑免恨長閑顏巷簞瓢倍加其樂伏以某雖楊曾穿葉而蓬且斷根空把利錐冀遇大賢之鑑豈將長鋏先興下客之歌一昨輒貢蕪音累塵尊聽竊德宇而燕雖相賀望威風而鷁恐退飛豈料司空相公俯念海人久爲塵吏特垂記錄繼賜沾濡生前之溝壑無

虞饑寒難濟頭上之邱山漸重負戴難勝依投而既類窮猿展效而願同病雀下情無任云云

獻詩啓

某啓某竊覽同年顧雲校書獻相公長啓一首短歌十篇學派則鯨噴海濤詞鋒則劍倚雲漢備爲贊頌永可流傳如某者跡自外方藝唯下品雖儒宮慕善每嘗窺顏冉之牆而筆陣爭雄未得摩曹劉之壘但以幸遊樂國獲覩仁風久貯懇誠冀伸歌詠輒獻紀德絕句詩三十首謹封如別定王拙舞適足自嫌嫫母濃粧轉爲人笑不足贊揚休烈翻憂冒瀆尊威然

聖人以激勸誠深不間互鄉童子學者以揣摩志切皆投鬼谷先生伏惟特恕荒蕪俯垂采覽所冀趨仁化於江北終得傳美譚於海東唐突藻鑑下情無任戰慄之至謹啓

謝職狀

右某今月二十五日伏奉公牒特賜署充館驛巡官者恩降台階光生旅舍承命而吟魂乍慴叨榮而病骨能蘇攀依有心荷戴無力伏以某樗生曠野蒡託荒田豈惟良匠不窺抑亦農人見棄風敢弱植難舉勢於凌雲塵纖纖莖但懷愁於委地昨者不慚狷者輒效狂生累貢巴詞仰塵秦鑒伏惟司徒相公念以

來從異域遠寓樂郊俯愛似龍不嫌非鳳拔衰英於糞上搜滯刃於獄中許厠嘉賓仍沾厚俸神仙見賜稍親郭隗之臺駑蹇何施得主鄭莊之驛況乃念子襟之志業辱華衮之褒詞刻畫恩深已能長價琢磨志切終願成功修身則飲水懷氷鍊思則吟烟嘯露唯當厲節以謂報恩謹詣衙門祗候陳謝下情無任感激彷徨榮懼之至謹狀

謝借宅狀

右某昨日客司奉傳處分借賜官宅安下者仰聆尊

旨俯省庸才既榮投跡之有門唯恨殺身之無路伏以自趨龍旆免泣牛衣職奉非輕書糧頗贍嘗讀魯論語曰學而優則仕仕而優則學是以望東開之閤永誓依仁坐北面之聰惟期肄業非敢隱居而不嫁秪將直道而自媒今者幸寓樂郊況棲靜室簦屩則不勞涉遠簞瓢則永遂安貧豈謂愛閑誠堪養勇三年就學非□慕藺之心一日成功願滿依劉之志下情無任感恩激切兢惕之至謹詣衙門祗候陳謝謹狀

出師後告辭狀

右某伏念來從異域託在德門昔曾名列桂科未知稱意今忝職居蓮府始覺榮身恩既厚於稻粱跡能安於萍梗日增學植月贍書糧豈期市駿之金傍沾駑蹇惟愧封侯之印未效禎祥今者屬以大憝逋誅中朝多難頃煩豹略亡滅豺聲伏惟太尉相公身耀福星均臨庶類手傾霖雨遍洗妖氛遠命舟師重興國祚華夷則望風競抃蠢植則剋日當蘇若某者空有肺腸方重禱祝恨無羽翼一遂奮飛望龍節以魂銷窺虎威而股慄雖則熊羆之力共喜安人其如犬馬之心常增戀主下情無任攀依激切涕泣之至謹狀

謝令從軍狀

右某適見客司奉傳處分令借舟船隨從行李者深恩既降壯氣潛伸厲心而願效驅馳感德而難勝踊躍伏以某塵中走吏海外腐儒五能非自濟之資一割無可施之處惟增慷慨已分沉淪豈無投筆之心時應未偶空有請纓之志力且難成誰謂忽被殊私不遺賤跡許隨旌旆借賜舟航蹇足無堪敢望維駒之念麼姿何幸遽叨泛鷁之榮況當泣路之時永荷濟川之賜下情無任感戴欣躍兢惕之至謹狀

謝借舫子狀

客司奉傳處分借賜舫子安下者某方脫窮鱗得攀畫鷁自慙跡在塵吏忽訝身爲水仙則彼甘寧割錦纜而呈奢顧愷毀布帆而無恙豈若榮棲德宇又泛仙舟風波無失所之憂烟月有捜吟之暇況淸流蕭望暑氣銷威每當定志安神則乃銘肌刻骨謹課七言長句詩一首齋沐上獻干瀆台堦下情無任荷戴兢惕之至謹狀

謝許奏薦狀

右某昨日見衙前兵馬使曉師禮奉傳處分特賜慰

問兼許奏薦令自修狀本來者俯慙蓬跡仰聽蘭言喜抃而身輕欲飛兢惶而心戰難遏何者某職叨鄭驛已謂極榮名達堯階實爲過望憑何展效佩此恩光況乃朗鑑氷開英才霧集所宜倒屣則先迎王粲築臺則亥接劇辛如某者輟耕海上之田來泣塵中之路雖云游學尙未成功豈料勤勞莫副於指蹤將念已全於卵翼許令伐善將使警愚每思郄子之驟稱深慙速謗欲效黃公之多讓又恐失時冀紆拙詞仰遵嚴命南宮适之問宜父實有所疑東方朔之對漢皇甯辭自責旣忝風雷之變化佇期雨露之沾濡下情無任感戴榮抃兢灼之至謹奉狀陳謝謹狀

賀破淮口賊狀

右某昨日竊聆淮口鎭狀報今月八日諸軍合勢殺戮狂賊已盡者伏以徐州賊黨偶因嘯聚敢恣喧張鴟梟同巢勢必不久蟣蝨相吊生能幾何猶懷拒轍之心未有返轅之意伏賴太尉相公雄聲遠振妙略潛施謀安四方決勝千里遂使淮山樂境長成虎豹之威泗水孤城免作鯨鯢之餌功著於暫勞永息計資於彼竭我盈小盜旋除中興可望三軍之勇氣方振百姓之驚魂再蘇但仰恩威感增抃躍謹祗候陳賀謹狀

賀高司馬除官狀

某啓伏承司馬二十五郎榮膺寵命伏惟感慰伏以漢朝美仕稱太傅少傅之榮晉代高流誇大阮小阮之譽然而但欲脫身於利祿無非縱志於歌吟於臣則虧報主之誠爲子則失榮親之節豈期太尉相公重言天應美命風行遂令司馬二十五郎挂綵衣披朱紱動高堂之喜色振德宇之嘉聲佐理多閑藹餘芳於玉樹連官獨貴掩前哲於竹林某每愧小儒忝棲大廈覩鵾鵬之逸勢貽燕雀之歡心下情無任抃躍之至謹奉啓陳賀謹啓

謝職狀

右某志雖求己藝不及人伏蒙太尉相公仁慈肉被摧骸翼成飛卵難飾片言隻字粗伸感德懷恩今則久貯血誠敢憑毫素先甘鼎鑊仰黷旌幢謹具長書杳陳下情無任戰灼之至伏惟特寬罪誅俯賜念察謹狀

長啓

某啓某伏以短綆不可以汲深頑鋒不可以剸滯是故不能者止周任有言自宜量力而行豈可從心所

欲某東海一布衣也頃者萬里辭家十年觀國本望止於膀尾科第江淮一縣令耳前年冬罷離末尉望應宏詞計決居山暫爲隱遁學期至海更自琢磨俱緣祿俸無餘書糧不濟輒攜勃窣來掃膺門豈料太尉相公過垂奬憐便署職秩跡趨鄭驛身寓陶驄免憂東郭之貧但養北宮之勇去年中夏伏遇出師忽賜招呼猥加驅策許隨龍旆久倚鷁舟每恨布鼓音凡鉛刀器鈍縱傾肝膽莫副指蹤遽蒙念以慕善依仁特賜奏薦重言天應忝獲超昇若非九重倚賴於功名十道遵承於法令則其恩命亦豈肯許某自江

外一上縣尉便授內殿憲秩又兼章緩且見聖朝簪裾烜赫子弟出身入仕二三十年猶挂藍袍未趨蓮幕者多矣況如某異域之士乎昔有一日九遷無以及斯榮盛某嘗讀魯論見仲尼使漆雕開仕對曰仕進之道未能究習善其深志夫子致悅某雖慙不敏竊有慕焉昨蒙恩慈特賜轉職尋已具狀陳讓兼納所賜公牒伏奉批誨即有勑命但請收之某既蒙未允至誠固且仰遵嚴旨立愧形影坐驚神魂每當夜對寒釭曉窺清鏡感激而頭橫涕雨憂惶而背浹汗漿雖榮攙脫於風塵倍赧汚瀆於門館伏以太尉相公雄名峻望碩德茂勳不惟雲覆九州抑亦風揚萬國寓目傾耳仰爲指南儒武所歸一人而已是以諸道景附馬首是瞻其如都統巡官須選人材稱職外塞四方之望內資十乘之威若今某塵玷恩知尸素□位但恐買戎狄之笑沾史傳之譏昔漢朝金日磾常在武帝左右帝欲別加寵遇日磾辭曰臣外國人且使匈奴輕漢某今日之請實在於茲諸廳郎官早陳公議蓋以賤無妨貴欲令夷不亂華某伏自前年得在門下更無知識惟謁諸廳幕中垂情幸而獲宥竊聆太尉相公去年夏於東塘顧問某之時諸郎官

同力薦揚和之如響遂沾厚遇遽竊殊榮昨者繼陳讜言不徇尊旨實乃惜太尉相公之名望存淮南藩府之規儀事體不虧裨贊斯在冬末面奉處分欲使別開院宇雖承恩諾轉切憂懷何者六韜曰人才大小猶如斗也不可盛石滿則棄矣故孔子云孟公綽爲趙魏老則優不可以爲滕薛大夫今者甘寘嚴誅輒傾眞懇乞解所職官諺可也伏惟太尉相公特賜允從令得其所儻蒙未垂擯棄猶許依棲則望或別補冗員或薄支虛給一枝數粒可養羽毛斗水尺波得安鬐鬣固非矯飾廉讓爲名實願揣量分涯免成

負累恩德春秋傳曰齊侯使敬仲爲卿辭曰羈旅之臣免於罪戾施於負擔所獲多矣敢辱高位請以死告使爲工正不失令名故事昭彰卑誠惆悵守道而得無慳矣登門而免見刖之但願藥日留恩終有凌雲之望書簪挂念永無委地之愁干冒台威下情無任懇迫憂兢之至謹啓

謝加料錢狀

右某今日某官奉傳處分每月加給料錢二十貫者某厚沾職俸過贍書糧瓶羊之角且不贏鼴鼠之腹能易滿惟憂福盛難報恩深豈料筆端乏白鳳之詞

日無可效囊底獲青鳧之術月有所增但懷臨谷之心恐敗負山之力惟願除供陋巷之食分濟遠鄉之親同感厚恩永傳遐谷或成浮費必速幽誅下情無任荷戴兢惶涕泣之至

謝衣段狀

某啓伏蒙恩慈賜及生衣段一十疋者伏以風雖解慍日可畏威始當蒸鬱之時忝受鮮華之賜敢效八公之俗欲衒六銖但隨百姓之歡同歌五袴況乃某幸趨台階榮託德門實資千載之遭逢每濟四時之服飾懸念而情踰父母稱揚而禮異賓僚今者輕縠衫林細練褠制僅趨儉幕許曳鄒裾雖恩耀遠人足呈妍於鮫室而名慙奇士甘致刺於鵜梁下情無任感戴之至

謝借示法雲寺天王記狀

某啓昨日伏蒙恩慈借示修法雲寺天王碑絲毫乍閱俗眼初醒惟慙鐵印之傭流忽覩銀鉤之妙迹旣成國寶豈許家藏竊聆將勒貞珉始揮神筆風停滅暑天洒呈祥固知垂露之蹤便成甘露況假崩雲之勢永耀法雲宜乎琬琰之詞鎮彼瑠璃之地共傳嘉瑞遠振芳聲然則隋煬帝之故都永爲寶扂謝將軍

之舊宅終作福田下情無任抃讀祠禱榮懼之至其碑謹專諮納謹狀

謝示延和閣記碑狀

某啓昨日觀察衙推邵宗奉傳處分賜及延和閣記碑本一軸者跪展眞蹤仰窺臣節對銀鉤而手舞足蹈望玉輦而魂飛膽揚伏以太尉力贍補天心勤捧日遂啓遷都之議佇聆徙蹕之期恭候宸遊儼成壯觀但以尋章摘句素非吳主之心進牘抽毫惟在陳王之命爰令幕客謹撰碑詞支使侍御巨門顔回蝙帳廬植能揮眞筆妙寫尊襟敘三年望幸之丹誠則

鼓傳眾聽述一片勤王之忠節則鏡照羣迷實乃酣飫德馨備陳事實永使奇功秘畧皆令陋古榮今太尉相公志切迎鑾喜勝覽機既贊美於凌雲百尺將掩能於入木八分遂乃親染綵毫俾鐫翠琰隨手而龍蛇旋活迎鋒而劍戟交横畫玉點珠豈可比蘭亭醉本撇雲挑霧只宜示蓬島眞仙誰料末儒亦叨殊貺輒敢覬覦將顧是知誘諭孱庸何則名題桂宮跡隸蓮府雖忝一時之有遇實無萬代之可稱今者支使侍御以好善心得稽古力聘眞才子之藻思辱大丞相之筆蹤推爲賓席殊榮別是儒家盛事則彼郭

隗受黄金厚禮虞卿沾白璧深恩强欲比方却成浼瀆然則四方舐墨含筆之士也莫不競效顰眉之態潛希唾口之恩仰脩脩然勤慥慥爾如某者學海至海雖云有心執柯伐柯猶恐傷手持弊箒而徒增健羨遇神錐而便欲投降惟願讀五千卷之書庶幾入室把十九年之刃無愧發硎每覩仙書更敦壯志稍希異闕黨童子何敢望儒林丈人其所賜碑惟愼捧持敢矜披閱待過天池之外遍詩日域之中想彼驪龍頷下之珠永當減價巨鼇頭上之客必欲偷看下情無任寶玩師仰之至

謝改職狀

右某伏蒙仁恩特賜公牒改署館驛巡官令隨旌旆西去者雖命重難荷而身輕欲飛稱心慷捧檄之榮滿口詠從軍之樂惟慙幽步有辱獎怜感恩而旣識海深舉步而但憂氷薄況無孫拏之精騎自比顔峻之小兒將何以剖析事機游揚德業然所願者得睹龍飛玉劒豹掣牙旗風雷振大捷之聲日月照中興之運則某也有望於一言長價或爲天上之人萬里從知免作池中之物行惟踊躍坐則禱祠下情無任榮抃兢灼之至謹齋沐祗候陳謝

謝探請料錢狀

某啓某頃者西笑傾懷南音著操蓬飛萬里迷玉京之要路通津桂折一名作金榜之懸疣附贅乃是常常之事徒云遠遠而來海闊未覺於榮家江徼況勞於佐邑由是詠南陔而引咎望東道以知歸伏蒙太尉念掃德門許遷代舍濡毫染牘深慙雪苑之清才頂豸腰魚遽忝霜臺之峻秩傳天上披衷之命榮日邊垂白之親以宣父見知則實同陳寔以遠人多幸則不讓漢貂雖乖就養無方久想宗族稱孝然而煙波阻絕難申負米之心風雨凄凉空灑梁山之泣旣

疏溫凊又闕旨甘但切責躬敢言養志況又無鄉使難附家書惟吟陟岵之詩莫遇渡淇之信今有本國使船過海某欲買茶藥寄附家信伏緣蹄涔易渴溝壑難盈不避嚴誅更陳窮懇伏惟太尉念以依門館次三千客別庭闈已十八年既免行傭有希及哺特賜採給三箇月料錢所冀祿遂及親遠分光於異域志能求已永投跡於仙鄉干瀆台階下情伏增感泣兢悸懇迫之至其請錢狀別具上呈云云

與恩門裴秀才求事啓

某伏念身托德門光生異域雖池蛟得雨無沉埋末路之憂而海燕含泥有點污畫梁之罪跡賤而兢惶倍切恩深而展效何期豈合更寫卑誠仰塵尊聽但以事非獲已情或可哀不辭鈇鉞之誅冀滿斗筲之望伏緣某昨聆座主侍郎主銓東洛道路不通且在襄州行李極困早欲發遣專使切緣力未副心今有諸兄弟裴璙遠將窮懇相告輒具別狀干瀆台階下情無任戰灼之至

前湖南觀察巡官裴璙

右件人是某座主侍郎再從弟某去乾符三年冬到湖南起居座主侍郎之時見於諸院弟兄中偏所記

念自數年繼遭剽劫生計蕩盡骨肉凋零久在江南近投當府願披情懇泣告尊慈駐留多時不幸疾苦遂且扶持發去云欲逕往襄陽迎接侍郎今得書云行至滁州前去未得道途既阻溝壑是虞況孤孀三十餘口更無產業未卜定居伏緣某家寄日邊路踰天外杳無來信固絕他圖既無寸土以分耕豈有尺波而假潤是以不量僭越輒具薦論命懸沸鼎之中目斷台階之下非不知捋虎鬚之險非不知探龍頷之難但緣既忝門生豈論賓貢鴛鸞之與螻蟻感恩皆同多士之與遠人報德何異伏乞太尉相公念以程窮計盡憫其柱促聲哀特賜於盧壽管內場院或堰埭中補署散職所冀月有俸入便獲安家裴璙郎自到襄州令弟璹仰副驅策不度涯分澆瀆尊嚴下情無任感泣兢懼之至

獻生日物狀

某啓伏以降跡仙山爲行恩於俗界挺神維嶽期定亂於危時是以杞梓材長松椿壽永名字已標於金籙兵符暫理於玉鈐伏惟太尉相公員嶠稟靈尼邱誕質大任天降中庸日彰四夷識傾瞻之門遠棲仁蔭萬姓歸返魂之域盡飽德馨況今秦甸停氛鎬京

聚孽息虎旅奔沉之患輩豹篇擒縱之機暫施决勝之謀永致昇平之運則必坐寰環海後當去會瑤池五色輕雲鎮隨行止千年素鶴競效驅馳獨保長生却登眞位調鼎佐玉皇之命銜杯聽金母之歌自此漢室公卿仰羨而空矜望鳳仙家朋友相逢而不識來遲某居近鼇峯遇深驥坂每睹張良之術惟吟郭璞之詩喜對今辰敢陳善祝龜蛇病骨叨承救活之恩雞犬癡心竊有奮飛之望下情無任虔禱依攀欣抃之至輒以海東藥物輕黷尊嚴謹具別幅伏惟俯賜念察謹狀

又狀

某啓某聆天降賢人濟天下之人也是以材合地寶性契天和高闢德門深匡帝室伏惟太尉相公漢師仙格魯聖儒機推心於三代之英鍊氣於五行之秀今者正融韶景共慶誕辰四方飽開閤之恩萬族獻稱觴之懇伏惟龍韜暫展靜卷妖氛鳳輦遄歸永興淸運然後誠白石生之妙術從赤松子之勝遊鼇頭擎五色之雲久勞西望豹尾指二京之路暫事北征佇揚滅寇之勳便舉朝眞之禮某棲身大廈祝壽中春下情無任禱祠歌詠欣躍之至謹具別狀輒申微誠伏惟恩慈俯賜念察謹狀

物狀

海東人形參一軀　銀裝龕子盛

海東實心琴一張　紫綾帒盛

右伏以慶資五福瑞降三淸中春方盛於香風上德乃生於遲日凡荷獎延之賜合申獻賀之儀前件人參幷琴等形稟天成韻含風雅具體而既非假貌全材而免有虛聲況皆採近仙峯攜來遠地儻許成功於藥日必願捐軀如能入用於蓬壺可知實腹誠慙非薄冀續延長塵黷尊嚴倍增戰灼伏惟俯賜容納下情幸甚

蓬萊山圖一面

右伏以重陽煦景仙界降眞雖長生標金籙之名而衆懇祝玉書之壽前件圖千堆翠錦一朶靑蓮雪濤蹙出於墨池鯨噴可駭雲嶠湧生於筆海鼇戴何輕不愧瑣微輒將陳獻望臥龍而股慄隨賀燕以魂飛伏惟畧鑒心誠俯賜容納所冀近台座而永安寰海展仙齋而便對家山許沾一顧之榮預報三淸之信輕黷視聽下情無任禱祝歌謠兢灼之至

人參三斤　天麻一斤

右伏以昴宿垂芒尼丘降瑞始及中和之節爰當大慶之辰仰沐尊慈合申卑禮前件藥物採從日域來涉天池雖徵三椏五葉之名慙無異質而過萬水千山之險貴有餘香不揆輕微輒將陳獻所冀海人之藥或同野老之芹伏惟特恕嚴誅俯容情懇續靈壽則後天而老駐仙顔而與日長新下情無任禱祝欣躍兢惕之至謹狀

端午節送物狀

織成韋幞一條

右伏以晏陰將定令節俄臨遇天地之仁時睹江淮之樂境伏惟太尉應五百年之運用八千歲爲春仰贊熏風高揚畏日不假渡瀘之役自成匡漢之謀某忝在末寮合成微禮前件韈幞鴛機呈妙獸錦成華當甜影於追風或資光於照地伏願韈也助百福永安之慶幞也表四方率服之誠干瀆尊嚴下情無任禱祝兢惶懇激之至伏惟俯賜容納謹狀

雪扇一柄

右伏以星火揚輝雲峯聳影遇陳太守饗遙祠之節效華封人祝仙壽之誠前件扇細縿飛綿輕鋪凍練雖假丹青之迹實含潔白之姿裁規則不學齊紈空誇圓月委質則願依孫閤得振仁風謹獻台階無任悚慄伏惟俯賜容納百生榮幸謹狀

謝新茶狀

右某今日中軍使俞公楚奉傳處分送前件茶芽者伏以蜀岡養秀隋苑騰芳始興採擷之功方就精華之味所宜烹綠乳於金鼎泛香膏於玉甌若非靜揖禪翁即是閑邀羽客豈期仙貺猥及凡儒不假梅林自能愈渴免求萱草始得忘憂下情無任感恩惶懼激切之至謹奉狀陳謝謹狀

謝櫻桃狀

右中軍使俞公楚奉傳處分伏蒙賜及前件櫻桃者伏以三春之下始閱羣芳百果之中獨誇先遠綴仙露而堪教鳳食被德風而肯許鸎含遂令摘自喬枝分其美實豈期末品亦荷深恩捧持而色奪楚萍咽嗢而味欺蘇橘何必貯赤瑛盤上最宜對白玉樽前勻排萬顆之珠不惟眼飽似服一丸之藥便覺身輕下情伏增感戴之至謹奉狀陳謝謹狀

謝冬至料狀

右伏蒙仁恩特賜前件節料者伏以某忝棲德宇不愧異鄉萬里滄波雖恨絕東來之信三冬愛日且歡

迎南至之辰豈料尊慈別垂厚賜玉粒既資於同穎霜華乃出於兩岐不勞大嚼之言却懷中聖之慮莫識酬恩報德惟知飽食醉吟下情無任兢懼之至謹狀

謝寒食節料狀

右伏蒙仁慈特賜前件節料米麪羊酒等者伏以□人舉令同祿沮威正吟化俗之仁風又對順時之甘雨仰沾豐饒遇瞻新炊況乃蟻慕芳罇蛆浮清醖捧恩光而飽飫豈止三朝玩春色而醺酣可期千日秖知歌詠何報陶鈞下情無任感戴之至謹奉狀陳謝謹狀

謝社日酒肉狀

右伏蒙恩慈特賜前件酒肉等者伏以候燕應期句龍受祀一半之韶光欲老千般之旅思相攻只知吟樂國之春豈料捧仙家之賜陵分甘膳淮減香醪想田夫醉舞之場起海客狂歌之興敢效陳平壯志便發大言惟尋徐邈前蹤畧判中聖其肉并酒謹跪領訖下情無任感戴之至謹狀

謝疋段狀

緋羅　紫綾　紫天淨紗　紫平紗

黃平紗　黃綾　黃絹　熟綿綾袴段

右伏蒙仁恩特賜前件疋段霞舒鳳纈雪疊鮫綃猥分絳帳之餘俾換褐袍之飾不學王尼巧說遽叨盧志殊榮惟慚螻蟻之姿不稱蜉蝣之什但願厲食蘖飲氷之節報披朱拖紫之恩下情無任感戴兢惕涕泣之至謹奉狀陳謝謹狀

唐文拾遺卷之四十三

榮祿大夫三品頂戴前分巡廣東高廉道加四級臣陸心源輯

崔致遠十

上座主尚書別紙

不審近日尊體寢膳何似。道惟滌慮。德以潤身。致五福之併臻。迎百靈之所薦。伏惟節宣無爽。時望有歸。某竊窺曩史之傳芳。備載達僚之晦跡。疏太傅登其祖帳。僅涉沾名。陶朱公泛彼柏舟。未忘邀利。豈若尚書中庸守志。大隱存神。表獨見之能。察未萌之事。遂得高揚素節。夙避危時。到處煙塵。不污指鴻之目。終年雲水。能怡夢蝶之心。然而宸鑒屢回。物情猶鬱。欲作山中宰相。其如天下蒼生。即期大駕還京。必赴上台虛位。斯乃萬乘瞻矚。四方禱祈。某海燕含泥。忝棲雲屋。池蛟得雨。早脫塵塗。感恩自比於互鄉。仰德但思於闕里。惟願泥沙賤質。永資陶冶深恩。卑情不任攀戀虔祝涕泣之至。謹狀。

賀除吏部侍郎

某啟。伏承榮膺寵命。伏惟感慰。張司空之一匡西晉。則藻鑒無倫。謝太傅之忽起東山。則烝黎是念。苟欲幽棲悅志。獨處忘懷。緘輝而恥耀秦臺。蘊味而懶調鼎鼐。則乃智者仁者。止傳樂山水之名。賢才俊木。盡失脫塵泥之望。羣情久鬱。美命遂行。今者侍郎靜揖巖扉。高提銓管。萬族仰清通之譽。一時進寒素之徒。致使關中之冠蘖災消。海內之英雄道泰。近又竊聆風議。仰順天心。必謂文司再歸重德。然則任賢得地。既叶五百年之期。好學趨門。必盈七十子之數。繼集仙遊於蓬島。盛傳儒禮於杏壇。既披虹玉驪珠。皆成國寶。佇見臺鸞閣鳳。永作家禽。某伏思萬里無依。久勞漂蕩。十年有遇。幸遂奮飛。異鄉榮垂白之親。達路忝披朱之飾。昔名士為李公御者。喜抃猶多。今遠人稱尼父生徒。光輝無比。陳至懇而喙輸三尺。望深仁而腸結九回。下情無任抃賀踊躍感激之至。伏惟俯賜念察。謹狀。

賀除禮部尚書別紙

伏承天恩。榮膺寵命。伏惟感慰。昔子貢曰。夫子之文章。可得而聞。夫子之言性與天道。不可得而聞也。然則至於四科弟子。窺測尚難。況是萬里遠人。鑽仰何及。固不效尤於篆刻。請益於琢磨。强搜類鶩之詞。是瀆猶龍之德。今者遠聆美命。俯切歡心。望峻中臺。迴冠鴛鷺之列。恩深大廈。空傾燕雀之誠。伏惟捨念雲

泉拯民塗炭輔弼契千年之運奸雄避七日之誅某跡忝諸生身拘倅職末由陳賀下情無任抃躍兢惶禱祝之至伏惟俯賜念察謹狀

濟源别紙

不審近日尊體何似伏想孟津别壤沇水清源風晴而欹枕泉聲雲曉而卷簾山色既見境含秀麗固當道脫冲和伏惟每愼寢興早歸燮理顯驗月中之夢贊成天下之春卑情無任攀戀禱祝之至謹狀

迎楚州行李别紙二首

不審近日利涉長淮尊體寢膳何似伏以源滋桐柏

浪接蓬萊雖漸臨鬱懊之期而宛對清虛之境開樂鏡而眞同月映泛膺舟而況值風調誰言避地之行實叶濟川之業伏惟緩飛仙棹靜運眞筌庶納休禎每加遵護卑情懇望謹狀

又

某啟今月某日專使至伏蒙恩慈特降尊誨跪讀欣抃不任下情伏審尚書遠赴天庭將遵水道整蘭橈而思郭泰指桂苑而訪劉安睹神仙則楚俗皆驚聞雅頌則魯儒相賀況某材實慙於楛矢跡嘗列於蓬壺爲倚德門獲棲候府今者伫迎鶴駕即覩龍章既知天幸遭逢惟切日深踊躍且曾皙陳浴沂之志只見虛談仲由悅浮海之言終非實事輒以管窺筳擊眞爲古陋今繁卑情無任攀戀欣抃兢惕之至云云

五月一日别紙

某啟伏以黃雀風高蒼龍星耀弄雨而梅雖應夏鋪煙而麥已驚秋時定晏陰□資全德伏惟尚書處身無躁深守禮經視履考祥雅符易道恬澹則老聃讓美清虛則周顗懷慙永光長泛於玉壺豈須獨映天意久留其金鼎惟望覲謁方當鷁泛仙舟必見鳳銜睿筆入康帝室永福寰區下情無任虔禱鬱戀激切

之至謹狀

謝降顧狀

某啟某木遂山棲尚從塵役所居官舍深在軍營雖異衡門實同陋巷既乏君章之蘭菊可襲馨香空餘仲蔚之蓬蒿偏資寂寞春日則蝶牽晝夢秋風則蛩助夜吟以此爲娛無他所覬今者方經離亂再獲起居但喜攀父母之恩却慙下兒女之淚況某叨榮秦館就學漢儀姜維之膽氣雖麤鄧艾之口詞甚訥惟深感激莫備啟陳伏蒙尚書念以遠方察其獨立俯憐素志每照溫顏聽及階及席之言伫銘骨銘肌之

懇早來又蒙降三清之仙駕顧一畝之窮居方慙隨入室之賢豈料忝式廬之念非所敢望將何自安莫不忽光遠耀於殊鄉卑迹永超於末路揣庸賤則華夷有隔較輝榮則古今無倫數年乖豹隱之期常低俗眼此日覩鳳儀之後豁展愁眉下情無任感戴欣抃兢惕之至謹祗候起居陳謝謹狀

與金部郎中別紙二首

不審近日尊體寢膳何似既明且哲則詩美賢人視履考祥則易稱君子既樂持盈之道固安養素之機況屬遲日載陽光風遍煦燕歌鶯舞深資酌桂之歡智水仁山靜悅據梧之興伏惟永貢景福早副急徵擲亞賞於煙霞濟蒼生於塗炭羣情禱望天下幸甚謹狀

又

某啟某仰審格言側窺性行人能弘道賢臣以致堯舜為先世實須才俊士以效巢由是恥古者只傳於方策今也共仰於德門伏惟郎中大雅含濤中庸處厚既以高名肅物能將全德鎮時柱晴空而嶽頂無雲瑩秋色而潭心有月比者蘭抛粉闥竹領朱轓出分天子之憂來慰海人之望況彼郡也戶吞越水廳列吳山得袁宏舉扇之風靈濤縮怒使謝運桂帆之路釣潸含春及其五袴傳歌百錢流譽尋迎睿渥遙陟華資懷寶令名誰發迷邦之問司珍正位佇成臣國之謀而乃得之若驚直而不倨選勝於巖軒潤戶貪歡於酒賦琴歌久聆萬乘虛懷忍見四方失望今者梟聲向息鳳紀重興晉傳長才待示指南之制魏牟積戀佇申拱北之誠入覲莫遲坐調梅鼎豈止應月中之夢必期成天下之春然則致堯舜之大猷示臣宸扆效巢由之小節不介尊襟某遠貢鮫綃慙非重價仰趨馬帳忝預生徒下情無任攀戀禱祝兢惕之至云云

與客將書

某腐芥無依斷蓬自役長走而未離塵土獨行而轉困路歧昨者遠抱危誠專趨頭鑒竽聲恐濫琴調空悲伏蒙將軍念以來自異鄉勤於儒道曲垂提挈得遂獻投指喻情深師是不為瞽者與知言重卞和免作罪人荒淺何堪輝榮已極但以某無媒進取有志退居以詩篇為養性之資以書卷為立身之本却緣雖曾食祿未免憂貧趙囊則到處長空范甑則何時暫熱況乃家遙四郡路隔十洲窮愁則終夜煎熬遠

信則經年阻絶時情冷澹俗態澆訛買笑金則易求讀書粮則難致天高莫問日暮何歸始知學者之心須託至公之力今幸遇相公山包海納雨潤風行有片言可奬者稱譽出羣有小技可呈者隨材入用是以無一物不歸美化無一夫不荷深恩然則舉中國之人咸承煦育豈可令外方之士獨見棄遺某不揆庸木敢投清德豈料將軍許垂拯拔每賜吹噓他人之得喪榮枯皆推命分小子之昇沉進退只在恩私儻或特假重言終榮賤質惟托針能入線則同錐得處囊某已倚宦途粗諳吏道如能驅策未必跧藏終

當富見室家豈憚職榮州縣實以流年易邁壯氣難申惟望庇庥得期變化所冀燕棲雲屋永無巢幕之危鶴出塵籠稍識乘軒之使今欲專脩啟事再獻相公少申感謝之懷預寫辭違之懇未知可否先取指麾且某也姜維之膽氣雖麤鄧艾之口辭甚訥縱申拜謁難具敷陳聊托牋毫代披肝膈未能患已先切求仁將軍之心若鏡焉無幽不察小子之身猶箭也惟命是從干瀆既頻慙惶益切伏惟終始俯賜念察謹狀

謝宋絢侍御書

伏蒙殊造俯念移居借賜官事得離旅館璧笈則免勞自負簞瓢則各識所安如承命駕之恩但勵抹輪之志今者卜鄰甚靜學植可成惟扃袁粲之門不掃陳蕃之室雖乘機立事輸他附勢之榮而守道安貧贏得愛閑之樂既諧素志但感深恩伏惟終始俯賜念察謹狀

答裴撝庶子書

某遠離海島旅宦江皋比者暫願退居稍期肄業來投樂國冀濟窮途本望少瞻山資便諧谷隱伏蒙太尉念以雀有多病鶴自遠來特署職名俾趨恩化每

緣狂花有失腐芥無依轉知山鹿野麇惟宜退縮永謂鴻儔鵠侶不合攀瞻況乃器比斗筲之人身隨刀筆之吏旅舍既拘於雉堞閑門可設其雀羅自前年伏承庶子暫阻朝天偶來避地便欲托金牌之幸會敘玉季之獎憐專候起居願搜誠懇益慮跡賤而動多悔忝才微而易見棄捐強自微攀舊恩是為玷瀆清德以此跧藏形影綿歷歲時雖知提箒有門惟恐負荆無路豈料庶子恕以未陳爾刺先降劉牋閲溫言而楚統覆身捧華翰而隋珠耀掌兼蒙賢弟起居末移曩顧遠賜榮緘不遺異域之人特辱同年之字

金膏珠粉既垂摩拂之恩驥尾龍髯重有依攀之望莫不驚駘長價𤬪瓿生光不惟誇衒於親朋實所輝榮於遠俗謹當占筮撰日齋沐拜塵瞻肝而盡瀝卑誠擢髮而少逃厚責其他所奉尊旨謹具別狀啟陳云云

謝高秘書示長歌書

伏蒙特飛榮誨寵示長歌玉海金山難測高深之本北方南國徒觀美麗之姿讚詠無階師資有路但如青蓮居士惟誇散誕之詞白石山人只騁荒唐之作但以風月琴罇爲勝槪不以君臣禮樂爲宏規遂使

千年萬年所流傳皆嗟大雅小雅之淪弊今覩四十三叔行出人表言成世資弄才子之筆端寫忠臣之襟抱在今行古既爲儒室之宗憂國如家固是德門之事天有耳而必當悔禍雲無心而亦可銷兵一言自此與危邦六義於斯歸正道則所謂陳平宰社爾曹何知鄧艾畫營其志不小永言他日足驗前程某畏影雖迷偷光匪懈既知閱寶直若發蒙惟願將鵬舉篇章傳於異域豈獨以伯魚對答誇向同聲下情但增感戴欽仰降歎之至續專祗候陳謝

謝李琯書

某啟某今月十日得祗候見太尉渤澥風息蓬萊路通慙非席上之珍謬作壺中之客伏蒙温顏見照陋質增榮鳳翼龍鱗終容攀附癡鷹鈍犬特許指呼勉其檢愼之心諭以獎憐之意此皆副使不遺薄藝累發重言始當獨卧北牕如蛙跳井豈料榮趨東閤似鶴乘軒風雲既識於因依冰谷不遑於安處感深惟泣誠止無言伏緣既忝從軍難爲乞假不獲祗候陳謝

謝元郎中書

某啟伏蒙太尉恩慈特賜轉職不任歡懼某玄兎微

儒焦螟瑣質早因慕善偶獲成名爾後客路多愁侯門寡援麻衣始染於藍色竹簡奇摧其桂香伏自去年剌謁燕臺職叨鄭驛皆蒙郎中推心獎念假力薦揚使孤根無委地之虞短翮有凌雲之望今者忽忝非常之遇深慙不稱之譏雖樂從軍敢安尸祿且鷦披隼翼已覺非宜雞處鶴羣固當自責時日已具狀辭讓以此未敢祗候陳謝伏蒙恩私特降榮誨奉讀欣抃不任下情

謝周繁秀才以小山集見示

昨日早謁玄成晚歸弊止覺戶庭之發光彩聞机案

之散馨香遂因驚訊僕夫果得捧承留示溫辭一幅粲然受益之規雅什九篇蔚矣患多之思莫不振紀綱於六義飾冠冕於七言既崇大雅之基實播中和之響伏以諸從事鴻儔鵷侶鳳翥鸞翔集桂苑之名都占蓮池之雅筆二十三官郎先輩備觀周樂深閱楚林各陳贊詠之詞能展縱橫之作筆皆實錄機不虛張始窺入首之前只謂衛多君子終覽九華之後方知魯出聖人某今所以禱望者翠輦早遇東巡日環免勞西獻二十三官百步穿葉一飛沖天姮娥則迎入桂宮王母則引歸蓬島然後翱勝遊於御氣展長策於濟時來登郭隗之臺坐弄陳琳之筆則乃今朝麗藻已掩八仙公之名他日寶筵必盈七才子之數見卬門之請禱待陳榻之解懸某便欲銜璧乞降摳衣請益但以志勤詞戰雖將築室反耕道拙世塗僅類杜門却掃未獲面申感謝謹專修狀啟陳云云

與壽州張常侍書

當今聖天子在上賢丞相在下然而宿德令望而推者惟我上公暨滑臺中令兩地而已初常侍鞠旅前弊權握使符我上公以理狀聞請為眞守帝惟曰俞後常侍撫安郡俗振肅兵威大元帥以雄才薦請貳前驅帝亦惟曰俞是得弄印分榮剖符行化踰月報政盡活疲甿實謂壽之人永居壽域矣則乃常侍遇賢丞相之知入聖天子之用乃武乃文多才多藝固以播在四海某豈敢一二而談詠也今所禱願者碧幢紅旆高引前途相幕將壇別張勝地謂予不信神之聽之

賀楚州張義府尚書

國家自兵興已來爵賞既多官榮甚峻然而常恐授受之未能宜稱盡善盡美固當有待今則尚書以累世勳望以數年戰功始假使符旋迎眞命某將趨淸德獲聽好音欣抃之來雀躍而已則非獨喜尚書展龔黃之美政實乃賀聖天子之得良二千石也伏惟云云

與假牧書

伏以近日辱尚書題言矜贊祝苟非全德多是愧辭某執性近愚處身斯直以目所覩以耳所聆方敢詠歌固無諂笑某自達仁境如歸故鄉見百姓之安則知三軍之樂也見鄉閭之泰則知郡邑之肅也若非常侍寬猛相濟恩威并行則何以至村落之居室家相慶自近及遠嬉嬉然喜遇慈父然則政成一境名

建九重即計冠聳豐貂旟翻建隼榮膺眞拜大洽羣情某每聽謳謠深增禱祝伏惟照察謹狀

謝許歸覲啟

某啟早來員外郎君奉傳尊旨伏蒙恩慈念以某久別庭闈許令歸覲者仰銜金諾虔佩玉音雖尋海島以榮歸古今無比且望煙波而感泣去住難安伏緣某自年十二離家今已二九載矣百生天幸獲托德門驟忝官榮仍叨命服一身遭遇萬里光輝是以遠親稍慰於倚門遊子倍榮於得路惟仰趙衰之冬日深暖旅懷豈吟張翰之秋風遽牽歸思且緣辭鄉歲久泛海程遙住傷烏鳥之情去懷犬馬之戀惟願暫謀東返迎侍西來仰託仁風永安卑跡今即將期理櫂但切戀軒下情無任感戴兢灼涕泣之至謹奉啟陳謝云云

謝行裝錢狀

伏蒙仁恩特賜錢二百貫又令辦行裝者謹依處分捧領訖伏以某學虧力行事過心期燕猜銜泥點污常慙於廣厦鼇頭抃嶽低佪暗避於連鈎每愼行藏深規躁靜豈謂謙而受益或希屈以求伸今者果逢尊慈令將遠命榮歸故國免挈空囊比陸生南說之橐裝倍多輝煥異孔氏東還之輜重豈慮椟燒且彼虞卿白璧郭隗黃金徒欲耀名終非濟事曷若念其就養慜以食貧減二十日之堂封濟數千里之家信累載莫申其勞苦一朝頓贍於旨甘盌親而旣佩銀章倍榮衣錦戀德而但垂珠淚願效賣綃下情無任感恩抃涕戀兢惕之至云云

謝再送月料錢啟

某啟昨日軍資庫送到館驛巡官八月料錢伏緣某將命遠方已奉公牒暫離候館即指歸程旣蒙別賜行裝豈令□□職俸□難領受遂便送還不知庫司具狀申上□伏奉□□者筆飛雲鳳顯示深恩縉躍天龍仰資厚□□遂還家之筆實驚潤屋之言遠地賤微雖有慙於　故鄉親識必致敬於金多通神則盍驗魯褒執癖則□□□□伏以尊卑禮隔辭讓無由謹依處分跪領訖下情無任感恩戀德激切徘徊兢灼之至云云

謝賜弟棲遠錢狀

某啟某堂弟棲遠比將家信迎接東歸遂假新羅國入淮海使錄事職名獲詣雄藩將歸故國昨者伏蒙仁恩特賜錢三十貫者伏以崔棲遠遠涉煙波大遺

風浪僅存微命惟有空身雖志切鶺鴒竊慕在原之義而譽慙騏驥難期得路之秋銜蘆而但喜聯行泛梗而免虞失所今者某已榮奉使則遂寧親貨泉沾潤之名實稱子母歸路光榮之事皆屬善人下情無任感恩欣躍兢惕之至

上太尉別紙五首

某啟昨以鄉使金仁圭員外已臨去路尚闕歸舟懇求同行仰候尊旨伏蒙恩造俯允卑誠今則共別淮城齊登海艦雖慙李郭之譽免涉胡越之言遠路無虞不假琴高之術巨川能濟惟懷傅說之恩下情無任感戀之至云云

又

某啟伏奉手筆批誨一行人並善將息穩風濤者俯顧微流仰窺尊念望淮海則陟遐自邇指風波則視險如夷遍灑溫言盡叨恩於挾纊□敷至懇願無愧於賣絺下情無任感激攀戀兢灼之至云云

又

伏奉尊誨藥佾子懸於船頭不畏風浪慎勿開之者仰掛青囊遠踰碧海必使天吳息浪水伯迎風既無他慮於葭津可訪仙遊於蓬島惟願往來無滯忠孝克全萬里安流永□濟川之九百年苦節不欺臨谷之心下情無任感戴兢灼之至

又

某舟船行李自到乳山旬日候風已及冬節海師進難懇請駐留某方忝榮身惟憂辱命乘風破浪既輸宗慤之言長楫短篙實涉惠施之說雖仰資恩煦不憚險艱然正值驚波難踰巨壑今則已依曲浦暫下飛廬結茅茨以庇身摻藜藿而充腹候過殘臘決擇行期若及春日載陽必無終風且暴便當直帆得遂榮歸謹具別狀咨申伏惟云云

又

某啟自叨指使惟欲奮飛必期不讓秋鷹便能截海豈料翻成跋蹩尚類曳泥雖慎三思而行且乖一舉之儁既勞淹久台具啟陳某嘗讀國語見海鳥爰居止於魯東門之外展禽曰今茲海有災乎夫廣川之鳥獸常知而避其災是歲也海多大風冬暖伏見今年自十月之交至於周正月略無威發□覺溫燠必恐魯修濫祠幽改成詩靜思漢祖之興歌大風可懼遙想田橫之竄跡絕島難依遂於登州近浦止泊籠鵠無失藩羊自安惟願時然後行必當利有攸往

艉艘而不滯指渤澥而非遙冀申專對之能早遂再來之望伏惟云云

祭巉山神文

維年月日新羅國入淮南使檢校倉部員外郎守翰林郎賜緋銀魚袋金仁圭淮南入新羅兼送國信等使前都統巡官承務郎殿中侍御史內供奉賜緋魚袋崔致遠等謹以清酌牲牢之奠敬□懇于巉山大王之靈竊以昔辨方員始分清濁融作江海結爲山岳石戴土而土戴石小者險而大者磐然而罕有威神靜無稜角與堆阜而相接見邱陵之可學惟靈磊

磊落落高臨鯷壑巉巉岊岊俯壓鯨潭上則爲雲霧縈纏之骨下則爲波濤激射之窟朝則迎金烏而前出夜則送銀蟾而後沒是以峻德能彰乎東夏西夷玄功不假乎南儵北忽則彼織女之機倚河漢秦帝之橋架溟渤徒銜其名莫勞我形每謂蘊藏其片玉豈惟厠列於雙瓊遂使往來者虔虔英靈祈禱者盡寫精誠旣蘋蘩之可薦信黍稷之非馨今者仁圭等久銜遠命致遠也始奉殷聘喜歸舟之旣同佇遊轡之能并不患胡越之意殊竊慙李郭之名盛去歲初冬及東牟東屬以滄流尙遠玄律將窮浪形匈匈而鵠難浮艦風響鷁鷁而鶴恐辭籠遂艤刳木聊安斷蓬一昨雖迎端月猶懼俊風延頸而待逢候燕回眸而送盡歸鴻方期利涉鼉從筮叶直指雞林輕浮芥葉豈輸馳馬之號顧較秋鷹之捷遠詣靈峯難尋壽宮但覩其靑蓮倒蘸於巨浸碧螺高柱於晴空仰威靈之聳塵外想影響之飄雲中於是潔饋餚擇肥醲酒醴斯醹牲牷粗豐謹賫薄禮敢覬陰功伏惟大王潛施呼噏密降指蹤使波神拱手川后斂容楚師之南風且競鄭伯之東道谿通照水鏡之心旣分妍醜擘土囊之口無雜雌雄則可朝穿汗漫暮截鴻濛去

採石華必同謝運行吟肉脯免效張融加以某臨川自喬登木增懷憶昔雪作夜光冰爲夕飲幾年獨勵於鼓篋今日方期於扇旆將問荆州之絹忝披會稽之錦見寵若驚心如捧盈雖智有不逮而時然後行況賫御筆慮滯王程今則裘裝旣飾儼有行色敢俶景以歌吟汎安流於瞬息惟托大王之風早歸君子之國俾傳帝命無曠神職尙饗

進詩賦表狀等集狀

右臣自年十二離家西泛當乘桴之際亡父誡之曰十年不第進士則勿謂吾兒吾亦不謂有兒矣往勤

哉無嘹乃力臣佩服嚴訓不敢弭忘懸刺無遑冀諧養志實得人百之已千之觀光六年金名牓尾此時諷詠情性寓物名篇曰賦曰詩幾溢箱篋但以童子篆刻壯夫所慙及忝得魚皆為棄物尋以浪跡東都筆作飯囊遂有賦五首詩一百首雜詩賦三十首共成三篇爾後調授宣州溧水縣尉祿厚官閑飽食終日仕優則學免擲寸陰公私所為有集五卷益勵為山之志爰標覆簣之名地號中山遂冠其首及罷微秩從職淮南蒙高侍中專委筆硯軍書輻至竭力抵當四年用心萬有餘首然淘之汰之十無一二敢比

披沙見寶粗勝毀瓦畫墁遂勒成桂苑集二十卷臣適當亂離寓食戎幕所謂饘於是粥於是輒以耕為筆目仍以王韶之語前事可憑雖則傴僂言歸有慙鳧雀既墾既耨用破情田自惜微勞冀達聖鑒其詩賦表狀等集二十八卷隨狀奉進謹進。以上桂苑筆耕

上太師侍中狀

伏聞東海之外有三國其名馬韓卞韓辰韓馬韓則高勾麗卞韓則百濟辰韓則新羅也高勾麗百濟全盛之時强兵百萬南侵吳越北撓幽燕齊魯為中國巨蠹隋皇失馭由於征遼貞觀中我太宗皇帝親統六師渡海恭行天罰高勾麗畏威請和文皇受降回蹕我武烈大王請以犬馬之誠助定一方之難入唐朝謁自此而始後以高勾麗百濟踵前造惡武烈入朝請為鄉道至高宗皇帝顯慶五年勅蘇定方統十道强兵樓船萬隻大破百濟乃于其地置扶餘都督府招輯遺氓涖以漢官以臭味不同屢聞離叛遂徙其人於河南總章元年命英公李勣破高勾麗置安東都督府至儀鳳三年徙其人於河南隴右高勾麗殘孽類聚北依太白山下國號為渤海開元二十年怨恨天朝將兵掩襲登州殺刺史韋俊于是明皇帝大怒

命內使高品何行成太僕卿金思蘭發兵過海攻討仍就加我王金某為正太尉持節充寧海軍事雞林州大都督以冬深雪厚蕃漢苦寒勅命回軍至今三百餘年一方無事滄海晏然此乃我武烈大王之功也今某儒門末學海外凡材謬奉表章來朝樂土凡有誠懇禮合披陳伏見元和十二年本國王子金張廉風飄至明州下岸浙東某官發送入京中和二年入朝使金直諒為叛臣作亂道路不通遂于楚州下岸邐迤至揚州得知聖駕幸蜀高太尉差都頭張儉監押送至西川已前事例分明伏乞太師侍中俯

降台恩，特賜水陸券牒，令所在供給舟船、熟食及長行驢馬草料，并差軍將監送至駕前。幸甚。東國通鑑

唐文拾遺卷之四十四

榮祿大夫三品頂戴前分巡廣東高廉道加四級臣陸心源輯

崔致遠十一

有唐新羅國故知異山雙谿寺教諡眞鑒禪師碑銘并序

夫道不遠人，人無異國。是以東人之子，爲釋爲儒。□也西浮大洋，重譯從學，命寄刳木，心懸寶洲。虛往實歸，先難後獲，亦猶采玉者不憚崐邱之峻，探珠者不辭驪壑之深。遂得慧炬則光融五乘，嘉肴則味飫六藉。競使千門入善，能令一國興仁。而學者或謂身毒與闕里之設教也，分流異體，圓鑿方枘，互相矛楯，守滯一隅。嘗試論之，說詩者不以文害辭，不以辭害志。禮所謂言豈一端而已，夫各有所當。故廬峯慧遠著論，謂如來之與周孔，發致雖殊，所歸一揆，體極不兼應者，物不能兼受故也。沈約有云：孔發其端，釋窮其致。眞可謂識其大者，始可與言至道矣。至若佛語心法，元之又元，名不可名，說無可說。雖云得月，指或坐忘，終類係風，影難行捕。然陟遐自邇，取譬何傷。且尼父謂門弟子曰：予欲無言，天何言哉！則彼淨名之默對文殊，善逝之密傳迦葉，不勞鼓舌，能叶印心。言天

不言捨此奚適而得遠傳妙道廣耀吾鄉豈異人乎
禪師是也禪師法□慧昭俗姓崔氏其先漢族冠蓋
山東隋師□遼多没驪貊有降志而爲遐甿者爰及
聖唐囊括四郡今爲全州金馬人也父曰昌元在家
有出家之行母顧嘗晝假寐夢一梵僧謂之曰吾願
爲阿㜷之子因以瑠璃甖爲寄未幾娠禪師焉生而
不啼迺夙挺銷聲息言之勝牙也既齓從戲必燒葉
爲香采花爲供或西嚮危坐移晷未嘗動容是知善
本固百千劫前所栽植非可跂而及者自丱□弁志
切反哺跬步不忘而家無斗儲又無尺壤可盜天時

者□腹之養惟力是視乃禪販鄹隅爲贍滑甘之業
手非勞於結網心已契於忘筌能豐啜菽之資允叶
采蘭之咏暨鍾薺棘負土成墳迺曰鞠育之恩聊將
力報希微之旨盍以心求吾豈匏瓜壯齡滯跡遂於
貞元廿年詣歲貢使求爲梢人寓足西泛多能□事
視險如夷揮楫慈航超截苦海及達彼岸告國使曰
人各有志請從此辭遂行至滄州謁神鑒大師投體
方半大師怡然曰戲別匪遙喜再相遇遽令削染頓
受印契若火沾燥艾水注卑遷然徒中相謂曰東方
聖人於此復見禪師形皃黯然衆不名而目爲黒頭

陀斯則探元處默眞爲漆道人後身豈比夫邑中之
黔能慰衆心而已哉永可與赤鬚青眼以色相顯示
矣元和五年受具於嵩山少林寺瑠璃壇則瑆善前
夢宛若合符既瑩戒珠復歸横海聞一知十茜絳藍
青雖止水澄心而斷雲浪跡粵有鄉僧道義先訪道
於華夏邂逅適願西南得朋四遠叅尋證佛知見義
公前歸故國禪師卽入終南登萬仞之峯餌松實而
止觀寂寂者三年後出紫閣當四達之道織芒屩而
廣施憧憧者又三年於是苦行既已修他方亦已遊
雖曰觀空豈能忘本乃於大和四年來歸大覺上乘

昭我仁域興德大王飛鳳筆迎勞曰道義禪師曏已
歸止上人繼至爲二菩薩昔聞黑衣之傑今見縷褐
之英彌天慈威舉國欣賴寡人行當以東雞林之境
成吉祥之宅也始憩錫於尙州露岳長栢寺醫門多
病來者如雲方丈雖寬物情自隘遂步至康州知異
山有數於菟哮吼前導避危從坦不殊俞騎從者無
所怖畏豢犬如也則與善無畏三藏結夏靈山猛獸
前路果入山穴見牟尼立像宛同事跡彼竺曇猷之
扣睡虎頭令聽經亦未專媺於僧史也因於花開谷
故三法和尙蘭若遺基纂修堂宇儼若化成洎開成

三年憝哀大王驟登寶位深託玄慈降璽書饒齋費而別求見願禪師曰在勤修善政何用願爲使復于王聞之愧悟以禪師色空雙泯定慧俱圓降使賜號爲慧昭昭字避聖祖廟諱易之也仍貫籍于大皇龍寺徵詣京邑星使往復者交轡于路而岳立不移其志昔僧稠拒元魏之三召云在山行道不爽大通倭幽養高異代同趣居數年請益者稻麻成列殆無錐地遂歷銓奇境得南嶺之麓爽塏居最經始禪廬卻倚霞岑俯壓雲澗清眼界者隔江遠岳爽耳根者迸石飛湍至如春谿花夏徑松秋壑月冬嶠雪四時變

態萬象交光百籟和唫千巖競秀嘗遊西土者至止咸愕視爲遠公東林移歸海表蓮花世界非凡想可擬壺中別有天地則信也架竹引流環階四注始用玉泉爲牓屈指法胤則禪師乃曹溪之玄孫是用建六祖影堂彩飾粉墉廣資誘經所謂悅衆生故綺錯繪衆像者也大中四年正月九日詰旦告門人曰萬法皆空吾將行矣一心爲本汝等勉之無以塔藏形無以銘紀跡言竟坐滅報年七十有七積夏四十一于時天無纖雲風雲欻起虎狼號吼杉栝變衰俄而紫雲翳空空中有彈指聲會葬者無不入耳則梁史

載褚侍中翔嘗沙門爲母疾祈福聞空中彈指聖感冥應豈誣也哉凡志於道者寄聲相弔未亡情者銜悲以泣天下痛悼斷可知矣靈函幽隧預使備具弟子法諒等號奉色身不踰日而窆於東峯之冢遵遺命也禪師性不散樸言不由機服煖縕麤食甘糠麧芧菽雜糅蔬佐無二貴達時至曾不異饌門人以琢腹進難則曰有心至此雖糲何害尊卑耋穉接之如一每有王人乘馹傳命遙祈法力則曰凡居王土而戴佛日者孰不傾心獲念爲君貯福亦何必遠污綸言於枯木朽株傳乘之飢不得齕渴不得飲吁可念

也或有以胡香爲贈者則以瓦載煻灰不爲丸而爇之曰吾不識是何臭虔心而已復有以漢茗爲供者則以薪爨石釜不爲屑而煮之曰吾不識是何味濡腹而已守眞忤俗皆此類也雅善梵唄金玉其音側調飛聲爽快哀婉能使諸天歡喜永於遠地流傳學者滿堂誨之不倦至今東國習魚山之妙者競知掩鼻效玉泉餘響豈非以聲聞度之之化乎禪師泥洹當文聖大王之朝上惻僊襟將寵淨謚及聞遺戒愧而寢之越三紀門人以陵谷爲慮扣不朽之緣於慕法弟子內供奉一吉干揚音方崇文臺鄭詢一斷金

爲心勒石是請獻康大王恢弘至化欽仰眞宗追謚
眞鑒禪師大空靈塔仍許篆刻以永終譽懿乎日出
暘谷無幽不燭海岸植香久而彌芳或曰禪師垂不
銘不塔之戒而降及西河之徒不能確奉先志求之
與抑與之與適足爲白珪之玷噫非之者亦非也不
近名而名彰蓋定力之餘報與其灰滅電絶曷若爲
可爲於可爲之時使聲振大千之界而龜未戴石龍
遽昇天今上繼興塤篪相應義諧付囑善者從之以
隣岳招提有玉泉之號爲名所累衆耳致惑將俾弃
同即異則宜捨舊從新使眎其寺之所枕倚則以門

臨複澗爲對乃錫題爲雙溪焉申命下臣曰師以行
顯汝口文進宜爲銘致遠拜手曰唯唯退而思之頃
捕名中州嚼腴咀雋於章句間未能盡醉衢罇唯愧
深跧泥甃況法離文字無地措言苟或言之北轅適
郢第以國主之外護門人之大願非文字不能昭昭
乎羣目遂敢身從兩役力效五能雖石或憑焉可慚
可懼而道强名也何是何非掘筆藏鋒則臣豈敢重
宣前義謹札銘云
杜口禪那歸心佛陁根熟菩薩弘之靡它猛探虎窟
遠泛鯨波去傳秘印來化斯羅尋幽選勝卜築巖磴

水月澄懷雲泉寄興山與性寂谷與梵應觸境無礙
息機是磴道贊五朝威摧衆妖默垂慈廕顯拒嘉招
海自飄蕩山河動搖無思不服□□□□□□□□
□□必備風雨如晦始終一致慧柯方秀法棟俄□
洞壑凄涼煙蘿憔悴人亡道存終不可諼□士陳願
大君流恩燈傳海裔塔聳雲根天衣佛石永耀□門

有唐新羅國故兩朝國師教謚大朗慧和尚白
月葆光之塔碑銘　并序

帝唐揃亂以武功易元以文德之年暢月月缺之七
日日蘸咸池時海東兩朝國師禪和尚盥浴已趺坐

示滅國中人如喪左右目矧門下諸弟子乎嗚呼應
東身者八十九春服西戒者六十五夏去世三日倚
繩座儼然面如生門人詢乂等號奉遺體假殯禪室
中上聞之震悼使馳吊以書賻以穀所以資淨供而
贍元福越二年攻石封層冢聲聞玉京菩薩戒弟子
武州都督蘇判鎰執事侍郎寬柔貝江都護威雄全
州別駕英雄皆王孫也維城輔君德險道賴師恩何
必出家然後入室遂與門人昭元大德釋通賢四天
王寺上座釋愼符議曰師云亡君爲慟奈何吾儕忍
灰心木舌缺緣飾在三之義乎迺白黑相應請贈謚

暨銘塔教曰可旋命王孫夏官正卿禹珪召桂苑行人侍御史崔致遠至蓬萊宮因得並琪樹上瑤墀跽俟命珠箔外上曰故聖住大師眞一佛出世昔文考康王咸師事福國家爲日久余始克纘承願繼餘先志而天不憖遺益用悼厥心余以有大行者授大名故追謚曰大朗慧塔曰白月葆光乃嘗西宦絲染錦歸顧文考選國子命學之康王視國士禮待之若宜銘國師以報之謝曰主臣殿下恕粟饒浮秕桂飽餘馨俾報德以文固多天幸第大師於有爲澆世演無爲秘宗小臣以有限麽才紀無限景行弱轅載重短

綆汲深其或石有異言龜無善顧浸叵使山輝川媚反贏得林慙澗愧請筆路斯避上曰好讓也蓋吾國風善則善已然苟不能是惡用黃金牓爲爾勉之遽出書一編大如椽者俾中涓授受乃門弟子所獻狀也役口之西學也彼此俱爲之而爲師者何人爲役者何人豈心學者高口學者勞耶故古之君子愼所學抑心學者立德口學者立言則彼德也或憑言而可稱是言也或倚悳而不朽可稱則心能遠示乎來者不朽則口亦無慙乎昔人爲可爲於可爲之時□焉敢膠讓乎篆刻始繹如椽狀則見大師西遊東返

之歲年亶戒悟禪之因緣公卿守宰之歸仰像殿影堂之開刱故翰林郎金立之所撰聖住寺碑敘之詳矣爲佛爲孫之德化爲君爲師之聲價鎭俗降魔之威力鵬顯鶴歸之動息贈太傅獻康大王親製深妙寺碑銘之備矣顧腐儒之今作也止宜標我師就般涅盤之期與吾君崇窣堵婆之號而已口將手議役將自適其適這有上足苾芻求趣奎曰語及斯意則曰立之碑立之久矣尚闕數十年遺美大傅王神筆所紀□蓋顯示殊遇云爾吾子口嚼古賢書面飫今君命耳飫國師行目醉門生狀宜廣記而備言殆貽

厥可長俾之原始要終脫西笑者或袖之脫西人笑則幸甚吾敢求益子無憚煩狂奴態餘率爾應曰僕編苫者師買菜乎遂絆猿心强搖兔翰意得西漢書留侯傳□云良所與上從容言天下事甚衆非天下所以存亡故不著則大師時順聞事蹟犖犖者星繁非所以警後學亦不書自許竊一斑於班史然於是乎管述曰光盛且實而有輝八紘之質者莫均乎曉日氣和且融而有孚萬物之功者莫溥乎春風惟俊風與旭日俱東方自出也則天鍾斯二餘慶嶽降於一靈性俾挺生君子國特立梵王家者我大師其人

也法號無染於圓覺祖師爲十世孫俗姓金氏以武烈大王爲八代祖大父周川品眞骨位韓粲高曾出入皆將相戶知之父範清族降眞骨一等曰得難（國有五品曰聖而曰眞骨曰得難言貴姓之難得文賦云或求易而得難從言六頭品數多爲貴猶一命致九其四五品不足言）晚節追蹤趙文業母華氏魂交覩修臂天垂受優花因有娠幾踰時申夢胡道人自稱法藏授十護充胎教過期而誕大師阿孩（方言謂兒與華無異）時行坐必掌合趺對至與羣兒戲畫墁聚沙必摸樣像塔而不忍一日違膝下九歲始鼓篋目所覽口必誦人稱曰海東神童跨一星終有隘九流意入道先白母母

念已前夢泣曰諾（方言許諾）後謁父父悔已晚悟喜曰善遂零染雪山五色石寺口精嘗藥力銳補天有法性禪師嘗扣騣伽門於中夏者大師師事數年擇索無子遺性歎曰迅足驟驟後發前至吾於子驗之吾慊矣無餘勇可賈於子矣如子者宜西也大師曰惟夜繩易惑空縷難分魚非緣木可求兔非守株可待故師所教已所悟互有所長苟珠火斯來則蚌燧可棄凡志於道者何常師之有尋逐去問驃訶健拏於浮石山釋燈大德曰敵三十夫藍茜沮本色顧坳盃之譬曰東面而望不見西牆彼岸不遙何必懷土遽出

山並海覗西泛之緣會國使歸瑞節象魏下任足而西及大洋中風濤欻顛怒巨艑數人不可復振大師與心友道亮跨隻板恣業風通星半月餘飄至劍山島匍行之碕上悵然甚久曰魚腹中幸得脫身龍頷下庶幾攙手我心匪石其退轉乎洎長慶初朝正王子昕艤舟唐恩浦請寫載許焉既達之罘山麓顧先難後易土揖海若曰戰風彌重鯨浪好魔行至大興城南山至相寺遇說雜花者猶在浮石時有一晳顏耆年言提之曰遠欲取諸物孰與認而佛大師舌底大悟自是置翰墨遊歷佛光寺問道如滿滿佩江西

印爲香山白尙書樂天空門友者而應對有慚色曰吾閱人多矣罕有如是新羅子他日中國失禪將問之東夷耶去謁麻谷寶徹和尙服勤無所擇人所難已心易衆目曰禪門庾異行□澈公賢苦節嘗一日告之曰昔吾師馬和尙誨我曰春藹繁秋實寡攀道樹者所悲吒今授若印異日徒中有奇功可封者封之無使剗復云東流之說蓋出鉤讖則彼日出處善男子根殆熟矣若若得東人可目語者畎道之俾惠水丕冒於海隅爲德非淺師言在耳吾善若徠今印焉俾冠禪侯於東土往欽哉則我當年作江西大兒

後世爲海東大父其無慙先師矣乎屈無何口師化
去墨巾離首乃曰筏旣捨矣舟何繫焉自爾浪遊飄
飄然勢不可遏志不可奪於渡汾水登嶂山跡之古
必尋僧之眞必詣凡所止舍遠人烟火要在安其危
甘其苦役四體爲奴虜奉一心爲君主就是中顓以
視篤癃恤孤獨爲已任至祁寒酷暑且煩暍或皸瘃
侵胥無勸容耳名者不覺遙禮號作東方大菩薩其
三十餘年行事也其如是會昌五年來歸帝命也國
人相慶曰連城壁復還天實爲之地有幸也自是請
益者所至稻麻矣入王城省母祉大歡喜曰顧吾疇

昔夢乃非優曇之一顯耶願度來世吾不復撓倚門
之念也已矣迺北行擬臼選終焉之所會王子昕懸
車爲山中宰相邂逅適願謂曰師與吾俱祖龍樹乙
粲則師內外爲龍樹令孫眞瞠若不可及者而滄海
外躡蕭湘故事則親舊緣固不淺有一寺在熊川州
坤隅是吾祖臨海公（祖諱仁問唐麗伐獩貊功封爲臨海郡公）受封之所
間刼燹沵舊金田半灰匪慈哲孰能興滅繼絕可强
爲杇夫住持乎大師答曰有緣則住大中初始就居
且盼飭之俄而道大行寺大成緜是四遠問津輩視
千里猶跬步其甗不億寔繁有徒大師猶鍾待扣而

鏡忘罷至者靡不以慧炤導其目法喜娛其腹誘憧
憧之顓變蚩蚩之俗文聖大王聆其運爲莫非禪王
化甚恕之飛手教優勞且多大師答山相之四言易
寺牓爲聖住仍編錄大興輪寺大師請使者曰寺以
聖住爲名招提固所爲榮至寵肅僧濫吹高藉寔避
風斯媿而隱霧可慙矣時憲安大王與檀越季舒發
韓魏昕爲南北相（各居其官猶左右相）遙展攝齊禮贄以茗馞
使無虛月至夜名震東國士流不識大師門爲一世
耆得禮足者俍必唶曰面謁倍百乎耳聞口未出而
心已入抑有猴虎而冠者亦熄其趮譁其觚而億犇

馳善道曁憲王嗣立賜書乞言大師答曰周豐對魯
公之語有旨哉著在禮經請銘座側逮贈太師先大
王卽位欽重如先朝志而日加厚焉最所施爲必馳
問然後舉咸通十二年秋飛鴿頭書以傳召曰山林
何親城邑何疎大師謂生徒曰遽命伯宗深慙遠公
然道之將行也時乎不可失念付囑故吾其往矣欻
爾至轂下及見先大王冕服拜爲師君夫人世子旣
大弟相國（追奉尊謚惠成大王）羣公子公孫環仰如一一如古
伽藍繢壁面寫出西方諸國長侍勃賂樣式上曰弟
子不佞小好屬文嘗覽劉勰文心有語云滞有守無

徒欽偏解欲詣眞源其般若之絶境則境之絶者或可聞乎大師對曰境既絶矣理無矣斯印也默行爾上曰寡人固請少進爰命徒中錚錚者更手撞鱉舂容盡聲剖滯袪煩若商颷之劃陰霧然於是上大喜愧見大師晚曰恭已南面可南南宗舜何人哉余何人也既出卿相延迓與謀不暇士庶趍承欲去不能自是國人皆認衣珠瞬叟罷窺廡玉爲俄苦獘簸中即亡去上知不可強迺降芝檢以尙州深妙寺不遠京請禪那別館辭不獲往居之一日必嘗儼若化城乾符三年春先大王不預命近侍曰亟迎我大醫

王來使至大師曰山僧足及王門一之謂甚知我者謂聖住爲無住不知我者謂無染爲有染乎然顧與吾君有香火因緣忉利之行有期矣盍就一訣復步至王居設藥言施箴戒覺中愈舉國異之既踰月獻康大王居翌室泣命王孫勛榮諭旨曰孤幼遭閔凶未能知政致君奉佛補濟海人與獨善其身不同言也幸大師無遠適所居唯所擇對曰古之師則六籍在今之輔則三卿在老山僧何爲者坐蝗蠹桂玉哉就有三言庸可留獻曰能官人翌日挈山裝鳥逝自爾騎置傳訊影綴巖溪遠人知住抵聖住即皆雀躍

叢手易礱慮滯王程尺寸地由是騎常侍倫伍得急宣爲輕舉乾符帝錫命之歲今國內舌杪有可道者貢興利除害策則用蠻牋書言荷天寵有所自因垂益國之問大師因出何尙之獻替宋文帝心聲爲對太傅王覽謂介弟南宮相曰三畏比三歸五常均五戒能踐王道至矣哉吾與是符佛心大師之言汝宜惓惓中和西狩之年秋上謂侍人曰國有大寶珠畢世匱而藏之其可耶曰不可不若時一出俾醒萬戶眼醉四隣心曰我有末尼上珍匿曜在嵩巖山脫關秘藏宜照透三千界何十二乘足之道哉我文考懇

迎嘗再顯矣昔酇侯識漢王拜大將召小兒不能致商於四老人以此今聞天子蒙塵趍令奔問官守勤王加厚歸佛居先將邀師必叶外議吾豈敢倚其一慢其二哉乃重其使卑其辭徵之大師云孤雲出岫豈有心哉有緣乎大王之風無固乃上士之道遂來見見如先朝禮禮之加焯然可屈指者面供饌一也手傳香二也三禮者三三也秉鵲尾爐締生生世世緣四也加法稱曰廣宗五也翌日命振鷺趍風樹鳩列賀六也敎國中磋磨六義者賦送歸之什在家弟子王孫蘇判鎰榮首唱歛成軸侍讀翰林才子樸邕

為引而贈行七也申命掌次張淨室要叙別八也臨告別求妙語乃晌從者舉貞要有若詢乂圓藏虛源元影四禪中得清淨者緒抽其慧表纖旨注意無怠岌心有餘上甚悅揎拜曰昔文考為捨瑟之賢今寡人忝避席之子繼體得崆峒之請服膺開混沌之原則彼渭濱老翁眞釣名者圯上孺子蓋履迹焉雖為王者師徒弄三寸舌也曷若吾師語密傳一片心乎奉以周旋不敢失墜太傅王雅善華言金玉音不患衆昧晤而能出口成儷語如宿構云大師既退且往應王孫蘇判鎰共言數返即歎曰昔人主有有遠體

而無遠神者而吾君備人臣有有公才而無公望者而吾口全國其庶乎宜好德自悉及歸謝絕於是遣輶軒摽放生場界則鳥獸悅紐銀鉤扎聖住寺題則龍蛇活盛事畢矣昌朔忽分定康大王莅阼兩朝寵遇師而行之使緇素重使迎之辞以老且病太尉大王流恩表海仰德高山嗣位九旬馳訊十返俄聞臂腰之苦遽命國醫往為之至則請苦狀大師微破顏曰老病耳無煩治療殘二時必聞鐘後進其徒憂食力虧陰戒掌枹者陽密擊乃自攝而命撤將化命旁侍警遺訓於介衆曰已過中壽難逃大期我儇遠遊

尒曹好住溝若畫一守而勿失古之吏尚如是今之禪宜勉旃告語裁罷慭然而化大師性恭謹語不傷和氣禮所云中退然言吶吶然者乎贊倡必目以禪師接賓客未嘗殊敬乎尊卑故滿室慈悲烝徒悅隨五日為期俾來求者質疑諭生徒則曰心雖是身主身要作心師患不爾思道豈遠而設是田舍兒能擺脫塵羈我馳則必馳矣道師教父寧有種乎又曰彼所啜不濟我渴彼所噉不救我餒盍努力自飲且食或謂教禪為無同吾未見其宗語本夥頤非吾所知大較同弗與異弗非晏坐息機斯近褸褐破者歟其

言顯而順其旨奧而信故能使尋相為無相道者勤而行之不見有岐中之岐始壯及衰自貶為基食不異糧衣不均服凡所營葺役先衆人每言祖師嘗踏泥吾豈蹔安棲至捷水負薪或躬親且曰山為我為塵安我得安身其剋己厲物皆是類大師少讀儒家書餘味在脣吻故酬對多韻語門弟子名可名者厪二千人索居而稱坐道場者曰僧亮曰普愼曰詢乂曰心光諸孫詵詵厥衆濟實可謂馬祖毓龍子東海掩西河爲論曰麟史不云乎公侯之子孫必復其始則昔武烈大王為乙粲時為屠獩貊乞師計將眞德

女君命陛覲昭陵皇帝面陳願奉正朔易服章天子
嘉許庭賜華裝受位特進一日召諸番王子宴大置
酒堆寶貨俾恣滿所欲王乃杯觴則禮以防亂縉綵
則智以獲多衆辭出文皇目送而嘆曰國器及其行
也以御製并書溫湯晉祠二碑暨御撰晉書一部賚
之時蓬閣寫是書裁竟二本上一錫儲君一爲我賜
復命華資官祖道淸門外則寵之優禮之厚設聾盲
乎智者亦足駭耳目自茲吾土一變至於魯八世之
後大師西學而東化加一變至於道則莫之與京捨
我誰謂偉矣哉先祖平二敵國俾人變外飾大師降

六魔賊俾人修內德故得千乘主兩朝拜起四方民
萬里奔趨動必頤使之靜無腹非者肅詎非應半千
而顯大千者賊復其始之說亦何慊乎哉彼文成侯
爲師漢祖大誇封萬戶位列侯爲韓相子孫之極則
佃究假學仙有終始果能白日上昇去於中止得爲
鶴背上一幻軀爾又焉既我大師拔俗於始濟衆於
中潔己於終矣乎美盛德之形容古尙乎頌偈頌類
也抑寂爲銘其詞曰
可道爲常道如穿草上露卽佛爲眞佛如攬水中月
道常得佛眞海東金上人本枝根聖骨瑞蓮資報身

五百年擇地十三歲離塵雜花引鵬路貸木浮鯨津
其一觀光堯日下巨筏悉能捨先達皆歎云苦行無及
者沙之復汰之東流是天假心珠瑩麻谷目鏡燭桃
野其二既得鳳來儀衆翼爭追隨試覬龍變化凡情那
測知仁方示方便聖住强住持松門遍掛錫岩徑難
容錐其三我非待三顧我非迎七步時行則且行爲緣
付囑故二王拜下風一國滋甘露鶴出洞天秋雲歸
海山暮其四來貴乎葉龍去高乎寘鴻渡水應巢父入
谷超朗公一泛歸島外三返遊壺中羣迷漫臧否至
極何異同其五是道澹無味然須强飲食他酌不吾醉

他飧不吾飽誡衆黜心何糠名復粃利勸俗飾身何
甲仁復冑義其六汲引無弃遺其實天人師昔在世間
時舉國成瑠璃自寂滅歸後觸地生蒺藜泥洹一何
早今古所共悲其七梵石復刋石藏形且顯跡鵠塔點
青山龜碑撑翠壁是豈向來心徒勞文字覡欲使後
知今猶如今覩昔其八君恩千載深師化萬代欽誰持
有柯斧誰倚無絃琴禪境雖沒守客塵寧復侵雞峯
待彌勒將在東雞林其九□□□□□巨筏□□憲□
已于下缺

大唐新羅國故鳳巖山寺教諡智證大師寂照

之塔碑銘幷序

叙曰五常分位配動方者曰仁心三教立名顯淨域者曰佛仁心卽佛佛目能仁則也道郁夷柔順性源達迦衛慈悲教海□猶石投水雨聚沙然矧東諸侯□外守者莫我天而地靈既好生爲本風俗亦交□爲□缺八字隱上古之化加姓忝釋種遍頭居寐錦之尊語襲梵音禪舌足多羅之密是乃天彰西顧海引東流宜君子之鄉□法王之道日日深又日深矣且自魯紀隕星漢徵夢丹像跡則百川含□德音則萬籟號風或□琬琰故盜雞宅鏡秦宮之事跡照照焉如揭合璧苟非三尺喙五色毫焉能措辭其間竊說於後□以國觀國考從鄉至鄉則夙傳沙□而來波及海隅之始昔當東表鼎跱之秌有百濟蘇塗之儀若甘泉金□祀□西□攝縻東入句驪阿度於我如康會南行時迺梁菩薩帝反同泰一春□我法興王剬律條八載也亦旣海岸植與樂之根日鄉耀慴長之寶天融嘗願地聳勝因爰有中□捐軀上仙剔髮苾蒭西學羅漢東遊□尒□閒娑婆遍化莫不選山川勝概窮土木奇功藻宴坐之宮燭徐行之路信心泉涌慧力風揚果使□杵鐵災□□騰慶昔之蕞尒

三國今也壯哉一家鴈刹雲排將無隙地鯨枹雷振不違諸天漸□有餘幽求無□其教之□也毗婆娑先至則四郡驅四諦之輪摩訶衍後來則一國耀一乘之鏡然能龍雲躍律虎風騰□洶學海之波濤蔚戒林之柯葉道咸融一無外情或涉乎有中抑止水停淵高山偶□者蓋有之矣世未之知伯長□有得道□西泛睹西堂之奧智光侔智藏而還智始語元契者蓋縛猿心護奔北之短矜鵾翼誚圖南之高旣醉於誦言□嗤爲廣語是用韜光廡下斂迹壺中罷恩東海東終□北山□豈大易之無悶中庸之不悔者邪□秀□嶺西□螳慕者彌山鴈化者出谷道不可廢時然後行及興德大王纂戎宣康太子監撫去邪毉國樂善肥家有洪法大師亦西堂正心來南岳休足鶖晃陳順風之禱龍德慶開霧之期顯示方傳朝凡暮聖變非蔚也□勃爲試覵較其宗趣則修乎修沒修證乎證沒識其靜也山立其動也谷應無爲之益不爭而勝於是乎東人於寸地虛矣能以衆利利海外不言其所利大矣哉尒後觴鶩河□融道無爾祖實繁有徒缺津或珠還合浦爲巨擘者可屈指焉西化則靜衆無相常山慧覺禪譜益州金鎭州金

者是東歸則前所叙北山義南岳陟而降之安□國師慧目育智力聞雙溪照新興彦滿□體珎篋休□雲於山日永固□師聖住深善提宗德之厚爲父衆生道之尊爲師主者古所謂逃名名我隨遯聲聲我追者故皆化被恒沙蹟傳豐石有令兄弟宜爾子孫俾定林標秀於雞林梵水安流於□水矣別有不戶不牖而見大道不山不海而得上寶恬然息意濟乎忘味彼岸也不行而至此土也不嚴而治七賢孰取譬十住難定位者賢雞山智證大師其人也始大成也護蒙于梵躰大德禀具於瓊儀律師終上達也探

卷四十四　圭

元於慧隱長居乎默于楊孚今於法先唐四祖爲五□父東漸於海遡游數之雙峯子法朗孫慎行曾孫遵範玄孫慧隱來孫大師也朗大師從大毉之大證按杜中書正倫墓銘叙云遠方奇士異域高人無憚□途來至□則㩦□歸止非師而誰盍知者不言復藏於密能撣秘藏惟大師然時不利兮道未亨也乃浮于海聞于天肅宗皇帝寵貽天什曰龍兒渡海不憑筏鳳子冲虛無認月師以山鳥海龍二句爲對有深旨哉東還大師畢萬之後斯驗矣其世緣則王都人金姓子號道憲字智詵父□□母伊氏長慶甲辰

歲現乎世中和壬寅歷歸乎宗恣坐也四十三夏歸全也五十九年其俱體則身仞餘面尺所儀狀魁岸語言雄亮真所謂威而不猛者□可滅奇蹤秘說神出鬼沒筆不可紀今探其感應聳人耳者六異操屑人心者六是而分表之初母夢一巨人告曰僕昔勝見佛季世爲乘門以譴恚故久隨龍報報既既矣當爲法孫故佐妙緣願宏慈化□有娠幾四百日灌佛旦誕焉事驗□亭夢符像宝使佩韋者益誡擁毳者精修降生之異一也生數夕不噏乳穀之則號欲嗄欻有道人過門誨曰欲兒無飛忍絕葷腥母從之竟

卷四十四　圭

無恙使乳育者加愼肉食者懷慙宿習之異二也九歲喪父殆毀滅有追福僧憐之諭曰幻軀易滅壯志難成昔佛報恩有大方便子勉之因感□輟哭自所生請歸道母慈其幼復念保家無主確不許耳踰域故事則亡去就學浮石山忽一日心驚坐屢遷俄聞倚門成疾遽歸省而病隨愈時人□阮孝緒居無何染沉痾謁毉□劾枚卜之僉曰宜名隸大神母追惟曩夢誠慮以方宸而泣誓言斯疾若起乞佛爲子信宿果大瘳仰悟慈親終成素志使砥犢者割愛飲勉者擇疑孝感之異三也至七七受具□就□覺袖中

宂熠熠然探之得一珠豈有心而求乃無脛而至眞六度經所喻矣使饑殍者自飽醉偃者能醒勵心之異四也坐雨竟將乇適夜夢遍告菩薩撫頂提耳曰苦竹難行行之必成形閒瘴然默篆肌骨自是不進服緇絮爲修綫之須所必麻楮不穿達□剡羽□餘用□縕□者開眼衣蟲者厚顏律身之異五也自綺年飽老成之德加瑩戒珠可畏者競相從求益大師拒之曰人大患好爲師强欲慧不惠其如摸不□邪況浮芥海鄉自濟來則無影逐爲必笑之態後山□有樵叟疑前路曰先覺覺後覺何須拾空殼就之則

□見焉爰媿且悟不□來求森竹韋于鷄籃山水石寺□卜築他所曰不繫爲懷能遷是貴使佔畢者三省營巢者九思垂訓之異六也贈大師景文大王心融斵敎面渴輪工遥深尒思所俾我郎乃寓書曰伊尹大道宋□小見以儒辟釋自邇□邑□居頗有佳所木可擇矣無惜鳳儀妙選近侍中可人鵠陵昆孫立言爲使既傳敎已因撝齊焉答曰修身化人捨靜奚趣烏能之尒善爲我辞幸許安塗中無令在汶上上聞之益□重自□無翼衆一變於不言咸通五年冬端儀長翁主未亡人爲稱當來佛是歸敬謂下生

厚資上供□邑司所領賢溪山安樂寺富有泉石之美請爲猿鶴主人乃告其徒曰山號賢溪地殊愚谷寺名安樂僧其住持從之徙焉□使樂山者益靜擇地者愼思□藏之是一焉他日告門人曰故韓粲金公嶷勳度我爲僧報公以佛乃鑄丈六元金像傳之以銑爰用鎭仁宇道冥路使行恩者月篤重義者風從知衆之是二焉至八年丁亥檀越翁主使□藍南畝暨臧獲本藉授之爲□袍傳舍俾永永不易大師因念言王女資法喜尙如是矣佛孫昧禪悅豈徒然乎我家匪貧親黨皆殁與落路行人之手寧充門弟

子之腹遂於乾符六年捨莊十二區田五百結隸寺焉飦孰□能銘勁民天是賴佛土可期雖曰我日且居□王云始資疑於王孫韓粲繼宗執事侍郎金八元金咸熙及正法大統釋元亮飛九皐應千里贈大傅獻康大王怨而允之其年九月敎南川郡統僧訓□懷別墅□王埸斯□外□君臣益地內資父母生天使命者與仁寘欲者悛過檀捨之是三焉有居乾慧地者曰沈忠聞大師刃餘定慧鑒透乾坤志確壘蘭術精安廩禮足乙白言弟子有□地在義暘山腹鳳巖龍谷境□目□禪宮徐荅曰吾未能□身惡用

是忠請膠固加山□有甲騎爲前朝之異乃錫挺樵
蹊而歷相焉旦見山屏四迦則鸞翅撒雲水帶百□
則虬腰偃石□塄旦昔日獲是地也庸非天乎不然
靑衲之居其作黃巾之窟遂率先於衆防後爲基□
四注以厭之鑄鐵像二軀以衛之中和辛丑年教遣
前安輪寺僧緣俊恭肅正史裴聿文標定疆域乃賜
牓爲鳳巖焉及大師化往數年有山甿爲野冠者始
敢拒輪終能食蘗得非深斛定水預波魔山之巨力
歟使折臂者標義掘尾者制狂開發之是四焉大傅
大王以花風提弊慧海濡枯素欽䡄育之名渴聽法

深之論乃注心鷄足灑翰鶴頭以徵之日久□緣念
踰三除內修大惠希許一來大師感動瑱函言及勝
因通世同□懷玉出山鬱纖迎途至懸足於禪院寺
錫安信宿□聞心於月池宮時屬纖蘿不風溫樹方
夜適覩金波之影端臨玉召之心大師俯而□仰而
告曰是郎是除俱言□之□然應眞□金□曰所傳
風□固法於此遂拜爲正言比及出俾藎臣□譬旨
幸宜小停□曰謂牛戴牛所直無幾以鳥養鳥爲惠
不貲請從此辞枉之則抗上聞之喟然以韻語歎曰
施既不沒空門□師□支鶴吾非超鷗乃命十戒弟

子宣教省副使馬恕行□送歸山使待免者離林羨
魚者學網出處之是五焉□在世行無遠近夷險未
嘗代勞以蹄角及還山外霓梗跋涉乃昌栟櫚步輿
寵行謝使者曰是豈井大春□所云人車□傾□君
所不傾矧□髮者□然命既至受之□濟苦具□移
疾千安樂練居杖不能起始乘之使病病者了空賢
賢者離載用捨之是六焉至冬杪既望之二日趺坐
語言之際泊然無常嗚呼星迴上天月落大海終□
□谷則聲咽虎溪積雪摧松則色侔鵠樹物感斯極
人悲可量信而假殯于賢溪其日而逑窆於義□其

辭曰
麟聖依仁仍據德鹿仙知白能守黑焉二教徒稱天下
式螺髮眞人難确力十萬里外□西域□□年後燭
東國雞林地在鼇山側仙儒自古多奇特可憐羲仲
不賓餞更悲佛印辭空色教門從此分邪□言路因
之理溝洫身依兔窟心難息足蹋羊岐眼還惑法海
安流直叵測□心□訣苞眞摭得之得類因象得默
之默異寒蟬默北山昔與南岳涉雲鵠翹與展鵬翼
海外時遊遠禪亦蓬托麻中能自直珠探衣內休傍
貸湛若賢溪善知識十二因緣匪虛飾何因□□附

絙□何用紙筆及含墨彼或遠歸來匍匐幾能前坐降魔賊莫把意樹誤栽埴莫把□□枉□□莫把恒沙論萬億莫把孤雲定南北德馨四遠聞薝蔔惠化一方安社稷同奉天花缺拭缺禪缺携嗣佳綿缺入棘腐儒□訣塹□名可勒才輸飾頌文難裁涉□未向山中□

唐文拾遺卷之四十五

榮祿大夫三品頂戴前分巡廣東高廉道加四級臣陸心源輯

徐寅

全唐文八百三十有傳

薦藺相如使秦賦 事節名買璧論秦國

報國憂君無非薦人嘉繆子之匡趙擢相如之使秦懷寶懷才不是迷邦之士有仁有勇可爲銜命之臣昔者秦以輕諾連城僥求尺璧不從則吾國難保將與則荆山可惜廉將軍不能陳其畫馬服君不能獻其策君臣盡以空憂白璧之亡朝野何人可奉皇華之辱繆子曰下位推先相如是賢騏驥請試於長坂鸑鷟須觀於遠天欲將伊呂量力皋夔比肩推心而皎鏡光動鼓舌而黃河浪懸禍乃爲福媸仍改妍必能挫西秦而不強不大亦能繼東趙於千年萬年王乃宣恩渥召英傑劍出匣而齊皇宿松陵空而蔑霜雪既佩君命誓傾臣節智爲囊也克藏和氏之珍詞作鋒焉願刺秦王之血既而西入君門將朝至尊受璧而但驕其色還城而頻啞其言藺氏乃詭譎反幣初終抗論大國封疆既君王之失信微臣投璧顧柱石以寧存然後見秦王雖暴不能肆吞噬之力趙寶

雖來卒能歸邯鄲之國國賞其爵人欽其德獻空籠者固可抱蓋歌易水者誠宜處默有墨客鄉進言以明且八臣者直以諫去公以取名況先王賤珠玉寶忠貞是璧也合請投於泉而抵諸谷庶令趙不屈而秦不爭亦足以致其君於淳朴激其俗於廉平安得徇不是以爲是枉其行而與行大凡將有國以有家無玩奇而玩異豈不見匹夫以之而側足王者以之而喪志余嘗覽趙國史書竊笑相如之事

元宗御製盧徵君草堂銘賦 碧洞眞庭言仙皇錦

元宗以澤浸乾坤維賢是尊仰盧氏兮晦天爵錫草

堂兮抱節貞缺十字如何既不臣於天子勒銘那惜矣特降於王言徵君以挺操凌霜維松隱碧弔夷齊爲犯上之士怪園綺爲沽名之客莫不洞壑聰檻雲霞簟席去隨麋鹿難留傳說鹽梅居陋茅茨因錫般垂匠石豹霧鴻冥名高漢壽一千年聖賜梁棟三十六峰擎戶庭金馬石渠憶神仙之降此蓬扉甕牖假綸綍□□□曰龍得水兮躍天威雲得風兮出巖洞雲龍兮有時興英賢兮達我夢草堂兮超垢氛檹桐兮老鸞鳳泉之深兮珠珍石之韜兮玉貞彼無脛而猶至此有德以難親草堂兮隔煙水郊陳兮布麒麟

御筆揮雲元文粲錦玉刊乎帝寵天語迹逸乎雞□晏寢況乎沙室當檻緣山倒柿有月而簫吹碧洞野鶴同吟無人而澗漱流泉野猿同飲色耀琳琅煙凝御香浮印而鎸載金籍子晉而歌聞玉皇塗山之幣帛駢羅誰朝夏禹箕嶺之雲瓢寂寞敢讓陶唐是何暗室卑棲明廷延仁蓋由抱其才而富以德所以鏤君恩而銘帝語則知道不遠人可以誠而內處

陳後主獻詩賦 醉酒言詩新得騷麗

國碎金陵寰瀛鼎新非翰墨不能贊洪業非詞章無以通紫宸億兆服歸被戎衣而創業華夷共指比天

下以爲臣後主以不惜邦家但荒淫之醜不建道德何歷數之有只貪翠閣留客金壺勸酒寧知其國攢宗祧不覺其身離璽綬秦嬰有志能繫組於沛公孫皓無歸喜朝天於晉后既而目注君門心期渥恩體國風而發詠念王澤以興言麗句今晨翻祝千年之聖丹墀昨日猶居萬乘之尊莫不枝詠巢南星隨拱北吟搜而律呂相應墨探而珠璣盡得二儀形內徵日月之光天萬物毫端迹山河而壯國豈是迹辱才高心傷思勞周文羑里以窮易屈氏瀟湘而賦騷荒唐之夢將醒人才不見唱和之非以悟狎客何逃然

後寫入瓊編神超丹陛鵷行驚懷寶之屈鳳扆嘆縑情之屬太甲改三年之過恨不同時陳思驚七步之才嫌當異世且夫心爲志言爲詩志也者可以寫於今而論於古詩也者可以刺於上而諷於時明不爲舜禹禪而聖晉魏強而欺豈徒詠風雲草木狗榮辱興衰家國何之劫有登封之議祖宗誰嗣更無恤惋之詞只聞五字時吟千鍾日醉燕巢堪慄於帷幙烏鵲先呈於讖記逡巡煬帝殞江都不及陳宮之故事

外舉不避讐賦 先言親讐闕中已見

君子之用心也不以親爲親不以讐爲讐惟賢是搜

惟德是求舉於上也可以治國臣主疏於爵也可使公主爲侯不可嫉其賢而失公論庇其善而顯私仇昔者哀公問儒宣尼對曰斯言眞奧於鬼神厥理俱懸於日月國家或利於親於怨以相推金玉非珍惟信惟忠而罔闕且君之所任任者在乎哲人人難自舉自舉者在乎忠臣臣又狗私則君失任君失任則賢易親如此則壞洪業而隳大倫者也凡百事君宜其去己勿以己怒而要衆怒勿以己喜而招衆喜至如己喜者非賢固難續鳬脛而長焉己怒者誠善固難掩驪領於暗然病一身而利四海已於後而物於先豈可哀者不歌惡鏗鏘於雅樂行人怨雨怪霧需於甫田又若建宮室架梁棟在乎繩墨克正而斧斤克中是宜採匠石之明言不可慽般倕而不用無偏無黨祁奚不廢於解狐捨短求長齊主寧猜乎管仲人若秀發閨闥才惟子孫又安得池有龍兮惟蟠惟蟄巢有鳳而不飛不飜抱其器以須用雖其親而必言親既不憚讐何足論蓋將抱君寵酬君恩如是則慶積高門垂裕後昆亘此道而天地永播斯聲而寰宇寧況有其行者皆闡無其瑕者盡見我縱掩而人詎捨我不薦而人必薦豈擢英賢於下位贊明君於

南面外無怨而內無親所舉者皆邦華國彥

避世金馬門賦 樂道君門祿微仙客

名利交奔大隱之人兮心還混元晦其迹而寧歸碧洞避其時而却入金門亦何必野岸垂釣荒村灌園目其利而我性非利耳其喧而吾心不喧曼倩以骨本天仙才唯墨客佩紫禁之珪組別丹邱之窟宅三冬積學明君之玉案先知千載爲期阿母之仙桃幾摘口誦詩書身遊紫微滑稽而黃屋頻諫鴛鴦而青雲共飛雨露恩深列朝廷之百辟風塵不到隔天子之雙扉不知我者謂我沽寵榮知我者謂我逃薄祿

吏漆園而無得無喪官柱史兮何榮何辱豈異巖霜降處難傷夫翠竹青松烈火焚時不損其良金璞玉不知巖谷終身揖飛泉而眠白雲昧其道則身山林而心垢氛曷若干大國而謁明君顯其道則心無瑕而身榮勳眾炫燿兮我不見眾喧譁而我不聞觀啟石渠豈異青瀵之鼎宮開白虎寧思元豹之羣且避世者在乎遠其禍棲蹤者在乎求其道殊不知道也者不在乎人而在乎我禍也者在乎貪其財而瀆其貨我今以珠玉而爲瓦礫以希微而通壽考簪裾照耀誰思簞嶺一瓢闇闒優游堪笑商山四皓一旦武

帝求元靈姝降天指出三淸之侶言非下界之賢自兹玉石分矣公卿諤然五利文成謾說三山之藥金櫃瑣闈常居六洞之仙豈不以華夏無虞君臣胥樂負其才而皆取名位背其理而乃居林壑臣今歌紫宸誦黃閣庶金門之馬有託

東陵侯弔蕭何賦　客存雲壑名繼石綱

弔衰戚兮世之常情弔豪貴者人難敢行有秦朝之俊乂憂漢室之公卿莫不指先兆談未萌人生之倚代難逃如形隨影天道之盈虛有數暮落朝榮當其秦楚兵銷君臣義附江南誅布之後代北平陳之際彭越先斬淮陰以繼周勃之兵機第一繰紲常拘鄭侯之相業無雙猶豫再衞且侯也道赫巖廊權傾紀綱才吞伊呂道亞皇王欲怒而蚪龍伏匿流恩而瓦礫輝光人民顧我以無先何憂何懼邦家因吾而肇造爲棟爲梁邵平則近甸隱淪前朝侯伯叔孫去國而制禮綺季因時而遁匿於是入青門尋紫陌波瀾濟陸海之岸劍戟列三台之宅朱門赫奕初驚草澤之人黃閣巍峩乍揖瓜田之客客曰胄寵承恩憑高恃尊家不善而殃至神害盈而禍翻木必摧秀葵須衞根賦命而吉凶同域由人而禍福無門當時豐沛

之間差肩並起今日干戈之後屈指誰存鷙戚履冰燕巢懸幕兎殘而獵犬誰惜敵盡而謀臣曷作伍子不省屍漂於疊浪驚濤范蠡能辭身隔乎重湖遠壑今則瑰寶酬恩兵戈衞君以架顛危於累卵堪驚寵貴於浮雲侯曰事既將悟計乎已聞客來悽愴而諭嗚呼以云良田廣宅擬可用積玉堆金奚不分漏盡光催魑魅而看將笑聚妖生孽作妻孥而豈得同羣侯乃狗彼英詞師其上德能全終始於當代果釋猜嫌於大國良哉避陳主而弔漢侯果見東陵而鑒識

貴以賤爲本賦　陳諸榮賤迹豈下焉

貴不可偶貴故託賤以爲本賤不可久賤故從貴而顯請因考貴以由賤乃明終而有初則知失其本而事不立得其本而義有餘吾嘗詢道德之至理知貴賤之終始當俟其爲龍爲光必先乎藏垢懷恥徵乎論也義同乎高以下爲基驗以誠焉理協于洪由纖而起今請疏當時貴賤書往代君臣漢得鹿兮始諸亭長周興龍兮自彼戎人殛鯀帝王雷澤與歷山舊隱擲盧天子耕衣將農器嘗陳此君上之貴也賤爲本以相因媿用晦而以明比登高而自下太公相國昔垂釣曲逆封侯曾宰社雞鳴末客終爲輔主之人

燕頷將軍亦是傭書之者此臣下之貴焉賤爲本以相假人既有矣物以宜然則有寶銜明月珠含媚川價重千金乃蚌胎而產矣光照午夜亦蛇口而生焉彼珠璣之貴也賤爲本以相沿在乎潔於道不在穢乎跡復有稱連城而趙國瑰瑋號垂棘而晉宮煇赫崑嶽温潤之片不亦沉泥荆山硌磜之英乃聞韞石此瓊玉之貴焉賤爲本以相易得不以其賤而爲根爲蔕以其貴而爲華爲英有根有蔕而英華始茂亡根亡蔕而英華曷榮亦曰天道無形宗淡泊而成道政聲無朕扣寂寞而致聲愚今察聖人之理探老氏之言斯見窮其微而知其要賾其隱而從其善所以明富貴之本焉又安得久處於貧賤

管仲棄酒賦　辨說爲賢位尊王德

酒不可嗜嗜之者必致危顛酒可以誡誡之者其惟智賢嘉管仲後醒之說當齊侯開宴之年九醴雖珍盡棄丹墀之上一言可聽將陳綺席之前當其邦國誰憂樽罍不淺將傾海以爲飲孰懸河而進辨列坐而腰金拖紫盛問安危終朝而舉月飛觴惟求沉湎仲乃拜捧瑤卮傾言吐斯縱竹葉以非貴任蘭英而罔奇不嚥涓滴如無禮儀左右相驚咸謂其棄王以

罪公侯莫測應云其不死胡爲君子爰詢大夫遂說臣非怠於恭敬臣非輕於麴蘖蓋將入口以言失或者言失而身滅再思敢棄於君所三省得中於臣節臣聞酒禍難防臣何以己義和惑以身喪桀紂躭而國亡臣今棄其禍而不棄於酒臣願醉於道而不醉於觴何不規後世鑒前王太康酣而昆仲悲怨大禹惡而邦家耿光夫如是又何必欣腐脅而俟穿腸者哉公乃擢彼昌言師諸碩德穰苴未可以倫比甯戚誠宜於緘默衆人黽俛應慙皆醉之容惟我端莊盍勵獨醒之卮則知立誡者莫溺旨酒輔主者須申讜

言酒不溺則樞機自正言苟申則忠信常存大計安邦致一匡而永逸殊勳佐國君五霸以彌尊則管氏也可與周召同風夔龍並位能棄酒以無諂表爲臣之不二昭昭青史見清英克播於千齡萬祀

抑寂寞以求其音賦　清心求元雅韻自合

寂寞何有聲音內并不叩而基扃自啟能求而律呂方呈馳神於不宰之鄉寵將造化運思於無形之景剖出涼清豈不以大道將秘正聲無自走六合以何有歷千門而曷致縱得伶倫之管吟亦徒爲便多子治之聽聽將不至我則聞寂寂戛戛向無象以取象

無音而索音莫不塞耳目廓胸襟靡在疎而在靜不由物以由心透恍惚以泝探觸杳冥而獨尋擊揚雄吐鳳之門應憐鳳噦排老氏猶龍之閫別契龍吟是音也非桑濮之傳者異齊秦之奏也得之則協人神暢風雅本冲莫而將有豈喧譁而與假考靈臺而入聽我調斯鳴循樂府以來追我音則啞就默祈喧稀其大焉下不在乎地高不在乎天遠不在乎物外近不在乎目前以諷諭君德經綸化權以約黃鐘而定律如依赤水而探元亦由字本無文究蟲篆而斯文遂顯木元無火鑽槐樹而厥火俄然在乎拆彼誠明兮諸兆朕拂希夷而瀏亮潛引剗淺薄而滄洋自振豈比夫宣尼宅在依稀留金石之聲秦女臺空彷彿有鸞鳳之韻寂與寞兮虛更幽聲與音兮深且柔未嘗抑之將抑在勤求之所求豈不以役智而偶凝神以携雖蒼蒼之道將援亦軋軋之聲若抽如絲綺之空闘彈來始應若清泉之阻塞決破方流儒有貴陸氏之賦成與昭明之道合欲三變之清異陋眾音之錯雜每懃文藻比芻蕘願侯王之海納

知白守黑爲天下式賦　明彰晦全福存德教

白爲象兮皎焉明焉黑爲象兮暗然昧然踞其明而

爲事之賊混其昧而爲道之筌白以將行恐率土之惡盈患作黑之爲式庶普天之用晦功全昔聖人以抱玄默取道德既溢目以知白復亡形而守黑黑雖朽而守緇白將變而易色和其光也爲萬有之憲章同以塵焉作羣生之楷式愚嘗出知白之藩入守黑之門就其曜而不曜居其昏而不昏白易玷而式易立黑無文而式可存豈不見卞和獻荊岫之珍先傷足脛大禹治北方之水後化乾坤至如佩寵光綏景福殊不知寵之極兮辱之繼福之多兮禍之速天時倘有其盈虛人事須防其反覆神龍龜聖嘗聞其醢

肉刳腸象齒𧕿珠但見其焚軀剖腹此白也可知庶
思之而自勗則知弱可吞强柔能制剛土之弱兮能
廣載水之柔兮流且長得不暗室自處明誠自彰所
以耕稼歷山果見重華之帝羈纍羑里終歸西伯之
玉斯黑兮可守庶存之而不忘其爲知兮不在乎外
其爲守兮不在乎內協上德之不德諒靡明而靡晦
如此則外滅浮榮中含利貞功其成而不宰致其勝
而不爭縱泥滓之埋光瓊瑤愈潔任煙霞之蔽影日
月終明老氏所以著此垂言流而設教帝王法之而
自英自聖臣子體之而乃忠乃孝余將優游於元牝

之飄每勤行而是效

太極生二儀賦

太極何名其形混成畫一氣以中斷區二儀而始生
厚載者所以凝其濁高明者所以厚其淸吾嘗究天
地之初洞胚腪之始本無兆以無朕竟何聽以何視
茫乎大醉之飄寂若無生之理我形影以都秘我音
響而未起混沌將至唯聖乃出隨我聲而發音響逐
我象而設形質於是上泝無邊昭然廓然營空碧而
星辰錯落豁東西而烏兎高懸漢玉奚水河銀易梟
無得而踰六律而宗成大化不言而信四時而飛作
流年此一儀者天也上以昭宣復以一撮之多九垓
攸布聳華嶽以西峙洶滄溟以東注蔓延生植滄洋
制度何舟何楫淩開白浪爲程誰馬誰車碾破靑山
作路此一儀者地也厚惟固護嗚呼太極故兮二儀
新二儀新兮四象分我目明兮所見耳餘聽兮所聞
五色成章炳煥而光昭朴素八風從律淒凉而吹散
氤氳彼天得一而淸地得一而寧秉造化之鈞軸絡
虛無之紀經莫不潤之以風雨鼓之以雷霆揭大象
以垂象鞠無形而有形然後伏羲聖黃帝靈龜龍負
而乾坤定位文籍生而詐僞開扃但見高極九重下

盤四角日焰朝兮月焰夜融爲川兮結爲嶽旣將入
我死而出我生亦何必剖先天之淸濁

員半千說三陣賦 武功藏用國家錄焉

天地人陣者其誰以測惟聖主之嘉問伊賢臣而洞
識莫不陳七德機要敘三才楷式願同尙父干戈永
佐於周朝敢學宣尼俎豆將言於衞國乃曰臣聞天
陣則上考璿樞明孤計虛還星宿而吾君堯舜叱風
雷而敵國丘墟斯蓋出黃石之妙訣入武侯之秘書
臣謂其不然也出兵者在乎信及寒暑義如時雨春
發生兮當養士冬肅殺兮當耀武斯則得天道兮合

天時不可失天時而逆天取此天陣以明焉微言可補又聞地陣則察土分疆坤盤艮長隨向背而翼鵝鸛順山川而羅紀綱所以韓信背水而趙滅孟氏焚舟而晉懼臣復謂其不然也其用兵者在乎饒金富粟兵雄食足先耕而九載思蓄後戰而三軍不辱斯則分地利而得地財豈有兵未征而農不闕此地陣以明焉微言可錄又聞人陣則勇氣生風精神貫虹夭矯而常山躍地彎環而皎月懸空可與樂毅論將穰苴比功臣復謂其不然也且爲帥者在乎帥師將肅連營敦睦忠爲甲兮信爲胄身爲弓兮德爲彀指日烹齊國之牛反掌拾秦原之鹿此則協人意而得人心豈有人意和而兵不服此人陣以明焉微言可視高宗乃知天陣則不必占彼星躔地陣則不必恃其山川人陣則不必仗其驍勇唯德義而三軍勝焉

文王葬枯骨賦 此骨枯塵壤義歸哲王

因掘地以及泉見朽塵之委骨陳葬禮以外備賓仁心之內發義之克著幽可貫於鬼神德之孔彰明可爭於日月初其取象茫洋開蕪鑿荒幽宅幾壞遺骨遂彰伊彼役者奏於文王王乃掩袂而矚興懷而傷莫不蔓草縈丹陰苔染蒼恐是往古豪傑昔時聖哲澤物名光忠烈宛是其死誰曰不然骨肉歸土神魂升天深谷爲陵彼可知而蔑爾佳城不見爲我主以收焉於是召有司具明享賻以衿襚蓋諸泉壤以遐返邇飛聲走響遂使億兆民庶以來歸八百諸侯之企仰設若不逢君子倏遇小人必應視同塵土棄若灰塵既丘墟而莫問在封樹以無因則烏鳶是啄螻蟻是親幸將不遇小人獲遭君子而乃覩之而骨驚感之以心死爰拾之於彼葬之於此蓋將斯骨以喻我以己不欲而行之於彼可使見之者悲聞之者喜以至誠賓萬國之臣若滄海走百川之水嗟夫存歿殊塗幽陰墜乎爾魂奚在爾肌以枯何得上惻於睿哲而再向其塗炭則宗周之仁也不獨及於有情而必彰於觸類祝網之帝不足以言其仁泣辜之君焉可以叶其義得不啟之十代延之百祀俾後之制禮垂教將掩骼埋胔者也且王於邦而至大骨於物而至微我不以大而自貴不以微而有遺以仁不足爲我罪以物失所爲我非是以勞瘁無斁皇靈甚稀骨尚惻於窮泉下土豈惟於獸走禽飛故得九齡者上帝所錫九國者西方允歸以孝治天下也亘萬古以光輝

駕幸華清宮賦 開元履國事促人空

明皇帝號天上來華清宮兮雲際開離紫禁而千官捧日出清門兮萬騎屯雷巫山之翠珮珠璫皆移雲雨洞府之霓旌絳節盡去蓬萊當其鯨海澄波驪山疊翠架瓊宮玉殿之宏絕鎭萬戶千門之秘邃上以我無爲而國無事記一千年之歷數富有寰瀛起五十里之煙霞長懸夢寐於是躍馬驂龍煙馭風從從我者七貴中貴翊我者姚公宋公蒙茸之組繡煙花香隨輦輅錯落之星辰日月影射虛空及其鰲負瑤臺孽生玉蘂翔鴛振鷺以環列九棘三槐而森峙玉帛駢積梯航萃止隋侯明珠兮飾車馬霧縠雲羅兮縈步屧飄蘭散麝常薰昭應之香落翠遺珠遍灑新豐之市鸑鷟麒麟禎祥日臻朱閣拜玄元皇帝金車迎虢國夫人其有夜光枕貴玉蘂冠新春五王之燕語倚六相於陶鈞其或露冷仙掌波出渭津河漢佳期七夕會牽牛之伴雲天勝賞中秋迎顧兎之倫莫不龜鼎折年夔龍奉職眞人羽客兮薦方術朱草靈芝兮表生殖詩成而玉甕題新雲滿而溫泉暖極煙霄可上期驂彩鳳之翔光景難留誰束金烏之翼諫切難納恩深半惑祿山已變猶期其十月來玉林甫既妬合省其多方蠹國竹語絲喧中元上元葉靖之靈丹舊得花奴之羯鼓新翻人間有大貝明珠皆歸戚里世上無清歌妙舞不屬梨園是何樂極悲來時移代促燕中之鐵馬俄起環上之羅衣莫贖華清宮觀兮閒無人山青兮水綠

再幸華清宮賦 久掩年光世移來葉

明皇以旣剪漁陽塵清帝鄉自蜀郡而初還輦輅幸華清而幾隔星霜巍峩而紫府洪都重開聖日牢落而金門玉戶幾閉春光是何樂極難期繁華易久時易而鳳髻成夢歲晚而龍顏皓首嬪嬙零落宜逢舊日之人耆艾扶攜尙獻新豐之酒但見禁柳愁煙宮槐暮蟬苔昏而鏡落金殿岸改而湯擁玉蓮螓首蛾眉遺跡而空存處處落花流水無言而但送年年足令左右含悲君王墮睫塵泥漸委於花逕歲月潛更於萁莢金沙洞闊凄凉而午夜流泉玉蘂峯高騷屑而一宮紅葉榮謝相催心腸似擲天在而俄懸二日星移而幾別三台金戟凌霜劒閣而曾悲幸去銀蟾皎夜月宮而長憶遊來蟬寄花鈿星流笑臉陽臺之吉夢初斷岱嶽之香魂已歛解語之珍禽不見琪樹空高長生之白鹿空還朱扉半掩象薦塵織犀屏影

移雪衣籠在霜殿松凌雲毋波輕遶殿之淸漣自改相思樹老滿山之紅實空垂已而玉笛休吹霓裳罷製秦原杳杳以西接渭水悠悠而東逝空吟其刻木牽絲比人間世

卞莊子刺虎賦 獨見爭猛輕當喪之

人雖至靈虎且至猛此靈智以終刺彼猛暴以何騁固在戮力亦惟三省誰氏之子人爲卞莊有力如虎提戈若霜爾鬬力我則非敵我鬬知爾何以當始其三徑無人二虎遇肉俱貪而途涎豐草不嘯而風停遠谷我將愛其文而玩其革必冀扼其喉而剖其腹

然而以寡制衆彼雙我獨雖言肉飄詎得心服乃卽客前而言曰貪夫徇利君子俟時且肉之美者虎乃啖斯啖飽則鬬鬬極則疲威稜雖大應口縮爪牙之利何以施將一刺矣必兩中之亦猶秦王克韓魏俱滅漁父獲鷸蚌相持物之理也君宜念茲不然則虎非爾所得爾爲虎所貪於是拜其言伺其便不躁進不自衒思曹劌之往見法李陵之獨戰俄而肉旣盡勢果爭鬣牙而龍劍森齒呀驕而雲雷霹聲樹拔石裂陵摧谷傾風毛羽血以狠籍地轉天旋而震驚於是氣衰力急彼竭我盈巖陰而歸鳥皆散野迥而殘陽半明負者可以檻勝者可以烹卞莊乃肉袒欻起持矛迅征足奔而飛箭窒速身捷而鴻毛未輕爾口將極我時以亨遂一麾而並進如拾芥以將行射絕塞之石頭胡爲等價去南山之白額未足齊名我則視若井中科如几上斬蛟奪劒者其心未壯探龍取珠者其事應誣蓋威人進口言神符厥望設若不取善言而善何以師不待物鬬而物何以喪如此則爭雄負勢之徒宜覽斯而惻愴

鑄百鍊鏡賦 新成月象心首屏邪

十數鍊者未足爲明一百鍊者方爲至精祝皇帝以

終貢命良工而鑄成威凝碧渚流泉蛟龍欲活折下靑天皎月蟾兔如生惟南王以地產眞金天生哲匠開爐呈造化之術爲鏡照星辰之象可以人間第一法軒轅臺上之規天下無雙掩秦氏宮中之狀匠者曰金雖精則不鍊不神鍊有數非百之不新又曰火爲陽晶午爲陰月陽得陰則百工備陽失陰則萬化闕臣今選五月五日之亨吉爲乃鍛乃礪之始卒而又就澄澈革昏沈擬犯烏光於天上乃推鷁首於江心亦以水能鑒物火能化金念器大以晚成其功乃倍及人生之不滿厥數方深況乎空斷飛鳥人稀碧

蒂顧採艾之輪跡應難竊視縱升天之雞犬莫得遙臨想其嚼火吞光氷壺慘冷模金而麟鳳相次柱玉而狐狸難屏陶鈞即數同杖頭赤仄之多炤燭無瑕啟匣裏青鸞之影王曰吾秦之鏡也可以照肝膽可以慴奸邪吾將驗彼彼將妄耶且闇樂之奸邪曷隱趙高之肝膽誰遮遽至於素車白馬絕國亡家今斯鏡也用其鑒形容定妍醜比君德之不昧論臣心之無苟於是持百鍊而獻九重惟拜手以稽首

元宗御註孝經賦

明皇以孝理生靈躬修紫庭表後主之新鑒注先王

之舊經立身行道之文昭如繡褥資父事君之要煥若丹青開元中以儒道風行皇明日皎刪六籍之奧祕定百家之多少顧老氏經標元默義理猶淺豈宣尼典急君親源流未顯於是鏡豁宸衷天開聖聰由粗及精刪踳駁於千行之內從無入有演絲綸於百日之中可以來者無猜學徒洞識三千罪盡顯天鑒十八章皆流御墨九門翕集淸傳鄒魯之風萬室雍熙普詠文明之德浩浩沄沄詳言糾紛素王行在而猶隱聖主躬修以其分高深如山嶽江河遐開地理炫爍比星辰日月上燭天文蓋以首毀强秦遙興大漢歲月頗謂其緗遞傳寫或多其紊亂朕今屬事比辭飛文染翰冀使爲臣爲子之道自我而行窮經博古之人從吾屢讚皎皎明明神功坐成甲乙之良宵不輟曾顏之客行俱呈揚名後代之人俾傳白社在上不驕之義自表皇情故得極思九重研精一卷旌孝悌以爲教剪繁蕪而罔倦然後勒貞石而建高臺萬祀千齡兮誰激勸

割字刀子賦

物有至大而無所爲物有至小而功且奇嘗彩筆臨文之際見銛鋒入目之時改雕蟲篆刻之非重修麗

藻正垂露崩雲之誤盡在瑕疵觀其寸鐵雖輕尺書可理磨礱本自於良匹玩愛式歸於君子封章是假常挑鸞鳳之蹤淬礪非多不損盂盂之水文近倚馬多參解牛劃弊能新於鳥跡摧剛幾觸夫銀鉤削染翰之繁蕪八行宛定笑磨鉛之濫排一割何求則知用自各賢成因在冶剔瓊牋而疏玉無異映月字而連環是假通書窗之琴烏欲謂割雞制遷史之姓名何慙斬馬起余之思在青雲憶王祥之贈春

福善則虛賦　神瑞失靈子何彰善

聖人曰天本無私福惟佑善曷云鑒之將昧考前言

而盡鮮窮達而烏焉有命莫究慘舒吉凶而未必由人。誰原昧顯吾將議彼穹蒼其靈不常安得勇力者或昌進德者或亡忠讜者或罪諂佞者或彰孰云必有餘慶屢聞反受其殃且聞暴莫暴於殷紂虐無加於夏桀聖莫大於孔父智莫過於顏子那令辛御極以爲君癸承祧而化民孔泣麟而嘆鳳顏命夭而居貧亦何用仰日月祈鬼神胡不沈暴虐生聖智影響殃咎權衡嘉瑞移辛癸之位於孔顏之才賦孔顏之才於辛癸之位是何徒闊清明虛垂日星謂其覆而匪覆驗其靈而不靈在溫良道德之家不鍾祿位於

悖逆荒淫之室不震雷霆焉得盡立明誠不欺暗室非惟祿善以增膠復見禍淫而罔實君或驕而臣或叛自此而生子不孝而父不慈由斯而失嗟夫利害相磨殊非一秌雖賢愚之異稟竟夭濁以同波然吾終身而積善不知天道以如何

竹篦子賦　茲乃文俗不立韻

東海生將治巾櫛貧無玩飾劈破煙筠刮殘霜色裒鬢攸利秋蓬自直乃有繡轂王孫光餘席門嘲謔斯玩薰蘭厥言曰先生不見南越之絕珍華間發犀角磨水象齒批月皎君素手滑君綠鬢朱邸豪商持金買將星流掌握雪瑩巾箱胡爲鬢枯澁滅髮撩相□東箭推勁緱笙罷吹蕤團煙肥霜零葉萎鈿床夕醉橫簟析澤比君之玩代君神愧惟大丈夫籯金斛珠雕璮鏤璧錦帶羅襦幽屑窮巷諭人壯圖東海生曰余居之窮也風號絕徼山枯鬼嘯黃雞唱午靈鴟末照槐棟蛇吟寒牀雨深跳跬媚竈舊井無禽又數之蹇也塞鴻漸陸金隄析軸元蹄若神敏手如束青雀沿流黃涔覆舟麔磨檻虎鼠嚼郊牛君門咫尺獻書山隔駑馬臥粟龍媒負軛綺語簧言爲犀爲璐衞退蘧瑗堯遺八元天斗虛粟均人之祿陰尺神乃剪人

之禍余則朽析陳荄呼春不來塊消而土爐盡而灰焉能搜奇抉鑿爲玩爲娛弓影攻疾菱花照老且聞篦櫛之功修諸禮容容之在蕭禮之在恭容之不肅奚犀奚玉禮之若恭爲鳳爲龍又聞熒煌易滅蕙蒨易折知白守黑萬壽不絕旱禱滂沱祥雲若何飯待嘉谷靈芝孔多列國遺央恨四公子削珉爲簪編珠爲履冠劍魚鱗爭奇鬭珍寶肆開侈龍宮訴貧信陵能下止屠門者被褐則貴狐裘則假田文三千禽蹄一烏權移勢改門羅雀懸平原十九毛生最後我有嘉賓莫孔之醜春申甚寬誰屠李園朱門故人何人

死恩君子中庸者亡儉存嘲我竹箆酬爾𦋺言銘諸坐隅永貽後昆以上均舊抄本釣磯集

柳璨

全唐文八百三十有傳

請創閣圖畫梁王奏

西京舊有凌煙閣圖畫國初功臣今遷幸東都比未崇建四鎮副元帥梁王勳業冠古請近凌烟閣別創一閣圖畫梁王以旌德業天中記

唐文拾遺卷之四十六

榮祿大夫三品頂戴前分巡廣東高廉道加四級臣陸心源輯

薛貽矩

貽矩字式瞻一字熙用河東人仕唐爲兵部侍郎御史大夫入梁拜同平章事卒贈侍中

上大梁新定格律奏

太常卿李燕等重刊定律令三十卷式二十卷格一十卷律并目錄一十三卷律疏三十卷凡五部一十帙共一百三卷勅中書舍人李仁儉詣閤門奉進伏請目爲大梁新定格式律令仍頒下施行冊府六百一十三

蔣鑒玄

鑒玄梁乾化中羅浮山布衣

梁故明州軍事押衙充勾押官銀青光祿大夫檢校太子賓客兼殿中侍御史王府君墓誌銘

府君諱彥融字仲顏其先瑯琊人也曾祖諱論祖諱伯儀父諱璠皆任性傲世怡怡於雲水間能稟天爵不拘浮華之態鄉黨之美著於家諜府君少則有明慧之稱長則有幹濟之術爰自歷職郡署處繁任劇靡不洞達其理佐佑之績甚顯矣一旦俄遭沈痾奄

歸厚夜噫平生爲强有殁兮本無雖□□以如斯測常情則不爾私室且□公權仍重亦足以得誌緬維窀穸又焉無眷戀府君以乾化四年十二月廿二日卽世享年五十五以乾化五年閏二月二十九日歸葬於鄞縣靈巖鄉金泉里禮也府君娶東海徐氏乃句章之華族和鳴之道柔順虔敬爲親戚之所規仰育男五人長子充軍事駈使官兼衙前十將廷規琳瑯其器孝行肩嗣之美尤可嘉矣娶渤海吳氏第二子充衙前虞候廷範娶廬江何氏第三子廷暉第四子廷裕第五子廷璋育女二人長女一適胡氏一適

楊氏孫二人翁兒婆子女孫錢婆嗚呼榮落之期關彼定分平生之事瞬息而已松楸植於此蔽於佳城永安陵谷之變幽冥之幸也銘曰

名利之競孰能灰心一此一彼以古以今奈何不可移者修短不可戀者光陰悲乎人事倏然升沈蕭蕭邱隴猿鳥號吟 石刻

韓建

建字佐時許州人唐末爲潼關防禦使華州刺史昭宗數幸其鎭封許國公梁太祖卽位拜司徒同平章事出鎭許州軍亂見殺

諫奪孔緯宅疏

孔緯以直道爲宰相今其身殁未久朝廷撫䘏統之孤祭蕭何之墓奈何奪其故居使其妻子奉几筵無所非君臣始終之道也 冊府四百七

永王李存霸

存霸後唐太祖第三子封永王遥授昭義天平河中三軍節度使趙在禮作亂乃遣存霸涖河中莊宗再幸汜水徙北京留守宣麻未訖郭從謙反莊宗中流矢崩存霸自河中奔太原麾下皆散走乃謁符彥超曰願爲山僧彥超欲留之爲軍衆所殺

旌韓德兄弟表

屯留縣坊市百姓韓德兄弟累世同居母死割乳以祭廬于墓側累年種瓜合歡同蔕 冊府

雍王重美

重美廢帝次子領成德節度兼河南尹判六軍諸衛同平章事封雍王石敬瑭反帝欲北征重美固請勿行帝如河陽重美守京師廢帝自焚重美與后同死

量立僧道科試奏

每年誕節諸道州府奏薦僧尼道士紫衣師號漸多今欲量立條式僧講論科試講經表白三科文章應

制十三科持念一科禪科聲贊科並於本伎能中條貫道士經法科試義十道講論科試經論文章應制科試詩表白科試聲喉聲贊科試步虛三啟焚修科試齋醮儀册府

劉岳

全唐文八百三十九有傳

刪定鄭餘慶書儀奏

先奉勑刪定鄭餘慶書儀者臣與太子賓客馬縞太常博士段禺田敏路航李居浣太常丞陳觀等同共詳定其書送納中書門下奉勑宜差左散騎常侍任贊右散騎常侍楊凝式兵部尚書梁文矩工部尚書崔居儉太子賓客裴高尚書左丞王權尚書吏部侍郎姚顗等七人與劉岳再於鄭餘慶書儀內子細檢詳除文臣起復及士庶冥婚准勑不行外應篇目一一立出元舊條件據有合定者逐件別書出令詳定式樣其不可改易者亦須具言請仍舊施行五代會要十六

楊途

全唐文八百三十九有傳

禁開發古墓奏

但是古墓荒壙不計有主無主請下諸道州府嚴誡

鄉閭不得開發册府四百七十五

于嶠

全唐文八百三十九有傳

錫賚老病官奏

兩班有老病減絕其俸慮玷聖明請各授致仕官仍加錫賚以符尚齒之化册府四百七十五

郭崇韜

全唐文八百四十四有傳

征蜀薦才疏

陛下委臣以戎事仗將士之忠孝憑陛下之威靈鼓行而西庶幾集事如蜀川平定陛下擇帥撫臨以臣料之信厚善謀事君有禮則北京副留守孟知祥有焉願陛下使之為帥如臣出征之際宰輔闕人則鄴都副留守張憲有披判草昧之勞為人謹重而多識其次則吏部尚書李琪御史中丞崔居儉皆中朝士族富有文學陛下擇才相之臣亦無敢謬舉餘則臣所不知册府四百十八

豆盧革

全唐文八百四十四有傳

請加尊號表

陛下登寶祚以來。累貢章表。蓋緣中外臣寮。請上尊號。未奉詔允。實慊羣情。臣等聞帝王受命。必有鴻名。天人合符。須膺大號。是彰聖德。以耀寶圖。今已殲厥渠魁。盪平九寓。御明堂而垂化。禮百神以告功。尚執謙沖。未加徽稱。覬陛下開不違之旨。在臣等有難奪之勤。伏惟皇帝陛下親舉義師。躬除國恥。起墜地之宗廟。祚升天之神靈。再造乾坤。中興歷數。功逾夏代。道邁漢年。况乎八表諸侯。歸陛下如百川之赴東海。中原多士。仰陛下如衆星之拱北辰。保國安邦。功成名遂。儻固撝謙之口。是違億兆之心。且義士忠臣。猶

賞之以茅土。而英風丕業。乃彌之於典章。臣與萬國公侯。普天黎庶。愚望聖旨。下允衆情。冊府

請出內府財帛勞軍奏

臣竊知內庫所積有餘。租庸贍軍不足。今內外諸軍室家不能相保。儻非即時安卹。臣懼人心離散。冊府

李琪

全唐文八百四十七有傳

請轉運官物授官奏

臣伏思漢文帝時。欲人務農。及募人入粟。得拜爵。及贖罪。景帝亦如之。後漢安帝時。水旱不足。三公奏請富人入粟。得封關內侯及公卿已下散官。本朝乾元中亦曾如此。今陛下縱不欲入粟授官。願降明勅下諸道。合差百姓轉般之物。有能出力運官物到軍者五百石已上。白身授一初任州縣官。有官者依資次遷授。次選者便與放選。千石已上至萬石者。不拘文武顯爲賞酬。免令方春農人流散。此亦轉倉贍軍之一術也。五代會要二十七

蔡同文

全唐文八百四十八有傳

武成王廟四壁設酒醢奏

伏見武成王廟中。每上戊釋奠。漢留侯張良配坐。武安君吳起等爲十哲。當排祭之時。止于武成王張良十哲面前。其范蠡等六十四人圖形於四壁面前。並無酒醢。自今後乞准本朝舊制例。武成王廟四壁諸英賢畫像面前。請各一豆一爵祀享。五代會要卷三

李元龜

全唐文八百四十九有傳

從流放還依律處分奏

准開成格。應斷天下徒流人到所流處。本管畫時申御史臺。候年月滿日申奏。方得放還本貫。近年凡徒

流人所管雖奏不中御史臺報大理寺所以不知放還年月望依格律處分五代會要卷九

張昭遠

昭遠後唐天成二年爲左補闕

加估折納奏

切見今秋物價絶賤百姓隨地畝紐配錢物多目多般皆賤糴供輸極傷農業旣未能減放則請加估折納斛斗稍便於民又國朝已來備凶年之法州府置常平倉飢歲以振貧民請于天下最豐熟處折納斛斗以倉貯之依常平法出糶則國家常有粟而民不匱也册府五百二

張延朗

全唐文八百四十九有傳

州縣徵科賞罰奏

州縣官徵科賞罰例縣令錄事參軍正官一年依限徵科了絶加階二年依限與試銜三年揔及限與服色如攝令錄一年內了絶仍攝二年三年內揔及限與眞命主簿一年二年如縣令條三年揔了別任使本判官一年加階二年改試銜三年轉官本曹官省限內了絶與試銜轉官諸節級三年內揔了絶者與賞錢三十千其責罰依天成四年五月五日敕册府六百三十三

張鵬

鵬淸泰中御史中丞

常朝就敷政門外賜食奏

文武常參官入閤日廊下設食每宣放仗拜後就食相承以爲謝食拜臣以每日常朝宣不坐後拜退豈謝食之謂乎如臣所見自今宣放仗拜後且就以候將設食別降使於敷政門外宣賜酒食群臣謝恩後食册府

范延光

全唐文八百四十九有傳

請賜指揮俸料奏

諸道指揮使月俸未有定制請大藩鎭都指揮使月賜料錢三十貫粮十石春衣十五匹冬衣二十匹其餘藩府約此爲等第册府五百八

添支侍衛親軍指揮料錢奏

侍衛親軍都指揮與小指揮每月錢料春冬衣物一例支給無等差昨并省軍都自捧聖嚴衛□□羽林已下□廂都指揮使新定名管禁兵五千人欲爲等

第每月添支料錢各三十千糧十五石衙官粮十分
仝上

李郁

郁天成二年爲宗正丞

請復園陵舊制奏

兩京畿甸園陵之制其地十里曰封山爰自僞室已來收在公田之籍今方紹襲宜正規儀冊府

聶延祚

延祚天成中少府監

釐革牌印奏

牌印舊體不與朱記相參伏自近年亦歸當監鑄造既須篆字何異印文伏乞下中書釐革冊府六百二十

郭從義

從義其先沙陁部人後唐賜姓李長興三年爲永興都部署晉天福初復姓宋史有傳

誅趙思綰奏

新除華州留後趙思綰三月三日授華州留後准詔赴任三移行期仍要鎧甲以給牙兵及與之又不遵路至九日夕有部曲曹彥進告思綰欲于十一日夜同惡五百人奔南山入蜀是日詰旦再促上路云俟

夜進途臣等與王俊入城分兵守四門其趙思綰部下軍各已執帶遂至牙署令召思綰至則執之與一行徒黨並處置訖冊府四百三十五

范延策

延策後唐安州節度副使

上三事奏

一請不禁過□猪羊而禁絲綿匹帛以實中國一請於山禁要害置軍鎮以絕寇盜一述藩侯之弊請勑從事明諫諍之不從令諸軍校列班廷諍冊府四百四十

孔知邵

知邵唐長興中爲太常丞

除替諸道副使等官奏

諸道行軍司馬副使兩使判官已下及防禦團練軍事判官並請依考限欲滿一月前本處聞奏朝廷選替補擬冊府六百三十三

李延範

延範長興中大理卿遷殿中監

條具切要逐件奏

當寺今有要切事節謹具逐件如後一件寺司每奉勑旨斷案准格須委法直司據罪人所犯檢定法條

本斷官將所犯罪名并所檢法律及法書本卷對驗不差然後逐件於法狀上署名下法定斷伏見寺司案內每將法直官所檢條件法狀備錄在詳斷案伏准格文法直官祇合錄出科條勘押入案至於引條判斷合在曹官仍不許於斷狀內載法直官姓名者自今已後其法狀臣欲落下留充寺司案底不錄在奏狀中冀免元勑法狀三重在案其本斷官仍於斷狀後具言臣所斷前件文案皆是將法直司所驗條法一一周細詳認悉是罪人所犯科條或言將某色律條比附詳斷逐件參檢並無漏落法律及無欠少

案內事節　一件格文內大和四年十二月三日刑部員外張諷奏大理寺官結斷刑獄准舊例自卿至司直訴事皆許各申所見陳論伏以所見者是消息律文附會經義以讞正其法非爲率胸臆之見違章句之說以定罪名近者法司斷獄例皆羅綴詞句漏略律文且一罪抵法結斷之詞或生或死遂使刑名不定人狥其私臣請今後各令尋究律文具載實事以定刑辟如能引據經義辨析情理並任所見詳斷若非禮律所載不得妄爲判章出外所犯之罪　一件詳刑定罪實在法律一科須是犯人本條或取比附詳斷自今後大理寺詳斷文案祇得以本犯一條法律斷罪不得更將稍似格律於本條前後安排如是罪人合以官品減等官告贖罪之類條件卽許於法狀內次第區分五代會要十六

逃戶歸業二年內放免兩稅奏

請指揮諸道州府每逃戶歸業後委州司各與公憑二年內放免兩稅差科如有違許州論訴勘責若州縣官招得五百戶已上等第奬酬五代會要二十五

竇專

專同光朝左諫議大夫

請罷租庸使歸三司奏

臣伏見天下諸色錢穀比屬戶部度支金部倉部各有郎中員外支計分劈自後以租賦殷繁添置司之額自唐天寶中安史作亂民戶流亡征賦不時經費多闕惟江淮嶺表郡縣完全總三司貨財發一使征賦在處勘覆目曰租庸纔收京城尋廢職務廣明中黃巢充斥僖宗省方依前以江淮征賦又置租庸使催征及至車輅還京旋亦停廢僞梁不知故事將四鎮節制征輸置宮使名目管係旣廢宮後改置租庸雜以掊斂相兼加之出放生利況戶口什一之稅是

太平之日規繩租庸總三司合勘因喪亂之時制置在京無此名目乃是出使權宜若要委一官之能何妨總三司合判伏請敕郡縣重集戶口計定租稅令鹽鐵却歸三司收其征賦務使仍舊會計到京且便上供何須直進既戶口不失則增賦倍多致海內有久遠之安示天下爲一家之治五代會要二十四

申著瑀

著瑀天成中少府少監

未明事理不得行責奏

伏乞指揮諸道州府此後或顯犯憲章者候文案畢任依格法斷徵如未明事理不得行責情杖五代會要卷十

楊知方

知方後唐興唐府冠氏縣尉

自陳請驗文書狀

光化三年明經及第其後選授官兩任莊宗郊天年於將作監內行事禮畢擬授太子通事舍人旋值錯竪父母年幾駭落其年丁父憂至天成二年又丁母憂去年九月方服闋今春欲赴郊天行事又緣貧困無財可辦今乞引驗已前文書量賜陶鑄者册府六百三十三

郝瓊

瓊右街使兼判尚書考功

司吏逐月支賜粮錢奏

去年五月詔中外官員自宰臣節度使以下並逐年書考課計官員千餘當司人吏四人二人赴官又公用不足乞依三銓例當司歸司官逐月支賜紙筆糧錢册府六百三十六

任贊

全唐文八百五十有傳

勿啟倖門奏

郊天前有犯重罪合當極法者並令推鞫斷遣無容開啟倖門册府四百七十五

崔居儉

全唐文八百五十有傳

大祠中祠車駕不出奏

大祠中祠差官行事皇帝雖不與祭其日亦不視朝伏見車駕其日或出於禮不便今後請每遇大祠中祠車駕不出五代會要卷四

王權

全唐文八百五十一有傳

諸道詳勘職方地圖奏

伏見諸道州府每遇閏年准例送尚書省職方地圖者頃因多事之後諸道州府舊本雖存其間郡邑或遷館遞曾改添增鎮戍剏造城池竊恐尚以舊規錄爲正本未專詳勘必有差殊伏請頒下諸州其所送職方地圖各令按目下郡縣鎮戍城池水陸道路或經新舊移易者並須載之於圖其有山嶺溪湖步騎舟檝各得便於登涉者亦須備載（五代會要十五）

李象

全唐文八百五十一有傳

卷四十六　十六

散官犯罪不得當贖奏

請今後凡是散官不計高低若犯罪不得當贖亦不得上請詳定院覆奏應內外文武官有品官者自依品官法無品官者有散試官者應內外帶職廷臣賓從有功將校等並請同九品官例其京都軍巡使及諸道州府衙前職員內外離任鎮將等並請准律不得上請當贖其巡司馬步司判官雖有曾歷品官者亦請流外職准律杖罪已下依決罰例徒罪已上仍舊當贖法（五代會要卷十）

盧質

全唐文八百五十一有傳

僕射上事儀注務簡奏

臣忝除官合赴省上若准舊例左右僕射上事儀注所費極多欲從權務簡秪取尚書丞郎上事例止集南省屬僚及兩省官送上亦不敢輒援往例有廢官中自量力排比兼不敢自臣隳廢舊規他時任行舊制（五代會要十四）

王鎔墓誌銘

（上缺）居無何賊起黃巢兵經（缺）涉險九州版蕩唯茲全趙□□安邦一百五十年閫中外（缺）有□及其叔世

卷四十六　十七

（缺五字）於□□邦得同其□雖爲常數艮（缺）山發源始於□□至於□代乃有太原瑯琊分彼二流（缺）之□也□忠力於邦家□捍蔽於（缺）等州觀察處置等使金紫光祿大夫檢校太傅同中書門（缺）封二百戶贈太師謚曰忠（缺）在（缺）山（缺五字）爵爲盛□□銀青光祿大夫檢校尚書左（缺）一寸□累贈司空司徒太尉太傅在（缺三字）（缺四）封人臣之（缺）鍾□□□終□□□曰忠穆（缺）四年□授鎮州兵馬留後來年起復眞拜繼世爲以（缺）太原郡開國子食邑五百戶在疚畢喪非公事（缺）相□信睦交修中和五年加開府（缺）檢校太保封常山郡王文德元年又昇太傅（缺）封□

百戶□順元年就加檢校太師未幾授澤潞邢缺五
年□□□書令進封北平王增邑共六千戶實封缺
賜敦□□定久大功臣來年又册拜太師增爵一萬
缺無何事背防萌眾迷逐末納爵新於缺由兹一□
亂構兇徒毒流一氏屠害全族殘缺夫人隴西李氏
父李全義皇任檢校工部尚書缺不越旬被害缺守
侍中交曰昭字缺八部落都知兵馬使檢校太保皆缺
推官李缺懷□□六經大□何止於敦患卹鄰五下
缺前字缺六符習缺天祐十八年秋八月大字缺四公缺
伐□□□而終誠男處瑾處□又曰字缺四煞其兄十

九年平缺以字缺四幽寃盡明義舉今以青烏□吉丹
旐有歸缺十二月廿□日約缺七字趙國夫人合葬於眞
定縣新市鄉廉頗里壽陽崗祔于下缺
銘詞上缺府鳌手之蛇反噬之虎梟獍與妖恩義□□全
族盡亡缺□師一與飛走無處逆首就擒屬封尋撫
衅血□□申寃告□下缺　古誌石華

李愼儀

全唐文八百五十二有傳

請委銓曹檢點選格奏

諸道州縣皆是攝官誅剝生靈漸不存濟此蓋郭崇
韜在中書日未詳本朝故事妄被閑人獻疑黜檢選
書曲生異議行矯枉過直之道成欲益□損之文其
選人凡闕一事闕違並是有涉踰濫或告勑欠少或
文字參差保內一人不來五保皆須並廢文書一紙
有誤數任皆不勘詳且自天下亂離將五十載無人
不遇兵革無處不遭焚燒性命脫免者尚或甚稀文
書保全者固應極少其年選人及行事官一千二百
餘員得官者纔及數十皆以踰濫爲名盡被焚毀棄
逐遂令選人或斃踣於旅店或號哭於行途万口一
詞同爲怨酷臣等懇商□議堅確不迴以至二年已

來選人不敢赴集銓曹無人可注中書無人可除去
年闕近二千授官不及六十乃致諸道皆是攝官朝
廷之恩澤不行搢紳之祿秩皆廢銜寃負屈不敢申
陳列局分曹莫非僥倖且攝官只自州府多因賄賂
而行朝廷不知姓名所司不考課績皆無拘束得資
貪殘及有罪名又不申奏互相掩藏無迹追尋遂使
人戶流移州縣貧困日甚一日爲弊轉多若不直具
奏聞別爲條制不惟難息時病兼且益亂國章臣等
商量伏請特降勑文宣布遠邇明言往年制置不自
於宸衷比日焦勞將頒於睿澤兼以選曹公事情僞

極多中書條流亦恐未盡望以中書所條件及松等（按與刑部員外郎王松同上）所論事節并與新定選格有輕重未盡處並委銓曹子細點檢酌量但可以去其踰濫革彼弊詭不失本朝舊規能成選曹永例者務在酌中以爲定制別具起請條（册府六百三十二）

劉昫

全唐文八百五十三有傳

乞免行香奏

中書以近勅祠祭行事官致齋內唯祀事得行其餘悉斷又宰臣行事致齋內不押班不赴內殿起居不

知印臣祿判三司公事其祀事國忌行香伏乞特免（五代會要十三）

宗廟制度議

臣等今月十三日再于尚書省集百官詳議夫王者祖武宗文郊天祀地故有追崇之典以申配享之儀竊詳太常禮院議狀唯立七廟即並通其理其他所論並皆勿取七廟者按禮記王制曰天子七廟三昭三穆與太祖之廟七鄭元注云此周制也詳其禮經即是周家七廟之定數四廟者謂高曾祖禰四世也按周本紀及禮經大傳皆是也武王即位追王太王王季以后稷爲堯稷官故追尊爲天子此則即周武王初有天下追尊四廟之明文也故自漢魏以降迄於周隋創業之君追尊不過四世約周制也此禮行之已久事在不疑今參詳都省前議狀請立四廟外別引始祖取裁未爲定議續准勅據御史中丞張昭奏請創立四廟之外無別封始祖之文況國家禮樂刑名皆依唐典宗廟之制須酌舊章請依唐朝追尊懿祖宣皇帝獻祖光皇帝太祖景皇帝代祖元皇帝故事追尊四廟爲定（五代會要卷二）

盧振

全唐文八百五十五有傳

禁止織造疏薄奏

古先哲王之制布帛不中度不鬻於市□□粗織之物輕重皆有定規近年已來織帛之家過爲疏薄徒勞杼軸無益公私臣請三京鄴都諸道州府凡織造之家所織綾羅絁帛諸物並須斤兩尺度合官定規程不得輙爲疏薄所在官吏覺察禁止不得更然（册府五百四）

曹琛

琛長興中起居郎

文武給假許支料錢奏

文武兩班或請假歸寧或臥疾未頓才注班簿便住料錢伏乞特降勅命旨今後文武官請准歸寧假給及病疾者並許支給本官料錢（五代會要二十八）

樊倫

全唐文八百五十五有傳

請除關稅奏

耕桑未至國多游民闤市之中稅物苛細請稍減省以惠疲民百姓賣物不多所歷闤市並望除稅（冊府五百四）

盧文紀

全唐文八百五十五有傳

明定文武考校奏

請內外文武臣寮每歲有司明定考校將相乞廻御筆以行黜陟流下中書門下商量宰臣奏請施行（冊府六百三十六）

唐文拾遺卷之四十七

榮祿大夫三品頂戴前分巡廣東高廉道加四級臣陸心源輯

張仁瑑

全唐文八百五十六有傳

法寺置議獄堂奏

臣伏見咸通十年二月二十九日大理少卿劉慶初奏請於法寺置議獄堂每寺丞詳斷刑獄畢集大卿二少卿二正六丞四司直八評事十司於議獄堂參詳令依典式其法官中能辨雪冤獄迹狀尤異者二人已上者請書上下考三人四人已上者超資與官

今欲望依慶初所奏法寺置議獄堂凡斷公事並集法官詳議然後連署奏聞天下諸州案牘亦望本判官與副使已下都廳會議（五代會要十六）

盧損

全唐文八百五十六有傳

陳時政奏

先罪犯謫逐歿於遐荒者請准南郊赦文並許歸葬仍還舊秩處分鳳翔山南已來長吏有兩川界內人戶任還鄉里願住者即加安撫前任節度使刺史防禦等使請五日隨例起居（冊府四百七十五）

五日起居如舊奏

准天成元年七月勑如每月十五日入閤罷五日起居臣等以中旬排仗有勞聖躬請只以月首入閤五日起居如舊　冊府四百七十六

馮道

全唐文八百五十七有傳

唐明宗謚議

按謚法發號出令能悅民曰和克定禍亂曰武大行皇帝道契天和功定神武請改聖哲仁德四字爲聖德和武餘依太常所議　五代會要卷一

楊凝式

全唐文八百五十八有傳

西京置留臺省奏

舊制臺省在西京東都置留臺留省及分司官屬請依舊制於西京置留臺省如本朝東都之制　冊府四百七十五

和凝

全唐文八百五十九有傳

補奏齋郎奏

臣當司管補奏齋郎令重起請如後一應請補齋郎等舊例當司祇憑都省發到狀便給補牒旋團甲申奏伏緣當司已前久無正官多是諸司權判或有投狀多時並不團奏或有纔投文狀即先團奏遂致積聚人數不少自同光二年二月後至今年十月已前共計二百一十人未曾團奏今臣點檢除有礙格條一官併補兩人三人并使祖蔭者落下外猶有一百七十餘人人數既多虛謬不少若取年深者團奏終成積滯今欲限一月內並須正身將已前所受補牒到當司磨勘後委是正身及是嫡子年顏人材不謬者團甲引過中書門下引驗後一齊中奏一合使蔭

官請自今後若遇改官須是轉品即許更補一人明言是長子次子仍須不得過三人其所補齋郎五品已上蔭太廟齋郎六品蔭郊社齋郎仍須是嫡子以姪繼院者即初補時狀內言某無子令以姪某繼院爲子使蔭一應補齋郎等祇憑都省發狀便給補牒請自今後須得正身齋狀到當司比試呈驗除三省官外並引驗告勑及取保任官狀委是親子即給補牒每年旋於八月上旬具狀解送赴南曹仍團奏時別具子細三代鄉貫使官蔭狀齊赴中書門下引驗候無差謬即得團甲申奏仍每年祇限團甲奏一年

一甲三十人以爲常式。按六典所補齋郎並試兩小經，取粗通文義者充奏補之後，非久爲官，若不達經書，則難通吏理。請自今後齋郎所投文字狀並須親書，仍須念得十卷書者，卽得補奏。一使父皇任官蔭者，並須將前任告勅呈驗，仍取在朝三員清資官充保，及移牒所曾任官臺省寺監，勘有此官及年月日同否，委無虛謬，卽得補奏，仍准千牛進馬例，不得過十年。其所使祖皇任官蔭者，年月深遠，難知子細，今後請不許補奏。影宋鈔五代會要

請放榜後貢舉官晚出奏

舉人就試日，請皇城司差人於院門前聽察舉人挾帶文書入院，請殿將來舉數，自一舉至三舉。放榜後及第人看榜訖，便綴行於五鳳樓前謝恩，後赴國學謝先師。舊例侵晨張榜訖，貢舉考試官便出院，蓋恐榜下人諠訴。今年請放榜後貢舉官已下至晚出。冊府六百四十二

張粲

粲，後晉天福中人，仕爲軍事判官、朝議郎、大理評事兼監察御史。

創建解律王廟記

我后以一著戎衣，天下大定，於今五載矣。分宵軫慮，待旦乞言，岸嘗欲於嬰兒，昵道德於老子，四三王而興國，何國不興，六五帝以化民，何民不化。其高也無益，其大也無外。瑞日停中天之照，榮河流澈□之濤。光宅寰區，永孟函夏。郡主太保淸河公，派成國器，獨占將星，心懸八陣之圖，舌挂九天之法。長城拓塞，岱嶽橫空，肅然三令五申，凜若秋霜冬雪。力能拔象，勇可扼犀。貔虎宣牙，豆拆狼貪之輩；蛟龍露爪，瓜分鯨縱之徒。爰自武庫開關，智囊解括，劍批紫電，戟削白虹，弓挽六鈞，晝日之蟾蜍□滿，箭飛四羽，晴天之霹

靂聲高。陣前無脫兔之蹤，帳外有牽羊之跡。情專拜井，威重刻山，斡僞□而績用無雙，樹眞主而功名第一。遄乃策勳宗社，旌載簡編，遺五袴於人謠，轉二天於郡守。今者恩流冉陛，惠□絳臺，數年之赤壤郊圻，一旦之淸風歌頌。遠比文公之教，但革古今；近徵杜母之名，祇分先後。合中庸之德，齊上善之功。土鼓汚罇，克致神明之享；鋒雲渠雨，不忽民望之期。廪盈紅腐之饒，陛蔑黃沙之歎。而且恪恭梵宇，虔奉靈祠，得不獲天人之佑輔者哉。當州子城內正衙東北隅，有北齊季世解律王影堂，云葬於此，搆諸孤墳之上矣。

王諱光，字明月，實北齊之良輔也。屈事溫國公，不得於當代。屬以後主荒殞，多士卷藏，外則疣贅生靈，內則蟊賊儁乂，朏殘友弟，屠膾慈親。王以剗第侵膚，民腓滯趾，騏驥伏棧，郴伊千里之蹤；鳳凰在籔，宏展九霄之翼。蓋敦忠孝，不難存亡。條是三諫聲高，一心志切，情同杜蕢，無聞飲主之規，言若比干，唯見喪身之患。君何太昧，臣何太忠，善不納而其滅宜然，諍不從而其逃可也。嗟乎良哉，何痛如是。公曰：余聞聰明正直惟神，則斯可謂神矣。人曰：頗有靈驗，不可犯也。何歲月久換，廟貌不興，向者民無所依，神乏其□。遂以

錢音翦鎛事，陳田畯方閑，乃度土工，議仮築，雲七聽命，楨幹率從，掃壇陳詞，三獻能通於天地，底徒任力，千夫不待於朝晡。幾多之塗甓將升，百堵之垣墉已立。工訪周人郢匠，材求秦梓齊梧，揮斤之響亮乘風，屠搆之巑岏粲日。蝸蟠護砌，可言龍鬭；于時蝾蝀排梁，誰謂虹藏不見。磨礱鑑物，剞劂通神，鴛鴦之瓦成行，垂簷若霧；芙蓉之石布坐，連柱疑香。晚煙凝輭轢之花，曉日爛元黃之色。繡栭畫拱，依稀三洞移來；鏤楶彫莞，髣髴十洲化出。旋乃從長近日，鳴鷹惟罄，才聞六變之音，俄覩一靈之表，瞿然如在，卓爾同生。隅日高眶，若執彌縫之節；瓌姿愠見，如申謇諤之言。星綴冕旒，霞封寶座，壁上之霓旌羽旆，實異今朝；筵中之立豈獻鳟，頓殊往日。愊心主祀，隨革故以永沉；逆耳臣名，遂鼎新而長在。加以土慘倒影，下瞰澄瀾，亭亭而鼇載鴻濛，屹屹而嶺可寥廓。鎮臨勝概，控引韶光，清虛而松島合風，靡麗而錦城鋪暖。其或鶯歌媚物，柳舞迎春，夭桃借素杏之紅，岸竹接池荷之綠。龍鱗葉碧，陰穠閶闔之間；鳳腦花薰，香滿帷箔之內。覩茲壯觀，寘彼休禎，得不福善乎，得不依民乎。善長民和，何灾之有。鄙石言于晉地，掩神降于莘郊，假使谷變

陵移，斯靈也明齊日月；任歷時遷歲改，斯廟也固等乾坤。則知公事主分憂，爲民求福，爲而不有，何用不臧。粲幼愧生知，長慙待闕，俯聽流謙之命，盍述素貢之辭，詎僭厥功，直書其事。時天福五年二月十日記。石刻

張孝友

孝友，吳興人，鎮海節度判官。

福祈禪院碑

道上虞西北四十里福祈峯下，舊傳吳赤烏閒僧純一師化其族李之所居爲伽藍，號祈福院，訖今鄉人

尊稱一法華開山祖是有晉天福二年丁酉行滔師主茲山弟子無相自孫出也兄鑑鎰鎰以武職顯院憮偪仄倚山皆孫氏業相言于兄樂助形勝凡山之爲畝者三十又六地之爲畝者四東距院田南般院阯上極其峭而高者維西下臨其坳而深者則北披蓁肆莽刱大阿羅漢殿猶神輸鬼運咸姹乎成之速復言于兄請諸朝四年己亥賜額福祈禪院順山名也嗚呼二師相去寥泂肇基拓業若合符節世之稱士君子者或羣聚而訾浮屠之說厥子肯堂肯播視相之舉爲何如純一師其有傳矣行滔師其有後矣繼繼承承爲國祝釐永永無疆而利益之及於檀施者其又有不可量議者矣猗歟休哉余屬與行滔師游俾識初末垂示將來不得辭是年臘月望日外友鎮海節度判官吳興張孝友撰并書 越中金石記

鄭摶

摶天福四年爲侍御史

彈李鼎奏

伏見李鼎今月十一日衙謝妻陳敘封事察認羣言似踰常例臣遂檢詳按內其李鼎去年八月中請妻亡准式假十月中供狀請敘封有此過□致招羣論竊循職分理合舉明者 冊府五百二十二

王易簡

全唐文八百六十一有傳

請銓司一人都簽署奏

吏部流內銓諸司令史各主一司不相統攝苟有踰濫無所責成起今後望令本銓闕頭一人都簽署諸司案牘 冊府六百三十四

孫紹榮

紹榮晉天福時人

高明寺經幢記

清信弟子孫紹榮因小男楊三疾患遂捨淨財奉爲亡考十五郎□造陁羅尼幢□貳所捨入天台幽溪禪院永充供養 伏以眞乘肇啟大教潛興化演千門茲道牙而益茂途歸一里因法本以彌堅其有尊勝開宗梵音成偈功唯有證利實多彰今則爰發精誠敬鐫貞石裝嚴已畢功德將圓意者追薦先靈拔超冥路伏願速登彼岸長被勝因諸佛證明資善緣而不泯衆靈加護居妙相以長新時天福二年歲次丁酉七月辛亥朔十五日乙丑記 兩浙金石志

宋齊邱

全唐文八百七十有傳

讓表

昔高宗之夢傅說西伯之獲非熊況臣非築巖之相釣渭之賢職位獨重宜居山林 江南野史

收穀帛策

江淮之地自唐季以來爲戰爭之所今兵革乍息甿黎始安而必率以見錢折以金銀斯非民耕桑可得也將興販以求之是教民棄本而逐末耳乞虛升時價悉收穀帛本色爲便 南唐書

江文蔚

全唐文八百七十有傳

二丹入貢圖贊 并序

皇帝建西都之歲神功邁于三古皇風格于四裔華夷咸若駿奔結轍粵六月契丹使梅里捺盧古東丹使兵器寺少令高徒煥奉書致貢咸集都邑公卿庶尹拜手稽首稱賀以爲文德所服受命之符也若乃鴻荒以降驟步相倂耀武以信威有所不及任算以御物有所不從詩頌太原之師則用伐矣漢開朔方之地則崇力矣若我宣猷大麓儼德無私刑于朝廷以及于荒服旃裘左衽捧日分光殊方異產充庭納貢書曰垂衣裳而天下治斯之謂矣有司紀美烈于續事傳曰主上明聖而德不聞有司之過也臣職在翰墨親覩隆平敢獻贊曰

赫矣聖武纂堯之緒要荒之長駿奔臣附伏波之柱單于之臺遺鏃徒費獻琛靡來我后穆穆我網恢恢重譯日貢皇哉唐哉 陸氏南唐書

張洎

全唐文八百七十二有傳

項斯詩集序

項斯字子遷江東人也會昌四年左僕射王起下進

士及第始命潤州丹徒縣尉卒於任所吳中張水部爲律格詩尤工於匠物字清意遠不涉舊體天下莫能窺其奧唯朱慶餘一人親授其旨沿流而下則有任蕃陳標章孝標倪勝司空圖等咸及門焉寶歷開成之際君聲價藉甚時特爲水部之所知賞故其詩格頗與水部相類詞清妙而句美麗奇絕蓋得於意表迨非常情所及故鄭少師薰云項斯逢水部誰道不關情又楊祭酒敬之云幾度見詩詩摠好及觀標格過於詩平生不解藏人善到處逢人說項斯自僖昭已還雅道陵缺君之遺句絕無知者慮年祀寖久

没而不傳故聊序所云著于卷首席氏唐詩

馮延已

全唐文八百七十六有傳

楞嚴經序

首楞嚴經者自爲菩薩密因始破阿難之迷終證菩提之悟然則阿難古佛也豈有迷哉迷者悟之對也迷苟不立悟亦何取是故因迷以設問憑悟而明解
皇上聰明文思探賾索隱霧霁日朗雲開鏡明以爲大賚四方未爲盛德普濟一世始曰至仁或啟佛乘必歸法要馬令書

潘佑

全唐文八百七十六有傳

與南漢主書

皇帝宗廟垂慶清明在躬冀日廣徽猷時膺多福徒切依仁之戀難窮報德之情望南風而永懷庶幾撫我指白日以自是夫復何言周必大二老堂雜誌

韓熙載

全唐文八百七十七有傳

烈祖廟議

古者帝王已失之已得之謂之反正非我失之自我復之謂之中興中興之君廟號稱祖先帝興既墜之業請上廟號曰烈祖唐餘紀傳

謝賜絹表

水火相濟日月無私既示其瑕疵又憐其憔悴免逋欠使資于昏旦賜綿絹令禦其風霜神造雖洪粉身未報馬令書

羅周裔

周裔後漢乾祐中官膳部郎中

禁民間用銅奏

錢刀之貨今古通行從古已來鑄造不息長無積聚

蓋被銷鎔若不峻設提防何以絶其姦宄臣請勅三京鄴都諸道州府凡器物服玩鞍轡門戸民間百物舊用銅者今後禁斷不得用銅諸郡邑州府鄽市已成銅器及腰帶幞頭線及門戸飾許勅出後一月並令納官官中約定銅價支給候諸處納畢請在京置銅錢監俾銅盡爲錢以濟軍用除錢外只令鑄鑑鏡亦官鑄量尺寸定價其餘並不得用銅如敢固違請行條法以杜姦宄册府五百一

曹允昇

允昇乾祐二年爲太子詹事

請置常平倉奏

國以民爲本民以食爲天時或水旱爲災虫蝗害稼既無九年之蓄甯救百姓之飢天災流行古今代有而前縱逢災歉免至流亡蓋分財恤民素有儲備請依古法置常平倉請于天下京都州府租賦斛斗上每斗別納一升別倉貯積若凶災之處出貸貧民豐年卽納本數庶幾生聚永洽惟懷册府五百二

朱知家

知家乾祐中人

鐫觀音像贊

此上系銜泐去一二十字大夫朱知家發心捨淨財鐫寫觀音自在菩薩尊像一軀并裝彩龕室等因而讚曰大聖觀音身現塵刹隨聲響應咸見菩薩了茲實相孰不解脫善哉淨信本惠清豁命乎鄙手倚巖鐫劃水月現前儼然生活巍巍乎非常名焉公善達分而深遠唯願以此功德上報四恩下霑三有自身及見生眷屬與法界有情同廻向無上菩提世世常得見佛見菩薩常生淨土早成妙果永充供養乾祐三年歲在己酉九月十四日記石刻

竇文靖

文靖乾祐三年爲殿中侍御史

糾朝官便服徒步奏

臺中糾彈過失舊有十六條事節次不舉明臣訪聞朝官有便服徒步城市者既通閭糴實汚朝風五代會要十七

劉悅

悅乾祐中太常少卿

止絕稅牛奏

臣伏見買賣耕牛官中元無商稅近日關市場院不稟勅文悉是收稅歲計其利所入無多在於農民卽疲於市易請重降勅文明行止絕勸人耕稼國之大計倉廩有積何莫斯由册府五百四

侯仁實

仁實乾祐中太子中允

廣栽桑棗奏

諸州府長吏勸課農桑隨戶人力勝栽蒔桑棗小戶歲十本至二十本中戶三十至四十大戶五十至一百如能廣栽不限本數種訖本縣令佐親省之計數得替時交與受代者仍於懸子內批書省司以爲考課册府六百三十六

滕紹宗

紹宗周廣順中人。

造像題名

當山清信弟子滕紹宗□□冇□敬捨淨財于石室內鐫造彌陁□尊觀音勢至佛伏爲自身恐有多刧寃愆今生故慢伏願□不□之勝因滌累刧之債濫時廣順元年歲次辛亥四月三日鐫記 石刻

夏承原

承原顯德中人。

祇園寺舍利塔題名

弟子夏承原并妻林一娘闔家眷屬捨淨財鑄眞身舍利塔兩所恐有多生罪障業障並願消除承茲靈善願往西方淨土戊午顯德五年十一月三日記 紹興府志

于德辰

德辰字進明元城人唐明宗鎭邢州德辰往謁焉明宗見而器之得假官於屬邑歷仕晉漢周官至工部尚書

陳九事奏

一文武兩班有年深不遷官不改服色者或遭喪闕而不追者今遇聖□幸均渥澤其二每年貢舉人數極多登科者少伏恐淹滯賢能乞量增所放人數其三潭朗茶貨只至襄州客旅並不北來請二司差淸强官於襄州自立茶務收稅買茶足以贍國其四湖南見食嶺南鹽請置官綱於湖南立務榷賣其五文武兩班差使出入所令部轄幹濟者聊加酬奬其六河朔緣邊狹丁壯能抵拒契丹闘戰者官中訪聞擢用其七臣伏見官禁牛皮條流太重每請甲科合要皮請量於地畝上配納若民間牛死損亦從許貨賣其皮價不得過錢五百其八昨山陵儀仗一行道路

人戸配米者未納已納並請放免其九西道行營立功將卒早宜賞勞 册府四百七十六

析從阮

從阮字可久唐莊宗鎭太原以爲牙將晉出帝時遷本州團練使漢高祖於府州建永安軍以從阮爲節度使周太祖時歷宜義保義靜難三鎭顯德二年罷還京師卒。

慶州軍事奏

奉詔示諭慶州諸蕃部尋遣人告報首領其野鷄第七門族首領李萬全及樹黟等族受勅書領袍帶等

設誓其諸族猶負屈彊見與寧州諸軍襲擊次其冊府

招撫樹夥等族奏

奉詔討逐慶州野鷄族兼招携諸部族臣自前月與兵後招到樹夥等二十一族與勅書袍帶綵緞設酒食令發誓詞盟約兼排列兵士圍繞今已和斷兼補郝爽為慶州牢城使又發龍捷一指揮赴寧州冊府

高紹基

紹基周太祖時為延州衙內指揮使

請捕錄李勲奏

觀察判官李彬承節度使薨變結搆外內謀殺都指揮使及行軍副使自據城池已伏誅其李彬妻劉氏子懷義懷義妻高氏並已收捕其高氏是臣親妹乞留在臣家持服李彬弟勳見充河中馬步都指揮使彬兄景韜一房九口彬姪懷貞一房十一口彬媵妾一人並已收捕在州其李勲請行捕錄者冊府九百三十三

趙上交

上交周廣順二年為戶部侍郎知貢院

請罷帖經對墨義奏

九經舉人元帖經一百二十帖墨義二十道臣今欲罷帖經於諸經對墨義一百五十道五經元帖八十帖墨義二十道今欲罷帖經令對墨義一百道明經元帖書五十帖欲罷帖書令對義五十道明法元帖律令各十帖義二十道欲罷帖律令對義二十道學究元念書二十道對義二十道今欲罷念書對義五十道三禮元對墨義九十道三傳元對義一百一十道欲三禮於周禮儀禮各添義二十道三傳於公羊穀梁傳各添義二十道開元禮三史元義三百道欲各添義五十道進士元試詩賦各一首帖書二十帖對義五道欲罷帖書別試雜文二首試策並仍舊童子元念書二十四道欲添念通前五十道念及三十道者放及第冊府六百四十二

向訓

訓周廣順中知延州

誓約蕃部奏

所屬蕃部侵盜漢戶臣已招喚諸部酋率設酒食仍令誓約更不敢侵犯冊府

郭瓊

瓊平州盧龍人世宗時歷絳蔡齊三州刺史

與南唐劉彥貞書

自古有國皆惡叛人貴邦何爲常事招誘吳中多士毋乃淺圖陸書

王景

景周顯德中鳳翔節度使

安撫諸砦奏

今月七日收下黃牛新城大岀等三砦相次又收下鬼迷黃花下湛滴水皂莢等五砦其鄉村人戶並巳招攜安撫冊府

劉載

載周顯德中爲殿中侍御史

內殿彈奏儀奏

自漢朝以次每遇內殿起居臺司定左右巡使先入起居後於殿廷左右立定百官始入起居有失官儀便宜彈奏者今後欲依入閤彈奏儀折署奏後宣徽使言所奏知通事舍人喝拜再拜訖便退如兩巡使自有失儀亦候班退互相彈奏五代會要十七

朱仲武

仲武周末太子通事舍人

故左武衛中郎將石府君墓誌銘并序

公諱暎字先進其先樂安人後世家於京兆今則京兆人也晉將軍苞之裔冑衛純臣碏之靈苗祖□考守珍皆公侯繼業鍾鼎傳門載籍昭彰其來自遠公策名委質夙著令聞孝以承家忠以奉國故得鄉黨稱悌焉朋友稱義焉可謂不忮不恢有典有則者也頃以方事之殷爟火不息而能率先義勇克集茂勳累遷至左武衛中郎將前朝賞有功也公志懷敦素性守謙冲不以榮顯矜情但欲優游晦跡而已所冀神降其福天與之齡何圖兆夢泣瓊藏舟弃壑哀哉以歲次□□十一月十四日遘疾終于私第春秋六十有八夫人孫氏夙禀坤儀素傳內則鼓琴瑟而有

節主蘋藻而知禮嗚呼蕣花早凋瓊枝遽折天不慭遺先公數稔而亡今以歲次甲子四月庚午葬公于長安龍首原夫人祔焉禮也嗣子清士晃岳岀湊岫秀等蓼莪在疚棘欒其形泣血於苴麻竭力於窀穸恐時遷陵谷事或幽封爰命揮毫敬刊貞石詞曰

性柔溫溫神儀洸洸職參禁衛位列中郎流芳後代秉義前王冀保永終曷其云亡卜兆吉辰素車薄葬爰遷嘉偶及此同壙魂散泉扃神遊繐帳後背重崗前臨疊嶂聊紀世載式昭問望石刻

按此誌蓋有大漢二字其書葬期曰歲次甲子則

宋太祖乾德二年也不書乾德以暎非宋臣亦仲
武不忘前朝意也與全唐文所收邊曾撰路縣令
邊府君墓誌正同謹遵其例附于周末

張憲

憲南唐監察御史

諫後主書

大展教坊廣開第宅下條制則教人廉隅處宮苑則
多方奇巧道路皆言以戸部侍郎孟拱辰宅與教坊
使袁承進昔高祖欲拜舞工故安叱奴爲散騎侍郎
舉朝皆笑今雖不拜承進爲侍郎而賜以侍郎居宅

事亦相類矣通鑑長編

徐鉉

全唐文八百七十八有傳

述祖先生墓誌序

門生彭汭登第補本郡司倉掾嘗與社祭齋于郡之
延慶院獨處一室既寢而精爽不寧展轉至四鼓乃
得寐夢一白衣書生入戸謂汭曰某嘗述少文詞在
此室司倉當見之也汭辭以未見書生曰試爲讀之
言訖而去及寤口四鼓因呼僕秉燭周視牆壁間意
謂有留題者而都無所見惟戸扇下有石方尺餘塵
土蒙之視彷彿有賀監字乃知此是也祀事罷移置
廳前以水滌之文字依然即進士許鼎所撰祖先生
墓誌也問主僧云十年前院側數十步官置瓦窰掘
地得之而掌役者軍吏也不曉其所自但見有文因
惜不毀而置此按賀監以天寶二年始得還鄉既而
天下多事遂與世絕止於吳越故老亦不能知其所
終微彭子之夢則賀監輕舉之迹與祖君高尚之節
皆湮沒矣紹興府志

許眞人井銘

長史含道棲神九天人非邑改丹井存焉射玆谷鮒

冽彼寒泉分甘玉液流潤芝田我來自西尋眞紫陽
若愛召樹如升魯堂敬刊翠琰永識銀牀噫嗟後學
挹此餘光

四皓畫贊

君子道行必資其位遯哉四賢隱居救世皤皤之貌
丹青假誌爾無素飡覩此知媿

野老行歌圖贊

昔在陶唐光宅萬國下或知有帝將何力鼓腹擊壤
嬉游無極自然而然忘適之適中古道薄親仁懷德
末世政亂姦宄寇賊湻風不還可以歎息丹青志古

存諸往則嗟爾有位鑑茲玉式

硯銘

乇山之石是斲是治荊藍表蝕雲露含滋執簡而至磨鉛在茲言出乎身文以行之噫嗟君子愼爾樞機

册秀才文四首

自三五以還文質迭變百王之法六籍渙然及周室旣衰諸侯異政俊賢之士分軌並馳至如管仲霸齊之功商鞅强秦之令申韓之名法孫吳之戰陣李悝則務盡地力墨翟則崇尚節儉此其尤著者也蓋百家之說雖其道不同奉而行之皆足以致理子大夫服聖道必盡幽深試論其中孰得周孔之旨可爲當今之用者悉心極慮以著于篇

夫君者民之表也天下取則焉故愼其威儀定其聲氣時其憲令審其好惡以此示之未有不化者也然而唐堯在上日用而不知聖祖立言親譽者其次夫如是則寂然不動澹乎無爲使蚩蚩之甿何所則象而能革其浮僞驅之仁壽哉舉要立中必有其說

昔太公理齊因其俗故報政遲而後世强伯禽爲魯易其俗故報政速而後世弱然則商辛淫虐之風不可不去也周家仁厚之化不可不被也修舊者未見其遷善之塗革故者豈傷於惟新之義遲速之効强弱之由願聞嘉言以釋斯惑

肉刑之法明王之制著於周禮垂憲無窮何故三苗行之以爲虐秦人奉之以爲暴漢文除之以爲仁乎自魏晉以還議論間出理竟不決法竟不行豈時運之變有殊將聖賢之才或異願聞歸趣以正古風並本集

林罕

全唐文八百八十九有傳

十在文

咸康元年蜀主臨軒龍顏不悅羣臣失色罔知所安時有特進檢校太傅顧在珣越班奏曰臣聞主憂臣辱主辱臣死今聖慮懷憂臣等請罪帝曰北有後唐霸盛南有蠻蜑强梁朕雖旰食宵衣納隍軫慮此不能興師弔伐彼不能臣子來王恐社稷不安爲子孫之患是以憂爾在珣奏曰只如云云帝聞所奏大悅龍顏于是賜顧在珣絹五百疋進加右金吾衛將軍開府儀同三司檢校太尉仍令所司編入史記

案自咸康元年起至編入史記止皆罕之說辭今據鑑誡錄補

郭忠恕

忠恕字恕先雒陽人周太祖時仕爲宗正丞兼國子書學博士階朝散大夫貶崖州司戶後入宋官國子監主簿

汗簡序

汗簡者古之遺像後代之宗師也蒼頡而下史籀已還爰從漁獵得其一二傳寫多誤不能盡通臣頃以小學蒞官校勘正經石字繇是諮詢鴻碩假借字書時或採掇俄成卷軸乃以倘書爲始石經說文次之後人綴緝者殿末焉遂依許氏各分部類不相間雜

易於檢討遂題出處用以甄別仍於本字下直作字樣之釋不爲隸古取其便識與今文正同者惟目錄之外不復廣收切韻玉篇相承紕繆體既煩冗難繕牋毫有所不知盡闕如也

汗簡畧敘後記

臣按鳥迹科斗通謂古文歷代從俗斯文患寡目論臆斷可得而聞太史公曰禮失求諸野古文猶不愈於野乎亦下臣之志也塵露雖微山海不却畧敘其事集而次之

按李建中題字知忠恕著此書當在未入宋時

陶穀

全唐文八百六十三有傳

右軍書黃庭經跋

山陰道士劉君以羣鵞獻右軍乞書黃庭經此是也逸少眞書此經與樂毅論太史箴告誓文累表也蘭亭洛神賦皆行書其他並草書也草十行敵行書一字行書十行敵眞書一字耳 寶章待訪錄

續跋

此乃明州刺史李振景福中罷任過浚郊遺光祿朱卿朱卿名友文即梁祖之子後封博王王薨予獲於

舊邸時貞明庚辰秋也晉都梁苑因重背之中書舍人陶穀記是日降麻以京兆尹彥威兼副都統 同上

唐文拾遺卷之四十八

榮祿大夫三品頂戴前分巡廣東高廉道加四級臣陸心源輯

王宗弼

宗弼本姓魏名宏夫前蜀王建錄爲假子更姓名官至中書令封齊王後族誅

奉魏王牋

昨蜀主與將校同議歸欵其僞樞密使宋光嗣景潤澄南院宣徽使李周恪北院宣徽使歐陽晃等四人同出異謀惑亂蜀主臣當時梟首以狥謹令送納 册府

危德輿

德輿楊吳時人

有吳太僕卿檢校尚書左僕射舒州刺史彭城劉公夫人故尋陽長公主墓誌銘 并序

夫甘露降醴泉生則知顯國祚識明朝使四方服我聖后度其時甘醴應瑞叶祚乃長公主焉公主則弘農楊氏大吳太祖之令女國家閨室之長也太祖以劍斷楚虵手揮秦鹿建吳都之宮闕復隋氏之山河功葢鴻溝變家爲國編史載籍其可盡乎是知玉樹盤根聳金枝而繁茂銀漢通口瀉天派以靈長將符碩大之詩必誕肅雍之德太后王氏坤儀毓秀麟趾彰木既諧典慶之祥乃産英奇之女卽尋陽長公主也公主蓬邱降麗桂影融華稚齒而聰惠出倫笄年而名口頴衆既明且哲早聞柳絮之詩以孝兼慈夙著椒花之頌國家詳觀令淑用偶賢良敦求閥閱之門須慕裴王之族我彭城大卿代承勳業世茂英雄先君首匡社稷於吳朝尋擁麾幢於江夏繇是王恭鶴氅逈出品流衛玠神淸果符僉議葢標奇於杵象遂應兆於牽牛潛膺坦腹之姿妙契東床之選我公主輜軿降于天漢鸞鳳集於閨門在內也則班誡曹箴克修女範配室也則如賓舉按罔怠婦儀奉蘋藻

以恭勤佩茝蘭而芬馥常遜言而撫育每恪謹以事親寬慈則僕隸不杝娣姒則仁明是敬星霜滯換慈愛無渝助君子之宜家實諸侯之令室皆公主之賢達也而況敦睦氏族泛愛宗親不以公闈之貴驕人不以奢華之榮傲物既而榮光內外道合鸞凰感吉夢於熊羆肇芳華於桃李育男六育女六長子曰匡祚受鎭南將軍節度討擊使撫州軍事押衙銀靑光祿大卿檢校國子祭酒兼侍御史上柱國貌方冠玉才藴鏗金雅承慶於鯉庭叶好逑於虎帳乃娉于撫州都指揮使司空太原王公之愛女也王氏以綵闈

襲美蘭闈傳馨克奉孝慈肅恭禮敬次曰匡業試秘
書省校書郎光融氣秀瑜潤德淸纔親秘閣之風益
顯侯門之美聘雄武統軍潁川侍中之愛女郎陳氏
焉雖通四德之規未展二儀之禮次曰匡遠匡禹匡
舜嚴老並幼而岐嶷志定堅剛蘭牙郎侯於國香驥
子佇追於駿足長女年當有字容謂無雙娉婷融蕣
槿之英婉孌叶絲蘿之詠適柯氏柯氏受右軍討擊
使詩書立性禮樂臻身鄧艾晝營必弭遠大劉琨夜
舞定建殊功次女納鍾氏禮鍾氏器重珪璋材親廊
廟入仕纔趍於宦路登龍必履於朝廷任洪州南昌

縣主簿喜氣雖通於銀漢雲車未會於鵲橋次女四
並天資柔惠神授沖和瑞分瑤蕚之華慶稟瓊枝之
秀苟非公主義方垂訓秉範整儀峻淸問於聖朝著
聲光於王闕則缺以順義六年中春太僕卿自洪井
副車秩滿皇恩降命除郡臨川隼旟方耀於章江熊
軾俄臨於汝水入境已聞於靜理下車頓肅於山川
四郊而襁負還鄉万井而飛蝗出境豈止懸魚著詠
佩犢推名可以與杜邵齊肩共龔黃並轡公主同驅
繡轂內助政經佐褰帷露冕之功贊察俗撫民之化
或發言善諫則惠馥蘭芳或靜慮澄機則珠圓月皎

俾連營將士皆欽如母之謠比屋黎民咸戴二天之
惠豈料霜凋瓊樹月墜幽泉祥雲易散於長空彩鳳
難留於碧落嗚呼鬒髮方盛蕣顏未央俄夢蝶於莊
生忽貽災於彭嬌爰從寢疾遽致膏肓腠理難明欻
歸冥寞何期天道曾不憖遺以順義七年七月廿六
日薨於臨川郡城公署享年三十八歲箕箒二十二
春悲乎自有古今不無生死奈其修短禍福難裁何
神理之微茫曷榮枯之倏忽我太僕卿以鸞分隻影
劍躍孤鳴痛哽襟靈韻悲琴瑟自是政行千里聲徹
九重別擁旌旄去迎綸綍奉親王之傳印寵亞前朝

承聖上之優恩榮超太古公主權叢福地傍揖魏壇
而大卿亟赴名邦正臨灊嶽諸子以情鍾陟屺恨切
如荼哀號而泣血崩心踊擗而柴身骨立吁嗟遐邇
駭嘆人倫里巷爲之輟舂士民爲之罷社則以乾貞
三年二月二日符護靈柩以其年三月廿四日窆于
都城江都縣興寧鄉東袁墅村建義里庄西北源式
建封樹禮也舉朝祭奠傾國塗蒭送終之禮越常厚
葬之儀罕及所謂缺乎我彭城公代著八元家傳五
鼎榮驅貔虎坐擁櫜鞬據康樂之城池播廉公之襦
袴則何以名光傳粉譽振傳香偶良匹於龍宮見起

家於鵲印不有諮戚曷光令猷所謂類以相從合爲具美者也德輿識學荒蕪躬承厚命直旌厥德焉敢讓陳乃爲銘曰

赫赫太祖聖厤符祥厥生令女貴異殊常二儀合運四德賢良金枝玉葉蕙秀蘭芳降于侯門彭城劉君奪瑤圃玉過至山雲宜家慶國襲美垂勳壽陽公主中外咸聞鸞鳳雙亡遽愴分飛人間永別冥路旋歸陰雲颼颼夜雨霏霏泉扃一閉無復闢闈石刻

雷嶽

嶽仕南漢事三主歷官御書院給事

匡眞大師塔銘

詳夫水月定形覺浮生之可幻火蓮發艷知覺性之宜修故妙果圓明寂爾而不生不滅眞如常住湛然而無去無來祛其華則是色皆空存其實則衆魔咸拆亦由山藏白玉泥塗不能汙其珍沼出青蓮塵垢不能染其質者也故匡眞大師業傳西裔性達南宗戒珠朗而慧日融光覺海揚而慈霖普潤示非法無法之說若電翻輝應眞空不空之談如鍾逐扣以心唯淸淨道本慈悲常挑智慧之燈洞照昏衢之路將使化周有截終期證後無爲故我釋迦如來厭綺羅絲竹之音痛生老病死之苦踰金城而學道依檀持而修眞六載成功萬法俱熟爲四十九年慈父演八萬四千法門現千百億化身此句似衍一字遍娑婆世界說多多緣起開種種導門誓化迷淪令超正覺于時求法寶者是諸沙數得道者於意云何小則證須阿洹斯陀含大則超阿羅漢辟支佛卷舒自在蓮花中藏十二音聲變現無窮芥子內納三千國土邇後化緣將卒示滅雙林卽以法服衣傳于迦葉葉傳阿難難傳商和那修修傳優波毱多如此展轉相傳俾令常住世不滅矣洎至曹侯溪大圓滿至眞起覺大師是

爲第三十三世祖若祇認達磨禪師傳衣法至于曹溪則中華推爲第六祖焉故西來智藥三藏駐錫曹溪云一百七十年後當有無上法寶肉身菩薩于曹溪與化學道者如林故號曹溪爲寶林自祖師成等正覺後現一百六十九口生身菩薩遍在諸方行化邇后得道莫知其數皆曹溪之裔也故匡眞大師嗣于一葉焉師諱文偃姓張氏晉王冏東曹參軍翰十三代孫也翰知世將泯見機休緣徙于江淛故肖及我祖生于蘇州嘉興郡師幼慕出塵乃棲于嘉興空王寺志澄律師下爲童凡諸經無煩再閱及長落髮

具足于常州壇後侍澄公講數年頃家四分指歸乃辭謁睦州道蹤禪師則黃蘗之派也一室常閉四壁唯空或復接人無容佇思師卷舒得志徑往扣門禪師問誰師曰文偃師闢門云頻頻來作什麽師云學人己事不明禪師曰秦時䡊轢鑽以手托出閉門師因是發明又經數載禪師以心機祕密關鑰難堅知師終爲法海要津定作禪天朗月因語師云吾非汝師莫住師遂入閩幾登雪嶺直奪鵬程因造雪峰會三禮欲施雪峰乃云何得到詰麽師不移絲髮重印全機雖等截流還同戴角由是學徒千餘凡聖莫審

師昏旭參問寒燠屢遷摳衣惟切於虛心得果寔輸于實腹因有僧問雪峰云如何是觸目不見道運足焉知路雪峰云蒼天僧不明問師師曰三斤麻一疋布僧後問於峰峰云嘻我常疑個布衲師於會裏密契玄機因是出會遍謁諸山尊宿頗有言句世所聞知後雪峰遷化學徒乃問峰佛法付誰峰云遇松偃處住學徒莫識其機偃者蓋師名也至今雪峰遺誡不立尊宿辛未禮于曹溪旋謁靈樹故知聖大師以心機相露膠漆契情歲在丁丑知聖大師一日召師及學徒曰吾若滅後必遇無上人爲吾荼毘至戊寅

高祖天皇大帝巡狩韶石幸于靈樹知聖遷化果契前約敕爲焚之獲舍利塑形于方丈于時詔師入見特恩賜紫衣敕師于本州廳開堂師於是踞知聖筵說雪峰法實謂禪河泗溺佛日輝華道俗數千問答應響郡守何公希範禮及曰弟子請益師曰目前無異草有人問如何是本來心師云舉起分明別有言句錄行于世爾後大師心恬默奏乞移菴敕允癸未領學志開雲門山五載功成四周雲合殿宇之簷楹翼翥房廊之高下鱗差遂鑿幽泉挫暑月而寒生戶牖喬松修竹冒香風而韻葉宮商近於三十來秋不

減半千之衆歲納他方之供日豐香積之廚有殊舍衞之城何異靈山之會院主師傳大德表奏院畢功敕賜光泰禪院額及朱記至戊戌歲高祖天皇大帝詔師入闕帝問如何是禪師曰聖人有問臣僧有對帝曰作麽生對師云請陛下鑒臣前語帝悅云知師孤高朕早欽敬宣下授師左右街僧錄師默而不對復宣下左右曰此師修行已知蹊徑應不樂榮祿乃詔曰放師歸山可乎師欣然山呼萬歲翌日賜內帑香藥施利鹽貨等廻山并加號曰匡眞厥後每年頻降頒宣繁不盡記恭惟我當今大聖文武玄德大明

至道大廣孝皇帝歲在單閼運聖謨而手平內難奮神武而力□中興恩極八紘道弘三教乃詔師入內經月供養賜六銖衣一襲香藥施利等而廻并御製塔額預賜爲寶光之塔瑞雲之院師自從示衆卓爾宗風凡在應機實當奇特常一時見衆集久乃云汝若不會三十年莫道不見老僧時有三僧一時出來禮足師云三人一狀有問禪者則云正好辨有問道者則云透出一宗有問祖意者則云日裏看山有纔跨門者則以杖打之有時云衆云直下無事早是埋没也迷緣不已豈是徒然畧舉大綱將禅往代師以法無定相學無准常每修一忌齋用酬二嗣諱（此處字似有）識師一生道場三十餘載求法寶者雲來四表得心印者葉散諸山則知覺路程開雙林果滿諸漏已盡盡法皆空雖假臥漳未少妨於參問終云虛幻乃示寂以韜光侍者奉湯師付盌子曰第一是吾着便第二是汝着便記取遺修表祝別皇玉乃自札遺誡曰吾滅後汝等弗可效俗教着孝服哭泣喪車之禮則違佛制有紊禪宗也付法于白雲山實性大師志庠師會下已匡徒衆已酉歲四月十日子時師順世嗚呼慈舟壞兮輪廻失濟法山摧兮飛走何依緇倫感薤露之悲檀信動式微之詠宋雲遇處但携隻履以無還慈氏來時應召三峰而再出月二十有五諸山尊宿具威儀道俗千數送師於浮圖靈容如昔依師訓塔于當山方丈內法齡七紀二僧臘六旬六于日行雲歛態隴樹無春覰嶽孤猨啼助哀傳之苦穿林幽鳥聲添惜別之愁弔客掩襟佇立以泣在會參學小師守堅終始荷贊洞契無爲門人淨本大師常實等三十六人知事皆明佛性雅得師宗也在京弟子報恩寺內供奉七十餘人皆出自宮闈素精道行敕賜與師爲弟子法經內僧録六通大師教中大法師道聰洞容人門尤精外學也嶽鏤冰藝（缺）映雪功踈自愧裴然濫承厚辟編成實性紀彼銘云

師歸何處超然寂然愛河萬頃涉若晴川（其一）恩超四果難降衆魔迷則衆劫悟則刹那（其二）是色非色眞空則空如水涵象若燭隨風（其三）雖云有佛難窮千佛如地有芽逢春自出（其四）菩提無種覺花無子妙果如成有何生死（其五）是法非法恍惚難尋無內無外卽心傳心（其六）劫名成灰兮邱陵潛爍大海爲田兮人倫斯改紀師實性兮刻于貞珉龍化會開兮師蹤如在漢大寶元年歲次戊午十二月一日建（南漢金石記）

龔澄樞

澄樞南海人幼事南漢先主爲內供奉官累遷內給事後主時遷至內太師

西鐵塔記

玉淸宮使德陵使龍德宮使開府儀同三司行內侍監上柱國龔澄樞同女弟子鄧氏三十二娘以大寶六年歲次癸亥五月壬子十七日戊辰鑄造永充供養　入緣弟子內給事都監韶州梁延鄂（南漢金石記）

鄭敬贇

敬贇南漢大寶中人給事郎監樂昌縣

樂昌黃蓮山銅鐘記

粵維大寶二年太歲已未七月甲辰十九日林禪院住持長老明嶽大師賜紫沙門義初鐘一口重四百觔勸緣弟子給事郎守內府侍省內府都并監樂昌縣事賜紫金魚袋鄭敬贇以七月廿八日（下缺　韶州府志）

李托

托封州人事南漢先主爲內府局令後主時累遷內太師入宋戮于汴京

東鐵塔記

大漢皇帝以大寶十年丁卯歲勑有司用烏金鑄造千佛寶塔壹所七層并相輪蓮花座高二丈二尺保龍躬有慶祈鳳厤無疆萬方咸使於淸平八表永承於交泰然後善資三有福被四恩以四月乾德節設齋慶讚謹記（南漢金石記）

按全文九百八十七所收與此不同

歐陽炯

全唐文八百九十一有傳

蜀八卦殿壁畫奇異記

夫龍圖鳳紀初宣上古之文帝室皇居必蘊非常之寶是以書美鍾張之翰畫稱顧陸之蹤代有其人朝

無乏事今上睿政斯齊化溢升平俗登仁壽天惟行健動則總覽萬機道法自然靜則無遺一物將欲權衡三代拱揖百王宸襟所適諒超化表嘗於大殿西門創一小殿藻井之上輪排八卦故以爲號焉其御座几案圖書之外非有異於常者固不關於聖慮其年秋七月上命內供奉檢校少府少監黃筌謂曰爾小筆精妙可圖畫四時花木蟲鳥錦雞鷺鷥牡丹躑躅之類周于四壁庶將觀矚焉筌自秋及冬其工告畢間者淮南獻鶴數隻尋令貌于殿之間上曰女畫逼矣其精彩則又過之筌以下臣末技降堦曲謝而

己至十二月三日上御斯殿有五坊節級羅師進呈雄武軍先進者白鷹其鷹見壁上所畫野雉連連掔臂不住再三誤認為生類焉上嗟歎良久曰昔聞其事今見其人遽令所進呈者引退無至搦損茲壁因目筌為當代奇筆仍令宣付翰林學士歐陽炯紀述奇異微臣拜手因得敘其事焉伊昔大舜垂衣作繪乃彰於象物宗周鑄鼎觀形可禦於神姦漢號雲臺唐稱煙閣圖畫之要史策攸傳公私雖見於數家今古皆言於六法六法之內惟形似氣運二者為先有氣運而無形似則質勝於文有形似而無氣運則華

而不實筌之所作可謂兼之不然者安得粉壁之中奮霜毛而欲起絲豪之下混朱頂以相親而又觀彼白鷹盼乎錦雉儼丹青而可測狀若偎叢掣絛鏦以難停勢將掠地遂契重瞳之鑒假以好生俄回三面之仁眞疑害物舉斯二類兼彼群花四時之景堪觀千載之名可尚稽諸往牒少有通神圖海獸以騰波秦朝買譽畫池龍而致雨唐室垂名至於誤點成蠅徒成小巧不成似犬安可勝言況茲殿也迴架昭回高臨爽塏瑤池水滿浮鏡裏之樓臺玉樹風輕鏁壺中之日月聖上以動詠墳典親講政刑崇制禮作樂之名極侍問安親之孝允文允武無怠無荒故士有一技一藝皆升陟褒賞如筌者焉澈東海之波濤難方聖澤拱北辰之光耀永固皇基誠非末士之常談可紀至尊之所御臣職叨翰苑譽乏儒林因廣聖模聊同畫品恭承宣命實愧菲辭昔廣政十六歲歲次癸丑十二月記　益州名畫記

詹敦仁

全唐文九百有傳

初建安溪縣記

夫萬戶而置郡千戶而置邑古制也泉之為郡古矣

小溪場西距漳汀東瀕溟海乃泉之一鎮守也地廣二百餘里三峯玉峙一水環迴黃龍內顧以驤騰朱鳳後翔而飛翥土之所宜者桑麻穀粟地之所產者麞麂禽魚民樂耕蠶冶有銀鐵稅有竹木之征險有溪山之固兩營之兵額管二千餘人每歲之給經費六萬餘貫地實富饒是豈不足以置縣歟敦仁奉命以來視事之始既嘉山川雄壯尤喜人物夥繁思築而縣之乃以狀請於郡太守未幾而報可之令下增割南安近地新揭清溪美名敬奉以還大懼弗稱矧新邑發風自乾亥而來轉勢從辛兌而入向丙巳以

奉離明之化流寅甲以伸震疊之威左環右接如抱如懷前拱後植若揖若拜析爲四鄉一十六里通計一邑幾三千餘戶梓列以圖卜契我龜當三農收斂餘暇適二營番戍休閒便近之戶役止三日而民不告勞築作之工計不踰年而兵不憚用崇門竪樓所以嚴其勢繩廊周宇所以處其吏屋不華而加壯寢僅足以爲安居民鱗次雍雍然以和官廨翼如濟濟而有辨由陸而至者必出其塗自水而運者會流於下坐肆列邸貿通有無荷畚執筐各安職業土沃而人稠風澹而俗樸眞東南形勝之地實疆場衝要之

區也初經營於顯德大火之首冬遂落成於明年小春之下斡苟完苟美不至侈矣曰庶曰富又何加焉其奈地華人質業儒者寡是豈教有未及者歟殆亦有待而化者歟豈知夫秦奢魏褊俗若未易以轉移伯淸惠和聞者尙能以興起顧在上之人所以作之者何如耳敦仁不能遠引古之說以爲喻請以鄉邦之事而昌言之可乎爾閩之初人未知學自常公觀察以來有歐陽四門者出豈曰彼能而我否孰謂昔有而今無蓋未然者猶有所待而然未至者當有所勉而至齊變至魯魯變至道盛事鼎來以答山川之靈雄名日起以續龍虎之號□敦之令固不敢不勉而從令之教爾邑之人當交相勸勉以副令之願望猗歟休哉丙辰十月甲辰記福建通志

錢鏵

鏵字輔軒武肅王之弟也累授温明二州刺史文穆王時除兩浙行軍司馬尋改本州團練使封楚國公開運二年卒謚忠簡

康樂巖題記

鏵自庚辰載領郡於康樂巖重剏亭臺遍植花柳兼華蓋山畔建置菓園□□□□□□添奇章時甲申歲清明日彭城輔軒記以示後來兩浙金石志

沈仁東

仁東吳越國人事蹟待考

感應塔記

昔者瞿曇氏之化天竺也將宏妙法式振辨才旣演暢于崛山俄湧現于靈塔久居多寶契乎宿因純化之瑞斯可見矣洎無憂王之治閻洲也寘搜舍利遐構佛陀括囊于八國之中經營于一日之內被乎世界炯若星羅鬼國之憂斯可見矣由是教傳東國法仰西方伊塔廟之聿興遂支提而寢廣徵諸善者可

得言之晉義熙二年隱士許詢字元度拂衣俗態脫屣浮名捨第宅兩區建迦藍二所其一則營于鏡水號曰祇洹其一則立彼蕭山目之崇化逎于餘行樹以浮圖唯乏相輪未全香剎旋于中夜忽遇飛來旣道俗而式瞻且規矩而暗合未幾有番僧邂逅繞塔踟躕或問其來非無所以乃言國爲天竺寺實菩提遽失相輪遍搜印度遂杖錫跋履尋光現眞衆復詰之奚以爲證訴以七寶營搆諒匪五金作爲驗之不誣信矣何爽元度載發宏願當冀來生果克爲玉重建是塔浮世空嗟于閱水善根有若于移山逮夫梁

武受圖蕭氏命族至岳陽王詧除會稽郡守將欲理棹訪于志公歷彼川塗訣之休咎乃曰今之分命益還舊居請詢曇彥上人在彼香巖精舍無何法眼早已經心遂約緇徒伫迎元度數日岳陽適至晝隼爰來夫彼彥師已伺門首乃謂曰許元度來何暮昔日浮圖今如故岳陽王應之曰弟子姓蕭名詧豈許元度耶彥師旣知宿命未通豈造次能論于時延入虛室遽爇名香乃以定慧加之于是斯須恍若豁開疑罔頓悟前生洞究因緣了在心目俄命同載適彼蕭山爰止舊廬遂禮遺像旣現塔中舍利兼騰基上神

光仍于龕室之間採出斧鑿之類且悲且喜于載于三尋率俸金別營雁塔不日而就異世合符稽彼感通有如影響遐後年祀寔遠世故推遷緬層搆之冀存顧基坰之空在累代而下一簣不留遐考厥出宜乎有待吳越監軍節度使渤海公文武傑出忠孝間生實惟霸王之心腹久居元舊之爵位中立無倚出言有章多重寶綠水紅蓮得夷吾春風夏雨綵衣炳煥棣蕚芬芳虞潭養堂莫能比與陸凱侯族才足矜誇而能屬意眞筌靈矜道樹側聞往事載動信心遂與蜀國夫人敦琴瑟之情表金石之固同發誠願須

彼勝緣務捨珍財再崇瑞相而乃磨礱文石陶埏塼瓦起自戊午年秋初訖于己未歲冬首甃成雙塔並建五層其制超今其高邁古事符感徼妙盡雕鎪東則璀璨珴珴樹岳陽之善本西則晶熒赫赫表元度之良因其第一層則儼列天人師子石像其第二層已上則湧起千佛面于四方衆寶莊嚴五綵繪素聳鐵輪而萃漢懸金鐸以鳴風臺類須彌狀侔阿育晉代之高蹤不泯梁朝之餘烈重光愚竊思之信可徵矣若非公纘許詢前志應蕭詧後身則何得契彼三生成茲萬善夫如是亦何必志公復出曇彥重來舉

而論之固其宜矣樹德之盛積善攸歸雅述徽猷稱乎琬琰仁衷才疎頌晉學媿游梁摛藻騰芳徒懷烏鳳激波飛譽曷比魚鷗誰謂餙揚罔遺荒隊退讓弗克黽勉何多雖鋭意于枳園必貽譏于畫虎其詞曰

粤靈塔之穹崇兮鞏多寶之湧現刹阿育王之鬼功兮示閻浮之神變禮一念之勤拳闢萬善之關鍵由感應之不誣遂祖述之斯薦有許詢之曠達樂蕭山之蔥蒨捐爽塏之華居聿莊嚴于秘殿營窣漢之俄成慊相輪之未建忽中夜而飛來實衆目之咸見冀後世之再逢俾眞風之重扇造梁朝于帝族封蕭詧

于禹甸問所適于誌公通宿命于曇彥果宏誓于疇昔襲洪固于周遍洎年代之屢遷念頹毀之誰援誕明公于海嶽列羣辟于方面鼓琴瑟之克諧捨金玉而靡佫樹雙標之聳拔表三生之勇佻爍熠熠之金容累層層之玉現振象教之罔細開龍華之方便轢不退之法輪正無漏之高選惟天上兮人間受豐報之宏願紹興府志

唐文拾遺卷之四十九

榮祿大夫三品頂戴前分巡廣東高廉道加四級臣陸心源輯

智詵

字惠成俗姓徐益州成都人武德元年終

答某書

辱使至止并以誠言披閱循環一言三復文清涤水理破秋毫貧道戒行多闕化術無方宅身荒谷四十餘載狎魚鳥侶樵歌習禪那思般若以此卒歲分塡溝壑不謂耆年有幸運屬休明伏惟相王殿下德隆三古道振百王公攘臂而歸舊里衣錦而旋本邑百

姓有再生之期萬物起息肩之望搢紳君子捧玉帛而來儀慷慨丈夫委干戈而伏道昔長卿返蜀徒擅清文鄧艾前來未能偃武公華陽甲族井絡名家捧日登朝懷金問道叙南長幼竝俟來蘇豈藉微風自然草靡當勸諸晉領越境參迎續高僧傳

智首

姓皇甫安定人住西京禪定寺精講戒律貞觀初卒

續薩婆多毗尼毗婆沙序

世雄息化律藏枝分遂使天竺聖人隨部別釋自佛教東流年代綿久西土律論頗傳此方然此薩婆多

即解其十誦智晉宿緣積善早預緇門始進戒品卽爲毗尼藏學至於諸律諸論每備披尋常慨斯論要妙而文義闕少乃至江左淮右爰及關西諸有藏經皆親檢閱悉同彫落罕有具者雖復求之彌懇而緣由莫測每恨殘缺滯於譯人靜言思此恒深悲歎比奉詔旨來居禪定幸逢西蜀寶玄律師共談此論闕義玄言本鄉備有非意聞之不勝慶躍於是殷勤三覆問其所由方知此典譯在於蜀若依本錄有其九卷往因魏世道武毀滅法門乃令茲妙旨皆未零落遂使四方皆傳闕本其眞言圓備尙蘊成都智晉乃

託印懃行人井絡艮信經涉三周所願方果以皇隋之馭天下二十六載大業二年歲次丙寅冬十二月躬獲此本傳之京邑智晉深願流茲覺水散此惠燈悟彼學徒補其法寶已有一本附齊州神通寺僧沙禪師令於海岱之間諸藏傳寫猶恨晉魏燕趙未獲流布相州靜洪律師毗尼匠主復是智晉生年躬蒙訓導今謹附一本屈傳之河朔故具述出序標之卷初願尋覽諸賢無猜惑也大藏氣字函

行友

蒲晉沙門入唐召充弘福寺翻譯著巳知沙門傳

釋智通論

通姓程河東人大業中卒見幢蓋塔廓日吾生淨土矣行友爲傳因著論

夫法本不生今則無滅如身實相觀佛亦然因斯以談則三界與一識冥歸生死共涅槃同體又何容淨穢彼此於其間哉則凡夫學人妄情未盡不能齊彼我均苦樂遺欣厭亡是非故須迴向願求標心所詣然後往生耳其實則不然譬猶明鏡現形空谷應聲影響之來豈足遠乎而惑者以暗識生疑謂淨土越度三有超過九定絕域寥廓經塗夐遠自非三乘極位及十地聖人積行累功安能生彼何其謬歟觀斯上人雖稟性溫柔爲人淸潔其所脩習則福德偏長

定慧之功蓋不足紀直以一生之散善臨命之虛心遂能自覩光明親見幢相動搖神象夢感旁人是知九品之業有徵十念之功無爽凡我同志豈不勗哉若夫尋近大乘脩行止觀察微塵之本際訊一念之初源便可剃棘播無常之音梟獍說甚潑之法十方淨國未必過此如其眷戀妻孥榮桓弊執營生未厭逐物已疲摧百齡於倉卒之間畢一世於遑忙之際內無所措外無所恃則長劫冥沒亦奚能自返艮可悲矣續高僧傳

法琳

全唐文九百三有傳

破邪論

莊周云六合之內聖人論而不議六合之外聖人存而不論老子云域中有四大而道居其一考詩書禮樂之致忠烈孝慈之先但欲敍彝倫意存敬事君父至德唯是安上治民要道不出移風易俗自衞返魯詛述解脫之言六府九疇未宣究竟之旨案前漢藝文志所紀衆書一萬三千二百六十九卷莫不功在近益俱未暢遠途誠自局於一生之內非迴拔於三世之表者矣遂使當見因果理涉旦而猶昏業報吉凶義經邛而未曉斯並六合之寰塊五常之俗謨詎免四流浩汗爲煩惱之場六趣諠譁造塵勞之業者也原夫實相杳冥逾道之要道法身凝寂出玄之又玄唯我大師體斯妙覺二邊頓遣萬德斯融不可以境智求不可以形名取故能量法界而興悲揆虛空而立誓所以現生穢土誕聖王宮示金色之身吐玉毫之相布慈雲於鷲嶺則火宅燄銷扇慧風於雞峰則幽途霧卷行則金蓮捧足坐則寶座承軀出則天主導前入則梵王從後聲聞菩薩儼若朝儀八部萬神森然翊衞宣涅槃則地現六動說般若則天雨四花百福莊嚴狀滿月之臨滄海千光照曜如聚日之映寶山師子一吼則外道摧鋒法鼓蹔鳴則天魔稽首是故號佛爲法王也豈與衰周李耳比德爭衡末世孔某輒相聯類者矣是以天上天下獨稱調御之尊三千大千咸仰慈悲之澤然而理深趣遠假筌蹄而後悟教門善巧憑師友而方通統其教也則八萬四千之藏二諦十地之文海殿龍宮之旨古諜今書之量莫不流甘露於萬葉垂至道於百王近則安國利民遠則超凡證聖但以時運未融致令漢梵殊感故西方先音形之奉東國後見聞之益及慈雲卷潤慧日收光廼夢金人於永平之年覩靈骨於赤烏之歲於是漢魏齊梁之政像教勃興燕秦晉宋已來名僧間出或神力救世或異迹發人或慧解開神或通感適化及白足臨刃不傷遺法爲之更始誌上分身員戸帝王以之加信具諸史籍其可詳乎並使功被將來傳燈永劫議者僉曰僧唯紹隆佛種佛則冥衞國家福隆皇基必無廢退之理我大唐之有天下也應四七之辰安九五之位方欲興上皇之風開正覺之道治致太平永隆淳化但傅氏所述酷毒穢詞並天地之所不容人倫之所同棄恐塵黷聖覽不可

具觀伏惟陛下布含弘之恩垂鞠育之慿審其逆順議以眞虛佛以正法遠委國王陛下君臨斯當付囑謹上破邪論一卷用擬傳詞（續高僧傳卷三十二）

答太宗詔奏

文王大聖周公大賢追遠愼終昊天靡荅孝悌之至通於神明雖有宗周義不爭長何者皇天無親竟由輔德古人黨理而不黨親不自我先不自我後雖親有罪必罰雖怨有功必賞賞罰理當故天下和平老子習訓道宗德教加於百姓恕己謙光仁風形于四海又云吾師名佛佛者覺一切人也乾竺古皇西昇

逝矣討尋老教始末可追日授中經示諸子弟言吾師者善入泥洹綿綿常存吾今逝矣今劉李所述謗滅老氏之師世莫能知著茲辯正論有八卷畧對道士六十餘條並陳史籍前言實非謗毀家國（續高僧傳卷三十二）

詔問臨刃不傷對

自隋季擾攘四海沸騰疫毒流行干戈競起興師相伐各擅兵威臣佐君荒不爲正治遏絕王路固執一隅自皇王弔伐載清陸海斯實觀音之力咸資勢至之恩比德連蹤道齊上聖救横死於帝庭免淫刑於都市琳於七日已來不念觀音唯念陛下敕治書侍御史韋悰問琳有詔令念觀音何因不念乃云唯念陛下琳荅伏承觀音聖鑒塵形六道上天下地皆爲師範然大唐光宅四海九夷奉職八表刑淸君聖臣賢不爲枉濫今陛下子育恒品如經即是觀音既其靈鑒相符所以唯念陛下且琳所著正論爰與書史倫同一何參差任從斧鉞陛下若順忠順正琳則不損一毛陛下若刑濫無辜琳則有伏屍之痛（續高僧傳卷三十二）

法宣

常州沙門

釋道慶壙銘

余與伊人言忘道狎京輦少年已欣共被他鄉衰暮更喜同袍月席風筵接腕晤語吾子經堂論室促膝非異人豈意玄穹殲我良友千行徒灑百身寧贖未能抑筆聊書短銘其詞曰

十力潛景四依匡世踵德連暉伊人是繼宮牆戒忍燈炬禪慧並驅生林分庭安敵論堂攜玉義室芬蘭坐威師子衆遶栴檀道潔塵外理析談端四儀式序三業惟安穢土機窮勝人現滅帳留餘影車迴去轍

隴月孤照墳泉幽咽竹露暫團松風長切氣運有終德音無絶續高僧傳卷十四

釋慧頵塼塔銘

余與上人情均道德君終我疾枕淚眠號素車不馳玄壤長隔欲申悲緒聊書短銘方墳在列靈塔斯布爰屬勝人允兹崇樹於惟法主人勝德全愛河早越心燈幼傳巖嶽一簣哮吼三年青蒲應舉紫極聞天名邦仁化利物攸往衞鐏日戢懸鏡常朗義海傍溢談峯直上誰謂明珠忽潛幽壤神耶掩穴素塔標墳夔龕宿霧玉掌排雲澗松送響巖桂呈芬山飛海運

遷貿相踵火入秦陵書開汲冢惟兹道力巍巍長崍續高僧傳卷十六

元續

事蹟俟考

寶圓寺碑銘

老稱聖者莊號哲人持螢比日用岳方塵續高僧傳卷十五

彥琮

全唐文九百五有傳琮作悰

大唐故左衞翊衞武騎尉王府君墓誌銘并序

君諱行威字國𡕼其先太原晉陽人也自後因官播越又爲雍州明堂縣人焉若乃輔嗣談玄潛沖開放纂清徽於遠系繼盛德以追蹤者於王府君見之矣祖金朝議郎益州司兵參軍事父師保朝散大夫並志尚老莊屏忽名位優遊天地之際託賞風月之間爰誕異人乃邦之彥叶娟川而藻性夙著温恭禀圓折以資生弱稱岐嶷起家以門蔭補充左衞翊衞提戈玉宇荷戟璇墀既申之以爪牙亦罄之以心膂秩滿不仕從私欲也於是孔座陳筵招攜於執友牙琴嵇玉留連於勝託將謂永貞眉壽天假大年豈期董澤先秋榆關遽落以垂拱二年歲次景戌七月己亥

朔十四日壬子遘疾終於須政里第春秋五十有六即以其年九月戊戌朔五日壬寅歸葬於京兆西南龍首之原禮也長子武騎尉義方次子麟臺御書手義端等茹荼集蓼懼平海以成田陟岵循陔慮高春而從照敬刊貞琬爲之誌云其銘曰

景胄華宗干霄括地師王友帝懷忠抱義挺生才彥有美珪璋留連風月優遊老莊入仕登庸提戈荷戟翊奉宸極罄於心迹耶園養性琴酒怡神方希懸解遽返天眞云亡殄瘁人良殲喪霧黯雲低松高野曠勒方礎兮泉之幽紀四序兮有迴周庶滕棺兮照白

且識九原兮栢與楸 常山貞石志

道宣

全唐文九百九有傳

續高僧傳後序

竊以法流所被非人不弘頣世𤏲漓多乖名實後學奔競未志尋籌致混篇章凋殘者衆自梁已後僧史荒蕪追討英猷罕有微緒豈非綴緝寡鮮聞見遂沉高行明德湮埋難紀輒不崖揆且援在言至於傳述固虧嘉績猶賢絶墜無聞於世所以江表陳統纂晃珍嫺之傳河北高都融琛散魏之侶英聲昌於天漢盛行動於人心並可楷模俱從物故嘗以暇日遍訪京賢名尙不聞何論景行撫心之痛自積由來相成之規意言道合仰託周訪務盡搜揚勿謂繁多致乖弘略世之三史卷餘四百尙有師尋豈喻釋門三五袠也故當微有操行可用師模即須綴筆更廣其類豈不光聞僧海舟徑聖蹤則釋門道勝顧思齊之有日俗流上達增景仰於生常邪輒舒傳末冀朗神人知有據耳 續高僧傳卷四十

簡諸宰輔叙佛教隆替狀

列子云周穆王時西極有化人來反山川移城邑千變萬化不可窮極穆王敬之若聖此則佛化之初及也朱仕行釋道安經錄云秦始皇時西域沙門十八皇人來化始皇弗從禁之夜有金剛丈六人破獄出之始皇稽首謝焉漢書云武帝元狩中開西域獲金人率長丈餘列之甘泉宮帝以爲大神燒香禮拜後遣張騫往大夏尋之云有身毒國即天竺也彼謂浮圖即佛陀也此初知佛名相云成帝都水使者劉向云向檢藏書往往見有佛經此即周秦已行始皇焚之不盡哀帝元壽中使景憲往大月氏國因誦浮圖經還於時漢境稍行齋戒據此曾聞佛法中途潛隱重此中興後漢明帝永平中上夢金人飛行殿前乃使秦景等往西域尋佛法遂獲三寶東傳洛陽畫釋迦立像是佛寶也翻四十二章經是法寶也迦竺來儀是僧寶也立寺於洛城西門度八開化自近之遠展轉住持終於漢祚魏氏一代五主四十五年隆敬漸深不聞再毀吳氏江表四主五十九年孫權創開佛法感瑞立寺名爲建初其後孫皓虐政將事除屏諸臣諫之乃止召僧而受五戒蜀中二主四十三年于時軍國謀猷佛教無聞信毀晉司馬氏東西立政一十二主一百五十六年中朝四帝崇信之極

不聞異議唯東晉成帝咸康六年丞相王導太尉庾亮薨後庾冰輔政帝在幼沖爲帝出詔令僧致拜時尚書令何充尚書謝廣等建議不合拜往反三議當時遂寢爾後六十二年安帝元初中太尉桓玄以震主之威下書令拜尚書令桓謙中書王謐等抗諫曰今沙門雖意深於敬不以形屈爲禮迹充率土而趣超方內是以外國之君莫不降禮（如育王等禮比丘之事也）良以道在則貴不以人爲輕重（如魏文之軾干木漢光之遇子陵等）尋大法東流爲日諒久雖風移政易而弘之不異豈不以獨絕之化有日用於陶漸清約之風無時害於隆平者

乎玄又致書廬山遠法師序老子均王侯於三大遠答以方外之儀不隸諸華之禮乃著沙門不敬王者論五篇其事由息及安帝返政還崇信奉終於恭帝有宋劉氏八君五紀雖孝武大明六年暫制拜君尋依先政齊梁陳氏三代一百一十餘年隆敬盡一信重逾深中原魏氏十有餘君一百五十五年佛法大行備見魏收良史唯太武眞君七年聽讒滅法經於五載感癘而崩還興佛法終於靜帝自晉失御中原江表稱帝國分十六（謂五涼四燕三秦二趙夏蜀也）斯諸僞政信法不虧唯赫連勃勃據有夏州兇暴無厭以殺爲樂佩像背上令僧禮之後爲震死尋爲北代所吞妻子形刻具如蕭子顯齊書高齊在鄴六帝二十八年信重逾前國無兩事宇文周氏五帝二十五年初武帝信重佛法後納張賓之議便受道法將除佛教有安法師著二教論以抗之論云九流之教教止其身名爲外教三乘之教教靜其心或名爲內教老非教主易謙所攝帝聞之存廢理乖遂雙除屏不盈五載身殞政移隋氏承運二帝三十七年文帝崇信載興佛法海內置塔百有餘州皆發休瑞具如圖傳煬帝嗣錄改革前朝雖令致敬僧竟不屈自大化東漸六百餘

年三被誅除五令致拜既乖經國之典又非休明之政剗斷之虐被於亂朝抑挫之儀揚於絕代故使事理乖常尋依舊轍良以三寶爲歸戒之宗五衆居福田之位雖信毀交貿殃咎推移斯自人有汙隆據道曾無興廢所以千餘大聖出賢劫之大期壽六萬年住釋門之正法況乃十六尊者行化於三洲九億應供護持於四部據斯以述歷數未終焉得情斷同符儒典且易之蠱爻不事王侯禮之儒行不臣天子在俗四位尚有不屈之人況棄俗從道而便責同臣子之禮又昊天上帝嶽瀆靈祇君人之主莫不祭饗而

下拜今僧受佛戒形具佛儀天龍八部奉其道而仰其容莫不拜伏於僧者故得冥祐顯徵祥瑞雜沓闐之前傳豈復同符老氏均王侯於三大者哉故沙門之宅生也財色弗顧榮祿弗縻觀時俗若浮雲達形命如陽燄是故號爲出家人也故出家不存在家之禮出俗無霑處俗之儀其道顯然百代不易之令典者也其流極廣故略述之 續高僧傳

定持

長安時宏福寺僧

大周故居士蘆州巢縣令息尚君之銘

惟君諱眞字仁爽清河郡人呂望之後也春秋七十有七奄從風化以調露元年八月十九日逝於鄠縣循德之里卽以其月廿五日遷柩於終南山雲居寺屍陀林捨身血肉又收骸骨今於禪師林所起塼墳爲表生從善友之心願不離勝緣之境建崇銘記希傳不朽長安三年歲次癸卯庚申朔戊辰日外孫宏福寺僧定持建 石刻

懷素

全唐文九百十二有傳

自叙帖

懷素家長沙幼而事佛經禪之暇頗好筆翰然恨未能遠覩古人之奇迹所見甚淺遂擔笈杖錫西遊上國謁見當代名公錯綜其事遺編絕簡往往遇之豁然心胸略無疑滯魚牋素絹多所塵點士大夫不以爲怪焉顏刑部書家者流精極筆法水鏡之辨許在末行又以尙書司勳郎盧象小宗伯張正言曾爲歌詩故叙之曰開士懷素僧中之英氣槩通疎性靈豁暢精心草聖積有歲時江嶺之間其名大著故吏部侍郎韋公陟覩其筆力勗以有成今禮部侍郎張公謂賞其不羈引以遊處兼好事者同作歌以贊之動

盈卷軸夫草稾之作起於漢代杜度崔瑗始以妙聞迨乎伯英尤擅其美羲獻茲降虞陸相承口訣手授以至於吳郡張旭長史雖姿性顚逸超絕古今而模楷精法詳特爲眞正眞卿早歲常接遊居屢蒙激昂教以筆法資質劣弱又嬰物務不能懇習迄以無成追思一言何可復得忽見師作縱橫不羣迅疾駭人若還舊觀向使師得親承善誘函挹規模則入室之賓舍子奚適嗟歎不足聊書此以冠諸篇首其後繼作不絕溢乎箱篋其述形似則有張禮部云奔蛇走虺勢入座驟雨旋風聲滿堂盧員外云初疑輕煙澹

古松又似山開萬仞峯王永州邕曰寒猿飲水撼枯藤壯士拔山伸勁鐵朱處士遥云筆下唯看激電流字成只畏盤龍走叙機格則有李御史舟云昔張旭之作也時人謂之張顛今懷素之爲也余實謂之狂僧以狂繼顛誰曰不可張公又云稽山賀老粗知名吳郡張顛曾不易許御史瑶云志在新奇無定則古瘦灕驪半無墨醉來信手兩三行醒後却書書不得戴御史叔倫云心手相師勢轉奇詭形怪狀飜合宜人人欲問此中妙懷素自言初不知語疾速則有竇御史冀云粉壁長廊數十間興來小豁胷中氣忽然

絶叫三五聲滿壁縱横千萬字戴公又云馳豪驟墨列奔駟滿座失身看不及目愚劣則有從父司勳員外郎吳興錢起詩云遠錫無前侶孤雲寄太虛狂來輕世界醉裏得眞如皆辭旨激切理識元奥固非虛蕩之所敢當徒增愧畏耳時大歷丁巳冬十月廿有八日宋拓本

酒狂帖

酒狂昨日過楊少府家見逸少阮步兵帖甚發書興也顛素何可以到此但恨無好紙墨一臨之耳比見獻之月儀帖内數字遂與右軍並馳非後人所能到一點一畫便發新奇一法此乃得鍾繇弟子宋翼三過波藏鋒法酒狂見此遂大吐出胸中霓耳千丈早晚納去侯楊生縛筆至可爲也茲不具□狂□藏眞太師丈足下書畫彙攷

右軍帖

右軍云吾眞書過鍾而草故不減張僕以爲眞不加鍾草不及張所謂世之所重以其能懷素書之不足以爲道其言當不虛也淯化閣帖

聖母帖

聖母閶□主□似言字□筆畫不全疾□釋遂奉上淸之教

旋登列聖之位仙階崇者靈感遠豐功邁者神應速乃有眞人劉君擁節乘麟降于庭内劉君名綱貴眞也以聖母道應寳籙才合上仙授之秘府餌以珍藥遂神儀爽變膚骼纖妍脱異俗流鄙達塵愛杜氏初怒責我婦禮聖母翛然不經聽慮久之生訟至于幽圄拘同羑里倏□字缺霓裳仙駕降空卿云上缺似臨雲字戶顧召二女踐虛同升旭日初照聳身直上旌幢彩煥輝耀莫倫異樂殊香□似没字空方□似亦字康帝以爲中興之瑞詔於其所置仙宮觀慶殊祥也因號曰東陵聖母家于廣陵仙于東土曰東陵爲二女從升

曰聖母焉遂宇既崇眞儀麗□（似復似設）遠近歸赴傾帀江淮水旱札瘥無不禱請神貺昭荅人用太康姦盜之徒或未弘（似是引字）咎則有烏鵲翔其廬上靈徵既降罪必斯獲閭井之閒無隱慝焉自昔暨隨年將三百都鄙精奉車徒奔屬及煬帝東遷運終多忌苛禁道侶元元九聖丕承慕揚至道眞宮秘府罔不□建况靈縱可□道化在人雖蕪翳荒頹而奠禱雲集棟宇未復耆艾銜悲誰其興之粵因碩德從叔父懐南節度觀察使禮部尚書（下空）監軍使太原郭公道冠方隅勳崇南服淮沂既□□作而不朽存乎頌聲貞元九年歲在癸酉己月（湖南通志）

秋風帖

此相遇極慰積心人情過深江事來甫爾遂不果欵悉海素帖首及江字上下（海字上下俱有闕文）我有數行淚不落十餘年今日爲君盡併灑秋風前（寶眞齋法書贊）

律公帖

貧道頻患腳氣異常憂悶也常服三黃湯諸風疾兼心中常如刀刺乃可處方數日服不然客舍非常之憂耳律公能枉步求貧道顛草斯乃好事也奉見不盡垂悉抄門懐素白（同上）

一行

全唐文九百十四有傳

請造銅遊儀奏

黃道游儀古有其術而無其器以黃道隨天運動難用常儀格之故昔人潛思皆不能得今梁令瓚創造此圖日道月交莫不自然契合既于推步尤要望就書院更以銅爲之庶得考驗星度無有差舛（唐會要四十二）

請與星官考校黃道遊儀奏

舜典云在璿璣玉衡以齊七政說者以爲取其轉運者爲樞持正者爲衡皆以玉爲之用齊七政之變知其盈縮進退得失政之所在卽古太史渾天儀也自周室衰微疇人喪職其制度遺象莫有傳漢興丞相張蒼首創律歷之學至武帝詔司馬遷等更造漢歷乃定東西立晷儀下漏刻以追二十八宿相距星度與古不同故唐都分天部洛下閎運算轉歷今赤道歷星度則其遺法也後漢永元中左中郎將賈逵奏曰臣前上傳安等用黃道度日月弦望多合近太史官一以赤道度之不與天合願請太官日月宿簿及星辰晷度與待詔星官考校奏可問典星待詔姚崇等十二人皆曰星圖有規法日月實從黃道官無其

器不知施行甘露二年大司農丞耿壽昌奏以圓儀度日月行考驗天運日月行赤道至牽牛東井日行一度月行十五度至婁角日行一度月行十三度此前代所共知也是歲永元四載也明年始詔太史造黃道銅儀冬至日在斗十九度四分度之一與赤道定差二度史官以校日月弦望雖密近而不爲望日銅儀黃道與度運轉難候是以少終其事其後劉洪因黃道渾儀以考月行出入遲速而後世治歷者不遵其法更從赤道命文以驗賈逵所言差謬益甚此治歷者之大惑也今靈臺鐵儀後魏明元時都匠解蘭所造規製樸略度刻不均赤道不動乃如膠柱不置黃道進退無準此據赤道月行以驗入歷遲速多者或至十七度少者僅出十度不足以上稽天象敬授人時近秘閣郎中李淳風著法象志備載黃道渾儀法以玉衡旋規別帶日道傍列二百四十九交以推月遊用法頗雜其術竟寢臣伏承旨更造游儀使黃道運行以追列舍之變因二分之中以立黃道交于軫奎之間二至陟降二十四度黃度之內又施白道月環用究陰陽朓朒之數動合天運簡而易從足以制器垂象永傳不朽同上

按全文九百十四所收請與星官考校黃道游儀奏至與待詔星官考校止

沙門邈

北崇福寺僧

大唐本願寺三門之碑

粤若稽古迦文啓度法界服勤浩劫獲有万德其興也勃焉若乃懷寶不可以迷缺宇其可得乎於是給園宏搆作矣本願寺者昔在育王之所建也在趙之鹿泉鹿泉缺作紀常山爲鎭俯仰形勝爲百城之宗案育王蓋飛行之帝也以鉄輪爲□□盡有缺惟冈圖乃分遣鬼雄大建靈塔所殺八萬有四千建塔亦如之以□罪也□□八國下缺遠浸用邶墟殆及有隱興廢起頓改牓易號建言有之土火之間龍戰於野緣林新市下缺高祖飛龍王室草創以大併小遂遷井陘太宗位天光復釋舊開皇福地盡舉而存故茲離正可知也有若法宇禪居牽皆增下缺天子將有事東夷誅有罪也中山火飛魏名昉等率六十人忠勇冠時言從薄伐既其下缺天紼縞曷維檜棹皆廢腐息惶汗婦懷法王下冀神效一徵樹以邀福既契既拓颯然而下缺循其本乃建斯門崇昔願也視定極絃幅廣

設階分礎下襲粗給獫狁之故其業中斷□上座僧道解寺主僧希名都維那僧惠仙等舉寺高德一十有四人並戒惠兼廣才明奥曰昔給孤唱始身子演成今則不承權輿使懿績長寢上聖默責夫何以安之哉乃命（下缺）代焉秀師俗姓閻氏燕趙之松栢也神宇特發閫思畢舉講唱表正白黑攸歸廼心（下缺）筐篚蟬聯影從者可勝言哉於是佝班輸徵匠石涉新甫羣徂來搓其條枚伐乃（下缺）拱若阜聚梦如山□員畢符鏤裒無染卒壯士令勇夫撫鴻梁躡虛絕藻掇植（下缺）痓阿閣四下赭扉三扃海目極覩若有意乎往來

皇皇乎有以見大覺之道□（下缺）數百里望而知歸況其邇者乎其餘綠竹掃砌碧流環扂芙蓉司辰明珠掌（下缺）秋七月哉生魄刺史仇公克義布政施仁鎮撫（下缺）既下車人悅其德先是閻□阡陌卒多湫隘（下缺）

常山貞石志

文器

開元中蜀僧

唐（缺）□峯塔院銘

□之有天下也四維廓九服寧海若自晏山戎不聳詳夫甲子蓋一百廿一載爲（缺）七聖之丕業膺千秋之昌運卻走馬御飛龍擊天鼓撞地鍾平章百姓叶和（缺）日爾黎民則我明府淸源縣開國子王公預茲選矣公名□字臣忠其先太原人也周（缺）經綸皇朝水部員外主爵郎中陳鄂饒潤四州刺史薛國公出孫前殿中少監司（缺）衣冠列地威望通天龍匣決雲之鋒鳳臺照膽之鑒北面受制西江烹鮮設五教（缺）塵無以黜其厥教肅而成其政嚴而理一歲與人歌之曰我有權暴王公息之我有（缺）□王公之惠夫政也善則有頌明乃不欺東里之聲未弭西門之氣不滅傳云誰嗣弗在（缺）木□□水火兼瀉既小往以莅

人亦大有以成歲也由是百姓足三教興郊垙無猛獸爲（缺）李龔俗蓮聽於雲韶盲羣徒詢其雪乳且夫月因指見妙或色彰弗示化城胡想商路此（缺）乃白環與四代之慶朱輪列十人之寵善積先哲澤流後昆代出□□□僧家有陶朱之（缺）端閑德音和雅爰在胎孕早聞祥竒弱丱遊京負童削髮嚴修（缺三字）石□行畢志雲（缺）路輪航八若之原恂恂善誘孜孜匪懈有若昆季前榮州資官縣（缺三字）前維州風流鎮（缺）□桐□洹寶碧襲一烏之慶祉知三鱣之禮繆挂黃綬於東門翹（缺三字）西剎□行有序（缺）鄉□愛惠修㮏

苑之精廬式憑慈善之力以祐仁明之德觀夫蓮龕聚日菌閣凝霞崢（缺）烏假道於眾恩海乙賀翔於榱桷傍聆地籟俯闚雲根花奪燭龍桂侵陰兔自非（缺）宴也乎輪奐孔熾詭惟殊博前臨月殿釋子鍾梵之場卻負雲崗蕪人斧採之（缺）貞珉幢迴立瑤炬長明光光如太白點天裊裊若脩虹貫日瑞花每雨忍草（缺）眞趣也况金鋪色設玉字湞鐫幸簡墨以相授寧謙讓而自（缺）□青王八万帝釋三千紛綸山海煜耀八天招提宵識化（下缺）（金石苑）

了空

開元中大雲寺僧

金剛般若石經讚（并序）

應知先聖六經古賢百氏鉤深致遠未濟苦集之川任化安時終迷滅道之界不如得眞自在號正遍知教□三乘業宏十處必超生老病死而證常樂我淨金剛般若經者佛於十六會中第九會說即□乘之內最上乘也約□有七□地成三四宏誓心有情皆度十□□行無德不修應空者見空雖空而不遺於有應有者知有雖有□不違於空泯相會眞利斷（缺四）字依證起說克明極成之義因□□往福量等於虛空果入無餘□□同乎實際是以弃損身命數積□沙惠施珍寶量盈國界方四句□非重比一分而猶輕誠可謂出□之妙門至聖之洪範者矣本願寺法師智琇者俗姓閻氏石邑人也調心止觀毓德聞思行業精純辯才通利百千佛所已種善根十二部中能宣奧旨勸化鹿泉縣崇善鄉望五十人等猒生死苦□解脫樂革社會而鼎法會扶罪根而種善根月取三長齋持八戒同餐法藥共庇禪林□有淸信士趙仁審者身處俗流心專妙理長者買地不難傾金仙人掩塗寧辭布髮僉謂勞生易盡至教難聞雪山

敬師致身充供波崙重道以血灑塵未能剝皮用書日□□石爲字留此經典多歷歲年（缺五字）有眼□聖種爰植護念之德可懷覺路□通付屬之功不墜□□過去已傳蚤皷之音慈氏當來更續百千之燄雖理超繫象不□□尋思而意待筌蹄應申於偈讚曰

從定起說果妙因□□精□度□宏四心構慈成室樹德爲林善吉由悟悲喜難任有大比邱專誠鑚仰克生眞智能除妄想具定希六對值明兩今若不傳□將安放勸化諸賢心淨如蓮熏修七最出入四禪爰刻經典以誨人天同希正法久□宏宣（常山貞石志）

唐文拾遺卷之五十

榮祿大夫三品頂戴前分巡廣東高廉道加四級臣陸心源輯

元昉

開元中修定寺偈

大唐鄴縣修定寺傳記

蓋聞赤驥西幸啟聲教於隆周白馬東廵降靈儀於盛漢圖澄北邁息威怒於趙邦僧會南遊正邪謗於吳國安上馭泰口之乘飛令譽於彌天生公居宋帝之宮播芳猷於席地遂致人王頂敬天主歸心修邸第以擬金園瑩陵臺而模像設八解流液注淇渤以漣漪七覺敷榮冠嵩華而共峙是以金塲寶刹鱗次於郊畿振錫乘杯羽翊於都邑矣修定寺者後魏蘭若沙門釋僧猛之所立也法師俗姓張氏少遊鄴境唯工弋獵道緣將發爰降異徵於此山下遇一麀鹿應機飲羽因即墮胎曲躬遮護更無懼意乃歎曰昔聞此獸死不擇陰今者懷戀麛殀輕命若是我雖人也誠不及之悲慟潛法遂挫拉弓矢即於此地結構草菴誓求眞覺割愛網於人世委形質於林泉獸狎無驚禽馴不擾棲遲此谷積十餘年有一神虎常隨翊衞于時金行運否水德潛通五馬逸於江湖二龍徙於河洛太和十有八載六軍自北徂南陳萬騎於此山設三駈之盛禮大綏既下此虎來奔猛以衲衣覆裹安置繩牀之下逐者尋至猛房前温涼纔訖即陳本意猛謂彼曰若不屠戮在近不遥必擬殺傷定難可得彼矯荅猛乃抱彪還羣虞崩駭莫敢前受既覩希有遂以奏聞孝文驚其靈異鑾駕親矚素崇玄化是用彌殷庶旌厥事爰詔立寺以此谷四面山勢狀類城塢因此給額名天城寺次有沙門法上者汲郡朝歌人也業行優裕聲聞天朝興和三年大將軍尚書令高澄奏請入鄴爲昭玄沙門都維那居大定國寺而充道首既非所好辭樂幽閑不違所請移居此寺澄文又別改本號爲城山寺爲魏歷既革禪位大齊文宣登極敬奉愈甚天保元年八月廵幸此山禮謁法師進受菩薩戒布髮於地令師踐之因以爲大莊既見二水寺前合流又改爲合水寺爲封方十里禁人樵采射獵仍給武官兵士守衞修營三時視覲四事無闕師以什物餘積擬建支提有一工人忽然而至入定思慮出觀剞劂窮陶甄之藝能竭彫鏤之微妙寫慈天坐寶帳圖釋主之金容雖無優之役龍神無以加也自後齊師失律鼎遷於周建德六年

武帝納張賓邪諫先廢釋宗鄴城三縣二十餘寺限
十日內並使燬除此寺于時亦同毀滅賴使者深重
三寶不忍全除雖奉嚴勅纔燒欄檻階砌斫去露盤
偃掌而已是以齊國靈跡此塔獨存也自後周氏無
道神器授隨文皇踐祚大宏佛法開皇三年十月十
五日下勅修理度人配住改名爲修定寺封疆賙給
一同齊日皇朝武德七年又被省廢至貞觀十年四
月勅爲皇后虛風日久未善痊除修復廢寺以希福
九天下三百九十二所佛事院宇並好山水形勝有
七塔者並依舊名置立相州亦所同時得額均人配

住名修定寺故今則因其号也開元七年歲次己未
安陽金石錄

慧雲

天寶中嵩山僧

嵩山故大德淨藏禪師身塔銘 并序

大師諱藏俗姓儀濟陰郡人也十九出家六載持誦
金剛般若楞伽思益等經寫瓶貫埏諷味精純來至
嵩岳遇安大師親承諮問十有餘年大師化後遂往
韶郡詣能和上諮玄問道言下流涕遂至荊南尋覲
大師親承五載能遂即可付法傳燈持而北歸至大
雄山玉像蘭若一從栖寓三十餘周名聞四海衆所
知識復至嵩南會善西塔安禪師院覩茲靈跡實可
奇耳遂□茲住□乎聖典乃造寫藏經五年餘大師
乃□如生象空□□跡可衆信忍宗□密傳七祖流
通起自中岳師亦心□萬有慧照五明爲法侶津梁
作禪門龜鏡於是化□河洛屢積歲辰不憚劬勞咸
崇□教春秋七十有二□三十八臘無疾示疾憩息
禪堂端坐往生歸乎寂滅即以其歲天寶五載歲次
丙丁十月廿六日午時奄將神謝門人慧雲智祥法
俗弟子等莫不攀慕教緣奢花雨淚哀戀□慟良可

悲哉敬重師恩勒銘建塔舉高四丈給砌一層念多
寶之令身相釋迦之半座□心孝□□偈而宣
猗歟高僧嵩巖劫增心星聚照智月清昇坐功深遠
靈迹時徵□帷上德成茲法興其一五法三性八万四
千帝京河洛流化通宣不憚劬勞三五載間造寫三
藏頓悟四禪其二三摩鉢底定力孤堅悲通法界慈□
人天法身圓淨無言可諭門人至孝建塔靈山其三 石刻

處訥

開成間會稽沙門

結九品往生社序

唐開成五年歲次庚申皇帝昇極是歲夏五月會稽禹寺請玄英法師講金剛經于餘姚平原精舍會次慕一千二百五十人結九品往生社夫爲長者迷于所趣無量壽佛返念不息遺民挂冕康樂投簪史氏稱之其風不泯英公學我眞教揔其遺蹤施有等差階陳九品旁求貞石書其姓字不以予管見命序其事云（德清俞氏叢書）

君長

岳林寺僧

岳林寺塔記

自金輪氏應跡迦維大漢教流諸夏尊舍利於支提儼靈相於寶殿誠知殿塔之位闕而不可茲寺二所即女弟子傅氏二娘之建也傅氏媲于朱室三紀不幸而所天早喪愛子又夭悍然霜質而恪勤檀度時大中五載再刱口口殿口口焉闕者唯塔傅氏發言曰生（缺）宇九矣遂（下缺）（石刻）

圓照

唐末北山院僧

北山院造象記

捨（缺）建置北山院僧圓照生不感口報（缺）趣託於何道今世當來無憑口阿彌（缺）經鐫鑿一石龕造西方彌陁佛（缺）心同（缺）力十念往生僧人圓照發心便（缺）成就所有布施文麻至鑿佛所願不口（缺）乾符六年十二月十四日僧圓照記（金石苑）

季良

唐大安國寺僧失其時代

沙彌尼清眞塔銘（并序）

勤策尼者扶風馬公左武衛中候順之季女大招福寺鄭法師之猶子子也幼而聰慧性善管絃耳所一聞心便默記仁賢温克允重釋門父母違而嫁之遂

適隴西李氏宿衛榮之貴妻自入夫門便爲孝婦雖居俗禮常樂眞乘每持金剛經無間於日迨十許稔不意染綿羸之疾藥物不救委臥匡床由是口口口心捨俗從道契宿願（下闕）（石刻）

行堅

後梁時洛都僧

惠光和尚舍利銘記

大梁故墻西麗景門外北壁上乾化三年春三月長老惠光和尚建置禪院至五年歲次乙亥三月庚辰朔十二日壬申遷化十四日焚燒得感應舍利京都

人衆皆頂謁其年十月八日禮葬於洛都當院內故
記於舍利銘記院主僧行堅（石刻）

沙門紹

蜀廣政中王董龕報國院傳

蜀普慈縣永封里再興王董龕報國院碑記

夫覺皇垂慈應生軋笠隶六牙而辞兜率踏七步而
誕迦維月□□□星光□耀則知超凡入聖歷刼修來
證無上之菩提獲當世之妙果故得固□幻顯□金
□眉抽白毫頂旋紺髮窮生死際盡未來時巍巍稱
三界之能師蕩蕩□四生之慈父遂感十方皈敬万

類虔誠垂慈於天上人間利物於此邦他土莫不□
□願□形一念志誠塵沙罪滅則有宣徽南院相公
莊保頭林延璋伏見□□□□所地名王董龕額摽
報國院舊有一佛二菩薩并聖□兩龕積年□像□
遂乃上聞都莊僕射許令召僧興修卽經本縣鎮判
狀請羅大德人□皇帝文武重臣本莊南院相公州
縣寮宷都莊僕射及遠近士□起□□□住持葺理
供佛香燈永為福祚其院元有常住永封里普慈大
路涪水□□□大七拾八隻并院基乾地前後謹具
四至界畔聲竪於內東從天□□□南接三堆石至

水井西從石橋沿天流水上接崖岐尋崖岐向北郤
沿天□□□水田為界其院常住所立四至盟誓已
後異日他時忽有別人侵耕一犂□□□□稅課
者願行藏不吉柴癧百牛順其斯善者願福至命通
運為稱意相次緣化□□十六羅漢一堂及重粧修
釋迦部衆讚訖皆回聖化寶賚尭年堪發道心□□
佛□既因知識立身還自友朋聞勝善而忻躍齎心
見修崇而悉皆注意求哀□□□□□任是闡提
之流亦發正眞之路袪除諂詐消磨業輪一向迴猛
興大善心願尅脩功德□分明了衣上之珠勞隸鑒

礦中之寶伏願國安民泰雨順風調田種豐盈公私
叶遂以大蜀廣政二十年歲次丁巳十一月二十七
日設齋表讚訖　鎮遏使李仁悅上偈　昔日古伽
藍名為王董龕數載無僧俗積歲少人瞻縣鎮與三
善舉士盡粧嚴我佛（下缺）（金石苑）

李國貞

國貞廣德中道士舊唐書附王璵傳

請于昭應縣南置天華上宮奏

皇室仙系修崇靈路請於昭應縣南三十里山頂置
天華上宮露臺天地婆父三皇道君太古天皇中古

伏羲媧皇等祠堂并置洒掃宮戶一百人又於縣之南義扶谷故湫置祠堂唐會要二十二

盧元卿

元卿元和中太清宮道士

法書跋尾記

右按工部侍郎韋公云貞觀中搜訪王右軍等眞跡出御府金帛重爲購賞人間古本紛然畢集太宗令魏少師虞永興褚河南等定其眞僞右軍之迹凡得眞行二百九十紙裝爲七十卷草書二千紙裝爲八十卷小王張芝等亦合少多勒爲卷帙以貞觀字爲印印縫及卷之首尾其草跡又令河南眞書小字帖紙影之其古本亦有是梁隋官本者梁則滿騫徐僧權沈熾文朱异隋則江揔姚察等署記太宗又令魏褚等卷下更署名記開元五年勑陸元悌魏哲劉懷信等檢校換褾分一卷爲兩卷揔見在有八十卷餘並墜失元悌等又割去前代名賢押署以已名氏代焉上自書開元二字爲印記之王右軍書凡一百三十卷小王二十八卷張芝張昶書一卷徐會稽云太宗大購圖書內庫有鍾繇張芝張昶王羲之父子書四百卷及漢魏晉宋齊梁雜迹三百卷貞觀十三年十二月裝成部帙以貞觀字印縫命起居郎褚遂良排署元卿見建中已後翰林中雜迹用翰林印印縫茹蘭芳等署名又云貞元十一年正月於都官郎中竇泉興化宅見王廙書鍾會書各一卷武都公李造押名又兩卷並古錦褾玉軸每卷十餘人書內一卷開皇十八年押署有內史薛道衡署名前後所見貞觀十三年及開元五年書法跋尾題署人名或人數不同今具如前元和三年歲次戊子四月五日太清宮道士盧元卿記書苑菁華

跋尾記

右前件卷是官庫目錄第三十共四帖都一百六十一字玳瑁軸古錦褾有貞觀印字及李氏印謹具跋尾如前元和三年四月六日盧元卿記同上

徐靈府

靈府錢塘人方瀛觀道士頻詔不起號希黙子著列子注

天台山記

孫綽云涉海則有方丈蓬萊登陸則有四明天台信矣哉蓋寰瀛之靈墟三淸之別館按眞誥云天台山高一万八千丈周廻八百里山有八重四面如一當牛斗之分以其上應台宿光輔紫宸故名天台亦曰

桐栢棲山陶隱居登眞隱訣云大小台處五縣中央即餘姚臨海唐興句章剡縣也大小台乃桐栢山六里乃至二石橋先得小者復行百餘里更得大者在最高處採藥人髣髴見之石屏虹梁與畫相似又見玉堂金闕望橋邊有蓮花狀大如車輪其花恍惚不可熟見大小台者以石橋之大小爲名據此說即天台與桐栢二山相接而小異也按長康啓蒙記云天台山在會稽郡五縣界中去人境不遠路經瀑布次經楢溪至于浙山循溪在唐興縣東二十里發源自花頂從鳳凰山東南流台縣大溪入于臨海郡溪江也其水深冷前

有石橋遙望不盈尺長數十步臨絶溟之澗忘其身者然後能度度者見天台山蔚然凝秀雙嶺於青霄之上有瓊樓玉堂瑤林醴泉仙物異種偶或有見者當時所樹記之再尋則不復可得也按此記說則神異之所非造次可覩爲今遊人衆所見者蓋非此橋且楢溪高處不見有橋今衆人所見者乃在歇亭西二十里水流于剡縣界定知不是長康所說之橋也州取山名曰台州縣隷唐興即古始豐縣也肅宗上元二年改爲唐興縣山去州一百四十八里去縣有一十八里一頭亞入滄海中有金庭不死之鄉在桐

栢之中方圓可三十里上常有黃雲覆之樹則蘇玡琳碧泉則石髓金漿眞誥所謂金庭洞天是桐栢眞人之所治也眞人周靈王太子喬字子晉好吹笙作鳳鳴於伊雒間道人浮丘公接以上嵩山三十餘年後求之不得偶乘白鶴謝時人而去以仙官授任爲桐栢眞人右弼王領五岳司侍帝來治茲山也故眞誥云吳句曲之金陵越桐栢之金庭成眞之靈墟養神之福境名山福地記云洪波不登三灾□莫至又云經丹水南行有洞交會從中過即赤城丹山之洞上玉清平之天周迴三百里洞門在樂安縣界即十

六洞天第六洞也即茆司命所治也羣峯崢嶸碧障合沓磨霄凌漢日蒸雲起霧桑迸芳瑤花間發光彩輝燭四時如春鳳翔神鸞棲於其上豐狐文豹隱於其中南馳縉雲北接四明東距滄溟西通剡川又多產櫻松桂垂珠積翠於重巖玄光靈芝吐耀於幽谷至於巖煙匿景匪徒與五岳爭雄考異搜奇自可引三山爲疋爰洎晉宋至于梁陳咸以日中星鳥望秩茲山藏壁獻琛肇爲常典抱朴子內篇云凡諸小山不堪作神丹金液皆有木石之精千歲老魅能壞人藥唯嵩鎭少室縉雲羅浮大小台比諸山正神居處

助人爲福可以修眞練藥者矣天台觀在唐興縣北十八里桐栢山西南瀑布嵒下舊圖經云吳主孫權爲葛仙公所創宜居形勝北滋王眞君壇東北連丹霞洞西北枕翠屏嵒故孫興公天台山賦云搏壁立之翠屏即此嵒也仙壇與翠屏巖聳空圍峙瀑布迸流落落西崖間可千餘丈狀素蜺垂天飛帛觸地孫興公賦云瀑布飛流以界道即此處是也騰波瀆沫近驚飆雲鼓怒振雷遥聞神悦瀑布南流百餘步與靈溪相合流注縣大溪入于臨海郡也觀中流引瀑水縈遶廊院灌注池沼荷芰芬芳蘿竹交暎遊者忘

歸勝槩之極也觀東一百五十步先有故柳史君宅號曰紫霄山居南矚蒼嶺北接紫霄峯左右皆列小山邐迤爲勢東北連丹霞洞洞有葛仙公練丹之初所也宅中多植靈莌翠檉修竿其卉曲池澱沼藥院丹爐斯亦鍊化之奇槩柳君名泌憲宗十三年自復州石門山詔徵授台州刺史不至郡便止山下領務脩藥徙渾家於丹霞洞隱仙也自天台觀西去瀑布寺一里宋元嘉年中沙門法順所與立近瀑布下因以爲名寺北一里有嵒高百丈名百丈嵒嵒下靈溪孫興公賦過靈溪而一濯疏煩慮於心胷寺引溪水

經厨中過還遶廊院寺南九峯山山高百餘丈周迴六里亦天台有派榦也舊名九龍山天寶六載改爲九峯山昔王逸少與支道林常登此山以爲勝矚也自天台觀北路上桐栢觀一十二里皆懸崖磴道盤折而上皆長松狹路至於桐栢洞門故賦云蘇萋萋之纖草蔭落落之長松即此地也自洞門一小嶺可二里乃至觀處倚小松嶺嶺前豁平陸數頃四面特起峯巒有若郛郭迺神眞之所休憩巢許之所欽自非翳沉凌霄漢夢龜鶴之天促與天地而長久者何以居焉昔褚先生修道之所又徐法師之於此立道

房齋閣號曰隱眞之中峯觀前有田頃餘東有溪曰清溪溪注田西經三井飛流瀑布凡是遊客但覩景奇物異恍然似昇玄都玉京者矣觀即唐睿宗景龍二年爲白雲先生所置白雲先生乃司馬天師也名子微字承禎河内温人事載在碑中先生初入花頂峯遇王義之入山學業先生過筆法付義之子欲學書好聽吾語夫受筆法與俗不同須靜其心後澄其心思暮在功書觔骨附近氣力又須均停握管與握玉无殊下筆與投峯不別莫誇端正但取堅强觔力若成自然端正東邊石室子莫頻過盡是異獸精靈

也向余邊受業凡人到彼必傷稼殘吾命汝將來料伊不敢西邊石室甚是清閑案硯俱全詩書並足松花仙菜可給朝飧石岩香泉堪充暮飲閑翫水自散情懷悶即登峯莫思閑事義之既蒙處分豈敢有違一登石室二載不虧夜則望月臨池朝則投雲握管澄慮其思暮在功書清靜其心神志求筆法光迥影轉節物頻移日就月將便經年載義之第一年學書似虵驚春蟄魚躍寒泉筆下龍飛行間蝶舞雖未殊妙早以驚羣至第二年學書似鶴度春林雲飛玉間筆含五彩墨點如龜觔骨相連似垂金鏁至第三年

學書將爲是妙也遂書得數紙來先生再拜展於案上一見凜然作色高聲謂責義之曰子之書法全未有功觔骨俱少氣力全無作此書格豈成文字但且學書有命即至仙堂無事不勞相訪義之唱喏即歸書堂從又得三年功書成矣先生乃讚義之曰念汝書跡異世不同淡處不淡濃處不濃得之者罕有見之者難逢進一字千金重貢獻一字萬戶封侯再讚曰衆木中松羣山中峯靈鶴中冲五岳中嵩吾令歸俗汝向九霄紅汝歸於世界如鶴出籠別後有心相顧時時遥望白雲中先生初入天台後睿宗皇帝詔

復桐栢舊額請先生居之其降勅書曰吳朝葛仙公廢桐栢觀在天台山如聞始豐縣人斫伐松竹毀廢壇場多有穢觸頻致死亡仰州縣官與司馬鍊師相知於天台山中僻方封取四十里以爲禽獸草木長生之福地置一觀仍還舊額初構天尊堂五虛其上三而良吏書之以記祥也天寶六載郡守賈公長源及玄靜先生李君名含光即天師弟子之玄宗師等立碑太史崔尚製文翰林學士韓擇木書玄宗皇帝親書其碑額觀南一里有石壇一級以塼石雜砌方廣三十二丈按法輪經即太極三眞人下降授葛仙

公修道於天台山感降上眞於此壇也仙公眞經并義注之所也事迹具在本起傳中此不備載壇西南下石上有篆書刻記之曰詔使徐公醮壇授仙公經眞人自稱姓徐名來勒字則未詳何人也壇前有塘名曰降眞塘塘多植荷荅之類自塘南一里至洞門門外西南一里餘至王眞君壇眞君即桐栢眞人也有小殿即眞君儀像儼爲開元初玄宗創立之度道士七人灑掃也殿前有石泉名曰醴泉南三步新立上眞亭身臨万仞坐觀千里遊者登之坐眺平陸按正壇在眞君殿西北一二十步有石壇方廣四丈八尺

一圾甃以古塼今州縣祈禱水旱皆於此壇殿東二十步又有古八角壇自殿西北下山三百步即至三井一井今闡塞俗傳云曾有尼師洗手觸之一旦自塞二井其深不測並自然天鑿嘗有好事者投綸於其間縒綸盡而不及底或云通海或云海眼未可詳也其春夏時每雨將降則濈流灌激溢湧雷吼有若蛟螭潛隱之皷怒也其間遊者見之莫不神駭膽慄邑中有水旱令長每虔祀情誠祈於晴雨无不響應之是國家投龍壁醮祭祈禱之所高宗永淳二年投龍於此玄宗開元二十五年詔令太常卿修禮儀使

韋縚賫金龍白壁投於井寶歷元年主上遣中使王士岌道門威儀趙常盈太清大德阮幽閑翰林待詔祿通玄五月十三日到山於天台觀設醮許往三井投龍壁也自三井西上一峰約二里有僧院名佛窟院今道元觀是也前枕翠屏巖北連桐栢大山翠屏巖與仙壇俠徑瀑布雙峙霄降半隱雲表嵒上有亭予極眺平陸此處並爲殊異也自桐栢觀西北行七里乃至瓊臺中天以懸居自百丈巖上无上瓊臺路皆水石深嶮不可登涉事須登仙壇取桐栢路方可得到卽平視瓊臺而下望雙闕而遊者多恠瓊臺不

在中天雙闕不出雲表猶在山上觀之然也若自下仰視則瓊臺不啻中天雙闕五里夾靈溪而行翠壁万仞森倚相向奇花秀樫互發芳榮珍禽靈獸造楊清音余曾尋瓊臺下雲溪泝流北行三十里或潺湲濺激其平則三里五里或潭洞晥杳其深則千丈万丈恠石嶔嵚水色明鮮歷歷見底纖鱗莫隱造之者不覺忘歸非神仙之窟宅曷能若斯桐栢東北五里有華林山居水石清秀靈寂之境也長慶初道士陳宗言修真之所自觀北上一峰可五里有方瀛山居上有平地頃餘前有池塘廣數畝塘中有小洲島焉有莳芰前眺望

蒼岑後登雲蓋卽後峰名也西接瓊臺東近華林卽靈府長慶元年定室於此是天台第二重自方瀛上七里有玉霄山居平地頃餘四山迴合又邃若洞洞天也卽天台第三重自玉霄東南行三里有雙石碣列爲高門可百餘仞因呼爲石門桐栢觀北亦有上華頂路路深邃梗澁遊人罕達此行多取國淸路上自天台觀西行十五里有白巖寺寺去縣三十里宋末有僧普遼所見精舍自天台觀東行一十五里有赤城山山高三百丈周迴七里卽天台南門也古今卽是於國家醮祭之所其山積石石色赩然如朝霞

望之如雉堞故名赤城亦名燒山故賦云赤城霞起以建標即此山也半山有飛霞寺即是梁岳王母爲居此寺也今則廢矣山下有石室道士居之其中山趾有寺曰中巖寺即是西國高僧白道猷所立也國清寺在縣北一里皆長松夾道至于寺寺即隨煬帝開皇十八年爲智顗禪師所創也寺有五峰一八桂峰二映霞峰三靈芝峰四靈禽峰五祥雲峰雙澗迴抱天下四絶寺國清第一絶也寺上方兜率臺臺東有石壇中有泉昔普明禪師將錫杖豚開名錫杖泉自國清寺東北一十五里有禪林寺寺本智顗禪師

修禪於此也以貞元四年使牒移黄巖縣廢禪林寺額來易於道場之名寺東一十五里有香爐峰甚高嶮峯上多有香柘檉桂之木相連有宴坐峯其峯可高百餘丈是智者大師降魔峯後有神人送石屏峯於大師背後至今存焉峯下有龍潭周迴一里下注螺溪亦出縣大溪耳寺西北上十里至陳田昔有神人於此開田供智者大師朝種暮收自陳田可五里西入一源甚平坦號曰白砂有僧居之禪林寺西北上二十五里乃至歌亭即平昌孟公簡廉察浙東北一十里乃至靈墟今來是智者禪院即白雲先生所居之處也先生早歲

從道始居嵩華猶雜以風塵不任幽賞適東入台岳雅愜素尚遂此建修眞之所眞誥云天台山中有不死之鄉成禪之靈墟常有黄雲覆之此則其地也故建思眞之堂兼號黄雲堂堂有小澗南有崗其勢迴合崗前有平地立壇一級用石甃之名曰玄神故先生靈墟頌云堂號黄雲以曰眞氣壇名玄神仰窺清昇東爲練形之室吸引所居南爲鳳軫之臺以吟風養暢西爲朝神靖開啟祈依北曰龍章之閣以贍雲副墨卑而不陋可待風雨莊而不豐可全虛白壇前十步有大溪發源華頂東南流益海界又堂西十步

有泉其色味甘可以愈疾中間平地立別院營大丹爐修鉸鏡並皆克就長松十株修竹數頃皆天師手植頻有詔命先生皆不就至睿宗景雲二年令兄承禕就山邀迎詔書曰練師德超河上道邁浮丘高歷碧落之遊獨步清源之境朕初臨寶位久藉徽猷雖非堯舜丕圖翹心醫缺軒轅御歷遥想崆峒緬惟彼懷益妨此願朝欽夕佇跡滯心飛欲遣使者迎或慮鍊師驚懼故令承禕往詔願與同來披慰不遇無先此處先生隨詔至京帝問以理身以清高爲貴理國則如何先師對曰國猶身也身猶國也老君遊心於

淡合氣於漢順物自然而無私也而天下治也易曰大人與天地合其德是知天不言而信不為而成无為之理家之道也帝歎曰廣成之言何以加此請歸山帝賜寶琴一張及霞紋帔中朝屬詞之士贈詩百餘人帝遂置桐栢觀詔先生居之自靈墟南出二十里有小庄在歡溪也梁高士顧歡曾居此是名歡溪也自歇亭西行注澗一十五里至石橋頭有小亭子石橋色皆青長七丈南頭濶七尺北頭濶二尺龍形龜背架万仞之壑上有兩澗合流從橋下過泄為瀑布西流出剡縣界從下仰視若晴虹之飲澗橋勢崄

峭水聲崩落時有過者目眩心悸今遊人所見者正是此橋也是羅漢所居之所也意為郎小者則不知大者復在何處蓋神仙冥隱非常人所覩從此橋㳂澗行一十五里又有一石橋中斷號為斷橋也自歇亭北上廿里上華頂峯此天台山極高處也常為雲霧靄翳少有晴朗之時其高霏微似寒先雲幽澗凝冱經夏不消若遇晴時則朝覩日之所設圖經云白雲先生從靈墟至華頂兩處從來朝謁不絕其上造天尊堂并左右二室開竇以延日月朝食其光竪龕以貯雲霧夕吸其氣堂前立壇三級堂內有石像石

磬上有鐵香爐并鍾此壇久為蓁榛近亦修開也堂東一十步有甘泉先生住經二十八載頻奉勅詔先生多不就有表云俗人貞隱猶許高棲道士修真理宜遯遠又詔云雖阻彼懷宜從此言請斷來表無或二三開元十一年玄宗皇帝追入內先生辭歸帝以天台幽遠難以迎請遂於王屋山選形勝特置陽臺觀居之今靈墟華頂無復堂宇唯餘松竹天氣晴望見海水碧色朕然與天同光若清眞之儔則三山十洲髣髴而覩雲珮風筌倏忽而聞自華頂北直下甚嶮阻千崖萬壑千林複磵猿猱騰翥靈祇憑託非人

迹所及又去天台北門在剡縣金靈觀觀前有香爐峯峯下有山穴可以窺之則莫窮深淺自天台山西北有一峯孤秀迴極與天台相對曰天姥峯下臨剡縣路仰望宛在天表舊屬臨海郡今隸會稽又有大嵊小嵊二峰去天姥嵊為谷天姥峯有石橋以天台相連石壁上有刊字科斗之文高邈不可尋覓春月醮者聞笳簫皷之聲宋元嘉中臺遣畫工匠寫山狀於圓扇以標極靈異郎夏禹時劉阮二人採藥遇仙之所也古之剡人劉日成阮肇入山遇仙於此其事亦具在本傳又按仙經云此山有石橋一所現二所

不知其處又云多散仙人遇得橋即與相見以此言之即靈仙之橋也非今常人見者自非精誠玄達阻絶相偶眞仙亦不可得見橋亦安可睹之至於奇禽異獸千狀万類不可稱記靈葩仙草滑産谷中莫能名之而五芝耀綵非眞不遇建木匿影豈凡所觀靈府以元和十年自衡岳移居台嶺定室方瀛至寶歷初歲已逾再閏修眞之暇聊採經誥以述斯記用彰靈焉古逸叢書

杜光庭

全唐文九百二十九有傳

感古今賦

按全文連屬紀道德賦與廣成集不同

温湯洞記

開州後倚盛山東枕清江泝江而北三十餘里至温湯井井有湯泉北山麟德年震雷摧裂山腳洞山自開當門有天然石鍾如數千斤重空懸去地二尺許而中實扣之無聲門兩壁有石如金剛力士之形者數輩鍾傍有小徑高六尺以來行二三丈稍闊有石碑巨龜負之自然而成但中無文字碑側有巨屏上與鼎相連下一穴側身入可一二尺許自是廣濶中路徑平坦與常無異路左右滴乳爲石羅列衆形龍麟鸞鶴顏雲魏山如林如柱似動似躍乍飛乍顧千形萬態不可殫紀僅一里許傍竦蓮臺周廻數步高三四丈層級重疊皆可攀躋旋生乳石如臂如指者以燭照之通透瑩徹隨折脆斷及出洞門外得風皆爲白石矣自臺側三四十步步有蓮花羅布於地傍有甘泉水色温白游洞者汲之烹茗前自有横溪湍波甚急其聲喧洶流出洞外溪上有橋長二三丈濶一丈許非石非土功甚宏壯過橋得黄土坡高四五丈道徑險滑行者累息方至其頂坡上有巨堂四壁平靜中高數丈壁上多游人題記年月堂之極處曲角有一穴高四五丈廣三四尺去下丈餘躋攀莫及相傳云昔有游人扳緣而入累月之後出於巫山洞中自後無復敢入者遊名山記

焰陽洞記

焰陽洞古老相傳在陵州陽山之上從來隱蔽人莫知處乾德三年辛巳正月十六日井監使保義軍使太保馬全章中夜一人裁衣束帶巍冠古服狀若道流揖之俱行崖壁所告之曰此焰陽洞也閉塞多年能開發護持可以福利邦國又指其地近開小徑亦

斷之勿使常人踐踏言而去及旦全章往尋其所果見土勢微陷以杖導之深不可測卽命本軍節級侯廣之句當人夫斸掘漸獲蹤由相次開掘見三重石門其內並是細砂一無蟲蟻他物其洞自東及西深三丈九尺濶五尺三寸洞皆是石洞門第一重高六尺濶五尺二寸第二重門高五尺五寸濶三尺七寸第三重門高四尺七寸濶三尺五寸第三重門內從頂至底一向高六尺一寸其三重相去各□鐫鑿精巧迫非人巧第三重南畔石房濶七尺四寸高四尺八寸深四尺二寸其後別有一小洞元有一片石遮

掩其門傍通一縫以燈燭照之深不知其底北畔石房深四尺二寸濶七尺三寸高五尺其房內有石牀一所西畔小石房深二尺濶三尺五寸高三尺一寸西北畔石牀長三尺八寸濶二尺八寸西北畔竈橫長二尺三寸門額濶七尺竈深八寸周圍三尺五寸從洞門向東一直至鹽井面相去四十一丈八尺洞門面正東全章召得當井監天師院見有元和年刺史李正卿著天師聖德碑云張天師以東漢建安三年自沛遊蜀占乾爲分野見陽山氣象指謂門弟子曰此間山直下有鹹泉焉今驗此洞正當井上卽是焰陽洞也同上

魚龍洞記

岐府西隴州路七十里餘有魚龍洞中有石或大或小隨水流出破而看之石中皆有魚龍形人過洞前並不敢語語者便聞風雷之聲立致驚懼奔走但諸人不聞耳同上

李德初

德初上元中道士

自題周易正義

上元二年三月十一日因讀周易著此正義從茲易

號十之三至一八八千口當有大水飄溺因得舒展曬曝衡陽道士李德初志宣室

張湛

湛開元中道門威儀

大房山投龍壁記

維開元廿七年歲在己卯春三月府城西南有大房山孔水其水也地僻幽閑石堂華麗雲峰攢嶺宛度千齡淸泉引流勢將万古耿介拔俗之士度白雲以方臨蕭灑出塵之賢干青天而直上信知山水之靈矣伏惟開元聖文神武皇帝纂承洪業肇自開元皐

士晏濤廿七年矣去開廿三年。內供奉□□呂愼盈奉勑於此水投龍璧暨廿四載□□□□□又奉勑於此投龍璧今又奉勑於此投龍璧焉于時有御史大夫南陽張公諱守珪爲府主矣監官功曹參軍段暐法師觀主□□□使□㞐李義遠平步風高味虛張若水麗味道杜崇□李西昇□崇□童子李延忠等三日三夜登壇投告且夫陵谷推移百齡詎幾僕遂斐然書美封山刊焉詞曰

丹嶺嵯峨雙峯邐迤淥水淯淯淸泉泚泚蘭蕙萋萋松風靡靡百草開葩衆花吐蘤刊龍璧之有功庶千齡兮無毀 石刻

唐文拾遺卷之五十一

榮祿大夫三品頂戴前分巡廣東高廉道加四級臣陸心源輯

胡氏

胡氏元和中左金吾衛大將軍王用妻

請用姑蔭補千牛奏

請用姑莊憲皇太后蔭補千牛申中書門下稱准格無條伏見貞元中沈嚋用姑睿眞皇太后蔭元和中妾弟二男浩亦用皇太后蔭伏乞天恩允妾所奏。唐會要卷三

薛濤

濤貞元時成都妓善詩有集一卷

四友贊

磨捫蝨先生之腹濡藏鋒都尉之頭引書媒而黙黙入文畝以休休 薛濤集

景妗

景妗後唐同光宮中內人

請改葬唐諸王奏

唐昭宗諸王及皇子弟宗屬千餘人當朱梁弒逆之時同時遇害爲三坑瘞于內西古龍興寺比請合爲一冢改葬。五代會要卷二

越國夫人路氏

路氏前蜀王衍宫人

千佛崖造象記

府主相公宅越國夫人四十二娘奉爲大王國夫人重修裝毗盧遮那佛壹龕并諸菩薩及部從音樂等全並已裝嚴成就伏願行住吉祥諸佛衛護設齋表讚訖永爲供養乾德六年七月十五日白（金石苑）

其二

女弟子越國夫人路氏幸囙巡礼栢堂叨覩此彌勒尊佛并諸菩薩悉皆彩色暗昧遂乃發心重具裝嚴

卷五十一　二

已裳成就神變無窮威光自在奉爲亡過先靈父母一切眷屬承此功德見佛聞法離苦下脱然後願國家安寧法輪常轉無諸災障行住吉祥闔宅清泰已缺同祐（缺）（同上）

喬氏

喬氏南唐宫人

書金字心經後

故李氏國主宫人喬氏伏遇國主百日謹捨昔時賜妾所書般若心經一卷在相國寺西塔院伏願彌勒尊前持一花而見佛（下缺）（王銍默記）

文嵩

全唐文九百四十八

好時侯楮知白傳

楮知白字守玄華陰人也其先隱居商山之百花谷因谷氏焉幼知文多爲高士之首冠自以材散不仕殷太戊失德于時與其友桑同生入朝直諫拱於庭七日太戊納其諫而脩德以致聖敬日躋因賜邑于楮其後遂爲楮氏二十二代祖枝因後漢和帝元興中下詔徵巖穴隱逸舉賢良方正之士中常侍蔡倫搜訪得之於耒陽貢于天子天子以其明白方正舒卷平直詩所謂周道如砥其直如矢者也用箋史官

卷五十一　三

以代簡册尋拜治書侍御史奉職勤恪功業昭著帝用嘉之封好時侯其子孫世修厥職累代襲爵不絶博好藏書尤能編纘自有文籍以來經誥典策及釋道百氏之書無不載之素幅遇其人則舒而示之不遇其人則卷而懷之終不自務其該博晉宋之世每文士有一篇一詠出於人口者必求之繕寫於是京師聲價彌高皆以文章貴達歷齊梁陳隋已至今朝廷益甚見用知白爲人好薦賢汲善能染翰墨與人鋪舒行藏申冤雪耻呈才述志啟白公卿台輔以至

達于天子未常有所艱阻隱蔽歷落布在腹心何秪於八行者歟知白家世自漢朝迄今千餘載奉嗣世官功業隆盛簿籍圖牒布於天下所謂日用而不知也知白以爲不失先人之職未嘗輙伐其功與宣城毛元鋭燕人易玄光南越石虛中爲相須之友每所歷任未嘗不同知白自國子受牒補主簿直弘文館爲書吏所略因潤而墜之當軸素知廉潔憐而不問他日方戒而用之是以其道益光曾無背面累遷中書舍人史館修撰直筆之下善惡無隱明天子御宇海內無事志於經籍特命刊校集賢御書書成奏之

天子執卷躬覽嘉賞不已因是得親御案乃復嗣爵好時侯足本文房四譜

松滋侯易玄光傳

易玄光字處晦燕人也其先號青松子頗有材幹雅淡淸貞深隱山谷不仕以吟嘯煙月自娛常謂門生郗炎曰余青山白雲之士去榮華絕嗜慾修眞得道久不爲寒暑所侵壽且千歲然猶未離五行之數終拘有限余漸覺形神枯槁是知老之將至矣余他日必爲風雨所蹶後因子熾盛余當神化爲雲氣之狀升霄漢矣其留者號玄塵生徙居黟突之上必遇膠水之郄隃麋處士鹿角煎和丹砂麝香數味遺而餌之其後果然門生皆以青松子前知定數矣玄塵生餌藥得道自黃帝時蒼頡比鳥跡爲文以代結繩之政玄塵便與有功焉其後子孫皆傳其術以成道易水之上遂爲易氏焉玄光即玄塵曾孫也家世通玄處素其壽皆永嘗與南越石虛中爲研究雲水之交與宣城毛元鋭華陰楮知白爲文章濡染之友明天子重儒玄慕其有道世爲文史之官特詔常侍御案之右拜中書監儒林待制封松滋侯其宗族蕃盛布在海內少長皆親硯席以文顯用也同上

韓份卿

事蹟俟考

唐堯城令王進思去思祠記

上闕涵活之水圖張皇綱之不紊以致用也則精義入神以崇德也則虛明應物易所謂賢人之（缺）爽何遠遺愛結於嚴祠疇能宏之我王公其人也口諱進思字合懷本太原祁人也今爲洛陽人口宗納誨輔口錫命口於殿口忠臣向蜀叱馭口人口口來朝飛宰縣榮功寵問莫與京矣曾祖口夫京兆府長安縣令祖敬摩河南府虞曹參軍口新豐縣令口口都督府

司馬父玄鐸朝散大夫缺戩穀允迪天休珠玉揚華
風儀乃孤操夷甫豪邪□魄介直爲獨坐冀方劇務
雄資聿熙帝載傳□氣自逸童心不萌讀盡國書□
□物居儉履約□仁親良朋遊田□言語宰我韞和
璞以潤德服□飛於鴻盤年十八宿衛附學明經擢
第授潞州潞城縣尉以才敏功□□知訓廼清節激
世韶風和□李傑奏公清勤守職明閑案牘又云解
褐從政清□可稱夫□績甄膺旌懿襃德式謀多政
允荅爾□貞不吐剛姦無圄俗非假子皮之面自見
□□之心故使臣畢構奏云清勤守職持法詳密庭

閑野復調爲太常寺大樂丞自季札聽歌仲尼匡雅
窮微通妙吾盡之矣又憲臺奏公卑以自牧清能厲
翮以展瑞璋邛告成神岳天顏咫臨邊豆有楚吉蠲
地產物以備於禮容觀盥祭獻事必專於公□杜國
公靡泪緇磷翔集□□亢宣炯誡大庇生靈□虛懷
以納來息鞭刑而得衆缺四字率以謹□□□禮讓矜
削矯虔不變躧俗人安相謂曰寧謂刑罰所加不□
王君所短則古缺四字以過也□遵夫簡書服勤避方
彼月則邇馨善侍夕我心曷□銜恤庭闈臥病公宣
□休缺六字雖公□恭誨言坦蕩吉祥登壽堂而樂只

穆慈訓以利政書云孝乎惟孝是亦爲政則缺八字□
□色喪形羸崇朝不保者十四五矣公隱心缺哀危
菲躬厚物均俸賙餒脫裳衣寒缺六字□缺赫曦之月
値搖落之秋拔木臥郊敗苗盡野公碩德屆遠至誠
通玄獨祜我疆無殺□□□□□嫉缺浥土風剽悍
是剝是狙□□勉力候梅候栗伐□絕甘公率格惠
功勸沮藝植鑿井缺五字瓜缺以兼適饌之滋生易荐
飢之色智也須大雨災入河朔無稔郡邑虎貔黎元
阻饑異縣賑饑□□避潤缺翁包糗食路造舟梁河
不貿餐以賞留濟餓肌而□度明也有涉夏□□自

春歷請倬彼雲漢杲杲出缺訴神靈應大孚甘液沓
灑洽潤槁物□安危心惠也有剝衂□城□□□力
家急日饋人疲□□公考缺□不來服粟知禮當也
公恪居之瑕寡詞自牧交匪□下切缺五字賢良囹圄
草木思且□□愷缺啜泣臥轍行號攀轅啟啟闐闐
亦何勝言也合縣□有□人缺五字王公春秋鼎盛太
夫人景福缺□敷榆我峨堂親開誘名訓粲粲門子
宣楊吏□徇□□以立缺六字翰求□□人蓋闕如缺
□能遠移勞於邑令使我禮樂返魯□□罷春吾侯
不□□曷怙缺六字魄□□□飭材構缺而薦之祝而

祠之，則士女不回聿求多福，子孫顯若(缺五字)天(缺五字)豐(缺四字)神明如□(缺下石刻)

曹孝翼

事蹟俟考

鄭城橋記

竊以歷化資神，廓靈暉而際物；陶甄馭氣，括象色以分空。道既積而形宣，理未極而名始。暨乎八柱妍機，運橫空之過漢；九垓杼軸，分耿地之洪流。乃有散浸仙衣，屢淼春塘之派；霏微玉線，時漲秋江之瀾。同自在於人天，變枯榮於節序。俄而慶鍾刦往，黎元履昏

墊之危；理屬殷憂，皇王受漂溺之害。雖則員蓋上馳，方輿下闢，扶危拯溺，孰與津梁者乎？然此溟水者，廼四瀆之餘滋，山川之末浸。發源潛派，灌注陰微。濟蹈五州，澄渟七澤。飛花泛暴，翻彩虹於洪流；落葉巡空，濺素蛾於絕岸。出平原以浩汗，則浴日含雲；入郊甸以達紆，則浮天括地。苞山作鯁，文命無以慶其工；襄陵作災，伯旅罕能施其訴。遂使中塗練影，踪足長驅；陌上連衿，躊躇引接。所謂吉凶悲絕，異燕丹之去秦；目擊艱危，同馬卿之歸漢。於是發心主夏侯師靜一十七人等，共看行旅之勤，俱發拯人之願，遂能詢謀

遐邇，忘昧侵星，或求方外之林，永搆不虧之業。模基蘊玉，爵為弘濟之規；飭軌盈金，歸然管製。且前望章華，髣髴成夷之壘也；車習騎踐，藉驪驤之遊。後帶黃亭，歇烟雲之色；鸞居鳳集，斯須曹伯之陵；樵人引伐木之謳，鳩鳥切懷音之弄。可謂賛侯故國，猶傳畫一之談；曲逆先籌，尚想奇謀之論。據斯衝要，柝峅疏隈，仍於鄭城西南建茲大橋一所。上參卯宿，工啚斗極之形；傍准月絃，妙盡半輪之勢。虹梁照水，分景艷於員波；鵲棟排虛，寫雲光於長瀨。雖則仲由飭詐，詎勞編竹之勤；宣尼固窮，自解問津之惑。離婁以之拭目

不覺逃睛，公輸卽此發迷，翻然褫魄。寔五方之要會，信三楚之通逵。懋勤之績已宣，能事之功又畢。若不旌其志行，飾以瓊碑，則桑田之變有期，雲火之辰莫紀。命余叙讚，乃作頌云：

粤若神功，疑茲化育。睇彼色空，陶甄宇宙。體道含仁，保眞任德。爰立大中，惟皇作極。九皇嗣迹，萬象味鈞。辯方啟域，式叙彝倫。地騰休氣，山秀卿雲。災生百六，命禹條分。愴哉巨壑，聖化同源。枝梁受沐，浴日含烟。花飛濯錦，葉落疑船。停鑣短日，作鯁長年。眘言勝壤，境狎譙梁。門齊杞梓，俗並琳瑯。心期露掌，業會其堂

席川華構式表舟航猗歟發心效茲崇構口口斜嵘披蓁崐岫丹湊周施玉石兼糅似鵠羅烟如虹飲溜翠珍題芳玄瑶紀德族命口條門風後飭匪惟已運庶資同力一簣因基延芳萬億河南通志

康子玉

全唐文九百五十三

神蓍賦以天生神物用配靈照爲韻

神蓍之用分誠稟靈於自然惟神也適變之義至惟用也極數之理全鈎深孰云乎筮短藏密彌彰於德圓再三則蒙捨我而懼瀆五十以學由我而樂天揲之而雖隱必索保之而其靜愈專易之重者胡可比焉原夫質稟精純叢分蔓藹覆青雲以表奇伏玄龜而克配佐爾筮之貞吉觀我生之進退知微知章而可期何思何慮而或昧於是命彼筮人釋乎上春韞之而必致其用揲之而爰動其神感以洗心遂通端策之志執之指掌空嗤握策之倫禮事其儀易贊其妙探彼幽賾觀其祕要皆多假爾之能必叶窮神之照將欲觀貞諒無與京乾道變化而悟神明幽贊而生原始要終思盡性於大衍知來數往翼明冢於小成非我無以昭效法之道非我無以稽作易之情於

以致百慮於以類萬物象四時四十九數而有常推三才三百六旬而不拂惟蓍之用惟神是聽運不窮而或變通其志而遂寧且提攜而成列有感應而協靈滋而後數布之而可辨生而成象審之而必形何一卉之時宥配十朋之天縱恥紅蘭之見鋤鄙白茅之藉用則知夫蓍之可貴也庶類安能而共之哉賦彙

楊思本

事蹟俟攷

桃花賦有序

自建安七子以來凡草木之可詠者辭人咸爲之賦而桃花無聞焉晉宋諸君子徒賦其實於義非取張正見哀桃之作又不足以盡桃之一二因爲賦之何林中之奇樹乃發豔於春時散玉衡之餘彩引度索於千枝異房陵之縹李失眞定之蒼梨芬曖露井靃蘼華池丰茸艷汜錯落成蹊想夫紅萼初攢丹跗欲吐垂條輕綴交枝密布既穠纖兮得中亦深淺而合度遠含緋而送情近渥丹而掩嫭至如檀臉將舒粉腮微破紛緼似醉葳蕤半鎖越女笑而含顰齊姬醒而猶卧若乃嫩綠剪新嬌紅出態寫兩靨之臙脂發雙蛾之石黛枝枝迸發石家歌舞千羣兩兩含情

漢室妖嬈一對或縈迴鳳之釵或挂倒龍之珮共憫默以無言著相思以不解爾乃淸露晨流輕煙淡繞嬌啼如霰朝眠怯曉誤新妝而未成攬膚色而已耀至如若木停㕡游氣坐銷繽紛暖玉𩙪纚紅綃粘粉汗於翠鈿蠹香鬢於步翹似望日而欲訴復從風而俱笑若夫昳日正酣暮雲暫現射漢成星引霧如電橫絓珊瑚之網側擁芙蓉之扇迷仙路以無從約花闕而獨掩爾乃輕雲隱隱細雨絲絲楚襄夢裏漢武愁時魂煢煢以無端步珊珊其來遲其或紫燕乍驚華留初過同翠羽以飛翻將柔韁而并墮或萎靑苔

或縈繡幕惜危樓之豔質驚廣袖之紅唾幾乍雨而乍晴自風開而風落於是才人陌上少女閨中將花怨綠攬鏡啼紅感芳時而自惜持可憐之誰同（賦彙）

王邵

事蹟俟考

商霖賦

殷葉到哲后出篤思道秉明恤承帝眷賚良弼入夢惟肖在野叶吉起版築之風雲洪浣洽夫天日副三祝聿求之勤標千古攸卜之鉥爾其時也睿慮淵涵皇仁深厚役陰陽而爐化兮凭雷霆之聲臭何雨暘之弗若兮望雲霓而瞻蚴蟉屯河亳之膏澤靳滲漉於簷節也耶當其甘盤既遯王言弗雍學海竭天澤壅雲龍睽而否隔元黃戰而乾封忽甘澍之祈祈沛浩蕩於三農相彼元感之氣類如時雨可狀其遭逢若夫霖雨之爲瑞也涵坤元表陰德滋稿萎而效靈蘇枯菀以爲職曰霡曰霂膏黍膏稷盥液石田肥仁土域至傾瀉夫天潢悉渝洽於喬涉見夫山噗雲而貫斗兮星召畢以離月雺浹寅以湑萋兮雷橫空而飄越勢滂沱以汗漫兮霾靜驕而滃洩舞雩徹於郊壇祫棹休夫林樾草木發其光氣町畽漾其漣滑立

解雲漢之憂如答桑林之竭若彼滋梅應候隨車及時如酥破塊似露濯枝亦油然而浡然僅涓滴以爲施烏能漂陶流虞滌蜺蕩姬肯播兮助明王之終畝稽田兮勤哲后之敷菑於是天澤既溥地華斯泫重穋聿興苕穎畢展配鴻濛而育物賁菾默之所幽闡已優渥而淵如何裔夏有殊夫沴潢故乃山川出雲日月順軌氛祲潛消疵疫不起濁流胥滌鬼方亦敉凭神功於冲漢昭調燮之凝祉稱交泰之奇緣歷千載而流美是以後之代天理物者召大降於宣麻冀載霽以洗兵染天章而揮灑特寵畀夫保衡因而瞻

方寓之子道切密勿之丞凝憂堯之心勞禹之形四門闢百度貞立無方兮恢天網簡在兮維國楨爰列夔龍之姓字稽元愷之氏族對玉食而遑暇覆金甌以穆卜期一德以享天筦治忽之樞軸萃岳牧於一堂豈喜起之難復方將抱三靈之蹇蔵極萬姓於泥塗覃恩布濩至德淪濡封山禪嶽瘞玉攷圖蘊聖宣繇抑慘用舒道周神洽體有示無溢四海而訖聲教同造化以鴻敷邁作霖雨於有商播歌頌於終古頌曰考德丹扆凝神紫宮兮覃精元默帝載潛通兮延英宅揆靈潤聿滙精禋仰同兮開濟道弘燮理懋功今古是隆兮祁祁憲憲天人合德保昌運兮無窮

史超

事蹟無考

觀音勢至二尊龕銘 并序

詳夫極沉溺濟幽危運大悲舟航作巨口梯蹬者至哉二大士焉報先靈酬乳養者弟子史超夫婦矣且孝性彌固仁行謙恭奉爲亡妣敬造斯像遂命良工選聖境五家先用眞儀造成尅堅石而全身儼然谿青岷則衆相圓備瑞花雜暈豈異安養寶方聖相齊臨逼似祇闍之會工圓果滿聊記日時造叙墨言殆

口口嗣頌曰

寘寘聖力自在無疆心心缺峯開相現現疑移淨方缺有爲之不泯下缺 金石苑

杜延業

事蹟俟考

晉春秋自序

蕭方等采削羣史著三十國春秋囊括兩晉之言網羅諸國之事以晉國爲主列附二十九國延業刪緝題曰晉春秋略

杜光彥

事蹟俟考五代時人

請旌樂壽令表

自唐之末兵亂相尋郡縣殘破守令失職耕桑不勸民卒流亡或以武夫攝治尤多苛懸兩漢循風於茲盡息獨臣管內樂壽縣令史璉本自儒門起從爲邑政不酷刻以撫字爲心緩其徵徭以貪墨爲恥躬巡田野時課芸穫招徠遷徙用殷戶版三年之內稍餘蓋藏一日之內無留訟牘庶幾變荒邑爲樂土見美效於今時雖未能比化中牟繼踪建康然而俗有醋酒之徭人去碩鼠之刺相彼爲治誠有足嘉是宜加

秩顯旌用爲在官之勤（河間府志）

唐文拾遺卷之五十二

榮祿大夫三品頂戴前分巡廣東高廉道加四級臣陸心源輯

□元質

元質垂拱中人失姓

八都壇神君實錄

昔唐堯氏作奄有冀方晉卿族興裂爲趙國（缺二字）羣（缺十字）祠宮跨南乖而臨北際業希舊畤古木十圍道亞仙公幽靈八座精義而入相兆於儀形妙物（缺七字）八都壇者都望八山之始壇也此地名山封龍之類有八因壇立廟遂爲號焉親親之道或謂昆季則檀（缺三字）如桂有叢連蜷偃蹇于庭之畔方丈之地八樹星羅閒疎然見同氣長幼之象然而深根固本龍盤武據建殖時代人莫能知驗其磊落多古殆萬年也蓋棟宇未作靈祇之所憑焉氣色青忩狀煙霏兮霧籠馨香郁烈若蘭時予菜飾左車降生之地休蔭弘多漢明載誕之城芳猷允塞豈徒川原之上秖稱明淨而已哉昔漢光和州將馮氏敬而不怠穀至兩錢感恩立銘盛績猶在自兹以後鮮或能繼雖明時聖日久屬昇平而旬雨谷風頃乖期候或蜚鳥荐出商羊屢舞顧畢昴之分野同壽春之東西九年之儲汲

汲於餬口萬人之衆敖敖以疚心獨我關亭不減平素匪惟神助亦在人弘弘之而誰可得言也時令蕭倓梁後口之幼孫陽羨公之愛子金陵地業夙著盛名玉樹時英少歸雅望禁臠祗寵期黑頭以爲公數奇不調將白首而作宰安此下人頌聲載路丞薛惟節曾祖暉列棘周代大父約剖竹皇家君之降生衆推必復青雲自遠貳翔鸞於斗城非罪而來助割雞於子邑主簿趙延慶體皃魁梧識度夷曠久而益敬芬若芝蘭仰之彌高邈如雲漢左尉司馬玄同器宇幽深學術該贍何思何慮運鬼謀於掌握玄之又玄

窮道源於脣吻此等官屬實曰循良辟人爲龍如鸞佐鳳聰明正直道合於神蘋蘩蘊藻感而必應井邑之地水旱無虞疆里之間稼穡獨茂甫田歲計家積千箱栖畝餘資周給壹郡就蒙福祐更表休徵嘉禾白鳩往往間出殊根會蔕示同心也雪羽霜毛旌絜白也酒食宴樂穆將愉孑未央暉光日新鬱紛紜而何極隣城以之健羨臺府由其籍甚禋祀相望掃除不服刺史馮義故御史大夫安昌公之子也六藝俱學于何不長八體論功斯焉特妙褰帷露冕不墜家聲扶滯摧豪以爲已任下車未幾親行禮秩簠簋如

萁雲滿四郊舞詠未終澤洽千里司馬雲暕有淸劭之才負邦國之譽非其不可所寄無憂嘗以龍見密雲逾積甍紆鶴履明德是歆曾不崇朝滂霈而返司法叅軍陳鼎量家保太工之道宦得于公之名俎豆之閒知其可任其後微旱又令禱謁曲加獎眄顧走爲文不以人廢言亦應時流溢凡數齋告而屢有年八縣空倉壹朝重實皆可案覆而敢公言只如呼木扣藤沐蘭薦藻日有萬計願無壹違可得而聞不可得而說也神之隣里鄉黨列於碑陰者參十伍人並地望時雄耆年宿德每有邀福常所與祭荷明神之

重施欲古廟之增修問何農隙率先人厲以番拱元年十月一日依洪洞故事而興版築長垣百堵煙雲相連迴廊四注陰陽不測大廈中起巍然若挟幽邃窈窕不可談悉於是繪事八山署置叅亩千巖萬壑宛在目前想宣父之名邱思啟母之爲石琢磨琬琰放象體勢方面列蓮斑白有序光流聲般之祉從此而歸骨靑耳細之竒望之如在巖巖焉森森焉人莫敢視口周訪之能安寢乎事畢功弘既而肖悅披文相質方議雕鐫忽有得神古碑有額無須規矩裁製則光和碑之元偶也嗟乎人懷陵谷之慮兩地不孤

神知修復之期千齡繼出氣衝積雪楚如埋玉光照叢臺終同返璧宰君重其神應嗟玩久之謂今日抱璞俟時豈無人之別玉闕文有待蓋知來之如今其漢碑之建立也方伯馮公在位左尉樊君撰文此時也刺史又馮君居右局神意人事介知之乎元質肆拾無聞壹命而仕地孤鼎氣家累玉山承乏末寮名何足數雄文薦鶚有靦於當仁吉事惟先不遑於覃思直書其事焉敢論文勒爲實錄樹之於右蕭公結搆簡貴筆無妄得崇重明神敬恭繕寫鈎迴電轉金曜星繁庶以發揮幽明暎徹今古願八君保乂俾萬代垂光名之揚乎德之至神之來乎此無愧土之安乎岳之列若有人乎斯不滅爲榮觀乎口可閱石刻

張口

天授中人失名敬之之兄也

唐將仕郎張君墓誌銘并序

君諱敬之字叔騫功曹府君之第五子也耿介不羣文藻貫世年十一中書舍人王德本聞其俊林當時有口口制舉天下奇佚召與相見賦城上烏勒歸飛二字仍遣七步成篇君借書於手不盈跬息其詩曰靈臺自可依爰止竟何歸祇由城上令故向日輪飛王公嗟味乃推爲舉首文昌以其年幼第不入科以門蔭補成均生高第授將仕郎非其好也遂與諸兄紬挍經史專以述作爲務唐咸亨四年七月十六日卒於家春秋廿五大周天授之三年正月六日改窆於安養縣西相城里君未及婚娶肖嗣永絕著書無荷戟之童刻石闕鸞環之女執奠惟弟紀德乃兄撫擲操觚號咷横集其辭曰

楊童不秀顏子未實妙跡忝微神機入室差爾貞懿身高漢佚夢蛟翻紙雕龍散筆其一陳車夜動馬帳晨開議深白觀言窮紫臺禍徵斷石悲纏贈口道存金素書留玉杯其二漾池東騖驕山南拒燭乘埋隨連城碎楚蕭飋風隧蒼茫月緒仲兮叔兮胡寧忍兮其三石刻

張口

失名天寶中符陽縣尉員外置

杜昆吾石龕像銘并序

金玉其相追琢其光以三昧之力成衆眞之妙者部司馬杜公焉公名昆吾字景山後魏黄門侍郎始平憲公之五代孫皇朝太僕卿之子衣冠弈葉詞翰縱横已万卷而成麟振六條而分虎口也爲口謫宦于斯歲次大泉獻字缺四中部太守而至懿夫敬天之譴

不敢戲豫但（缺五字）運更龕□山□像於仁□壁□□淸江下澈妙本□□如空際□相生於靜現水中□夫□□則□人利達則福成□之契（缺五字）轉法輪於金軶佩智印於（缺三字）誰曰不然乃爲銘曰

寶座層構睟容（缺五字）江□月在水香風甘露（缺四字）召□□焉福□如是（金石苑）

□鄭

鄭長慶中鄉貢進士闕姓

阿九墓誌銘

皇光祿卿贈左散騎常侍順陽□□女字阿九年十六□長慶三年十二月十九日□終于京兆□興里太夫人河東縣君裴氏傷悼貞淑哀疚于懷□夫□□情性內理剋□肅閨壼之儀曉組經之跡至美不顯胡其鑒耶（缺十八字）懿□有垂（缺一字）□光之□其可勝哉明年四月十一日窆於國之東隅白鹿原之別業鄭奉高堂之命忍哀誌焉銘曰

□手裂心兮其痛何禁欷余之悲兮□□之深呼不來兮思往莫得入九泉兮音姿悄默天不善善兮奈何心悽怛兮□□淚濕栢根兮聲咽曠野一支長□兮□墳之下（石刻）

□泌

泌元和中人闕姓

長安昭成寺尼塔銘

大唐元和元年三月十四日長安昭成寺尼大德三乘行歸寂于義寧里之私第春秋七十九戒臘一十九伏惟神兮俗姓姜氏望本天水以簪纓承繼家寄兩都自頃駕長安貫移上國今則長安高陵人也故中散大夫贈太子左贊善大夫執珪之女適昭陵令贈通州刺史李昕之妻婦德自天母儀生禀事君子之門敬姜比德方擇隣之愛敖母其明神儀惠和體量凝肅有二子長曰誼終杭州餘杭縣令幼曰諷終溫州安固縣尉有嗣孫五人定寅寓寧寔皆夙承嚴訓克孝克忠或位崇百里之榮或再班黃綬之職神兮自中年鍾移天之禍晩歲割餘杭之愛由是頓悟空寂宴息禪林自貞元四年隸名於此寺嗚呼蓮宮始構法棟斯摧定等哀慕悲號攀援何及以元和二年二月八日敬奉靈輿歸窆于城南高陽原禮也白日晝昏悲風慟起玄雲低壟上之野苦霧暗行輴之衢匆靈已陳窆戶斯掩泌追承遺則泣而爲銘勒石紀文以永終譽其詞曰

神假温恭天資淑德無言成教有儀是則捨故里之喧喧歸夜堂之寂寂朝雲出谷兮行雨散暮鳥悲鳴兮去無跡流光西没逝水東極閟泉壤兮千秋烈餘薰於貞石（石刻）

李□

失名大中間宣州涇縣尉

遺德廟陁羅尼經幢記

漢明帝夢金人（缺九字）興（缺八字）歸心乃（缺九字）六根無（缺五字）八（缺三字）意（缺七字）永興俱入□□唐（缺八字）三（缺五字）皇帝施（缺六字）審訛謬（缺八字）瑩淨□三寶□立□四（缺三字）十力（缺七字）窺及無爲（缺六字）有五大夫草市（缺五字）拱信思者皇撫州（缺三字）與大淸信弟子方少通（缺五字）斯道場建造陁羅尼□績永□洎我皇昭諭當（缺四字）勑折毁自會昌五載（缺六字）未因再樹（缺五字）今有□信弟子方少通重新（缺十五字）或濫□□舉首（缺五字）心證無爲之體助（缺四字）具列人名刋于貞石（缺七字）舊觀（缺九字）悟佛（缺十一字）葉（缺七字）永□不朽大中（缺四字）（石刻）

□𢟪

𢟪咸通中人失姓

唐重修北巖院記

資中郡城（缺）數百步之近有靈巖（缺）蓋建中四（缺）智之所開刱也前（缺）頂有寺曰（缺）地之上方矣洎會昌五歲詔（缺）流有瀆其教而列剎□（缺）其制者大（缺）留一寺餘悉除去□（缺）巖□搆皆（缺）大中改元慶降（缺）所（缺）時郡邑申聞□□（缺）茲巖勝境宜重興□（缺）陽公以淸淨化民□（缺）心釋教無何夢中□（缺）補復前規□（缺）右有所詣（缺）□果得其□（缺）□滿前志□（缺）焉佺公薙草植木（缺）建佛閣鍾樓齋廚惣一十三間力□未周茅茨相半佺公以咸通六年七月奄□化滅其時前定邊節制大夫扶風公方涖茲郡以靈巖絶境爲郡邑賞勝之地若非名德難副衆望沉吟精選遂辟開元寺高行僧元晶住持焉晶公俗姓謝氏敏慧之德發自齠齓剃落受具爰從弱年盡節師資苦心戒行操稟眞慤言無矯妄寒松孤鶴可以喩其高絜矣自膺是選乃堅發弘願刻意增修或隨緣化誘積微成著或率勵徒弟盡力□□手足胼胝未嘗勸怠所受壇施除麄衣糲食之外一毫一粒悉歸營繕於是宏材名匠有求必至因高就下獨得形勢以心自相授偶運雕鐫斤斧之思焉數稔之內建立尊勝幢二所佛閣講堂齋堂僧房門屋惣二十三間

習宏麗顯微克壯前規喜近檀越歸心善誘依崇巖鐫鹿像愍一百三所其餘院內石幢峭壁佛閣前後門屋巖口石橋規畫廣袤已在心匠將畢志願期於異日克就其功矣時也講堂初成巖秋景清修竹萬竿新池一泓星龕照灼月殿丹䑺洞徹氛埃光映林巒語茲勢勝即四時之物象可知矣大矣哉䀠公之贍習宏規寶法門之柱石苦海之舟航非心鏡同明情田廣闢誘人於善路拯物迷津詎能臻於此乎師以㥍時因瞻禮目擊營建固求紀事雖以庸淺爲辭是用直書盛績期不泯於貞石也咸通十二年八月一日記金石萃

按題下有前州衙推將仕郎試左武衛兵曹參軍鄧缺下一行證以文中師以㥍時因瞻禮云云或當是姓鄧名㥍也

口蒙

蒙官判南觀察支使將仕郎試詹事府司直失姓

唐故宣義郎侍御史內供奉知鹽鐵嘉興監事張府君墓誌銘并序

府君以乾符六年二月廿日終于常州義興縣之私第踰月其仲弟中權銜哀致書口口口以誌來請蒙之與君寓居同邑頃在京師往來甚密蒙之季與君之季字缺六交甚固以是得熟君之所行事書其善刊諸石則又安可辭耶君諱中立字口口其先范陽人晉司空華十五世孫高祖紹宗皇邵州武岡令贈宜春郡太守博學工書著蓬山事苑卅卷行於世蘇許公爲之製集序韋侍郎述撰神道碑宜春生盛王府司馬翰林集賢兩院侍書侍讀學士諱懷瓌有文學尤善隸草書與兄懷瓘同時著名學士生池州長史贈金州刺史諱涉嘗以文學登制策科金州生普州刺史諱爽進士及第登朝爲殿中侍御史口稱其口

享年不永竟不至高位當時惜之君即普州第二子也幼失恃怙授兄長之訓初兄以口口調補霍山縣紀隨兄之任孜孜務學以至成人大中初再調授武進縣尉謂君曰曩以若等幼稚未克口生今既長成可以蒇事吾恐墜先志爲平生羞遂以武進授君曰無以家事縈我我其行矣乃就詞科累戰皆北嗚呼天不福善旋抱陟岡之悲君撫視孤姪過於己子君之操倘出於先賢自武進歷處州麗水令婺州永康宰到永康不旬月旋丁內憂服闋予口口今祭酒常侍廉問陝郊素知其林奏爲郡紀值將受代事遂不

行君曰事之不行命也□郊特達之恩宜如何報乃裹糧策蹇專專致謝亦古人之心也旣至輦下親舊聞稍稍□□由是名姓頗達于上位今左丞韋公蟾郎君之親外丈人時爲中丞遂奏爲臺主簿甚爲美秩前輩名士多爲之然位卑任重尤不易處自憲長以降無不譚其盛美無何故□□□師王公凝總攉筦務奏爲嘉興監官意頗不樂辭不獲免遂授侍御史内供奉知缺四字年吏畏課溢咸謂得材及罷歸陽羨葺舊居植花木與親朋骨肉聚會貧缺五字之女嫁之男娶之雍睦怡愉無一日不得其所復慕黃老之術齋心焚脩頗得其缺六字無羨餘嗚呼眞可謂賢達之士矣方今盜賊未弭四方多事適當展材業振缺六字知方聞薦於宰執欲委之重難忽暴疾不六七日而終嗚呼其亦命耶享年五十有五娶汝南周氏楚州盱眙主簿元諒之亞女有子三人長曰庭誨令娶姑之女次曰裔圖缺六字性過禮克紹其家女三人長適河東柳氏郎前郴牧泰之第二子次許嫁宣缺六字及笄季弟仁穎登進士第有時名從知廣南幕下仲弟缺十字長安城南方屬道路艱虞未克歸祔遂卜用其年四月十二日甲申缺十二字任光鄉許墅村之南從先大父之塋右禮也嗚呼缺銘曰

居官惠民居家睦親奉上禦缺暘羨之北荆溪之濱

下缺古刻叢鈔

徐□

失名唐末鎭海軍節度掌書記

吳越國故僧統慧因普光大師塔銘并序

蓋聞道宏大覺教演三乘福濟羣生化周□界法□□須彌之廣□河包巨海之波元微設諭於□□宗旨□傳於心印紹隆大教代有□能□□歷刼增修多生結習或托陰于軒裳鼎族或降生于帝子王孫□□不二之門□入會三之理其來也隨機□現與聖台符其往也傳化他方歸眞□有□知□身□相妙果菩提去住無常古今一體大師俗姓錢氏法號令因即今天下都元帥吳越國王第十九子也宿根淨業降慶王門□卞玉於庭中耀□珠于掌上稟訓而□通六籍操心而暗達三明晨昏每□於缺六字於友愛爰□幼歲便斷葷辛及爾韶年遍□惠悟不覯戲翫歡服綺紈□思□□之榮□□眞如之理我王方興正教大轉法輪遂捨□□得依釋氏□□而期登妙覺修眞而不□□滅於是年始十三於梁乾化

三年四月十日申請住持安國羅漢寺以釋迦降聖之日對佛披剃脫紫綬□章之缺四字三□之衣雖云學藝從師實乃天生智慧梁朝以我王匡守宗祧康濟生民日盛桓文勲高典冊能捨□門缺五字大缺四字師於□□郎□□在當今而定比□須□□顯□□特賜法號仍□命服自是密持秘藏靜住祇園不缺三字踰青蓮之出水以缺六字之無□當年於西都缺三字明大缺三字梁朝恩命□法相大師加賜三十□□當年封安國羅漢寺主詮題妙缺五字常念妙法蓮花經以爲缺八字神功缺十字我王□廵錦里缺四字時值中春

卷五十二　十四

□□慶誕大師首登高座講讚蓮經缺六字日景仰咸稱於法缺十四字依貞明元年上元夜又於功臣堂講七寶陁羅經教□□渺漫智理縱橫演說精微有缺三字機缺五字安不唯英雄側缺五字傾□□加以遍披內典兼著文章所見一□□通□□五□俱下而又缺七字宏述作悉體於風騷詞藻皆精於雅麗□金□譽可並芳猷刻燭成詩□□敏速二年我王□□上□廣□僧□旣啓號□□師主領加法戒都監選練大德三年我王以釋迦眞身寶塔□在□江特建蓮宮精崇鴈塔聲以缺三字爰增百寶之莊嚴缺四字都城永與

軍民缺三字茲勝事無出於□□兼授眞身寶塔寺主莫不愈精經論兼潔香光匡□教門紀綱法律悟道而非求五缺三字而益勵三堅梵□傾缺四字仰六年加授兩浙僧統龍德三年我王累功積德冠古超今大國襃崇四方推戴祇膺簡冊肇啓王圖文武緇缺七字以大師演缺十九字改授吳越僧統賜號慧因普光大師梵刹增輝僧徒□□必冀永爲法主長作教宗孰缺五字五□示相缺二十三字大□而廣增福力告靈祇而希助陰陽湯藥醫治宣傳駱驛凡關禱祀靡所不聞缺十三字釋迦順□涅槃彌勒往往兜率乃知前佛後佛萬

卷五十二　十五

論十□殊途同歸聖賢不易大師以寶大元年八月十三日夜召□足□□付囑教門親述遺章缺五字王父尋命□□云吾常念法華經攝心不倦今欲集衆諷誦益廣勝經纔唱眞經端恭合掌□徹一卷乃命鳴鐘令具奉聞□以此夜三更便□圓寂缺四字眞身寶塔寺享年二十有四君父號慟棠棣哀傷風悲而佛日沉光煙慘而慈雲□色兩都僧道痛咽酸辛我王唯□香花疊修勝善□資妙果益證□通仍命遷缺三字卜營窀穸遂於錦里功臣山南面峯巒營建塔院以其年十二月九日歸窆于塔缺三字命□小師省

椽省善省□省勤省貞省□省□省超省□省希等
十人焚修住持大師幼離慈愛不戀榮華洞曉大乘
了傳佛性□□方而示□□萬念以缺四字雙修□無
□□所以不久□世者缺三字果成□人天缺三字赴□
華演隆法教番梵天之景福應家國之延齡□□哉
忝詞林叨塵翰苑□奉□□令撰塔銘惟知不可思
議叙述莫缺七字乃爲銘曰
□與法教大演眞詮福利羣品三千大千缺七字賢缺五
字生王寶河嶽靈氣珪璋令質願捨貴□重明佛日
博通典籍洞曉元微辭榮捨愛缺十一字衣大戒□明□

欽道德誦論明敏緇黃表則缺四字爲民爲國缺五字理
教門缺十八字文缺五字臨機缺三字人才□梵刹紀綱□門
字缺十三字缺三五缺二十字力所運□古超今轉化他方缺二
十八建塔缺十一字龍天擁衛番應□基千秋萬歲兩浙金石
字志

史□

闕名南唐時史虛白之子

鈎磯立談序

叟山東一無聞人也淸泰年中隨先校書避地江表
始營釣磯於江渚先校書意薄簪組心許泉石每乘
雙犢販鬻車後掛酒壺山童三五人倒各總角負
瓢并庇具以自隨遇境物勝概則取酒徑醉或爲歌
詩自號釣磯閑客剗江之後先校書不諱叟嗣守弊
廬頗窺先志不復以進取爲念會王師弔伐李氏挈
宗以朝湖海表裏俱爲王人大同之慶有識之所共
感以爲百生不可逢之盛際叟獨何者而私自怫鬱
如有懷舊之思追惟江表自建國以來烈祖元宗其
所以撫奄斯人蓋有不可忘者時移事往將就蕪沒
叟身非朝行口不食祿固無預於史事顧耳目之所
及非細瑣之至議則波濤之觭語也隨意所商聊復

疏之於紙僅得百二十許條總而題之曰釣磯立談
使小子溫成誦於口粗以存其梗概云吁文懋子山
之麗與哀則有之才愧士衡之多辨亡亦幾矣鮑氏刋本
案江南野史虛白有二子次舉進士長早喪孫溫
咸平中擢進士第陸游南唐書史虛白孫溫天聖
中獻虛白文集不言釣磯立談愚謂立談當是虛
白仲子所著虛白在南唐嘗官校書郎故云先校
書溫爲虛白孫故曰使小子溫成誦于口也虛白
長子既早喪其爲仲子所著無疑惜其名不可攷
耳

陳十八郎

失名。南漢人。

尊勝經石幢記

上缺乾和三年太歲乙巳三月八日丙寅缺陳十八郎敬贖造加缺佛尊缺陁羅尼幢一座，追薦幽途胡誤物并乞自缺長於羅浮缺禪院供養設齋慶讚訖。南漢金石記

晉陵子

闕姓名。大歷中人。

雷氏琴銘

卓哉斯器，樂惟至正。音清韵古，月澄風勁。三餘神爽，泛絕機靜。雪夜敲冰，霜天擊磬。陰陽潛感，否臧前鏡。人其審之，豈獨知政。澠水燕談錄

唐文拾遺卷之五十三

榮祿大夫三品頂戴前分巡廣東高廉道加四級臣陸心源輯

闕名一

春賦

春日遲遲，采蘩祁祁。翫柔風兮韶景，睠芳節兮嘉時。勾芒兮太皞，乘震兮執規。道人道路以徇鐸，太師奉職而陳詩。候當振蟄，時將釁龜。或以命樂正而習舞，或以勑獄吏而決辭。爾其舉正於中，履端於始。瞻青旗之在御，見斗杓之東指。農祥晨正，土膏脈起。望三素之雲，飲八風之水。既布令於五時，復傷心於千里。風以解凍，魚方上冰。戴勝降桑而栩集，王雎鼓翼以嚶鳴。若夫孔門浴沂之詠，老氏登臺之樂。知盛德之在木，見平秩於東作。雨潤榆莢，雲飛白鶴。既薦鮪以乘舟，亦先雷而奮鐸。若乃珮蒼璧，施土牛。其祀戶，其兵矛。至若綵樹初殖，含桃始薦。舉此青旛，戴之綵燕。渟神水以釀酒，用桃花而靧面。亦復歌豳詩，舞雲翹。后妃之種稑初獻，東宮之琴瑟方調。亦云候屬青陽，氣漸東陸。食以蓬餌，飲之䊪粥。進彼柔荑，去其桎梏。復聞青鳥司啟，元鳥司分。萬物孚甲之際，精華結紐之辰。可以論爵賞之序，可以留寬大之恩。東郊方見

於朝日。靈臺靡忘於書雲。既而日已載陽。時惟獻歲必埋齒而掩骼。亦行慶而施惠。祭馬祖而祀高禖。薦鞠衣而修蠶器。元日祈穀。東郊迎氣。女夷鼓土。上人秉耒。若乃三朝三元。時惟正始。進椒花以獻壽。□白獸以言事。設五木之湯。列五辛之味。戴憑重席而譚經。江夏舉衣而告瑞。畫鷄葦索以皆陳。栢酒桃湯而具備。放邯鄲之鳩。獻彫胡之米。或懸羊而磔雞。或獻琮而執贄。斯謂上日。四時肇啟。至其元巳命社。以祈農祥。伊句龍之所主。在水土而允藏。漢祖□禴而事蓍。陳平分肉而道光。實以陰而主殺。豈伐樹以斯亡。

亦以封土達氣。報本反始。或爲羣姓而立。或以百家共置。爾其寒食之節。禁火藏烟。鬬雞蹹踘。佐以鞦韆原缺四字榆火將然。古有司烜之禁。俗有介推之言。故周舉之書已布。而魏武之令方傳。又有暮春之首。布和之辰。臨流高會。禊飲斯陳。過平陽之第。臨薄洛之津。集彼張裴。歡茲洧溱。復有蕙脊輕泛。犢車見尋。周公之城洛邑。秦昭之受水心。或執蘭而容與。或暴藥以沈吟。天淵則壇名積石。華林則隄號千金。叢花繞練以凝望。流鶯滿枝而囀音。斯並著於時令。故存之於翰林。

大逆請改重法奏 貞觀二十一年刑部

准律。謀反大逆。父子皆坐死。兄弟遠流。此則輕而不懲。望請改重法。唐會要三十九

昭陵上食請依故事奏 永徽二年七月有司

謹按獻陵三年之後。每朔望上食。冬夏至伏臘清明社節等日。亦准朔望上食。來月之後。改復平常。昭陵所司上食。請依獻陵故事。唐會要二十一

明堂制度奏 永徽三年六月二十八日有司

內樣堂基三重。每基階各十二。上基方九雉。八角。高一尺。中基方三百尺。高一筵。下基方三百六十尺。高

一丈二尺。上基象黃琮。爲八角。四面安十二階。請從內樣爲定。基高下。仍請准周制高九尺。其方共作司約。准二百四十八尺。中基下基望並不用。又內室各方三筵。開四闥八窗。室圓楣。徑二百九十一尺。按季秋大饗五帝。各在一室。商量不便。請依兩漢季秋合饗。總於太室。若四時迎氣之祀。則各於其方之室。其安置九室之制。增損明堂故事。三三相重。太室在中央。方六丈。其四隅之室。謂之左右房。各方二丈四尺當太室四面。青陽明堂總章元堂等室。各長六丈。以應太室。闊二丈四尺。以應左右房。室間並通巷。各廣

一丈八尺其九室并巷在堂上總方一百四十四尺法坤之策屋圓楣檐或爲未允請據鄭元盧植等說以前梁爲楣其徑二百十六尺法乾之象圓楣之下所施圓柱旁出九宮四隅各七尺法天以七紀柱外餘基共作司約准面別各餘一丈一尺內室別四闥八窻檢與古合請依爲定其戶仍在外設而不開內外有柱三十六每柱十梁內有七間柱根以上至屋峻起計高八十一尺上圓下方飛檐應規請依內樣爲定其蓋屋形制仍望據考工記改爲四阿并依禮加重檐准太廟安鴟尾堂四向五色請施四垣及

四門辟雍案大戴禮及前代說辟雍多無水廣內徑之數蔡邕云水廣二十四丈四周於外三輔黃圖云水廣四周與蔡邕不異仍云水外周堤又張衡東京賦稱造舟爲梁禮記明堂位陰陽錄云水左旋以象天商量水廣二十四丈恐傷於闊今請減爲二十四步垣外量取周足仍依故事造舟爲梁其外周以圓堤并取陰陽水行左旋之制殿垣案三輔黃圖殿垣四周方在水內高不蔽日殿門去殿七十二步准今行事陳設猶恐窄小其方垣四門去堂步數請准太廟南門去廟基遠近爲制仍立四門八觀依太廟門別各安三門施元闥四角造三重魏闕〔唐會要十一〕

減馬料餉飢戶奏〔開元二年宰臣等〕

陛下緣亢旱親降德音減膳撤樂朝野之人無任欣感然食粟之馬在廄猶多自今請馬料日減其半迴餉飢戶則人畜偕濟免供億之乏〔冊府〕

岳瀆祝版稱皇帝奏〔開元九年六月五日太常〕

伏准唐禮祭五岳四瀆皆稱嗣天子祝版皆進署竊以祀典五岳視三公四瀆視諸侯則不合稱嗣天子及親署其祝文伏請稱皇帝謹遣某官某敬致祭于岳瀆之神〔唐會要二十二〕

處分道僧奏〔開元二十四年七月二十八日中書門下〕

臣等商量緣老子至流沙化胡成佛法本西方興教使同客禮割屬鴻臚自爾已久因循積久聖心以元元本系移就宗正誠如天旨非愚慮所及伏望過元日後承春令便宣其道僧等既緣改革亦望此時同處分〔唐會要四十九〕

東封樂舞奏〔開元二十九年六月〕

東封太山日所定雅樂其樂曰元和六變以降天神順和八變以降地祇皇帝行用太和之樂其封太山登歌奠玉幣用肅和之樂迎俎用雍和之樂酌福飲

福酒用福和之樂送文迎武用舒和之樂亞獻終獻用凱安之樂送神用夾鍾元和之樂禪社首送神用林鍾宮順和之樂享太廟迎神用永和之樂獻祖宣皇帝酌獻用光大之舞懿祖光皇帝酌獻用大明之舞太宗文武皇帝酌獻用崇德之舞高宗天皇太帝酌獻用鈞天之舞中宗孝和皇帝酌獻用太和之舞睿宗大聖眞皇帝酌獻用景雲之舞徹俎用雍和之舞送神用黃鍾宮永和之樂臣以樂章殘缺積有歲時自有事東巡親謁九廟聖情愼禮精祈感通皆祠前累月考定音律請編入史冊萬代施行（通典一百四十七）

釐事二百日成考奏（天寶二年八月考功）

准考課令考前釐事不滿二百日不合成考者釐事謂都論在任日至考時有二百日即成考請假停務並不合破日比來多不會令文以爲不入曹局即不爲釐事因此破考臣等參量但請俸祿即同釐事請假不滿百日停務不至解免事雪却上其考並不合破若有停務逾年不可更請祿料兼與成考（冊府六百三十五）

食封人兩京給付歿後元孫直下一房許在分限奏（天寶六載三月六日戶部）

諸道請食封人準長行旨三百戶以下戶部給符就州請受三百戶已上附庸使送兩京太府寺賜坊給付者今緣就州請受有損於人今三百戶以下尙許彼請公私之間未免侵擾望一切送至兩京就此給付即公私省便侵損無由又準戶部式節文諸食封人身歿已後所得封物隨其男數爲分承嫡者加一分至元孫即不在分限其封總入承嫡房一依上法爲分者若如此則元孫諸物比于嫡男計數之間多校數倍舉輕明重理實未通望請至元孫以下準元孫直下一房許依令式餘並請停唯享祭一分百世不易自然爭競永息勳庸無替（唐會要九十）

景皇帝陵臺加尊號奏（天寶十三載太常禮院）

禮記追王太王王季上祀先公以天子之禮上文言追王王季下文言上祀先公足明追者全用天子之禮先公惟祀事得用故鄭元注言追王王季者以近起爲又言追王者改葬之矣葬且猶改則其餘可知伏以景皇帝並是追尊皆用天子之禮陵臺之號不合有殊（唐會要二十）

詳議獄成奏（乾元元年十二月十四日刑部）

准名例律法云獄成謂贓狀露驗及尙書省斷訖未

奏疏曰贓謂所犯之贓見獲本物狀謂殺人之類得狀爲驗雖在州縣並爲獄成若尚書省斷訖未奏即刑部覆訖未奏亦爲獄成今法官商量若款自承伏已經聞奏及有勑付法刑名更無可移者謂同獄成臣今與法官審加詳議將爲穩便如天恩允許仍永爲常式（唐會要三十九）

決有兩種法開二門奏（乾元二年六月十四日刑部）

謹按五刑笞杖徒流死是也今准勑除削絞死唯有四刑每定罪須降死刑不免還計斬絞勑律互用法理難明又應決重杖之人令式先無分析京城如是

蠹害決者多死外州見流嶺南決不至死決有兩種法開二門（唐會要三十九）

請復御正殿奏（上元元年八月中書門下）

陛下前以愆陽經時避居正殿凡在臣庶無任兢惶今至誠感通嘉雨霑洽兇渠授首同類革心臣等敢昧死請自今已後依常儀御正殿（册府）

州縣三考一替奏（寶應元年十月吏部）

准今年五月詔州縣官自今以後宜令三考一替者今數州申解疑三考後爲復待替到爲復便勒停請處分者今望令已校三考官待替到如替人不到請校四考後停（册府六百三十五）

內外官授日計考奏（閏月考功）

內外員外官等除合在定數外准勑並任其所適既不入曹無憑撿考以來或有申者即與見在同奏檢勘之時成破不一文案混雜條流未明臣等商量望請自今以後內外文武員外同正及試官除合在任外一切不在申校之限並聽從授日計考准中中例敘用（册府六百三十五）

立京外按察司奏（寶應二年正月考功）

請立京外按察司京察連御史臺分察使外察連諸

道觀察使各訪察官吏善惡其功過稍大事當奏者使司案成便奏每年九月三十日以前具狀報考功其功過雖小理堪懲勸者按成即報考功至校考日參事跡以爲殿最（唐會要八十一）

釐革諸道料錢奏（大歷十二年五月中書門下）

得蘇州刺史兼御史大夫知臺事李涵東都河南江淮山南等道轉運使吏部尚書兼御史大夫劉晏戶部侍郎專判度支韓滉等狀釐革諸道觀察使團練使及判官料錢觀察使（令兼使不在加給限）每月除刺史正俸料外每使每月請給一百貫文雜給准時價不得過

五十貫文都團練副使每月料錢八十貫文雜給准時價不得過三十貫文觀察判官（與都團練判官同）每月料錢五十貫文支使每月料錢四十貫文推官每月料錢三十貫文巡官准觀察推官例已上每員每月雜給准時估不得過二十貫文如州縣見任官充者月料雜給減半刺史知軍事每人除正俸外請給七十貫文如帶別使不在加限雜給准時估不得過三十貫州縣給料（其大都督府長史准七府尹例左右司馬准上州別駕例支給料錢）刺史八十貫文別駕五十五貫文長史司馬各五十貫錄事參軍四十貫判司三十貫參軍博士各一十五貫

錄事市令等各一十三貫縣令四十貫丞三十貫簿尉各二十貫右謹具條件如前其舊准令月俸雜料紙筆執衣白直但納資課等色并在此數內其七府准四月二十八日勅文不該者並請依京兆府例處分其中州中縣已下三分減一分其額內釐務比正官減半其州縣官除差充推官巡官及司馬掌軍事外如更別帶職亦不在加給限（唐會要九十一）

停諸州團練守捉使奏（大歷十二年五月十日中書門下）

諸州團練守捉使請一切並停其刺史自有持節諸軍旅司馬即同副使之任其判司既帶參軍事望令司兵判兵馬案司倉判軍糧案司事判甲仗案其兵士量險隘召募謂之健兒給春冬衣并家口糧當上百姓名曰團練春秋歸冬夏追集日給一身糧及醬菜諸道先置上都邸務名留後使宜令並改為上都進奏院官諸道觀察都團練使判官各置一人支使一人推官一人餘並停（唐會要七十八）

武德以來功臣約為三等奏（建中元年九月五日史館）

武德已來實封陪葬配饗功臣名跡崇高者十一人第一等司空魏國公裴寂納言魯國公劉文靜太尉趙國公長孫无忌尚書左僕射衞國公李靖司空英

國公李勣中書令漢陽王張柬之中書令博陵王崔元暐侍中平陽王敬暉侍中扶陽王桓彥範中書令南陽王袁恕己尚書左僕射徐國公劉幽求二十四人第二等司空河間王孝恭開府儀同三司鄂國公尉遲敬德特進莒國公唐儉輔國大將軍夔國公劉宏基左驍衛大將軍薛國公長孫順德行臺尚書左僕射蔣國公屈突通行臺尚書右僕射鄖國公殷開山戶部尚書渝國公劉政會工部尚書應國公武士彠荊州都督譙國公柴紹揚州都督褒國公段志元右驍騎大將軍郯國公張公謹右領軍大將軍盧國

公程知節徐州都督胡國公秦叔寶禮部尚書永興縣公虞世南工部尚書武陽縣公李大亮散騎常侍豐城縣男姚思廉左武候大將軍邢國公蘇定方夏官尚書耿國公王孝傑右武衛大將軍韓國公張仁愿光祿卿瑯邪郡公王同皎兵部尚書代國公郭元振尚書左丞相燕國公張說兵部尚書中山郡公王晙等三十四人第三等司空淮安王神通特進江夏王道宗中書令鄂國公宇文士及行臺左僕射鄖國公竇軌大府卿莒國公劉義節左屯衛大將軍褒武郡公劉師立右驍衛大將軍梁國公安興貴右武衛大將軍申國公安修仁左衛大將軍譙國公竇琮夔州都督息國公張長遜黔州都督夷國公李季和右光祿大夫羅國公張平高左監門大將軍滎國公樊興左武候大將軍郇國公錢九隴右武候大將軍沔陽郡公公孫武達左武衛大將軍懷寧縣公杜君綽右驍衛將軍安化縣公厖卿惲涼州都督廣德郡公李安遠涼州都督同安郡公鄭仁泰刑部尚書吳興郡公沈叔安右領軍虢國公張士貴左驍衛大將軍畢國公阿史那杜爾右武衛大將軍瑯邪郡公牛進達輔國大將軍嘉州郡公周護仁右武候大將軍天水郡公邱行恭尚書左僕射冀國公裴冕吏部尚書清河郡公房琯門下侍郎衞國公杜鴻漸開府儀同三司武威郡王李嗣業衞尉卿顏杲卿常山郡太守袁履謙御史中丞張巡將軍南霽雲八人第二等大尉臨淮王李光弼兵部尚書涼國公李抱玉司空霍國公王思禮御史大夫劉正臣范陽長史賈循尚書右僕射信都郡王田神功左羽林大將軍薛景僊睢陽太守許遠七人第三等太子太師豳國公韋見素侍中韓國公苗晉卿尚書左僕射趙國公崔圓尚書右僕射辛雲京尚書右僕射扶風郡王馬璘右散騎常侍太原尹鄧景山按史傳考詳事實約為三等具列如前唐會要四十七　按邱行恭以下當有脫文

甲庫採擇一人專押奏建中二年十月十一中書門下

中書門下及吏部制勅甲庫等准式中書舍人給事中吏部員外郎並合專判祿官望清高兼外有職事不得躬親所以比來文歷多有罪過今請每庫採擇一公清勤幹專押甲庫羣事得精其知經四周年無負犯仍望依資與改官唐會要八十二

量復具員改轉舊制奏建中三年閏正月十八日中書門下

准貞觀故事京常參官及外官五品已上每有除拜

中書門下皆立簿書謂之具員取其年課以爲遷授此國之大經也自艱難已來此法遂廢垂將三十載伏望自大歷十四年已來量署具員據前資見任員量與改轉從今已後刺史四考郎中起居侍御史各兩考餘官各三考與轉其升進黜退並准故事處分仍下天下州縣審勘責前資見任其鄉貫歷任官諱同一狀牒中書門下（唐會要五十四）

諸司文狀依限錄奏奏（建中四年六月中書門下）

應送諸司文狀檢勘節限中考文狀等並是每年長行之事尚書省各依限錄奏舊例經一宿郎出如經

三日不出請本司更修單狀重奏又三日不出即請本司長官面奏取進止其內狀到各令本司兩日內具省寀及宣黄送到中書依前件所定限勘會宣下即事免稽滯又准開元十九年四月勑應加階并授及勳封甲并諸色闕等進畫出至門下省重加詳覆駮止者宜便注簿落下以墨塗訖仍於甲上具注事由牒中書省（同上）

請二王入朝事畢還藩奏（建中年有司上言）

按漢儀注朝賀正月常一王四侯十餘載一至又按史記諸侯王朝凡四見留長安不過二十日今諸王入朝者甚多非爲示之簡要宏之禮節既乖古制有虧前典臣請每歲二王入朝禮畢還藩敢以義請（唐會要二十四）

公主出降乘金根車奏（貞元二年二月太常）

長林公主出降準開元禮合乘厭翟車去年嘉誠公主出降得駕部牒造來多年不堪乘駕又得內侍省報舊例相沿乘金根車其時便已行用今緣禮會日逼創造必不及請準嘉誠公主例乘金根車（唐會要卷六）

吏曹條例奏（貞元二年五月吏部）

伏准貞元元年七月二十五日勑諸州府及京五品

已上官停使下郎官御史等宜付所司作條件聞奏者緣諸色功優非時授官闕員稍多請作節限許集上州刺史兩府少尹四赤令停替後請許一月內于都省陳牒納文狀畢檢勘同具申歷每至月終送名中書門下仍請不試太原河中鳳翔江陵成都興元府少尹赤令及京兆畿赤令中下州刺史諸使下停減郎官御史等停官當年并聽集六品以下常參官以理去任者當年聽集具員官京兆府先申中書門下省檢勘未成失文歷者其中先東西在遠不及選集並請依後件合集人限所在陳牒隨例赴集選人

有明經進士道舉明法出身無出身人有經制舉宏詞拔萃及第判入等淸白狀并有上下考校奏成及孝義名聞制及勅褒獎者或曾任郎官御史起居補闕拾遺太常博士兩府判司兩府畿赤官使下郎官觀察使節府都團練都防禦度支水陸運鹽鐵使留守判官支使推官書記等制勅分明貞元元年十二月已前離任者一切聽集并六府少尹鴻赤令並不在試例應未及一考已下被替丁憂服滿廢省患解侍親并隔絕不上州府縣升降等官並聽當集緣未得資蔭准六品已下選人例所試狀縱入下等望臨

時據人材定留放其違程不上人經免殿者聽集仍却還本道本色官應准格未合集人其中有文詞宏贍學術精通灼然爲人所知亦任於所在府州陳狀本州長官精加選擇堪獎拔者具解申送依例赴集至省審加考覈有才實相副別狀送名如有踰濫其本州署申解牒本判官量事科罰四品官中有衰疾情願任致仕官者但是正員官不限考數任於所在州府陳牒依合集人狀樣通由懸准前送本道觀察使上省不用身到禮部附學官先及第人薦闕吏部者並聽集准例試狀定留放應集合試官並望准舊例狀一道仍准建中二年格例及大曆十一年六月勅請條委左右僕射兵部尚書侍郎同考試其狀考入上等具名所試狀依限送中書門下其考入下等者任選。唐會要七十四

階高官卑准格處分奏貞元六年六月吏部

准格內外官承泛階應入五品者制出日須經一十六考見任六品官本階加正六品上應入三品者制出日經三十考見任四品官本階加正四品上自建中元年六月初有特勅諸道將士准制加泛階爵勳等特許不檢勘注擬其正員官不在此限自後有司

因循以例破格應試官敘階並不限官品其中或官是九品階稱朝議郎或官是六品階稱正議大夫加一泛階並入三品五品伏以元勅制令不撿勘無不限官階之文若以例判成即階違格令請別立條限漸歸舊章應將士兼試官敘泛階奏勅已到令入三品者矜其勞効須有優獎其官階相當並請不限考數檢當任一銜有實許與結敘其階高官卑者請准格處分。唐會要八十一

考課諸司比類格文定升降奏貞元七年八月考功

准考課令諸司官皆據每年功過行能定其考第又

准開元天寶以前勑朝官每司有中上考亦有中中考自三十年來諸司並一例中上考且課績之義不合雷同事久因循恐廢朝典自今以後諸司朝官皆須據每年功過行能仍比類格文定其升降以書考第不得一例申中上考應諸司長官書考不當三品已上具銜牒上中書門下四品已下依格令各准所失輕重降考唐會要八十一

觀察刺史等官考績奏裁奏貞元七年十二月校外官考使

准考課令三品以上官及同中書門下平章事考並奏取裁注云親王及大都督亦同伏詳此文則職位

崇重考績褒貶不在有司皆合上奏今緣諸州觀察刺史大都督府長史及上中下都督都護等有帶節度使者方鎮既崇名禮當異每歲考績亦請奏裁其非節度觀察等州府長官有帶臺省官者請不在此限唐會要八十一

請停東都禮生奏貞元八年四月太常寺

本置禮生是資贊相東都既無祠祭不合虛備闕員且無功勞妄計考課年滿之日一例授官比來因循實長儌幸其東都太廟及郊社齋郎先並准勑停訖惟禮生尚在伏請下吏部自今以後不得更有注擬

其先補者並請追赴上都已滿者伏望量留四年未滿者請折聽或入考如有情涉規避委託事由兩月內不赴西都即請牒吏部注甲解退收實本色冀循事實永絕姦源唐會要六十五

貢舉人謁先師請別擇日奏貞元九年九月太常

以十一月貢舉人謁先師今與親享太廟日同准六典上丁釋奠若與大祀同日即用中丁謁先師請別擇日唐會要三十五

撾鼓進狀却付本司奏貞元九年御史臺

今後府縣諸司公事有推問未畢輒撾鼓進狀者請

却付本司推問斷訖猶稱抑屈便任詣臺司披覆若實抑屈所由官錄奏推典量罪決責如告事人所訴不實亦準法處分唐會要六十

內供奉御史班位奏貞元十二年十月御史臺

伏准貞元二年班序勑諸使下三院御史有本官是常參官兼者即入本官班如內供奉裏行即入御史班緣使下御史稍多近例並不在內供奉班內臣等參詳伏請自今已後請使下御史內供奉者入閤日並依宣政殿前班位次員外郎之後在正臺監察御史之上便爲常式庶叶通規唐會要六十二

旱損借貸奏 貞元十三年三月

諸道州府各遭旱損其諸州府有貞元八年已前見貯米麥斛斗三百八十萬石請各委州府借貸今秋成熟後依本數却納 冊府五百十一

女子李妙法廬墓奏 貞元十三年深州奏

博野縣女子姓李氏號妙法年六十六廬墓經三十七年初李少年遇安祿山逆亂被虜劫他鄉聞父亡欲奔喪又以有一子不忍分離遂割一乳留別孩子而奔喪既而號慟擗踊遂燒一指以啟告先靈又以不見靈柩志欲廬墓兄弟不許遂以刀刺心見其志竟開埏道見棺櫬塵土以舌舐之又以髮拭棺上塵埃自是廬舍墓側往往有異鳥翔集其墳上先無樹木李氏手自栽植雜樹一千根並高數尺初廬墓數年又遇母疾漸至危殛李氏每見母飲即飲母食或嘔涎唾並皆嘗之無幾亡李氏自刺血母臂上以爲誌其至性如此 南部新書

改公主冊禮奏 貞元十五年七月三日有司

冊公主儀注伏準開元之儀侍中合宣制 今儀注謂以中書令 宣制則其日侍中書令合受冊又合以冊授與冊使中闕行事之儀中書侍郎授冊使 今儀注謂以中書侍郎授冊之儀則其日闕中書令授冊之儀 內冊案自東上閤出詣橫街北合宣付中書門下其侍中中書令其日并行事 今儀注謂獨宣付中書令則侍中無憑宣付 今欲改 唐會要卷六

病死羊犢送還太僕奏 貞元十八年五月太僕

每年四季送太常入㯋羊犢送後或稱暴死准式埋訖眞僞難明伏以毛色羊犢甚難擇採如有病死者望還太僕卿准數送替庶易辯明永爲常式 唐會要二十二

三品官假滿日正衙參見奏 貞元二十一年五月御史臺

伏准承前舊例諸司三品以上長官請假滿日正衙參見其餘品秩卑自有本司官長不留于正衙參假去年六月侍御史竇羣奏令尚書省四品中書門下御史臺五品同三品例正衙參假訖既失舊章又煩聖聽今請准例三品以上假滿日正衙見如有違越請准乾元元年三月敕每犯奪一月俸 唐會要八十二

升祔禮訖公私聲樂復常奏 永貞元年十月太常

內外公私聲樂祭祠等漢魏已來既葬祔廟之後皆復其常本朝行之以爲故事今德宗皇帝十一月四日行升祔之禮訖事請皆如舊 唐會要三十四

改正昭成竇后忌日行香奏 永貞元年十二月中書門下

昭成皇后竇氏按國史長壽二年正月二日崩其時緣則天臨御用十一月建子爲歲首至中宗復舊用

夏正卽正月行香廢務日須改正以十一月二日爲忌唐會要二十三

曾太皇太后沈氏服制奏永貞九年九月禮儀使

孫爲祖母合服齊衰五月漢魏以來時君皆行易月之制皇帝爲曾太皇太后沈氏合五日而除內外百寮並令從服以五日爲制其在興慶宮嘗侍奉太上皇者十三日而除唐會要三十八

廢文敬恭懿太子廟奏元和元年太常寺

七太子廟文敬恭懿太子兩京皆是旁親伏詳禮經無文享祀官員所設深恐非宜其兩京官吏並請勒停其屋宇請令宗正寺勾當者唐會要十九

卷五十三　卅

順宗配享昊天上帝奏元和元年八月太常禮院

季秋大享明堂祀昊天上帝謹按孝經云宗祀文王於明堂以配上帝今太廟附享禮畢大享之日准禮合奉皇考順宗至德大聖大安孝皇帝配神作主唐會要十二

唐文拾遺卷之五十四

榮祿大夫三品頂戴前分巡廣東高廉道加四級臣陸心源輯

闕名二

致仕官身故非三品以上不輟朝奏元和元年九月中書門下

近奏定合輟朝官品勑已奏行其致仕官多是優禮合同貞觀勑例未該須有處分自今以後其致仕官如非曾任三品以上正官及歷四品清望並不在此例唐會要二十五

請置具員簿奏元和二年正月中書門下

卷五十四　一

正月赦文令於中書置具員簿以序內外庶官爰自近年因循遂廢清源正本莫急於斯令京常參官及外官五品已上前資見任起元和二年量定考數置具員簿應諸州刺史次赤府少尹次赤令諸陵令五府司馬及上州已上上佐東宮官除左右庶子王府官四考已上並請五考其臺官先定月數今請侍御史滿十三月殿中侍御史滿十八月監察御史依前二十五月與轉三省官並三考餘官並四考外其文武官四品已上並五考商量與改尙書省四品已上文武官三品已上緣品秩已崇不可限以此例須有

追改並臨時奏聽進止其權知官後至兩考然與正授不得用權知官資改轉其內外諸色官中緣官闕要人及緣事須有改移者卽不在常格敘遷之限諸道及諸使副使行軍司馬判官參議掌書記支使推官巡官等有勅充職掌舉檢校五品已上官及臺省官三考與改轉官四考與改如未經考者並諸授同類官經兩考者依資與轉如前御史是使下官未經考者請以本官改轉經三考依資轉與仍許通前任計爲考數其軍州戎鎭別立功効事跡彰著爲衆所知者須別甄錄卽具上事跡奏聽進止其罷使郎官

御史任依舊冬薦其諸道應須薦送人等自今已後諸郎官御史者便及時限同爲冬薦所同准例檢勘申送中書門下六品已上非郎官御史者狀到後望付吏部准貞元元年二月七日勅處分（冊府六百三十一）

請停諸陵遣使奏（元和二年九月中書門下）

先王制禮皆有著定之文後聖沿情或狥一時之敬過猶不及遂至于煩詢于有司參酌禮意若無釐革稍黷舊章其太廟諸陵薦新諸陵節日遣使臣等商量請每除太廟時饗及朔望上食諸陵朔望奠親陵朝晡奠外餘享祀及忌日告陵等並停其果實甘橘蒲桃菱梨遠方所進並請遣使於諸陵薦獻果實之中甘瓜時異亦請至時上薦其餘瓜果四時新物並委陵令與縣司計會及時薦獻其專使亦停（唐會要十八）

依舊置校理官奏（元和二年七月集賢院）

伏准六典集賢院置學士及校理修撰官累聖崇儒不失此制至貞元八年判院事官陳京始奏停校理分校書郎四員正字兩員爲集賢院校理正字今諸校書郎正字並却歸秘書省當司請依舊置校理官庶循名實且復開元故事又直官請減五人寫御書請減十人（唐會要六十四）

中瑞下瑞申報有司奏（元和二年八月中書門下）

諸道草木祥瑞及珍禽異獸等准永貞元年八月勅自今以後宜並停進者伏以貢獻祥瑞皆緣臘饗告廟及元會奏聞若例停奏進卽恐闕于盛禮准儀制令其大瑞卽隨表奏聞中瑞下瑞申報有司元日聞奏自今以後望准令式（唐會要二十九）

兩京監生每館定額奏（元和二年十二月國子監）

兩京諸館學生總六百五十員請每館定額如後兩監學生總五百五十員國子館八十員太學館七十員四門館三百員廣文館六十員律館二十員書館

十員算館十員伏見天寶以前各館學生其數至多並有員額至永泰後西監置五百五十員東監近置一百員未定每館員額今謹具定額如後伏請下禮部准額補置唐會要六十六

非時選集註擬奏元和三年正月吏部

准去年六月勅元和元年下文狀人但有續闕即便註擬元和二年下文狀人均待有兩季下續闕至冬末合收用者注擬伏以非時選集見在無多待闕多年艱辛轉甚其元年二月十三日已前下文狀應未得官人並請依當年平選留人例一時註擬其十月以後及今年下文狀人如元勑即與處分亦請准前註擬其餘並請待註平選人畢有闕相當便註擬如無闕相當即請許待續闕唐會要七十五

三千里外縣限十二月赴上奏元和三年三月吏部

應授三千里外縣替年終缺人等准元和二年五月十九日敕量抽三千里外縣令至元和三年終計日成四考闕其新授三千里外縣令等合用待舊人成四考後至十二月二十五日赴請准元和三年三月二十四日敕其新授三千里外官人請從甲下後不計程限但至十二月內赴上如出十二月內即違程例處如授替人續有故事便請放授官人上上不必待至十二月仍請自今已後每年若有替年終缺人亦請准此唐會要六十九

舉行鄉貢舉人奏元和三年五月兵部

伏准貞元十四年九月勅鄉貢舉人權停者伏以取士之方文武並用舉選之制國朝舊章參調者既積資勞入仕者必先貢舉自經停廢今已十年別趨倖門漸絶根本典彝具在可舉而行其鄉貢舉恐須准式却置唐會要五十九

薦舉縣令分入三銓註擬奏元和四年正月中書門下

伏准元和二年制書舉薦縣令等前後勅文非一有司難於遵守今請中外所舉縣令並隨表狀十月三十日到省省司精加磨勘依平選人例分入三銓註擬平選人中有資序事跡人才與前舉縣令相類即先注擬時集望停唐會要六十九

知郵驛官書考奏元和五年正月考功

諸道節度使觀察等使各選清强判官一人專知郵驛如一周年無違犯與上考如有違越書下考者伏以遵守條章纔爲奉職便與殊考恐涉太優今請不違勅文者書中上考其違越者依前書下考仍請永

爲常式唐會要六十一

請謚行狀須佐史撰錄奏元和五年二月考功

當司三品以上准格合請謚官準貞元七年格文奉寶應二年正月十八日勅節文佐史錄行狀陳請考功詳覆訖下太常定謚者近日以來撰錄行狀多非佐史既乖事實又違格文伏請從今後請謚行狀準勅文須是佐史唐會要八十

減省官員請存舊例奏元和六年八月中書門下

得兵部侍郎許孟容等狀當司准六月二日減省官員及釐革三衞等應管京官及外官共三千三百二

卷五十四　六

十九員京官七百六員武官員數不多俸錢比文官較少又在中書門下兩省御史臺左右神策及諸軍諸使依敕驅使員闕至少難議停省並請仍舊外官二十六萬二十三員所管諸府自折衝以下總無料錢例多闕乏空有府鎮其鎮戍官等或有任者不過數員縱使停減並無損益伏請存舊例六番三衞都四千九百六十三人縱使分番當上配役處多移牒勘會須得詳請續商量聞奏唐會要五十九

縣令犯贓殿罰舉薦官奏元和六年十月中書門下

准建中元年敕每年授官人令舉自代狀者又臣聞周之羣寮委於冢宰漢之多士辟於有司故凡稱大僚皆得盡善陛下念黎元之困設令長之科羣僚舉知天下蒙福薦賢相繼敦勸大行苟或容私則利害攸伏伏請所舉縣令到任刑罰冤濫及有贓犯者其舉薦官削階及停見任書下考並准元和三年敕處分委御史臺諸道觀察使嚴加察訪不得容貸其諸道所舉官屬及有狀論薦人如有贓犯過惡亦請具名聞奏量加殿罰所冀人知戒懼不敢妄行爲官擇人得賢報國唐會要六十九

孫用祖蔭准例收補奏元和六年十一月禮部

卷五十四　七

准今年九月吏部所奏勅應補太廟齋郎用蔭官並五品已上子六品常參官子補者今詳節文所用五品六品蔭者唯許子並不該孫又節文其應補太廟齋郎郊社齋郎孫用祖蔭子用父蔭郎孫之與子並許收補恐前後文字有所差錯今格限已及須守勅文其孫用祖五品已上蔭者恐須准舊例收補唐會要五十九

顏頎奔喪奏元和六年閏十二月廬州

量移官司戶參軍員外置同正員顏頎母在揚州十二月二十七日身亡今請奔喪者准貞元十八年五

月十九日勅自今已後流人左降官稱遭憂奔喪者宜令所司先奏聽進止。唐會要四十一

請定官俸規制奏元和七年中書門下

國家舊章依品制俸官一品月俸三十千其餘職田祿米大約不過千石自一品以下多少可知艱難以來綱禁漸弛於是增置使額厚請俸錢故大歷中權臣月俸有至九千貫者列郡刺史無大小給皆千貫常袞爲相始立限約至李泌又量其閑劇隨事增加時謂通濟理難減削然有名存職廢額去俸存閑劇之間厚薄頓異將爲定式須立常規唐會要九十一

登科人據等第高下注官奏元和八年四月吏部

應開元禮及學究一經登科人等舊例據等第高下量人才授官近日緣校書正字等名望稍優但露科第皆求注擬堅待員闕或至踰年若無科條恐長僥倖起今已後等第稍高文學兼優者伏請量注校正其餘署開元禮人太常寺官有闕相當注通經人國子監官闕相當者並請先授以備講討如不情願即通注他官庶名實有恪紀律可守其今年以前待闕人亦請依此條限使爲常制唐會要七十六

勘會諸司食利錢奏元和九年十一月戶部

準八月十五日勅諸司食利本錢出放已久散失頗多各委本司勘會其合徵錢數便充食錢若數少不充以除陌五文錢量其所欠添本出放者令准勅各牒諸司勘會得報據秘書省等三十二司牒應管食利本錢物五萬三千九百五十二貫九百五十五文各隨司破逃亡散失見在徵數額與元置不同今但據元置數額而已秘書省三千三百八十四貫五百文太常寺六千七百二十二貫六百六文光祿寺一千二百九十九貫六十四文宗正寺一百十七貫九十五文衛尉寺一千二百五十一貫九百文太僕寺一千九貫五百文大理寺五千九百二十四貫七百四十文鴻臚寺二千六百六十貫文司農寺二千七百三十五貫七百七十文太府寺一千五百八貫九百文殿

中省九百九十貫五百五十文詹事府一千一百九十一貫三百七十七文國子監二千六百四十四貫二百五十文少府監一千三百三十四貫七百三十一文將作監一千六百十七貫文左春坊一千三百八貫七百七文右春坊一千貫文司天臺三百八十貫文家令司一千八百一十貫七百文太僕寺四百三十六貫六百五十文總監二千六百七十二貫文左藏庫六百二十貫文尚食局三百三十八貫文尚舍局三百七十四貫三百文尚輦局一百貫文太倉二千四百十五貫六百八十一文內中局六百三十六貫二百文萬年縣三千四百貫六百文長安縣二千七百四十五貫四百三十三文左衛五百四十貫文左司禦帥府二百一十貫文右司禦帥府一百貫文唐會要九十三

謁先師常參官觀禮奏元和九年十一月禮部貢院

貢舉人見訖謁先師准格學官爲開講質定疑義常參及致仕官觀禮舊例至時舉奏 唐會要三十五

左降官考滿量移奏 元和十二年九月刑部

准今年七月二十一日敕諸道左降官等經五考滿日許量移者其貶降日授正員官或無責辭亦是責授並請至五考滿然後本任處申闕并餘左降官緣任處州府多是遐遠至考滿日其有申牒稽遲致留滯者其刺史本判官錄事參軍等請與下考如考滿後雖已申牒未經量移間其祿料並准天寶貞元兩度敕文依舊支給其本犯十惡等罪已有正名仍請依舊 唐會要四十一

御史職事行立以敕文爲先後奏 元和十三年御史臺

請應除御史職事但據上日爲先後未上日不得計月數者准其年九月七日敕不逾一箇月不在此限行立班次即宜以敕內先後爲定臣伏以御史除官之時據來處各有遠近若據一月便爲懲創恐乖舊制殊未合宜伏緣臺司職事各有定分先後次第不可逾越若行立班次既依敕令公事先後須繫到日則院長本職秩然在下制置錯亂無所遵承行之累年轉見其弊伏請自今以後三院御史職事行立一切依敕文先後爲定除拜上日便爲月數須觀積効豈繫旬時如有除官以後赴職稽慢量道路遠近則臺司別具名聞奏須議懲責豈止顛倒職事而已 唐會要六十

敘錄將士准敕處分奏 元和十三年六月中書省

應敘錄將士兼試官加泛階入三品五品伏准貞元六年六月二十七日吏部所奏具有科條近日因循多不遵守遂名器具濫昇進無章須重申明冀絕僥倖自今已後應敘錄入五品三品階者並請准前敕處分其正三品以上階准格式須有特恩不在用考累敘之限 唐會要八十一

大儺儀服奏 元和十三年十二月左右金吾引駕仗

以舊例驅儺侲子等金吾將軍以下並具襴笏引入閤門謹案大儺者所以驅除羣厲合資威武其先儀襴笏之制常參朝服舊制未稱今後請各衣錦繡具巾袜帶儀乃部引出入則與事合宜 唐會要七十一

請諡立限奏 元和十四年都省

請諡家子弟及門生故吏請立限未葬以前陳狀其家在遐遠及別有事故者任至一年內陳狀到考功一月內檢勘下太常禮院受牒後一月內定牒報考

功毓德邱園節行特異無官及位卑者任所在長吏奏請仍許不拘年限未立節限以前合請謚未請者家在城者任六箇月內於所司申請家在外者亦許至一年內申請立節限後如過限久全不請謚其中有善惡尤著可存勸誡請委考功訪察行實便請牒下太常禮院定謚庶使善必見稱惡無幸免伏准太常博士李虞仲奏凡官秩合得請謚者必先整期請於考功牒送太常寺禮院然後一月內定謚者伏奉三月二十五日敕宜令尚書都省與考功及太常禮院更審條流明立節限聞奏者今與考功郎中蕭祐太常博士李虞仲等商議具條流節限如前唐會要八十

卷五十四　十二

責授官任自參選奏元和十四年十一月吏部

今請應責授官前制已改轉者各勒依今任考數停替日便放東西合選時任自參選不要反更有檢轄庶使人無凝滯事有指歸唐會要四十一

考狀不得有虛美閑言奏元和十四年十二月考功

自今以後應注考狀但直言某色行能某色異政某色樹置某色勞効推斷某色獄糾舉某色事便書善惡不得更有虛美閑言其中與下考亦各言事狀然與注考並不得失於褒貶如違據所失輕重准令降

書考官考唐會要八十一

奏報官吏善惡奏同上

據寶應二年敕御史臺分察使及諸道觀察使訪察官吏善惡功過稍大事當奏聞者每年九月三十日具狀報考功至校日參驗事跡以為殿最伏以近日功過都不見牒報今後諸司不申報者州府本判官便與下考在京諸司道節級糾處本判官敕課日量事大小黜陟唐會要八十一

諸道正員官依資改轉奏元和十五年二月中書門下

見任正員官充職掌等比限兩考及授官經二周年

卷五十四　十三

以上方許奏請然與依資改轉有才在下位者不免留滯請自今已後諸道使應奏請正員官充職掌經一年者即依資與改轉如未周者即量與同類試官如此處分庶將得中冊府六百三十一

豐陵合停日祭奏元和十五年四月禮儀使

按禮文令式皇祖以上至太祖陵寢朔望上食其元日寒食冬至臘社日各設一祭皇考陵朔望及節祭外每日進食今豐陵合停日祭景陵日祭如式唐會要二十

饗景陵以香藥代魚肉奏元和十五年五月殿中省

尙食局供景陵千味食數內魚肉委食味皆肥鮮掩埋之後薰蒸頗極今請移魚肉食於下宮以時進饗仍令尙藥局據數以香藥代之唐會要二十一

憲宗配享昊天奏元和十五年五月太常禮院

季秋大享明堂祀昊天上帝謹按禮文皇考配神作主今年季秋准禮合奉憲宗聖文章武皇帝配神作主唐會要十二

州郡收銅鑄錢奏元和十五年八月中書門下

伏準羣官所議鑄錢或請收市民間銅物令州郡鑄錢當元和以前鹽鐵使未置亦令州郡勾當鑄造今

若兩稅納疋段或慮兼要通用見錢欲令諸道公私銅器各納所在節度團練防禦經略使便據元敕給與價直並折兩稅仍令本處軍民鎔鑄其鑄本請以留州留使年支未用物充所鑄錢便充軍府州縣公用當處軍人自有糧賜亦校省本所資衆力並收衆銅天下併功速濟時用待一年後鑄器物盡則停其州府有出銅鉛可以開爐鑄處具申有司便令同諸監治例每年與本充鑄其收市銅器期限並禁鑄造買賣銅物等待議定便令有司條流聞奏其上都鑄錢及收銅器請各處分將欲施行尙資周慮請令中書門下兩省尙書省御史臺並諸司長官商量重議聞奏唐會要八十九

祧遷睿宗神主奏元和十五年禮部

准貞觀故事遷廟之主藏于夾室西壁今夾壁南北三間第一間世祖室第二間高祖室第三間太宗室伏以山陵日近睿宗皇帝祧遷有期夾室西壁三室外無置室處准江都集禮古者遷廟之主藏于太室北壁之中今請于夾室北壁以西爲上置睿宗皇帝神主石室唐會要十五

公卿拜陵取淸望官充奏長慶元年六月吏部

公卿拜陵通取尙書省及四品以上淸望官中書省及諸司五品以上淸望官及京兆少尹充唐會要二十

奏彈違例常參官奏長慶二年七月御史臺

文武常參官閤內奏事近年無例昨者威衞將軍高扶援引德音迴出班位緣非彈奏本條未敢舉劾起今以後其文武常參官應有諫論合守進狀常例有違卽請奏彈唐會要二十五

拜陵稱疾罰俸奏長慶三年御史臺

應差定拜陵公卿伏請除准式假外如吏部差定奏下後稱疾患事故者望同臨祭出齋例論罰俸應拜

陵公卿正衙辭後並合當日出城近來因循轉不遵守動經累日止宿于家受命不恭莫甚于此臣請申明舊制因事酌宜計其道程前後辭發 唐會要二十

學士名目定制奏 長慶三年七月宏文館

按六典當館先有學士直學士詳正學士校理直館讎校錯誤講經博士等雖職事則同名目稍異須有定制使可遵行今請准集賢史館兩司元和中停減雜名目例其登朝五品以上充學士六品已下充直學士未登朝官一切充直宏文館其餘并請停減冀得典故不煩職業咸在 唐會要六十四

白行簡留充新置郎官奏 長慶三年十二月度支

主客員外郎判度支案白行簡前以當司判案郎官刑部郎中韋詞近差使京西勾當和糴遂請白行簡判案今韋詞却回其白行簡合歸本司伏以判案郎官比有六人近或止四員伏請更置郎官一員判案留白行簡充 唐會要五十九

條件流貶量移輕重奏 長慶四年四月刑部

准其年三月三日起請准制以流貶量移輕重相懸貶則降秩而已流爲擯死之刑部寺論理條件聞奏今謹詳赦文流爲減死貶乃降資量移者却限年數流放者便議歸還准今年三月赦文放還人其中有犯贓死及諸色免死配流者如去上都五千里外量移校近處如去上都五千里已下者則約一千里內與量移近處如經一度兩度移六年未滿者更與量移亦以一千里爲限如經三度兩度量移如本罪不是減死者請准制放還如左降官未復資遇恩滿五考者請准元和十二年九月勅與量移又准今年正月德音諸色流人與減一年除贓限外滿五年即放還收敘其配流在德音已後者不在減限又天德五城流人准長慶元年正月三日制以十年爲限又

准三月十二日勅縱遭恩赦不在放歸限今請待十年滿即放歸仍任取配流日計年數不在援引德音減年之限 唐會要四十一

到官淹延罰俸奏 寶歷元年九月御史臺

常參官及六品以下分司官比來淹延動經累月今後常參官分司請勅下後二十日發其六品以下分司官請待臺牒到發限外若妄稱事故不發常參官聽進止六品已下官臺司舉罰兩月俸料 唐會要六十

條流兩館齋郎年限奏 寶歷元年九月禮部

准今年四月制當司合釐革條流兩館生齋郎資蔭

年限等據舊勅應補兩館生所用蔭第皆門地清華勳賢胄裔近者時有源流或異支屬全疏罔冒門資變易昭穆今請如有此色自本司磨勘得實坐其家長所用廕告身用司印印郎官押署更不在行用之限保官具事由申上中書門下請諸司官典檢報不實並請准法科處分其太廟郊社齋郎亦並准此處分若用廕曾經流貶未復本資或便身亡不曾申雪郎用舊廕切恐非宜請便駁放其太廟齋郎亦准此處分伏緣兩館生員闕不多請補者衆今請一家不得用兩蔭許隔二年收補每用廕補人請明置簿歷

卷五十四　十六

具注所補人年名日月用本司印郎官押署至補人數足後給其告身不在用限太廟齋郎准開元六年九月勅取五品已上子孫六品清資常參官子補充郊社齋郎用祖廕官階並須五品以上用父廕須六品以上常參官及兩府司錄判司詹事府丞大理司直并有五品階者所補齋郎皆用五保其保請以六品已上清資官充其一家不得周年保兩人仍不得頻年用蔭並請准兩館生例處分唐會要五十九

請停贈太子廟祼獻奏寶歷二年二月太常寺

追贈文敬太子廟在常安坊惠昭太子廟在懷眞坊各置官吏四時置享禮經無文況九廟遞遷族屬彌遠推恩降殺祼獻宜停又贈奉天皇帝廟貞順皇后廟及永崇坊隱太子以下七室同爲一廟并贈靖恭太子亦祔在此廟凡此制置皆是追崇或徇一時且非禮意日月既久祀享尋停其神主望準故事瘞于廟地庶情禮終始不失經訓請下太常禮院與百官議唐會要十九

停四陵朝拜奏同上

追尊孝敬皇帝以下四陵宜停朝拜事孝敬皇帝恭陵讓皇帝惠陵奉天皇帝齊陵承天皇帝順陵前件四陵昔年追尊大號皆是恩

卷五十四　十九

制緣情而行當時已不合經典今乃二時朝拜上擬祖宗竊以情禮之差過猶不及謹按禮記及歷代禮文并國朝故事皇帝旁親無服又云五代而親屬盡伏以四陵親非祖宗事無功德緣情權制禮合變更有司因循尙爲常典況今宗廟之上遷世已遠尊卑降殺朝謁須停唐會要二十

請當已錢充樂人衣糧奏寶歷二年九月京兆府

伏見諸道方鎭下至州縣軍鎭皆置音樂以爲歡娛豈惟誇盛軍戎實因接待賓旅伏以府司每年重陽上已兩度宴遊及大臣出領藩鎭皆須求雇教坊音

聲以申宴餞今請自於當己錢中每年方圖三二十千以充前件樂人衣糧伏請不令教坊收管所冀公私永便唐會要三十四

請賜獨孤謂章服奏寶歷二年京兆府

法曹參軍獨孤謂前件官元推問劫人賊車仲莒逐尋蹤跡得去年十月於宣平坊北外門殺人并剝人面皮賊熊元果等三人兩人緣盜馬捉獲尋准法決殺訖伏以兇惡不去輦轂難爲肅清勤勞不酬官吏無以激勸其獨孤謂伏請特賜章服南部新書

唐文拾遺卷之五十五

榮祿大夫三品頂戴前分巡廣東高廉道加四級臣陸心源輯

闕名三

覆定輟朝例奏太和元年中書門下

古有當祭告喪義在申情同體過時而哭於理爲乖禮院所請合輟朝者各以聞喪之時明日請依餘約太常寺所奏別具品列輕重進定謹按儀制令百官正一品喪皇帝不視事一日又准官品令太師太傅太保太尉司徒司空以上正一品太子太師太子太傅太子太保以上從一品侍中中書令以上正二品左右僕射太子少師太子少傅太子少保三京牧大都護上將軍統將以上從二品門下中書侍郎六尚書左右散騎常侍太常宗正卿左右衞及金吾大將軍左右神策神武龍武羽林大將軍內侍監以上正三品御史大夫殿中秘書監七寺卿國子祭酒少府監將作監京兆河南尹以上從三品緣令式舊文三品以上薨歿通有輟朝之制伏以君臣之間禮情所及事必繫于委遇官則以時重輕一用舊儀或乖中道臣等參酌色目如前其留守節度觀察都護防禦經畧等使並請各據所兼官爲例唐會要二十五

按全文九百六十五所收覆輟朝例奏與此不同疑别爲一首

條陳臺參并科決令史奏（大和元年九月御史臺）

京兆尹及少尹兩縣令合臺參官等舊例新除大夫中丞府縣官自京兆尹以下並就臺參見其新除三院御史並不到臺參亦不於廊下參見此爲闕禮尤甚伏請自今以後應三院有新御史等並請勑京兆尹及少尹兩縣令就廊下參見冀使稟奉之禮不虧臨制之義可守臺司令史及驅使官并諸色所由有

罪犯須科決等或有罪犯稍重者皆是愚人常態不可一一奏聞便欲隨事科舉又緣臺杖稍細以細杖而正大罪必恐兇狡不懲自今以後如有情故難容不足上陳聖聽者許臣等據所犯判決杖下數勒送京兆府用常行杖科決訖報冀得戒懼之意稍戢奸欺之心可革（唐會要六十）

囚徒稱寃便配四推奏（大和元年御史臺）

伏以京城囚徒準勑科決者臣當司準舊例差御史一人監決如囚稱寃即收禁問奏便令監決御史覆勘者伏慮監決之時各懷疑懼務求省便難究寃辭恐至無告屈之人失陛下好生之治且臺司本定四推以讞疑獄六察職事已重不合分外領推伏請自今以後有囚稱寃者監察御史聞奏勑下後便配四推所冀獄無寃滯事得倫理（同上）

三品以上官薨卒非任將相不輟朝奏（大和元年七月太常寺）

伏以近日文武三品以上官薨卒皆爲輟朝其間有未經親重之官今任是列散者爲之變禮誠恐非宜自今以後文武三品以上非曾任將相及曾在密近宜加恩禮者餘請不在輟朝例其餘並請依元（唐會要二十五）

圖進白虎奏（大和元年十一月河中府）

當管虞鄉縣有白虎入靈峰觀瑞應圖云白虎義獸也一名騶虞王者德至鳥獸澤洞幽冥則見今并圖奏進（唐會要二十九）

官吏出入人罪不得原免奏（大和二年二月刑部）

伏准今年正月三日制刑獄之內官吏用情推斷不平因成寃濫者無問有贓無贓並不在原免之限又准律文出入人罪合當坐者不言有贓無贓今請准律科本罪不得原免（唐會要四十）

處分諸道幕府奏 大和二年六月中書門下

諸道觀察等使奏請供奉官及見任郎官御史充幕府貞元長慶已有勑文近見因循多不遵守然酌時議制事在變通如或統帥專征特恩開幕戎府初建軍幄籍才事關殊私別聽進止此外一切請准前後勑文處分 唐會要七十九

推勘僞出告身奏 大和二年十二月御史臺

准勑推勘踰濫官都六十五人應取受錢物僞出告身籤符賣鑿空僞官令赴任南曹令史李賓等六人及賣鑿空僞官人許稜等共取受錢都一萬六千七百四十貫文又據李賓等欵稱去年三月已後商量歛錢二千貫文與吏部員外郎楊虞卿聽典温亮囑求楊虞卿不舉勘濫官事得楊虞卿狀虞卿忝跡郎署爲明天子舉僞捕姦幸無差謬今李賓之輩結黨稱虛而云商量歛率甚明用此致尤誰則無罪據李賓欵本與温亮錢物囑求虞卿不舉踰濫官者若虞卿遂不舉勘則小吏卜射計行今虞卿檢舉僞官牒臺司推勘於公事足以自明緣温亮在宅居住其於李賓處取受虞卿無由得知檢下不明伏候嚴責 册府六百三十八

實陳刺史善狀奏 大和三年五月中書門下

增秩賜金代有故事前史所載得者甚希近日方鎮所奏人數漸多自今已後刺史在任政績尤異檢勘不虛者觀察使具事狀及所差檢勘判官名銜同奏若他時察勘不實本判官量加削奪觀察使奏聽進止所陳善狀並須指實而言如增加戶口須云本若干戶在任增加若干戶如稱墾闢田疇則云本墾田若干頃在任已來加若干頃並須申所司附入簿籍如荒地及復業戶自有年限未合科配者亦聽申奏言合至某年並收租賦如稱營田課則所陳須云本合得若干萬石在任已來加若干萬石其所加配斛斗便請准數落下支所供本道本軍斛斗數如不是供本軍本道斛斗則申所司收管支遣以憑考覆不得虛爲文飾謬有薦論 唐會要六十八

內外官不論考年奏 大和三年五月中書門下

伏以建官蒞事曰賢與能古之王者用此致治不聞其積日以取貴踐年而遷秩者也況常人自有常選停年限考式是舊規然猶慮拘條格或失茂異遂於其中設博學宏詞書判拔萃三禮三傳三史等科目以待之今不限選數聽集是不拘年數考數非擇賢

能之術也故經國治民惟繫人才黜幽陟明在課職業據元和二年五月十八日具敕敕內常參官並限年考各與遷轉則官修者屈滯職曠者僥倖恐非朝廷循名責實之意積課語勞之道頻奉進止數遣商量須令百吏勤官得人舉直措枉行於授受之際伏望從今以後內外常參官並不論年考議事而遷位位均以才才均以望位望均然後以日月班之而第用之則冀有司竭力盡知務治其職而以起功唯御史臺刑憲是司責任頗重其三院御史望約舊敕例比量處分唐會要五十四

諸道所奏憲官特置考限奏大和三年十二月中書門下

伏准五月八日勅節文諸道諸使奏判官所奏雖官資相當並請限留任正官經六考以上者比擬監察侍御史九考以上者與比擬殿中侍御史以上節級各加三考如留諸色登科超資授官者不得在此限所奏憲官特置考限以防僥倖深合至公然節文之中或有未盡臣等再四商量如京六品以上清資官并兩府判官及進士出身平判入等諸色登科授官人不在此限其在使府及監察已上者亦任準元和七年八月二十二日勅節文依月限處分餘望准前勅施行唐會要七十九

三院御史置祗候院奏大和四年三月御史臺

三院御史盡入到朝堂前無止泊處請置祗候院屋知雜御史元借門下直省屋後簷權坐知巡御史元借御書直省屋後簷權坐每日早入至已時出出入前後並本所由自門下直省院西京兆尹院東有官地東西九十尺南北六十尺請準長慶元年八月於中書南給官地度支給錢置僕射祗候院例給此地充三院御史祗候院請度支給錢一千貫文臺司自勾當從便起造伏以御史風憲之職行止有常朝堂祗事每日須入從前假借不遑啟居或與吏伍相參或當食無所今伏請前件地名及起舍價伏乞聖慈允臣所請唐會要六十二

韓巨川等進狀奏大和四年四月都省

湖州百姓韓巨川及庾威男道彰進狀稱庾威緣定戶左降及錄事參軍縣令等黜責事勅付尚書省四品已上官集議冊府四百七十四

推勘刑獄時限奏大和四年四月御史臺

諸司諸使及諸州府縣并監院等公事申牒臣當臺各令遵守時限并臣當司行勘事多緣準勅推勘刑

獄或是遠方人事有寃抑凡於關繫盡須勘逐事節不精即慮滯留比來行牒有累月不申兼頻牒不報者遂使刑獄淹恤懼涉慢官其間或有囗且禁申動經時月者若無條約弊恐轉深臣等今勘責各得遠近程限及往復日數限外經十日不報者其本判官勾官等各罰三十直如兩度不報者其本判官勾官各罰五十直如三度不報者其本判官勾官各罰一百直如涉情故違勅限者本判官勾官牒考功書下考如經過所由輒有停滯其所由官等節級別舉處分其間如事須轉行文牒諸處追尋亦須具事由先報唐會要六十

諸道薦送軍將奏大和四年四月中書門下

自元年以來頻有討伐諸道薦送軍將其數漸多臣等商量應諸道軍將官至常侍大夫職兼知兵馬使都押衙功績顯著本道官職未高才能可錄所在軍鎮合驅使自今後軍官未至常侍大夫職兼都虞候都知兵馬使都押衙者不在薦送限但仰本道節度使看其功績顯著與改轉職已至高者檢校官兼官宜與奏改如有功績殊異允合不次超擢者即任別具事跡聞奏亦不在便薦送限又應諸方鎮或因移易停罷其依隨從元從軍將只合本道量才驅使不情願住者一任東西不合更來朝廷別求僥倖唐會要七十九

停廢三衛資蔭奏大和四年五月兵部

伏以三衛出入禁署番署子弟期于恭恪近日頗弊皆非正身諸衛公然納資訪聞亦不雇召士庶假蔭混雜搢紳隊既一開姦濫並入實宜杜絕以序彝倫其資蔭三衛並請停廢冀清流品式茂皇猷唐會要七十

知制誥滿年正授奏大和四年七月中書門下

伏以制誥之選參用高卑遷轉之時合係勞逸頃者

緣無定制其間多有不均准長慶二年七月二十七日勅始令自員外以上及卑官知者同以授職滿一年後各從本秩遷與轉官如至前項正郎即以周歲為限皆計在職日月以為等差不論本官年考頗叶通理凡是因職轉敘皆與此文相當其本官已是前行郎中年月已深方被獎用即授官數月未合正除比類舊制却成僥倖將垂永久須有商量自今以後從前行郎中知者并不許計本官日月但約知制誥滿一周年即與正授其從諫議大夫知者亦宜準此即遲速有殊比類可遵并請依長慶二年七月二十

七日敕處分唐會要五十五

刺史缺人分析聞奏奏大和四年八月御史臺

謹按大歷十二年五月一日敕刺史有故及缺使司不得差攝但令上佐依次知州事其上佐等多非其才亦望委外道使臣精加銓擇不勝任者具以狀聞昨者宣州觀察使于敖所差周墀知池州若據敕旨便合奏請今勘其由長史司馬並在上都守職有錄事參軍顧復元在任若不重有條約所在紛雜守文伏請自今已後刺史未至上佐闕人及別有勾當處許差錄事參軍知州事如錄事參軍又闕則任別差判官仍具闕人事由分析聞奏并申中書門下御史臺所冀詔旨必行繩違有據唐會要六十八

羡餘充公條件奏大和四年九月比部

准大和三年十一月十日赦文天下州府迴殘羡餘准前後赦文許充諸色公用刺史每被舉按即以公坐論贓其應合用羡餘錢物並令明立條件散下州府者謹具起請條件如後應有城郭及公廨屋宇器械舟車什物等合建立脩理須創置添換者或有公私使客兼遇徵拜朝官送故迎新舊例合有供應宴錢贈貺者或官屬將校所由等有巡檢非違追捕盜

賊須行賞勸合給程糧者或百姓貧窮納稅不逮須有矜放要添填元額者或遇年豐穀熟要收糴貯備以防災歉者並任用當州所有諸色正額數內迴殘羡餘錢物等如不依此色即同贓犯其所費用者並須立文案以憑勘驗唐會要六十八

按全文九百六十六所收請定殘欠羨餘物條件奏與此不同

公私行李勒依紀律奏大和四年十月御史臺

伏準六典故事外官授命皆便道之官蓋緣任闕其人則朝廷切於綜理近日皆顯陳私便不顧京國越理勞人逆行縣道或非傳置創設供承況每道節驛有數使料有條則例常踰支計失素使偏州下吏何以資陪又準假寧令官五考一給拜掃假今借稱幸從便路願謁枌榆則是展墓足以因行赴官皆由枉道臣今月五日已於延英面奉伏幸聖旨令將伏承狀乞起今公私行李勒依紀律敢有違越請委所司論列唐會要六十一

止絕諸官改名奏大和五年三月御史臺

伏見在京諸司兼諸道方鎮每奏請賓僚及州縣官等改名多言與近族從伯叔名同勅旨皆允在於典

法宜爲重難若於宗族之中服屬又近創名之日合慮有妨而曾不是思但將自便紊朝廷之典章滋選部之姦濫苟無懲革實爲倖門或以孤更名禮經不可繫於名教合守格言伏請嚴示勅文俾其止絶諸司自今已後不得輒奏聞如有事故必須爲改即請具所奏同名人下付有司以出身以來官銜切加磨勘事實顯者方可聽冊府五百十六

截耳進狀先決四十奏大和五年三月御史臺

應截耳進狀人准開元十三年八月二十四日勅比來有小小訴競即自刑害自今已後犯者先決四十

卷五十五　十二

然後勘當又准建中元年三月十一日勅節文自今已後除事有不合所司論者即任奏聞其餘不得妄有進狀如有違犯及自刑害者即令所司送官准法處分仍委臺府具前後格勅分析告示者伏以近日截耳論訴其徒實繁且將自刑以冀上達未必皆負其屈州府不與申論臣謹詳前後勅制如前伏請自今已後有如此色者並准元勅付司先決四十後推勘宜令待推勘無理即本犯之外准元勅處分冊府五百十六

刺史限發赴任奏大和五年五月御史臺

應諸州刺史謝官後限發赴任日准赦例刺史謝官後不計近遠皆限十日內發伏以刺史治民之官分陛下憂受命之後固宜速行或以道途稍遙私室貧乏限內不能辦集事宜須假故淹留虛懸促期多不遵守今請量其遠近次第限日應去京一千里內者限十日二千里內者限十五日三千里內限二十日三千里以外者限二十五日如限內遇延英不開亦請准常例進狀候進止便發更有妄託事故逗留伏請當時奏聞量加懲責其貶授刺史即請准舊例發遣不依此限所冀事得中道久而不隳唐會要六十八

卷五十五　十三

閉塞向街門戶奏大和五年七月左右巡使

伏准令式及至德長慶年中前後勅文非三品已上及坊內三絶不合輒向街開門各逐便宜無所拘限因循既久約勒甚難或鼓未動即先開或夜已深猶未閉致使街司巡檢人力難周亦令奸盜之徒易爲逃匿伏見諸司所有官宅多是雜賃尤要整齊如非三絶者請勒坊內開門向街門戶悉令閉塞請准前後除准令式各合開外一切禁斷唐會要八十六

整肅禁街奏大和五年七月左街使

伏見諸街鋪近日多被雜人及百姓諸軍諸使官健

起造舍屋侵占禁街切慮停止奸人難爲分別今除先有勑文百姓及諸街鋪守捉官健等舍屋外餘雜人及諸軍諸使官健舍屋並令除拆所冀禁街整肅以絕奸民同上

進士先試帖經奏大和七年八月禮部

進士舉人先試帖經并畧問大義取經義精通者次試議論各一首文理高者便與及第其所試詩賦並停者伏請帖大小經各十帖通五通六爲及格所問大義便與習大經內准格明經例問十條仍對衆口義伏准新制進士畧問大義緣初釐革今且以通三

通四爲格明年以後並依明經例其所試議論請限五百字以上爲式唐會要七十六

私假不給公券奏大和八年八月門下省

常參官私事請假從來準例並給券牒今商量或緣家事乞假各申私志須約公費自今後應有此色假官並任私行門下省不得給公券如或事出特恩不在此限唐會要六十一

常參假多奪俸奏大和八年九月御史臺

文班常參官舊例每月得請兩日事故假今請三日仍不得在盡入衆集并頭朝日一品二品官如合朝

不朝及盡入衆集不到臨朝時請假等並請假舊例每季終仍具請事故假日錄狀聞奏兼申中書門下文武常參官每月終比校其中請事故假多人三品六品各罰兩人四品五品人數稍多各罰三人請各奪一月俸如合罰人數稍多即從下罰亦不過兩三人及三人如實疾患已連請假十日以上爲衆所知不在此限每至次月具狀申中書門下文武常參應朞年喪假者除准式假滿連許請三日事故假仍五個月內每朔望日各許請事故假一日其大功喪假者准式假滿連許請事故假兩日仍三個月朔望日

各許請事故假一日唐會要八十二

水旱開倉賑貸奏大和九年二月中書門下

常平義倉本於水旱以時賑卹州府不詳文理或申省取裁或候奏進止自今已後應遭水旱處先據貧下戶及鰥寡惸獨不濟者便開倉准元勑作等賑貸訖具數申報有司如或水旱尤甚米麥翔貴亦任准元勑減價出糶熟時糴塡委諸道觀察使各下諸州重令諸委册府五百二

擇淸愼進奏官奏大和九年五月中書門下

準大和七年七月十四日勑諸道進奏官令揀擇淸

慎人充非因過犯不得停罷如方鎮自要腹心委寄任於本道差見任官充又準大和元年九月十九日勅不許授別官今日以後並請準元和勅處分如邊上無俸料處只得授近處官亦不得占江淮好闕其新進奏官仍須守職二年後無敗闕方得奏官 唐會要七十九

朝使參臺官奏 大和九年八月御史臺

應文武朝參官新除授及諸道節度觀察經畧防禦等使及入朝赴鎮並合取初朝謝日先就廊下參見臺官然後赴正衙辭謝或有於除官之日及朝覲到城忽遇連假三日以上近例便許于宣政門外見謝訖至假開亦須特到廊下參臺官者請自今以後如遇連假已見謝訖至假開亦須特到廊下參臺官 唐會要二十五

節使參辭停帶器仗奏 大和九年十二月左僕射合諸道

諸節使新授具巾抹帶器仗省中參辭兵部尚書侍郎者伏以軍國異容古今定制苟不由舊務祈改常未聞省閤之門忽入弓刀之器伏請停罷如須參謝任具公服到本州縣後交割兵馬諸實申奏 唐會要七十九

陌刀利器納軍器使奏 開成元年三月皇城留守

城內諸司衛所管羽儀法物數內有陌刀利器等伏以臣所管地俯近宮闕兼有倉庫法駕羽儀分投務緊守捉人少前件司衛皆有刀槍防虞所管將健並無寸刃其諸司衛所有陌刀利器等伏請納在軍器使如本司要立仗行事請給儀乃庶無他患 唐會要七十二

擇差千牛中郎奏 開成元年五月中書門下

入閤升殿接狀中郎準故事合是左右千牛衛中郎比緣用人未精去年一時除縣主壻四人臣昨日令勘尋左仗一人身亡準舊例便是金吾仗司於諸衛中郎差替並不申中書門下臣等商量從今以後左右千牛中郎將闕人及在假故遇入閤日望令金吾司申中書門下於南省郎官中定擇差訖先具名銜申中書門下如臨日揀擇差遣不及則闕而不補冀免乖雜其郎官兼中郎有假故都督便於郎官中權定充替仍先具狀申中書門下 唐會要七十一

犯鹽依貞元舊條奏 開成元年閏五月七日鹽鐵使

應犯鹽人準貞元十九年大和四年已前勅條一石已上者止於决脊杖二十徵納罰錢足大和四年八月二十已後前鹽鐵使二石以上者所犯人處死其居停并將舡容載受故擔鹽等人並準犯鹽條問處

分近日決殺人轉多榷課不加舊今請却依貞元舊
條其犯鹽一石以上至二石者請決脊杖二十補充
當據捉鹽所由待捉得犯鹽人日放如犯三石已上
者即是囊槖奸人背違法禁請決訖待瘡損錮身牒
送西北邊諸州府効力仍每季多具人數及所配去
處申奏挾持軍器與所由捍敵方就擒者即請準舊
條同光火賊例處分（唐會要八十八）

刺史延英對了奏發奏（開成元年閏五月中書門下）

伏准舊例刺史授官後皆於限內待延英開日候對
奏發日詳度朝旨蓋治人之官欲陛下觀其去就察

其言語亦所以杜塞宰相陳情故除刺史並往往進
狀便辭蓋恐對奏之時錯失乖謬自今已後除刺史
並望延英對了日奏發地近限促不遇坐日亦望許
於臺司通狀待延英開日辭了進發（唐會要六十八）

四庫書隨日校勘奏（開成元年七月分察使）

秘書省四庫見在新舊書籍共五萬六千四百七十
六卷並無文案及新寫文書自今已後所填補舊書
及別寫新書並隨日校勘並勒創立文案別置納歷
隨月申臺並外察使每歲末計課申數具狀聞奏（唐會要三十五）

田畝納粟貯義倉奏（開成元年八月戶部）

應諸州府所置常平義倉伏請起今後通公私田畝
別納粟一升逐年添貯義倉斂之至輕事必通濟歲
月稍久自致充盈縱逢水旱之災永絕流亡之慮（冊府五百二）

採訪刺史縣令政事奏（開成元年八月中書門下）

致治親民屬在守宰朝廷近日命官頗加推擇從今
以後望令諸觀察使每歲終具部內刺史縣令司牧
方策政事工拙上奏其有教化具修人知敬讓賊盜
逃去遺路不行刑獄無偏賦稅平允撫綏孤弱不虐

幼賤姦吏黠胥侵牟止絕田疇墾闢逃戶歸復道路
平治郵傳修飾府無留事獄去繫囚亂歷繩違嫉惡
樹善以公滅私絕去貨殖夙興夜寐宴戲省少人無
謗議家有蓄藏是謂循良之吏愷悌君子其能備此
具美者仰以其尤薦聞朝廷特加褒賞增秩改章徵
受顯重如或數科之中粗有提舉勤恪不怠處事無
闕者仰以次等薦聞量加寵賞借留未替以俟成績
其有昧此政經所向無取循資待錄無補於治散材
凡器長在人上亦仰以實奏聞當請移於散秩如有
貪殘黷貨枉法受贓冤訴不伸栲笞無罪有一於此

具狀以聞當加峻刑投諸荒裔賞善懲惡期於必行椽曹邑佐善惡特異者亦仰聞狀請頒示四方專委廉察仍令兩都御史臺併出使郎官御史及巡院法憲官常加採訪具以事狀奏申中書門下都比較諸道觀察使承制勤怠之狀每歲孟春分析聞奏因議懲獎唐會要六十八

兩府司録尉知捕盜賊奏開成元年十月中書門下

兩畿及兩京奏六品以下官除勅授外並吏部注擬准大和五年正月二十六日勅中書門下奏近勅隔絕諸司奏六品以下官寬免占吏部闕員亦稍絕邪

濫其兩府司録及尉知捕賊盜皆藉幹能用差專任吏部所注或慮與事稍乖自今已後京兆府及河南府司録及尉知捕賊盜據官資合入者充其餘並准大和元年九月十九日勅及大和四年五月七日勅處分唐會要七十五

諸道押衙不得過侍御史奏開成元年十一月中書門下

准大和十一年七月二十六日勅諸道節度使下都押衙都虞候約五年以上方得改轉押衙兵馬使約七年以上方得改轉三萬人以上軍兵每年許奏四人其序遷合與憲官者以曾歷兩任奏授賓詹者與監察以次遷序止於侍御史其御史中丞以上官並須因有戰功方得奏請諸道團練下萬人以上軍所奏不得過殿中侍御史如未有憲官者不在奏限萬人以下軍不因戰功並不得奏論唐會要七十九

量留運米備江淮飢奏開成元年十二月鹽鐵轉運使

據江淮留後盧綱以江淮諸州人將阻飢請于來年運米數內量留收貯至春夏百姓飢乏之際減價出糶收價待熟補之無損于官有利于人冊府五百二

唐文拾遺卷之五十六

榮祿大夫三品頂戴前分巡廣東高廉道加四級臣陸心源輯

闕名四

諸道節度許奏副使奏（開成二年二月中書門下）

諸道節度使觀察都團練使請朝官任使準貞元二年勑中書門下有供奉官及尚書省御史臺見任郎官御史諸司諸使並不得奏請任使伏以周之列國咸有命卿漢代諸侯皆建傅相蓋以崇重五爵施之寵榮賈生爲傅於長沙管仲讓王之上禮出其廷彥且命爲卿經史垂文古制斯在況貞元之初戎鎮之

事比於今日頗謂不同聖朝授任推公惟才是急轂諸上選分佐戎行職則稍尊命則稍重而又才人涉歷練達武經出入往來便堪獎用是朝廷之所利誠方鎮之得人希古濟今匪宜專恡酌于臨事可否在兹臣等商量諸節度觀察都團練使朝中素有相知者許奏一人充副使章服準大和三年五月八日勑如素無相知不奏亦聽其方鎮帶相及自廟堂平章事出鎮者任約舊例奏署庶使藩方益重試任程才其今日以前應奏署勑已行者雖關前勑人數至少式遵成命又難追移伏請自此已後不得違越（唐會要七十九）

駁張克勤迴授外甥官奏（開成二年二月吏部）

准制請敍一子官張茂昭男左武衛大將軍克勤進狀稱男小未堪授任請迴與外甥准赦節文只許迴與周親克勤又奏承前諸家請迴授外甥並蒙允許中書省牒吏部詳斷左司員外郎權判吏部廢置裴夷直斷一子官恩在報功貴延賞典若無己子許及周親今張克勤自有息男妄以外甥奏請移於他族知是何人儻涉賣官實爲亂法雖援近日勑例難破著定節文國章既在必行宅相恐難虛授具狀上中

書門下并牒中書省克勤所請不允（册府六百三十一）

中謝官不必候延英開日奏（開成三年二月御史臺）

宜自今以後遇延英開擬中謝官委司臺立一日依官班具名列奏如先奏卽不在中謝限（唐會要二十五）

停罷退朝祇候奏（開成三年二月中書門下）

僕射尚書侍郎左右丞五監九寺大卿監准開成元年三月勑每遇延英開並令候對如入閤日班過後各於紫宸殿前東西松樹下依位立本司有公事卽聞奏者伏以兩衙坐日宰臣及次對官奏事比及退朝已是辰巳之閒若更祇候卽廢闕公務今日延英

面論並請停罷如須顧問隔宿及臨時宣召不必稽遲唐會要二十五

宰相出鎮奏請朝官五人奏開成三年四月中書門下

宰相帶平章事出鎮應朝官充使府職事任約舊例奏署使藩方益事委任程本謹詳勅文意在明詐亦不定言人數及所請職名臣等商量起今以後宰相自朝廷出鎮奏請朝官及刺史佐幕前後更五人數內有遷轉停罷者或須塡替任更奏來如或辟用他官不奏亦得官至侍御史以上者卽許奏章服便爲常例庶可通行唐會要七十九

刺史替人未到雜給俸料奏開成三年五月中書門下

舊制刺史已除替人未到依前管一應務并給俸料待替到交割便聽東西據山南道所奏刺史得便令渠州停務別差官知州事待到交割方可東西臣以爲刺史祿俸固薄留滯可矜又嶺南諸管及福建黔府皆是遠僻須有商量並請除到後未交割以前據俸料雜給之中三分支一以資其停費惟戒所由不可比例唐會要六十八

官典犯贓分別公私奏開成三年五月刑部

准今年二月八日赦書官典犯罪不在此限者伏以律載贓名其數有六官典有犯並列科則其間有入已者罪卽懸別今請監臨主守將官物私自貸用並借貸人及百端欺詐等不在赦限如將官物還充公用文記分明者並請原免唐會要三十九

舉人納狀五人相保奏開成三年十月中書門下

朝廷設文學之科以求髦俊臺閣淸選莫不由茲近緣覈實不在于鄉閭趍名頗雜于非類致有跋扈之地情計交通將澄化源在舉明憲臣等商量今日以後舉人于禮部納家狀後望依前五人自相保其衣冠則以親姻故舊久同遊處者其江湖之士則以封

壤接近素所諳知者爲保如有缺孝弟之行資朋黨之勢跡由邪徑言涉多端者並不在就試之限如容情故自相隱蔽有人糾舉其同舉人並三年不得赴舉仍委禮部明爲戒勵編入舉格唐會要七十六

皇太子喪公除奏開成三年十月中書門下

皇太子今月十六薨自十六日舉哀二十八日公除臣等參詳惠昭太子例蓋緣在公除內今從舉哀日數至二十八日十三日滿合公除不合更待輟朝日滿臣等商量望令百寮二十九日概行參假便赴延英奉慰唐會要三十八

皇太子喪停諸祠祭奏 開成三年十月太常禮院

皇太子薨禮儀至重諸祠祭除天地社稷之外並合權停其天地社稷祭日懸而不樂虞祭已後却依常式 唐會要卷四

請廢讓皇帝廟奏 開成四年中書門下

伏以讓皇帝睿宗之子元宗之兄位止列藩功非及物元宗情深同氣恩起權宜贈王者之尊名申友于之私分別搆廟宇以時烝嘗求之古先則匪經制比及肅宗之代歲月未深禮儀使杜鴻漸言其不可四時享獻從此並停每至禘祫之年猶令一祭伏以禘

祫之禮義理甚明祫謂合祭祖宗禘謂審諦昭穆讓帝親非正統名是贈加久從禘祫頗爲乖爽臣等又以睿宗之尊崇元宗之功德皆以親盡祧去藏主于夾室之中而讓帝宗祀依然廟宇仍舊曾無昭穆之序而有禘祫之儀惟情與理俱所未可況自建立于今九廟比章懷孝敬名位猶輕與德明興聖尊卑頓異豈可因循不毀享獻無窮者也伏以今年夏禘祭俯臨輒敢舉明特希廢革如或以臣等所見不至乖殊望下禮官詳議聞奏 唐會要十九

准廢毀讓皇帝廟奏 開成四年太常寺

臣等伏以讓皇帝追尊位號恩出一時別立廟祠不涉正統既非昭穆禘祫所及又無子孫享獻之儀親盡則祧歲久當革杜鴻漸所議禘祫之月時一祭者蓋以時近恩深未可頓忘故也今睿宗元宗既已祧去又文敬等七太子其中亦有追贈奉天承天皇帝之號皆已停廢則讓皇帝之廟不宜獨存臣等參詳伏請准中書門下狀便從廢毀沿情定禮實謂協宜 唐會要十九

交割廊下食料錢奏 開成四年五月光祿寺

當司伏准大曆八年四月十八日勑令主辦百寮廊

下賜食仍委御史臺勾當至於補置所由計料費用即是當司本事自從臺司自置都一人管計今造膳支辦盡非有司闕敗罪歸當寺比於臺司論請因循竟未却還今御史中丞丁居晦深知前弊悉還所職其廊下食料錢勑令見於臺司交割 唐會要六十五

牒光祿寺部置人吏奏 開成四年御史臺

伏准大曆八年元勑任委御史臺勾當本處事有闕違自後因循遂成侵占人吏雖隸光祿寺補署多出臺司謹詳勑旨根尋應由歸有司方可求理已牒光祿寺自部置若有闕失責在本司仍依前差御史一

人充使勾當（唐會要六十五）

五經博士定爲五品奏（開成四年二月中書門下）

伏以朝廷興復古制置五經博士以奬顓門之學爲訓冑之資必在得人不限官次今定爲五品俸入四方有經術相當而秩卑身賤者不可以超授有官重而通詩達禮者不可以退資從今已後並請勅本色人中選擇據資除授令兼博士其見任博士且仍舊（唐會要六十六）

上佐權充知州奏（開成四年三月中書門下）

嶺南小州多是本道奏散試官及州縣官充司馬知州事不三兩考便請正除僥倖之門莫甚於此須作定制令其得中應奏授上佐知州事起今已後一周年在本任無破缺即任奏請充權知刺史宦途之內猶甚徑捷仍須俟一周年考不得將兩處相續（唐會要六十八）

勅停諸道行軍司馬參謀奏（開成四年六月中書門下）

諸道節度使參佐自副使至巡官共七員觀察使從事又在數內雖大藩雄鎮有藉才能而邊鄙遐方豈易供給況行軍之號本繫出師參謀之職尤是冗長其行軍司馬及參謀望勅停省見任人如本道有相當職員任奏請改轉其餘官序稍高者許隨表赴京到日量才奬授郎御史以下各令冬薦節度判官舊額雖本兩員近日諸道亦不盡置起今已後望以一員爲定其課料等本是供軍數內戶部不可更收（唐會要七十九）

勅停長定綱奏（開成四年十月中書門下）

准開成元年三月十日勅宜令兩稅州府各於見任官中揀擇清强長定綱往來送五萬至十萬爲一綱綱官考滿本州便與依資奏改通計十年往來優成與依資遷當處令錄長馬如本州官資望無相當者許優成奏他處官者伏以諸道有上供兩稅錢物者大小計百餘處舊例差州縣官充綱亦不聞過有敗闕若依勅以長定綱爲名則命官不以才能賦祿難憑僥運況江淮賦大州每年差綱十餘輩若令長定則官員長占於此流若秖取數人綱運當虧其大半臣等商量長定綱起來年已後勅停臣又准開成元年已後旨條州縣官充綱送輕貨四萬已上無欠少不逾程限者書上考十萬減一選其餘優奬猶以稍輕送二萬至五萬依舊書上考五萬至七萬與減一選七萬至十萬減兩選十萬至十五萬減三選如

一度充綱優勞未足考秩之內情願再差者旨條先有約絕此後望令開許如年少及材質不當但令准舊例以課料資陪不必一例依次差遣其餘並望准前旨條處分唐會要八十四

請申明國忌日徹樂廢公奏開成四年十月御史臺

請國忌日天下依舊不舉樂不視事不鞭笞伏以道釋二教澶漫虛無陛下靡所歸依誠契至理但以列聖忌日行香及兹修崇示人廣孝兼以天下州縣不舉樂不視事不鞭笞以此海內蒼生常知列聖廟號今既停罷行香之後勅內又無其日徹樂廢公止行

如舊之文伏恐遐遠之地迷其所向便與居常之日率皆無殊臣思此事終闕聖慮禮曰君子有終身之憂而無一朝之患故忌日不樂謂不舉吉事也伏願陛下聖睿留想若以設齋資福事損不經起今罷之已有詔旨其日天下州縣不舉音樂不視公事不行鞭笞伏請重下明制依前遵守則凡在遐陬逮于蠻貊不忘廟號有禪孝禮之源唐會要二十三

宣懿皇太后祔廟饗禮奏開成五年太常禮院

宣懿皇太后祔廟伏惟開元禮有皇后祔廟牲牢樂懸與太廟享一室禮同今宣懿皇太后饗禮伏請宣下唐會要十八

不移福陵奏開成五年二月中書門下

園寢已安神道貴靜光陵莛已二十餘載福陵近又修崇竊惟孝思足彰嚴奉今若載因合祔須啟二陵或慮聖陵不安未合先旨又以陰陽避忌實有所疑不移福陵實合典禮唐會要二十一

慶陽節設僧齋奏開成五年四月中書門下

請以六月一日爲慶陽節休假三日著于令式其天下州府每年常設降誕齋行香後更令以素食宴樂惟許飲酒及用脯醢等京城內宰臣與百官就詣大

寺共設僧一千人齋仍望田里借教坊樂官充行香慶讚各移本廚兼下令京兆府別置歌舞唐會要二十九

宣懿皇太后寶册宜藏廟中奏開成五年六月太常禮院

宣懿皇太后寶册函按晉太武帝追尊簡文鄭太后問冕旒璽綬歸藏何處徐邈答云臣按太始元年追尊四年太后崩及開陵合葬其綬藏于陵中是元不埋之也臣謂今藏于廟中宜合前事准國朝故事讓皇帝及贈諸太子寶册並隨神主于廟中安置唐會要十八

加給課料及時支遣並許遠官借俸奏會昌元年中書

門下

河東隴州鄜坊邠州等道比遠官加給課料。河東等道或輿王舊邦，或陪京近地，州縣之職，人合樂爲，祗緣俸課寡薄，官同比遠。伏準元和六年閏十二月十二日及元和七年十二月二十日勅，河東鳳翔鄜坊邠州易定等道，令戶部加給課料錢共六萬二千五百貫文，吏曹出得平流官數百員，時議以爲至當。自後訪聞戶部所給零碎，兼不及時，觀察使以其虛折，皆別將破用，徒有加給，不及官人，近地好官，依前比遠。臣等商議，伏望今日以後，令戶部以實物仍及時

支遣，諸道並委觀察判官專判此案，隨月加給官人，不得別將破用。如有違越，觀察判官遠貶，觀察使奏取進止。選人官成後，皆于城中舉債，到任塡還，致其貪求，罔不由此。其今年河東隴西鄜坊邠州新授比遠官等，望許連狀相保，戶部各借兩月之數，加給料錢，至支給時尅下，所冀初官到任，不滯息債，衣食稍足，可責淸廉。唐會要九十二

度支戶部文案本司郎官分判奏 會昌元年二月中書門下

伏以南省六曹，皆有職分，若各守官業，卽不因循。比來戶部度支兩司尙書侍郎，多奏請諸行郎官判錢穀文案，遂令本司郎吏束手閑居，至於廳事，皆爲他官所處。臣等商量，請自今已後，其度支戶部錢穀文案，望悉令本司郎官分判，不在更請諸行郎官限。仍委尙書侍郎同諸司例，便自於司內選擇差判，不必更一一聞奏。其戶部行郎官，仍望委中書門下皆選擇與公務相當除授。如本行員數欠少，亦任於諸行稍閑司中，選其才職資序相當者，奏請轉授。所冀莅事有常，分官無曠，庶或可久，以革從權。唐會要五十九

司直評事出使賫用廢印奏 會昌元年六月大理寺

當寺司直評事應准勅差出使，請廢印三面。比緣無

出使印，每經州縣及到推院，要發文牒追獲等，皆是自將白牒取州縣印用，因茲事狀，多使先知，爲弊頗深，久未釐革。臣今將請前件廢印，收鑰在寺庫，如有出使官，便令賫去，庶免刑獄漏泄，州縣煩勞。唐會要六十六

請鑄出使印奏 會昌元年十一月大理寺

臣於六月二十八日，伏緣當寺未有出使印，每准勅差官推事，皆用州縣印，刑獄漏泄，遂陳奏權請廢印三面。伏以廢印經用年多，字皆刓缺。臣再與當司官吏等商量，旣爲久制，猶未得宜，伏請准御史臺例，置前件出使印，其廢印却送禮部。唐會要六十六

條流喪葬奏 會昌元年十一月御史臺

請條流京城文武百寮及庶人喪葬事三品已上輀用闊轍車方相魂車誌石車並須合轍油幰流蘇等任准令式挽歌三十六人六鐸六翣明器並用木爲之不得過一百事數內四神不得過一尺五寸餘人物等不得過一尺舁止七十舁內外官同五品已上輀車及方相魂車等同三品不得置誌石車其油幰等任准令式挽歌十六人四鐸四翣明器不得過七十事數內四神不得過一尺二寸餘人物不得過八寸舁止五十舁內外官同九品已上輀車魂車等並

同合轍車其方相魌頭並不得用楯車及誌石車其輀車除油幰流蘇等各准令式外不得用䌷綵結絡兼銀器裝飾挽歌一十人一鐸二翣明器不得過五十事四神不得過一尺餘人物不得過七寸舁止三十舁內外官同散試官等任于階官之中取最高品第五品已上遞降一等六品已下依令式有品廕家子孫未有官者用三品已上廕者降三等用五品已上廕者降二等用八品已上廕者降一等用九品者不降仍並須是祖父母廕內外官同工商百姓諸色人吏無官者諸軍人無職掌者喪車魌頭同用合轍車喪車不用油幰流蘇等飾兼不得以䌷綵結絡及金銀飾挽歌鐸翣並不得置喪車之前不得以鞍馬爲儀其明器任以瓦木爲之不得過二十五事四神十二時並在內每事不得過七寸舁十舁伏以喪葬之禮素有等差士庶之家近罕遵守踰越既甚糜費滋多臣忝職憲司理當禁止雖每令舉察亦怨謗隨生苟全廢糾繩又譏責立至總以承前令式及制勑皆務從儉省減刻過多遂令人情易踰禁限將求不犯實在稍寬臣酌量舊儀創立新制所有高卑得體豐約合宜免令無知之人更懷不足之意伏乞聖恩

宣下京兆府令准此條流宣示一切供作行人散榜城市及諸城門令知所守如有違犯先罪供造行人賈售之罪庶其明器並用瓦木永無僭差以前條件臣尋欲陳論伏候進止承前已于延英具奏訖 唐會要三十八

盜賊計贓至絹三疋處極法奏 會昌元年十二月都省

准開成五年十二月十四日中書門下奏准律竊盜五匹以上加役流今自京兆河南尹逮于牧守所在爲政寬猛不同或以百錢以下斃踣或至數十千不死輕重既違法律多以收禁爲名法自專行人皆異

政然禁嚴則盜賊屏息閭里皆安政緩則攘竊盜行平人受弊定其取捨在峻典刑自今已後天下州府竊盜賊計贓幾貫須處極法臣等商量望委中書門下五品已上尚書省四品已上御史臺五品已上與京兆尹同議奏聞仍編入格令所冀巽懦者政無寬縱剛戾者刑不至殘各奉朝章法歸畫一其強盜賊法律已重不在此限仍委出使郎官御史及支鹽鐵巡院察訪務令遵守不得隳違者伏以竊盜本無死刑遂使刑法不一臣等既奉詔旨敢不盡心臣請自今已後入不應竊盜賊贓至絹三疋即處極法如未滿二疋即任節級科處不失罪人其計贓數即請律以所在估絹爲定其兩京及軍府浩穰之地或事繁一時制斷有異則請許量情定罪務在得中自然法禁不虧刑名可守唐會要三十九

卷五十六　十五

精選法官奏會昌二年十月中書門下

伏見衛覬稱刑法者國家之所貴重而私議之所輕賤獄吏者百姓之所懸命而選任之所卑下王政之弊未必不由此也臣等商量望委中書門下精擇法官選任不得在文學官之後如有缺員兼委大理卿自舉所知舉不得人顯加殿罰向後御史臺取御史數至三人以上即須取法官一人所冀刑法之官皆知勸勵唐會要六十六

太和公主到日立班奏會昌三年二月太常禮院

太和公主到日百寮于章敬寺門立班舊例並以邑司承命入拜復承命出答拜今商量邑司官秩多是至卑者緣恐事太輕今請公主左右一人戴鬢帛承拜稱穡將命出入以代邑司官謂得禮之變唐會要卷六

輟朝編入令式奏會昌三年八月中書門下

親王公主甍日准德宗以前實錄並合輟朝一日請自今以後准故事處分又京官一品尚書省二品及

卷五十六　十六

時舊相方臻此位比來同刺史曾任監例輟朝一日恐輕重不倫起今後並望輟朝兩日又二王後爲國賓又是一品前年方與輟朝請編入令式又駙馬登朝之初例除四品既是國戚不合繫於品秩望輟朝一日唐會要二十五

禁進士題名局席覆奏會昌三年十二月中書

奉宣旨不欲令及第進士呼有司爲座主趨附其門兼題名局席等條流進來者伏以國家設文學之科求貞正之士所宜行敦風俗義本君親然後申於朝廷必爲國器豈可懷賞拔之私惠忘教化之根源自

謂門生遂成膠固所以時風寖薄臣節何施樹黨背公靡不由此臣等商量今日已後進士及第任一度參見有司向後不得聚集參謁及於有司宅置宴其曲江大會朝官及題名局席並望勒停緣初獲美名實皆少俊既遇春節難阻良遊三五人自爲宴樂並無所禁唯不得聚集同年進士廣爲宴會仍委御史臺察訪聞奏謹具如前唐摭言

進奏官不得兼知兩道奏會昌四年二月御史臺

準會昌三年十一月十三日勅諸道進奏官或有一人兼知四五道奏進者兼並貨殖頗是倖門因緣交

通爲弊日甚向後兼知不得過兩道以上者各委本道速差替聞奏仍委臺司糾察如有違犯必議重懲又兼知三四道者臺司檢勘各牒本道準勅差替訖切慮改名補職不離一家元是本身虛立名姓伏請從已後如知兩道奏進外一家之內父子兄弟更不得知諸道奏進如有違犯臺司準前察訪唐會要七十九

三元日斷屠奏會昌四年四月中書門下

正月五月九月斷屠伏以齋月斷屠出於釋氏緣國初風俗猶近梁陳卿相大臣頗遵此教又弛禁不一只斷屠羊宰殺豬牛其數不少鼓刀者坐獲厚利糾察者皆受賄賂比來人情共知此弊臣等商量正月一歲之首萬物生育之初請起元日斷三日每遇列聖忌日斷一日國家崇元祖之道竭嚴奉之誠既以廣闡其風即須參用其教仍望准開元二十二年十月二十日勅正月七月十月三元日各斷屠三日餘望並停緣斷屠日數既少法令所宜畫一望委御史臺別條流聞奏唐會要四十一

量減州縣佐官奏會昌四年五月中書門下

應諸州縣佐官近令約戶稅多少量減佐官實欲漸去冗員以懲尸素今諸道所奏戶滿五千稅滿一萬

不合停減者其類已多又假以當路爲詞猶務占惜臣等商量當路頓亦不常有若遇大軍頓即權勾當所存例多如此望令吏部郎中柳仲郢據元敕額類會停減不得許其破除唐會要六十九

刺史限日到任奏會昌四年八月中書門下

比緣向外除授刺史多經半年已上方至本任或稱敕牒不到或作故滯留刺史未到前知州官事惟務因循不急於治百姓受弊莫不由茲臣等商量自今已後敕到南省限兩日內牒本道便令進奏院遞去到本道後委觀察使勾當去任一千里內限十日進

發二千里已上限十五日三千里已上限二十日仍並勒取便進發不得托以事故別取他路經過刺史於先三十箇月爲限向後並望以任後計日如有前刺史諸道居住未赴闕廷者各委觀察使每季具管內有無申奏或憂制及疾癈者並須一一具言臺司待諸處報都申中書門下所冀人皆守法朝免遺才唐會要六十九

澤州割屬河陽奏 會昌四年九月中書門下

河陽近雖置制土宇猶褊澤州全有太行之險固實爲東洛之藩垣將務遠圖所宜從便望割屬河陽唐會要七十

委淸强官檢點廢寺奴婢奏 會昌五年四月中書門下

天下諸寺奴婢江淮人數至多其間有寺已破廢全無僧衆奴婢既無衣食皆自營生或聞洪潭管內人數倍一千人已下五百人已上處計必不少臣等商量且望各委本道觀察使差淸强官與本州刺史縣令同點檢具見在口數及老弱嬰孩並須一一分析聞奏如先自營生及已輸納者亦別項分析深恐無良吏及富豪商人百姓綱維潛計會藏隱事須稍峻法令如有犯者便以奴婢計估當二十千已上並處極法官人及衣冠奏聽進止如有人糾告便以奴婢充賞待勘知人數續具條流其京城委功德使亦准此條流仍具數奏聞唐會要八十六

銅像送官奏 會昌五年七月中書門下

天下士庶之家所有銅像并限勅到一月內送官如違此限並准鹽鐵使舊禁銅條件處分其土木等像並不禁所由不得因此擾人其京城及畿內諸縣衣冠百姓家有銅像並望送納京兆府自拆寺以來應有銅像等衣冠百姓家收得亦限一月內陳首送納如輒有隱藏並准舊條處分唐會要四十九

僧尼繫主客奏 會昌五年七月中書門下

奉宣僧尼不隸祠部合繫屬主客與復合令鴻臚寺收管宜分析奏來者天下僧尼國朝已來並隸鴻臚寺至天寶二年隸祠部臣等據大唐六典祠部掌天下宗廟大祭與僧事殊不相及當務根本不合歸尚書省屬鴻臚寺亦未允當又據六典主客掌朝貢之國七十餘番五天竺國並在數內釋氏出自天竺國今陛下以其非中國之教已有釐革僧尼名籍便令繫主客不隸祠部及鴻臚寺至爲允當唐會要四十九

國忌行香上州留寺一所奏 會昌五年七月中書門下

天下諸州府寺據令式上州以上並合國忌日集官吏行香臣等商量上州已上合行香州各留寺一所充國忌日行香列聖眞容便移入合留寺中其下州寺並合廢毀唐會要四十八

首出藏隱廢寺奴婢奏會昌五年八月中書門下

應天下廢寺放奴婢從良百姓者今聞有細口恐刺史已下官人及富豪衣冠商人百姓計會藏隱及量與錢物索收勅下後如有此色並仰首出却還父母如依前隱蔽有人糾告官人已下遞貶商人百姓並處極法其告事人每一口賞錢一百千便以官錢充給續徵所犯人塡納唐會要八十六

條流諸道判官員額奏會昌五年九月中書門下

條流諸道判官員額西川本有十二員望留八員節度副使判官掌書記觀察判官支使推官雲南判官巡官淮南河東舊額各除向前職額外淮南留營田判官河東留留守判官幽州淄青舊各有九員望各留七員幽州除向前職額外留盧龍軍節度推官淄青除向前職額外留押新羅渤海兩藩巡官山南東道鄭滑河陽京南汴州昭義鎭州易定鄆州魏博滄州陳許徐州兖海鳳翔山南西道東川涇原邠寧河中嶺南已上舊各有八員望各留六員節度副使判官掌書記推官觀察判官支使振武靈夏益州鄜坊舊各有八員緣邊土地貧望各留五員節度副使判官掌書記推官觀察判官浙東浙西宣歙湖南江西鄂岳福建以上舊各有六員望各留五員團練副使判官觀察判官支使推官黔中舊有十員望各留六員經略副使判官招討判官觀察判官度支鹽鐵判官東都留守陝府舊有五員並望不減天德舊有三員亦望不減同州舊有四員商州兩員並望不減防禦副使華州泗州各有兩員並望不減楚州壽州各有三員壽州望減團練副使一員楚州望減營田巡官一員汝州鹽州隴州舊各有一員望不減桂管舊有六員望減防禦巡官一員容管舊有五員望減招討巡官一員延州舊有兩員亦望減防禦推官一員樓煩龍陂舊各有兩員望各減巡官一員右奉聖旨令商量減諸道判官約以六員爲額者臣等商量頭據舊額多少難於一切停減今據本鎭額量減數亦非少仍望令正職外不得更置攝職仍令御史臺及出使郎官御史專加察訪唐會要七十九

唐文拾遺卷之五十七

榮祿大夫三品頂戴前署分巡廣東高廉道加四級臣陸心源輯

闕名五

上都兩街留寺改名奏（會昌六年正月左右街功德使）

准今月五日赦書節文上都兩街先各留寺兩所依前委功德使收管其所添寺於廢寺中揀擇堪修建者臣今左街謹具揀擇置寺八所及數內回改名額分析如後兩所依前名額興唐寺保壽寺六所改名舊額僧寺四所寶應寺改爲資聖寺青龍寺改爲護國寺菩提寺改爲保唐寺清禪寺改爲安國寺緣間

架數少取華陽寺連接充數尼寺二所法雲寺改爲唐安寺崇敬寺改爲唐昌寺右街置八所二所先准勅留西明寺請改爲福壽寺莊嚴寺改爲聖壽寺八所添置二所請依舊名額僧寺一所千福寺尼寺一所興元寺六所請改名僧寺五所化度寺改爲崇福寺永泰寺改爲萬壽寺溫國寺改爲崇聖寺經行寺改爲龍興寺奉恩寺改爲興福寺尼寺一所萬善寺改爲延唐寺謹定揀擇添置及改名額分析如前（唐會要四十八）

請定憲宗廟配享功臣奏（會昌六年十月太常禮院）

十月十三日太廟祫享廟庭配享功臣得修撰官朱儔狀自高祖至德宗每室並有功臣配饗伏以憲宗皇帝誅盪淮蔡削定河朔武功英略赫耀中興啟沃謨猷必資元輔其配享功臣伏請聞奏定名降下（唐會要十八）

幕府遷授章服先緑後緋奏（大中元年中書門下）

幕府遷授章服貞元元年之間使府奏職至侍御史然後許兼省官至章服皆計考效近日奏行殿中及戎卒便請朱紫數事俱行其中自緑腰金皆非典故今請自侍御史待年月足後更奏始與省官至于朱

紫許于本使府有事績尤異者然後許奏請惟副使行軍奏職特加先著緑便許緋餘不在此限（唐會要三十一）

及第三年任奏試官奏（大中二年正月中書門下）

從貞元元年大和九年秋冬前皆是及第便從諸侯府奏試官充從事兼史館集賢宏文諸司諸使奏官充職以此取人常多得士由是長不乏材用大和會昌末中選後四選諸道方得奏充州縣官職如未合選並不在申奏限臣等昨已奏論面奉進止自今已後及第後第三年即任奏請（唐會要七十六）

諸使奏官不得虛壘頭銜奏（大中二年十月中書門下）

伏以銀青借兼檢校賓客官及朝散大夫階並三品資歷白身不合虛監奏官近年諸司使多虛監此色頭銜奏請授官求中上州長馬及上州判司踰濫僥倖莫甚於此臣等商量自今已後諸司諸使應合奏授正官者並不得虛銜前件官階奏請如是長不守章程依前論請奏聽進止其諸道差知進奏官亦望准此處分（唐會要七十九）

搜訪武德以來名臣子孫奏（大中三年四月中書門下）

武德已來宰輔名跡在上等者及配享功臣子孫伏以勳德之後慶賞所延每有恩制多令訪錄將以與

廢繼絕尊賢報功事歸獎勸義主沉翳近日諸家目論頗衆史官曹闕合用者稀縱欲比擬亦未詳悉應前件网色子孫准前後制勅令搜訪與官者望許於吏部陳狀便委磨勘如審是嫡嗣未有官名者具狀聞奏非時與一人解褐官如有出身已曾官任選日優與處分如自以才行嘗登科第及是諸房子孫不承祭祀并先因存獎以授正官者並不在限卽冀所加恩例式協本條（唐會要十八）

刺史條流先申觀察奏（大中二年二月中書門下）

諸州刺史到郡有條流須先申觀察使與本判官商量利害皎然分明卽許施行如本是前政利物徇公事不得輒許移改不存勾當踵前因循判官重加殿責觀察使聽進止仍委出使郎官御史常切詢訪舉察（唐會要六十九）

方鎭子弟不得奏留奏（大中三年三月中書門下）

伏准大和六年六月御史臺奏本置官員藉其任守吏曹注擬皆是職司况調選須有出身合年十五以上比及於選入以十年則二十五可以爲成人矣今則皆稱年小奏請勾當所在相承積習成例若實年小卽不合早補身名若補實當年又何慮爲官不了

合請諸道方鎭子孫應選授及奏授官一切勒歸本任不得輒有奏留如或恩出殊常賜及一子者年十三以下卽任奏聽進止奉勅宜依者臣等謹詳勅前約勒非不丁寧近日不守勅文例皆請奏臣等商量自今已後諸道節度觀察防禦經略等使如或特降恩制賜及一子官年十五以下者卽望許奏請勾當留除外其餘並望准前勅處分其見在千牛進馬者並准今年三月三日勅處分（唐會要七十九）

司直評事未出使不任分司奏（大中三年三月大理寺）

當寺司直評事從前不循公理到官便求分司迴避

出使致令官職失守勞逸不均伏請從今以後待次充使後即任分司如未出使不任分司限（唐會要六十六）

賜緋賜紫事例奏（大中三年五月中書門下）

增秩賜金紫雖有故事如觀察使奏刺史善狀並須指事而言不得虛爲文飾其諸道副使判官如事績尤異然後許奏論惟副使行軍先著綠便許賜緋其餘不在此限者諸使奏請或資品尚淺即請章服或賜緋未幾又請賜紫準令入仕十六考職事官散官皆至五品始許著緋三十考職事官四品散官三品然後許衣紫除臺省清要牧守常典自今已後請約

官品爲例判官上檢校五品者雖欠階考量許奏緋副使行軍俱官至侍御史已上者縱階考未至亦許奏緋如已檢校四品官兼中丞先賜緋經三周年已上者兼許奏紫其有職事尤異關錢穀者須指事上言監察已下量與減年限進改殿中以上然後可許賜章服公事尋常者不在奏限（唐會要三十一）

劾章讓侵街造舍奏（大中三年六月右巡使）

義成軍節度使章讓前任宮苑使日故違勅文于懷眞坊西南角亭子西侵街造舍九間（唐會要八十六）

久任令尉奏（大中三年九月中書門下）

兩府畿令及次赤令伏以古者爲吏長子孫蓋言其在官之久也然後備諳風俗政術可施近日入仕門多交替稍速近以積降手敕又面奉德音應選擇者不得其人欲使撫字者久安其任臣等商量自今已後其兩府判司及縣丞尉不帶敕額事及不知捕賊不得非時奏請如或政績尤異朝廷別有獎拔及職事不修須議替者不在此限內（唐會要六十九）

諸司職掌不得一人判數曹奏（大中三年九月中書門下）

伏以列官分職各有司存苟或侵踰則乖彝憲近日判府司及兩縣簿尉多繫諸司職掌遂使額外假稱

一人兼判數曹易爲因循難以責辦臣等商量自今已後諸司職掌改集賢館宏文館並不得帶府判司及兩縣簿尉集賢館宏文館仍每司不得過一員見在諸司充職者請勒歸本司（唐會要六十七）

史館典書五考參選奏（大中四年四月史館）

當館寫國史楷書典書等與集賢院寫書人等承前一例並校成五考便勒赴選自大和八年已後被吏部條流奏五考滿後待受散三年今集賢院以其勞役年深補人不得去年三月十三日具事由申奏已蒙勅下並免三年受散訖今當館未蒙處分伏請依

例並勒校成五考便許參選（唐會要六十四）

修斜谷及館驛舊路奏（大中四年六月中書門下）

山南西道新開路訪聞頗不便人近有山水摧損橋閣使命停擁館驛蕭條縱遣重修必倍費力臣等今日延英面奏宣旨却令修斜谷舊路及館驛者臣等商量望詔封敖及鳳翔節度使觀察使令速點檢計料修置或緣館驛未畢使命未可經過其商旅及私行者任取穩便往來不得更有勒約（唐會要八十六）

宏文館典書准例處分奏（大中四年七月宏文館）

當館楷書典書等與集賢史館楷書等承流前例並

勒校成五考赴選自太和八年以後被吏部條流並加授散三年今集賢史館奏勞役年深補召不得已蒙勅下免三年授散訖今當館請准例處分（唐會要六十四）

按此首與前四月史館所奏畧同然宏文與史館各別當另爲一首

村邑佛堂待兵罷建置奏（大中五年七月宰臣）

陛下崇奉釋教臣子皆願奔走廬士庶等物力不逮援人生乖望令兩畿及州府長吏與審度事宜撙節聞奏不必廣爲建造驅役黎甿其所請度僧尼亦須選有道行爲州縣所稱信者不得容隱凶惡之流却非敬道望委長吏精加揀擇其村邑佛堂望且待兵罷建置爲便（唐會要四十八）

諸道奏請起復准舊例奏（大中五年八月宰臣）

伏以通喪三年臣庶一致金革無避軍旅從權近日諸使及諸道多奏請與人吏職掌官并進奏官等起復因循既久訛弊轉深非惟大啟倖門實亦頗紊朝典臣等商量自今已後除特勅及翰林并軍職外其諸司諸使人吏職掌官并諸道進奏官並不在更請起復授官限其間或要藉驅使官任准舊例舉追署職令勾當公事待服闋日卽依前奏（唐會要三十八）

刺史得替敕到交割奏（大中五年九月中書門下）

諸州刺史交割及初到任下擔得替後資送裝事應諸州刺史除替後新人在遠者動經三四箇月不到任從便近處亦或一兩箇月不到舊人在任既不理務又須一切州縣祇供將吏依舊衙參祇候守分者固難自處多端者猶能害人自今已後望令應諸州刺史得替已除官者卽敕到後交割了便赴任如未除官者敕到後與知州官分明交割倉庫及諸色事如不分明交割便令舊刺史離本任不要更待新刺史到交割公事後稱有小小異同卽令勘問知州官

并任行牒聽勘問詰前刺史如大段差謬郎委具事狀奏聞其知州官別議推罷郡刺史未別除官者准會昌九年赦文令所司在州縣供給伏恐日月久深不遵舊制望令所在經過州縣准舊節文處分勿使羈旅州許供三日縣許供二日應諸州刺史初到任准例皆有下擔什物離任時亦例有資送成例已久州司各有定額准乾元元年及至德二載并會昌元年制敕只禁科率所由抑配人戶至於用州司公廨及雜利潤天下州郡皆自有矩制緣曾未有明敕處分多被無良人吏百姓便致詞告云是贓犯自今已後應諸州刺史下擔什物及除替送物但不率斂官吏不科配百姓一任各守州郡舊規亦不分外別有添置若輒率斂科故違敕條當以入己贓犯法餘望准前後敕處分唐會要六十九

建置佛堂蘭若奏大中五年十月十七日宰臣上言

近有敕許龍兵役後建置佛堂蘭若今邊事寍息必恐奏請繼來若不先議條流臨事恐難止約伏以釋門之教本貴正真奉之精嚴則人用加敬今諸州府寺宇新添功悉未畢百姓等若志願崇奉則宜並力同修自今已後有請置佛堂蘭若者望所在長吏

分明曉示待一切畢後或有云州府遠處大縣即許量事建置一所其餘村坊不在更置佛堂蘭若限唐會要四十八

河東各道許奏判司丞簿奏大中五年十月中書門下

伏見諸道及州府如縣令錄事參軍有闕及見任官公事闕敗切要替換即事各舉所知聞奏及須著官曾有課績處已必能清廉如論薦不當舉主先議懲殿其判司參軍文學縣尉丞簿等不在奏限其河東潞府邠寍涇原靈武振武鄜坊滄德易定夏州三川等道或道路懸遠或俸料單微每年選人多不肯受若一例不許則都俸不在給留別限仍勒知後判官不許則都無正官今請前件數道除縣令錄事參軍外其判司縣尉丞簿每年量許奏三員須是元額闕不得替考深人其闕一年吏部不注即注且差二年吏部不注然後許奏請仍資序不得超越如是散試及外不得奏第二任官其京百司除職事外不在更奏官限唐會要七十九

議依白宏儒奏遷諸太子廟奏大中六年禮院

伏以列聖祖宗向同太廟追冊儲嗣不合別祠蓋以年月各殊寵恩有異歲時已久即宜改更況春秋薦

享之時禮樂牲牢之用重煩人力寔爲皇居今據從卑就尊擬置年月卽合移懷懿太子以下三廟就惠昭太子廟地既卑下多有浸濕非可經久莊恪太子廟地居高敞屋更寬廣若移同一廟只要增置廟室謹詳遷祧誠謂久安審其便宜移廟未虧于典故今列次增室祔禮尊崇酌中之道可行申奠之儀不失臣與官寮等集議請依宏儒所奏事誠允當寔舉舊章（唐會要十九）

諫免鄭光莊田稅奏（大中六年三月中書門下）

伏以鄭光是陛下元舅寵待固合異等然而據地出稅天下皆同隨戶雜徭久已成例將務致治實爲本根近日陛下屢發德音欲使中外畫一凡在士庶無不仰戴聖慈今獨忽免鄭光莊田則似稍乖前意況征賦所入經費有常差使不均怨嗟斯起事雖至微繫體則大臣等備位台司每承誠勵苟有管見合具啟陳謹錄奏聞伏聽勅旨（唐會要八十三）

勘審常平義倉奏（大中六年四月戶部）

請諸道州府收管常平義倉斛斗今後如有災荒水旱外請委所在長吏差清強官勘審如實便任開倉先從貧下不濟戶給貸訖具數分析申奏并報戶部不得妄有給與富豪人戶其斛斗仍仰本州錄事參軍至當年秋熟專勾當據數追收如州府妄有給使其錄事參軍本判官請重加殿罰長吏具名申奏（唐會要八十八）

許嶺南各道年終論薦奏（大中六年五月中書門下）

嶺南桂管容管黔中安南等道刺史自今已後伏請於每年終薦送各官選擇校量資序稍議遷奬本道或知有才能亦許論薦仍須量資相送歷任分明更不在奏散試官充司馬權知州事限（唐會要六十九）

續修會要添給廚料奏（大中六年六月宏文館）

伏以三館制置既同事例宜等比來無事未敢申論今緣准勅修續會要以來官僚入日稍頻因緣費用其數至多紙筆雜物等不敢別有申請其廚料從前欠少伏請准兩館流例增添給用之間庶得濟辦（唐會要六十四）

宰臣周親宣弔奏（大中六年十月太常禮院）

伏查宰臣周親如是伯叔及親兄弟或曾居重任或位列朝行七品已上官則請行宣弔之禮如年齒幼官位卑及其餘周親事並請不用遣使庶輕重之宜有節降殺之義得中若宣弔例以朞年伏慮有煩但

聽。唐會要三十八

宗子家狀送圖譜院奏 大中六年十二月宗正寺

當司修圖譜官李宏簡伏以德明皇帝之後興聖皇帝以來宗祊有序昭穆無差近日脩撰率多紊亂遂使冠履僭儀元黃失位數從之內昭序便乖今請宗子自常參官并諸州府及縣官等各具始封建諸王及五代祖及見在子孫錄一家狀送圖譜院仍每房納於官取高處昭穆取尊轉送至本寺所司磨勘屬籍稍獲精詳。唐會要三十六

條流諸道俸料職田奏 大中六年十二月中書門下

應諸道節度使觀察團練使防禦經略等使所請俸料職田祿粟時服雜給並諸色人事用度等先奉聖旨令條流奏來者伏以藩鎭之任寄切分憂一方慘舒繫在長吏近者所在軍府多稱窮空因緣增添賞用滋廣不遵往例唯徇人情物力既困于公家誅斂終歸于百姓稍能釐革裨益實多置使之初必有定額歲月深遠或多改更望令諸道節臣及長吏各詢訪事例檢尋簿書其間苟踰舊規及有新置並宜除去務在至公于軍府州鎭經營利綱等項相承既久併絶則難相害于人亦宜禁止。唐會要七十九

明立剃度僧尼新規奏 大中六年十二月祠部

當司伏准累年赦文及別勑建置佛堂並剃度僧尼等伏以陛下護持釋教以濟羣生出自聖慈孰不知感非欲華飾寺宇廣度僧尼興作勞人匱竭物力近日天下未喻聖心建置漸多剃度彌廣奢靡相尚浸以日繁恐黎甿因茲受弊臣職司其局不敢曠官當陛下求理納諫之時是小臣罄竭肝膽之日伏乞允臣所奏明立新規舊弊永除天下知禁如此見佛法可久民不告勞。唐會要四十八

量建寺院關防僧尼奏 大中六年十二月宰臣上言

伏以西方之教清淨爲宗拯濟爲業國家宏闡已久實助皇風然度僧不精則戒法隳壞造寺無節則損費過多有司舉陳實當職分但須酌量中道使可久行自後應諸州准元勑置寺外如有勝地名山靈蹤古跡實可留僧爲衆所知者即任量事修建却仍舊名其諸縣有戶口繁盛商旅輻輳願依香火以濟津梁亦任量事各置院一所於州下抽三五人住持其有山谷險難道途危苦羸車重負須暫憩留亦任因依舊基却置蘭若並須是有力人自發心營造不得令姦黨因此遂抑斂鄉閭此外更不得輒有起建如

引別勅處分不在此限其僧尼踰濫之源皆緣私度本教遮止條律極嚴不得輒有起建如可容姦必在禁絕犯者准元勅科斷訖仍具鄉貫姓號申祠部上文牒其官度僧尼數內有闕即仰本州集律僧衆同議揀擇聰明有道性已經修鍊可以傳習參學者度之貴在教法得人不以年齒爲限若惟求長老即難奉律儀剃度訖仍具鄉貫姓號申祠部請告牒其僧中有志行堅精願尋師訪道但有本州公驗即任遠近遊行所在關防所宜覺察不致眞僞相雜藏庇姦人。唐會要四十八

刺史到任聞奏公事奏 大中六年十二月中書門下

諸州刺史仰到任後一季以來尋訪凋瘵之由搜求疾苦之本兩季以後可以周知伏以古之報政備在典章後代因循曾無實效今請觀察使刺史到任一年即悉具釐革制置諸色公事逐件分析聞奏并申中書門下視其所司眞僞自分才能可辨事有可行者著爲令典使久遵守既欲責其潔己須令俸祿少充以厚薄不同等級無制致使俸薄者無人願去祿厚者終日爭先應中下州司馬與軍事俸料共不滿一百千者請添至一百千其上中州不滿一百五十千者請添至百五十千其雄望州不滿二百千者請添二百千其先過者仍舊並於軍事雜錢中方圓置本收利充給如別帶使額者並依舊不在添限其無明文額外徵求或送故迎新廣爲率斂或因徵發頓近橫有破除皆是貧戶出錢惟使姦人得計其他侵擾色目至多不問公私一切禁斷其刺史爲政必除其民瘼在官必勵於公心日限纔終即議遷獎其或不出常流全無政績須知事分合守田園不可得替求官稍遲即興怨謗自今已後應諸刺史得替求官者亦准前任年月爲限滿者即量才除授使免飢寒

未滿者任其東西使營生計其有課績殊異廉使薦論校勘不虛誠可優升者不在此限若授任之後聲實相乖即是廉使別帶私情或因權勢論說上罔明主下困齊民所罪並歸舉主。唐會要六十九

孝女收父遺骸奏 大中年兗州奏

先差赴慶州行營押官鄭神佐陣沒其室女年二十四先亡父未行已前許嫁右驍雄軍健李元慶未受財禮阿鄭知父神佐陣沒遂與李元慶休親截髮往慶州北懷安鎮收亡父遺骸到兗州瑕丘縣進賢鄉與亡母合葬訖便於塋內築廬北夢瑣言

脩奉太廟奏（光啟元年三月中書門下）

伏以前年冬月有震，俄然巡幸，主司宗祧，廹以倉徨，移蹕鳳翔，未敢陳奏。今將迴鑾，輅皆舉典章，清廟再營，孝思式備。伏請降勑命，委所司參詳典禮脩奉。（唐會要十七）

建造武成王廟奏（天祐二年八月十三日中書門下）

遷都以來，武成廟猶未置立，今仍請改為武成王，選地建造，其制度配享，皆准故事。（唐會要二十三）

按全文所收是年九月置武明王廟奏，文雖畧同，與此當別。葢八月建議置立，九月始以避朱全忠

父諱，改成為明。貞元中常去王字，定為齊太公廟，故文中有仍請改為武成王句。

進監生郭應圖等狀奏（天祐三年國子監）

得監生郭應圖等六十人狀稱：伏覩今年六月五日勑文，應國學與諸道等明經一例解送兩人者。應圖等早辭耕稼，夙慕詩書，自拋鄉邑之中，便忝國庠之內，棲遲守學，轗軻于時，未諸昇進之期，却抱減退之患。苟或諸道解送，監府同條，實謂首尾難分，本枝無異。伏請聞奏，俾遂渥恩者。（冊府六百四十一）

考試及格舉人奏（天祐三年河南府）

當府取解明經舉人周定言等二十七人，各據取解，差司錄參軍崔蘊考試，並已及格。伏緣明經舉人先准勑諸州府解送不得過二人者，今當府除去留外，見在二十七人，考試並已及格，若只送二人，必恐互有爭論，難以指揮者。（同上）

唐文拾遺卷之五十八

榮祿大夫三品頂戴前分巡廣東高廉道加四級臣陸心源輯

闕名 六

李從立三廟奏 開平二年四月中書門下

萊國公李從合於西都選地建立三廟以備四仲祠祭仍令度支供給祭料 五代會要五

南郊服色奏 開平三年十一月南郊禮儀使

今檢詳禮文皇帝赴南郊服通天冠絳紗袍登玉輅法駕鹵簿自清遊隊已下諸衛將軍平巾幘緋兩襠大口袴錦縢蛇銀隱起金帶刀弓箭佽飛執旗人引駕三衛並武弁緋兩襠大口袴供奉官并武弁服色各一人步從餘文武官及導駕絳衣平巾幘餘並戎服准式近侍導駕官自三引車從本縣令州府御史大夫即朝服各乘輅車前導其引駕官員不總備車輅自中書令侍中已下則公服內諸司使並常服內人服色禮文不載 五代會要二

留官俸修文宣王廟奏 開平三年十二月國子監

修建文宣王廟請率在朝及天下見任官俸錢每貫尅留一十五文 五代會要十六

監生出給光學文鈔并納光學錢奏 開平五年正月五日國子監

當監舊例初補監生有束脩錢二千及第後光學錢一千竊緣當監諸色舉人及第後多不於監司出給光學文抄及不納光學錢祗守選限年滿便赴南曹參選南曹近年磨勘選人並不收監監司光學文抄爲憑請今後欲准往例應諸色舉人及第後並先于監司出給光學文抄并納光學錢等各有所業等第以備當監逐年公使 五代會要十六

請勿幸東都奏 開平五年二月宰臣等

龍興天府久望法駕但陛下始康念未宜涉褰願少留清蹕 冊府

冊皇后儀奏 同光元年四月太常禮院

准制以此月十三日行皇后冊禮今檢詳臨軒命使冊皇后舊儀皇后廟見如納后之儀受冊後合別定廟見日其日皇后乘重翟車鹵簿鼓吹儀仗前導

又朝謝皇帝儀奏 同上

謹按開元禮臨軒冊皇后皇后表謝朝皇太后並如納后之儀不載朝謝皇帝之禮準納后儀則皇帝服衮冕降迎於門恐禮太重今詳酌其日常服御內殿皇后首飾禕衣尙儀引入至殿庭階間再拜訖如常

儀。（五代會要卷一）

停罷不急朝官奏（同光元年十一月中書門下）

諸寺監各請只置大卿監少卿監祭酒司業各一員。博士兩員。其餘官屬並請權停。唯太常寺事關大禮。大理寺事關刑法。除太常博士外。許更置丞一員。其王府及東宮官屬司天五官正奉御之類。凡不急司存。並請未議除授。其諸司郎中員外郎應有雙曹處。且置一員。左右散騎常侍諫議大夫給事中起居郎起居舍人補闕拾遺各置一半。三院御史仍委御史中丞條理申奏。郎日停罷朝官。仍各錄銜名。具罷任月日。留在中書。候見任滿二十五月。並據資品。却與除官。（五代會要二十）

卷五十八　三

正衙對見奏（同光二年正月四日四方館）

常朝諸職員多有參雜。今後除隨駕將校外方進奉使文武兩班三品已上官。可於內殿對見。其餘並詣正衙。以申常禮。（五代會要六）

停廢儀仗使奏（同光二年三月中書門下）

儀仗法物使李肅。是僞梁置此使。額使令主持。又無考限。況主持法物。各有本司。請准舊停廢。（五代會要二十四）

淮瀆廣潤廟樹連理奏（同光三年三月唐州）

淮瀆廣潤王廟前有兩樹。東西相去七尺五寸。其樹各出地七尺五寸。兩樹相向連理。畫圖以進。（五代會要卷五）

錄送史館事件奏（同光二年四月史館）

本朝舊例。中書并起居院諸司及諸道州府合錄事件報館。如右。時政記。（中書門下錄送）起居注。（左右起居郎錄送）兩省轉對入閤待制刑曹法官文武兩班上封章者。（各錄一本送官）天文祥變占候徵驗。（司天臺逐月錄報并每月供送歷日一本祥瑞禮節逐季錄報并諸道合畫圖申送）蕃客朝貢使至。（鴻臚寺勘風俗衣服貢獻物色道里遠近并具本國王名錄報）四夷人役來降。（表狀中書錄報露布兵部錄報軍還日并主將姓名具攻陷虜殺級數并所因由錄報）變改音律及新造曲調。（太常寺具錄所因并樂詞牒報）

卷五十八　四

法令變革斷獄新議赦書德音。（刑部逐季具有無牒報）詳斷刑獄。昭雪冤濫。（大理寺逐季牒報）州縣廢置及孝子順孫義夫節婦有旌表門閭。（戶部錄報）有水旱蝗蟲雷風霜雹。（戶部錄報）封建天下祠廟。叙封進封邑號詞。（司封錄報）京百司長官刺史以上除授。（文官吏部錄報武官兵部錄報）諸色宣勅。（門下中書兩省逐月錄報）王公百官定謚。（考功錄行狀并謚議逐月具有無牒報）宗室任官課績并公主出降儀制。（宗正寺錄報）刺史縣令有灼然政績者。（本州官錄申奏仍具牒報）應碩德殊能高人逸士久在山野著述文章者。（本州縣不以官秩勘問的實具奏仍具錄報）應中外官薨亡請謚。（許本家各錄行狀一本申送）右乞宣下有司。條件施行。（五代會要）

十八

請廢北都宗廟奏（同光二年六月十日太常禮院）

國家興建之初，已於北都置廟，今尅復天下，遷都洛陽，於此立宗廟。按禮無二廟之文，其北都宗廟請廢。（五代會要卷二）

許諸道辟舉職員奏（同光二年八月八日中書門下）

諸道除節度使及兩使判官除授外，職其餘職員并軍使判官。伏以翹車著詠，戔帛垂文，式重弓旌，以光樽俎。由是副知己之薦，成接士之榮，必當備悉行藏，習知才行。先奉幕中之畫，以稱席上之珍。爰自僞梁

頗乖斯義，皆從除授，以佐藩宣。因緣多事之秋，慮爽得人之選，將期推擇，式示更張。今後諸道除節度副使判官兩使除授外，其餘職員并諸州軍事判官等，並任本道本州各當辟舉，其軍事判官仍不在奏官之限。（五代會要二十五）

按全文九百六十九所收任諸藩奏辟軍事判官奏無式示更張以上一百十餘字，而末多所冀招延之禮云云四句。

重定州縣等官俸料奏（同光三年二月十五日租庸院）

諸道州縣官并防禦團練副使判官等俸料，各據逐處具到事例文帳內點檢，舊來支遣則例錢數不等，所給折支物色又加錢數不定，難爲勘會。今除東京管內州縣官見支手支課錢且依舊外，其三京併諸州於舊日支遣錢數等第重定則例，兼切循本朝事體。防禦團練副使判官外，其餘推官已下職員，皆是本處自要辟請，圓融月俸贍給，亦乞依舊規繩，省司更不支給錢物。謹具如後。（五代會要二十八）

支給副使以下俸料奏（同光三年二月十九日租庸院）

新定四京及諸道副使判官已下俸料，請降勅各下逐處支遣。兼除所置副使判官掌書記推官外，如本

處更妄稱簡署官員，卽勅本道節度使自備請給，不得正破係省錢物。（五代會要二十七）

慮刑獄遲留奏（同光三年六月二十一日大理寺）

准獄例，諸立春已後秋分已前，不得奏決死刑，違者徒一年。今寺司相次有案牘，若准律文候秋分後申奏，必慮刑獄遲留者。（五代會要卷十）

太祖曹皇后定謚奏（同光三年八月中書門下）

據禮儀使狀，準禮及故事，太常少卿定謚，太常卿署定訖，告天地宗廟。伏準禮文，賤不得誄貴，子不得爵母，后必謚于廟者，受成于祖宗。今皇太后謚請太常

卿署定後集百官連署謚狀訖讀于太祖武皇帝室然後差丞郎一人撰冊文別定日命太尉上謚冊于西宮靈座同日差官告謚于天地太微宮宗廟如常告之儀五代會要卷一

曹太后定謚告廟奏 同光三年九月中書門下

大行皇太后謚讀于廟太祖武皇帝室其日合集兩省御史臺五品以上尚書省四品以上官于太廟序立俟行告禮畢中書省班首一人升階詣太廟武皇帝讀訖奏聞別擇日上謚冊於西宮靈座及祭告天地宗廟上全

貞簡皇后不宜葬代州奏 同光三年十月中書門下

伏以人君以四海爲家不當分南北洛陽是帝王之宅四時朝拜理須便近不能遠幸代州令漢朝諸陵皆近秦雍國朝陵寢布列京畿後魏文帝自代遷洛之後園陵皆在河南兼勅應勳臣之家不許北葬今魏氏諸陵尚在京畿祔葬代州理爲未允五代會要卷四

內殿引對番客奏 天成元年太常禮院

臣謹按開元禮以賓禮待番客有六一番國王來朝二戒番王見日三番王奉見四受番使表及幣五宴番國王六讌番國使從開元定禮之後本朝故事對諸番客又並於內殿引對其殿名曰參殿事在禮賓使客省使不下外諸司見今施行不一今例惟迴鶻番使則正殿引對況迴鶻見居甘州其地又屬河西道涼州所管每遣使進表幣待以賓禮皇帝御正殿列百官鋪陳盛儀酌禮沿情事恐太重伏請今後准諸番客例祇於內殿引對不臨正朝兼免乖越又符故事謹具詳酌如前五代會要三十

參詳引對番客奏 天成元年六月十日御史臺

伏覩今月三日入閤班退後方引對朝貢番使竊覩近制頗失常儀且月華門是宰相兩省近侍官常朝

來往之所外國番國朝見不合出此門而又殿廷班序先退比者列其百辟示彼四夷俾觀多士之羽儀以顯九重之嚴重豈可眾官退後番客方來合自正門直趨丹陛此是向來事例今辰忽有更張竊以方屬中興宜循舊典伏乞宣付中書門下重令參詳永爲定制上同

使相納禮錢奏 天成元年十二月二十三日中書

伏准故事應諸道節度使凡帶平章事宜於中書都堂上事禮絕百寮等威無異刊石紀廳以列名姓事係殊恩慶垂後裔舊例赴鎮後合納禮錢一千貫充

中書兩省公使伏自近來全隳往例今皇綱再整墜典咸修合舉成規冀將集事臣等商量今請諸道藩鎭帶平章事處各納禮錢五百千中書建立石亭子一所鐫紀宰臣使相爵位姓名授上年月其所納錢請充中書修建公署及添置都堂內鋪陳什物五代會要十三

越訴斷罪輕重奏天成二年二月十五日御史臺刑部大理寺

奉天成元年十二月二十日勅越訴之條本防虛妄須用懲斷以絶效尤如或實抱深寃無門上訴其越訴律內不載杖數仍令大理寺別具奏聞者寺司准

名例律諸斷罪而無正條若或不經臺省何得復讐事在酌中理難執律其應出律者則舉重以明輕其應入罪者則舉輕以明重疏云斷罪而無條謂一部律內犯無罪名者准雜律不應得爲而爲者笞四十謂律令無條理不可爲者事理重者杖八十疏云雖犯輕重觸類宏多金科玉條包羅難盡其有在律在令無有正條若不輕重相明無文可以比附臨時處斷量情爲罪庶補遺闕故立此條其情輕者笞四十事理重者笞八十五代會要卷九

追尊四廟改置園陵奏天成二年中書門下

伏以兩漢以諸侯王入繼帝統則必易名上謚廣孝稱皇載於諸侯故事孝德皇孝仁皇孝元皇是也伏乞聖慈俯從人願許取皇而薦號兼上謚以尊名改置園陵仍增兵衛五代會要卷二

納夏秋苗子斛斗奏天成二年六月二十九日戶部

先准天成元年五月十五日勅檢納夏秋苗子斛斗每斗秖納一斗官中納不收耗人戶送納之時如有使官布袋者每一布袋使百姓納錢八文內五文與擎布袋人餘三文即與倉使充吃食鋪襯紙筆盤纏若是人戶出布袋令秖納三文與倉司五代會要二十七

李琪新授僕射上事奏天成二年八月中書門下

據新授尚書右僕射李琪狀准舊例上事日合有恩賜百官酒食具載開元禮文者尋下太常禮院檢開元禮祇有從太師已下至六部尚書太常卿太子詹事諸衛大將軍京兆河南牧上州刺史受冊拜廟各就本司禮上無中書門下送上之文亦無恩賜酒食之事又檢禮閣新儀並不載諸品大臣上事禮例唯僕射初上見羣僚輕重之禮唯元和六年御史中丞竇易直奏七年尚書左丞段平仲奏大和元年中書奏覆下太常禮院并尚書省詳議終未能定大凡禮

上爲領本司公事及與官僚相會并授人吏參賀內外無異前後皆同李琪尋會羣僚不稱新授已領公事已請料錢吏引上儀即非通制今請李琪任便赴省發遣公事今後文武兩班受恩命者不計高卑未領事不得擅落新授事及便請料錢內廷學士中書舍人不在此限（五代會要十四）

解送監生奏（天成三年國子監）

請國子監每年祇置監生二百人自後更與諸道相次解送至十月三十日滿數爲定又請頒下諸道州府各置官學如有鄉黨備諳文行可舉者錄其事實申報監司方與解送但一身就業不得影庇戶門兼太學書生亦依此例不得因此便取公牒輒免本戶差役又每年於二百人數內不繫時節有投名者先令學官考校其學業深淺方議收補姓名（冊府六百二十）

縣令兩稅徵科公事奏（天成三年二月二十三日中書）

應天下縣令逐年夏秋兩稅徵科公事伏以縣令之職徵賦爲先若違限逋懸自有罰責如及期了畢不謂功勞況今無彊名之科徭絕虛係之稅額百姓據見苗輸納官中指限程期蓋緣每及徵科事歸煩擾未容輸納已切催驅州郡則推勘吏人縣邑則禁繫

人戶雖云提舉責在徵求動涉旬時固須妨事縱入期限倍困黎民自今後請祇委主簿縣令勾當不得更置監徵每一州之中止限畢日委錄事參軍磨勘取最後逋欠縣分具令佐名銜申三司使舉奏明行責罰其所欠稅額如是本道長吏及判官衙內節級并形勢莊田不伏縣司徵督者縣令即須自經本州論列如依前不納便可直申三司責罰之時以定輕重其縣令到官之初須准近勑交割戶口帳籍至授替之時比較多少如或增多即量加酬獎致逋竄則別示科刑所冀賞罰不涉於過差公務率歸於修舉其本判官都孔目官糧料使等職固不在親人公事止於提舉每至徵科之日皆須一例獎勸或有徵督逋縣令佐獨當之伏請今後凡是徵科畢日比較功過只歸令佐如是一郡之內諸縣皆及期程公事修舉其錄事參軍亦請量加甄獎如管內諸縣併有闕遺其錄事參軍亦請量加責罰（五代會要十九）

劉英甫請對經義奏（天成三年二月禮部貢院）

當司據鄉貢九經劉英甫經中書陳狀請對經義九十道以代舊格帖經奉堂判令詳狀處分者當司伏准格文九經祇帖九經書各一十帖并對春秋禮記

口義各一十道今准往例並不曾有應排科講義九經若便據送到引試排科講義即恐有違格例者五代會要二十三

冬至百寮表賀儀注奏 天成三年十月二十一日中書

冬至日文武百寮詣東上閤門拜表稱賀儀注前一日所司于閤門外量地之宜設中書令捧表位禮部郎中押表案位及文武常參官位如常儀其日文武百寮依時刻俱詣閤門外列班如式次通事舍人贊引中書門下入就位立定典儀曰再拜應在位官俱再拜訖禮官通事舍人引中書令詣奉表位禮部郎中取表授中書令跪受復置於案其案禮部令史二人對舁前導至位中書令搢笏捧表跪授閤門使跪捧表側立候中書令退歸本班立定典儀曰再拜應在位官俱再拜舞蹈三稱萬歲又再拜訖閤門使捧表以進次閤門使宣答出詣中書門下班前曰有勅典儀曰再拜應在位官俱再拜宣曰履長之慶與卿等同之宣訖典儀曰再拜應在位官俱再拜舞蹈三稱萬歲又再拜訖相次退如常式右太常禮院狀准禮例修撰如前案開元八年中書奏冬至一陽生萬物潛動所以自古聖帝明王皆此日朝萬國觀雲物禮之大者莫踰

是時其日祀圜丘皆令攝官行事質明既畢日出視朝有國已來更無改易若親拜南郊受朝須改因勅自今已後冬至受朝永為常式至永泰二年十一月詔冬至令有司祭南郊于含元殿受朝賀至建中二年勅宜以冬至日受朝賀正元四年中書侍郎李泌奏冬至受朝賀請准元日中書令讀諸方表勅旨宜依准六典殿中侍御史凡冬至元正大朝賀升殿者伏以天運四時節分二至陰勝則臣道爍陽盛則君德興且一家之尊祭先祖畢受子孫之賀豈萬國之主祀圜丘止臣下之朝宜按舊章以光令節冬至日望准本朝前後明勅處分五代會要卷五

朝官具三代名諱一度奏 天成三年十二月十日中書門下

朝官每遇待制不計度數具三代名諱奏聞伏以臣子之道資忠孝以為先祖考之名形翰墨而非異初升朝者不可有缺久在諱者何必更然日日赴朝不處疏遠之地時時待制忽煩嘶蹶而書況屢瀆於天聽且無益于時政宜更往例別示新規今後自外任除朝官者仰具三代名諱一度聞奏仍付所司其久在班者每遇待制不令更通三代名諱五代會要卷六

撰太祖莊宗實錄奏 天成三年十二月史館

據左補闕張昭狀嘗讀國書伏見懿祖昭烈皇帝自元和之初獻祖文景皇帝於大和之際立功王室陳力國朝太祖武皇自咸通後來勤王戮力剪平多難頻立大功三換節旄再安京國莊宗皇帝親平大憝奄有中原儻闕編脩遂成湮墜伏請與當館脩撰撰序條綱撰太祖莊宗實錄者伏見前代史館歸於著作國初分撰五代史方委大臣監脩自大歷後來始奏兩員脩撰當時選任皆取良能一代之書便成于手其後源流失緒波蕩不還冒當脩撰之名曷揚褒貶之職及乎編脩大典郎云別訪通才況當館職在編

脩盡令撰述。五代會要十八

賜朝臣茶藥奏 天成四年五月四日度支

准勑中書門下奏朝臣時有乞假覲省者欲量賜茶藥奉勑宜依者切緣諸班官班省使不見品秩高低兼未則例難議施行各令據官品等第指揮文班左右常侍諫議給事舍人諸行尚書太子賓客諸寺太卿國子監祭酒詹事左右丞諸行侍郎宜各賜蜀茶三斤起居拾遺補闕侍御史殿中監察御史左右庶子諸寺少卿國子監司業河南少尹左右諭德諸行郎中員外郎太常博士宜各賜蜀茶二斤蠟面茶二斤草豆蔻百枝肉豆蔻五十枝青木香一斤半國子博士五經博士兩縣令著作郎太常宗正殿中丞諸局奉御大理正太子中允洗馬左右贊善太子中舍司天五官正宜各賜蜀茶二斤蠟面茶一斤草豆蔻五十枝肉豆蔻五十枝青木香一斤武班左右金吾上將軍左右諸衛上將軍宜各賜蜀茶三斤蠟面茶二斤草豆蔻一百枝肉豆蔻一百枝青木香二斤左右諸衛大將軍左右諸衛將軍宜各賜蜀茶二斤蠟面茶二斤草豆蔻一百枝肉豆蔻五十枝青木香一斤半左右率府副率宜各賜蜀茶二斤蠟面茶一斤

草豆蔻五十枝肉豆蔻五十枝青木香一斤。五代會要十二

條流租稅諸般錢穀奏 天成四年五月五日戶部

三京鄴都諸道州府逐年所徵夏秋稅租兼鹽麴折徵諸般錢穀等起徵條流如後四十七處節候常早大小麥麴麥豌豆五月十五日起徵八月一日納足正稅匹帛錢鞋地頭搉麴蠶鹽及諸色折料十月五日起徵至八月二十日納足河南府華州耀陝絳鄭孟懷陳齊棣延兗沂徐宿汝申安滑濮襄均房雍許邢洛磁唐隨鄧蔡同鄆魏汴潁復鄜宋亳蒲等州二十三處節候差晚隨本處與立兩等期限二十三處州郡

未見一十六處較晚大小麥䵃麥豌豆六月一日起徵至八月十五納足正稅匹帛地頭錢鞋榷麯蠶鹽及諸色折料六月十一日起徵至八月二十五日納足幽定鎮滄晉隰慈密青鄧淄萊邠寧慶衍七處節候尤晚大小麥䵃麥豌豆六月十日起徵至九月納足正稅匹帛錢鞋榷麯錢等六月二十日起徵至九月納并潞澤應威塞軍大同軍振武軍（五代會要卷二十五）

明堂致齋舊儀奏（天成四年九月太常禮院）

來年二月十八日致齋於明堂准舊儀皇帝服通天冠絳紗袍文武五品已上者袴褶陪臣近例祗著朝服（五代會要卷二）

命婦上表皇后不報答奏（長興元年中書門下）

其諸道節度使上表賀皇帝其在朝外命婦所上皇后表章進呈訖不下令報答自此不便進表皇子妻駙馬公主及近密親舊或有慶賀及進起居章表內中委入主掌進呈後祇宜示來使並不下令（五代會要四）

命婦表賀奏（長興元年五月太常禮院）

皇后今月十四日受冊准舊儀外命婦並合赴皇后受冊正殿門外就次俟受冊訖司賓引入就位奉賀今未有命婦院請准例上表賀（同上）

命婦賀皇后稱殿下奏（長興元年五月太常禮院）

按儀制令百官上疏於皇后曰皇后殿下中外臣寮外命婦慶賀祇呼殿下不言皇后（同上）

上皇后章表請呼皇后殿下奏（中書覆奏年月同上）

據太常禮院狀若祇呼殿下恐未合宜至如舊制皇太子亦呼殿下若無分別何顯尊卑凡上皇后章表內請呼皇后殿下若不形文字尋常並呼皇后（同上）

磨勘李範趙知遠奏（長興元年七月吏部南曹）

磨勘南郊行事官前守濮州范縣主簿李範是同光二年不納告身人數准勅終身不齒今又負名於四方館行事前河南府長水縣主簿趙知遠使兄爲父

廕行事者（冊府六百三十八）

武功百姓刼縣科斷奏（長興元年九月西京）

武功縣百姓三千餘人持白棒入縣亂擊人吏分刼縣庫稅錢公廨什物尋差兵士捉到結集首領武功鎮將跌跌琉等三十二人各招本罪稱縣令薛文玉以大竿尺檢田所以眾心難抑其跌跌准法科斷文玉罰七十直主簿李彥柔罰五十直並勒停（冊府七百七）

詳覆進士雜文奏（長興二年中書門下覆奏）

奉勅新及第進士所試雜文委中書門下細覽詳覆

方具奏聞不得輒徇人情有瞭事體中書於今年四月二十九日帖貢院准元勅指揮中書商量具詳覆者李飛賦內三處犯韻李穀一處犯韻兼詩內錯書青字寫淸字並以詞翰可嘉望特恕此誤今後舉人詞賦屬對並須要切或有犯韻及諸雜違格不得放及第仍望付翰林別撰律詩賦各一首具體式一一曉示將來舉人合作者即與及第其李飛樊吉夏侯珙吳油王德柔李穀等六人盧價賦內薄代字合使平聲字今使側聲字犯格孫澄賦內御字韻使宇字已落韻又使膂字是上聲有宇韻中押售字是去聲

又有朽字犯韻詩內田字犯韻李象賦內一句六石慶今合使此奚字道之以禮合使此導字及錯下事常字韻內使方字詩中言十千十千處合使平聲字偏字犯韻楊文龜賦內均字韻內使民字以君上爲驂騑之士失奉上之體兼善字是上聲今押編字是去聲如字內使興字詩中偏字犯韻師均賦內仁字犯韻晏如書晏如又河淸海晏又字不合韻又無理晏字即落韻楊仁遠賦內賞罰字書伐字銜勒字書鍼字詩內蓮葡字合著平聲字兼黍粱不律王谷賦內御字韻押處字上聲則落韻去聲則失理善字韻、內使顯字犯韻如字韻押殊字落韻其盧價等七人望許令將來就試仍放在取文解高策賦內於字韻內使依字疑其海外音訛文意稍可望特恕此其鄭朴賦內言股肱詩中十千字犯韻又言玉珠其鄭朴許令將來就試亦放取解仍自賓貢每年祗放一人仍須事藝精具此張文寶試士不得精當望罰一季俸今後知舉官如敢因循當行嚴典冊府六百四十二

幕府等官定限奏長興二年二月中書門下

准天成四年六月二十日敕使准舊例以三年爲限其上尹上佐官以二十五月爲限府縣官准長定格

以三十月爲限其行軍副使兩使判官已下賓僚及防禦團練副使判官推官軍事判官並宜以三十箇月爲限如是隨府不在此限五代會要二十五

覆崔琮請置病囚院奏長興二年四月中書

有罪當刑仰天無恨無病致斃沒地有寃燃死灰而必在至仁照覆盆而須資異鑒書著欽哉之旨禮標侀也之文固彰善於泣辜更推恩於扇暍所請置病囚院望依仍委隨處長吏專切經心或有病囚當時差醫人診候治療後據所犯輕重科斷如敢固違致病囚負屈身亡本屬官吏並加嚴斷兼每及夏初五

且一度差人洗刷棚匭冊府

換給告身多有違礙奏長興二年五月二十六日中書

吏部南曹狀申准敕換給諸色官員告身公憑伏緣點檢選人歷任文書中其間多有違礙事節若旋具姓名申覆竊恐人數繁多互有陳論遂成壅滯當曹不敢施行者五代會要二十一

京城請射空地造屋事例奏長興二年六月八日左右軍巡使

諸廂界內多有人戶侵占官街及坊曲內田地蓋造舍屋又不經官中判押憑據廂界不敢懸便止絕切恐久後別有人戶更於街坊占射轉有侵占不惟窄

狹兼恐久後反致人戶爭競近日人戶係稅田地多被軍人百姓作空閑田地便立封疆修築墻壁占射又無判押憑據及本主或有文契典賣兼云占射年深或有稅額及無稅空閑擲恡不令修蓋以此致有爭競廂界難以止絕者其在京諸坊曲應有空閑田地先降勅命許人戶請射蓋造及見種蒔公私田地如是本主自有力便令蓋造屋若無力即許人請射修蓋自後□次諸色人陳狀委河南府勘逐如實是閑田及不侵占官街然後指揮劈畫交付令所稱諸色人侵占街坊及於見有主稅地內占射蓋造必慮有妨車牛過往及恐百姓互爭議論須定規繩各令稟守京城應天街內有人戶見蓋造得屋宇外此後並不得更有蓋造其諸坊巷道兩邊當須通得車牛如有小街巷亦須通得車馬來往此外並不得輒有侵占應諸街坊通車牛外即日或有越眾迥然出頭牽蓋舍屋棚閣等並須畫時毀拆仍據搏截外具留街道闊狹尺丈一一分析申奏此後或更敢侵占不計多少宜委地分官司量罪科斷其街道內除水渠外不得穿掘取土若已有穿掘各勅逐地分人戶速速填平京城內諸坊曲除見定園林池亭外其餘種

蒔及充菜園并空閑田地除本主量力自要修造外並許人收買見定已有居人諸坊曲內有空閑田地及種蒔并菜園等如是臨街堪蓋店處田地每一間破明間七椽其每間地價宜委河南府估價收買除堪蓋店外其餘若是連店田地每畝宜定價錢七千更以次五千其未曾有蓋造處宜令御史臺兩街使河南府依已前街坊地分劈畫出大街及逐坊界分各立坊門兼掛名額先定街巷闊狹尺丈後其坊內空閑及見種田苗并充菜園等田地亦據本主自要量力修蓋外並許諸色人收買修蓋舍屋地宅如是

臨街堪蓋店處田地每一間破明間七椽其每間地價亦委河南府估價准前收買除堪蓋店外其餘連店田地每畝宜定價錢七千以次近外每畝五千更以次三千未有人買處且勒仍舊遠僻處或欲置菜園任取穩便兼應本主所留諸色人置到田地等並限三箇月內修築蓋造須見次第仍不得兩處收買田地其地祇許修造宅院并其間小小栽植竹木外不得廣作園圃及種植田苗仍令御史臺常加覺察如有故違仰具姓名申奏當行嚴斷其所置田地如是本主種田苗及見菜園候收刈及冬藏畢方許交

割據交割日限後修蓋其已定田地內所有苗稅等宜令據畝數出除其所買田地除本主自要修蓋外有合賣數目如妄託形勢輒有逗留分外邀頡固心占悋者許買地人經臺論訴勘逐不許所犯之人當行重斷其地仍准價例畫時交與所買之人其所買賣田地仍令御史臺委本處巡按御史旋給與公憑仍免稅契右宜令御史臺兩街使河南府專切依次第劈畫曉示或有利便亦可臨時詳奪奏聞 五代會要二十六

李珽五選集奏 長興二年七月吏部南曹

前守鄆州盧縣令李珽曾兩任祕書丞一任國子毛詩博士雖前任有升朝官今任合准格五選集 五代會要二十二

唐文拾遺卷之五十九

榮祿大夫三品頂戴前分巡廣東高廉道加四級臣陸心源輯

闕名七

星曆申送史館奏 長興三年司天臺

奉中書門下牒，令逐年申送史館十一曜細行曆，并周天行度祥變等，當司舊例，祗申星曜事件，不載占詞。五代會要十九

定十都督府額奏 長興三年四月中書門下

天下舊有八大都督府，按十道圖，以靈州爲首，陝、幽、揚、潞、鎭、徐等州爲次。其魏、鎭已升爲七府，兼具員內越、杭、福、潭等州亦相次升爲都督府。望以十都督府爲額，仍據升降次第，以陝爲首，餘依舊制。五代會要十九

定四大都護額奏 長興三年四月中書門下

據十道圖，有大都護，除單于、北庭等府久不置外，今具員內節度使中，見有兩員外，守安北都護、安東都護。今請祗以四大都護爲定額，仍以安東大都護爲首。五代會要二十四

武成廟從祀英賢設籩豆奏 長興三年五月禮院

禮院檢郊祀錄，釋奠武成王廟中祀例，祭以少牢，其配座十哲，見今行釋奠之禮。伏自喪亂已來，廢四壁

英賢之祭，今准帖，爲國子博士蔡同文奏，武成王廟四壁英賢，請各設一豆一爵，祀享者當司今詳郊祀錄，武成王從祀諸英賢各籩二，實以栗、黃牛脯；豆二，實以菁葅、鹿醢；簠簋各一，實以黍稷飯；酒爵一。禮文所設，無一豆一爵之儀。五代會要卷三

修撰功臣列傳奏 長興四年正月十一日史館

當館先奉勑修撰功臣列傳，元奏數九十二人，館司分配見在館官員修撰。其間亦有不是中興以來功臣，但據姓名，便且分配修撰。將求允當，須在品量。其間若實是功臣中興社稷者，須校其功勳大小、德業輕重，次第纂修，排列先後。今請應不是中興以來功臣，汎將行狀送館者，若其間事有與正史實錄列傳內事相連絡者，則請令附在紀傳內，簡畧書出。其無功於國、無德於人，但述履行身名，或述小才末伎，儻無可以垂訓者，並不在編修之限。伏以自有史傳以來，歷代咸有著述，皆存定制，不可更張。如前漢止述蕭、曹、絳、灌之流，後漢但書寇、鄧、耿、賈之例，並同翼戴，咸共匡扶，爵號功臣，先爲列傳。其餘宗室、外戚、文苑、儒林、游俠、逸人、循吏、酷吏之屬，名目甚衆，各有篇題，並隨其次第撰述。其大惡大善之人，有善若周、孔，吏

齊惡若敦立莽卓亦各特爲著撰不附傳紀編修或爲世家或爲列傳蓋欲取監前代垂則後人不可雷同請令區別其功臣未納到行狀者館司見更催促候到卽更分配修撰大凡行狀皆是門人故吏叙述多有虛飾文華今請此後所納行狀並須直書功業不得虛文飾詞其已納到行狀合著撰者仍請委修撰官略其浮辭採其實事五代會要十八

修史規程奏長興四年正月十一日史館

當館承前修史事例應合編錄文書分配在館修撰直館官員逐人紀述內修撰一員充判館事自餘修

撰外應館中著述及諸色公事都專主專監修宰臣通判前修撰直館等其間勤恪者著述不閑怠惰者自因循度日祗藉館中歇歷以資身事進趨或別除官或因出使便將自己分合撰史籍送付後人後人效尤依前懈惰積疊不了公事爲弊滋多須設規程庶無曠敗謹具起請如左自判館修撰已下見充職及此後充館請以二周年爲限據在職館中文書繁簡逐季分配纂修如月未滿公事未闕卽當館給與公憑仍旋申中書門下請別商量其職限內遇本官本省署有遷遷請不妨其序進卽請令依前充職終其月限並請不許未終職限特更除官如職限滿有公事未了不計幾月請不別與除官及差使并與遷遷本官其曠職甚者仍請量事殿罰如據所分配文書修撰外別能採訪得皇后功臣事實及諸色合編集事著撰得史傳堪入國史者請量其課績別加酧獎如當館於職限滿官員中籍令充職者則旋具奏聞乞就加陞陟應此日已來曾充館職配過文書除丁憂官員則請與均分代修撰其未了別除官者所欠文書不計多少並與令本官修撰速須了畢其今日已前曠惰之過特乞矜容起今後若更將已前未

了公事遷延不速修撰了者則別具奏聞仰候聖裁五代會要十八

正押衙設省職奏長興四年正月三司使

當省有諸道鹽鐵轉運使額職員極多見有左右都押衙及客司通引今欲從正押衙設省職爲轉遷之序正押衙同押衙衙前兵馬使討擊副使衙前虞候衙前子弟者五代會要二十四

試舉人定制奏長興四年二月十六日禮部

今後試舉人且請令皇城司公幹人於省門外聽察叫呼稱屈及知貢院有倖門者引赴皇城司勘問如

是的實虛妄請嚴加科斷兼今年放榜後及第人畢便綴行五鳳樓前列行舞蹈謝恩訖赴國學謝先師然後與知貢舉相識期集祗候勅命兼過堂及過樞密院又舊例侵晨張榜後知貢院官及考試官已下便出請今年張榜後知貢舉官并考試官至晚未奏勅宜令勅下後於朝堂謝恩即赴國學其試舉人日宜令御史臺差人聽其放榜日知貢舉官送出自此永爲定制及第舉人過樞密院宜不施行（五代會要二十三）

別鑿洛河引漕船奏（長興四年三月三日三司）

洛河水運自洛口至今往來牽船下卸皆是水運牙

官每人管定四十石今洛岸至倉口稍遠牙官運轉艱難近日例多逃走今欲於洛河北岸別鑿一灣引船直至倉門下卸其工欲於諸軍傔人內差借（五代會要二十七）

判官考校州縣奬罰奏（長興四年五月中書）

准天成元年五月二十七日勅諸使府兩稅徵科詳斷刑獄校官吏考課合是觀察判官專判其一州諸縣徵科糾轄提舉合是錄事參軍本職今後觀察判官錄事參軍校量所屬州縣官吏據每年徵科程限刑獄斷遣戶口增減據州縣申報子細磨勘詣實然後於本官牒內據事件收竪如官吏考課一一事實其判官錄事參軍後考滿日並與酬奬別加職任如考課不實亦行殿罰如有水旱災傷處許奏聽勅旨（冊府六百三十六）

太子諸王見師傅禮奏（長興四年七月三日太常寺）

奉勅詳定太子諸王見師傅禮如左一准開元禮皇太子與師傅保相見前一日尉衛設次於宮門外道西南向伶官展軒懸於庭其日諸衛所部屯門列仗典謁設師傅保位于西階之西東向三少位次之少退俱東向北上師傅保及三少至宮門通事舍人引

師傅保就次左庶子奏中嚴伶官師工人入就位通事舍人引師傅保及三少立于正殿門西差退俱東向左庶子奏外辦皇太子著從省服以出侍衛如常承和樂作至東階下西向立樂止通事舍人引師傅保及三少樂作就位樂止皇太子再拜師傅以下答拜若三少見時則三少先拜通事舍人引師傅以下出樂作出門樂止左庶子跪奏稱臣某言禮畢一又准禮閣新儀皇太子受冊後前二日尚舍設次于崇明門外南向又設師傅保中書門下文武百官東西相向以北爲上宮臣及皇親陪其後次左庶子奏外

備中官褰簾皇太子常服出次南向立侍從如常儀次中書門下就北向位再拜訖禮官贊皇太子再拜訖中書門下班首一人前進賀訖復位再拜皇太子答賀訖又再拜皇太子揖中書門下訖相次退通事舍人禮贊皇太子再拜師傅等少避位訖師傅爲班首者一人進賀訖復位再拜皇太子答賀訖又再拜皇太子揖師傅退出內侍奉引皇太子就座南向座訖通事舍人引文武宮臣三品以下入就北向重行異位立定奉禮曰再拜訖左庶子一人進跪具官臣某等言賀訖復位皆再拜各班東西序立奉禮曰再

拜在位官皆再拜訖左庶子少前跪奏具官臣某言禮畢近侍垂簾皇太子降座宮臣侍衛仗散如儀一准會要貞觀十七年上謂房元齡曰太子三師以德導人者也若師禮卑則太子無所取則於是詔令撰三師儀太子出殿門迎先拜三師三師答拜每門讓三師坐太子乃坐與三師書前名惶恐後名惶恐再拜右據太常禮院狀謹檢開元故事禮閣新儀及會要分析如前其師傅見親王不同皇太子見師傅臣請師傅親王對拜揖各退 五代會要卷四

逐年書考校優劣奏 長興四年九月尚書考功

今年五月中翰林學士程遜所上封事內請自宰相百執事外鎭節度使刺史應係公事官逐年書考校其優劣以前件考課究尋臺閣深遠歲年若議與行宜憑往制具申中書門下宰臣判設官分職各有所司本司自合將條格故實參詳更檢尋遠勅條奏定爲悠久緣本司公事遂檢尋唐書六典會要考課令書考第 冊府六百三十六

見天下兵馬大元帥禮奏 長興四年九月中書門下

秦王加天下兵馬大元帥自歷朝以來無天下兵馬大元帥公事儀注或專一面之權或總諸道之司其

儀注規程之事條目載詳故實未見明文臣等謹沿近事伏見招討使總管兼受副使已下櫜鞬庭禮今望令諸道節度使已下凡帶兵權者見元帥階下具軍禮參見皆申公狀其使相者初相見亦以軍禮一度已後客禮相見應天下諸軍務公事元帥府行指揮其判六軍諸衛事其行公牒往來其元帥府所置官屬補授軍職則委元帥奏請 五代會要二十四

祧遷獻祖奏 應順元年正月中書門下

太常以大行山陵畢祔廟今太廟見享七室高祖太宗懿祖昭宗獻祖太祖莊宗大行升祔合祧遷獻祖

請下尚書省集議（五代會要卷二）

御明堂比正至奏（清泰元年四月中書門下）

太常以五月朔御明堂受朝三日夏至祀皇地祇前日奏告獻祖室不坐比正至是日有祀事則次日受朝今祀在五鼓前質明行禮畢御殿在始旦後請比例行之（五代會要卷五）

冊拜王公車輅法物奏（清泰元年六月中書門下）

據太常禮院申冊拜王公如在京城所司備鹵簿車輅法物皇帝臨軒行冊禮如在外鎮正衙命使押冊赴本州行禮車輅法物故事不出都城禮無明文今

制命幽州趙德鈞封北平王青州房知温封東平王皆備禮冊命其合用車輅法物在兵部太常太僕寺請載往本州行禮後送納本司（五代會要卷四）

竊盜議定贓罪奏（清泰元年九月大理寺）

所用法書竊盜條准建中年贓滿三匹已上決殺不及三匹量情決杖本朝以量情之文不定詔御史中丞龍敏等議贓滿三匹准舊法一匹已上決徒一年半一匹已下量罪以杖大理寺又以量罪之文不定申奏集寺重議今議定贓滿一匹徒二年不及一匹徒一年半不得財杖七十（五代會要卷九）

請差官詳議循資格奏（清泰元年九月吏部三銓）

所用循資格先經詳定然自次府司錄參軍已下無品第入官處尋帖格式參詳添入又以地卑不敢添注請差官詳議（冊府六百三十三）

前任節度使綴班奏（清泰元年十一月御史臺）

前任節度防禦團練使刺史行軍副使近儀五月一日內殿起居皆綴班序立元係班簿雖日便殿起居其遇全班起居時亦合綴班（五代會要卷六）

朝拜諸陵奏（清泰二年正月宗正寺）

北京永興長寧建極三陵應州遂衍奕三陵准舊州

温陵例下本州府官朝拜雍坤和徽四陵太常宗正卿朝拜（五代會要卷四）

明宗魏皇后上謚奏（清泰二年二月中書門下）

臣聞漢昭帝承祚御歷奉尊謚于雲陽魏明帝繼體守文思外家于甄館而皆追崇徽稱祔饗朝廷克隆敬本之文式叶愛親之道臣等又覽國史竊見元宗皇帝母曰昭成皇后竇氏代宗皇帝母章敬太后吳氏始嬪朱邸俄閟元宫鴻圖既屬于明君尊號咸追于聖母伏以魯國夫人發祥沙麓貽嬪河洲三母最賢周母允成于天統四妃有子唐后先啟于帝基仰

惟當亡之情彌軫寒泉之思久虛殷薦慮損皇猷臣等謹上尊諡曰宣顯皇太后請依昭成皇太后故事擇日備禮冊命又臣等伏聞先太后舊陵不祔先祠則都下難崇別業既追尊諡合祔閟宮按漢朝故事園寢不在王畿或就陵所更立寢祠今商量上諡後權立享廟以申告獻配祠之禮請俟他年（五代會要卷一）

避御名上一字奏（清泰二年五月中書門下）

御名上一字與諸王相連按太宗元宗廟故事人臣諸王合避相連字改從單（五代會要卷四）

試進士依舊例奏（清泰二年九月禮部貢院）

卷五十九　十一

奉長興二年二月敕進士引試早入晚出今請依舊例進士試雜文并點門入省經宿就試（五代會要二十二）

科目事宜奏（清泰二年九月禮部貢院）

奉長興元年敕進士五經九經明經五科童子外諸色科目並停緣由有明算道舉人今欲施行又奉長興三年正月敕每落第舉人免取文解今後欲依元敕格請並再取解十月十五日到省畢違限不收又奉天成四年敕諸色舉人入試前五日納試紙用中書印印訖付貢院緣五科所試場數極多旋印紙鏁宿內中書往來不便請祇用當司印（五代會要二十三）

明堂受朝大事不坐奏（清泰二年十二月太常禮院）

來年正月元日合御明堂受朝賀其日上辛祀昊天上帝於南郊依禮大事不坐（五代會要卷五）

請詳酌現行法律奏（清泰二年中書門下）

刺史位列公侯縣令爲人父母只合倍加乳哺豈可自致瘡痍一昨張宗胥吏訟論合當極典法司據律罪止徒流向來此法極嚴纔可存其軀命卽一二十年不復還鄉却緣近日赦宥稍頻遷易所數致其兇物不顧嚴刑臣竊惟立法稍嚴則人不敢犯其見行法律望下所司更加詳酌（冊府六百十三）

卷五十九　十二

今古服制令式不同奏（清泰三年二月太常禮院）

據尚書兵部侍郎馬縞上疏言古禮嫂叔無服蓋推而遠之案五禮精義貞觀十四年魏徵等議親兄弟之妻請服小功五月今所司給假差謬爲大功九月太常博士段顒稱自來給假元依令式若云違古不獨嫂叔一條舊爲親姨服小功令式今服大功爲親舅舊服小功今服大功妻父母緦服今服小功爲女壻爲外甥緦服今並服小功此五條在令式與古不同未審依馬縞所奏爲復且依令式（五代會要卷八）

封贈三代降等奏（天福二年四月中書門下）

准二月二十六日敕內外臣寮亡父母祖父母據品秩未封贈者與封贈已封贈三代更加恩命按舊制一品官亡父已上三代約其子官品等降一等亡母追封國號祖母已上第降一等五代會要十四

宣示赦書德音奏天福二年四月中書

准翰林志凡赦書德音立后建儲行大誅討拜免三公宰相命將制書並使白麻書不使印雙日起草候開門鑰入而後進呈至隻日百僚立班于宣政殿樞密使引案自東上閤門出若拜免宰相卽便付通事舍人餘付中書門下並通事舍人宣示若機務急速亦使雙日甚速者雖休假亦追班宣示五代會要十三

買賣使八十陌錢奏天福二年七月十二日度支

三京鄴都並諸道州府市肆買賣所使見錢等每有條章每陌八十文近訪聞在京及諸道街坊市肆人戶不顧條章皆將短陌轉換長錢但恣欺罔殊無畏忌若不條約轉啓倖門請更嚴降指揮及榜示管界州府鎮縣軍人百姓商旅等凡有買賣並須使八十陌錢兼令巡司廂界節級所由點檢覺察如有無知之輩依前故違輒將短錢興販便仰收捉委逐州府枷項收禁勘責所犯人准條奏處斷訖申奏其錢盡底沒納入官五代會要二十七

選差馬步判官奏天福二年九月吏部

長興四年五月五日敕應諸道州府都虞候司判官先指揮令於州縣前資之中簿尉判司之內選差勾當二年行有廉謹理無黨偏卽委本道奏聞請行酧獎者近日馬步判司多是差攝官充馬步判官奏薦須於前資正官判司簿尉中精選明練公法行端正者方可任使滿二周年後無遺闕者與減三選仍委本道州府一例給與公憑如只欠三選已下者仍便給與文解赴選今日已前有前資正官充馬步判官並准此所有諸道州府應今日已前已差攝試官充馬步判官勾當已及三年無遺闕者亦宜令本州府給與公憑仍便申奏更四年後給與文解赴選比擬初官其今日已前攝試官見充職有過一周年者宜令待滿二年凡准上處分如未及一周年者宜令逐道州府敕到後便別差前資正官停替不在給與公憑者僞清泰二年三月二十四日敕停廢前資攝正官充馬步判官前件敕已經封鏁不行者冊府六百三十三

按冊府作清泰三年九月五代會要二十一所收節文作天福二年九月今考其年月當以會要爲

正

謝賀上表准貞元制奏（天福二年十月中書門下）

按禮閣新儀正元二年十月七日御史臺奏每月慶賀及諸上表並合上公行之制可今後凡有謝賀上表望並准元勅上公行之如三公闕令僕已下行之中書門下別貢表章（五代會要卷四）

職事官覲省及給裝束假奏（天福二年十一月中書門下）

按六典尚書吏部凡職事官應覲省及稱病不得過程謂身有疾病滿百日若所親疾病滿二百日及當時解官申省以聞其應待人材用灼然要藉驅使者

得帶官侍養及准雜令諸外官授給裝束假去所授官一千里內者四十日二千里內者五十日三千里內者六十日四千里內七十日過四千里八十日並除程其假內欲赴任者聽之若有事須早還者不用此令若京官身先在外者裝束假減外官之半（五代會要十二）

改更漏刻錯誤奏（天福三年二月司天臺）

臣等准漏刻經云漏刻之制起自軒轅所以上揆天時下著人事是故日行有南北晷漏有長短以黃道去極之度而求漏刻日移之變夫中星晝夜一百刻分爲十二時每時有八刻三分之一假令符天以六十分爲一刻一時有八刻二十分四刻十分爲正前四刻十分爲正後二十分中必爲時正上古以來皆依此法自唐室將季黃巢犯京既失舊經漏刻無准伏以見行漏刻自午初四刻元稱已時已入未時猶打午正若不改更終成錯誤今欲每時初打一刻至四刻後正時刻牌打八刻終一時後一時卻從初起卽上同往古下驗將來奉勅宜依令本司集寮屬討定奏聞者臣等據諸家歷數及太霄論漏刻等經皆以晝夜百刻分爲十二時每時有八刻三分之一凡

一時宜打一刻起於時初八刻終於時正近取到水秤較驗方知見行漏刻差誤假令以午刻爲例從午時五刻上行作午時一刻侵至未時四刻始滿八刻方終午時此則午未兩時中各取半合爲一時也自日出後至日入以來時刻皆如此例相侵伏乞改正從時初打一刻至四刻後進正牌八刻終爲一時後時却從初起時辰自正晷漏無差（五代會要卷十）

按全文所收中無奉勅云云十五字故分而爲二會要合爲一首

日變依舊禮奏（天福四年七月庚子朔中書門下）

謹案舊禮日有變天子素服避殿太史以所司救日于社陳五兵五鼓五麾東戟南矛西弩北楯中央置鼓服從其位百職廢務素服守司重列于廷每等異位向日而立明復而止今所司法物咸不能具去歲正旦日蝕唯謹藏兵仗皇帝避正殿素服百官守司今日欲依舊禮施行（五代會要卷十）

製皇帝受命寶奏（天福三年六月中書門下）

准勅製皇帝受命寶今按唐貞觀十六年太宗文皇帝刻之玄璽白玉爲螭首其文曰皇帝景命有德者昌（五代會要十三）

韓延嗣合斬奏（天福三年八月大理寺）

左街韓延嗣爲百姓李延暉衝者本街使連喝不住歐擊致死准律鬭毆者原無殺心因相鬭毆而殺者依故殺人者斬其韓延嗣准律合斬刑法統類節文從刑決重杖一百處死（五代會要卷九）

旌表門閭令式奏（天福四年閏七月尚書戸部）

李自倫義居六世准勅旌表門閭當司元無令式祇先有登州義門王仲昭六代同居其旌表有廳事步欄前列屏樹烏頭正門閥閱一丈二尺一柱相去一丈柱端安瓦桶漆黑號烏頭築雙闕一丈柱烏頭之南三丈七尺夾街十有五步槐柳成列今舉此爲例又不載令文准王仲昭正廳烏頭門等事既非故實恐紊彝章宜從令式祇表門閭於李自倫所居之前量地之宜高其外門安綽楔門外左右各建一臺高一丈二尺廣狹方正稱臺之形圬以白泥四隅染赤行列樹植隨其事力同籍課役一准令文（五代會要十五）

按全文九百七十五所收請定旌表門閭式議與此不同

時政記付史館奏（天福四年十一月史館）

按唐長壽二年右丞姚璹奏帝王謨訓不可闕文其

仗下所言軍國政事令宰臣一人撰錄號時政記至唐明宗朝又委端明殿學士撰錄逐季送付史館伏乞遵行者宜令宰臣一員撰述（五代會要十八）

重定正冬朝會奏（天福四年十二月太常禮院）

勅約開元禮重定正冬朔會按開元禮三品以上升殿羣臣在下請沿近禮依內宴列坐據開元禮稱賀後皇帝戴通天冠服絳紗袍百官朝服侍坐解劍履于樂府之西北今京邑新造殿廷隘狹請皇帝冠烏紗巾服赭黃袍百寮具公服俟朝堂宏敞即舉舊儀二舞鼓吹熊羆之樂工師樂器等事因久廢不可卒

備請且設九部樂用教坊伶人〔五代會要卷五〕

公主出降廢書函禮奏〔天福五年二月太常禮院〕

長安公主以三月出降按唐德宗朝禮儀使顏眞卿議婚用誕馬在禮無文周禮諸侯以璋聘女禮云玉以比德今請駙馬都尉加以璋郡主之壻加元纁以代用馬書函之禮出自近代事無正經請廢之勿用〔五代會要卷二〕

縣令犯贓連坐府州奏〔天福五年六月二十日詳定院〕

准刑法統類大中二年正月勑天下州府官吏犯贓皆遞相蒙蔽不肯發明縱有申聞百無一二自今後

管內縣令有犯贓事發州府不舉者連坐錄事參軍錄事參軍有贓犯刺史不舉者連坐刺史刺史有贓犯事發觀察使不舉連坐廉使又准大中二年二月十七日刑部起請今後縣令有犯贓錄事參軍不舉錄事參軍奏聽勑旨臣等參詳設縣司本典知情並同罪告事人放三年租稅差徭仍將放免數郤配蓄藏罪其錄事參軍不舉者請減縣令所犯罪一等〔五代會要二十〕

正冬二節朝會舊儀制度奏〔天福五年七月詳定院〕

先奉勑正冬二節朝會舊儀禮節樂章二舞行列等事宜差太常卿崔棁御史中丞竇貞固刑部侍郎呂琦禮部侍郎張允與太常寺官一一詳定今檢討典經具述制度按禮云天子以德爲事以樂爲御大樂與天地同和又曰安上治民莫善於禮移風易俗莫善於樂書云夫樂在耳曰聲在目曰容聲應乎耳可以聽知容藏于心難以貌覩故聖人假於羽旄以表其容發揚蹈厲以見其意聲容和合則大樂備矣又按義鏡問鼓吹十二按合於何所答曰周禮鼓人掌六鼓四金漢朝乃有黃門鼓吹崔豹古今注云因張騫使西域得摩訶兜勒一曲李延年增之分爲二十

八曲梁置鼓吹清商令二人唐又有搖鼓金鉦大鼓長鳴歌簫笳笛合爲鼓吹十二按大享會則設於懸外此乃是設二舞及鼓吹十二按之由也今議一從令式排列教習文舞郎六十四人分爲八佾佾八人左手執籥禮云葦籥伊耆氏之樂也又周禮籥師教國子爾雅曰籥如笛三孔而短大者七孔謂之産歷代以文舞所用凡用籥六十有四右手執翟周禮所謂羽舞也書曰舞干羽于兩階翟山雉也以雉羽分析連攢而爲之二人執纛前引數於舞人之外文舞冠進賢冠服黃紗袍白紗中單皁領標白練褠襠白布

大口袴革帶烏皮履白布韈武舞郎六十四人分爲八佾左手執干干楯也今之旁牌所以翳身也其色赤中畫獸形故謂之朱干周禮所謂兵舞取其武象用楯六十有四右手執戚戚斧也上飾以玉故謂之玉戚二人執旌前引旌似旗而小綵色畫升龍二人執鼗鼓二人執鐸周禮有四金之奏其三曰金鐸以通鼓形如大鈴仰而振之金錞二每錞二人舉之一人奏之周禮四金之奏其一曰金錞以和鼓鑄銅爲之其形圓若碓頭上大下小高三尺六寸有六分圍二尺四寸上有伏虎之形旁有耳獸形銜環二人執鐃以次之周禮四金其二曰金鐃以止鼓如鈴無舌搖柄以鳴之二人執相在左禮云理亂以相狀如小鼓用皮爲表實之以糠拊之以節樂二人執雅在右禮云訊疾以雅以木爲之狀如漆筩揜口大二圍長五尺六寸以羊皮鞔之旁有二紐髹畫殿辭而出以器築地明行不失節武舞人服錦平巾幘金支緋絲布大袖緋絲裲襠甲金飾白練褡襠錦騰蛇起梁帶豹文大口布袴烏皮鞾工二卞數在舞人之外武弁朱韝革帶烏皮履白練褡襠白布韈殿廷加鼓吹十二案義鏡云常設氈案以氈爲牀也今請製大牀十二牀容九人眠作歌樂其牀爲熊羆虎豹騰倚之狀以承之象百獸率舞之意分置於建鼓之外各三案每案羽葆鼓一大鼓一金錞一歌二人簫二人十二案樂工一百有八人舞一百三十有二人取年十五已上弱冠已下容止端正者充其歌曲名號樂章詞句請中書條奏差官修撰（五代會要卷六）

大行升祔奏（天福七年七月太常禮院）

國朝見享四廟靖祖肅祖睿祖憲祖今大行皇帝將行升祔按會要唐武德元年立四廟于長安至貞觀九年高祖神堯皇帝崩命有司詳議廟制議者以高祖神主并舊四室祔廟今先皇帝神主請同唐高祖升祔（五代會要卷二）

上高祖謚冊差官祭告奏（晉天福七年八月中書門下）

山陵禮儀使狀高祖尊號謚及廟號伏准故事將啓殯宮前擇日命太尉率百僚奉謚冊告天於圜丘畢奉謚冊跪讀於靈前此累朝之制蓋以天命尊極不可稽留今所上高祖聖文章武明德孝皇帝尊謚寶冊伏緣去洛京地遠寶冊難以往來當司詳酌伏請祇差官往洛京祭告南郊太廟其日中書門下文武百官立班中書令侍中升轝坐前讀寶冊行告謚之

禮令從敕牒所司擇日申請官員行事伏請奏聞宣下者（五代會要卷一）

諸倉納耗本色折錢奏（天福八年五月十五日三司）

天下今後諸倉請據人戶元納耗二升內一升依舊送納本色充備鼠省耗折一升卽令人戶送納價錢兩文足與元納錢八文足共十一文足充備倉夫斗袋人夫及諸色吃食紙筆鋪襯盤纏支費（五代會要二十七）

司封合行事件奏（天福十二年九月尚書司封）

當司合行事件如後皇太后三代祖母並追封國太夫人皇太子三代外祖母宗室郡國王曾祖亡母亦

追封國太夫人中書門下二品及平章事在朝正一品官使相曾祖母祖母亡並追封國太夫人如母在敘母爲國太夫人妻爲國夫人（已上並在中書施行）東宮一品尚書省二品不帶平章事留守節度使祖母並許追封郡太夫人止如母在敘封母爲郡太夫人妻爲郡夫人止如曾任皇朝將相已經追封三代祖父母及已封國太夫人者依舊施行東宮二品西班二品尚書省三品御史大夫中書門下侍郎太常卿亡母並追封郡太夫人止如母在敘封爲郡太夫人妻爲夫人止如任皇朝將相已經追封三代兩代祖父母及已封國太夫人者依舊施行應致仕官如未致仕日曾任五品已上正官封者與據品秩施行嫡母正室許封敘如非嫡繼敘封進封內加太字母歿追封亦加太字故云存歿並同若是父在據敕格不載爲母加太字之文若以近敕因子貴與父命官父自有官卽妻從夫品可以封妻父在不合以其子蔭加母太字若雖有因子之官其品尙卑未得蔭妻敘封亦不合用子蔭之限（五代會要十四）

按此首後五行自敘封進封內加太字以下九十餘字見全文九百七十五封母加太字議

唐文拾遺卷之六十

榮祿大夫三品頂戴前分巡廣東高廉道加四級臣陸心源輯

闕名八

寺監攝官五年方理選數奏 開運元年十二月中書門下

司寺監若無私不合一例差署攝官況自前元無勅命指揮又不曾具名奏聞其太常寺太祝奉禮逐季祇應祠祭行事不可缺人其太常寺已差攝官滿五年者宜比三傳出身其餘諸司寺監今日已差攝官滿五年者宜比明經出身今既稱已年滿者各委本司一月內具所差年月鄉貫三代申奏下中書追引本司差攝文牒及親公事文書點檢不虛奏覆勅下後方理選數仍給與優牒候合格日赴選如攝太常寺太祝奉禮有已滿三年已上者亦許一齊奏過候滿五周年准前事例施行其餘諸司寺監攝未滿五周年者不在施行兼今後諸司監不得更差攝官其太常寺如正官數上宜許差前資判司主簿及黃衣選人充仍先具姓名申奏取裁不得充原額人數所攝一任限周年爲滿每年與減一選候罷攝日准前給與優牒候本選合格日執優牒赴選 五代會要十七

吏部郎中主判祠祭行事官奏 開運三年六月西京留司監祭使

以祠祭所定行事官臨日或遇疾病或奉詔赴闕留司稟勅已遲乞以留司吏部郎中一人主判有缺便依次第定名庶無缺事 五代會要卷四

朝拜義惠康昌四陵奏 開運三年七月八日中書門下

太常禮院狀得宗正寺牒今年八月擇日朝拜諸陵今太卜署擇用八月十二日庚午告北京義惠康昌四陵准天福二年七月勅宜就昌陵都朝拜其朝拜官以本府上佐官充行事禮料亦准上供備 同上

父在母封加太字奏 乾祐元年七月尚書省

准赦書節文在朝文武臣寮父母在者並與追封內有父在見任官母合敘封否中書帖吏部廢置司令具新舊勅例父在見守官得承子蔭加恩及父在母敘封追封合加太字事例申上吏部廢置司以前後格勅內祇言父母許與加恩即不說父在見守官及前任得承子蔭加恩例司封以檢詳前後勅例凡母皆加太字在歿並同即不說父在不加太字近例有中書舍人艾穎于天福五年十二月任殿中侍御史父在繼母李封縣君不加太字尚書司門郎中伊偘天福八年三月任尚書倉部員外郎父在母宋封縣

君不加太字（五代會要十四）

審改考牒奏（乾祐二年四月中書門下）

准吏部南曹鏁宿內選人中有契丹會同年號歷子解由考牒未審合各令改就天福年號爲復別有指揮（五代會要十七）

儀仗奏（乾祐三年八月殿中省）

當司儀仗車駕都洛京時所差至今管係逐年分番祇候執擎儀仗昨京兆府奏依平戶例差使伏恐忽有大禮無人供應（五代會要十六）

追謚四廟所議未同奏（廣順元年正月中書門下）

太常禮院議曰合立太廟室數若守文繼體則魏晉有七廟之文若創業開基則隋唐有四廟之議聖朝體通禮追謚四廟伏恐所議未同請下百官集議（五代會要卷二）

南曹選人兵火散失公憑奏（廣順元年二月吏部三銓）

去年冬南曹判成選人三百八十一人十一月二十二日兵火散失磨勘了歷任文字或有送納文書未抄及取到南曹失墜公憑銓司若依格例磨勘恐選人訴論今欲祇舉南曹失墜給到公憑便與施行（五代會要二十一）

縣令兼諸陵令丞不便奏（廣順元年五月宗正寺）

准諸陵故事有令丞各一員近令丞不置便委本縣令兼之今緣河南洛陽是京邑恐兼令丞不便伏候勅旨（五代會要卷四）

左右屯衛請復舊名奏（廣順二年十二月御史臺）

唐景雲二年改左右屯衛爲威衛又居高宗名治改治書侍御史爲御史中丞諸州治中改爲司馬蓋臣子避君父名也請諸衛中書舊是屯衛者復舊名（五代會要十一）

犯罪人依格令處分奏（廣順三年二月中書門下）

今後應犯竊盜贓及和姦者並依晉天福元年已前條制施行應諸處犯罪人等除反逆外其餘罪並不得籍沒家產及誅骨肉一依格令處分請再下明勅頒示天下（五代會要卷九）

製天子八寶奏（廣順三年二月有司）

按唐六典符寶郎掌天子八寶其一曰神寶其二曰受命寶其神寶方六寸高四寸六分厚一寸七分蟠龍紐文與傳國寶同傳國寶秦始皇帝以藍田玉刻之李斯篆文方四寸面文曰受命于天既壽永昌紐盤五龍二寶歷代相傳以爲神器又別有六寶一曰

皇帝行璽二曰皇帝之璽三曰皇帝信璽四曰天子行璽五曰天子之璽六曰天子信璽此六寶因文爲名並白玉螭虎紐歷代相傳亡則補之北朝鑄之以金至則天朝以璽字涉嫌改之爲寶正觀十六年別製玄璽一坐其文曰皇天景命有德者昌白玉螭虎紐同光中製寶一坐文曰皇帝受命之寶晉天福四年製寶一坐文曰皇帝神寶其同光天福二寶內司製造不見紐象并尺寸製度五代會要十三

除授節度使等正衙辭謝奏廣順三年三月御史臺

應除授節度使防禦團練使刺史行軍副使等近日不到正衙辭謝多稱別奉宣旨勅今後此色除宜

卷六十　五

令閤門告報勒正衙辭謝如有宣放辭謝閤門具姓名分明投御史臺四方館五代會要卷六

鳳翔府考帳違限不收奏廣順三年三月尚書考功

當司所納諸道考課文帳准格每年十月二十五日已前考帳到京如違格限本處官吏各行殿罰其鳳翔府自廣順元年十月九度移文爲考帳全不詳認格條遂申中書門下請勘今鳳翔府稱違格限二十餘日已決罰官典申到考帳當司准格違限不收冊府六百三十六

勘韋城鎮將趙應等發冢掘井奏廣順三年五月開封府

趙應與僧智欽鎮民陳元濟二十人同謀發冢掘井妄稱羅漢聖□誑惑閭閻希求財物逐人勘責並招妖妄其錢各人已分張藏匿冊府九百二十二

圜丘制度奏廣順三年九月太常禮院

准勅定郊廟制度洛陽郊壇在城南七里丙巳之地圜丘四成各高八尺一寸下廣二十丈再成廣十五丈三成廣十丈四成廣五丈十有二陛每節十二等燎壇在泰壇之丙地方一丈高一丈二尺濶上南出戶方六尺請下所司修奉五代會要卷二

卷六十　六

修奉社稷壇奏廣順三年九月太常禮院

社稷制度社壇廣五丈高五尺色土築之稷壇制度如社壇之制度社壇石主長五尺方二尺剡其上方其下半根在土中四垣華飾每神門屋三間一門門二十四戟四隅連飾罘罳如太廟之制中可樹槐准禮左宗廟右社稷在國城內請下所司修奉五代會要卷三

修奉洛京廟室奏廣順三年九月太常禮院

准洛京廟室一十五間中分爲四室兩頭有夾室四神門每門屋三間每門戟二十四別有齋宮神廚屋宇准禮左宗廟右社稷在國城內請下所司修奉五代

會要卷三

祇祭禮料見行事件奏 顯德五年閏七月一日御史臺

諸司寺監逐季請到祇祭禮料幣帛脚錢等於宗正寺監祭使與本寺官同掌候至日供應逐季所祭享郊壇祠廟並是禮部差官具名銜牒報監祭使大祠前七日赴尚書省受戒誓如其日有官不到具名銜申奏申堂前三日致齋前二日請道引赴祠所中祠不受戒誓前二日致齋前一日請道引赴祠所小祠不受戒誓候吏部牒到獻官名銜監祭使點檢封記印禮料并諸司祇應人等發牒差驅使官管押赴所

交割逐祠祭諸司赴郊壇所等至午時與公卿行事官立班告潔省牲點饌畢給付大官令監厨造饌至來日五更於壇所食饌畢行事點檢有食饌祭器不精應奉有缺其本司人吏量罪責罰郊壇太廟宰臣攝太尉行事至受誓戒及赴祠廟日監祭使具錄公卿行事官名銜申迎班狀應行事官未受誓戒前牒陳有故請假並是吏部別差官行事如受誓戒後及致齋之內有官陳牒有故請假監祭使差次官通攝行事祠齋前一日本寺按閱申堂如至行事日音律樂官祇應前公卿等並聽別勑指揮諸祠祭有同日享祀監祭使具狀申御史中丞請差官祀若是無官可差監祭使牒大常博士通攝如缺太常博士監祭使通攝祠祭行事公卿官員職掌等每至冬寒請柴炭太常禮院差禮生請給監祭使監散 五代會要卷四

甲庫見行公事奏 顯德五年閏七月吏部甲庫

見行公事甲庫先有專知官一人於長興二年停廢後來於令史內選差一人承受主管諸雜制勑及逐季抄錄闕報史館所有選人受官黃甲備錄關送吏部出給告身及具名銜關牒送格式收附員闕准格出給 五代會要二十二

漕運水陸行程奏 顯德五年閏七月度支

當司漕運水陸行程制陸行馬日七十里步及驢五十里車三十里水行泝流舟之重者汴河日三十里江四十里餘水五十里空舟汴河日四十里江五十里餘水六十里沿流之舟輕重同制河日一百五十里江一百里餘水七十里其三峽砥柱之類不拘此限若遇風水淺不得行者聽折半功河南河北河東關內等四道諸州運租庸雜物等脚每馱一百斤一百里一百文山阪處一百二十文車載一千斤九百文從黃河及潞河自幽州運至平州每十斤泝流十

六文沿流六文餘水泝流十五文沿流五文從澧荊等州至揚州四文其山阪險難驢少處每馱不得過一百五十文平易處不下八十文有人員處兩人分一馱其運向播黔等及涉海各在本處量定五代會要十五

祠祭合供芹韮等五件奏顯德五年閏七月司農寺

奉勑節文刪集見行公事送中書門下者當寺每年季冬祠祭合供使芹韮菁葱葵菹等五件准例至浥藏之時牒三司支給寺司請領藏浥准例一冬供應五代會要十六

定府縣各官料錢停廢俸戶奏顯德五年十二月中書

卷六十　九

諸道州府縣官及軍事判官一例逐月各據逐處主戶等第依下項則例所定料錢及米麥等取顯德六年三月一日後起支其俸戶竝停廢一萬戶已上縣令逐月料錢二十千米麥共五石主簿料錢一十二千米麥共三石七千戶已上縣令逐月料錢一十八千米麥共五石主簿料錢一十千米麥共三石五千戶已上縣令逐月料錢一十五千米麥共四石主簿料錢八千米麥共三石三千戶已上縣令逐月料錢一十二千米麥共四石主簿料錢七千米麥共三石不滿三千戶縣令逐月料錢一十千米麥共三石主簿料錢六千米麥共二石五萬戶已上州司錄事參軍及兩京司錄每月料錢二十千米麥共五石司戶司法每月料錢一十千米麥共三石三萬戶已上州司錄事參軍每月料錢一十八千米麥共五石司戶司法每月料錢八千米麥共三石一萬戶已上州司錄事參軍每月料錢一十五千米麥共四石司戶司法每月料錢七千米麥共三石五千戶已上州司錄事參軍每月料錢一十二千米麥共四石司戶司法每月料錢六千米麥共二石不滿五千戶州司錄事參軍每月料錢一十千米麥共三石司戶司法每月

卷六十　十

料錢五千米麥共二石諸司軍事判官一例每月料錢一十千米麥共三石右諸州府京百司內諸司府縣官課戶莊戶俸戶柴炭紙筆戶等望令本州及檢田使臣依前項指揮勒歸州縣候施行畢具戶數奏聞仍差本州判官精細點數後差使臣覆視及有人論訴稱有漏落抵罪在本州判官及干係官典如今後更有人戶願充此等戶者便仰本州勒充軍戶配本州牢城執役五代會要二十八

舊徵光省禮錢及錙免錢數狀天成元年九月二十五日門下中書兩省

准舊例檢校官合納光省禮錢伏見尚書省檢校官禮錢近降勑命除翊衛勛庸藩垣將佐其餘不帶平章事節度使及防禦團練刺史諸道副使郎中已下并三司職掌監院官縣令錄事參軍判官等凡關此例並可徵收者伏緣省官舊例別無錢物秖徵禮錢以充公廨破使蓋值離亂致失規繩郎目縱有檢校官未奉勑命許令依舊徵毋其檢校左右散騎常侍乞依尚書省除翊衛勛庸藩垣將佐外並許徵收所冀朝廷故事免失於根源省閣舊儀長存於規制謹具本朝元徵舊例錢數乞奏聞者中書約本省舊徵

卷六十　十二

禮錢及鐲減錢數如左防禦團練刺史諸道郎官三司職掌檢校左右散騎常侍舊例各納錢一十五千今減外各納錢五千兩府及交府少尹左右司馬別駕長史舊例各納錢十千減外各納錢四千諸道將校舊例納錢五千減外各納錢三千都押衙至大將各納錢五千減外各納錢二千五百進奏官各納錢二千其餘都頭指揮使已下並與免放（五代會要十三）

州府勾帳委使專按狀（建中元年四月比部）

天下諸州及軍府赴勾帳等格每日諸色勾徵令所由長官錄事參軍本判官據案狀子細勾會其一年勾獲數及勾當名品申比部一千里已下正月到二千里已下二月到餘盡三月到盡省司檢勘續下州知都至六月內結數關度支便入其年支用旨下之後限當年十二月三日內納足者諸軍支使亦准此又准大歷十二年六月十五日勑諸州府請委當道觀察判官一人每年專按覆訖准限比部者自去年以來諸州多有不到今請其不到州府委黜陟使同觀察使計會勾當發遣申省庶皆齊一法得必行（唐會要五十九）

覆推勘盜賊致死狀（長興二年中書）

卷六十　十三

今後凡關賊徒若推勘因而致死者有故以故殺論無故減一等如拷決因增疾患候驗分明如無他故離辜內致死亦以減等論（冊府六百十三）

選差勾當吏部甲庫狀（長興二年閏五月十九日吏部）

當司制勑甲庫專知官一例近停廢者伏緣當司主掌制勑甲庫與三庫不同常日檢尋諸司取證稍有差繆所失非輕無人主持必虞敗闕今欲於吏部令史內選差一員勾當又緣公事至重仍遣別不執行他事兼乞除本役外特與減二年勞考者（五代會要十四）

每月公案秖錄狀勑狀（天福五年六月二十七日大理寺）

當寺自前每月公案一道除斷狀外須全寫三本內一本申奏一本送刑部一本下本道者伏緣近年諸處公案併多寺司常慮淹延況所行斷遣案文此謂舉明條法況本道已有元推公案固不煩備錄施行今欲祇錄斷狀連敕頒宣亦不礙於規矩況刑部大理寺亦是已有具案元祇以斷覆詞降敕歸司其諸道元推司今欲乞准刑部例祇降斷狀連敕施行所貴將來免滯刑獄五代會要十六

南曹見行條件公事狀顯德五年閏七月吏部流內銓

銓司先准格例南曹十一月末開宿判成選人後先

具都數申銓司舉狀便牓示選人引納京諸司官使印家狀及試判紙三度牓引得齊足方至十二月上旬內定日鏁銓者銓司若候南曹十月內開宿引納家狀處成淹滯今後纔南曹鏁宿後先榜示選人預納家狀其合保文狀或識官司使印限開曹後兩日內赴銓送納須得齊足如限內不納到家狀保狀試紙人便具姓名落下不在積納之限據納到文狀至十月二十二日已前鏁銓先准格例鏁銓後便牓示引驗正身告赤文書三引共九日如三度引不至者便落下銓司今後鏁銓日便牒示選人至次日引驗正身及告赤文書限三日內三引畢如不到者便落下每年南曹判成選人中多有託故不赴銓引銓司准格例伺候須及三引計九日不至者方始落下今後有此色人逐引不到便據姓名落下先准格諸色人三引畢後齎使印保狀赴銓併合保後令錄重引驗合保審其才術者銓司欲三引後次日重內引驗令錄其才術及合保如限內不至者據姓名落下銓司引驗後本行准格敕及將銓狀歷任告赤文書限三日內點檢無違礙具姓名關報試判注擬所有選人歷任有於未注官已前寫帖送過院選人所合注使

員缺鏁銓後便具狀申中書門下乞降指揮應選人試判今欲鏁銓內預准敕於中書省請印到逐人試紙候點檢畢開報名銜齊足此日便定日試判三場次日申奏後限兩日內供納宣黃次日乞降可否敕命銓司自前注擬諸色選人准格三注每注注內有不伏官者限三日內具狀通退三注共九日者銓司自今後第一第二注榜出後各限次日內具通官文狀便具姓名落下第三注畢日開銓不在開通官之限三注共五日准格銓司逐年二月二十五日送門下省畢三月十五日過官畢三月三十日進黃移省畢

三擬畢後省申案便於格式內逐旋覆闕入官過院修寫省歷至十月十四日已前牒送門下省畢銓司門下省押定牒到取兩日祗候取判過堂次日乙降可否堂帖其黃甲限四日內修寫句勘印署至十二月六日牒送門下省至十二月九日進黃畢所有荷謝對敭在格限內應行內諸司公事或有干繫申銓取裁銓司便准勑格指揮如銓司難議裁酌即申堂取裁（五代會要二十一）

三公上儀約開元禮爲儀注議（元和六年十月禮官）

按開元禮有册拜官上議初上者咸與卑官答拜今左右僕射皆册拜官也令准此禮爲定伏尋今之所行儀注其非典禮之文又無格勑爲據斯乃越禮隨時之法有司尋合釐正豈待議而後革也伏以開元禮者其源太宗創之高宗述之元宗纂之曰開元禮後聖于是乎取則其不在禮者則有不可以傳今僕射初上受百寮拜是舍高宗元宗之祖述而背開元之正文是有司失其傳而又云禮得無咎哉今既奉明詔詳定宜守禮文以正之議者或云致敬之禮或有三品拜一品四品拜二品如之致敬則先拜所以下文云丞相令助教拜博士郎今丞及助教必先拜之是也非不答拜何者禮記云大夫士相見貴賤不敵主人敬客則先拜客客敬主人則先拜主人是謂致敬又曰非國君無不答拜者鄭元注曰禮尚往來又曰君于士不答拜非其臣則答之鄭元注曰不敢臣人之臣今令僕射不答拜是臣其百僚不亦重乎又按漢制八座及丞郎初拜官並集都堂交禮僕射八座也又無不答之文伏以左右僕射舊左右丞相也文三公答拜而僕射受之固非倫也且約三公上儀及開元禮而爲儀注庶幾等威之序允歸至當之論（唐會要五十七）

憲廟配享議（會昌六年都省議）

伏以憲宗皇帝元德英猷邁越千古神機庿算恢復四荒既戮惠琳聯誅闢錡旁求良輔果集大勳乃覆淮蔡之妖巢刈河朔之餘孽皇威震耀寰宇和寧偃武修文幾無遺事陛下崇嚴享禮爰軫孝思將舉元勳以顯丕績臣等伏以故司徒兼中書令贈太師裴度天縱公忠道宏匡濟始處司言之任屢陳憂國之誠嘗因別召深得聖旨乃貳邦憲使于藩方處嫌疑者盡付心誠懷顧慮者必得腰領俄升相位專任大事遂乃擒元濟梟師道承宗効順劉總叩頭程權來

覲同㨿就戮蓋憲宗有知人之明而度盡致君之道也于是息瘡痍培根本區宇無獷悍之俗元和爲盛明之代薰灼天下將明帝圖古往今來善無與讓郎宜祗配聖德光揚大勳詳考功行無先於度（唐會要十八）

請依統類計贓議（淸泰三年御史臺刑部大理寺）

舊例枉法贓十五匹絞天寶元年加至二十匹請今後犯枉法贓十五匹准律絞不枉法贓舊例三十匹加役流受所監臨五十匹流二千里今請依統類不枉法贓過三十匹受所監臨贓五十匹（册府六百一十三）

上中書記事帖（天成三年二月十二日學士院）

樞密院近送到權知高麗國諸軍事王建表令賜詔書者其高麗國未曾有人使到闕院中並無彼國詔書式樣未審呼卿呼汝兼使何色紙書寫及封裹事例伏請特賜參酌詳定報院者（五代會要十三）

薦送舉人先行鄉飲禮帖（淸泰元年九月中書門下）

太常以長興三年勅諸科舉人常年薦送先令行鄉飲酒之禮凡預舉人例從鄉賦遂奏鹿鳴之什俾騰龍化之津雅音既動於笙簧厚禮復陳於籩筥行茲盛事克振儒風宜令復行鄉飲酒之禮太常草定儀注頒行諸州預前肄習舉人之時便行此禮其儀速具聞奏（册府六百五十一）

玉璽述（周廣順三年二月史臣）

國以玉璽爲傳授神器邃古無聞運斗樞曰舜爲天子黃龍負璽世本曰魯昭公始作璽秦兼七國稱皇帝李斯取藍田之玉玉工孫壽刻之方四寸斯爲大篆之形制如魚龍鳳鳥之狀希世之至寶也秦亡子嬰降于軹道漢帝得之與斬白蛇劍世世傳寶之王莽之篡使王舜求璽于元后后怒投之於階一角微缺莽誅公孫賓以璽送更始劉玄敗以授盆子及熊耳之敗盆子以璽降光武漢末黃門張讓投璽于井

中孫堅討董卓入洛見井有五色氣乃杼得之持歸以授袁術術敗荆州刺史徐璆得之詣許授獻帝漢禪魏文帝得之魏禪晉武帝得之劉聰陷洛陽得之聰死歸劉曜曜爲石勒所擒璽歸于鄴石季龍傳冉閔閔敗東濮陽太守戴施入鄴得之送江東授穆帝晉禪宋劉裕得之宋禪齊蕭陽得之齊禪梁蕭衍得之臺城之陷侯景得之景敗其將侯子鑒欲以璽走江北追兵所迫乃投于棲霞寺井中寺僧永杼匿而得之陳永定三年永弟子普智上陳文帝隨平陳隨叔寶入長安隨乃始得秦眞傳國寶煬帝在江都宇

文化及篡逆以璽北度至韋縣爲竇建德所敗寶入建德建德擒於武牢其妻曹氏以寶獻唐高祖本傳曹氏以八寶降于長安祿山之亂肅宗即位於靈武上皇遣崔圓送璽于鳳翔代宗之避狄分陝德宗之移幸山南皆以八寶從黃巢之亂僖宗再幸山南昭宗播越石門神器俱在天祐四年輝王禪位于梁命宰臣楊涉送寶于大梁梁亡莊宗入汴得之同光末內難作寶爲火所灼文字訛缺明宗淸泰復得之淸泰敗以傳國寶隨身自焚而死其寶遂亡失其神寶者方六寸厚一寸七分高四寸六分蟠龍隱起文與秦璽同但玉

色不及形制高大耳不知何代造東晉孝武十九年南雍州刺史郗恢於慕容永部得之送於金陵東晉末傳於宋高祖宋亡入齊蕭道成得之齊亡入梁蕭衍得之臺城之陷侯景得之景敗待中趙思齊携走江北獻齊文宣帝宇文氏滅齊武帝得之歸長安宇文亡入隨文帝改號傳國璽又改爲受命璽開皇九年平陳始得秦氏眞傳國璽仍以秦璽後出得於亡陳以北朝所傳神璽爲第一秦璽次之隨亡竇建德妻與秦璽俱獻長安唐高祖得之唐末不知所在秦初制受命寶時別制六璽一曰皇帝行璽封册諸王公用之二曰皇帝之璽與王公書用之三曰皇帝信璽諸夏發兵用之四曰天子行璽封册蕃國用之五曰天子之璽賜蕃國書用之六曰天子信璽徵蕃國兵用之六璽皆白玉刻螭虎紐方一寸五分高寸傳之歷代或有亡失北朝鑄之以金所謂乘輿八寶也太宗貞觀中別刻玄璽莊宗時或囗玄璽又別刻受命寶天福初晉高祖以國寶爲淸泰所焚特製寶一坐開運末契丹陷中原張彥澤入京城晉主奉表歸命於虜主遣皇子延煦等奉國璽并金印三面送于虜主其國寶卽天福初所造者也延煦等迴虜主與

晉帝詔曰所進國寶驗來非眞傳國寶其眞寶速進來晉主奏曰眞傳寶因淸泰末僞主從珂以寶自焚自此亡失先帝登極之初特製此寶左右臣寮備知固不敢別有藏匿也漢朝二帝未暇修製故太祖命有司特製二寶焉册府五百九十四

唐文拾遺卷之六十一

榮祿大夫三品頂戴前分巡廣東高廉道加四級臣陸心源輯

闕名九

上柳學士書

某謬至顯榮皆承闕乏昨者璽書慰勉蘭省遷超雖上意欲壯於軍威在外臣轉深於官謗此皆學士曲垂獎會潛爲扶持繼夻谷於北風爲主人於東道況兼姻媾早接清華推魏公感外家之情用何氏奉諸姨之敬念深外妹亦愛愚夫不然則安得道已隔而分更敦官轉尊而志愈下藏之不忘佩以彌芳思奉

冰霜邈同雲漢仰計亘霄路於高閣隔人烟於禁垣嘯傲霞高從容日近閑揮綵筆時弄紫泥益彰叔□鸞鶴之姿轉映王恭神仙之狀便當乘□灝氣濯弄瑤池秉陰陽之鑪錘輔天地之橐籥異時獲賜今日先知瞻望風猷常在魂夢某再拜雲麓漫鈔

上柳侍郎書

侍郎頡頏重霄騰稜迥漢刻名仙館絕跡人寰濯飾洪猷承迎中旨金莖瑞露雲表先嘗玉輦靈桃牎間暗識方茲獨步誰敢爭衡況藝奮神工時推妙龢鳳鸞異態龍虎殊姿白首何人壘池誰子後生足畏前

聖有言若非思與神凝韻無俗累則安能致茲遒逸超彼等夷窮鍾蔡之楷模入王羊之閫域往者韋相公嘗謂侍郎能以書諫者今則行執陶鈞坐登台輔終提一筆以絕百僚後之來者延頸而俟某素無勳效叨濫寵榮一授藩垣兩遷官秩猶以處脉操扇粗識孤虛跨馬彎弓未爲遲暮誓將丹懇以奉休明所冀侍郎猥錄孤微終垂庇遇使其晚節無愧平生下情云云全上

案雲麓漫鈔云柳公權親筆啟草前輩俱跋爲柳筆但啟中有筆諫之語豈他人上柳啟而自書之

耶愚案公權歷官工部侍郎學士承旨雲麓以爲他人上誠懸啟是也今收入鈌名

使至帖

使至得狀爲慰五月中楊慶迴已遣書此不一一付白彤所七月十二日無事勿專使人來寶眞齋法書贊

奉禮帖

褚奉禮謝世法當口慽度越中書人零落、盡遠公夙德不可接對但時復看古帖窺先賢之跡以遺日而已同上

不倦帖

筆硯用來多時漸欲調適殊勝人書興若不醉有日疾亦到暮書之不倦也同上

清愼帖

李玄胄曰先帝問□□□□□□者何先或對曰淸固爲先次復問吾吾答詔曰淸愼之道相須而成必不獲已愼爲大也淸者不必愼愼者必自淸亦由仁者必有下缺仝上

神州等第錄序

天府之盛神州之雄選才以百數爲名等列以十八爲首起自開元天寶之世大歷建中之年得之者搏

躍雲衢階梯蘭省即六月沖霄之漸也今所傳者始于元和景戌歲次敘名氏目曰神州等第錄唐摭言

善興寺舍利函記

大唐顯慶二年歲次丁巳十一月乙酉朔十三日丁酉於桂州城南善興寺開發建立此妙塔七級聳高十丈至顯慶四年歲次己未四月丁未朔八日甲寅瘞佛舍利貳拾粒東去大□三十餘步舍利鎮寺普共法界一切含識永充供養故立銘記十二硯齋金石錄

裴琳德政記

朝請郎檢校令上騎都尉河東裴琳字元瑤儒缺五字兼□河汾派其□□□辟温其風雅曾祖炬隨仕黃門侍郎皇朝任戶部尙書安邑敬公歷政三朝朱紫遞襲儀表海內國史詳焉祖恭道皇朝任缺五字奏□闕廷風韻韶朗賢才允屬德望攸歸父承亮文筆秀異光彩射人雄略挺生英姿邁俗以孝廉擢第俄授朝議郎行□□□軍尋遷洺州司功參軍事屈斯一德佐彼百城冰壺皎其從政霜劍方其斷割君即府君之元嗣也以門資解褐授定州望都縣丞去長安二年秋九月匈奴大侵邊防禦大使薛公持節訪參以鹿泉地連雲朔□險須材遂委君以莅之君伯祖

崇道□敏有大□義甯初持降璽制委之坐鎮本縣令今君又嗣之劉靜父予代□盧江馮□弟兄更臨上郡量德按義彼實多慙其年檢校官奉勑揔停君則隨停例也百姓眾庶而謀曰我君去矣人斯悴兒若不□命而詣闕乞留□道路相屬奉長□三年四月勑元瑤淸平化俗奉法無私人不忍欺吏不敢犯綏強撫弱憫孤恤窮禮義與行生業修理特聽修舊檢校夫以□居上察空聞編庶之謠康理元城但有尙書之奏豈夫黔甿屢請紫誥頻臨禮義因天渙發抑以徵爲神明讚豈同年而語者哉常山貞石志

唐石堂山高凉靈泉記

昔徵缺十一字子缺八字初缺十字門缺十字或口后缺六字山泉
之秀缺十六字開皇中口宇文口口二缺六字容缺六字之間
其後口口惟新缺七字或缺五字香口口所求福祐多缺八
字有託焉轉口口請口獲其驗缺十六字因於舊基而立
莊宅介其山崖缺五字凉近而不謟幽而不野實人間
之佳境仁智之遊從也朝散大夫清河崔府君諱融
地光軒冕德茂芝蘭澄爽口以含秋映清規而吐月
詞峯意而包涵枚馬之前書因發揮口口之內旁求
谷口化謐不言緬想齊郊惠口口狄故得口口屏而

卷六十一　五

仁義成幵圓清而哥詠起夫人滎陽口氏瓚繇金枝
縈鏡海內蘭姿蕙問馳鶩域中缺五字懷無玉蓁乃相
與單車而適野祈告于后堂山缺四字致誠挹清流而
絜檄歆然有感即事可追徵蘭之缺三字日口口月府
君以爲明靈之不欺宜其如在乃命立碑口口而傳
祀焉其銘曰
崇崇隆工潏潏玄流惟神是宅惟道爲逑缺六字洞幽
明明宰君厥德惟馨神之聽之其從如雲奠然府口
垂之萬春大周久視元年歲次庚子十一月三日造
金石苑

董日進造后浮圖記

口力增明善牙宿植同捨淨䞋修未來因於此招提
敬造后浮圖一所上爲皇帝中報四恩十代先亡見
存眷屬出生死海入功德林澤及無邊一時成佛天
寶十一載八月十三日建常山貞石志

殷審續造后浮圖記

浮圖主比邱尼貞固淨福寺尼正覲右識性沖融行
惟謹卓心常不染志在无爲以戒是功以經爲務處
世間而世間無著雖在家而不異出家頃爲去載四
大乖和陰陽失候藥而不效療亦無瘳發希有心願

卷六十一　六

造此浮圖一所奉爲皇帝皇后聖化無窮師僧父母
永保安樂法界有情口得利苦俱登覺道天十一載
三月二十八日建常山貞石志

唐益州學館廟堂記

上缺文翁爲蜀郡守始趍文學缺十六字堂缺初聞時逢百
六烈火口災堂及口口二缺七字唯石室獨存至東漢
興平元年歲缺名堂爲周公禮殿其堂壁上圖畫上
古盤古李老口口歷代帝王之像梁上畫仲尼及七
十二缺中益州刺史張收所畫今檢口皆缺七字軍缺三
字有口口蜀中口二缺楹有書更精妙甚可觀口有

能缺三字欲缺十一字此久缺益州刺史劉悛所書耳東石
室北壁有晉義熙九年刺史朱齡石□□高缺二晉
益州刺史新淦縣侯羅浚所槪其一□齊永明元年
刺史劉悛缺前文字磨滅時代不得而繹矣案廟堂
東南柱上鍾會八分書題缺六字會缺鑿度開建泮宮
立堂布觀至壬申年故府梓潼文君增造□寺二百
餘間四百年之缺失命烈火□炎一都之舍官邑寺
室同朝變爲灰燼獨留文翁石室廟門之缺邑涫樂
興則國化郡將陳留高缺六字斯十有三載缺六字塗炭
缺文紊古久已訛缺此不備舉其初平卽獻帝之年

也獻帝靈帝之□中平六年歲在己巳立缺十二月
改永隆元年一歲之中三改年號□年歲在庚午改
爲初平元年至五年歲在甲戌又改爲缺時火德淩
微天下喪亂西蜀僻遠年號不通故仍取舊名爲初
平五年也四年歲在癸酉五年歲在甲戌缺漢書年
歷興平元年歲在甲戌乃與銘記相符合龠疋釋天
九月爲旻天以此推之卽知此堂缺分崩海內雲擾
聖皇膺籙克定中原吳蜀未通聲教尚阻大業十三
年冬十月巳缺五年推於初平皆此例也自興平元
年至大唐永徽元年凡經九代卌八君四百五十八

缺一門竝從炎燎東漢太守高眹因其舊基重復修立
自尒迄今多歷年所逮西晉至于宋齊之間缺於後
儀刑禮制法度可觀然其此堂原以竹瓦上棧年代
旣深竹瓦漸將摧折今銀青光祿大夫缺爰應綸言
述□□漢宣贊皇猷鎭兹雅俗敬遵朝典撫綏黎庶
導德齊禮學教興缺兹七稔愍斯祟構恐致傾危因
率所司共加修繕粤以永徽元年歲次庚戌二月庚
午朔卅日已亥分缺門遺更具材瓦以□爲像將歸
傾頹竝增塗飾其棟梁結搆漢時舊制及晉世已缺三
字浚缺不墜昔柱史違周苦鄉之祠□泯宣尼□曾

闕里之廟□高是知至德□芳先賢□□所以缺册
籍紀其年月以爲斯記其在位賓寀爰及部司竝題
氏族勒名於後庶以懸諸日月永永□□者歟石刻

按此記後人于碑陰題賀遂亮撰雖亦見于蘇集
而集古錄以爲顏有意金石錄以爲姓名殘缺不
可考姑入闕名

明覺寺持律比丘尼心印記

粤以梁國郡高氏台息有女如雲匪我思存是大道
之法象爲眞如之律身知涅槃之安樂表世界之苦
空返迹潛道歸或至尊道尊德貴空寂亡神守律虛

院三年化躰躰氣去至趿趿生天徐住來依仏仏連聲悲夫魄無華月之光魂有法明之至故以法華之理而歸妙焉乃以大歷十三年歲次戊午正月戊申廿七日甲戌於上都而長安承平鄉贍仰至尊俯臨仏位爰命下木斲石刻記（十二硯齋金石錄）

王二娘造石浮圖像記

若夫梵帝雖名靄慈雲於火宅仁王易悟縱法舸於灰河莫不汲引四生津梁五蔭故知三千大地終摩滅而爲塵百億□天蓋成散而無定仏弟子王二娘親歸蒿里靈瘞松門傷白日之長辭痛黃泉之不夜知色身之若影暫像須臾悟四大之假形合離俄爾遂乃抽茲□寶割此淨財等尸毗之飼鷹類道林之養馬今爲亡父母敬造石浮圖一所上有阿彌陁像一鋪今見成就其像玉毫流彩卅二相之光盜金體成暉一丈六尺之儀好何者三乘蓮且與華殿而齊明十地霜頭共星宮而並耀上爲皇帝下及蒼生同出愛河咸登彼岸　維大周久視元年歲次庚子十□乙巳朔廿三日丁卯（缺）所記（石刻）

唐觀心寺禪律故尼大德墳前尊勝石幢記

大德續姓裴法號惟微孟州人也童子出家住持此寺□□經□嚴約在身戒行常挂終天無缺大師善因宿植天生法芽金□□宣无遺不攬奈何大運有且掩化有期去大中二年遷化於當寺卅六夏春秋□五當便擇吉日□葬於河陽縣臨坎北城子弟三三人上□義達次慶宗次元操准教使□置一虛塔今世僧尼多是甃塼爲之尋恐隳壞起堅牢於石子弟等日夜寢食不安各咸□□□□同造此幢伏願和尚華資切德蓮華代生般若舟中常遊法海見存子弟觀心不二同證菩提今生來生共同佛會乃爲讚曰

陁羅尊勝諸佛秘門破諸地獄能離垢塵建資幢讚用濟幽魂巍巍不朽万古千春（孟縣志）

尊勝陁羅尼經幢記

唐咸通十年三月癸未九日辛卯□內奉先考府君遺言於當縣永安禪院前建立幢兩所功德至當年內各得成就福資主蘇州嘉興（缺五字）（嘉興府志）

唐重修化城龕記

法性本空至無邊際之寂滅如來大覺恐不悟者默耳沉輪是乃廣設多門立斯緣起現巍峩之聖不動不摇任生死之眞容證天證地唐唐金質俛仰者無

不罪錙湛湛法身稽首者齊增慶祐洎我佛歸化聾盹若飲淄而何求賴遺教以留儀許乎瞻禮今化城龕者乃化現之所示也後俗奉靈蹤達信玄誠雕儁遍谷河沙神聖隨鋒釖以衆會于雙林百億如來降威儀偕歸於萬室事滋年代累歷歲寒或風雨所浸或埃塵所昧隴西公以惠慈立志慜達肅心依仰正眞栖奉咸切牟尼大聖千佛彌陁地藏觀音極樂眷屬皆況古賢普換神容乃后髮之所沿挂藤羅而拂觸使留迷萬字髻失寶珠莫明五彩之相鮮愧以六銖之更易公乃疑去聲情盡上聲已快怍躇踧歎感于三步不能進遂以祿中減美弃華裝備青蚨之八十餘千繪聖賢之二百五位晝得精誠儼肅靈質昭然相性圓明威德自在感世寰所覩喜若祇園振天帝之窺何慙金粟斯人臣之道著文德而是脩則業果之因以菩提而積善公卽保持大法捷仰正宗捨五慾之愛財裝嚴何百靈而不衛護善哉勝事深助良緣永乘不朽之功必降無疆之聖感滋瞬日用述紀懷光啟三年□□□月二十有一日成就明年正月十八日齋慶畢繪士布衣張萬餘金石苑

唐寶禪院造象記

竊聞大像出現與日月之同明生在普願卽堅千身萬化靈力無邊□缺驗獲目前愚迷不辯有苦千缺三字白刃到孟津始擬造船人缺四字田三業有報伏種何繼急缺四字勒佛前僧人寅劣偏惜莫缺四字盡歸泉略標立記永鎮此缺乾符四年十月二日造佛捨俗下缺金石苑

秦府十八學士寫眞圖記

武德四年大宗皇帝為太尉尚書令雍州牧左右衛大將軍新命為天策上將軍位在三公上乃銳意經籍怡神藝學開學館以待四方之士乃降教曰昔楚國尊賢存道先於申穆梁園接士比德至於鄒枚咸以著範前修垂光後烈顧惟菲薄多謝古人高山仰止能亡景慕於是芳蘭始被深冠蓋之遊丹桂初叢廣旌俊之士既而場苗蓋寡空留皎皎之姿喬木徒遷終愧嚶嚶之友所冀通人正訓匡其闕如側席亡倦於齊庭開筵有慚於燕館屬大行臺司勳郎中杜如晦記室考功郎中房玄齡及于志甯軍諮祭酒蘇世長天策府記室薛收文學褚亮姚察太學博士陸德明孔穎達主簿李玄道天策倉曹李守素秦王記室虞世南參軍蔡允恭顏相時著作郎記室許敬宗

薛元敬太學助教蓋文達典籤蘇勗等或背淮而致十里或通趙以欣三見咸能垂裾邸第委質藩維或引禮度而成典則暢詞學而路風雅優游幕府是用嘉焉宜可以守本官兼文學館學士及薛收卒徵東虞州録事參軍劉孝孫入館尋遣庫直閻立本圖形貌具題名字爵里仍教文學褚亮爲之像贊勒成一卷號十八學士並給珍膳分爲三番更直宿于閣每軍國務靜參謁歸休即引見論討墳典商畧前載考其得失或夜分而寢又降以温顔禮數甚厚由是天下歸心奇傑之士咸思自効于時預入館者時所傾慕謂之登瀛州云歷代名畫記

鹿泉寺造象記

鹿泉縣丞北平田垂棘初恭乃位不曰以□夙□□棄心存□域敬造菩提聖像壹軀于碑之額□□□□式瞻咸登福祁石邑縣宰北平陽承慶聞善若驚請事斯語又勸式待菩薩□像之側以續刋□臥□□者利物之心焉常山貞石志

比邱尼等造石浮圖殘記

上缺四字惟徵非可以鄉缺五字妙乃缺六字能以筏以成而缺四字善逝世界惟覺正覺調御丈夫知□日知□無□□□上士非相合相有□□□名來不來以諦眞諦靜默而自然□化希夷而缺五字難見聞況□□无□□常□諸有苦弟子比丘尼一□□入等厭離塵而入覺道在處無爲雜苦空而□家志登彼岸尚姑趙英信尚張四依尚杜大尚趙七尚趙法果尚趙妙果尚李貴尚劉眞□尚袁□□□趙勝光尚趙件娘尚等稟氣中和結蘭馥而修行厭生滿淨榮明王以□降神泯色而共逸□□識而合□清虚靖泰約□守眞修性以保神安心以全己至□微妙可知理知體要□玄忘觀歡而後樂以恬泊獨著曠然無憂以道雖持孝心□父天母地生我劬勞欲報之恩昊天罔極發無□之願崇有果之因成就法□□苦□上爲文武聖皇帝下□師僧父母眾共虔心敬造石浮圖一所訪缺五字九泉十缺二字虚心下缺三字同上

唐張公□造像記

上缺瞿曇二者不詰乘乃缺兮缺三字福而禍臨乎爲殤顧而缺七字老躬二教既北一乘斯南爰因玉壘移妙禮龕劒□□層他山別伢龍門髣髴巴水分潭閬川層感愛樹餘甘既繼組而謝病將勒銘而愈慙眞相豈渝於后劫金顔永灼於山巖缺銘曰

上缺裕述而不作人其謂何爰□□音式光缺陽婚姻之故遠託斯文況缺三字已賓跡缺列垂缺三字像雅好幽閑□□可上濟缺范陽張公□茲因華缺功德山是龕爲之覆□□行而爲一缺邑里眞儀璀璨以增缺四字而缺咸與□□乃鏟嶙缺六字峭絕缺四字身下缺

石刻

唐造像記

上缺幽苦攻金攻玉式傅□身威神力約缺五字擬陳郡袁通恭恪成性操□行約缺六字命今也則亡刑于寡妻撫爾約缺五字人之產晦當□之工儀形金仙追約缺六字聖像□開毫光天龍儼然勢未約缺七字誰能敵之期乎廓寘路之脈約缺六字闐闠君子若曰銘以志之頌曰約缺六字睢睢神功潛運脫苦業不騫不崩下缺十一月五日畢

金石苑

趙仁珪造釋迦象記

且夫天道缺谷之有變遷□□莫缺豈威威神之力哉是知妙法之缺憑悟福因之可託上爲天缺法界七代先亡及□□敬造釋迦后象一鋪在本村東一里缺壁之區宇也而前郎念德缺宮却瞭丘墟崎嶇缺途之廣缺韋順□之商車□接缺卅二之毫相八十種之握缺則理遂幽玄道□冥缺□希夷宇宙之外化兩儀而獨尊非有非無豈□德之缺測不生不滅詎庸鄙之所知聊且略以言詮未可窮之於短筆

常山貞石志

懷州河內縣西金城創修功德院記

本村六班奉職張漸西班小底侚友直稅戶衞晸張成各發虔懇爲維那首於庚戌歲三月念二日建此功德院一所越有本村稅戶張用懿見杜婆神左是碑聖像日陽暴露風雨摧剝因覩此院西南隅隙地一方特舉願心自備瓦木修斯碑亭功畢遂遷于茲以爲功德未圓更與衞晸弟彥各捨淨財同募后工補完舊像工曰尊容殘缺難施工巧於是回裏作表別刊是像一切聖賢燦然俱新相好端嚴慈容若動可謂良工者哉伏願脩此功德之後遐邇老幼永保康甯一切時中諸佛協贊龍華上會每願相逢是年六月辛未朔庚寅日了畢

續語堂碑錄

虎跑寺經幢

上闕上柱國思憲遷窆於此國恩以大師□□功深道業彌著特造院宇將欲建后塔以光不朽爰准敕文非果位即無立浮圖之理乃議樹后幢聖旨俞允

係是鑄大佛頂陁羅尼大隨求神咒屹標翠琔遍列金文作佳城之福田與世人之恭□或諷讀或頂瞻勝利長存果報無極時天福八年歲在下泐奉立闕捨錢重立石刻

判官堂塑象記幢

上缺清濁位殊先圓蓋而後方缺才乃臻然後列萬象於缺厥後繼有聖賢司牧生民育養萬物缺鎮□□之半千里北則簡子葴缺巨靈□擘破水得潮宗東則列聖之缺日出□□郡□而逈秀俯眾岫以標奇迺神缺晉□□□□既而方位各有所司大體東

嶽缺靈缺而致敬洞府三千而見奇玉簡缺知莫能缺秘宇死生無以易其爻故釋典缺形□缺罪福之源唯神爲主福則昇而禍則缺有缺慶而惡招殃宣尼令典判官貞□並□□日齊明眞嶽瀆之異靈誠乾坤之偉氣生則挺出群之政光煥典書沒則揚下世之名輔匡神化茲地也先無寶□空隟有年□□□蕪□爲茂艸□□等恆遵五耀忝□□□不能擇□以見從豈敢□□而自各遂同鳩闔屋其□囊裝爰召杍人卜時締搆堂宇既立廟皃得典命匠者審運丹靑澄神繪塑遂於堂內塑六曹判官并神鬼侍

從及壁上隱塑變相等威容既立不聞烏鵲之喧聲棟宇方成似見雲雷之出去爲一方祈禱之地實千年請福之場缺得犧牲並陳水陸□薦楚人白雪全非鄭衛之聲趙□□歌總入齊韶之韻所賴休牛放馬咸懽堯舜之□萬戶缺四字禹湯之化時大周廣順三年癸丑歲七月一日建常山貞石志

蜀報國院西方并大悲龕記

夫慈心廣大宏願殊常開塵勞煩惱之門啟解脫菩提之路恩憐三界慈念四生□使登場悤令證果斯則無量壽尊也因地之時於世間自在王佛所發四

十八願□□有情願力既宏遂證佛果尊居淨土利濟含靈無數聲聞皆來聽法百億菩薩咸願傳經寶鍾擊而聲貫玉琴金磬響而韻含仙籟天人就席竟求解脫之源緣覺趨筵欲究眞詮之理瞻仰者咸臻異慶修崇者必遘良緣宏斯莫大之因又同鴻休之善則有簪裾盛族禮樂名家傾自讚佐令衙超騰職□莅事未聞於曠祀輸誠夙播於廉明令望昭然聲猷著矣洎休事務散逸林泉遊心於覺苑之中傾意於福田之內知身似芭蕉不永悟躰若蘭槿非堅歌樂懽而暫時聲色追而非久遂命良工也鐫呈西方

妙相并造滿願大悲當來希佛國會中咸使受菩提記薊院乃遐夕四遠峭然千尋山突兀而交搆石逕巍峨而匼迊於是瓊樓寶殿迷皓月之輝華硃牖玳鷰奪流霞之彩錯欄楯綴七重纓絡堦墀鋪百種珠琢仙女持花似墜苦空之艷鈞天樂奏唯傳无量之音花雨零而鶯鵡飛蓮渚平而鴛鴦浴金沙玉磧恆聚化生象閣璢臺戲諸禽鶴瑞煙罩樹難分寶綱之紋麗日融軒交雜銙簾之影歷其浩刼豈幻死生依歸清淨之鄉永奉白毫之相雕鐫告畢粉繪云周將窮願作之功是罄披宣之懇伏願可元自身康吉夫星不撓於行藏夫婦咸安諸佛匡扶於動止闔宅少長並保乂寧內外枝羅盡期繁盛既刊金石俟顯讚揚

萬法視相三身本空有為皆貫無願不通霞明翠岫煙霽孤松巖鋪皓月窒引清風爰有信士早悟眞詮思崇妙福乃結良緣遂鐫變相保祐壽年斯設既畢永鎮金田（金石苑）

卷六十一　九

花塔寺玉石佛座題字

開元十五年和私皇后四月七日忌高祖神堯皇帝五月六日忌太穆皇后五月廿一日忌太宗文武聖皇帝五月廿六日忌十八日開十六年昭成皇后正月二日忌和私皇后四月七日忌高祖神堯皇帝五月六日忌太穆皇后五月廿一日忌中宗孝和皇帝六月二日忌右已上九忌同造玉石像一區日光座舉高九尺（常山貞石志）

佛頂尊勝陁羅尼石幢讚并序

佛頂眞言者釋迦為善住天子說也善住驕逸恣惡從心行犯十重罪當三塗空靈告曰受諸惡身驚白帝釋願雪前愆□帝為之稽首釋尊於是聖人發大慈悲□□□遠照得陀羅尼名曰佛頂哦此眞言淨

卷六十一　十

生死障碎地獄開拔□惡之趣□無為之地是殑伽佛說如來智印之所為也摩尼眞寶未足同其功日焰照徹豈得等其妙實救苦良藥非凡情之所測河陽部內厥有聚落名曰長淵於中招提淨院花竹茂然弱柳乘縚蔓藤架帶眞人談無為之教長者眾集其中相謂曰我輩年多如今可革前非捨故遂轉善行何法可以消灾殃長福利或曰佛頂眞言不可思議窣堵波塵倘能代罪居士皆言曰宜其建石幢乎人咸曰休哉於是召良匠揀寶石議助□□□財計日而訖（缺六字）如玉之□□□之□其峻也奮鎚則朱

火迸空震□乃雷字缺五若荆山片玉淨無□□磨礱成砥平無玷缺其文錯落龍□□峙點畫分明□□□后其□□□立若天壇之聳高四面削成如華峯之峻拔龍虵交暎含碧海以連空釆餙垂光發朱輝而耀曰功成潔齋以慶之是日也叩洪鐘陳香饌隣邑雲□門衆雨集八音□妙奏□□之聲四衆圍遶發菩提之願衆君子□其功宏其目也博若無歌詩何以表當時之心若無論譔何以示後來之德諸君子謂余曰子□其文能爲□□□□之□日乎□無其請尙可與之況有所請其可違乎夫纘述者銘其

功烈以示後人搜賢行揚善名公等□□□用□□功之巨其念□□念□□之法永□永槃□之能可大可久□之德□□□□予乏作史之才無襃奬之能强敘本事讚之云爾讚曰讚語約半行缺太和五年歲次辛亥四月己巳八日丙子造石刻

題賈浪仙讚

惟可與島交情合道吟水望月不知其老島可與清句□詩精流行此集四時代咸世不得失人不得平大哉浪仙雲山是鑿

又讚

長河流岸葬久太行前少室後並席本唐詩長江集

佛象讚

上缺既往福壽常增乃勒貞珉紀其讚曰

眞如無相有感卽通所習情異其歸性同立像雖廣亦法亢空洗滌煩惱徹去昏蒙心不染着身成淨土眞非有爲法亦無住□願至精佛威潛護功德莊嚴福齡永固大唐光啓四年歲次戊申正月八日丙午興建常山貞石志

唐文拾遺卷之六十二

榮祿大夫三品頂戴前分巡廣東高廉道加四級臣陸心源輯

闕名十

孫文才造像銘

夫冥機未踐自我之累已深寂境尚遙有待之功斯立是則大悲廣濟隨方應誘既而鶴林西變像教東流形相發於丹靑容輝□□玉石至寂空湛體圓明以凝照妙理機□□權實於生滅甘露遍灑潤品物於無邊慈雲廣覆濟羣生於□□慧炬已然重昏再朗化城既導迷徑□□□□有之舟航六道之津涉者矣以麟德□□歲次甲子去九月辛丑朔廿日庚申合村等深窮法性體悟無生知妙果之易登識善因之寶樹故能追往賢之勝軌作來際之威儀遂迺異力同心敬造石碑像一區金城之所置也東眺長川則有漢陵相望西瞻峻岳尼父之室巋然南顧湍流沁水間其側北臨陂滏魚鳥或浮沉彩雲月以友凝對大行而寫且其像紺眼流睇湛碧海之淸瀾月面浮暉滿金波之淨彩建毫倫於額上眪萬字於胷衿總十力以降魔照三明而導物因此善根資益合村願□□剛玉體度刧火而常存無漏智燈越芥□而壽命上爲皇帝下及有情七代先靈存亡眷屬莫不俱會勝因咸登覺路乃作銘云

悠哉正覺皇乎膺身筌蹄靡際游泳無津闡揚妙果宏宣勝因救茲生滅拯彼沉淪感發眞俗汲引人天千尊往記八會來緣城空芥盡石滅灰□渺渺沙界悠悠大千方憑妙力永濟無邊 非見齋碑錄

大周相州安陽靈泉寺故寺主大德智□師像塔之銘 并序

法師諱朗字□智俗姓王氏其先周靈王子缺四字鄴城人也□祖惟禰芬馥禰禪師生□神□□□塵濁年七歲投大慈寺主大德起法師□□□誦維經□□至年十二屬大唐太宗□武聖皇帝廣闢度門俱蒙缺四字弱冠□□□支依本寺曇源律師習毗□業業□之後又□慈潤寺主大德智神論師學□□雲□復進學□摩金剛般若并中觀等三經二論□□源流□□敷揚或研精默識加以純之□一分□溫於□易象玄文方同三絕老莊素問博泛羣□年五十□持金剛般若及尊勝咒等各二萬遍文梵音轉□首出緇□春秋六十有八夏臘卌□□訖於□安二年六月五日蛻還識蓋□大□云逝執不悲傷門

徒大雲寺僧玄晈玄果零泉寺僧玄晤玄暉等攀慕
慈誨思報莫由遂於州西南六十餘里本寺□懸壁
山之陽起塔供養粤以三年十月廿五日□□永畢
塔內便造以彌勒像一鋪圖形奉侍□□事□□□
以跡宣敬託彤刊乃爲銘曰
子晉之後命氏爲玉風流遠派爰宅眞章父功祖德
令聞令望降生才子玉質金相面樹來白天花肅萬
稻□夙被檀□早芳經泉折玉戒海浮香迦旃妙教
羅□鳴莊嚴壇□頂捨筏金剛兮講兮誦無怠無荒
積誠□□□心自彊中宗懸解外法通方歌唄特妙

唱導尤長以□□□南北宏揚胚胎有裕利樂無執
□□早（缺五字）輪脫輻消殿摧□□粤有子尙□□師
剛披山建□剖石開堂敬□來塈勤廟兮傍身命有
□供侍無忘安厝既畢銘頌攸彰禪同道於大道庶
共□□□常（安陽金石錄）

大唐相州安陽縣大雲寺故大德靈慧法師影

塔之銘

法師諱嘉運字靈慧俗姓劉氏其先帝主漢高祖之
苗彭城人也遠祖因宦遂此居□子孫派流於茲不
絕遂爲魏郡人大法師□□□□生而奇□早懷摹

□□修眞年十歲遂投慈潤寺□大禪師（缺八字）廣啟
度門□像剃染□本縣□通（缺十三字）身知自□□不弘
乃（缺八字）朝夕孜孜遂授河南府雠授記寺翻經□□
感茄□□右學解深密法花□王轉女身梵網□□
成唯識供□□三性一乘之妙旨□滿達磨之漾宗
莫不究盡穎深窮其□奧從茲溫古道□□新遂得
譽播三川聲聞八水奉勅便留住佛授記子補袞嗣
經感法師侍者後蒙本州大雲寺牒充律師教授至
景雲年中屬國家大弘佛事廣闢僧方以聖善初成
□拓碩德以法師道齊林遠業紹□安遂蒙徵召赴

都充其大悳歸□者若霧渴仰者如雲三二年間得
燈無替後爲青□色奏請牒□鄉住大雲寺雖解行
罔贍常懷□□□心更投□宗懋法師□□□□
提獎偏授□□經論章□莫不脩□□兩□身重法
不劬勞無所稟承無所持饒益闡法□□何□□□
已□捨茲穢剎嗚呼□□哲人云亡孰不悽感春秋
卌有九夏凡二□□七以開元四年六月廿六日於
汾州平遙縣福聚寺端拱儼生奄然□遷有姪男慈
潤寺僧元晞斯乃出遊子心重離宗情□不憚艱辛
跋涉山途申哀展孝闍毗事畢收骨歸鄉門徒與姪

同寺僧圓滿等師資義重攀慕彌殷思出世之因深想入道之緣厚傍求良匠遠訪丹青遂於州西南五十里零泉寺西南懸壁山南面之陽敬想靈儀□爲起塔卽以開元五年歲次丁巳三月辛丑朔廿三日癸亥□□舍利塔事莊嚴然理因教發事假□陳□之敍石傳芳不朽乃□□曰

粵有良匠寶亦□□紐而捨俗缺四字行□□寶築廣堪珍等師委命□道□□□缺□拯物遽謂遷神其一號□者才無缺唯可則此賢利物善缺七字道其宜不忒其二粵有□□□缺雕鐫上依奇岫下墩零泉缺五字美希亦代敬下缺安陽金石錄

唐故方律師像塔之銘

律師諱寶手字玄方俗姓王氏其先太原人也後代因官鄴京遂宅於斯又爲鄴下人焉師道性天稟法器神資年十三就當縣大慈寺投大德度律師□和上誦法花維摩等經年廿三□神龍元年恩勅落髮配住龍興寺依□大德恪律師進受戒品五夏未周備閑持□於是衆所知識允屬光隆法侶傾心□任當寺律師十餘年間□□□理□□身心益靜春秋三十有七□□□凡一□□五以開元十年三月一日脫形遷識嗚呼大士云逝孰不悲傷門徒玄超玄秀玄英等攀慕慈誨遂於靈泉寺懸壁山陽起塔供養粵以開元十五年三月一日安厝言因事顯頌以迹宣乃爲銘曰

大士攝生不貪代榮堅法幢兮諷詠業典玄章要闡屛邪教兮增善法戒累鄣腐敗摧苦輪兮生必歸滅悲哉傷哲懷哀戀兮建塔山陽刊石傳芳同上

剎下銘

曹公有悟怖心未已敬造浮圖式崇妙理文詞蘭柤粉黛塗容金剎一樹永出煩籠　開元十六年歲在執徐首旬有五日建後山叢談

多寶塔銘

夫朗質浮乾高明無以秘其象眞儀括牝厚載安可遁其形惟□界匝千大海寫浮珠之偈商戉六度□河啓淨囊之□故得慈航並汎香軫□馳□七汞之沉淪演三乘而弘懿□有郭楚貞昆弟□□□夫人李氏自開元七年受持法華經弟八金剛觀經尊勝藥師等經每日夜持頌一遍修詞進業虤實謙虛弃五濁之□□居四海之淨域又捨身裙帔等數□事造多寶塔一所上爲過去下緣見在嗚呼性均泣扆

哀埒譊書故能智炬潛□通四□而外□慧根夙絜演十頌而齊□□翻灑煩惱之津寶地鏤業因之果□時營搆宇託勝裁規探崐門之名玲琢鍾嚴之美玉霧竦雲立月暎星離類天上之飛來疑地中之湧□勒以琬琰鑴以琳琅知靈心之凛凛表禪識之蒼蒼其詞曰

彼美昆弟粤有尊堂攀緣性相經搆津梁情□取岱□□□方□企精進長緣頂玉（石刻）

唐故優婆姨段常省塔銘（并序）

蓋聞宿殖勝因生逢政教仰尋師友意達直心學普敬法門慕不輕密行貞心守志塵俗不污其性情等虛空證眞如之境獨拔愛網猒世榮華□薩埵雄悲重迦文之妙典火宅之內駕馭三車捨內外之財筌三祁願滿春秋七十有六以天寶八載九月十日卒於私第捨報歸林以天寶十二載建塔於茲知神魂而不固其詞曰

妙慧歸眞德超上智慈悲起行忠孝無二敦故重新心存剛志宿殖德本動靜合理（石刻）

唐故福林寺戒塔銘（并序）

大德具戒爲元和尚金□將贖而之畫衣慙懼也以至感薦䙡褕未嘗犯者信生于手鄉可約束至顏氏子也西方聖人設戒二百五十俾隄限身口徑衆生死今言法者斅喉舌鏑鎧其人我性釋氏徒毗尼者雖不轍乎意地而形骸之外是釭是輻大宅㛐嬿羊鹿効駕亦各也覛中夏聖人刑自墨數三千或和尚出家之維乎不然和字德□相如夏五十七置幢子積祖師能孕業人戾垢不嘗□□□非延奘□□□之賓賓然不差淨觸噫法廣（缺九字）族麗氏京兆興平人董胦及（缺九字）產吮而不啼憖而始誰賣氏（缺九字）日滋善種得度隸于慈悲跂（缺九字）及多羅經賸領碩請介處不饚（缺八字）䙡法界也其年其爲泥人若射（缺八字）箭也至乎眕生死之流闌身口（缺八字）之歧其在毗尼乎多羅經五行（缺八字）下大授萬化不可窮極居山雪首（缺七字）百僑苦色其下揭串夜形偈苔不□（缺六字）大厦故鼓地之桐也會昌六年正月十六日建（石刻）

大周潁川許乾爲修業夫人故東海徐氏龍門山石龕像碑銘并序

夫須彌□上空留梵帝之宮闍崛□□獨有如來之□□□山者蓋亦寰區之勝躅造化之奇功昔□□□伊川是名伊闕也爾其巖□□紀之壯溪谷□□□之狀上岑崟巒律下□峰以波陁俯控龜□□□□□□□□像□□□而□□□□□□□□□□□□□□□□□□□□□□□□□□□□□□□□□屏□□碧洞千尋若畫四面如削既而峯□□□竦兜率之樓臺松竹羣吟韻諸天之簫管非夫輕□□□欲淩霄漢者焉肯攀陟而宅之非夫□□□□欲

擯躅煩者何能栖託存之有清信弟子許乾故□□妻徐氏發慈悲之善願捐寶貝之珍□就此仙巖役斯靈匠爰疏石壁敬勒金容造等身救苦觀世音菩薩一鋪今莊嚴具足法相圓明□居士之眞圖盡將軍之妙範星豪迴闕即映星龕月□□□開還臨月□若隨緣而現顯似應物而觀聲大矣神功邈乎難測庶望刊山不朽刻石長存壽□二儀貞逾万古仙衣縱拂巍巍之相罕虧劫火雖燃種種之形詎滅乾以鸞傷寶鏡鶴怨瑤琴□□詠以長懷對莊歌而泄涕嗟乎盈盈綺質灼灼芳年試學吹簫新工黙黛奄從蒿里空閉骨於□□忽弃蘭堂罷齊眉於華屋遂泣川魚獨泳林鳥孤飛撫荒壟而何堪慟幽魂而永及所願仰憑□□潛祐沉冥廣被鐵圍普覃砂界同遊法水即泛慈舟共蔭禪枝便觀淨蕊躡香蓮而捧足居□□而依身□魂銷鬼國之災諸佛契龍宮之福智燈將鑒昏室常明覺劍纔揮耶山永破輒抽惠□□展哀誠□□彈豪傳於勒石其詞曰

赫矣慈觀悠哉□□□□持妙覺來鑒重昏怨賊□□□人即存□龍雲散妖鬼雷奔其一訪寶遐鶩浮舟遠塵遇火不□□□□不溺瓔珞空受珊瑚可□□教恢

恢□□寂寂其二聲超象□化迹龍休目連青色眉白光言□□□先伏魔王無邊功德不□□□□□□其三有□□乘而悲俗網逝川迅速頹曦忽□藤鼠鎮緣隟駒□□發弘誓願常若瞻仰其四爰□□域乃□□峯絶壁千仞迴□万重巖摽鳳刹谷應鳬鍾淒淒霧□落落風□其五碧磴憑霄丹梯跨險綺甍□□瑀楹霧掩仙□時來翠埃莫染聊舒情於奮筆永□□於貞□□

萬歲通天元年□月十一日造也石刻

按拓本首行序字下有其文二字可辨下彷彿存許朝二字左半餘泐未敢遽定爲朝作姑入闕名

唐武德禱雨辟邪鑌鐵鏡銘

鑌鐵作鏡辟大旱清泉虔祀甘霖感魅孽當前驚破膽服之疫癘莫能狙雙龍嘆略垂長頷回祿睢盱威旱斂武德壬午造辟邪花鑌鐵鏡

唐宮鏡銘

粉壁交映珠簾對看潛窺聖淑麗則常端湘煙錄

唐鳳皇鏡銘

對鳳皇舞鑄黃金帶陰陽各有合日月恆相會白玉芙蓉匣翠羽瓊瑤帶同心人心相親照心照膽保千春西溪叢語

鐘鏡銘

人有千口前牛無角後走有口

唐二十八宿竟銘

長庚之英白虎之精陰陽相資山川效靈憲天之則法地之寧分列八卦順考五行百靈無以逃其狀萬物不能遁其形得而寶之福祿來成

唐璧水鏡銘

規逾璧水綵豔蘭釭銷兵漢殿照膽秦宮龍生匣裏鳳起臺中桂舒全白蓮開半紅臨莊並笑對月分空式固貞吉君子攸同

唐滿月迴文鏡銘

明逾滿月玉潤珠圓鸞驚鈿後鳳舞臺前生菱上壁倒井澄蓮情虛應態影逐粧妍清神鑒物代代流傳

八卦菱花竟銘

憶彼菱花萬形惟肖無迎以將有明而照余日反觀惟公何負嗟呼虛心媸者忘怒

唐素月竟銘

光流素月質稟玄精澄空鑒水照迥疑清終古永固瑩此心靈

唐透光鏡銘

透光寶鏡僊傳錬成八卦陽生欺邪主正

唐鑑心鏡銘

貌有正否心有善淫既以鑑貌亦以鑑心金石索

大唐故騎都尉濮州濮陽縣令于君之碑

君諱孝顯字屏夷河陰河南人也肇自赤雀栖戸白魚躍舟時經百代歲逾千祀崇基緬邈與嵩岱而齊

高華胄芬芳共蘭蓀而並馥廷尉以陰□□□名播
漢朝將軍以陷陳揚麾聲流魏室自此琳琅接耀軒
冕連陰雖張湯之七葉珥貂郗鑒之四世台鼎方之
蔑如也曾祖提魏孝文以勑勒地居□□氣接幽都
陸梁狼望之前掘强龍庭之外遂授公節鉞奉使宣
威公喻以存亡示其禍福勑勒犂顙樹領獻馬稱藩
主上嘉使乎之功授以征北將軍□西太守自魏歷
將終周圖已兆先臣舊佐咸加爵賞蒙授使持節太
傅柱國大將軍封建平郡開國公從班例也祖瑾周
太師三老尚書右僕射柱國燕國公謚曰文巨川舟

楫鼐鼎鹽梅燮理陰陽寒燠無急舒之變弼諧王道
政令有清淨之歌父禮周使持節大侯正大將軍趙
州刺史安平郡開國公周武帝親御六軍問罪東夏
躬麾九伐爰整西師乃以公爲大使總知兵馬節度
□□居鼎臣之□齊王處帝弟之親咸皆禀其英謨
諮其進止公牙思十計關出六奇或飛書下城或搴
旗陷陣猶衝飈之卷寒籜旭日之泮春冰曾未浹辰
僞都平蕩□武平齊之日總集僞官謂高阿那肱曰
平卿國者由此人也昔呂子牙之佐周號鷹揚而滅
紂王士治之翼晉歌龍驤而殄吳□代相望□無慙

德君禀川岳之靈膺星辰之氣角立傑出高騫獨翔
括百行之樞機軼九德之軌躅一室不掃陳仲舉之
生平萬里封侯班仲升之意氣發巖電於神彩韞荆
玉於胸懷騫騫如積風之運鵬昂昂如籲雲而迸驥
開皇十三年起家任右親衛非其好也阮嗣宗之傲
誕屈以步兵馬犮子之文詞登之武騎俄而文皇晏
駕煬帝嗣興刬刮舊章草創新政璿室瑶臺之制邁
辛癸之宮車轍馬迹之行越姬劉之幸公乃告歸託
疾養素邱園不事王侯繫坏而已於是親賓斷問慶
弔不通保周陂而訪三美依蔣徑而等二仲甘樂山

藪木石爲鄰樵歌唱而白雲凝邱琴奏而元鶴舞讀
張衡之賦且說歸田諷宋玉之詞甯憂失職逮隋風
已替率土分崩九服移心三靈改卜天星驟落海水
□飛萬姓嗷嗷嚧烏靡所太上皇龍躍晉野鳳舉秦
川揮寶劍而斬素靈擁神兵而膺赤伏羣雄畢湊衆
善咸歸遂仗劍轅門投□獻款蒙補左武候錄事參
軍于時義甯元年也皇圖俶落帝典權輿王世充叛
換洛川竇建德憑陵河朔蟻聚蜂屯狼顧鴟張驅掠
我黎元違拒我聲教眷言經略理資英傑乃授元帥
府鎧曹參軍於是破入關堡清城宮□太陽門陷陣

先登獲勳第一蒙授騎都尉武德四年授雍州錄事叅軍處神州之要居輦轂之下五方雜沓四民設阜糺擿姦伏思若有神不待赭汗之權詎勞鉤距之詐貞觀元年又授朝議郎行濮州濮陽縣令君下車布政除煩去瘼而移風易俗不待三年俗富刑淸纔踰期月還牛恕米是表於深仁馴雉移蝗彌彰於善政豈止沈丕鄴縣留神灌壇而已哉水積歸塘竟滔滔□東注日沈昧谷遂黯黯而西徂辰巳之夢忽鍾膏肓之祟便及以貞觀十年四月四日寢疾卒於濮陽官舍春秋六十四陶潛琴酒對彭澤而誰懽言偃絃歌臨武城而莫奏嗚呼哀哉君器宇淹凝風神秀逸襟懷肅穆與寒松而並勁志氣蕭條共秋天而競爽履仁爲度蹈義成基不以富貴驕人常以謙虛待物可謂淑人君子邦家之彥者歟爰以貞觀十四年歲次庚子十一月壬寅朔十日戊子遷窆於雍州三原縣洪壽鄉之原夫人李氏平昌縣主皇帝堂姑王姬下降作嬪君子四德□□中饋六行愆于閨儀婉嫕馳聲幽閑表德旣而于君長逝守志孀居同穴之義莫從異路之悲奄至撫育遺稚皆遵禮度雖孛家存教斷織貽訓曾何足云嫡子正則等並學稟箕裘德齊顏閔竭忠貞以事主極愛敬以安親列鼎切季路之懷從車軫曾參之歎乃詢諸古老考之前代紀素譽於元石列遺範於幽埏庶感風樹之悲以慰寒泉之思文曰

遊矣洪源邈哉峻趾崇山億丈長河千里陸離英彥森梢杞梓纓冕遞承琳琅間起其一迺祖英果懔懍申霜迺父誠績謇謇勤王雄圖獨運逸氣孤翔東征獻凱北使歸疆其二篤生君子風神特達□侍丹墀警巡紫闥腰鞬負羽橫戈戴鶡驥騄既馳湛盧方割其三有隨道喪滄海橫流知機體命卜築林邱一人御物六合承休翩然筮仕佐府叅州其四叅州伊何繩違糺慝佐府伊何崇弓砥鍔姦魁息訟邊隅靜柝衢路風生戈矛霜落其五一同出宰百里□風霜威狡猾露惠黎庶期永錫如何不終武城絃絕彭澤樽空其六□□□□□□□□□孫楚長埋韓□永逝朝思餘藻野悲遺惠先秋刈蘭當春翦桂其七□□□□□□□俄悲谷徙遽歎舟藏松風厲下闕精語堂碑錄

唐越州都督于德芳碑

上缺開國男缺軍事缺好賢愛杰缺大中大夫行缺年□□銀青光祿缺曳之□□使缺郡缺都督原慶□

□四州諸軍□□□□□史永徽元年授□□□三年缺能官遷於鄧訓顯慶三年授金紫光祿大夫使持節隴州諸軍事行隴州刺史任□北鎮□以□□□肅□□化洽華夷公志在懸車□敦止足缺恩詔矜遂□□□□□於□□陪展衆於石閭未膺禮於上庠遂歸全於長夜以龍朔三年歲次癸亥二月乙酉朔二十六日庚戌遘疾薨于隆慶里之私第春秋七十有七其年五月癸丑朔二十日壬申葬于三原縣十缺字公稟滎河之純粹降仙掌之英靈類邢禹之堂堂芳齊徃哲比周舍之諤諤□冠前脩案牒披圖以信

順而爲本敦詩悦禮用忠孝以成基譬虞代五臣將稷偰而竝騖若軒朝六一缺十字甚張季之折獄情存周急同魯肅之指囷囊括五事惠施惣其博物遊□□□胥臣愧其多聞體物緣情之篇遒文光於翰菀摛藻□鞭之筆符彩麗於詞林攝□名藩黎獻於焉詠缺十字虞對彼安仁時稱連璧偶斯元禮俗號仙舟追電伏轅懸知駿骨孫枝入爨便識琴音開閤以接名流置驛以招英彥慕疎廣之解印仰魏舒之抽簪抗表陳情遂蒙昭允角巾私第杖缺五字梓澤□□□習蘭亭之賞但四序不止千月難終儵歛魂於窮泉俄沈照於悲谷嗣子前荊州大都督府錄事參軍事代州司馬護軍祀居憂之禮殆不勝喪至孝之情幾將滅性以爲橋元三鼎騰茂實於祠堂楊震□□飛英聲於神道庶金生翠碣長摽賈氏之墳劍挂貞松永識徐公之墓乃爲銘曰

三山崇搆九水鴻源□□樹績烝相高門般衮調飴書社開藩祉襲前葉慶鍾後昆風雲蘊氣珪璋表質據德依仁銜華佩實博詠金匱學窮石室辯□談天誠深捧日束髮肆業彈冠入仕道屬時屯生逢運否黑山霧結白波浪起□□鑿夷兵興新市九五應期

千年啟聖紾此元惡斮茲放命地紐克平天保大定筴名委質濯纓從政秩宗著稱恒岳揚聲漳濱訟息晉水□清缺十二字名高郢城榮顯五都光照千里□耀金玉芬芳蘭芷譽起四佐德高八士貴盛丹轂聲傳青史橫海鱗摧磨霄羽□森沈松檟蒼茫原隰金鉉未調玉棺奄及東都駐馬南陽下流搖落宰樹荒涼夜臺墳脩燕集塋空鳥來鳳簫嘹唳熊軾徘徊□入不作泉扃詎開非見齋碑錄

大唐故左監門大將軍襄城郡開國公樊府君碑銘并序

若夫軒弧登御戚有截而開基嬀戚陳階格遠方而載化是知器之攸俟理無廢於五材國之所隆業有偕於七德皇家躍龍而啟千載翦鴻而清九野叱咤而會風雲抑揚而徙舟壑其有應銜珠之象縱傑挺生延捧日之徵程材命世縶桑以申其略坐樹以挹其庸唯襄城公爲體之矣公諱興字積慶安陸人也將軍臧燕取貴易濱之義鄆陽誑楚終高戲下之功學稼問仁暎闕里而騰譽推田削契掩湖陽而劭美自時厥後支分派流䋲彼青編可得而略也高祖弼魏武陵太守曾祖敍魏員外散騎常侍巴州刺史新淦縣開國侯祖文寔隨南陵太守並資忠爲德置言成範體三赫而流潤苞六象而揚輝雅達從政□□□俗召父延於時謠任子悅於甿心父方皇朝金紫光祿大夫慶善宮監藏器虛室戢影太玄偶出震之休斯縻賓王之華秩公攀鱗晉野奉靮汾川霈□露於紫宸燭靈輝於黃道體仁而賈其勇由衷而講其信埒勁心於風草比貞節於霜筠言表身文愼機樞於自邇行成士則摛枝葉於昌年超越女之工五校豈傳其術高楚臣之藝七札本謝其能至於當敵制權臨機授律明其可否之算審其向背之宜聊取

鑠金之□□踐韭鋒之地義旗肇建乃授朝請大夫隨班例也尋破西河授通議大夫又平霍邑加金紫光祿大夫特以戰功殊加勳級殊貸稠疊難用詳言旣而尅定京城加左光祿大夫除左監門郎將恩流□□□屬宸階嘉猷轄於紀明未位司徒之表茂識逾於安世甯資博陸之賢未幾以功次除左監門將軍周□斯佽折衝伊寄宮禁肅清簡在惟穆昆夷舊壤尙結妖氛聽鳴鼙而載懷命寅車而戡罰以破薛舉勳授上柱國西華縣開國公賞物五百段楚班爲貴躡昭陽之大功漢誓斯承聯潁陰之茂爵劉武周□兵絳水肆虐懷生公迺奉旌麾而電邁谿參驛而風掃乃封襄城郡開國公賞物千段于時山川振蕩孽醜虔劉元戎歲駕預誅干紀王世充竇建德因茲大潰□勳餘十二轉迴授其子賜物二千段金卌斤武德五年建德重茲兒聚帶州挺亂於是長驅銳騎封豨滅焉加勳八轉賜物千段并奴婢牛馬劉黑闥跋扈□□陳兵曠歲公克宣智勇殲厥姧渠以超輩之勳賚物六百段六年破徐員朗於徐兗厥功斯懋賞物千段□廿七年予詔以公策名自久立效居多因□□□單將八年獯獫犯塞大駭涇陽權烽夕舉

胡塵曉望公摧鋒轉鬭搴凶折首九年以公夙昭勤
效給封四百戶授營國公貞觀六年破陵州羣獠賞
口六口口口授左驍衛將軍坐公事削十一年還除
右監門將軍望重禁闈誠深貞固騳招榮奮亟踐便
緐十五年扈從巡方檢校左驍衛大將軍領千騎十
八年授雲麾將軍守左監門大將軍封襄城郡開國
公食邑二千戶十九年鑾輿東指龔行遼隧公於定
州奉令乘馹還口副梁國公宮城留守任寄之重莫
或與京宸駕凱旋特蒙勞喻賜物三百段撿挍右武
候大將軍廿二年從幸玉華宮因而留守有頃乃嬰

風疾勑遣名醫就療賜告還京砭藥亟加閱月而愈
廿三年除左監門大將軍屬宮車晏出綍翿晨移奉
端闈而限赴望凝山而崩摽從而負茲爾痾惕景推
辰有司以寢療逾時因而奏解爰降綸汗恩贈尤多
給防閤祿賜國官府佐帳內一依見職并遣醫賷藥
終始將療又降中使就第慰問賜絹口匹終期介胄
爲禮孤摽細柳之名鐵石居心獨擅下江之懿如何
尺波行閱風駭龍驤之水一葉可悲霜凋馬陵之樹
以永徽元年四月廿三日終于雍州長安縣懷遠里
第春秋六十有三聖情念功惟舊傷悼者久之贈左

武衛大將軍洪州都督江饒吉袁鄂虔撫八州諸軍
事使持節洪州刺史賻絹布二百匹陪葬獻陵賜東
園秘器喪事所須隨由資辦給儀仗去還謚曰思公
禮也粤以其年歲次庚戌七月戊戌朔九日景午陪
葬于獻陵惟公德符先覺利見在田立功立事威稜
憺遠信義行於州里孝友著於家風喜慍不形寵辱
惟一歌鍾繼發無累虛白之心軒蓋交陰詎隔濠梁
之想踐三宮之奧先賓涇流之毒奬萬夫之勇方投
越水之醪宜其克壯風猷永綏多祜俄而丹烏迅晷
下崦山而靡息白馬奔濤委歸塘而口口長子護軍

濮王府兵曹叅軍事修義世子上騎都尉荆王府法
曹叅軍事修武等下堂斯愼恭孝之道夙彰趍庭有
奉敦悅之風先備遽纏手澤之慕終嬰心瞿之哀懼
口紀驟遷坘壑相貿思勝鼎之餘範懷景鍾之遺籀
翠琬勒其鴻規清芬垂而靡究其銘曰
叔世道消夷羊在牧乘時啟聖長鯨且暴瑞興碭野
祥開柳谷式寄爪牙久資心腹其一山甫姬相口口命
氏峻構巖巖豐源瀰瀰祖考昭德騰華辮綺政體山
蜿業甄河豕其二介福潛行克昌厥嗣贊軌鶩冥承羈
絕轡缺八字聚米均聲沉沙比懿其三明口於口持損于

盍同志如蘭堅心匪石家存衛劍門趍鄭驛藝優方
穽道希函席其四得人斯盛多士維寧傍躬文陛局□
彫扇拂鍾挺銳括羽□貞功深越國績□□□□其五貟
舟□□鑿檝貽疊泗水迴瀾武山頹仍九京可作百
身雍悋麗軀輟技其六飛龍罷引遠日告辰如疑戒禮
容車夙載嚴闉旦啓煙景空濛風□□泚□□□而
稅駕聆□雖而揮涕其七
石刻

唐文拾遺卷之六十三

榮祿大夫三品頂戴前分巡廣東高廉道加四級臣陸心源輯

闕名十一

唐隴西李氏清河太夫人之碑

上缺八字司馬缺六字州司馬仲□之女也金枝□映玉葉缺二十字孕靈月缺四字貞蘭郁義徽傾風禮茂乘龍齊□齊賢宜家宜室缺十五字於滅瑟□□□國清河縣開國公仁裕弱冠而孤仍遭□□夫人躬□義方缺十二字天平地成功□於補柱河缺五字平□□人居上將出牧名藩聖恩金紫資自缺十字於善誘流譽□欽缺五字李授清河太夫人若夫稟哲明□□之以家風滋缺八字躬名義博聞聖□豈徒動作女師□□□成士則始光婦道終禮缺七字形內外承缺六字疾天慈哀慉每□神喪飲膳藥□咸□□御仍令司空公□□三司尚書左僕射英國公勣缺五字軌門備其年六月七日薨於長興坊之第時年八十有二永徽三年二月□祔於缺五字臈缺五字賜之恩越舊史之□聞優聖朝之故事□白□範冠圖□□使哀榮□令古夫人□曰人缺五字大將軍房仁裕毋亡喪事□須並宜論仍令東宮五品一人□□凶事并賜布絹各二百段□上

缺五字時盛暑日給冰數石及歸舊域又經勅書曰前左領軍行□將軍房仁裕既還鄉井□□□吉缺六字人力傳乘等務使周濟□鄉之日仍賜米粟各二百石多□人力永徽三年歲次壬子二月□□用十缺六字宗親豪族道俗不遠缺六字千餘人荼毒禾□十旬恩詔待加□命□日□□□都會禁缺十三字軍大將軍房仁裕缺四字淹星律宜奪情禮應茲□寄司命□光□太夫缺五字長史□□□于時再三上表乞終喪制頻缺八字仁裕既以孤仔一身終□兄弟几筵□方寸云亂詣闕□□□動天慈爰降勅書曰前□將軍房仁裕近下哀□□□藩□人奪情□政宜依故□聽於任所爲立靈□□昏哭臨以終孝性之任之日□僕以上數百餘人悉給傳乘自□□府已缺五字之昊天罔極令於潤州□寧縣躬自採石造碑羊人獸□運送墳塋限以委寄任重不獲身自□樹缺五字安貞觀年中碑已先樹□重刊貞石紀述太夫人績□遺訓并敘重疊惟□□之□旨式□□窆之時泰山之喪方簡舉而已濟瑯玡之碣撰實錄而多慙其詞曰

軒臺茂祉玄宮綿□□明帝媯陶甄孔聖龜文日簡龍門孤映盛祀彌光攸鍾淑令詩史不騫禮章缺六字作嬪鼎族仁孝□□□恭自牧端操霜明芳猷□郁婦德光備母儀是彰恭維□寡弘宣發方命之缺十八字成寅亮下缺　十二硯齋金石錄

修寺鑄鐘碑

□此地缺六字建其來久耶毗香缺六字尚闕□有□將□□□仁□□□屬雲人慕其風波感雲委搜工度木創造中樓從開十八年至二十一年功□於戲大功未就天不慭遺轉劫示凡超登彼岸美志不遂良可痛耶門人法嗣威公釋家英賢法門孤秀才清海量當代高僧泣和尚之遺蹤感斯事之未備也迺采□梓訪□□傍建挾樓煥茲禪宇天寶三載首營天七仲春功畢有上人禪公碩德行灊光華梵侶見廊廡空缺精誠助修廣卅間兼經樓二所大八年創營天九年孟秋之月其功就矣攢樓崢嶸疑翠巖□霞裹廊宇漫漫如碧雲映寒川大矣哉非常之功立也偉哉禪伯威公心懸秦鏡器潤春雲鳴謙自安虛己接物世人趨學掎袂盈門頃以宴坐虛庭聞鐘之擊也歎曰其聲幽□誰爲發輝乃廣散金錢詢諸里閈珍貲山積人以子來暨天寸一年初營至十二年夏六月三日鎔鑄功就簨簴巃嶷洪鍾岳然糜杵橦之聲

震區外龍變神奇吁信鼓之最也禪公每淸賞矩步
厭其所居僧房古衰階囗褫落乃廣其制高其墉欒
櫨巖嶬簷宇廓落楹礎星布階砌煙凝東西廿二間
分爲四院天十三載改制十四年孟秋功畢鄉黨淸
信士等一心禪建霧集雲齊祕宇虛窗風淸法座朱
門素壁霞開白雲美哉麗哉不朽之事也講堂前龕
宇年深榱棟摧殘丹青晦色爰有都上囗喬公乃擇
囗匠再雕甍訪畫工新丹雘至誠感物不逾旬而斯
事厥終喬公金玉其器蘭芳其心文冠時英道濟羣
物渙若江海莫測其涯夫樹德立功非賢莫可歸然
勝迹垂範將來樹碑勒功未盡其美表茲刊刻題諸
讚云

峩峩紅樓兮滹之陽登攀四望兮迷海鄉廓廡左右
兮雲之長雙碑岌立兮凜朝霜其一物殊地古兮人修
嘉祉雙樹森蔚兮給園多士地久天長兮名在茲海
變桑田兮功不毀其二　常山貞石志

大唐孝昌公許君墓碑

先王宅土秩懿親而建侯我后得人功關河而作牧
缺七年入朝加授太中大夫使持節冀州刺史缺履
直道於朱繩照全形於白璧抑貪競之俗恩洽二天

屛權右之門威加重燎缺行趍露冕之禮坐列交衢
之棘二年有詔追遷太僕少卿缺長史公以儀鳳三
年正月日薨於汾州之官舍春秋六十有二缺嗣孫
崇藝易州司馬五回軍使英姿外發靈鑒內融缺趍
敎梓之鄉闢用標幽壠何止韋孟之光緒祖德之垂
裕後昆劉寬之傳芳故吏式照往列崇藝崇述崇烈
缺銘曰

炎圖括地姜派統天融斤運火太岳飛煙緝詣帝若
業冠象賢穎瀣涵珍箕山韞寶儀刑邦幹經綸天造
華陽啟國襄城訪道漢劒舒蓮周珪映藻運移赤野
威懷楚望八翼飛止三刀集覎英猷早舉仁風曉暢
丹水擢圖黃星昭亮恩狎聖齒績參龍躍錦旆雲道
賔享天爵靑蒲奏牘赤野馳英陸剸柙兕水斮奔鯨
闔區恩暴夏囗先鳴晉俗康阜軒鑾澄淸金根接禁
訏謨寉省蘭錡晝嚴鉤陳夜警軍容甚泰土功載疇
地軸東距天津南渡狠望下缺　王得臣塵史

大缺八字上柱國李君莫高窟囗龕碑并序

原夫容萬物者天地也容天地者太虛焉星辰日月
天之文卉木山河地之理推之律呂寒暑之節缺十字
可囗然而三家不定四術猶迷囗申臆斷之辭競起

異端之論刜乎正覺沖邃法身常住凝功窅冥湛然無缺九字鷲一乘絕有爲而口無爲獨尊三界若迺非相示相總權實以運慈悲非身是身苞眞應而開方便不言作言缺九字爲有爲之宗神儀廣現至若吉祥菩薩寶應眞人効靈於太古之口啟聖於上皇之始或練石而斷鼇足缺九字而察龜文調五行而建八節復有儒童歎鳳生震旦而鬱元雲迦葉猶龍下閶浮而騰紫氣或因山起号或缺九字風删詩書而立訓莫不分條共貫異派同源是知法有千門咸歸一性等碧空之含萬象均滄海之納百川其道缺七字能使

三千國界悉奉賷而輪環百億人天並承風而偃化拔衆生之毒箭作羣品之良醫恚龍屏氣於盂中狂象亡缺七字感灑法雨而隨根無願不從皦慈光而逐物豐功厚利誠無得而稱焉我大周之馭宇也轉金輪之千輻運缺七字諦於心田皎三伊於智藏慈雲共舜雲交映慧日與堯日分暉德被四天不言而自信恩隆十地不化而自行蓂莢生缺五字物不召而自至瑞無名而畢臻川嶽精靈列韜鈐而受職風雲秀氣儼槐棘以承榮僸佅兜離韻諸韶濩蠻夷戎狄飾缺五字吏紹眞乘初隆正法大雲徧布寶雨滂流闡無內之至言恢無外之宏唱該空有而闡寂括宇宙以通同蕩蕩乎巍巍缺五字名言者也莫高窟者厥初秦建元二年有沙門樂僔戒行淸虛執心恬靜嘗杖錫林野行至此山忽見金光狀有千佛缺五字造窟一龕次有法良禪師從東屆此又於僔師窟側更卽營建伽藍之起濫觴於二僧復有刺史建平公東陽王缺七字後合州黎庶造作相仍實神秀之幽巖靈奇之淨域也西連九隴坂鳴沙飛井擅其名東接三危峰泛露翔雲騰缺七字後顯敞川原麗物色新仙禽瑞獸育其阿斑羽毛而百綵珍木嘉卉生其谷絢花葉而千光

爾其鐫崿開基植端缺七字塔構層臺以篷天刻石窮阿育之工雕檀極優闐之妙每至景躔丹陸節啟朱明四海士人八方緇素雲趨兮缺八字歸雞足之山似赴鷲頭之嶺陞其欄檻疑絕累於人間窺其宮闕似遊神乎天上豈異夫龍王散馥化作金臺缺八字幢幡五色而煥爛鐘磬八音而鏗鏘香積之餅俱臻純陁之供齊至極於無極其喜芬馨人及非人咸歆晟饌遙缺七字大周聖歷之辰樂傳法良發其宗建平東陽宏其迹推甲子四百他歲計窟室一千餘龕今見置僧徒卽爲缺九字讓燉煌人也高陽頊之裔太尉顏之

出李廣以猿臂標奇李固以龜文表相長源淼淼旣
浴日而涵星層搆缺九字祖穆周燉煌郡司馬使持節
張掖郡諸軍事張掖太守兼河右道諸軍事檢校永
興酒泉二郡大中正盪寇將軍祖囗隨大黃府上大
都督車騎將軍竝多藝多能謀身謀國文由德進武
以功陞爲將有禦遠之方作牧得安邊之術庭抽孝
缺九字泉竭誠而奉上謙光下物不自驕矜流令譽於
當年鍾餘慶於身後考逵左玉鈐衛効轂府旅帥上
護軍缺十字倜儻之姿夙負不羈之節荆山虹玉不能
比其內潤宋國驪珠無以方其外朗行能雙美文武

兼優臨池擅缺九字之妙嘗歎息而言曰夫人生一代
難保百齡脩短久定於遭隨窮通已賦於冥兆假令
手能拉日力可拔山缺九字條之露何用區碌榮利弃
擲光陰哉於是滌胸襟疏耳目坦心智之所滯開視
聽之所疑遂諷誦金言缺十字歸正捨邪遇善恭虔必
能尊重讚歎迺於斯勝地造龕一龕藻飾圓周莊嚴
具備妙宮建四廬之觀龕缺廿三字下崢嶸懸日缺四字吐
風雲於澗曲岧嶤而鬱律杳篠而缺廿四字就龕設齋旛
香作禮爰屆茲日斯道初宏接武歸依信根逾固者
矣缺廿二字綺際材稱刈楚器是拔茅淵松以磊落見尋

巖菊以芳菲入用其缺廿三字論若空之理迺相謂曰是
身無常生死不息旣如幻如化亦隨起缺廿一字應諾風
從復於龕側更造佛剎穿鑿向畢而兄遂亡公任左
玉鈐衛効轂府旅帥上護軍缺七字行紫金鎮將上柱
國竝奇才卓犖逸調昂莊泰初之曉月團團玄度之
淸風肅肅羽垂天缺十四字後必昌象賢囗蹤無絕迺召
巧匠選工師窮天下之譎詭盡人間之麗飾馳心入
解脫絺缺十三字槃之變中浮寶剎迎四面以環通旁列
金姿儼千靈而侍衛瑠題留月玉牖來風露滴砌而
缺十三字表還同鹿苑之遊粵以聖歷元年五月十四日

脩葺功畢設供塔前陳桂饌以薰空奠蘭羞而味野
缺十字無虞萬邦囗僞末之萌羣品沐滄源之始拂輕
衣而石盡釋敎長流去纖芥而城盜法輪恆轉且夫
立功立缺三字揚於竹囗何況大慈大悲不宣暢於金
冊輒課庸淺敬勒豐碑合掌曲躬迺爲詞曰
法身常住佛性難原形包化應迹顯眞權無爲卓爾
寂滅凝玄乘機逐果示變隨緣大周廣運普濟含靈
金輪啟聖玉冊延禎長離入閣屈軼抽庭四夷偃化
重譯輸誠爰有名龕實爲妙境鴈塔浮空蜂臺架迥
珠箔星綴瑠題月鑒自秦創興于周轉晟西連九隴

東接三危川亙綺錯物產瓌奇花開德水鳥哢禪枝
十方會合四輩交馳雕甍跂鳳鏤檻盤龍錦披石砌
繡點山窗雲縈寶蓋日灼金幢芳羞味野香氣浮空
粤惟信士披誠迴向脫屣塵勞拂衣高尚旁求巧妙
廣選名匠陳彼鉤繩鑿斯巖嶂代脩七覺門襲三歸
取與有信仁義無遺雕鐫寶剎絢飾金暉真儀若在
靈衛如飛營葺兮既終丹青兮已畢相好備兮圓滿
福祥臻兮貞吉百刼千刼兮作年青蓮赤蓮兮爲日
著如來之衣入如來之室佛道兮曠蕩法源兮池溢
勒豐碑兮塔前庶後昆兮可悉維大周聖歷元年歲

次戊戌伍月庚申朔拾肆日癸酉敬造

李氏之先出自帝顓頊高陽氏之苗裔其後名繇身
佐唐虞代爲大理既命爲理官因而以錫其姓洎殷
之季年有理徵字德靈得罪於紂其子理貞逢難避
地居殷食李以全其壽因改爲李其後漢武開拓四
郡辟李翔持節爲破羌將軍督西戎都護建功狄道
名高四海殞命寇場追贈太尉遂葬此縣因而家焉
其後爲隴西之人逐涼昭食邑燉煌又爲燉煌人也
遠祖顏漢太尉公歷幽豫二州刺史食邑赤園宕口
顯祖昭魏使持節武張酒瓜等四州諸軍事四州刺
史河右道大中正輔國大將軍曾祖穆周燉煌郡司
馬使持節張掖郡諸軍事張掖太守兼河右道諸軍
事檢校永興酒泉二郡大中正盪寇將軍□□隋大
黃府上大都督車騎將軍考達左玉鈐衛効穀府旅
帥上護軍缺四字軍亡兄盛昭武校尉甘州禾平鎮將
上柱國弟懷節上柱國弟懷惠騎都尉弟懷恩昭武
校尉行西州白水鎮將上柱國弟懷操昭武校尉行
紫金鎮將上柱國姪奉基翊麾副尉行庭州鹽池戍
主上騎都尉姪奉逸翊衛上柱國男奉誠翊衛姪奉
國翊衛孫令秀翊衛造碑僧寥廓上柱國鐫字索洪

亮西域水道記

唐盟碑

大唐文武孝德皇帝大蕃聖神贊普舅甥二主商議
社稷如一結立大和盟約永無淪替神人俱以證之
世世代代使其稱贊是盟大節留傳之於後也文武
孝德皇帝與聖神贊普得知黎贊陛下二聖睿哲鴻
被曉全永之化享矜愍之情恩覆其無內外商議叶
同務令萬姓安泰所思如一成久遠大治之責慈覩
同心以申鄰好之意共成厥美今漢番二國所守見
管封疆洮泯之東屬大唐國界其塞之西盡是大番

地土彼此不爲殺敵不舉兵革不相侵謀封境或有積阻捉生間事說給以衣糧放歸令社稷山川無擾各敬神人然舅甥相好之義若難每思通傳彼此相倚二國常相往來西路所遣唐差蕃使於將穀交馬其洮泯之東大唐供應清水縣以西大蕃供應須合舅甥親近之禮使其兩界煙塵不起同聞頌德之名頻無驚恐之處行人撤備鄉土俱安永無相擾之犯垂恩萬代則稱羨之聲徧於日月所照矣蕃於蕃國受安漢亦漢國受樂茲合其大業耳各依此盟誓永不移易當三寶與日月星辰之下共陳刑具爲設此

大誓約如有不依此事誓背漢蕃背納破其名者來其殃禍也倘傾覆以及動陰謀者不在破盟之限蕃漢君臣並稽首告立周細爲文二君之德萬載稱揚內外蒙庥人民咸頌矣（西域攷）

按與全文所收盟吐蕃題柱文微有不同

大唐河西道歸義軍節度索公紀德之碑

（上缺七字）安邦柱石分憂誕賢材而膺用固有提綱窅俗封長策而（缺十字）地中興聖運彼有人焉公王裕稱諱勳字封侯燉煌人也祖靖仕魏晉位登一品才術三端出入兩朝功名俱遂曾祖諱（缺八字）鍾慶於茲來慕之謠既著捐駒之咏益深乃保龍沙承固城□□□竹（缺四字）父琪前任燉煌郡長史贈御史中丞早承高蔭皆顯才能儒雅派衍弓裘不□宣宗啟運乃睠西顧太保東歸□平□義河西克復昔年土宇一旦光輝沒（缺五字）公則□河西節度張太保之子聓也武冠當時文兼識達得探囊之上策（缺五字）明主皇王之□□□韜鈐而五涼廓靖布鶴列而生擒六戎（缺五字）姑臧復擾（缺九字）上襃厥功特授昭武校尉持節瓜州諸（缺五字）壘纛軍押蕃落（缺七字）繼先人之閥閱不媿於荀彧効忠烈於（缺六字）牢落□天（缺八字）外乏金湯之險自

從蒞守葺以兒全築巍（缺八字）布□疆（缺七字）以部厥田唯上周迴萬頃沃壤肥□溉用（缺十字）積爲（缺七字）流頓絕洎從分作乃運神機士宇宏張近堤（缺九字）騰飛（缺六字）功俄就布磐石□雲浮川響波瀾眾□輻湊（缺八字）西成□□□咸感如神靈蹤□應水流均布人無荷鍤之勞鼓腹（缺九字）曰設法以濟人摧圮樓臺置功而再治城內東北隅有古昔龍（缺九字）壁猶存模儀尙宛重以風摧雨爛尊象塵濛棟宇疏廓空餘基址（缺八字）貿工于時改作四廂刱立八壁重修南建門樓北安寶殿徘徊聳仞（缺十字）騰階墀古樹卻吐鮮芳玉砌流

皋莓苔復點城隅之下別捌衙缺十一字儼爾光輝于時景福元祀白藏無射之末公特奉絲綸就加缺十一字也軍中投石爭誇拔拒之能幕下吏民悉展接梟之勇□性缺十一字基之術材兼文武名亞夫以當年幸遇昌時繼□營之缺十五字欽崇於大漢洋洋政聲翔于闕下缺廿四字竟千古下缺西域水道記

唐羅漢寺碑

維大唐光化三年歲次庚申二月十五日□院□皇帝陛下州縣官□及亡□七祖見存普同供養蓋□□悟缺九字緣恆□□寶虛指亂識亦□諸元暄□妄情寧興諸缺四字□□息炎于有餘缺十七字學競見聞解遺宏旨是法雖復其空爲本缺五字化缺十六字非虛□淨觀懷□□明據弃本逐末沈沒□□經歷塵缺六字迷缺四字習俗生常知見彌論莫知惺悟只欲顯揚政教非智無以廣其交崇闡□□非賢莫究其缺六字法元宗妙道宏遠奧旨遐深握空有情微體生滅之機要詞莜道廣尋□□終不從其源交顯義幽疑只莫測□□三藏祕典是名無足而常行其道無根而永長堅得名流慶歷劫而鎮常起滅應身經塵劫而不朽於是百川異流同會於海万碅分義總成乎實御大

乘之寶車涉道場之要路但爲迷心之士愛染無明躭戲之童沈輪火宅遂乃權開法寶悟彼昏徒引諸于於四□□化我於中道是以迷子今悟深解上乘高廣之事無不決了仏現無相之相畢竟非虛上下中根皆蒙含潤鐫雕石像用陳員寂之心法王嘿然答之所有皆無因性虛談既蔥僞妄亦空備實歸眞顯乎中矣□但崇敬未逢爰取妄之日本是清淨國人後發妄識情所椎落住在四大五陰村上代本出瑯琊高祖迸流此邑行年六十有四自歎丈夫居世運轉何能久停乃發勝上宏心趣向苦提之路便捨世財珍寶還造世□聖容復作招提淨院擬供僧友復割捨僚嗔糧之田缺四字常住年納伍百文并將充急埽院衣糧歷劫不改賴浦高井重石胡奴盈山西西東接重石山頂至主敬界南接重石山鼻下至大路泉水孔爲界西北接楊德小溪爲界此地施入院爲我皇帝州縣官等法界倉生上祖亡靈普同其造故勒弟處約缺十字曰老人□宋滿同謚後有無智弟兒姪外人侵奪者願此生來生常受百牛之大疾彌陀龕向西小溪度大路下地貳拾畝東至小溪南至大溪西大溪北至大路右楊德及兒晃今將□分田貳

拾畝。將施入龕院內。供一切諸方師僧。永為常住。令對鄰近村老街敬王□任□□王忠張後盛狐守爾等一施以後。如有兄弟伯叔兒姪及外人。心生貪認者。願當當往來生。常受百牛大病。（金石苑）

唐金滿縣殘碑

（上缺）周仕珪等雲中輦路（缺）行戶曹參軍上柱國趙（缺）惠敬泰攝金滿縣令（缺）姑臧府果毅都尉（缺）乘帝師之（缺）補迦（缺）

（上缺）而為□□承義郎（缺）登仕郎攝錄事（缺）昭武校尉涼（缺）□州退魏□（缺）有準繩（缺）（西域水道記）

大唐雍州同官縣□□武定村碑之銘

若夫二儀□□日月。於是麗空。陰陽創分（缺）其形五□□興□法通於巨海。自爾□賢（缺）是□代嵩靈嶽鎮大地。以順倉生。四瀆分（缺）體於摩敦。植善三祇。降神容於淨梵。輪光（缺）十力自在。廣備六通。觀三世朗若目前。矖（缺）須臾□迅。含靈蠢動□許牢籠幽危（缺）森□流洗羣岷□□菀今敬崇尊像號（缺）右敞丹崖。卻望周□。□瞻漢像。青（缺）皎潔遶宇。迴流芳馥名花。依蘭放彩。以（缺）村所仏堂內爰建像碑一□。使□人敬（缺）殊王舍說法未異孤□月六念誦下救（缺）願皇基永固。聖祚無窮。牧宰賢（缺）方法界六道含靈解□惡之津。俱登正覺。（缺）玉□而非堅。遂發菩提心。求無上狂象奔（缺）業敬造阿彌陀像□面四區。勢志觀音巍（缺）奇工雕刻□麗昔聚砂童子。猶傳祇夜（缺）於天地刻琬琰以桑滇□陵谷頻遷箇（缺）混沌初啟。七曜麗天。三星感化。五帝稱賢。（其一）宗靈鎮地。四瀆潮滇。諸侯異□百郡秦聲。（其二）□行六年。悟證無生。超茲八解。燭此威名。（其三）狂象馳奔。朽籐垂斷。淨土時長。人茲為仲。（其四）建斯武定。大聖居堂。遐邇瞻矚。昔堡稱黃。（其五）憑均刊戒。鏤乃輪琰。文武□立。日月齊懸。（石刻）

後唐毘沙門佛龕碑

（缺）□□□（缺）兵不交刃而定□（缺）京蒙賜恩對（缺）椎喧響獄市廉平。恩煦與春日熙（缺）奇雲積峯稜煙靄巖谷清冷。碧沼涵（缺）瓏相映竹（缺）將欲（缺）龍雖葺置年深而兒穡仍陋房廊隈曲。（缺）歲終莫改。（缺）而（缺）慧（缺）深心機（缺）別敞豁庭戶。移建重門階除。於是袤延（缺）淸之煙臨溪（缺）橋（缺）興（缺）在勝境巨植福田。發精心。虔至懇捨淸俸召良（缺）殿（缺）層巒之趾鐫十地之眞相。列（缺）仲夏興工。杪秋就畢。□毘沙門天王則酬願之所造（缺）觀（缺）有為五月日計贍二□來人一料問約費三萬缺實頻買茶酒撫慰匠師金碧妙粧丹青奇飾花龕炳煥寶缺刼證神多聞稱聖風威凜凜氣貌雄雄缺甲東缺居水精殿而鎮國寶塔在掌遊河沙世而護人天寶祁西缺犬羊之眾萬隊豺狼之暴肆兇戎軍陪缺於妓缺似有難色都護告虔於眞聖如響隨聲是時天王顯口興雲雨而四望昏暗鳴劒戟而百里晶口電卷口氛風馳醜類洎咸通中南蠻救乱圍逼成都聚十萬眾蛇口鴉鶴之陣焚廬掠地窮惡恣兇列郡之將軍未口會府之城池將陷此際天王茂昭聖力遽顯神威樓上缺耀光明之彩蠻

卷六十三　八

蛋膽讋酋豪視之而心口即時遁躍於遐鄉是日塵清於錦里威德示平兇之驗異需缺功缺司空頃年防秋雁門守戍狼塞每虎口敬付功勤著立於轅門符竹輝榮於牧郡爰飾貞像以答嘉休缺口儼缺容威儀妙智聖矚大地福利羣生弘誓海深十口而無剎不現垂願周普三途而有苦皆除愁懼者悉使清涼缺依缺怙地藏凝然性相浩爾慈悲濟憫深恩澄涵口智明惠燈而九幽解脫灑法雨而六趣超生妙力罕窮序載難口慈雲覆廕甘露沐霑皇帝之運祖遐延缺侍中之勳德宏溥司空壽山聳峻福海渺瀰

井邑缺秩崇缺盛爰自虎符之貴迓迎龍節之榮遲澤汪洋口名煥赫郡夫人婺星稟秀女曜鍾儀珠玉之貌恒春松椿缺大郎君小郎君鴒原積慶雁序聯榮長承膝下之歡宛紹宗中之瑞六親眷族悉利勝緣九元祖宗咸昇淨域處缺口跡缺頂文珠恭倍佐賽趨事旌榮虔奉嚴命令紀星時慚鼂鄂之短才非雜牕之澳學濡毫悚愧述記不周乃爲缺

華龕紺殿玉砌金基三身貞像十地眞儀雕琢工妙彩繪師奇慈風適暢惠日融輝飄蕩恒口照臨愁悲九幽解脫六趣超離法雨霑灑甘露霏微資福無量

卷六十三　九

功德難涯

大唐天成四年太歲己丑十月日記金石苑

勅賜光福寺碑

南州列剎西浙稱雄鷲嶺開基地拓烏陀之古跡翬欑徹漢天連青瑣之遺宮昭明屹構平報恩昌國崢嶸平永福高並則夾持兩庾孤懸乃特挺餘材法護伽藍晉周玘團營威震形圖阿堵梁僧繇繪像輝騰遠邇六代之宏規近覩三朝之畫壁巍乎瞻仰翕爾皈依項羅數屬刼灰禍延淨土風霜剝礎歲回玉斗周天瓦礫堆遺空想金繩界地蔚叢林之炳若蘙茂

草以妻其恭遇皇唐幸興梵遇字缺八於西崑白馬馱經乾竹祕傳於南那法輪日轉曇舍星羅仙李垂英周柱現凾三之玉棺優羅結蒂漢庭飛丈六之金身顧茲遐陬均沾洪造禪宿住持黃蘗契緣輔弼裴公定力圓通慧光方便上乘洞徹敘湛寂於毘盧象教流行示莊嚴於法界乃經乃始旣美旣完㦸馨家資捨宅而眞如鼎建今宜朝勅賜顏而光福渙頒作鎮一隅永圖千禩 湖州府志

本願寺銅鐘銘碑陰

皇唐開元十七年此寺都維那慧仙□□厥謨□寺衆及邑□满信士等同□□方爲國敬造神金之鐘以十九年二月八日鑄成其秋七月上旬鐘樓亦就□廿六年□□景寅春三月十□日□碑方建凡諸佈施並刊□□□以爲不朽而傳來□也 常山貞石志

化度寺僧海禪方墳碣

大唐化度寺故僧海禪師年六十有六俗姓劉綏州上縣人也永徽五年十一月八日卒於禪衆以顯慶二年四月八日於信行禪師所起方墳焉顯慶二年歲次二月廿五日癸未書 十二硯齋金石錄

唐造像碣

上缺救沈溺於愛缺功德孰能預於此今有果毅缺基等跋涉砂磧效節邊垂缺雲積悲心於萬里交河淚下忽□思于百年遂鳩集合營敬造缺□并尊像等剞劂雕琢缺人字缺九藝缺營主字缺九作缺迂忠叶九缺字元蓋缺立義叶字缺九明德缺司兵劉缺司田王缺衆字缺八覺道缺天字缺五日缺 西域水道記

按此碑有武后所製字當爲天授中刻

唐文拾遺卷之六十四

榮祿大夫三品頂戴前分巡廣東高廉道加四級臣陸心源輯

闕名十二

大唐故齊府功曹參軍尹君墓志

君諱貞字善幹京兆人也嶽靈降祉勤王之績已宣神氣凝精大道之風斯闡長源派其餘烈盛德蘊其家聲七世祖景魏侍中祖遊洛隨觀城令獻納九重貂蟬光於七葉絃歌百里政績□於一同君早擅英聲夙摽令望志存夷簡性尚恬虛淡矣無爲蕭然物表但以時逢昌運官不遺才遂禮盛九徵榮高五饋

貞觀初乃應齊府辟屈節於功曹參軍俄而辭疾去官從其所好於是棲身廡下晦迹塵中開通德之門居全節之里搢紳攸仰遐邇挹其雌黃雅俗所歸中外酌其涫素君心存愛敬情篤友于事不願從遂纏痼疾時不我與以至彌留悲夫天地不依與善無效長生之藥祈王母而莫從反魂之香想漢皇其何遠粤以廿年五月十四日卒於家春秋六十有五傷哉搉領袖□人物墜模楷於鄉閭遂使里閈相悲遠近同悒嗚呼文魚旦躍空見於衢哀綠笋晨抽徒聞於悽慟荒涼原野寂寞階庭無復□臺之遊遽瞻松檟之列其月廿九日殯於終南山禮也前對蓮峯冠紫微而獨秀還瞻魏闕干青雲而直上左臨玄灞右望濁涇縈帶郊原波蕩雲日實神遊之勝地也既而靈轜肅路祖奠凝庭長風曉哀鳴笳夕引薤歌悽而入漢素蓋飄以摶空白馬徘徊朱旐委鬱掩松扃於文石窆玉質於白楸恐舟壑之屢遷懼市朝之數變故勒銘於泉戶庶休烈之永傳其詞曰

靈嶽降神翔雲入候九列既顯五千方授功高前古德流遺胄世濟不殞惟君挺出蘭薰雪映金聲玉質情深孝友性敦閑逸屈節從命委質名藩匪榮黻冕

養疾邱園光華掩謝令問空存白綍斂維華軒解馭佳城永鬱夜臺何曙貞石既刊□塵是著石刻

大唐故荆州松資縣令湯府君妻傷氏墓志銘并序

夫人姓傷氏諱大妣京兆鄠縣人也其先受氏於傷琳得姓於湯武父薄俱隨懷遠公成州刺史夫人郎刺史之長女也幼而貞潔少而明敏年纔二八郎適湯氏之門卷耳之行早聞昆定之文先注以大唐永徽二年正月四日卒於醴泉里第春秋八十有二行路悲歎親識流淚即以其年正月十五日葬於長安

縣嚴村之左乃爲銘曰
賢哉哲婦孝矣難同長埋玉體永墜花紅孟母之本
令姬之宗如何玄鳥喪此名龍 石刻

唐故王君墓誌銘 并序

公諱贊□相并州太原人也嫣鏡長明流五絃而淸八表巢姜啟瑞光四履而輞三賢是知積善資於靈根諒騰芳於萬葉唯□巨園晦迹鄭𧎍水之高蹤嚴肆韜英追下帷之逸軌孤標物外獨秀環中貞絕俗之姿包逸羣之量天長地久人□盈虛隙駟難留藏舟易遠晉膂沈痾秦使虛歸齊賸纏痾盧人遠跡公稟壽有期延於大漸於大唐永徽三年四月二日終於鄭德里夫人姬氏資上德之淯休稟中和之靈粹承八□之餘慶系三五之玄宗閫四德之淸風含七隆於丹歜參芽女而並騖與陵毋而齊驅宜享遐齡永隆景福豈其遘疾暨□大漸西山五色空聞魏后之詞東谷十栽終闕楚臣之術總章元年九月五日終於長安里第貞風奉□規幼承柔訓□單地義孝盡天經覲春露而興哀感寒泉而迴絕粤以其年九月廿八日合祔於芒山平樂鄉之原禮也丹旐揚飇指蕪城而響切靈轜肅駕望蒿里而棲涼人龍劒於邢嶠掩鸞鏡於滕室慮陵谷之俄遷差海田之遽□式題貞石永讚芳猷其銘曰

千齡挺秀萬葉飛榮五絃流化八表騰淸維公稟質理照韜形損之又損辭□戒盈 其一 德超終古光澤無疆分榮天邑積□餘芳夫人貞則閫風自揚四德彌厲六行克彰 其二 二龍那□雙鸞滕室萬古留名三年白日烏思含悲松表蕩悰勒芳貞石天壤永畢 其三 石刻

大唐蜀王故西閤祭酒蕭公墓誌

公諱勝字玄寂東海蘭陵人梁中宗宣皇帝之孫太尉安平王周柱國巖之第十三子也豐谷雕雲騰三傑於星漢金陵王氣軼五馬於天枝爰自綺年已膺茅社封爲宜陽侯俄而靑蓋云歸咸陽起布衣之歎家聲不隕高辛 缺五字 隨授散騎郎皇朝爲上輕車都尉蜀王西閤祭酒□□質虛玄立操貞白學綜書府文藹詞林鏘銖珪紈脫落塵滓□物我於臨濠照空有於虛室龍宮之旨無以 缺五字 之□自足符其想信圻岸之金碧爲羽毛之麟鳳然而過鳥忽驚悲鼠藤之何促隙駒俄謝怨鶴林之已空春秋七十有四永徽二年八月十五日遘疾薨於萬年縣之崇義里即以其年歲次辛亥八月壬戌朔廿三日甲申窆於萬

年縣寧安鄉鳳栖之原嗚呼哀哉山可移兮日難繫海成田兮川而逝因寶宇於窮泉振芳聲於來裔其詞曰

楚國琴響秦時故侯寂寥下位栖遲一邱情涵水月心汎虛舟持蓮淤盡援桂芳留人事超忽生涯浮脆溢露銷津翻霜霣蔕夕陰先下泉扃早閉長夜不追悠然來際石刻

大唐太子左衞杜長史故妻薛氏墓誌銘并序

夫人諱瑤華河東人也緜宗貫烈疊照搢紳之林勝躅殊聲累冠高華之秀並光惇史咸振甿謠近懿今芳可得而略曾祖胄大理卿刑部尚書內陽文公祖獻工部侍郎泉資定隴四州刺史贈洪州都督內陽穆公父元嘏通事舍人朝散大夫行益州晉源令或材梃國楨或譽標時彥英明相繼琨珩代襲夫人誕靈鴻族育彩瓊田幼資神穎長而懿淑太子左衞長史上輕車都尉京兆杜延基藉望清華聲芳寓縣求我令德宜其室家夫人展禮惟勤虔誠於蘋藻承夫思順終克諧於琴瑟羨柔芳於懿戚溢惠譽於中閨藹藹嘉聲雜紅蘭而灑馥亭亭潔操鑒皓月以分暉既而朝露易侵慘沈痾之遽積隙光遄從愴宵窀

之俄空以顯慶二年十一月十二日遘疾卒時年廿六粤以三年歲躔戊午十二月一日己酉安措于少陵之南原想音容之未遐歎居諸之驟易感人神之方廣痛顯晦之悠隔嗟鳳去而聲銷悵鸞沈而影寂閟殊美於柔翰寄餘哀於貞石其銘曰

烏奕高門蟬聯遐祉虹珪交映文軒疊軌効功垂德飛芳檀美照灼清猷紛綸緗史其一餘慶是襲載誕淑靈溫儀粹行玉麗蘭馨動容中軌敷辭有經浹華邦族飫美閨庭其二始暉朝景行悲夜壑月掩娥沈星潛婺落露凋芳秀霜摧豔萼潘悼已深荀傷可度其三靈軒夙駕素幌晨空霜塗咽泣曉梚鏘風幽扃杳藹寒野蒙籠千秋已矣蓄恨何窮其四石刻

大唐故駙馬都尉衞尉少卿息豆盧君墓誌銘并序

君諱遜字貞順河南洛陽人也太祖武皇帝之外孫太宗文皇帝之甥也原夫星街北鎭氣雄高柳之鄉日域東臨威震扶搖之表又祥分玉板運圮金行盛王業於雀臺肇霸圖於龍塞辭燕入魏既得姓缺四字北徂南遂成功於翼主故得門傳戈鼎業擅緗圖已宏散以孤征總□□而缺四字史冊可得言焉曾祖通

洪州總管戎野公謚曰安道濟風雲德(缺十三字)鹿於朱
輣落鳴烏於玉輦百僚既肅其仰金(缺十三字)祖□禮部
尙書左衞大將軍光祿大夫行岐州刺(缺五字)國公贈
特進□州都(缺四字)海岳擒靈辰象提氣風格沈肅凝
映士林局量宏深□羅天宇齊□□而(缺四字)傳而並
馳榮數極於生前縟禮繁於身後父懷讓駙馬都尉
尙輦奉御衞(缺四字)府衞尉少卿地望高華音容韶令
家延帝子室茂王姬同遊劒水之龍獨跨□□之鳳
君即衞尉第三子也親長沙長公主□□台於婺象
分玉種於藍田(缺五字)朝光以動色彩澄飛月凝夜景

以含□□□日稱異髫初表嶷爰從戲馬即(缺四字)林
孽自乘羊方究河東之美豈亡楊烏早歲獨茂重玄
元鳳夙齡亟工柔□及□□集蓼痛結匪莪標氣就
淪愒陰□殞雖年代浸遠風枝之恨罔渝苴綴外□
□露之情尤切至若敎成斷織業就離經筆海浮天
鏡琁波於抃岳談叢麗日敎(缺四字)林加以族茂燕垂
氣淩河右弓開明月碎密葉於楊堋騎轉浮雲散輕
塵於楸埒故得薦紳屬望披薜馳心猶抉羽之彈丹
禽若涓滴之歸滄海豈謂寒風(缺四字)桂於初華繁霜
夜零剪庭芝於方秀嗚呼哀哉粵以大唐顯慶四年

四月十七日□於雍州萬年縣之常樂里第春秋一
十有七即以其年太歲己未八月乙巳朔廿八日壬
申遷窆于萬年縣少陵原禮也君以膏粱景族懿戚
豪家生平鍾鼎之□□□簪裾之會而天資澹雅性
與謙恭無累□□之心自得風塵之表惜其英資(缺四字)
於明時盛德芳華已淪於厚夜長沙主□□玉之
□沈痛掌珠之永碎□爲牛□託葬薄謝鳴鳶馬鬣
開封竟資螻蟻故(缺十五字)照□烏見滕公之白日泉飛
圭鶴□陸子之陰(缺十一字)夕轉寒□擁而嘶馬秋風驚
而楚□惟桑田之方易懼舟壑(缺七字)玄扉□□猷之

永扇其詞曰
地隔紫蒙星分柳塞山川盻嚮風雲晻曖(缺六字)匪昧
上谷辭燕中山入代二公垂績一數前載就日標華
浮霄引槪衞尉含章芳聲聞起職移井棘花飛禯李
門慶斯來篤生君子玉瑛方潤璧山齊美筆海鯨分
詞林鳳峙日烏空落藩羊蹔擬謙恭神授孝友天成
煙霞自重戈鼎攸輕方遊星闕奄閟泉扃將華落蕊
方秀摧榮百身何贖千祀徒名悵引秋蟲攢飛暗翼
晝柳朝引素騏夕急荒隴沈暉寒郊寡色□□遽返
歸魂何極空餘素範方標懿楨(石刻)

梁君夫人成氏墓誌

夫人諱叔雍州渭南縣主簿第三女成肅公之後也原夫激瀾姬水架瑤筮於崇宗分組漢京斷銀章於華軼曾祖璨隨任濟州東阿縣長祖貴唐任幽州永壽縣令咸以芳浹五陵飛雲柯以切漢聲雄百里曳花綬以交軒夫人承姿洛月誕魄巫雲温淑凝懷幽嫺協操室善中積交百兩而妻高陽宮鏘外昭騰六行而嬪通德孰謂奄捐潘簟隨寶婺而沈星遠謝秦樓伴金娥而上月春秋廿有二以麟德元年十二月二日卒於隆政里第嗚呼哀哉即以其月十一日殯

於終南山楩梓谷之阿乃爲銘曰

賢條吐秀冤路揚聲三綱絢美四德凝貞嬪則凝闈閨序克明降年不永頹日遽傾秦樓黯照□字沈形風催曉翣霧卷晨旐路迷□野地沒泉扃斯今勒琰終古芳名石刻

大唐故處士張君墓誌銘

君諱興字文起南陽西鄂人也漢太史衡之胄胄昔靈表西豐留侯建帷幄之策星移東井常山興締搆之功或師範萬乘照彰圖藉光臨千里煥炳鎌緗異動三台識司空之忠烈吟謠兩穗表太守之仁明奕葉簪禰蟬聯珪組規矩重疊代有人焉緬究遺編可畧而言矣曾祖瓘魏冀州信都縣令絃歌不奏美化洽於一同鳴琴詎張仁風清於百里祖虔用太僕寺主簿才能幹濟智畧强明尋見辟除轉授瀛州河閒縣令父才隋揚州江都縣丞輔弼風規俗流清化贊導名教邑致歌謠君肩係高華等琨珸之良劍箕裘纂組若青邱之祥鸞義烈因心未資於典籍忠良天縱不假於規模崇有道之林宗慕無爲之李耳名利之所不拘榮辱之期混一弓旌不應羔鴈無移道契虛玄性符高尙縱寂寥而賞趣持澹泊而怡神志道

研精非邀鼎食窮微盡要詎徇輕肥得性琴書吟嘯煙霞之表時談物義進退木鴈之閒妙欵榮期高符黃綺時遊三□乍撫一絃以道義而爲尊輕蟬冕而非貴探賾幽隱迴邁莊惠之機致遠鉤深遙鉗黃老之趣想秦晉之有匹見潘陽之代親遂婚於辰州溪縣令漢陽趙徽之女幽閑婉孌中饋聿脩懿淑温和母儀庭宇君纂業成勞遇揚雄之痼疾淫書作瘵遭皇甫之沈痾氣擁膏肓疾纏腠理屬華佗而不瘉見扁鵲而無瘳以貞觀廿二年七月廿七日卒於私第春秋六十有二夫人趙氏卒於永徽四年春秋六十

粤以龍朔元年歲次辛酉十月癸亥朔廿三日乙酉合葬於故鄴城西八里禮也面平原背漳浦左帶蕪城右連林麓刊茲玄石紀以清徽勒彼鴻名光斯泉戶庶使青山為礪表盛德而彌芳碧海成田闡嘉聲而不泯嗚呼哀哉乃為銘曰

規矩重疊珪璋代映三台表異兩岐興詠人倫指摸搢紳龜鏡百代逾芳千齡彌競道合幽玄性符林壑迹齒滄波名流臺閣貴不充誦賤不殞鑊思巧雕龍光逾刻鵠有謂昇堂相期入室帷薄猶空繁華未實倏忽不幸咄嗟已失一棺猶閉萬事長畢苕蕘龍首

巘巇山足露銷草翠風飛樹綠玄門一掩寒燒無旭私壤式題貞芳載燭（安陽金石錄）

大唐故張君之銘

君諱對字懷玉南陽白水人也祖貴朝散大夫父素身有勳官潛居白屋惟君積善餘慶始驗無徵構疾一宵遂殞私第粤以光唐乾封三年歲次戊辰正月乙酉朔十七日辛丑春秋一十有七即以其月二十五日殯于龍□西平原禮也恐陵谷遷變滄海成田勒石泉扃傳芳□久（石刻）

大唐濟度寺故比丘尼法燈法師墓誌銘（并序）

法師諱法燈俗姓蕭氏蘭陵人也梁武皇帝之五代孫高祖昭明皇帝曾祖宣皇帝祖孝明皇帝父瑀梁新安王隨金紫光祿大夫行內史侍郎皇朝中書令尚書左右僕射特進太子太保上柱國宋國公贈司空崇基茂趾國史家諜詳焉法師即太保第五女也年甫二八□行四諦膏澤無施鉛華靡飾精誠懇至慕雙樹之高蹤童子出家殊栢舟之自誓具戒無闕傳燈不□姊弟四人同出三界花臺演妙疑開棠棣之林成等至眞還如十方之號豈□□輪纔轉道器先摧以總章二年十月五日遷□於蒲州相好寺春

秋卅有九擁殯于河東縣境□永隆二年歲次辛巳三月庚午朔廿三日辛卯歸窆於雍州明堂縣義川鄉南原禮也恐陵谷貿遷田海變易式題貞礎用紀芳猷乃為銘曰

丞相輔漢司徒佐唐功格天下奄有大梁暨茲令淑爰慕武皇家風靡替法侶成行慈雲比影慧炬傳光中枝犯雪小葉摧霜未登下壽忽往西方一超慾界千載餘芳（石刻）

大唐故左親衛裴君墓誌銘

君諱可久字貞遠河東聞喜人也祖勣衛尉少卿邢

州刺史翼城公父居業梁州都督府司馬君擅美藍田虹光絢彩標奇滹水龍友呈姿見賞通人知名先達選補國子生俄轉左親衞既而魂驚大夢運迫小年夏首西浮徒切思歸之望邯鄲北走永絕平生之遊咸亨三年七月廿八日遘疾終于襄陽春秋廿五粵以四年歲次癸酉二月丁巳朔廿九日乙酉窆于京兆之朱坂其銘曰

卿相舊門公侯子孫荷戈運否離經道存佳城俄寂夜臺寧曉獨有仙禽空遊華表石刻

唐孝廉張君墓誌銘并序

君諱慶之字仲遠功曹府君之第子也儀形簡秀風神峻整引義望於胸懷轉山泉於襟袖泛覽流略尤明左氏州辟孝廉不赴燒金未救夢珠徵禍春秋卅有二以唐之咸亨四年十月十七日卒於家以大周天授之三年正月六日與妻京兆杜氏同改窆於安養縣西相城里君孝友之行冠絕等夷仁恕之情超邁羣輩而伯道不嗣仲宣無後彼蒼者天孰云報施援翰雪泣用銘幽礎其詞曰

山以玉暉水因珠媚我有明哲蒸蒸匪匱彼美仲兮其心貞愿贈瓊化泣越舟遂遠漢流東注驕岫西盤隸野風急鴿原日寒扣櫬遺車惟兄惟弟誰云不痛永絕遺體石刻

大唐故韓君之墓誌

君諱寶才長安人也君德行著於鄉閭物義芳於鄰里不謂天降痾疹漸加困劣名醫頻療曾不見瘳忽以咸亨四年歲次己酉十月朔廿九日卒於京城懷德之第春秋七十有三遂以其年十二月九日殯於京城西布政之原小嚴村之左恐年代遷移墳將離落勒茲玉琬以記其處乃爲銘曰

然君孝□莫不恭順生前著芳沒後留潤石刻

□處士張君墓誌銘并序

君諱景之字仲陽功曹府君之第二子也沈默少言博涉史傳每慕於陵仲子之爲人好稼穡樂名教家無擔石之儲晏如也不應州郡之辟專以琴書自娛春秋卅有四以唐之咸亨四年十二月十二日卒於家子嶠志學而孤俯逮成立天不悔禍俄隨怛化嗣孫逖歲在垂髫莫酹攸託孳嫠孀藐遞相憑附固乃哀纏中外痛傷心目者焉余與晦之以爲小年雖遠大暮同歸松城合兆蒸蒸有寄乃以大周天授之三年正月六日改卜先墳於安養縣之西相城里移諸

兄弟並窆於新塋之內青烏効吉白楸速朽惟堯典與孝經共天長而永久乃爲銘曰

念彼生涯循玆怛化川有閱水日無停駕共惜小年同歸大夜令範將煙霞俱遠儀型與炎涼並謝痛萬始之不留獨汍瀾而長嘆石刻

王君諱留字留生墓誌銘并序

君諱留生太原喬之裔也斯乃背符誌海記籙懸津餐五雲於清朝吸三晨於暮景自可駕鶴遊金闕乘鸞鵠王京踐遠祖之遺風習家崇之至道何期五芝不効九轉無徵去咸亨五年正月廿五日卒於里第春秋七十五權窆於劉村西以地多磐石下湧清泉遂以其月五日改墳於伊楊村西一里與夫人張氏合葬禮也恐田改碧溟岸移丹谷敬題玄礎永播芳塵其詞曰

倚歟王子允矣淑人體道高尚味重懸津修福無効奄致□淪其一名價寂寞風雲蕭索月照孤壠雲愁絕嶂一化今古千秋杳漠其二石刻

淨土寺西院故大德禪和尚塔銘

大師俗姓張氏太原人也諱修法白□英靈孤範獨秀久學經論陶鍊精博識幽洞微朗鑒無畢忽弃浮生□世如電開元年中於東都同德寺花嚴大師門下稟學其時歸心如蜂蟻歲得意者如麟吾師曰言即無言說是無說廓然大曉頓會眞如顏異於羣鏡心秋月吾師即曰堪爲人師後畢麟角於天寶歲肇縣耆老淨土網維王城諮迎降斯開闡於廿年廣論心地供養無缺來如雨花授學門人去任情任値安使狂悖謀叛中華大師悒言曷逢亂世身癭苦腹知壯去流乾元四年十月廿九日夜儼然坐化壽笇僧臈繁不能述但智德等稚童之年親蒙訓誨拔衣剃髮皆師指蹤碎身殞軀酬恩未足屬荒世儉子父相屠茬苒之間卅餘載今四方清泰歲稔時豐若不磬捨浮財生居幻景峻岑南面崇造偷婆嵩少目前清洛傍帶艮工磨琢用答洪恩乃爲銘曰

大師靈骨凡何識知廣博經論實難促之心源洞啓渤澥同滿幽鑒無滯世倫歎希琢磨刷鍊鎚光迸飛石刻

按此碑末行題弟子上座智仝僧澄眞撰義嵩寶珍是僧澄眞撰皆弟子名非撰文人也

大唐故亡宮六品墓誌

承芳蘭蕙稟性崧筠族茂五陵望雄六郡嬪風早著

柔範夙彰粤以其家言充承巷盤龍明鏡契玄鑒於靈臺迴文綺機荷巧思於神府春秋六十以儀鳳四年十月二日葬於城西禮也其詞曰

□暉迴陳閱水驚川□辭明宇永閟窮泉隴寒霄月松深曙煙唯餘令範千載攸傳 石刻

大唐故祕閣歷生劉君墓誌銘并序

君諱守忠字高節楚國彭城人也原夫元珪錫成擾龍所以命氏金刀發彩斷蛇所以握符況乎派別五宗□□源而不測枝分再命播神葉而逾芬其後雄才接武揚㪍□國逸氣成章鏡華七子曾祖和秀暎

嵇松彩韜潘璧得粹□於濠上靡輟逍遙獵元風於柱下無希寵辱祖延隨西平郡□隆縣令父□杞王府記室或馴翟舞鸞敷恭皁之良政或瑇簪珠履侍楚趙之英蕃君秀氣資靈元精毓粹纔登覊歲卽藴黃中之心未越齠齔先預元文之賞旣而凝神圖史瀝思緹油步七耀而測環迴究六歷而稽躔密精通五劍有薛蜀之高風諾重百金負季布之奇意雖復用存過儉居滿誡於宥巵施而勿念並寡符於易象而福善茫昧神塗超忽臨溟激水翻閱逝於黃陂拔霧覩天遽聞傾於趙日粤以咸亨五年七月廿一日遘疾終于崇仁里第春秋卅卽以其年歲□甲戌八月壬寅朔十三日庚寅遷窆於高陽原之舊塋禮也元子志誠懼夜舟之移壑憂桑田之變海勒翠琰於元泉俾風徽而斯在其銘曰

上哉神□□矣靈條分枝炎漢錫胙伊堯白珩紫紱金蟪華貂累□□□代躡清飈其一爰挺若人是稱奇傳雕聳繡悅瓊敷玉振□□括羽莫窺牆仞水鏡成姿徵商飛韻其二西景駿驅東川□□潘髮未晁滕城奄襲楸壠月寒松琖露泣儀形可泯徽猷靡戢其三 石刻

大唐故瀛州□城縣令宋府君夫人王氏墓誌銘并序

粤若二儀伊始靈坤於是育萬物雨氣聿初太陰以之調四序降三才之秀人道尊焉含四德之華母儀先矣上則處胎施敎文母之雅範高馳下則徙里求仁孟母之芳猷遠舉其有流謙上善垂母訓於千齡稟度中和成母師於一代當仁有屬其在夫人者歟夫人諱□字□本北海劇人上葉從宦徙居宏農湖縣十代祖濬晉龍驤將軍自運正璿璣鳴籥大麓□野功班石砮分茅太昊之墟鳳凰于飛建千乘於滄溟之曲鴻鵠聳志懸三刀於碧落之前國史詳焉可

豁而述祖詢邵州司法父機朱陽主簿並珪璋令望郎廟奇才驥伏小藩龍盤下邑夫人含章挺粹驪川鳳穴之祥稟秀資靈月宇星津之慶自移天景旋對君子而如賓履順中闈奉慈姑而展孝德音無斁謝問逾淸慈訓有方曹闈已肅加以凝神妙有睿想色空劍斷邪山梁通法海金文演說引花線而增誠寶塔莊嚴解珠瓔而不倦方期輔仁可恃求寶遐齡而藏壑難留俄悲大夜以永湻二年正月三日終于私第春秋七十六以光宅元年十月廿四日合葬于衡山舊營禮也子守元守敬等哀深陟岵痛極風枝卯地無追號天冈訴遂乃圖芳紀德勒石鐫金庶存不朽乃爲銘曰

若水延慶姚墟降祥有嬀之後將育于姜仁基峻極德派靈長茂實不墜遺苗克昌其一載誕溫柔降生儀令玉潤牟質蘭芬比性內範肅恭中規雅正韶望允屬德音斯盛其二天道反覆神理虛盈黃泉鄭𨓦白日滕城草生馬鬣塵飛鶴塋圖芳篆懿勒此豐銘其三　續語堂碑錄

唐文拾遺卷之六十五

榮祿大夫三品頂戴前分巡廣東高廉道加四級臣陸心源輯

闕名十三

大唐故辰州辰溪縣令張君墓誌并序

君諱仁字義實南陽西鄂人也粤若祥禽翊景襄城參問道之遊瑞獸授圖天㦤鷹圯橋之冊博通羣籍對亡書於鼎川識洞幽微辯孳神於璜浦曾祖嵩隋貝州淸河縣令祖生沙州錄事參軍父寬稟性淸虛不希榮祿無爲戰勝賦潘岳之閑居空觀坐忘詠嗣宗之襟抱遂使揚雄寂寞不謝卿相之尊梁竦淸高耻從州縣之職惟君傳鈎襲慶落印開祥龍節孤標韻黃鍾於嶰谷鳳條危聳韞白雪於朝陽隱隱詞峯滔滔學海孔伋成半立之土黃陂爲尺畎之流爰自弱齡光茲筮仕解褐任太倉丞秩滿遷辰州辰溪縣令涵斗大鼎享小鮮於一同舞鶴淸琴播弦歌於三善冰壺湛照水鏡凝淸戒三惑於機前銘四知於座右日者南中逆節徼外虧恩聚餘孼於牂牁照明燧於包□以君文武兼備奉律龔行師不□時殄茲兇醜是用授公上護軍特加優錫然則絳灌英雄下車慙撫字之術蒲密佳政揚塵乏禦侮之功兼而有之

實惟君矣鴻漸于陸希參鶴鼎之榮鯨波不留遽兆□雞之釁以儀鳳二年八月十日春秋六十有二卒于辰州辰溪縣官第以調露元年十月廿三日葬于高陽原惟君忠孝稟矣仁義成性芳流桂岳澤潤蘭泉滑稽皐朔之羣藻繢卿雲之筆既而青蓱墜鍔白玉淪光勒芳徽於玄壤將地久兮天長其詞曰

孕靈軒系命氏星弓珠胎産月玉浦暉蚣龍生瑞渥鳳下猗桐彼美之子實代之雄誕秀公族毓粹卿宗廼文廼武出孝入忠丹青國化幹蠱門風敦詩復禮善始令終蒱容清政仁洽道豊采縟春□鑒明秋沚

學擯垂帷才優閱市文峯千仭詞瀾萬里繁露鼓串談玄鳳峙南鄉金玉西巖杞梓日薄崦嵫波驚地絕與善無實夢妖斯□風結松郊雲愁隴趾鏤芳徽於泉戶庶無昧於年祀石刻

大缺四字都督上柱國□□郡開國公孫管眞墓誌

諱眞城陽人也顯慶四年八月廿日終於私第春秋卌有二以調露元年十月十四日收骨於鵄鳴埠禪師林左起塔石刻

大唐故大都督王府君夫人祿氏墓誌銘并序

夫人諱□祿氏嫡于太原王善相之妻也若夫鴻源迥泒與四瀆而方深積搆崇基將五岳而齊峻芳苗盛胄代襲簪裾奕葉光華足可言矣乃祖乃宗蟬聯繼踵譽標朝野謀略有聞奮氣横衝英雄烈熾惟公稟靈清幹夙著勳資少事戎行久陪營陣先沉痼瘵久奄黄壚作配雙魂早婚祿氏夫人粤以永隆元年十一月廿七日卒於崇賢之里春秋七十有七即以永隆二年二月九日合葬于京城南洪固鄉界韋曲之禮也孤子□等痛傷脾腑切甚心腸懼陵谷有遷式旌不朽其詞曰

邈矣華宗崇基峻極嗟乎盛德俄逾晷炅夫人淑姿奄傾遄電四德久傳六行斯見石刻

大唐濟度寺故比丘尼法樂法師墓誌銘并序

法師諱法樂俗姓蕭氏蘭陵人也梁武皇帝之五代孫高祖昭明皇帝曾祖宣皇帝祖孝明皇帝父瓛梁新安王隨金紫光祿大夫行內史侍郎皇朝中書令尚書左右僕射特進太子太保上柱國宋國公贈司空赫奕蟬聯編諸史諜芳猷盛烈可得而詳法師則太保之長女也勤懇之節及自幼童玄妙之體發於岐嶷年甫三齡歸誠六度脫屣高族落髮祇園既而

禪室淪精鶩象心而有裕法場採秘蘊龍偈而無遺
覺侶攸宗眞門取範而念想云促景落須彌之峯福
應斯甄神升兜率之殿以咸亨三年九月十九日遷
化於蒲州相好之伽藍春秋七十有四權殯于河東
以永隆二年歲次辛巳三月庚午朔廿三日辛卯歸
窆于雍州明堂縣義川鄉南原禮也恐松坰難固栢
榛終虧式鐫貞石用勒芳規迺爲銘曰
華宗襲慶寶系承仙爰誕柔質歸心福田功登十地
業贊三天神遊法末覺在童先聆筏俄捨慈舟遽揖
幽扉永晦雅譽空傳石刻

大唐故幽州范陽令楊府君夫人韋氏墓誌銘

夫人諱檀特字毘耶黎京兆杜陵人也神皋華實總
陸海之紛敷巨派靈長控八川之泱漭珠光集乘已
聞賢之談金氣衡纖寔重聖人之道貂蟬之美相繼
蘭菊之芬不絕夫人魏太傅鄖襄公之曾孫周內史
京兆尹河南公之孫隨尚衣奉御舒國公之第二女
體少陰之精苞太和之靈佩張箴以自勗擁曹誡以
飛聲神彩嶷然英姿獨茂庭前白雪得飛絮之奇情
琴裏清風知絕絃之不調年甫十五歸于隨尚書左
丞國子祭酒弘農楊汪第五子幽州范陽縣令政本
河魴之美乘龍之慶休祉冠於二門榮耀覃于九族
足不妄動用遵珩佩之聲口無擇言必叶詩書之味
然而四節流邁百齡飄忽如賓之敬不居遠客之遊
斯盡卅有幾即喪所天惸惸獨處哀哀長疚撫衾幬
而歎息望閭闔而洞開仙草十洲反魂之語徒說庭
梧半死餘生之望幾何粤以永隆二年八月一日終
于永甯里春秋七十有四即以其月十八日窆於雍
州明堂縣義口鄉禮也恐雙龍有會將申共穴之儀
駟馬長鳴無復佳城之記式鐫金石用播蘭荃其詞
曰

英英之秀灼灼其芳家承鍾鼎德潤珪璋女儀閑淑
母範妍詳地宜六氣天廻二光龍孤劍沒鶴寡琴亡
長終帷縞永絕穹蒼餘生可見奄逐徂光薤音悽轉
松路虛涼勒金聲與玉質固地久而天長石刻

大唐故朝請大夫張君墓誌銘

君諱懿字萬壽淸河人也昔玉耀南輝抗炎精於翠
鳳金鉤西慶肇昌緒於靈龕或輔翼攀龍創蟾丸於
漢日或飛榮揔秀掛雀環於晉朝父緒隨任汾州戶
曹參軍質秉圭璋心苞松竹堂堂張也未足標其美
懍懍志也秋口詎得比其威釋褐蒙授朝請大夫觀

國觀光筮仕之期纔遘夢楹夢奠止隅之釁己丁先
薨于返康斯里春秋八十卽以永淯二年癸未二月
己未朔十五日癸酉遷于長安縣隆首鄉之原禮也
五百昌期於斯永謝三千冥契卽此長歸骼瘞幽堬
無復長安之日魂收拱木仍疏京兆之阡嗚呼哀哉
乃爲銘曰
基裘靡墜弁冕聯綿投身送欵寔乃良賢不求祿位
養性邱園月之變改年隨逝川其一□猷水謝玉質無
全誰知積善不復長返春秋遞往日月旬還令德不
朽歷代流傳其二　十二硯齋金石錄

大周朝散大夫上柱國行司府寺東市署令張
府君妻田鴈門縣君墓誌文
錯絡緹緗憑陵縹帙命氏胥庭之表得姓皇軒之初
周漢蔚興曹馬彌盛或封茅土而列子男或剪珪桐
而揔侯伯擊鍾鼎食縱橫於六國之奇動珮鳴珂響
亮於二劉之際衣冠簪紱可略言焉祖德家風則鴈
門縣君也曾祖逹隨魏州冠陶縣令懸車捨仕灌園
自樂祖文政唐沛王府大農器局宏壯基宇高深鄉
黨挹其風規縉紳椎其道義父什善鄜州三川縣令
廊廟其姿瑚連其質冰潔其清玉潤其白豈止臨淮

朱季吏敬其威蜀郡張堪人歌其惠固可擬儀嵇幹
淮的黃陂鳴弦素犨之馴製錦朱鸞之儛其縣君卽
明堂縣人也交川降德龍嶠誕靈端淑爲姿婉柔成
性聰惠明辯廣讀詩書兼善管弦知音絶代無嫉無
忌惟孝惟貞每以雞曙傳音無不晨而問舅落鵶沉
彩會晚拜以參姑內外所以和安大小咸其無怨論
其婦德實曰成家假若張氏修箴懸知少伴曹家設
誡定是無般何煩苦說三從深陳四德者也頃以儀
鳳之歲出歸張氏一經縭綣十有三年當時洛浦親
迎芝田引鴐雙輪轉路五馬連珂燭光將扇月爭明

花影共桃蹊競色冀與南山比壽北極齊年何期積
善無徵禍殃先至雖越人秘術不救將至之魂秦媛
神方術駐欲歸之魄痛芳桃之墜臉悲翠柳之凋眉
哀隻影而無依歎孤魂而何託春秋卅有三以天授
二年五月十六日薨於萬年縣平康坊之私第嗚呼
哀哉哀子承家等悲纏扣地殆莫能輿痛貫捫天杖
而後起一溢之禮不逾酌飲三年之喪情過泣血其
張君遠哂王生違詩不哭近嗤莊氏越禮盆歌覩明
鏡而傷神對空牀而泣簟以其年六月三日遷窆於
城東龍首原長樂鄉王柴村南一里向南與壽春坊

路通也其地北帶涇渭南望秦原四塞之固名簪安葬自無殃柩必出公侯于時晝轜東送侍翣排進風雲隱其郁彩蔽日沉其霞影田歌起頌行路興少爰之悲楚吹傳聲親戚恨上年之歎恐日月之深遠防馬鬣之荒摧援立斯題紀標刊石其詞曰

家傳舄奕族茂蟬聯安平五里賓客三千朱邸流盼綠軫鳴絃霜高白雪月上青煙其一飛皇啟兆丹鳳來儀穀城秘府薛縣多奇道義膠柒芳蘭祓淮千金白首一代清規其二閨門令淑綺帳流芳昔聞秦晉今是潘陽聲同琴瑟風度笥篁三星百兩地久天長其三鳳樓絕響鸞匣沉輝桂花夕落薤露朝晞白楊風斷翠櫝煙歸紅顏掩兮寵黑素質秘兮泉扉一朝寂寞萬古霏微其八 續語堂碑錄

唐故僕寺廐牧署令蘭君墓誌銘

公諱師字□龍南陽人也若夫逸□横□□□□□□表高柳之□森捎萬畝之餘韶映今古昭彰史諜其皆聯暉□素擢穎朝倫□□□□□克隆華搆者即蘭君而已矣祖達周車騎將軍鷐□□□蛟□稱雄功超光祿之前名冠將軍之右父獎祗□□皇朝相州參軍局量該□詞條欝茂竟有聞於悲謌何以盡□褒林公幼負音節孤標雅譽覽□□於早歲拾青紫於昌辰萬頃洪波溢黃陂而沃日一枝□榦淩郄□以騰芳風霜之氣凛然岳瀆之靈斯在爰於弱冠即預簪纓□□右署丞又轉僕寺廐牧署令或官連武庫器寶邦基上下挹其□□□胈其忠孝渥川汗血軼千駟而揚鑣玉塞霜蹄造六閑而服皂屢蒙□擢□處榮班荷日月之貞暉厲鷹鸇之勁翮□當享□天秩簡在帝心□元□之遐蹤騁驊騮之逸足不謂東流淼淼龍門之箭□□西景駸駸烏□之輪莫□□以永淳元年歲次壬午七月壬辰朔十七日□□卒於□善里之私第春秋五十有八即以其年八月廿四日權殯于邙山之北原禮也惟君廟堂瑚璉鼎飪鹽梅信義浹於枌榆□用顯於刀筆遂得熖高風而獨蓮横邱壑以孤游頻趨魏闕之前載辟□宮之地既而冲霄墜翼搏九萬而無因縱海摧鱗擊三千而不逮□□笙竽罷奏里閈同悲池臺宛兮未平窀穸幽兮已閉嗚呼哀哉□□□□崩心聞於厚地泣血盡於徂暉懼陵谷之□遷紀聲猷於不朽□

詞曰

源流湛淡胄緒蟬聯彌綸素諜暉映青編文武不□

□□□□其一 奕葉重□忠貞繼踵與朋唯信依仁必
昴並蹈清規□□□□其二 悠哉慶緒猗歟哲人風儀
獨秀令問惟新材成杞梓□□□□其三 東川永逝西
光遽落萎哲在兹輔仁奚託□□□□□□□□其四
邙山舊阜蒿里新塋烟霾拱木日黯佳城九□之上
萬古□名其五 石刻

大唐故秦州都督府士曹參軍顔君墓誌銘

君諱瑤字瑤河南洛陽人也其先自隨以上載在史
□皇朝鄭州刺史振之孫□州都督府長史思貞之
子幼不好弄甚有名節以門□解褐右千牛尋以□
□都督府士曹參軍事天奪顔子人也其亡以景龍

二年二月三日終成□□□□卌有二其年四月四
日歸□□□州萬年縣四池坊之北一百步爲禮也
惟後遷換紀其年月銘曰
日夜不息東□水今□同聲歎顔子□琬題芳無極
已石刻

大唐故朝散大夫金州西城縣令息梁君墓誌

公諱嘉運字子安定人也温潤怡儀恭懃令譽隨尊
巡翟從父亨鮮騁思文場遊神學圃不意生災鬭蟻
禍及巢傷積善無徵乃纓沉痼至總章三年歲次庚
午三月乙亥朔廿一日乙酉遘疾終于襄陽縣之私
第春秋卌四夫人潁川陳氏隆州長史之女也芳儀
春茁質茂寒松六行莫儔四德無爽既而奔駒易往
浮箭不留春秋七十有五以長安四年八月十五日
卒於安養縣之私第以景龍三年歲次己酉十月甲
申朔二日乙酉合葬於襄州安養縣昇平鄉懷德里
之原禮也有恐桑海遷變蓮峯化墳乃崇纂菁遂銘
其石詞曰
隱隱遙源坦坦平趾矯矯廬陵含章傑起道有虛盈
人非金石秋去墳孤春來草積白日徒照元扉詎闢
古誌石華

唐故魏州昌樂縣令孫君墓誌銘并序

君諱義普字智周樂安人也受命作周懿親分衛肥
泉自遠瓜瓞攸興儒術箸聞卿有聲於覇楚兵法修
列武流稱於强吳與公之藻思文河安國之屬詞史
筆並播之謠俗傳諸好事曾祖信魏拜露門博士武
闈訓胄槐市說經玉柄增輝璧池逾濬祖進周晉州
長史魏州刺史題輿奥壤露冕雄州響重沂歌愛深
并竹父乾隋酈城陳倉二縣令絃桐表逸絽墨凝威
梟令恥其移蟆成人媿其冠范君積基三襲騰芳八

柱參玄蘊睿㦗日飛英涯岸自高波瀾莫究以明經擢第釋褐魏州昌樂縣令導德齊禮今古攸難君顧水火以銘懷佩韋絃而取誡疲人有恥獷俗知方子承景至孝有聞高材絹譽情深色養有懷捧檄上元之歲從宦河東奉以之官獲申温凊而徂春不駐靖樹難追粤以二年正月二日終于官舍春秋九十有三夫人李氏言容箸美琴瑟克諧逝先風露奄同泉壤君雅道絶倫貞風邁俗潁川英傑許以黄中譙國俊賢方之白起重以虛舟任己仁心拯物妙達玄言歸心釋教爰自弱冠洎乎華髮飲食薰辛嗜欲咸遣

每行般舟道常誦法華經未終之前若有神應恒詠薛開府詩云昨望巫山峽流淚滿征衣今赴長安道含笑逐春歸詞氣悽惋左右傷慟自是數日而終嗟乎知命不憂託文見意君嘗以爲大房交夢近乎懷土之心卜壼言留幾乎達人之智故趙文子之擇地楊王孫之不襲其得意哉承景今任雍州高陵縣尉聿遵先旨改窆京畿即以文明元年五月廿一日卜葬於高陵縣之西南樂安鄉之偶原禮也爾其東界黄河遥臨晉邑西郊黑水近帶秦垌前望終南得夏公之寶氣却居渭北枕尚父之璜津是知黄壤四隅白楸三祀延陵魂魄無所不之丘也東西焉能不識嗟厚穸之難曉歎陰溝之永閟託玄石以披文庶清徽之不墜其詞曰

邠華載頌淇竹傳詩悠哉長發邈矣丕基卿傳儒雅武善兵師家承簪紱業茂基兹於鑠通賢惟材之秀禮義韁鎖人倫領袖環堵業殫金籯學富從政之道德音以茂製錦非學棼絲易理潘訓自輕游絃知恥脫屣城邑披襟田里傲睨風雲徘徊林沼夜壑舟徙悲泉景昃闕蟻翻聲巢鳶馭翼萬化斯盡九冥誰測亹亹清風泠泠不息十二硯齋金石錄

袁氏墓誌

夫人袁氏洛州永昌縣□曾祖君岳梁秘書監太子□事祖□隨秘書監贈上柱國陽夏縣開□公父大業唐海州郇山縣□以聖歷二年十月四日□疾終於乾封縣太平里第以聖歷三年正月十五日權□於長安縣龍首鄉龍首原石刻

唐故嬀州參軍趙府君墓誌

□諱□□字踐水中山下曲陽人也祖師隨□居不仕父濬唐雍州□鄉□長史居約□敏□觀書籍所與缺七字起家左豹韜衛翊衛選□嬀州參軍缺四字三

年五月五日卒於嬀州□舍春秋卌有九以□景雲
二年歲次庚□正月缺五字日癸酉追葬□古曲陽城
北五里缺六字府君缺四字也嗚呼哀哉□爲銘曰
涵缺四字兕硃靈珠□吐日□□飛星命之不永魂兮
遂寘千秋萬古松柏青青常山貞石志

大唐故右衛中郎將兼右金吾將軍同安郡開
國公鄭府君墓誌銘并序

粤若稽古周之德也逐宣王母弟俾侯于鄭然後有
諸侯邦國焉武公父子匡政王室然後有周鄭交質
焉及其河洛歸民號鄶獻邑羔裘所以潤色鴻業鷄
鳴所以國諷詁訓而後門見蚝闘鼎嘗寵立陽城入
晉員黍添韓俗泯時移姓因國號自茲以降世弗乏
賢北海儒門縉紳仰其高躅關西驛騎冠冕欽其甲
弟公諱元果榮陽開封人其先祖仕也魏名高當代
功冠朝倫時島夷弗庭貂戈未戢迺輟爲東光侯鎮
諸滄海于今袞冑尚守其業祖德通隋平州諸軍事
平州刺史脩以文德服以遠人中外咸寧夷夏弗擾
父仁泰少好奇數預識安危屬隋綱弛綱諸侯問鼎
人憂塗炭士弗聊生武帝建旗侍鑾輿而吊罪文皇
受禪翊龍飛以底功天下所以削平社稷由其致固

除靈州都督左武衛將軍右武衛大將軍進爵同安
郡開國公食邑二千戶實封二百戶銀書鐵劵山河
帶礪卒於涼州都督謚曰襄公起家文德皇后挽郎
解褐曹王府兵曹趙王府法曹優遊磐石之國馳騁
衣冠之地轉豳州錄事參軍舊周則新平漆縣緇紀
則提目六曹遷伊州長史代州司馬自西徂北撫邊
鄙以全邦無私徇公佐方岳之半剌未逾旬月除尚
乘奉御閑廄藉其襟帶騏驥資其剪拂遷左率府郎
將乘星夜警趨少海之波瀾候月春宮仰搖山之氣
色除右衛親府郎將右衛翊府中郎將爪牙丹禁鈎
陳紫闥以公恪勤奉職重加朝命仍兼右金吾將軍
襲爵同安郡公委以倉廩留守京師榮深寵厚勳名
將衛霍齊驅道合時來賞契與山河共畢圭上深思
侍衛追赴洛陽寄以腹心弗遑靡盬加以劬勞鈐禁
夙夜匪懈無甯晏寢遘以膏肓從此彌留方隨大漸
以大唐垂拱元年六月十九日卒於位春秋六十有
三則天大聖皇后痛心哀悼降使臨祭別勑造靈轝
給傳郵遞送至京宅公與物無競深恩厚仁嚮風慕
義□慼行路夫人河南郡君河南元氏後魏景穆皇
帝第九子南安王禎七代孫右衛將軍壽之姪右驍

衞郎將脩之女夫人德潤珪瑾質敷蘭蕙含華方鏡積昭圓流於是占夢維虵有巢維鵲作配君子以降褕狄標梅無虧於三實芟桃不爽於九華既下銅雀之臺還入和鸞之詠雅量温麗柔姿閑靡彤管符於禝下清婉合於淹中詩禮抑揚自有椒花之頌箴規娣姒非無秋菊之銘不以驕奢而遺鼎俎不以富貴而捐紡績六行克著四德孔脩信可謂儀形邦教丹青閨訓嗟乎寒泉夕閱風樹晨摇仙草途遐靈香路邈無復陽臺之雨空餘魏闕之雲春秋五十有三以大唐永淯元年二月十四日寢疾終於京師龍首里

之弟以開元二年歲次甲寅十二月廿九日與公合葬於承平里之原禮也長子同安郡開國公行閬州晉安縣令□嗣等哀纏雁露痛結號天嗚呼哀哉改卜有典功成身退雄威將壯氣俱銷位達名歸墨綬與丹青弗朽閼佳城而鬱鬱瞻大樹而亭亭刻石泉扃列松塋表播芳猷於萬古垂令譽於千秋其銘曰

欽若宗周分天錫地邑封十號派流千祀其政維何平王卿士其閒維何虢公猜貳虢鄶獻邑周鄭交質詠結緇服符呈冉字互宿恒明茉山弗圯其一姓因國立人稱穎靈婚冠之鎮縉紳之衞名高北海價重西京儒門卷舌豪族吞聲推棘知讓駈毛見迅其二睢鳩有德和鸞有聞粉澤閨戶丹青閶門玉折知美蘭摧必芬空悲陟岵徒想幽壙其三原隰坱軋煙雲悽慘素駕迴輪蒼山迥瞰松悲月照禽啼夜感白楊蕭蕭傷心碎膽其四

積語堂碑錄

唐故榮州長史薛府君夫人河東郡君柳墓誌銘并序

夫人諱□字□河東人也曾祖帶韋周武藏大夫并益二州長史大司會開府儀同三司康城縣開國公謚曰愷祖祚隨司勳主爵水部三司侍郎襲爵康城

縣公孝範皇朝尚書右丞高蔚淄雅褒五州刺史楊州大都督府長史或玄鑒未□兆道洽於明君列爵成功積光於謚典郎官才授譽烈□臺□熊軾唯□歌芳風俗忠貞永絶贊紱相承國史家諜暄聽華□視□人十有四歸于薛氏婦則肅於閨閫親儀光於內外缺實踵前烈當規後來既而劍分斃正鳳別孀居無益母之男有黃公之女悲夫青春速夫素秋馳日神理無枉人生有涯春秋七十有六開元六年四月廿三日終于洛陽縣尊賢里之私第夫人悟法不常曉身方幼荀靈而有識則萬里非艱□且幽而靡

覺則一丌爲阻何必順同穴之信從皎日之言心無
□□攸住是非兩失斯則大道何詩禮之□束乎乃
遺命鑿龕龍門而葬從釋教也有女故朝散大夫□
洛州來庭主簿柳府君夫人攀慕罔極號叩無從虔
奉顧命式修厥所以其年八月廿九日自殯遷葬于
龍門西山之巖龕順親命禮也嗚呼春秋因襲陵谷
推遷刻石爲記爰創銘曰
天道恒運人生必□嗟嗟令淑灑性虛融永齡靡壽
□世歸空北眺丹闕東臨碧嵩生平□兆曠望遐通
夜隴□□秋楊□風掩白日而無□期蒼山而共窮
石刻

唐故□□縣開國男行貝州司兵參軍□□府
君墓誌并序
夫功崇惟志業廣惟勤□□趍班垂衣遺□忠臣奉
國文恩□成前喆兄劉彝倫後允傳乎載籍君諱恩
道字勤玉京兆涇陽縣人也門承鍾鼎代襲珪璋氏
以國生班隋地進才華挺出文武秀成弦諧聖謨敷
奏天闕焉文儒則淸河吐月僉武士則黃石開符列
史攸存遺編可驗者矣曾祖魏輔國驃騎大將軍西
郡公謚曰恭雄風貫代壯氣凌雲長劍倚天揮戈退
日祖隨胡勝二州刺史皇朝梁州總管謚曰順襟靈
雅濬志節貞明來蘇遠謠惟良是賴位昇九伯名震
二朝父金紫光祿大夫司馭正卿贈原州都督謚曰
安曠代逸才博文多藝僉能見寵位處列卿帝曰汝
諧星光照曜功成身退歸驂華山始辭九列之榮終
贈一藩之寄公思理淸遠心鏡沖虛膺五百之賢臣
仕千年之聖主解褐授綿州參軍親連紫禁譴發丹
墀望國門而斷心瞻岱峯而謝魄自貝州司兵參軍
事如意元年四月廿八日殞於私第春秋五十有四
以開元九年十月十日遷祠于幽州宜祿縣之西原

禮也嗚呼哀哉喆人長謝魂兮遙□□默斯隔靈龜
啟兆仙鶴占墳一代英雄玉顏掩晦方書令譽金石
流芳乃詞曰
望自西涼乘雲帝鄉來朝北極錫□南陽門傳將相
代襲珪璋猗歟宗祖永□無疆其一師尹赫赫功業巍
巍根深葉茂泉廣龍歸二朝徵辟□命聯輝百城仰
則千里宣威其二代秩公卿雅譽淸英天王□詔馹傳
辭京西戎退境北狄銷兵喆人其逝牧馬悲鳴其三承
恩紫庭贊治貝城琴前雉雊鏡下鸞□月滿則缺天
道惡盈□逢淪翳終冀康寧其四□河霧斂黃石霞霏

蘭庭掩缺五字哺烏群集愁雲缺下石刻

曹氏譙郡君夫人墓誌銘并序

夫嚴霜猝草獨歎蘭摧驚飈拂林偏傷桂折人誰不死嗟在瑩賢伊賢者何譙郡君夫人是也夫人曹氏諱明照曾祖繼代金河貴族父兄歸化恭惟玉階惟孝惟忠允文允武夫人柔馨在性婉娩呈姿妙紃組于閨闈潔蘋蘩于沼沚年十有八適左驍衛將軍折府君爲命婦六禮猷備四德凝姿孟氏母儀宗姻酌其訓曹家婦禮里閈揖其風豈謂石破山崩奄從傾逝以開元十一年十月八日終于居德里之私第夫

人春秋不或郎以其年十一月廿三日遷窆于金光坊龍首原之禮也慮樹偃千年人移百代式刊方石乃爲銘曰

天銜既形髦頭有經經緯相汴夫人誕靈如何孤鷹危露先傾悼逝川之不返敢平生而著銘石刻

大唐銀青光祿大夫金滿州都督賀蘭軍大使沙陁公故夫人金城縣君阿史那氏墓誌銘

夫人姓阿史那氏繼往絕可汗步眞之曾孫竭忠事主可漢驃騎大將軍斛瑟羅之孫十姓可汗右威衛大將軍懷道之長女也自冑頓驕天聲雄朔野呼韓拜闕禮襲京朝殊寵冠於侯王深誠見乎餘羨夫人天姿淑美雅性幽閑自然貞撿之容暗合蘋蘩之訓年十有七歸于沙陁氏封金城縣君勤于輔佐外彼榮滿蕃部所以淸謐戎馬所以滋大宜其椒衍盈升保甯榆塞豈謂桂華淪彩已矣蒿歌春秋二十五以開元七年八月二十四日遘疾終于軍舍沙陁府君悲興異室感極加賓雖大夜同歸將鼓盆而自遣而方春搖落詠長簟而纏懷粤以八年三月二十九日遷祔於長安縣居德鄉龍首原先公特府君之塋禮也嗚呼生搴榛栗歿奉松檟霜露之祀忽諸蘭菊之

芳無歇嗚呼哀哉乃爲銘曰

李華白兮桃復紅歎零落兮委飄風蘭有秀兮菊有芳羌淑美兮不可忘閟音容之寂寂侍松檟之蒼蒼石刻

唐文拾遺卷之六十六

榮祿大夫三品頂戴前分巡廣東高廉道加四級臣陸心源輯

闕名十四

唐故三十姓可汗貴女賢力毘伽公主雲中郡夫人阿那氏之墓誌并序

漠北大國有三十姓可汗愛女建冉賢力毗伽公主比漢公主焉自入漢封雲中郡夫人父天上得果報天男突厥聖天骨咄祿默啜大可汗天授奇姿靈降英德君臨右地九姓畏其神明霸居左衽十二部忻承美化貴主斯誕天垂織女之星雄渠作配日在牽牛之野頃屬家國喪亂蕃落分崩委命南奔歸誠北闕家聲犯法身入宮闈聖渥曲流齒妃嬪之倖女佳天恩載祇禮泰晉於家兄家兄郎三十姓天上得毗伽煞可汗也因承叡澤特許歸親兄右賢王墨特勤私第兼賜絹帛衣服以充縻用荆枝再合望花蕚之相輝堂棣未花遽風霜之凋墜春秋廿有五以大唐開元十一年歲次癸亥六月十一日薨于右賢王京師懷德坊之第以其年十月癸巳朔十日壬寅葬于長安縣龍首原禮也天漢月消無復粧樓之影星河婺散空餘錦帳之魂男懷恩兄右賢王手足斯斷雁行之痛于深滕下長違烏哺之情永絕雖送終之禮已啟松塋而推改之俗慮爲蕪沒撫貞石以作固鑿斯文以爲憑庶海變可知田移物□其詞曰

倏辭畫閣永臥荒墳人生至此天道寍論日催薤露風急□門千秋萬古寂寞孤魂石刻

大唐女子唐端墓誌銘

女子字端蓋殿中少監唐昭之第三女也母曰王氏夫其體脩幽閑門傳禮則克柔其性有婉其容春秋十有六焉不幸夭沒以大唐開元十二年六月廿三日終於京兆靜安里之第以其月廿六日權殯於萬年縣義善鄉之原悲戚天乎不憖曾靡降福神道何昧忽貽其殃諒何有遙遂獲此戾悼以長往終天無期嗚呼哀哉乃爲銘曰

猗歟慶靈兮錫嘉祉婉而從訓兮善可紀宜其享福兮極遐祀奈何脩齡兮中道止白楊蕭蕭兮隴路悲丹旐搖搖兮相送歸相送歸兮永別離天情地義兮長相違石刻

大唐故騎都尉智君之銘并序

君諱元字慶其先隴西苗胄智百王之後曾祖隴齊南陽郡守祖德板授汾州司馬父竝溫儒勗志廉讓

兼施守節邱園辭榮不仕君神姿秋遠稟天淑靈帝
施分輝藏光匿耀浮沉閭巷博義寬仁二柄精修時
當用武雄心猛烈召募從征尅敵無遺蒙授騎都尉
豈謂鳥災庚日俄飛北斗之魂人夢己年無復南山
之壽遂穆雍家室遜悌鄉閭未既規模忽離私疾春
秋七十有二開十七年三月十四日卒於私第遂使
愁雲泣鳥谿澗吟猨道俗歎其遺蹤內外嗟其舊跡
以開元廿年十一月廿一日葬於夕陽村東北四里
自營禮也東連覆允西眺龍門南瞻象河北臨徐水
哀子懷文號天罔極叩地無追癒切南境悲終陟岵
即以龍輀去去男申擗踴之悲素旐飛飛女發號咷
之泣其詞曰
青鳥識兆白鶴臨墳梁山歌處遂銘無春（古誌石華）

大唐故冠軍大將軍行右威衛將軍上柱國金
城郡開國公李公墓誌銘（并序）

公曰仁德族李氏其先盖樂浪望族也自堯臣類馬
周史猶龍眞裔散於殊方保姓傳於奕代考甲子皇
贈定州別駕天上降成綸之恩地下光題輿之寵公
即別駕府君之元子也風骨驍奇器用英邁智為甲
胄義作干戈談王覇則金火生光說甲兵則旗鼓動
色當昔中宗晏駕韋氏亂常將欲毒黎元危宗廟公
於是義形于色憤起于衷發皇明披紫闥奔走電激
左右風趨心冠鷹鸇手刃梟鏡人祇再色帝宇廓清
翊一人以御天功存社稷膺四履而列地封固山河
是用拜公雲麾將軍行右屯衛翊府中郎將金城縣
開國子食邑三百戶晝巡徼道環黃屋而竭誠夜拜
殊榮佩紫綬而光寵是用遷公右威衛將軍錫馬承
恩一日三見於天子以爵馭貴十卿同錄於諸侯是
用加公冠軍大將軍進封開國公增食二千戶何居
昊天不愍哲人其萎山岳收神日月奄壽欻以開元廿
一年正月廿日薨於醴泉里之私第春秋六十有一
嗚呼哀哉公履謙謙杖翼翼不軒裳而恃不江海而
閑其生也榮其死也慟匪止隣不相巷不歌寔亦負
扆輿嗟同盟畢弔特勑贈絹二百匹賻物一百段米
粟一百石供喪事也即以其年四月十三日葬於高
陽原禮也南面近郊問三龜而一吉東首顧命滅大
樹而小封金玉靡藏誠之智也琴瑟空置奉之仁也
有子二人長曰思敬右驍衛中候次曰思讓右驍衛
司階並七日絕漿式五月而葬焉慕冈極賓拜無容
防地道而變盈紀天性於幽隧銘曰

惟嶽降神冠軍當仁忠孝是佩清白爲鄰曷其榮也社稷貴臣曷其哀也朝市悲人生可續兮孰不萬春死可贖兮孰不百身生不可續死不可贖歷考古今誰免風燭人閱代兮代閱人倏兮忽兮一邱塵舟移壑兮壑移舟蕭兮索兮九原秋意氣盡兮萬事罷泉門閉兮九重幽悲夫悲夫空黙黙魂兮魂兮何悠悠

續語堂碑錄

大唐大安國寺故大德惠隱禪師塔銘并序

禪師俗姓榮京兆人其家第四女也族望北平曾祖權隨金紫光祿大夫散騎常侍兵部尚書東阿郡開

國公祖建緒銀青光祿大夫使持節息始洪諸軍事三州刺史東阿郡開國公叔祖思九黃門侍郎父懷州夷州綏陽縣令外祖韋氏字孝基皇中書舍人道遙公之孫也禪師聰識內敏幼挺奇操粤自髫齓敬慕道門專志誦經七百餘紙業行精著簡練出家自剃髮染衣安心佛道尋求法要歷奉諸師如說脩行曾無懈倦捐軀委命不以爲難戒行無虧冰霜比潔或斷穀服氣宴坐禪忘或鍊臂試心以堅其志動靜語黙恒在定中凡所施爲不毀持誦雖居有漏密契無爲雅韻孤標高風獨遠嗚呼驚波不息隟影難留生滅無恒遽隨遷謝以開元二十二年七月十一日壽終於安國道場春秋七十有六右脇而臥奄然滅度臨涅盤時遺曰吾稼師僧父母並在龍門可安吾於彼處與尊者同一山也弟子尼博通三藏才行清高生事竭仁孝之心禮葬盡精誠之志追痛永遠建塔茲山縱陵谷有遷庶遺芳不朽乃爲銘曰

至道希夷代罕能窺探秘就妙夫惟我師其一爰自齠年訖于晚歲精念護攝虔誠不替肅肅戒行明明定惠淨業滋薰與佛同契其二逝川不駐隟駟難留奄隨運往萬古千秋嗟永感而無極式彫紀於芳猷其三

石刻

大唐故高士王府君墓誌銘

君諱行淹字通理太原人也囙官從地家於河南故
又爲縣人焉爾其仙界上昇踐緱山而逈遠靈源迥
泒等淮流而不竭臣達西京齊聲五尹名雄東國高
視八裴歷代英賢詳諸史傳曾祖整齊潞州屯留令
祖蔚隨汴州浚儀縣丞父琰皇朝襄州録事叅軍事
並冰清玉潤人傑地靈潁川陳氏之聯賢弘農楊家
之奕葉爲邦潞國朞月而政成贊牧襄川臨風而響
應君擢英奇樹晞幹靈根踐詩禮之幽庭入芝蘭之
奥室故得宏材挺拔秀穎孤生逸調不羣清襟獨邁

以乾封二年明經高弟授文林郎非其好也解巾從
職雖陪南宫之禮挂冠辭榮遽躡東都之迹烟霞入
賞琴酒攄情談老莊而卒歲詠圖書而盡日以垂拱
二年三月廿日寢疾終於景行里之第焉春秋六十
有二惟君素履貞慶黄中元吉果行育德資孝惟忠
出入於仁義之間周旋於名利之外優遊天爵方膺
五百之期寂寞泉扃奄見三千之日嗚呼哀哉以其
年歲次景戌四月庚午朔四日癸酉窆於河南縣平
樂鄉之原禮也有子懷素等欒棘毁皃荼蓼居心痛
遺澤之仍留仰遠期之有日攀松攬栢號慕何階地

久天長聲芳未已其詞曰
白蜆仙術青鸞政道誠感天地功侔化造靈根仙胄
弈代重規衣冠閥閱人物英奇猗與宰邑或善毗贊
鬱彼襄陽高情燦爛宏材特邁偉量孤凝千尋木聳
萬頃川澄沈研載籍脱（缺二字）矦東都美遂南澗長游
福善無冀與德何乖泉臺忽掩玉樹長埋（石刻）

宜祿府折衝都尉□君墓誌

赫赫宗□□□天下分族命氏列乎于成公（缺）連曾
祖威皇祖中大夫禮部侍郎祖立（缺）散大夫趙郡慶
陶縣令父崇偘□□朝議郎（缺）戶參軍於是克清門
風乃敭政理備歷中外（缺四字）以良家子屬中宗孝和
皇帝有事郊（缺四字）爲□□授左羽林軍長史轉京兆
府望苑府别將左清道率府□□候當警夜紫禁環
衛丹墀以事一人方逾一祀無□□調河東郡霍山
府左果毅都尉左金吾衛知隊仗□交郡龍交府彭

原郡天固府加振威副尉新平郡宜祿府左折衝都尉知隊仗如故兼左藏庫使勒驍雄之勇列虎兕之師守金帛之殿將出納之□公幼而習武長而主兵□黙其心堅白其操或善之□矣豈禍之滛矣遘疾彌旬□于咸陽別業然天寶五載九月廿一日享壽五十有五六載十月廿八日葬於長安高陽原禮也

銘曰

吁嗟都尉三居其□天階入侍天府司使福善□□滛□至且小□松栢乃高起襲墜非獨今日之如然皆當萬古之所□石刻

卷六十六　九

大唐故西河郡平遙縣尉王府君墓誌并序

原夫懐於蘭谷者猶聞十步之芳陟於松巖者尙覩千尋之榦況乃于門□族□□名家堂構挺生不□不□者矣公諱□字□□河南河內人也太原望族徙居河內焉曾祖元隨任遂州司馬□□□皇朝□太子家令贈少府監並以睦□登榮□翰昇貴父缺五字任太子中舍人贈銀青光祿大夫至於承親孝親割股仁缺七字之節沐旌表門閭之恩制越古□□降褒揚道缺六字於□代並□編於史諜此可略而言焉公以積善資靈深仁缺六字之性早登儒筞之科釋巾任宣城郡宣城縣主簿江□涜□□難抑公以淸平作範正直申規□得吏愛甿謡傳芳播譽缺八字家之子富筆之才擢授西河郡平遥縣尉汾州巨邑晉野雄邦地稱閭井之繁人悠田□之訟公以襟靈若湛筆翰如流疏江□以□源與奮□而共理自六曹經□□考在公閭閻無謗讟之聲□□有□揚之美缺八字觸□懷戀德之情□吏結去思之想故□千里駕轅轢而已迎勁缺五字庭而畢□昆房喜躍廣□善以同居隣伍歡愉仰仁德而垂蔭方□廣修淨業□繼先風何期福善無徵殲良奄泊以天寶九載二月九

卷六十六　十

日遘疾終于河南府河陽縣韓城鄉之本第春秋五十有六以其年三月十四日安厝于河淸縣親仁鄉祔先祖之塋禮也惟公□德無方嗣徽名以植操□深仁缺七字之儀淸高節儉表其□風神缺四字體斯乃自天攸爲嗟缺五字縱非乎激浪沉鱗翔空墜羽□□將駕蒿隧已開缺十字之永隔悲舉案之長乖有子三人缺四字郎次缺五字爲銘曰

惟彼善門誕生材子稱奇初歲缺五字高缺四字人□唯□是言惟仁是居宣城授□汾邑昇榮□寮□濫剖斷缺八字仁□□□流美遺愛馳聲反轡邱園安神靜

譡閑闕十一字幼筭滿室庶憑積善永固休逸福衍曾元闕四字荆華□□棣蕚旋凋佳城已啟德誌虔標修陵有變夜壑長昭孟縣志

唐故定遠將軍守左武衛將軍員外置同正員上柱國內長入供奉張府君墓誌并序

公諱毗羅其先清河人也父諱毗羅奕葉承家隱輪不仕公累襲沖和之氣克遵高上之風芝蘭入室瑾瑜照廉其事親也色難以養之其行異端智周以成之由是蕭灑丘園恬澹霞月優遊朝有不違大隱之趣弋釣林泉有光豪士之迹夫然者宜其夫奏天階

拜儀帝坐公家其龍命遂拜定遠將軍守左武衛將軍以天寶十四載八月廿七日薨于金城里之私第春秋七十而以其載十一月十七日葬于承平鄉原之禮也長子戚哀泣血戚膺泝穴孟常泣戚於大風賢陵卦劍於心許乃為銘曰

府君反葬升成西吉兆地夏明金雞千秋萬歲兮松栢齊魂魄歸兮長不迷石刻

唐故銀青光祿大夫行內侍員外置同正員上柱國張公夫人鴈門郡夫人令狐氏墓誌銘并序

惟天寶十有二載十一月四日夫人卒於京兆府殖業里之私第嗚呼時載六十有三夫人之姓裔自平大原處嬪于室凡廿載矣夫人進對工績以倫於賓祭□□先祖恭具於膏澤正之以容貌不以悅己怡色事上撫下乂穆謙和愛子如生育人無怨夫張公諱元忠任大中大夫賜邑為鴈門郡君後進銀青光祿大夫遂加號鴈門郡夫人也不意因由運改福謝緣疎夫去天寶九載五月十三日卒於河南府里之第宅次載就葬于京兆府三原縣之分界自阻已後念趣來緣每弘慈悲常思不忘以夫先偶同事幽泉

又歲月無良遂別塋壙衆子未宦莫能再榮嗚呼人道所悲傷矣以今載十二月四日遷殯於京兆省長安縣龍首之鄉原也代移世久墳壠摧殘刻石為銘媿序夫人之德銘曰

食邑之家捨於珠珥簪纓之族衣無重綵六行所脩四德兼載謹慎閨門善音無壞太山南指渭水東邁歲月蒼蒼記之永代石刻

唐故將士郎守邠州蜂川府長史焦公墓誌并序

公諱瓘字潤河內廣平人也蓋夏殷之後古者建德立功因生賜姓宗氏以茲而起枝派自此而起暨夫

温玉神口藺字缺四　楊威於漢魏之代或宣布於齊梁
之間其後口之口雖百代可知也隨季崩淪天下喪
亂高祖以義旗輪轉元從長安因官平凉遂爲邠土
曾祖仁皇贈資陪尉祖貞皇勲官上護軍並積行累
德修辞立誠名播於閭閻之間聲聞於郡邑之內父
茳克勤於家克儉於國不失色於人而人敬之不失
口於人而人信之故得聲聞府縣譽動軍州公幼而
聰敏詩禮以得於趍庭長而强學奥義更聞函杖志
學之年旋霑一命之職弱冠之歲望遷五守之官何
啚福慶外移不保南山之壽災纏內豎奄歸東岱之

卷六十六　十三

魂以寶應元年十二月十二日遘疾卒于私家春秋
廿歎苗而之有季痛秀而之無成妻子類崩父母傷
割骨之痛今口遠有期龜筮習吉遂以唐寶應元年
歲次壬寅十二月景午朔廿七日庚辛殯于邠州三
水縣歸義鄉邠邑原禮也父茳悲傷五內哀感四隣
但恐田成碧海水變倉山故勒石留文以旌丹誌云爾
於穆遠袞肇自周秦惟祖惟孝乃武乃文念子
聰敏幼年立身不幸短命禍降沉淪嚴父切骨慈母
割恩哀哀戀念泣對孤墳石刻

唐故畢府君墓誌并序

公諱遊江平陽王彥之後也世居太原豪族弟一英
材倜儻智謀深遂謙約節儉廉愼有規於家以孝有
曾閔之心事君以忠曉縱横之略寛而能猛猛而能
寛接朋友盡盛德之儀理室家剛柔得中有仁人焉
有社稷焉賢妻在室遙鑒於山濤命子理家更崇於
幹蠱公周之宗盟也繼世在兹王侯之種遊宦不遂
遂轉於兹降志辱身隱於城市苟得甘脆以奉慈親
日居月諸卅餘載公之太夫人以貞元十三年七月
六日傾背公禮制不虧大事終竟奉親也生事之以
禮死葬之以禮祭之以禮可謂孝道全矣公有子二

卷六十六　十四

人長曰宗茂次曰元濤並有令聞皆公之有典有則
也將以積善之人保受其福豈爲降年未永罹此禍
殃以貞元十九年六月十四日壽終於恒府敬愛坊
之私第也時年將耳順深可哀哉里巷不歌鄉鄰歎
息則以其年七月一日歸葬於府城西北七里冰河
鄉之原也傾城出祖縞素盈途送葬者執紼而行赴
弔者隨柩而哭白馬前引顧步而悲鳴啼鳥以臨向
風而慘惻恐陵谷屢遷紀兹貞石用招不朽聊述德
音詞曰
樂只君子邦家之光日來月往身歿名彰松風切切

野霧蒼蒼昔作人中之寶今歸泉下之鄉石刻

唐故石府君墓誌銘并序

府君曰忠政字不邪生于京兆府萬年縣人也邑崇仁里靖閑不仕自居其家昏何氏不幸元和二年四月逝葬城西小□村府君壽年八十有二終于長□二年七月十日以其年八月二十二日□葬于小□村長子義後亡亦葬於此後□□□年當家約缺四五字義鄉南姚□□掃灑庄一所遂再啟舉遷厝庄東南□十步已來遂擇吉晨以其年八月九日□祔翁婆及兄義並安于墳壙乃命□□存之不朽銘曰

八月□□風悲奶安厝先靈歸墳壙□□孝感理於天萬代子孫昌不歇石刻

大唐故成德軍節度下左金吾衛大將軍試殿中監石府君墓誌銘并序

府君諱神福字忠良金谷郡人也曾祖試鴻臚少卿□用祖授左翊府中郎將臣恩父何羅燭試雲麾將軍蔚州衙前大總管有子四人公則第二子也生於雄武長在蔚州□歲從師弱冠好武事親唯孝訓弟唯和五郡欽仁六親談美遇安史作亂飄泊至恒陽尊父早亡哀榮葬畢及平攻武便得穿楊君主亦知收於戎伍頻經戰伐果效壇場勇毅前衝殺戮無數敘功見錄八座親命俯臨悅暢君心遷授大將爲征馬事重委在腹心兼令勾當右廂草馬使事何天不祐忽染沈痾針藥無效去元和八年正月十七日奄然大謝於野牧時春秋五十有五男乃泣血女孝絶槳號天叩地親戚悲悼去二月乙酉朔十八缺石邑縣東北一十里□兆而厝也恐缺石紀芳用傳不朽其詞曰

英雄將軍武藝超群頻經鬬敵殺戮前奔收功見錄獨授崇勳紀名貞石不朽千春常山貞石志

唐京兆季愛子墓志

唐興元初仲春中巳日吾季愛子築役于廬陵殞於西壘之顛吾時自王文昭政命令晦朔康定之始未欲於屯山就瘞於西壘之堠吾卜茲土後當火德五九之間世衰道是浙梁相繼喪亂之時章貢康昌之日復工是壘吾亦復出是邦東平鳩工復使吾愛子之骨得同河伯聽命于水府矣京兆逸翁深浦記天中記

唐故東海徐府君夫人彭城劉氏合祔銘并序

大和八年歲次甲寅四月廿一日徐府君終於揚州江陽縣瑞芝里第春秋八十有四越來年乙卯歲十月廿八日合祔于楊子縣曲江鄉五乍村先殁夫人故塋禮也府君諱及其先東海郡焉曾祖瓌婚李氏祖朋婚王氏考璟婚朱氏而生府君婚劉氏而生五男二女諫暈二子存殁莫知早列前銘禮無再述其存曰霞高上不仕次曰硃殿中省掌御服七色主衣次詠宣節校尉前守左衛翊壹府翊行常州蘭山成主一女適劉氏不幸早廿星霜數秋一女適呂氏早孀于家三從並絶府君忠孝二備仁信兩全門風肅清訓子以道夫顯於身者德也顯廿者壽也詵詵子孫弓裘不墜府君三絶矣古之塟者無銘誌而自魏時繆襲乃施之嗣子習古之規敢不修撰不捨此事稱家有無而命余琢他山之石慮虞陵谷直書其實乃爲銘曰

穀則異室兮死也同穴府君夫人兮于茲永訣刊石于墓兮克荷前烈嗣子哀哀兮攀號泣血寒郊蒼茫兮悲風切切萬古千秋兮孤墳弔月石刻

唐文拾遺卷之六十七

榮祿大夫三品頂戴前分巡廣東高廉道加四級臣陸心源輯

闕名十五

唐舒論墓誌銘

論貫杭州鹽官縣靈泉鄉望出天水郡公諱敦父平論是平第二子時年廿有四以元和九年甲午歲十月十四日終于天長鄉內私舍以其月廿日葬於當縣西南四里買袁氏地安厝之禮也論未婚父平并兄弟等恐陵谷變遷桑田改移勒爲誌詞曰青青松柏落落澗石邃蒿里中長斂魂魄口閉泉門千秋永隔海昌備志

唐故國子律學直講仇君墓誌銘并序

君諱道朗平陵人也門傳鼎鼎世襲簪裾享茅土於東齊光印綬於西漢曾祖周任驃騎大將軍簡州刺史蘊龍韜之秘略勇冠三軍當虎符之重寄化行千里祖絢隋任車騎將軍鷹楊郎將材力過人雄傑槩世父誂唐任相國朝散大夫攀鱗附翼鳴珮鏘金君道禀自然智由天縱幼彰令問資孝友以基身長習文儒體仁義而成性珠明玉潤桂馥蘭芳兼以才辨有聞功能克劭拜騎都尉旣而志識甄明學藝該博亦婆娑於禮則復優游于憲典迺授宣德郎行國子監律學直講雖環林璧水弘其待扣之林方領圓冠承茲鼓篋之致實以君道泰身否德尊位卑於是飛鴻鎩翮盜聞漸陸之說不謂棲鸞斂羽俄歎沈舟之酷以咸亨三年五月二日春秋五十有四終於京兆私第嗚呼幾傷埋玉更軫摧蘭雖振青徽於萬業而骸形骸於一棺嗣子元暕通直郎幽州三水縣主簿上柱國悲深陟岵孝著循陔啓楹書而切慕瞻手澤而增哀夫人隋太常寺太醫令黃鶴之女也以萬歲通元年五月廿六日合葬口京兆南高陽之原禮也隧路浮煙泉門少日嗟蒿里之窅眇聽松風之蕭瑟鳴

呼寸晷難常，尺波易往，勒芳猷於玄石，銘懿勳于黃壤。其銘曰：

歲時不待，□□□謝。倏矣浮生，悲哉厚夜。松檟森森，泉臺窅窅。百身莫贖，千秋詎曉。石刻

唐故承務郎試左武衛兵曹參軍攝無極縣令天水趙公墓志銘并序

公諱全泰，字全泰，常山郡眞定人也。考諱融，易定節度參謀□度營田副使朝請大夫檢校尚書兵部郎中兼御史中丞賜紫金魚袋上柱國。公至學之歲，曾

讀詩書；冠帶之年，留好文藝。起家攝定州無極縣主簿，再爲府掾，五宰屬城。事有始吉而終凶，有前中而後否。衣舟疏紼，阻至難逃。殁世之年五十有四，時則大和四年十二月廿九日。夫人隴西李氏，宗正卿亳州刺史瀚之孫，都水監丞穎王府參軍陝州夏縣丞邁之女。晝哭毀聞。有子二人，長曰存序，幼曰存成。有女二人在室，摧慕過禮。以大和五年正月廿七日遷窆於州城西北七里翟村平原，禮也。貞而可久，刻石銘之。銘曰：

奔曦轉側半西沈，顧影知爲長逝心。悲風械械吹原野，荆棘籠塡荒草深。常山貞石志

唐處士陸君墓志銘

處士諱曇，字文廣，其先吳郡人也。祖諱光，父諱朋。處士幼承嚴訓，長有令望，風義洋洋，遠近欽矚。經學至美，筆法尤精。不仕明時，邱園樂道，禮不讓善，礪於哲人。以開成元年寢疾，至二年丁巳歲暮春之月四日終於私第，春秋五十有二。以玆年孟夏月廿一日終安厝於華亭縣南廿五里杉號茆塔以平原新塋，禮也。處士娶吳氏，生四子：長曰行肅，次顧師，次杜老，次稜婆。悉以童稚之年而知孝弟。恐時移代變，林隴彫摧，刻石刊鐫，永爲不朽。銘曰：

浮生寄世，電影難留。嗚呼良士，埋沒荒邱。魂氣兮歸天，形體兮歸墓。親戚兮悲傷，兒女兮號訴。松江府志

唐故陳府君墓誌銘

府君諱環，潁川人也。祖興，父道清，並不求宦達。君郞清公之第二子也。幼著才識，長閑規矩，克言理行，鄉閭所欽。何圖天不佑善，以會昌二年正月二十一日終於私第，享年六十有三。以當年八月十八日窆於蘇州海鹽縣東二十八里齊景鄉雅山南二里祖墳南舊塋，禮也。君娶吳郡顧氏，有子三人：長曰遂，次曰

毀損三日公市並至謙至讓忠乎孝乎泣血主喪絕漿逾制後恐月日久遷陵谷遷移刊石爲誌永傳不朽銘曰

山作田兮田作海萬古存兮誰不改青松新隴曉無年千載惟留銘記在（嘉興府志）

按此文據嘉興府志補缺文四十餘字

唐故陸氏廬江郡何夫人墓誌銘并序

大唐會昌五年乙丑歲孟夏之月廿一日夫人終於家春秋六十有八祖諱□父諱□□其先廬江人也夫人幼習女儀長有令譽初笄之歲匹于陸君肅肅雍雍如琴如瑟嗚呼不同偕老陸君不幸而先逝夫人所生一子元慶幼而習禮頗識義方承順慈顏曾無怠色水漿不入杖立營葬以所卒之年莫秋之月乙巳朔廿六日庚午遷奉於華亭縣西北二十三里陸氏故山（缺五字）夫之兆以遵生前之命令慮歲月緜邈林摧隴騫刊磚立銘周表系以銘曰

嗚呼浮生如露如電平生玉容無由再見精魄□散形體（缺四字）慕鄉親子淚雨（石刻）

米氏女墓誌銘

米氏九娘其先蓋□□□郡人也父諱宻米氏即公之室女貞淑溫□□家孝行幼女聰明（缺六字）和睦□內外親族無不欽傳愛敬立身閨室令則高門□禮於家孝行無比何期不幸遘疾即以會昌六年□月五日終于揚州江陽縣布政里之□享年廿有一嗚呼長及笄年未嫁待字從兄親弟泣血哀號六親悲切行過傷嗟即以當月十九日殯于城東弦歌坊之平原禮也恐陵谷遷故刻貞石不朽焉銘曰

白日昭昭青松森森生死有限□明恨深朱顏永□萬古傳今（十二硯齋金石錄）

唐故劉府君墓誌并序

府君名舉彭城人也曾祖皋祖通父良三代並皆謂居清顯隱于丘陵府君承家禮讓立性溫和內外之親皆傳人孝充於四海朋友能賢何期不幸染疾累歲至於大中元年八月六日歿于江陽縣仁風坊之私第春秋□□夫人太原王氏有男一人名師貞女一人適于王君孤男孝女泣血號天即以八月廿一日妥□嘉宻鄉五乍村之原府君在生壽祿兩榮先造其墓逝矣寘（下缺）（石刻）

唐故右內率府兵曹參軍朱府君夫人南陽樊氏誌銘并序

序曰南陽之後軒冕間世最爲國內所稱曾祖釗皇
明經出身泗州連水縣令夫人連水嫡女有兄一人
早逝唯獨子立未登笄歲歸於吳郡朱氏二紀輔佐
不幸居孀志在撫育悉知禮義皇天不祐大中四年
七月廿日薨建業鍾浦之舊第春秋八十有一以其
年歲次庚午十月乙巳朔十日甲寅合祔兵曹於鍾
山之南善□里原禮也夫人遺息二人女二人長圓
郎將仕郎前守淄州□水平縣尉次散郎拔眾敏利
迴戰史□□曰先仰廿一娘適□□衛兵曹參軍瑱
邪王鎰廿二娘適前太常寺奉禮郎潁川陳□嗣子

等泣血號叩感而爲銘勒于貞石行焉銘曰
煒煒煌煌洎漢貽唐磊落軒冕連綿琳瑯令則和睦
于何居孀提挈撫育歷鍾經荒馮以積慶福壽無疆
天不惠垂玉潤迴藏金爐歇艷寶鏡休光嗣子泣血
孝女絕漿卜吉遷窆鍾領之陽楨柏森森永刻嘉祥
古刻叢鈔

前長安縣尉楊籌女母王氏墓誌

王氏小字嬌嬌長號卿雲汴州開封人幼失怙恃鞠
於二女兄之手長女兄以善音律歸于故相國盧公
鈞鄉因女兄遂習歌舞藝頗得出藍之妙宏農人初
以音律知遂用綵問於女兄唐咸通庚辰歲子月遂
歸于楊氏未幾楊子以罪逆受天罰待死于長安萬
年裔村曰庫谷王氏固非宜留將歸女兄堅不去願
同疚于荒墅太夫人念其孝謹因許之寒暑三周備
嘗荼蓼奉上和眾端貞柔淑在楊氏五年束如一日
楊氏德其孝謹遂忘前所謂出藍之妙方思微需俸
祿且酬其勞不幸以甲申歲午月溝時癘姙且病墮
餌有所妨故叐豎得以成禍以其月四日誕一子子
踰臘而終銘曰
父王母高兮作媵于楊始以音知兮終以行彰其家

千指兮劒戟鏻鋩處于其間兮卒無短長善非爲善
兮天受其臧心雖猶面兮荼蘗備嘗衣不暖體兮食
不充腸歲月遲遲兮五周星霜人不堪憂兮卿不改
康宜有豐報兮白首相將如何天奪兮二九其芳風
霹猶清兮日月猶光蘭薰玉潔兮不可弭忘古誌石華

唐故□川于府君墓志銘

感君子之風履古人之道懷仁義以安禮樂立名節
以善其始終者則有武原于府君焉君諱陽字子美
曾祖副祖對父誼或潔身於高士或顯志於明時府
君即誼之第二子也幼敦孝弟長睦歸仁清聲既高

求開林園何啚靈芝見萎醴泉咸竭以咸通五年甲申歲五月十五日遘疾終於私第以六年乙酉二月二十日窆於縣西南卅里尚父鄉修化里通元寺西新塋禮也夫人太原孫氏承奉祭祀有女三人嗣子一人曰□行以仁孝親鄉黨以忠厚□□邦泣血增哀哀有餘禮女三人皆適名族□恐年逾代遠地谷遷移茹毒銜悲請爲□誌其銘曰

□□西□武原之域□葬其中以流其福□□□□艸木朝肅將書永年日明亂育（常山貞石志）

唐故湯府君墓誌銘并序

君諱智其先范陽人也父湛湛之幼子也春秋六十有四咸通六年十二月十二日亡以七年三月八日葬吳縣胥臺鄉先買顧涓桑宅地□□顧弘朱從等建塋禮也有子二人長師藏次從□女一人疋劉氏恐後無憑刊塼于□其銘曰

嗟乎湯君俄隨風燭一閉佳城千秋陵谷（石刻）

唐梅□□墓誌銘

梅氏之地望在汝南府君之世業居海昌祖諱羅父諱慶皆遨遊時世遁跡邱園府君慶嗣子也未及弱冠泣蹉職遞歷眾局至於首統諸曹遊刃其間自後傾懷高尚杳思退休□□千家倏遷十稔乃迫知己薦□藉山未越月而政聞差勍浙東鹽盜不踰年而盜伏法自是奸人懾反訟於公公自夏初雪濫（一本作檻）於越會廉察滎陽公鑒其冤尋與申白（一本作聞）上命未回而公遘疾奄然長逝春秋五十有四娶廬江何氏夫人君無嗣有女一纔及笄以咸通□年十二月廿五日歸窆於鹽官縣之昌亭鄉新建塋禮也爰勒貞珉求其不朽銘曰

□之□兮必摧玉之堅兮必缺魂之往兮不回□之逝兮永訣□之□兮□□隙之光兮電掣歎兮悼兮泉扃是□（海昌備志）

孫夫人墓志

唐咸通元年閏拾月拾伍日富春郡孫夫人從夫王氏之任潮州程鄉縣令時夫人遘疾歿于官舍享年四十七歲卜兆未利權設殯筵洎叁年歲次壬午玖月拾捌日啟葬於廣州南海縣四望亭後崑慮陵谷變遷刻石紀爾（石刻）

唐故河中府左果毅都尉高府君墓誌

君諱思溫字知柔渤海郡人也曾祖篤試大常協律郎祖舉司農寺丞父建謀左清道率府兵曹參軍君

娶夫人范氏不幸早歸大夜君以乾符三年四月十一日終雅俗坊以其年五月六日葬于江都縣興寧鄉趙墅里之原禮也享年四十七恐陵谷改移直書

銘曰

哲仁君子忠孝於國家和六親有文有德直書其名以傳他日長歸蒿里萬古千□石刻

唐貞士韋君墓志

於虖此有唐貞士韋君栖眞之所也貞士諱士逸字士逸萬年杜陵人也舉進士釋褐爲赤縣尉不屑焉遂弃去躬耕南山家室睦如入其庭知其爲隱君子

韋爲京兆望姓簪冠累葉貞士獨澹如也不以門第相競於事其謝傅之流亞歟中和四年七月貞士搆微疾喟然曰出不負乎君而死不違乎親生無禆于時而死不見譏于人其亦可矣以其月寢疾沒越三月葬于山中之白鹿原以其配杜氏祔禮也於虖貞士往矣而貞士又無息千百年後陵谷迭□誰復知韋氏之有貞士乎爰略生平置諸墓門以誌貞士云石刻

梁故東海徐氏夫人墓誌銘

夫人郎節度右押衙鎭東軍副知客銀青光祿大夫檢校國子祭酒左千牛衛將軍兼御史大夫樂君之冢婦也夫人曾祖諱□祖諱佐□嚴父皞見充鎭東軍觀察孔目官檢校工部尚書夫人以乾化四年七月六日遭疾奄逝享年四十以其年八月三日歸葬於鄞縣靈巖鄉金泉里禮也噫乎夫人稟嫣然之姿態實仙苑之桃李自和鳴鸞鳳並顯令德而又柔順孝敬以奉姑嫜爲六親庭闈之則所謂神垂其祐天慭其壽孰知一旦遽罹凶□歸於窀穸夫人育一男光途年猶幼沖悲乎偏露所不忍睹嗚呼生也幻世沒兮歸人聊配馨香用標年祀銘曰

君之容止悉皆推先君之行義不辱移天蘭既摧而玉折日將遠兮時遷永列貞□千年萬年鎭海縣志

大唐故府君墓誌銘

維大周顯德元年歲次甲寅十二月辛丑朔二十日庚申懷州武德縣缺州清河缺君諱缺供奉缺巡檢使缺新婦劉氏新婦后氏嗣子長缺次男缺次姪永興長男新婦李氏次男新婦□氏長女□□□次女□□孫女子□姑次孫女子不怜次孫姪兒不秋缺曾聞壽涯修短禀靈臺而□□其分缺千歲爲遙齡郡路一□夫□爲促世蓋一至缺彭成郡劉氏夫人

忽□□席救撩無詮何期不缺知身如缺宅後雖缺置墓缺南二里東南黃蘆缺射犬古城約三里缺河口二里其塋地一□東至□□南至賈□西至□□北至缺父業地缺妙苑缺龍虎缺子孫下缺石刻

王夫人墓誌銘并序

缺氏吳郡人也眞貞缺五字三從有義四德無虧缺五字三忽遘彌留日復纏缺六字正月八日終于缺五字歲次庚氏二月廿七缺六字西北七里武邱山缺六字二人長子珦次子缺九字恐陵谷變下缺古誌石華

大唐故冠軍大將軍代州都督上柱國許洛仁

妻襄邑縣君宋氏夫人墓誌并序

夫人諱善主字令儀定州安喜人也原夫玄禽翅羽□有商之祚白翰騰驤肇承殷之祀洎乎分邦錫祉□茂實於睢陽列國會盟秀芳華於官度祖逸周開府儀同三司江州刺史永甯縣開國公父濤隨左千牛備身永州長史柱國襲爵如故並位光烈宰名參上將褰帷楚甸副軫衡吳夫人名藹蘭闈聲緜閫壺標梅覯止摽木承恩捧案申恭敬深饁野年過蒱梛歲迫桑榆遘疾彌流遊魂岱錄春秋九十有九薨於金城坊里第郎以其年五月廿四日窆於龍首原禮也嗚呼哀哉松風悽慘薤露蒼茫悲夜臺之永暮痛佳城之未光乃爲銘曰

大開寶祚地啟靈源瑤華蔭蔚玉葉便繁偉哉先哲猗□後昆褰帷下邑露冕上藩其一四德標舉三從惠養淑慎居貞聲名厲響□景西傾逝川東往瘞玉質□重泉遂埋魂乎幽壤其二十二硯齋金石錄

毛藻墓誌銘

顓頊開源臯陶構緒門多俊傑代有文武萇郎演詩遂使威楚雲布簪紱星羅台輔偃蹇疏放志在追遊既輕軒冕不重王侯夷齊作侶嵇阮爲儔滿堂嘲謔

盃罇獻酬一生易盡百年難駐奄逐夜風俄隨朝露行旅傷感親友追慕隧道已通佳城將措黃泉路遠白馬悲深日摻春暖雲結郊陰草懸露泣樹引風吟式鐫貞琰永播芳音廣平府志

唐故上騎都尉通直郎行永康令杜府君夫人

朱氏墓誌銘并序

若夫桂畦松貞表恭姜之逸操蘭薰雪白彰孟光之閑雅寢地之訓無爽於幼年弄磚之儀有成於廿歲能兼之者實夫人之謂乎夫人朱氏郎榮之後也分官命族唐典邁於知人楊歷開基魏史光於進德父

琛才兼文武位列周行冀爕鹽梅將調鼎鼐夫人問名納禮適於杜氏之門承舅姑以敬恭事娣姒而柔順中饋酒食之禮槃帨榛栗之儀皆闇合於前經終可爲於後則不謂藏舟靡固陽劍先沉志負寒霜撫其孤藐每心歸向祈以淨因虔仰六時匪虧一念知岸樹之非久識井藤之不堅豈積善之無徵忽遷神於大暮於是夜臺空掩遊月肆而無歸草露晨晞望雲衢而不返春秋七十有八嗣子君信泉樹多感欒棘有傷思答無由號天叩地卽以其年十一月廿五日葬於龍首原禮也白揚凄切素栁縈紛月旋繽翔黃壚靜寂恐陵移海變冥漠無追敢勒翠琰式旌不朽銘曰

萊梁之妻夫人能似幼□令德實佐君子家襲冠紱名傳策史俄化一生溘焉萬祀其容駕晨裝哀歌曉徹庭醉告辭崩心歷血□□悽楚見之嗚咽恐音徽之寂寥庶揚芳於鏤碣石刻

唐王五從高叔祖易定等州缺上柱國李公故夫人遼東榮下缺墓志

夫人諱尙卿其先遼東人下缺□□后妃之賢者故愼氏下缺□□名振於義武軍三代下缺□柔和立性婉順深有靜下缺□□□尙容德也自作嬪君下缺□□□玉葉秀而芳陰多下缺□□親禮樂之風訓習下缺□□□之祿華如桃李□下缺□□近無出其二美焉下缺□□□而虧隨彼倉下缺□□亟九日終於定州博陵下缺□□習禮次曰師周承天下缺□□□聞詩禮積習義下缺□□不自勝歎鳴鳳而□下缺□□倂請俸錢以喪事至下缺□、□夫、婦之道聿修承□下缺□□安喜縣鮮虞鄉曤□下缺、□以□受命刊誌貞石用下缺□美淑德夫人令名惟桃之華下缺□□□□之原兮哀哀孤墳兮下缺常山貞石志

唐中岳沙門釋法如禪師行狀

大師諱法如姓王氏上黨人也幼隨舅任澧陽事靑布明爲師年十九出家志求大法明內隱禪智當人見讓云蘄州忍禪師所行三昧汝宜往諮受曰敬聞命矣其後到彼會中稽請畢己祖師默辯先機卽授其道開佛密意頓入一乘數緣非緣二種都盡到淸涼池入空寂舍可謂不動眞際而知萬象者也天竺相承本無文字入此門者唯意相傳故廬山遠法師禪經序云則是阿難曲承音詔遇非其人必藏之靈

序幽關莫闢罕窺其庭如來泥曰未久阿難傳末田
地末田地傳舍那婆斯此三應眞冥契于昔功在言
外經所不辯必闇軌元匠孱然無差又有達節善變
出處無際晦名寄迹無聞無示斯人不可以名部分
別有宗矣明者卽南天竺三藏法師菩提達摩紹隆
此宗步武東鄰之國傳曰神化幽蹟入魏傳可可傳
粲粲傳信信傳忍忍傳如當傳之不言者非曰其人
孰能傳哉至咸亨五年祖師滅度始終奉侍經十六
載既淮南化掩北遊中岳後居少林寺處衆三年人
不知其量所以守本全朴弃世浮榮廉謙之德賢士

之靈也外藏名器內洽玄功庶幾之道高遁之風也
對問辭簡窮精入微出有之詮解空之閫也權智勇
略能建法城安人之友師者之明也垂拱二年四海
標領僧衆集少林精舍請開禪法僉曰始自後魏爰
降于唐帝代有五年將二百而命世之德時時間出
咸以無上大寶貽諸後昆今若再振玄綱使朝聞者
光復正化師聞請已辭對之曰言寂則意不亡以智
則慮未滅若順諸賢之命用隆先勝之道如何敢矣
猶是謙退三讓久乃許焉觀乎至人之意廣矣大矣
深矣遠矣今唯以一法能令聖凡同入決定勇猛當

應諦受如人出火不容中斷衆皆屈申臂頃便得本
心師以一印之法密印於衆意世界不現則是法界
此法如空中月影出現應度者心子勤行之道在其
中矣而大化既敷其事廣博羣機隱變之處毫釐不
差自後頻論學人所疑咸速發問俄然現疾乃先覺
有徵爾眾後一夜端坐樹下告以遺訓重明宗極顯
七日而爲一切悟彈指而震大千法無去來延促思
盡卽永昌元年歲次己丑七月二十七日午時寂然
卒世春秋五十有二塵于少室山之原也諸受業沙
門北號高原起塔置石優塡王釋迦像并累師之行

狀勒在佛碑冀紹奉廟庭觀文以自試曰我師利見
動寂無方陶均萬界廣世爲梁登微有階庶勤必咸
遺功冈極日月齊光十二硯齋金石錄

唐文拾遺卷之六十八

榮祿大夫三品頂戴前分巡廣東高廉道加四級臣陸心源輯

新羅眞德女主勝曼

眞德新羅王善德之妹貞觀二十一年襲王永徽元年遣其姪春秋子法敏來朝織錦爲頌以獻五年卒贈開府儀同三司

太平頌

大唐開洪業巍巍皇猷昌止戈戎衣定修文繼百王統天崇雨施理物體含章深仁諧日用撫運邁時康幡旗何赫赫鉦鼓何鍠鍠外夷遺命者剪覆被天殃淳風凝幽顯遐邇競呈祥四時和玉燭七曜巡萬方維嶽降宰輔維帝任忠良五三成一德昭我唐家皇

新羅文武王金法敏

法敏新羅王春秋子永徽元年入朝擢爲太府卿龍朔元年襲王以其國爲雞林州大都督府授法敏都督以納高麗叛衆略百濟地守之詔削爵發兵窮討上元中遣使入朝謝罪詔復官爵開耀元年死

赦教

往者國家閒於兩國北伐西侵暫無寧歲戰士曝骨積於原野先王愍百姓之殘害越海請兵本欲平定兩國雪累代之深恥全百姓之殘命百濟雖平高麗未滅寡人克承先志既平兩敵四隅靜泰臨陣立功者並已酬賞但念囹圄之苦未蒙更新之澤可赦國內罪無大小悉皆放出百姓貧寒糶入米穀者待有年償之只還其母窮歉尤甚者子母俱免東國通鑑

冊安勝爲高勾麗王詔

公之太祖積德立功子孫相繼開地千里年將八百至於建産兄弟禍起蕭墻釁成骨肉家國破亡宗社湮滅生人波蕩無所托心公避難山野投身隣國百姓不可以無主皇天必有以眷命先王正嗣惟公而已主祭非公而誰謹遣余須彌山等冊命公爲高勾麗王公宜撫集遺民紹興舊緖永爲隣國事同昆弟敬哉兼遺粳米二千石甲具馬一匹綾五匹絹紬布各十匹綿十五稱同上

遺詔

寡人運屬紛紜時當爭戰西征北討克定封疆伐叛招攜聿寧遐邇上慰宗祧之遺顧下報父子之宿冤自犯冒風霜遂成痼疾憂勞政教更結沉痾運往名存奄歸大夜太子早蘊離輝久居震位宗廟之主不可暫空太子卽於柩前嗣立且山谷遷貿人代推移

昔日萬幾之英終成一封之土徒費資財空勞人力屬纊之後十日便於庫門外庭依西國之式以火燒葬服輕重自有常科喪制度務從儉約同上

乞罪表

昔臣危急事若倒縣遠蒙拯救得免屠滅粉身糜骨不足上報鴻恩碎首灰塵何能仰酬慈造然深讎百濟逼近臣蕃告引天兵滅臣雪恥臣懼破滅自欲求存枉被凶逆之名遂入難赦之罪臣恐事意未申先從刑戮生爲逆命之臣死爲背恩之鬼謹錄事狀冒死奏聞伏願少垂神聽炤審元由臣前代以來朝貢

不絕近爲百濟再虧職貢遂使聖朝命將討罪死有餘刑伏惟皇帝陛下明同日月容光並蒙曲炤德合乾坤動植咸被亭毒好生之德遠被昆蟲惡殺之仁爰流翔泳倘降服捨之宥賜全腰領之恩雖死之年猶生之日非所希冀敢陳所懷謹遣原川等拜表謝罪伏聽勑旨兼進貢銀三百三十五兩銅三百三十兩針四百枚牛黃一兩二錢金一兩二錢四十綜布六匹三十綜布六十匹同上

報薛仁貴書

我先王於貞觀二十三年入朝面奉太宗文皇帝恩勑朕今伐高麗非有他故憐你新羅攝乎兩國每被侵陵靡有寧歲我平定兩國平壤已南百濟土地並乞你新羅永爲安逸新羅百姓具聞恩勑人人畜大事未終文帝先崩今帝踐祚復繼前恩頻蒙慈造兄弟及兒懷金拖紫榮寵之極夐古未有粉身碎骨望報萬一至顯慶五年聖上感先志之未終成曩日之遺緒命將徂征大發船兵先王年衰力弱不堪行軍追感前恩勉强至於界首遣其領兵應接大軍水陸俱進共平一國蘇大摠管留漢兵一萬新羅亦遣弟仁泰領兵七千同鎭熊津大軍回後賊臣福信起

於河西取集餘燼圍逼府城先破外柵摠奪軍資復攻府城幾將陷沒又於府城側近四處作城圍守某領兵往赴以解其圍遂破賊城復運糧餉使一萬漢兵免虎吻之危至六年福信徒黨漸多侵取江東之地熊津留兵一千往攻兵敗匹馬不返自是熊津請兵日夕相繼遂發兵衆往圍周留城賊知兵小遂即拒戰兵馬失利而歸南方諸城一時摠叛並屬福信福信乘勝復圍府城且絕熊津餉道即募健兒間道救之至六月先王薨又承勑旨發兵北歸子在衰経不能應赴合資道摠管劉德敏等至奉勑令我國供

運平壤軍粮熊津劉摠管亦使來具陳府城孤危道斷粮盡遂共劉摠管攻拔甕山開通道路若先運熊津恐違勅旨若專供平壤即恐熊津絶粮所以差遣老弱運送熊津選簡精强擬向平壤其往熊津者在途遇雪人馬始盡至龍朔二年正月劉摠管共我兩河道摠管金庾信等同運平壤軍粮屬雪沍寒人馬凍死所將兵粮不能勝致大軍既還我兵亦回飢凍死者不可勝數行至瓠瀘河麗兵來追我先渡河幸勝而還熊津府城頻索穀種前後所送數萬餘斛南運熊津北供平壤蕞爾小國分供兩所人力疲極牛

馬死盡所貯倉庾坐見虛竭又留鎭天兵以時給衣都護劉仁願遠鎭孤城數被百濟侵圍我又遣兵解救天兵一萬衣食于我四年于茲國家恩澤雖復無涯新羅効忠亦足矜憫至龍朔三年摠管孫仁師領兵來救府城我兵亦發同至周留城下時倭人來助百濟兵船千艘泊于白沙百濟精騎陣于岸上我以驍騎先破岸陣周留失膽遂即降下南方已定回軍北伐任存一城執迷不降我軍欲還杜大夫承勅欲與百濟共盟我謂百濟姦詐反覆百端今雖共盟後恐有悔奏請停盟至麟德元年復降嚴勅盟會之事

雖非所願不敢違勅乃於就利山築壇對勅使劉仁願歃血相盟山河爲誓畫界立封永爲疆界至乾封二年聞大摠管英國公征遼某往漢山州遣兵集於界首先遣細諜人覘候回言大軍未到平壤且攻七重城以待大軍其城垂陷英公使江深來云奉大摠管處分新羅兵馬不須攻城早赴平壤即給兵粮遣令赴會行至水谷城聞大軍已回我亦遂來至乾封三年遣太監金寶嘉入海稟英公約束我來赴集平壤至五月劉右相來繼發兵馬同赴平壤某亦往漢城州點檢兵馬此時蕃漢諸軍摠集蛇水男建出兵

欲決一戰我兵獨爲前鋒先破大陣平壤城中挫鋒縮氣英公更取我國驍騎五百人先入城門遂破平壤克成大功我兵士並云征伐已經九年人力殫盡兩國之平今日乃成必當國蒙盡忠之恩人受効力之賞英公乃謂我軍前失軍期及其入朝反謂我兵無功又早赵之城本是我國之地陷於高麗三十餘年今還得之置官以宗又以此城歸于高麗夫我國自平百濟迄定高麗盡忠効力不負天朝未知何故一朝見絶至總章元年百濟淪盟越境侵犯又致書云天朝修理戰艦外託征倭欲伐新羅至咸亨元年

六月高麗謀叛以殘留鎮朝官我欲發兵先報熊津云高麗既叛不可不伐百濟司馬禰軍來云發兵卽恐彼此相疑宜令禰軍互相交質至七月入朝使金欽純等至將百濟舊地摠令割還曾未數年一與一奪我國臣民罔不失望去年九月具事奏聞遣風未達後百濟構釁誣我反叛前失貴臣之心後被百濟之譖進退惟谷未申忠欵使人琳潤至辱書仰承摠管犯冒風波遠來海外理須發使郊迎致其牛酒遠居異域未獲致禮披讀來書專以我國稱爲叛逆旣非本心惕然驚懼今略陳寃枉具錄無叛太陽雖不回光葵藿猶懷向日摠管禀英雄之秀氣抱將相之高林天兵未出先問元由緣此來書敢陳不叛請加商量具狀申奏同上

新羅宣德王金良相

良相始爲宰相建中四年新羅王乾運死國人共立之貞元元年冊爲檢校太尉雞林州刺史寧海軍使新羅王是年卒據東國通鑑謂弑王自立

遺詔

寡人本惟菲薄居位以來年不順成民用困窮此皆德不符民望政未合天心常欲禪讓退居于外羣臣

每以誠止因循至今忽遘疾疹不寤不興死生有命顧復何恨死後依佛制燒火散骨東海同上

新羅興德王金秀宗

秀宗憲德王母弟改名景徽寶曆二年立大和元年冊爲副王開府儀同三司太尉雞林州都督如故開成元年卒

戒奢習教

人有上下位有尊卑名例不同衣服亦異俗漸澆薄民競奢華只尚異物之珍奇却嫌土產之鄙野禮數失於逼僭風俗至於陵夷敢率舊章以申明命苟或故犯固有常刑同上

新羅僖康王金悌隆

悌隆憲貞子唐開成元年立在位三年被弑

遺詔

寡人以眇末之資處崇高之位上恐獲罪於天下慮失望於人夙夜兢兢若涉淵冰賴三事大夫百辟卿士左右挾維不墜重器今者忽染疾疹至於旬日慌惚之際恐先朝露惟祖宗大業不可無主軍國萬機不可暫廢顧惟舒弗邯誼靖先王之令孫寡人之叔父孝友明敏寬厚仁慈久處台衡挾贊王政可以祇

奉撫青蒼生炱釋重負委之賢德付託得人夫復何恨伊爾多士竭力盡忠送往事居罔或違禮同上

新羅神武王金佑徵

佑徵元聖王孫開成四年立七月卒

拜張保皋鎮海將軍教

淸海鎭大使保皋嘗以兵助神考滅先朝之臣賊其功烈可忘耶同上

新羅眞聖女主曼定

曼定康王女弟光啓三年立在位十一年禪位于大子嶢

禪位上唐帝奏

居義仲之宮非臣素分守延陵之節是臣良圖臣姪嶢年將志學器可興宗不假外求爰從內舉近已俾權藩寄用靖國災同上

新羅景明王朴昇英

昇英神德王之子梁貞明三年立同光三年卒

有唐新羅國故國師諡眞鏡大師寶月凌空之塔碑銘并序

余聞高高天象非維占廣闊之名厚厚地儀不獨稱幽元之號豈若栖禪上士悟法眞人跨四大而遊化觀風避三端而宴居慨月遂使假威禪伯歸魔□離亂之時追令法王扶釋教於昇平之際以至慈雲再蔭佛日重暉外道咸賓彌天率服持祕印而發揮奧旨舉元綱而宏闡眞宗唯我大師即其人大師諱審希俗姓新金氏其先任那王族草拔聖枝每苦鄰兵投於我國遠祖興武大王鼇山稟氣鰈水騰精握文符而出自相庭攜武略而高扶王室終平二敵永安兎郡之人克奉三朝遐撫辰韓之俗考盃相道高莊老志慕松喬水雲雖縱其閑居朝野恨其無貴仕妣朴氏嘗以坐而假寐夢得休□□後追思因驚有娠

便以斷其葷血虔此身心潛感幽靈冀生智子以大中九年十二月十日誕生大師異姿睟發神色融明綺紈而未有童心齠齔而□□佛事聚沙成塔摘葉獻香年九歲徑往惠目山謁圓□大師大師知有惠牙許栖祇樹歲年雖少心意尙精勤勞則高鳳推功敏捷則揚烏讓美俾踐僧□□離法堂咸通九年先大師寢疾乃召大師云此法本自西天東來中國一花啓發六葉敷榮歷代相承不令斷絕我曩遊中土曾事百巖百巖承嗣於江西繼明於南嶽南嶽則漕溪之冢子是嵩嶺之元孫雖信衣不傳而心印相授

遠嗣如來之教長開迦葉之宗故傳以心燈吾付爲
法信寂然無事自口洹口大師曰語悲深心喪愁切
尤積亡師之慟實增絕學之憂十有九受具足戒既
而草繫興懷口飄託跡何勞跋涉即事巡遊訪名山
而仰止高山探口口而窮尋絕境或問曰大師雖備
遊此土遍謁元關而巡歷他方須參碩彥大師答曰
自達摩付法惠可傳心禪宗所以口者何由西去貧
道已口口且方接芳塵豈料捨筏之心猶軫乘桴之
志文德初歲乾寧末年先宴坐於松溪學人雨聚暫
栖遲於雪嶽禪客風馳何往不臧曷離其已眞聖大

王遽飛睿札徵赴彤庭大師雖猥奉王言而竄隳祖
業以循途多梗附表固辭可謂天外鶴聲早達於雞
林之畔人中龍德難邀於象闕之旁口因避煙塵欲
離雲水投溟州而駐足託山寺以栖心千里乂安一
方蘇息無何遠聞金海西有福林忽別此山言歸南
界及乎達於進禮暫以踟躕爰有口進禮城諸軍事
金律熙慕道情深聞風志切候於境外迎入城中仍
葺精廬諮留法軾猶如孤兒之逢慈父衆病之遇鑒
王孝恭大王特遣政法大德如奐迴降綸言遙祁法
力佐紫泥而兼送薰鉢憑專介而俾披信心其國主
歸依時人敬仰皆此類也豈惟肉身菩薩遠蒙聖口
口尊靑眼律師頻感羣賢之重而已哉此寺雖地連
山脈而門倚墻根大師以水石探奇煙霞選勝聯遊
西岫梟暝舊墟豈謂果宜大士之情深愜神人口口
所以刱修茅舍方止葵興改號鳳林重開禪口先是
知金海府進禮城諸軍事明義將軍金仁匡鯉庭稟
訓龍闕馳誠歸仰禪門助修寶所大師心憐口口意
有終焉高演元宗廣揚佛道寡人祗膺丕構嗣統洪
基欲資安遠之風期致禹湯之運聞大師時尊天下
獨步海隅久栖北岳之陰請授東山之法與輪寺上

座釋彥琳中事省內養金文式卑辭厚禮至切嘉招
大師謂衆云雖在深山屬於率土況因付囑難拒王
臣貞明四年冬十月忽出門屆於口輦至十一月四
日寡人整其冕服稍淨襟懷延入藥宮敬邀蘭殿特
表師資之禮恭申鑽仰之儀大師高拂毳衣直昇繩
榻說理國安民之術敷歸僧口口之方寡人喜仰慈
顔親聞妙旨感激而重重避席忻歎而一一書紳此
日隨大師上殿者八十人徒中有上足景質禪師仰
扣鐘鳴潛迴鏡智大師擅擊聲在春容曉日之吹聲
山淸風之和萬籟縱容演法偏超空有之邊慷慨譚

禪實出境塵之表莫知其極誰識其端塈且遂命百寮詣於所止同列稱□仍差高品上尊號曰法膺大師此則盡爲師表常仰德尊恭著鴻名以光元教其後大師已歸舊隱重啟芳筵諭諸學於道厥俱傳法要拔羣生於塗炭□資慈風則必忽患微痾猶多羸色大衆疑入兩楹之夢預含雙樹之悲龍德三年四月二十四日詰旦告衆曰諸法皆空萬緣俱寂言其寄世宛若行雲汝等勤以住持愼無悲哭右脅而臥示滅於鳳林禪堂俗年七十僧臘五十於時天色氛氳日光慘澹山崩川竭草悴樹枯山禽於是苦啼野獸以之悲吼門人等號奉色身假殯於寺之北嶺寡人忽聆遷化身惻慟情仍遣昭元僧榮會法師先令弔祭至於三七特差中使賚送賻資又以贈謚眞鏡大師塔名寶月凌空之塔大師天資惠悟嶽降精靈懸慈鏡於靈臺挂戒珠於識宇於是隨方宏化逐境示慈知無不爲綽有餘裕至於終世心牢無瞥起之情雖在片時體正絕塵勞之染傳法弟子景質禪師等五百餘人皆傳心印各寶髻珠俱栖寶塔之旁共守禪林之閫遠陳行狀請勒貞珉寡人才謝凌雲學非對□柔翰敢揚其禪德菲詞希播其道風遽裁熊耳之銘焉慙梁武追製天台之偈不媿隨皇其詞云

釋迦法付大龜氏十刼流轉示後來心滅法流何日絕道存人去幾時迴傳灾哲人憂迷路生於浮世降聖胎慾海波高横一葦邪山路險軫三林方忻宴坐鏤花發忽歎泥洹寶月掛霜霑鶴樹悲長悴霧暗雞山待一開龍德四年歲次甲申四月一日建

新羅敬順王金傅

傅孝宗之子爲甄萱所立唐天成三年立在位八年降于高麗

上高麗王建書

本國久經亂離歷數已窮無復望保基業願以臣禮見（東國通鑑）

金庾信

庾信舒玄子官上州將軍梁州都督征西大將軍平百濟滅高句麗皆其功卒年七十九追贈王爵

中嶽告天誓詞

敵國無道侵擾我封疆略無甯歲一介微臣不量材力志淸禍亂惟天降監假手於我（同上）

祭落星文

天道則陽剛而陰柔人道則君尊而臣卑苟或易之

郎爲大亂今毗曇等以臣而謀君自下而犯上此所謂亂臣賊子人神所同嫉天地所不容今天若無意於此而反見星怪於主城此臣所疑惑而不喻者也惟天之威從人之欲善善惡惡無作神羞同上

薛聰

聰字聰智博學善屬文能以方言解九經義訓導後生

諷羅王文

唯臣聞昔花王之始來也植之香園護以翠幕當三春而發艷凌百花而獨出於是艷艷之靈天天之英無不奔走上謁忽有一佳人名曰薔薇朱顏玉齒鮮粧靚服伶俜而來綽約而前曰妾聞王之令德願薦枕於香帷王其容我乎又有一丈夫名曰白頭翁布衣韋帶戴白持杖龍鍾而步傴僂而前曰僕在京城之外居大道之旁竊謂左右供給膏粱雖足巾衍儲藏須有良藥故曰雖有絲麻無棄菅蒯不識王亦有意乎王曰丈夫之言亦有道理而佳人難得將如之何丈夫曰凡爲君者莫不親近老成而興昵比天艷而亡然而天艷易合老成難親是以夏姬亡陳西施滅吳孟軻不遇以終身馮唐郎潛而皓首自古如此吾其奈何花王謝曰吾過矣同上

金弼奚

弼奚官翰林郎朝散大夫兼太子朝議郎

聖德大王銅鐘之銘

夫至道包含於形象之外視之不能見其原大音震動於天地之間聽之不能聞其響是故憑開假說觀三眞之奧載懸擧神鐘悟一乘之圓音夫其鐘也稽之佛生則驗在於罽膩尋之常鄉則始制於鼓延空而能鳴其響不竭重爲難轉其體不褰所以王者元功克銘其上羣生離苦亦在其中也伏惟聖德大王德共山河而並峻名齊日月而高懸擧忠良而撫俗崇禮樂而觀風野務本農市無濫物時嫌金玉世尚文才不意子虛有心老誠四十餘年臨邦勤政一無干戈驚擾百姓□□四方鄰國萬里歸賓惟有欽風之望未曾飛矢之窺燕秦用人齊晉替霸豈可並輪雙轡而言矣雙樹之期難測千秋之夜易長晏駕已來於今三十四年也頃者孝嗣景德大王在世之日繼守丕業監撫庶機早隔慈規對星霜而起戀重違嚴訓臨闕殿而增悲追遠之情轉悽益魂之心更切敬捨銅一十二萬斤欲鑄大鐘一口立志未成奄爲

就世今我聖上行合祖宗意符至理殊祥異於千古令德冠於當時六御龍雲蔭洒於玉階九天雷鼓震響於金闕草木之林離離乎外境非煙之色焕焕乎京師此則報茲誕生之日應其臨政之時也仰惟大君恩若地平化黔黎於仁教心如天鏡奬人子之孝誠是知朝於元舅之賢夕於忠臣之輔無言不擇何行有德乃顧遺言遂成宿意爾其有司辨事工匠盡模歲次大淵月惟大呂是時日月借暉陰陽調氣風和天靜神器化成壯如嶽立聲若龍吟上徹於有頂之巔潛通於無底之下見之者稱奇聞之者受賜願茲妙因奉翊尊靈聽普聞之清響登無說之法筵契三明之勝心居一乘之眞境乃至瓊萼之叢共金柯以永茂邦家之業將鐵圍而彌昌有情無識慧海同波咸出塵區並昇覺路臣弼奚文拙無才敢奉聖詔貸班超之筆隨陸佐之言述其明旨銘記於鍾也其詞曰

紫極懸象黃輿啟方山河鎭別區宇分張東海之上衆仙所藏地居桃壑界接扶桑爰有我國合爲一鄉元元聖德曠代彌新妙妙淸化遐邇克臻將恩被遠與物均霑茂矣千葉安乎萬倫愁雲忽晚慧日無春恭恭孝嗣繼業於機治俗仍古移風豈違日思嚴訓常慕慈輝更以修福天鍾爲祈偉哉我后感德不輕寶瑞頻出靈符每生主賢天佐時泰國平追遠惟勤隨所願成乃顧遺命于斯寫鍮神人奬力珍器形容震威暘谷淸韵朔峯聞見俱信芳緣允鍾能保魔鬼救之魚龍圓空神體方現聖蹤永是鴻福恆恆轉重

大歷六年歲次辛酉十二月十四日鑄鍾

金陸珍

陸珍官守大南令元和四年入唐朝貢使

唐鍪藏寺碑

守大南令臣金陸珍奉缺考有缺測記子若存者教亦善數歸于九有缺以雙忘缺而不覺遍法界而冥立有缺是微塵之剎沙數之區競禮微言爭尙有缺能與於此乎鍪藏寺者缺二字迴絕累以削成所寄冥奥自生虚白碧澗千爭中宮奉爲有缺明業繼斷舊功崇御辨運璇璣而照寓德合天心提金鏡有缺何圖天道將變書物告凶享國不永一朝晏駕中宮缺身罔極而喪禮也制度存焉必誠必信勿之有悔送終之事密藏鬱陶研精寤寐求之思所以幽贊冥休光啓元福者西方府之籽財召彼名匠各有司存就於此寺奉造阿

彌陀佛像一見真人於石塔東南崗上之樹下西面
而坐為大眾說法既覺(有缺)巉峭溪澗激迅維石巖巖
山有朽壞匠者不顧咸謂不詳乃(有缺)之固正當殿立
有若天扶於時見者愕然而驚莫不(有缺)至百慮多岐
一致於誠誠也者可以動天地(有缺)既得匪棘其欲子
來成之其像則(下缺)(右第一石)
(上缺)也當此之時豈(有缺)基壞之剔之更將(有缺)歟是歟故
知萬法殊(有缺)牛之材畢至班石之巧(有缺)普照八十種
好出眾妙(有缺)鋪綺檻朝日映而炫燿(有缺)若節潔行修
身專思法(有缺)德貞順立節著於稱道(有缺)路若斯之盛
乎欲比(有缺)燕然之作便察膺揚(有缺)物混成載我以形
勞我(有缺)慧炬用拯迷類正教難測(有缺)龍業泰登樞位
襲聲教(有缺)忘不忘維何思崇冥祜(有缺)寵紛散香花周
繞天人(下缺)(右第二石)

金力奇

力奇元和三年新羅入朝貢使

請授故主俊邕封冊歸國表

貞元十六年奉詔冊臣故主金俊邕為新羅王母申
氏為太妃妻叔氏為王妃冊使韋丹至中路知俊邕
薨其冊却迴在中書省今臣還國伏請授臣以歸(唐會要九十五)

金柱弼

柱弼長慶二年新羅國朝貢使

請牒傍海州縣任新羅良口歸國奏

先蒙恩勑禁賣良口使任從所適有老弱者栖栖無
家多寄傍海村鄉願歸無路伏乞牒諸道傍海州縣
每有船次便賜任歸不令州縣制約(唐會要八十六)

金穎

穎官守定邊府司馬朝請郎

新羅國武州迦智山寶林寺諡普照禪師靈塔碑銘

聞夫禪境元寂正覺希夷難測難知如空如海故龍
樹師子之尊者喻芭蕉於西天宏忍惠能之祖師譚
醍醐於震旦盡埽因果之跡離色相之鄉登大牛之
車入罔象之域是以智光遠照惠澤遐流灑法雨於
昏衢布慈雲於覺路見空者一息而越彼那山有為
者永劫而滯於黑業洎乎末法之世像教紛紜罕契真
空互持偏見如擘水求月搓繩繫風徒有勞於六情
豈可得其至理其於眾生為舍那舍那為眾生眾生
不知在舍那法界之中縱橫造業舍那亦不知眾生

在苞舍之內湛然常寂豈非迷耶如此迷者大不迷
矣知其迷惟我禪師乎或謂此說爲護落之言吁道
經云上士聞道崇而奉之中士聞道撫掌而笑不笑
不足以爲道也此之謂矣禪師諱體澄宗姓金熊津
人也家承令望門襲仁風是以慶自天鍾德從嶽降
孝義旌表於鄉里禮樂冠蓋於軒裳者也禪師託體
之年尊夫人夢日輪駕空乘光貫腹因之驚悟遂覺
有懷及逾朞月不之誕生尊夫人追尋瑞夢誓禱艮
因膳徹腥絛飲斷醪醴胎訓淨戒薦事福田由是克
解分蓐之憂允叶弄璋之慶禪師貌雄嶽立氣潤河

靈輪齒自然金髮特異閭里聲歎戚□咸驚從繈褓
之年宛有出塵之趣登齠齔之歲豕懷捨俗之緣二
親知其富貴難留財色莫繫許其出家遊學策杖尋
師投花山勸法師座下聽□爲業摳衣請益夙夜精
勤觸目無遺歷耳必記常以□冶蠶亂藻練僧儀積
仁順而煩惱蠲除習慮靜而神通妙用超然出衆卓
爾不羣後以大和丁未歲至加良峽山普願寺受具
戒一入壇場七宵行道俄有異雉忽爾馴飛有稽古
者曰昔向陳倉用顯霸王之道今來寶地將興法主
之徵者焉初道儀大師者受心印於西堂後歸我國

說其禪理時人雅尚經教與習觀存神之法未臻其
無爲任運之宗以爲虛誕不之崇重有若達摩不過
梁武也由是知時未集隱於山林付法於廉居禪師
居雪山億聖寺傳祖心闡師教我禪師往而事焉淨
修一心求出三界以命非命以軀非軀禪師察志氣
非偶素概殊常付元珠授法印至開成二年丁巳與
同學貞育虛會等路出滄波西入華夏參善知識歷
三五州知其法界嗜欲共同性相無異乃曰祖師所
說無以爲加何勞遠適止足意興五年春二月隨平
盧使歸舊國化故鄉於是檀越傾心釋教繼踵百川

之朝龍鑿羣領之宗鷲山未足爲喻也遂次武州黃
壑蘭若時大中十三祀龍集於析木之津憲安大王
即位之後年也大王聆風仰道勞於夢魂願闢禪扉
請入京轂夏六月教遣長沙縣副守金彥卿賚茶藥
迎之所以處雲巖之安兼屬結戒之月託淨名之病
陳六祖之辭冬十月教又遣道俗使雲巖郡僧正連
訓法師奉宸馮瑄等宣諭綸旨請移居迦智山寺遂
飛金錫遷入山門其山則元表大德之舊居也表德
以法力施於有政是以乾元二年特教植長生標柱
至今存焉宣帝十四年仲春副守金彥卿夙陳弟子

之禮嘗爲入室之賓臧清俸出私財市鐵二千五百斤鑄盧舍那佛一軀以莊禪師所居梵宇教下望水里南等宅共出金一百六十分租二千斛助充裝飾功德寺隸宣教省咸通辛巳歲以十方施資廣其禪宇慶畢功日禪師莅焉虹之輿蜺貫徹堂內分輝耀室渥彩燭人此乃堅牢告祥娑迦表瑞也廣明元年三月九日告諸依止曰吾今生報業盡就木兆成汝等當善護持無至隳怠至孟夏中旬二日雷電一山自酉至戌十三日子夜上方地震及天曉右脅臥終享齡七十有七僧臘五十二於是弟子英惠清奐等八百餘人義深考妣情感乾坤追慕攀號聲動溪谷以其月十四日葬於王山松臺壘塔安厝嗚呼禪師名留於此魂魄何之生離五濁超入八空樂寂滅而不歸遺法林而永秀豈惟濟生靈於沙界實亦裨聖化於三韓禮云別子爲祖康成注云子若始來在此國者後世以爲祖是以達摩爲唐第一祖我國則以儀大師爲第一祖居禪師爲第二祖我師爲第三祖矣中和三年春三月十五日門人義車等纂集行狀遠詣王居請建碑銘用光佛道聖上慕眞空之理閔嚴師之心教所司定謚曰普照塔號彰聖寺額寶林

褒其禪宗禮也翌日又詔微臣修撰碑讚垂裕後人臣兢惶承命直筆爲詞但以供奉宸衷敢避文林嗤哂詞曰

禪心不定兮至理歸空如活琉璃兮在有無中神莫通照兮鬼其敢衝守無不足兮施之無窮刼盡恆沙兮妙用靡終其一寥廓含虛苞育萬物蠢蠢衆生違舍那律律既冈體復誰是佛迷之又迷道乃斯畢其二大哉禪師生乎海域克鍊菩提精修惠德觀空離空見色非色强稱爲印難名所得其三有爲世界無數因緣境來神動風起波觸須調意馬勤伏心猿以斯爲寶施於後賢其四乘波若舟涉愛河水彼岸既登惟佛是擬牛車已到火宅任燬法相雖存哲人其萎其五叢林無主山門若空錫放衆虎鉢遺羣龍惟餘香火追想音容刊此貞石祀法將雄其六中和四年歲次甲辰季秋九月戊午朔旬有九日丙子建

金□□名闕

新羅文武王陵之碑

上缺後兵殊配天統物畫野經垳積德□□匡時濟難應神缺靈命缺派鯨津氏映三山之闕東拒開梧之境南鄰□桂之□□接黃龍駕朱蒙缺承白武仰缺

問盡善其能名實兩濟德位兼隆地跨八夤勳超三□巍巍蕩蕩不可得而稱者我新羅缺君靈源自夐繼昌基於火官之后峻構方隆由是克□□枝載生英異秺侯祭天之胤傳七葉以缺焉十五代祖星漢玉降質圓穹誕靈仙岳肇臨□□似對玉欄始蔭祥林如觀石紐坐金輿而缺大王思術深長風姿英拔量同江海威若雷霆□地□□□方卷跡停烽罷候萬里澄氛克勤開缺簡□之德內平外成光大之風邇安遠肅□功盛□□□於將來疊粹凝貞垂裕於後裔缺挹□舍謀乃聖哲之奇恩以撫人寬以御物缺四字知其際承德者咸識其鄰聲溢間河缺峯而疎幹契半千而誕命居得一以□□照惟幾於丹府義符性與洞精賾缺恬□輔質情源湛湛吞納□□襟缺六字握話言成範容止可觀學綜古缺之訓姬室拜橋梓之缺大唐太宗文武聖皇帝應鴻社缺宮車晏駕遏密在辰以缺舜海而霑有截懸堯景以燭無垠缺著□□□而光九列掌天府以缺感通天使息其青蘋安然利涉缺近違鄰好頻行首鼠之謀外信缺熊津道行軍大總管以君王缺列陣黃山蝟聚鴟張欲申距缺至賊都元惡泥首轅門佐吏缺三年而已

至龍朔元年缺所寶惟賢爲善最樂悠仁缺朝野懽娛縱以無爲無缺覡更興太伯之基德缺之風北接挹婁蜂缺詔君王使持節缺軍落於天上旌缺之謀出如反手巧缺丸山有紀功之將以缺眞九合一匡東征西缺宮前寢時年五十六缺牧哥其上狐兎穴其傍缺燒葬即以其月十日火缺妣天皇大帝缺王禮也君王局量缺國之方勤恤於八政缺歸乃百代之賢王寬千缺清徽如士不假三言識駿缺而開沼髣髴濠梁延錦石以缺之賓聆嘉聲而霧集爲是朝多缺即入昇忘歸射熊若返太子雞缺丹青洽於麟閣竹帛毀於芸臺缺餘下拜之碣迺爲銘曰

缺侍星精缺域千枝延照三山表色盛德遙傳缺道德像棲梧缺允武允文多才多藝憂人吞蛭尊缺九伐親命三軍缺威恩赫奕茫茫沮濊聿來充役蠢缺欽風丹觝屢出缺鎭空缺雄赤烏呈灾黃熊表祟俄隨風燭忽缺命凝眞貴道賤身欽味釋缺葬以積薪缺滅粉骨鯨津嗣主允恭因心孝友罔缺鴻名與天長兮地久

闕名

新羅鏡文

三水中四維下上帝降于於辰馬先操雞後搏鴨此謂運滿一三甲暗登天明理地遇子年中興大事混蹤跡沌名姓混沌誰知眞與聖振法雷揮神電於巳年中二龍見一則藏身青木中一則現形黑金東智者見愚者盲與雲注雨與人征或見盛或覩衰盛衰爲滅惡塵滓此一龍子三四遞代相承六甲子此四維定滅丑越海來降須待酉此文若見于明王國泰人安帝永昌吾之誌　高麗史

唐文拾遺卷之六十九

榮祿大夫三品頂戴前分巡廣東高廉道加四級臣陸心源輯

突厥可汗默啜

默啜骨咄祿可汗之弟天授初骨咄祿死子幼乃自立爲可汗開元四年討拔曳固爲其殘衆所殺傳首京師

移書

我可汗女當嫁天子兒武小姓罔冒爲婚我爲此起兵欲取河北耳　唐會要九十四

吐蕃贊普棄宗弄讚

全唐文九百九十九有傳

致長孫無忌書

天子初卽位若臣下有不忠之心者當勒兵以往並獻金銀珠寶十五種請置太宗靈座之前　唐會要九十七

高麗國王王建

全唐文卷一千有傳

喻羣臣詔

朕慮諸道寇賊聞朕初卽位或搆邊患分遣單使重幣卑辭以示惠示之意

又

平壤古都荒廢雖久基址尚存而荊棘滋茂蕃人遊獵于其間因而侵掠邊邑爲害大矣宜徙民實之以固藩屏爲百世之利

待蕃人詔

北蕃之人人面獸心飢來飽去見利忘恥今雖服事向背無常宜令所過州鎭築館城外待之

定征賦詔

泰封主以民從欲惟事聚斂不遵舊制一頃之田租稅六碩置驛之戶賦絲三束遂使百姓輟耕廢織流亡相繼自今租稅征賦宜用天下通法以爲恆例

收百濟令

渠魁既已納欵無犯吾赤子存問將士量才任用東國通鑑

高麗國王王金堯

金堯字天義麗王建次子晉開運三年立漢隱帝乾祐二年卒在位凡四年謚曰定宗按五代史作王武

褒奬王式廉詔

式廉三代元勳一邦柱石量吞海岳氣運風雲昨者當先王疾篤之秋是涇渭未分之際懷忠秉義表節歲寒翊戴耿沖嗣臨軍國爭有奸臣暴逆結搆凶頑忽自蕭墻俄興變亂卿玉入火而彌冷松冒雪以轉青按劍衝冠忘生徇難凶狂瓦解逆黨伏誅朝綱欲墜而復興宗社將傾而再整若非公之効死予曷致於今辰可謂板蕩識誠臣疾風知勁草昔聞斯語今見其人縱加萬石之封並授九州之牧豈足酬茲勳績報彼功名今賜匡國翊贊功臣號加大丞崇資將表予懷以旌不朽匪獨展君臣義分惟望共生死同期予不食言有如皦日更希予無忘責躬儉己公常務知足養廉愛育黎元賞罰平中使國祚而天長地久貽富貴於百子千孫高麗史

庚黔弼

黔弼高麗平州人累官征西大將軍佐王建平新羅威百濟數有功卒謚忠節

上高麗王王建書

臣雖負罪在貶聞甄萱侵我海鄉臣已選本島及包乙島丁壯以充軍隊又修戰艦以禦之願上勿憂東國通鑑

崔彥撝

彥撝初名愼之本新羅慶州人少能文年十八游學入唐賓貢及第四十二始還國拜執事侍郎瑞書院

學士。新羅亡。高麗王建命爲太子師。委以文翰之任。官至翰林院令平章事。後晉開運元年卒。年七十七。謚文英。

有唐高麗國海州須彌山廣照寺故教謚眞澈禪師寶月乘空之塔碑銘

昔者肉身菩薩惠可禪師。每聞老生談天竺吾師夫子達摩大師。乃總持之林苑。不二之川澤也。於是遠賷祖法□梁。而又遊化魏朝。往尋嵩岳。非人不授。始遇大弘。因物表心。付衣爲信。猶亦優曇一現。洎于五葉相承。其道彌尊。不令斷絕。格於天鑒。元學咸宗。殊

見所生。信衣斯止。是故曹溪爲祖。法水長流。波□滔天。浩浩。猶魯公之政。先奉文王。康叔之風。以尊周室。則知當仁秀出者唯二。曰讓曰思。寔繁有徒。蕃衍無極。承其讓者大寂。嗣其思者石頭。石頭傳于藥山。藥山傳于雲岩。雲岩傳于洞山。洞山傳于雲居。雲居傳于大師。傳法繼明。煥乎本藉。且曰。大師法諱利嚴。俗姓金氏。其先雞林人也。考其國史。實星漢之苗。遠祖世道淩夷。斯盧多難。偶隨萍梗。流落熊川。父章。深愛雲泉。因寓富城之野。故大師生於蘋泰相表。多奇。所以竹馬之年。終無缺年十二。往迦邪岬寺。投德良法

師。懇露所懷。求爲師事。自此半年之內。三藏備探。師謂曰。儒室之顏生。釋門之歡喜。是知後生可畏。於子驗之者矣。則非久植宿因。其孰能至於此。然則母氏初於有娠。夢神僧來寄青蓮。永爲徵信。則知絕塵合契。懷曰同符。中和六年。受具足戒於本寺道堅律師。旣而油鉢無傾。浮囊不漏。棄門記位。不唯守夏之勤。草繫懸心。甯止終年之懇。其後情深問道。志在觀□。結瓶下山。飛錫沿海。乾甯三年。忽過入浙。後崔藝熙大夫方將西适。佐蹟而西。所以高懸雲驅。遠超雪浪。不銷數日。得抵鄞江。於時企聞雲居道膺大師禪門

之法允也。不遠千里。直詣元關。大師謂曰。曾別匪遙。再逢何早。師對云。未曾親侍。甯道復來。大師默而許之。潛愜元契。所以服勤六載。寒苦彌堅。大師謂曰。道不遠人。人能宏道。東山之旨。不在他人。法之中興。唯我與汝。吾道東矣。念茲在茲。師不勞圯上之期。潛受法王之印。以後巓南河北。巡禮其六窣堵波。湖外江西。遍參其諸善知識。遂乃北遊恆岱。無處不遊。南抵衡廬。無山不抵。謁諸侯而獻刺。投列國以觀風。四遠參尋。遍於吳漢。迺於天祐八年。乘査巨艦。達於羅州之會津。此際大師一自維舟。偏宜捨筏。珍重屏翳。邏

迺東征爰有金海府知軍府事蘇公律熙選勝光山仍修堂宇傾誠願海請住煙霞桃李無言稻麻成列一栖眞境四換周星大師雖心愛禪林遁世無悶而地連賊窟圖身莫安所以亂邦不居於是乎在十二年途出沙火得到遵岑永同郡南靈覺山北尊謀駐足乍此踟躕緇素聞風歸心者衆矣今上聞大師道高天下聲蓋海東想對龍顏頻飛鶴版大師謂衆曰居於率土者敢拒綸音儻遂朝天者須霑顧問付囑之故吾將赴都所以便逐皇口來儀帝壤上重光大業仰止高山所以修葺泰興請停慈蓋粤以明年二

卷六十九　六

月中特遣前侍中權說太相樸守文迎入舍郁內院虔請住持無何迴飭藥宮高數蓮座待以師資之禮荼披鑽仰之儀猶如西域摩騰先陟漢皇之殿康居僧會始昇吳主之車遂以麈尾發揮龍顏欣悅其於瞻仰偏動宸襟此時魚水增歡不可同年而語哉他時乘閑之夕略詣禪扉問曰弟子恭對慈顏直申素懇今則國讐稍擾隣敵交侵猶似楚漢相持雄雌未決至於三紀常備二凶雖切好生漸深相殺寡人曾蒙佛誡暗發慈心恐遺玩寇之愆仍致危身之禍大師不辭萬里來化三韓救爇崑崗昌言有待對曰夫

道在心不在事法由己不由人且帝王與匹夫所修各異雖行軍旅且愍黎元何則王者以四海爲家萬民爲子不殺無辜之輩焉論有罪之徒所以諸善奉行是爲弘濟上乃撫机歎曰夫俗人迷於遠理預懼閻摩至如大師所言可與言天人之際矣所以救其死罪時緩虔劉憐我生靈出於塗炭此則大師之化也其後大師自栖京輦頻改歲時每以注目山川欲擇終焉之地隱霧之志懇到閶口天上上莫阻道情潛憂生別思惟良久久乃許焉大師臨別之間特披悲感云仁王宏誓護法爲心遙垂外護之恩永蓄蒼

卷六十九　七

生之福所以長興三年下教於開京西北海州之陽遽擇靈峰爲構精舍寺名廣照請以居之是日大師略領門徒就栖院宇學沵盈室禪客滿堂若融歸北海之居疑惠結東林之社所以誨人不勌如鏡忘疲其衆如麻其門如市然則不資分衞唯免在陳此乃官莊則分錫三莊供事則具頒四事況復近從當郡傍及隣州咸發深心並修淨行則知花惟薝蔔如投寶樹之園林是栴檀似赴菴蘿之會大師先來於踏地備自餘山師至魂交神來頂謁獻粲輸玉泉之供披誠指廬阜之居其爲神理歸依皆如此類大師謂

衆曰今歲法緣當盡口徑他方吾與大王曩有因緣今當際會須爲面訣以副心期便挈山裝旅臻輦下此時上甦驅龍旆問罪馬津大師病甚虛羸任特不得詣螭頭留語人雞足有期豈惟昔在竺乾迦葉别闍王之憾曾於華夏伯陽辭關令之嗟而已矣哉明日肩輿到五龍山頤使招諸弟子云佛有嚴誡汝曹勉旃淸泰三年八月十七中夜順化於當寺法堂俗年六十有七僧臘四十有八于時日慘風悲雲愁水咽門下僧等不勝感慕俱切攀號以其月二十日奉遷神座於本山口千寺之西嶺去寺三百口雅奉遺

教也士庶闐川香華溢谷送終之盛前古所無者矣上乃旋在省方忽聞遷化爰切折梁之慟亦增亡鏡之悲自此特命親官遙申吊祭大師風神天假智惠日新生知而衆妙會心宿植而元機藏粹所以事惟善誘譚以微言引彼蒙泉歸於性海其奈山輝川媚秀氣難逃故始自光山終於口嶺可謂栖遲兩地各分韞匵之珍戾止三河俱示摩尼之寶者矣傳業弟子處光道忍貞朏慶崇並昇上足皆保傳心或早牽尼父之悲或堅護卜商之業所憾寶塔雖鑱洪銘未刋然則扣不朽之緣於在家弟子左丞相皇甫悌恭前王子太相王儒前侍中太相李陟艮廣評侍郎鄭承休俱早調夏鼎常艤殷舟誠仁國之金湯亦法城之犢塹與昭元大統教訓斷金相應深感法恩請贈大名以光禪教詔曰可故追謚眞澈大師塔名寶月乘空之塔申命下臣式揚高躅彥撝才慙蔦石學謝螢光以有限微才記無爲景行杳猶行海難甚緣山潛測高深莫知涯際爰有門徒元照上人夙傳金口親奉玉音因趣龜文數臨蝸舍所以得於無得聞所未聞譬涼月之遊空如猛風之掃霧唯以敷陳厚旨齊贊成功所冀翠碣披文感國主亡師之憾豐碑相

質嗟門人絶學之愁言莫愼諸直書其事銘曰

禪宗之元代代堂堂人中師子世上法王元關闔闢覺路津梁遠從天竺來化海邦偉矣吾師生于遼左何陋之有豈論夷夏氷姿雪膚言說温雅乘杳兮雪狠中問道兮雲居下命之入室仍以傳心栖遲道樹偃仰禪林口津近棲忽遇知音便昇金殿欽仰殊深卜地海墧曹溪接武唯我導師謂之慈父忽歎泥洹天收法雨贈謚兮感法恩流慈兮光禪字淸泰四年十月二十日立

有晉高麗中原府故開天山淨土寺教謚法鏡

大師慈鐙之塔碑銘 并序

原夫曉月遐昇照雪於四方之外春風廣被揚塵於千嶺之旁然則木星耆明散發生之元霧靑暈迴耀浮芳序之法雲或浮色凝寒或陽和解凍聚此太平之美激于離日之暉所以二氣相承三光助化可謂麗天之影明瑩所宗此則宏之在言拾此於實嘗試論之尺璧非寶亡羊則唯貴寸陰宏珠是珍罔象則眞探秋露故知儒風則詩惟三百老教則經乃五千孔譚仁義之源聃演元虛之理然而雖念忘口敢言得理此則域中之教方內之譚曷若正覺道成知一

心之可得眞如性淨在三際之非殊故知澡慧六通不生不滅凝情三昧無取無行蓋因方便之門猶認秘微之義事情善誘心在眞宗然而至道希夷匪稱謂之能鑒元宗杳邈非名言之所銓於是各守一隅難通三返筌蹏之外慧業所資而又雖渴鹿趣炎謂至淸池之畔盲龜游沼猶逢浮水之中則知法本不生因生起見見其可取法則常如然則淨零法雨之滋便淸熱惱虔謁微塵之衆俄濟迷流菩提涅槃法性常住用此莊嚴佛土成就衆度生天人教菩薩方思妙用可謂周勤然則昔者如來爲五比邱說三乘教化緣已畢每以遷儀臨涅槃之時以無上法寳密傳迦葉流布世間日護念勤修無令斷絕自大迦葉得其法眼付屬阿難祖祖相傳心心共保爰有應眞菩薩同覺大師惠□中□非人不授至唐承襲者竊惟六人摩傳可可傳璨璨傳信信傳忍忍傳能能其後分而爲二其一曰讓其一曰思其下昭昭此則何述焉洎于像末逾益澆訛大道云喪微言且絕則非探奇上士契理眞人何以一匡頹俗再□法輪必有涉進元鄉心行靜處時時間出代有其人者焉大師法諱元暉俗姓李氏其先周朝闕德柱史逃榮苦縣

地靈如有猶龍之聖郡鄉天寶昔聞歎鳳之君故言匪曾司寇無以知之者也遠祖初自聖唐遠征遼左從軍到此苦役忘歸今爲全州南原人也父諱德順尤明老易雅好琴詩當白駒棲谷之時是鳴鶴在陰之處高尙其事素無宦情母傳氏假寐之時須臾得夢阿姿布施證鳩摩羅馱之祥聖善因緣呈鶴勒夜那之瑞殁賢曾爾唯我亦然況又在孕之時十有三月免懷之際元正伍時以乾符六年孟陬之朔誕生大師生有聖姿幼無兒戲行惟合掌坐乃趺跏畫場堆砂必模像塔分食汲水須給蟲魚然則因覩牛埒

冀游鼇壑潛辭塵世實欲出家聞於二親志切且慊父母謂曰今思前夢宛若同符始覺曩因猶如合契汝前佛所度汝亦度之任你東西早登佛位導師慈父便是其人所以永遂離塵尋山陟嶺東西獲投靈覺山寺謁深光大師傾蓋如新忻然自得追念東山之法寶謂得人倍切歡娛甯知昏旭闡揚吾道不在他人所以仰惟祖宗仍是崇嚴之子猶認先系亦爲麻谷之孫也足見聖道所傳曹溪爲祖代代相契至于大師所以來自江西泒於海左海隅聖住天下無雙於是許口探元殷勤學佛不出蓮宇常住草堂大

師實勞我心談不容口後生可畏其德維新自非宿植善芽生知靈性其孰能至於此乾甯五年受具於伽邪山寺既而戒珠更淨油益彌堅修善逝之禪靈臺不動契文殊之慧照境無口演三藏之文解行相應闡四分之律勤修兩存所以問詰絕命吐言尊道口不談俗身猶蘊眞然則窮理在三體元含弌必能與仁壽域拯物阽危此時雖聖運三千而難期百六火辰照地金虎司方此際風聞南在武州此中安處可能避難修保殘生所以大師與同侶十一人行道茫茫至于其所果然羣黎翕集所在康甯然則竊承

南海多有招隱實堪駐足不久住於彼處謂云何以棲遲者爲焉居無何忽遇綠林潛侵元室便爲郤剝俱煞同行訖次至大師師臨白刃而神色怡然志靑雲而目光瑩介唯悚懼自若從容魁首觀其風度怡怡語聲切切投劒羅拜請師事焉至於豺狼革心寇賊知禮譬如元奘三藏抛西域之爲牲慧忠大師免南陽之遇禍夫先聖之遭難也如彼我大師之化人也若斯萬里同風其歸一揆大師其後謂曰終居此地必滯前程天祐三年獨行沿海尋遇乘槎之者請以俱西以此寓載凌滄達于彼岸邐迆西上行道遲

遲路出東陽經過彭澤遂至九峯山下虔謁道乾大師廣庭望座膜拜方半大師問曰闍梨頭白對曰元暉目不知闍梨自已爲什勿不知對曰自已頭不白追思別汝稍似無多甯期此中更以相遇所喜昇堂覩奧入室參禪纔留一旬密付心要受茲元契如寫德缾若備中和易直之心而得升降周旋之節於義爲非義於人爲半人恭惟世間出世間皆歸佛性體無分別俱會一乘所以一托松門十經槐律獨提缾錫四遠參奘境之幽兮往遊山之秀兮留駐所以天台仰異地境觀風嶺外擔登虔禮祖師之塔湖南負笈

遠投禪伯之居其後況復北抵幽燕西臻邛蜀或假迂諸道或倫路百城以此偶到四明忽逢三島只賫音信至自東方竊承本國祁山霧收漸海波息皆銷外難再致中興迺於同光二年來歸舊國國人相慶歡響動天可謂交趾珠還趙邦璧返唯知優曇一現摩勒重榮上乃特遣使臣奉迎郊外寵榮之盛冠絕當時翌日延入九重降於三等虔心鑽仰待以國師大師披霧之時頻搖麈尾上乃望風之際甚悅龍顏所以大師語路風流言泉境絕得所無得元之又元忽聽元譚盡去煩襟之悶仍承雅況終懷瑩慮之揚

然則大師曰羣緣體無衆法歸一若靈藥毒草同在林中甘泉淤泥共生泉下能令分別不有迷之上尋佛精勤深求親近仍于中州淨土蘭若請以住持大師自此纔涉滄溟每思幽谷捨茲奚適適我願兮於是便挈山裝爭凌漢廣悠悠舊嶺往以居之境地偏佳山泉甚美當州聞風而悅詣者百千大師暫駐慈軒爭鋪禪榻四方來者皆滿茅堂森若稻麻誨之不倦所以先難後獲霧集雲歸大師誘引學流敷陳宗旨理妙詞簡幾深義精六度之龜鱗人天之海嶽也爰有佐丞劉權說者殷傳說之流也於國忠臣在家弟子鑽仰尼父必同顏氏之徒服膺釋迦須並阿難之類特趁禪境敬禮慈顏便申避席之儀深展摳衣之懇其後下國之賢求仁所聚中原之士慕德成羣祇奉儀形者白蓮開於眼界敬聞言說者甘露降□心源然則可謂主僧子天君法兄曰禪林御衆開道入天子之軒寶樹居尊施澆季法王之化者也而又知上法易行上法難修上法易證上法難或問萬行皆空云何故行對曰本無苦樂妄習爲因衆生妄除我苦隨盡更於何處猶覓菩提然則朝廷士流銜命來往路出中府終年幾萬弌之流忙於王事不踐門

閫以爲大羞若及虔謁禪關仰承一盼每聞曉誨如洗朝饑及其撞鐘大鳴入海同味觀法無本觀心不生惟最上乘止於中道宗風既至百實皆成汝能惣持吾亦隨喜由是無上覺路分爲此宗大師謂大衆曰曾修香火之因於大王殿下承言付囑虔託王臣所以老僧忍病趁風貪程就日冀於一訣不在宅求以此即到上都親申誠懇上答曰遽由國興誠不虛語實願大師安心道念久護生靈弟子牆塹法城金湯祇樹大師對曰菩薩宏誓上乘發言護法爲心流慈是務正應如是今窺聖朝又問修行功用遠近當

殊荅曰滴水下巖卽知朝海又問了信相信先曾暗同爭奈童蒙如何勸發曰兒喉旣開乳母奚爲夫金韞於山則山稱寶嶽珠藏於水則水號珍川其道念茲亦同於此此情何已俱在前言此際宴坐禪牀經行慧苑演心法元元之語論性根切切之譚然則眞空無象實際絶言豈惟慧日光沉方感泥洹之早慈雲色斂忽牽滅度之悲而已矣哉天福六年十一月二十六日詰旦告門人曰去留有期來往無住於焉示化所在如然汝勉旃奉行遺誡不隳宗旨以報吾恩也未示滅之前夕弟子問和尚欲去付囑何人師

曰鐙鐙自有童子點問彼童子如何示展日星布靑天裹於中船得知言竟坐滅俗年六十有三僧臘四十有一。于時雲日慘淒風泉嗚咽山川震動鳥獸悲嘶諸天唱言人無眼目列郡含悽世且空虛天人感傷斷可知矣聖感靈應豈誣也哉弟子閑行等三百餘人號奉以其月二十八日窆于北峯之陽遵像教也臨終之際奉表告辭云老僧不遂素懷永辭聖代矣上乃披覽皇情悼焉乃贈諡曰法鏡大師塔名慈鐙之塔則知尊師之道悼然追遠之儀賅矣於是乎在莫之與京惟大師惟岳降靈哲人生世敷揚釋教

闡示禪宗然則爲物現生憂人宏道貌和言寡儀至飽歸所以心樹花鮮法流水淨月明江闊木落山高故能薝蔔神香醍醐勝味正道無訛權機有言由是四方施捨之緣歸於大衆一世有無之屬瞻彼窮人然則可謂問道楞伽尋師印度求深斷臂志切傳心遂使人國歸仁實助帝王之化千門入善偏霑黎庶之心下臣忽捧芝泥令修鼇臼臣才非呑鳥學謝聚螢强措菲詞式揚禪德所冀垂于不朽永示無窮國主追褒鳳咮彰亡師之慟門人感慕龜文表絶學之悲銘曰

懿歟大覺愍我羣生休飮炎水莫趍化城色則非色名惟假名知惟眞實試是慧明悼哉至□麻谷孫子具體則凰猶如顏氏道冠儔鷹慈超救蟻□悟眞宗潛傳閟旨紹隆三寶□接四依元情乘運妙用息機智流激爽心□知歸聞取未聞得其無得法無去來宗判南北靡見聖心誰尊禪德佛戒恆行師言不忒心傳靈器道贊聖朝化被羣甿威摧衆妖初從宴坐屢赴嘉招惟思惟慮匪躬匪雕服燦緹廣食甘禪悅大君感傷眞宰思渴唯喜學人並無中輟

高麗國彌智山菩提寺故教諡大鏡大師元機

之塔碑銘 并序
釋氏之宗其來久矣伽譚曰甚聖道天開然則八萬
度門重光三昧莊嚴佛土成就衆生最後涅槃之時
付囑之故獨以法眼授於飲光迦葉奉以周旋別行
於世至於鞠多偏能守護彌闍斯宗目擊道存不勞
口舌不可以多聞識不可以博達知爰有達摩從此
來儀本求付法惠可傾誠雪立煛以傳心其後法水
東流慈雲普覆由是漕溪之下首出其門者曰讓曰
思思之嗣遷遷之嗣徹徹之嗣晟晟之嗣价价之嗣
膺膺之嗣大師故其補處相懸見諸本藉人能□道

此之謂歟且曰大師法諱麗嚴俗姓金氏其先雞林
人也遠祖出於華胄蕃衍王城其後隨宦西征從居
藍浦父思義追攀祖德五柳逃名母樸氏嘗以晝眠
得其殊夢驚覺而靈光滿室未幾而娠大師焉生而
能言弱不好弄年登九歲志切離塵父母不阻所求
便令削染往無量壽寺投住宗法師初讀雜華屢經
槐柳所貴半年誦百千偈一日敵三十夫廣明元年
始具大戒其於守夏草繫如囚然而漸認教宗覺非
眞實傾心元境寓目寶林此時西向望嵩嚴山遠聞
有善知識忽攜瓶錫潛往依焉廣宗大師始見初來

方聞所志許爲入室數換星霜光啟三年冬大師寂
滅其後不遠千里邐迤來行至於靈覺山中虔謁深
光和尚是大師師兄長老也早蘊摩尼人中師子以
爲崇嚴之嗣學者咸宗然則桃李成蹊其門如市朝
三暮四虛往實歸大師師事殷勤服膺數歲由是擲
守株之志抛緣木之心挈瓶下山沿其西海乘查之
客邂逅相逢託足而西遄凌巨霈珍重東州之浪直
衝禹穴之煙此時江表假迭次於洪府行行西上禮
見雲居大師謂曰戲別匪遙相逢於此運斤之際猶
喜子來吾師問義不休爲仁由己屢經星紀寒苦彌

堅已抵驪困得認探珠之契仍登鳥徑方諳采玉之
筏大師雖則觀空豈□忘本忽念歸歟之詠潛舍暮
矣之愁欲別禪扃先陳血懇大師謂曰飛鳴在彼且
莫因循所冀敷演眞宗以光吾道保持法要知在汝
曹可謂龍躍天池鶴歸日域其於來往不失其時以
此傳大覺之心佩雲居之印重超鯨水再至鰐岑此
時天佑六年七月達于武州之昇平此際捨筏東征
抵于月嶽難謀宴坐不奈多虞窺世路以含酸顧人
間而飲恨雖攀依水石而漸近煙塵路出奈靈行臻
佳境望彌峯而隱霧投小伯以栖霞爰有知基州諸

軍事上國康公萱寶樹欽風禪林慕道竊承大師遠
辭危國來到樂郊因傾葢以祗迎每攝齊而問訊歸
依禪德倍感元風知是鳴鶴在陰眾鶵相應白雲扶
日佳氣表祥東望之時頻窺靈瑞痛踰數日謹具聞
天今上聞大師道冠中華名高兩地遽飛鳳筆徵赴
龍墀越一年欻出巖扃來儀玉輦上忽披離日情在
下風鑽仰之深異於他等蕭武之尊崇釋教不可同
年而語哉中間暫自歸山重修遺址不久特令貴使
虔請入朝於是難拒芝泥再昇蘭殿披雲之際奉對
龍顏曰國富民安不讓於骨庭之境堯仁舜德唯侔

於華夏之朝上對曰三五之時太平之運寡人虛薄
何以當之仍念故山去京猶遠捨菩提寺請以住持
此際深感聖恩往而停駕其寺也山川勝美志有終
焉所以從善之徒不呼而集誨人不勧善誘孜孜有
人問大師酌盡清流時如何師答盡後事作摩生對
曰豈同清流者大師乃許之以同光七年十一月二
十八日示疾明年二月十七日善化於法堂春秋六
十有九僧臘五十于時日慘風悲雲愁水咽天人痛
□道俗摧傷況又紺馬騰空青烏卜地歸寂之瑞前
古罕聞上歎聽泥洹湣增慟哭特令吊贈禮重國師

門人僧等以其月十九日共舉靈龕入于□之西隅
三百餘步傳業弟子融闡昕政等五百來人恭敘遺
德表以上聞諡曰大鏡大師塔名元機之塔噫大師
璞玉呈祥渾金潰慶志無抵俗言卜山機終身有布
衲之名後世欽縕袍之譽遊方施化赴國觀光然則
楚問江萍便引童謠之答齊諮海棗方徵國語之詶
其爲時所歸依皆如此類也此際他山之石未勒高
文所以門徒每度傷心莫窺墮淚所慽洎于入滅首
尾十春下臣頭歲幸謁堯墀仍居董埜蓬飄風急桂
老霜沈豈期捧瑤檢於□□銘石墳於蓮宇叨因代

斵恐貽傷手之憂實類編苫甘受解頤之誚雖𣷚窮
故實莫測高深而聊著斯文纔陳梗槩强搖柔翰深
愧斐然銘曰
□□立教迦葉傳心東山之法遠洎雞林幾經年代
來抵鼇濤雲居之子雷振法音天福四年歲次己未
四月十五日立

唐文拾遺卷之七十

榮祿大夫三品頂戴前分巡廣東高廉道加四級臣陸心源輯

崔彥撝二

高麗國溟州普賢山地藏禪院故國師朗圓大師悟眞之塔碑銘

原夫鷲頭巖上世雄開立教之宗雞足山中迦葉表傳心之旨則知認於三佛知有心玉觀空而其道希夷見性而本源清淨緜是西從天竺東居海隅至人則早綰眞宗禪伯則曾尋元契驪壑探珠謂傳黃帝之珠鵠溪□印如得法王之印於是徇盧失實遐刼而久滯凡間捐妄歸眞刹那而俄登佛位大師諱開淸俗姓金氏辰韓雞林人也其先東溟冠族本國宗枝祖守貞蘭省爲郎柏臺作吏考有車宦遊康郡早諧避地之心流寓嵠鄉終□朝天之志母復寶魂交之夕忽得休祥神僧欻自空來立於堦下懷裏出木金雙印示之曰何者要之母氏脈脈無言其僧卽留金印而去覺後方知有娠因斷暈□肅設仁祠虔修佛事以大中八年四月十五日誕生大師面如滿月脣似紅蓮纔有童心靜無兒戲八歲而初爲鼓篋十年而暗效橫經甘羅入仕之年□窮儒典子晉昇仙之歲才冠孔門此時特啟所天懇求入道謂曰潛思前夢宛若同符愛而許之難拒先度是以卽爲負□□以擔書旣□浮海之囊遂□□泥之髮尋師於華嚴山寺問道於正行法師法師知此歸心許令駐足其於師事備盡素誠志欲雜華求栖祇樹高山仰止備探鷲嶺之宗學海栖遲勤覽猴池之旨大中末年受具足戒於康州嚴川寺官壇旣而忍苦尸羅忘勞草繫傷鴨之慈心愈切護鵝之懸念□深守夏□闌卻歸本寺再探衆典以導羣迷超懽喜之多聞邁顏生之好學此時遠聞蓬島中有錦山乘盃而欻涉鼇波飛錫而尋投鹿菀栖禪之際偶覽藏經披玉軸一音得金□三昧十缺五字正覺之心三歲飡松冀證菩提之果勤參之際忽有老人瞻仰之中翻爲禪客欻然發玉皓爾垂□謂大師宜亟傍窮途先尋□嶺彼有乘時大士出世神人悟楞伽寶月之心知印度諸天□性大師不遠千里行至五臺謁通曉大師大師曰來何暮矣待汝多時因見趨庭便令入室心深求法禮事師□一栖道樹之旁幾改階蓂之序所以始傳心印常保髻珠不出巖□□栖雲水大師年德皆至耋期不任極倦誨人無疲□客教禪師事同法□勤接

來從牛頭添上妙之香塵尾代元譚之柄可謂猶如洪州大寂地藏□謗□之門有若曾國宜屈子夏代師資之道者矣文德二年夏大師歸寂和尚壘□增絕學之悲恆切忘師之憾所以敬修寶塔遽立豐碑兼以常守松門幾遭草寇詰遮洞裏惟深護法之懷堅操汀邊志助栖禪之懇爰有當門慕法弟子閔邦賜食欽風志慕道情深早侍禪扉頻申勤欵仍捨普賢山寺請以住持大師對曰深感檀那有緣則住遂巡稀入便副禪襟廣□邱原遐通道路又以高修殿塔迥啟門牆來者如雲納之似海深喜吉祥之地慧

月當軒共依功德之林慈雲覆宇亦有知當州軍州事太匡王公荀息鳳毛演慶龍額呈祥趣理窮以探奇詣禪山而仰異人中師子栖山陰顗月之門天上駃騠投剡縣栖霞之合本國景哀大王聞大師德高天下名重海東緘闕迎門庭中避席仍遣中使崔映高飛鳳詔遠詣鷲廬請扶王道之危仍表國師之禮此際太匡齊攜僚佐直赴禪門共陳列賀□儀皆羣黎之慶況後麟州比縣典郡居官冠□柱石道有缺大師此時蹔移慈蓋來至郡城□州師勤玉讚邑人之奉佛有缺□南止觀長流福慧之泉嶺外言歸仰見清涼之月纔臻舊隱忽患微痾漸□危虛潛知去矣以同光八年秋九月二十四日示滅於普賢山寺法堂俗年九十有六僧臘七十有二于時山崩海竭地裂溪枯道俗悲哀人天感慟門人不勝追慕國士徒切慽嗟其月二十八日號奉色身假銖于當寺西峯石室去寺三百來步大師功成億劫德偱千年神通則龍樹推□變化則馬鳴讓美故得紹興三寶降伏四魔道情早冠於鐙蘭心路曾超於安遠所以欲出迷途焚慧炬於□衢之畔將超彼岸艤慈航於苦海之中可謂智慧無畀神心巨量一切之導師生人之先

覺者矣上足弟子神鏡聰靜越晶奐言惠如明然弘琳禪師等俱栖慧苑共守禪扃思法乳以年深想慈顏而□遠切恐鯨池灰起先憂陵谷之遷鯨海塵飛忽慽歲年之往所冀記大師之言說遠示無窮流吾道之祖宗傳於不朽由是門徒抗表頻扣金門眾懇聞天達於玉扆今上聖文世出神武天□三驅而克定三韓一舉而齊成一統今則高懸金鏡普照青邱所以振恤黎民已致中興之運歸像釋氏皆披外護之恩以此錫謚曰朗圓大師塔名悟真之塔申命下臣式揚高躅彥撝詞林末學繁苑微臣叨奉綸言仰

銘禪德譚劉琨之山高海闊盧湛馬知美郭泰之龍
聖龜神蔡邕不愧重宣前義乃作銘云
奧哉正覺利見迦維傳心鷲嶺立教猴池爰有至人
生于海裔□山等師讃傳元契賢岫□衆顯示眞宗
高懸法鏡迥掛洪鐘方忻宴坐忽歎歸滅日慘雲愁
天翻地裂大君悲咽門下感傷鐙傳□爐塔聳雲崗
天福五年七月三十日立

晉高麗先覺大師遍光靈塔碑

蓋佛陁出世鷲嶺開利物之門迦葉□□雞足闔歸
全之□□□□軋去聖身毒懷仁傷鶴樹之昇遐

龍華之□□□悵□□□隱其風漸衰豈謂祖祖傳
心當具體而微之侶師師接踵有高山仰止之流至
於圓覺深仁遠居南海大宏願德曾□□山□□之
心譜於郢匠一蓮啟處六葉重光門徒□上之□□
□在雲居之□人能弘道保□祖宗惟我大師則其
人也大師法諱迥微俗姓崔氏其先博陵冠蓋雄府
棟梁奉使雞林流恩□郡所以棲心雲水寓跡海堧
今爲武州□□人□□□權早閑莊老□愛琴書私
□□招隱之篇蕭寺□空門之友母金氏魂交之夕
忽得休徵見胡僧入房擎玉案爲寄欸焉驚覺尋報

業祐答云必生懷寶之兒先告弄璋之慶□後□□
室□每有燈輝之□□子之□□證定光之瑞以咸
通五年四月十日誕生大師生有殊相幼無雜交泊
乎志學之年潛蘊辭家之念此時忽垂雙淚處告二
親曰切欲去塵投其□□父母□□□志惟許缺五字
爲山莫佪□□遂乃斜登歧□直詣寶林謁體鏡禪
師禪師法胤相承陳田子孫也和尚雖云一見便□
□之□曰昔別稍遙今來何暮許□□室□□□茲
敬□禪宗缺八字傾油缽□□於救蟻沙彌勤苦增勞
不離左右至於中和二年受具戒於華嚴寺官壇大

師缺六字安坐白虹之氣來覆法堂□是缺十六字道知在
□人戒珠致虧草係之心尤保尸羅之律及其夏□
往度□山禮見融堅長□□今□□僧陳缺五字何□
上追思北海之中所以□□論傳中胥□□長缺九字
黃□□法盍雲□披雲藥山采藥老僧恨不隨他西
笑問徑上游祖塔於曹溪缺十二字莎莫以因循時不待
人曷維其已門屬遠從冈象□□珠缺十二字鏡于青丘
之畔泊于大順二年春首忽遇入缺十三字朝使車託足
而西達于彼岸維舟鏡水指路鍾□企□□□道膺
大師先佛缺十字之兆寶訟付囑之心行道遲遲遠經

（缺十二字）大師若披皇覺大師謂曰吾子歸矣早知汝來□□曰升堂□其□□所喜者□□室家之美□□禪教之宗由是覩奥幽扃探玄理參尋（缺二十一字）豈惟迦維演阿難之獨步釋門闕里談經顏子之□□□室而已矣哉景福三年覃州節帥馬公□節度副使金公夐聞風欽仰拂霧敬（缺十六字）請□□居其爲時所瞻依皆如此類也逎於天祐二年（缺十字）此時知州□□王公弛本籍承大師纔諸捨筏已抵平津□地□之攀（缺十三字）慈□每以邀麀如窺慧日常于四事遠假天廚實展（缺五字）仍以（缺四字）無爲岬寺請以住持大師

卷七十　七

惟命是聽徙居靈境此寺也林泉（缺十九字）地然則重修基址八換星霜來者如雲納之似海（缺五字）此時（缺五字）於□□□年亂甚於曹劉之代上無聖主猶鋪猬聚之徒下□□事莫□□□之難（缺七字）如□四海沸騰三韓騷擾至九年八月前王永平北（缺十字）舳艫親驅軍駕此時羅歸命屯軍于浦嶼之旁武府逆鱗動衆於郊畿之（缺十一字）大王聞大師近從吳越新到秦韓匿牟尼於海隅藏□□於（缺五字）飛丹詔遽屈道竿大師捧到奔波趨風猛浪親窺虎翼暗縮龍頭僧□□鑄吳□轉明之（缺四字）無以加也其後班師之際持請同

歸信宿之間臻于彼岸遂（缺十字）供給之資出于內庫所恨羣□伏衆病莫除唯奉法以栖眞（缺六字）今□禍者（缺四字）枉殺辜而乃遭艱者填其雲屯同歸有罪然則□□道□敢悛□□之□□□仁慈盜止赫連之暴况又永言移國唯喝喫人□謂多（缺四字）信以十（缺六字）日大王驟飛鳳筆令赴龍庭冀聞絕跡之譚猶□□言之理大師服（缺四字）主上鶚立當軒難測端倪失於舉措豈思就日玄高之復□□君無（缺七字）遺僞□是□謂業對將至因緣㢊逃兼崔皓懷姧（缺八字）大師曰吾師人間慈父世上導師何有存非不無彼此

卷七十　八

大師方知禍急罔遲危（缺七字）嬰呂僕之謀仁者懷恩諡厠商□之惡然而壹言不納遷□以加捨□之時世□□綠俗年五十有四僧臘三十有五于時川池忽竭日月無光導俗吞聲人天變色□誨秦原（缺七字）之□□漢室龍興當今居尊之際謂羣臣曰竊惟故大師道□□十地德□□□遠出□方來儀樂土寡人早披瞻仰恭□歸依顧思有得之緣常切亡師之痛仍於兩泣實□□追□□俾修□□至明年三月日遂召門弟子閑俊化白等曰□□之（缺五字）之□昭此山也山岡勝美地脉平安宜爲置冢之崌必

□尊宗之祐。可師等與□□且□修山寺。每造石塔
者。至其日月。先起仁祠。便成高塔。塔成。師等號奉身
遷葬於所建之冢。詔曰。式旌禪德。宜賜嘉名。賜謚爲
先覺大師。塔名爲遍光靈塔。仍賜其寺額。勅號太安
追遠之榮。（缺四字）之□□□下臣諺因官學叨□樞機。
辞潤色於仙才。謝知言於哲匠。先是王室獻賦金牓
題名。何期降紫泥於華門。銜黃絹于蓮宇。所冀强搖
柔翰。申大君崇法之由。聊著鮮文。慰門下送終之懇。
銘曰。
粤哉靈境。□□□禪□□爲□道情是兵。即色非色。

卷七十　九

惟名假名。雖云方便。祗爲衆生。爰有僧英。□□禪伯。
能使魔軍克歸□□雨中稻麻。霜後松柏。須拜昌言
難欺雅□。動惟佛事。翻被人□。眞衰俗成。法弱（缺六字）
令終。道光無□遺跡師舊芳□德于兹傳□□不朽
神足傷心（缺四字）塔（缺八字）劫頻移。天長地久。開運三年
歲次丙午五月庚寅朔二十九日戊午立。

孫紹

紹。高麗人。官本國大相守禮賓令元鳳令兼知制誥
上柱國。

唐高麗大安寺廣慈禪師碑銘

若夫摯虛發響。苟應就悟之能。取實藏聲。豈是處迷
之術。門縱闊而不可得進。□雖明而難以獲逾。至理
在中。守株者無定見。□眞宗□外。窺管者莫以（缺四字）
生之法器。是以運開一千里。予始遇聖明。厤周五萬
星霜。再逢賢哲。或□□□而□出或蘊□以誕生。自
古既稀。至今爲貴。□全□□郎（缺七字）大師法諱允多。
字法性。京師人也。其祖考等。皆族盛簪纓。以傳孝義。
家記而□□寵（缺四字）耳口聞之。其妣朴氏。受性溫和。
爲人貞潔。自幼□□於俗□長□□勤修佛事。迫其岳
降分誕等閑。由孝感而易爲若霜□之疾。是以咸通

卷七十　十

五年四月五日。誕生大師。初放蓬萊之日。雙柱絶倫。
將辞襁褓之年。三亭轉□□遊而□定有方。禮度而
顚沛無墜。扇枕之令譽。早表鄉閭。追灰之捷詞。夙馳
遐邇。春秋材當八歲。有志三歸。遂告二親。願別蝸門。
要投禪教。□父母□爲□□前猶足縈紆。未能允許。
大師潸然曰。出家修道。利□□無貟饒□子之錦衣
定□山僧之毳衲。哀鳴□□至告再三。琮認盛情固
難法□□時一說而□辞步而雲遊四海。□駐惟件
孤影。炎涼倏歷數年。□□迴跋涉于遼東。逈邇□後
桐裏參覲和尚。□顧相面目顧盼。容數日後侍奉上

(缺四字)古語心專石也穿志切泉俄涌道非身外即佛
在心宿昔智覺于剎那□□之滯在萬劫如來況諭
爲精□則再語爲□□□略言汝身好看心□吾(缺四字)於晝宵綱□心於瞬息不戶不牖是大道不崑不
□□神(缺十三字)法嗣□西堂傳於徹徹傳於先師如如
傳於吾師即西堂曾孫也大師傳法□於西堂却不
勞西(缺四字)於(缺二十五字)實際本空學無學□宗□□祗
夜師無師之□必精□多遂□弄一心者大信一音
□九□者海水業□多方便爲門□野不忘其故邦
歸依山纔經□背忽有山賊入寺擬刼衣物直到上

方大師遷而無驚不動禪座被□大師自□罪(缺七字)
數見此模□□旣思惟知作夢有一戰場入於殿內
見勿乇邪七□□座□是暈忍兩字而已睡覺(缺四字)
盥(缺八字)白日狐疑□不料淸宵蝶夢成古表有言二
忍得長□哉大師因此永獲安禪久居僧寺(缺八字)黃
波□如而洞達禪源(缺四字)然□門恭義投仁雲趨霧
聚參禪學道盧屈□梗狠熛往□□□于沙門禪□
□終無於王□來□對□神聖大王來時□望主問
代明□□安邦撫□之□恐□行脚何妨師(缺四字)九
重大師□□僧由戒□即佛心是如何大師答曰若

到□設者不留於佛心(缺五字)雖得必得□相今□答
云六祖意不欲□觸道然師語□了道□慧亦□去
也若是戒夫繁托□□□今祖□大王咸齊兩曜講
□而□道叶乾坤德秀瞳治民而□無□□而又歸
依□□□具於□抑無禪有用於□□義云□古□
大師在日黃州院□王旭郞君遙仰□風樂傳尺牘
比爲弟子□□猶□之風每展八行之禮仍爲檀越
久受保於各效陳需允□舊分大師至開運□分無
□今焚香略今□淹然而逝俗歲八十二僧臘六十
六於是淄流號慟嘆津梁之已壞□□咨嗟□法□

□□永□至於□潺湲潤水變作衰□□年悅目之
巗巖山雲皆成慘色感動蠢植毫楮焉周遂以其時
□止論□伏乞從許樹豐碑者爰命微臣延揚禪化
□才非七步學昧五車□哉開士子達眞詮法門杳
杳至理元元化符海外道冠日邊雲歸深洞月落澄
淵波瀾□□平等(缺十字)雖山(缺下)光德二年歲次庚戌
十月十五日

李靈幹

靈幹高麗人事蹟無考

高麗三川寺大智國師碑

高殘缺智國帀殘缺兆㒸殘缺傾缺質缺谿若缺宰頁殘缺深
㥏缺須才遂缺夕管摘華缺皮皆實殘缺且缺后殘缺

碑陰記

上缺麗國大茲殘缺寺缺勇殘缺眞即覺悟缺古抄箕揚不
二缺罔記海墨難書缺人也高留已來缺於郡邑天
福七缺毀齒言欲殘缺成缺投寶缺或壯飾缺中缺勿
缺刑殘缺化缺衰之一缺救蟻護州缺族將一缺宗之
幽缺込長者缺目殘缺覺樹缺元缺茷殘缺卜之亭殘缺金
缺乂大行六ク殘缺

闕名

有晉高麗國踊巖山五龍寺故王師教諡法鏡
大師普照慧光之塔碑銘并序

蓋聞鷲嶺開宗標立教無爲之化雞山入定止傳心
有待之風或先□微言或始□善□所以別行法眼深
□全軀無非□□仰呈雪立之誠唯知道存方駐雲
遊之志所以英靈間出□□相承其道日新適缺下
人缺也缺有人大師法諱慶猷俗姓張氏其先南陽
寃族大漢宗枝□祖偶□鯨波來栖兎郡父□榮□
鄉禮□侍□詩□老□道□守道奉公終身從事母
孟氏嘗於假寐忽得禎祥驚覺之時□知有娠常□
淨人便斷葷辛以咸通十二年四月十一日誕生缺四
字之年五行俱下子晉昇仙之歲三刻便成其後志
切離塵心求□□而□□父母□□宗師二親囑曰
莫以因□若□以此□歸寂滅冢子□宗長老部署
門徒不出松門頻經槐律此際大師年纔十五志冠
□所願令削染許於入室猶騰迦門光啟四年受具
於近度寺靈宗律師□瑩戒徒□□歸室問一知十
德成教尊然則缺兎之時所以挈瓶出門飛錫遵路
所缺因待朝天之使偶逢泛葉之時西南得朋□适
□過大師虔陳素缺湯缺遄達西津此時華亭繫舟

佳苑等徑望東林之佳境瞻北洛之樂郊□企間雲
缺道膺和尚道冠缺功高缺逝缺之缺人缺迥微麗
嚴利嚴共海東謂之四無畏大士也和尚曰聞言識
士見而知人萬里同□十年一遇所以四海賢情深
遐席缺切缺□以後缺答□之契暗詣目擊之筵於
是潛付慈鐙密傳法要遂曰吾道衰矣慶猷一人起
予者商於是乎在所謂廣宏佛道何□□之□遐濟
禪缺力何假他心□覩此門本離文字每思心境終
拂客塵憖彼偏方迷於得理好佩雲□之印期□日
域之流是則眞宰缺人勞止忘其缺周應□返魯缺

於天祐□年七月達于武州之會津此時兵戎滿地賊寇滔天式鍾所尸四郊缺愚缺大師來藏□穴遠近煙缺逢缺□銜水媚當大溟嘆月之□玉透山輝是深洞聞風之處先王直從北發專重南征□地□行逃天者少待老草介□詣□祥戶奉□令大師欸聆帝命甯滯王程及其方到柳營便邀蘭殿留連再三付囑重疊寮人□迴德旆□鳳儀大師難□□輿繪缺則□覲藏經仍窺僧史宋武平敞覽賢遂附鳳之誠隋史省方法□膺從龍之□一心重濟千載同待豈期神缺傾缺以始墜缺子缺凶翻劉忠貞之

佐凌夷之漸實冠夏殷此時共慽獨夫潛思明立無何羣凶竟起是秦□鹿死之三大□皆銷唯漢室龍□之施今上西鍾定議北極居尊懸聖日於桒津掃□塵於□海忽聞大師之窺惠曰聽元風□淚垂杯中華問道上乃□以達□尤深量海而欽承愈切每迴稽首恭申捨瑟之儀常以鞠躬猥□摳衣之禮所以屢祈警誡更切□依□以王師助君臨之□子太弟太匡王信便取摩納袈裟弌領鍮石盋盂一口上乃登時適捧跪獻大師然則敬佛之心尊師之道元親奉僧祠之月人間缺爲缺如斯之盛者也然則栖

遲柰苑宴坐蓮□來者如雲納之似海稍麻有列猶如長者之園桃李成蹊亦若他人之市貞明□□三月□子缺仍聲刀戰之聲則是來迎之騎示滅于日月寺法堂俗年五十有一僧臘三十有三于時天昏地裂霧□雲愁山禽悲嘯野□懷至明年正月十九日遷神座於踊巖山之東峯去寺三百來步惟大師天資心氣岳降英靈深□而衆缺四魔冠薰修於三覺超應化於尊如況又曾聽玉音夙傳金口可謂禪山蘊缺資缺之風缺之缺奉聖心恭承汲引之善正受流傳之旨上迺仍飛丹詔以慰門人曰懿彼□法

□爲一國□父今則訓用報法恩正當追福之辰宜舉易名之典乃賜謚曰法鏡塔名普照慧光中命下臣式楊□烈缺而不缺率缺音缺復莫彝荊岫之高所以聊缺期文雖集慶缺之缺直書其□慽非稚麗之工其詞曰

傳矣吾龜氏堂堂到處春可畏囊中寶唯知席上珍倬哉元□立生我海東濱缺曹溪缺祖塔缺日缺君王重捨瑟宰輔屢書紳學徒採法□來者結員因宴坐方江目泥洹忽傷缺寶外缺天福九年歲甲辰五月壬申朔十九日戊子立

成忠

忠前百濟時官佐平王義慈淫樂忠極諫王怒囚之不食死獄中

獄中上書

忠臣死不忘君願一言而死臣嘗觀時察變必有兵革之事凡用兵必審擇地勢處上流以應敵可以保全敵兵若來使陸不過炭峴水不入白江據險隘禦之然後可也東國通鑑

福信

福信前百濟宗室爵佐平百濟亡起兵立故王子扶

餘豐爲王自稱霜岑將軍

遷避城議

此州柔者遠隔田畝土地磽确非農桑之地是拒戰之塲此焉久處民可飢饉今可遷於避城避城者西北帶以古連且徑之水東南據深埿巨堰之防繚以周田決渠降雨華實之毛則三韓之上腴焉衣食之源則二儀之隩區矣雖曰地卑豈不遷歟日本書紀卷二十七

觀勒

百濟僧事蹟無考

上日本王請赦僧尼奏

夫佛法自西國至于漢經三百歲乃傳之至於百濟國而僅一百年矣然我王聞日本天皇之賢哲而貢上佛像及內典未滿百歲故當今時以僧尼未習法律輙犯惡逆是以諸僧尼惶懼以不知所如仰願其除惡逆者以外僧悉赦而勿罪是大功德也日本書紀

後百濟王子神劍

神劍甄萱子幽其父于金山佛宇自稱王甄萱降高麗高麗兵討滅之

赦境內教

如意特蒙寵愛惠帝得以爲君建成濫處元良太宗

作而即位天命不易神器有歸恭惟大王神武超倫英謀冠古生丁衰季自任經綸徇地三韓復邦百濟廓清塗炭而黎元安集鼓舞風雷而邇遐駿奔功業幾於重興智慮忽其一失幼子鍾愛奸臣弄權導大君於晉惠之昏陷慈父於獻公之惑擬以大寶授之頑童所幸者上帝降衷君子改過命我元子尹茲一邦顧非震長之才豈有臨君之智兢兢慄慄若蹈冰淵宜推不次之恩以示惟新之政東國通鑑

鐵勒諸部十一姓

鐵勒本匈奴別種貞觀二十年旣破延陀太宗幸靈

州鐵勒迴鶻拔野古同羅僕骨多濫葛思結阿跌契丹奚渾斛薩等十一姓各遣使朝貢降璽書勞其酋長

乞置漢官奏

延陀可汗不事大國暴虐無道不能與奴等爲主人自死敗部落鳥散不知所之奴等各有分地不能逐延陀去歸命天子願賜哀憐乞置漢官司養育奴等唐會要卷一百

唐文拾遺卷之七十一

榮祿大夫三品頂戴前分巡廣東高廉道加四級臣陸心源輯

日本女主推古

推古敏達天皇之后崇峻天皇爲大臣馬子宿祢見殺羣臣請即位於豊浦宮改元六從貴頽轉光元定后倭京仁王

答大臣詔

今朕則自蘇我出之大臣亦爲朕舅也故大臣之言夜言矣夜不明日言矣則日不晚何辭不用然今當朕之世頓失是縣後君曰愚癡婦人臨天下以頓已其縣豈獨朕不賢耶大臣亦不忠是後葉之惡名則不聽日本書紀二十二

檢校僧尼詔

夫道人尚犯法何以誨俗人故自今已後任僧正僧都仍應檢校僧尼同上

遺詔

比年五穀不登百姓大飢其爲朕興陵以勿厚葬便宜葬于竹田皇子之陵同上

賜鞍作鳥大仁位勅

朕欲興隆內典方將建佛刹肇求舍利時汝祖父司

馬達等便獻舍利又於國無僧尼於是汝父多須那爲橘豐日天皇出家恭敬佛法又汝姨嶋女初出家爲諸尼導者以修行釋教今朕爲造丈六佛以求好佛像汝之所獻佛本則合朕心又造佛像既訖不得入堂諸工人不能計以將破堂戶然汝不破戶而得入此皆汝之功也卽賜大仁位因以給近江國坂田郡水田二十町焉同上

祭祀神祇勅

朕聞之曩者我皇祖天皇等宰世也蹈天蹐地敦禮神祇周祠山川幽通乾坤是以陰陽開和造化共調今當朕世祭祀神祇豈有怠乎故羣臣爲竭心宜并神祇同上

推問僧尼勅

夫出家者頓歸三寶具懷戒法何無懺忌輙犯惡逆今朕聞有僧以毆祖父故悉聚諸寺僧尼以推問之若事實者重罪之同上

與唐帝書

東天皇敬白西皇帝使人鴻臚寺掌客裴世淸等至久憶方解季秋薄冷尊何如想淸念此卽如常今遣大禮蘇因高大禮乎那利等往謹白不具同上

日本國王孝德

孝德皇極同母弟貞觀十九年皇極讓位卽天皇位改元二大化白雉常邕在位十年

薄葬詔

朕聞西土之君戒其民曰古之葬者因高爲墓不封不樹棺槨足以朽骨衣衿足以朽完而已故吾營此丘墟不食之地欲使易代之後不知其所無藏金銀銅鐵一以瓦器合古塗車芻靈之義棺漆際會奠三過飯含無以珠玉無施珠襦玉柙諸愚俗所爲也日本書紀二十五

禁厚葬及强祓除詔

葬者藏也欲人之不得見也廼者我民貧絕專由營墓爰陳其制尊卑使別夫王以上之墓者其內長九尺濶五尺其外域方九尋高五尋役一千人七日使訖其葬時帷帳等用白布有轜車上臣之墓其內長濶及高皆准於上其外域方五尋高二尋半役二百五十人三日使訖其葬時帷帳等用白布亦准於上大仁小仁之墓者其外長九尺高濶各四尺不封使平役一百人一日使訖大禮以下小智以上之墓者皆准大仁役五十人一日使訖凡王以下小智以上

之墓者宜用小石其帷帳等宜用白布庶人亡時收埋於地其帷帳等可用麁布一日莫停凡王以下及至庶民不得營殯凡自畿內及諸國等宜定一所而使收埋不得汙穢散埋處處凡人死亡之時若經自殉或絞人殉及強殉亡人之馬或為亡人藏寶於墓或為亡人斷髮刺股而誄如此舊俗一皆悉斷（或本云無藏金銀錦綾五綵又曰凡自諸臣及至于民不得用金銀）縱有違詔犯所禁者必罪其族復有見言不見不見言見聞言不聞不聞言聞都無正語正見巧詐者多有奴婢欺主貧困自託勢家求活勢家仍強留買不送本主者多復有妻妾

為夫被放之日經年之後適他恒理而此前夫三四年後貪求後夫財物為已利者甚衆復有恃勢之男浪要他女而未納際女自適人其浪要者嗔求兩家財物為已利者甚衆復有亡夫婦若經十年及二十年適人為婦并未嫁之女始適人時於是妬斯夫婦使祓除多復有為妻被嫌離者特由慙愧所惱強為事瑕之婢復有屢嫌已夫他好向官司請決假使得明三證而俱顯陳然後可諮誰知浪訴復有被役邊畔民事了還鄉之日忽然得疾臥死路頭於是路頭之家乃謂之曰何故使人死於余路困留死者友伴

強使祓除由是兄雖臥死於路其弟不收者多復有百姓溺死於河逢者乃謂之曰何故於我使遇溺人困留溺者友伴強使祓除由是兄雖溺死於河其弟不救者衆復有被役之民路頭炊飯於是路頭之家乃謂之曰何故任情炊飯余路強使祓除復有百姓就他借甑炊飯其甑觸物而覆於是甑主乃使祓除如是等類愚俗所染今悉除斷勿使復為復有百姓臨向京日恐所乘馬疲瘦不行以布二尋麻二束送參河尾張兩國之人雇令養飼乃入于京於還鄉日送鍬一口而參河人等不能養飼翻令瘦死若是細

馬即生貪愛工作謾語言被偷失若是牝馬孕於己家便使祓除遂奪其馬飛聞若是故今立制凡養馬於路傍國者將被雇人審告村首（首長也）方授訓物其還鄉日不須更報如致疲損不合得物縱違斯詔將科重罪罷市司要路津濟渡子之調賦給與田地凡始畿內及四方國當農作月早務營田不合使喫美物與酒宜差清廉使者告於畿內其四方諸國國造等宜擇善使依詔催勸（同上）

罷品部詔

原夫天地陰陽不使四時相亂惟此天地生乎萬物

萬物之內人是最靈最靈之間聖爲人主見以聖主天皇則天御寓思人獲所暫不廢胷而始王之名名臣連伴造國造分其品部別彼名名復以其民品部交雜使居國縣遂使父子易姓兄弟異宗夫婦更互殊名一家五分六割由是爭競之訟盈國宛朝終不見治相亂彌盛粤以始於今之御寓天皇及臣連等所有品部宜悉皆罷爲國家民其假借王名爲伴造其襲據祖名爲臣連斯等深不悟情忽聞若是所宜當思祖名所借滅由是預宣使聽知朕所懷王者之兒相續御寓信知時帝與祖皇名不可見忘於世而

以王名輕掛川野呼名百姓誠可畏焉凡王者之號將隨日月遠流祖子之名可共天地長往如是思故宣之始於祖子奉仕卿大夫臣連伴造氏氏人等或本云名名王民咸可聽聞今以汝等使仕狀者改去舊職新設百官及著位階以官位敘今發遣國司并彼國造可以奉聞去年付於朝集之政者隨前處分以收數田均給於民勿生彼我凡給田者其百姓家近接於田必先於近如此奉宣凡調賦者可收男身調凡仕丁者每五十戶一人宜觀國國壃堺或書或圖持奉示國縣之名來時將定國國可築堤地可穿溝所可墾田間均給使造當聞解此所宣同上

賜庸調詔

惟神惟神者謂隨神道亦自有神道也我子應治故寄是以與天地之初君臨之國也自始治國皇祖之時天下大同都無彼此者也既而頃者始於神名天皇名名或別爲臣連之氏或別爲造等之色由是率土民心固執彼此深生我汝各守名名又拙弱臣連伴造國造以彼爲姓神名王名逐自心之所歸妄付前前處處前前猶謂人人也爰以神名王名爲人賂物之故入他奴婢穢汙清名遂即民心不整國政難治是故今者隨在天神

屬可治平之運使悟斯等而治國治民是先是後今日明日次而續詔然素賴天皇聖化而習舊俗之民未詔之間必當難待故始於皇子羣臣及諸百姓將賜庸調同上

罷穿瀆詔

妄聽比羅夫所詐而空穿瀆朕之過也即日罷役同上

白雉見詔

聖王出世治天下時天則應之示其祥瑞曩者西土之君周成王世與漢明帝時白雉爰見我日本國譽田天皇之世白烏樔宮大鷦鷯帝之時龍馬西見是

以自古迄今祥瑞時見以應有德其類多矣所謂鳳凰麒麟白雉白烏若斯鳥獸及于草木有符應者皆是天地所生休祥嘉瑞也夫明聖之君獲斯祥瑞適其宜也朕惟虛薄何以享斯蓋此專由扶翼公卿臣連伴造國造等各盡丹誠奉遵制度之所致也是故始於公卿及百官等以清白意敬奉神祇並受休祥令榮天下同上

改元白雉詔

四方諸國郡等由天委付之故朕總臨而御寓今我親神祖之所知穴戸國中有此嘉瑞所以大赦天下

改元白雉仍禁放鷹於穴戸境賜公卿大夫以下至于令史各有差同上

勅國司詔

隨天神之所奉寄方今始將修萬國凡國家所有公民大小所領人衆汝等之任皆作戸籍及挍田畝其薗池水陸之利與百姓俱又國司等在國不得判罪不得取他貨賂令致民於貧苦上京之時不得多從百姓於已唯得使從國造郡領但以公事往來之時得騎部內之馬得飡部內之飯介以上奉法必須褒賞違法當降爵位判官以下取他貨賂二倍徵之遂以輕重科罪其長官從者九人次官從者七人主典從者五人若違限外將者主與所從之人並當科罪若有求名之人元非國造伴造縣稻置而輙詐訴言自我祖時領此官家治是郡縣汝等國司不得隨詐便牒於朝審得實狀而後可申又於閑曠之所起造兵庫收聚國郡刀甲弓矢邊國近與蝦夷接境處者可盡數集其兵而猶假本主其於倭國六縣被遣使者宜造戸籍并挍田畝汝等國司可明聽退同上

設鍾匱詔

若憂訴之人有伴造者其伴造先勘當而奏有尊長

者其尊長先勘當而奏若其伴造尊長不審所訴收牒納匱以其罪罪之其收牒者昧旦執牒奏於內裏朕題年月便示羣卿或懈怠不理或阿黨有曲訴者可以撞鍾由是懸鍾置匱於朝天下之民咸知朕意又男女之法者良男良女共所生子配其父若良男娶婢所生子配其母若良女嫁奴所生子配其父若兩家奴婢所生子配其母若寺家仕丁之子者如良人法若別入奴婢者如奴婢法今克見人爲制之始同上

聚僧尼詔

於磯城嶋宮御宇天皇十三年中百濟明王奉傳佛法於我大倭是時群臣俱不欲傳而蘇我稻目宿祢獨信其法天皇乃詔稻目宿祢使奉其法於譯語田宮御宇天皇之世蘇我馬子宿祢追遵考父之風猶重能仁世之教而餘臣不信此典幾亡天皇詔馬子宿祢而使奉其法於小墾田宮御宇之世馬子宿祢奉爲天皇造丈六繡像丈六銅像顯揚佛教恭敬僧尼朕更復思崇正教光啟大猷故以沙門狛大法師福亮惠雲常安靈雲惠(寺主)僧旻道登惠隣而爲十師別以惠妙法師爲百濟寺寺主此十師等宜能教導衆僧修行釋教要使如法凡自天皇至于伴造所造之寺不能營者朕皆助作(同上)

錄民元數詔

自古以降每天皇時置標代民垂名於後其臣連等伴造國造各置己民恣情駈使又割國縣山海林野池田以爲己財爭戰不已或者兼并數萬頃田或者全無容針少地及進調賦時其臣連伴造等先自收斂然後分進脩治宮殿築造園陵各率己民隨事而作易曰損上益下節以制度不傷財害民方今百姓猶乏而有勢者分割水陸以爲私地賣與百姓年索其價從今以後不得賣地勿妄作主兼并劣弱(同上)

改新詔一

罷昔在天皇等所立子代之民處處屯倉及別臣連伴造國造村首所有部曲之民處處田莊仍賜食封大夫以上各有差降以布帛賜官人百姓有差大夫所使治民也能盡其治則民賴之故重其祿所以爲民也(同上)

改新詔二

初脩京師置畿內國司郡司關塞斥候防人驛馬傳馬及造鈴契定山河凡京每坊置長人四坊置令一人掌按撿戶口督察姧非其坊令取坊內明廉強直堪時務者充里坊長並取里坊百姓清正強幹者充若當里坊無人聽於比里坊簡用凡畿內東自名墾橫河以來南自紀伊兄山以來西自赤石櫛淵以來北自近江狹狹波合坂山以來爲畿內國凡郡以四十里爲大郡三十里以下四里以上爲中郡三里爲小郡其郡司並取國造性識清廉堪時務者爲大領少領強幹聰敏工書筭者爲主政主帳凡給驛馬傳馬依皆鈴傳符剋數凡諸國及關給鈴契並長官執無次官執(同上)

改新詔三

初造戶籍計帳班田收授之法凡五十戶爲里每里置長一人掌按撿戶口課殖農桑禁察非違催駈賦役凡田長三十步廣十二步爲段十段爲町段租稻二束二把町租稻二十二束若山谷阻險地遠人稀之處隨便量置（同上）

改新詔四

罷舊賦役而行田之調凡絹絁絲綿並隨鄉土所出田一町絹一丈四町成疋長四丈廣二尺半絁二丈二町成疋長廣同絹布四丈長廣同絹絁一町成端（絲綿絇屯諸處不見）別收戶別之調一戶貲布一丈二尺凡調副物鹽贄亦隨鄉土所出凡官長者中馬每一百戶輸一疋若細馬每二百戶輸一疋其買馬直者一戶布一丈二尺凡兵者人身輸刀甲弓矢幡鼓凡仕丁者改舊每三十戶一人（以一人充厮也）而每五十戶一人（以一人充厮）以充諸司以五十戶充仕丁一人之粮一戶庸布一丈二尺庸米五斗凡采女者貢郡少領以上姊妹及子女形容端正者（從丁一人從女二人）以一百戶充采女一人粮庸布庸米皆准仕丁（同上）

幸宮東門詔

明神御宇日本倭根子天皇詔於集侍卿等臣連國造伴造及諸姓朕聞明哲之御民者懸鍾於門而觀百姓之憂作屋於衢而聽路行之謗雖芻蕘之說親問爲師由是朕前下詔曰古之治天下朝有進善之旌誹謗之木所以通治道而來諫者也皆所以廣詢于下也管子曰黃帝立明堂之議者上觀於賢也堯有衢室之問者下聽於民也舜有告善之旌而主不蔽也禹立建鼓於朝而備訊望也湯有總術之廷以觀民非也武王有靈臺之囿而賢者進也此故聖帝明王所以有而勿失得而勿亡也所以懸鍾設匱拜收表人使憂諫人納表于匱詔收表人每旦奏請朕得奏請仍又示羣卿便使勘當庶無留滯如群卿等或懈怠不懃或阿黨比周朕復不肯聽諫憂訴之人當可撞鍾詔已如此既而有民明直心懷國土之風切諫陳疏納於設匱故今顯示集在黎民其表稱緣奉國政到於京民官官留使於雜役云云朕猶以之傷惻民豈復思至此然遷都未久還似于賓由是不得不使而强役之每念於斯未嘗安寢朕觀此表嘉歎難休故隨所諫之言罷處處之雜役昔詔曰諫者題名而不隨詔命者自非求利而將助國不言題不

諫朕廢忌又詔集在國民所訴多在今將解理諦聽所宜其欲決疑入京朝集者且莫退散聚侍於朝同上

處斷臣下奉法違令詔

集侍羣卿大夫及臣連國造伴造并諸百姓等咸可聽之夫君於天地之間而宰萬民者不可獨制要須臣翼由是代代之我皇祖等共卿祖考俱治朕復思欲蒙神護力共卿等治故前以良家大夫使治東方八道既而國司之任六人奉法二人違令毀譽各聞朕便美厥奉法疾斯違令凡將治者若君如臣先當正己而後正他如不自正何能正人是以不自正者不擇君臣乃可受殃豈不慎矣汝率而正孰敢不正今隨前勅而處斷之同上

戒朝集使詔

集侍羣卿大夫及國造伴造并諸百姓等咸可聽之以去年八月朕親誨曰莫因官勢取公私物可喫部內之食可騎部內之馬若違所誨次官以上降其爵位主典以下決其笞杖入己物者倍而徵之詔既若斯今問朝集使及諸國造等國司至任奉所誨不於是朝集使等具陳其狀穗積臣咋所犯者於百姓中每戶求索仍悔還物而不盡與其介富制臣闕名巨勢臣紫檀二人之過者不正其上云云凡以下官人咸有過也其巨勢德禰臣所犯者於百姓中每戶求索仍悔還物而不盡與復取田部之馬其介朴井連押坂連並闕名二人者不正其上所失而翻共求己利復取國造之馬臺直須彌初雖諫上而遂俱濁凡以下官人咸有過也其紀麻利耆拕臣所犯者使人於朝倉君井上君二人之所而為牽來其馬視之復使朝倉君作乃復得朝倉君之弓布復以國造所送兵代之物不明還主妄傳國造復於所任之國被他偷乃復於倭國被他偷乃是其紀臣其介三輪君大口河

邊臣百依等過也其以下官人河邊臣磯泊丹比深目百舌鳥長兄葛城福草難波癬俱闕柯梅鎚犬養五十君伊岐史麻呂丹比犬眼凡是八人等咸有過也其阿曇連闕名所犯者德史有所患時於國造使送官物復取湯部之馬其介膳部臣百依所犯者草代之物收置於家復取國造之馬而換他馬來河邊臣磐管湯麻呂兄弟二人亦有過也大市連闕名所犯者違於前詔曰國司等莫於任所自斷民之所訴輒違斯詔自判菟礪人之所訴及中臣德奴事中臣德亦是同罪也涯田臣闕名之過者在於倭國被偷官乃是不謹

也小緣臣丹波臣是拙而無犯(名並闕)忌部木菓中臣連正月二人亦有過也羽田臣田口臣二人並無過也(名闕)平羣臣(名闕)所犯者三國人所許有而未問以此觀之紀麻利耆拖臣巨勢德袮臣穗積咋臣汝等三人所怠拙也念斯違詔豈不勞情夫爲君臣以牧民者自率而正孰敢不直若君或臣不正心者當受其罪追悔何及是以凡諸國司隨過輕重考而罰之又諸國造違詔送財於己國司遂俱求利恒懷穢惡不可不治念雖若是始處新宮將幣諸神屬乎今歲又於農月不合使民緣造新宮固不獲已深滅二途大赦天下自今以後國司郡司勉之勗之勿爲放逸宜遣使者諸國流人及獄中囚一皆放捨別鹽屋鯯魚(鯯魚此云舉能之盧)神社福草朝倉君椀子連三河大伴直蘆(四人並闕名)此六人奉順天皇朕深讚美厥心宜罷官司處處屯田及吉備嶋皇祖母處處貸稻以其屯田班賜羣臣及伴造等又於脫籍寺入田與山(同上)

盟羣臣文

天覆地載帝道唯一而末代澆薄君臣失序皇天假手於我誅殄暴逆今共瀝心血而自今以後君無二政臣無二朝若貳此盟天災地妖鬼誅人伐皎皎如日月也(同上)

日本女主齊明

齊明舒明皇之后永徽六年孝德薨即位在位七年

救百濟詔

乞師請救聞之古昔扶危繼絕著自恒典百濟國窮來歸我以本邦喪亂靡告枕戈嘗膽必存拯救遠來表啟志有難奪可分命將軍百道俱前雲會雷動俱集沙喙翦其鯨鯢紓彼倒懸宜有司具爲與之以禮發遣(日本書紀二十六)

日本國王天智

天智舒明皇之子母曰齊明龍朔二年齊明崩即天皇位在位十年

問藤原內大臣詔

天道輔仁何乃虛說積善餘慶猶是無徵若有所須便可以聞(日本書紀二十七)

日本國王天武

天武天智同母弟咸亨三年天智薨即位在位十五年改元二白鳳朱鳥

治病全身詔

朕所以讓遁世者獨治病全身永終百年然今不獲

已應兼禍何黙亡身耶日本書紀二十八

遣村國連男依等詔

今聞近江朝庭之臣等爲朕謀害是以汝等三人急往美濃國告安八磨郡湯沐命多臣品治宣示機要而先發當郡兵仍經國司等差發諸軍急塞不破道朕今發路同上

選簡才能詔

夫初出身者先令仕大舍人然後選簡才能以死當職又婦女者無問有夫無夫及長幼欲進仕者聽矣其考選准宮人之例日本書紀二十九

除部曲詔

甲子年諸氏被給部曲者自今以後除之又親王諸王及諸臣并諸寺等所賜山澤嶋浦林野陂池前後並除焉同上

隨事罪犯詔

羣臣百寮及天下人民莫作諸惡若有犯者隨事罪之同上

諸國貸稅詔

諸國貸稅自今以後明察百姓先知富貧簡定三等乃中戸以下應與貸同上

禁造檻穽詔

自今以後制諸漁獵者莫造檻穽及施機槍等之類亦四月朔以後九月三十日以前莫置比滿沙伎理梁且莫食牛馬犬猿雞之宍以外不在禁例若有犯者罪之同上

賞惠尺子孫詔

汝惠尺也背私向公不惜身命以遂雄之心勞于大役恒欲慈愛故爾雖既死子孫厚賞仍騰外小紫位同上

赦徒罪詔

死刑沒官三流並除一等徒罪以下已發覺未發覺悉赦之唯既配流不在赦例同上

原東漢直等詔

汝等黨族之自本犯七不可也是以從小墾田御世至于近江朝常以謀汝等爲事今當朕世將責汝等不可之狀以隨犯應罪然頓不欲絶漢直之氏故降大恩以原之從今以後若有犯者必入不赦之例同上

議文武官優劣詔

凡內外文武官每年史以上屬官人等公平而恪勤者議其優劣則定應進階正月上旬以前具記送法

官則法官挍定申送大辨官然緣公事以出使之日其非眞病及重服輙緣小故而辭者不在進階之例同上

拜兄姊以上親詔

凡當正月之節諸王諸臣及百寮者除兄姊以上親及己氏長以外莫拜焉其諸王者雖母非王姓者莫并凡諸臣亦莫并卑母雖非正月節復准此若有犯者隨事罪之同上

設細馬詔

諸氏貢女人已未幸泊瀬以宴迹驚淵上先是詔王

卿曰乘馬之外更設細馬隨召出之卽自泊瀬還宮之日看群卿儲細馬於迹見驛家道頭皆令馳走同上

糾彈暴惡詔

朕聞之近日暴惡者多在巷里是則王卿等之過也或聞異惡者也煩之忍而不治或見惡人也倦之匿以不正其隨見聞以糺彈者豈有暴惡乎是以自今以後無煩倦而上責下過下諫上暴乃國家治焉同上

僧尼養老詔

凡諸僧尼者常住寺內以護三寶然或及老或患病其永臥狹房久苦老病者進止不便淨地亦穢是以自今以後各就親族及篤信者而立一二舍屋于間處老者養身病者服藥同上

官治諸寺詔

凡諸寺者自今以後除爲國大寺二三以外官司莫治唯其有食封者先後限三十年若數年滿三十則除之且以爲飛鳥寺不可關于司治然元爲大寺而官恒治復嘗有功是以猶入官治之例同上

求言詔

若有利國家寬百姓之術者詣闕親申則詞合於理立爲法則同上

改法式詔

朕今更欲定律令改法式故俱修是事然頓就是務公事有闕分人應行同上

親王以下服用詔

親王以下至于庶民諸所服用金銀珠玉紫錦繡綾及氈褥冠帶并種種雜色之類服用各有差辭具有詔書同上

收大小角鼓吹等詔

大角小角鼓吹幡旗及弩抛之類不應存私家咸收于郡家同上

男女結髮詔

自今以後男女悉結髮十二月三十日以前結訖之唯結髮之日亦待勅旨婦女乘馬如男夫其起于是日也同上

考選族姓詔

凡諸應考選者能檢其族姓及景迹方後考之若雖景迹行能灼然其族姓不定者不在考選之色同上

糾彈犯法詔

親王諸王及諸臣至于庶民悉可聽之凡糾彈犯法者或禁省之中或朝廷之中其於過失發處卽隨見隨聞無匿蔽而糾彈其有犯重者應請則請當捕則捉若對捍以不見捕者起當處兵而捕之當杖色乃杖一百以下節級決之亦犯狀灼然欺言無罪則不伏辨以爭訴者累加其本罪同上

定氏族詔

諸氏人等各定可氏上者而申送亦其眷族多在者則分各定氏上並申送於官司然後斟酌其狀而處分之因兼官判唯因少故而非已族者輙莫附同上

三足雀示羣臣詔

明神御大八州日本根子天皇勅命者諸國司國造郡司及百姓等諸可聽矣朕初登鴻祚以來天瑞非一二多至之傳聞其天瑞者行政之理協于天道則應之是今當于朕世每年重至一則以懼一則以嘉是以親王諸王及群卿百寮并天下黎民共相歡也乃小建以上給祿各有差因以大辟罪以下皆赦之亦百姓課役並免焉同上

試練馬兵詔

凡政要者軍事也是以文武官諸人務習用兵及乘馬則馬兵并當身裝束之物務具儲足其有馬者爲騎士無馬者爲步卒並當試練以勿鄣於聚會若忤詔旨有不便馬兵亦裝束有闕者親王以下逮于諸臣並罰之大山位以下者可罰罰之可杖杖之其務習以能得業者若雖死罪則減二等唯恃己才以故犯者不在赦例同上

男女衣服詔

男女並衣服者有襴無襴及結紐長紐任意服之其會集之日著襴衣而著長紐唯男子者有圭冠冠而著括緒褌女年四十以上髮之結不結及乘馬縱橫並任意也別巫祝之類不在結髮之例同上

作八色之姓詔

更改諸氏之族姓作八色之姓以混天下萬姓一曰眞人二曰朝臣三曰宿祢四曰忌寸五曰道師六曰臣七曰連八曰稻置同上

免貧乏貨財詔

天下百姓由貧乏而貸稻及貨財者乙酉年十二月三十日以前不問公私皆免原同上

日本女主持統

持統天智第二女天武之后垂拱三年天武薨臨朝稱制改元二朱鳥太和在位十一年禪于皇子唐書作天武死子總持立疑爲持統之誤

赦皇子大津從坐詔

皇子大津謀反詿誤吏民帳内不得已今皇子大津已滅從者當坐皇子大津者皆赦之但礪杵道作流伊豆日本書紀卷三十

徙沙門行心詔

新羅沙門行心與皇子大津謀反朕不忍加法徙飛驒國伽藍同上

役身不得役利詔

凡負債者自乙酉年以前物莫收利也若既役身者不得役利同上

准麻呂等出家詔

麻呂等少而閑雅寡欲遂至於此蔬食持戒可隨所請出家修道同上

與新羅吊使級飡金道那詔

太政官卿等奉勅奉宣二年遣田中朝臣法麿等相告大行天皇喪時新羅言新羅奉勅人者元來用蘇判位今將復爾由是法麿等不得奉宣赴告之詔若言前事者在昔難波宮治天下天皇崩時遣巨勢稻持等告喪之日翳飡金春秋奉勅而言用蘇判奉勅卽違前事也又於近江宮治天下天皇崩時遣一吉

飡金薩儒等奉吊而今以級飡奉吊亦違前事又新羅元來奏云我國自日本遠皇祖代並舳不干檝奉仕之國而今一艘亦乖故典也又奏云自日本遠皇祖代以清白心仕奉而不惟竭忠宣揚本職而傷清白詐求幸媚是故調賦與別獻並封以還之然自我國家遠皇祖代廣慈汝等之德不可絶之故彌勤彌謹戰戰兢兢修其職任奉遵法度者天朝復益廣慈耳汝道那等奉斯所勅奉宣汝王同上

選定九等詔

百官人及畿内人有位者限六年無位者限七年以

其上日選定九等四等以上者依考仕令以其善最功能氏姓大小量授冠位其朝服者淨大壹已下廣貳已上黑紫淨大參已下廣肆已上赤紫正八級赤紫直八級緋勤八級深緑務八級淺緑追八級深縹進八級淺縹別淨廣貳已上一富一部之綾羅等種種聽用淨大參已下直廣肆已上一富二部之綾羅等種種聽用綺上下通用帶白袴其餘者如常同上

賜直廣肆筑紫史益食封詔

直廣肆筑紫史益并筑紫大宰府典以來於今二十九年矣以清白忠誠不敢怠惰是故賜食封五千戶

絁十五匹緜二十五屯布五十端稻五十束同上

百姓從良詔

若有百姓弟為兄見賣者從良若子為兄母見賣者從賤若准貸倍沒賤者從良其子雖配奴婢所生亦皆從良同上

禁訟言奴婢詔

若氏祖時所免奴婢既除籍者其眷族等不得更訟言我奴婢同上

禁酒詔

此夏陰雨過節懼必傷稼夕惕迄朝憂懼思念厥愆其令公卿百寮人等禁斷酒宍攝心悔過京及畿內諸寺梵衆亦當五日誦經庶有補焉同上

醴泉詔

粤以七年歲次癸巳醴泉湧於近江國益須郡都賀山諸疾病停宿益須寺而療差者衆故入水田四町布六十端原除益須郡今年調役雜傜國司頭至目進位一階賜其初驗醴泉者葛野羽衝百濟土羅羅女人絁二匹布十端鍬十口同上

唐文拾遺卷之七十二

榮祿大夫三品頂戴前分巡廣東高廉道加四級臣陸心源輯

日本女主孝明

孝明聖武皇之女聖武薨孝明即位當天寶初改元天平勝寶見唐書

大和國東大寺聖武帝銅板勅書

菩薩戒弟子皇帝沙彌勝滿稽首十方三世諸佛法僧去天平十三年歲次辛巳春二月十四日朕發願稱廣爲蒼生遍求景福天下諸國各合敬造金光明四天王護國之僧寺并寫金光明最勝王經十部住

僧七人施封五十戶水田十町又於其寺造七重塔一區別寫金字金光明最勝王經一部安置塔中又造法華滅罪之尼寺并寫妙法蓮華經十部住尼十人水田十町所冀聖法之盛與天地而永流擁護之恩被幽明而恒滿天地神祇共相和順恒將福慶永護國家開闢已降先帝尊靈長幸珠林同遊寶刹又願太上天皇太皇后藤原氏皇太子已下親王及大臣等同資此福俱到彼岸藤原氏先後太政大臣及皇后先妣從一位橘氏太夫人之靈識恒奉先帝而陪遊淨土長顧後代而常衛聖朝乃至自古已來至於今出身爲大臣竭忠奉國者及見在子孫俱因此福各繼前範堅守君臣之禮長紹父祖之名廣給羣生通該庶品同辭愛網共出塵籠者今以天平勝寶五年正月十五日莊嚴已畢仍置塔中伏願前日之志悉皆成就若有後代聖主賢卿兼成此願乾坤致福愚君拙臣改替此願神明効訓施封五千戶水田一萬町以前捧上件物遠限日月窮未來際敬納彼三寶分依此發願太上天皇沙彌勝滿諸佛擁護法藥薰質萬病消除壽命延長一切所願皆使滿足令法久住拔濟羣生天下大地人民快樂法界有情共

成佛道以代代國王爲我等檀越若我寺興複天下興複若我寺衰弊天下衰弊復誓其後代有不道之主邪賊之臣若犯若破障而不行者是人必得破辱十方三世諸佛菩薩一切賢聖之罪終當隨大地獄無數劫中永無出離十方一切諸天梵天護塔大善神王及普天率土有勢威力天神地祇七廟尊靈并佐命立功大臣將軍靈共起太禍永滅子孫若不犯觸敬勤行者世世累福終墜子孫共塵城早登覺岸

天平勝寶元年平城宮御宇太上天皇法名勝滿

上宮廄戶豐耳聰太子

上宮太子用明天皇第二子推古天皇元年立爲皇太子以攝政焉二十九年薨

憲法

一曰以和爲貴無忤爲宗人皆有黨亦達者是以或不順君父乍違于隣里然上和下睦諧於論事理自通何事不成二曰篤敬三寶三寶者佛法僧也則四生之終歸萬國之極宗何世何人非貴是法人鮮尤惡能教從之其不歸三寶何以直枉三曰承詔必謹君則天之臣則地之天覆地載四時順行方氣得通地欲覆天則致壞耳是以君言臣承上行下靡故承

詔必愼不謹自敗四曰郡卿百寮以禮爲本其治民之本要在乎禮上不禮而下非齊下無禮以必有罪是以君臣有禮位次不亂百姓有禮國家自治五曰絕饗棄欲明辨訴訟其百姓之訟一日千事一日尚爾況乎累歲須治訟者得利爲常見賄聽讞便有財之訟如石投水乏者之訴似水投石是以貧民則不知所由臣道亦於焉闕六曰懲惡勸善古之良典是以無匿人善見惡必匡其諂詐者則爲覆國家之利器爲絕人民之鋒劍亦侫媚者對上則好說下過逢下則誹謗上失其如此人皆无忠於君無仁於民是大亂之本也七曰人各有任掌宜不濫其賢哲任官頌音則起姧者有官禍亂則繁世少生知尅念作聖事無大少得人必治時無急緩遇賢自寬因此國家永久社稷勿危故古聖王爲官以求人人不求官八曰羣卿百寮早朝晏退公事靡鹽終日難盡是以遲朝不逮于急早退必事不盡九曰信是義本每事有信其善惡成敗要在于信君臣共信何事不成君臣無信萬事悉敗十曰絕忿棄瞋不怒人違人皆有心心各有執彼是則我非我是則彼非我必非聖彼必非愚共是凡夫耳是非之理誰能可定相共賢愚如

鐶无端是以彼人雖瞋還恐我失我獨雖得從衆同舉十一曰明察功過賞罰必當日者賞不在功罰不在罪執事羣卿宜明賞罰十二曰國司國造勿斂百姓國非二君民無兩主率土兆民以王爲主所任官司皆是王臣何敢與公賦斂百姓十三曰諸任官者同知職掌或病或使有闕於事然得知之日和如曾識其以非與聞勿防公務十四曰群臣百寮無有嫉妬我旣嫉人人亦嫉我嫉妬之患不知其極所以智勝於己則不悅才優於己則嫉妬是以五百之乃今遇賢千載以難待一聖其不得賢聖何以治國十五

曰背私向公是臣之道矣凡夫人有私必有恨有憾必非同非同則以私妨公憾起則違制害法故初章云上下和諧其亦是情歟十六曰使民以時古之良典故冬月有閒以可使民從春至秋農桑之節不可使民其不農何食不桑何服十七曰夫事不可獨斷必與衆宜論少事是輕不可必衆唯逮論大事若疑有失故與衆相辨辭則得理日本書紀二十二

中大兄皇子

孝德天皇元年立爲皇太子

獻部曰屯倉奏

昔在天皇等世混齊天下而治及逮于今分離失業謂國業也屬天皇我皇可牧萬民之運天人合應厥政惟新是故慶之尊之頂戴伏奏現爲明神御八嶋國天皇問於臣曰其群臣連及伴造國造所有昔在天皇曰所置子代入部皇子等私有御名入部皇祖大兄御名入部謂彥人大兄也及其屯倉猶如古代而置以不臣郎恭兼所詔奉答而曰天無雙日國無二王是故兼并天下可使萬民唯天皇耳別以入部及所封民簡充仕丁從前處分自餘以外恐私駈役故獻入部五百二十四口屯倉一百八十一所日本書紀二十五

朴市田來津

來津天智時臣

諫都避城議

避城與敵所在之間一夜可行相近茲甚若有不虞其悔難及者矣夫飢者後也亡者先也今敵所以不妄來者州柔設置山險盡爲防禦山峻高而谿隘守而攻難之故也若處卑地何以國居而不搖動及今日乎日本書紀二十七

廣相

廣相貞觀時日本人官少辨橘

神護寺鐘銘序

愛當之山神護之寺三寶既備六度無虧唯所有梵鐘形小音窄故禪林寺少僧都眞紹和尚始發弘願有心改鑄鎔範未成衣裓早化檀越少納言從五位上和氣朝臣彝範悼和尚之遺志尋先祖之舊蹤以貞觀十七年八月廿三日雇冶工志我部海繼以銅一千五百斤令鑄成焉恐年代久遠後人不知仍聊記於鐘側

是善

是善貞觀時日本人官守管原朝臣

神護寺鐘銘

傳音在器證果惟因尔祖初業厥孫聿遵宿昔三尺今日千斤體有寬窄功無舊新山聲萬歲谷響由旬聞宜覺夢扣即歸眞慈周世界感及非人雕瑑勝趣蒙叟當仁

源順

源順字具濟日本村上天皇天曆中人大納言定省孫左馬允舉子能達和歌詩文

倭名類聚抄序

竊以延長第四公主柔德早樹淑姿如花吞湖陽於胸臆籠山陰於氣岸年纔七歲初謁先帝先帝以其姿貌言笑每事都雅特鍾愛焉即賜御府箏手教授其譜公主天然聰高學不再問一二年間能究妙曲十三絃上更奏新聲自醍醐山陵雲愁水咽永辭魏闕之月不拂秦箏之塵時時慰幽閑者書畫之戲而已於是因點成蠅之妙殆上屛風以筆廻鸞之能亦巧垂露漸辨八體之字豫訪萬物之名其教曰我聞思拾芥者好採義實期折桂者競採文華至于和名弃而不屑是故雖一百帙文館詞林三十卷白氏事類而徒備風月之興難決世俗之疑適可決其疑者

辨色立成楊氏漢語抄太醫博士深根輔仁奉勅撰集和名本草山州員外刺史田公望日本紀私記等也然猶養老所傳楊說纔十部延喜所撰藥種只一端田氏私記一部三卷古語多載和名希存辨色立成十有八章與楊家說名異實同編錄之間頗有長短其餘漢語抄不知何人撰世謂之甲書或呼爲業書甲則開口裒揚之名業是服膺誦習之義俗說兩端未詳其一矣又其所撰錄名河魚爲鰷祭樹爲榊澡器爲槺等是也汝集彼數家之善說令我臨文無所疑焉僕之先人幸忝公主之外戚故僕得見其草隸之神妙僕之老母亦陪公主之下風故僕得蒙其松容之教命固辭不許遂用修撰或漢語抄之文或流俗人之說先舉本文正說各附出於其注若本文未詳則直舉辨色立成楊氏漢語抄日本紀私記或舉類聚國史萬葉集三代式等所用之假字水獸有葦鹿之名山鳥有稻負之號野草之中女郎花海菩之屬於期菜等是也至如於期菜者所謂六書法其五曰假借本無其字依聲託事者乎內典梵語亦復如是非無所據故以取之或復有以其音用于俗者雖非和名既是要用石名之礠石礬石香名之沉香

淺香法師具之香爐錫杖畫師具之燕脂胡粉等是也或復有俗人知其訛謬不能改易者鮏訛爲鮭榲讀如杉鍛冶之音誤涉鍛冶蝙蝠之名僞用蠛蠓等是也若此之類注加今案聊明故老之說略述閭巷之談總而謂之欲近於俗便於事臨忽忘如指掌不欲異名別號義深旨廣有煩于披覽焉上舉天地中及人物下至草木勒成十卷卷中分部部中分門廿四部百廿八門名曰和名類聚抄古人有言街談巷說猶有可採僕雖誠淺學而所注緝皆出自前經舊史倭漢之書但刊謬補闕非才分所及內慙公主之

照覽外愧賢智之盧胡耳倭名類聚抄

僧空海

空海亦稱遍照金剛延歷中入唐受書於韓方明彼國號宏法大師

七祖贊

沙門輸波迦羅四婆揭羅僧訶□子以我□之唐伽陁國王弟子金剛三藏□入道林神氣□着精□□教門一心遊入□□名□□□至□□境□□□以□□□虛缺四字卷爲十二於□□□□沙門□□七卷□□婆呼□□三藏住□□恬神□開□獎勸初學慈悲□誘無虧折人□□無滯弘仁十二

沙門一行張名遵國襄公孫僕太之也母寵李氏華容心性及之二□白光及生之後移在兒親□聰慧過人其父□神童舉之其母吾兆此兒必爲國師忽妄舉之後必感玄宗皇帝自親製碑銘並書石上禪師幼而希言言必有中長無暇日深道極陰陽之奧屬辭盡春秋之筞甲科飜飛蹈依嵩嶽僧乾僧眞纂律藏宿愛全幽之綮履禪師以聖道故開元之歷以朕敦述大衍又□陁羅前佛壇譯盧遮那佛經開後佛國滿大慈本孰辨是而去矣善是孝中又有也道

外別有忠也嘗風咨度乘曰遊淪典禮方期永喜孤善願一如□□意識明行所在新□身無□患□無一忽然瞻惲覺□有往生之意也乃□神罔極之人之原曰大禪師崇稱也三爪甲不長形經佛後禮迦開山□自天聰明授記波上人□□術窮天地精有化心發無上志□道稱一燈拔去三事我夢金人來鎮家集垣沙□住實相慧眞宰□促促供心莫□□□□咖如舍利堅絕見生滅□□豈生滅中□古□見中銘□來□夫□來文揮缺四字當於□若訥見者若愚□君□□以子每夜缺五字藏名多勝行闕□無

□□□弘仁十二
法應人也藏之□師見三藏器稱歎不已之不異父
母印受職□頂促□本金剛頂瑜伽冲和精神爽利
詰孔□年□甫十五聞之追入□之和尚加持童子
鈎□子皇帝□□帝皇歷數皇法力降天入瓶送□
四事□給藏該通（以下四首不錄）

大和州益田池碑銘并序

若夫咸星銀漢下灑之功深湖水天池上潤之德普
故能巾品之而長生至若八氣挫植五木陶冶北方
之行獨居其最坎之爲德遠矣哉皇矣哉粤有益田

池爾尊□□之洲八島初□之國地是漢□之舊宅
號則村井之故名去弘仁十三年仲冬之月大和州
監宛藤納言三□□當末□□冗陽之可支歎膏腴
之未開占頭勝處奏請之綸詔□夜夏則令藤紀二
公及國律師□掫功未幾皇帝遊駕汾襄藤公從之
（缺約四字）當二遷代前今上膺堯敦舜寶圖照玉燭平二
儀撫□□於八島（缺約四字）三樂道代撿國事並拔藤廣
任刺史□公撿挍池事於焉青鳥□塊數千（缺約六字）人
百計之夫夜氣既□車□轟轟□電磤磤□雷雰雰
倏忽雲騰宛如靈神之挺埴還疑洪鑪之化塵成也

不日□也不年造之人也□之天也爾乃池□爲狀
也左龍寺右鳥陵大□□南聳畝□北峙來□精□
鎮其□□□荒壟□其坤十余大陵聯綿虎踞四面
長阜邐迤龍臥雲蕩松巖之上水激□□之下春纁
映池觀者忘歸秋錦開林遊人不倦鴛鴦鳧鴨戲水
載歌玄鶴黃鵠遊汀多舞魚鼈延頸鮒鯉掉尾淵獺
祭魚林烏反哺泊如□水□天□山倒景深也以海
廣也超淮咲□明之非儔哂□□之猶小虎嘯鼓濤
則驚汰波漢龍吟决堤則穹天不□襄陵之罔象不
得□其塘燋山之女魃不能涸其底六蒋□□萬□

□□一人有慶兆民賴之舞之蹈之□千□以擊腹
手之足之呼萬歲而忘九歎桑海之數變索銘詞乎
□□貧道不才當仁固辭不能□虛□□□乃爲銘
曰
希夷象帝上下未萌盤古不出國當無生元氣倏動
蔕牙□驚八風扇鼓五木縱橫（其一）日月運轉山河錯
峙千名森羅萬物□起藤膺死氣稷秋復始天池人
池灑霑功似（其二）前堯後禹應厚恒人□略廣運慈照
思仁機事不測成功若神潤物如雨樂人似春（其三）□
勅雷震有司□陽□藤蘿草果□□□伴於□計原

□在公亘才奇術此則犀風其四復有一坎其名益田
掘之人力成也自天車馬霧聚女男雲連歸來似子
畢功不年其五迩而且廣鐶澈□□涅瀁渺瀰瞻望月
極百溪之宗萬泒之成廷鳥涵泳虬龍斯□其六畎澮
洗溢甾畬甡植孳我藝穟藝穟我穡如坻如京足兵
足食井田我事堯帝何力其七

下野國日光山碑

橫嶺□嶽異人所都□水龍坎靈物斯在所以異人
□□所以靈物缺五字清□□人天暗缺七字則境溺心
逐境移境閒則心□心地□會通□玄□至如能寂

□居以利見妙祥鎮□以□□提山缺四字津梁□□
靡不依仁山託智水臺□□磨□□□水者也有沙
門勝道者□郢□□人也俗姓君田氏神□工□之
缺五字之齒桎枷四民之主事調□□□飢三□□業
厭□□之轟轟仰林泉之皓然粤有同州補陀洛山
□□□銀漢□峯衞□□□雷腹而鼉吼缺約十八九字古
未有□□者法師願義成而興歎仰□□以□□□
以去神護景雲元年□月上旬□上雲深嚴峻雲密
雷过不能上也□住半腹三七□而却還又天□元
年四月上旬更事舉涉亦上不得也二年三月中奉

爲諸神祇寫經圖佛□□□足弃命殉道□負經像
至于山麓□經禮佛一七日夜堅發願曰若使神明
有知願□我□我寫經及像□□□山頂爲□供養
以□神威饒群生福仰願善神加威缺四字山魅前導
助果我願我若不到山頂亦不到菩提如缺五字白雲
之□□舉琭葉之璀粲□脚□□身疲力竭憩息信
宿□□淨几忼惚似夢似寤不因乘査忽入雲漢不
□妙藥得見□□一喜一悲心魂難持山之爲狀也
東□龍臥□□□極南□虎踞□息有興指妙高以
□位□輪□而□□笑衡岱之猶卑哂□□之又劣

日出先明月來晩入不假天缺四字里□□何處乘鵠
白雲足下千般缺六字百種□□誰人陶冶北望則有
湖約計一百頃東西狹南北長西顧亦有一小湖合
有二十餘頃□坤□有一大湖幕計一千餘町東□
□□不□南北長遠四面高岑倒影水四□□異□
水石自在銀□□地金□□枝□鏡無私萬□詛逃
山水相映乍□□膓□伫未飽周皇□人我□蝸□
于其坤角住之禮懺勤經三七日□已□□願便歸
故居當□□三年三月下旬更上□五缺四字南湖邊
四月上旬造得一小船長二丈廣三尺即與二三子

□□游覽遍□四壁神□夥多東看西看汎濫自□
日暮□餘缺四字南□其洲□去□三十丈餘方圓三
十丈餘諸洲之中□□富□復更游西湖去東湖十
五許里又覽北湖去南湖三十許里並□裏表□不
如南二南湖則碧水澄鏡深不可測千年□□□水
而□□蓋□□檜杉竦□而構□□五□之花一林
而雜色六時之□同□而異□白鶴舞汀□鼋戲水
□□如坽上□玉響松風懸琴坻浪調鼓五音爭奏
天韻八□澹澹自貯缺六字陀之□歷星燈□炬數數
□□之□□見池中圓月知普賢之□□仰□裡惠

卷七十二　十五

日覺迎智之□我□□勝地□建伽藍名曰神宮寺
住此修道荏苒四紀廿年四月更移住缺八字可愛□
□之色□名□□丁香之具□□□意靈仙不知何
去神人髣髴如存忿□精之無記昔王侯之不遊思
餓虎而不遇訪子喬而適去觀華藏於心海念實相
於□山□蘿缺九字約水樂在中乍彳乍亍出□外九皐
聲易遠于天去延歷中拍原皇帝聞之便任上野國
講師利他有時虛心逐物又建立華嚴精舍於都賀
郡城山就此□彼利物弘道去大同□三□有□九
川司令法師祈雨師則上補陀洛山祈禱應時甘雨

霧霈百穀豐登所有佛業不能縷説咨曰東難駐人
間易變從心忽至□蛇虛□提誘是務能事畢矣前
下野伊博士公與缺五字八□于時法師歎□□之無
記要白文於余筆伊公與余故固辭不免課虛抽乃
爲銘曰
維黃裂地粹氣昇天僧鳥運轉萬類駢闐山海□峙
幽明殊阡俗波生滅眞水道先一塵構嶽一滴深湖
埃涓萎聚盡飭神都嶺岈不梯鷲鷟無圖一首嵦嵦雪
巖易□誰□沙門勝道竹操松柯仰之正覺誦之達
磨白衣觀音禮拜釋迦缺四字直入嵯峨龍汎絶巘鳳

卷七十二　十六

舉□□神明威護歷覽山河二首山也崢嶸水也泓澄
綺華灼灼異鳥嚶嚶地籟天籟如筑如箏異人乍俗
音樂時鳴一覽彌暇百煩自休人間莫比天上寧儔
孫興亦筆郭詞豈周咄哉同志何不優遊
弘仁之年敦牂之歲月次壯朔三十日之癸酉也人
之相知不必在對面久話意通則傾蓋之遇也余與
公生年不相見幸因伊博士公聞其情素之雅致兼
蒙請洛山之記余不才當仁不敢辭輟抽批詞并書
絹素上詞翰俱弱深恐玄之猶白寄以瓦礫表其情
至百年之下莫忘相憶耳西岳沙門遍照金剛題

闕名

葛城爲封縣奏

葛城縣者元臣之本居也故因其縣爲姓名是以冀之常得其縣以欲爲臣之封縣日本書紀

佛跡石臺刻字二首

大唐使人王玄策向中天竺丘茲國中轉法輪□同見跡得轉寫搭是第一本□日本使人黃書本實向大唐國於普光寺得轉寫搭是第二本日本在右京四行坊禪院向禪院壇披見神跡敬轉寫搭是第三本從天平勝寶元年歲次已巳七月十五日至廿七

日并一十三箇日作□檀主從三位智奴王□天平勝寶四年歲次壬辰九月十日改王寫成文室眞人智努畫師越田安方畫寫杉原甲以下漫滅

伏願爲亡夫人從四位下茨田郡王法名良式敬寫釋迦如來神跡伏願夫人之靈□高遊入无勝之妙拜受□□之聖永脫有漏高證无爲同霑三界共契一眞

上野國山名村碑

上野國羣馬郡下贊鄉高田里□□三家子孫爲七世父母現在父母□現在侍家刀自□君□□自人兒□那刀自孫物部君午足次馴刀自次□刀自合六□又知識所結人三家尾□次知萬呂鈫□礒□君午麻呂合三口如是知識結而天地誓願仕奉□石文神龜三年丙寅二月廿九日

下野國那須郡湯津上村國造碑

永昌元年已丑四月飛鳥淨御原大宮那須國造追大壹那須宣事提評督被賜歲次庚子年正月二壬子日辰節殄故意斯麻呂等立碑銘偲云尒仰惟殞公廣氏尊胤國家棟梁一世之中重被貳照一命之期連見再甦碎骨視髓豈報前恩是以曾子之家无

有嬌子仲尼之門无有罵者行孝之子不改其語銘夏堯心澄神照乾六月童子意香助坤作徒之大合言喻字故无翼長飛无根更固

多賀城碑

此城神龜元年歲次甲子按察使兼鎭守將軍從四位上勳四等大野朝臣東人之所置也天平寶字六年歲次壬寅參議東海東山節度使從四位上仁部省卿兼按察使鎭守將軍藤原惠美朝臣朝修造也

天平寶字六年十二月一日

上野國多胡郡眞井村碑

弁官符上野國片岡郡緑野郡甘良郡并三郡內三百戸郡成給羊成多胡郡和銅四年三月九日甲寅宣左中弁正五位下多治比眞人□太政官二品穗積親王左大臣正二位石上尊右大臣正二位藤原尊

小納言正五位下威奈卿墓誌銘并序

卿諱大村檜前五百野宮御宇天皇之四世後罡本聖朝紫冠威奈鏡公之第三子也卿温良在性恭儉爲懷簡而廉隅柔而成立後清原聖朝初授務廣肆藤原聖朝小納言闕於是高門貴冑各望備員天皇

特擢卿除小納言授勤廣肆居無幾進位直廣肆以大寶元年律令初定更授從五位下仍兼侍從卿對揚宸扆參贊絲綸之密朝夕帷幄深陳獻替之規四年正月進爵從五位上慶雲二年命兼太政官左小辨越後北疆衝接蝦虜柔懷鎮撫允屬其人同歲十一月十六日命卿除越後城司四年二月進爵正五位下卿臨之以德澤扇之以仁風化洽刑清令行禁止所冀享兹景祐錫以長齡豈謂一朝遽成千古以慶雲四年歲在丁未四月廿四日寢疾終於越城時年卌六粤以其年冬十一月乙未朔廿一日乙卯歸葬於大倭國葛木下郡山君里狛井山崗天潢疏派若木分枝標英啟哲載德形儀惟卿降誕餘慶在斯吐納參贊啟沃陳規位由道進榮以禮隨製錦蕃維令望攸屬鳴絃露冕安民靜俗憬服來蘇遥荒仙足輔仁無驗連城折玉空對泉門長悲風燭

南圓堂銅燈臺銘并序

弘仁七載歲次景申伊豫權守正四位下藤原朝臣公等追遵先考之遺敬志造銅燈臺一所心不乖麗器期於撲慧景傳而不窮慈光燭而無外遺教經云燈有明明命也燈延命譬喻經云爲佛燃燈後世得

天眼不生冥處普廣經云燃燈供養照諸幽冥苦病衆生蒙此光明緣此福德皆得休息然則上天下地匪日不明向晦入冥匪火不照是故以斯功德奉翊先靈七覺如遠一念孔邇庶幾有心有色並超於九横無小無大共錫於八苦昔光明菩薩燃燈說呪善樂如來供油上佛居今望古豈不美哉式標良因貽厥來者云

大雄降化應物開神三乘分轍六度成津百非洗蕩萬善惟新更昇忉利示以崇親其一薰修福下缺

道澄寺鐘銘

道澄寺者，從三位守大納言兼右近衛大將行皇大子傅藤原朝臣、參議左大辯從四位上兼行勘解由長官播磨權守橘朝臣，爲報四恩濟六趣，合誠勠力所建立也。堂宇比甍，南北輪奐，尊像接座，前後跏趺。兩相公宿殖香火之緣，生爲瓜葛之戚，非唯現世結契濶之情，亦欲淨刹共安養之樂，故各取其名首字，以爲此寺額題，所以貽本緣於來代，期同志於他生也。藤亞相爰命梟匠，乃鑄鴻鐘，且將令長夜昏迷，聞妙聲而知曉；苦海沉淪，驚梵吼而通津。延喜十七年十一月三日銘之，其詞云：

倕師施冶，菩提催緣。虛受必應，響高自傳。從夕至曉，出定入禪。傍唱衆聖，遙警大仙。法喜增感，耶夢驚眠。通阿鼻獄，達有頂天。劫數億萬，世界三千。一音利益，無限無邊。以上未注所出書者，均日本金石模刻本。

存齋陸君輯全唐文拾遺七十二卷余爲製序其書久行於世矣君篤好唐文至老不衰凡所甞見靡不纂錄於是又續得三百數十篇釐爲十六卷題曰唐文續拾鏤版與前書並行剞劂未竟君捐館舍至今年秋手民以藏事告而君不及見矣其長君純伯孝廉以印本寄示并述遺命仍請爲序余讀其書上自朝廷誥敕以及碑銘序記之文下逮方外之讚頌外國之表狀無所不備雖年代久遠文字剝落而洋洋數百言完善無缺者亦多有之嗚呼蒐羅之富采輯之勤可謂至矣自嘉慶間　頒行全唐文之後烏程嚴鐵橋輯全上古三代秦漢三國六朝文七百四十七卷使與全唐文相接而君又於全唐文一千卷外成拾遺及續拾共八十八卷然則自上古至唐幾於無一字一句之或遺矣豈非藝林盛事哉鐵橋烏程人而君歸安人是名山之大業實吾郡之美談鐵橋身後遺書散佚賴其從弟秋樵稍稍編校而君有令子克承先志寶守遺書不敢失墜是又鐵橋所不及者也余老矣不克於前序之外更贊一言姑述其世濟之美以慰君遺意并爲純伯昆仲望也曲園居士俞樾

唐文續拾卷一

榮祿大夫二品頂戴前分巡廣東高廉道加四級臣陸心源輯

高祖

拾遺卷一

賜東鄉同安勅

隨帝在日早與朕論及卿才故特命卿勿以爲辭稱疾不往與朕卧將其亦可爲石刻

又勅

比行□亂缺淪陷者多莫不同惡相趨望風翻叛將軍以□立身以忠奉國招集黎庶召募驍雄運彼讖謀奮茲□地夷險不擾始終若一朕攬茂勳嘉尙良深軍人受命出征恭行天罰其兵馬恩勅已發遣訖并有勅書及賜物等所薄軍人好加慰撫同上

批答東鄉同安妻夏侯氏謝賜葬表

□□□賞未稱朕懷生乃有功歿無□贈情旣念往將以飾終所謝知同上

睿宗

拾遺卷二

奉仙觀祭告文

景雲二年六月二十三日皇帝敬憑□道士楊太希

於名山所燒香供養惟靈蘊祕凝眞□綜□□□高
穹之亭毒同厚載之陶鈞蓄洩烟雲蔚□日月五芝
標秀八桂流芳翠領萬尋青山千仭□□戾止恆爲
碧落之庭鶴駕來遊卽是玉京之域百祥□於遠邇
五福被於黎元往帝所以勞心前王由其載想朕恭
膺寶□□守昌圖恐百姓之不安慮八方之未泰式
陳香薦用表深衷實冀明靈降茲休祉所願從今以
後浹寓常安朕與男女六姻永保如山之壽□官寮
萬姓長符□□之缺八字夷狄歸心於邊徼缺四字用副
誠獻石刻

元宗

拾遺卷二

宋慶賓勅

上缺臨事明允頃居令長雅聞聲稱控帶百越朝宗萬
里端察之任舉才攸屬可守廣州都督府司馬散官
如故仍馳驛赴任主者施行開元二年九月十一日
畿輔通志

肅宗

拾遺卷四

三教聖象贊

吾儒之師曰魯仲尼仲尼師聃龍吾不知聃師竺乾
善人無爲稽首正覺吾師師師石刻

批荅安國寺僧乘如表大歷二年十一月

戒分律儀釋門宏範用中獎導俾廣勝因允在嚴持
煩於申謝石刻

憲宗

拾遺卷六

授遠成太中大夫勅

日本國判官正五品上兼行鎭西府大監高階眞人
遠成右可大中大夫試太子中允餘如元勅日本國

使判官正五品上兼行鎭西府大監高階眞人遠成
等奉其君長之命赴我會同之禮越溟波而萬里獻
方物於三檢所宜褒獎並錫班榮可依前件元和元
年正月二十八日日本鄰交徵書

高宗武皇后

拾遺卷八

述聖記

朕聞陽耀陰凝混元所以□□天覆地載缺十一字高宗
見之矣粤若稽古帝唐神闕下俱爲薙草之場啛啛齊
萌同變亂麻之域高祖神堯皇帝□電凝禎流虹降

祉鍾昊穹之眷命□□□之□□□太宗文武聖皇帝資靈寶緯挺睿金英稟赤帝於南宮缺地而殪封豨殲蝟結而殄騶張疇野裂而阪泉震白波靜而缺展臨明臺而養正坐衢室以居尊宵衣黻若厲之懷旰食□□□之缺大帝爲爰初在孕及乎載誕見龍登寢其宵有夢象之符休缺下大帝□懷紫翼錦鱗與常有異排黼帷而莫幃依繡□而無□□□聖后曰烏爲慈孝之鳥復是太陽之精天意若曰此兒其以愛缺化方流初涉藝門生知自遠若砥金之含彩同瑩玉之開□缺不充行莫能正履衣未嘗解帶暨陰明

落照柔範韜儀缺埋璽於相思殿前因告天地祇及山川羣望曰當璽而立缺在庭陜聿諧其望執金按道□宛□慕其榮於是式降缺之計不謀同發一旦□收是知殷憂以啟聖朝多難以缺試之功文武斯極又嘗監和御藥手持入進屬太缺以惰穢廢農基以觸圍驚使天威震怒立命斬之缺戈戰□戎夏清獨有涀水斷風丸山阻順皇赫斯怒缺戰之氣□居百步之中大帝莫能自安魂膽飛缺而以遠涉之勞時有不豫令大帝摠知軍國間日缺太宗命大帝承旨玉階即令敷暢缺狠太宗撫大帝頰而言曰吾聞

缺流□□□集紫庭地含梧野之哀起祚宮缺之物豈余□□而□□哉侍臣銜涕敦勸扶而缺先忌則潛泣累晨澤奉遺圈則凝哀永日因缺之鏡歟好生惡煞之□財成有截雨施雲行之惠沐浴激納缺卅五字其源而春賞秋罰□□攀檻思闢逆耳之言謇說狂詞倦□□之議□□天□□□大聖缺廿九字煥乎天文架丹□而首出矣□材兼運仗仁義以明威□德同勲資承兵而□□□律□□堂之下邊定□□□之□水缺十一字官貽後昆而作範劉臺罷構姬沼弗營寶驛咸歸□裘莫扇由是去雕反朴□率土而爲風革

弊還澆被遐荒以□□□豊禮缺九字畜而□□皇之神務焉想空谷以載懷望中林而式□出潛鱗於紫泉之裏收逸羽於丹霄之上五往三就志切求賢得士以昌缺十一字刑不怒而威不言而信去罰寔由於一德勝殘無□於百年矣若夫堯光四表纔臨明昧之墟禹奠九州止屆蠻要之服未有缺十二字凝甘□□□而湛夜瑞蓮蕩搖風之影祥缺四字之滋連賓植而指佞抽朱草榮而丹芝秀郊呈皓質沼戲黃鱗澤馬連缺十六字万騎□□披月候於云峯轉星闡於□觀六變揚而地門闢五精降而天庭開興百王之絕典播千祀

之高蹈缺十四字謀臣若雨猛將如雲競獻九攻之能爭
□□□之術及聖謨天斷獨出羣心違命者則必無
功承制者莫不稱缺十四字九天偏將暫動戎摩俄清十
角缺四字鷄岫霧卷碧於龜林遂使煙息朝烙聲埋夜
柝自聖唐之馭天缺十一字逍遥而訪道思窅眇以尋真
或轉旆蕭關或缺四字神人吸風之地每降汾水之遊
天師乘日之野屢動□山之駕永缺十字已崩□□□
貞□□抱□鳥而凝哀捧遺弓而缺八字之戀徒深曾
旻落構號天之痛愈切奄四瀛而遏密亘缺十一字仁況
又神聖文武並□謚令故因仍舊缺十字皇大帝廟曰

高宗顧以庸虛謬承乾蔭竟缺十二字文□之詞英豈能
□聖海之遙源敘□人缺十二字聖德逾隆百行咸該而
孝行彌著每聞義夫節缺十二字始□敬養允副因心近
者□遠之初塋兆未定朝缺七字川唯此縈懷必願奉
承先志每言留葬東土缺十二字自古聖皇咸遵菲葬轂
林稽嶺唯聞簡素之儀畢陌迴渠俱崇節□□制德
彌厚者藏彌薄聖逾重者瘞逾輕具珠寶缺十一字因天
造無待人功微將所習之書以示不忘聖道自欽顧
命奉以周旋藏殮之資一遵遺志斯地則川阜明秀
林甸威缺十四字而□苻隱翠柏而成象石呈永固柘示

無渢方隆七廟之基重受三靈之眷豈非德動天地
慶延無極者乎缺十六字將歸上京崩訴穹旻志期攀從
羣公列辟表奏相望以爲關輔尚虛又頻鍾禍故黎
庶之情猶懼宸極之缺十一字易□茹荼之恨□盡唯思
贊述少慰抽攄但元扆位尊丹碑所紀遐觀列代莫
樹豐瓊所以略苻傳紀弗存銘頌庶下缺

按此首較多六百餘字

東鄉同安

同安唐武德初德州遊擊將軍攝左金吾衛大將軍

辭疾表

上缺月七日勅令臣所統兵馬山東河南河北討逐逆
賊者臣智昏萩缺一日因赴射跳坑馬倒損腳今見
抱疾死生莫分臣□塵微不敢悋缺聖恩察臣愚懇
謹使男道奉表詣闕以聞臣同安誠惶誠恐頓首頓
首石刻

謝賜表

武德元年五月廿一日內侍王波利宣賜寶帶一襲
攝左金吾衛大將軍者澤自天來恩從地出然臣生
居山東缺七字射曾不習文鳥鳥銜恩犬馬缺光曲照
聖渥缺陛下迴賜有功之缺誠惶誠恐死罪死罪同上

崔懸黎

懸黎南祖房君賓子官主爵員外新表司封員外郎石柱題名太子桂坊同國史修撰

龍門西壁阿難像讚

□龍門缺七字壽三田□壞至繞集□□之福四□方軌缺五字之化□□此其自在□矣奉義郎御史臺□□□思蘊道敷缺四字名□外鶩林紱□□□之□□內澄心鏡窺月性之無□乃以大唐總章元年七月□□日於此河南縣會善寺龍門西壁鑿石爲阿難佛像一龕仍圖其先考暨其亡妣杜夫人供奉佛之

左右爾其瞰迥樹基巨高益態顧□□之□□□對新瑩寫樂土之□□□分□寓天花繞座光□□鶴之之□樹低缺四字柔之□瞻容有睟維缺四字使承煦鏗臺□景□□朝閶鳥偈超上品於□樓夕陪寶手接□友於金地其讚曰

七寶芳林眾流淨□欲□珠閣務□冰想有□□□事自觀象□舊缺六字龍門石闢缺四字艮亘並植妙覺齊□石刻

杜易簡

易簡襄陽人咸亨中自殿中侍御史爲考功員外左轉開州司馬撰御史臺雜注五卷文集二十卷唐書文苑有傳

御史臺柏贊

爰有貞柏徙植清臺麝條霜勁蠶葉風開始逢鵲喜終見烏來翰苑新編

孟利貞

利貞華陰人初爲太子司議郎受詔與許敬宗等撰瑤山玉彩五百卷累轉著作郎加宏文館學士唐書文苑有傳

龍門敬善寺石龕阿彌陀佛觀音大至二菩薩

像銘并序

竊以眞宗寂遠象外之辯莫詮至教幽深幾初之智罕測照三明而光有際馳十力而振無邊淪苦海者濟以慈航迷重昏者□之惠日大哉梵德不可名言故華州長史鶩公夫人敦煌郡君范氏騰芳□閨嗣美緗圖展鏘鳳於時英允光內政爰歸鱗於□□□浹千流譽緝昭塗景淪幽冢有子同州司戶叅軍味道四□紹跡三杪飛聲雅望重於人倫至性光於地義寒泉著戚怨凱風之莫攀冥路馳心悲昊天而逾勵奉遵遺志敬造阿彌陀石像一軀并觀音大至兩

菩薩夾侍粤以總章五年七月廿九日彫鐫克就日輪擒景月面開華蓮眸若視果脣如笑紺螺傍映駐烟彩而凝光紅爪相暉帶霞文而散彩眞容有睟仙衛分部怖鴿仰而知歸遊龍望而遥集伏願載揚巍德式警潛禪遠樹寶梯永安淨域因茲繁祉廣給親緣籍此鴻休具霑動植俾夫將來希向懷懿範而勵情終古幽求踐徽□而錫類勒斯不朽乃作銘云

□□妙覺皇矣太仙金顏日秀貝典河施鏡眞心術雨法身田容包有際業暢無邊□林現滅玄風自傳憲儀宏睟鏤質貞堅（缺五字）美形□山容峻邈月狀明

圓粤茲清懿言啟良緣（缺五字）岫彫鐫五章交映六彩相鮮異表爭發殊姿（缺六字）紺髮留烟隨脣疊菓依步舒蓮溶溶雲靄灼灼□□□□□□光震三千徘徊釋衆羽翼時賢比義同德抗（缺七字）圍繞芳□偕□景福並起禪天顧惟凡諆望海幾（缺六字）慙重宣（缺石刻）

芮智璨

智璨馮翊人登仕郎守紀王府典籤

沂州新太縣令張文珪造象碑銘

□聞金河證果（缺）滅用能隨機誘喻雖異術而同歸汲引乖方亦殊源而共本無相示相廣開方便之門非身現身競□□遊之軌（缺）十方以救焚賁四禪而拯溺盪稽天之苦浸蔭之以慈雲廓薇日之重昏承之以法炬其有至誠遐感大孝（缺）岸者即新太令張君之謂歟君名文珪字友仁清河人常山王敖之後若茂緒開宗珥漢貂於七葉靈（缺）躬負璽之榮相襲曾祖恩隨上□郡遂城縣令庭喧（缺）和自舞之鸞室響鳴琴引朝飛之雉祖容隨清河太（缺）於時談衣錦棲榮播清徽於雅俗□是聲高海岱□□天齊顯考□操慶襲箕裘孝□應聘辭出徵而曜彩且蘊價（缺）得厲炎行決御厲階斯起（缺）竊蜂飛編□□叱□驚

□遺修蛇犯蹕毒被蒼生封豕裂冠矢流黃屋兇徒孔熾（缺）災□故鄉而路絕言歸河朔幾傷（缺）飲恨沂獨獻凱□□□懷桑梓望切蓼莪斯願莫從關山何極丁時窴身之（缺）永縣應□府司馬太□君者即襄（缺）之後也諱□字仲武邂逅相遇斷金之契已隆樂莫新交傾蓋之情斯允昔伯□遇（缺）憶田文□□荷馮煖之□□復有族（缺）郎比邑之□仁高十室恩洽五宗宗子之眷既深本枝之情彌切契濶踰於三祀艱（缺）盧蘇藜啜□□共滅與□□撤分甘□□□而卒□□大夫□□□耶王氏絳郡太平令元顥之長

女焉大舅道洽二舅道液炶花蕚交映□□遂發非禮勿□□義不取彈冠入仕譽滿金門執贄登朝光流玉□□□利害宅心不以夷險易節君乃遐思聖善情切渭陽復以弄璋之初缺自潔瑩□□圓流梁□本奇澄□以方折貞心逾於郄桂勁節擬於□□器度□雅風神散朗洎乎皇階授木義邸初開再缺仁壽以缺任舒州懷寧縣丞後遷始州武□令潁水祥星始□編珠□□扶渾愛景修沇連石之暉貞觀八年遘疾終于私第缺如朋踐芝□□□泣投滕密友未缺餐哀惟君良治克傳家聲載篇□機穎悟敏

藝夙彰仁孝之道幼談友悌之風潛扇缺忠騰懿範於缺播清芬於懋□以文明元□授沂州新太縣令縣與谷裏相連即爲親避地之處聞問增慼志切因心缺仰風枝而永歎銜哀缺愼終犧六度之仙舟□三乘之妙躅於是□弘誓□奉爲二親敬造尊像并菩薩一十八軀崇勝業缺彩映青蓮滿月開顔色含丹桂冥人資其解脫法界仰以歸依□潤身用長缺禮彈究□□竭劬勞結妙果於閻浮證來生於缺城之非有悟火宅之無常於是敬徙尊□移居淨域寺稱白雉□照金容夫□任□□僧問出貝敖東架忍樹低陰禾來西峙慈雲吐缺山孤聳有漢武之仙蹤南則汶水浮空覽子□之遺跡瞻言寶座永固金儀缺長□□恒沙而不朽欲宣此偈乃作銘云

緬□□典詳觀梵文七識馳騖五陰羣分高懸法鏡營此戴□覺花承露忍葉低雲（其一）□□□□□□□洎道映彌天德兼初地生滅惟一色空無二□□弘獎抑揚鱗次（其二）爰屬有隋炎行告否黔首交喪□□斯□□噬波騰羣兇□□眷言缺桑梓（其三）獻唐承歷重光應期聿遵帝道行□□慈布此玄德憑乎大悲經啟精□乃建仁祠（其四）顯允猗人思□□樹滌心淨

海缺光冥路智燈自朗法流恒注（其五）蕭然梵□肅穆神儀靈顔若笑寶出疑移風搖惠草露湛禪枝輿言福缺敬飾金繩于□□□□滿周備彫鐫云整菜秀蕃園花開蓮井心力俱罄玄功自永（其六）石刻

鄭休文

休文滎陽人進士將仕郎

唐故公士安君墓誌

稟滄和以爲人含神爽以爲用在家爲孝子在國爲忠臣於鄉黨而則恂恂於富貴而不汲汲諧大隱於朝市笑獨行於山林斯則安君見之矣君諱令節字

令節先武威姑藏人出自安息國王子入侍於漢因而家焉歷後魏周隋仕于京洛故今爲幽州宜祿人也若夫旌旗鼓吹西臨白獸之疆國界城池北柜玄龍之塞鍾山瑤樹所以齊其積德閶闔金精所以生其壯氣漢年侍子先處烏城之域魏代侍中爰列蟬冠之地亦由斑家十紀初則朔野揚聲金氏七貂終以近臣爲盛祖贍皇唐左衞潞州府左果毅武人貞吉智果爲毅或奇或正知玉帳之兵雄千夫百夫識金壇之卒曾父生上柱國南荊則昭陽始居西楚則共敖初作戰功所與今古榮之君星辰河漢之精秦

一終南之氣鴻鶴羽翼雲翥風搏松柏枝條霜封雪抱處長安遊俠之窟深鄙末流出京兆禮教之門雅好儒業溫良汎愛之德振人趨急之心固以發自冥機關諸天性者矣屬天地大有朝野多歡梁上銀蟾餘祥未竭地中犀犬積慶仍傳闢北阮之居接南鄰之第翟門引客不空文舉之座孫館延才還置當時之驛金鞍玉恬連騎而不以驕人晝卯乳雉陳鼎而未爲矜俗加以馮艮居室端肅如對於嚴賓仇覽定交矜莊豈聞於媟狎義之所去縱千乘而猶輕道之所存雖一介而猶重聲高郡國名動京師豈猶柳市萬章貴人爭構茂陵原涉羣公慕之惜夫靜樹含悲懷梁多恨鵲書未越忽游司命之天鳩杖有儀不展鄉亭之禮以長安四年十一月廿三日疾終於醴泉里之私第春秋六十有□子如岳國臣武臣等喪以過哀幾於滅性鄰毋聽哀投箸而輟餐攊馬聞號銜芻而落淚即以神龍元年三月五日葬於長安縣之龍首原禮也邐迤平原參差拱樹三千年之見日馬鬣幽泉一千歲之來歸鶴知荒壟乃爲銘曰

猗遠祖之揚名桂馥松貞粤夫君兮挺異珠明劍利宿昔何從禮教爲容平生何託琴樽聚樂月之望年

之辰石折智士山頹哲人短歌送葬長笛哀鄰墳橫鳳綬塚次龍鱗夜臺長夜春非我春　石刻

許敬宗

敬宗全唐文一百五十二有傳

大唐故尙書右僕射特進開府儀同三司上柱國贈司徒幷州都督衞景武公碑　幷序

有唐建極將事補天物色異人營求國器採六奇於楚將而疆宇廓淸探九牘於商賢而彝倫式敍若乃西戡建木東翦闕三十六字者其在景武公乎公諱靖字藥師隴西成紀人也原夫龍德在躬法混成而謂道

獯靈象讋縱飲羽以窮神讋諸吞乙鼻靈由其（闕一字）慶（闕二字）擾龍（闕三十四字）若（闕六字）梓靈源所漸美地冠於神洲國諜攸章茂緒光於列代蓋以被於金石無俟一二許焉曾祖懽後魏河秦二州刺史杜縣開國公（闕三十三字）開府（闕六字）和復硤殷五州刺史永康縣公中南降靈材高文梓關西出將氣蓋削成遊刃六條理棼絲而有緒擁旄千里讋（闕一字）敵以銷鋒（闕二十七字）公（闕五字）贈使持（闕五字）州軍事荊州刺史綺歲權奇慕成慶之高義弱齡耿介服子路之嘉言竟能縶馬埋輪自立（闕二字）之譽走魂裂膽以（闕二字）已之（闕一字）公心（闕四十字）以納方邵於胸中轥趙辛於跨下豈非帝錫賢弼以祚聖人比夫文成作師用康漢道滋泉入繇實沃（闕一字）心生命（闕七字）之（闕三十八字）行事咸施可久謀而後動智越老成寬而納眾量含多士數召與語嘉其志氣每商榷通變靡究端涯（闕三字）之（闕四十七字）之可畏矣年十有六長安令調為功曹蓋以望表黃圖光膺禮賁英摽赤縣不謝弓招俄而雍州引興賓貢（闕一字）策（闕二十七字）崩次骨嚴科濫加端士天倫之長竟被凝脂由是除公為汲縣令歷安陽三原考績連最於時寰中萬宇並（闕一字）秋（闕四十一字）畫（闕五字）設地險而分疆公

乃以德安邊長城弛柝運奇科敵合境無虞於時黿鼉為梁久盤澤國盜驪窮轍留滯水鄉公（闕四十二字）代（闕三字）條而渙汗流湯之旅猶未倒戈漸臺之眾尚嬰窮壘故知元天覆構非斷鼇之所持巨壑騰波豈精衛（闕一字）能（闕一字）公（闕四十八字）引居周衛申之以心膂太宗地居帝子寘應寶圖則哲欽明內韞知臣之鑒推心通夢預投（闕二字）之謀（闕四十六字）溪赤堇守江塹以誰訶由是命公撫甯荒憬建旟直指進次夔州招集遺黎將申問罪銑徒冉肇跨有犖鑾利（闕一字）沈黎（闕二字）邁（闕四十二字）止授以兵權慰勉痍傷人皆拔拒奮揚衰忌髮並衝冠孤城掩扉已經二載能勝兵者裁八百人夜赴賊營乘其（闕一字）意（闕四十五字）揚塵翳景我師既勘人皆色變公徐揣馬策而謂眾云賊擾且囂是其怯也及未成列可以薄之（闕一字）二百人蔽山而出（闕一字）方（闕四十四字）是清定因請孝恭進圖蕭銑詔授行軍總管便事首塗於時八月凉秋稻水溱荊門之阨二江行潦（闕四字）嶺之（闕一字）舡（闕四十四字）其巢勢若疾雷敵必無備遠徵不可以應速近召未足以成軍計日就擒此兵家之上策也由是決計躬為先鋒迅（闕四十六字）之爭搏救其懸命處死地以圖山先犯後軍（闕一字）師

遂惡賊爭虜掠散地交馳公親率前茅射虛而進擒其僞帥由是倒戈闕四十四字江撫循嶺外承制選補百越率從敕授嶺南道安撫大使檢校桂州總管東漸閩區南踰象浦雕題鑿齒弁闕一字湞風斷髮文身盡闕一字宏德闕三十六字烈闕一字霓分糒投醪惠深時雨玉桴括野侯玉弩以馳威金鐲成飈指金陵而振旅偃短狐於洞澤則溦浦闕二字流斬長蛇闕四十五字太宗統極寵遲增隆徵拜刑部尚書參圖國政別食邑四百戶仍以本官行太子左衛率未幾轉兵部尚書再踐闕四字、百揆闕三十九字八字闕一俱遠若乃旋頭上列星野

於是分區大沙下布地脉因而致紹謂天驕子代壁中原隨氏季年長圍扆闕一字自茲闕一字後闕四十六字引弓超忽白登不闕吟鏑公乃輕齎畢景隨飛雪而長駆勒騎通霄蔚遺風而遠襲奄逾高闕勢若飈馳潛闕二字庭闕一字如闕四十五字之功是稱緊賴進封代國公增邑三千戶加位左光祿大夫餘官如故曩代和戎賞褒舞佾昔人出塞闕一字號冠軍以闕四十六字尚書右僕射當權執憲象雨露之無私緯俗經邦法岳瀆之爲紀遠清邇晏畫一之道無差翊政還醲登三之化斯在闕四十五字上不能抑下詔從之加授特進許其閑

逸散金之賞擬迹疏公松子之權比肩張傳安車宏大隱之義杖國協闕二字之闕四十四字太宗憫茲視宍瘧彼遊魂乃詔徵公爲西海道行軍總管於是擕羽中令立表卽戎縣旌鄯善之阿酬戰崑崙闕四十七字彼有懋德改封衛國公授濮州刺史疇其爵邑子孫承嗣太山如礪信誓之文不渝鏤鼎傳銘世祿之闕一字方永皇情眷闕四十四字詔曰儀比台階允歸時望位參袞職必俟茂勳是以漢之鄧騭垂芳於往載晉之鄭袤著美於當時特進衛國公靖闕四十六字居端副志在奉上知無不爲叶贊之道既彰止足之風彌遠自違朝

寵仍屬沈痾攝養私第炎涼亟改言念闕四十九字職事望重台槐職雕神化追蹤昭伯騰映前猷繼美叔林儀形當代庶將乞言膠序相禮云亭天不慭留俄從化往以貞觀廿三闕四十一字詔贈司徒使持節都督幷汾箕嵐四州諸軍事幷州刺史給東園秘器班劍卌人羽葆鼓吹凶事所須並令優厚賜闕一字於闕三字昭闕三十八字謚曰景武公禮也惟公才膺衡石契合休明受律九天之上收功四維之表洞庭狼顧翦不崇朝惟楊蟻闕一字擒如拾芥闕四十字生靈闕二字始濟東流遽閼揭日未淹西巘已晦將軍從驃之客望祁山而動

懷丞相開閤之賓對佳城而掩泣乃與家臣室老追述德音下闕

猗歟茂族同源帝先鬱雲標隴切漢分川闕一字牀攸出金輿在旃洪基誕聖末派生賢秦州忠烈執觸從闕四十三字達變闕三字通顧盼揚采鼓動生風惟皇作極求賢委政軒后順風有虞申命在我明辟道包前聖漢藩荆如周引鄭闕一字宮南紀闕四十五字智繳大風威殲鑿齒夷波海澨廓氣江汜昏昏朓塞淼淼雞田編穹浹野蘊沴蒸天受律横奮電掃雲褰闕五十字著績溢宇騰聲鑾舟潛徙國棟俄傾託辰沈曜愛景韜精朝

念門暮哀深詔葬士思令範緬懷宗闕一字晉原不闕一字峴山徒望石刻

按此首較多一百二十餘字

大唐故中書令高唐馬公之碑

蓋聞缺和缺神統守缺者久缺一字盛缺靜缺一字寒川能處而不缺四字之在缺百氏之書缺一字同缺既而神凝物表久抗梁甫之吟運拒缺一字來思效扶搖之舉方缺三字域缺勅公直門下省修起居注超綜國言虔司帝舉艮直之道驟簡宸心貞觀六年缺有缺一字稱缺一字無競惟人八年擢授承議郎行侍御史頃之加位員外散騎侍郎仍行本缺其缺二字十二年轉守中書舍人久之遷持書侍御史影纓西掖潤元紱以申缺二字步南臺修彤缺還三代之滄贊端拱之元酖將致五刑之厝彌綸昌運寔允具瞻今上缺兔苑扈清夜而飛文揮翰鵷波入紫宸而衍諾任遇斯極時論榮之及大君秦缺雞樹缺一字芬缺二字五缺一字而摛缺一字十八年缺一字正議大夫守中書令仍兼左庶子前兼朝缺一字望重導輿還缺襲缺五字而順動迺缺二字隨駕缺二字中山軍國務殷摠歸於缺一字后缺四字足缺一字於缺於幾缺三字青缺五字典於金缺一字黃缺一字靜缺一字

趨缺二字之缺一字苑闢建禮之缺銀青光祿大夫缺二字飛缺一字旂缺一字於是缺一字其缺六字然無所缺幽缺一字莫不缺二字聖缺二字發神褒襃善之義以彰成人之譽缺一字盛缺臣特超於終古俄嬰沈瘵攝餌私庭分玉饌於仙廚驛珍羞於御府綸缺二字發缺貞觀廿二年正月九日薨于萬年縣之隆慶里第春秋卅八太宗撤懸缺一字悼慟結缺一字殲缺詔以其年歲次戊申三月辛巳朔四日甲申陪葬于昭陵賻缺一字布三百段葬事所須缺一字令官缺穸以缺一字懷缺一字茅社而旌德永徽二年詔贈高唐縣開國公食邑一千戶恩兼

缺二字禮茂缺二字聲靈缺一字而缺書贈幽州都督高唐縣開國公馬周宇量冲深思用韻舉昔佐藩邸缺二字兼隆逮事春坊雅缺宜申旌壞之義兼加延賞之恩可贈尚書右僕射餘官封如故其子缺二字朝散郎缺二字之恩缺器域夷簡神情朗晤天經地義基百行以立身覩奧升堂包四科而精業蕪室甄量已見澄清之心缺一字巖翹林缺四字之缺虛帳缺二字高步文昌之右體無私於雨露隨方被霑沐之歡變大造於陰陽稱物荷平公之施缺四字莫見缺明故得任切近機榮躋上秩附蟬留影用表高潔之姿行馬缺二字更顯權

奇之略缺而神缺知至是焚之式苻藏用危纊逾追無忘致美之心隅燭既陳猶卹自缺一字之節沒而後已缺之缺一字後陰德無爽緝丕搆以增遙羿奪金蘭幾凝悽於宿草芳留玉樹足慰懷於故瓜缺三字文缺一字爲頌曰

姬御疇庸趙城開國望高秦右聲馳魏北奕葉提休蟬口祖德靈慶斯遠芳缺攀柏心缺一字滄茶思越純慮冥感至情天發既除纖縞乃綜緹緗弋獵詞圃隱缺一字文場歲缺幾超雲幄累綜霜臺清襟月湛朗議霞開黃扉夕拜紫禁朝陪簪纓缺一字躅缺一字廟登林缺契缺一字塤箎歲寒增勵夙夜無虧望竦鶴關榮昭蟪蛄推轂謀暢持衡譽缺慶缺二字深缺三字贈山陵歸魄畢口式陳容衞載光窀穸掊玦哀盈投口慕積鈞臺缺貞石永缺三字

按此首較多一百五十字

唐文續拾卷一

唐文續拾卷二

榮祿大夫二品頂戴前分巡廣東高廉道加四級臣陸心源輯

李畬

畬字玉田初爲汜水主簿擢監察御史國子司業考功郎中事母甚孝母終哀毀卒唐書附李素立傳按石刻署銜□□縣主簿李畬撰文與史合

汝州司馬□暉造象記

正教初傳□□攸□不生不缺無缺之所莫缺妙其在茲□有淸信弟子汝州司馬□暉爲缺鄭氏缺奉先寺缺陁石像一龕方缺尺焉缺季□九缺夫人缺

千高缺德以□儞缺願齊體缺昊蒼瞻缺及永言何缺之性□懷好缺義之□乃相與而□弘誓□施浣濯衣□□善之源悟湣生□理□方廣崇圓對缺山得未曾有缺佛尊□如相八十程好缺由是缺及□界溟濛缺大千濟此州缺靈覺往生淨國超缺蓮長□閻浮解脫三危之苦無求不應福□□任□津重啟丹石書□其詞曰

山幽禪寂對□□兮安樂淸淨法爲尊缺太慈□依正敎兮報福□冥助沈魂兮孝子偏孤□冈極兮□夫懷□居皷□兮□身利益度彼岸兮缺石刻永存兮石刻

李義府

全唐文一百五十八有傳

大唐故禮部尚書張府君之碑

上缺竝足缺一字風於稷下缺緒紀雲凝睍鬱缺靜既□馭馬之缺之缺爰彰於必復積慶成徽缺二字於後大公缺一字貞缺逸缺二字道高衡泌垂董帷而勗志缺一字孫戶而缺一字心前賢之缺二字先聖之旨於是缺二字必缺標遠槩漢東籍其英烈江北仰其嘉猷俗推獨步時稱缺二字屬炎靈版蕩缺一字縣崩離缺武皇作缺且

晦沈幾缺二字牙之陰謀僻左丘之微婉引公爲師友特蒙優遇公歷缺一字圖讖備詳興滅昔黃星耀彩驗□之必缺釋褐拜大將軍府典缺九字棨既荷缺二字之遐屢申借箸之謀逮高祖九五飛天一六光宅思入缺一字之績想中涓之從武德元年授齊王府文學缺歲缺三字誠効缺改授齊缺一字文學九缺一字又轉行鄧缺一字府文學公曾徽彌劭累職英藩置醴獲缺一字恩踰中穆攜缺一字苑菀譽掩鄒枚缺授燕王友尋除缺三字貞觀時行缺三字諮議參軍輕蓋夕飛奉西園之頁宴長裾晨曳叶東平之樂善至如梁臺逸藻賦夾水

之檀欒楚澤奇林（缺一字）倚天之（缺二字）以（缺）月命公陪
（缺二字）屢（缺四字）臣共難經義公雅議抑揚高情傲儻飛
談鋒起騁論濤驚百辟於是解頤一人由其拭目獨
推四座之首孤（缺一字）重席之（缺一字）若（缺）武議文（缺）熙
其（缺一字）風詭俗狎吏滑吡澆公克奉朝章以吡藩化
務崇清簡政闡廉平惠澤旁流嘉謠遠洽尋以東陽
富域南（缺一字）奧區（缺一字）山近於（缺）公爲循忠（缺六字）教
陳（缺二字）政設（缺一字）弦威肅秋霜惠霑春露輕浮載革
敬讓爰興聊遵置薤之言俄喧伐枳之詠既而景催
奔箭禮就懸車（缺三字）於（缺三字）止（缺一字）於（缺）學（缺）除國

（缺一字）祭酒詞條縱辯推五鹿於環林言泉騁義降三
鱣於壁沼教興青領術究丹碑纔（缺一字）風行之化彌
致月將之益（缺一字）宏（缺一字）禮（缺三字）所以（缺）能（缺一字）事
彼有懋德清（缺二字）華黃（缺五字）之（缺一字）自昔攸難聞望
兼資方階斯授廿三年除散騎常侍出陪鸞輅承密
勿之榮入暎貂璫（缺一字）規諫之重（缺三字）達（缺）公累登
（缺一字）紱（缺一字）踐崇班恥（缺二字）之（缺二字）閑辶之理將娛
黃髮庶穢青緗屢申祈請久而方遂永徽五年下詔
曰褒賢之義列代彝章尙齒之風（缺四字）散騎常侍（缺）
歸（缺一字）嘉聲於瑣闥懸車禮及抗表祈閑宜錫崇班
式旌高志可金紫光祿大夫（缺）川閲蒼波風驅白日
方扃云亭之禮奄纏夜室之悲以顯慶三年正月七
日遘疾薨於長安縣之（缺）下詔曰張禹授經禮窮寵
秩桓榮侍講恩加詔葬故金紫光祿大夫張允識量
寬厚體業涫粹依仁遊藝經明行脩早蒙光（缺一字）特
荷（缺一字）殊（缺）潛德（缺十七字）以（缺一字）安斯鍾漏懸車邑里
方養德於東序奄移舟於夜壑永言懿範實愴予懷
追遠之（缺一字）其（缺一字）彝典（缺）葬昭陵并賜東園秘器
（缺一字）事所（缺三字）官給仍（缺一字）五品（缺一字）人監護粤以
其年月日陪窆於昭陵所禮也惟公靈臺秘遠神府

冲深（缺一字）身以恭儉之（缺二字）德以□之忠（缺）指西河
之疑聖邁東（缺一字）之知賢負（缺二字）之林蘊帝師之略
綜微言於繫表授雅訓於宸衷覽稷起而知眞聽社
鳴而（缺一字）聖榮名睿主委（缺）德脩（缺）部（缺二字）入紆銀
艾（缺三字）紀（缺一字）惠（缺四字）表其芳（缺一字）謠誦光其美化
恭勤處事平允居心澂橈不移始終無爽暨乎清輝
已謝縟禮猶加紆八座之榮（缺一字）九（缺一字）之（缺）公（缺二字）
雩池（缺四字）尉第二子濟子謙第四子巽第六子小
師並早夭第五子律師泗州司馬第七子統師太常
丞第八子豐（缺）之（缺）然（缺一字）地（缺）徽音載闕刊鍾鏤

鼎功伐攸傳思撰芳猷樹之神道俾淸埃之不絶與
皎日而長懸其詞曰
上缺漢德缺一字光輔祥鈞叶贊互顯題楨名隆棟幹璧
來濯瀌珠生滋岸其□散缺一字宏道華榮飛名零陵導
德雅俗缺一字聲帝師純懿學缺藝缺一字杏壇業優槐
市其□四野瓜分三方鼎立察景遙鶩瞻星迴集師傅
攸賢恩徽備及禮光錫缺一字寵缺二字邑其□缺處之望
缺一字爰司國胄缺二字年登扶麻曰就素範攸飭靑規
式授望表時髦德華朝秀其□紫芝缺一字詠赤松馳缺一
字方缺永閉佳城長辭華屋□切三友哀纏九族其九

恩隆詔葬澤被幽埏兆缺一字塋缺三字原阡荒墳缺三字
壠下缺

按此首較多二百三十字

崔融

融全唐文二百十七有傳

贈兵部尙書房忠公神道碑并序

上缺繫以存亡社稷由其輕重隨歷云季喪亂弘多帝
用不臧或缺我丕烈巨魚縱壑高鳥倏樹其生也榮
與缺鑒壽漢有甘陵守著族淸河子光名在儒林入
傳其學伯武缺淸忠惠□遺愛存乎雅俗祖敬道官
至司空府集曹參軍侍缺□高談並勞資州縣而仲
弓令望自重於□衡德必不孤善缺周物遭煬帝失
馭海內騷動公時年十八雄略過人出入將缺公知
充非眞□又與裴仁基等謀背王充將歸缺檢校所
須官給賞賜坐於缺□□高祖以綏撫爲急政戰□
勞方與王充割據而化缺京至于洛水所向風靡賊
徒懾怖是以建德受縛王充請降缺擯徙授公濟州
刺史及缺節襄禮其理尤切□遷□□□朝廷以公
族茂缺義缺五字舉刑禮□□□有倫遷使持節都督
澤道缺制葬事容給尋而奪禮授金紫光祿大夫行

缺江左制命公杖鉞出征賜寶刀一口以缺帝用嘉
之遷邢州刺史屬河洛建都周漢光宅四方□衞缺七
字仕夜行可衣詔爲缺闕上缺病□□□中使相望
名醫結轍春秋七十六粤以二年歲缺詔贈左驍衞
大將軍使持節都缺家缺從容問羣臣缺時缺恩缺
登缺中興乃缺州缺公仁裕軒缺於後遲可贈兵部
尙書缺州刺史□□元質歷通缺□□□功頌德其
辭曰
上缺載弄之璋命代非□□形前艮隨遲不緬□黎靡
康宇宙缺莫□所缺四字彼□五混壹遐荒俾侯封

其有寵章□奕□□將獻替□地□登其位下缺忘
□葬于卩材碑戰功攄下缺石刻

蘇頲

頲全唐文二百五十有傳

蔣烈女碑

大唐缺四字之元祀王春三月哉生魄日戶部尚書金紫光祿大夫缺一字中書令越國公鍾紹京缺三字章缺一字陳上疏展爲祖母安樂縣君當隋時開皇中虞子茂缺三字而能忠烈戒子正缺一字名義檄書飛五花之綫錫命勳九眞之佾內降綴珠碧羅芙蓉冠蹙金線

紋履五章琴瑟走霞裙水晶如意赤玉鑑臺珊瑚楞枷枕琥珀唾壺天語優舉附諸國中大業三載終子臨慶郡青風缺一字之缺三字四年正月元日遷祔于富川縣松安里元號水西里因縣君葬此勅改爲取其正直安樂之義也我太宗文武大聖皇帝眷切先臣特下明詔發皇華之命出府庫之錢三千緡助殯之費適丁孝治之期敢貸銘旌之號庶繹龍綸永刻翠琰皇帝曰俞詔工部侍郎許國公臣蘇頲詢事考能直筆勒石謙挹弗下敢抉鄙思未能述懿鑠萬分之一也縣君臨賀蔣氏之艾性淑德純善談論巧書札嘗唾青赤縹綠桃花牋寫曹大家賦學衛夫人筆法又笄從潁川鍾氏諱鸞字宗閔則魏太尉繇二十代孫由零陵湘沅入南封賀城太守生二子長子士雄拜開府儀同三司伏波將軍持節廣南酋帥次子士略銀青光祿大夫嶺縣國公食邑里五百戶武德四年李衛公巡撫嶺徼受賀州刺史每臨母之私忌則命浮屠輩于家廟宿齋講上生經百法論畢則望寢園之隧道漣洏如雨焉噫鍾氏甲族其來尚矣缺一字隋以前軒冕李世至于霸越綏護漢彊氣英而膽豪智豐而畫高亦一時之缺一字傑也贊曰

古人恥當年而功不立疾沒世而名不聞蔣氏教子有方視死如歸喻禍福于文華而自守忠義功旣立矣名旣聞矣封安樂縣君不亦宜乎帝曰欽哉廣西通志

李儼

全唐文二百二有傳

大唐故左戎衛大將軍兼太子左典戎衛率贈荆州都督上柱國懷寗縣開國襄公杜公碑

上缺三十字膺缺六字錫缺二十四字績宣□草昧執玉銜珠之美寵茂於缺五十八字而缺一字德秉缺一字徽猷缺七字垂芳袞侍中缺五字金之□尚書□□□□璧當塗之史□

□峻代可略言焉曾祖缺三十字以缺四字歌而闡化祖諡北齊舉秀才授缺三字功曹□□□□□令摠鐘璧而揚□包水鏡以凝清劾五美以享缺廿九字皇朝贈使持節汝州諸軍事汝州刺史納靈秀起□軍□□□□□藝隱哲□□生前之德旣□身後之榮彌峻公蓄缺廿九字之缺一字昭乎弁歲缺一字忠信之甲胄缺一字儒墨之域缺二字讓惟於仁□□□□禮義室雖拾紫□靑一□造業可尚而圖功立事六缺廿八字關折鍵之材踰羣拔缺一字落鴈吟猿之技槪俗標時缺一字夫旬缺九字區宇□□黎元吸霜衣霧搆釁具禍郊原於缺廿七字

朝缺一字劍而歸缺一字輸誠陝主義寧之始缺二字都投義缺廿八字忠勤□鳳䦉於時國步缺一字艱方隅未一缺廿八字邑摧宋金剛於夏縣雖運缺一字舞缺一字縱以神缺一字而缺四字資乎□□公至□□益□箸勞績旣竭忠勤彌荷恩顧尋奉缺廿六字交御鞶矢及宸闈缺廿八字人缺廿九字公缺尋封□□□開國侯食邑□百戶眞食□州缺十七字之缺三字五等缺六字通缺七字甯縣公食□一千戶缺廿三字極缺九字之缺一字冊缺一字侯之缺九字年授忠武將軍行左監門中郎將加護軍昔衞綰忠醻踐中郎之職韓缺一字聽達缺一字護軍之位缺二字漢魏是□得人

以公方之彼未爲重明年詔於元武北門留守賜綵一百段洎鑾輿旋闕賚物如前迨乎從幸靈武賜馬兩匹缺一字綵五十段尋拜兼領軍將軍□□翠微玉華等宮又□詔公留守宮闕之重帑藏之寄亟承天眄彌劾忠肅廿三年正除右領軍將軍加上護軍檢校左武候將軍缺一字屯營兵知缺三字屯羽林於中壘嚴肅可□擁緹騎□□術紆凶□屏豈止運以明謨篤缺二字慎稱乎損益統彼兵權而已哉永徽之初兼檢校左武衞將軍又檢校右武候大將軍兼知右廂諸門兵馬隊使許仲康缺一字忠勇乃儕其位曹昭叔

□□妙□莅其職至乎恩禮綢繆仁缺六字我彼亦多愧河輦之地是缺一字舊京近控三州遙分九谷測圭定鼎宅中觀陝華闕缺一字雲雕宮納景眷言監守式俟朝賢其年奉勑馳驛往東都留守改授左領軍將軍勵以公方盡缺六字峻都城載謐加上柱國及天蹕缺一字巡以公留守稱旨賜黃金一百兩絹一百五十匹從幸許州缺一字勑檢校左衞將軍□旋京室又檢校右衞將軍禦衞之重心膂攸託寵授頻加人多景缺一字頃之缺二字太子左衞率詔曰左領軍將軍懷盈縣開國公杜君緯志性沈果識懷涓慤時逢締構宣

力於霸朝運偶缺二字効宮於陛戟儲宮禁衛勞舊斯
佗宜令參典以申幹用尋又檢校□□將軍飛華
紫禁奉缺一字於蘭缺一字騰芬青陛警周廬於桂宮兼
綜斯美忠勤允著頃之奉使於鄜州道簡點明年又
缺二字東道經略大使賜物一百五十段金帶一口駿
馬一匹弭節馳原揚鑣等路缺四字近甸□□之□□
宣□秘□於□□三韓之酋載惕朝嘉其美錫以崇
章拜缺一字領軍大將軍寵茂登壇榮高坐樹董司戎
政爰戒不虞同羊祜之周密類陶回之方範其年□
駕缺十一字留□駕□京龍朔二年冊拜左戎衛大將軍

兼太子左典戎衛率冊曰夫五缺一字斯重允切於惟
舊三宮以穆□佇于時英□爾爻氣昭果英姿沈毅
功宣缺十二字聲缺七字西□光膺卜洛之寄羽旆東臨克
隆翦華之守綢繆心膂缺一字懷弼亮缺二字鈞陳僉望
攸屬往欽缺二字其□□前烈允□圖始方謂麥邱貽
祉槐路騰□□□□於膠庠奉天遊於缺一字奕豈缺一
字逝川缺一字反缺一字歎涉洹之歌藏山不留俄深遊
岱之恨春秋六十有二以龍朔二年十月廿五日因
朝薨於禁廡天子震悼廢朝二日乃下詔曰缺六字於
退缺二字棺礴禮事鬱於遂圖故左戎衛大將軍兼太

子缺一字典戎衛率杜君紳器用缺二字體局淹遠興王
在運誠盡霸缺二字照登缺一字功宣代邸當五營之劇
務總七萃之機謀時歷二朝年將四紀永言勳舊倩
義兼常少選缺二字俄從怛化缺二字驚悼□□□懷宜
茂徽音式旌忠烈可贈使持節都督荊□岳朗四州
□軍事荊州刺史餘如故仍賻絹缺一字四百段米粟
四百石陪葬於昭陵賜東園秘器凶事葬事所須並
令官給鼓吹儀缺一字送至墓所往還仍令司庫大夫
源翁歸監護缺五字左□議郎賈敦實□問□贈物一
百四粤以三年歲次癸亥二月乙酉朔十缺一字白王

寵遷窆於陵東南一十缺一字奉常考謚曰襄公禮也
□□□□□□□連璇質而巖峙摠瓌缺九字
言缺六字倜儻不羣智燭機初神深慮表在物奚怍見
烈火而猶安缺四字墜會臺而缺三字其趫勇雄毅絕眾
□□□三明之□木水虞之獸金□□□之術得缺十
七字從雲□□爰屬隆□□風□翰襲英緹於俊路揚
茂軌於清朝鸞闕增巖龍缺二字祕缺一字私於己公平
之道克彰不謀其己忠亮之□彌遠雖徂齡弗駐九
原缺十一字之缺六字王府□曹參軍事上柱國缺一字基等
並光凌謝玉彩嗣韋珠充窮之酷既深苦泉之容彌

切泣清儀之永□懼徽□之將□載刊□□式樹昭
亭與山川而□下缺三十一字
上缺三十二字須缺一字矯矯缺一字標□令中山愔愔攸貲缺二
字於鑠顯考立德無競□□可稱追崇景命偉哉上
哲茂質英姿迎善若流缺三十一字節氣缺一字奇雄依仁
踐孝服義基忠缺一字顏允德□□循躬往屬道□韜
□戢翼命逢運始攀雲騁力影□□鉤光浮越棘缺廿
八字恩迴天顧寄重神京肅肅缺一字勑昭昭迺誠萬化
無期九原俄缺一字弔鶴先□□鷄□萃壠闕雲愁山
空月愍□□篆石此詞下缺四十二字　石刻

按此文較多六百十餘字李儼名亦全

大唐故清河長公主碑

上缺稟慶宸樞分光日馭依紫□而擢秀蘤彤闈以凝
質若金娥之秘影託照仙輪疑寶婺缺清河長公主
而見之乎公主諱敬字德賢隴西狄道人也繞星紓
電明一以缺攸歸允開昌運曾祖世祖元皇帝稟乾
巛之休氣降山岳之淑精夢缺高祖大武皇帝椎輪
撥候養晦乘時提名於溟涬之初播物於氤氳之始
履缺叶□文□錫命□階立遂莽甸通萌運天舞地
之功輯寍區宇鞭電震雷缺逡朗媚如彼仙葯曜彩
秋濤如彼幽松擢茂春巘聰幾達妙盈茫訓缺而□
鑒淑慎之道勤追蹤於曩□貞靜之風必取誡於綿
□翔詩鶩禮缺式崇□□載加湯沐貞觀二年詔封
清河郡公主食邑三千戶褕衣在飾翟缺□使持節
瀛州諸軍事瀛州刺史贇之孫岐州諸軍事岐州刺
史鎮軍大將缺東阿縣開國公食邑一千戶茂族華
宗人英時彥同謝莊之風皃類殷沖之缺之重王姬
之盛□降情抑志流謙自牧弗恃貴以宣驕豈矜榮
而黜禮孋笄𥞤篳缺□□□□悒憚每嶮險謁追仰
蠡斯之德遂奉關雎之化若迺葺宇披軒依缺□□

□□花分態驕禽亂曲公主尤非所樂恬然自處惕
彼華侈務茲儉約缺□□□□山之耀□若槐江之
駐驛公主地惟近屬駙馬任光祿警粤因扈缺□□
□□□□芝桂□苻壽豈謂明靈爽鑒福履徒欺龍
門迅流隨奔箭而缺春秋卅有一皇帝情深共蕚慟
切分枝躬爲舉哀廢朝三日缺昭陵至墓所往反送
葬家人並官給食粫仍令殷王府司馬屈缺遷窆昭
陵南一十一里禮也重惟公主中樞演照方載缺獨
高緯而能和華而不冶瑣情書史瑤心組織飛文屬
思錦缺有餘地降年不永今古長辭追帝子於湘川

從密妃於洛浦缺餘□□神傷撫遺孤而情換眷言
千載期乎同穴而恐葭灰驟飛柘燧缺其辭曰
缺賢明夙摽柔令撫懷莊德循躬砥行桂馥眞襟蘭
薰淑缺婷□□忘婦金迤匪替寶瑟攸諧去奢崇儉
樂靜澄囂其風缺帳□飄幽□□□潛室寥寥山昏
霧景林斷霜飆會徽不昧馳下缺石刻

元思叡

思叡證聖中宣德郎行幽州司戶參軍

造像記

夫日容含粹卅相之殊姿月面流光八十種之奇狀

故能獨高天上稱妙覺而爲尊□□地前顯□能以
居火照惠燈於冥隧運慈桄於迷津思叡敬造地藏
菩薩一區莊嚴巳畢庶超二象□遊四禪既登□而
□□□□而斯鐫銘曰
□□□□依依鷲峯爰疏□□□□金容巖傳淸梵
谷響□鐘爐烟霏栢蓋景臨松瞻顏如在式展虔恭
石刻

王汝

汝先天中人

程司馬墓志

君諱芝字靈秀廣平人也遠祖上黨太守封潞城縣
侯子孫因家焉昔元鳥呈祥運叶高辛之代白狼表
瑞道符殷帝之年因地封官謀不同於千里惟天佑
德彰有命於伯符賢良挺生文才間出侍中匡時於
漢帝功著克諧尚書不就於晉君名徽太學望高三
輔貴重五侯光映史圖可略言矣高祖禮齊銀青光
祿大夫并州刺史攝諸軍事高情賦物爲九能之大
夫宏略佐時宣六條之美績蒲鞭示耻竹騎懷恩萬
頃波濤千丈崖岸曾祖棋隋葉縣令職裁貝錦政揆
絃歌梟去梟來豈孤芳於往彥星出星入何獨美於

前修樹上翔鸞遙窺心鏡桑間馴雉遠狎仁風祖師
仁辨月暫年參元早歲書通三篋學富五車筆海澄
漪包馬卿之雲氣詞林穎拔擢公幹之松枝十八秀
才舉入東京三張減價二陸罕儔聲振洛陽名高賈
誼初授本州司戶譽裾郡邑譽滿百城衣錦鄉關榮
光三井後改任同州錄事參軍提綱境內振領壺淸
佑列岳以窮奸闕中肅穆輔帝鄉而康直天下規模
惟君器鍔淹凝風神秀出輔小山之桂佐長坂之蘭
忠孝其心瑚連其德豈謂藏舟易往隟馬難留春秋
六十有三遘疾卒於私第夫人華陰楊氏太尉公之

齊上柱國禮會府折衝才之女也家風迴與門慶夙彰汎輕柏於中河附長松於邃谷俄而鳳移珪樹生死齊倫龍去劍潭雄雌並化同於先天元年十一月七日合葬於潞州西南三十里平原禮也地八全晉城分故韓壺口東臨得昭侯之奧壤漳源西據識帝女之銜核獸石存塋嘯清風於荒隧烏占卜地候白日於佳城嗣子思儼仲子思訓季子思空等哀纏叩地痛極號天俱懷荼蓼之悲共結風木之恨縱九河如帶茂烈仍存三山若礪風猷尚在其詞曰高辛之苗伯符之胤慶襲殷周榮承魏晉趙客曰嬰漢臣爲從惟子乃孫金正玉潤猗與祖考聿修厥德武庫經邦文場觀國三輔爲榮兩河綰職洛陽才子其儀不忒寒水瀟瀟高陵鬱鬱□道藏靈三琴悲瑟素蓋風移丹旐靈拂一歸兮元夜長辭兮白日（長治縣志）

唐文續拾卷二

唐文續拾卷三

榮祿大夫二品頂戴前分巡廣東高廉道加四級臣陸心源輯

武崇正

崇正開元中人自署汝潁隱居

大唐都景福寺主威和上塔銘

和上諱靈覺俗姓武□□□則天（缺十字）之次女也外□父□□刺史（缺十二字）國太平長公主□□□□補（缺十三字）尊兼魯館之（缺）歸一（缺二字）令稀□聖主（缺）懇誠至到天后嘉尚（缺四字）配（缺約十字）禮李之年遂能（缺五字）之服地鍾（缺七字）及辭榮出塵離染（缺五字）也（缺）探賾幽妙三藏（缺五字）福□聞□戒行□備（缺四字）以獎例徒眾也□□因□□山普□禪師（缺四字）授□禪法啟□真幾解悟□拔□□主□至（缺五字）去來湛入真際色相都泯□□如□以開□廿（缺約六字）日忽謂門徒令具湯水澡浴換衣焚香端（缺七八字）然無常于景福伽藍時春秋五十二也嗚呼生（缺約五六字）弟處榮貴而能捨行苦行而能勤固非百劫（缺約五字）舊習孰能至此哉遂於龍門□西巖造龕即以其月（缺約四五字）之禮也季弟崇正哀友于之義重悲同氣之情深如（缺約三四字）遂爲銘曰

錬石補天□□□國㕓（缺三字）鳳樓形極□□哲女處

榮不□弃彼（缺二字）歸于宴（缺）親能孝歸□虔誠戒行自修風儀肅□六□□深（缺）極樂□界上生其□闕塞之北□門之南（缺）龍（缺）石永閟幽深天長地久耕鑿無□（石刻）

大唐□□□寺尼□和禪師□修石龕銘

禪師俗姓□諱惠燈□彭城人也祖元觚朝散大夫龍州奉□□□朱紱承榮羽儀表貴父三畝業尚檀郝代傳□□蓋累葉于茲□所君私第造永曜（缺約百字）象（缺約十六字）顯知■（缺約字）目（缺約十餘字）辶柜是以罕能□□以開元十九年正月十日忽告其妹曰吾衰久矣盡

期將至澡浴焚香坐而便化于時春秋八十有二冥變逾月爪髮更長面色如生凡瞻禮者莫不嗟異焉於是右金吾將軍崔瑶及妻永和縣主武氏傷梵宇之摧枯痛津梁之永絕遂於龍門西巖造龕安置嗚呼朝野悲哀緇素號慟法雲黯而無色慧景翳而潛輝崇正家代門師幼瞻儀範德行備彰於耳目玄遂不可以言宣矧筆短詞蕪豈申萬一勒貞石而紀德庶劫盡而名存其銘曰

猗那上哲業履貞純越騰欲海超拔囂塵納衣絕食苦行勤身譽聞天□遂降絲綸（其一）三尊爲左□□□君進退合矩忠孝兼聞鬢髮自落負土成墳爰觀今古卓介無羣（其二）□□□至顏痴□焉澡漱堅坐瞑目奄然□□□月容色□鮮緇□追慕涕泗漣（缺八字）徒異妻對石爺夫執（缺十字）爰鑿巖龕（缺四字）南瞻（缺五字）國門雙壁□□□□浚奔宅茲（缺六字）魂千秋萬古□□長存（其五）（石刻）

秦獻

獻開元中朝散大夫行洛州清漳縣令上柱國

造石浮圖象記

竊以寶閣□庭皎三明之朗照花園法界湛八水之

清瀾庇鶴樹之崇蔭演龍宮之妙義□□天而仰德括初地以□坎知應感通神隨緣濟福散慈雲而廣被□法雨以遐□□開方便之門遠闢歸依之路獻以出身事主移孝作忠□□朝榮頻承錫命牽絲作宰更沐殊恩階敘羣（缺）非上靈降祐至德玄通復以祿不逮親每（缺）道之心想磨頂而詎酬縱銘（下缺）（石刻）

吉逾

逾開元時范陽縣丞

題雲居上寺詩序

歲辛酉秋八月僕與節度都巡使王潛墨客軒轅偉

僕猶子駒駼潛息益同躋攀於此勒四韻於後櫬上
開元廿八年記石刻

閭玄亮

玄亮開元中頓邱人。

唐故朝議郎行楚州安宜縣令太原王君夫人劉氏等合葬誌銘并序

君諱晉諡康其先太原人奐遠祖因宦而播遷京兆祖獻隨任蘄州蘄春縣丞父幹唐任邵州武岡縣丞並天縱宏才地靈孤秀故得匡維大邑翼贊皇風惟君素藉微陰早承餘潤詩書積性刀筆從榮或鴻陸

猶潛且先鳴于吏道或鸞喬迴翥亦馳譽于仙臺遂解褐爲司農太倉丞猶是清白澄襟防四知於靜夜恭勤爾職戒三惑於旦宵故得朝野有聲言行無點後從太倉丞遷楚州安宜縣令既而牽絲撫化妙膺循良製錦裁規彌光上宰下車之際既胥悅而來蘇袟滿言歸亦栖遑而益詠方冀人欽白玉垂令問於生前豈謂鬼賵青鳧瘞芳魂於厚夜以唐開元十一年十一月廿三日卒於故里春秋六十有七夫人劉氏四德馳芳三從著美寬裕貞順翼爾宗祊纘組絜絲作嬪君子誰謂風霜早降桃李先凋遂使影謝蘭帷芳辭桂闥以景龍四年八月四日奄從風燭宅兆未終權爲殯厝以唐開元十五年十月五日隨於所天旋附葬于龍泉故里矩陰山北平原禮也次子崇義茹荼軫泣風樹纏憂嗟令問而空存痛慈顏而永謝將恐居諸易徃先烈無聞爰想德音重爲銘曰大哉乾象神妙無方梃埴元氣降此貞良其一貞良于何淑人君子刀筆從宦聿紘播美其二清白守職胡寍不臧人謠善政俗讚甘棠其三天道攸攸人生若浮魂兮奄喪永古長秋其四恭惟後嗣敬想前猷茹荼軫泣風樹纏憂其五啟玄扃與蟻穗庶慈顏而永濟列善頌於

餘芬望明德兮長存既鏤從於五兆亦何謝於千春
石刻

韋綰

全唐文三百七有傳拾遺卷十九

青城山投龍璧記

金紫光祿大夫行太常少卿專知禮儀集賢院修撰上柱國沛郡開國公韋□中大夫行□給事上柱國張奉及等並親奉聖旨令檢校內供奉精勤道士東明觀主王仙卿就此青城丈人靈山修齋□醮并奉龍璧庚午歲開元十八年六月七日庚申入淨齋醮

十一日甲子敬投龍璧石刻

邱悅

全唐文三百六十二有傳撰像贊時官銀青光祿大夫昭文館大學士又爲相王府記室參軍見昇仙太子碑

大彌陁等身像贊

前秘書少監韋利器前遂州刺史利賓前藍田尉利涉奉爲亡妣故扶陽郡大夫人天水趙氏所造夫人故司列少常伯仁本之女今左威衛將軍東都副留守諫之姊夫人幼柔婉長賢明詩禮天然圖史暗合家君爲之相也特見奇異常謂女師輔佐君子能循

法度是稱婦德從宅垂訓多著才名斯爲母儀年七十薨合祔京兆終天永奪泣血無追唯託能仁用資冥果坎巖壁現眞容因高製龕卽空疏座東臨伊水百億津梁北走鼎門大千方便所願上昇忉利功德證明宴坐耆闍神通无碍斯名不朽茲山永固窮佛劫以長存拂天衣而無盡銘曰

彌陁得道四劫前莊嚴幽路百福先法身不□山石堅昊天罔極佛日懸□石刻

按此文較多數行邱悅結銜亦不缺

李季良

季良系出郇王房新表

李興造象記

上缺是釋伽之政教有色有空卽如來之妙法三缺毫光於大千十種好拯羣生於十地是知扶除缺救濟含靈出利苦緣俱成佛果弟子李興上爲十代缺爲亡過父及見存母杜敬造□□一所以開元廿八年正月缺日於宅內正南建立其石也匠□頭□雕鐫畢功其塔也缺眞容儼然常住龍獸俠衞寶相躍騰不彰耳功缺後裔云爾并詞曰

釋教幽微□空莫測神道冥缺詎識其二拯救生死毫

光其力字缺一塔兮建成垂芳兮下缺石刻

徐彥伯

全唐文二百六十七有傳

唐栢梯寺之碑銘

亶作調御於昭靈覺户崇四生丕踐十號故能使慈風廣扇道機具立握生滅之巨權制色空之寶柄則動而逾寂超越於妄想之樊隱而不晦嬉翔於究竟之域然後六波横濟五衍高馳穿棗葉而擲恒河擁蓮花而張世界至若昭明慧苑赫忉利之隅最勝眞寫譪須彌之顯亦有耆闍之崒直對王城仙居之巖

俯窺羅柰則知大雄說法多在天上聲聞宴坐或處林中豈不以寶落嚴閫雄住持之境山龕石室定禪誦之心乎柏梯寺者昔有超述頭陁此峯伐柏爲梯以匆危路爾其陘隰平坦井閭雄赫漢武帝以草木爲哥秦穆公以兵車合戟鼎雲孤上鹽烟不絕歷桑浦以南棲蹀苓岑以東嶝踐礣石排峻崎磧礫焱駭穹崇雲撓夕崖倚天黯凝黛色朝壁銜晷欻融月光羣木羅穴崩榛塞路若經魍魅之蹊更甚莓苔之滑亦猶閬風三角平于斗杓削成千仞孤秀靈掌矣非夫傲世者不能趫步以躡之非夫茹雲者不能攀霓

以巢之後魏有煙禪師如來左臂迦葉神足攞拂俗塵登晛茲嶺開翦蓬棘驅斥狐狸著構榱棟庇安經像而孤巒攢險盈科掩閈檐螯則人迹幽懸挈壺則石梁危澁禪師然香作禮默念彎弧縠弦三發崩泉壹涌會㕒爲之潺湲潛瀘亦以渙濊林清曉唄歘香溜而添厨谷應中鍾昳涼潭而洗鉢雖箭穿銀鼓矢綴金蓮不能過也豈至誠動神而永世作利乎後有玄濟禪師以直心爲淨土持戒爲道場又有文操禪師以三空爲室宅四念爲租稅並能繼崇輪煥廣輯髹彤揆尺調繩□芬輪於倒景捫藤挽葛吸沆瀣於重霄未就厥厲倏焉而化嗚呼可爲長太息矣爰有禧法皋者中條懋族大昴純精堅杵摧破於高山藥草鐲調於眾疾馬鳴菩薩戒律踰嚴牛迹比丘威容甚肅嘗以爲我初出世諸佛見身愛日含寓慈波洗物珠豪藻耀能仁坐兜率之天金粟焜煌法聚起優填之願乃與上座諸法師等光昭睿業保乂眞居行圓成果心空無㝵欽承紫誥之恩不退黃山之勇明璣十斛盡擲龍龕珠橐千金郎懸鷲樹中巖草木皆書半偈之言多寶幡幢更涌全身之塔梁北淵壍東岑規其巘嶂負其潭壑刻金楯之十重竪寶階之三

道玉虬蟠扈玳虎吞杠踈柱承景重櫚架月伏長檻而弄蜿蜺登高隅而坐風雨綠苔紅卉添曙牖之月青嘯栝吟篁助晴宵之姣樂入齋則仙御遠空六時則曇花落樹應眞飛錫初提刼石之衣羅漢持盂共飽香天之飯寂歷焉虛徐焉人則法門之健將地則鹽王之別業矣僉以爲誓願成就莊嚴具足眞說空說般若之勛大上生下生滬和之道洽旁徼瑰琰博訪文章濯瓶水於東山煦日光於西楚靈龜負石科斗懸書則翕闢薰修上人不疲於勠力而證明因果下走無媿於含毫其詞曰

罽賓之左玉城之北山峙金剛野橫檀特煌爚星眸英威佛國茲邦對昴地實聯虞嬴授寶勑嫣探玉符磎涵尉斗峯峻香鑪穹嶐幽藹危屏窈窕竹冷難春松疎易曉石蹲爲獸崖飛作鳥經文一架佛影千龕梯蘙香栢弓穿涤潭城危隱柰院密主菴界是安樂永無煩惱吉雨黏花香階潤草露點交幔日含輪寶龍刹險倚鴈堂離立蔥柱徘徊攢櫨戢舂石墀苔聚紗窗月入山王獻供法主開筵聞鐘洗鉢聽梵搥樾玉柄朝構珠燈夜然欽咨分果緬求靈籙火刼應燒風輪自觸帝臺之下王城之曲仙聖奔翔永扶金粟

開元六年十月六日石刻

陸海

海官朝議郎侍御史授尚書主客員外郎湖州刺史見新表

大唐空寂寺故大福和上碑

水之流也微風以成其縠人之生也積行以成其道木有火石有金火非燧而莫出金非鍊而莫見則知定以慧發覺爲行先得之本無求之不有者自釋□舉傳達摩末傳於我大師矣師族于張家于豐含育在胎異氣所感誕厥彌月其目猶開有異僧見而驚曰此西夏之聖者當度衆累宏大乘傾眸忽闢允討授記其廾也識泯智葉意裁道牙其緇也行苦業淨福薰果孰初於西明寺持五分律後於南荊州□大通師默領法印暗通幽鍵大通謂師曰萌乃花花乃實可不勉矣師聞之惕息言下而悟以爲不生者生走心卽安無說是說對境皆空師得法而還大通承詔而至雖有靈山之別不異龍花之會無何大通居東洛師師顧偕往大通錫以如意杖曰吾道盡在于玆以爲如意杖者比如意珠也用之不盡可敎西土之衆於道我師遂留施物以安誘物以漸意攝神鬼

威伏虎狼昆虫草木內不霑潤景龍歲勑護塗山寺上座嘗有神僧宴居曰後四十年間當有勝士繼體是處事由冥契因以宿感我師應焉又授薦福慶山龍興三寺上座皆承天詔允從人願寺之强於我何有後經行於州浮東山曰思公有記生之否豈惟南岳古猶今也此地當可終焉開廿八年五月五日果勑置空寂寺泉生景中花雨象外我師未兆而見亦先天而不違岑嶺回乎州原沃蕩實爲勝□愜於所得道侶神機安國寺缺六字舊邸肅宗潛龍之所資於法器以住持也惣持寺物□一道□又請□居誨□

及聖□賤等貴久而謂門人曰理本無礙甯繫我身物皆有中甯住于世以天寶二年二月廿二日右脇而卧隨化□□□慟悲□依□而絕八十九甲子矣六十三僧臘矣精氣已去容狀不改眉生髮長與世殊異其年四月十八日入塔乃（缺九字）冰咽□鶴翔（缺六字）國人哀送是切情之終色界皆空法身不滅且天之□賢愚□的（缺十三字）傳□□□也不然者□□異僧而所稱焉師之教也不可以智知師之道也不可以（缺二十四字）以夫能自念今獨證如又付囑弟子大雄大（缺十四字）聞□□□日□故上（缺十二字）具梵□使□佛刹入室弟子上座□□等住□□□樹碑□而生□□□而（缺四字）色身（缺十字）也智存於守護釋氏之塔猶儒士之墳（缺十一字）廿（缺五字）沈埋□□□□而相（缺四字）使萬劫將壞而妙教常存爰刊貞石紀其銘曰

（上缺六字）無住則然西方（缺八字）出生死我師懸解尚資于學（缺廿三字）本□怖鴿既棲騰猿□定□□□目□□□身□吞日月（缺七字）雨泣門人空山之巔松柏蒼然（石刻）

石鎮

鎮全唐文四百七有傳（撰記署南府鄉貢進士）

大唐東京大奉國寺故上座龕塋記

□□號守忠俗姓高氏平陽郡人也於戲生（缺四字）之婆娑子夏索居之□殁邵公相□之（缺五字）山之塞嗟夫淸粹履□道（缺四字）天□讀素王之書該通六義（缺四字）之教□禮丘壞遂隱居南□郡□肌山寺四載長安中（缺五字）聲聞中外有詔徵充福元寺大德無何又補玉泉寺□□神龍初置奉國寺□與寶祚大闡玄風□□□曰金仙玉毫□人□□給園祇樹上聖攸居匪清厥心（缺四字）則□□持□統數于執乾哉遂（缺七字）補爲上座若乃鋤其□田□其□手不釋卷心不疵物五十載于茲矣暨我眞容發光之歲十有一月廿六日□滅于當寺之本院春秋八十有五□僧惠瀛弟子僧慶明曜惠暉（缺五字）等抑號天而不息□喪父而無服安厝于龍門南崗條□□□不忘本也巍巍斷山漫漫流水縱倬如帶□□□存若堂若防粤天寶四載歲在作噩九月廿五日記（石刻）

宋儋

儋全唐文三百九十六有傳

大唐嵩山會善寺故大德道安禪師碑（并序）

嘗語如性因觀我心即照皆空眞空無我即談其妙

是妙恆如嘻月鑑淵流以缺温涼慈氏有以證用通
微澡身揚戒乘定濟混騰之患慧炬拔焚迷之苦扶
持所□□□壽根啟祐所法識曠劫誰比次有□大
禪師乎禪師法諱道安俗姓李氏荆人也玄悟慧達
神應道心秀氣古韵紺髮青目奇其儀表質於言談
自弱年師問獨出塵感躬被艱難行洞精苦越生于
開皇泊夫大業禪師已德聞於周鄭矣時飛鳥氣沴
伏鱉星祅草味中原戈投散地我唐龍戰在野烝人
狼顧無家而塵垢惟深不蠹珠曜冰霜惟懍不奪松
貞禪師或建功華陽或授手邊難俾勞作逸爾惟武

德九年也位定乾坤氣惠河海佛乘楊文以曳緒禪
池冽淨以通原是日大師弘忍傳禪要于蘄下禪師
趨風而慕之頂頌初聞事驟太行竦身以精意投步
而希迹悲喜罄于貪塵微密玄而會同雙目片言洞
融發念垍則佛池淨其法身圓月湛于清空傳燈□
於冥室毗耶談極其不二者出直示以無言何以加
之稽此禪門要宗始乎天竺達摩納眾流以成海總
羣妙以立身一香普聞千光分照同玄而通導各受
而齊適及至弘忍大師傳付五人矣比歲禪師與大
通俱學於大師大師每歎曰予常有願當令一切俱

如妙門獲所安樂學人多矣唯秀與炎惜其才難也
將吾傳之不至鄭令法要當付付此兩子吾無憂哉
上因數徵請之以師受禪要禪師順退避位推美于
玉泉大通也從此就阜載翳林榛高讓名聞堅進師
禮謂人曰山間樹下難可厭捨豐石足以枕倚香泉
足以澡漱與道而游不樂何求竟居嵩山會善寺焉
夫白登渾天苦遙夜者利見火熙寒室倦淒滄者慶
來舉地依歸傾都師仰若然者隨至隨詈擊之逐之
□忝爾懷誓塗我口拂衣而起卻遊以辭益指於荆
州玉泉已而反覆年序矣山下有涕淚求法隕滅不

迴解體而獻心決目而貢誠至誠神達上駭天聖若
夫高蹈詣耶則無務薄言神梵儀耶則無聞往教哲
后躬親禪窟咨□道門睿族保之而盡師大道友之
而來仰覺中旨殷勤而一晝三接朝恩稠□而以月
繫年非道妙動于時能仁感于俗安至如是乎遂不
得已而心副于世禪師崇要祕□指日廣乘反經而
合權倣理而約喻或贊其潰靡發慮由□或指以淺
微道義維遠悟之者意豁而無住昧之者思絕而失
常或訴或揚而玄味加此慈誘無捨而禪悅臨聲羣
籟齊韵而各盡其音三獸渡河而不渝其心虛空廣

大得之同體日月融朗得以同暉始自山門遍于天下也烏感韶樂者美克紹之事深談良玉者美貞明之心夫故聽其聲而不辱其事觀其事而不累其心於□禪師有之惟景龍二年二月三日中夜禪師忽而命門弟子等謂曰鷲波洋洋郎生而亡人代湯湯其斯為常無依緣報建緣報謝緣滅二百之後當以髀以山無庵無廓深以林葬因之野火尋焚而滅惟吾之初願也掾必化之器運不停而奄欲議恆久終古無有凡百爾眾勿違我言越五日將盡□□萬迴大師自京馳寄披納宣意相諭至八日乃闔戶去人

卧脇累足而滅詢諸耆宿蓋云禪師生於大隨開皇四年滅於有唐景龍二年春秋得百有廿餘歲矣□□隱其靈通聖道遺其歲時故莫得實其報齡也嗚呼人生如電隨風將盡即風如我隨電皆空三界其然前後相湓五運恆矣往復何窮惟聖靈常存隨感宣應從遊者不能盡造希聲者不能畢闚門人之間故有百身請代啜血窮戀而不得者既而絕息擗地推膺呼天覆載為之昏冥川岳為之震動蟻有號吼鳥亦悲鳴主君輟朝可其付託侯王哀赴侑以禮儀道遠惟光敬久彌福嵩巖焚餘起幽靈之塔滑城化漸置招提之寺且復罄金資福廣濟度人靈泉涌溜於道場瑞氣結文于林頂異虹奇鳥首末連見同感盛賢之去也以予度禪師之至採禪師之事性門法力身發法光美以里仁安不擇地迹□塞而□泰智由下而轉高斯固道以生知德惟天縱者也以為教必稱師是有雙峰之學貞不累俗自有獨鑑之美形骸外物聚散均於容塵精神內凝肉骨皆為舍利至人心洞於存沒勝被於師資一為聖胎一為僧寶是以弟子慧遠者襲明承慶演末裕源東傳之法而載極乎天北流之妙而不墜於地今也其沒蒼然何

歸同學等行出高標業精深寂永慕師道長懷友風緣幽石以形詩向遺履以投體式資墨客而揚德馨

辭曰

水實精鑑激風而擾心實澄怗觸境而撓渾迴者理定以之清泓泓者心慧以之明定復伊何清照萬有慧復伊何明徹重垢是訓是學惟德惟師狂象調伏情馬依韁我自貞淨勇超禪定偏則珠髻大圓心鏡不襲俗諦慈王真如萬法都脫五蘊何儲堂坐如月光流不極撫照餘暉耳拾無得眾所瞻仰香光曉色□樂相望清明識度逮時而沒即心奚退憂花疾壞

搖揚如□師徒齊致離會同然永痛斯日載奉何年
解吾人之惱妙覺常存化吾人之道淨戒彌尊勿信
世相但等浮雲　建塔僧破竈墮　開元十五年十
月廿一日建石刻

按此首較多二百三十餘字

李宅心

宅心天寶中東海郡司法

大唐故監察御史趙郡李府君夫人博陵崔氏
墓誌銘并序

夫人博陵人也崔氏之先著在圖諜河魴之喻歎美

詩人雕龍之作擅名漢史語姻族之家共稱齊大叙
少長之例不爲□□曾祖行功秘書監祖景鄭縣令
父仲容醴泉丞並垂裕多聞象賢不忝叔祖玄曄神
龍初立大功於國封博陵王諡斑彪之交漢德斯在
知條蕨之器劉氏必安由此諸宗以博陵爲稱首矣
夫人幼而敏晤動識機微氣調精明天與淑順七歲
讀女史十一就婦功豈織紝組紃不廢事業將前言
往行以成規矩泰晉足也歸我府君爲體從人之義
得嘉偶之名敬則如賓禮猶行古宜其家室譬彼瑟
琴況中饋克修外言不入使六親取則二姓交歡閨
門肅然如不可犯府君之履臺憲也以持斧之雄受
登車之任江湖風靡甌越星馳時霽威嚴亦由輔佐
及府君之沒世也夫人纔廿九矣位登柏署朝廷嗟
不憖之遺年若蕣華中表切未亡之痛以世業在茲
自西徂東長悲紈綺之孤不絕敬姜之哭一女在襁
褓三子尚嬰孩殆歷三時方誕季女蓋生人之至艱
矣夫人銜酸茹泣義深節苦屬家本好儉歲仍不□
不厭糟糠不辭浣濯以身率下以悅使人屢報農收
遂安反側而親授諸子夙興不怠能修業者存以煥
休未成功者先之夏□故累歲之後登孝廉者數人

詩禮所至之嚴父矣善乎府君之世昆弟孝友夫人
之家上和下睦内外一體其教可知居有孟徙之賢
行有班隨之賦積善餘慶議者榮之自夫人之初笄
也以府君素無怙恃乃歎曰幸承巾櫛不逮舅姑徒
習鞶紳之儀終無奉蕺之日故睦娣姒以申義和親
族以輔仁喪不踰節禮也勤則不匱智也能訓諸子
慈也夫人有伯兄季弟長姊孤姪或死生契濶時命
屯否拯之救懸常若不及事不跡而心已行此胡質
清畏人知介推文不求顯此夫人之孝也有具美而
降年不永哀哉天寶十載正月遘疾十二日終于東

京仁和里之私第春秋六十其載十二月十二日辛酉葬於壽安之北原不忘本也初府君之殯也近在洛陽距夫人之喪卅餘年矣雖魯人之祔宜恭行於典禮而滕公之室懼多歷於歲時詢諸哲人且有後命愛子懿文不幸早世長子前東海郡司法宅心次子前許昌尉居中等倉卒無地充窮靡依號而不言願述先志其銘曰

長岑之脩世擅雕龍先祖濃兮冀缺之門如賓之敬其儀盛兮穆伯既喪言歸於東禮由衷兮歷訓諸子克成于學咸總角兮就其祿養使有令名風教清兮

福善伊何莫喻中壽垂不朽兮伊洛交會嵩邙□□歎陵谷兮思慕罔極施及宗親願百身兮合祔有期保茲同穴嗟永訣兮石刻

唐文續拾卷三

唐文續拾卷四

榮祿大夫二品頂戴前分巡廣東高廉道加四級臣陸心源輯

房涣

涣天寶中興州刺史

翠峰亭記

我皇帝道高前聖德邁三皇天下晏然四方無事朝廷清謐常思蹈舞之儀宮苑歡娛每賜春遊之賞天恩廣備錫賚見霑旬日飛觴求諸勝地武興泉石觸目驚人況卜良遊自□奇絕順政遊勝郡南十里山障重複石壁千雲淥水澄灣清泠見底崗巒掩映蔥

翠難名雖王羲之蘭亭未足云比石季倫金谷豈可同年涣叨忝專城常霑宴賞同諸英佐□盡歡遊天寶八載三月二十日□□房涣自書

按全唐文闕名所收房使君題記實翠峰亭銘郎繼此記而作撰銘爲太原王下泐當是繼房涣守郡者

宋叔鈞

叔鈞大歷中河南府進士

窅澗谷肅上人禪房記

於西域耆闍東溟方丈蓋羽化之所寫宅眞如之所

游衍攸哉逸矣固難得而周流其於一邱一壑勝之美者亦往往有焉□王屋大□左右相踞方且七百其高萬仞松桂蔡植峯巒交薄幽奇之麗者何可單論而此谷焉特名窅淵貫緣六七里攀援數十丈一壁卻立直戴雲天兩崖翼張橫窺日月稽首則神靈交集笑語則雷風聿興伊昔鄉人選勝茲所宏願旣果經始勿亟其始也琢石爲堂功成一簣其終也飾金作像數滿大千而物換時移斯迹猶著翔而後集不亦宜乎我上人德冠三乘行超十地夢幻濾體□月澄心以禪寂爲不二之門以意識爲五蘊之戸克

紹先烈獨秀□林乃拔溺寰中投身物外懿其事也搆其居也因厥舊而新是圖採□不斵亘爲禪宇爰居爰處南東其戸西次卌步別置水亭焉高纔一尋方僅五尺磨泉自出環流鏡淸注于平湓爲沼靈草千種修篁數莖花香互開煙媚時發春禽轉哢似聽色空元猿罷吟如求漸頓登陟者結縛懸解經行者塵昏自郵僕野人也夙尙雲林性本疎散遠此眞境翛然忘歸況羞我以枉楛誘我以泡幼知□魄之不遠識害馬之累生筌蹄頓忘世事如掃參則不敏請濡翰以記時聖唐大歷七年歲次元默姑洗月也石刻

崔玭

玭官正議大夫行定州刺史兼太子賓客賜紫金魚袋上柱國

大唐故曹州成武縣丞博陵崔氏府君改葬墓誌銘并序

玭昔遊於鎬京雍洛梁宋河朔名山大川秀潤形勝之地復出入往來二陵之間覩古之宰貴重臣祠廟上塚之所見其崩摧便房遺櫬與朽壤偕盡而獨銘誌存焉故諸侯計功大夫稱伐勒名金石所以傳無窮之歲况我先君府君德邁前古衣冠茂族萬代一

家扶風太君太夫人河南褚氏坤順志柔和顏淸敏榮因重貴明德惟馨安可闕而不書矣先父府君諱文脩字文脩宣德郎行曹州成武縣丞博陵安平人也先炎帝神農太公之後肩食邑於崔因封賜姓自大唐受命之初封陳留縣侯因封而家焉子孫相傳已七代自漢高帝九年歲次癸卯爰及大唐八葉百有五十四年卌一世綿歷八百八十四年自周秦漢魏晉宋齊梁隨唐世世爲卿相大夫至今軒冕尤盛代爲名臣高祖客王皇朝夔府都督大王父諱民英皇贈封太中大夫守汴州刺史陳留縣侯王父元周

皇宿衛出身拜滄州景□縣主簿蜀州晉原縣尉勅授朝散大夫蔡州吳房縣令皆宣風惠□仁德濟以至于先父府君軌範自天上善若水內外三教窮□之要道知諸行諸終始不替承先人餘蔭宿衛出身拜潤州參軍□任曹州成武縣丞仁義包含器淩江海才高賈誼位屈桓譚不幸積善無徵奄鍾天罰開元廿八年九月廿九日遇疾不瘳崩背官舍權安厝於汝南郡吳房縣城西北百步嗣子勉等昊天罔極思古教本而思本焉以大歷六年歲次辛亥八月甲寅朔廿九日壬午龜筮勒從遷厝於博陵郡安喜

縣城南一里長原禮也玭才行無聞不敢光揚休烈但直書其事用表其千秋不易於琬琰其詞曰

長原博陵地橫千古樹茲松檟再封吾土哀號先人掩於泉戶仰天泣血伏茹荼苦永惟世業爰諸禰祖忝繼箕裘悲慟尸主宅兆有期塗車已成像設九原分裂五情日慘寒色風凄晚聲叩地長懷心摧骨驚刺肝書血刊石勒銘 石刻

韓雲卿

全唐文四百四十一有傳

鮮于氏里門碑 并序

鮮于殷姓武王剋殷獲洪範於箕子封于朝鮮其子仲食菜於 缺 京兆尹魏有輔爲度遼將軍家於燕國因爲漁陽人也降及□皇 缺 刺史因家閬中閬州生簡州長史士簡簡州生贈衛尉卿令徵□賜 缺 尉生二男長曰仲通以秀中上第驟履臺閣爲益州長史兼御史 缺 五十四州節度採訪等使威化廿於嶓岷入爲京兆尹幼曰叔明 缺 金商等州採訪使入爲京兆尹自左庶子出爲遂州都督兼御史中 缺 一十四州節度觀察等使封漁洋郡公仁惠洽於巴渝子姓甥姪 缺 典方嶽吏處臺省衣冠欽其禮鄉里服其義

雖及羈貫皆象服是飾 缺 化而成風夫德及於人者慶延惠施於物者賞博若鮮于氏之德是宜 缺 章播流金石永善後裔辭曰

姣姣箕子爲殷仁人遺肅立周退爲周賓獲氏因地子孫世嗣幾二千載□□有國因官閬中三代勃興降生二公欽惟二公懷器佐時尤行懿姿龍變□□維□方伯□國藩□□時楷式繩繩子孫佩禮服義職典中外灼耀名位□□溫故儒衣□襜服禮勞謙巴渝岷蜀□風成俗在昔炎漢里有萬石下及季□淸風久□千祀再激興替之原禍福無門義虧族夷

德修慶繫銘之里門（石刻）

侯總

總大歷中團練判官將仕郎試秘書省正字

刺史兼殿中侍御史薛公敬造石阿彌像讚（并序）

大聖不可得而名後之者□思儀形或範金或剡木或黼黻藻繪寓厥法身是崇瞻仰夫金則鑠玉則蠹黼黻藻繪倏然成空徒竊因緣之名深乖久竟之義粤居貞以全璞不□不琢據連□以示現與厚地而終始則此龕石阿彌陁像在焉誰其尸之繄我邦伯公□澄降趾河汾丕承令緒德禮相顧清明自持建

旟施父母之恩執簡勵風霜之操遠夷景附黠吏波逝葺荒堵成安居變萊田爲嘉穀寔相門之良亂王國之令臣復能通向眞宗勤求上善割清白之俸資莊嚴之費爰稽厥初之考制也梵侶相宜□師獻藝梯絕壁鑱蒼苔載琢載礱無晝無夜大砰搗以雷落小忽霏而星飛坎坎之聲雖非擊鼓冲冲之狀頗類鑿氷曾未逾時□相斯起精微擬於神道敬信協於人謀德水寶池似生淨觀白鶴孔雀將出雅音誰悟幽棲道場粗同極樂世盼惟二菩薩左右儼如靈趾融融暉暎廣座先是落澗有⺀□石燃燈有廢木石則如礎者如鎮者木則任樻者任棟者公命攜僕以貿之購良工以營之石以碑髙階木以架危閣一則雲矗一則砥平永忘燥濕之慮妙契修行之願所謂易有之無褒多益寡微公之達識宏量其孰能臻之猗歟□人□流靜□也圖事以□堅智也徽福不私已仁也夫如是宜其法尊天祐百祿是遒爲龍爲光令問長世總職忝司戎亦嘗讀舊史氏祗命授簡多媿（缺七字）

眞聖（缺）人□深（缺）棨爾鏡徹葩然霞張射林（缺十二字）延長位斯崇德斯厚羌福田之充溢固將等□□□□

大歷十三年二月廿一日（石刻）

王璿

璿建中二年易定等州觀察判官掌書記朝散大夫行司士參軍（本碑）主客員外（郎官石柱題名）監察御史（精舍題名）

按廣異記有宋州刺史王璿又云乾元中王籍者太常璿之族子太平廣記大理卿王璿改金吾將軍疑即一人與全唐文二百五十九王璿別

唐符陽郡王張孝忠再葺池亭記

上谷古之郡名昔韓魏列土郡即燕國南都之地也昭□霸有幽薊雄據朔易殆秦并天下朝市淪替漢魏已降空餘丘（下缺）侯或封地爲城樹□□□因舊臺

櫟濬為池沼□□□社邑都也今茲山亭□爲隙跡
稽之□代孝諸興建則圖籍不書(下缺)風雨所齧傾頹
靡葺我故相國司空贈太傅李公自守除姧臣秉節
恆岳地方千里帶甲數萬擇良將以撫戎任良牧以
守郡得□□□我□(下缺)陽郡王張公曰孝忠剖符于
茲逮今三祀戊午歲天作霪雨害於楘盛人多道殣
邑無遺堵王之來也其一之(缺)郭理疆埸□通亡卹
鰥寡躬問疾苦坐不安席志通鄰好憂人阻飢使屢
空之家無不自給負米之孝知其□歸況徵(缺)輸軸
重採之法人吏一變姧欺絕源老幼相攜歸府知□

此乃事不師古抑謂王命維新寇盜既除囹圄亦殄
其(缺)以□壘□臨首集□技雜□□軍人都□寄
於閭閻緇黃酷於腥擅里巷厄於爭鬬王於是相地
建營訓以(缺)庫猶□猶其軍實或時朽蠹足以□粒
聚於□門壁滓穢其毫相王大葺倉庾納□□坛敞
(缺)景福比及三年兵自戢民自安衆自和財自阜然
後散利薄征緩刑寬□況聽政之位有□王能補外
館之地不(下缺)王能□厚其牆垣壯其□宗□□足以
納幣高視可以臨人甘常肅恕以庭無事或時涉層
臺以觀雲物下西亭以玩魚(缺)池審曲面勢乃匠新
意革舊□必將掉扁舟垂釣□鳧鷗獨遊□吏則止
水可爲江湖一鳥可齊天地向若犒師享士(下缺)使文
武畢會尊卑有序則斯□也□□得接□□不得旋
踵我王智深天機神與心計而能力役焉獲斧斤(下缺)
利之泉拯有窖□來外蓋其□□挾其流一駐鬼神
若車造化則畫中江漢在□淺深尚上蓬萊因多盈
縮然後□壝(缺)狀□洞之新開飾簷楹之舊制雖□
持之狀至麗而平易之功至□其廣也可以迴車輿
其博也足以列冠蓋幽足以棲隱(缺)神可以敘事梢
梢松響耽耽柳陰長疑九秋不知三伏夏五月王以

居(缺)久之(缺五字)居人(缺十二字)軍□□迴淨域地變禪宮
固請律儀謂(缺九字)實(缺五字)魚□泉(缺五字)飧(缺六字)識(下泐)
實(下泐)所以洩汙□也□不有命爾(缺七字)之□水所(缺)
如此□□大□□志必盡家□(下缺)□□百(下泐)戰會□
□璿曰茲郡□(下泐)見其□□濬抒獨有此地郡之遺
門(下泐)命於座末其軍川□□□寮□□碑陰□歲在
作□□會□□□戊辰功畢(下泐)(石刻)

李挺

挺建中時揚州高郵尉

陁羅尼幢記

孤子李挺挹揣抃拱等號天稽首十方一切諸佛諸大菩薩虛空一切賢聖弟子殃各深重不能自殞摧心泣血弱息餘生先考常誦持陁羅尼呪及金剛般若波羅密經挺等哀苦靡訴精誠向佛敬造此幢并諸功德伏願先考疇日所曾誦持經典永習無忘宿世已來或有業障應念消除覩文見影皆蒙資福惟願諸佛菩薩虛空一切賢聖慈悲證明加被先考乘諸功德坐西方淨土見佛聞法心得自在成無上菩提建中二年八月十九日建（石刻）

楊晈

晈興元中廬州長史

大唐東都弘聖寺故臨壇大德眞堅幢銘（并序）

大德法號眞堅河南府王屋人也俗姓楊卽弘農太尉之苗裔宿植善根天生異俗自小不茹葷血十三卽志願出家孤標不羣氣識殊衆累經阻難確乎堅貞年廿具戒後卽探討毗尼製道儀鈔傳於後學莫不遵崇宗旨遠近流行乃至新羅異域尤加尊重初准勅住天宮寺後奉勑抽充弘聖寺大德又充會善寺臨壇十大德其爲性也恤貧敬老救病哀弱嘯傲名利脫略誼籌興元元年五月十二日忽示現生滅終于弘聖寺本院俗年五十有七僧臘卅七夏其月十五日於東都龍門西天竺寺南堤面陽安厝儀也出家姊安國寺主眞心俗弟廬州長史晈弟子弘聖寺僧嗣興等敬造尊勝陁羅尼石幢以記遷謝其銘曰

天生聰惠兮辯正邪割愛辭親兮小出家脩持戒律兮淨無瑕傳述聖教兮逾海涯色身默世兮歸寂滅聲問空存兮滿京華手足永斷兮不可續送終追往兮徒悲嗟（石刻）

李衡

衡系出大鄭王房官清漳尉（新表）建中四年咸陽令（奉天

錄）度支員外（石柱題名）郎中（本碑）常州澶州刺史湖南江西觀察使（舊紀）以給事中爲戶部侍郎諸道鹽鐵轉運使（新書劉晏傳）

唐絳州聞喜縣令楊君故夫人裴氏墓誌銘（并序）

維唐貞元元年仲冬十一月十有七日聞喜縣令楊君故夫人河東裴氏葬于京兆之九毗原禮也裴氏其先自周漢命氏爰及晉魏衣冠煒盛入裴之稱爲冠族繇至于隋唐蘊而不竭與韋柳薛關中之四姓焉曾祖友直皇朝給事中簡要清通鬱有時望給事生子九人並以文學懿德盛于當時祖伯義皇朝彭

州刺史郎給事府君之第四子也履歷顯官至于二千石元紼茂于闑閫教化布于州人烈考諱就皇朝大理評事重以德義問於盛朝何才高而位卑復積慶而無嗣神亦輔德故鍾美於二女焉夫人郎評事府君次女也性根大孝禮自生知幼辭嚴母之訓長習仁姊之教是有令問光昭六姻及笄而嫁楊君君弘農人也四代五公寔當榮耀雅有才器登于子男夫人輔佐周旋韻諧琴瑟楊君叶和敦敬禮達闈闥豈期風落夭桃露萎芳蕙神理不昧泉臺已深嗚呼哀哉夫人伯姊嫁於吳氏吳君大歷之中爲國元舅

志匡帝室承國寵榮伯姊居貴柔謙敦睦親族痛鮮兄弟哀于禋祀乃與季妹形影相隨永言霜露之思乃發筐篋之存夫人述伯姊之志赴東周之宅由是裴氏之三代祖考而松櫝修焉建中歲大盜移國夫人東北喪朋從人故絳天遙地隔支折形分乃不茹葷血積憂成疾以至於瞑目哀哉吳氏伯姊遠自巴蜀含酸護喪遠日有期陵谷攸記志于泉戶見託斯文銘曰

和氣氤氳與物青春芳爲夭桃茂爲淑嬪展矣淑嬪禮誠德富尊松之貞踰玉之素爰及笄字適彼良門婦道光儀百氏稱□不有令姊孰茲歸妹義隔存亡名傳中外惋彼芳質朝露何先泉扃一閟萬古千年

石刻

王泉

泉貞元中官滎陽縣令（按與全唐文二百五之王泉別爲一人）

移碑記

夫爲政有愛於人人則思愛而紀其政或尸而饗之或碑而頌之使芳名轉彰舊績不泯豈獨光於前哲亦冀後賢警慕而似之公爲政有聞是以皇帝降書以稱其名勒書爲碑舍人劉公作（缺四字）其績刻於碑

陰其碑巍然立於水東道北雨頻壞道其過者不得周覽但知其名莫得（缺七字）年四月天作雷雨震碑仆於坑□碑穳少虧龜破四段吏人告余余駭而（缺九字）洗而視之其文瓌蔚其蹟殊特顧問從吏從吏不知及問邑客無有知者噫余以爲□天（缺六字）盧君之德行彰劉公之文學不然者豈盧君有隱慝耶余乃上白府君韋公請自輸俸（缺五字）於縣門以光其邑韋公允之乃遂事也于是碑縣（缺二字）文績再揚余雖不敏警慕高躅刻于（缺三字）記移日貞元十八年二月十日

滎陽縣令王泉記

按與全唐文九百八十七盧府君碑陰記微有不同

許琳

三世像讚并序

琳官節度判官掌書記朝議郎殿中侍御史內供奉

宅眞體如質平因像之義如梯斯瞰緊筌與諦明矣有唐成德軍故節度押衙贈禮部尚書張公曰孝義今相國檢校司空符陽郡王曰孝忠之介弟也鷹揚鶚眙依仁履悌適來色界深入玄門遂躐徧名山覽得勝剎過出鳥路宛臨諸天巉峭寒關寔靈聖之所

棲宴也公徘徊久之欲休於斯王途東夷匪遑乎而爰葳佛事傌素工去來見在一堂四列而丹繪未就羅惟岳之亂以身殉國哀哉洎元方秉鉞登覽泫然滅俸紹成顯弘幽獨讚曰

道實因人人實因像金光紺色心存目想識自內融形斯外獎肇迹伊季纘功惟長猗歟郁歟郁歟猗歟克夥平權輿石刻

盧徵

全唐文四百七十八有傳

右司郎中造觀世音菩薩石像銘并序

缺皆爲缺如夢缺知口一如口也缺香缺降因發誠願歸旋之日於口造等身像一軀此乃夜郎之役也貞元之口又易於此僕夫在後獨行山側白衣路人隨馬先後因唱言曰去日花開來時菓熟其去也春三月貶口州長史其歸也秋八月遷右司郎中詳求所言有關昭報復以閨門幼弱萬里沿泝畏途炎裔鮮克保令勝衣含氣我獨無口卽知慈雄覆護匪無顯効心形祗惕焉敢暫忘復以小子童丱已來常元持大悲菩薩如意輪陁羅尼卽我本師願敦永劫今所鐫刻常爲依怙其莊嚴相好花鬘瓔珞悉憑經敎

豈無感通長兄從時任河南府司錄參事缺聖善寺沙門處常圖終創始選功捨財罔不精竭葳事已畢缺一燈明傳三界歡喜感躍以偈爲銘銘曰

缺告仰訴大悲有如昭報嗟乎大悲隨方救護哀我數年缺悉如燎原炎炎蒸癘行看跕鳶惟此身勢豈期生全惟缺不口旋再昇九天如出九泉眾靈在空如日高懸無日不見無缺如君如父思報何緣遂刻全身于此山巔山既不朽像亦常存明發缺懷曷論庶爲依怙子子孫孫豈無深信其仰丕尊石刻

楊叶

叶貞元中鞏縣尉

唐故禪大德演公塔銘 并序

如來滅後五濁惡世厥有悟最上乘者即我大師歟大師俗姓柳法號明演累代家於相州湯陰縣幼而温敏長而貞逸蘊顏子之德昇孔子之堂天寶季擢明經第寶應中調補濮州臨濮尉後遷濮陽丞清能肅下威能懾豪芳名振於齊魯之間孰出其右因詣方袍士語及無生喟然歎曰萬法歸空一身皆幻瑣瑣名位曷足控搏遂投紱捐璽適于京師時神策都知兵馬使檢校御史大夫王駕鶴奏曰前件人捨官

入道樂在法門寺因章敬皇后忌辰伏請度爲僧詔曰可乃隸名於洛陽縣敬愛寺因具戒於嵩岳壇場厥後口茹一麻身衣百衲洞達五方偏探賾修多羅雖思代居梁仏圖在趙方茲蔑如也興元初延長定覺念定舍躰七八年間悉拓開法龍象鱗萃冠蓋雲集齊齊焉鏘鏘焉得其門者或寡矣歘思振錫步及於鞏縣淨土寺縣尹隴西李公閑鼎夫人吳郡張氏禮足歸依虔心諦聽淨財珍服捨而勿悋由是景附響和者不可勝筭非夫慧日懸空寶炬破闇其孰能臻於此乎且迴出四流既遠離於煩惱遽成三點徒示現於涅盤以貞元十七年二月五日整三衣掩一室汨然坐化容白如生四衆漣洏奔走織路俗齡六十有九僧臘三十有三門弟子淨土寺主智德律坐主常隱神昭寺三綱寶燈堅志如印等因心起孝扶力議事言於同學曰不建塔曷以旌盛德不刊名曷以紀高行謀之既臧罔不率從未遷朔縞素疊委泉穀交積傭工度地挺埴爲甎不傷財不害人格于十旬傑其高跱以明年春繩牀趺坐歸于厥中左邇名區前臨清洛浮雲郎月松檟颼颸叶從官於茲嘗陪高論援毫含毓遂作銘曰

於休上人偉白昂藏遺榮濮上練行嵩陽淤泥自濁荷花自芳澄思一室聞名四方了悟真詮門人駢闐雙林遽變孤磬空懸屹立素塔遐對清川幢幢行路孰不悽然 石刻

李充

充貞元中官太中大夫守京兆尹上護軍賜紫金魚袋

大唐東都敬愛寺故開法臨檀大德法玩禪師塔銘 并序

禪師諱法玩俗姓張氏其先魏人也年十八學道於

大照大師廿受具戒報年七十六僧夏五十七以貞元六年秋八月十三日寂滅于東都敬愛寺越十九日門弟子等奉全身建塔于嵩丘少林寺之西偏縗杖執紼赴臣會葬者以萬數弟子安國寺尼法名寂然師以志性堅操菩提心猛利故號爲精進軍即予之從母也躬護厥事其明年冬十月新塔既立將以抒門人永慕之志播先師玄邈之風俾予叙銘以示來裔曰嘗聞拯羣迷者根乎道弘至道者存乎人至若播甘露於法林架慈舟於苦海反邪歸正化昏作明敎被瀍洛德高嵩少實我禪師其人也夫紀無相

之□□□其族譜述無爲之敎宜捨其示現故不書姓系不□□行直言秘旨用闡眞宗而已自像敎東流法門弘闢□戒律攝妄行以禪寂滅諸相以辯惠通無礙禪師總斯三學濟彼羣生或居嵩高或住洛邑道俗師仰遐邇攸歸應用無方稱物施化惠日恒照無晦不除寶鏡常懸有昏斯朗嘗謂門人曰正法無著眞性不起苟能覩眾色聽眾聲辯眾香味眾味受眾觸演眾法而心恒湛然道斯得矣大凡禪師設教導人必形於行以爲法無憎愛故喜慍不見於色以爲法無分別故貴賤視之若一以爲法無取捨故齊於得喪以爲法無去來故泯於生滅是以訪道者聽言昏解觀行學成非夫心契眞如識通妙有孰能修身演化如此其盛者歟淸川東注白日西匿歸眞於此空山杳然銘曰

嵩山之陽兮靈塔尊色身既滅兮妙法存誌此貞石兮弘教門石刻

陸渲

全唐文六百十八有傳拾遺卷二十六

印記

最澄闍梨形雖異域性實同源特稟生知觸類懸解

遠求天台妙旨又遇龍象邃公總萬行於一心了殊途於三觀親稟秘密理絕名言猶慮他方學徒不能信受所請當州印記安可不任爲憑

大唐貞元廿一年二月廿日朝議大夫持節台州諸軍事守台州刺史上柱國陸渲給日本鄭交徵書

鄭審則

審則貞元中明州刺史南祖房地官員外郎元敬曾孫

印記

孔夫子云吾聞西方有聖人焉其教以淸淨無爲爲

本不染不著爲妙其化人也具足功德乃爲圓明最澄闍梨性稟生知之才來自禮義之國萬里求法視險若夷不憚艱勞神力保護南登天台之嶺西泛鏡河之水窮智者之法門探灌頂之神秘可謂法門龍象青蓮出池將此大乘往傳本國求茲印信執以爲憑昨者陸台州已與題記故具所覩爰申直筆

大唐貞元廿一年五月十五日朝議郎使持節明州諸軍事守明州刺史上柱國滎陽鄭審則書同上

唐文續拾卷四

唐文續拾卷五

榮祿大夫二品頂戴前分巡廣東高廉道加四級臣陸心源輯

吳顗

顗貞元中台州司馬

送最澄上人還日本國詩序

過去諸佛爲求法故或碎身如塵或捐軀彊虎嘗聞其說今覩其人日本沙門最澄宿植善根早知幻影處世界而不著等虛空而不凝於有爲而證無爲在煩惱而得解脫聞中國故大師智顗傳如來心印於天台山遂賚黃金涉巨海不憚滔天之駭浪不怖映日之驚飆外其身而身存思其法而法得大哉其求法也以貞元二十年九月二十六日臻於海郡謁太守陸公獻金十五兩築紫斐紙二百張築紫筆二管築紫墨四挺刀子一加斑組二火鐵二加火石八蘭木九水精珠一貫陸公精孔門之奧旨蘊經國之宏才清比冰囊明逾霜月以紙等九物達於庶使返金於師師譯言請貨金貿紙用以書天台止觀陸公從之乃命大師門人之裔哲曰道邃集工寫之逾月而畢邃公亦開宗指審焉最澄忻然瞻仰作禮而去三月初吉遐方景濃酌新茗以餞行對春風以送遠上

人還國謁妻知我唐聖君之御宇也貞元二十年巳日台州司馬吳顗敘日本鄰交徵書

郭洪

唐故行涿州司馬金紫光祿大夫彭城郡劉公墓誌銘并序

洪貞元中宣德郎前節度驅使官試左衞兵曹參軍

仁德忠貞君臣之節義理家孝悌亦爲政之榮基方府君能盡忠於國純孝於家可謂忠孝雙全者矣府君諱逵字逵漢室本宗彭城是望昔自塵飛中夏逵士蓬征逐勝而遷燕臺應納千祿數代不復彭城今

卽燕人也自大父以前多遇荒□不明難爲具載昭穆故順化州刺史兼侍御史諱瓌卽其先人府君伯季六人房居第二先兄諱逿青春之年已亡人也痛哉絕嗣府君天授仁孝襲紀□綱居卽共被同飡分飛乃哀鴻胥漢大歷中詩書成立節行□天特賜金紫光祿大夫行涿州司馬仁佑勳賢振乎千里次第九愛弟諱迅藝□文筆儉素守官行幽府司戶參軍再歷檀州司馬謝於瀛州景城縣之令長其次第十諱□才兼文武勳業重重歷職轅門驅鷄五邑淹於潞涓縣之□宰次諱□□□迴事二宰大邑終於涿郡歸義縣季曰諱遷守檀州司法參軍三十未餘罄傾下壽或曰鶺鴒羣鶱聖代急難近及子孫餘慶未□府君歷任年代碎務開心祓氣俄臨疾忽於甚貞元十四年十二月八日謝於□□之公館時春秋四十有五有子兩人長曰拭次曰撰聽敏孝行人所難偕撰則殂於不幸拭乃孝嗣奉先有女一人適吳郡朱氏婦德世知朱君早逝府君靈櫬比者龜筮未□權在大塋今乃兆遷潞城西南□里之原禮也哀號送往孝思未缺讓儀毀容誠可繼於曾缺當宅相幼沐殊恩無路効於始終□銘記於貞石詞曰

府君物望兮間氣自天雙持文武兮聖代勳賢膺行忽斷兮各□天際空存嗣子兮孝行相傳新闕巍巍兮看成拱木銘記昭昭兮將憑萬年石刻

李師直

師直第進士元和中人

唐嵩嶽會善寺勅戒壇臨壇大律德塔銘并序

詳夫金人應世迦維誕生玉毫騰耀於八方教法流傳於此土三乘並駕五部齊驅澄混不雜者惟律宗焉中有紹繼挺生者卽吾師矣諱惠海俗姓張漢司徒之後今爲河東猗頓人也七歲尋師于妙道寺精

持寶偈卽維摩法華一部自年逾弱冠具戒此山當寺遂抜游二洛精研律宗前後敷揚約廿餘遍自貞元七載奉勅臨壇傳教度人莫紀其數至貞元之末情慕大乘伏膺於魏府門下精通楞伽思益搜賾玄微名貫三泰而數郡邀請匪度物之將倦而志居雲壑者矣伏維和尚德重丘嶽釋門孤秀包綜三藏精通一乘凜凜兮如方丈寒松皎皎兮似一潭秋月若乃香壇康法得度者而數越稻麻親授衣珠者人踰數百理應高懸佛日重耀昏衢豈期宏願未終化緣將畢享年六十有五僧臘卅有九於元和八年癸

巳之歲十二月廿六日示疾端坐念茲死生乃告門人言歸寂滅門人惟峰遍澄等驟裂肝膽聲悲涕流恨長夜之忙忙望靈儀而恍惚遂乃召以良匠罄以衣資卜于名山崇茲塔廟其塔也聳湧雲際稜層碧空左挾天中之古祠右俯玉華之壯氣前臨潁水之瀑布卻倚羣峰之屹嶂彫白玉以爲門疊龍鱗而成甓卽知匪其銘也無以彰五師之德匪其塔也何以表師資之孝誠余雖不才聊爲銘曰

玉豪隱耀兮西土三乘並駕兮東馳律宗委囑兮波離後有吾師兮繼之白雲起兮青山暗戒月沉兮世界昏不知迷子何時悟萬古空餘鴈塔存石刻

李仍叔

仍叔字周美初名章甫系出蜀王房元和五年登第歷官右補闕水部郎中宗正卿湖南觀察使太子賓客

唐渤海王五代孫陳許潁蔡觀察判官監察御史裏行李仍叔四歲女德孫墓誌銘并序

女生元和乙未歲七月廿日亡戊戌歲七月十八日於同州內城官舍來廿七日己酉塟京兆府萬年縣龍首鄉因聖寺佛閣西門之南地土連亡叔之墓風

接西塋之松蕙爾孩魂不怕幽壤銘云

姓李氏生崔氏聰明神光骨髮天祉言語未正自解親親顧瞻瀊彩顏色沉人走弄之聞嘔吐生疾氣噎深喉血流中頸玄風潛吹元精不凝柔閑在抱呼哭莫應旣未及殤詎可等彭肝膽爚起無奈此情石刻

王禮賢

禮賢元和中試左金吾衞兵曹參軍

太原王府君墓誌銘并序

唐元和丁酉歲夏四月廿九日太原王君終于平原郡財城里之私第春秋五十八嗚呼哀哉曾祖諱捴

祖諱志長烈考少愜咸獨韞當代俱有其才君幼禀純和長懷剛正藝應時出擅女媧之笙簧洞諸子晉之音遠叶伶倫之妙鳳響龍韻宛如神仙故得奇伎致身出入王族歷事顯貴垂三十年恭謹謙貞終始若一雖滔于多智梅皐鍼詞善戲謔兮無以過也方將壽比靈柏何大寒而凋零以其年十月五日卜窆于都城西北五里原禮也夫人殷氏先府君而逝有子二人長曰元佐次曰元祐女二人俱懷孝思逮至滅性將啟舊窆祔于新封哀哉銘曰

蔓草蒼茫原隰迤邐王君令室窆于此雙劍一歸幾千

祀蕭瑟悲風終夕起　石刻

顧方肅

方肅元和中吳郡人

唐故趙氏夫人墓誌銘 并序

夫人姓趙望在平原祖歿年遠子孫絕嗣無人紀于後世之事今難序焉夫人父諱萱皇朝定難功臣官畫試鴻臚大卿先夫人三十年已前而卒夫人即先鴻臚卿之令女也笄年十五執事箕帚而適于楊氏之門如鳳之飛雙鳴相應周旋二十餘載而楊君寢疾去元和六年十一月終于京兆府長安縣閭闠之肆殯金光門外小嚴村之里墳塹存焉兒女九人皆尚幼稚孤煢撫育霜露所哀追攀永懷哭對寒爐夫人尋患腰腳行李不逮雖坐禦家事猶慈和六親春秋屢徂容鬢衰改且貧無以爲節禮徇時宜鰥寡多猜迫以從事方再行于吳郡顧氏低迷四五年而公潔躬文字未達寓居中彭漢武初興之地矣夫人元和十四年七月十一日不起宿疾終於茲川以元和十五年少帝即位二月五日改號爲永新元年以其年歲在戊戌二月十二日歸窆于長安縣昆明鄉魏村先妣段夫人之塋禮也嗣子四人文晟文幹文昺

文昱等皆以哀號泣血匍匐仰天聯翩弟兄永失慈訓方肅以哀情所屬慮在幽冥刊石爲文記之於壙其銘曰

惜哉仁賢逝往中原掩瘞蓁棘親賓共憐愚夫撰銘買石彫鐫建記陵谷他時獲全林栖暮鴉隴戀啼鵑寂寞春壟長宵月懸浮生幻化五蘊虛假萬古悠然千秋永夜　石刻

朱千乘

千乘元和中試衛尉寺丞

送日本國三藏空海上人朝宗我唐兼貢方物

而歸海東詩序

滄海無垠極不可窮海外緇侶朝宗我唐卽日本三藏空海上人也能梵書工八體繕俱舍精三乘去秋而來今春而往反掌雲水扶桑夢中他方異人故國羅漢蓋乎凡聖不可以測識亦不可以智知勾錢相遇對江問程那堪此情離思遠增願珍重願珍重元和元年春姑洗之月聊序當時少留詩云鄰交徵書

郭審容

審容字惟肖長慶中文林郎權知冀邱縣令攝中都縣令

更廟紀

穆宗改元之星鳥月走承府僉攝宰于冀邱既至未遑恤于鰥寡而首謁乎先聖見祠宇崩圯土復身所一邑之豕牛□□焉乎□其碩童騃孺恣以彈射田夫里婦互進紙錢滴觴羅拜祝祉目之爲夫子神□烏虖當天地之寅昧非大高□而罔照鼠禮樂之崩缺非先聖卓立而莫振魯先聖之出也盍先百郡而護之胡適先百郡而□櫽之日用弗知以之行簡縱娖俗之褻祀□簡之□義豈若是耶走退詳其事羅方割之害圖戶爲魚者累累入开耳爲徵葺之猷身惟艱矢乃□諭里容之名于籍者與夫里生之斅于學□殊音共詞不從厥志肯負損服膳而卒修之肇其載之季秋訖來歲之仲春繪素聖□□□十二子列二十二儒環身產壁□之讚述如其國庠矣迨癸卯歲之三日走荐承□□身以竝缺五字三載而積□□移理之辭罔克允而來乎自冀至之日復首謁于先聖祠宇崩圯猶復冀矣吁其甚者厥趾處一方之震位□□□之隘陋傍瞰翳薈俯矚穢藪里墉蔽其前每周旋而通衢焉由此言之殆不若也矧先聖制爲之地男女車徒之軌存乎且壞垣弗建傾棟弗扶

櫽□弗繕曷以觀古人之象喟然復歎乃申元戎而更之度其身中撤屋而堂端□屏□□□于康在采章序列亦猶夫□冀矣於是又經北室爲師儒函丈之所掖兩序爲學者親師□□俾四方之潔己進修者咸處之而以藏息焉備歲貢于有司庶幾將來□□罔奪其缺七字冀天下篤教儆行□□□先于魯也至若先聖□□德合乎玄黃昭躋乎日月數如六籍非鯫敢稱今所紀者更而已矣石刻

元晦

全唐文七百二十一有傳

于越山記

直湝之北有盧楹釣楸由此三徑各趨所詆左指山隈右向之僧舍爲寫眞堂北鑿山徑由東崖茅簷經棲眞洞而北史記云秦并諸侯以百越之地爲桂林郡吳遺步騭征南刻有于越 廣西通志

舒元輿

全唐文七百二十七有傳

承天軍題名記

有唐長慶元年秋七月趙人亂其帥宏正爲下所弑我公奉詔率諸侯之師問罪冬十月師次於承天軍

十有二月入貴眾缺下天子下哀痛之詔缺下庭湊爲帥以息人也是月班師晉陽公命掌書記元輿錄其名銜洎參佐將校凡五十九人刻於承天軍城西石壁公有舅有弟自他府來有二子從行咸附列於後廿一日癸未舒元輿題 畿輔通志引金石錄補

王化清

化清寶歷元年文林郎守端州司馬

遊石室新記

高要郡北十五里有石室詭怪萬狀崆峒其中發揮靈蹤盤薄厚地皆神仙之窟宅爲區奧之勝槩或有巨石皆似蹲歎反顧壘化仰空的皪瑣脂色如截肪矣旁引危竅疑爲洞門橫聳石床方次仙座西廂峭壁之下有涵泉泓澄鏡色味輕瑤漿東西倚山之陽二十餘里西通于上武林東抵于零羊峽時開元十五年正月二十五日右遷陳州刺史北海李邕述石室記列于苔壁懿乎寶歷元年秋九月二十日攝經略廵官試大理評事權知軍州務賜緋魚袋博陵崔公領寮屬及將吏遊于玆室探討奇跡異乎幽蹤盡日攀躋不盡高意化清時官守司馬得倍盛遊輒敘鄙詞紀于前事 石刻

杜寶符

寶符憲宗相黃裳之子官河南府參軍 呂溫集 度支郎中 郎官石柱題名 大和中朝議郎守太子少詹事上柱國新興縣開國男食邑三百戶賜緋魚袋

唐故京兆杜氏夫人墓誌銘 并序

夫人京兆杜氏氏爲名有日月矣自虞以還譜牒承美揮翰於太史氏也閱周秦漢魏之書迨于革隋不遠百祀而杜之嗣續官業有功于時者有名赫于代者有負大人之林不伸於巖野者有詞清人標爲縉紳之准繩者暨夫神堯帝天下文皇宅四海若室屋

之時賢相有翼戴之功推夫人七世祖也時封萊國公名見史籍厥後隨聖業而代有煥於文學者夫人曾大父諱含章任左千牛累贈鄭州刺史夫人大父諱縉任京兆府司錄累贈尚書左僕射夫人父諱黃裳任檢校司空同中書門下平章事兼河中晉絳慈隰等州節度使累贈太尉外族李氏出趙郡封東祖世有大官不書可謚其業茂矣門風清揚有弟兄四人皆服勤儒業姊妹五人舉其顯者由次姊適宰相韋執誼外生有官于臺閣者夫人天錫明敏若非學知罔究古藉而洞得淑態笄年適河東裴澣澣以門

子入仕歷官五任澣氏之有別也則涉河而東宜指大山山突古墳松檟百里崗環勢止從塋鞏洛自得姓以來代修儒業史筆褒之爲第一衣冠凡三世外內皆顯名跡追封定謚爲琳瑯慕嚮澣之同氣周行迭進澣之甥姪錯落文秀人不知澣之昭敘自爲闕耳故不備錄也澣性謹厚志尚儒雅凡未識澣者見澣之風度俯仰皆曰豈非碩德名儒之家耶由是人十之七八具詞也澣曾官于河灘知華驛時屬河北有師拒王命者持詔之臣往復軍師日之百數輩闐溢館舍公食不足即夫人罄其私室以備官須往往寒衣不纖簞食絕味慮澣之內愧以職公而不補其家則假以他事而飾詞以相怡悅時家甚窘而禮義富之適澣廿年生子九人長曰柄業擅兩經次及女等年皆稚子志性甚高夫人享年卌七大和乙卯歲歿于崇賢里僦宅嗚呼天施幾何何人鵠年餘馨尚存吉人遺旨里閭爲哭親愛無生以其年十一月廿九日權窆萬年縣崟安鄉杜光里時弟寶符追亡姊之行止未編史策願寫誌石其文曰

高道浮雲雲散何壽德潤和璧其璧永沈令門正肥青樓始構寂寞其生煒煌其後巖壁甚壯有時而傾

窮冬枯邊有時而精滄波萬里有時而田邱墟荒野有時而城死楊空株有時而梯夫人此去永永無期善惡莫分孰宰窅寘夫人忽夭蒼旻不知石刻

劉可記

可記大和中鄉貢進士

大唐故王府君墓誌銘并序

公諱從政太原郡人也其先歷代簪裾開生賢哲祖因官遂家於河南府版籍焉曾祖諱冰使持節諸軍事守虢州刺史鎮居方岳位列雄藩弘化之美信孚百城祖諱琳仕爲原州司馬名以孝聞位因才達國

華人望榮覲一時府君即司馬之長子也至性崇禮以奉宗祀感覆載之深恩戀晨昏而不亏恭近於禮以此爲美不失其親以此爲貴夙夜虔虔匪躬之不逮恂恂於鄉黨愛敬盡於祖考協和宗族豈非福慶而致爵於崴禍兮無跡生也遇疾殄流日臻百藥不救人有斯疾天喪斯聞享年七十於大和四年夏四月啟手于靈臺縣之私第嗚呼哀哉公弱冠之初娶於河東郡薛氏即故雲麾將軍之嫡孫也夫人夙承善慶生自德門歸彼君子含章永貞奉以舅姑流謙自誠潔齋承祀善復勤勞儀爾芳名內外欽屬吁哉

天道言負賢能以大和九年冬十一月顧命手家拾其榮養公有三子長子元通次子元用幼子僧次嚴等並以溫柔克諧全諸孝悌慕風泣血遠象高柴知禮善喪豈唯顏子以開成元年歲次丙辰三月三日合祔於皇考故塋即涇州靈臺縣東三里北原之禮也恐陵谷遷變刻于貞石銘之詞曰

昭昭白日昊昊上天悲風松栢塵於隴田功勳承代痛惜良賢□□□□俄歸逝川白駒遄及日往月遷至□□□諒陰壘言四時潛運永乎祀年千秋□□墳所生煙石刻

趙商

商大和中朝請郎試左武衛兵曹參軍

唐故平盧軍討擊副使銀青光祿大夫撿挍太子賓缺城郡開國男食邑三百戶劉府君墓誌銘并序

公諱逸字海其先彭城人也昔陶氏之後裔祖諱方缺羣孤標獨異公忠濟物勇略稱時終雲麾將軍試左金吾衛大將軍父諱元宗素蘊奇志早踐威旍親衛爪牙內外經歷終義武軍兵馬使金紫光祿大夫撿挍太常卿公即第四子也幼專詩禮長藝弓裘不

墜門風雅稱宗祖長慶初以鎮冀不軌醜跡彰聞元戎太原王公乃脫彼兇妖束身詣闕公乃親爲侍從共拔海壖殊節既成衆望斯洽主上以太原公勳績超拔乃授義成軍節度使公即行營俄又有除鳳翔節制公又親從既至十年從事一旦無虧爾又有國命除平盧軍節使公又從至復署前銜時元戎自丁家戚將謀葬於京輦乃命公行事無纖大一以歸付旣達所務俄聞元戎寢疾即星馳卻迴及到以至薨殁公乃號□發泣情不勝哀悲懷鬱結因茲成疾大和八年三月廿日終于青州私第享年五十有九以

其年四月廿五日吉權窆靑州益都縣永固鄉之原禮也凋弓既缺施遠樹之能寶劍沉埋自有十年之氣公夫人清河孟氏晨昏號泣痛不可勝有子一人儒林郎試隴州沂陽縣尉曰燈秘兼居職位已及尊親爲子之道斯之當矣慮其年代更易陵谷潰移爰刊貞石將期不朽其銘曰

江陸之才挺生於世毅勇相襲英謀斯□天何不佑降此禍殃質形雖滅其名永□石刻

皇甫曙

曙元和十一年登第寶歷間崔從鎭淮南辟行軍司

馬開成中澤州刺史

金剛經幢記

余在髫亂忽聞家人轉請是經□生受樂題曰傳□暗記數行及長思之信有宿習自化寐至□□時念不輟常願廣宣同志□□無窮今故刻石建幢永爲供養開成元年歲次丙辰五月七日建澤州刺史皇甫曙記石刻

宇文坤

坤後周介公元孫太陽子開成初官經畧隨軍將仕郎試太子通事舍人

故銀靑光祿大夫使持節溪州諸軍事守溪州刺史鴈門縣開國男食邑三百戶上柱國賜紫金魚袋田公誌銘并序

噫四時有代謝人情有始終貴賤榮枯有生有威者也然哲有忠貞者仕主之令名有節行者爲人臣之遠格夫處人天之極唯忠孝焉忠於事主可建邦家揚于王庭可爲人傑一而遂之則故田使君之能事矣使君公諱英字英鴈門人也安平君之苗裔也其先祖枌榆京鎬德寄黔中冠冕聯綿朱紫不絕烈考王諱寅字官任黔州洪杜縣令秩滿□奏授光州司

馬上柱國賞緋魚袋詢訪耆舊稱文詞絢練翰墨芳馨道贊邊城化毗方岳挹王祚之美化得羅含之風者哉太妣蘇性也武功之貴族也母儀有則貞淑可觀德充趙括之親賢可王陵之母然古今有隔節行不殊者哉公稟精粹之氣炭然天姿氣魄稜稜事君竭節能展熊羆之任肅著爪牙之威機變權謀人具瞻仰又位分符竹宣贊六條政術多方化洽封部不苛不擾慈恤惸嫠布政五溪譽傳巴楚嗚呼享年六十有四良圖未展厚祿初霑自守郡城纔經二稔天道恍惚時事多端悔悋吉凶陰陽莫測無何遘疾業

力無施運命所乖奄歸眞宅冰容忽逝永弃明時一代生涯千春已畢楊朱泣壘子重悲以開成二年丁巳歲暮春之杪二旬有八日終於酉陽官舍至冬十二月旬有三日壬寅塟于府城西南隅虎牙峰高原禮也夐有節婦張夫人者則南陽張口君仙尉之女也芳閨令淑婉娩貞明秦晉合儀調如琴瑟節偕杞婦賢頗鴻閨者歟且騫其服用資贍送終喪盡其哀祭盡其敬一女特達立節忘軀大義克崇婦道之本也有善不施有節不錄何以激人倫而彰化本也或慮山迴谷圮或市或朝主嗣莫分命余述誌余學

識淺劣承乏操文不揆管窺叨陳梗槩銘曰

偉哉田侯禮樂鏘鏘敦經閱史爲人紀綱公心翼翼爲棟爲樑位分符竹惠化封壃亢龍有悔悲哉夕陽千秋萬歲委骨郊荒石刻

王宰

宰懷州温人初名晏宰後去晏獨名宰官至河陽節度使唐書附王智興傳

靈石縣記石

開成五年自隴州防御史拜工部尚書節制邠寗至會昌三年蒙恩換許昌節至九月自許昌統當軍驍卒泊河陽義成宣武浙西宣歙等軍兵馬充攻討使誅除壺關寇嗣至四年八月十日梟逆首獻闕下蒙恩獎寵除左僕射至九月將歸許昌軍次温縣天使持節至又授寵詔遷鎭北門十月過此至會昌六年上登寶位蒙恩加司空至大中元年奏以雲蔚朔三州之腹爲賊喉要故戍舊封多所廢艱蕃寇奔突無所限礙又相厥土濃壤可出軍口遂疏其利宜請立耕戰三城募卒六千任其事務農習戰永斥邊寇克富軍儲至二年九月秋成境鄰上錄其功詔就拜司徒宰以叨乖微効祗寄北都及今五稔日懼辠悔靡

遑非據遂瀝誠拜章乞覲明庭既蒙恩下允誠懇至十二月十二日遂得祗詔擁節趨闕赴正朝聘之禮至明年正月十一日又蒙聖旨獎加光祿大夫依前檢校司徒御歸本鎭至二月五日過此因覽其重巒復疊積樹參差汾水迴乎而瀉溪天險蔽抱而崇固可壯夫霸啚皇業萬代之基雖施關亭吟睇移景又覩中令河東公及相國令狐公左揆狄公相國崔公來罷之題列遂輒紀其轉歷及往復所自云金石續編

盧從儉

從儉大和中官朝散大夫行京兆府戶曹參軍

唐汭王府諮議參軍張公墓誌銘并序

王者制國立文武之訓招選茂異命百執事其於興禮樂陳教化式禦乎文禁奸慝刑暴亂必資乎武分鑣並鶩廢一莫可其有器識通濟則兼用之該二事者今得之於張君矣君諱倂字倂其先北地貴强族也曾王父栖巖皇平州刺史大父瓌皇龍岡節度邢洺觀察使邢洺生道晏皇左散騎常侍兼御史大夫涿州刺史皆風格奇偉洞究韜略張皇戎律宣布朝經延慶後昆濟美不泯公即涿州第三子克荷前修不隕厥問始自齠齔已若老成抱忠勇果敢之姿仰

祖宗勳重之業而乃飾以書劍勵其鋒鋩公之先舅司徒高公每所歎重司徒公諱霞寓嘗隨族父崇文平劍南西川寇難論功第一徵拜衛將軍尋授振武軍節度使又轉唐鄧邠寧慶等道節度使入備爪牙出膺藩翰揚歷雄鎮威重當時以公孝敬忠勤可缺一字戎事而曰吾之宅相其在爾乎因推頫哺之恩委以牙門之任歷職既缺一字官秩累遷皆著能名顯赫中外既登朝序克揚休聲方振翮於九霄忽埋魂於重壤天乎不憖嗚呼哀哉以大和三年八月十一日終于汭王府諮議參軍年四十四歲與不識聞風慨然惻公之有其才而無其時也夫人清河崔氏淸門淑德婉婉聽從有合巹共牢之恩無齊眉偕老之業撫棺誰訴魄然未亡有子一人曰憲郎种孺未立呱呱以號公之內弟右衛威將軍扶即司徒公之元子也含風雲然諾之分撫孤雪淚感平昔指使之恩爰悉家財式護窀穸以其年十月廿三日窆于萬年縣崇義鄉南姚里蓋從宜也且曰陵谷靡常將識泉戶乃以銘文見託感其義故抽毫以應之銘曰

於戲張君文武兼才業廣運促遽歸夜臺風烈則在精魂不迴淑人如此彼蒼何哉龜筮叶從宅兆將託

晴河天曉寒郊月落風淒薤露塵隨繐幕度城闕兮逶迤閟音容於泉壑石刻

李潛

潛官嶺南西道觀察支使見錢玥行制

尊勝經幢後記

先考故綿州刺史李君封樹前尊勝眞言石幢之餘石嗚呼潛罪疊酷重遘大禍殘喘未泯以及今日號奉安祔如斬之創鉅痛無所解聞西方教有尊勝眞言可以福薦神道是用購集鐫刻謹立於封樹前二步冀淸淨塵露之語上爲冥祐下則微霑終天之苦

旣訖功宜具年月日幸佛語之刻有餘謹梗槩崩圮口口於此嗚呼潛生薄祐在襁褓先妣元夫人弃世外祖母崔夫人憐而育之命甚微而能活年七歲外祖母又歿乳嫗提挈方獲侍先君於本家繼盧夫人憫其幼孝撫愛如己生先君親授詩禮每訓之曰吾冀爾異日能口策名進士古人揚名顯親爾知之乎潛其時雖稍騃佩斯訓不敢怠自後侍車遊宦勤遠役歷星歲無惰業以至就鄉里貢亟不售先君益導勵其志逮會昌癸亥歲始升名太常第旣成事歸覲巴西郡先君撫以泣曰吾口口代稱文儒爾自此當謹嗣素業矣郎退賓思調集得祿以充養天奪其志酷禍荐及孤危餘氣艱棘難全時猶引息啜泣以思似續之重旣自蜀護奉歸洛京由荆州䘮先妣以至遂安祔於河南縣金谷原大王父太常府君塋之東北六十七步若先君志行盛業先妣懿德門風具在鄭州刺史李公褒所撰石誌今不敢以荒穢鄙語上黷先德嗚呼天何不仁重毒單子之苦同氣皆早世顧經杖隻影則茹荼以備祭嗚呼聞西方佛拯世用大悲法至於窈冥不測之際潛有望尊勝眞言之功助祐玄遠於是頓顙出血染翰就石此石有渺罔極之痛與天地無極謹紀　唐會昌四年歲次甲子十二月己卯朔十九日丁酉孤子李潛泣血長號書刻石

李栖元

栖元會昌中東川節度左二將檢校太子詹事上柱國隴西縣開國侯

造像碑陰記

施水牸牛五頭行營職掌所由身官健子將等共花見錢口拾阡文又（缺三字）生口贖廢大雲寺地每年收租子充此潔齋前件牛並合定（缺四字）士之宀（缺六字）發願施口堂便充（缺七字）値利充二時齋附水口常住供養并（缺三字）阡文贖莊布施日後如有人隱欺（缺五字）僧齋當受百牛（缺三字）不出（缺六字）李栖元謹白

唐文續拾卷五

唐文續拾卷六

榮祿大夫二品頂戴前分巡廣東高廉道加四級臣陸心源輯

常袞

全唐文四百十有傳

謝冬至賜羊酒等表

臣某言中使某至奉宣恩命以至節賜臣者聖旨頻降榮賚過優以周官百品之珍載須其實雖魏臣五熟之釜豈容其多受賜踰涯拜恩失次臣出自孤微素常貧苦食不滿腹竊誠修身且祭不揜豆飯惟脫粟昔賢之美其儉可師敢望豐盈重彰尸曠而雨露偏施歲時益榮俾奉先之饗味兼陸海合族之宴甘及膏粱又沐深慈下霑中饋以感以慶啟處難勝無德無功慙惶罔極

謝勅書賜臘日口脂等表

臣某言中使某至伏奉某月日勅書并手詔勞勉臣等兼賜臣衣一副臘日口脂紅雪一合中和尺一貞元八年歷日一通陛下道邁古先德動天地凡於一物必寄聖慈欲臣襦暖懍蔆故衣裳是賜欲臣除去人患故良藥下霑欲臣永駐衰容故馨香流潤新歷方啟慶昌運之無窮彝尺辨示審度量之不昧力微賜重捧戴兢惶臣無任踴躍之至

謝勅書賜臘日口脂等表

臣某言中使郭昕至伏奉手詔并賜臘日口脂紅雪貞元九年歷日等拜受怔營不知所措臣某中謝伏以玉散降於仙官金膏流於祕藏含芳咀味覺六府之和潤骨凝膚啟三年之觀況復惟新聖歷受朔齊人稱慶戴恩倍萬恆品不勝踴躍之至

謝勅書賜臘日口脂等表

臣某言中使吳千金至伏奉十一月九日賜勅書手詔存問臣及將吏百姓等自天渙汗徧施稺孺普及纖細歡呼未暇聖念再加老幼捧恩感動肌骨又以臘日將及賜臣紅雪口脂各一合貞元十五年歷日一通跪啟緘封榮抃相集伏以方傳上仙藥成中禁御老除患妙絕如神嘗所聞知豈期親授況階蓂候朔晷度不差蒲柳微生又膺天歷恩波逾重踴躍難勝不任感恩荷聖踴躍之至

授孟子周太子賓客制

勅聞匹夫之愛其子者猶求明哲為之師賢善為之友而況於羽翼元子賓遊東朝非耆德耆年孰副茲選前守光祿卿騎都尉賜紫金魚袋孟子周詞藝飾

身端厚居業歷官中外休有令聞人推君子之風朝洽名卿之目副予求舊咨爾誠明勉修諷喻之詞以俟元良之德可守太子賓客勳封如故

減放太原及沿邊州郡稅錢制

門下朕思三五已降誰能去兵文武之道參用爲理況以寡昧獲承丕構環四海九州之大子圓首方足之多一夫之疾痛必軫其憂一士之忠勞必思其報一風一雨之僽候必申其所祝一士一役之橫費必念其所來業業兢兢如卽深薄雖興兵動衆非子素懷而伐罪弔人有國常憲干戈一舉飛輓是勞緣路

徵輸指期朝發耕夫不遑於壠畔織婦有輟於機中子之疚懷豈忘終食頃以虜騎犯塞王師戍邊今以潞冦阻兵靈旗指境（一作晉）始無虞於塞北復有征于山東勞者未安居者遽擾（一作甯逸）蓋不獲已且多懼焉念其徵發師徒道路供給地素貧褊物力已窮今欲及徵秋稅之時宜有蠲免用布慈仁之澤冀爲疲瘵之醫免副曲恩永安生業其太原管內忻雲汾代蔚朔六州振武天德及河中晉絳陝沿路州縣今年秋稅及地頭錢宜放免河南府亦是供頓往來道路北晉絳太原卽免編并其沿路畿縣及河陽汜水縣秋

稅地頭錢量放上供一色其合留使留州錢物各委本道觀察使且放欠額數聞奏當與商量於戲朕君臨萬方子育兆庶務將去害豈謂佳兵上天鑒予立功福善仁聞掃殄共樂清平未聞之心憂愧而已凡百多士宜體朕懷（閩刊本常袞集）

李吉甫

全唐文五百十二有傳拾遺卷二十四

請修天德舊城奏

伏以西城是開元十年張說所築今河水來侵已毀其半臣量其事勢不堪重修若別築新城所費殊廣

計其人功糧食及改屋宇比及事畢不下三十萬貫錢此但計費猶未知出入之處城南西卽爲水所壞其子城猶堅牢量留一千人足得住居天德軍上合抽居舊城豈可更居版築虛棄錢物若三城是國家盛制仁願舊規亦須得天德添兵然後有人修築披天德舊城在西城正東微南一百八十里其處見有兩城今之永淸栅卽隋氏大同城舊理去本城約三里已下城甚牢小今隨事宜置仍本天德軍額北城周迴一十二丈高四丈下闊一丈七尺天寶十二載安思順所置其城居大同川中當北戎大路南接牟

郍山南又是麥泊其地良沃遠近不如天寳中安思順郭子儀等本築此城擬爲朔方根本其意以中城東城連振武爲左翼又以西城豐州連定遠爲右臂南制黨項北制匈奴左右鉤帶居中處安誠長久之規也尋屬祿山有事子儀留老弱于此城身率大衆河北討賊爲賊將宋星星所破縱火焚燒遂移天德軍永清柵別置理所于西城只緣添兵未得且因循併在一處力所不足實非遠圖臣久訪略已計科約修此城不過二萬貫錢今若于天德舊城隨事增飭因有移換仍取城隸于天德軍別置使名自爲雄鎮以聲勢可讋殊隣元和郡縣圖志卷四

請置飛狐錢坊奏

臣訪聞飛狐縣三河冶銅山約數十里銅鑛至多去飛狐錢坊二十五里兩處同用拒馬河水以水斛銷銅北方諸處鑄錢人工絕省所以平日三河冶置四十鑪鑄錢舊跡並存事堪覆實今但得錢本令本道應接人夫三年已來其事即立救河東困竭之弊成易定接援之形制置一成久長獲利又卷十四

請涪州仍屬黔府奏

涪州去黔府三百里輸納往返不踰一旬去江陵一千七百餘里途經三峽風波沒溺頗極艱危自隸江陵近四十年衆知非便疆理之制遠近未均望依舊屬黔府又卷三十

李紳

全唐文六百九十四有傳拾遺卷二十八

唐政博陵崔氏夫人歸祔李府君墳所誌文

夫人博陵崔氏祖璡父緯以貞元丙寅歲移天從于李氏先府君禮也府君以元和庚寅歲終于無錫縣私第以元和丙申歲歸祔于白鹿原夫人以大和甲寅冬十月十五日終于越州觀察使之官舍春秋六

十有九夫人無嗣子有女子一人已出也嫁于河東裴逵逵亦先霜露孤女歸我與弱子苑苑先祖母夫人兩日疾終開成戊午歲春正月啟夫人於梅李與歸缺二字北苑歸其裴氏大墓夫人合祔于先兄奉禮府君缺二字秋七月既晦乙酉合封禮畢夫人柔淑謙順之德詳于府先誌嗚呼夫人有姊妹五人而鮮兄弟先兄娶夫人而無嗣子夫人之女子適裴氏一子中殤以亡崔李裴三氏皆絕雋豈天乎不知皆陰騭耳銘以誌言用符玄室銘曰

奉禮清德夫人淑儀廿五載和鳴婉隨諧彼瑟琴終

無祿仕家食是肥荆釵自貴商庸有偶伯道無嗣歸缺三字嗚呼永祕石刻

李德裕

全唐文六百九十六有傳拾遺卷二十八

甘露寺重瘞舍利記

有唐大和三年正月二十四日於上元縣禪衆寺舊塔基下獲舍利石函以其年二月十五日重瘞藏於丹徒縣甘露寺東塔下金棺一銀棺一錦襆九重皆余之施也余創甘露寺寶剎重瘞舍利以資穆皇之福也江浙西道觀察等使兼潤州刺史李德裕記蘇詩施注引玉壺清話

柳知微

知微大中中朝議郎前行京兆府富平縣尉

唐故穎川陳氏墓記

陳氏諱蘭英大和中歸于我凡在柳氏十有七年是非不言於口喜怒不形於色謙和處衆恭敬奉上而又諳熟禮度聰明幹事余以位卑祿薄未及婚娶家事細大悉皆委之爾能盡力靡不躬親致使春秋祭祀無所闕遺微爾之助繄不及此無何疾生於脯纏綿不愈以大中四年十二月三日終于昇平里余之私第年四十先有一女曰婆女五歲不育今有一男曰貂蟬年未成童即以其月十一日葬于長安縣永壽鄉高陽原慮陵谷變遷失其所在遂書石紀事置諸墓門云爾

李仲文

仲文大中時鄉貢明經

唐義昌軍故衙前將守左衞朔州尚德府別將員外置同正員賜上騎都尉劉府君墓誌銘并序

名望彭城亍來久矣貞乎遠代世傑殊倫府君諱士

弘字士弘始祖門前晉時坐而待旦臺閣風生良威神揚色不可犯征南將軍元海之苗裔也皇考諱紡平字紡平家本薊門世居幽莫干戈之際避地斯焉弈葉傳芳肩流滄海德高匪仕縱逸雲林以山水爲善隣以琴書爲良伴逍遙自在可爲世仙全而歸真古今罕並府君則公之季子也少懷明敏上智天生言維經邦信必通遠志可樑直行無回邪公稟職軍門四十之載統更水陸二十餘年常履春冰毫無秋犯謙勞自德不止喧譁松筠不易於炎涼誠節益彰於寒暑方將鵬搏霄月驥展遐龍孰謂杞梓秋摧琳

瑯寒缺公因少理寢病俄乖二豎忽止於中霄兩楹奄之於長夜春秋七十有二大中元年四月廿九日窆於浮陽城東南御河之際蓮池坊之私第嗚呼天將擇善悊其亡乎夫人田氏當年從眷禮請皆賓謂鈿鏡而長懸其餘永保覩斯存歿覩書如霄情同日月之一虧心等江河之半竭傾容索髮氣絕聲沉化石摧城將未比矣三從不墜於古今百行甯乖於罰里班姜可及曹孟齊驅端處凶嶂血淚相繼嗣子長曰友亮仲曰友慶季曰友義次曰友忠幼曰友幹等五子號慟万眾嗟然感愁雲之遍生得弔鶴而咸集

絕槳七日耳目血流哀戚過情荒迷似性以大中元年丁卯歲十月癸巳朔十七日己酉宅兆於滄州城東北五里清池縣界莀林鄉王賓村之私第古原神埠之崗禮也恐年代改易陵谷推遷刊貞石於泉堝永爲不朽者矣乃其詞曰

公其令胤嘉聲自振好道清修謙恭恪慎其一旣忠於國復孝於家豈期穹蒼降斯禍澤二禍成兮將託大運兮寂寞月照兮泉門風生兮夜臺三逝水湯湯野田茫茫星移月落地久天長四古原兮其來歲月將久新墳兮□平川松慕□龍虎兮日夕盤啇子孫兮千年不朽其五（石刻）

闞周彦

周彦咸通中幽州節度要籍宣德郎試太常寺奉禮郎

嬀瀛莫三州刺史闞好問墓誌

中丞諱好問字子裕其先河南人也以咸通十四年仲夏月二十五日卽世於嬀州官舍壽六十有四蜀巴西太守芝三十四代孫二十三代祖冀州刺史鼎皇貝州長史試大理評事諱昱嫡孫禰諱晉皇不仕妣扶風馬氏漢宮大練蜀郡白眉之洪肖也會昌中

燕帥贈太尉蘭陵張莊王念切重勞特署衙職功因破虜官奏憲階心務廉平志尚章句莊王嫡直方以戶部襲位情娛弋獵性樂微行常以讜言維持嚴於宿衞莊王猶子德輔潛祈大福陰搆禍階爰從東弟直臨正寢乃被堅執銳從辰洎申威掠前鋒血盈左脅戶部遽選名醫始獲痊復明年冬諫戶部吐以血誠請覲龍闕時台席白公敏中俯察邊勞持論半剌宣皇恩詔授宿州司馬故天相梁園李公宗閔弟宗冉守埇橋之日神鷩陟屺望切倚門故府燕國公以撰路師臨之時乃遵舊歧遐歸故里署爲幽都縣令

俄授幽府錄事參軍纔振紀綱又委邊壘授安塞軍使咸通初奏侍御史又攝納降軍使奏御史中丞地臨朔漠位亞竹符燕國公遐察字人試其巡警授節度都虞候有誰何之譽副旌棨之心又授都押牙遽付專城實飫邊俗授媯州刺史未踰朞歲授瀛州刺史今府僕射以貂蟬統戎之際推以新恩難膺舊秩授莫州刺史踰數月授幽府司馬以督察殷繁遂其閑逸重臨媯汭再治舊疆府師僕射哀慟存亡迭爲睊聘即以其年仲秋月廿八日厝神於幽州之乾十里高梁岸南保大原先夫人尙氏合祔先塋之左今

夫人彭城劉氏即莫州唐興縣令諱箴道之幼女也淚灑朝晡痛無甯息有子六人長處暐討擊副使次處庸未筮仕次處賓討擊副使次處玄慕釋宗次大端次小端皆童丱女二人長適幽州討擊副使張從嗣已先凋夭次躬莫州鄚縣主簿劉震燕靈王顯脩二歷典午四改分符馴雉一遷烏臺三上賞文舉之座慕元禮之門少遠晧齊慕遺清白周彥幼遵面訓冠乃山居書讀素玉臟遷青綬深竹林之蔭已僅四十年痛松戶之期未盈一百日徵其自敘規乃章琡敬述家風樣傳潘陸慮渝岸谷薪折松楸抆淚何窮含毫直敘銘曰

脩從周室嬪榮漢皇巴西剖竹冀土分疆爰自河南裔歸薊北名標隼旟位昇熊軾崆峒秀峙碣石壯臨平原後犇來水前瀍棋木風悲泉庭月皎望斷塊封永安宅兆石刻

馮元度

元度咸通中人

西方龕記

述曰嵐飈既振吹大塊而監八維闢闔乾坤方覩二儀缺退影之方太白光其中昭矩統其位忽現化刹

獨以極樂標缺虧短之患恆保解脫之樂人皆身口意淨狀同七寶之池累一百萾遊□便爲八德□□□運吹聲傳般若之音八鳥和鳴鈞黜合苦空之曲寶幢挺嵪花蕊弨栽珠網玲瓏樓臺隱暎斯則極樂世界之□事也中有教主號阿彌陁佛唯佛也至尊之號唯法也理盡無遺之稱常以一法化人位分九品之差觀行多□數□十方之異□念成就便得往生於上品盡報受持定證補處之最尊斯則阿彌陁佛方便之力也觀音奉旨傳揚於南贍部州那至□□常在他方世界昔有國大皇后字□提希棄寶位

則願坐於金蓮厥乡影則求證於法□於□郙便證
□□之□須臾之間特放五毫之相斯則教法之力
也今有弟子馮玄度幼懷遜悌長有英稱儉約循身
孝儀苦節母李氏惠和□□柔順天生庭之儀範不
虧葛藟之詠常奉母告子曰人居幼境孝義則資素
王之禮至於請福延齡須憑諸佛之力遂乃育玉刻
貞石而爲佛像緣優塡聖主鎔金範素於旃檀今有
北巖靈境宜寫西方勝事於其中母子傾誠遂召良
工利穎纔施初疑彌勒下生事畢功成忽覩四方世
界造者無非尅銘表別辭盡德廣謹勒於贊中贊曰

太極之功万境寂默二儀位定八方表則西之一境
蘊善儀或佛居其中秇容岐嶷鐲減八苦滌蕩六□
教流南贍念佛爲德觀音□□潛運神力應天順人
□啄無忒撿念成就便生淨域鐫造供奉其功最極
金字題名□功紀德令名轉麗榮貴万億石刻

郭崧

崧咸通中鄉貢明經

藥師像讚并序

粤有東方去此佛刹恆河沙彼國大師厥號藥師琉
璃光如來經云以白銀琉璃爲地宮殿樓閣悉□七
寶亦如西方无量壽國无有□也此藥師琉璃光本
所修行菩□道時發心自誓行十二微妙上□令一
切衆生所求皆得慈如是崧等思火宅之難想無依
倚遂說諭鄉人恃平內典頓悟迷津遙相誘化至誠
結願方會無上之因各以捨財不恡與道齊通迴心
堅貞奔馳於此立召良工彫磨斯像使信士等日加
精勤時無懈怠用功計日備矣莊嚴具相眞如恩布
之容禮者福利無疆念者禍灾永滅自茲懇願國祚
永延朝賢無缺元戎布德澤潤生靈牧宰常安人民
鼓腹龍神后稷潛佐人天風調雨順國泰連綿施主

邑人等生生值佛世往往唯聞解脫音德垂後裔令
望古今乃祖乃父世篤忠貞子子孫孫引無極也復
願幽冥先亡早離三塗內外姻親咸登法會時屬咸
通貳載歲臨辛巳九月壬申十五日丙戌用表成功
以明著矣洞徹空宗志謂斯文
巍巍堂堂光振遐方恩霑草芥蠢動令康賴者必副
魔弃郊荒自茲永泰萬國咸昌其一善哉善哉禍去福
來英人哲人捨食捨財以懷多福法門常開願生彼
國長處蓮臺其二石刻

澹轔

轔咸通中朝議郎守太子詹事柱國賜緋魚袋

范陽盧君妻京兆潛氏墓誌銘

予娶潁川陳氏生夫人卽予之長女也□夫父諱□官至國子博士贈散騎常侍伯舅諱修古亦由□官歷復郢二州刺史皆以背碑覆局得名故夫人自幼少知書敏悟得中外之風和淑爲搢紳之表大中五年予掌白馬□書奏遇范陽盧槙遂妻焉良人守士風居覃懷一邑無趨名利意故居止茅茨食止藜藿而夫人與之同此曾無一日萌不足意始初逮事先姑每進飱粥未曾不躬親調味以取適口噫女得婦

道斯謂全矣咸通十年五月遭一介至京師招國荒居詰其故曰盧氏夫人被病不救矣生子男三人男循父教女承母訓可謂大其門矣母兄融官任宣城令予素達死生之理況當衰邁之年乃遣單人□備情禮嗚呼哀哉其銘曰

生有歸得婦道母儀沒奚悲盡修短之期窮辛富貴□如斯難素期刻銘於石寘泉扉（修武志）

魏深

深咸通中鄉貢進士道州軍事推官

書李當事

公嘗自中書舍人乘廉車問俗湖南他日宣皇帝注意急徵值公南風中足不克見久之乃有金貂之拜洎足力如常除戶部侍郎尋出尹河南移宣□鎭襃斜靄然襲黃之理爲天下最士君子莫不延頸企踵日望霈然爲□□霖雨先帝知之拜天官氏歲餘除尙書左丞於時奸臣竊國柄凡以直道事主不附於已者悉去之由是出牧於道道人比歲陽九之災山民蟻聚爲賊且起三州之兵以翦之於是公以書先諭而招之洎到郡之日則遣使以逆順之理告之禍福之門納之不瑩尺刃而山賊革面皆得保生生之

福耕於野而歲再稔道人由是不聞夜吠之犬今則四凶已去元□用之請書其事敢爲前賀時自道移申及此拜□得歸西掖咸通十四年十一月廿五日

魏深題（石刻）

蕭珙

珙蘭陵人

河東節度高壁鎭新建通濟橋記

粵茲雄鎭實河東軍之要津封接蒲城當舜夏墟□舊地有關曰陰地有亭曰鴈歸固晉川之一隅通汾水之千派金流洶湧林欃森沈東控介巒西連白壁

峯巔萬仞壁峭千尋足食足兵有威有固則代郡鴈門何越之有至若馹騎星馳華軒雲湊往返駢闐者皆中朝名士悉憩駕於鴈歸亭未嘗不題藻句紀年代也西南松門洞豁逕通千里叢巘隱映□輸轡者居爲□瞑遺運者衆混流箭激不可渡之雖有葉舟過者懷疑或覆溺谿人或駐滯遊子凡經渡者咸有吝憤之詞伏會兵馬使淸河張公領是鎭初有關城居人百姓等偕詣柳營請搬建長橋以導達津阻公挺儁人表導全禮樂器兼經濟才爲時生深惻隱運良籌允所陳而召節級僉曰吾北離旌衆南過斯軍

致舟車不便衆有壁咨胡爲關河宇人矣遂請當鎭咸通觀音院主法大德普安□勸□輩結聚靑梟兼自減月俸以咸通九年戊子歲五月九日興良工政綱條畢能乘時逐便自利出林勉爲甘言賞勵短匠不日畢成是橋長一百尺闊一丈五尺下去水四十尺搬置門扆並鏁鑰安華表柱俾闇者潔嚴掌轄署其名曰通濟其南南有古之魯氏石橋雖名揚寰海而通濟之義莫大茲也由是白華亭闕虹樑飛鵲脚架雲棧迴朱檻化螮蝀於洪波騰華鶴於朱戶炳煥方面蓋以壯皇家天外北門之咽扼耳聶者亭際中流有怪石蹙浪聲砰轟若雷霆震而不息兩堤人□辨其言音狀有蛟螭潛處其下居者嘗虞罕窺其禎咎公以建橋之日奠餚酒祀之其聲頓止是□□規風振俗兆應昭彰故得磊落妖聲潛彌水府以表我公之勳業巍巍乎愚才非敏遠得不紀□殊績載綴斯文用刊貞石是十三年壬辰四月十五日紀（金石續編）

鄧暗

暗咸通中攝資州錄事參軍

造觀音像記

弟子攝資州錄事參軍鄧暗自去年三月九日到官

遵守教條匡持衆務自以耿直爲事翻遭猾吏加誣至五月廿九日□命停務暗仰祈陰隲下燭無辜因發願奉爲相公及當州使君造二大聖金采晬容煥乎圓備果蒙如訊□監深寃至其年十月十七日蒙相公迴垂仁鑒俾復本官若非聖力所加安得無移舊貫今者因齋慶讚□表丹心爰□十聖以彰靈應時咸通十四年歲癸巳六月八日記（石刻）

沈懽

懽咸通中鄉貢進士

國淸寺止觀堂記

嚮者我大中七年九月十日有日本國大德僧法號圓珍俗姓殷自扶桑而來抵于巨唐福建旋適五臺復止天台國淸傳西域金人之教我師幼能拔俗剃度出家以慧鏡內明戒珠外朗作昏夜之燭爲苦海之舟誓願維持三乘妙理以彼方尙闕此土可求俄拂麻衣飛玉錫至遊歷此寺數換星霜陟華頂之峯禮大師之迹此地自會昌廢圻之後大中恩旨重興佛殿初營僧房未置白衣居士經行而曉泊浮雲靑眼沙門座定而夜棲磐石師乃瞑心起念言發響從爰得鄧人伐幽林之樫梧丁丁之響朝發南山落落之材暮盈北塢妙運斤斧長短得規巧引繩墨曲直成準功不逾月其如化城翬飛而彩曜庵園勝槩而光揚鷲嶺以十年九月七日建成矣法師卽住持此院苦節修行以無爲心得無得法遂挈瓶錫告別東歸卽十二年六月八日矣有趙郡李處芳名迹爰來告愚與師有舊東望雲外空增浩然仰梵宇之寬斯其功莫大乃命予實錄其事唯慙不文咸通二年五月十日記（日本隣交徵書）

李儉

全唐文七百八十八有傳

幽州大督府兵曹參軍陳君墓誌銘

皇唐甲子四周歲在丁丑夏四月甲戌陳君沒於府城之肅愼里越月景申晦葬于幽都縣禮賢鄉之平原惟君孝達於神祇悌流於鄉黨信稱於朋執業著於官曹惠施於危亡文形於述作自束髮至啟手足言絕浮僞行無玷缺爲學不勸濟物不匱皆章灼炳煥不可備舉其迴出人者今得書之執親之喪頭蓬不櫛面垢不靧負土成墳必自已力殘形埏墠之間寄命晷刻之際泣盡繼血五周天星府縣旌表曾禰高尙雖從仕進抱終身之感爲蓋人之難能後有從事韋瘫死於亂鋒琴瑟併命老母弱子拘諸佛寺音信不通樵蘇不爨君與其弟遊慷若已咎瘞其遺骸慰其□耋晝乞州里夜餉飧饔進思吏訶退憂室譴後詔訪遺類官給葬事亡者免飫於烏鳶存者復歸於鄉井名教感其仁豪傑尙其義此又難之尤者繇是休聞善價汪洋郁烈翔于道路動于公卿於是羣賢推轂元侯授簡年過强仕方從命官釋褐授檀州參軍非其志也俄改幽州安次主簿管護軍表疏府換署府兵曹滿□重假前任職業聿修聲華日美方期大用遽踐修途春秋五十有八府主痛惜聞于上

公贈賻有加䘏悼踰等平生交友如斷手足相與扶
服禮如朞功甫止慟於寢門而已君諱立行字晞顏
昔周武封帝舜之後於陳國縣於楚派支于燕代爲
薊人祖輝父從皆養志舍□學而不仕娶河東柳楚
女有男子女子各一人並在孩孺長兄員貴□其葬
事君之伉儷韋氏之出韋氏又子之出也本矜慎配
遽此夔□撫存悼亡刻石納隧銘曰
烏虖陳君人之員錯綜四科及五常孝既至兮節既
彰名卓著兮道逾光神默默兮天茫茫宜福而壽反
禍殃妻弱子幼兮行路咸傷一閉佳城兮地久天長

石刻

唐文續拾卷七

榮祿大夫二品頂戴前分巡廣東高廉道加四級臣陸心源輯

王悚

悚廣明中文林郎守滿城縣令辟軍事衙推

開元寺隴西公經幢讚并敘

上谷郡扼燕趙之中樞標河山之壯觀俗惟獷猂兵
本驍雄苟非正人孰董斯任洎天子憂邊乃心北眷
爰命隴西公付之旨理公承榮鼎鼐積慶庭闈勳功
倚天寵貴蓋代莫不銀黃照路棨戟盈□列藩翰以
推才非由黨援縉軒裳而受命盡出忠貞惟公器能

迥拔乎萃實爲世濟其美□不乏賢昔荀氏九公大
誇晉室楊門五組獨耀漢朝方之寵榮諒有慙德況
公宏才博識應物知機洞教化之根源導生靈之骨
髓內足以闢提聲教翊贊謨猷扶社稷之洪基外足
以戡定戎夷恢張土宇壯皇王之大業始者襄帷問
俗露冕觀時頒政事於六條類網盡舉播威聲於十
郡異化斯彰且楊震懷金徒爲克慎胡威賜絹未曰
清貧棄無益以功成賤易物而民足刑期不濫劉寬
何貸於蒲鞭信及無私郭伋詎慙於竹馬由是西臨
朔塞北拒胡塵或刁斗晝驚或烽煙□起雖軍兵示

勇壁壘爭雄而蜂蠆難防犬羊易擾公乃增崇雉堞克濬池隍彌月俸以具口糧伺農隙而興畚築量功命日慮事庀徒楚令尹以立沂城方之未重趙宣子之臨晉國比此攸輕而又創修馬軍營別立防城院當講武論兵之地實曰訓齊在夸戎耀狄之秋何妨致備沈機內設妙畫斯彰矗修廡以連雲敞橫軒而對日文梲承映藻井交分既大壯於軍威亦允陳其師律至若武賁贔屭鐵騎犮䰏森皺棘以霜攢聳口轞而岳立精而養銳習以程功連營懷(缺七字)射雕之勇頓以苗螟作厲蟊螣興灾致比戶以流離當數乖

之耗竭加以橫征重斂罔(缺六字)須何嘗曠日公乃大敷仁愛深軫疲羸一年而俗阜時康再歲而家給人足自然(缺五字)雨知期隴多合穗之祥川有還珠之媚市無易賈農不遷業將畏愛以兼行在恩威而畢口高樓口口口貨賷而如山廣陌長衢沸歌鐘而若市既庶且富極樂無荒昔爲獷戾之邦今作繁口之地邵父杜母口自前聞羊字賈名仰爲虛稱市老口謂曰夫百姓不能以自治是立君以治之明君不能獨治是爲臣以佐之口公之賢其孰能繼誠歎詠之不足遂贊呼以無窮(缺五字)陁羅尼幢在開元寺上以光

昭懿績爻以顯答休恩是宜刻石傳功垂文著美將依妙法式贊嘉猷且釋氏廣慈敬之門開緣果之路慧燈長照法海前流三十三天共給青蓮之會百千萬佛咸觀白馬之經洎妙盡雕鐫功窮篆籀孼鳳舉似倒龍宮鳥跡虫交如窺貝葉晴峯迥映便同靈鷲之山暎木傍臨宛是祇陁之樹莫不金龍護助寶刹莊嚴增壽劫於恒河布福田於淨域天長地久將垂不朽之功萬古千秋永保無疆之慶讚曰巍巍我皇膺圖受命挺生間傑匡時翊聖百氏丹青九流龜鏡四岳惟賴六條斯正理若砥平心如口靜

剛以觸邪直不容佞人惟愷樂境絕紛爭獷戾懷柔惸嫠遂性穡務興謠倉箱起詠爰崇妙法用答良因奇功既就眾願斯申規模盡妙彩飾如神于花互映七寶交陳慈雲布雨慧草留春祥煙入座瑞鳥迎人童艾歡呼而塞路齋壇戒潔以清塵將垂懿範永勒貞珉唐廣明二祀孟夏九日記(石刻)

郭鈞

鈞乾甯中攝涿州錄事參軍朝議大夫前行漢州綿竹縣令柱國

蜀先主廟記

夫燕之南第一州曰涿涿之郡城雄峻山水清奇人戶殷繁農乘汲壤凡爲牧守必假賢明我太保彭城王蘊翼聖之沈機抱安人之妙算舉□三略動應六韜秉千里之戎麾持三方之相印以其郡□郡之最必當慎選其材乃命使持節涿州諸軍事守涿州刺史兼永泰軍營田等使諸縣鎭護鄉保勝攻討都指撝使檢校兵部尚書兼御史大夫上柱國婁公牧之公自莅是州敷和气以應天時布惠澤而叶地利遂得餘糧棲畝朽粒盈囷唯聞鼓腹之歌頓絕分糜之歎是以封疆畢葺壕寨咸修人播謳歌事成容暇致

其險固皆自指揮邊烽無偵邏之虞武卒有縱橫之備論奇功則韓彭未是較至理則龔黃不高揚歷三州撫綏一致遂使鄉閭相慶皆謌謠太守之恩寮吏交歡悉感□使君之德仁覃遠邇道洽隆平況龍章鳳姿有叔夜仙中之趣瑤林瓊樹多夷甫塵外之儀政化之餘訓練之暇凝神珠頂注意玉毫每分祿俸之中以補伽藍之闕俾得蠉飛蠢動皆沐蔭□甘雨和風自叶冥禱然後衙庭公署成華麗於指蹤月榭雲亭創新奇于心匠至于僧庵佛寶靈跡神蹤或一經遊皆謀修飾丁巳歲仲春月因薦奠於蜀主歎其年代綿遠廟貌荒凉棟宇欹傾透風霜于几席簪纓零落雜塵坌于珠金欲再修崇曠于故實乃命紏使曰顯其先主懿跡俾得世人咸知爾宜爲之無所辭也筠簪組微流軒墀末□□□塵土但愧牋毫徒懷雀躍之誠叨紀龍飛之地捧承嚴旨誠謂斐然夫膺天誕聖應運披圖未有無殊常之徵而無□特之兆者分日□□□□□月魄以騰輝星律□□□表慶此皆明於史傳不接見聞唯先主姓劉氏諱備字玄德涿郡人也端嚴奇表言符法駕遺芳尚在傳異無窮景帝之金枝靖王之玉葉□□□□蜀國中興世

以陸亭失侯而家涿鹿後因三訪謀臣而獲臥龍祖父雄父弘世仕州郡孝廉官至東郡范陽令先主少孤其母販履織席爲業□□□南角有桑生高五丈餘遥望憧憧如小車蓋往來瞻矚咸謂當出貴人時先主與宗中小兒戲于樹下自言吾必當乘此羽葆蓋車及長大意氣不羣形像出衆人皆奇怪共許絕倫不樂披尋□便馳騁既留心於音樂仍致意於衣裝身長七尺五寸垂臂下膝顧自見耳少言語善接人負不羈之才富寬和之譽薦歷艱詐方叶霸圖至建安廿六年四月卽帝位於成都武擔山之南章武

三年夏四月昇遐于承安宮時年六十三諡曰昭烈皇帝洎乎南征北伐時屯運泰載之志記略而不書以冠劍□□□陵祠宇崇於故里甘皇后配享於神座之中諸妃嬪圖形於旒扆之後孔明孝直股肱皆列於東廂關羽張飛爪牙悉標于西廡威生戶牖武耀庭除北□向高仙之台常連紫气東窺海神之廟遠讓清風當外境之要衝爲郊原之勝槩春祈冬賽非獨功並於舜祠選異搜奇抑亦事同於禹跡今則百堵俱作一夫不勞殿宇精嚴□□□必于神□肅□之者自以□永爲涿水之光輝常作燕南之壯觀

昔以爲無廟名人皆□呼姓諱而久創之牌額用以曉示□蒙若以昭烈之題又慮不詳故實□蜀主之廟所貴易革俗風皆因創制之㝎規敢漏僉庻之妙選其於軍州寮使文武官□具載於文期於不朽時唐乾甯四年九月五日石刻

王雍

雍□□中濰陽人

□□□題名

濰陽王雍聖欽郎中李愔義行之自邠並駕投館慶壽將期于新平宜祿境上閱眎危磴以通行役因獲四覽山川氣象之雄而旅懷吟酌有釋覊恨時忽雲晦雨作禽鳥盡棲殿閣半空上下闐然信市□而不□山下缺石刻

楊宏

宏唐末將仕郎守大安府大安縣尉

重修三郎君廟碑

泰山巖巖鎮茲東土宗長列嶽峻極于天天降明神而缺天齊王即其主也郎君即王之子也別有廟宇晝丹缺之音變化無窮陰陽不測年代浸遠靈異彌彰周環缺藻梲之文塑像圖形乞靈徼福未有不如

響之應聲者缺難遂罄俸錢建立碑碣怪異事蹟無不具載頃歲以萑缺石文字錯亂磨滅不可復知近有工人追琢翠珉訪尋缺申使府請詞以紀其事留後僕射瑯琊王公樂善好文稽古博雅久安祿位缺寵光初臨是邦方思葺理纔聞其事欣然慰懷上欲副聖君敬神明之心下乃資生民祈恩福之意遂令虛薄缺上缺羣嶽之長東岱之雄天孫建闕下缺山左金石志

高諷

諷天祐中節度巡官朝請郎檢校尚書□部員外郎

侍御史杜國賜緋魚袋

太師中書令北平王再修文宣王廟院記

若夫厥初生人人不能自治必維天降聖而治之則太始太素之古將口興起而莫之知泊乎容成大庭羲皇口口之世（缺六字）之上以虛靜恬淡治其下下以抱質悅天奉其祀及歷唐虞時更三代當涫離朴散口口樂刑罰而治之至周道中微乾綱不振皇靈屢口論侵伐爲橫流懷譎詭爲常道君臣父子之禮僭（缺一字）人王霸之政藏暴亂無象羣雄力爭萬口分（缺一字）王口口口由是天降宣聖拯斯墜典（缺二字）時艱難

揮至教體合造化道均覆載弘用不極仰之彌高與天地合其德照洞無際智周萬物有（缺一字）必鑒無得而踰與日月合其明抱春生夏長之仁定陽開陰閉之紀正五氣分三統與四時合其序索隱洞冥知微知章變化無方玄覽無始與鬼神合其吉凶有德無位志在垂訓立百王之口軌爲千載之士師遇此周衰載揚魯道宏敷典禮顯正國風故入其國其教可知也行詩教則温柔敦厚行書教則疏通知遠行樂教則廣博易良行易教則絜靜精微行禮教則恭儉莊敬行春秋教則屬辭比事是知（缺一字）上（缺二字）聖德實爲教父所以和君臣順父子定人倫莫上於儒且歷代王者雖蒸嘗之禮隨而絕之獨以素王區宇之内聲教口在莫不備俎豆腥熟氣臭而不絕享薦焉則天地口長久則知至德三子之言明矣是時也復遇守文不篤中原蕩析鍾皇運之百六値四海之尋（缺二字）道紛紜口武（缺一字）熾禮樂由是道汚儒宮又滋枳棘屬今遇太師令公太原公應辰緯之純精禀口口之秀氣天骨特異研道知機太史羣書冈有不（缺二字）宜愷悌教行禮樂寬惠足以愛人貞正足以威暴遜讓足以協比德據足以垂範人洽其（缺二字）降大和

德教充塞功敷動植固出口歧洽穎之秀即德及口福也馳素翼霜毛之產即德及飛走也八風不姦十雨順晷即德合覆燾也其將必忠士必鏡即德及軍旅也耕者擊壤（缺一字）者行歌即德及黎獻也況仁被昆蟲澤覃幽顯不可備得而稱焉蓋少明其大略也値此四郊多壘痛毒元元天未悔禍人崩厥角余以隄封不鄙邑里底尋非我公獨以詩書禮樂化人成俗則何以見典儒導訓變風變雅當俶擾之運行鄒魯之道俾鄉黨之閒復（缺二字）之風焉且以先師廟昔日大中歲范陽盧公仗鉞東山因命再葺以今之去蒞

陽公又六十載顧時雖未久而摧朽攸深今所餘者唯列序舊基脩廊遺堵矣公曰昔者夫子救亂世拯頹綱垂五典顯七教敦忠孝博文行爲人靈之大訓于今治國之道昭昭乎爲化之本（缺二字）使夫子之寢廟不能庇於燥濕即何以行其道忘其本能無愧乎於是乃命步軍都虞候王超經營傳土揆時度費集剞劂積梗楠匠石□□□役畢萃乃於天祐十三年七月十九日始修正殿取規大壯綺楝交聳繡桷横飛藻梲沉沉璇題灼灼煥乎華構肅然清廟所以火藻龍章備若魯堂之臭桓珪穀璧穠如沂水之賢棟

宇輪奐象設咸備閶閶列侍翼翼有容次葺三禮堂覽之見歷代禮備矣次創齋院以爲釋菜三獻修齋之所次修學院及特建講書堂以俟近思切問之士次列長廊廣室以止青衿横經之子然猶於范陽公前所製置之外復添建堂室至多則夫子之廟宇大備矣時未周星百工咸畢夫如是其聖人受命賢人濟時□立儒之教唯聖人行儒之教惟賢人即魏之文侯漢之文翁豫章之學臺南郡之（缺二字）皆於治平之代師儒行教豈比我公當茫茫九服幅裂豆分屬茲多難光揚玉訓啟迪文教而行夫子之道化人修夫子之宮勸學者哉校斯盛美復冠前史顧惟鴻□允昭永代諷幸參幕吏實愧謏聞奉命紀石以旌不朽時天祐十五年歲次戊寅四月癸卯朔廿一日癸亥建（石刻）

羅袞

全唐文八百二十八有傳

櫛門銘有序

前惟王者之義無所不正或得賢以反國既作枕杖二銘以風復念時人歎於自修卒違善及禍或侈滿不能長嗣因亦銘諸櫛銘諸門以勸

櫛銘

而有髮旦旦思理有心焉有身焉胡不如是

門銘

金樞玉鍵何足牢止盈修德後必昌（邛州志）

張昭

全唐文八百六十四有傳

題竇鞏詩後

鞏囁嚅詩一何神妙恨此少不見其集聯珠之最也戊戌歲中元前一日夷門旅舍書潛夫（竇氏聯珠集）

按戊戌歲爲晉高祖天福三年

韓建

拾遺卷四十六有傳

辭揣摩時政得失告諭藩鎮奏

昔先皇帝幸蜀都之日陳敬瑄守鎮錦城過恃寵私多所參預所以遠方觀聽物論諠然臣豈敢遵彼覆事同其濫吹至於隄防道路拱衛乘輿夙夜在心是臣之職冊府

王仲父

仲父梁乾化中人

小蓬萊題名

壬申秋社日主簿顏志道尉楊子章同觀主張義之到是峪水聲寒玉山色迷靄深得仁智之趣觀夕陽忘歸是日濟北王仲父題山左金石志

利郃

郃後梁端州刺史

清泉禪院鐘款文

第子節度左押衙充府牆池內外副指揮使并都教練使銀青光祿大夫檢校尚書右僕射使持節端州諸軍事守端州刺史御史大夫上柱國利郃去天復二年十月廿三日鑄造洪鍾壹口重壹阡斤於清泉禪院供養永乞爵位高遷家眷甯謐此時設齋慶讚訖久未得題號今專差匠人周匡往鐫字開平五年六月三日重記廣東通志

蔡曙

曙梁貞明中同禧觀察判官朝議郎檢校尚書兵部郎中兼御史中丞柱國賜紫金魚袋

新修南溪池亭及九龍廟等記

沙海之北漆沮之陰有地外阜而中坳對山而近郭廣狹所□□□有餘囊括百物之容崛起形勝之質藏奇隱怪實天設焉按梁載言十道誌云馮翊縣東

南□里有泉九穴同流即此處也唐咸通中太守王公龜爲理之暇以其邐迤蓮嶽葺亭而名之庚子年大寇犯闕遂至燼滅乾甯歲連帥□公瑭再營斯構兼立龍祠塑貌不嚴榱桷草創雩祀止容於舉爵牲牢莫展於加籩棟宇雖存纔庇像設而已邇來亭沼堙毀舊跡微留數政事多無力及此鞠爲蓁葦二紀有餘我太傅武昌程公佐命於經綸之始竭節於草昧之初許國漢礪盟勳過庭乃萊衣承慶一門之內四世同榮位高而愈見謙和功顯而略無矜伐昔韓侯拜將家不待於問安紀隲養親官不聞於列戟古

今倫擬未有如我公之盛美矣加以禮賢而曾彰比節寬仁而不怒飜龔爰自璧田主留仗鉞斯鎭下車而隣無不睦攀轅而人尙去思時屬兵火初銷里無完室戎馬所及野有閑田先條薄賦之科次諭恤刑之典簡靜而每容小過廉平而唯舉大綱先以惠養復逋逃次以繕修嚴雉堞廩食足而武備斯壯民瘼除而閭里自康湯湛濬溝究矗金壘孜孜四稔急務皆周一日謂都監尙書及副車司空諸從事曰此所闞者宴賞之境矣遂親選勝槩爰及斯地乃命都指揮使劉敬德左靜安指揮使丁約巳下及元隨都押

衙員建付以營口之謀示以製置之略繇是剪蕪穢築基址疏三池啟八亭制度悉有平等差岸滸各分其涯涘或延薰風而滌煩熱或面大野以豁襟靈口口罷搖九曲靜分其泃湧雕甍未曉三峯巳顯於嶙峋然後再廣龍祠殿添鴟尾口關創設環口遍修廊分拏攫之形離立鬼神之將並新彩繪表裏圬墁造匽匜之長廊引前後之簷廡室分胙傳盃之地廣三醻萬舞之庭兼以羣口輻湊衆派同流若暑雨暴飛狂波突至不先有備必貽後憂別開斗門俾其通注式減連山之勢免興捧土之譏諸將盡稟規繩一無漏略而又遠移蘩萋多放修鱗虵盤而磴道緣崗蜿闘而雙橋夾砌列植五千餘樹爲圍三百餘畦若榴與桃李分行椅梧共杉松間色高樹藉雪方灑落於嵇康翠帶接煙學雍容之張緒莫不衆盆其擁一徼無停紫牙暗換於陳根綠幄別添其新蓋蓼辛蘭馥各自任於天和夏實春榮都不知其移致大輿口錙纔吹三氣夐然殊勝之功化出神仙之境有香皆納無奇不呈愜目暢心不可諱悉綫季鷹之歸思堪釣鱸魚資山簡之勝游何須習沼樂就而衆皆稱善悅使而人不告勞至於犒賞所須材石之費悉自淸俸

圓融一無擾於州縣若夫花光月燭之時促席泛舟之興口肩疊跡舉白飛觴岸幘酡顏遊人相顧而言曰此是壺中天地洞府春光又不知白蘋翟畫溪復何如爲嗚王公始作而未究其妙李公繼踵而罔盡其工豈非天留盛事要顯我公之心匠乎陳留蔡曙獲預賓席奉命而實錄其事口心入詠夢未驗於神傳篆貝庾辭妙有慙於祖德貞明三年丁丑歲春三月二十七日記　石刻

李彥賓

彥賓晉天福中人

石香爐記

隨使押衙李彥賓有願造石香爐壹口口者伏爲與父司徒離缺有虧參勤遂啟丹誠口此功德願早父子相見事官淸吉合家安樂永無哉若天福八年九月日記石刻

許九言

九言周顯德中朝散大夫試大理評事行秦州成紀縣令兼監察御史

故鳳翔節度使秦王贈尚書令李公楚國夫人高平朱氏墓誌銘并序

粵若衞人興詠莊姜推賢德之名周道克隆文母預功臣之數豈不以開闢叶美灼灼摛華彰懿範於一時飛英聲於千古自天鍾秀何代無人則我故楚國夫人之謂也夫人梁祖裔孫冀王長女王即帝之長子也諱友謙字二字原空處親賢之地力贊經綸當禪代之時首分茅社初司留於陝服後節制於蒲津旋屬季弟臨朝嗣君失德懼奸臣之搆亂思轉禍以爲安覩三氣於晉陽瞻烏送款求援師於陳寶插羽論親果因協比之謀克就中興之業書諸信史載在豐碑母燕國夫人張氏生本將家稱爲賢婦贊梁室惟新之兆宣王門內佐之風國人咸賦於鵲巢帝澤遂封於石窌夫人之兄並蠅頭學贍鯉腹書精爰從問禮之庭皆未專征之任貂皮蟬翼裝冠冕以臨民虎節龍旌擁貔貅而制敵或登壇於左輔或推轂於許田三戟交門萬石當世先秦王素稱霸業奄有關畿四海仰之爲眞人諸侯奉之爲盟主後秦王以地居冢嫡任在股肱方作翰於回中兼握兵於岐下五緵百兩親迎有期納吉問名御輪無爽結援甯同於鄭忽捧匜孰媿於懷嬴夫人誕自皇闈育于朱邸幼則謝公庭際詠飛絮以稱奇長則齊王宮中破連環而震

譽言足以中規矩行足以睦宗親才足以助彌綸智足以辯邪正總是具美歸于令門致允叶於一方非尋常之四德蘋蘩筐筥無違祭祀之儀絲竹宮商洞曉鏗鏘之妙始號高平縣主改封楚國夫人祖爲帝而父爲王兄爲相而弟爲將夫乃霸君之子身爲賢王之妻享富貴而無雙治閨門而有法嗟乎靑天甚遠痛偕老以莫諧隻翼堪傷抱沈疴而不起未畢三年之制已縈二豎之災兼之以盜據城池公行剽掠因茲駭愕遂至彌留大漢乾祐二年已酉歲六月七日殂于鳳翔府私第享年五十一權殯中堂之奧室

有子一十三人曰永熙永吉永義永忠永幹永粲永嗣永浩永勝永嵩永固永載永濟女七人長適蘭陵蕭渥次適高陽許九言次適供奉官趙延祚次適左龍武統軍趙匡贊次適前鄜州節院使焦守珪兩人幼而在室潁川郡夫人蔡氏中郎遠裔太守名家叔隗黨來我則推賢而讓善孟子云卒此乃繼室者何人且以骨未化於重泉時已經於一紀痛心疾首叩地號天大周顯德五年歲次戊午正月（原空二字）日用大禮葬于岐山縣鳳棲鄉祔秦王之新塋也昔日鳳凰之卦式叶同心此時松檟之墳別封偃斧亘有以也

何足道哉慘行路以若斯閟英魂而已矣九言門館下吏儒墨承家偶趍上國以立身幸忝貞王之擇婿今則方拘十室無由伸臨穴之哀雖奉八行不辭乏碎金之作多慙漏落勉副指蹤同憚斐然強爲銘曰

帝王之子兮王公之妻富貴莫二兮今古莫齊智可照奸兮才堪助理行必合道兮言且中規金石絲竹兮悉窮其妙織紝纂組兮罔違其道柔亘內積兮無爽和鳴賢善外彰兮式謌窈窕顏如蕣英兮未及中年痛彼殲奪兮遽遘沉綿不醫不卜兮願從下土有始有卒兮庶叶終天郡號辛勤兮率勵諸子菲食薄衣兮送歸嵩里英魂烈魄兮宅此佳城萬古千秋兮識茲名氏（石刻）

劉從乂

全唐文八百六十有傳（按從乂王彥超辟掌書記顯德五年朝議郎試大理司直兼殿中侍御史）

修府衙記

缺以序四民之業故曰強不缺致壽昌藏文顯用已來漸成奸詐眷言缺職四海澄波當閫外之寵征念闕中之待治缺甸斯地也今稱盛府昔號名都黃圖赤縣缺綺錯里閈星繁臨高乎翼張守要而襟束缺

道往來資糧扉屨之餽治煩撥劇非缺靜勤身以致力因事以制宜鏡懸而遠取四缺後甲每出令以風行今稽昔禱聽徒謌而響合缺溫所以致其附剛而斷所以滅其私寬而栗缺樹其仁而恤隱絕其利而革邪引義以正其身缺美曲盡其能比夫黃霸米鹽細民受賜李崇桴鼓缺語哉於是急務皆臻期年盡化嘗以府衙本文昌缺亭祀寢遺棟宇傾頹因周覽疚懷不怡終日且曰缺高張提八校而正軍容備九牢而迎缺爾于歡有司決具獄之冤禪將展屬鞬之禮雖迴缺宇荒階署無完緝寒來暑往但恣因循乃

命度方缺於舊趾聳崇構於新規危簷霤若以雲構大厦歸缺棟虹舒見暫勞永逸之誅見經始畱終之義觚稜缺奐翬飛見府城之改觀加以不貪爲寶以缺之高封不輕稼穡耀缺絕歌堂舞閣之歡屏飛蓋照綦之樂匪開謀政無缺之儀形作缺叨依缺三千雖塵接武鐵錢十萬敢謂儲才奉命直書俾刊缺將來時顯德五年歲次戊午九月一日記石刻

安審琦

審琦字國瑞其先沙陀部人歷官至平盧節度使封陳王舊五代史周書有傳

請射莊宅奏

臣近於莊宅營田務請射到萬年縣春明門陳知温莊壹所涇陽臨涇敎坊莊孫藏用莊王思讓莊三所營田依例輸納夏秋省租逐元不管薗林桑棗樹木牛具只有浴莊舊管田土一切見係莊宅司管屬欲割歸縣久遠承佃供輸兩稅伏候指揮金石續編

李瑩

瑩周顯德中登仕郎試大理司直河中護國軍節度掌書記

栖巖寺新修舍利塔殿經藏記

蒲城東南十五里抵中條山登山復五里屆栖巖寺隋武元皇帝藏舍利之塔廟也邇來因時因事或廢或興具諸僧史此不復載我國家以聖繼聖武功成文德修恆思駈天下蒼生於富壽閒其術在於擇長吏而已丙辰秋八月詔今府主太尉移北庭節度鎭於蒲蓋北庭之能政聞于天而蒲之疲民渴于理也一之歲省條牘有節目不利於政者咸去之二之歲訪井邑有風俗而無益於民者盡革之三之歲千里之地遠者近者公者私者熙熙閑閑各遂其所屢欲揭碑表於九達之衢以揚府主之化理府主極詞以止之然方有暇於宴遊出處用示其成政也己未春登中條憩栖巖山水形勝盡於歷覽顧謂寮佐曰今之化人能令終夕之閒佩服道德者甚爲難事佛之垂敎使无量刧出生死海登菩提岸較其功德實懸天地而或縱其湮沒其如何哉嗟乎佛之像貌去世逾遠其所遺者有舍利在今塔廟圮毀詎爲平地我將表餝之佛之言行箸于經文今依山架龕凬氣腐濕匪朝伊夕磨滅無睹我將嚴護之於是搜材索匠揆日僝工始則構高楹闢大宇乃壯乃麗軒如翼如所以覆舍利也中則斲梗柟布龕室乃金乃碧輪焉

奐爲所以藏經文也觀其宏敞之狀固密之功雖歷永刼無霧崩之憂次使衆生有歸敬之地論者曰佛之大敎囑于正人事立則民敬民敬則福生福生則清淨之緣結矣今府主以是福力興斯善緣復聞以少香少花一句一偈者猶獲福无量而此覆舍利藏經文之功諒百千刼中永爲供養豈不以是法力助府主之福歷百千刼之後如是者哉堂幸預賓階實聞時議況承嚴命因敢直書時大周顯德六年歲次己未九月癸卯朔九日辛亥稽首謹記石刻

侯殷

殷周廣順中顯陵守當使

蜀國夫人尊勝幢記

伏聞至理希夷視聽罔能究其極眞塲幽邃知識無以缺二字源斯可謂鑽之彌堅磨而不磷於戲我佛教演三乘是開方便山摧五蘊拔彼牢籠以像相策初心以色聲誘迷類觀質勤奉稱一方而缺一字善道聆音省察持一句而滅繁殃而或洞展慈光高燃慧炬伏缺二字於大士尊勝威靈拯異生於衆禽塵沾影拂殊功莫大曠古傳休罣塵之缺一字有翁淸峻之猷無盡今有顯陵司部蜀國夫人崔氏缺一字糜宮闈事歷繁難兢兢則夜寐夙興惕惕則臨深履薄類更興廢惆悵徒增缺一字身世之缺二字念宗缺一字之無託遂是口僧口喃匠石鐫文預缺三字之因自作全收之利敢冀堅牢藏表他時無隱缺三字幽遠冥間異日有證明之瑞紀由敘事和下缺時大周廣順二年歲次癸丑四月辛亥朔二十一日庚口建石刻

汪少微

少微吳順義中處士歙州人

歙眉子硯銘

松操凝烟楮英鋪雪毫穎如飛人間四絕東坡雜說

吳懷恩

懷恩番禺人南漢內常侍進開府儀同三司常帥兵北征盡得蒙桂宜連等十一州之地時稱善戰者以懷恩爲首

感報寺銅鐘款文

維大漢乾和十六年太歲戊午閏六月庚辰朔十六日乙未弟子萬華宮使桂州管內招討使特進行內侍上柱國吳懷恩鑄造鴻鐘一口重五百斤置於梧州雲葢山感報寺永充供養上資當今皇帝龍圖永固聖壽萬春謹記廣西通志

夏侯氏

夏侯氏唐初東鄉同安之妻封臨清郡君

謝禮葬東鄉將軍表

妾夏侯言伏奉今缺夫懷慕□及亂缺者□奉命取今十一月十一日禮葬詔禮光逾□缺之仁妾之塵微何幸今日未亡妾夏侯謹奉表陳謝以聞死罪謹言石刻

唐文續拾卷八

榮祿大夫二品頂戴前分巡廣東高廉道加四級臣陸心源輯

神智

長壽中僧

造象記

詳夫安居三□未下神儀道樹六年尚隔靈軌是以三千剎土百億大玉各寫眞容僉慕聖跡□如來之相好四八無虧工妙質於荆山三千具足神智私祈覺力遂感玉裕姿星彩同嚴日暉圓□夙願克成□符靈相□一方□善非涇壑所遷六度居心非江淮能變報同指掌義無差惑比邱神智上爲聖神皇帝下及師僧父母一切含神法界有情咸沐此因俱昇仙果大周長壽二年歲在癸巳七月十三日神智記石刻

慧忠

山陰冉氏子爲僧居南陽白厓山肅宗徵入京大歷十一年卒人稱南陽忠國師

般若心經序

夫法性無邊豈藉心之所測眞如非相詎假言之所詮是故衆生浩渺無窮法海汪洋何極若也廣尋文

義猶如鏡裏求形更乃息念觀空又似日中逃影茲經喻如天也何物不從地之所生諸法唯指一心何法不因心之所立但了心地故號總持悟法無生名爲妙覺一念超越豈在繁論者哉金石續編

蕭然

建中時河內龍興寺僧

窄澗谷造像記

庚申之歲唐建中元年二月十日河內龍興寺僧蕭然先天寶十四年冬至乾元初頃遭艱難所願蒙大悲加備至大歷二年春發願不坐僧房不食常住不

同僧私養頭陀出居於窄澗谷口魏太平寺千佛巖下住經一十四年方召得口工敬造阿彌陀像一龕今已功訖用答先願上奉爲大聖文武孝感皇帝聖躬永壽帝業恆昌州縣官寮常居祿位師僧父母常保安樂過往先亡願神淨土十方施主法界衆生同登覺道石刻

道邃

貞元中天台僧

付法文

比丘僧道邃稽首頂禮天台大師竊以法王出世一音演說機感不同所聞益異故權實之義接於諸部大小之文森然殊流要其所歸無越一實故曰雖示種種道其實爲佛乘又曰開方便門示眞實相喻之以衆流入海標之以不二法門自他兩得同詣祕藏此經所由作之所以雖泊鶴林滅而法綱散神足隱而宗殊塗不若只是得一心三觀而取證如反掌而一言一心三觀者本體不生能離因果常住不滅遍一切處當知天眞獨朗之一言本來所具之三諦也三卽一相亦非一又曰非異一相一切相相卽不相卽不相卽非相非無相故此謂一言唯佛與佛知一

切法教本一切法義中一切戲論息也雖名一心不通義理雖稱三觀不及毀譏是以經曰諸法寂滅相不可以言宣又曰諸佛兩足尊知法常無性佛種從緣起是故說一乘說一心三觀只在斯一言而已於是古德相傳曰昔智者大師隋開皇十七年仲冬二十四日平旦告諸弟子曰吾滅後三百餘歲生於東國興隆佛法若有感應先呈瑞靈則一法鑰投空倏忽而入空卑衆雖慕嚮終不知所屆云云而今聖語有徵矣遇最澄三藏不是如來使豈有堪難辛然則開宗示奧以法傳心化隔滄海相見杳然共持物慧

闍會龍華大唐貞元二十一年歲次乙酉二月朔癸丑十五日丁卯天台沙門道邃付日本國最澄三藏

日本隣交徵書

至禪

元和中僧

王藥藏等造經幢讃

蓋聞佛本無形假有形以起信法離文字獲文字以全眞佛頂尊勝經者昔三藏佛陁波利見妙吉祥□封墅甫□山□穀水有清陰素流之美即河南縣金谷□之□地勝人藩邇迤百家皆崇十善聚五郡孰

不欽諾社錄呂秀等悉心福門皆獨熟王君之聲矣早歲寫經畫幡今又建陁羅尼石幢刻經咒之□王君等各願合家清吉支離遠還五穀豐繁四時叶序時有唐元和六年辛卯獻春景申朔十五日庚戌帝城之右洛芫之傍魏封之里信心爲長結社延慶奉賴我皇儲斂金帛堅玆經幢石刻

淨觀

元和中零陵寺僧

零陵寺井欄銘

此是南山石揭來造井欄留傳千萬代永結佛家緣盡意結功德應無好壞□同霑□福者超於□界□

維唐元和六年歲次辛卯五月甲申朔十五日戊戌沙門淨觀于零陵寺造常住石井欄及石盆水充供養下泐十二字惟大侶二字可辨當是題名石刻

道明

元和中壽陽楞伽寺僧

壽陽縣大樂山重修古楞伽寺碑記

楞伽寺自古有之元和中僧道明遂見此寺破□衆人所請爲國崇修及諸功德并造神碑一所以記之切維大唐之治天下也紹堯舜之風重釋迦之教皇

風枝於萬國佛法垂於三千其有敬之者福生修之者果滿何以知其由也覽異記云周昭王表瑞之年至聖降生西域漢明帝肇帝之歲法海東流道明所恨生逢於佛後沉淪於苦□錫巡於五臺清涼聖境朝禮靈蹤之處神光百變夜覩苑煌之聖火艷千燈雖不見大眞身願沐慈光從玆有願晏坐林間得邑中信士王龍張玭等於庥八之歲禮請留住此山乃登毗雲林俯瞰幽谷固侈奇狀殊異衆峯其山也硍硜磅礴接五□之兩崇崱嶷巑巒倚九天之一柱朝參暮禮了達善緣是以理與心明素非仁智之流豈

能皈向如來而重修此寺哉寺名古楞伽者金園界畔而明也東至峯神廟西至礌石山南臨上馬平北據默峪澗此寺之四至也發金之地猶偏以廣其規斬崔嵬之山砌石爲堦旬日乃成然以樑架長空屋成平地壘軒廊以口巖壘層坡以甃莪丹柱牖艶兮光映朝霞寺虛清極兮晶含夜月四衆回向三縣歸依敬禮三世諸佛及諸功德尊堂口等益法無生滅位列生人自屋自居此山此向俗年八十有七成斯功德以彰不朽之名所有造碑功德宜勒於石上祝聖壽遐昌唐王永久握乾風以鞏萬邦來驛貢以朝

萬國仙觀神山永鎭無彊故記　大唐元和六年歲次辛卯六月甲子朔太原府壽陽縣大樂山古楞伽寺住持道明口立石刻

國威

長慶中成都府沙門

佛頂尊勝陁羅尼幢記

蓋聞三光有象燭萬物而可尋大地分區鼓陰陽以埏埴宣尼闡五常之大則忠孝君親玄元立自然之宗設無爲之化雖不言之教理缺因心所期苟有恤人之志而況吾師正覺成就神通事顯多門開祕密教總攝口藏統御十缺可隨平施財生靈口等缺佛頂尊勝陁羅尼矣加以傍生擾擾家影觸而慼苦頓缺身不受口利恨空來而無益悲往西方文殊申請勸以殷勤喜得東夏自是而後勝口之相與爲或標之以四衢或建之以迥野非定方所乳之者人幾亭巽隅捨布金之缺知人天之淨界非遙迴換口足指之口有苦神策都虞候侍御史史公公氣直而方志柔而剛不吐不茹逸盤根而必錯寸陰是覺睹片善而克修乃與總持社邑人司缺力檀施聿建茲幢公等一結眞侶三口體口歷寒暑而松心自貞更變移

而石席口卷或青鳧見捨或轉乞傍人缺國爲家刊乎貞石冀滔滔巨福遍法界而無窮聖善遐敷與天長而地久國威不敏見託爲文心以表言直書其事時大唐長慶甲辰歲十月蓂落十二葉記石刻

義林

大和中內供奉三教座主安國寺賜紫沙門

尊勝陁羅尼幢記

瑜珈論有十支一曰高建法幢支幢以高缺玄契可以震攝魔魅驚駭神鬼滅除障累增益勝福由是波利宿因文殊昔化善住生天行願之事難可具記者

有琱石琢玉而建立影（缺）而右龍武軍正將兼押衙懷義恭而有禮孝以竭力信則因心奉爲亡考六郎於其墳所建立花幢以資魂路（缺）陵谷遷而不移桑田變而不改實可謂貞古矣大和二年十一月廿日記（石刻）

圓鏡

開成中青龍寺僧

回日本僧實慧等書

闕函見書信增頂符雖鄉居海外人近日宮知音之道不遺重敎之誠彌切今我開成皇帝化周四極八

表來朝聖德巍巍皇道蕩蕩左衛功德使驃騎爲股肱之濟濟實文武之蔚蔚粤在鴻濱渤海巨浸之東是金烏玄象始明之地乃陽德之出處也國號日本郎曦和之直上翔于天乃輝赫之域也國君命宰臣使朝宗我大唐因知彼土大師八人等並習胎藏大牟尼法宗金剛界光明相會學蘇悉地密嚴威儀悉是故空海大師去貞元中來此國投之故內供奉灌頂教主慧果和尚處習學至永貞初還本國弘三部大法爲彼土大灌頂師遂有門弟子八人奉教流化乃西望贍我祖師之靈遂奉冬夏法服□羅之珍媿不遠乎數萬里來寄之也并緤絁廿匹綿一百屯剃刀廿枚并牋素等物敬以捧投之皆列之故大師影前十一人等垂啼寫塔拜首墳前感異鄉之重教媿殊國之懇誠也今相國使還傳燈師歸國當之今月春風習習鶯吟新聲流水涓涓冰開舊沼去去君意遙遙我心謹附書於東國傳燈大德阿闍黎等首春尙寒伏惟動止康裕圓鏡等與此國諸大德等並蒙國恩悉安法儀伏謝遠遺珍奇物及方物頂荷之誠翰簡難喻此地亦奉酬之信備如別紙并經法道具等倘望幸賜檢到雲路阻遠滄波淼然望東日以瞻

之申西天之同志旣法無異源亦期之於華藏謹附狀不宣謹狀

開成四年正月卅日大唐青龍寺內供奉三教講論大德沙門圓鏡傳教內供奉持念大德當寺寺主沙門久正傳教內供奉持念大德沙門令則同常明同義眞同法閏同義丹同常堅同義圓同文貴同契宗狀日本國律大德傳燈大法師實慧阿闍黎等座前謹空（日本隣交徵書）

義眞

開成中青龍東塔院僧

送日本僧實慧物狀

青龍東塔院傳法灌頂承襲弟子義眞等十八人上信物道具經法等五鈷鈴一三鈷杵一獨鈷杵一已上三事故大德慧果先師受持道具充空海阿闍黎影前供養金剛頂經眞言敎法共五十卷羯磨杵一金剛輪一獨鈷杵一三鈷杵一白縠子二匹黃屑異紋綾一匹褐結紗一匹雜綾四匹兔褐綺一匹白熟滑州紗一匹黃綾袜肚二紫綾袜肚二黃綾香畫褥子一紫羅履一白疊手巾一右件物伏望不責輕尠遠國之信也其物并請實慧阿闍黎與圓行阿闍黎

等九人同受用分散謹狀上開成四年閏正月三日傳法阿闍黎義眞等日本隣交徵書

智本

大中時百巖寺僧

百巖寺奉勅再修重建法堂記

唐之勝氣壯懷川之佳景者太行山爲其山東連白鹿西接口壇南眺盟津北監燕岱中有山曰天門岌然巨峯藏矣橫帶上插雲漢下口溟壑瀑布懸界噴浪騰空靈泉湧沙分流散谷窅澗確犖盤石崢嶸口口千尋磅礴口丈古松偃蹇點翠屏以如粧嵐氣氤氳口碧岫而若冠孫登臺口時聞虎嘯之聲王列泉邊每聽鶴鳴之響劉靈縱酒三年偃處猶存嵇康鍛口千載遺蹤尚在齊代長老稠公宴息茲口以立基築至于周末神僧談經巖窟聽徒每之飯自天來香從空降時因百家逃難隱竄茲巖猶此寺題號百巖矣寺之所致四百餘秋更替摧殘三口興廢及我唐貞元歲有章敬大師師自淸涼下幽薊登徂崍屆茲寺斸林藪以暢虛心矚巖穹口口道味口蠹三霜門禪四序凡厥所止道俗如市後憲宗皇帝遠嚮德風徵逐至京以致國師之禮口繼其蹤有范陽大師

亦章敬之倫肩也聞巖寺之勝贍太行之絕口徒五百道示一乘卜寄茲山禪棲口載後盧劉公遵欽至道邀口遠赴重以師資之敬口後名德繼踵如燈續燈法眼相承明明不隱卽余之先師師諱神悟紹國師之後兩度登攀襲章敬之風三秋宴坐屬先皇釐革毀廢伽藍佛像摧頹僧尸口道明勅旣口莫不遵行官吏頒宣敢不從命于時會昌五年夏五月十八日其寺廢矣傷夫巍巍大廈翻爲瓦礫之堆口口金容變作泥沙之聚仰天何訴撫地何依謂言永滯口風豈知再覩遺像至六年夏四月武宗昇霞今上御

口纔登寶位便啟洪恩創治萬機更宣進口古蹤靈跡口口修崇州府伽藍口口舊額轟轟天下浩浩四方咸仰聖恩率歸王化　會昌七年春三月革號大中口居四年秋九月有百姓修葺口口口口景安通性等覩靈山之舊跡感聖上之深恩乃投欵於宰主杜公啟誠言而欲再造杜公乃圓解申口將聞郡主主左庶子李公口覽詞擲筆詳而許之至其年十月十三日符命下縣便令修建於是剪荆榛口蒿口豎立尊容安施僧宇紀綱楚楚典口甡甡皆戮力同心口志霜操者也時余因遊舊山躬登陟見山門興廢

悲喜交集爲僧衆口留感荷銘口再言未講及有同學弟智宗懇志精誠願造法堂請余允受乃與之言曰堂成決契宗弟敷口口教口契心源不言而化任道而行抵于平陰遇隴西李公諱讓言口歟口口之於言李公乃特達丈夫英明哲士一言道合決口口口便捨珍帛賫往口口未逾旬月李公倉卒膏肓在躬奄忽而終已去塵世嗚呼有匪石之志無終賫之堅口口口搆泉綿綿宗公弔平孀妻暨平而姪口男景宇果終口願更持賄賂便以興工於是命姪口口匠磧剪材截梓運鋸飛釿口紀未盈巨功告畢其堂口口中巖之壯口口一寺之口儀口口臨主壑之巔岌岌聳口口之勢四角口口背日相口鎮口口之前後踞南山而才口口禪口妙通昏接書萬古口口口功罕究命余爲文琢珉爲記刻石齊堅永永不墜大中八年十月五日記金石續編

後素

唐左臨壇大德青龍寺沙門

比邱尼叉玄建經幢記

缺唐女精舍地靈本秀多出奇人果應斯瑞僧基之缺皇檢校左散騎常侍兼少府監充內中尙使兄公

缺尙軍奉御姪當前明經姪楚卿見任左淸道率府缺之歲有功德季內僧錄賜紫尼澄素頗承缺栖止遂落髮於九重之內授具於萬乘之缺文皇帝謂曰空門高口多尙頭陀不親王侯豈缺遂止唐女與愛姝智幽同黎李父大師缺繼踵乃吾心之嘗分耳豈假苦多缺而後缺珍口得馬鳴之深玄領空中之妙旨但缺肇學士缺州居雲水值松栢缺歷缺用懷缺曰善事端至理有口歸付法自缺得口和缺悅遺誠機畢奄然而口春秋四十有九僧年三十夏缺不專遺共保淸規選殊缺鄉孝缺所託後素口中昆弟備

悉缺

缺玉磬音宣金言□悅永𪗱煩籠獨超鞫屖石刻

德徽

唐孟州僧

懷州竪立生臺記

夫離離秋月出衆星以舒暉皓皓釋風截四流而稱聖是知教傳永代寺啟多方益皇化以及黎居福羣生而資異道若乃山陵鶴路院貫幽巖一帶之雲岫凝凝百處之欄房灼灼郎太行美矣又以歲寒潔志道抱清風豈金地以集靈流營孤藍而來士侶實乃塑採月象構竪徘徊裝飾而諫色咸臻焚啫而氛氳共靄爰有孟州支郡河內英聰紹給孤之前蹤繼祇陁之後路水精玉地金石齊昇損家俸以甃殿基捨珍財而平紅宇王晨之歲月候青陽營香積以供雲流陳素文而讚上善伏願皇畿昌政長垂舜祀之榮大業永隆時同堯光之茂遍流沙界資品彙而超因次及郡風運福星而有慶功圓匠畢補砌復周謹具芳名以清永固河內志

元英

唐慧化寺沙門

雲居石經山頂石浮圖銘

夫立身行道者揚名於後代樹善崇德者狀苦於將來蓋所謂異軫同歸殊途合迹至若周惠博利廣□溥□修梵福而出塵勞拯幽靈而祛□業其唯釋教歟此浮圖者清信佛弟子劉元望弟定遼弟文立姪男陪戎尉志貞姪男志敏并出家妹法喜法□奉爲先亡兼及法界所經始也元望等悲風樹之難停痛□□之易踐每懷其鞠育仰□榮□□酬陟彼高崗思父母之勞瘁以爲福因業感感□則福臻行爲善成成功則行著□割金帛勵同緣就此山龕聿修嘉□爾其丹壑青谿蓄雷雨而□虹霓□巒秀岀插雲霄而擎素月於是審□□揆方圓樹□□之寶□九仞之□塔徒觀其天近裁規□□□伐□□□琢雕□□玉磅礴岌岌悅如空□飛來鬱崫亭亭又若□□□出火珠□晶不夜而星流粉壁□輝無雲而雪落然後模列聖□□儀丹青餝以相鮮金碧籠而軼耀度願妙緣遐被高勝永存滇壑□而有期□□□而無泯□銘曰

有至人兮生西方衆魔而坐道場　尊天兮越北□□羣旨兮泯空色神用兮莌周□迹兮彌留法體闕

於圓寂口口播於閻浮有孝子兮荷口懷念先君兮懷罔極捨五介之珍財壯口堅之妙力口竭誠以昭應仗浮圖而生翊度口口而福資速超昇於淨域石刻

思敬

後唐長興中淨土寺僧

尊勝經幢記

維大唐洛京河南府鞏縣淨土寺今於當寺建豎尊勝經石幢伏願皇風永扇玉葉連芳內外羣臣惟忠惟孝次願鎮縣官寮惟清惟政先亡父母師僧和尚及兄楊簡姪楊璠當處土地護伽藍神前後亡歿師

僧伏自所年兵革非理煞傷覩茲勝因早證菩提之道長興三年壬辰歲八月己酉朔廿二日辛未建立石刻

希甯

晉天福時僧

金剛經讚

祥夫金剛經者摧邪顯缺三字相理事缺一字圓串缺二字空缺一字寶缺一字口圓迴異遂於祇園會上悲缺一字海中流三乘於國土接五柱於世間是知缺一字柱中寂假名言之方顯乃有信重姓李名恭經持二萬五千餘遏懇缺四字一齋心素身而戰馬缺二字咸化缺二字曾遭水渺廣闊而渺漭無邊如同陸地無殊曾無少損此皆持經靈缺一字豈昧聖慈方欲顯示於信心乃幸歸於逝水然今淸信孤缺一字萬達奉缺二字過缺一字尊靈宿缺一字舊願志缺二字嗘未遂酬還掩歸長夜孤子萬達受父母之嚴訓闕骨肉之深情缺一字咸有爲之賄缺一字崇無上石壁之經所貴不昧平生上報敏勞之澤粵以大晉天福三年歲次戊戌四月戊寅朔十五日敬鐫石壁金剛經一卷斯乃嵒缺一字峭峻嵯峨之迴出羣峯碧岫崢嶸嶌嵬之缺三字嶽寶住佛之勝

境爲此土之良因山名合玄之山寺號太平之寺遂缺一字公舒仰睇歎以其能王耳澄眸嗟其罕有伏惟堯雲永布舜日長明玉葉金枝光榮萬禩冀以三途八難法界異生見在先亡俱登證覺乃爲詞曰

惟有此經諸經中上持缺一字有靈十方無量其一巖谷深邃潛龍膺息鶴翥青霄水流碧澗其二孤子資薦志酬往願經壁周圓定生勝善其三本智證眞毫光徧濤動念纔生圓鏡以心其四石刻

戒貞

周顯德中修行寺僧

周西京修行寺故講律臨壇大德賜紫尼戒恩尊勝幢記

佛興西土，法自東傳，敎明了義之因，各顯修行之果。大德尼法缺修行寺講律臨壇大德尼慧燈手下出家，得遂披剃進缺講律臨壇，秉法度人，衆推孤節，蒙留守太尹太師侍中聞其戒行淸高，動表聞天，於廣順二年七月皇帝永壽節，宣賜紫衣。至廣順三年三月得疾缺顏同學等六人，善因悟眞、了眞、戒通、戒恩五人，並已淪沒缺力進身，比望永紹宗門，長爲法乳，何期壽命短長，遽歸淪缺佛頂尊勝陁羅尼眞言幢子。况佛頂尊勝陁羅尼者，於永淯缺賴佛陁波利號如來智印，喩曰藏摩尼，顯彰七反之功，招感諸佛之缺塵霑觸，免三塗種種之形類，受千刼重重之福因。經載難思，佛稱缺結菩提之眷，休成離恨之緣，罪若冰銷，魔如電散。然願見存法缺切含靈，普沾斯善。時顯德元年歲次甲寅二月丙午朔二十四缺修行寺講律臨壇大德戒貞記。石刻

傅允 一作光

前蜀武成中慧業羅漢院僧

節度使瑯琊公造尊勝經幢記

原夫佛心廣大，敎紹恢弘，牢籠法界之□，閒缺之□佛頂尊勝陁羅尼經九十九□言，中□洞宣，讚三藏三□，敎內於□□□眞言，羣稱祕密缺我佛由本誓願缺衞息羣生之雨，駐鐵城免善住之花萎，□鬢繞宣章句，頓曉甚深，踰某日之昇空，煙霞莫滯，等炎缺停人間之賤業，同□天□之福，□□廣缺花臺一貪懽心，□時春登，于時□花螺□，願師子威容，垂決定言，授菩提記，龍神匼匝，凡聖駢塡，飄四色花，合十指掌。事載竺乾之語，經存日策之蹤，洎大聖文殊缺五峯僧足萬衆間言當代，□儀鳳元年，有高僧佛陁波利□□□度，思慕淸涼，逢化相之勸，迴取深經而復至。旣尊聖約，共契悲心，時君親發於御題，法侶重明於季日，龍辰翻譯，鳳詔施名，使佛利僧□，或高樓絕頂，相看俯□，影拂塵沾。今樹立經幢，必垂普總勝利。今安昌舊宅，慧義靈山，雖樓臺之宏壯未全，而景趣之登遊可尙。有羅漢院主師顏上人，□化羣心，已與堂宇。伏遇令公與時降瑞，保國□□，□八法之禾，□得九天□□，銜匡扶帝缺兩府咸淸於惠化，二年立頂缺堯聰尋傾舜澤，甯論缺神祇洽□，草木昭蘇，二江同□於恩□，五郡橫鋪於喜色，而又去民暇日專

心福田數十處之伽藍荒殘累歲百千貫之物用平缺念以華構維成高幢不立□尊眷屬發至誠心造此經幢永爲福祐台恩缺鐫□貞石於缺屹若萬年永固傳光□依釋教獲奉陶鈞缺記石刻

文□

周顯德中開元寺賜紫僧□照大師

周鄴郡坊里社衆𠭥修六曹軒宇四時祭敬記并序

□夫幽顯難昧陰陽詎測大則□山□績列祀典以欽崇深則地府冥開摽祭書而敬奉變通□□徵感

□靈應虔以□流慈逖諸沴眚逐齊莊而去德□百殃□是以清廟聿興嚴□□壯三□四□□當陳如在之勤萬井九流□脯薦至誠之欵祝其謹□□以威容苟或時旱傷苗頻霖雨之沃□□□□□□□□之權衡怒目張而魑魅偷□□□開而休徵顯被露霳電□瘵□冰消皆遷收捲之功密伏慘舒之力精蘋筐筥之餽□鮮蘋藻之登鑽仰玄猷披戴陰隲其來久矣孰敢漫爲𪱯六曹上德九□名寮冲和別亶於天然明悟殊淩於坤府山含玉潤珠貯川明正直難□守位胥私於聍鑑英襟莫儗當仁何啻於優庸肯託名以爲娀未因河而作怗同□泰嶽各掌一司羽翼天齊股肱王室揮毫案牘人倫之事有盛衰指顧史官鬼部之情懸憂樂吉凶俯仰禍福華夷應無迂曲之□自有翕張之理撫忠讜之流輩漸陟亨衢懲姦宄之儕儔遐埋穢跡蘊玆貞固之問譽動陰君叶彼委錄之宜運符幽贊朱袍□簡儼然臺署之姿玉佩金章煥矣鴛鴻之列爰有坊郭邑鄉墅社公等人各抱謹恪俱懷柔良偘偘風彩門門儀容寒松之節槃難移璞玉之温明易秀或隸職轅門或業居商賈知機識變見義行仁能炯誠於探湯善人交於

淡水公暇相誨□□同籌□生各便於經圖濟活咸充於贍給歲忻靖泰物樂豐盈承一人垂拱之恩普安閑於荷二天袴襦之惠盡慶優游左右忠良内外齊肅撫我厚我懷德懷仁曷無禱祭之勞胡答休祥之澤須憑香火用報神靈縣□其竭丹衷鳩會祗醵一約卒集久醵錙銖始天福□年屆廣順三載凡經一紀罔替初終擇地慎林𠭥墉構棟雅容肇塑想玄室之儀□美狀方圓挺陽間之氣骨分曹列局若窺綠算之文端秉正形如慎憲章之理四時殷薦六珍嚴具紅鱗白鹿殫水陸之新蟲清酌紫尊畢庖餚之

甘滑至於車轝壯飾金碧相宣廥馬雄强丹素交瑩
向司方而竦敬滮滮傾情對員位以肅恭勤勤初洗
所冀降靈就玷歆胙臨床執盃肆意於蘭漿猶乎夜
飯下筋口口於鼎實勿類羊羹卒奉少牢妄邀多福
俾夫帝力廣運逾八極而混車口相府永居伏一方
而降惠愛上卿小相實敦毗贊之能右職左寮閎益
匡扶之略然後龍調十雨亙川之稼穡有秋兵戢三
邊通野之樵漁口畏老少富壽泉貨奔乇遠者來而
近者安亢者臧而勃者遜百祥五福貽慶緒於社人
三苗四凶殲叛亡口徒黨將俟夫勠力無怠拳口有

修宗厚地之列官奉明神之享禘遂索貞珉於巖嶠
鑿員贔之形軀聳奠巨鼇雕鐫大篆口古不古勿迷
苔蘚之痕刼灰莫灰更麗菁華之跡何將盛事見顧
非才刊辭未弃於斐然摭拾終慙於莧爾乃爲銘曰
厚壤諸英正直聰明無阿無識心平理平縻賢掌簿
任材司算批殞錄毘注活蒼生虔祈錫祚昭告口情
薦之薄醴嚮于至誠功潛護物力著加貞岱岳頁佐
崇山福星曹局惠愛邪僻消停塑象興宇列饌唯馨
牲牢肥腯漿液潔泠勤拳儼肅竦慄惕兢粢盛歲序
車馬縱橫楮口茂贄彩妓繪繒春憑夏禱秋賽冬蒸
奠酹殷恪固有專口皇屋基壯堯舜聖名紅旆鎮永
龔黄令聲三辰耀明九土和龤休牛放馬務農銷兵
漁歌樵唱富口鬱興最肩口洒無敢漫輕公私亨咔
上下登昇福謙助順獎善禍盈兇殲蠆仰地平天成
風調雨穆海宴河淸口珍龍口隸篆鐫擎摭詞記事
萬古千齡顯德元年歲次甲寅八月癸酉朔二十八
日口已建石刻

唐文續拾卷九

榮祿大夫二品頂戴前分巡廣東高廉道加四級臣陸心源輯

馬元貞

天授中金臺觀道士

奉仙觀投龍記

天授三年歲次壬辰正月戊辰朔廿四日辛卯大周聖神皇帝緣大周革命奉勅遣金臺觀主馬元貞往五岳四瀆投龍功德十六日至奉仙觀沐浴□齋行道懺悔廿一日於濟瀆廟中行道上神衣辰時在路日抱戴廟中行道日又重暉宣讀御詞雲垂五色□□□至廿四日章醮訖投龍日開五色又更重暉官寮缺同見弟子楊景□弟子□□□五品官楊君尙歐陽智琮同見官人朝散大夫行濟源縣丞薛同士同見官人宣義郞行主簿王智純同見官人承奉郞行尉薛元杲同見官人登仕郞行濟瀆令孟意誕同見人上騎都尉缺同見人□□尉行缺　石刻

李昭宗

昭宗天寶初開元觀道士

請改觀額奏

本觀先是清都觀勅改爲開元觀屬玄元降祫陛下加號往年改額題開元文字今日崇號合兼天寶之名其額望請改爲大唐開元天寶之觀　唐會要

胡伯成

大歷中自署潛邱道士

鐵元始像讚并序

道者一氣元二儀始寂兮無爲之理其形也從本降迹拯拔生靈則有元都聖容焉天尊仙衞焉有若河東節度兵馬使開府儀同三司張公英果絕倫宏略冠代志淸國難成此累霜初則環山作城班輸望之息訃終乃弘道佐主有苗於焉來格遂銳精足巧範鐵庄金煙霏霞裳鏡寫河目仙聖之臣斯覩無侯射山肆覲之禮獲串不殊台嶺則知公之守則固戰常尅皆慈衞之力也雖勿受福人神其捨諸成忝玄門濫廁敢忘讚述銘曰

大羅虛皇號元始陶冶乾坤度生死張公範金列于此保國寗家千萬祀　陸耀遹金石續編

承天軍城記

易稱設險詩曰干城蓋陳述公侯藩扞王室者也晉東東山井陘者昔淮陰伐趙之路控天作險壁地成隘一夫奮守可以當萬皇六葉賊臣懷燕師者師漁

陽雜虜踰盟津突函谷有切天下之志時元戎蔚公慮侵軼于我乃申命開府張公奉璋嚴戎式遏公謀包百勝雄入九城名惶赫犬戎容仿鬅鱗闟既至登鶴鵲洪中頂四顧而歎曰敵在吾目中矣東其口扼其喉若茲乎遂度地勢籠山鐵谷築登登削馮焉未浹辰而畢其繚崇牖于巖半百雉雲矗冠小城於峯巔萬仞天削設以樓臺實以軍麻鐵騎千匹虎賁萬計旗拂霄紅甲曜日白於是明之以斥堠嚴之以賞罰使夫見可而出逐彼者易於轉圜知難而守攻我者難於上天則雖雲梯百地道千班輸再生莫吾及

矣其發石也星落乎九天之上伐鼓也雷鬪乎六虛之表飲馬也滹池可吸而竭奮力也常山可踏而倒豈止睥食負刈屋振瓦飛而已哉城成帝嘉之號承天信承於天也公又於黃沙口築德化城示懷也慕榮隘築戉胡城示威也復聯建三堡絕細逕也由是南北千里東西兩鄉飛禽走獸不得橫絕矣自祿山首逆思明繼亂雖中原俶擾而晉陽無東顧之憂以此豈與夫楚池漢水蕩起有一葦之航秦城華山劉項無橫草之闕所以祆氣日淨我功益崇國步日淸臣旨益大故先太尉李公司空王公御史大夫管公鄭公今相國辛公皆伊呂之倫也咸表上聞累遷河東節度兵馬使開府儀同三司答洪勳矣君子曰宜哉方將運陶鈞秉旌鉞甯止贊三軍鎮一面而已況此城隣子房之古戍借箸可追接妒女之靈泉洗兵非遠曉窺溟渤將日觀而齊高俯視雲霞引赤城而共色不唯禦寇之所兼亦棲眞之地也同上

曹口高

開元中承議郎行益都縣令

青州雲門山功德記

夫代上以役人間口口茫是非之環均口口之海者

久矣六代祖口口使持節青州諸軍口青州刺史諱輪口投絜口道被東口口從祖口孝卿剖符口口口大府久璽紱口口身體口口是郡莫口口丕口口以冥護缺六字嗟嗟缺六字淨業缺六字羣生口口善口口大千之化鐲口口口初勲勤缺六字嵯峨嶢嶫缺五字汨沉養缺六字罔測惟像口能缺三字開元十九年歲辛缺四字丑朔十五日辛卯京兆口子口口山左金石志

王口缺名

建中中河南府功曹參軍

尊勝陀羅尼幢讚先序

百行之先孝之德也一念之應聖之門也孝莫大於口福（缺）莫口於通（缺）孔氏何以知（缺四字）釋教何以知福之怙言及意及精歟詳歟（缺四字）揚州高郵尉李公挺次弟前　合尉摠中弟前吉州大和尉揣季弟抃大弟（缺）先考故滁州別駕樹善之所建也公之昆弟孝友恭睦（缺）業在詩禮崇不匱之志申永錫之心庶一塵口口猶迴（缺）百福之因巍如口如是瞻是敬唐果豈昧昭報存爲見口斯口爲講（缺）孝之大法之先聖立言理必詮昭其報冥不泯化無窮口難盡李氏（缺）友于痛無怙依孔氏託釋門陁羅尼最勝因斵他石請刻字唐（下缺五字　石刻）

口捻（缺姓）

捻官幽州觀察判官檢校尚書主客員外郎

涿州范陽縣文宣王廟碑

天下郡縣悉有文宣王廟而范陽口無何范陽本幽之屬右碣石左督亢流水經其前後有林麓陂池之利至於闤闠井肆之大州粲襟帶之固自河達燕其比不過一二口朝次列縣之級第爲望領戶萬流庸附占者如之兵與人拆茲又獨异且陪口口南百里而遙居鄭之陰二百里而近旁礴周廣隱然名區控扼蕃戎凡五六所大歷初詔剖幽之范陽歸義口知知爲州口涿郡之地口爲涿第爲上以范陽爲口所縣遂口州口矣後此爲邑者率以多故未遑建置春秋釋奠盍伺州之已事口籩豆寄升降於故階迫今幽州盧龍節度觀察等使工部尚書御史大夫彭城劉公建中初假道州縣操口是邑覩茲遺闕喟然嘆息顧其寮老曰學所以知君臣父子之義者昔在三代皆鄉里有教兩漢已降罔不述用三德矧今朝廷頒宗子之詔郡縣早置清廟溥崇明祠今州迂大張縣署口陳而至聖先師時饗無所豈導人口口口意乎

彼劉昆創祭器爲禮范甯養生徒興化皆所講達萬類而朝宗至理也吾宰主百里作人父母權輿斯廟以爲人紀乃視縣前近里之爽塏心規其制口劃其地度廣狹之量平廬舍之口口彼居人直以官俸口口瓦口舟鐵之費匠人作徒之要又以家財口之人不之知廟倏之構聖賢之象備口奠之器晁庭除肅如黎元翕如口不待施而口口口口教而變於是置食錢二百萬生徒三十員洙泗之風集於朞月時公年始弱冠方剛之日克明古口君子是以知公奉若典謨有將來之大矣今廣平守口口介口之口也倚

法不削憂公如私以能名自薊縣而來遷政率由舊
履公之蹤守而勿失覩公之爲□而不及學舍異文
翁之後冈□繕修琴堂挹子賤之風愜餘踴躍歌詠
不足願言發揚見求微詞以載貞石其所□者正於
掤州置廟之實郎夫子□□□□蓋存諸史冊且謚
□今人之□豈余頑童敢紀頌爲銘曰振頹周室譬
寐殷楹曠千百年炯作□程聖唐御極治致昇平□
□□三□□□□明王既興夫子乃貴苴茅列爵建
廟崇□蘋蘩截海聾聵□思春誦夏絃於焉辨志惟
范□陽於□□邑朝命有作州廷乃立廟革新題堂

昇故級縣宋寄奠生徒罷習崇崇大賢昔歲臨茲區
須勞役克就□祠□矣像設森然其儀風化之源一
至□熙斷斷伊人恪居所職食檗苦志戴星任□瞻
我宏規闡我明德□琢琬琰阼階之側貞元五年歲
次己巳二月□□□日建石刻

文□名缺

會昌中鄉貢進士

平□羅□軍兵造彌勒像設平□齋記

盛唐垂業千祀萬邦□□黎民乂安四趣慧土蒲類
暈粥日表燒當象林菴戎彭湃長紈□□龜茲□□
猾夏蠻夷□賊姦宄莫不稱賢霍丘横天守塞聖皇
之嗣服也龍虎自伏猰㺄不生日出日沒附我皇室
此輩馴爲仁焉於是握乾符恢至德威靈天地恩覃
萬彙化原契道沃澤九紘闢四門明四目光臨萬國
典稽唐虞恩浹九夷煦□寓縣闡元元之化播植區
宇廓清妖氣於九□致□生於仁壽況相國撫鎮功
□鈞衡草莽掤新子育甿庶瞻觀□□諭□風教犯
我疆陲敢包蟻鬭之聲□□烏鳶之眾螳螂仰扤終
不同食鼎鑊遊鮮詎知煨燼百無一門□保林藪自
恃蝸角之峯□邇滎瀘□□之林菁之險□豕蝎之

□凡一千餘旦□擁□□汨畏入姦大修戈甲爲日
月不照其醜人鬼不怒□兇相國迺忿然勃色點集
甲兵上將李栖元署都知兵馬使就討除□□□七
擒七縱運五兵六奇斡發事機擘闔圖陣教旗□武
□□□□指顧陰符□令申之約後先太一□布甲
之局天地與之吸噓鬼神與之符□雷卷長驅掃盡
妖□破竈不延□□稱勁醜類百數梟雄□卯□州
□大敗□者徙窔林麓□兵近襲網無不□逆首黎
宜滿等凡獲十八軍門面縛■缺約字□兵於應靈邀截
兇醜不出深計□過魯懷忠等□促七百餘人燒□

八十口口銳卒遭輿口陰襲之時息未移略地誅剪缺鐵騎布峽山之四隅搜拘山林捕撻口窟穴擒獲楊九牧不復使兵馬甯口等凡五十餘人並口之缺鍾山獲申州此一代功績編樹麟閣今冉奮弄難口歸使不毛之地稱有其人束手口爲不戰而勝勢在心機恨不得與使越缺與龔黄口將軍有良佐軍倅太原公精口有謀美材能莅仕是以倚敵口秋陽旋口口口時當仲氏寓左氏齋日缺五字堂穴窟數峭壁刻彌勒佛像凡一口營並龍口口冀福于缺諸漏略時會昌七載丁卯歲二月一日記石刻

王口缺名

大歷中進士

唐故缺和尚肅公影塔銘

口師諱肅然缺陽人也口口李氏幼而好學缺石缺知非有缺度缺戒缺罷缺寺缺僧缺食缺人投身物缺確缺祕丞故蒸缺本之口道澄心缺鳴呼法無缺緣有盡缺凝然缺八十口僧缺人洪缺石口影缺標記心缺集辛口三月口口其口心成遂口口儀則口茶毗之得舍利口十四粒口茲其禮也用口陵谷口述辭口

生于乾口歿于金根口之口口寂口口渾口口口口性口長存其一坐嵐口口口口宗逸口世有口口口將畢舍利所口遷葬口室其二　河內志

口良嗣缺姓

龍門奉先寺下缺頌

上缺三字心缺況賢哲之事造缺之經圓缺德大缺天缺長久而況出於其口哉缺之外者缺依缺識大道者則不然口我缺元輔缺長缺之少子也幼有弘缺代缺殖缺遊戲寂樂孝而能缺伊缺幾大缺永言孝思振起良業缺關塞之首者莫盛於缺就鑽堅行險之

口口使缺恩深缺若乃梯絕梁狙滑口口微缺相圓而巖空集螟飛而缺能仁口歸功定大乘缺墜缺銜口口口其缺推缺於至口開於缺動法缺考缺心而我萬有缺專缺甲子缺容於此辰與缺崩解缺藉缺者或口功成缺金缺頌曰

上缺無缺根上缺廉孝近於象教缺迴缺美如韋平缺年缺秀缺歲口甲子三下殘泐石刻

蘇允缺一字

周顯德時安州防禦判官朝散大夫檢校尚書工部員外郎兼殿中侍御史按名允平

妙樂寺重修舍利塔碑并序

夫三界之內六道之中無始劫來庶類轉輪其悟者與物無競惟道是從衆居則和光同塵獨處則謹身節用心□□□□□□□虛常懷濟物之□每抱恃□之□爲人子者能竭其力爲人臣者能致其身欽有德如至尊愛黎民如□□言而有信富而無驕道本旣深善根不易從因至果自有入無知一切法空了一切法性生來死去天上□間□□□□□□□陟漸入□□□□慧水離□□□善者□□爲伍與惡爲仲愛河廣闊皆但樂於泛游苦海深沈咸不□□

沒溺□知有其彼岸尠肯上於法舡縱達平地之時還落險道之內旣經苦難尙不覺知而□仁義□□□□□□□□□□□之事親者少□□孝事君者鮮克盡忠旣闕五常不重三寶匪植德本詎種福田見賢無思齊之□見惡無探湯之懼多恚癡之所惱復貪愛之所□欺誑常行煞害不已無明所蔽有漏相緣誠同於狼□□□□□□□□□□□□才藝以取□□啚之□者卽謂已能啚之否者匪云天命殊不知肥馬輕裘珥貂金印貴冠百辟富□千金者宿種良因曩修勝福之所致也又不知損親捨族剃髮披緇或諷金經或談玉偈講傳妙法教□□□□□□□□□□□佛寺□茲□有所歸□□□□庶有所依瞻勸彼多人令歸正見者是□□□先佛□弟子奉佛勅之所然也旣因果之不曉而罪福之莫分或誹善人或謗眞法致三途之內輪迴億劫之中□□□□不具□□□□□或疥□衣不益形食不充□生生相續苦苦相連如是諸□無時間歇乃有觀音慈廣救苦□□婆之間地藏願深拔難於閻浮之內旣菩薩施其無畏羅漢化其情心心慜傷頭頭拯濟尙存□□□□縱然□□□功卽劫中道而

廢□抱剛强之性莫從誧佚之言恆執愚迷罔離陷溺慳貪嫉妬之所□□憂悲苦惱之□□煮卽有我釋迦弁尼佛無量劫前修持苦行蘊慈悲喜捨之道懷勇猛精進之心或爲流水救□□□澤池或□□捶飴餓虎於林谷作常不輕菩薩之時則增□慢者信伏作第十六沙彌之日則妙法華經普聞嘗爲國王□□太子捐捨世榮勤求大法積功累德從凡入聖所以超出羣倫成等正覺十號具足十□不共得四□□□□解脫□□二□八十□好佛身莊嚴翰墨奚述旣得其深祕藏乃轉不退法輪始於波羅奈

或於忉利□□日億□□十方刹化度既懷慈慜爲濟苦難而乃下生人間如當□來之彌勒也雖久成於佛道而再示於修行但□□□□□□□□□既成諸魔競起曰伏外道即現神通或則納須彌於芥子之中或則引滄海於蹄□之內或在祇樹之□□居靈鷲之山爲六趣衆生說三乘教法以火宅爲譬喻之體以化城爲止息之程以親友衣裏之珠□土□□□□□□□□□□無上□菩提開八方法門演□□因緣隨其根性示其方便解苦縛拔衆邪爲□之法王爲八之慈父□常在世恐生憍恣厭怠之

心故現涅盤俾懷慕戀渴仰之意如狂子之父實在而言死但天人之師□□□□□□□□倒□□□□□是造塔起八萬四千此土□一十九所塔是其一數也既覩支提之相曰興思慕之心所表眞□以存像法而後風摧雨擊古往今來同賴窣堵之形微有定基之地荊棘生焉□□踐焉乃有比邱自□□□俗□法出家□□□石之堅□□□柏之操行頭陀之行衣布弊之衣知生老死□之身非爲究竟以柔和善順之道是□恆常舉步不離於道場出言皆合於典教慈能恤物直不妄談覩此古基曰發大願既立崇修之誓爰處□□□誠而則募有緣□□□□□□□□□□□□至誠感神惟德是輔乃得維那戮力檀越齊心而復史公清河公太夫人梁氏郡夫人劉氏各捨淨財共崇勝事自大周廣順三年癸丑歲興工至顯德元年甲寅歲畢功不□二載□成□塔□身高一百尺相輪高二十三尺縱廣相稱層層離地岌岌聳空雖不至於梵世而已□於雲漢上穿紫霧傍惹紺煙寶鐸撼清風金輪爍白日億人始睹疑阿育之初興四衆乍觀謂多寶之再現繇是□徒霧集俗士雲屯懈怠者向此迴心追慕者於玆墮淚盤

陳法喜爐熱栴檀歌唄之韻齊興鐃鈸之音相續或燃一□□捨全身翼翼傾心種種供養但覩是相如對先佛以斯諸衆皆是宿緣於恆沙塵劫之前已曾親近在五濁□世之內方得見瞻故立窣堵波以表菩提相彼干祿之士勿謂直上之丹梯斷葷之流勿謂擎天之獨柱有諸佛□□諸天人每結精誠時來巡禮奈何流俗不起敬□故童子取沙猶成佛道支公建塔何量殊曰在其□□及諸□或捨力或施財或□言轉勸於多人或潔已□崇於勝果凡施績效皆獲福緣故作善降之百祥作不善降之百殃□□

尙標佛語非□故經云若有善男子善女人過佛塔
寺大乘經典新者布施供養贍禮讚歎恭敬合掌若
遇□者或毁壞者修補營理或獨發心或勸多人同
共發心如是等輩三十生中當爲國王檀越之人當
爲轉輪王還□□法教□諸小國王□□更能於塔
廟前發□向心如是國王乃及諸人盡成佛道以此
果報無量無邊又云若人於塔廟寶像及畫像以花
香幡蓋敬心□供養或有人禮拜或復但合掌乃至
舉一手或復小伍頭以此供養像漸見□□佛自成
無上道又云入於塔廟中一稱南無佛皆以成佛道

此蓋金□所宣寶藏所貯但陳斯述皆案教文於戲
當濁惡世□夢□身急急自修分分□□若見是塔
但設恭敬作禮尊重必獲回果此是釋迦牟尼佛眞
身舍□□塔也恐衆未達故再直書勿生輕慢勿起
毁呰苟發謗言必墮惡道願希多士俯聽誠□允平
雖處儒門粗覩釋教知佛法是歸依之地知此身非
究竟之途苟利養之所拘在增修之靡怠恆願當當
來世長作沙門漸漸積功冀覩□□□□□諸拔擢
即□出離前歲爰承辟命倅彼懷覃今則旋奉奏章
佐於安陸□□隨□旌旆離郡經田幸□鄙愚獲贍

□妙遂見他山之石未有文告之辭雖揣荒蕪回許
撰施每於公退乃作斯文□思臨牋對色絲□□愧
成章絕筆想披錦以增慙洎著拙辭未攄佳歎爰徵
典實遂成銘焉
我佛釋迦辯才啍嚛以慈修身成等正覺愍念沉淪
勢力拔擢化世非世□學無學於三千界化百億身
昇高寶座轉大法輪教諸菩薩洎諸天人俾成善果
使就良回爲大回緣出現於□脫其苦縛拔其苦濟
愚者根鈍貪愛自蔽爰開便門而顯大勢示其火宅
現其化城初□□法誘彼□□後諭□車忞彼遊行

復如大樹枝葉芳榮久住世間恐生厭怠故現涅盤
俾其追□但謂滅度焉知實在常居鷲嶺刼壞不壞
佛之出世如優曇華佛之壽量如恆河沙故□□滅
但遺□□既知難遇回種善芽舍利爰存國王建玉
造八萬塔安十方土瞻禮妙軀憶念慈□焚香如雲
泣淚如雨日往月來自今及古塼石□壞荊棘成林
曙旦煙合春殘草深□□雖在□□□□高僧
法名自悟道行滈實□□堅固□談直言身衣麁布
回睹隳基遂發□□既宜誓願再搆修崇勸募多士
與建衆功頭頭教化事事親躬其心惟一其道克隆

蘇允字卽一

自癸丑年至甲寅歲□□爰成厥功畢與岌岌妙形巍巍大勢雲鶴難逾斗牛欲藏縱廣正等稱其崇□紅日才照金輪顯昭清風既至寶鐸重搖煙濛碧葢霧覆殷紛聳踊凌空稜層峭拔□道□衝雲衢上□□□華嶽右對扶桒前臨少室後據太行表刹既興天人下禮每設一拜俱投五體□聖萃臻圍繞階陛肅肅虔虔雍雍濟濟造者果就禮者福全慕天生天所述□□□出祕典至□直宣繁辞俱剪嗚呼衆流慇懃崇善慎勿毀呰慎勿喠嘆既興寶塔爰立貞□□□羸屓身壓元龜功惟廣大文不珍奇但紀勝事

千載不隳

佛功德海歎莫能□□搜□文復爲偈曰

□□大聖尊濁世中出現能化百億身非論十八變欲調庶彙情先與羣魔戰法鼓震祥雲□□□□電衆生業重身幾個遭逢見□緣聞佛名□□覩佛面久居在世間□衆懷厭賤是故現涅盤□□□慕戀皆爲實滅度豈識眞方便□□靈鷲山或游沙界徧國王得舍利造塔餘八萬刼□□□此□重修建一心搆勝緣□載□宏願表刹既興隆善緣□□□□志刼修崇虔誠禮供養□□□□主□獲皆無量果位從此興菩提漸無上今告衆多人願欽衆妙相所陳簡直辞□□□□無非居因緣無非居典則審諦聽是言勉勵植衆德願同□□□當來遇彌勒

武陵縣志

唐文續拾卷十

榮祿大夫二品頂戴前分巡廣東高廉道加四級臣陸心源輯

闕名

和糴粟窖甎文

貞觀十四年十二月廿四日街東第二院從北向南第六行從西向東第九窖納和糴粟六千五百石第四頭紀王府典籤陳元瑜右監門直長鄭端高買太倉副使韓逵暨雲宮副監常明副使晉王府掾陸元士使人水部郎中柳竹臣

又

貞觀廿三年十二月廿九日大街西從北向南第一院從北向南第六行從西向東第十三窖納和糴米四千四百石第一頭一千五百石和糴官人右領軍騎曹賈仁素右衛兵曹杜元逸第二頭二千九百石和糴官人平淮丞蔡弥雍州參軍□師利左監門校尉馮武達右監門校尉素和隴窖匠張阿剛太倉府步勲監事趙賢丞宋賓□田强和糴副使左監門長史王玄榮大任殿中丞長孫文則司農卿淸和公楊宏禮

又

東南場東南院從北第三行從西第二窖貯大中三年戸部和糴粟壹萬陸阡玖伯捌貳碩□□從大中十年□月廿二日起重毫量揚擲入窖至八月廿六日畢□用五石函元納行概人南公素王義張榮□□人李行儒函頭段楚□□□并入窖場□□雷昌培元納監事焦密元納專知官陳洙丞替入窖專知官竇全眞元納卿薛從丞替入窖卿盧藉

又

□□□□□院從南第一行從西第三窖□□□□□部和糴粟壹萬壹阡玖伯□□□□□柒㪷起大中

十一年十一月廿二日用□函重毫量揚擲入窖至廿四日畢□數內伍阡叁伯叁碩玖㪷東南場入元納并入窖行概人宋元杲姚公□張元振元納函頭王文□□文端承替入窖龐叔亮場官□王□雅監事張魯萬承替入窖監事□公錯張鉡元納并入窖倉令張仲玄元納專知官陳洙承替入窖竇全眞元納卿薛從承替入窖卿盧藉

感恩文

余慈親二品孫樂安孫氏量必天合器與代殊惟德是脩惟明是貴不以榮華爲樂不以豪貴爲雄澄心

如不貳之門求眞習道慈親春秋卌有九以天寶十一載夏六月庚寅大漸彌留徽方勿藥薨於別業神容儼然不知何賢人變易生死也父痛慈親先世有恨未亡遂捨雄豪發菩提志稽首以信微妙法淸淨操心造九級浮圖安中臺也嗟乎閔予不祐慈訓早違乾景外臨陰儀內缺英二妹細小花萼偏遺雖活明時毀滅無異父以英弟妹偏露驚遑匪甯遂婚繼親北平縣君宏農楊氏性敦柔潔膺錫中和花萼痛闕號天擗踴刻銘徽志以布腹心石刻

佛頂尊勝陁羅尼經序

佛頂尊勝陁羅尼經者婆羅門僧佛陁波利儀鳳元年從西國來至此土到五臺次遂五體投地向山禮曰如來滅後衆聖潛靈唯有大士文殊師利於此山中汲引蒼生教諸菩薩波利所恨生逢八難不覩聖容遠涉流沙故來敬謁伏乞大慈大悲普覆令見尊儀言已悲泣雨淚向山頂禮禮已舉頭忽見一老人從山中出來遂作婆羅門語謂僧曰法師情存慕道追訪聖蹤不憚劬勞遠尋遺跡然漢地衆生多造罪業出家之輩亦多犯戒律唯有佛頂尊勝陁羅尼經能滅衆生惡業未知法師將此經來不僧曰貧道直參禮謁不將經來老人曰旣不將經來空來何益縱見文殊亦何必識師可到向西國取此經來流傳漢土卽是遍奉衆聖廣利羣生極□□眞報諸佛恩乞師取經來至此弟子當亦示師文殊師利菩薩□從僧聞此語不勝喜躍遂裁抑悲淚至心敬禮舉頭之頃忽不見老人其僧驚愕倍更虔心繫念傾誠迴還西國取佛頂尊勝陁羅尼經至永淳二年迴至西京具以上事聞奏大帝遂將其梵本入內請日照三藏法師及勑司賓寺典客令杜行顗等共譯此經施僧絹卌疋其經本禁在□不出其僧悲泣奏曰貧道捐

軀委命遠取經來情望普濟羣生救拔苦難不以財寶爲念不以名利關懷請還經本流行庶望含靈同益遂留翻得之經還僧梵本其僧得梵本將向西明寺訪得善梵語漢僧順貞奏共翻譯帝隨其請僧遂對諸㕘念共□□□□□將梵本向五臺山入山於今不出今前後所翻兩本並流行於代小小語有不同者幸勿怪焉至垂拱三年定覺寺主僧志靜與僧在□者魏國東寺親見日照三藏法師問其逗遛□□□□□志靜遂就三藏法師諮受神呪法師於是□宣梵音經二七日句句委授具足梵音一无差失

仍更取舊翻梵本勘挍所有脫錯悉皆改定其呪初注云最後別翻者是也其呪句稍異於杜令所翻者其新呪改定不錯并注其音訖後有學者幸詳此焉至永昌元年八月於大敬愛寺見西明寺上座澄法□問其逗留亦如前說其翻經僧順貞見在住西明寺此經能救拔幽顯最不可思議恐有學者不知故具錄委曲以傳未悟（石刻）

按與全唐文九百八十六所收尊勝經序多二百餘字

後晉戶部牒

戶部牒晉昌軍節度使准宣頭晉昌軍節度使安審琦奏臣近於庄宅營田務請射到萬年縣春明門陳知溫庄壹所涇陽臨涇教坊庄孫藏用王思讓三所營田依例輸納夏秋省租其逐庄元不管薗林桑棗樹木牛具只有緣舊管田土緣見係庄宅司管屬欲乞割歸州縣永遠承佃供輸兩稅伏候指揮者前件庄可賜安審琦充為永業宜令安審琦收管依例輸供差稅仍下三司指揮交割付三司准此者牒具如前已牒晉昌軍庄宅務仰切詳宣命指揮使交割與本道節度使訖具逐庄所管荒熟頃畝數目交割月日分析申上所有未割日已前合納課租卽仰務司據數管係徵納□絕訖申其隨庄合著係縣正稅亦仰具狀牒與本縣管徵無令漏落事須牒晉昌軍節度亦請差人交割收管充為永業依例供輸差稅者謹牒天福六年八月二十七日牒（金石續編）

李時用德政記

朝散大夫守歸德郡太守兼諸軍事魯國公上柱國李公諱時用武可濟代文以匡人刑示蒲□駈鷄政令寮庶畏愛何賢如之英□公賢愚之道或万有一通而貴賤之階宛天將地公德柔淮海祿重邱山但

竊慕公佐時濟代之風潛窺為政未嘗見公臨人有一獄不愼有一訟不審有一屈可謂德政也公為國安人雅風訓俗至於詞人才子渴詠公雄文碩德洪儒□□公高□至於遐邇洋洋乎盈耳也□□□之□□瞻應□澄寶劒之光紆（缺七字）君人之惠□□電（缺四字）揆□徽敢（缺八字）將來（石刻）

慧蹟禪師塔記

維大唐垂拱四年歲次戊子四月戊子朔八日乙未昔有慧蹟禪師在此山門住持五十餘載精勤勇猛志操嚴凝感應靈奇通明異絕英聲外播道□遠聞

禪支與七覺俱清戒品其六根同淨研精二諦覃思一乘爲世福田信堪依怙抽資什物謹捨淨散財敬造斯塔一所奉爲皇帝陛下師僧父母普及含靈存亡眷屬盡願超踰俱登覺道石刻

造洨水橋記

夫好士者以動爲智動則衆物充摧猷誼者以彰爲仁彰則羣情乃□□□動彰者仁智之□□□爲□□水不彈馮夷□舟涉川旡憂□若或有乘槎入漢時覩天人鞭石浮海不能觀且曾生騁思於汾方杜子勸功於河上檀茂譽於宋□傳□□於前古自茲

已降代有仁人濟物扶危其道非一壯思雲起巧歷風馳縑汗所不能書竹素所不能該矣橋□□其來自遠究弊興利何其博哉且黑獄長勳所昭者□炬愛河無底能渡者智舟開子義之門游實相之境不住空有而求解脫者□非智慧乎爰有至聖時稱妙覺出旡相之門游煩惱之海□敵重闇太極羣溺得其道者若鶢鶋之處太虛學其智者猶醯雞之涉巨海終日譽之而不喜沒世毁之而不怒百川同注未覺其盈萬□齊酌莫測其減威力振山海神光動天地心念□誦拔萃□滓彈指合掌脫落風塵爨遭

隨末法令□□□□□未足比其煩黷晦旡以□□密符詔如績索州縣若響應轉輸道死□一徵十鶵目虎吻豕磨宇縣狼顧鷹眩鞭笞天下清言孥旨必作帷幄之臣利紫長距旡非州縣之尹撫蒼生而逐雀駈庶物若羣羊掃地從□女子爲市山冢焠崩神鬼夜哭盜賊比於□蟻人死劇於亂麻寒則露宿糞壤飢則易子骸骨枯骨弊平原流血丹野草遺響未滅故老猶存見之者痛入骨髓聞之者莫不酸鼻大唐膺運雅握玄機解億兆之倒懸致百姓於人壽餘粮栖畝謳謠滿路人無百里之□室有一堂之樂鼓腹

擊壤若被堯□□井□田如披舜□人如野鹿不習而解溫恭情同澤雉不學而知敬讓日臨月照之所節風沐雨之域莫不獻□輸琛貢環呈費山稱萬歲未足比其勝平河表千年□以方茲聖代皇帝恭承寶命嗣□丕業符石紐之圖當樂推之重撫臨天下于茲四載河海息浪尉伯旡驚□手足於一身視蒼生其若子岳神入輔星精下降訪決勝於□猷酌清風之故典公擢渭濱士搜狐掖投筆明允倚僚爽鑒不使空桑李公獨播清忠東號公孫孤標□物趙州之地分維畢昴南通河濟北控燕薊西阨井陘東連

大陸有洨水者出自龍山之北經於程氏之南硤不容舟深而聯洓秋夏繼蕩非一葦之能航春冬涯涸非褰轖之可渡樓季之勇未敢□憑織尊貪珠无心□没崎嶬窮於地脉窅篠深而入泉垂耳鞭而不上的□踴而不出危蹁絶險峻若走丸夏暑漸㠦寒冰傷骨猗父投策竟日徒吟甯子輟歌終朝長歎□必睢河□洓獨溺三軍易水寒風偏傷壯士於是訪輪石量用材度功程議遠邇邑里首附不日而至工人雨集□旬成響空隆雲構蜿蟺交屬雕欄映水乍似鵬飛鋑檻臨□□疑虹降□其如帶顧此物而无傾

海作桑田冀茲橋而尚在□平北走不懼舩人趙鞅南游不煩津吏□軍王覇无由近譎蕭□耦耕沮溺不得高欺季路此村及諸姓長幼等卅許人並識悟英遠允歸物議行稱鄉曲信著閭閻知逝川之逾□□隙駒之不待征蓬少老欲歸□之無期落葉朝遷願還柯之何日項羽拔山之力終爲一聚之塵曹章冠世之英便作半棺之土縱橫□國□免車軔拔扈將軍卒屠薺劍□知淮南九轉謬擅仙經神土五芝空傳秘錄列子乘風而上游王喬駕鶴而陵漢令威不□君達仍存併是高談俱非實論□肴珍味誠爲

爽口之方靡顏膩理更是荒神之藥累德喪生斯其甚矣豈若留心智慧之境力善福德之門濟行者於□陸拔泥塗於墜溺乎若□園菊始榮井桐初落華鬓之老觀寒荄而拔淚傷離之士對别□而深类人落落而自稀歲忽忽于逍盡悲積善而□深恨潤身之不立大唐永徽四年歲次星□月維大吕遂□於程村之南洨水之上立永橋一所臨峻嵯□嶄巖扶木迴空飛梁□漢□冰未□不□□行秋水方深无妨並轂豈使英譽與蘭艾□□風聲共秋蕭零落勒翠石於往古示不朽之來作頌曰

博施之用其道衆靈經天縛地出幽入明□之則□履之則甯及危從吉變□□榮唯其士女攜手同行曰有婆伽住諸寶相奇特弔詭異常靈覡博而不紊直而（缺十字）三界獨尊焰乎无上上玄降聖膺物挺生山開石紐日負珠衡河□不涙尉伯无驚□□允實□□□明（缺七字）横村邑父老卅餘人景行高潔□業貞黐爰施奇賄割捨名珎濟彼洸溺修此梁津勒茲翠石永刊深仁（缺七字）榮成彼□□沾此□□仁及翔泳義叶幽明歆□□懼飛普不驚持許功德同濟羣生（石刻）

九塔寺記

(缺)捨身典策與有(缺)巖下忽□門公疑□而(缺)奔嘐如曰出世入(缺)通(缺)離傳跡混為俗身為道(缺)攸(缺)北遊中(缺)和尙□日言化□已(缺)靈□入而(缺)山發(缺)歸泉路親受□言□出(缺)迦佛觀世音及和尙(缺)趙地此世(缺)年河間太守盧暉識是眞俗遂歸本寺(缺)開元廿六年三月十六日滅度摧葬泰山(缺)重於此山懸空靈□□起蘇堵波塔其間(缺)多寶塔中如來□見□大賴(缺)齊爲(缺)　石刻

石經中臺浮圖記

石經者昔琬公之(缺五字)上靈(缺四字)公(缺五字)經明道(缺九字)臺山者吾師(缺七字)四臺浮圖淩霄之(缺五字)惟中臺嶄巖宛然未有眞狀公諱晉太原人也挂冠辭代□□精誠樹福於金巖□□虛空乃浩□□於菩提之□□入以□粟□資造九級浮圖□　於中臺　也夫米粟者曾祖父□□□之出也衣資者亡妻之□也□浮圖相好端嚴(缺八字)諸信士等□誠(缺五字)眞容□法□於迷津□法雨於火宅(缺六字)思議既畢(缺八字)以傳不朽(缺八字)而上(缺八字)九□□六道□　天寶十二載十月廿五日建石刻

沁河枋口廣濟渠天城山蘭若等記

二儀始分山河已縣豈伊造化實曰自然此沁水者出自沁州沁土山初出泉涌已堪賞翫數里之外便作洪流屏万仞之山闢千重之嶺虵盤龍勢虎臥鳳翔或東瀉而跳漩或西傾而箭激或南流而繩縵或北瀉而若飛屈曲縈迴七百餘里奇峰恠石匪可名言有若佛形或如仙狀翔鸞蹲鳳異獸神人邐迤相望至于谷口中間潭洞清瀨亦數百餘黿鼉蛟螭莫知其數峭壁万仞聳出深潭人□無由鳥飛方度危險崖嶝匪可書窮浩浩雄流輒不可犯屈茲枋口實

曰巨河(以下枋口記)水像枋形出山俗謂之枋口(以下開渠記)有釋子堅公者稟天地之氣承造化之英懷濟物之心有開河之志承恩銜命勑使監臨觀天下地形可開處便歸飛輪至此巨致殊功招樊噲之徒召五丁之類驅崆峴之石立拂雲之柟堰洪口巨流缺東南之岸分流一派溉數百万頃之田荷鍤興雲缺渠降雨黃泥五斗杭稻一石每畝一鍾實爲廣濟由是河內之人無飢年之慮礪堰殘水尙爲大河千里澄澄東流入海(以下蘭若記)此枋口內灣環緣水狀若盤龍周迴翠屏削成万仞中間有地數頃夷若平川金門雄

山引頭直入數峯巑巑勢若聯珠余因遊焉結茅禪室目之四面号曰天城時人因稱天城山聯珠峯蘭若既居勝境安敢匿詞智短山長略述其狀

元和四年赤奮歲春三月掫此蘭若六年單閼歲冬十一月刻此記焉濟源縣令李朝陽烝□宏簿李勛尉王士端同立

特賜寺莊山林地土四至記

旹大魏第六主孝文皇帝延興二年石壁峪曇鸞祖師初建寺至承明元年寺方就至太和十八年本寺重修大會感甘露降厥後帝遷洛陽至十九年特賜

寺莊爲夜飯莊子東至大河北夜乂嶺下小河水心大河南至大橫嶺東昊至龍港寨南至武遂溝掌石州分水嶺西至大河南水松嶺西昊小溝子大河北五十嶺分水北至左掩溝掌後東海眼西海眼爲界大唐德宗皇帝貞元十一年營大會甘露降重賜憲宗皇帝元和七年復三賜石壁寺至文谷賜莊壹伯五十里有餘謹記　大唐長慶三年五月二十三日石刻

天王院記

龍興寺後缺二龕缺四間於會昌六年九月十□□起功至大中元年五月八日功缺使持節榮州諸軍事榮州刺史賜緋魚袋滎陽鄭操所捨月俸修前件功德伏願寶尊父尊夫人成紀郡君福壽及闔家平善今遺僧文遠住持并贖廢大雲寺水磑一所准勑估價錢壹拾伍阡文□日收租利填納官中如價錢數足即令文遠收利入天王院充修□及□師功德香油供養永爲基業其行營都頭李栖元功德及施牛田地等並一以後巖貫之恐久後寺家妄有侵諍故鐫石爲記其僧文遠本貫長久所習圓覺經起信論五部持念少小出家志求正法可以於此住持大中元年八月三日紀石刻

百家巖寺碑記

蓋聞靈山名寺聖化無窮朝現神通暮歸巖谷香風疊至祥瑞咸臻其山勢連白鹿西枕太行千峯積翠萬仞排空瀑布飛巖松羅森□禰禪隱跡龕室猶存羅漢房中黃卷尙在洞遶名夢澗流香水靈祇莫測□□□輝大哉名山御匐瞻仰宬有天宮嶮巇萬岫嵌崟峭壁巖前眞宮化出中方景致實絕幽奇花萼開張如同展錦白雲樓亭上連霄漢遥觀暎暎□時全無聖境難覩凡流莫近方知名山聖跡不易登臨覩此靈巖頓悟迴向是以各啟虔誠投慕聖因遂各

滅糧儲同崇此會□與來生菩提樹下盡會此因從
茲已後官勳不絶爵祿恒昌灾不臨身常居福祐以
咸通五年歲直甲申四月丁未朔十五日辛未建立
福紀所立碣結邑奉爲願佛教永興法輪常轉長將
香火供養真身當今皇帝德超萬刼永坐龍宫伏惟
中書積代簪纓累□□相□中丞官勳二品食祿三
千嘗理凋殘常居八座邑長兵馬使門□令德素襲
衣纓未遇投筆從戎位列高□之上文華滿腹書劍
兩全爵祿重重官職日遷都維那判官□□□將累
襲官勳詞翰咸推武藝自備好善增福衷心無詭灾

橫恒除永登爵位□□邑衆等並是中華秀士寰海
英賢翫□詩書自怡樗散捨邪歸正奔往釋門共給
來生同歸極樂之因其詞曰靈山聖境凡俗難覩明
驗雖徵結緣有因神祇萬變悟者齊臻刋石紀名千
秋共存　石刻

蜀先主廟碑陰記

□夫鄭卿子儀曾相赤孫咸□意於葺修俱有能於
興廢莫不□覬神慮几規謨而盡□隨□□蓍龜□
□□而固無缺下斷以□勤主故得比□心木梓材是
力此乃在昔時之俊乂誠獨□焉宜方今日之英奇
又何能也空下公本姓常名侚貞時遇空下唐范陽□□
□□公依忠蕩□潔行聶人遂命錫已姓而聯子名
□隆恩而與缺下智果乎遠大□之□匪維樂鏡偏揚
鑒澈之名豈止黃陂乃有濁難之喻空下公一臨瀉汭
□□三年□□西川亦逾周歲實謂郡惟不擾吏不
敢欺俾貪猾以革心本缺命直書務在州□□乾甯
四年正月自武州擢授涿州刺史空下公到任自其□
□□因謂侍史曰當州有何祠宇不至隳殘□□恒
蒞公□□資聞見命□□道缺下蜀王廟前□君□□
□懿跡已在良珉雖就刋鐫未甦扶立公憮然而深

思□然而□□□□前勞□□從速缺下建斯名缺六字
蘋藻頻嚴如在之容役使時作復契當農之隙而又
多加毁陛□守□常昭□於勤恤□□□於任使缺下
幸厠趨□階忝合請紀於勳庸輒採掇□詞實埃塵
缺下厚德具□蜀王之嘉躅已具先文貴寓其名用於
不朽時光化元年十二月廿五日謹記　石刻

按順天府志作常侚貞修廟記其正碑郭鈞撰誤
乾甯爲乾符實則一二年中事也此記爲劉守文
立石撰文人缺下彷彿有盧龍節度□□官云云
是撰文人署名處然泐不可辨

定州曲陽縣龍泉鎮□□山院長老和尙舍利塔記

詳夫蒼蒼稱大側竹管以猶知杲杲雖明聚土圭而可驗則知四時代謝三靈無以出其□□□□□□□不能逃其性焉夫我佛三祇練行六度化緣齊空色而混圓通斷煩惱而登正覺一乘調御中天共號□□□□□居尊三界獨稱其上士因滿果滿智圓福圓驕威力以無邊得神通而自在稱域中之大彼分爲三盡天下之能我居其一泊乎□輪託蔭寶樹化生神光上貫於紫□周星隱耀聖教聿來於中夏漢

夢先徵其後貝文翻譯寶偈喧騰飛錫爭馳白蓮競結僧會東下吳帝從□羅什西來秦人大化佛圖澄揚名河冀陸居士混迹荆蠻盛事芳蹤不可備載今有□□山院長老者法宇棟梁空門瑚璉持戒珠而月滿淬惠釼以霜明桂質淸貞根自生於高岳蓮心芳潔葉不染於飛塵五蘊皆空諸漏已盡等杉松而並操與蘭菊以同芳搜妙道於他方情非有待達慈舟於彼岸理在無言何須玉出荆山偏推思靜不必珠生漢水獨比道汪夫大小佛乘二三禪定皆波濤於□海威馳縣於心田洋洋焉赫赫焉不可得而論也至於呪石飛泉化龍行雨蓮生鉢內虎伏庵前乃是尋常之事抑蓋東土之菩薩也長老自言代州人也生而有異弱而能言忽謂父母□□身知石火風燈電光露彩不可得久也惟願彌勒可能兌矣聚塵之歲五臺佛光寺出家侍塔院長老爲師既而因辯師遊河東假以聽學數年將行謂其僧侶曰□諸經論法王之筌蹄其旨惟法華經大乘經□□如來解脫之□□入天井山長誦法華經一部猿供山果且不異於甘瑜魚聽江舡□何殊於淨範時緣頭李筠聞長老之名糺諸檀越請長老來住此山院其山也

林泉勢異峯巒秀絕掌燕擊趨礙日凌天洞乳凝華光連碧落巖□□氣瑞接靑城若非忽生忘形者不可得□□□長老於是忘機內境棲戀玄關擬高閣於天台狀重樓於勾曲蓮宮化出長廊四合以環周寶座飛來正殿中央而岳立龍泉漱玉磬韻敲金架飛臣以長懸稍雲門而下激雨翻石□□□□瓔珞之巖花圻松庵□香惹瑠璃之地凡斯異跡不可殫□蓋菩薩之洞天神仙之福地也長老自天井山來住此五十餘年而不下山闢惠遠之匡廬（缺五字）影無出矣賓頭盧之化寺人莫知前後所度門人亦五十

餘人皆方道人心中弟子咸連其桂字取其高高絶塵之義也大唐天祐中時□主先令□來□岳佉從甚盛獻龍因遊山寺覩斯勝境樹貞石復田稅兼賜米一百碩□惠約於稽淵摩閒減俸同竺潛於王導不立豐碑比夫長老遠有懸德至漢朝乾祐之元年也忽振錫往飛狐彼之戍守張公久聞長老德行□盍院因□之舉家歸敬日月不從春秋已矣忽逢厌劫遽奄泥洹以顯德元年秋九月二日遷化於彼院季年八十也張公悲慟舉門城咸威儀尋荼毗於郭之外三日而收其舍利初長老（缺七字）本院在定州曲陽縣有門人焉吾歸空之□幸（缺四字）爲召之及歿張公如其言門人桂巖等尋亦遙知之令（缺五字）二人□彼取而歸□其在鎮（缺）日有未而致果由取以相歡遂各捨家財共助□□□院之東南一里多寶山前永爲供養天長地久（缺四字）之家日月來往咸荷因緣之福起讚同范泰律謝張融過去中賢刼□佛雖知已矣未來廿龍華三會當願逢之敢同□郡之功曹幸作山陰之都講時顯德四年歲次丁巳二月巳未朔十五日建石刻

富義當監使扶風公造彌陀殿記

（上缺）因革□□彌陀殿者□□釋衛之微□是久□之妙乘崇斯盛事不可（缺）□□生死度脫之功溥惠慈悲之力公情□覺□□□□□職承□於（缺約八字）謂以□空□□□川悠悠時□尹諧之□暫就蓮宮（缺約七字）川勝地富義名監山九曲而崢□水縈紆而伏□□□（缺約九字）之□後列廊廡之配□箕□德自大歷十二年三（缺）成初（缺六字）丑歲免□□及物□□盡死會昌歲□□六年七年（缺）卯（缺八字）三秋（缺四字）石像大小□身公先抽衣帛首（缺約七字）丹□召良工□長□俄停彩□方罷霜斤知明帝之夢（缺約八字）王之寐遲玉劒巍巍像倚懸崖地連□陌節高低之梁□□升□□□遠近之林巒傍臨大監此後灘聲發叢唄讚傳音晨昏不（缺約六字）無□於歸海又乃郊坰甚邇里邑非遙公私獲展敬之緣（缺約六字）氏公簡庭望重（缺）大蜀之優權任單儲之劇要官榮二揆務顯三司千兵（缺六字）兩紀臨而恩威並布年荒歲旱開廩庾以賑飢貧宥過寬（缺四字）而矜老弱鄉增戶口井溢鹹源皆由□□之能盡自公忠之化□□□老□日□□□忘□智之風煮海靈傳永□吳王之德豐登稼穡止苗螟蟊蛸之（缺約六字）猛焰驚波之患神黿渚上秋冬鎮息於狼□石鱉

灘前往□□□□□□於鵠首書刊峻壁匪足言文常留不朽之名圖紀無窮之績時武缺五字次戊辰四月辛丑朔十三日癸丑奉命記石刻

好畤縣造塔記

奉爲亡考建立石塔一所蠢蠢蒼生皆茲覆養茫茫羣品咸奉慈恩□罔極之懷□仁親之義所□建斯石塔守此福田伏願七代□□□同登覺路遇□□之妙樂□六道之歸依缺大唐神龍二年歲次景□四月甲戌朔十八日建立石刻

鎮象塔記

以大寶缺月乙卯朔六日庚申缺面招討使行內侍監上柱國邵□□地一段收缺及諸寺院僧尼鑄造佛頂尊勝□□尼缺大白衣觀□□□薩尊缺塔五層四面龕室裝嚴佛像又捨黑缺差僧延嗣住持焚修伏以所崇妙善蓋缺羣象踏食百姓田禾累奉勅下差人採捕駈括入欄烹宰應贍軍□□共戴披甲□□□負來之□□□遺骸滯魄難捨去缺艮因免涉幽局之苦速承濟度永辭異類之徒廣東通志

造千佛寶塔記

大漢皇帝以大寶十年丁□歲勅有司用烏金鑄造千佛寶塔壹所七層并相蓮花座高二丈二尺保龍□有夔祈鳳歷無疆萬方咸□於清平八表永承於交泰□後善資三有福被四恩以□乾節設齋慶讚訖石刻

唐文續拾卷十

唐文續拾卷十一

榮祿大夫二品頂戴前分巡廣東高廉道加四級臣陸心源輯

闕名

趙懷相造像記

缺三千迴面了缺見而和南此大方便者其有兩缺直乎曾祖博隋任德缺錄事參軍中庸布德積義歸仁廉慎爲心寬□□□俗功效可尙聲著聞天遂改授壽州前埔縣令本性恭寬爲人簡約務剪□弊冀長滔和當官歎來暮之逢謝職恨攀轅之□祖信唐貞觀元年三月七日吏部授盧州孝感縣□九毗百

里撫贊一同合境被其威恩閭里稱其仁智父□□唐授上騎都尉少懷武□擅干戈橫行靜海外之□直踢揣遼城之薛以茲命賞克著疇庸爰有佛弟子趙懷相智□遠照覺鏡員明悲乳哺之餘深想慈顏之已謝□□割妻帑之下缺石刻

洪湛造象記

蓋雙樹潛輝現羣生之有盡二像留世表聖算之無窮法師□洪湛俗姓王氏靑衿入道尤□三學之宗緇服終身妙解一□之趣至於道俗嚫施衣鉢資□餘本不閏身迴崇經像遂願□在千佛堂所敬造釋迦像□□區貞觀五年十二月十五日厥功乃就普爲含靈同登彼岸石刻

韓文雅造象記

大唐貞觀廿年歲次景午五月壬辰朔三日佛弟子韓文雅爲妻唐稽首和南十方一切賢聖夫運有緣輪迴万品鈞鑄無□逢遇全身佈憑三寶夫妻二人抽捨淨財□於伊闕寺敬造石龕并二菩薩裝嚴□容飾成就如然上爲皇永隆下爲去先亡七世父母并見存親眷及一切衆□俱沾淨土永作勝因圖寫刊□共同供養石刻

女弟子劉造像記

淸信士女佛弟子劉夜忽夢於闕峽水東昇山厂壁夢中惶懼願千佛悟便思□心開情□知夢卽作恐千像巖□□久磨滅迴造阿彌陀像一區以遂夢中之願經一佛一一身爲多多身爲一特斯神力一切登□同發菩提俱登正覺大唐永徽元年十月一日

洛州□安縣蔣安定等造像記

大唐永徽三年二月十一日信缺洛州□安縣蔣安定等並□州閈缺六道缺之缺之衆留缺力以象缺上爲皇帝御□聖化無窮下爲七世考妣見在未缺

勒石鐫碑□名永固其碑上屬（缺）山下臨苑山乃㨗□峩嵯上扞霄漢岷（缺）莫之能比清流綺苑共日爭新聖主王公無不遊觀（缺）之地豈（缺）得□捐（缺）學貫古令藻（缺）懸（缺）水□是爲（缺）吾□未之□比欲標異德（缺）曰（缺）洛浦莫（缺）閭貴（缺）華（缺）永□趣（缺）四（缺）（石刻）

李慶岳造像記

佛弟子李慶岳眷大小及法界衆生□□十方諸公敬造彌勒像一軀願（缺五字）會說法先（缺三字）首无始以來及已身十惡重罪悉皆懺悔上爲皇帝永劫師僧過生父母上通有頂之天下及有情之類俱時作仏

大唐永徽五年歲次甲寅十月（下缺）（石刻）

洛陽縣登思等造象記

大唐永徽五年□月一日洛陽縣登思孝思信思義思□□爲母梁及亡父過去見存眷屬敬造釋迦石像一龕即日成就銘曰

赫矣神□妙哉玄法光濟恒沙□霑塵劫仰憑實相勒□山隅津通八水安步三車日往月來周章易□固茲泉石天長地久（石刻）

葉師祖妻造像記

葉師祖妻孫知身無常夫主先亡以顯慶元年四月廿五日發心敬造優塡王像一龕未及成就門孫婆其年五月四日身故續孫有眷屬蠢協葉信孫信等檢校今得成就願亡者靈化淨境斷除三障又願及一切含識俱登正覺（石刻）

馬官寺造像記

蓋四序推遷終同逝水百年我尔竟似騰駒是知苦海廣深託津梁於彼岸火宅赫燃並招寫於三乘故人馬彥崔□共建此堂同延石像未及雕鑿各以病終既□□猶存□□□夜感風樹再□□□以大唐顯慶二年歲次丁巳八月丁巳朔廿五日辛巳□鏤

脩成立石鐫記爲陛下同施像主內外眷屬及法界蒼生庶使河流似帶海□□田劫石有銷功德□□

劉□□造像記

顯慶五年二月□日劉□□於趙客師龕內敬造阿彌陀像六軀并二菩薩二聖僧師子香爐□□供養但弟子願想形由逝水□類煙雲遂仰□□顏冀□□祐乃鐫山琢玉營□眞容相好既殊奇功□就（缺六字）家永固藉此莊嚴下及法界含生俱登正覺妻張婆及男女供養（石刻）

楊君植造象記

大唐顯慶五年歲次庚申七月廿日洛州□師縣鳳□鄉樂海副尉楊君植爲妻蕭五月十六日亡於龍門敬善寺□敬造阿彌陁像一龕夫妻及男女等供養此日並德成就又於龕上爲□造救苦觀音菩薩二軀并願先代父母往生淨土見存眷屬皆得平安上爲皇帝下及蒼生有識含靈俱同此福石刻

汾陽縣史造象記

大唐龍朔元年十一月廿三日汾陽縣史穆□光艮爲亡妻婁氏敬造優塡鐫像一龕以言記事勒之於後　觀夫至道無道知妙道之難測至言無言賓微

言之秘尋言從道着道自言生道因言以賦名言據道而彰德故知是法非法舍利演无窮之端小形大形觀音現神通之力然婁宿殖德本且鑒禪心識幻眞幻之機表身非身之始重一法於山岳輕千金若鴻毛鄙時俗之□終□□續於泉壤慕先哲之歸向□分軀於草莽顯慶五年十二月寢疾於思恭之第而謂艮曰笄冠之初葬期偕老豈意非福痼瘵纏躬不諱之後願從所志其月廿八日薨於內室遂延僧請佛庭建法壇設供陳香累七不絕筮辰卜日休兆叶從寶帳香車送歸伊嶺屍隱□樹魂葬孤巖實曰戶陁龕法禮也寒鴉岸叫痛悲稚之斷腸旅雁孤鳴助鰥夫之欝鯁悼□□敬造優塡王一龕其像恩閒豪相共慧日而爭暉頤下珠瓔與衆星之競作威嚴自在光相具□上爲皇帝陛下聖化與天地齊敷下爲法界蒼生□□共□□同□石刻

魏處昇造像記

夫因果之本依釋氏以爲基名敎潛敷濟度蒼生者矣粵以大唐龍朔二年歲次壬戌五月巳丑朔廿八日景辰佛弟子魏處昇仰爲亡考積善無徵早從物化見存慈母身帶沉痾并弟文寬憂患多日昇等歸

欽上聖遂罄家珍敬造彌陁像一龕望使煩籠解脫福慶緣身同履妙因咸登正覺石刻

總章二年造像記

總章二年十月弟子弥獨妻魏早亡身復失明作□勒辭　蓋聞湘川之竹由淚染以成斑五濯神珠感哀聲而湧出恒山之鳥倘怨分離況吾之情□衣歎恨者也但政春秋卌遇患疣痾誰□荼苦由如闇室上無元季之兄下無伏床之子苟存朝夕養其蜉蝣之命知遺光之不反曉睿之難停加以減割朝飡剩其寒暑之服敬造尊像一龕□龍門以記功鑿山盈

而存柝下缺三字　石刻

劉媚兒造象記

竊以語極推極宋滅無爲之境因空言空眇邈大千之界蔣王內人劉媚兒崔唐吉等敬想神儀迸修來果於此山所造彌勒像一鋪上苔皇恩下沾僚庶師僧父母三郭瘸蠲又願當來幼涉緇門精脩梵行十方眾聖普供三身十一部經受無遺漏願法界含生咸登實際石刻

安太清造像記

竊以法身無像像應無邊實體非形形周萬品但以

殊徒受化淨穢斯彰寶剎翹心求希安樂者也蔣王內人安太清敬造阿彌陀像一鋪上爲皇帝皇后殿下諸王過現師僧七代父母法界含靈願觸來生童子入道恒聞正法三郭永除緣此菩提共登正覺同上

都督長沙姚意妻造象記

上泐之力□□能□拯授運□舟於菩海明慧炬於缺州都督長沙□公姚意之妻也龍朔年中缺居於□闕南之別業也夫人時入洛□路由此地缺願男女長大□須□祛卸於此壁敬造一缺二尙書同□臺鳳閣三品上柱國□縣缺不□早亡女八娘吳興縣

君大李行止往缺今女牛碩可宗郡□夫陳正觀任中缺潞州司兵參軍鏡□任澤州陵州縣缺縣令□同任衛州功曹參軍弁任宋州參缺任奕任雍州□陽縣□昇任缺曾孫廣任左□林軍未缺李氏文桂俸缺子子孫孫常保安樂釋迦之缺物是缺後代子孫他年眷屬登此缺瞽稱錯□慈可報高龕缺之後裔登□□闍□祠音缺縣□徐僞之書石刻

栢仁縣尉周楚仁造像記

竊以釋教沖玄法門凝邃記之者而生彼岸背之者

而溺苦津登仕郎行邢州栢仁縣尉周楚仁洛州河南縣人也粵以咸亨三年歲次壬申九月乙丑朔十五日癸卯□太夫人□氏季壽居高歸心正覺敬造一佛二菩薩傍像正身侍佛供養其詞曰

日種降生輻輪開□八難冰銷六塵無障石刻

栢鄉縣丞牛密母造像記

咸亨三年十月九日趙州栢鄉縣丞牛密母張敬造一佛二菩薩稱願成就相好莊嚴冀託眞容同超彼岸其詞曰

星雨明周金人夢漢法象載興微言幽讚六趣遐開

三乘遠煥爵彼慈雲遊心拯難瞻仰玥㒙神功在旃
圓形滿月實相開蓮化光有項道濟無邊茫茫法界
慧日長懸石刻

栢仁縣主簿息張造像記

竊以舍城分利派萬像而流㛄鷲嶺光□卓千古而
隆態故得狀肇生於火宅□品物而□波盛哉美哉
諒慈悲之□觀弟子恨作罪之如□常怨焉而□黜
或貪或誑慢法慢□故立靈像以符心悔前□而悚
願普覺□□苦上元二年四月一日栢仁縣主簿息
張□供石刻

法興造彌勒像記

永缺歲次□□九月一日甲午朔缺法興敬造彌勒
像一軀上爲皇家師僧父母有識含生普乘徵善龍
華三會俱得齊上又願皇祚永隆三寶綿延法輪長
唱所生父母託生紫神蓮昇兜率面奉慈氏足步虛
空悟發大願所願如是石刻

王方等造像記

永淳二年六月內爲天炎浮側近諸村史同王方一
百餘人等於郎和尚广所祈請遂蒙甘澤發心設齋
造像造經以缺石刻

比邱法祚造像記

大唐乾封二年八月十日比邱僧法祚敬造阿彌陁
像一龕上爲皇帝師僧父母東征行人並願平安又
願國土安寧十方施主離障解脫成無上道石刻

蘇州長史妻造像記

大唐儀鳳二年五月十五日蘇州長史崔元久妻盧
夙遭不造早喪所天慈母保育得至成立所冀永歡
□□長奉□幃此志未終風樹俄追下缺

胡處貞造像記

大唐永隆元年歲次庚辰九月卅日處貞敬造彌勒

像五百區願無始惡業罪消滅法界四生永斷惡憎
從今生至成仏以來普作菩提眷屬誓相度脫逢善
知識出家循道永離膃纏晤無所得同上

唐州北陽令造像記

大唐永淳元年歲次庚午十一月十一日□州□城
縣人□□□任唐州北陽令言將覲省漢池背河□
而□途經龍門而極□翠巖□□尊儀万龕覩淨域
以歸心仰靈相而誠懇遂發第一願敬造釋迦牟尼
像一龕奉願天皇天后聖缺百姓安樂見存父母眷
屬知識一切見在一切過去法界下地法界衆生受

□之形缺惡生一切善發菩提心行菩提道共超彼岸齊登正覺同上

承議郎行内侍省宮闈□令騎都尉莫古□造像記

觀夫有形□崇□淪苦海之津□氣爲鑪同消火宅之□故天師利見爲大□王睭隱□於□塗樹□㭱於彼岸泊乎鴻林□彩鹿苑韜輝□□網□未窮憑受輿而冈息承議郎行内侍省宮闈□令騎都尉莫古□早缺解脫□頭陀之行發菩提之心上爲皇家敬造阿彌陁像觀世音菩提大世至菩薩各一區以

光宅元年九月三日□飾□畢□垂不朽而爲頌曰

偉哉顯行妙矣□玉神功□□□□無方炎龍□□□象□狂火宅□軏苦海舟航□石有盡斯福無疆

幽州司馬造像記

夫以提邠妙説法聲應而降魔如□□珠神光觸而除惡由是百千菩薩俱求稽首之尊八十頻婆會集歸依之聖故得天花遍滿天雨飛騰淨有儼□稱揚渴仰承其讚嘆司馬李承基誠心法吼願庇慈雲是用抽捨淨財敬造□□菩薩彫琙作像感德巍巍畫彩端容莊嚴□□伏願三明具足四果迴流長依威□之緣永證無生之思石刻

令狐勝造象記

大周聖歷元年□月廿八日令狐勝爲亡兄□敬造□藥師□□光像一軀勒石裁龕像缺高尺有寸雕鐫既畢□□粲然丹革耀□青蓮□目眉光曉闢如昇多寶之臺毫相朝披似入毗伽之舍伏願以斯功德□□亡兄含識有靈同登覺□石刻

周崇造像記

上缺遂克荷天福德仗佛神威法海朝潤慈雲暮籠至哉孝子具足歸依萬歲通天元年五月十八日前渭

州參軍鄭令周崇奉爲亡考周忌造

孔思義造像記

大周萬歲通天元年五月廿三日弟子孔思義爲法界蒼生及合家眷屬敬造彌勒尊像一鋪願長離苦者願令離苦未得樂者願令得樂病患者願得𦬇差業道受苦及恐家請主悉願布施歡喜速得种生淨土又具足者□願具足衆生普願□□同發菩提一時作佛同上

唐嚴訓造像記

缺際飛缺虹舒缺踊出弟缺嚴訓早缺露素增感缺

集戀思弘缺之基冀漸缺之福竊以因慈山而紀石劫火所不能□託慧海而乘舟嵐風所不能擊爰憑瑞塔敬造尊容願無際之生咸陟有緣之路銘曰

妙矣大雄慈門是闢納芬留想乘蓮曜跡寶臺恒淨珠柱無夕庶此刊金期諸拂石石刻

比邱尼阿妙等造象記

開元□年十二月十九日比邱尼阿妙比邱尼淨果比邱尼阿秋等久塵俗網覺苦海之恒深彼岸遂遙恐慈舟之難濟遂發洪願同心敬造阿彌陁像壹鋪普爲法界蒼生共成佛道石刻

河內摩崖造像記

唐開元廿一年癸酉歲二月巳巳朔日弟子王維敬造阿彌陀像一軀申宿誠也夫至誠必應福無唐捐□游此山實愛幽勝宏發誓願思卜閑居果契陳志詠茅□□兹太行之絕境往來三□遂經仏□斜連□義缺四字丹河之□□七跡碁□靈像爰開粹容永資禮謁一切含識同躋覺路　太行之崖丹河之際爰開仏影是中宏誓缺八字往來禮謁千秋萬歲河內縣志

周村卌餘家造像記

昔創名山方求潤礎鐫容刊像承祖禰之前規拔苦拯迷爲子孫之原福具三十二向一百餘年覩容色而將□冀褒嚴而取麗村人若老若少終翹代鴿之心惟婦惟夫實切護鳩之誠貧無滅巳不辭懸磬之勞富有積誠將傾潤屋之費□求異術或訪奇能方施藻鍫之工載耿丹青之色巧行金頂通飾玉毫光熖浮於九天慈悲盈於十地湛蓮華於淨目謂彌勒之初生曜蘋菓於鮮脣覺如來之不滅自營功德併捨農忙薰辛無入□之期酒□絕充腸之口五體投地希符長者之誠一心敬天冀洽菩提之願石刻

尚識微等造像記

弟子尚識微等一生以來行業不善或卽惡口罵言亦願宿殃之業隨業霄除刼刼千生常在五臺山中修道願每日誦得五百紙經受得五百紙經三歲上奉敕童子出家天寶三載正月十日以諸花香而散其處石刻

桑始與合邑百餘人等造像記

□□斯尊傳名於□□衆生現□□□於世間□使布寶擁沙六天已呈宮闕成龕疊□衆生欽其上得但以里至幽玄躰光分别麗世尅檀備於東夏咸報殊方光風迅邁欲海瀏沸死生如炎慧鏡皎然耶迷

自返然今邑師僧智都邑主桑始興合邑一百人等宿植善根常惰漢遠識達苦空財如五有知身无常死同泡沫石火不久岡風堆命異人契心卒同樹善採玉荆山訪積石□正中奇巖傾遇家珍今在嵩嵓之南下宅伽□之所崇成此福莫□雙□置缺之勢敬造石像一區莫不□刊缺與是全缺之□□寫得□佉缺覩者缺爲缺郡高□民□花缺顯師僧父母七世先亡□及缺邊地衆生□□之類俱登正果石刻

經略副使張行久造像記

缺齊青州益都縣乾符元年歲次甲午伍月十五日平盧軍節度同經略副使張行久缺滂生□先曾有箇□緣物等修㧺佛院壹所佛堂叁間伍慶□厠面□座堂內裝□□釋迦牟尼佛壹尊并阿難迦□世菩薩及護法神王供養子等共計玖缺所申意者願國泰人安四方無事五穀豐合家清吉長幼無災此世來生常登佛會先亡父母早得生天然願鄉隣姻眷並保安康藏諸佛爲護一切有情同霑福利故記石刻

比邱尼永悟造像記

夫法界功深無越多羅之典贍洲靈應唯稱尊勝之名即知爲苦海之慈舟作四生之良藥微音莫究能餘七返之殃妙理難通唯拔三途之苦善住結沉淪之業如來開救拔之門密語宣而利死生有情聞而皆解脫即有比邱尼崇靜大師永悟肅搆良因預□藏往遂琢他山之石仍鐫秘藏之文冀下缺

劉恭造象記

敬鐫造藥師琉璃光佛八菩薩十二神王一部衆并七佛三世佛阿彌陁佛尊勝幢壹所兼地藏菩薩三身都共壹龕右弟子右廂都押衙知衙務劉恭姨母任氏男女大娘子二娘子男仁壽仁福仁祿并發心鐫造前件功德今並周圓伏願身田清爽壽算遐昌眷屬康安高封祿位先靈祖遠同沾殊善以廣政十七年太歲甲寅二月丙午朔十一日丙辰設齋讚詑永爲瞻敬石刻

王承秀造象記

弟子通引首行首王承秀室家女弟子張救脫部衆并十方佛阿彌陁佛尊勝幢地藏菩薩四身共一龕缺氏發心誦念藥師經二卷并捨錢粧此龕劭氏同發心造上件□□今已成就伏冀福壽長遠災障不侵眷缺私淸吉以廣政十八年二月廿四日修齋表

缺德意希保家門之昌盛保夫婦以康和石刻

佛頂尊勝陀羅尼經幢記

聖字缺九陀□□師字缺四藏記□□□懷□□寶中□貞觀嗣位初元之年大丞相張公識師精進之行表上其名得賜衣之請師望張公之□動必循戒談不忘教□□□若貫□與行相應□五十載見之如初師俗姓趙氏系自晉鄕世襲冠冕前德不泯厥居靡定王父諱憲終于郎中□觀察□□始占籍居洛陽故爲河南人母太原郡王氏師□由免亂厭下缺石刻

宗慶造尊勝幢記

上缺數字中興流化東域並源菩提之路俱開般若之場迴幽□而就慈門移苦根而著心戶卽知有亡缺養百千萬億有志孝男宗慶等□思寤寐躃踊心拜域起塋持擣緝室立眞如億瞻葡敬禮□陁缺堵菩提□□□□解脫吉利三世救苦諸佛生於此門男宗慶等敬追善福用薦先考魂靈願早生缺路□□迷塗今昭□之釋題曰功旣立矣名合存焉今而不載後欲何傳爲□可愛爲法缺約十字當季春之三月在元和之四年石刻

宣武軍亳州南護國禪院立尊勝陁羅尼幢記

自乾符二年草賊王仲之尙君長黃巢等結聚羣兇煞戮万姓莫知其數安入京國後却逐淮陽北下秦約百万餘衆討伐州縣燒劫鄕閭閻遠當郡頼我當使司空當州尙書缺興召□男缺其缺星散諸處例皆斬首獻上天缺姓再獲□□骨肉團圓重啟生涯悉皆樂業軍人百姓等遂各捨資帛共造佛頂尊勝陀羅幢一所上眷聖恩用資榮福時中和四年歲次甲辰十一月六日建石刻

平泉寺智寂等造經幢記

缺若菩提覺缺而□有缺戒香等聰穎自天堅慤神

與事父母缺前□惠自先師不滅雙林晝夜號慟缺之後行坐流涕仰告穹蒼遂造尊勝幢矣缺讀虛便敢□亡人生十方佛國無塵大世界點著人乎云生五浄居天善住合受七缺利將經□來缺遂免三塗苦報□□寂見之感欲爲先師造焉大德尼淸敏俗姓嚴天水□冑族之胤□先師缺郞諱挺之皇考官任卌二政□□黃門侍郞劍南東西兩川節度使諱武令□□情缺華六歲出家於上都遵善寺□授戒於東都□□焉苦節住持習愛遂之高蹈專精學道缺身缺威若律缺歸問謂之務閒缺脊地而□□宴

坐淨慮而攝念四眾欽敬遂舉□□□德缺清遠缺
欲超騰生成頓捿□門學問惟我山門祖師便指於
空王心印次□化於敬愛東院知□所心緣賢豪缺
本□而自持清淨則夫獲珍寶求□而得未曾得也
賢□女□兮文亮補闕嚴公諱楚之令女也風□天
生性堅神□精修□□眾皆推之亦昇臨壇之位也
嗚呼先師居遷變世界存没有□□膏盲疾來藥餌
無救□□七十九像缺開成元年歲次景辰十一月
景寅朔十六日奄然遷化於本□□□弟子智寂戒
香及諸門人等皆號泣缺法□□□闕祇園十□於

寒天景暮昐□愁色撞擁路□□再門於□代塋墳
兼樹幢葬之原禮也其詞曰
巍巍尊幢□瑞禎祥□□墳墓亡生十方□□嚴氏
冠冕相繼中□侍郎兩川節度清敏大德脱落塵滓
無相無爲予缺度人缺升般如金百鍊方□成剛愁
雲漠漠兮不蒼吊鶴聲聲兮行路悽傷麻衣溢路葬
送玄堂千秋兮夜月缺攸長石刻

花嚴寺李友誠等造經幢記

缺越於吏部乎昔王戎標簡要缺鍵兼人物之極要
出納之□謂缺或以進德或以詞章居冣或以翰墨

稱缺達知窈冥而有情□常樂真如以求實缺茌無
足而員來或剡或鑿成之不日載雕缺真實覩之者
方開淨眼具宿植德本□求缺學嘗試言之目論憲
□乃爲銘曰
缺堂堂石刻

黃順儀造經幢記

女弟子黃氏號順儀爲亡女練師廿二娘於塋所建
造尊勝陁羅尼幢壹軀意者伏願丞此影需功德離
苦下脱不墮三途往生淨土其塋河南縣龍門鄉午
橋村地一畝東西南北共貳伯肆拾步東至張家西

至薛南至李北至薛咸通七年歲次丙戌六月一日
甲戌朔十八日立石刻

淨土寺僧思敬建經幢記

維大唐國洛京河南府鞏縣淨土寺建竪尊勝經石
幢伏願皇風永散王葉連芳內列羣臣惟忠惟孝次
願鎮縣官寮惟清惟政先亡父母師僧和尚及兄楊
簡姪楊播當處土地□伽藍神前後亡殁師僧伏因
□年兵革料理殺塲覩茲勝因早證菩提之道石刻

張文□等造經幢記

唐有涿郡西北其山號曰涿□時號石經是北齊高

僧琛公也缺廣不可具宣今當□固安縣千秋鄉□
□村信士清河張文□等並歸心至理□乎夙緣去
中和二載孟夏初辰因陟靈降各自發願每年四月
八日結邑躬詣其所共造香厩自此□□□今不輟
至光啟庚午歲有興居寺習律上人日□□譏□邑
衆親結善緣刻石貞珉用彰年代遂於當□之中創
造佛頂尊勝陁羅尼經幢一所陁羅經者□聞西天
□□天子善住路缺而受生日□精誠乃再□而傳
□或城或邑立功立德缺影缺其苦□竭力成此者
蓋衆中□□論非物表之遐淡瀡煩惱而達眞如壞

十思而成十善者其惟尊勝之經幢樹立在本□僧
院之中□□何奇樹氤氳狀□□之園缺陽嶺□貪
增添六道昏衢疑霧卷而法燈□照四生暗國竄賊
匝而慧劒彌輝自然演昭乎沙界功□乎缺其不朽
時光啟肆年戊申歲二月廿七日石刻

張景等造經幢記

缺津梁崄道破蕩昏衢難說難稱無方無及者其唯
大佛頂尊勝隨永無上王之心印也今有清河郡張
景爲都維那□化□□共崇缺形勢缺泉表佛之心
印剗布迴鸞法王頂尊鑄□鳳跡所冀贍旋者之除

三毒之吞燒影覆塵□□五通之俗□□途開□□
佛要津缺張景等□爲當今缺齊日月臣寮惠改疚
念疲羸雞犬無諠昭蘇有泰建此勝緣同申禱賀自
此別申所爲稽敬丹心奉爲天水郡□□□大德安
厝之所也大德俗姓趙氏缺清□□□情深久施善
誨志學缺載戒授千人□□息念之觀門堅處冰霜
之意地德播時欽人歸門望厭茲聲利志樂山林□
尔□錫缺山寺□坐缺存□□之缺語吾今□耄不
返故□言訖而終□然似息缺十三門人紹缺法□
繼哀盈巖谷攜持灰骨乃安厝於茲大幢之下奉展

法恩之禮也入室僧弟子胡律缺洪本行缺乃研窮
律法靡所不通缺都維那張景等亦□親贍道缺師
受佛頂於香堦缺既以身沾法訓悟此金文將酬攜
接之恩須罄建修之懇是以與門徒僧俗造立斯幢
伏恐□周易□□□知音□有紀之□□詠□時
乾化伍年歲次乙亥缺

璘輝尊勝幢記

小師惠舟與諸檀越衆同上奉尊勝陁羅尼幢一所
式薦良因共登覺路伏願承揔持秘密之力能仁護
念之心超欲海以清昇汎慈航而解脫和尚法諱璘

輝俗姓侯□□道人也大德才學之富□□無□嚴律觀經未幾緇素每缺知足□畜賢□施缺荐遊聖跡駐泊香山方依譚柄後乃展卷看經舉義知歸窮其奧□□智增修倍加精進晝夜六時□神淨域於天祐三年九月下旬忽染微疾至廿□日淹然辭逝年五十三僧臘三十四門人撫機摧感思鞠育之□悲冈極之哀立于尊記天祐四年歲次丁卯三月戊寅朔廿八日乙巳建內道場持念大德知誨書石刻

普明大師幢記

甲子歲九月上旬九日有故內殿講論普明大師缺

卯哲俗姓李壽年七十二僧□五十二遷化於洛京長壽寺大師名傳海內講□諸□誘勸百千万人懇說三乘五□因緣將畢掩質禪栖雖佛性無去無來奈□□有去有住門人內講論大德德缺年募道非角從師空思法乳之恩不覩□□之相遂收舍利於灰中建幢壘於山寺同學師弟內講論大德匡符從行江浙被歷□艱及歸帝都鴛鴒義斷建幢刻石用爲不朽開平二年七月十四日記石刻

移建尊勝幢題記

大梁乾佑五年歲次乙亥四月辛卯朔四日甲午京兆留守司□西寺□院缺餘字約十院僧小師懷訥當二內維那邑衆於合龍潤上原有倒塌尊勝幢一軀不知年代僧遂向維那信士王部領車牛丁□重般載到郎建立功德主懷訥維那王叩陳景文以下人名不錄所修功德奉爲國王及府主令尉石刻

郭昌嗣建香幢記

大晉國黎陽縣清信佛弟子郭昌嗣於大伾山下院內建立香幢壹所伏願皇帝萬歲郡主千秋四海晏淸八方甯靜縣鎮官班恒俱祿位更願一切人安法輪常轉五穀豐登萬民樂業次希闔家淸吉長幼康

和法界有情同霑上善開運二年歲次乙巳正月戊寅朔二日戊戌建立石刻

陀羅尼經幢記

伏聞至聖至靈□其唯我將軍□鎮三□□四□□□廟臨滙水威振海隅缺大啟發生□□而迺年年□稔歲歲豐登莫缺掛勑贈將軍官□□額□□於東西兩廊相次八載缺連正祠遂發□誠捌修廊宇□一□□□一二百之□發普願缺廟主大王福位□□门壽缺下

天福六年歲次辛丑七月已未朔缺字四建山左金石志

龍池石塊記

大漢通容元年太歲甲辰其年大旱有懷州河內縣界溝村百姓李繼安爲商泛湖迴至君山廟祭奠次忽見一人衣朱衣形儀有異將書一通稱達至懷州西七十里濟源縣縣西北約三里有一龍池前有石一塊但擊此石必有人出其形差異但勿驚畏此書玉皇勑下濟瀆神行雨子至彼當得賞錢二百貫有之安以書扣石事悉皆驗（金石續編）

按後漢無通容年號以碑爲宋開寶重刊姑存之

崇化寺西塔基記

吳越王長舅鄭國公吳延福載興塼塔二所香泥木石爲此鐵基厚二丈餘其固若山他日製爲請無疑也唐下元戊午年七月二十八日（石刻）

唐文續拾卷十一

唐文續拾卷十二

榮祿大夫二品頂戴前分巡廣東高廉道加四級臣陸心源輯

闕名

石龕阿彌陁像偈

夫眞諦虛凞名言□辯□□豐舉俞□□□□□□□□□□□□□□□□□□□□□無去無來如來之教□書因茲□□極□□幽□門太□傳成彌陁之像□達發者卽我孫使君乎公宣□和□忠肅恭懿武崇□德□□□氏爲王之爪牙諒國之楨幹武貢寄功早馳芳于蘭錡年□位重遂分命于竹符帷

□裳褰政聲先路負夫自遠同□歡于昆陽襁負而來等還珠于合浦清醪瓠脯百城歌□稚之惠甘露隨車千里荷景山之澤河開獨坐未假稱高漁陽兩岐曾何足尚豈□□□解犢集鳳□梟而已哉不伐已功恒猶自訟洎乎退食彌敦善誘觀至理于身心□□□于誓願爰持七寶虔像四天祇南城之煩慮仰西方之妙境倚鷲山而面前得鹿野而□曠菩提之樹潦崗巒而陰鬱忍辱之艸歷冬夏而芊茸于是雕□□以分光琢瑶□而窮態寶臺聳出若三十六天玉毫分色□八十種好珠網疑綴金□如言丹青

增滿□□□□繪畫由旬之妙蓮花灼灼疑臨河耨之池貝葉芊芊若遇娑羅之肆現无莫上不可思議廣十二緣引百千眾三惡八難睎慧照而俱釋五蘊六和頂尊容而普窕顧惟不敏幸覩无邊喜屏車之溢陪贍寶相而增敬歎未曾有而作偈曰

肇建寶法兮明色空或因金相兮光大雄五等□侯兮德自祟八百屈士兮心攸同善哉慧劍兮誘巴賨琢彼刼石兮恣磨礲九百万座兮涌其中六十二見兮瑩其功玉毫艷艷兮如遇風金口微微兮疑勑躬三十七道兮克其通千万億刼兮永无窮開元廿三

年歲次乙亥十一月壬子朔十五日表慶訖（石刻）

大德了法等造經幢讚

儼□覩相形□金（缺）氣雄掌塔暨法持矛傑立而鬼（缺）百由旬爲依爲怙僧藍以之（缺）甯日月明於外燈燭耀於內同（缺）魄夜朗無宵晝矣至於興感化允人□□願必遂□賛多方不可遽數其有奉蘭膏照華殿燈明□□歸信如流則其爲福也展無壃之休其益筭也續靈長之壽當寺內供奉大德了洪上座超證寺主靈皎都維那超元購良工奉珎財求翠珍斵而磨之徽雕龍序而賛之文則陋矣敢揚光昌贊曰

天王垂迹肇興于闐威靈傍洽仰之鈴鐩爰祚我唐照矛變現廓土開壃搖騰電烟（其一）惟王有國惟神有靈敎與印度德洽大庭綿歷歲紀天資克成僧藍是託國（缺）（其二）燈幢昭赫邈哉天玉炳靈垂休帝業其昌翠殿含耀徘徊煒煌慶于闞氏祚于保唐（其三）

（石刻）

大唐故節度隨軍宣德郎試大理司直權知齊州司馬清河張府君彌勒佛讚文并序

夫善而能固者莫若於山聖而不可窮者莫若於佛雖沖虛冈測終相好可覩府君諱穎字穎令嗣三人

伯曰元賛仲曰元質季曰元實痛枌榆之戀感陵谷之狀遂徵訪奇工鐫鑄弥勒佛一鋪於考比塋西北山之巔山名岏山也每泣涕歎劬勞則昔賢何足加尚因旌厥善而爲讚焉

峨峨萬重□天之力鑿山爲佛佛號彌勒曙霞昭彰嵐煙拂拭敬之苾之永爲登陟元和十年歲在乙未四月（石刻）

尊勝經幢讚

伏以□立九州山分五嶽壯國□□□□神麻況東嶽府君定死主生興雲致雨聘神□聖□國□人臨

陣即暗助陰兵□□即清除疫鬼威靈莫測變化罕□女弟子杜氏親□加被方切□張立廟塑儀祈恩求福□者（缺）冥教令立寶幢經載□□福資幽顯□尊勝陀羅尼功異餘教驗莫能書影覆塵霑得生天□名傳聲至□□祿榮今則鐫石功已標名不朽乃爲讚曰

府君冥教□造靈幢□明世永福城隍神通罕惻勝利難乾坤永固其日月齊長神女杜氏永福永昌□□□□□廣讚揚（石刻）

造經幢讚

（缺）者歸依□□功德況乎□□大士果圓十地道□三祇（缺）主劫住瑠璃國上（缺）世界或救娑婆濁惡衆生令離苦源超昇極樂於是手搖（缺）而聲振三塗掌捧玉珠五色而光（缺）衆苦使劍樹刀山之鋒刃成芙蓉疊翠之芳條鑊湯炎猛之（缺）涼冷波濤之深沼此我菩薩願力且（缺）大士神通若不如然因何出離今則功圓果就鏤玉寶金鎮當□之無疆保算沙之不朽讚曰

大國神京士庶英明敬僧重法攝念修行（其一）投金鄭玉□藍植福歿後津梁生前備足（其二）刊石記名表敬心精天曹地府冥部分明（其三）菩薩大士□容寫彼到者發心見生福利（其四）齋設一周十分金收地獄不歷天堂玄遊（其五）功德所作頓離濁惡法界有情一時利樂（石刻）

雲麾將軍造象讚

（上缺）中書（缺）於大造（缺）通振（缺）雲麾將軍左（缺）敬造石（缺）神王寶□香鑪（缺）天（缺）明時序（缺）捨鳥（缺）名山於天府濤（缺）慧日之輝（缺）慈雲於彩見（缺）引（缺）百辟永（缺）姝（缺）樂而韻和（缺）色香（缺）天雄衛（缺）覃有（缺）福流遐邇遍及蒼生（缺）名言並庸（缺）可欲（缺）敢課虛以申

詞謹爲讚曰

上聖流福大智弘慈能仁普濟遍救無私（其一）舌相廣（缺）周游天下豈獨西垂（其二）爰從西土來衛我皇保茲康樂地久天長（其三）豈量高下唯應至誠（缺）福被羣生（其四）開元廿年歲次壬申五月一日壬寅朔十五日景辰建（石刻）

魏可觀經幢讚

（上缺）碧光分妙界影偏衆流黎惟我佛慈悲褒稱匪鑒即有奉戒男弟子魏可觀（缺）丁張氏特捐金錙建立寶幢憑茲拂珉之功薦彼杳冥之識況乎（缺）善住鑄

擲累殃遡後波離覺士獲遊是邦揖覩文殊疊還西土遂齎梵旨缺當念羣動没溺昏瞖循擐塵勞以托勝由拯濟苦趣此則仍乃旁缺可周細具述者也唯冀幽魂永辭濁世遐陟□方遽陪入聖之仁缺尊勝玄奥大悲威靈有權有實唯妙唯精極乎品類缺界縱橫若非厥道何益羣生石刻

釋迦牟尼佛讚并序

原夫大雲廣布籠九天而爲蔭慧日騰暉鑒十地而含鏡豈若神光發曜恒沙之金刹俱明聖教流傳微塵之石劫常住法身香氣氛氲於六合之中妙色尊容昭晰於八荒之外名山鼓動鳳嶽之震嶺巘巖德水騰波烏江之驚濤浩汗故能覺悟羣品道引含虛異域求經競風馳於衛國諸方請法爭霧集於王□四衆傾心五魔稽首東海龍女變質爲男西山鶴駕飛來獻供清信賢士乃知佛性無能測量者哉有信士維那隴西李堅等累世此土人也高懷四勇壯志烈於秋霜義感三荆連枝洽於春露可謂青松獨秀翠竹孤標矣阻逢紊世廿載戈鋋不暇狼煙三十餘歲悟身而如電如露若泡若漚引化羣情共崇因果迺有陸眞峪之古寺寺號延昌精舍毀除空存□記上為皇帝文武百寮過去先亡見存眷屬各啟宏願抽減靜資再立殿臺構崇禪室深峪選石遠召良工造釋迦像壹尊莊嚴具足右遡山陽之境傍奔白鹿之峯黃津一帶長川迴視羊腸之嶺瓊宮岌峇上拂雲端禪室層層傍連甲第祥風朝引徐牽梵響之音瑞氣時生香珍馥郁上願皇王萬歲寶祚無窮下及法界衆生同登正覺峕開平伍年歲次辛未二月乙酉朔八月壬辰畢工修武志

天王贊

崇山之下澗水之□開鑿翠壁覩現大□□顏暸目護法分身保□境界資益郡君□永多福貽厥子孫

彌勒佛贊

至聖不形形何缺形缺攻石□玉妙與神并□生慮端忽若化□□髣雲缺月明缺永□嚴名石刻

呂氏尊勝幢讚

孀妻呂氏特捨資捐建尊勝大悲陁羅尼幢奉爲亡夫資薦去識曾聞善住天子得脫七返之身累劫沉淪因此而超昇於淨域若人課誦暫得聞經九有四生河沙罪滅今則有孀妻呂氏將酬襁褓上報慈尊聊陳示誨之恩冀缺得由是磨礱創石命匠輸金八

邊之修飾光輝一座之寶鮮絜鐫陁羅尼□□寫秘
密之靈文用荅孝誠將酬掬育於是慶雲布彩烟惹
長空瑞色射於九天亡靈生界標乎像事彰在墳傍
福利奇哉乃爲讚曰
佛陁尊勝起自西天文殊示現波利賫還取其梵本
飜譯唐言若人持讀枯骨生天今有妻子志捨貧捐
爲其亡夫追薦九泉一承妙善長在佛前先亡利若
勝事俱圓貞石尅備永固万年天福七年歲次壬寅
三月甲辰十二日丙寅建立石刻

麗德相等造金剛經頌

公諱懷字伯其先南安郡人遠祖因官家於范陽焉
曾祖光魏任鴈門郡丞祖安齊任魏州昌樂縣令父
謙隨任定州别駕並價重連城光融照乘棲仁杖義
履順居貞公璧孕藍田珠生漢水幼不好弄長實多
能勳庸冠於朝倫領袖標於士友詎止門稱武穴室
擬龍泉而已哉豈其與善無徵云亡奄洎遽以光宅
元年十一月遘疾終於私第春秋七十九也有子德
相等扣地層魂號天泣血想津梁之無據思迴向之
有因以爲救助莫若於受持施與不及於書寫今敬
爲亡父鑴石造金剛般若經一部以垂拱元年四月
八日雕飾畢功兼設四部衆齋送經於山寺之頂也
重巖萬仭上亘有天幽谷百尋下臨無地繡黃接影
□梵連聲同欽祇樹之風共浹恒河之潤而爲頌曰
有爲有著三千大千情塵䁥□業□横山驚猿不息
縈□自□□珠靡解心火徒燃其一恒河灑潤祇樹搖
風卽色非色□空不空無來無去甯始□終□□妙
法其唯大雄其二石刻

儔法師石龕彌勒像頌

蓋聞法性希夷理超玄象慈悲示現事□莊嚴所以
調御人天汲引氓庶眷言弘益□難具紀淨土寺主

儔法師道性凝遠冲視□□戒行冰潔慧□□流敬
□茲山式圖靈妙□彌勒像并二菩薩相好□□似
初成于道樹夾侍齊□若始會於華□斯乃卽石□
堅固之身因□留常住之□□師先造彌陁文鐫彌
□□宮樂國咸敵淨心壽佛□□□瞻妙□而身無
兩□□□一緣合□稱量迴歸□□□遵願旨無或
疑焉稽□□首乃爲頌曰
妙門崇寂道相希夷□□□行式繕靈□神□□□
□□趺下映座敞峯蓮□開崖□疑從耆嶺忽降□
□尋□□□丈室含空□相東刋□□西託福流□

□魂歸及樂同上

大唐□□□□□氏浮圖頌 并序

竊聞□□曜彩流法教於大千暾□揚暉散惠雲于十地曉色身之非我知性相之爲空盡慮三乘虔誠二諦眞容儼睟如臨百億之宮毫相摛光似映三千之界丹霞竟吐紫氣爭流記嬪則於龍龕覩母儀於鷲嶺乃爲頌曰

发開鴈塔式樹螺宮雙林隱霧獨苑迎風嬪儀永固母訓長終黃泉有□白日無窮同上

郭元爽造龕像頌 并序

□□眞容解脫廣開方便□□妙體虛融應設善權□□□乘而攝化以拯□□□萬德而爲緣導有□□□輝輝妙相捌拾□□□□□□菻祥儀叁拾□□□□以法雲垂布□□□□日揚暉昭窮□□□慈光而等感救壹□□令安布悲念以無方□萬類而出苦於是引衆□於福地普免塵勞構庶□於禪林共登波若故知恩敷歷劫赤子之愛無偏惠布恒沙救接之心平等拜恩無盡報謝難酬敬範□□式流遠益今有淸信□□玄爽及合家眷屬等□□□□□皇帝兼及柒代□□□□法界蒼生崇茲□□□恩深重情報難思□□□資施充妙像粤以萬歲通天元年肆月捌日□首於龍門秀嶺造此尊龕伊川勝源開斯聖塔有繕士焦元操誠心志節巧範眞容雕剋洪規以傳妙則楷模衆聖用表慈顏芳蹤非壹日所傳懿跡擬阡秋不泯至玖月之朔方乃畢功莊餙嚴持咸悉成就又施主郭玄爽等虔情念切追敬逾深懇志抽心而結弘誓願以斯功德資益神皇託此勝緣莊嚴父母參大願力刼刼不窮肆弘誓心生生無盡聖體恒昭法相常明度脫蒼生護持國土見聞隨喜發菩提心頂禮歸誠迴邪入正普

修妙行共結勝因使苦海波□□□□彼岸序之不已□□□□其詞曰

缺六字方便拯救缺八字德身缺八字上道缺十九字報缺七字眞深粤缺七字列尊儀缺六字普勸歸依空六字通天元年石刻

定州刺史呂國公□□洛法華經頌

木州總管定州都督缺爲缺府主缺將搶絹三百□缺玉如山之固萬代長存與日月齊明其三辰並耀若夫無□眞理微妙缺實相淸淨沖虛斯乃道弘四果開通十地成茲究竟證此菩提道德三塗李伯陽弗盡其趣生死二逕孔□文冈述其理故摶風八万

搶揄之所不知澂水三千涓滄之所未晤然虛空無
際世界無邊受苦循環竟何極已惟解脫銀相法應
金軀六度□滿十□具足闡一乘之義著八水之功
拯四趣之舉□三途之咎聊開慧炬刷蕩□明暫攙
法舡濟渡有溺□有□至眞□蓋無得缺有高士李
惠寬臯陶之後左車之胄盤石之宗連華帝藉生而
達理長而悟元齠齓之年蔡伯喈聞而趣步□□□
歲王平子見而絶倒洞□古空之理偏知物我之義
□□旬而燔兩臂□一偈而燒十指尸毗割肉薩拂
□矛方之厲行略無缺加以喰松却粒卧石漱流夏

則編草爲衣冬則引□□覆形體雖殘不以爲苦謗
訕雖至不以爲失猛獸□□未足稱奇□鳥來巢詎
將爲異屬有隨失馭區寓分崩西郡則杼柚皆無壬
城則骸骨俱滿龍驚鷄退豕突鯨吞歲下灌然□□
蕩蕩惠寬乃缺頤早遇太元□恡身形共崇福發洎
粤若稽古大唐仰握□鏡俯案地圖膺期接統濡足
授手拯八十一□之分承七十缺君類□□□□之
時同尊盧祝融之日惠寬□□□□素□獲從聖人
既作万物咸覩以武德六年四月□□日乃於此山
缺修立鑿巖爲崖鐫石造賢刧千佛法華經一部營

搆造大神靈護持就使百億須彌未有若斯修福者
也其缺臨栢縣龍興□□之所北帶□山鶴駕遊天
之處東則神泉洶洶遠達滄□□則泜水澎澎近連
翠嶺彌亘千里控帶百川邐缺南之垂條回□北之
際下□金闕上跨玉京□達退食之墟□□□□之
□如□眞範遍歷巖崖修好妙旨周回嶺岫長松暎
缺之彩文石缺金之缺竹林而起精舍缺樹而製香
爐雲□浮沈恒過□野鳥免來往直指鷲山窻戶平
接星宮梁棟斜□月殿既類缺又成缺池湧出名僧
持缺邑爭來德眾搴缺方□至於是使持節上柱國

□州諸軍事定州刺史定州都督相州總缺刺史缺
大夫呂國公缺洛佐命心膂缺死王□廉李之流絳
灌樊滕之輩飛旌河朔疊鼓恒陽發趟既類秋霜缺
同春日六條布德志洽弟□十部垂恩情深□□□
懸犢□百姓與五袴之歌雁□鹿馴四民發兩歧之
詠恭敬三寶迴向缺脫捨財□減徹車馬遂與惠寬
共營此福大弘缺啟□□栢仁縣令嚴□撫□□□
清肅□圻迹同遷虹治彌馴惟精誠信□經始加以
勸課丹青修飾經像雖目連之神缺木□智慧莊嚴
□□尊崇實爲佃類有宿士李長欽李士羅李悊李

明明□孝等並鄉社耄人里閈清修愛法念道缺仰
功小効□載景□細事□言猶□鼎況布金重意□
骨□心□□高碑傳來乃爲銘曰
□□夜隱漢□□通□□述德□□欽風百年同□
万事皆缺逢其一威加三界德缺勸□十善屏除五□
方便演說慇勤□□缺燭其二□□獨行趙□□民樂
道致命重法燒身□鑒妙典雕缺福□臻其三翠薇千
丈青谿万□□見鳥飛平看雲進神容儼肅尊儀缺
芬芳□俊其四□旄自北製錦由南□政號五異迹稱
三威□近被風教缺竄捨施釦珥其五上下衆芳□□

諸國未有敬信若茲功德千載松□百年□□長存
篆刻其六　石刻

趙州□城縣丞孟玄鏡造彌勒象頌

□□火宅晨□資法雲之蔭水□交暎由智□之□
□故□墳崇福波斯建善咸希聚日之容各圖滿月
之相雖□高卑殊迹豐紐異途而虔心迴面古今一
揆趙州□城縣丞孟玄鏡歎百齡之倏忽悲五欲之
紛綸薄遊□山睹茲淨剎遂□蘿陟巘頂禮發願於
是妙選良工□龕□像成彌勒一軀并二菩薩庶憑
正覺永樹勝因法界□靈俱沾上果東海雖變尊顏
無朽乃刊□於堅壁其天長而地久□□□□以云
畢□容有暉輪光□□□影雲飛長存瞻仰永矢歸
依□同金粟方齊鐵□　石刻

姚二娘造元始天尊像頌

地列陰陽調五行攄万象者惟至尊道乎洛州登封
縣清信女弟子姚二娘爲亡夫李玄超及亡女與眘
屬一切含生等造石元始天尊像一鋪并仙宮妙相
圖容巧模靈像彫鐫翠琓瑩餙瑶芳相好咸周威光
普被仙岩東峙還疑子晉之期神岳南臨便似明公
之契供養靡竭尊仰無虧庶望魂想之依□表千齡

之躅咸歸大道以記銘焉乃作頌曰
眞人西被尹子東望黃岳啟業紫氣開陽置天立極
洽賛宮商元基造化終附成匠乘雲太寶鸞鶴迴翔
招攜有德通接賢良入正道而□□因此□而攸長
石刻

大周字缺六淨土堂銘

□夫□□□□□淨穢之別佛國混同詎有東西
之異□□□□堂者蓋是至仁□物大權闡□應
分別□□□□便之要道□使厭苦欣樂□聞之
而□□□□□近者想□□增敬暫觀實□□必得

往□□□□□永無退□□機利物不可思議□□
□□□□□玄等並□□族望十室儀□遵者□□
□□□□貞而□□晦跡廛肆□重邱□□□□□
□志輕軒冕屬傳輪馭寓十□□□□□□□□
日用咸識歸依之所其崇迴向之□□□□□□並
入檀那命彫琢之良工擇山川□□□□□□泡鑿
巖開室號之曰西方淨土堂□□□□□□陁佛像
三鋪并侍衛惣一十一□□白□□□載元年歲次甲
午八月壬子朔廿九□□□□□盡磨礲之巧極彰
施之麗山豪海□□□□□寶樹花臺莊嚴具足日

月經而歛曜□□□□□禾加以東面長津澄流括
地西依峻□□□□□空北對城闕而雲淨南屬郊原
而繡起□□□□勝此爲第一銘曰
□□奚隔心悟卽是西方豈遙行成孔邇□□□□
□穢賤此諸佛隨機奇遠明彼十萬億□□□□跬
善哉信士依教修行觀彼世界欣其□□迺□彫琢
式其財成棟守輪煥相好光明奇□異巧登睇魂驚
託禹貢之陳跡正佛土之嘉名□□可大永刼傳聲石刻

大悲龕讚銘并序

缺者無□崇信者則救三光不昧篤敬者必□洎迺
缺大悲菩薩則釋迦如來之□身也教齊化異缺三
途轉輪四諦發弘誓冊亡願心祈者則缺啟眞如入
万四千門歸依者則何門而不入缺有大千應物現
形隨機引導或叱吒爲大輪之像□毗那於刼石之
中或呼吸爲烏翥之形伏夜迦於金剛之際大矣哉
莫究其源者也爰有社錄及軍將判官居士等並屺
岵傳缺莫靈包廓落之才抱顒昂之體主驍騎鎭押
坤維缺戎幕□□貞而藴金石之信或恭讓懷缺今
開□□俗並迺宿植善本早培苦空缺道識□□如

幻如化知正法可□可歸缺割資□□建此龕□所
赫赫奕奕如朗月缺煌煌□□燈而彰暗室彩雲垂
九天㨯缺閒舒撥□□崖立上時歲在缺彩繪鳶□
亡終□□讚曰
缺十九缺刻雕貞石圖寫如眞千眼缺清缺三轉法
輪有祈必應缺無端閒發霞光身倚缺斯福無殭石刻

泰州司法參軍造彌勒像銘

□□州缺栢仁人缺顓頊之裔□□武君之缺公侯
門多卿相匚□道籍缺通缺高祖□□郡守□豐侯
曾祖□趙郡缺惠祖□□容□中定州□文達三郡

守君識量該通忠孝並著雖閒□險早應義旗授阝
州司功除泰州司法輕車都尉但以金輪聖主終□
愛河玉軫賢竟□火□□懸車舊里遐冲虛願於宣
務□阿歸崇正覺弘□之業未□風樹之期奄及息
弘壽弘信玄□等泣血憂毀□誠先志大唐貞觀十
四年四月八日敬造彌勒像一鋪儼類神功僉疑化
□庶□上資帝業下潤蒼生俱越苦津同昇法苑弋
□金石乃作銘云
芳垂虞典道光周籙代有鳳毛門多驥足上連帝譜
下承天族忽矣逝□俄然風燭嗣子充孝崇建尊儀

寶光焯爍豪相□奇法輪永振惠炬長□俱捐慾海
同遊禱池 石刻

彌陁石像銘 并序

愛水橫流色風驚隧恒文未掩猶迷弱喪之津樂界
退通即兆歸依之路爰有汝州司士參軍范陽盧昭
順爲亡息瀘州都督府參軍遺恕敬造彌陁石像一
龕仍數生存端儀在列精誠罄畢功德周圓福潤無
涯潛該有象埋謝家之玉樹實切深哀弄羊氏之金
環空悲絕能重宜此義迺作銘曰
父子之道天性難忘式資泉路敬樹津梁石相其質
文載其芳貞堅不泯于國之陽　大唐景雲二年歲
次辛亥九月癸酉朔廿八日庚子建 石刻

楊將軍新莊像銘

昭昭大覺巍巍聖功身融刹海願洽虛空開衆趣以
竅惕闡玄門以包業物成緣而必應理無幽而不通
有美至人股肱良臣受聖寄任聞難經綸英謀貫古
韜略通神一衆金錢屢建華勛善代不伐功成不居
功歸天子善託眞如乃貢靈相用荅冥符佛心雖空
佛福常在願普此因同臻性海開元十二年十月八
日 同上

唐淨住寺釋迦文賢刼像銘 并序

蓋聞崐軸仙居爍能光而西峙瀛環秘宇影蠶抃 缺
物有變於阽危豈若地接王城門通鼎室控黃山 缺
寫韻銀宮照日絢堯景而分標理會眞空規符化 缺
顯報爰有河東裴行純冑敬齎胰姻連 缺 棣華而超
思承顏靡託罔極之戀逾深同氣無依 缺 門遽虧隣
社故知毀形從滅末釋塵勞履孝歸誠 缺 釋迦牟尼
像一龕并賢刼千佛即於淨住寺供養 缺 工鑿玉瑚
珉俯藍田而洞彩千光萬字照京兆而 缺 足鷲頭已
對難陁之室薰樓菌閣還開末利之居 缺 空終令欲

大舍淸惠川滔映頂禮歸其影說種相缺林遊屬賓
而可期贍羅衛而非遠有道成法師者缺淸像極鑿
虛體包觀露紐桑門之落構徹俗諦之缺難名玉豪
韜聖覽聲塵而可絕況周王神晤尙勒缺地之初故
可史揺垂文用寫四禪之妙其銘曰
惟彼仙宗詞標有相豈加正覺義歸無量惠炬開缺
似香爐神超繫象妙極規模花開勝跡月寫眞圖缺
照牖八解䟽池瞻顏頌德顯相標奇多寶非遠千缺
異覺樹含芬禪河引泌義踰得一情期不二其四菩缺
重昏克明方超古岸永濟香城其五　石刻

觀世音石像銘

夫法王降跡大開拯溺之權梵帝居尊廣通微妙之
力至聖幽邈其道難思弟子中山郡王隆業奉爲四
哥孃六親眷屬敬造觀世音石像一鋪勤誠彫刻月
面光舒淨慮莊嚴金容相滿以斯勝果資奉四哥孃
六親眷屬伏願壽比崇山固同盤石傍周庶品俱潤
良緣　長安四年三月廿七日中山郡王隆業造功
畢

唐文續拾卷十二

唐文續拾卷十三

榮祿大夫二品頂戴前分巡廣東高廉道加四級臣陸心源輯

闕名

唐馬君起造石浮圖銘

原夫鷲岳馳靈馬鳴闡三乘之口雞峯誕粹龍樹彰
十地之資是以寫塔凌空影哭日宮之宇雀離架迴
模標紺殿之規然則蔗苑疏流導祥河於少海嗜山
發妙佐寶樹於王城口迹遠而難徵至道幽而頗說
酌而不測其在兹乎爰有石浮圖主馬君起爲亡考
妣之所立其先扶風茂陵人漢伏波將軍隴西郡守

新息侯援之後十一代祖遠字彥道雍州大中正金
紫光祿大夫因官封武邑郡侯子孫因家焉故今爲
縣人也昔門虖兩口靈圖表於射熊代蘊三神盛績
光於錫樂謀深豹略英聲逸於鑄銅思察龍吟問令
興於紗帳高祖遊後魏大將軍益州刺史乘軒撫俗
降端鹿於臨淮置水觀風格神珠於合浦曾祖私齊
四門博士優游萬卷沉思五車杏壇傾魯相之風霧
市擅張公之則祖貴隨幽州薊縣令製錦宣功鳴琴
贊口量屈涵牛道標馴鷃父海龍遊鄉長農夫荷德
釃酒相驩田畯銜恩牲祠已罄然則瓊柯遞映玉葉

相輝擬楊氏之乘輪比袁門之□鼎君起风欽地藏早敬天經敷井藤之易濕㥹犇駒之難駐弘心設福建此浮圖碧䃂已終彫鐫始畢其地前紿趙瑟艷曲仍奪後聒燕哥悲風尚激覩津左眺藏日棲霞通澤右臨獻雲引霧對墳塋而構趾蒿徑含悲俯□燧以疏基蘖心增痛庶使醍醐廣潤慧炬高懸重昏登夜曉之□幽□□□□□之齊夫□從言顯文由頌作鎮天街而永安□□坤而不爍其詞曰

日宮肇構月殿初□雞峯建宇鷲嶽疏臺馬鳴繼出□樹潛來魚燈廣照鳫塔虛迴實相空寂至眞冥廓

惠炬燭幽法音生鐸十地可□三乘不落雀離今設福哉攸博猗歟令人美乎純孝痛深膝下悲申庭教衣錦權心風枝毀貌將酬罔極恕錐微效

大唐儀鳳四年歲次己卯三月辛己朔廿六日景午

王思恭造石浮圖銘

維大唐景雲元年歲次庚戌九月己酉朔十二日庚申夫眇𥇖權光□□□昧稽天廓稪宅仁孝而朝入荒□□□氛踐慈悲而維八極敷十綸於□□諧九變於鍾絲陟配乾郊著嚴□於禋祀昭昇地紐騰孝響於仁倫雖復虧銜終晨末靜輪迴之難供□厚夜攸論肅煞之𠃵縱使模栢躬號歎風樹而歸多竇叩墳長慟嗟隙駟而俯香臺歸依爲忍辱之基迴向乃昇仙之路爰有淸信士王思恭兄思慶心貞崑玉行蘊蘭蓀別派遊源高文秘於中國分枝遠胄盛烈剪於南荆蹈禮趍於孔門探元歸於釋氏昔爲三靈有譴五福無徵夢感兩楹灾延二豎卧疴漳浦積弊切於劉禎疊結懸蛇事虛成於弩影乃有良醫周元貞跡超秦緩伎躡華陀罄竭丹誠盡心祈禱發願瘳瘉□□□報□□於是廣命斑倕傍求郢匠上爲七代父母及見存家□敬造浮圖一區九級鄧瓊環於

楚峴迹入仙工鐫瑰璧於燕峯影來天匠若乃方基應矩聳十地之雄風輪相含晛承九天之墜露白鷺飛翥遊寶鐸而安禪靑鴿騰空踐金瓶而宴息遂使鯨津水客獻珠淚於鮫盤天漢神娥□綃縎於玉樹豈非慧力方□廣濟無□者哉上爲皇帝陛下提紀臨乾飛龍踐阼時邕俗泰邑訟途謠寢六戎以無施韜五刑而罕用爾其地也左右川陸表裏山河□□□昌寔三尊之邃宇下官薄遊鄉邑□步於斯啟閭闔而虔誠俯香臺而稽首謬陳心腹略爲銘記俾夫衣鋪刼石知慧日之在茲焉皇矣大雄遐哉勝地□

彌千變神竅萬類契界三千□□□□□□□□來遊□以至其茲下缺一 石刻

修行寺尼眞空敬爲亡考妣造石浮圖銘并序

若夫正覺虛玄妙源凝寂散慈雲於億刼融慧炬於大千化城開敬信之門祇樹啟菩提之迹津梁庶品拯拔迷途皆想於淙音咸歸於壽域今修行寺尼眞空早悟無爲夙明因果痛慈顏之不待恨結終天悲報德之無由誠依福地於是竭精進之志窮清淨之財於先亡塋側敬爲考妣造石浮圖一所竊遵無上之教用酬膝下之恩翠石雕奇丹容備相龍門南指

鶴林之抉不遙鴽浦北流猴池之際何遠功德已就不可思議伏願神力潛通毫光迴燭濟艱危於過往垂惠澤於將來所冀負土之墳歷千秋而永固聚沙之塔超累葉而長存迺爲銘曰

法雲靉潤甘露凝祥高臨慧日遠燭毫光其一自然生滅字缺一運慈悲誠深報德法倘歸依其二爰有精進或謝先靈近字缺一奇塔長登化城其三大唐神龍元年歲次乙巳三月庚辰朔三日壬午建同上

優婆夷阿劉造石浮圖銘

竊以法流湛寂覓之者莫知妙道疑玄仰之者無盡啟津梁之大路火宅消炎靜塵界之祅氛煩河息毒有清信優婆夷阿劉爲亡過夫亡過男在禪院內敬造七級浮圖一所前瞻古埭梁妻大哭之城卻背孝堂郭巨埋金之地西臨馹驛共飛雲而競遠東望天孫聳崇巖而切漢罄喉中之玉粒市石荊山盡篋裡之瓊□遴工郢邑彫□已畢鏤刻方成消日差時樹之勝地晃晃明明浮空直上□丹霞而與仙掌岧岧嶤嶤獨出千霄入紫□而拂星橋其頌曰

巍巍寶刹高餘海碣嶷嶷攢空獨秀園中金輪照日玉鐸吟風雲衢翳鳥天路留虹丹青克妙態巧無窮

其一嗟乎亡者福田斯擅託生上品超然西國法起四緣塵消六賊長辭慾海永歸彌勒其二 肥城縣志

按此銘見肥城縣志無年月謂是宋以前物玩其文義當爲唐末人作

石燈臺銘并序

夫約缺四五字以言金口演法□□相字缺七德難量信有如□□□佛弟子曹文玉以缺約七八字難遂抽減淨財敬□石燈臺一所採以荆山之石堅徑除□□□□而彫磨周環無非寔□而立□□滅一切之迷夙曆望數重救七代之亡□又鑴阿彌陀像一鋪飾金□

相鐫翠成口能得眞形儵然口口沙門頂謁疑是梵天童口來觀眞如西域上爲皇帝文寮武寮法界蒼生同霑此福卽以天寶十有一載有五月焚香設齋度讚圖邊安置於僧家佛堂門所建立恐桑田改變陵谷頻遷故勒豐石乃爲頌曰

嶄寶石兮騰夜光鏤眞容兮飾璧璫亭亭岌兮雲虹口如涌出兮現十方惠口澄澄兮照不滅慈風岑岑兮未殃萬古千口終不朽劫口恒沙爲棟樑石刻

建幡竿銘

奇哉妙緣古聖相傳救脫大士利敎人天今有缺特

就祇薗劑風瑩石匠選口琎差峩勢逸狀缺因果告終福事周圓願承斯祉共口口安石刻

大唐光明寺故大德僧慧了法師銘

法師口慧了俗姓宋氏若夫西京纂歷車騎建其英謀東漢握符司徒鼎其鴻業曾構與靈山比峻昌原共德水俱長人物備在典口口烈煥乎篆籀法師道心天縱解行自然不假薰修已達四禪之趣無勞雕琢便登八正之逵七歲出家久著老成之德十三依衆早識性相之原有信行禪師者釋氏之冠冕桑門之棟梁達究竟於沖襟窮權實於靈府濟羣生於正覺闡衆品於重昏一見法師歎之良久曰紹隆三寶非仏子而誰法師遊刃三乘括囊十地闡龍宮之奧旨演鹿野之微言遠近歸依道俗鑽仰爾乃心敦寂滅志絕攀緣晦跡林泉韜光巖谷文帝既行輪王之聖敎將窮正法之玄宗勅令太子太保宋公瑀大德僧內銓簡三人所以辟召法師方擬對揚宸極宋公共論法相鄙吝便袪似遇天親如逢無著因而居口口範緇徒其有鍱腹決疑杖錫請法咸剖錯節俱釋盤根但口口居諸晦明迭代崦光易落閱水難留既傷壞木之哥還切口舟之歎顯慶元年八月五日寢

疾遷神於光明寺禪坊春口口十有四卽以二年二月十五日終於南山楩梓谷禪師口口口骨起塔昔郭泰飛英漢室尙勒無愧之文賈逵擅譽口口口口不朽之頌況津梁六道濟度四生理須播美縑緗口口口口口爲銘曰

偉哉開士道濟羣生跨躡龍樹牢籠馬鳴口口口口口口口口既登勝果永斷無明石刻

唐八卦鏡銘

天地成日月明五嶽靈四瀆淸十二精八卦眞富貴盈子孫甯山左金石志

唐臨池鏡銘

團團寶鏡。皎皎昇臺。鸞窺自儛。照日花開。臨池似月。覩皃嬌來。（同上）

居德寺碑

原夫元牡玉樓。九府壓西荒之地。紫真金闕。三山覆東海之波。考雲閣於南岑。眇存高岸。覈天臺於北洛。空見平池。此皆寂寥難託。虛聲□□。鞠仙道則眇漫而繫風。案人事則摧殘而有日。莫不杜侯未掩。終傷漢南之地。丁令不存。空聽遼東之鶴。其有揚乾坤之中土。得人野之平易。一開圓寂之容。幾歷微塵之刼。

寶坊金界。捧慧日以同明。淨宇禪居。向諸天而竝遠。久而彌固者。□見之於此矣。居德寺者。則河朔之佳境也。徒觀其風土形勝。山河表裏。千甍爽塏於邑居萬里恢平□道路。北連斗□。□□指於三□。南窺□穴潤俗通於十□。若迺於雲雨之所蓄泄。封畿之所襟帶。關闟皋鶴。候灃鼓以霄鶩。啾啾巖徯。聽香鐘而曉弘。斯可謂列仙之上館。□帝之下都。牽土之津梁。含靈之喻棧。雖崢嶸邃宇。互榱棟以將周。而結構層臺。覩高明而未立。則有清信士秦洪亮等。竝靈根宿植。慧果天資。□雀瓶而易毀。覩□嶽而□浜。將以□心八解。俱希白象之緣。刖跡六塵。各願青鳧之施。爰於此寺門東偏。敬造浮圖一所。爾其兆跡宏敞。規繩大起。指寥廓以浮軒。望煙埃而列砌。於是聳中唐之瓴甋。元之既元。排遠漢以岩嶢。損之又損。況復土花五色。金精百練。雲將稀影於元梁。日馭銷光於丹木。亭亭岌岌。固無得而言矣。又有故簡州平泉縣令秦君慎獨。勵家貲於寺門西偏。復建浮圖一所。惟君行該真際。情達蓋□知下邳有入座之由（原碑似脫一字）朱門可待。覺外道□三乘之運路。盡饒為施。俄見覡於塵心。勤求於故里。於是運土精於西華。斲金采於南

陽。青疏起不日之程。紫柱問成風之□。自發原定水之域。□累土王城之界。修百舍以忘勞。瞻十區而靡愛。何忽九成不遠。秉心作屈指之期。一遺將乖。□澤有頹山之痛。悲夫。立功不可以無主。為事不可以失時。屢驚飛管之灰。幾重縣衡之鐵。雖復日來月往。輕塵微露。暫□感其紅□而□□□形。彤峻級重階。無與爭其秀特。今寺內有名僧會廣等。環情四攝。寶志三堅。搖幡忍辱之場。巇檝陁羅之海。思而□閭修淨域以同遊。惜所□圓廠珍寶而發憤。是用贊經營於不足。刖瓶鉢之有餘。靖恭莫莫之誠。靡盬登登之業。

加以子來板築俗委檀波孰言累月之□克備□旬之制既而莊嚴相好龕龕舍衞之尊粉飾花條級級菩提之樹照金輪於滿月夜若蟾蜍吟寶鐸於長風翱疑雅樂能事斯畢殊容信美既與東浮圖有對復能以高下為□各在門偏俱臨道側中間疏密甚得均整於時遂號雙浮圖矣亦猶天臺雙闕隱靈跡以相高荆國兩崖負穹窿而合遠豈止巍巍一柱□讚江陵之臺業業三休偏美章華之觀而已況乎眺聽仟眠登頓屈曲每至歲遊蒼陸物煦青春太簇軼而光景麗少陽通而天地淑衢蘆負睃馴鴈塔以忘歸

采萼垂香下蜂臺而欲住從龍卷靄而淸曠野馬收氛以虛寂絪然林樹之開豁爾河山之際則有朱軒推轂擁流水於猴池緒騎齊鑣結浮雲於鷲嶺還所以猗裳連藝亦所以躅踵側肩於是步褰開峻攀邃原碑二句有脫文陽扉暫啟頻納氣於暄曦陰戶徐開□□風於霽發靈槎白託窅冥雲漢之中仙□何求逍遙煙霞之上迺福地之宏麗香園之殊觀者也縣令于公地承陰□天資秀氣暫勞展驥之才且莅亭雞之用縣丞河東裴令昭縣□蘭陵蕭越客主簿平陽路惲等並價重西秦和璧為天下之寶氣衝南斗雷劍

有鋒芒之銳雄圖可舉□六月而非遙雌伏無言輔三河而□格競冒伊蘭之質爭為祇樹之因鄉望以鶴髮鮐背撫四生於水月士女以心□頂受懷六氣於空雲□馳方便之門願樂慈悲之路僉以□筆書爪畫猶出離於邪峯積土聚沙尚登臨於正覺矧伊中天竭起仰于兜率之庭踊地憑虛俯□閻浮之境豈使六通神字臨汗簡而□□七寶奇功師貞刊而有闕所以躊躇入難顧步一音環纂句以披文繞花臺而相賛雖宏摹可大難言弊日之容而小子當仁敢惜淩雲之筆述而不作敬立言曰

西竺降影南浮載芳和柔作相寂滅為常威儀有真教戒無彊空傳喻栰曷用津梁其一建室星羅分庭雲布亦有法院覃懷作固寶□□牖金繩途路菓細典章花傳曉暮其二秩秩居士昂昂宰官共攀道樹各悟伊蘭願言經始骨悅重巒揮斤雷起荷鍤雲攢其三九□□出雙標牙聳累砌岧嶤重軒巃嵸特起天浩巍然地踊綵鳳欲飛火私若動其四髣髴多寶依稀由旬蓮牀不夜蘤壁長春皎皎珠淨□□盤新風生寶鐸月滿金輪其五少陽開晴大呂生律寒郊氣斂泮水風謐翠野鶯初蒼洲雁疾□意流月垂蜺捧日其六壯哉

靈塔靡鹽標奇殫神極麗作鎮成儀路開波若刼用
僧祗一刊之後千古如斯其七（石刻）

白鶴觀碑

蓋聞有明有晦陰陽不測之謂神無始無終言象莫
筌之謂道夫道者不可以形聲察不可以方所□逖
兮□□□隨（下缺）惟忽可得而不可見伏戲之襲氣
毋肩吾之處太山莫不體之以爲靈因之以成聖（下
缺）太上玄元（缺九字）當玉晨玉帝之尊竦鶴駕於玄州
控龍輿於紫府吸風飲露□八景而□□□雪餐霞
□九天而（下缺）還魂及魄斯乃被諸簡冊無待一二

詳焉故能兆朕帝先發揮皇極降天族於玄牝啟邦
基於素昌我聖唐承□月之遙源襲□雲之遠構□
□□而（缺六字）以馳（下缺）者隨運崩離生靈版蕩白波
以之騰沸黃神於是嘯吟高祖神堯皇帝誓鉞參墟
披圖汝水荷歷數之昌運馭斗極之驍兵東伐西悲
南征北怨正傾維於赤縣□□□於蒼生四海同其
樂推貳（下缺）太宗文武聖皇帝誕靈虹渚毓照蛟門
體日角以鑿乾稟星□而出震神謨電舉聖略□逃
□青天以鳳翔騰紫□而龍戰綏旌所指（缺五字）欽揚
（缺字）五城水潰□崩雲而清六合息鬬川而晏九瀛重
闕寰寓更張禮樂人靈俾乂品物昭蘇振長策以馭
遐荒執□□而移弊俗□二儀之燾載並去阽危還
兩耀之照□以安仁壽高宗天皇大帝發祥雷澤聚
祉雲房受緑地之靈符應玄穹之景命叶准繩於石
紐契法象於珠衡履翼登□□□齊巽鑑法範而亭
育象耀魄以□成黔首□其□□□□吹其擊壤靈
臺偃伯戢蕭斧而息韜鈐雍館尊師儆饗門而興雅
頌道既貞矣時又清矣期已昌焉代亦康焉於是高
明演貺沉潛薦祉騁遺風於澤□騖流水於山□□
□門庭□生□石黃龍入紀朱鳫登歌集五老於星

躔朝七神於雪路佞枝歷蓂佩緑舒丹連理含芳□
階被□通金□於翠□□瓊□於□□碧空浮芳月
之暉河漢縟（缺九字）青史之書禎秘靈芳相繼白藏之
府掩開梧而設微匝建木以疏封蠶蠶鱗衣集中區
而襲冠帶修修□駕□大道而□闕庭□一氣於銅
儀調四時於玉燭紺幰黛耕□□□□而勸紅粟赤
苗每獲九秋之穟爲而不宰執契比於神功用而不
知鑿井忘於帝力遂乃習禮茅蕝告成松（缺六字）三靈
□梁陰而朝萬玉以是垂衣衢室布政令□不言而
□□聿興無爲而壽域斯泰稽上皇而比德則仁超

九翼之前校近古而論功則道出六飛之外蔭高天
者之徒承垂翼之□□廣海者詎識滄濱之澤方謂
昆吾駐景長□煦而□□□□轍□鎮浮□□而戲
廣豈意彭巖鑄鼎湖遊飛珠丹竈之術既隆白雲之
駕俄遠羣芳遏密共切朝□之悲萬國缺六字之慕則
天大聖皇后稟睿庭山資靈渭涘冠清暉於潤石照
茂範於胥沙將聖多能既明且哲知泰缺八字隱鈎深
智出天人之外□象坤□之□□珠□鏡之□莫不
總照靈臺同包禮器故能光玉衣之遠慶贊金扆之
休徵以偃月之眞儀搆搦天之丕緒思賢屬缺八字不

□懷芳聲振於樛木二妃匡舜俱□內輔之功三□
翊周並謝扶成之美孝光四海至性感於神明忠積
九重深誠格於穹旻及峻復沉景舞鳳興悲攀□□
極而缺七字無虔膺顧託肅綜樞機受創業於彝章□
延悲於兆庶永惟先聖茹慕終天以爲裂骨靡軀竟
無稱於遷拔祈仙契道無有益於津梁遂□綸言廣
缺九字修聲白鶴觀者垂拱二年之所立也□□朝野
乂安遐邇□晏坤□之德方遠雲幕之化惟新因玉
府之有餘起琳房之寶構斯則韓趙之舊境牢焉之
故跡□□河之□□□□之□□□嶺鎮其西魚

波蕩其缺六字連□□之居□□通□路接風鄄之壘
於是揆日晷考星耀設表置臬授梓輪材做金殿而
排霄闢珠樓而望月翠觀岑□□闕□□寫玄□之
高居法清陽之上府疊祥□而缺八字氣而爲臺放曠
碧旋之地開紫元之靈相啟黃蓋之眞容玉樹瑤林
含九韶之妙響葉池花浴帶五色之仙光□□徘徊
乘太虛而萃止蜺□容曳□上界而來遊斯可以獻
福□山薦祥稽嶺鎮怡神於實地永納祐於鄄都垂
拱二年長子縣宰朝散大夫高同營創基宇造立尊
容建此豐碑□以□德屬高公坐事去官歷載推遷

不遑修復伏惟應天皇帝陛下睿圖鼎盛寶命惟新
累聖重光上下禔福神靈滋液中外太和契叶天人
膺納符錄功業與黃義合矩聲教與日月均□證神
僊於□乘□□□於天□欲使九龍五鳳化漸雲居
玉洞金鑾眞凝淨域文物所以極大蟠地生靈於是
謳吟抃舞河清海謐歲阜時康朝請郎行長子縣令
鄭璣辰像授精山河誕粹銳器□日山吾之域□樹生
天山之阿瑗琺羅生波濤汨起南宮曳履北海橫經
載德象賢不僭於弓冶隆家格蠹靡墜於菑堂純孝
□□親□□友漁獵百氏琢磨六藝修身立志露潔

冰濤撫俗□人風□草偃卓魯之化更重睹於當今
蒲密之規不獨聞於在昔丞白貞諒主簿辛齊物尉
王晟張瑜等並江湖蓄潤莠藍孕彩風格嶒峻聽宇
難窺思縟卿雲學該瀛辂含吐宮羽隱□□□或歷
踐優班或初嬰下秩咸能蹈因緣之閫奥竭營衛之
精誠觀主谷太希上座常齊物監齋任太素練師李
知白威儀程遊玄法師韓馴蜕等並業彰善救體應
徐□□鴻寶之微□行蜕□之遠駕道士關無固韓
道宗宋子仙魏玄宗萬冲仙楊翥鶴鮑探玄鮑習莊
王羽客李眞邃等勁節霜明清心月曉超風塵而不

雜泛道德以孤征道□郭法□元光隱（下磨滅並依缺兩行）
仁踐義蹈禮鳴謙或筮仕周行或棲閑鄭圃顧循諸
□攀月姓以承恩伏想帝鄉軫□崩而倍愴乃與邑
宰邵公及□□□之□□□同立勝緣□奉聖因側
申追福日光月光之相照燭仙京左玄右玄之儀輝
煥金闕怡神湛寂似一氣之非遙寓目清澈覺重陽
之未遠以爲炎涼遞代赤明之刼不留陵谷□□滄
海之田□變自非圖徽素篆勒美琴瑑何以表懿跡
于修期紀玄功于遠葉爰命庸謏俾述聲塵輟課下
才式旌高烈其詞曰

悠哉衆妙邈矣重玄窮之無象尋之無邊埏埴九地
陶鑄三天兆朕皇極權輿帝先於赫睿唐寔惟仙胤
應運甄海乘時出震龍□參□鳳承（下缺）照握鏡重
光凌躐千古牢籠百王朝宗絕域稽敘遐荒仁高白
帝化叶朱襄元聖纂戎大横承緒赤方連耀青雲干
呂御籙榮河觀圖□洛（下缺）琴天門座玉曰觀泥金
壽域方泰悲泉遽沈慕凝蒼野哀纏穀林穆穆坤元
位承遺託仁清月絙化貞雲幕攀聖九霄崩心五栝
□篆（下缺）兹金地式建琳房星列珠柱虹分玉梁去
來鶴駕棲息蜺裳茂宰具僚家承纓弁濟俗百里澆

風一變黄綬清班玄都□□□□象設□輿（下缺）
嶺排雲榮浮日彩浦樣風交烟霞散亂松石糺紛地
裂碧城道誦黄蕃祥流萬品福資三太金沼濯靈玉
虛鎖溢長勒美於仙石永飛聲於□□（石刻）

洛州河南縣思順坊老幼等普爲法界敬造彌
勒像

蓋聞至理玄微起夫言象之域眞身眇邈出乎希夷
之境而能入降跡隨緣利現紫狀西誕則珠星奄輝
白馬東馳則金人入夢是使三乘之軌齊驅八正之
門洞啟日用之益可略言焉自化洽三千之前道光

悛弘塔盈八萬之後歸業寂然悲夫仏在難遇辟彼口鈌人心易遷同茲斷石何則釋迦現於既往仰企蹕而不追彌勒降於將來俯翹足而難俟居前後而成郫惟進退而莫口言念沈淪喟然嘆息乃與同志百餘人等上願皇基永固配穹天而垂拱下使幽塗識曉趨彼岸而淸昇遂於茲嶺敬造彌勒像龕一所地聳雙闕壁映千尋前泝淸流郄倚重岫縈帶口薄密邇京華似耆山之接王城給園之依衛國也既資勝地又屬神工琉鑿彫鐫備盡微妙以大唐貞觀二十二年四月八日莊嚴斯畢於是尊儀始著似降兜

率之宮妙相初成若在菩提之樹白豪月照紺髮煙凝蓮目疑動菓脣似說其有禮口具足瞻仰尊顏者莫不肅然毛豎豁爾心開釋梵所歸依龍天所衛護彼丹青徒煥旋見銷毀金玉雖珍易以零落豈因山成固同乾坤之可久刊石爲貞何陵谷之能貿於是勒銘龕口式纘靈儀其詞曰

眞如眇眇正覺巍巍四宏動念八相流輝鹿園闡法鶴樹拂衣十方三世異軫同歸（其一）猗歟邈多正眞道備蹕彼退武補茲佛位兜率降神閻浮廣利淨土口啟玄門罔陽（其二）思睹聖容龕茲巖曲既彫既琢將起將蹕釋梵冥感靈祇幽巖似會龍華如遊雞足（其三）丹巘重疊淸川泯漾松桂灌叢聖仙來往影留慵鴿手威在象妙包湛然歷劫瞻仰（其四）（石刻）

較全文九百八十九彌勒像碑多二十餘字

盧陽造像殘碑

春秋之（缺）書之表記惟公承禮樂（缺）潔身口義不踐（缺四字）服指口天道於無物宿至（缺）俗（缺六字）滅跡口口渾（缺）智昇時同體口之識口口以爲凡亦以（缺）飲者繼口乃云濟人之急豈無救（缺）境口邱口口邑居口臨口口勝勢口度命工鑿井（缺）見底紅欄口口倒影

涵空口綠楊以垂（缺）陰故事口口在口於口汲引口口縛口不（缺）淨口口之如口豈非至人之口云爲於斯口大者（缺）藥口不口價西蜀賣口錢口百文皆德臧公亦庶幾（缺）晏如囂塵不雜猗歟（缺五字）焦氏更著精誠（缺）口圓口天啟口口性（缺四字）煩惱無佈口以不（缺）住能到本處豈惟（缺十三字）哉（缺）聖文神武皇帝爰及七（缺八字）眷屬口其上（缺）相好斯具口大海成田（缺九字）在（缺）大唐天寶二年歲維鶉首月在林（缺五字）中建也（山左金石志）

省堂寺殘碑

上缺迴山掀海經天緯地缺密州莒縣慕賢里缺正議大夫王須達孫定國東莞縣正甯道顯缺武騎尉孫子貴飛騎尉徐道缺張仕達唐德威副督公堯缺合三十六人等共捨五家之財建立佛堂缺於是運石他山求師外國缺丹道崑崙缺雕題刻削缺妝散以洛浦之珠雕繪以藍田之寶缺輕雲映月缺伏祚國主帝王缺沸騰縱橫嵯峨缺瓊田香草繡栢文稱交柯相映缺鳧雁鴛鴦缺重申言頌其詞曰缺元氣混屯之初陰陽創建日居月諸缺東西正直南北相當如來湛湛菩薩陽陽缺不數春不落秋冬缺大唐永

口元年歲次庚口四月　山左金石志

法鎔殘碑

上缺事金銀造具口百口口口口髮玉簡及瑟瑟缺人到缺之頃寺之門樓及鍾經等閣缺壓莢而未盡口口沙門法鎔者法將之雄缺崇焉極樂之所也嗟夫大音希聲大覺無缺公缺忠缺心居其泊志處其約或謇謇諤缺勸惡人缺懼任缺善人爲缺月缺孤懸缺稜劍鋒長倚天外缺御史內供奉梁公侍御史內供奉姜公缺兵馬使開口儀同三司口中監李奉忠文缺清口卓絕口膺口口尤著口能共缺舟施百缺

修缺心清淨缺旨履迹兮歸缺生缺眞容兮忘口情琢巨石分讃休下缺　石刻

會善寺殘碑

上缺畢竟空口歸我缺可於遠邇未嘗知倦缺敬而接細侶晝力而衛法缺山之禍口迹引是旋奉缺佛事者缺旦日於上都安國寺趺坐如缺姑以建中元年二月廿五日葬缺矣授官主之印蓋已久缺銘曰下缺

雙流縣福田寺殘碑

上缺龍德三年癸未勒石銘丹原其東接劍南益州之阻口口引至蜀川之東北西自岷峨青城之來脈滙

注曲百江九十九曲之畢終合一江而下引縣治西關石梁之交口口近面旄邱子午口口隱几後面大阜丁丙三奇阻山帶河口口泉水地胗虎踞龍盤人安物盛下缺　雙流縣志

雙流縣丕樂庄孟蜀內侍殘墓碑

廣政口口口口辛丑給內侍字缺十葬于丕樂莊上原缺十一字孤松卻老口延年字缺八詩卷不泯娛口晨夕下缺

雙流縣志

會善寺時居士殘碑

上缺等濟衆缺願故若男若缺至於奉前佛缺飲馬洛

川悉索聞人齊從爲缺說三之奧旨會不二之妙門詮經缺及缺咸得奏請以革之正法載行曠刼缺三月三日示有□微疾沐浴趺坐謂門缺年九九之數僧臘六十有一道俗奔缺門人等號泣罔階窮慈靡極乃相缺於山北寺將有俟焉居士名時缺年正月十七日自山北寺遷缺王公縉弘農楊公綰爲支許缺之峻極者矣艮輔昇缺石刻

唐文續拾卷十三

唐文續拾卷十四

榮祿大夫二品頂戴前分巡廣東高廉道加四級臣陸心源輯

闕名

大唐司空開府儀同三司楊州荆州二大都督并州大摠管上柱國襄邑恭王之碑銘

竊維麗天凝景藩衞紀其躔次括地分區侯王胙其疆域巨唐經綸帝業光啟靈圖茂功□□弘以□□之字缺九之□其有績宣字缺四龍旂兼望重於親賢樹英猷於家國者其在襄邑王乎王諱神符字神符隴西成紀人也景皇帝之孫鄭孝王之子太宗文皇帝

之從父今上之從祖也昔繞樞流慶肇基□□貫月□神嗣興寶籙齊聖廣深之德旣肸蠁於虞庭可道非常之教亦葳蕤於周史景皇帝功高定霸珪瓚攸歸鄭孝王業盛經邦舟驥斯在若殷契之佐夏景亳終啟其祥喻姬昌之佐豳鎬京乃隆其祚浮天引派浚委咸池之源拂日疏柯遥披若華之景王累聖鍾美積德垂裕辰象陶其粹氣山岳感其英靈抱義含仁轢神宮而峻趾騰文擊武跨仙澗以鳴律雄姿映徹逸韻韶舉曲臺宣榭禮樂以成其德□宇緇林詩書以弘其道尋其軌躅鎬如北唐之駕窺其隩秘煥

若東山之府屬江都不守中京圮歷毀櫝挺灾噬駗
昭爨火焚彝器驚巨燎於炎崑水覆生舟揚洪波於
沸海戰爭方始亂離云瘼金刀興而素靈哭玉鏡隱
而黄神吟王劉跡韜光待時藏器智周朝野之際神恬
宇宙之開哉此□鱗潛孟諸而未躍理□大翼臨扶
搖而將舉我高祖大武皇帝撫歸運握禎圖横姬鉞
攫軒弧正傾維於地紐締落構於乾樞掩參郊而大
誓望井域以長驅及四門□穆太尉翊□□之命萬
邦作乂司空膺□象之尊爰以茂親用昭縟禮義盛
元年封安吉郡公食邑二千户仍拜太府少卿俄而

天地革運品物咸亨則大居宸履端垂統黄初受命
載隆禦侮之規太始開元式降分封之冊武德元年
封襄邑郡王邑三千户餘如故轉雍州司馬展其驥
足仰叶題輿屈此鴻林俯膺持板德刑具舉寬猛兼
濟朞月成化肇歠肅清于時文軌未同國步斯阻西
羌煽禍猶拒彝城之使北狄稱兵時引蕭關之寇天
子聞鼙軫慮推轂佇能將申横野之功必在光朝之
選乃以王爲平道軍將出鎮岐州其年除稷州諸軍
事稷州刺史儀軒戒塗闡景山之靈雨建旟臨境翊
梦渚之雄風照以秋陽流之各愛坐棠所以垂詠伐

枳於是興謠四年除并汾壽遼大榆七州諸軍事并
州摠管以善政入爲太府卿加右光祿大夫撿校兵
部尚書大哉元氣制之者鼎臣赫矣天臺參之者國
器六材膺務八座分司蜀郡騤其光芒鄭履騰其
聲實固已道高損益效彰出納者焉九年除使持節
大都督揚潤常和楚方滁七州壽蘇越括歙宣舒循
巢九州都督諸軍事揚州刺史連率居綜兵之禮獨
坐受班條之任俗變偷生人無輕死義陽之牧涼部
威化臨邊太原之□許都忠謀□帝貞觀元年入爲
將作大匠兼散□常侍東園從□藻梲凝華南郊陪

乘貂璫絢美神居博敞無慙百郡之吏武庫縱横自
表一時之傑尋轉宗正卿餘官如故既而留神□表
探至賾於鳴謙屬想帝先遵炯誡於知止赤松可仰
紫艾非榮巖廊逾峻屢竭叫閽之請綸璽載嚴未允
挂冠之志王事非飾讓備陳誠懇有感皇懷方優散
秩加光祿大夫歲時朝請防閤祿賜並同京官望極
尊榮居惟爽麗門施梐枑地兼山水雲華春蘤登紫
臺而肆目月淨秋軒避綺筵而命舉珖簪恆滿玉樹
生光陶陶然不覺萬物之爲細也聖上以至□馭寓大
明踐極丕承景懋率由舊章載佇宗臣首命儀台之

秩迺睠尊爵獨荷升輿之恩貞觀廿三年又下詔授開府儀同三司車同畫鹿服授文鱗居此達尊俾其終吉庶雍宮執爵膺乞言之大禮嬴里鳴鑾奉升中之壯觀登天肇夢夾日成災遽切蒿亭之歌空祝麥丘之壽以永徽二年五月薨於私第時年七十三惟王德包上善道邁中庸揭日月之鴻暉疏風雲之逸氣瀯平川鏡凝然山峙管籥內嚴菁華外發抑揚賢哲乂蹈功名之軌枕席丘墳不求章句之業孝敬莫極地義爲重友悌兼資天倫斯穆蘊奇略懷遠圖詞軼藏牙藝優摧骼分麾受律一劍非其務釃酒投醪

三軍被其德出莅藩岳美政洽於萌謳大司元凱雅舉光於朝列觀有巵而取則深懼滿盈聽鳴弦而告老言追閑躅位鄰中□敬賢之□不渝景側下□樂善之心彌固不夷不惠非吏非隱含元自守居榮待終所謂皇室之羽儀鼎門之標牓者矣而電驚虛牖賸駟影而不留星□德門託龍光而遂遠悲夫以永徽二年歲次辛亥十月庚寅朔八日丁酉詔陪葬于獻陵贈司空使持節都督荊硤岳朗四州諸軍事并賜東園秘器儀仗送至墓所先是主上舉哀于別次禮也子少府監柱國臨川縣公德懋鳳州刺史廣川縣公義範懷州刺史上柱國文暕等並擢秀藩枝自分華于棣屏呈材邦幹方演慶于槐庭而窮慕靸情隨霜露而彌積庶先猷懿範將日月以胥懸故旌美玄廬圖芳翠琬俾夫峯頹峴曲寄沉石以流芳室毀滕城佇金生而表絢詞曰

巖巖崇構緜緜茂緒祥叶壽丘祉光華渚地德攸薦慶靈斯佇天秩逾繁人英克舉其一肇□磐石大啟維城藩枝表式□蕚標榮地隆芃蕤道茂□平惟良緝譽樂善馳聲其二馭俗垂範威邊作鎮惠政霜明德音雷震玉府崇博紫機嚴峻列岳弘風括河疏潤其三無

私逾洽聖澤彌深緬惟賢□遐覽□箴辭榮褫玉誡滿捐金貞風有勵雅俗攸欽其四鳳邸臨年猨巖警曙軒蓋盈列歌鍾在御寒菊浮香春黃柳絮四美攸極百齡多豫其五川驚箭水景迫輪曦玉摧梁竹珪落唐椿應滋帶草流泂書恩寂寥陳跡髣髴崇規其六地迩文園塋通神闕梓庭杳靄松阡蕪沒寒木啼風荒墳思月琬字無昧金聲靡歇其七

大唐故左騎衞大將軍幽州都督上柱國琅琊郡開國公牛公碑銘并序

若夫仰觀成象三辰開上將之星俯察成形九地揔

中權之術故迺聞鼓鼙而佇想缺社告徵編星兆駪
受天明命光宅域中制軒弧而翼羣林乘夏載而朝
萬國其有克缺乎瑯琊公諱秀字進達其先隴
西狄道人也因官而遷于濮龍首驚雷之澤龜文負
卦之濱缺之舊龍光昭於緗篆鴻伐旌於表綴因以
籠冕奕代軌嘆後昆者矣曾祖定後魏韓州缺顯銜
珠之瑞□□齊濟仁敷導栢之流父漢隨僕州主簿
沼州清漳縣令蜀客談星缺之禮童戲叶軍旅之容
開八陣之圖非究覽於魚復體三畧之奧焉取鏡於
龍韜天缺迎拒箕亡咸池字缺一三□之華湯谷□七

枝之景縱崐墟之烈火決渤海之衝流三戶缺體命
曾隨之境□□橘柚之鄉咸造和門策名麾下白馬
之號徒缺癸字缺廿王室字缺三之缺而盛以下缺

大唐絳州聞喜縣令蘇府君德政碑并序

觀夫天下不可以獨理其惟列邑乎君上□存□其
缺五字乎然則□公□聖□應中都□□□叟□賢第
宅□壇之地禮節行而風雨順德被人□緹缺流功
懸日月道存之矣仁遠乎哉粤我蘇府君名昱字□
□魏都亭侯河東相侍中則之十一代孫扶□武功
人也因封命氏昆吾之後緒克昌賜邑疇庸司缺遠

繫書持節漢國仰其忠臣佩印乘軒洛陽推其說客
蘇冀州之□槩不受二天蘇將軍之盛名自高三輔
襲銅鈐而播祉代有其才蘊金冊而凝禎時無其缺
上大將軍光祿大夫太子少保御史大夫國子祭酒
大理卿京兆尹吏部□部刑部三尚書尚書右僕射
開府儀同三司襄邳公又封寧陵侯房公皇朝贈缺
軍事陝州刺史出入兩宮光昭百揆封侯命將鳥落
印而獸銜珠折獄提衡□不□而□□□祖□隨晉
王文學太子洗馬鴻臚卿著樂志一部書重懸金文
高缺宮而一息光燭玳筵臨棘署而曾流望華□□

父儼隨尚輦直長皇朝晉州司功秩滿高尚不仕德
為□範言成士則仲雄藏器初從主□之班元亮遺
名意缺節君以奇光照祉異氣充庭龍翰鳳翼成其
文璞玉渾金比其德王公孫之綺歲致黨時□劉偽
□之儁辰獲稱邦彥□□有對日下無雙叔皮亡漸
於上京伯缺太學萬言成誦百遍忘疲杜子夏之專
精□□春之藉甚弱冠明經高第尋授右屯衛倉曹
參軍業謝青襟名昇紫衛有司之恊克著於當官終
宴之遊載推於缺擢授沛王府騎曹參軍尋丁父艱
去職泣□三年墳高一夕坊魚躍鱗而入祭攔雉接

翼而來栖服闕留君□府倉曹擇時賢也從容碣□
荏苒□庭眷彼飛文缺右詳惟立政行馳狗產之前
秩滿遷絳州聞喜縣令新城奥壤左邑遺塵澮涑浩
□而疎川景霍差峩而連鎮夏墟傍□千樹成陰吳
坂遥通七山相對蒼蒼葦缺於歲時晶晶蒲陝澄日
月於朝夕□鼎衣冠之盛卿有八裴士風名物之□
地推三晉□其身世弈德恆仁義足以禁非禮教足
以敦善下單車而府庭無事缺界肅然猛獸惡禽咸
避不缺五字孝□□□和盥之風□在愛人善□從政
武康刑□未勞旬月之間餘杭化行詎待朞年之後

滄其澤者樂道而忘歸閭缺言而自勸問疾苦恤惸
□□□農□不□□□寒□□而萬寶□天地交□
百祥降爰有丘中之麥迴出兩歧缺四字一□□□城
之五穗纖芒濯露秀色翻缺以禮稼作歌仲康以嘉
缺四字之□□□京□□蓄家室以積婦承□乘姬□
□化春歸歧路候蠶□而□鈞秋缺六字而弄杼衣食
足知榮辱其斯缺猶御之以公方撫之以□□崇學
校缺七字寬之布□察以臨之惟誠心以待之夫然故
盜賊空冤訟息經其邑樹木茂過其境溝洫深都鄙
有章缺無二價道無拾遺官曹□詔□□□椽史□

□□暇豫良辰美景自公退食俯中庭而披外闈□
磬學而做琴堂接定陵之高士引臨邛之貴客談清
靜之缺時菓逮於耆德官俸給於□□可□奇缺九字
吏吾効缺八字鄉人祗聞□化若斯而已哉縣丞汝南
周大鼎主簿狄道董履貞縣缺恂行扶風馬嘉賓等
並□□□貞道缺十一字栖中夜不扃遽覩尉羅虛設一
□聯事載奉恩徽人無閒言我有餘地斯不亦休乎
惟君德缺膺久大道綜多能藝優□美風□□奕其
□天缺七字自出塵埃之外穿楊百中運金鏃於神□
奉□千橋得銀壺於舊禮綠琴風警變卉木而振陰

缺搖寫鵷鸞而圖日月三載考績殊□之美□彰四
□循環代□之期云□□人相顧老幼追攀街巷雲
蒸閭閻霧□門喧□鼓見葉令之初飛路咽□□屬
劉缺境萌庶鄉望老人縣錄事宋德本等或名推絳
老德重□人或栖息丘□優遊鄉黨僉以為高陵善
化□闕□何□□縣休風俟登台而有且莫若激揚
徽缺爰陳上蔡之詞或佇中郎之筆下官游汾□寶
仕晉非林至於是邦幸聞其政□王龍之畫像自□
□□虞季鴻之□聲非無載路義不獲已嘗試銘云
地方百里人雜四鄙清原近控絳山旁峙不有大賢

誰其□美粤我令德於焉□止其一□□□聲貂褒擅
名其後必大莫之興京邳公八傑晉府時英顯顯缺
其二慶基華閥神儀天骨雅操淩霜虛懷入月採賾書
閫窮微義窟是稱領袖□□簪紱其三□欄□掌文臺
接□一□銜祟俄驚負□松竹自高笙歌變□幸缺
長其四其虛其徐清風穆如爰淸爰靜政成下車誠□
應物神用藏諸德及春□仁霑夜漁其五永言播殖深
惟稼穡援以治時□其地力秀岐嘉穎箱千庚億缺
命織其六折理通神乘機任人膏□不潤甑裏生塵令
□禁止時□俗□邑□□德家變忠臣其七□□□□舉

唐文續拾　卷十四　十

□□□序□□□稱□飛忽阻路泣人□□悲女士
缺車無所其八謠童有焉思君悒然生祠愛結雅□功
宣登□不□拜尹行遷□陵可事守闕三年缺 石刻

唐故登州刺史淯于公神道碑

上缺高國延長裔孫蕃茂□姜分姓始於姜□□朝□
地受封缺洋溢靑編代有其人不可勝紀暨隋□□
朗爲萊州刺史封燕國公蔭緒□勳缺覽之□不□
□□之驥缺直善於知□器之與宗家範缺則龍蛇
文闕□故晉國□公爲缺動廣平作牧公爲國家缺
緋會□□之□爲□□國之缺甫以解圍賴彈缺節

□□□以寄缺積字缺四受代陝缺曰可□□矣固知
彼有人焉缺列戴知己之恩□□已屬於缺之在入
舉無遺策復缺郭尚書從晉公之缺府謀策職在□
公□公既授節託公缺魏王舊國□□仙鄉非開達
無以撫缺迍奉急徵詔曰爾頃佐元勳□國缺思之
節詔到便可赴闕別行委任公捧詔缺盛戚之懷難
抑纔終禮制便欲徵還缺之規佇察頒條之政歸□
與缺之盛□□無倫先是所部狂寇縱□□民□公
至缺禮以遇物缺靖缺公而終公缺百□狀缺然缺
故太子少□□公□之缺於□□可□□□清師□

唐文續拾　卷十四　十一

尉缺感慨天子□□其下缺 山左金石志

唐幽州內衙□將中散大夫試殿中監樂安郡

孫府君神道碑并序

□□□合□□□□□日□□□上□瀆□其下
一物不受無私□照乃□□不阻□□之流則知天
地之仁其賴□□之□□彼始終之道□兹聚散之
□今古□其□其□也府君諱王林字茂卿其先安
樂人也姬姓周文王□子武王母弟唐叔爲衞侯居
河淇之間□□□司寇場以衞□器以彰有德傳嗣
庚伯孝伯□伯至眞伯子頃侯五周□□命□爲侯

頊侯子釐侯釐侯子武公□□□□之政百姓和集
周幽王遭犬戎之難武公將兵佐周平戎其有功平
王命命衞爲公□□□□□爲衞上卿□邑於□
與孫武仲以王父字爲氏焉繼位上卿艮□林□耆
於春秋其後孫武入吳王闔閭將善用兵□□□□
□齊宣王將□魏將□□於馬陵虜魏太子名□護
子孫遂居齊安樂□其□孫會宗□安太守曾祖諱
潤字澤□□軍□□□□光祿大夫檢校□子祭酒
兼御史中丞祖諱進烈考諱□幽州內衙□將府君
弱年□仕壯歲從戎負扶危□□之□□□□□

□□□□□律頗識士□□虧三令之威不挫万夫
之敵累遷幽州內衙副將加中散大夫試殿中監以
□□□□□□□□七□□□□□□□□別□
遊從率逸卜勝□□朝昏而猿鳥吟風掩暎而煙霞
蔟□佳石經逼近緇毳交衝或□□而□□或緣□
而訪道□□□□律大德知聞□深出入無閞道
□而連宵繼燭□心而對景忘機□可謂在家出家
□□通達□也更以□其資□□□□□□修葢
中溝山院佛堂一所并晝佛事內立□命經條一□
別業□內葢佛堂一坐塑其佛事立□□□經□□

□福□設夫人□□□□□亦□□□□□□一門
積善千里瞻風念念無差豈無靈祐者□□四年十
月染疾終□□州□□□□□□□□□□春秋
七十九以□年十一月葬于別業之西南二里□□
禮也有兄曰孝□□州馬步軍軍頭游擊□軍□□
監□□中郎□再男二□□□克紹□□□□□耒
仕孫一人存□有女二人長適天水趙氏次適彭城
劉氏有姪一人曰自□幽州內衙□□官□校尉□
率府中郎將□孫□□思□府君承家閥閱襲世□
□好善禮賢輕財□□□□設□之□□□□□

□□□□□□□□齊孟常之門□上客連襟□
虛運之□□高人繼踵率□而忽遊□□□□而□
□□□□□□□□□□□□府君□□□□□
□□□□□骨肉□□□□□同□□□□□□
□□州軍□□□□燭易□□□□□□□□□
川之浪徒燒□□之香□□代推移陵谷遷變請文
刊石用紀徽猷□以不朽恭命而作詞曰
□王高□樂安□族百代聯芳千年令績武壯羣英
文彰列宿業盛江東雄豪鼎足□有裔孫志高不羣
□年習□弱冠從軍祖効勤□□繼殊勳年代遐遠

為□所聞（缺四字）創茲別業□命（缺三字）生其□巷□深沉驕嘶□□□盡軀齡□□馬鑯□哉府君孝義難（缺五字）骨肉□□歸依福地顯豁高門□勒□石以貽後昆光啓四年歲次戊申五月丁酉朔十二日戊申建（石刻）

唐故濟州別駕李府君墓誌銘并序

公諱緬隴西狄道人也高陽之緒庭堅之裔佐命於堯因官賜氏冠冕搢紳昭著圖牒者也銀青光祿大夫兖州刺史驃騎大將軍贈冀州刺史謚景公為國之棟梁佐時之羽翼祖皓散騎侍郎征虜將軍涼州

刺史高唐懿績當世所推父士操安東將軍南兖州刺史梁郡太守富平縣開國子英聲茂實光映朝庭公夙挺珪璋早能砥礪奉親以孝事長唯恭金玉相暉克隆前構解褐荊州司倉大業之初任彭城郡司戶屬隨運道銷寇盜蜂起懷集有方吏民安息轉任彭城縣令皇祚肇興擬西徐州刺史武德四年勅授濟州別駕公宏謀遠略王佐之林梁楝之志未申士元之足將騁在公貞幹治術嚴明歷官駈馳並著庸績方欲羅鱗滄海矯翼雲霄未及搏空風力已盡武德五年五月十日遘疾終於官舍春秋六十有五以

貞觀廿三年歲次己酉十二月辛未朔十二日壬午子遷窆於河南偃師縣之西原恐陵遷谷徙事絕名沉敬勒徽猷式昭鴻烈乃為銘曰

高陽茂緒庭堅盛宗因官賜姓鑄鼎銘功世稱模楷奕葉光融冠冕相繼徽音克隆（其一）積善勵德載誕挺人摩霄振羽衝波躍鱗門資良冶家有搢紳筆華喻蜀詞高劇秦（其二）鑒同許郭行侔曾史價重珪璋名高杞梓功業未就遽歸蒿里教迹空存音容莫視（其三）丹旍冒露素蓋排空松寒月冷隴暗塵紅有子純孝長號樹風恨泉門之永閉痛玄夜之難終（石刻）

宋都尉墓誌

君諱舉字思進太原西河人也出自帝嚳殷王之苗裔若夫周封微子錫九命以分都漢拜宋宏列三公以贊國沿茲以降軒蓋相承騰茂飛英不得同日而言矣祖秀齊鎮遠將軍父悅隋擢為本郡中正君維岳降生含章聞起正心孤聳淩百丈之松逸足迴馳超千里之驥搏風迅上勁羽薄於穹天淩波遠派巨鱗橫於大壑大唐興運更造二儀淸氛祲於區寰掃羣兇於九域君搴旗斬將名震霸功滅敵摧城勳參王業特授儀同三司非其志也君歸依上道充念曚

固凝心寤滅之場託想無爲之境不謂夢奠兩楹沉痾二豎飛龜之散勿驗於留魂畫龍之符無論於救疾大唐永徽二年六月十四日卒於私第春秋七十有一士友駿奔親朋擗踊啟手啟足乍隕乍生嗟天地之無心恨靈祇之爽德輔仁與善諒曰徒言積慶延齡竟成空說君履道貞純懷鉛握素仁義播其徽猷孝弟揚其茂實雖潛暉山水聲聞九澤晦彩林泉譽流三輔嗚呼名存身沒窀追悼於當今物在人亡更悲涼於古昔夫人裴氏鍾氏冠蓋良家公侯甲族年齡不竟風露先晞窀穸之所既宏窆棺之禮從吉

卽以其年十一月十三日合葬於州城西二里南望羊頭雲蒸觸石西通漳滽水氣沈濳東臨百雉之城北枕三垂之嶺山形起伏還符白鶴之祥地勢風雲更合青烏之候嗚呼乃爲銘曰微子歸周九命封植宋宏佐漢三公建職作帝鹽梅爲君羽翼奕葉英賢蟬聯盛德其一惟祖惟考乃文乃武蹇諤匡君忠貞翼主功被山河德資茅土價重十城名高九府其二君之嗣也克復前蹤儀刑模楷詞令溫恭搴旗斬將名立功成惟求上道寂滅爲宗其三五福無徵兩楹作夢龜筮徒聞龍符無用士友駿奔親朋悲慟昊天不弔奄焉長送其四裴氏鍾氏蘭摧桂折玉色消沈金聲永絕織女還星嫦娥歸月迴帳泉門光輝此滅其五寒郊寂寞川空鳥思隴闇雲昏松吟風驄望道增愛看碑落淚一朝今古千秋銘志靈識何從新封此地長治縣志

樊宏度墓志銘

君諱寬字弘度蒲州河東人也周樊侯之遠胄漢南陽令德雲之未孫若夫長源帶地共德水而齊流崇基極天與嵩岱而俱峙祖贍齊右衛將軍盧都公英規振遠雄略從橫同夏日之威比秋霜之厲父匡隨刑部主事神機朗鑒懿德鈎深朝野挹其楷模縉紳

欽其令範君家承閥閱挺秀儀形稟天質以貞明不鋼鏤而成寶汪汪萬頃湛雅量於黃陂千丈森森秀和松之直幹敷信義於交友盡敬愛於閨門爲宗族之珪璋寔鄉閭之領袖屬隨季版蕩天下分崩戢曜潛輝不干名利玩琴罇以取適託泉石以娛情高蹈風雲蕭然自逸方憑賞趣望保遐齡膏肓之疾未瘳風燭之期奄及春秋卌有九沒於私寢夫人韓氏稟閨帷之訓秀絕代之姿六行發自生知四德元資天縱初笄之年歸於樊氏虔恪朝夕禮則無虧嫕婉溫柔琴瑟方韻降年不永早遘天傾誓守兩眂闃居孀

獨悲懷紆鬱遂結沉痾先後異時同歸窀穸長子師
廣弱冠早亡三女見存出戚他族其女等傷禋祀之
無主痛神靈之靡依荼蓼縈心哀傷罔極其營泉室
孝備始終以大唐顯慶五年歲次庚申二月壬申朔
十三日甲申合葬於故錢坊東北一里恐高岸爲谷
大海成田託諸金石冀無忘焉乃爲銘曰
門承積善餘慶方隆鍾鼎代襲蟬聯靡終哲人繼武
克紹光融如金如玉惟孝惟忠其一驚川易逝隙駟難
留蕭蕭風樹微微夜舟一歸郊野萬古荒邱唯餘令
問永播芳猷其二石刻

周故監門校尉陳君墓誌銘

君諱叔度潁川長社人也唐君握鏡乃命氏於媯濱
周天乘乾郎受封於陳國其有聚星號美飛鳳延祥
史策明諸詎待誌也曾祖諱道齊儀同三司營州刺
史祖德茂齊右武衛大將軍廣陽郡王或褰帷作伯
翼亮齊朝或封爵稱王維城鄴甸因官樂土食椹懷
音昭穆相承爰居此地父敦隨動侍屬威府司兵公
堂構靡虧箕裘莫墜親侍丹禁忠恪有聞爰自冠年
迄乎知命既而心遊方外道逸闤中規老室而體空
挹莊談而小物逍遙得性散誕怡神豈期孔仭頽山
稽松壓榦春秋七十一上元元年九月六日卒於私
第夫人太原斛律氏祖文端唐任梁州廉讓府驃騎
將軍父乂金紫光祿大夫靈州都督府蜀永州司馬
結禰歸我作嬪君子之門合卺申儀用媲良人之室
柔荑表詠雅譽重於詩人束素稱妍嫣容彰於賦者
四德兼備六行無虧積善無徵奄纏痼疾春秋五十
以麟德元年四月廿二日歿於內寢以大周長安三
年十二月丁已朔十日丙寅合葬於鄴縣西卌里野
馬崗大井村西二百步平原禮也龍堂已構鳳穴斯
成痛蒿里之無歸恨窀穸而長閟嗚呼哀哉乃爲銘曰

祚土唐年受封周日侯伯之職王公之秩濟濟冠蓋
雍雍文律其一傑生賢胄挺出俊人攸稱義府是曰德
鄰松貞竹勁桂馥蘭芬如何不淑哲士其喪口口走
欻孔仭山頽隨會不返陳焦詎迴石刻

師言墓志

君諱某字師言潞洲上黨人也其先炎帝之後祖壽
齊鄉郡守決訟舉善道敷庶績父英任州主簿屬隋
室道窮中原鼎沸橫流亟亂危途屢踐暨乎代故將
表而良時已逝乃歸閑舊里養素邱園有道無時空
懷子輿之歎居常自得雅叶啟期之旨君識宇凝深

器畧宏遠松操不改於窮濫竹質豈移於歲寒俄而顧復無依几筵禮革春秋五十有九卒於私第以總章二年歲次己巳十月甲午朔二十八日與太夫人王氏合葬於州城西北五里于時愁雲慘而原野晦悲風起而林禁秋勒遺芳于元石庶作固于風猷其詞曰

荒凉原野悽愴山川霜露秋革樹沒晨烟元臺不曙白日何年 長治縣志

孟善玉墓誌

君姓孟諱善玉齊州歷城人也自軒邱誕慶若水疏

灝奔葉聯華君其胄矣君雅亮高致風猷軌物動爲俗範言必鏘金夫人阮氏毓德重門早標令淑好齊琴瑟恩洽諸姻瓊瘳禍謙金風墜葉里隣絕相行路增感粤以咸亨三年歲次壬申二月癸亥朔十一日癸酉合葬于州東北二里之平原禮也恐河神歛口海若居桑庶令德之長存鏤斯銘於泉戶 石刻

大唐故道王府典軍朱公墓誌并序

公諱遠字元通若夫峙茂族於陽陵聲高俠窟植華宗於沛國業峻儒宗是以貞宣易名騰士林而結藹文忠孝行振家業而連芳代襲珪璋門傳紱冕曾祖廣鎭軍大將軍神窮豹略藝洽隼墉攸七校之宏摸闡三門之祕術祖綽齊洺州長史升榮展驥底績効於康莊奉職題輿令問馳於輦轂父寬隨嵐州司馬卷舒人野之際隱不違親逍遙得喪之間貞不絕俗公騰暉驥浦夙標千里之姿濯耀驪宮早發十城之價禮而後動苞五本而潤身謙以自居蘊四美而光德暨乎解巾捧檄挹投翰之雄圖攬轡升車篾調蟲之小技俄而擢拜絳州同鄉府果毅趙冠耀首越劍文腰神交黃石之符訓洽青巾之侶固已望華蘭錡聲重羽林三臺推殉國之功六郡掩干城之譽於是

皇枝列壤賚武略以恢藩帝業分圭佇戎昭而肅邸遂轉公爲道王府典軍風騖楚澤時陪鴈沼之遊月上梁園屢奉猨巖之宴旣而光衰蒲柳景謝桑榆固申匪石之祈頗展捧金之樂萬里封侯之願終屈志於風雲百齡遷壑之斯遽纏悲於霜露以咸亨三年九月廿五日卒於大賢里之私第春秋七十有五即以四年二月廿八日遷葬於咸陽之原禮也長局萬古終寂寞於滕公永託九原空流連於隨會嗣子護任三原縣天齊府左果毅哀纏霜屺歎結風枝撫松劒而無追贈檟書而靡託敬刊沈石永播芳聲其銘曰

慶發指河祥開鑑日譽宣蘭檻威横石室猗人誕命荷茲隆吉逸志請纓壯心投筆策名羽椷委質戎筵飲石餘勇揮金暮年光賢薤露影謝蒿泉山悲夜月隴思寒烟咸亨四年二月廿八日石刻

大唐故正議大夫李府君墓誌銘并序

君字聞禮諱才仁隴西天水郡人也曾祖字啟諱開周儀同三司直閤將軍祖字信諱僧隨任散騎常侍車騎將軍父字宏諱壯皇朝銀青光禄大夫君宇量禮諱才仁皇朝正議大夫夫其泉源濬發奕葉重暉委質策名咸編武帳公以幼少之日乃逢隨季崩離

成立之年遂屬經綸之始公用謀略應接義旗蒙授正議大夫戎昭果毅唯公鑒識玄遠博達古今榮利不趍知止不怠□激兵教□□遞來恂恂如也豈唯爾寇彈□□酒非□□生履□行□□□□□□□□斯餘慶庶壽遐年搆疾不痊俄歸蒿里公春秋八十有三永淳元年六月廿六日終于乾封縣待賢坊之私第卽以其年七月十八日葬于高陽之原禮也白楊蕭索青松森聳薤露朝晞槿華夕拱乘田易變帶礪難憑敢勒斯銘沉之玄室嗚呼哀哉乃爲銘曰

逝川東注白日西流死生有命奄忽移舟墳塋將啟驂馬躑躅丹旐前曳素獻後遊人生到此天道寧周長歸蒿永別城樓石刻

大唐故處士賈君之墓誌銘

君諱文行字欽賢平陽人也自電影上耀軒星下輝色辯兩儀混分元氣既錫土以賜姓寔誼公之派焉祖勳才綺秀冰藻縟花鏡成文綴□二馬羞風著謎華鮮兩班軒聽職下量高齊任龍州江油縣令善温慈厲叔度未方屏盜息姦西門詎擬父端隋任太僕令觀律呂於指掌納鍾管於胷懷則五星以候四時法三辰而調寒暑故得陰陽順序六氣不愆大庇蒼

生弘濟黔首方圓中禮規矩可儀君綺歲英奇翫琴書而暢道齠齔儁異好籟篪以申能年十八隋召爲太祝庶幾清慎居職有功動入鹽梅言成准的依仁遊藝非禮勿言作朝廷之楷模爲鄉閭之軌範時當隋末之際乃屬蕩斯之辰遂爾隱遁墟虛棲遲巖石風月悅志煙霞賞心豈謂琛璧藴於荆山明珠藏於漢浦何期隆年不永忽遇沉痾膏肓之疾未瘳風燭之期奄及春秋七十有六卒於私第夫人北平田氏足恭婉淑三從之義可遵惠質貞心四德之成合軌年八十有七奄從窀穸以永湻元年八月十三日同

窆於百羊城南二里爛石山西之原禮也龜筮告祥安其兆域恐山爲碧海水變清谿故勒斯文乃爲銘曰

瑤光貫彩啟瑞吉祥虹月流輝肇膺徽彰德美淸貞擬輔忠良去周不仕至漢稱王注注玉貌□質幽房濟濟紅顏潛形穸堂金壘罷酌碧幹休嘗佳人□餟美室空觴石刻

游擊將軍趙智侶墓誌

□諱智侶南陽人也其先承帝顓頊之苗裔隆周之別族若敖之胤趙文子之孫奕葉郡縣傳光周封

獻相承歷晉卿之後自我先君肅侯之代名振九邦爰洎敬侯聲揚遐邇終晨假寐愛流冬日之□□夕匪懈卿大夫傳嚴明之美神馬覆育分爲二族之昌秦雍興宗青益任四川岳牧君即京兆侯元鳳之十代孫司空公之支派因官京師今爲長安人也曾祖純隨任隆州新井縣丞祖諱隨任利州綿谷縣令父僧德唐任天官朝議郎上柱國重器包瑚璉材實棟梁詞令聞於綠墀章奏動於丹地玳簪珠履元僚光展驥之能墨綬銅章下邑標舞鸞之政止戈爲武柱國垂後之名七德俱兼高門降文武之効君拔俗挺

生異時聞出落落垂象有叡士之光芒郁郁騰文有賢聖之氣色坐高林而臥盤石嘯明月而傲淸風蕭然獨王自謂神仙笑夢兩楹俄驚二豎不謂西州石拆己年之夢有期東國山巔庚日之災奄及孟嘗君之富貴臺榭終平羊叔子之登臨江山徒在以聖歷二年歲次己亥四月八日卒于神都來庭縣會節坊私第春秋五十有九夫人宗氏悲夫逝川易往同激箭而不追浮景難迴豈麾戈而能駐夫人慶鍾蘭室才冠柳風執四德以乘龍遵二儀而卜鳳當晨起夢始泣秦嘉之書徙宅垂恩俄悲張肩之扇成龍弱篠

染別淚以孤生待鳳喬梧抱空心而半死豈期朝露溘至菱花奄逝以長安二年七月廿九日終於延康坊私第春秋卌有七嗚呼哀哉桃李春風與子偕老桑榆暮景攜手同歸生榮死哀抑斯之謂也暫分生死之桐終合雄雌之劍黃泉路遠白日年深悽吹動於簫笳愁雲暗其旌旐青烏卜葬惟嗣子之纏哀白馬奔塋逢故人之來哭粤以長安三年歲在癸卯二月癸巳朔廿八日庚申合葬窆于長安縣神禾原禮也其日同遷葬祖父母及叔等俱同塋限長子相玉直司上護軍令詮次子上護軍萬慶等孝逾天性禮

備哀榮。泣血無追。思竭送終之範。至於葬禮。今古罕儔。痛結九泉。哀深毀瘠。絕漿止美。顧悌高慼。孝感飛禽。仲由聞而下媿。庶防來移谷變。勒珍雕銘。希海樹遷陵。千齡鑒茲遺誌。其詞曰。

終南東峙。交澗西流。寶符鼎氣。□膺洪休。其一廓㕍彝器。珪璋令名。學綜三篋。詞雄二京。雲中仰德。日下推英。其二莫事王侯。寶欽巢許。桂叢攀折。芝蘭延佇。八代其貴。天年不與。欲聽雞鳴。翻聞鶴語。其三家承積慶。傲俗遺榮。一丘一壑。無欲無營。琴歌酒賦。月契風情。道義相得。林泉其清。一歸長夜。永閟佳城。其四鏡塵埋月。

履跡封苔。松深霧慘。樹古風哀。泉扃一閉。幽顯悠哉。式追南峴。用讚銅臺。魂兮長去。神兮無來。石刻

唐文續拾卷十四

唐文續拾卷十五

榮祿大夫二品頂戴前分巡廣東高廉道加四級臣陸心源輯

闕名

故人高君墓誌銘并序

紅詠塵史。遐探土記。則有嵩巖誕粹。是生惟岳之賢。渤澥疏靈。代穆浮陽之傑。君諱應。字師仁。本渤海人也。君恭恪柔凝。邈邈澄峻。昊穹昧信。有爽福胎。以大周久視元年十二月四日。遘疾卒於家。夫人孟。同郡人也。柔章內則。碩德中宣。躬儉家肥。孫慈子愛。享年九十二。以唐開元四年十一月十九日卒。即與其時

葬城東南十一里平原。禮也。嗣餘慶泣孤□□□二□恐谷徙陵移。式刊銘頌。其詞曰

渤海酌粹。浮河效祉。猗歟夫君。秀靈居此。嘉猷寔播。里仁為美。天不慭留。生涯已矣。習吉龜□。歸魂鳥壟。哀以送終。千秋此始。石刻

唐故太原府太原縣丞蕭府君墓誌銘并序

公諱令臣。字禎之。蘭陵人也。微子嗣殷。源以之遠。酇侯相漢。流以之長。至彪為中書令。徙居蘭陵。代有懿德。曾祖岑。梁吳王。祖瑾。永修侯。隨親衛大將軍。父瑶。趙州司功。左授雅州盧山令。公生稟淸和。靡德不鑠。

孝友資性直方立身若貞松高標良玉發潤俗不可得而黷也代業不墜祖德聿修出入無違餘力成學至於六經正始之道九鑰凝神之術四禪絕謂之教罔不精該洞與心悟常曰吾遠祖漢相國何每僻陋安宅曰若使後代賢師吾之儉不賢無為勢家所奪又外遠祖大尉震云無廣屋宇使後代知吾清白吏子孫耳欽若二祖之訓克舉百行之美至哉年弱歲丁盧山府君憂泣血絕漿幾於滅性鄉間遠邇無不嗟服解褐荆州當陽丞德禮變荆衡之俗改授汾州介休尉直諒成汾晉之風秩滿從調會府屬冢宰氏

大練多士尤旌書判密名考覈示人以公判入第二等超授北都太原尉羨才也累遷太原丞寵政也噫天縱其能而不與其壽以久視元年正月九日遇疾啟足於太原之官舍春秋五十六公體惟貞素行實高邁業固豐碩器則沖深抗節加乎彝倫立言成乎不朽誰謂與善曾不遐齡壯志遠於白駒遠圖沒於黃綬悲夫夫人南陽張氏鄆州刺史偉度之孫洺州長史越石之女祗若婦德克閑有家宜昭母儀撫訓孤嗣義方既著棠陰不留以開元八年六月十三日終於河南縣政俗里之私第春秋六十四以開元廿三年二月十日遷祔於清風鄉安樂里之舊塋禮也長子寬濮州濮陽主簿不幸早亡次子寂幹蠱用光丕烈克揚孝感終身哀荒罔極於戲茫茫天壤鬱鬱山河積餘慶之無窮知子孫之逢吉銘曰

殷臣播德漢相流慶才賢繼軌子孫其盛矯矯高節忠孝自然安仁體道知命樂天蒞彼二邑人以康理聿來汾京獨擅其美牧卑晦迹志匪徇榮天假之木而奪其齡玄堂神邃貞石載刻万古千秋潛靈紀德

石刻

王府君墓誌銘并序

君諱守忠字元德其先太原郡人也自周王錫族子晉疏源離翦並譽於秦朝陽尊連芳於漢臣至於蔡邕倒屣呂虔歸佩讓鄰東以抗節筮淮水以期昌聲馳八紘宗播三葉故君為上黨家矣曾祖暉祖義父淹並晦迹衡門養神邱壑侔曾閔之孝友逸老莊之節概君文武不墜行能起邈敦詩閱禮見稱童孺之年矯矢虛弦挺譽弱冠之日應良家之選備羽衣之林一衛軒墀屢移星律勉慕仁智放情山水屏囂雜出氛埃別業蕭條新開柳援閒居蔭映舊是桃源嗚呼川閱不停山頹軫思忽棄北堂之壽遽從東岱之

游開元廿年六月卒於私第夫人隴西氏四德先著久閑於內則三從不爽尤契於母儀南國雙鸞乍分飛而失伴豐城兩劒終合響於同游蘭堂未盡於遐齡蒿里何催于此日開元廿六年十一月卒於家享年七十新婦新平馮氏次子承休之偶也悼彼綺紈宛若桃李千金窈窕正下於星橋二八娉婷何先於月路開元年十三祀三月歿於室甫年十八粤以開元廿七年歲次己卯二月癸亥朔二十八日庚寅合葬於潞府城南三十五里蒲池村西北二里平原禮也東臨滄海翩翩翔鳳之川西望秦郊翼翼分疆之

地南覲峻峙是仙人跨鶴之鄉北眺隴巖為神叟伏生之土孤子承業承休等感深風樹路斷雲天俯懸兆而魂消仰慈廟而氣竭敢鐫金石永紀芳猷其詞曰慶開傳序兮茂禎祥天道何遠兮斯淪亡郊原一望兮淚沾裳邱隴千秋兮增感傷日月居諸兮同歸於化敬題琬琰兮地久天長長治縣志

董君墓志銘并序

詳夫孕質銀河凝神珠浦朗搖光之鑒晰瑩水鏡于澄漪金紫光祿之榮銀青大夫之職洎茲以降代有其人君諱師字德行望本隴西董狐之苗裔因官此郡人也曾祖道祖緒本州子錄事父騎都尉器宇澄邃局度洪深禮教修於鄉閭仁風扇于里閈福不祐仁儀鳳三年三月二日終於家第春秋四十有二夫人裴氏淑質凝輝應鳳祥而在則芳姿湛彩撫鸞舞以裁規閭里挹其輝猷郡邑欽其禮範春秋六十有九開元二十三年歲次乙亥正月戊午朔二十八日巳酉窆于南董村東南一里之原禮也嗣子立言循陔動思陟岵興悲執遺硯而長號抱藏書而永慟扶毀瘠之力用壘高墳分減性之餘以崇棺槨恐山移岸徙勒石為銘長治縣志

王府君墓志

君諱盛其先太原人也蓋仲宣之後因官為上黨人焉曾祖蓮卓爾不羣氣自天秀恭而有禮卑以自牧謙謙君子人無閒言祖廣稟質挺生褒貧人傑道無不適學藝博通聊州縣之徒勞守邱園以徇志公幼而知禮長能訓道鄉曲先其孝悌朋友許以信諾蓋百行而不乏亦十室而有鄰加以教子義方必依乎禮垂其汎愛不違於道嗟乎德行推先善慶門積誠可高門待封何乃蒿里先歸且夫善人為善自强不息天之報施何其顯歟春秋八十有六以開元廿六

年五月五日卒於私第母郝氏宣慈惠和恭敏勤恪
挺生其質廉靜天資以先天二年九月終於私第繼
母陳氏是曰慈母訓子從道豈伯奇之能養亦子騫
之盡力以開元廿六年八月卒於私第以開元廿七
年歲次巳卯二月癸亥朔八日庚午並合葬於府南
五里平原禮也山瞻壺口表永固於千秋平臨堆阜
冀不朽於萬古嗣子宗等痛高柴之泣血三年未嘗
見齒怨曾參之絕漿七日幾至亡軀亦哀毀而骨立
痛魂靈之罔象生事以禮死葬以禮式刊貞珉紀諸
芳烈其詞曰

生代何幾兮難留風樹不靜兮何求德音冥冥兮超
忽魂靈泉壤兮山邱皇天慘慘白日悠悠泣誰怙兮
誰恃怨神道兮幽深長治縣志

馮處士墓志

君諱元字裕甫上黨人也即馮亭之後裔五岳開基
三元輝彩功高翼漢道克匡周累葉相承派流斯日
曾祖龍齊任魏州長史美政及人祛飛蝗於千里慈
仁育物寬峻法於三章祖範隋任夏州博士擁座授
經得鴻名於北海下帷慕道騰令譽於關西父裴少
好琴書志窮山水重暮山之飲饋退朝歌之馳驂德

性恢宏潛名不仕君養志邱園同陶潛之五柳居家
孝友異田真之獨株每於書閣雲消動詞章於白鳳
墨池波靖望筆海於飛鴻白馬臨關謝事急於卽日
清琴向月亦燭養於今晨屬以積福無徵易簀斯及
同兩楹之應兆若二豎之殃來旬月之閒纏痾不愈
卒於私第春秋五十有七嗣子加輝卜葬於城西南
司馬村西北平原禮也左臨蒼海對蓬萊仙島之宮
西望昆池識漢帝石鯨之沼嗚呼哀哉嗚呼痛哉其
為詞曰　一從蒿里永秘泉臺白馬旣往非匣不回痛
臨川之已逝感俗士之傷悲長治縣志

郭柱國墓志

君諱盛字德太原人也周虢叔之苗裔郭伋之後卜
洛開宗賦江流胤分枝列位政績全殊林宗入朝驅
麟折角細侯敦信竹馬為期備著縑緗可略言焉曾
祖寶任慶州華池縣尉父懸隋朝舉秀才維岳降神
名章挺秀敦詩閱禮至操風雲君蘊三略之英謀預
七萃之行陣往以龍遊浿水棄筆從戎鹿盡中原動
兼武帳回戈指日挺劍衝星勇烈冠於三軍忠赤衡
於一旅君智謀雙美文武兼資時展效以鷹揚得封
侯於燕領言唯金石氣襲芝蘭晃物許其用遊遨第

聞於親執豈以百齡已盡千月遽空俄軫北遊奄閶東首春秋六十七開元廿八載四月廿一日終於私第嗚呼痛哉何期然也夫人馮氏並婦德夙彰母儀聖著性諧琴瑟道契塤篪楚劍雙沈梧桐俱死春秋六十開元十六載五月十三日終男神安開元廿六載二月十日終以天寶九載歲次庚寅十一月丙戌朔廿四日已酉合葬於郡南五十里平原禮也左隣麥岫右帶龍山南望雄峯北臨孤嶺嗣子神太修陵動思陟岵興悲谷變山移刊石正詞詞曰郭尹聞望馮氏正潔琴瑟兩諧潘陽雙絕勒銘兮幽泉千載兮不滅

長治縣志

大唐故人諸葛府君夫人韓氏墓誌 并序

原夫蜀王貴胄根英與金蘇雙□神氣精粹先宗迺帝位之次下逮葛僅爲九江侯三閭大夫其孫葛雄川爲蜀中散大夫十七代孫諸葛韶顏齊任光州太守劍州別駕諸葛珪珪八代孫諸葛崇昌錦州太守鴈門郡主入爲弘文觀學士曾祖旦鄉齊朝將仕郎夫人敦氏祖君尚赤縣尉國子博士漠州長史夫人仇氏君諱明悊樂道丘園逍遙風月池臺蔭德琴酒攄懷放曠閑居釋悶而已夫人韓氏早閑婦禮淑譽閭儀堂堂然千古流芳濟濟然万秋明鏡遂使神龍兩劍前後俱沈儀鳳雙栖一時零落嗣子嘉亮過庭不闕習禮無虧故能孝悌力田和睦上下女大娘等冰清潔已貞順無虧名播於漳濱志同列女其餘餅類而長堅乎竹栢妙乎幼儀長閑高節耿耿乎獨步河朔抗節乎雅超昇於炳毅挺和聲於庭範嗚呼堅金干於門首立僧華於雲族古往今來邈矣悠哉君子道窮滋灑俳個賢士竝宅太山其頹乎賢婦茲久梁木其摧乎大地淪於積水高天銷於炎火優哉悠哉聊以卒歲以天寶四載歲次乙酉十月乙酉朔廿

五日己酉以其年月日葬於故零泉縣西北一里半平原禮也有古人之風寔先王之乘梓左據滄海右羅行山前眺零泉之堰□借洪嶽之稀孝茲沃壤建此墳塋慮以陵谷會遷桑田改變刊石勒銘迺爲詞曰

英秀雲校奇精昴竭冰處日居柳楊特絕樹似山峰墳如大別錦列西樓銀口粉雪文武之道盛光於試宣義鵬軒龍鶩鳳峙天生鼎族眾諸襲氣齊通郎塋趙讓平原□□之德威振八蕃臨宜制敵虎視中原□龐同□万古千年　先天□□二月七日卒姚開

元十七年十二月廿九日卒　石刻

大唐故安化郡馬府君墓誌銘

公諱元倩字（缺六字）八也□元命族鍾□承家蟬聯蘭諜可（缺三字）曾祖□隨州司馬祖隱檀州刺史孝慈藏衛尉大□公幼而□聰長實茂異孝爲德本忠能奉君□里□□仁朋友深於信年始十有三屬天子事於南郊公以俎豆述職厥有成績□從□於天官無何尉滄州樂陵初筮仕也□滿□潞州屯留佐庶政也更□宰慶時（缺）功也功洽于下所莅□方謂懸望於（缺三字）奄從於逝水嗚呼哀哉以天寶□年八月廿

三日泣化於馬嶺之官舍享年卌八□摧梁木興櫬空歸以二年二月（缺）長安之畢原禮也徇子體温等敢刊□□之銘曰

松櫝蕭蕭兮畢之原蔓草□□兮□□山問□□此地兮何可論　石刻

大唐故襄陽郡襄陽縣令滎陽鄭府君墓誌銘

并序

公諱逞字逞滎陽原武人也北齊開府儀同三司魏州刺史襄城公□五代孫湘陰府君第四子懷州刺史盧師邱之自出也公性惟謙沖天假忠孝舉措必由於禮造次勿替於莊篤信不虧出言無玷險詖者慕義以變節剛愎者聞風而履順懿夫伯夷之操寗出是乎行已周身才膺筮仕以蔭補左衛三衛解褐授金州參軍次授汝州龍興縣丞位當貳職政優百里恩惠浹於編甿清儉播於中外本道廉察使以公功績尤異特達奏聞帝用嘉之下詔甄奬擢爲京兆府奉天縣尉公既沐鴻造彌勵丹誠提振紀綱肅清人吏投刃詎留於肯綮遇物必造於精微未逾旬時巳多弘益且畿甸寮寀盡爲英髦屬制命審官使臣刈楚按察使以公負不羈之才出衆人之表因而昇

薦復被恩榮拜長安縣尉處繁理劇常有若於優遊破堅摧剛曾無避於豪右秩滿從常調吏部侍郎裴漼仰止高蹤比擬要官公以太夫人在堂樂土關外務於就養不願榮班以此懇節請爲邑宰裴公深所感歎稱於朝廷即日授許州扶溝縣令結綬未幾酷罰俄鍾號泣無絶於時水漿不入於口則曾史至性夫何異哉服闋授襄州襄陽縣令開元十五載四月遘疾其月廿六日終於襄陽官舍享年七十嗚呼昊天不惠哲人其委夫人博陵崔氏故鄭州滎陽縣令德義女也作配君子僅變星霜未及夢蘭之徵奄先

同穴之禍繼室清河崔氏故宋州碭山縣處冥之
女也克諧琴瑟固有裕于宜家敬慎威儀實無慙於
內則嗣子誂璋悆皆孝誠罔極追遠惟深卜宅兆而
至誠衞靈輀以萃止以天寶十三載正月廿五日合
祔於廣武山之舊原禮也由是二靈信誓能從皎日
之期三嗣因心空結終身之感於以天長地久谷徙
陵遷瘞貞石以勒銘庶佳城之不昧銘曰
開國受姓自周而昌翼子謀孫爲鄭之良玉扆親衞
銅章作牽漢水峴山人亡德在上帝不吊大賢運速
宅兆未安思遠再卜日落新鄭風悲舊國靈衞送終

荒阡及哭存若淨歿若休時門古柰滎水東流惟樂
石兮斯刻傳令德乎百千秋　石刻

古衍禪師墓誌

大歷三年三月五日古衍禪師墓誌僧弟子達立于
東院移日天雨花富地白鶴來翔傳授南宗承燈下
二口除心口挺生白樞法雨潤人堅冰苦口雍城陌
上青草路傍空聞天香鷲珠在戶羣生何仰勒石鐫
銘千秋長想道成法通知寂空寂冥悟道幹等善寂
石刻

大唐故恆王府典軍賜紫金魚袋上柱國太原
王府君墓誌銘

公諱景秀字景秀其先太原人也周文之胤漢司徒
開內侯二十六代之孫也公早歲從戎文武兼備克
相忠孝風骨稟然器宇深沉朋流翕襲淸規雅量特
立不羣授恆王府典軍賜紫魚袋冀峻節橫騰天機
永烈蒼生有望輔翼邦家何圖天不憖遺奪我忠善
以魂歸墅隴魄散異鄉遐望故郊哀罔絕嗣悲夫以
大歷十一年八月十三日遘疾終於幽州客舍春秋
七十有八夫人鉅鹿魏氏立性溫和秉志貞操婦德
備於義則恭讓邁於古今將謂琴瑟之義永遷何乃

先鍾斯禍悲苦重疊凶釁聚門以大歷十年九月十
三日寢疾終於幽州別業春秋六十有三嗚呼卜兆
良日啟殯有期歸葬舊塋合祔新櫬以其年歲在丙
辰八月丙辰朔二十九日甲戌葬於薊城北保大鄉
之原禮也長女十三娘次女明德次女端嚴次女淨
德等零丁極塞所向無依號訴於天糜潰肝膽臨穴
哀叫五內崩摧恐千載之後陵變谷移刻石紀功銘
曰
歸葬伊何兮薊城北愁雲慘慘兮黯無色泉門一閉
永不開窀穸幽冥兮云何極兮乾上燕臺傍萬古千

秋兮人自傷石刻

唐故高府君墓誌銘并序

府君諱彥字懷彥其先渤海人也曾祖考燕高上不仕時号徵君為府君即是高道之長子也府君欽承先訓少聞禮經立信義於友朋備教敬於親戚出言成教從善如歸不覊名位之榮自得逍遥之趣嗚呼天命不祐降此鞠凶以貞元廿年十一月十八日遘疾終於青州益都縣之私第享年七十九嗚呼存亡之數生人常分無足悲者府君理家奉親純孝至忠睦宗族以敬讓御鄉黨以恩信故其歿也咸痛惜之

以其年十二月十三窆棺於郡城東南二里望浒鄉之原從宜也夫人太原郭氏誓言偕老忽見孀居晝哭口孤哀而知禮長子義恭惟嚴孝以因心欲報劬勞之恩將修遷殯之禮慮恐年代深遠陵谷有遷乃刊貞石勒之為紀銘曰

茫茫昊蒼幽遠莫測哀哀哲人未始有極大川東注悲風不息天地改容山川無色煢煢孝子負土成墳藐靈余殁號叫難闢淒淒孤壠漠漠愁雲千零萬古閉骨泉門石刻

唐故吳郡朱府君墓誌銘

公諱陽字正中其先承漢侍御果公之緒今為杭州鹽官縣人也祖諱礽父諱蕘公即蕘之第四子幼有壯氣長而敦行世之仰也公伏枕之日二子左右晨夕不離出不改容入有憂色奈何天之命也嗚呼以永貞元年九月廿四日終於此邑長平鄉之私第年六十有七公娶閔氏有子長曰亮次曰清哀毀不減形哀而執禮以其年十月廿日窆於此鄉紫微山建塋禮也恐桑田改而為誌焉詞曰

長風蕭颯悲乎松楸一旦泉臺千秋永隔石刻

唐故天平軍伏義將判官承奉郎試光祿卿飛

騎尉賞緋魚袋隴西郡辛府君太原郡王氏夫人合祔墓誌銘并序

府君諱仲方其先隴西人也皇考諱惟壹歷代綿遠英哲世生修枝奕葉榮爵不墜其間或道長時名或學優登仕楷模後世衡鏡當時經濟邦家扶持社稷者無代無□青史具彰此不詳載府君即惟壹之子也幼而卓異不隨俗於里黨長愈孤貞乃標準於流輩閱詩閱禮克儉克勤六藝備身三端在己事父母以孝敬無違處弟兄而緝緝有裕纔年弱冠投筆從戎貂蟬委能賓僚獎薦遂補公為前職故得名聞遐

邇道冠古今職烈軍前官榮憲綬誰料天錫永壽遘疾東歸不幸以大和四年十月三日殁于青州私第享年六十有三元戎嗟歎六親輿哀里巷輟音友朋推慟府君禮娶夫人太原王氏洞達詩禮明閑婦儀髟髻晝啼克遵教誡公有嗣子三人孟曰文慶次曰宗泱不幸早亡季曰從皋有女二人長適杜氏次嫁成家夫人王氏不幸以咸通六年二月十三日遘疾亦殁寢室享年八十有八志孝等天鍾志行孝道彌彰泣血茹荼幾至滅性遂用咸通九年閏十二月一日合葬於州城東北約二里驛城之原禮也伏恐陵

移谷變年代綿遠劃石烈字而爲銘焉

賢哲君子德行夫人有賢有德其體可遵天何匪諶
白晝俄昏喪此英淑哀冤詎論玄堂重啟以閉幽魂
陵移谷變佳猷永存 石刻

故來府君及夫人常氏次夫人郭氏墓銘 并序

府君諱佐本南陽人也君平生志操性本謙恭豈穹蒼降禍忽遘私疾俄終厥壽權措故里早分今古夫人郭氏年及纏笄□毋禮適來氏則母儀貞 缺 無虧享年春秋七十有二終於兗州來君有子名叔慶男女等灰心毀容泣血匍匐乃塋兆玄龜露□虛壑□□扶護故府君及夫人來就合祔以咸通十四年歲在癸巳十二月廿九日於兗州瑕丘縣普樂鄉臨□城陰村郡城東北六里平原禮葬叔慶痛見孤墳寂寂松□蕭蕭又恐陵谷□□桑田有變乃命功刻石爲銘銘曰

穹蒼蒼天日月高懸□照六合不□下泉楸踴哭泣

唐故會稽郡孔氏府君之墓誌

府君曾祖諱年代深遠不載乎名先考諱懷順本貫青丘人也授職在軍任副將兼門搶官欠處班列負竭力奉公忠信而謹節三端身□仁出儕流六藝道

昇俯衙俱美廿年前以歸幽冥夫人王氏幼從笄髻髮行奩禮備貞賢左於琴瑟奈何不消仁德便此去留爲守孤兒縻經寒暑有子二人是日從殂孝道侍親石求榮祿市易爲徒疑奉甘旨前年暫出淺涉□歲迴來疑存侍小疾命大夜府君享年三十有八去大順元年四月廿八日終於私第克取當年八月七日葬於青州益都縣永固鄉之原大塋內永先娶妻黄三氏二人至日合祔大禮畢後娶任氏女無□見存侍奉有子一人嶲哥有弟一人從禮調 缺 常寬弘雅志黄天不祐傷手足吉日祔近臨安府張氏□從

恃奉口存有姪二八忙忙女妹妹昔府君安座宅永口玄室大禮以畢後恐桑改易陵谷變移故阡石爲記以俟他日詞曰

府君行堅立性難口爲情昊辯語無宿言濟人拔苦慈善心寬轜車啟路壙座高塬閭里傷嘆朋友追攀骨肉相送六親哀怨孤墳寂寞悲風落然口一往歸於蒿里萬祀萬歲千年　石刻

唐殘墓誌

缺十一年以貞元三年歲次丁卯合祔于衞州衞縣君子鄉平原舊塋禮也長子濬前汾州西河縣丞次

子澄前綏州大斌縣令季子湜見任棣州猒次縣令與言泣血恨不殞身哀纏罔極之誠慟絕斯文之下多慚不敏敢綴銘云

江山降祉繼世公侯君子立德克嗣徽猷天不與命才高祿淺獨存休風光揚茂典

司馬秉岳瀆之靈挺滔懿之德砥礪百行囊括羣有持摭合度行藏適時孝友天資仁惠性授風儀亮口禮敬明粹口之者罕究其器度矣此而言者義比春秋後序大唐貞元三年四月一日記　石刻

論法師殘誌

上缺當日月之用不能贊其下缺精非聰達惠覺之士缺生法師克契斯義用缺姓任氏弱而神清幼而缺行稼缺自去遂授經缺覽又若缺石刻

唐文續拾卷十五

唐文續拾卷十六

榮祿大夫二品頂戴前分巡廣東高廉道加四級臣陸心源輯

菅原道眞

道眞日本從五位上式部少輔兼文章博士行左大辨春宮大夫

爲族曾祖姑製服并令素服議

檢開元禮曰皇帝本服大功以上親喪皇帝不視事三日又曰緦麻三月成人正服爲族曾祖姑在室者報皇帝所絕傍親無服者皇帝皇子爲之降一等又案本朝令曰皇帝二等以上親若散一位喪皇帝不

視事三日三等以上親百官三位以上喪皇帝皆不視事一日義解曰不視事三日者唯爲三月以上服故也然則大皇太后者皇帝之族曾祖姑天子之宜無服制者也故本朝不列五等之親親遠也唐制猶分義理雖及半分文辭甚以鄙劣者又准之不第然則上上之第令條可尋中上之科前例非昧不第之絕三月之服服輕也明知皇帝廢事證據無文天下素服因循不例唯大皇后之尊名內親王之貴種禮制雖無正文同家宜有別議元慶三年三月二十五日

定太政大臣職掌有無并史傳之中相當何職

議

臣某謹案記傳文書無大政大臣之文惟本朝職員令義解曰大政大臣卽是有德之選非分掌之職爲無其分職故不稱掌如此文者先師之說更無可疑又案漢書表云相國掌丞天子助理萬機丞相同之太尉太師太保皆在其下後漢書志曰太傅上公一人掌以善導無掌職太尉司徒司空其在其下晉書志云丞相非常人臣之職相國同之太宰太傅太尉司徒司空並在其下宋書志曰太宰所以訓護人主

導以德義也太傅太保同之就此等文案之相國太傅丞相太宰等位冠百僚掌殊常職本朝大政大臣可當漢家相國等又大唐六典曰三師訓導之官大抵無所統職無其人則闕之三公論道之官無所不統故不以一職名其官已曰無所統職又稱無其人則闕之可以唐三師當大政大臣唯我朝制令之意大乖大唐令條何者唐令三師三公獨專其官不備尚書省之官員我朝大政大臣雖無分掌猶爲大政官之職事斯其所爲大乖也元慶八年五月九日

爲藤大納言請減職封半狀

右臣氏宗伏奉恩旨忝授　大納言身居非據位在具瞻銜膽棲冰懼無與二重以就列槐棘封戶八百割土之賞臣既知其不功欺天之罪臣未計其所避鬼神惡盈況於人乎望請職封之中半將資公府之禮節唯所遺歲入猶足又伏聽還恐朝家以臣爲不知分量矣不勝懇款抗言以聞貞觀八年

爲右大臣請解左近衛大將狀

右臣氏宗言先修表狀辭讓重仍愚誠雖盡遂不聽省兢悚之深心肝如刻大將者國之弓馬君之爪牙也若無其人國失兵機君失武備爲氏宗泛覽官寺

點閱府寮或有缺職連年猶無害者或有空官數月而無憂者至于宿衞豈夫可然古之聖人安不忘危先聲之談自備非常氏宗老病相追筋力已衰月弦暗委埃塵霜鍔空懸蒲櫛三思既畢十上何勞不獨營己專資忠國伏願特蒙天鑑避路後賢貞觀十年四月十二日

爲源相公請罷右衞門督狀

右金吾之職位望惟崇臣忝得居其任皇恩不可以測臣自去春首臥病私門未效藥石之一功已見風景之三改仰思鳳闕悲不重趨空撫龍泉恨無再帶

伏望殊降鴻恩幸垂天暑解罷臣職消損物譏若令遊魂可招以息殘氣得養而留然後輸懇誠於明時竭忠節於聖代不堪至情修狀以聞貞觀十二年

爲源相公重請罷右衞門督狀

右臣生去十五日修狀伏請罷右衞門督精誠不達天聽逾高臣之愚款抑而不許臣病根差結藥石無功効之期魂氣既淨衣冠斷趨拜之望若帶官班空填溝壑不唯負譏於下地亦將得罪於皇天臣盡命重蘇之時枯骨重肉之日灰身粉骨是臣願也伏望特播弘仁再迴聖慮恩詔一降察臣累聞不堪懇至

重修表狀貞觀十二年

爲右大辨藤原山陰朝臣請罷所職狀

右臣山陰謹奉去月廿九日詔命以臣任右大辨心肝失據冰谷增危臣業慚文章性無政事幸過覆燾之包容久偷祿位之過濫況官惟崇望職卽要機量其力思其列顯臣朱愚累臣白罪加之臣先上表狀請罷右近衞權中將慮無他貳專志在侍太上天皇誠概纔通適賜寬裕今當此重任更追先請人臣之節貴其有終犬馬之情何爲默止伏願殊迴照鑒解罷所職蒼天蒼天察臣懇款不堪屏營之至冒昧以

聞臣山陰誠惶誠恐頓首頓首死罪死罪謹言貞觀九年閏二月十日

請參議之官定爲職事狀

右伏見今之參議古之觀察使也考錄無法官位不明謹案續日本紀曰大寶二年四月從三位大伴宿彌安麻呂正四位下粟田朝臣眞人從四位上向朝臣麻呂從四位下下毛野朝臣古麻呂小野朝臣毛野參預朝政本官如故又省去大同二年五月四日問曰觀察使無官位相當仍不注兼字而或云可注兼字何以爲正明法博士讚岐廣直答曰雖無相當

官員既備仍須注兼字弘仁七年六月廿五日問曰未得解由之參議者預釐務□□判事物部敏久答曰參議之號不載令條但大政官去延歷八年八月廿日下民部省符偁得省今月十三日解偁被大政官去六月一日符稱參議正三位佐伯宿彌今毛人去月十日致仕已畢省宜承知依例施行者仍撿案內無有依致仕賜收參議封之例今不知行狀謹請處分者被右大臣宣偁奉敕宜准職封減半自今以後永爲恆例者今據此符參議准職事例然則未得解由不預釐務同十三年四月十三日問曰前太宰帥參議從三位多治比眞人身帶參議不預他職考祿之法未知所云明法博士興江繼人答曰大寶二年始敕任參議朝政然則可謂職事准據令條可預考祿但相准官位事須處分夫則大寶初置之日郎云本官如故大同決疑之時又曰須注兼字又未得解由之人不預釐務不帶他職之輩可給考祿之狀明法曹司勘申先畢加之頃年之例自職事拜參議者至兼本官必有宣旨遭喪解任之徒奪情復任亦降勅旨況所食者職事之封所載者除日之簿號之職事所據非少但格式未立考祿焉斷之法官猶無

相當行守之文此其或可論非職事之故也若果謂非職事則三位參議不帶餘官者當無家司所以爲非職事三位也爰知可稱職事所據已多論非職事或有牴牾望請被定官位考祿等之式永爲職事之官謹奏元慶六年七月一日爲式部少輔爲省修此狀

請秀才課試新立法例狀

策問徵事可立限例事

右考課令曰凡秀才試方略策二條謹案此令問條有限徵事無期仍天長以往一問之中多者四事少

者三事尤少者每問載一事纔足於二問通而計之遂留二事承和以來二條之內少則十二義多則十六義至多則一句含數義猶謂之一徵分以言之已及三十義後文前質理固雖然陳力展林何無程里請立新制將勸後賢

律文所禁可試問否事

右職制律曰凡玄象器物天文圖書讖書兵書七曜歷太一雷公式私家不得有違者徒一年注曰私習亦同然則律條所制不得貯其書亦無習其術已云不習何備試問唯年來之例被勅策問者題下問中

時觸禁忌然而問者無辜對者無咎此問之事可謂生常今之學者動設巢窟不獨安已將又窺人假令問者依例適發其微對者固稱畏法不習則得否之決將至申訴訴者稍得其理問者反坐其罪科之間不可不慎請豫降處分令問答如流

對策文理可詳令條事

右考課令曰文理俱高者爲上上文高理平理高文平爲上中文理俱平爲上下文理粗通爲中上文劣理滯爲不第謹案文辭甚美義理皆通者所謂上上也文辭差鄙義理共滯所謂不第也又檢前例文辭雖非綺靡披讀頗無大害義理雖非全通所對纔及半分者謂之文理粗通文辭雖有可觀義理不及半目則令條前例共無可欵唯至上中之文平理平上下之文理共平偏案令文難可會釋更據前例又無準的請詳釋令條明立流例不令詳定之官有所迷誤

以前條事如件臣某職忝銓衡官兼貢舉謂試評判苟居其任況秀才者國家之所重策試之道不敢爲輕至件三事迷途未辨伏請處分謹奏元慶七年六月三日

勘奏神泉苑白鹿狀

右謹案史記平準書漢武帝時上林苑有白鹿以發瑞應又孝經援神契曰德至鳥獸則白鹿見宋均注曰應宴嘉賓然神泉者古之上林苑嘉賓者則今之渤海客以今稽古應在明時圖譜所存宜爲上瑞臣伏奉勅勘申如右謹奏

爲侍從等請引駒日賜幄座狀

右侍臣之職陪從惟務大小宴遊座席隨設唯至引駒未有前例雖然當日早朝會集本所乘輿初出行列如常比至馬埸出居大夫高昇殿上辨少納言引

就幄中諸衛府并臨時候階下之輩各有所守容身就地自餘侍從東西分散及還本宮不遑赴集所司每加嚴峫閉口不敢措詞尋其所以愈由無座望請別賜幄座將備祗候送日之蓄儲在本局事須遞相往還不空幄下晚頭就例陳力無疵謹請處分元慶七年四月一日。

請被補文章博士一員闕共濟雜務狀

右謹檢大學諸道博士明經之學所習惟大故官無暫曠五人全備算明法書音等生徒雖少常補二員文章則學業非小於明經博士猶同於書算非唯乏

少又闕一員某天性之暗人人難堪方今碩學成列既有其人伏望被補件闕共濟雜務元慶八年二月廿五日。

爲在中納言謝民部卿狀

右臣行平伏奉今月九日詔旨以臣爲民部卿恩喧冬日懼切春冰三省而慙一身無厝臣謹檢人民損益倉庫盈虛雖繫國吏之常憂復關所司之明察故既往任此職者皆是詳通政事廣蹈吏途僉曰之容具瞻所屬而已臣累佩銀魚久忍尸素縱期粉骨已無才智之可施空叩丹心唯有老病之相追上畏玄鑒下愧蒼生伏願陛下曲迴聖恩罷臣所職勿俾微臣爲天工之盜機要爲閑曠之官元慶八年三月廿一日。

請解職狀

右臣某伏奉昨日任藏人頭之勅旨夢中之想經曉猶迷冰上之行向春欲陷臣謹檢近代之例天安藤原良繩貞觀藤原家宗同山陰仁和平正範藤原有穗源元當代藤原時平同高經源希等或出自潢流或生於鼎族其德也堪守芝蘭之種其威也足率鸞鳳之羣未有凡夫儒士之能當此任以遺其名者矣

臣罷官南海歸命北辰枯苑更華死骨重肉馳闕下而趨拜分已無涯列侍中以周旋恩何不越古人云服之不衷身之災也臣自謂褊衣短裳亦復慎之況其職之乖人望乎況乎其任之違天量乎伏願聖主陛下停臣所掌更選其人勿俾跛牂妄觸仙欄腐鼠初汗禁省而已縱使臣淩崩浪於鼇頭臣豈敢辭命縱使臣蹈畏途於虎尾臣豈敢惜身唯此非據之職臣之所不知也寬平三年二月廿日。

重請解職狀

臣不堪件職之狀以去二月廿日上奏右少辨希傳

勅旨云事須先舉可替之人然後辭退件職又奉口勅云早從職掌不得闕怠自爾以來漸十六日進退周旋莫不違禮奉行宣下皆斯失常加以某去三月九月任式部少輔今月十一日兼左中辨此兩箇職過分踰涯況復直瀧口撰書之所候御前侍讀之喚所帶者二官所勤者兩役虛瑣之才難可兼濟望請特被殊優將解件職然則寵光之中暫全傷翅恩澤之下久養枯鱗不堪至誠重請處分寬平三年四月二十五日

請令諸公卿議定遣唐使進止狀

謹案在唐僧中瓘去年三月附商客王訥等所到之錄記大唐凋弊載之具矣更告不朝之問終停入唐之人中瓘雖區區之旅僧爲聖朝盡其誠代馬越鳥豈非習性臣等伏檢舊記度度使等或有渡海不堪命者或有遭賊遂亡身者唯未見至唐有難阻飢寒之悲如中瓘所申報未然之事推而可知臣等伏願以中瓘錄記之狀遍下公卿博士詳被定其可否國之大事不獨爲身且陳款誠伏請處分寬平六年九月十四日

請令議者反覆檢稅使可否狀

檢稅使始議之日臣奏曰臣所見只讃岐一國也以彼國之風論之若遣此使者頗有物煩戚其日大納言源朝臣以下二三人同有不快之氣其後令重議之場大納言奏所勘定剩物之內若半分若三分一適被返給于事無妨參議源希朝臣等意雖無所專許偏被引公益遂無所困難臣某亦復如是其後使定之日臣須暫諫止其點使事盡愚心以窮可否而未得量決之間依有所疑猶豫不奏議畢之後伏思起處欲罷不能其間一兩治國能知政術者乍聞此事無不愁悶越前守小野朝臣葛絃等是也又大納

言以下雖奏無妨之狀于今猶有內難臣厚蒙國恩早昇高官人之所不安曾不可隱恐凡此議初起之由爲勘出帳外之剩物以相補國用之不足也以名言之公益甚多臣始不固難之故是也以實論之物煩不少臣今所重請是也何者天下諸國其俗各雖小異其政孰非一同況乎世衰國弊民貧物乏是故或國司乖文法以迴方略違正道以施權議雖動不爲己其事皆犯法臣今舉三條之否謹待一覽之用

復奏四人拘放狀

右臣某月十三日謹奉口勅云去十日令檢非違使

別當從三位中納言兼行左衞門督源朝臣勘錄左右獄中繫囚之數十一日錄奏既訖須朕親到獄對放遣而德不及古事未宜今汝者朕之近習也大師也列見罪人依實拘放令如朕之所念者臣伏奉勅旨十三日早朝率從五位上守左少辨源朝臣唱大外記正六位上多治有友左大史正六位上大原史氏雄等會集右衞門府升殿于時左右撿非違使佐以下召列罪人等祗候南門外大路臣召使等先令辨申所犯輕重使等勘會日記過狀一一執申其犯重其罪明者十六人（左十一人右五人）二人先死其遺十四

人即加防援各還本獄其犯有疑其罪未定者四十六人（左二十八人右十八人）令使等計列南門之前臣率辨以下及撿非違使等著門中壇上胡床即口宣曰奉勅罪人汝等或被疑殺人傷人強盜竊盜或被告僞印強奸投石放火如是等罪科法有限今如聞有司投寶情之間空送二三年獄官尋證驗之內縱經五六月須雖累年序雖積旬月愜定其犯明立其罪任理出入隨事拘放然而別有所念直以放免汝等重有所犯後日曾不寬宥者罪人等其稱唯或伏地嗚咽或仰天嗟歎勅使府官道路見聞不勝感泣拭淚而

歸臣某頓首頓首死罪死罪伏錄事狀寬平八年七月中納言

為藤相公請罷職狀

右臣高藤謹言臣伏奉去年十月二十六日詔旨以臣被任參議之列臣激勵愚性扶持病身晨昏備員左右從事而衰老迫來宿痾彌倍計不上則拜除之後及三百日竭其力則尫弱之中過六十年縱使皇恩忍以無咎如何天鑒明而不容思之顧之以畏以慎伏願特降寵光罷臣參議不勝至款修狀抗聞寬平八年某月某日參議從三位行近江守臣藤原朝

臣高藤

請特授從五位上大內記正六位上藤原朝臣菅根狀

右臣某謹尋事意去寬平五年四月二日東宮之始太上天皇勅臣曰此般東宮每事省略仍二員學士闕而不補汝已任亮兼供執經云云臣頃伏奉綸旨一身兩役而所守忽劇遂違勅命爰至于十月以臣不遑執經之狀奏聞太上皇即舉件菅根令聽昇殿菅根晝夜恪勤上日明日每當顧問應對無私縱容之次宿侍之間引經傳以發睿情投章句以催文思

其所奉授者曲禮論語後漢書等秩卷有餘以口奉習之類不可勝計加以管根對策及第之後七箇年于今也准之前例謂爲晚成況年四十三多後等輩伏願特蒙天鑒叙之上階一補成業之舊功一明侍讀之新勞寬平九年七月日

請令諸納言等共參外記狀

右臣某謹檢去寬平九年七月三日讓位詔命曰大納言藤原朝臣權大納言管原朝臣等可奏可請之事且誨其趣奏之請之可宣可行之政無誤其道宣之行之者而諸納言等疑以爲奏請宣行自非兩臣

更不可勤臣再三反覆詔旨云云奏請之人雖稱所指尋常之務無止諸卿加以臣業有文書欲伺閑以傳授身非木石思寄暇而攝治藤原朝臣獨自從政何堪每日頻參之役伏願太上皇陛下述去年詔命之意察今日申請之誠宣喻諸納言等相共令參外記然則庶務繁多暫無擁滯羣臣激勵俱致恪勤昌泰元年九月四日權大納言正三位兼行右近衛大將民部卿中宮大夫管原

決諸納言所疑狀

臣某謹言伏奉今月十八日勅旨諸納言之所疑一朝冰解讓位詔之攸指千載日明臣素性雖劣丹誠最深奏請宣行盡忠不敢迴避養身傳業隨狀將得優游臣愷至焉臣願足矣昌泰元年九月十九日

請罷右近衛大將狀

右臣某出身儒館偷職武官三四年來罪深責重伏願聖主陛下曲降鴻慈罷臣大將不勝惆切之至修狀以聞昌泰三年二月六日

爲藤大納言辭右近衛大將表

臣氏宗言臣伏奉恩勅得備宿衛光寵自天懼心無地臣誠惶誠恐頓首頓首死罪死罪臣才非文武智

謝股肱忝假納言之名空竊大將之號一以慙於過分一以恥於非據況乎桑榆景昃蒲柳氣衰僅可陪縉紳之臣何堪預陛戟之列仍先再修上表請解右大將遂無聞天之聲逾益伏地之恐臣以爲甲冑未必忠信忠信自爲甲冑望請解罷所帶避路於後賢臣尸素可以除臣愚丹可以盡不勝懇款抗表以聞貞觀八年十一月二十九日從三位守權大納言兼右近衛大將藤原朝臣氏宗上表

爲大政大臣謝加年官賜隨身第一表

臣良房言伏奉今月十日勅旨賜臣以食邑如舊命

年官淮三宮帶刀資人隨身兵仗等事荷恩不力銜膽無聞中謝臣聞大政大臣者上理陰陽下經邦國一人有慶師範猶施四海無波儀形自用而先帝不弃臣庸瑣委此崇班純陽未免履冰臘月逾添流汗自愧形影深執撝謙唯許減封三分有一又隨身兵仗等事雖舊貫臣不敢當其仁年官則恩是新情臣未堪爲其首故臣並固辭以覩不虚受今陛下更憲章先帝重先慰鴻私忠誠不移先後惟一臣欲推賢以避路何私陛下公選之官將扶老以干城何分陛下宿衞之士况比年調和不偶水旱重仍倉廩少禮節

之養城池失金湯之險故去十一年六月二十六日聖主下勅曰服御常膳並宜減撤同年七月二日又公卿上奏曰五位已上封祿亦暫減抗其議未復其事猶存豈君臣偏好卑謙蓋內外共待豐稔若以斯時全食彼邑斯恥格於先帝而取嫌猜於當時也且尸素者天奪其鑒充盈者鬼瞰其家温飽有餘何以忘止足年齡已暮暫欲養遊魂臣所以不奉遵公私兼濟而已不任懇款屏營之至謹修表狀陳讓以聞

貞觀十三年四月十四日大政大臣從一位臣藤原朝臣良房上表

爲大政大臣重謝年官隨身第二表

臣良房言去十五日中使中納言藤原朝臣基經至奉宣聖旨返臣上表將遂先勅頻苦刻肌再慙書耳中謝臣自謂功之輕薄鴻毛則其重萬鈞賞之深淵鼇海則其淺三尺蓋荒年祭祀禮不必充豐歉歲威儀事或從儉約今陛下藜羹自存王公茅土且減臣全不食邑之意將斷先已之嫌若事不得已義可必行五稼登年羣臣復舊然後同享所減臣願足矣又陛下不許臣就私第賜直廬於禁中霜仗百重隨身何用虎賁千列帶仗安施臣所以固辭亦復在此臣所

有一兩僕隸皆是陛下幼年之侍童也隨分得官者或年三四人陛下以爲慰舊功力臣以爲拜家數人未報萬乘之先恩何擬三宮以新制臣持心不重暫欲樂地中之山稟質猶輕恐不爲風下之草今不堪懇誠重表以聞貞觀十三年四月十八日

重謝年官隨身第三表

臣良房言丹款無邊棨泥不測事之嫌志之執至于再至于三臣某誠惶誠恐頓首頓首死罪臣伏惟滿而不傾者未聞百器之一器貴而能久者誰見萬家之一家臣雲漢昭回位望斯極天[illegible]咫尺恩寵有餘

臣所以固辭崇賞亦復一如前表而已殊恨桑榆景薄蒲柳秋深雖有肝膽之精勤而闕晨昏之供奉縱使臣封至連城富爲潤屋歲入之多家門可無遊用日用之費伏職今有幾迴時不可留心不可轉臣輸陛下以忠誠無二陛下賜臣以眉壽且千又如勅旨則陛下自有忘德之嫌歸臣多以好謙之責昧死無地眉目何施而事爲國不爲義向公不向私將分憂織婦何取笑樵夫臣枯骨之餘請訓蒼昊臣寸心之重願帶黃河今不堪精誠之至累表抗聞貞觀十三年四月二十日

爲大學助敎善淵朝臣永貞請解官侍母表

臣永貞言永貞當年負笈壯日成功乃心於王室之前叉手於黎民之下臣母妾今年八十有五凱風南吹薄暮西夕雖三世藥雖萬金施之遊魂有何一効臣聞侍養之道律令有文子孫盡之然後旁遠臣被天摩折終鮮兄弟臣弟少外記愛成身居顯官才亦可用臣爲大學助敎十五年來圓冠非中身之服函丈是遊手之資羊質虎皮名留實去夫人生於三事之如一居官以養異於委親然而君臣絕道愛敬不可兩全朱白殊門忠孝何以兼濟臣先是帝城之外有一小園茅屋數間草萊三徑樵蘇之費不傭力以何供藜藿之羹不假地而欲薦此是區區之尺土足侍老母之餘年弟愛成出爲魏闕之臣臣永貞入爲寒閨之子或家或國其是王臣伏惟聖朝爲民父母以孝行治政不及旦暮之人恩先遍期頤之老昔令伯爲祖母辭官晉帝無不省覽臣今爲所生解侍陛下何敢依違縱謂臣去官請察多士之居於臣後謂臣專孝將見求忠之心於臣門若桑榆遂落骸骨長歸斂手足形乃盡臣節而已今不勝烏鳥之情昧死以聞貞觀十四年

爲右大臣謝官表

臣基經言基經伏奉恩旨以去八月十五日任右大臣仰思注意望辰極以魂亡俯紆具瞻揖烝黎而顏厚臣某誠惶誠恐頓首頓首死罪死罪臣銀黃濫服菽麥彌昏欲報光寵於昊蒼更累崇班於尸素況乎禮之强仕臣齒未滿其期書之阜成臣能未及其事昔甘羅之一十餘二以多智不爲少年今微臣之三十有七以無才猶謂太早伏願陛下鴻慈聽臣愚悃退臣所帶俾槐路絕曠官之聲藁門得稅駕之地不勝至誠上表以聞貞觀十四年十一月十三日

爲小野王謝別給封戶第一表

臣某言去九月二十一日勅旨賜臣百戶之封以助齋㑊之費仰承溫煦未悟比量中謝臣往年病發沉困不歸謝簪纓於帝城約香火於釋衆菩提一念身雖在艸庵之中空觀六時心未離魏闕之下大致臣合門萬事皆隨省拆灰冷之服備避風茶茹之飡資送日若更蒙新賞猶滿舊封水石幽閑之地有嫌於貯藏煙霞晚暮之家無節於遊用陛下寵光不翅恩之又恩甚深臣虛受非功過而再過惟重伏願陛下察臣丹款照臣素情卷中綍於九重留上腴之百戶臣

願足矣臣望稱焉貞觀十年十月十九日

爲小野王重謝別給封戶第二表

中使右近衞少將平朝臣正範至臣艸廬宣傳口勅推心出言中情自見量分辭賞上表無聽臣葭莩屬貴磐石封高將繫欸電於殘魂奄侈玄流於遺教王臣匪躬之義念念逾眞佛子行道之勤生生何慢至彼曉嵐蕭颯讀誦經行澗水潺湲優遊自得斯則所以陛下不咎臣入道俾成臣本願之故也何更家蓄萬鍾空待山鬼之瞰室無懸磬長失野夫之聞陛下鴻慈願賜照察臣之幸矣不亦悅乎無勝款重累以聞貞觀十三年十月二十五日

重謝別給封戶第三表

去月二十六日中使左近衞少將藤原朝臣有實至謹奉勅答宣喻殷勤涙汗俱下中謝臣昔帶職從事之日冠蓋無非聖恩今移病出家之時衣鉢皆是官施一死一生或出或處若負恩德明神殛之臣伏案去十月二十三日施行詔書勸督州吏掩水傷之尸骸收拾郡民復風害之傜役自古聖帝明王未聞無災唯在克己復禮謂之有道而已方今如綸命之旨養臣以孔褱之親陛下既憂國家小臣豈安寢夢嗟虖

臣鄉裁松竹寒而不可裁衣產業香華飢而不可充食然猶庶幾手掬山椒以備粗稅之逋懸肩舁野蔬以助黎民之炊爨曷爲當此有損之年空受無功之賞使陛下取名於私親小臣忘義於知止縱天下議不載于口而臣獨自不懼于心乎伏望特賜優恕察臣愚款臣寄生者陛下將終始於一心臣師事者世尊何屈申於兩舌不敢飾讓恐處違勅慈悲哀愍必垂聽許不堪悃誠之至重以上表拜聞貞觀十六年十一月

爲式部卿請罷所職表

臣忠貞言中使官姓名至宣傳口勅抒臣退官之情加以温慰之辭臣位高二品年迫六旬寵光之恩甚深報國之力旣屈亦氣離魂魄王母甫降而不治病結膏肓扁鵲重產而何益望闕嗚咽冠帶不由命矣皇天使臣固疾伏願陛下內照睿情外顧人議以賜優放爲臣長生之術以察愚誠爲臣不死之藥不堪悃款重累抗闕

爲右大臣重請被停攝政表

臣基經言中使右近衞權中將藤原朝臣山陰至奉傳勅旨仰止臣請不知愚款之乖聖懷更疑微誠之

逸天聽臣某誠惶誠恐頓首頓首死罪死罪臣位貴官重皆是陛下之殊私祿厚封高亦復陛下之絕寵殊恨淹引日月偷安非服不意綸命乍降屬以重寄縱令陛下責臣以有一割之乃而復臣訴陛下以無再全之錦不獨顧身亦能思國以臣思國之慮將盡報主之情陛下推而察之莫重臣罪臣以爲春蒼夏昊猶是一天朝東暮西未爲兩日伏願臣心不離魏闕將致今上臣子之忠臣身常侍仙階不失亡叔臨終之命臣謹檢故事皇帝之母必升尊位又察前修幼主之代太后臨朝陛下若賓重天下憂思幼主則皇母尊位之後乃許臨朝之儀臣竭力施功不敢懈緩臣誠盡矣臣願足焉不堪悃款之至畢表上聞貞觀十八年十二月五日

爲南大納言致仕表

臣年名言臣聞年滿致仕人臣之禮也氣衰發病人生之命也氣衰年滿臣旣知之知而忘之未免重責（中謝）臣位升三品職至納言前兢却惕冰淵意危昨是今非犬馬齒截臣平生以爲性雖愚蒙止足之分不敢踰矩力雖喘息貪進之聞不敢從心至于陛下即位春秋甚富臣不忍逐孤雲以歸骸骨苟且延數日

而報國家豈圖心事不諧困病乍發淹沉未幾魂氣如離臣自謂茅土封高皇天降譴於陰罪康衢漏盡冥鑑結罪於夜行臣八百戶之恩死而不朽臣七十年之壽生以幾時伏願陛下賜臣放歸優臣告老以聞恩許爲藥石之效以蒙勅裕爲招復之方臣欲荷表函以奏闕下起居不辨冠帶無由故謹遣男從五位下內藏助良臣抗表以聞貞觀十九年四月八日

奉勅重上請不減御封表

臣諱言伏奉勅旨減折御封不恭承而止畏切棲冰欲拑默以從誠廚底露（中謝）臣聞天之與人孝子業在

諸佛事之隨理愚夫愼其有常故一天下之至尊臣不拒前勅於童稚二千戸之甚少臣能稽舊章於志成而今枉降中使重敘睿情纔納半封更增捨邑臣謹計入租伏量輸賦若任土非實恐支用或虛陛下縱損全數雖有撝謙之德臣遂從折分旣忘愛禮之義况皇天貴誠不貴物臣子爲道不爲身陛下臣之皇天也請將盡誠於方寸臣陛下之臣子也請不失道於小絲伏願鴻慈迴照鑒臣血誠仰雲霄以兢惕流汗臨淵谷以果表抗聞元慶三年二月十七日

爲公卿賀朔冬至表

臣基經等言臣聞潛鱗游泳樂春水於和風稚羽來賓拂曉雲於秋月彼微情之二物猶感奉天況在位之羣臣誰忘欽化臣某等誠懽誠喜頓首頓首死罪死罪夫三象知誠四嚮得道斯乃寒溫之平也雙離合璧五緯連珠斯乃聖哲之事也臣等謹案曆曰十一月丙辰朔旦冬至稽之舊章理誠宜賀伏惟皇帝陛下欽若無掩昇惟馨於昊天敬授不偷襲其臭於黎庶益古先帝之希有舊史氏之所罕言陛下所得之明德至矣猗歟日則南至陛下向陽之美可觀星惟北拱臣等詣闕之誠何切聖壽無疆明時有瑞不勝抃舞拜表以聞元慶三年十一月一日

爲尙侍源朝臣全姬請罷職表

妾全姬謹言妾先陳悃誠請解所職重年遠屬單素難通一二年來逾增顏厚今妾位崇三品齡迫七旬將假脂粉以從事紫闥非扶杖之庭欲催綺羅以勤公丹悃懇懸車之義妾不敢謙退白日惟明妾亦無飾詞蒼天在上伏願殊垂降鑒聽妾誠請避高班於賢路養殘氣於幽閨妾全姬誠惶誠恐頓首頓首死罪死罪謹言元慶四年以上見日本國經

僧空海

空海拾遺卷七十二有傳

獻書表

劉希夷集四卷右伏奉小內記大伴氏上宣書取奉進但恐久韜揮翰筆不勝意不免强書空汙珍紙王昌齡詩格一卷此是在唐之日於作者邊偶得此書古詩格等雖有數家近代才子切愛此格當今堯日麗天薰風通地垂拱無爲頌德溢街不任手足敢以奉進庶令屬文士知見之矣還恐招恥遼豕貞元英傑六言詩三卷元是一卷緣書様大卷則隨大今分三卷文是秀逸之文書則褚臨王之遺體也比屬臨

池之次寫得奉上飛白書一卷亦是在唐之日一見此體試書之虎變爲犬雖未成功夫比之獻芹伏願天慈曲垂一覽不任葵藿之至謹遣弟子僧實慧謹隨狀奉進輕黷宸嚴伏深戰汗謹進弘仁二年六月二十七日

獻墨本十部表

德宗皇帝眞蹟一卷歐陽詢眞跡一卷大王諸舍帖一首不空三藏碑一首岸和尚碑一鋪徐侍郎寶林寺詩一卷釋令起八分書一帖謂之行草一卷鳥獸飛白一卷右雖輕乏敢表丹誠但恐輕塵聖覽招耻遼豕謹隨狀謹進弘仁二年八月沙門空海進

獻貍毛筆表

貍毛筆四管眞書一行書一草書一寫書一右伏奉昨日進止且教筆生坂井名清川造得奉進空海於海西所聽見如此其中大小長短强柔齊尖者隨字勢麤細總取捨而已簡毛之法纏紙之要深墨藏用並家傳授訖空海自家試看新作者不減唐家但恐皇好各別不允聖愛自外八分小書之様搨書臨書之式雖未見作得具足口授耳謹附清川奉進不宣謹進弘仁三年六月七日

獻雜文表

急就章一卷王昌齡集一卷雜詩集四卷朱晝一詩卷朱千乘一卷雜文一卷王智章一卷讚一卷詔一卷勅一卷釋經圖記一卷右伏承昨日進止隨探得且奉進所遺表啟等零在他處今見令人覓取來則馳奉夫尺水本無萬里之鯤培塿何有千丈之榦空海瓦礫之人謬緘燕石不謂聖聰索金聲於芻蕘訪華藤於朽榣雖喜聖綸之下徹還慙享帚之愆過謹隨狀奉進輕黷聖覽伏深戰越謹進弘仁三年七月二十九日沙門空海進

獻梵字并雜文表

沙門空海言空海聞帝道感天則秘籙必顯皇風動地則靈文聿興故能龍卦龜文待黃犧以標用鳳書虎字俟白姬以呈體於焉結繩廢而三墳燦爛刻木寢以五典鬱興明皇因之而弘風揚化蒼生仰之而知往察來不出戶庭萬里對目不因聖智三才窮數稽古温故自我垂範非書而何矣況復悉曇之妙章梵書之字母體凝先佛理含眾智所以三世覺滿尊而爲十方方薩陲重逾身命滿界之寶半偈難報累刼之障一念易斷文字之義用大哉遠哉伏惟皇帝

陛下貫三表號減五稱首道邁規矩明齊烏兎露沉文下六合無爲風動琴上一人垂拱玉燭調化金鏡照耀所謂輪瑞之運于今見矣空海人是瓦礫每仰金仙之風器謝巢許久臥堯帝之雲窟觀餘暇時學印度之文茶湯坐來乍閲震旦之書每見蒼史古篆右軍今隸務光韭葉杜氏艸勢未嘗不野心忘憂山情含笑諺曰奴口甘郎舌甜敢因斯義欲獻久矣然猶狼籍汙穢還恐觸塵聖眼微誠潛達先聞于天伏奉布勢海口勅欣踊繕裝古今文字讚右軍蘭亭碑及梵字悉曇等書都一十卷敢以奉進伏乞天慈不

嫌涓滴一覽飛塵伏願陛下一披梵字梵天之護森羅再閲神書神人之衞逼側達水遙浦忽入封疆嵩山夐岫來受正朔常住之字加持不壞之體遂古之民擊耕於今辰矣龍瑞紀官永豫枯射鳳祥名職放曠金闕輕黷旒扆伏深戰越沙門空海誠惶誠恐謹言梵字悉曇字母并釋義一卷古今文字讚三卷古今篆隸文體一卷梁武帝草書評一卷王右軍蘭亭碑一卷曇一律師碑銘一卷弘仁五年閏七月八日

沙門空海進

獻詩表

沙門空海言去六月二十七日主殿助布勢海將五彩吳綾錦緣五尺屏風四帖到山房來奉宣聖旨令空海書兩卷古今詩人秀句者忽奉天命驚悚難喻（中略）對山握管觸物有興自然之應不覺吟咏輒抽十韻敢書于後伏乞天慈宥其罪過幸甚幸甚謹所書屏風及秀句本隨表奉進輕黷聖覽伏增流汗沙門空海誠惶誠恐謹言弘仁七年八月十五日（日本圖經引宏法大師正傳）

觀賢

觀賢日本僧

奉勘空海遺蹟狀

勘申眞言根本阿闍梨入唐求得法文册子三十帖如本可納本寺經藏令宗長者代代相承之事右就眞言一宗伏撿舊迹根本阿闍梨贈大僧正法印大和尚空海去延歷末銜詔入唐大同元年歸我本朝弘仁十一年十月二十日皇帝御書賜大法師位任內供奉十禪師天長元年祈雨有感超少僧都以同年六月六日任造東寺別當且行造寺之事且興眞言之教卽表請東寺爲眞言寺入唐請來佛舍利法文道具及唐阿闍梨付屬物等收置東寺經藏傳法

供家宛如私室以同七年轉任大僧都和尚能知終期東寺之事一向委付弟子律師實慧以去承和元年追終焉之地歸高野山同二年三月二十一日厭世間味樂寂滅理朝露永盡夜松獨遺惟時件冊子法文等更不隨身厥後律師實慧爲宗僧綱守先師迹次轉少僧都具建行宗事次同弟子僧正眞濟爲宗之長進止宗事此兩代間堅收東寺都不移動次根本阿闍梨舍弟子貞觀寺眞雅僧正以慧宿大法師爲經藏預請度披見僧正以去貞觀十八年六月六日令權律師眞然請收件法文之日如本可返納

東寺之口仰畢遂至元慶三年正月三日奄然入滅須件法文如僧正教返納東寺而眞然僧正爲少僧都與宗叡僧正共行宗事兩人不和件冊子法文不返納東寺稱是先師隨身法文隨身持去高野住山二三年此間轉任大僧都至元慶八年在京僧正永入寂滅住山僧都轉任僧正獨出守道無傍領宗正餘年晚暮寬平之初遂歸本山爰請申云公家初置山座主壽長大法師是其元也以同三年九月黄葉易散泉流難停也壽長堅閉山持件法文次座主權律師無空每常隨身往還山城無空去延喜十六年

於圓提寺卒去之後觀賢件冊子早可返納東寺之由告知彼弟子僧等而左右遁申都不進納爰具注事由奏聞河原院即召彼弟子僧殊下勘責取出所給也若非法皇御德於凡僧等中殆令紛失此即以根本重物置枝葉輕處之所致也觀賢去貞觀十年生年十五就貞觀寺眞雅僧正爲師承仕同十四年受具足戒然則十年以往之事依文書見以傳言十一年以後事住貞觀寺所見聞也今或人申云件法文元來在高野者此後生人只見元慶以來近事不知貞觀以往舊事任心偏申也又如圓仁產主法文

收彼私室不收延歷寺者此又不例何者圓仁是後出之座主吾師是在初闍梨彼山以最初座主傳敎大師入唐求得天台法文收延歷寺代代座主相承傳寺此宗亦爾以根本闍梨入唐請來眞言法文收東寺代代宗長相傳護來至後後人人所持法文收私室此尤可然何以他宗末人例同宗本師乎寔以根本一師之後枝葉繁茂別居之寺雖有其員東寺是根本自餘皆枝葉今以件法文置根本一所枝葉諸寺自然歸仰設令先師以件法文隨身雖云留山今至末世護持人乏門徒僧綱宗之長者取出護持

更有何妨況元來收東寺今亦本所代代宗長者相承者此尤可叶先師本意也觀賢以愚昧之質忝爲宗長者就先師遺蹟盡尋其本意乎以前依仰旨勘申如件延喜十九年十一月九日日本圖經

闕名

釋迦佛造像記

法興元世一年歲次辛巳十二月鬼前太后崩明年正月廿二日上宮法皇執病弗悆干食王后仍以勞口並着於床時王后王子等及與諸臣深懷愁毒共相發願仰依三寶當造釋像口尊王身蒙此願力轉

病延壽安住世間若是定業以背世者往登淨土早昇妙乘二月廿一日癸酉王后即世翌日法皇登遐癸未年三月中如願敬造釋迦尊像并口侍及莊嚴具竟乘斯微福信道知識現在安隱出生入死隨奉三主紹隆三寶遂共彼岸普遍六道法界念口得脫苦緣同趣菩提使司馬鞍首止利佛師造日本圖經

唐文續拾卷十六